江苏省一等质量年鉴

2024卷 总第三卷

INNOVATION AND DEVELOPMENT YEARBOOK

OF NANJING METROPOLITAN COORDINATING REGION

南京都市圈创新与发展年鉴

主编 李扬 潘法强

执行主编 汤建 戴楚怡 张春龙

江苏大学出版社
JIANGSU UNIVERSITY PRESS

镇江

图书在版编目(CIP)数据

南京都市圈创新与发展年鉴. 2024卷 / 李扬，潘法强主编. -- 镇江 : 江苏大学出版社，2025. 3. -- ISBN 978-7-5684-2462-2

Ⅰ. F299.275.31

中国国家版本馆CIP数据核字第2025A2D683号

南京都市圈创新与发展年鉴(2024卷)
Nanjing Dushiquan Chuangxin Yu Fazhan Nianjian(2024 Juan)

主　　编/李　扬　潘法强
责任编辑/米小鸽　李　娜
出版发行/江苏大学出版社
地　　址/江苏省镇江市京口区学府路301号（邮编：212013）
电　　话/0511-84446464（传真）
网　　址/http://press.ujs.edu.cn
排　　版/镇江市江东印刷有限责任公司
印　　刷/南京迅驰彩色印刷有限公司
开　　本/889 mm×1 194 mm　1/16
印　　张/50.5　插页20面
字　　数/1 680千字
版　　次/2025年3月第1版
印　　次/2025年3月第1次印刷
书　　号/ISBN 978-7-5684-2462-2
定　　价/658.00元

如有印装质量问题请与本社营销部联系（电话：0511-84440882）

镇江经开区企业常青科技成功登陆上交所，搭上主板注册制“头班车”

大学科技园（局部）鸟瞰图

大港现代化港区

美丽心湖

江苏省镇江经济技术开发区

江苏省镇江经济技术开发区（以下简称镇江经开区）是国家级经济技术开发区，为镇江主城区“一体两翼”总体布局中的“东翼”，总面积222平方公里，常住人口26.4万人，下辖丁卯、大港2个街道和丁岗、大路、姚桥3个镇。1992年5月，镇江经济开发区在丁卯设立；1993年10月，镇江大港经济开发区设立；1998年6月，合并成立镇江经开区；2010年4月，镇江经开区升级成为国家级经济技术开发区。

◎ 区位交通

镇江经开区因港而生，地处长江和京杭大运河十字交汇处，拥有天然深水岸线17公里，作为国家一类开放口岸、长江第三大港口、上海国际航运中心组合港，已实现与全球71个国家和地区的288个港口通航。经开区有三大机场（南京禄口机场、常州奔牛机场、扬州泰州机场）环绕、三条高速（沪宁高速、扬溧高速、江宜高速）串联，铁路（京沪高铁、沪宁城际高铁、连镇高铁）穿境而过，五峰山大桥连通长江两岸，形成铁、公、水、空立体化交通网络格局。

学术指导委员会

2024年，镇江经开区深入学习贯彻习近平新时代中国特色社会主义思想，认真落实党中央和省委、市委决策部署，持续深入打好“五大攻坚战”，坚决扛起振兴产业、守牢底线、造福群众的使命担当，经济社会发展呈现稳中向好态势。全年地区生产总值增长6.8%；固定资产投资全年增长5.5%；完成规模以上工业总产值1357亿元；实现一般公共预算收入40.7亿元，其中一般公共预算税收收入32.3亿元；进出口总额全市占比38%，实到外资全市占比34%。

中节能太阳能科技（镇江）有限公司智能化生产车间

孚能科技（镇江）有限公司自动装配车间

◎ 产业结构

镇江经开区坚决落实“产业强市”一号战略，持续深耕战略性新兴产业，打造新材料、新能源、低空和航空航天、生物医药及大健康四大主导产业，配套建设四个产业园区、一个综合保税区。新材料产业集聚了奇美化工、金东纸业、巴斯夫等国内外一流企业，工业应税销售占全区比重达34.8%。新材料产业园稳居中国化工园区30强，是国家级新兴产业示范区。新能源产业以孚能科技、中节能为龙头，精准把握产业风向，引领动力电池与太阳能光伏两条产业链乘势而上、高速发展。新能源产业园是国家级“新能源＋分布式光伏”叠加示范区。低空和航空航天产业实现“专业园区、大路通用机场、江苏航空职业技术学院、无国界航空”的互融互通，覆盖整机制造、航空航天新材料、飞机内饰和零部件、发动机关键部件、通航运营服务、职业技能培训等配套。航空航天产业园创成国家新型工业化（航空产业）示范基地。生物医药及大健康产业以金斯瑞生物科技、吉贝尔药业、英科医疗为支撑，形成了高端制药、医疗器械、健康服务等产业链集聚的发展态势。

菲舍尔航空部件（镇江）有限公司国产大飞机内饰装配生产线

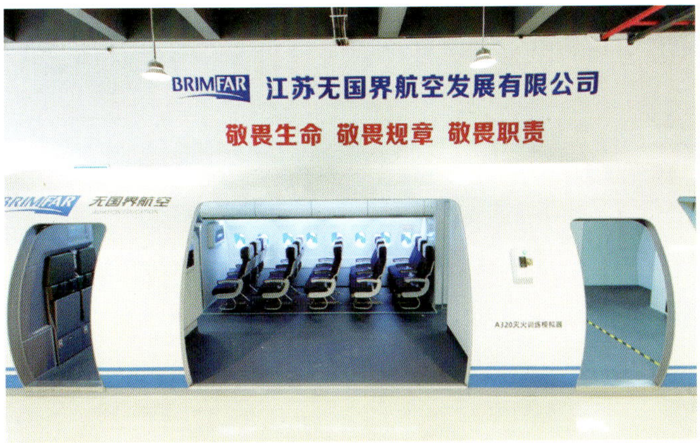

江苏无国界航空发展有限公司航空服务实训中心

镇江大路通用机场

镇江航空航天产业园一隅

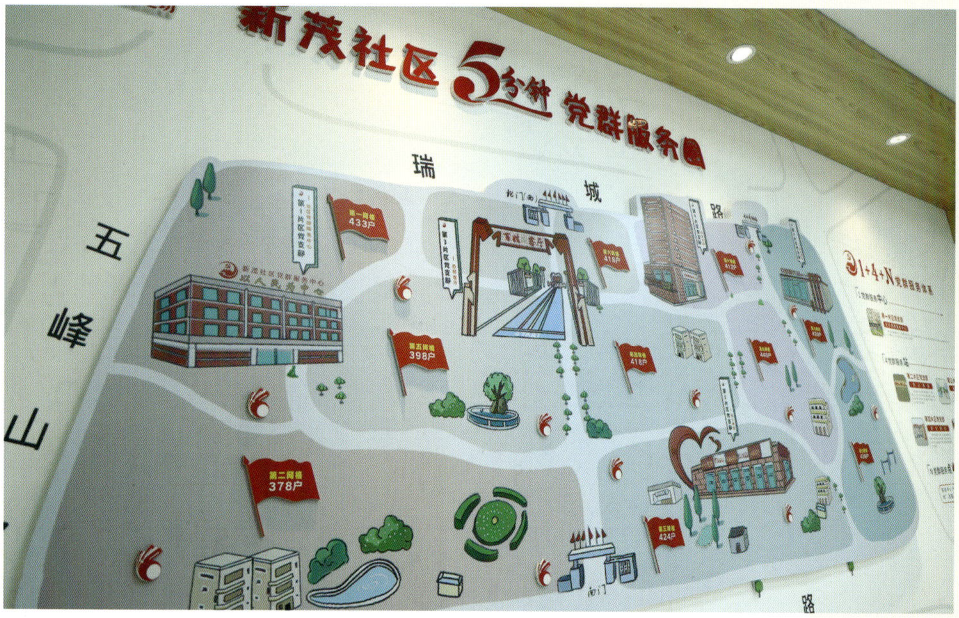

丁岗镇新茂社区党建引领末梢疏通

◎ 成本优势

镇江经开区地处长三角，生活配套充分，房价相对较低，消费、物流、建设成本比周边城市低15%以上，劳动力成本比上海、苏州等地区低20%以上，适宜制造业投资发展。镇江经开区完善的人才政策为各类人才就业创业提供了宜业宜居的发展环境。

现代化新农村——东岳村一景

◎ 社会文化

镇江古称“宜”，代表“宜文化”起源的宜侯夨簋1954年在镇江经开区烟墩山发掘出土。“宜”有因循守矩、高效美好等寓意，契合镇江经开区绿色生态建设、经济健康发展的追求。区内有中小学及幼儿园等各类学校47所，在校学生4万余人，医疗门诊等各级各类医疗机构99家，每千人拥有床位数5.64张，满足人民对教育、就医的生活需求。

（镇江经开区图片由新闻中心提供）

新港现代农业

圌山途居露营基地

中储粮镇江粮油有限公司

中储粮镇江粮油有限公司荣获2023年度镇江市产业发展“金山奖”

公司生产的部分产品

中储粮镇江粮油有限公司地处镇江市京口区，位于万里长江与京杭大运河交汇处，是中企联合油脂有限公司长三角产业圈的核心企业。公司主要以服务于中央储备油脂油料轮换为中心，同时充分利用资源开展市场化经营，确保国有资产保值增值。

公司全景图

中储粮镇江粮油有限公司 5 L 小包装油生产线

中储粮镇江粮油有限公司 10 L 中包装油生产线

春华秋实十七载，公司始终坚持创新驱动发展，持续加大科技研发投入，汇聚了一批粮油加工领域的行业专家和技术人才，并通过不断迭代升级生产线和控制系统，实现从原料预处理、加工生产到成品包装的全程精准自动控制，有效提升生产效率和产品质量稳定性，现油脂油料年加工能力达 413 万吨；始终注重品牌建设与推广，通过精准的市场定位和营销策略，成功塑造“责任央企、匠心好油”的品牌形象，主要产品“福豆来”豆粕和“金鼎”品牌系列食用油在华东市场得到广泛认同；始终秉承“诚信为本、技术先进、品质一流、顾客满意”的食品安全与质量管理方针，建立完善的质量管理体系和食品安全追溯体系，确保每一粒粮食、每一滴油脂都符合安全、健康的标准；始终不断拓宽业务领域，深化产业链整合，提升综合竞争力，倾力打造全国放心粮油示范工程示范加工企业，为推动我国粮油行业的健康发展贡献力量。

公司先后获得“全国农产品加工业百强企业”“江苏省模范职工之家”“镇江市放心消费创建示范单位”“镇江市产业发展金山奖”等荣誉。

2023 年，公司召开“迎中秋 庆国庆”快乐会议

2023 年，镇江中储粮和中粮东海粮油举办
第一届“创新杯”足球友谊赛

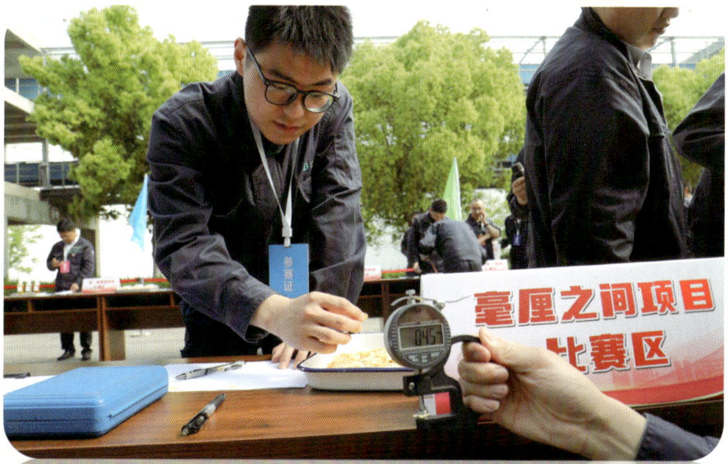

2023 年，公司开展五一技能竞赛

江苏省社会科学院党委委员、副院长，江苏区域现代化研究院院长李扬在全国学术研讨会上致辞

江苏区域现代化研究院

江苏区域现代化研究院（以下简称研究院）于2015年12月成立，是由江苏省委宣传部批准、依托江苏省社会科学院成立的江苏省首批省级重点高端智库。研究院现任院长李扬，常务副院长张春龙。研究院下设产业创新发展、区域协调发展、共同富裕、社会治理现代化、现代化战略与评价5个研究中心及省级内参《决策咨询专报》编辑部。研究院现有专职研究人员20名，其中正高6名、副高3名。科研人员大多具有博士学位，学科背景涵盖经济学、社会学、公共管理、城乡发展研究等。

研究院现设有“中国式现代化的区域探索”全国学术研讨会、“现代化策论”区域论坛、《决策咨询专报》、区域现代化 168 学术沙龙、“现代化观察”微信公众号等制度化平台，与长三角区域内江苏华信区域经济发展研究院等多家高端智库联合编撰《南京都市圈创新与发展年鉴》，与《光明日报》《新华日报》《江苏经济报》《扬子晚报》等报刊媒体进行长期战略合作。

研究院成立以来，已有上百项研究报告获省级及以上领导批示，大量文章刊载于国家级和省级主流媒体，多项成果获得江苏省哲学社会科学优秀成果奖。

江苏区域现代化研究院举办“中国式现代化的区域探索”全国学术研讨会

编 辑 说 明

一、《南京都市圈创新与发展年鉴》是由江苏省社会科学院江苏区域现代化研究院、江苏华信区域经济发展研究院、安徽省社会科学院城乡经济研究所、江苏省镇江经济技术开发区经济发展局、上海品牌发展研究中心、江苏省镇江市社会科学专家协会共同主办，《南京都市圈创新与发展年鉴》编委会编辑出版的年度区域性、专业性、研究性、资料性文献。江苏省哲学社会科学界联合会是江苏华信区域经济发展研究院的业务主管单位。每年出版一卷，本卷为总第三卷。

二、《南京都市圈创新与发展年鉴（2024 卷）》以马克思主义、毛泽东思想、邓小平理论、“三个代表”重要思想、科学发展观、习近平新时代中国特色社会主义思想为指导，坚持辩证唯物主义和历史唯物主义的立场、观点、方法，分区域、分专题记述和反映 2023 年南京都市圈 8 个设区市、1 个县级市和 1 个县级区的经济、社会、文化与生态建设方面的年度状况，深入分析和总结该区域在创新发展方面开展的主要工作与取得的进展。重点为社会各界了解和研究南京都市圈创新与发展提供有关资料和信息。

三、本卷记述时间主要为 2023 年 1 月 1 日至 12 月 31 日。为保持年鉴内容资料的完整性、连续性，部分图文资料根据需要做了上溯或下延。

四、卷首设“园区风采、高新企业展示、高端智库”专题图片。

五、本卷主体内容分为都市圈总体发展、市域经济社会发展、县域经济社会发展、创新发展、开放发展、绿色发展、共享发展、区域协同创新发展案例、长三角其他都市圈发展等 9 个方面。

六、本卷主体文字和统计资料主要根据南京都市圈 8 个设区市、1 个县级市和 1 个县级区的 2024 年政府工作报告、2024 年统计公报、历年统计年鉴和统计公报、党报党刊和政府网站相关内容撰写。

七、由于统计来源、口径、方法和时间不同，正文数据尚有部分出入，使用时请以各地正式出版的统计年鉴为准。

八、本卷编写主要参照了国内主要年鉴的编写体例与规范，展现了鲜明的编写特点，体现了本卷年鉴的创新和特色。

序

Preface

南京都市圈地处我国东部、长江中下游沿江城市地带核心区域，横跨江苏、安徽两省，是长三角城市群的重要组成部分。其成员城市包括南京、镇江、扬州、淮安、芜湖、马鞍山、滁州、宣城8个设区市，以及常州市辖的溧阳市和金坛区，总面积达6.6万平方公里。2023年，常住人口为3578.72万人。作为中国首个跨省都市圈，南京都市圈凭借独特的地理位置、深厚的历史文化底蕴，以及强劲的经济实力，在中国式现代化进程中占据着重要地位。2023年，在习近平新时代中国特色社会主义思想指导下，南京都市圈全面贯彻落实党的二十大精神，在创新与发展的新征程中又写下了浓墨重彩的一笔。

经济发展态势良好。在长三角一体化、长江经济带建设、苏南和合芜蚌国家自主创新示范区建设等重大国家战略机遇叠加作用下，作为国家重要的综合性工业生产基地、科教基地，以及重要的现代服务业中心之一，南京都市圈产业基础雄厚，制造业发达，形成了门类齐全、结构合理的产业体系，经济高质量发展更加显著。体现在：**经济规模持续扩大**。2023年，南京都市圈的地区生产总值达到51049亿元，占全国经济总量的4%。核心城市南京的地区生产总值攀升至17421亿元，其他成员城市也贡献显著，共同推动了经济的增长。**工业生产迅速回暖**。规模以上工业增加值实现快速增长，8市2县（区）中有9个地区增速超过全国平均水平，这表明南京都市圈的工业发展活力强劲。**投资活动稳健增长**。8个地区固定资产投资均呈增长趋势，7个地区工业投资增速达两位数且快于全国平均水平，为经济持续健康发展提供了有力支撑。**消费市场活跃繁荣**。社会消费品零售额达到19594.61亿元，占全国比重为4.2%，多个地区增幅高于全国平均水平，体现了居民消费能力和信心的提升，对经济的拉动作用明显。

基础设施构建成效显著。南京都市圈轨道交通体系规划科学，具有前瞻性，正在逐步从规划蓝图走向美好的现实生活，轨道交通与公路、机场、港口群实现无缝衔接、互联互通，共同构成了都市圈四通八达的便利交通网，为打造“轨道上的都市圈”、建设长三角区域综合交通枢纽示范区夯实基础。**轨道交通全域覆盖**。高速、快速铁路全面覆盖设区市节点，运营总里程达2840公里，城市轨道交通线路累计开通17条，总里程568公里，极大地提升了交通便利性。**公路网络持续优化**。实现“县县通高速”目标，多项重点项目加速推进，过江通道建设加强，已建成19处，7处在建，完善了公路交通网络。**航运与航空能力双提升**。南京港、镇江港和芜湖港货物吞吐量增长，南京禄口国际机场客货运形势平稳并恢复多条航线，综合运输能力得到增强。便利的交通网为南京都市圈的经济发展装上了高速发展引擎。

产业创新发展深度融合。南京都市圈创新要素集聚，科技创新优势显著。区域内各级党委和政府高度重视科技创新，不断出台系列政策措施，不断加快与国际市场接轨，积极吸收国际先进的科技成果，借鉴国际先进的管理经验，为企业创新提供了良好的政策环境。有效发挥科教资源丰富的优势，增强企业创新能力。区域内拥有众多的高等院校和科研机构，普通高等院校达到100所，国家重点实验室超过30家，国家工程技术研究中心等创新平台持续增加，为创新发展提供了坚实的人才基础和智力支持。企业普遍重视研发投入，创新能力较强，涌现出了一批具有国际竞争力的创新型企业和产业集群，为创新发展提供了广阔的市场空间和应用场景。**创新资源实现共享**。优化“科技创新生态图谱”，汇聚大量数据，都市圈成功举办 63 场科技合作活动，促成 216 项企业项目合作，涉及金额 1.8 亿元，融资 2.64 亿元。**产业协作得到加强**。举办 5 场产业链供应链对接活动，160 余家企业参与，同时举办农产品产销对接活动，达成 1 亿元意向签约额，加强了产业间的协作。**市场活力得到激发**。成立新电商产业创新合作联盟，发布十大行动，推进相关平台建设，为企业和机构提供服务，激发了市场活力。

公共服务共享便捷高效。公共服务共享便捷高效是都市圈建设中的难题。它要求区域内公民打破行政区划界限，实现公共服务制度对接、水平趋衡、便捷普惠与政策协同。在推进过程中，区域内各地政府不断改革创新，寻求突破，克服自然地理、行政体系、经济发展水平、实现便利共享的意愿、采纳新技术的条件与意愿等主客观诸多因素的影响，有效保障了公共服务共享便捷高效。**政务服务实现通办**。“我的南京”App 设服务专栏，发布高频通办事项清单，实现 200 个高频事项同城化办理，开展“跨省通办”试点，提高了政务服务效率。**优质资源实现共享**。预约挂号平台全年预约量达 254.8 万余人次，远程影像诊断平台接入 151 家医疗机构，成立职业教育名师名校长联盟，组织教师培训，实现了资源共享，惠及民众。**文旅融合得到促进**。宁镇扬开展文旅合作，成立旅行社联盟，举办多种文旅体育活动，成立体育产业联盟，发布旅游线路和赛事信息，促进了文旅融合。

生态环境保护扎实推进。南京都市圈建设坚持生态保护优先，把保护和修复生态环境摆在重要位置，切实加强生态空间共保，强化生态环境共保联治，推动环境协同治理，努力夯实绿色发展生态本底。**跨界河湖得到共护**。对区域内骨干河道和重要湖泊进行联合共治，开展联合巡查、水质监测与数据共享等工作，保护了河湖生态。**联合执法行动开展**。在生态环境领域开展跨区域、跨部门联合执法行动，加大了生态保护执法力度。**重大工程得到推进**。宁马两市推动当涂闸枢纽工程建设，争取到专项资金，工程建成后将缓解水资源不足问题，加强生态环境保护。

为了全面推进中国社会主义现代化国家建设新征程、加快向第二个百年奋斗目标进军，按照《南京都市圈发展规划》确定的“一高地一中心一区一圈”的战略定位，即具有重要影响力的产业创新高地、长江经济带重要的资源配置中心、全国同城化发展样板区和高品质宜居生活圈，未来一个时期，南京都市圈聚焦同城化、高质量，坚持各扬所长、合作共建、共同发展，可以在以下几个方面进一步创新与发展。

第一，进一步增强发展动能。建立联合攻关机制，加强各城市间在科技研发、技术创新等方面的合作，共同攻克产业发展中的关键技术难题。拓展创新协作空间，鼓励企业、高校和科研机构之间开展多元化的合作，促进创新资源的高效流动和优化配置。深化产业合作路径，进一步打破行政壁垒，加强产业链上下游企业之间的协作配套，打造产业创新共同体，提高都市圈整体的产业竞争力。

第二，进一步完善体制机制。开展要素市场化配置综合改革试点，在土地、劳动力、资本、技术、数据等关键要素的市场化配置方面先行先试，探索建立更加合理、高效的要素市场运行机制。健全各类运作协调机制，包括政策协同机制、规划衔接机制、利益分配机制等，确保都市圈在经济发展、基础设施建设、公共服务共享等方面能够协调一致地推进，建设要素市场共同体，提高都市圈的治理效率，增强都市圈的发展活力。

第三，进一步畅通内外循环。推进基础设施互联互通，继续加强交通、能源、通信等基础设施的建设和衔接，降低区域内的物流成本和交易成本，提高区域经济的运行效率。用好开放试点政策，积极争取国家在对外贸易、投资、金融等领域的开放试点政策在南京都市圈落地实施，提升都市圈的对外开放水平。抓好合作园区建设，加强都市圈内各城市之间在产业园区建设方面的合作，共同打造一批高水平的产业合作园区，推动构建协同开放共同体，促进区域经济的内外循环畅通。

第四，进一步推进绿色发展。共护绿色基底，进一步加强对区域内森林、湿地、河流、湖泊等生态系统的保护，建立健全生态保护补偿机制，确保生态环境质量持续稳定提升。促进绿色转型，鼓励企业采用绿色生产技术和工艺，推动产业结构向绿色低碳方向调整优化，提高资源利用效率。共享绿色效益，加强生态环境建设成果的共享，让广大居民能够享受到良好的生态环境带来的福利，打造生态保护共同体，实现经济发展与生态保护的良性互动。

第五，进一步保障公共服务。持续推动公共服务和基层治理一体化，加强教育、医疗、文化、社会保障等公共服务领域的合作与交流，提高公共服务的均等化水平。提升公共服务供给质量，加大对公共服务设施建设的投入，引进先进的公共服务管理理念和技术，满足居民日益增长的公共服务需求。共建民生幸福共同体，让广大居民在南京都市圈的发展中能够拥有更多的获得感、幸福感和安全感。

2023 年，在习近平新时代中国特色社会主义思想的引领下，南京都市圈在经济发展、基础设施、产业创新、公共服务和生态环境等方面都取得了显著的成绩。展望未来，南京都市圈将继续积极融入长三角一体化、长江经济带建设等国家重大发展战略，在增强发展动能、完善体制机制、畅通内外循环、推进绿色发展和保障公共服务等方面不断努力，持续提升整体竞争力和影响力，为推进中国式现代化作出更大的贡献。在各成员城市的共同努力下，南京都市圈的建设发展必将迎来更加美好的明天。

目 录

Contents

第一篇

都市圈总体发展

第一章　2023 年全国经济社会发展情况

2023 年是全面贯彻党的二十大精神的开局之年，是三年新冠疫情防控转段后经济恢复发展的一年。面对复杂严峻的国际环境和艰巨繁重的国内改革发展稳定任务，在以习近平同志为核心的党中央坚强领导下，各地区各部门坚持以习近平新时代中国特色社会主义思想为指导，全面贯彻落实党的二十大和二十届二中全会精神，按照党中央、国务院决策部署，坚持稳中求进工作总基调，完整、准确、全面贯彻新发展理念，加快构建新发展格局，着力推动高质量发展，全面深化改革开放，加大宏观调控力度，着力扩大内需、优化结构、提振信心、防范化解风险，国民经济回升向好，高质量发展扎实推进，现代化产业体系建设取得重要进展，科技创新实现新的突破，改革开放向纵深推进，安全发展基础巩固夯实，民生保障有力有效，社会大局和谐稳定，全面建设社会主义现代化国家迈出坚实步伐。

一、经济发展基本情况

（一）经济发展总体情况

初步核算，2023 年国内生产总值 1260582 亿元，比上年增长 5.2%。其中，第一产业增加值 89755 亿元，比上年增长 4.1%；第二产业增加值 482589 亿元，增长 4.7%；第三产业增加值 688238 亿元，增长 5.8%。第一产业增加值占国内生产总值比重为 7.1%，第二产业增加值比重为 38.3%，第三产业增加值比重为 54.6%。全年最终消费支出拉动国内生产总值增长 4.3 个百分点，资本形成总额拉动国内生产总值增长 1.5 个百分点，货物和服务净出口向下拉动国内生产总值 0.6 个百分点。全年人均国内生产总值 89358 元，比上年增长 5.4%。国民总收入 1251297 亿元，比上年增长 5.6%。全员劳动生产率为 161615 元/人，比上年提高 5.7%。2019—2023 年国内生产总值及其增长速度见图 1-1-1，三次产业增加值占国内生产总值比重见图 1-1-2，全员劳动生产率见图 1-1-3。

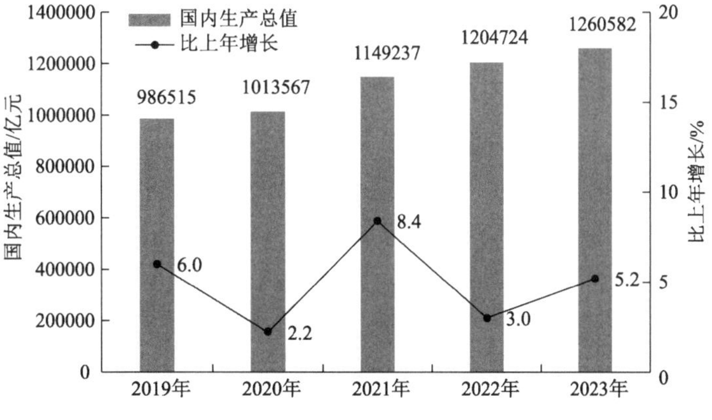

图 1-1-1　2019—2023 年国内生产总值及其增长速度

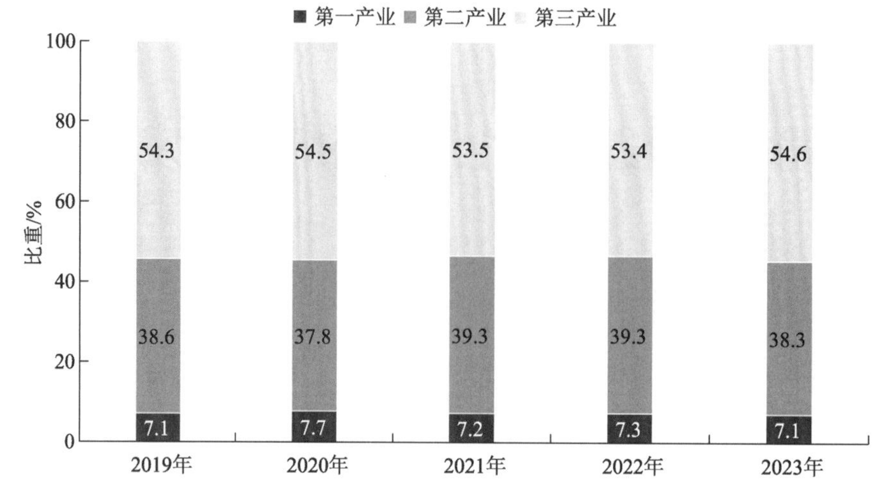

图 1-1-2 2019—2023 年三次产业增加值占国内生产总值比重

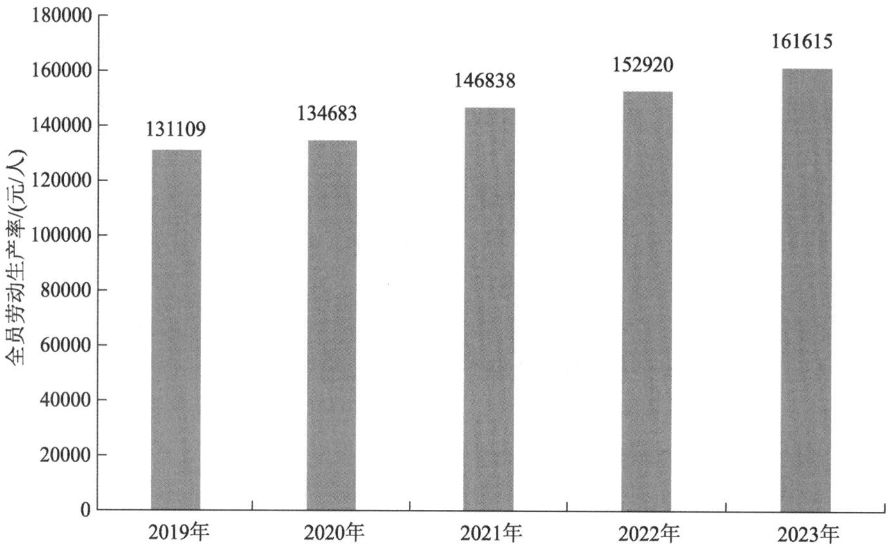

图 1-1-3 2019—2023 年全员劳动生产率

年末全国人口 140967 万人，比上年末减少 208 万人，其中城镇常住人口 93267 万人。全年出生人口 902 万人，出生率为 6.39‰；死亡人口 1110 万人，死亡率为 7.87‰；自然增长率为−1.48‰。2023 年末人口数及其构成见表 1-1-1。

表 1-1-1 2023 年末人口数及其构成

指标	年末数/万人	比重/%
全国人口	140967	100.0
其中：城镇	93267	66.2
乡村	47700	33.8
其中：男性	72032	51.1
女性	68935	48.9
其中：0~15 岁（含不满 16 周岁）	24789	17.6
16~59 岁（含不满 60 周岁）	86481	61.3

续表

指标	年末数/万人	比重/%
60 周岁及以上	29697	21.1
其中：65 周岁及以上	21676	15.4

年末全国就业人员 74041 万人，其中城镇就业人员 47032 万人，占全国就业人员比重为 63.5%。全年城镇新增就业 1244 万人，比上年多增 38 万人。全年全国城镇调查失业率平均值为 5.2%。年末全国城镇调查失业率为 5.1%。全国农民工总量 29753 万人，比上年增长 0.6%。其中，外出农民工 17658 万人，增长 2.7%；本地农民工 12095 万人，下降 2.2%。2019—2023 年城镇新增就业人数见图 1-1-4。

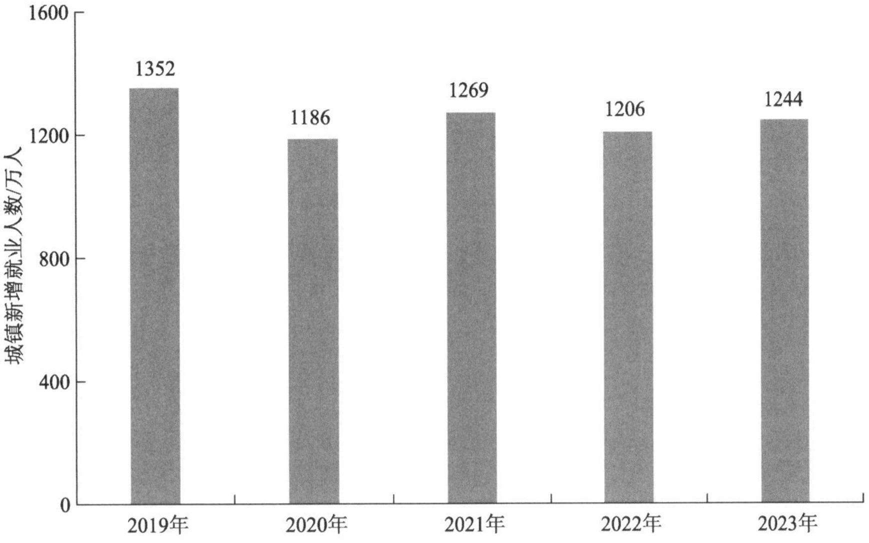

图 1-1-4　2019—2023 年城镇新增就业人数

全年居民消费价格比上年上涨 0.2%。工业生产者出厂价格下降 3.0%。工业生产者购进价格下降 3.6%。农产品生产者价格下降 2.3%。12 月份，70 个大中城市中，新建商品住宅销售价格同比上涨的城市个数为 20 个，持平的为 2 个，下降的为 48 个；二手住宅销售价格同比上涨的城市个数为 1 个，下降的为 69 个。2023 年居民消费价格月度涨跌幅度见图 1-1-5，居民消费价格比上年涨跌幅度见表 1-1-2。

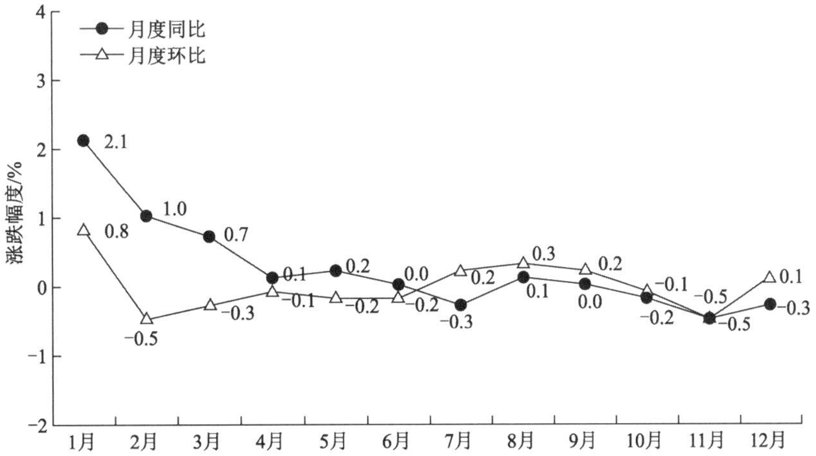

图 1-1-5　2023 年居民消费价格月度涨跌幅度

表 1-1-2　2023 年居民消费价格比上年涨跌幅度

单位：%

指标	全国	城市	农村
居民消费价格	0.2	0.3	0.1
其中：食品烟酒	0.3	0.4	0.1
衣着	1.0	1.1	0.6
居住	0.0	0.0	0.0
生活用品及服务	0.1	0.1	-0.1
交通通信	-2.3	-2.3	-2.4
教育文化娱乐	2.0	2.1	1.5
医疗保健	1.1	1.1	1.3
其他用品及服务	3.2	3.4	2.5

年末国家外汇储备 32380 亿美元，比上年末增加 1103 亿美元。全年人民币平均汇率为 1 美元兑 7.0467 元人民币，比上年贬值 4.5%。2019—2023 年末国家外汇储备见图 1-1-6。

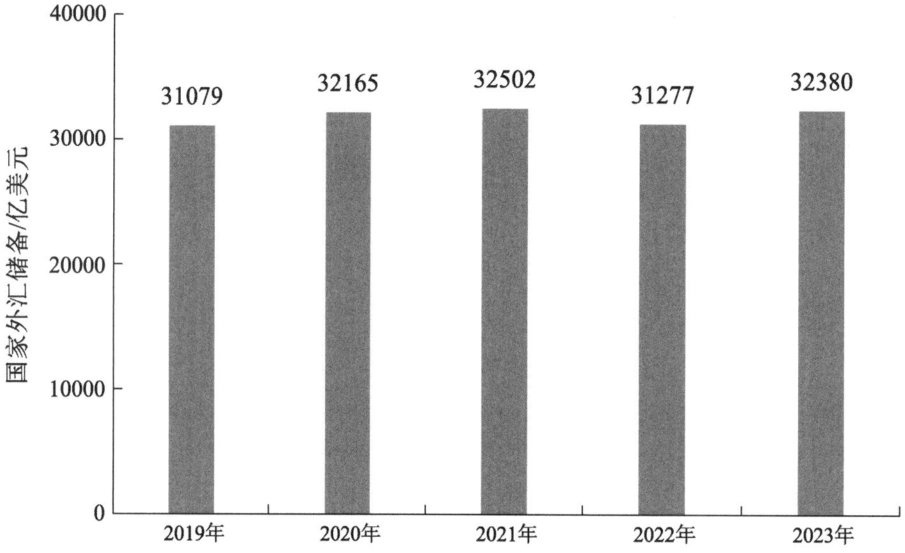

图 1-1-6　2019—2023 年末国家外汇储备

新动能成长壮大。全年规模以上工业中，装备制造业增加值比上年增长 6.8%，占规模以上工业增加值比重为 33.6%；高技术制造业增加值增长 2.7%，占规模以上工业增加值比重为 15.7%。新能源汽车产量 944.3 万辆，比上年增长 30.3%；太阳能电池（光伏电池）产量 5.4 亿千瓦，增长 54.0%；服务机器人产量 783.3 万套，增长 23.3%；3D 打印设备产量 278.9 万台，增长 36.2%。规模以上服务业中，战略性新兴服务业企业营业收入比上年增长 7.7%。高技术产业投资比上年增长 10.3%，制造业技术改造投资增长 3.8%。电子商务交易额 468273 亿元，比上年增长 9.4%。网上零售额 154264 亿元，比上年增长 11.0%。全年新设经营主体 3273 万户，日均新设企业 2.7 万户。

城乡融合和区域协调发展步伐稳健。年末全国常住人口城镇化率为 66.16%，比上年末提高 0.94 个百分点。分区域看，全年东部地区生产总值 652084 亿元，比上年增长 5.4%；中部地区生产总值 269898 亿元，增长 4.9%；西部地区生产总值

269325 亿元，增长 5.5%；东北地区生产总值 59624 亿元，增长 4.8%。全年京津冀地区生产总值 104442 亿元，比上年增长 5.1%；长江经济带地区生产总值 584274 亿元，增长 5.5%；长江三角洲地区生产总值 305045 亿元，增长 5.7%。粤港澳大湾区建设、黄河流域生态保护和高质量发展等区域重大战略深入推进。2019—2023 年末常住人口城镇化率见图 1-1-7。

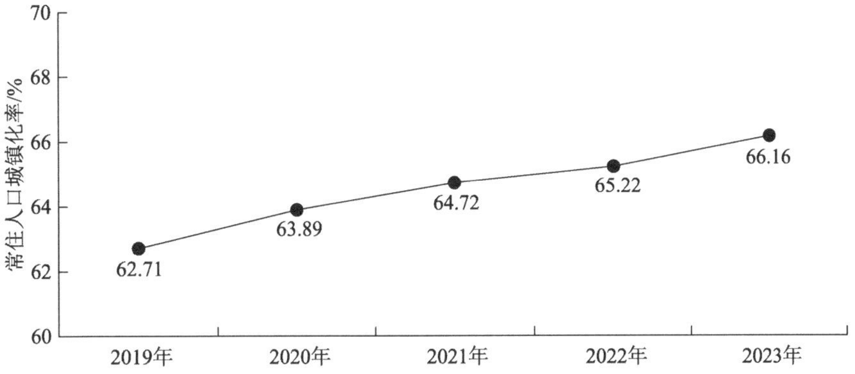

图 1-1-7　2019—2023 年末常住人口城镇化率

绿色低碳转型深入推进。全年全国万元国内生产总值二氧化碳排放与上年持平。水电、核电、风电、太阳能发电等清洁能源发电量 31906 亿千瓦时，比上年增长 7.8%。在监测的 339 个地级及以上城市中，空气质量达标的城市占 59.9%，未达标的城市占 40.1%。3641 个国家地表水考核断面中，水质优良（Ⅰ~Ⅲ类）断面比例为 89.4%，Ⅳ类断面比例为 8.4%，Ⅴ类断面比例为 1.5%，劣Ⅴ类断面比例为 0.7%。

（二）农业

全年粮食种植面积 11897 万公顷，比上年增加 64 万公顷。其中，稻谷种植面积 2895 万公顷，减少 50 万公顷；小麦种植面积 2363 万公顷，增加 11 万公顷；玉米种植面积 4422 万公顷，增加 115 万公顷；大豆种植面积 1047 万公顷，增加 23 万公顷。棉花种植面积 279 万公顷，减少 21 万公顷。油料种植面积 1392 万公顷，增加 78 万公顷。糖料种植面积 142 万公顷，减少 3 万公顷。

全年粮食产量 69541 万吨，比上年增加 888 万吨，增产 1.3%。其中，夏粮产量 14615 万吨，减产 0.8%；早稻产量 2834 万吨，增产 0.8%；秋粮产量 52092 万吨，增产 1.9%。谷物产量 64143 万吨，比上年增产 1.3%。其中，稻谷产量 20660 万吨，减产 0.9%；小麦产量 13659 万吨，减产 0.8%；玉米产量 28884 万吨，增产 4.2%。大豆产量 2084 万吨，增产 2.8%。2019—2023 年粮食产量见图 1-1-8。

全年棉花产量 562 万吨，比上年减产 6.1%。油料产量 3864 万吨，增产 5.7%。糖料产量 11504 万吨，增产 2.4%。茶叶产量 355 万吨，增产 6.1%。

全年猪牛羊禽肉产量 9641 万吨，比上年增长 4.5%。其中，猪肉产量 5794 万吨，增长 4.6%；牛肉产量 753 万吨，增长 4.8%；羊肉产量 531 万吨，增长 1.3%；禽肉产量 2563 万吨，增长 4.9%。禽蛋产量 3563 万吨，增长 3.1%。牛奶产量 4197 万吨，增长 6.7%。年末生猪存栏 43422 万头，比上年末下降 4.1%；全年生猪出栏 72662 万头，比上年增长 3.8%。

全年水产品总产量 7100 万吨，比上年增长 3.4%。其中，养殖产量 5812 万吨，增长 4.4%；捕捞产量 1288 万吨，下降 1.0%。

全年木材产量 11944 万立方米，比上年下降 2.0%。

全年新建和改造提升高标准农田面积 574 万公顷，新增高效节水灌溉面积 164 万公顷。

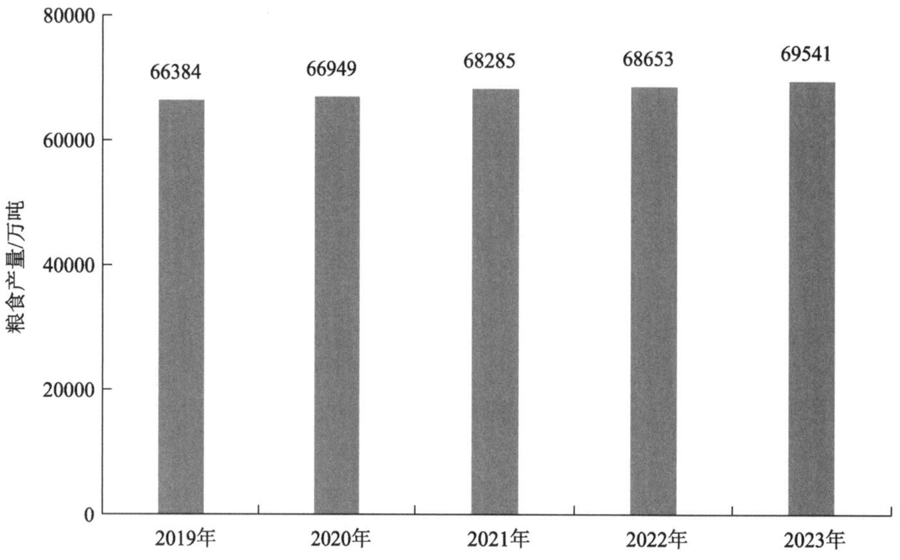

图 1-1-8　2019—2023 年粮食产量

（三）工业和建筑业

全年全部工业增加值 399103 亿元，比上年增长 4.2%。规模以上工业增加值增长 4.6%。在规模以上工业中，分经济类型看，国有控股企业增加值增长 5.0%；股份制企业增长 5.3%，外商及港澳台商投资企业增长 1.4%；私营企业增长 3.1%。分门类看，采矿业增长 2.3%，制造业增长 5.0%，电力、热力、燃气及水生产和供应业增长 4.3%。2019—2023 年全部工业增加值及其增长速度见图 1-1-9。

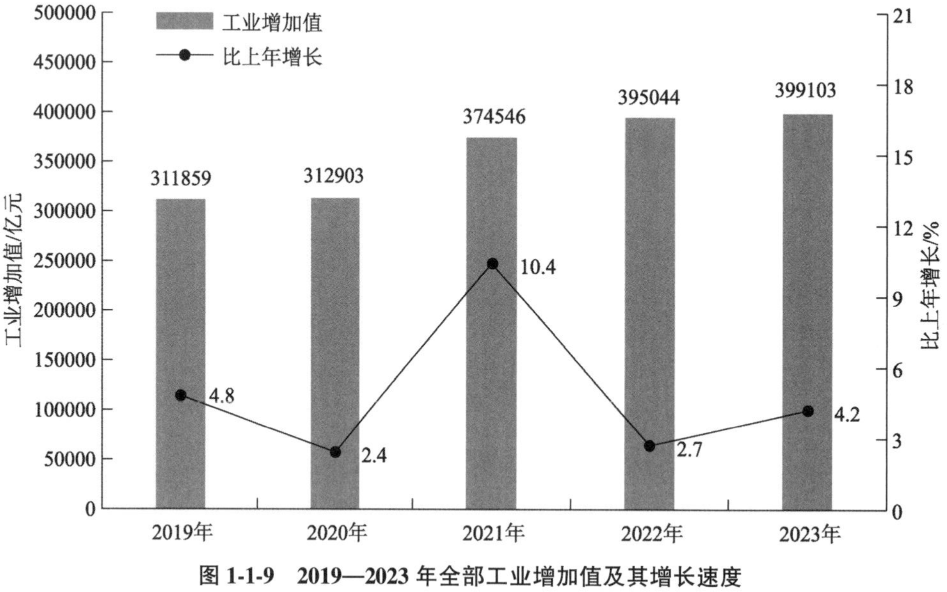

图 1-1-9　2019—2023 年全部工业增加值及其增长速度

全年规模以上工业中，农副食品加工业增加值比上年增长 0.2%，纺织业下降 0.6%，化学原料和化学制品制造业增长 9.6%，非金属矿物制品业下降 0.5%，黑色金属冶炼和压延加工业增长 7.1%，通用设备制造业增长 2.0%，专用设备制造业增长 3.6%，汽车制造业增长 13.0%，电气机械和器材制造业增长 12.9%，计算机、通信和其他电子设备制造业增长 3.4%，电力、热力生产和供应业增长 4.3%。2023 年规模以上工业主要产品产量及其增长速度见表 1-1-3。

表 1-1-3 2023 年规模以上工业主要产品产量及其增长速度

产品名称	单位	产量	比上年增长/%
纱	万吨	2234.2	-2.2
布	亿米	294.9	-4.8
化学纤维	万吨	7127.0	10.3
成品糖	万吨	1270.6	-13.2
卷烟	亿支	24427.5	0.4
彩色电视机	万台	19339.6	-1.3
家用电冰箱	万台	9632.3	14.5
房间空气调节器	万台	24487.0	13.5
粗钢	万吨	101908.1	0.0
钢材	万吨	136268.2	5.2
十种有色金属	万吨	7469.8	7.1
其中：精炼铜（电解铜）	万吨	1298.8	13.5
原铝（电解铝）	万吨	4159.4	3.7
水泥	亿吨	20.2	-0.7
硫酸（折 100%）	万吨	9580.0	3.4
烧碱（折 100%）	万吨	4101.4	3.5
乙烯	万吨	3189.9	6.0
化肥（折 100%）	万吨	5713.6	5.0
发电机组（发电设备）	万千瓦	23442.7	28.5
汽车	万辆	3011.3	9.3
其中：新能源汽车	万辆	944.3	30.3
大中型拖拉机	万台	38.0	-7.2
集成电路	亿块	3514.4	6.9
程控交换机	万线	507.0	-42.6
移动通信手持机	万台	156642.2	6.9
微型计算机设备	万台	33056.9	-17.4
工业机器人	万套	43.0	-2.2
太阳能工业用超白玻璃	万平方米	159264.8	58.6
充电桩	万个	287.8	36.9

全年规模以上工业企业利润 76858 亿元，比上年下降 2.3%。分经济类型看，国有控股企业利润 22623 亿元，比上年下降 3.4%；股份制企业 56773 亿元，下降 1.2%，外商及港澳台商投资企业 17975 亿元，下降 6.7%；私营企业 23438 亿元，增长 2.0%。分门类看，采矿业利润 12392 亿元，比上年下降 19.7%；制造业 57644 亿元，下降 2.0%；电力、热力、燃气及水生产和供应业 6822 亿元，增长 54.7%。规模以上工业企业每百元营业收入中的成本为 84.76 元，比上年增加 0.04 元；营业收入利润率为 5.76%，下降 0.2 个百分点。年末规模以上工业企业资产负债率为 57.1%，比上

年末下降 0. 1 个百分点。全年规模以上工业产能利用率为 75. 1%。

全年一次能源生产总量 48. 3 亿吨标准煤，比上年增长 4. 2%。2023 年主要能源产品产量及其增长速度见表 1-1-4。

表 1-1-4　2023 年主要能源产品产量及其增长速度

产品名称	单位	产量	比上年增长/%
原煤	亿吨	47. 1	3. 4
原油	万吨	20902. 6	2. 1
天然气	亿立方米	2324. 3	5. 6
发电量	亿千瓦时	94564. 4	6. 9
其中：火电	亿千瓦时	62657. 4	6. 4
水电	亿千瓦时	12858. 5	-4. 9
核电	亿千瓦时	4347. 2	4. 1
风电	亿千瓦时	8858. 7	16. 2
太阳能发电	亿千瓦时	5841. 5	36. 7

年末全国发电装机容量 291965 万千瓦，比上年末增长 13. 9%。其中，火电装机容量 139032 万千瓦，增长 4. 1%；水电装机容量 42154 万千瓦，增长 1. 8%；核电装机容量 5691 万千瓦，增长 2. 4%；并网风电装机容量 44134 万千瓦，增长 20. 7%；并网太阳能发电装机容量 60949 万千瓦，增长 55. 2%。

全年建筑业增加值 85691 亿元，比上年增长 7. 1%。全国具有资质等级的总承包和专业承包建筑业企业利润 8326 亿元，比上年增长 0. 2%，其中国有控股企业 4019 亿元，增长 4. 3%。2019—2023 年建筑业增加值及其增长速度见图 1-1-10。

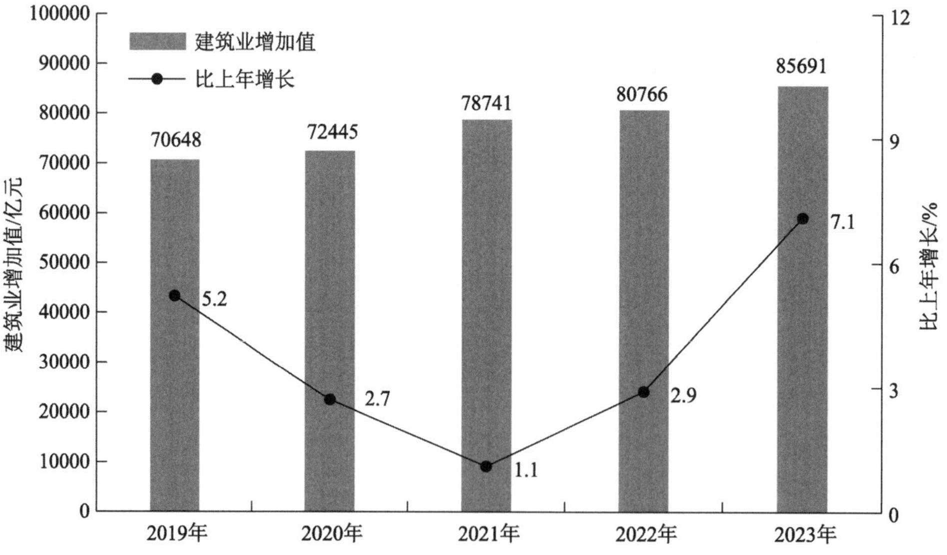

图 1-1-10　2019—2023 年建筑业增加值及其增长速度

（四）服务业

全年批发和零售业增加值 123072 亿元，比上年增长 6. 2%；交通运输、仓储和邮政业增加值 57820 亿元，增长 8. 0%；住宿和餐饮业增加值 21024 亿元，增长 14. 5%；金融业增加值 100677 亿元，增长 6. 8%；房地产业增加值 73723 亿元，下降 1. 3%；信息传输、软件和信息技术服务业增加值55194亿元，增长11.9%；租赁和商务服务业增加值44347亿元，增长9.3%。规模以上服务业企业营业收入比上年增长8.3%，利润总额增长26.8%。2019—2023年服务业增加值及其增长速度见图1-1-11。

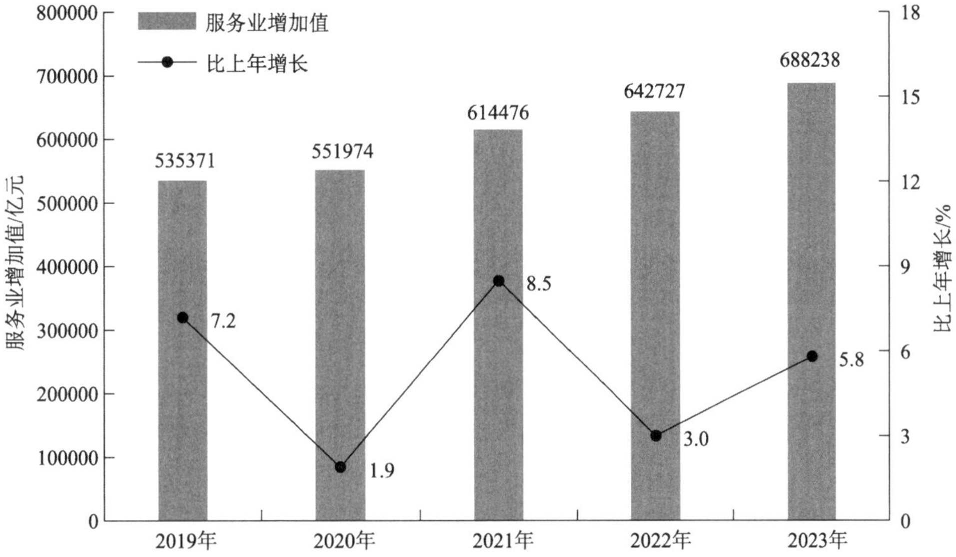

图1-1-11　2019—2023年服务业增加值及其增长速度

全年货物运输总量556.8亿吨，比上年增长8.1%。货物运输周转量247712.7亿吨公里，增长6.3%。港口完成货物吞吐量170亿吨，比上年增长8.2%，其中外贸货物吞吐量50亿吨，增长9.5%。港口集装箱吞吐量31034万标准箱，增长4.9%。2023年各种运输方式完成货物运输量及其增长速度见表1-1-5。

表1-1-5　2023年各种运输方式完成货物运输量及其增长速度

指标	单位	绝对数	比上年增长/%
货物运输总量	亿吨	556.8	8.1
铁路	亿吨	50.1	1.5
公路	亿吨	403.4	8.7
水路	亿吨	93.7	9.5
民航	万吨	735.4	21.0
管道	亿吨	9.5	7.5
货物运输周转量	亿吨公里	247712.7	6.3
铁路	亿吨公里	36437.6	1.5
公路	亿吨公里	73950.2	6.9
水路	亿吨公里	129951.5	7.4
民航	亿吨公里	283.6	11.6
管道	亿吨公里	7089.8	3.8

全年旅客运输总量93亿人次，比上年增长66.5%。旅客运输周转量28609.6亿人公里，增长121.4%。2023年各种运输方式完成旅客运输量及其增长速度见表1-1-6。

表 1-1-6　2023 年各种运输方式完成旅客运输量及其增长速度

指标	单位	绝对数	比上年增长/%
旅客运输总量	亿人次	93.0	66.5
铁路	亿人次	38.5	130.4
公路	亿人次	45.7	28.9
水路	亿人次	2.6	121.6
民航	亿人次	6.2	146.1
旅客运输周转量	亿人公里	28609.6	121.4
铁路	亿人公里	14729.4	123.9
公路	亿人公里	3517.6	46.1
水路	亿人公里	53.8	137.9
民航	亿人公里	10308.8	163.4

年末全国民用汽车保有量 33618 万辆（包括三轮汽车和低速货车 706 万辆），比上年末增加 1714 万辆，其中私人汽车保有量 29427 万辆，增加 1553 万辆。民用轿车保有量 18668 万辆，增加 928 万辆，其中私人轿车保有量 17541 万辆，增加 856 万辆。

全年完成邮政行业寄递业务总量 1625 亿件，比上年增长 16.8%。邮政业完成邮政函件业务 9.7 亿件，包裹业务 0.2 亿件，快递业务量 1320.7 亿件，快递业务收入 12074 亿元。2019—2023 年快递业务量及其增长速度见图 1-1-12。

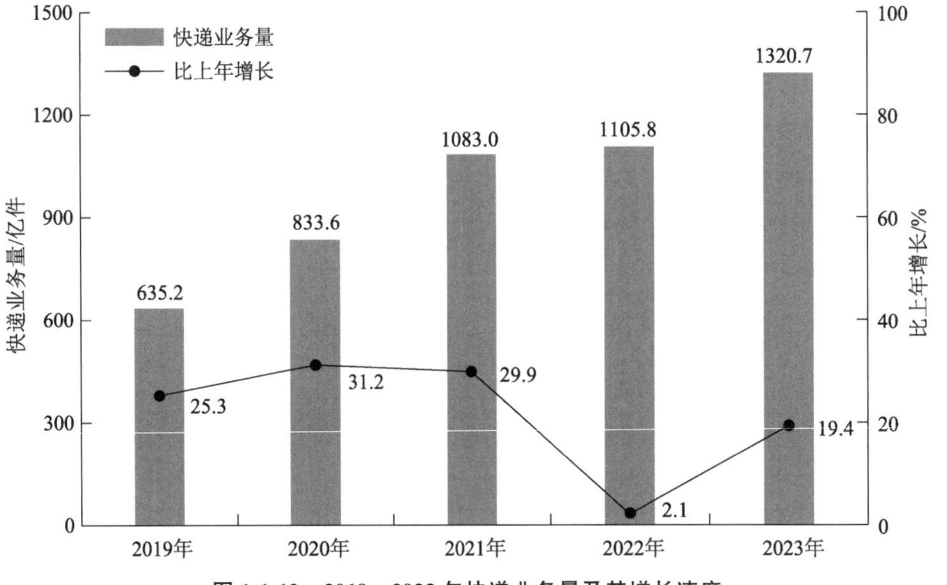

图 1-1-12　2019—2023 年快递业务量及其增长速度

全年完成电信业务总量 18327 亿元，比上年增长 16.8%。年末移动电话基站数 1162 万个，其中 4G 基站 629 万个，5G 基站 338 万个。全国电话用户总数 189992 万户，其中移动电话用户 172660 万户。移动电话普及率为 122.5 部/百人。固定互联网宽带接入用户 63631 万户，比上年末增加 4666 万户，其中 100M 速率及以上的宽带接入用户 60136 万户，增加 4756 万户。蜂窝物联网终端用户 23.32 亿户，增加 4.88 亿户。互联网上网人数 10.92 亿人，其中手机上网人数 10.91 亿人。互联网普及率为 77.5%，其中农村地区互联网普及率为 66.5%。全年移动互联网用户接入流量 3015 亿

GB，比上年增长 15. 2%。软件和信息技术服务业完成软件业务收入 123258 亿元，比上年增长 13. 4%。2019—2023 年末固定互联网宽带接入用户数见图 1-1-13。

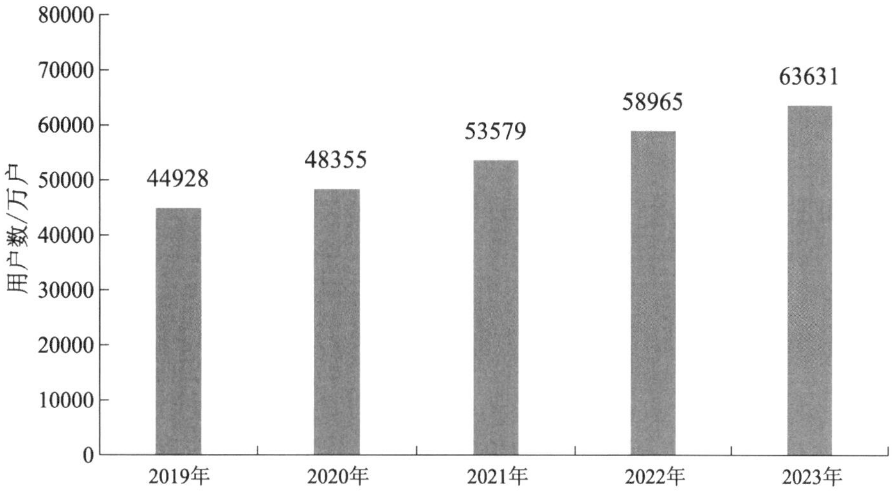

图 1-1-13　2019—2023 年末固定互联网宽带接入用户数

（五）国内贸易

全年社会消费品零售总额 471495 亿元，比上年增长 7. 2%。按经营地分，城镇消费品零售额 407490 亿元，增长 7. 1%；乡村消费品零售额 64005 亿元，增长 8. 0%。按消费类型分，商品零售额 418605 亿元，增长 5. 8%；餐饮收入 52890 亿元，增长 20. 4%。服务零售额比上年增长 20. 0%。2019—2023 年社会消费品零售总额及其增长速度见图 1-1-14。

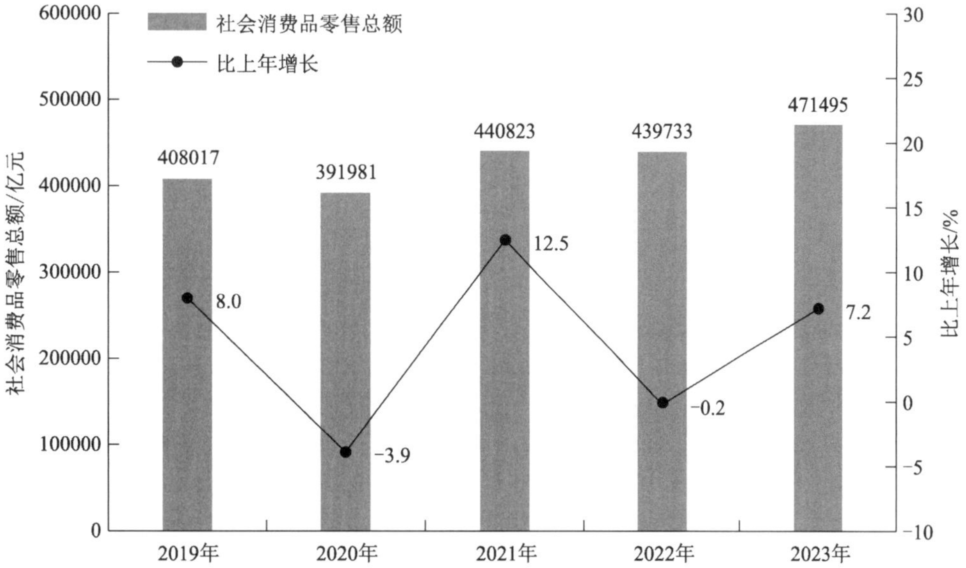

图 1-1-14　2019—2023 年社会消费品零售总额及其增长速度

全年限额以上单位商品零售额中，粮油、食品类零售额比上年增长 5. 2%，饮料类增长 3. 2%，烟酒类增长 10. 6%，服装、鞋帽、针纺织品类增长 12. 9%，化妆品类增长 5. 1%，金银珠宝类增长 13. 3%，日用品类增长 2. 7%，家用电器和音像器材类增长 0. 5%，中西药品类增长 5. 1%，文化办公用品类下降 6. 1%，家具类增长 2. 8%，通讯器材类增长 7. 0%，石油及制品类增长 6. 6%，汽车类增长 5. 9%，建筑及装潢材料类下降 7. 8%。

全年实物商品网上零售额 130174 亿元，按可比口径计算，比上年增长 8.4%，占社会消费品零售总额比重为 27.6%。

（六）固定资产投资

全年全社会固定资产投资 509708 亿元，比上年增长 2.8%。固定资产投资（不含农户）503036 亿元，增长 3.0%。在固定资产投资（不含农户）中，分区域看，东部地区投资增长 4.4%，中部地区投资增长 0.3%，西部地区投资增长 0.1%，东北地区投资下降 1.8%。

在固定资产投资（不含农户）中，第一产业投资 10085 亿元，比上年下降 0.1%；第二产业投资 162136 亿元，增长 9.0%；第三产业投资 330815 亿元，增长 0.4%。基础设施投资增长 5.9%。社会领域投资增长 0.5%。民间固定资产投资 253544 亿元，下降 0.4%；其中制造业民间投资增长 9.4%，基础设施民间投资增长 14.2%。2023 年三次产业投资占固定资产投资（不含农户）比重见图 1-1-15，分行业固定资产投资（不含农户）增长速度见表 1-1-7，固定资产投资新增主要生产与运营能力见表 1-1-8。

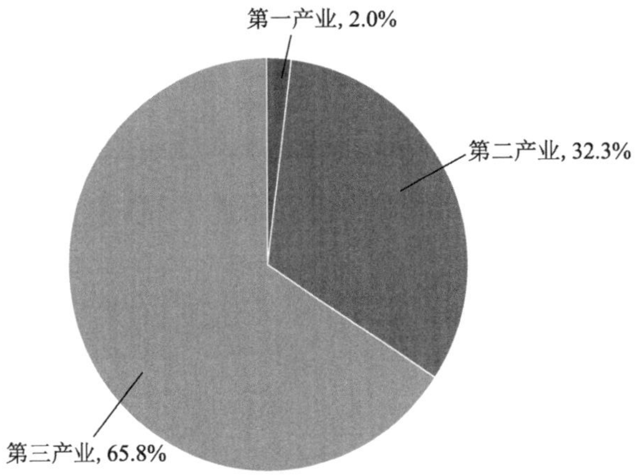

图 1-1-15 2023 年三次产业投资占固定资产投资（不含农户）比重

表 1-1-7 2023 年分行业固定资产投资（不含农户）增长速度

行业	比上年增长/%	行业	比上年增长/%
总计	3.0	金融业	-11.9
农、林、牧、渔业	1.2	房地产业	-8.1
采矿业	2.1	租赁和商务服务业	9.9
制造业	6.5	科学研究和技术服务业	18.1
电力、热力、燃气及水生产和供应业	23.0	水利、环境和公共设施管理业	0.1
建筑业	22.5	居民服务、修理和其他服务业	15.8
批发和零售业	-0.4	教育	2.8
交通运输、仓储和邮政业	10.5	卫生和社会工作	-3.8
住宿和餐饮业	8.2	文化、体育和娱乐业	2.6
信息传输、软件和信息技术服务业	13.8	公共管理、社会保障和社会组织	-37.0

表 1-1-8　2023 年固定资产投资新增主要生产与运营能力

指标	单位	绝对数
新增 220 千伏及以上交流变电设备容量	万千伏安	25656
新建铁路投产里程	公里	3637
其中：高速铁路	公里	2776
增、新建铁路复线投产里程	公里	3351
电气化铁路投产里程	公里	4463
新改建高速公路里程	公里	7498
港口万吨级及以上码头泊位新增通过能力	万吨/年	32529
新增民用运输机场	个	5
新增光缆线路长度	万公里	474

全年房地产开发投资 110913 亿元，比上年下降 9.6%。其中住宅投资 83820 亿元，下降 9.3%；办公楼投资 4531 亿元，下降 9.4%；商业营业用房投资 8055 亿元，下降 16.9%。全年新建商品房销售面积 111735 万平方米。二手房交易网签面积 70882 万平方米。年末新建商品房待售面积 67295 万平方米，其中商品住宅待售面积 33119 万平方米。2023 年房地产开发和销售主要指标及其增长速度见表 1-1-9。

表 1-1-9　2023 年房地产开发和销售主要指标及其增长速度

指标	单位	绝对数	比上年增长/%
房地产开发投资	亿元	110913	-9.6
其中：住宅	亿元	83820	-9.3
房屋施工面积	万平方米	838364	-7.2
其中：住宅	万平方米	589884	-7.7
房屋新开工面积	万平方米	95376	-20.4
其中：住宅	万平方米	69286	-20.9
房屋竣工面积	万平方米	99831	17.0
其中：住宅	万平方米	72433	17.2
新建商品房销售面积	万平方米	111735	-8.5
其中：住宅	万平方米	94796	-8.2
房地产开发企业本年到位资金	亿元	127459	-13.6
其中：国内贷款	亿元	15595	-9.9
个人按揭贷款	亿元	21489	-9.1

全年全国各类棚户区改造开工 159 万套，基本建成 193 万套；保障性租赁住房开工建设和筹集 213 万套（间）。新开工改造城镇老旧小区 5.37 万个，涉及居民 897 万户。

（七）对外经济

全年货物进出口总额 417568 亿元，比上年增长 0.2%。其中，出口 237726 亿元，增长 0.6%；进口 179842 亿元，下降 0.3%。货物进出口顺差 57883 亿元，比上年增加 1938 亿元。对共建“一带一路”国家进出口额 194719 亿元，比上年增长 2.8%。其中，出口 107314 亿元，增长 6.9%；进口 87405 亿元，下降 1.9%。对《区域全面经济伙伴关系协定》（RCEP）其他成员国进出口额

125967 亿元，比上年下降 1.6%。民营企业进出口额 223601 亿元，比上年增长 6.3%，占进出口总额比重为 53.5%。2019—2023 年货物进出口总额见图 1-1-16，2023 年货物进出口总额及其增长速度见表 1-1-10，2023 年主要商品出口数量、金额及其增长速度见表 1-1-11，2023 年主要商品进口数量、金额及其增长速度见表 1-1-12，2023 年对主要国家和地区货物进出口金额、增长速度及其比重见表 1-1-13。

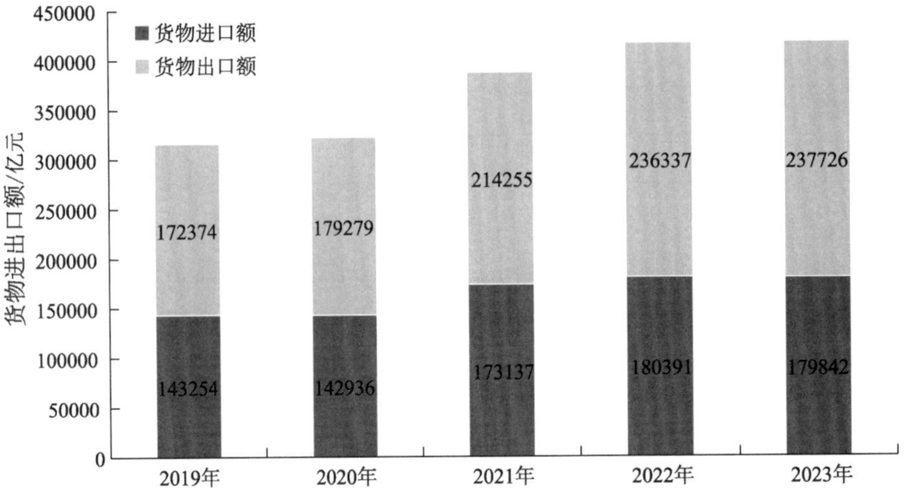

图 1-1-16　2019—2023 年货物进出口总额

表 1-1-10　2023 年货物进出口总额及其增长速度

指标	金额/亿元	比上年增长/%
货物进出口总额	417568	0.2
货物出口额	237726	0.6
其中：一般贸易	153530	2.5
加工贸易	49062	-9.0
其中：机电产品	139196	2.9
高新技术产品	59279	-5.8
货物进口额	179842	-0.3
其中：一般贸易	117042	1.3
加工贸易	27061	-11.3
其中：机电产品	65363	-5.5
高新技术产品	47916	-5.2
货物进出口顺差	57883	3.5

表 1-1-11　2023 年主要商品出口数量、金额及其增长速度

商品名称	单位	数量	比上年增长/%	金额/亿元	比上年增长/%
钢材	万吨	9026	36.2	5929	-3.4
纺织纱线、织物及其制品	—	—	—	9454	-3.1
服装及衣着附件	—	—	—	11206	-2.8
鞋靴	万双	891424	-2.5	3470	-8.0

续表

商品名称	单位	数量	比上年增长/%	金额/亿元	比上年增长/%
家具及其零件	—	—	—	4517	0.2
箱包及类似容器	万吨	331	13.5	2512	9.3
玩具	—	—	—	2858	-7.4
塑料制品	—	—	—	7090	1.4
集成电路	亿个	2678	-1.8	9568	-5.0
自动数据处理设备及其零部件	—	—	—	13187	-15.8
手机	万台	80213	-2.0	9797	2.9
集装箱	万个	231	-27.9	581	-39.8
液晶平板显示模组	万个	168929	2.9	1873	3.8
汽车（包括底盘）	万辆	522	57.4	7165	76.8

表 1-1-12　2023 年主要商品进口数量、金额及其增长速度

商品名称	单位	数量	比上年增长/%	金额/亿元	比上年增长/%
大豆	万吨	9941	11.4	4199	4.8
食用植物油	万吨	981	51.4	734	21.1
铁矿砂及其精矿	万吨	117906	6.6	9418	11.2
煤及褐煤	万吨	47442	61.8	3723	30.2
原油	万吨	56399	11.0	23733	-2.6
成品油	万吨	4769	80.3	1965	50.0
天然气	万吨	11997	9.9	4523	-3.4
初级形状的塑料	万吨	2960	-3.2	3182	-14.8
纸浆	万吨	3666	25.7	1665	11.6
钢材	万吨	765	-27.6	891	-21.5
未锻轧铜及铜材	万吨	550	-6.3	3356	-6.9
集成电路	亿个	4796	-10.8	24591	-10.6
汽车（包括底盘）	万辆	80	-8.9	3321	-5.8

表 1-1-13　2023 年对主要国家和地区货物进出口金额、增长速度及其比重

国家和地区	出口额/亿元	比上年增长/%	占全部出口比重/%	进口额/亿元	比上年增长/%	占全部进口比重/%
东盟	36817	0.0	15.5	27309	0.4	15.2
欧盟	35226	-5.3	14.8	19833	4.6	11.0
美国	35198	-8.1	14.8	11528	-1.8	6.4
日本	11076	-3.5	4.7	11309	-7.9	6.3
韩国	10467	-2.2	4.4	11381	-13.9	6.3
中国香港	19333	-1.3	8.1	958	84.3	0.5

续表

国家和地区	出口额/亿元	比上年增长/%	占全部出口比重/%	进口额/亿元	比上年增长/%	占全部进口比重/%
中国台湾	4819	-11.1	2.0	14033	-10.5	7.8
俄罗斯	7823	53.9	3.3	9093	18.6	5.1
巴西	4159	1.0	1.7	8625	18.4	4.8
印度	8279	6.5	3.5	1301	12.2	0.7
南非	1661	4.4	0.7	2245	3.7	1.2

全年服务进出口总额65754亿元，比上年增长10.0%。其中，出口26857亿元，下降5.8%；进口38898亿元，增长24.4%。服务进出口逆差12041亿元。

全年外商直接投资新设立企业53766家，比上年增长39.7%。实际使用外商直接投资额11339亿元，下降8.0%，折1633亿美元，下降13.7%。其中，共建“一带一路”国家对华直接投资（含通过部分自由港对华投资）新设立企业13649家，增长82.7%；对华直接投资额1221亿元，下降11.4%，折176亿美元，下降16.7%。高技术产业实际使用外资额4233亿元，下降4.9%，折610亿美元，下降10.8%。2023年外商直接投资额及其增长速度见表1-1-14。

表1-1-14　2023年外商直接投资额及其增长速度

行业	企业数/家	比上年增长/%	实际使用金额/亿元	比上年增长/%
总计	53766	39.7	11339	-8.0
其中：农、林、牧、渔业	418	-0.5	51	-36.8
制造业	3624	1.5	3179	-1.8
电力、热力、燃气及水生产和供应业	568	8.6	319	15.6
交通运输、仓储和邮政业	867	44.0	149	-57.2
信息传输、软件和信息技术服务业	3764	23.0	1134	-26.7
批发和零售业	18010	65.3	690	-28.2
房地产业	684	17.7	810	-11.4
租赁和商务服务业	10673	42.8	1819	-15.4
居民服务、修理和其他服务业	726	76.6	34	77.7

全年对外非金融类直接投资额9170亿元，比上年增长16.7%，折1301亿美元，增长11.4%。其中，对共建“一带一路”国家非金融类直接投资额2241亿元，增长28.4%，折318亿美元，增长22.6%。2023年对外非金融类直接投资额及其增长速度见表1-1-15。

表1-1-15　2023年对外非金融类直接投资额及其增长速度

行业	金额/亿美元	比上年增长/%
总计	1301	11.4
其中：农、林、牧、渔业	8	-3.6
采矿业	70	39.0
制造业	279	29.0

续表

行业	金额/亿美元	比上年增长/%
电力、热力、燃气及水生产和供应业	31	-12.5
建筑业	67	5.1
批发和零售业	292	38.6
交通运输、仓储和邮政业	65	42.3
信息传输、软件和信息技术服务业	49	-10.9
房地产业	10	-57.4
租赁和商务服务业	337	-13.0

全年对外承包工程完成营业额11339亿元，比上年增长8.8%，折1609亿美元，增长3.8%。其中，对共建“一带一路”国家完成营业额1321亿美元，增长4.8%，占对外承包工程完成营业额比重为82.1%。对外劳务合作派出各类劳务人员35万人。

（八）财政和金融

全年全国一般公共预算收入216784亿元，比上年增长6.4%；其中税收收入181129亿元，增长8.7%。全国一般公共预算支出274574亿元，比上年增长5.4%。全年新增减税降费及退税缓费超2.2万亿元。2019—2023年全国一般公共预算收入见图1-1-17。

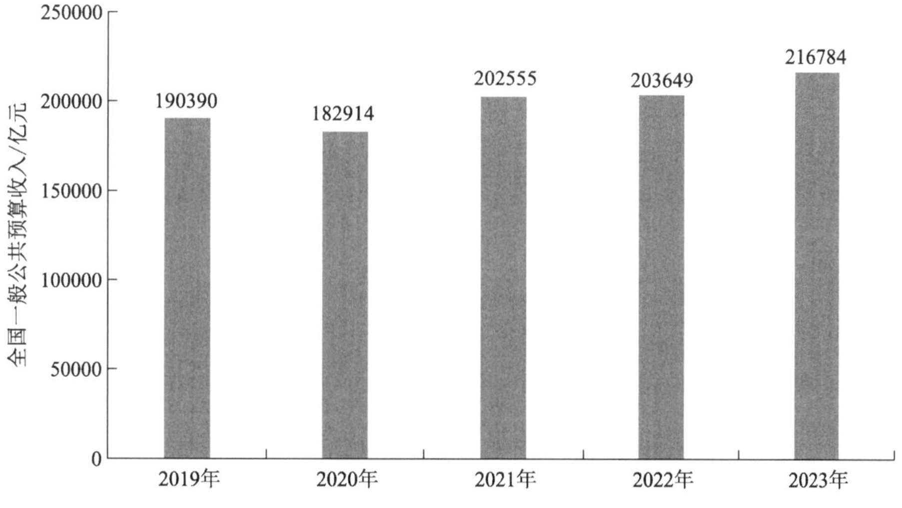

图1-1-17　2019—2023年全国一般公共预算收入

注：图中2019年至2022年数据为全国一般公共预算收入决算数，2023年为执行数。

年末广义货币供应量（M_2）余额292.3万亿元，比上年末增长9.7%；狭义货币供应量（M_1）余额68.1万亿元，增长1.3%；流通中货币（M_0）余额11.3万亿元，增长8.3%。

全年社会融资规模增量35.6万亿元，按可比口径计算，比上年增加3.4万亿元。年末社会融资规模存量378.1万亿元，按可比口径计算，比上年末增长9.5%，其中对实体经济发放的人民币贷款余额235.5万亿元，增长10.4%。年末全部金融机构本外币各项存款余额289.9万亿元，比年初增加25.4万亿元，其中人民币各项存款余额284.3万亿元，增加25.7万亿元。全部金融机构本外币各项贷款余额242.2万亿元，增加22.2万亿元，其中人民币各项贷款余额237.6万亿元，增加22.7

万亿元。人民币普惠小微贷款余额29.4万亿元，增加5.6万亿元。人民币制造业中长期贷款余额12.2万亿元，增加3.1万亿元。2023年末全部金融机构本外币存贷款余额及其增长速度见表1-1-16。

表1-1-16　2023年末全部金融机构本外币存贷款余额及其增长速度

指标	年末数/亿元	比上年末增长/%
各项存款	2899132	9.6
其中：境内住户存款	1378765	13.8
其中：人民币	1369895	13.8
境内非金融企业存款	817959	4.9
各项贷款	2422396	10.1
其中：境内短期贷款	623037	10.2
境内中长期贷款	1591965	11.3

年末主要农村金融机构（农村信用社、农村合作银行、农村商业银行）人民币贷款余额293584亿元，比年初增加26363亿元。全部金融机构人民币消费贷款余额579438亿元，增加10992亿元。其中，住户短期消费贷款余额103541亿元，增加5078亿元；住户中长期消费贷款余额475897亿元，增加5914亿元。

全年沪深交易所A股累计筹资10734亿元，比上年减少4375亿元。沪深交易所首次公开发行上市A股236只，筹资3418亿元，比上年减少2286亿元，其中科创板股票67只，筹资1439亿元；沪深交易所A股再融资（包括公开增发、定向增发、配股、优先股、可转债转股）7316亿元，减少2089亿元。北京证券交易所公开发行股票77只，筹资146亿元。全年各类主体通过沪深北交易所发行债券（包括公司债券、资产支持证券、国债、地方政府债券和政策性银行债券）筹资130677亿元，其中沪深交易所共发行上市基础设施领域不动产投资信托基金（REITs）40只，募集资金914亿元。全国中小企业股份转让系统挂牌公司6241家，全年挂牌公司累计股票筹资180亿元。

全年发行公司信用类债券13.8万亿元，比上年增加0.1万亿元。

全年保险公司原保险保费收入51247亿元，比上年增长9.1%。其中，寿险业务原保险保费收入27646亿元，健康险和意外伤害险业务原保险保费收入9993亿元，财产险业务原保险保费收入13607亿元。支付各类赔款及给付18883亿元。其中，寿险业务给付5505亿元，健康险和意外伤害险业务赔款及给付4207亿元，财产险业务赔款9171亿元。

二、社会发展基本情况

（一）居民收入消费和社会保障

全年全国居民人均可支配收入39218元，比上年增长6.3%，扣除价格因素，实际增长6.1%。全国居民人均可支配收入中位数33036元，增长5.3%。按常住地分，城镇居民人均可支配收入51821元，比上年增长5.1%，扣除价格因素，实际增长4.8%。城镇居民人均可支配收入中位数47122元，增长4.4%。农村居民人均可支配收入21691元，比上年增长7.7%，扣除价格因素，实际增长7.6%。农村居民人均可支配收入中位数18748元，增长5.7%。城乡居民人均可支配收入比值为2.39，比上年缩小0.06。按全国居民五等份收入分组，低收入组人均可支配收入9215元，中间偏下收入组人均可支配收入20442元，中间收入组人均可支配收入32195元，中间偏上收入组人均可支配收入50220元，高收入组人均可支配收入95055元。全国农民工人均月收入4780元，比上年增长3.6%。脱贫县农村居民人均可支配收入16396元，比上年增长8.5%，扣除价格因素，实际增长8.4%。2019—2023年全国居民人均可支配收入及其增长速度见图1-1-18。

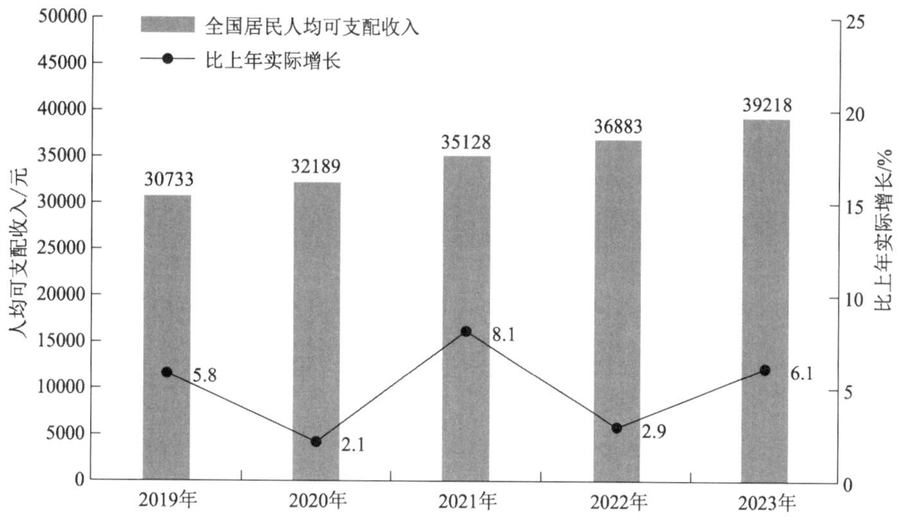

图 1-1-18　2019—2023 年全国居民人均可支配收入及其增长速度

全年全国居民人均消费支出 26796 元，比上年增长 9.2%，扣除价格因素，实际增长 9.0%。其中，人均服务性消费支出 12114 元，比上年增长 14.4%，占居民人均消费支出比重为 45.2%。按常住地分，城镇居民人均消费支出 32994 元，增长 8.6%，扣除价格因素，实际增长 8.3%；农村居民人均消费支出 18175 元，增长 9.3%，扣除价格因素，实际增长 9.2%。全国居民恩格尔系数为 29.8%，其中城镇为 28.8%，农村为 32.4%。2023 年全国居民人均消费支出及其构成见图 1-1-19。

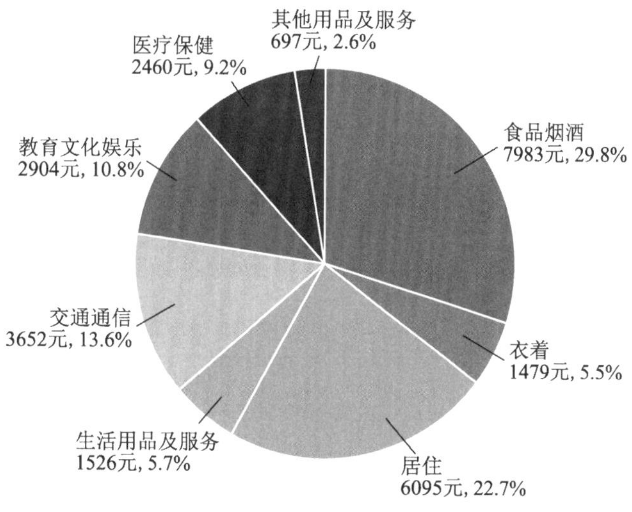

图 1-1-19　2023 年全国居民人均消费支出及其构成

年末全国参加城镇职工基本养老保险人数 52121 万人，比上年末增加 1766 万人。参加城乡居民基本养老保险人数 54522 万人，减少 430 万人。参加基本医疗保险人数 133387 万人，其中参加职工基本医疗保险人数 37094 万人，参加城乡居民基本医疗保险人数 96293 万人。参加失业保险人数 24373 万人，增加 566 万人。领取失业保险金人数 352 万人。参加工伤保险人数 30170 万人，增加 1054 万人。参加生育保险人数 24907 万人。年末全国共有 664 万人享受城市最低生活保障，3399 万人享受农村最低生活保障，435 万人享受农村特困人员救助供养，全年临时救助 742 万人次。全年领取国家定期抚恤金、定期生活补助金的退役军人和其他优抚对象 834 万人。

年末全国共有各类提供住宿的民政服务机构 4.4 万个，其中养老机构 4.1 万个，儿童福利和救助保护机构 971 个。民政服务床位 846.3 万张，其中养老服务床位 820.1 万张，儿童福利和救助保护机构床位9.8万张。

（二）科学技术和教育

全年研究与试验发展（R&D）经费支出33278亿元，比上年增长8.1%，与国内生产总值之比为2.64%，其中基础研究经费2212亿元，比上年增长9.3%，占R&D经费支出的比重为6.65%。国家自然科学基金共资助5.25万个项目。截至年末，纳入新序列管理的国家工程研究中心207个，国家企业技术中心1798家。国家科技成果转化引导基金累计设立36只子基金，资金总规模624亿元。国家级科技企业孵化器1606家，国家备案众创空间2376家。全年授予发明专利权92.1万件，比上年增长15.3%。PCT专利申请受理量7.4万件。截至年末，有效发明专利499.1万件，比上年末增长18.5%。每万人口高价值发明专利拥有量11.8件。全年商标注册438.3万件，比上年下降29.0%。全年共签订技术合同95万项，技术合同成交金额61476亿元，比上年增长28.6%。我国公民具备科学素质的比例达到14.14%。2019—2023年研究与试验发展（R&D）经费支出及其增长速度见图1-1-20，2023年专利授权和有效专利情况见表1-1-17。

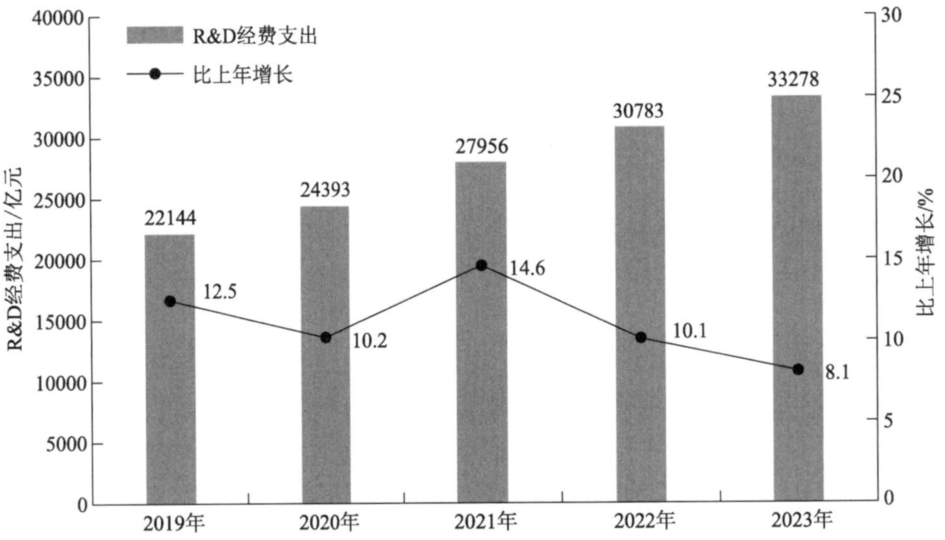

图1-1-20　2019—2023年研究与试验发展（R&D）经费支出及其增长速度

表1-1-17　2023年专利授权和有效专利情况

指标	专利数/万件	比上年增长/%
发明专利授权	92.1	15.3
其中：境内发明专利授权	81.3	18.0
实用新型专利授权	209.0	-25.5
外观设计专利授权	63.8	-11.5
年末有效发明专利	499.1	18.5
其中：境内有效发明专利	401.5	22.4
年末有效实用新型专利	1212.9	11.9
年末有效外观设计专利	323.4	14.2

全年成功完成66次宇航发射。天舟六号、神舟十六号、神舟十七号任务相继实施，中国空间站进入应用与发展阶段。全球首枚液氧甲烷火箭朱雀二号遥二运载火箭成功发射。量子计算原型机九章三号成功构建。全超导托卡马克核聚变实验装置实现稳态高约束模式等离子体运行403秒。

全球首座第四代核电站高温气冷堆示范工程投入商业运行。全球首台16兆瓦海上风电机组并网发电。C919大型客机正式投入商业运营。首艘国产大型邮轮完成试航。“奋斗者”号载人潜水器完成极限深潜。

年末全国共有国家质检中心877家。全国现有产品质量、体系和服务认证机构1242个，累计完成对102万家企业的认证。全年制定、修订国家标准2902项，其中新制定1708项。全年制造业产品质量合格率为93.65%。

全年研究生教育招生130.2万人，在学研究生388.3万人，毕业生101.5万人。普通、职业本专科招生1042.2万人，在校生3775.0万人，毕业生1047.0万人。中等职业教育招生616.5万人，在校生1737.9万人，毕业生537.1万人。普通高中招生967.8万人，在校生2803.6万人，毕业生860.4万人。初中招生1754.6万人，在校生5243.7万人，毕业生1623.6万人。普通小学招生1877.9万人，在校生10836.0万人，毕业生1763.5万人。特殊教育招生15.5万人，在校生91.2万人，毕业生17.3万人。学前教育在园幼儿4093.0万人。九年义务教育巩固率为95.7%，高中阶段毛入学率为91.8%。2019—2023年本专科、中等职业教育及普通高中招生人数见图1-1-21。

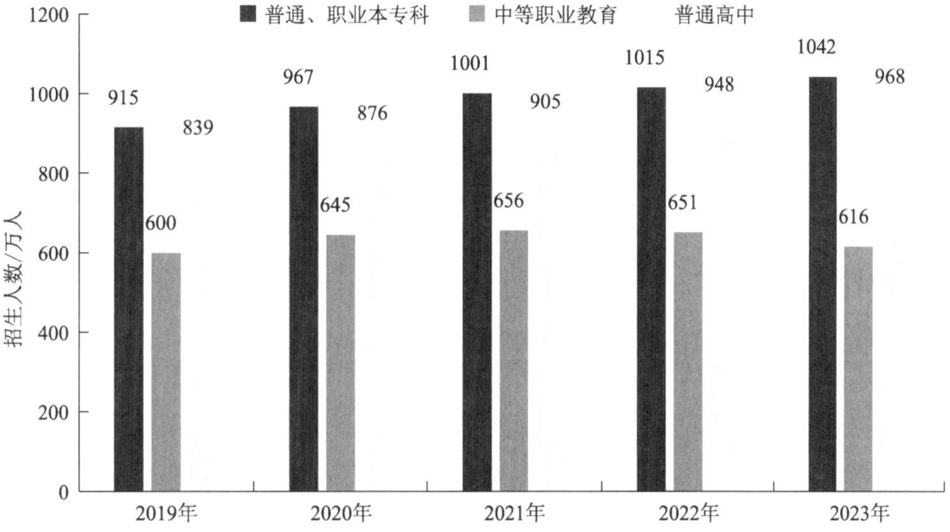

图1-1-21　2019—2023年本专科、中等职业教育及普通高中招生人数

（三）文化旅游、卫生健康和体育

年末全国文化和旅游部门所属艺术表演团体1893个。全国共有公共图书馆3309个，总流通112668万人次；文化馆3508个。有线电视实际用户2.02亿户，其中有线数字电视实际用户1.93亿户。年末广播节目综合人口覆盖率为99.7%，电视节目综合人口覆盖率为99.8%。全年生产电视剧156部4632集，电视动画片93811分钟。生产故事影片792部，科教、纪录、动画和特种影片179部。出版各类报纸258亿份，各类期刊18亿册，图书119亿册（张），人均图书拥有量8.40册（张）。年末全国共有档案馆4154个，已开放各类档案23827万卷（件）。全年全国规模以上文化及相关产业企业营业收入129515亿元，按可比口径计算，比上年增长8.2%。

全年国内出游48.9亿人次，比上年增长93.3%。其中，城镇居民国内出游37.6亿人次，增长94.9%；农村居民国内出游11.3亿人次，增长88.5%。国内游客出游总花费49133亿元，增长140.3%。其中，城镇居民出游花费41781亿元，增长147.5%；农村居民出游花费7353亿元，增长106.4%。入境游客8203万人次，其中外国人1378万人次，香港、澳门和台湾同胞6824万人次。入境游客总花费530亿美元。国内居民出境10096万人次，其中因私出境9684万人次，赴港澳台出境7704万人次。2019—2023年国内出游人次及其增长速度见图1-1-22。

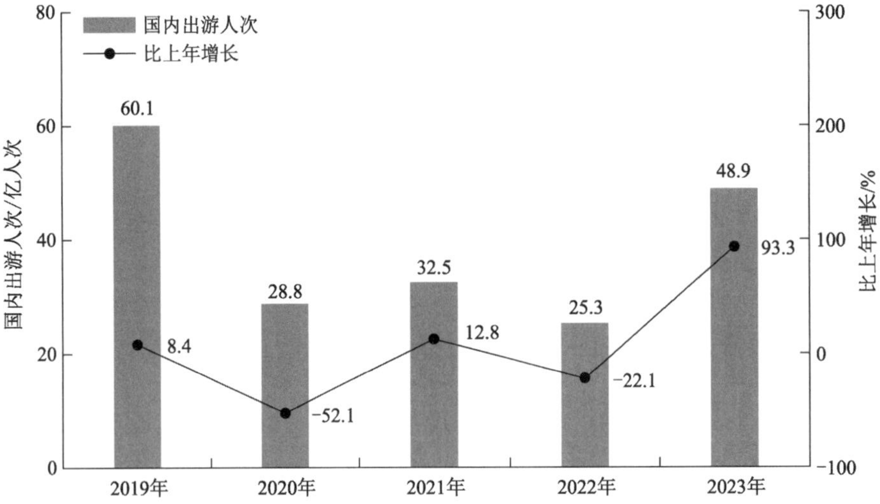

图 1-1-22　2019—2023 年国内出游人次及其增长速度

年末全国共有医疗卫生机构 107. 1 万个，其中医院 3. 9 万个，在医院中有公立医院 1. 2 万个，民营医院 2. 7 万个；基层医疗卫生机构 101. 6 万个，其中乡镇卫生院 3. 4 万个，社区卫生服务中心（站）3. 7 万个，门诊部（所）36. 2 万个，村卫生室 58. 3 万个；专业公共卫生机构 1. 2 万个，其中疾病预防控制中心 3426 个，卫生监督所（中心）2791 个。卫生技术人员 1247 万人，其中执业医师和执业助理医师 478 万人，注册护士 563 万人。医疗卫生机构床位 1020 万张，其中医院 800 万张，乡镇卫生院 151 万张。全年总诊疗人次 95. 6 亿人次，出院人次 3. 0 亿人次。2019—2023 年末卫生技术人员人数见图 1-1-23。

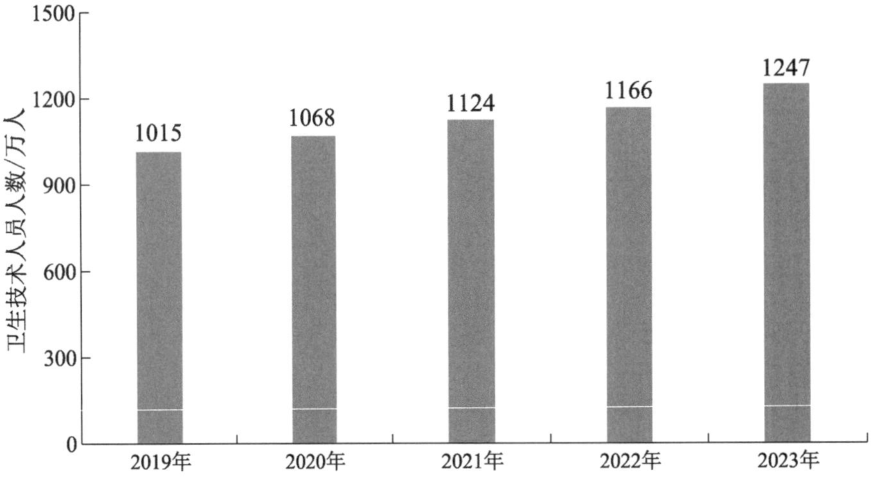

图 1-1-23　2019—2023 年末卫生技术人员人数

年末全国共有体育场地 459. 3 万个，体育场地面积 40. 7 亿平方米，人均体育场地面积 2. 89 平方米。全年我国运动员在 32 个项目中获得 165 个世界冠军，共创 20 项世界纪录。在杭州第 19 届亚运会上，我国运动员共获得 201 枚金牌，奖牌总数 383 枚，第 11 次蝉联亚运会金牌榜首位。我国残疾人运动员在 45 项国际赛事中获得 231 个世界冠军。在杭州第 4 届亚残运会上，我国运动员共获得 214 枚金牌，奖牌总数 521 枚，第 4 次蝉联亚残运会金牌榜和奖牌榜首位。

（四）资源、环境和应急管理

全年全国国有建设用地供应总量 74. 9 万公顷，比上年下降 2. 1%。其中，工矿仓储用地 17. 5 万公顷，下降 11.9%；房地产用地 8.4 万公顷，下降 23.3%；基础设施用地 49.0 万公顷，增长 7.2%。

全年水资源总量 24780 亿立方米。总用水量 5907 亿立方米，比上年下降 1.5%。其中，生活用水增长 0.5%，工业用水增长 0.2%，农业用水下降 2.9%，人工生态环境补水增长 3.9%。万元国内生产总值用水量 50 立方米，下降 6.4%。万元工业增加值用水量 26 立方米，下降 3.9%。人均用水量 419 立方米，下降 1.4%。

全年完成造林面积 400 万公顷，其中人工造林面积 133 万公顷，占全部造林面积的 33.4%。种草改良面积 438 万公顷。截至年末，共有国家公园 5 个。全年新增水土流失治理面积 6.3 万平方公里。

初步核算，全年能源消费总量 57.2 亿吨标准煤，比上年增长 5.7%。煤炭消费量增长 5.6%，原油消费量增长 9.1%，天然气消费量增长 7.2%，电力消费量增长 6.7%。煤炭消费量占能源消费总量比重为 55.3%，比上年下降 0.7 个百分点；天然气、水电、核电、风电、太阳能发电等清洁能源消费量占能源消费总量比重为 26.4%，上升 0.4 个百分点。重点耗能工业企业单位电石综合能耗下降 0.8%，单位合成氨综合能耗上升 0.9%，吨钢综合能耗上升 1.6%，单位电解铝综合能耗下降 0.1%，每千瓦时火力发电标准煤耗下降 0.2%。初步测算，扣除原料用能和非化石能源消费量后，全国万元国内生产总值能耗比上年下降 0.5%。全国碳排放权交易市场碳排放配额成交量 2.12 亿吨，成交额 144.4 亿元。2019—2023 年清洁能源消费量占能源消费总量的比重见图 1-1-24。

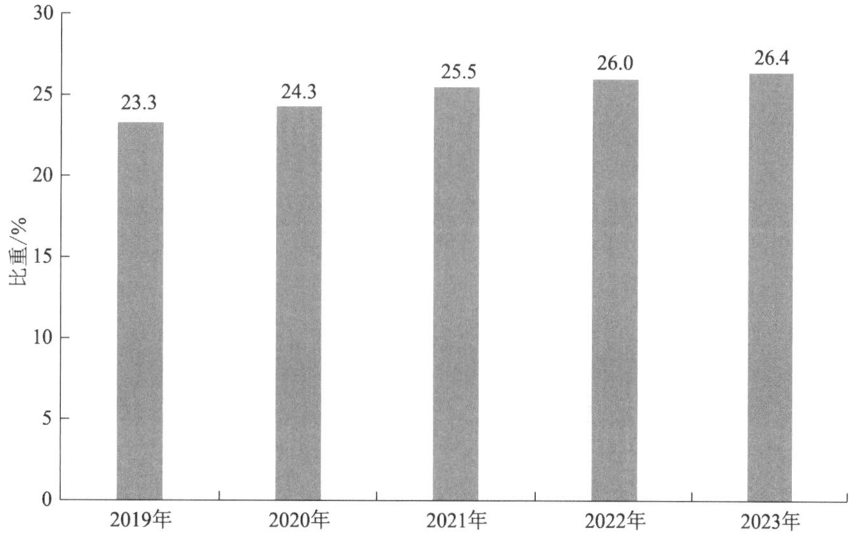

图 1-1-24　2019—2023 年清洁能源消费量占能源消费总量的比重

全年近岸海域海水水质达到国家一、二类海水水质标准的面积占 85.0%，三类海水占 4.5%，四类、劣四类海水占 10.5%。

在监测的 339 个地级及以上城市中，细颗粒物（$PM_{2.5}$）年平均浓度 30 微克/立方米，比上年上升 3.4%。

在开展城市区域声环境昼间监测的 326 个城市中，全年声环境质量好的城市占 5.8%，较好的占 69.3%，一般的占 23.9%，较差的占 0.9%，无差的城市。

全年平均气温为 10.71℃，比上年上升 0.21℃。共有 6 个台风登陆。

全年农作物受灾面积 1054 万公顷，其中绝收 98 万公顷。因洪涝和地质灾害造成直接经济损失 2451 亿元，因干旱灾害造成直接经济损失 206 亿元，因低温冷冻和雪灾造成直接经济损失 49 亿元，因海洋灾害造成直接经济损失 25 亿元。共发生 5.0 级以上地震 11 次，造成直接经济损失 153 亿元。共发生森林火灾 328 起，受害森林面积约 0.4 万公顷。

全年各类生产安全事故共死亡 21242 人，比上年下降 4.7%。工矿商贸企业就业人员 10 万人生产安全事故死亡人数 1.244 人，比上年上升 4.2%；煤矿百万吨死亡人数 0.094 人，上升 23.7%。道路交通事故万车死亡人数1.38人，下降5.5%。

三、 2023年主要工作

2023年，是全面贯彻党的二十大精神的开局之年，是本届政府依法履职的第一年。面对异常复杂的国际环境和艰巨繁重的改革发展稳定任务，以习近平同志为核心的党中央团结带领全国各族人民，顶住外部压力、克服内部困难，付出艰辛努力，新冠疫情防控实现平稳转段、取得重大决定性胜利，全年经济社会发展主要目标任务圆满完成，高质量发展扎实推进，社会大局保持稳定，全面建设社会主义现代化国家迈出坚实步伐。

一是加大宏观调控力度，推动经济运行持续好转。针对严峻挑战和疫后经济恢复的特点，我们统筹稳增长和增后劲，突出固本培元，注重精准施策，把握宏观调控的时、度、效，加强逆周期调节，不搞“大水漫灌”和短期强刺激，更多在推动高质量发展上用力，全年经济运行呈现前低中高后稳态势。围绕扩大内需、优化结构、提振信心、防范化解风险，延续优化一批阶段性政策，及时推出一批新政策，打出有力有效的政策组合拳。财政政策加力提效，加强重点领域支出保障，全年新增税费优惠超过2.2万亿元，增发1万亿元国债支持灾后恢复重建、提升防灾减灾救灾能力。货币政策精准有力，两次降低存款准备金率，两次下调政策利率，科技创新、先进制造、普惠小微、绿色发展等贷款大幅增长。出台支持汽车、家居、电子产品、旅游等消费政策，大宗消费稳步回升，生活服务消费加快恢复。发挥政府投资撬动作用，制定促进民间投资政策，能源、水利等基础设施和制造业投资较快增长。因城施策优化房地产调控，推动降低房贷成本，积极推进保交楼工作。制定实施一揽子化解地方债务方案，分类处置金融风险，守住了不发生系统性风险的底线。

二是依靠创新引领产业升级，增强城乡区域发展新动能。强化国家战略科技力量，加快实施重大科技项目。全面部署推进新型工业化。出台稳定工业经济运行、支持先进制造业举措，提高重点行业企业研发费用加计扣除比例，推动重点产业链高质量发展，工业企业利润由降转升。数字经济加快发展，5G用户普及率超过50%。深入实施新型城镇化战略，进一步放宽放开城市落户条件，增强县城综合承载能力，常住人口城镇化率提高到66.2%。强化农业发展支持政策，有力开展抗灾夺丰收，实施新一轮千亿斤粮食产能提升行动，乡村振兴扎实推进。完善区域协调发展体制机制，在落实区域重大战略方面推出一批新举措，实施一批重大项目，区域发展协调性、平衡性不断增强。

三是深化改革扩大开放，持续改善营商环境。出台建设全国统一大市场总体工作方案，清理一批妨碍公平竞争的政策规定。分别推出支持国有企业、民营企业、外资企业发展政策，建立政企常态化沟通交流机制，开展清理拖欠企业账款专项行动，加强违规收费整治。深化财税金融、农业农村、生态环保等领域改革。推动外贸稳规模、优结构，电动汽车、锂电池、光伏产品“新三样”出口增长近30%。完善吸引外资政策，拓展制度型开放。扎实推进共建“一带一路”高质量发展，与共建国家贸易投资较快增长。

四是强化生态环境保护治理，加快发展方式绿色转型。深入推进美丽中国建设。持续打好蓝天、碧水、净土保卫战。加快实施重要生态系统保护和修复重大工程。抓好水土流失、荒漠化综合防治。加强生态环保督察。制定支持绿色低碳产业发展政策。推进重点行业超低排放改造。启动首批碳达峰试点城市和园区建设。积极参与和推动全球气候治理。

五是着力抓好民生保障，推进社会事业发展。聚焦群众关切，办好民生实事。高度重视稳就业，出台支持企业稳岗拓岗政策，加强高校毕业生等重点群体就业促进服务，脱贫人口务工规模超过3300万人。强化义务教育薄弱环节建设，做好“双减”工作，国家助学贷款提标降息惠及1100多万学生。落实新冠病毒感染“乙类乙管”措施，扎实做好流感、支原体肺炎等传染病防治。实施职工医保普通门诊统筹。加强社区综合服务设施建设，大力发展老年助餐服务。提高优抚标准。强化困难群众兜底保障。有效应对海河等流域特大洪涝灾害，做好甘肃积石山地震等抢险救援，加强灾后恢复重建。推动文化传承发展，旅游市场全面恢复。群众体育蓬勃开展，成都大运会、杭州亚运会和亚残运会成功举办，我国体育健儿勇创佳绩。

六是全面加强政府建设，大力提升治理效能。坚定维护以习近平同志为核心的党中央权威和集中统一领导，当好贯彻党中央决策部署的执行者、行动派、实干家。深入开展学习贯彻习近平新时代中国特色社会主义思想主题教育。坚持把政治建设摆在首位，全面提高政府履职能力。深入推进法治政府建设。提请全国人大常委会审议法律议案10件，制定修订行政法规25部，实施提升行政执法质量三年行动。自觉依法接受监督。认真办理人大代表建议和政协委员提案。注重调查研究，努力使政策和工作符合实际、贴近群众。优化督查工作机制。加强党风廉政建设和反腐败斗争。严格落实中央八项规定精神，持续纠治“四风”，有力推进金融单位、国有企业等巡视整改工作。创新和完善城乡基层治理。扎实做好信访工作。狠抓安全生产和应急管理，开展重大事故隐患专项排查整治。推动完善国家安全体系。加强社会治安综合治理，有效打击电信网络诈骗等违法犯罪活动，平安中国建设取得新进展。

第二章　2023 年长三角地区经济社会发展情况

长三角地区由江苏省、浙江省、安徽省和上海市组成，面积 35.91 万平方公里，包括中央直辖市 1 个（上海市）、省辖市 40 个，其中：江苏省辖市 13 个、浙江省辖市 11 个、安徽省辖市 16 个。2023 年，长三角地区常住人口 2.38 亿，地区生产总值 30.5 万亿元。2023 年长三角地区三省一市及各省辖市经济社会发展主要指标见表 1-2-1。

表 1-2-1　2023 年长三角地区三省一市及各省辖市经济社会发展主要指标

地区	面积/万平方公里	人口/万人	地区生产总值/亿元	产业结构/%	财政收入/亿元	城镇人均可支配收入/元	农村人均纯收入/元	所属省份
上海市	0.63	2487.45	47218.66	0：25：75	8312.50	47446	19575	
江苏省	10.72	8526.00	128222.20	4：44：52	9930.18	89477	39729	
浙江省	10.55	6627.00	82553.00	3：41：56	8600.02	63211	28486	
安徽省	14.01	6121.00	47050.60	7：40：53	3938.96	74997	37565	
南京市	0.66	954.70	17421.40	2：34：64	1620.00	79858	36789	江苏省
无锡市	0.46	749.50	15456.19	1：48：51	1195.42	76644	44617	江苏省
徐州市	1.18	902.00	8900.44	9：41：50	545.96	44796	27065	江苏省
常州市	0.44	537.50	10116.36	2：48：50	680.30	71744	40401	江苏省
苏州市	0.87	1295.80	24653.40	1：47：52	2456.80	82989	46385	江苏省
南通市	0.80	774.90	11813.30	4：49：47	680.20	62512	32977	江苏省
连云港市	0.76	459.40	4363.61	10：46：44	256.02	43769	24411	江苏省
淮安市	1.00	453.80	5015.06	9：40：51	560.68	48498	25287	江苏省
盐城市	1.77	668.90	7403.90	11：40：49	482.70	48526	29744	江苏省
扬州市	0.66	445.04	7423.26	5：47：48	347.57	56781	31488	江苏省
镇江市	0.38	322.60	5264.07	3：48：49	320.71	64602	35466	江苏省
泰州市	0.58	450.70	6731.66	5：48：47	439.70	59604	31810	江苏省
宿迁市	0.85	497.80	4398.07	9：44：47	302.00	38756	24679	江苏省
杭州市	1.69	1252.20	20059.00	2：28：70	2617.00	80587	48180	浙江省
宁波市	0.98	969.70	16452.80	2：46：52	1785.90	80144	48350	浙江省
温州市	1.18	976.10	8730.60	2：41：57	622.70	77973	41622	浙江省
嘉兴市	0.42	558.40	7062.45	2：53：45	632.02	75909	49643	浙江省
湖州市	0.58	343.90	4015.10	4：49：47	410.50	74400	47455	浙江省

续表

地区	面积/万平方公里	人口/万人	地区生产总值/亿元	产业结构/%	财政收入/亿元	城镇人均可支配收入/元	农村人均纯收入/元	所属省份
绍兴市	0.83	539.40	7791.00	3∶48∶49	579.00	80392	48825	浙江省
金华市	1.09	716.30	6011.27	3∶39∶58	525.80	73639	38136	
衢州市	0.88	229.70	2125.20	4∶43∶53	204.21	60592	33993	
舟山市	2.22	117.30	2100.80	9∶48∶43	529.90	76435	49379	
台州市	1.00	671.20	6240.68	5∶44∶51	836.60	73879	40153	
丽水市	1.73	252.80	1964.40	6∶38∶56	186.10	58583	30811	
合肥市	1.14	985.30	12673.78	3∶37∶60	929.63	59609	31140	安徽省
淮北市	0.27	194.40	1365.50	7∶43∶50	104.80	43786	18807	
亳州市	0.84	409.10	2215.80	13∶35∶52	160.00	41726	19391	
宿州市	0.99	526.30	2291.50	15∶32∶53	161.80	40895	18282	
蚌埠市	0.60	326.20	2115.90	13∶32∶55	179.70	46796	22334	
阜阳市	1.01	808.40	3323.70	13∶35∶52	194.70	41359	18232	
淮南市	0.55	301.60	1601.60	10∶41∶49	130.50	45477	19105	
滁州市	1.35	405.50	3782.00	8∶49∶43	298.20	43423	20176	
六安市	1.55	434.30	2113.40	13∶39∶48	173.60	41279	18696	
马鞍山市	0.40	219.10	2590.55	4∶47∶49	208.37	62510	32670	
芜湖市	0.60	375.60	4741.07	4∶46∶50	414.28	54189	31517	
宣城市	1.23	248.70	1951.90	9∶46∶45	197.90	51318	23979	
铜陵市	0.30	130.10	1229.80	5∶46∶49	112.10	48767	21865	
池州市	0.84	132.30	1112.20	9∶44∶47	92.10	43440	22415	
安庆市	1.36	411.70	2878.30	9∶42∶49	193.50	43609	19526	
黄山市	0.97	131.60	1046.30	8∶34∶58	84.30	45859	23465	

第一节　长三角地区各省辖市地区生产总值情况

自2019年长三角一体化发展上升为国家战略以来，沪苏浙皖一市三省地区生产总值的全国占比逐年上升，2023年上海市地区生产总值为4.72万亿元，江苏省地区生产总值为12.82万亿元，浙江省地区生产总值为8.26万亿元，安徽省地区生产总值为4.71万亿元。长三角地区生产总值突破30万亿元大关，对全国高质量发展的支撑作用进一步增强。2019—2023年长三角地区一市三省地区生产总值见表1-2-2。

表 1-2-2　2019—2023 年长三角地区一市三省地区生产总值

单位：万亿元

地区	2019 年生产总值	2020 年生产总值	2021 年生产总值	2022 年生产总值	2023 年生产总值
上海市	3.82	3.87	4.32	4.47	4.72
江苏省	9.96	10.27	11.64	12.29	12.82
浙江省	6.24	6.46	7.35	7.78	8.26
安徽省	3.71	3.87	4.30	4.50	4.71

长三角一体化发展上升为国家战略以来，强劲活跃的增长极功能不断巩固提升。在复杂多变的国际经济环境下，2023 年长三角地区经济发展继续保持增长态势。2022—2023 年长三角地区各省辖市地区生产总值及其增长速度见表 1-2-3、表 1-2-4。

表 1-2-3　2022 年长三角地区各省辖市地区生产总值及其增长速度

排名	地区	地区生产总值/亿元		实际增速/%	排名	地区	地区生产总值/亿元		实际增速/%
		2021 年	2020 年				2021 年	2020 年	
1	苏州市	23958.3	22718.3	5.5	21	连云港市	4005.0	3727.9	7.4
2	杭州市	18753.0	18109.0	3.6	22	宿迁市	4112.0	3719.0	10.6
3	南京市	16907.9	16335.3	3.5	23	湖州市	3850.0	3644.0	5.7
4	宁波市	15704.3	14594.5	7.6	24	滁州市	3610.0	3362.1	7.4
5	无锡市	14850.8	14003.2	6.1	25	阜阳市	3233.3	3071.5	5.3
6	合肥市	12013.1	11412.8	5.3	26	安庆市	2767.5	2656.9	4.2
7	南通市	11379.6	11026.9	3.2	27	马鞍山市	2521.0	2439.3	3.3
8	常州市	9550.1	8877.6	7.6	28	宿州市	2224.6	2167.7	2.6
9	徐州市	8457.8	8117.4	4.2	29	蚌埠市	1989.0	1989.0	0.0
10	温州市	8029.8	7585.0	5.9	30	亳州市	2101.5	1972.7	6.5
11	绍兴市	7351.0	6795.0	8.2	31	六安市	2004.6	1923.5	4.2
12	扬州市	7105.0	6696.4	6.1	32	衢州市	2003.4	1875.6	6.8
13	盐城市	7079.8	6617.4	7.0	33	宣城市	1914.4	1833.9	4.4
14	嘉兴市	6739.5	6355.2	6.0	34	丽水市	1830.9	1710.0	7.1
15	泰州市	6401.8	6025.3	6.2	35	舟山市	1951.3	1703.6	14.5
16	台州市	6040.7	5786.2	4.4	36	淮南市	1541.1	1457.1	5.8
17	金华市	5562.5	5355.4	3.9	37	淮北市	1302.8	1233.0	5.7
18	镇江市	5017.0	4763.4	5.3	38	铜陵市	1209.9	1165.6	3.8
19	淮安市	4742.4	4550.1	4.2	39	池州市	1078.5	1004.2	7.4
20	芜湖市	4502.1	4302.6	4.6	40	黄山市	1003.3	957.4	4.8

表 1-2-4　2023 年长三角地区各省辖市地区生产总值

单位：亿元

排名	地区	地区生产总值	排名	地区	地区生产总值
1	苏州市	24653.40	21	宿迁市	4398.07
2	杭州市	20059.00	22	连云港市	4363.61
3	南京市	17421.40	23	湖州市	4015.10
4	宁波市	16452.80	24	滁州市	3782.00
5	无锡市	15456.19	25	阜阳市	3323.70
6	合肥市	12673.78	26	安庆市	2878.30
7	南通市	11813.30	27	马鞍山市	2590.55
8	常州市	10116.36	28	宿州市	2291.50
9	徐州市	8900.44	29	亳州市	2215.80
10	温州市	8730.60	30	衢州市	2125.20
11	绍兴市	7791.00	31	蚌埠市	2115.90
12	扬州市	7423.26	32	六安市	2113.40
13	盐城市	7403.90	33	舟山市	2100.80
14	嘉兴市	7062.45	34	丽水市	1964.40
15	泰州市	6731.66	35	宣城市	1951.90
16	台州市	6240.68	36	淮南市	1601.60
17	金华市	6011.27	37	淮北市	1365.50
18	镇江市	5264.07	38	铜陵市	1229.80
19	淮安市	5015.06	39	池州市	1112.20
20	芜湖市	4741.07	40	黄山市	1046.30

第二节　长三角地区各省辖市第一产业发展情况

总体上讲，第一产业是一个国家或地区经济发展的基础，但随着发展，第一产业在地区经济中所占的比重在不断降低。2019—2023 年长三角地区一市三省第一产业产值情况见表 1-2-5。

表 1-2-5　2019—2023 年长三角地区一市三省第一产业产值情况

单位：亿元

地区	2019 年总值	2020 年总值	2021 年总值	2022 年总值	2023 年总值
上海市	103.88	103.57	99.97	96.65	96.09
江苏省	4297.20	4536.70	4722.40	4959.40	5075.80
浙江省	2097.00	2169.00	2205.48	2324.77	2332.00
安徽省	2915.70	3184.70	3306.60	3513.70	3496.60

2023 年，长三角地区各省辖市第一产业总体仍然保持平稳发展。2021—2023 年长三角地区各省辖市第一产业产值情况见表 1-2-6、表 1-2-7、表 1-2-8。

表 1-2-6　2021 年长三角地区各省辖市第一产业产值情况

单位：亿元

排名	地区	总值	排名	地区	总值
1	徐州市	743.34	21	绍兴市	227.00
2	盐城市	735.80	22	苏州市	189.70
3	南通市	485.02	23	宣城市	172.00
4	淮安市	423.32	24	芜湖市	169.58
5	阜阳市	417.30	25	常州市	166.90
6	连云港市	398.13	26	温州市	164.30
7	宁波市	356.10	27	舟山市	158.40
8	宿迁市	353.03	28	镇江市	157.02
9	合肥市	351.05	29	淮南市	150.70
10	杭州市	333.00	30	金华市	150.30
11	宿州市	332.10	31	湖州市	148.60
12	泰州市	318.13	32	嘉兴市	132.00
13	扬州市	317.18	33	无锡市	130.33
14	南京市	303.94	34	丽水市	107.80
15	台州市	303.90	35	马鞍山市	104.23
16	滁州市	287.90	36	池州市	94.20
17	蚌埠市	272.41	37	衢州市	87.10
18	亳州市	271.40	38	淮北市	86.30
19	六安市	255.90	39	黄山市	72.30
20	安庆市	253.16	40	铜陵市	59.20

表 1-2-7　2022 年长三角地区各省辖市第一产业产值情况

单位：亿元

排名	地区	总值	排名	地区	总值
1	盐城市	793.80	11	宿州市	338.20
2	徐州市	771.89	12	泰州市	334.41
3	南通市	510.00	13	台州市	330.06
4	淮安市	445.42	14	扬州市	326.62
5	阜阳市	434.20	15	南京市	315.56
6	连云港市	424.23	16	滁州市	301.50
7	宁波市	382.00	17	蚌埠市	289.40
8	合肥市	379.20	18	亳州市	286.60
9	宿迁市	374.55	19	六安市	267.80
10	杭州市	346.00	20	安庆市	262.73

续表

排名	地区	总值	排名	地区	总值
21	绍兴市	244.00	31	淮南市	158.10
22	苏州市	192.98	32	嘉兴市	144.01
23	宣城市	179.60	33	无锡市	133.65
24	芜湖市	179.25	34	丽水市	117.71
25	温州市	177.50	35	马鞍山市	109.68
26	常州市	172.40	36	池州市	98.10
27	舟山市	170.90	37	衢州市	93.20
28	镇江市	163.87	38	淮北市	89.20
29	金华市	161.77	39	黄山市	78.20
30	湖州市	161.10	40	铜陵市	59.16

表 1-2-8　2023 年长三角地区各省辖市第一产业产值情况

单位：亿元

排名	地区	总值	排名	地区	总值
1	盐城市	818.90	21	绍兴市	239.00
2	徐州市	770.97	22	苏州市	195.20
3	南通市	519.60	23	舟山市	183.80
4	淮安市	462.95	24	芜湖市	182.99
5	连云港市	435.54	25	宣城市	179.90
6	阜阳市	433.10	26	温州市	179.60
7	宿迁市	389.50	27	常州市	178.92
8	宁波市	383.80	28	镇江市	167.52
9	合肥市	377.20	29	湖州市	158.90
10	杭州市	347.00	30	金华市	156.41
11	泰州市	344.71	31	淮南市	152.50
12	宿州市	338.40	32	嘉兴市	141.16
13	扬州市	337.09	33	无锡市	136.50
14	台州市	334.03	34	丽水市	115.00
15	南京市	317.75	35	马鞍山市	109.10
16	滁州市	295.10	36	池州市	97.30
17	亳州市	286.40	37	衢州市	91.20
18	蚌埠市	280.40	38	淮北市	89.70
19	六安市	272.20	39	黄山市	79.90
20	安庆市	256.50	40	铜陵市	63.50

第三节 长三角地区各省辖市第二产业发展情况

长三角地区一市三省供给侧结构性改革持续深化，加快创新发展；先进制造业增势良好，数字经济引领增长。2019—2023 年长三角地区一市三省第二产业产值情况见表 1-2-9。

表 1-2-9 2019—2023 年长三角地区一市三省第二产业产值情况

单位：亿元

地区	2019 年总值	2020 年总值	2021 年总值	2022 年总值	2023 年总值
上海市	10299. 16	10289. 47	11449. 32	11458. 43	11612. 97
江苏省	44270. 51	44226. 40	51557. 40	55888. 73	56909. 70
浙江省	26567. 00	26413. 00	29107. 13	30096. 78	33952. 70
安徽省	15337. 90	15671. 70	17613. 20	18588. 00	18871. 80

在经济发展的不同阶段，各个地区的产业结构变化呈现出不同的特点。对于长三角地区而言，在 40 多年的改革开放过程中，第二产业发展速度不断加快，在地区经济总量中所占的比重不断提升。

近年来，随着长三角地区发展动能与发展空间的变化，该地区的产业结构也出现了新的变化与新的特点：一是第二产业发展速度有所放缓，所占比重基本保持不变；二是第二产业内部出现了新的特点，特别是建立在高新技术基础上的新产业发展加速。2021—2023 年长三角地区各省辖市第二产业产值情况见表 1-2-10、表 1-2-11、表 1-2-12。

表 1-2-10 2021 年长三角地区各省辖市第二产业产值情况

单位：亿元

排名	地区	总值	排名	地区	总值
1	苏州市	10872. 80	16	台州市	2543. 00
2	宁波市	6997. 20	17	镇江市	2319. 73
3	无锡市	6710. 50	18	金华市	2208. 70
4	南京市	5902. 65	19	芜湖市	2048. 96
5	杭州市	5489. 00	20	淮安市	1889. 21
6	南通市	5357. 93	21	湖州市	1865. 00
7	常州市	4198. 90	22	滁州市	1644. 80
8	合肥市	4171. 21	23	连云港市	1625. 76
9	嘉兴市	3453. 80	24	宿迁市	1613. 47
10	徐州市	3376. 02	25	马鞍山市	1206. 26
11	绍兴市	3228. 00	26	安庆市	1162. 36
12	扬州市	3207. 37	27	阜阳市	1151. 20
13	温州市	3193. 30	28	宣城市	890. 70
14	泰州市	2918. 59	29	衢州市	811. 10
15	盐城市	2686. 10	30	宿州市	768. 60

续表

排名	地区	总值	排名	地区	总值
31	舟山市	754. 70	36	淮南市	594. 90
32	六安市	745. 50	37	铜陵市	577. 10
33	亳州市	681. 40	38	淮北市	514. 30
34	蚌埠市	673. 56	39	池州市	462. 30
35	丽水市	637. 30	40	黄山市	343. 30

表 1-2-11　2022 年长三角地区各省辖市第二产业产值情况

单位：亿元

排名	地区	总值	排名	地区	总值
1	苏州市	11521. 41	21	湖州市	1966. 20
2	宁波市	7413. 50	22	宿迁市	1843. 98
3	无锡市	7177. 39	23	连云港市	1814. 25
4	南京市	6069. 64	24	滁州市	1808. 00
5	杭州市	5620. 00	25	马鞍山市	1239. 36
6	南通市	5611. 10	26	阜阳市	1221. 30
7	常州市	4664. 50	27	安庆市	1215. 23
8	合肥市	4394. 50	28	舟山市	950. 40
9	嘉兴市	3719. 61	29	宣城市	937. 30
10	绍兴市	3598. 00	30	衢州市	874. 12
11	徐州市	3593. 22	31	六安市	784. 90
12	扬州市	3470. 02	32	宿州市	771. 60
13	温州市	3380. 80	33	亳州市	732. 60
14	泰州市	3158. 01	34	丽水市	705. 91
15	盐城市	2927. 80	35	蚌埠市	661. 80
16	台州市	2639. 10	36	淮南市	648. 90
17	镇江市	2471. 61	37	铜陵市	577. 09
18	金华市	2328. 48	38	淮北市	570. 30
19	芜湖市	2135. 58	39	池州市	502. 70
20	淮安市	2011. 90	40	黄山市	355. 20

表 1-2-12　2023 年长三角地区各省辖市第二产业产值情况

单位：亿元

排名	地区	总值	排名	地区	总值
1	苏州市	11541.40	21	连云港市	2011.68
2	宁波市	7540.50	22	湖州市	1978.70
3	无锡市	7376.85	23	宿迁市	1941.95
4	南京市	5929.00	24	滁州市	1862.50
5	南通市	5728.10	25	安庆市	1224.20
6	杭州市	5667.00	26	马鞍山市	1205.18
7	常州市	4857.43	27	阜阳市	1169.10
8	合肥市	4642.21	28	舟山市	1004.30
9	嘉兴市	3776.84	29	衢州市	908.74
10	绍兴市	3729.00	30	宣城市	906.40
11	徐州市	3622.34	31	六安市	824.50
12	温州市	3606.70	32	亳州市	772.20
13	扬州市	3509.60	33	丽水市	740.10
14	泰州市	3258.62	34	宿州市	739.20
15	盐城市	2981.20	35	蚌埠市	682.80
16	台州市	2628.43	36	淮南市	657.60
17	镇江市	2507.36	37	淮北市	584.90
18	金华市	2367.41	38	铜陵市	569.20
19	芜湖市	2181.22	39	池州市	488.90
20	淮安市	2023.21	40	黄山市	359.80

第四节　长三角地区各省辖市第三产业发展情况

在经济快速发展的基础上，长三角地区的发展质量与发展趋势发生了显著变化。第三产业在区域发展中的地位越来越重要，比重越来越大。

2019—2023 年长三角地区一市三省第三产业产值情况见表 1-2-13，2022—2023 年长三角地区各省辖市第三产业产值情况见表 1-2-14、表 1-2-15。

表 1-2-13　2019—2023 年长三角地区一市三省第三产业产值情况

单位：亿元

地区	2019 年总值	2020 年总值	2021 年总值	2022 年总值	2023 年总值
上海市	27752.28	28307.54	31665.56	33097.42	35509.60
江苏省	51064.70	53955.80	59866.40	62027.50	66236.70
浙江省	33688.00	36031.00	40118.00	42185.00	46268.60
安徽省	18860.40	19824.20	21985.40	22943.30	24682.20

表 1-2-14　2022 年长三角地区各省辖市第三产业产值情况

单位：亿元

排名	地区	总值	排名	地区	总值
1	杭州市	12787.00	21	宿迁市	1893.45
2	苏州市	12243.95	22	连云港市	1766.55
3	南京市	10522.65	23	湖州市	1722.70
4	宁波市	7908.80	24	阜阳市	1577.80
5	无锡市	7539.78	25	滁州市	1500.50
6	合肥市	7239.40	26	安庆市	1289.50
7	南通市	5258.50	27	马鞍山市	1171.92
8	常州市	4713.20	28	宿州市	1114.80
9	温州市	4471.50	29	亳州市	1082.30
10	徐州市	4092.73	30	蚌埠市	1061.10
11	绍兴市	3509.00	31	衢州市	1036.12
12	盐城市	3358.20	32	丽水市	1007.25
13	扬州市	3308.34	33	六安市	951.90
14	金华市	3072.22	34	舟山市	830.00
15	台州市	3071.56	35	宣城市	797.50
16	泰州市	2909.35	36	淮南市	734.10
17	嘉兴市	2875.83	37	淮北市	643.30
18	镇江市	2381.56	38	黄山市	568.90
19	淮安市	2285.10	39	铜陵市	529.33
20	芜湖市	2187.30	40	池州市	477.70

表 1-2-15　2023 年长三角地区各省辖市第三产业产值情况

单位：亿元

排名	地区	总值	排名	地区	总值
1	杭州市	14045.00	11	绍兴市	3823.00
2	苏州市	12916.80	12	盐城市	3603.80
3	南京市	11174.65	13	扬州市	3576.57
4	宁波市	8528.50	14	金华市	3487.45
5	无锡市	7942.84	15	台州市	3278.22
6	合肥市	7654.38	16	嘉兴市	3144.45
7	南通市	5565.50	17	泰州市	3128.33
8	常州市	5080.01	18	镇江市	2589.19
9	温州市	4944.30	19	淮安市	2528.90
10	徐州市	4507.13	20	芜湖市	2376.86

续表

排名	地区	总值	排名	地区	总值
21	宿迁市	2066.62	31	衢州市	1125.26
22	连云港市	1916.39	32	丽水市	1109.30
23	湖州市	1877.50	33	六安市	1016.70
24	阜阳市	1721.50	34	舟山市	912.70
25	滁州市	1624.40	35	宣城市	865.60
26	安庆市	1397.60	36	淮南市	791.50
27	马鞍山市	1276.27	37	淮北市	690.90
28	宿州市	1213.90	38	黄山市	606.60
29	亳州市	1157.20	39	铜陵市	597.10
30	蚌埠市	1152.70	40	池州市	526.00

第五节　长三角地区各省辖市地方财政收入情况

在一定时期内，财政收入反映了一个地区发展的质量，经济发展质量越好，财政收入在地区生产总值中所占的比重越大。同时，随着财政收入的不断增长，其对未来发展的支撑能力也越来越强。近年来，长三角地区总体的财政收入不断增长。随着国内国际双循环格局的加快建立，长三角地区未来的经济发展质量仍会不断提升。2019—2023 年长三角地区一市三省财政收入情况见表 1-2-16，2022—2023 年长三角地区各省辖市财政收入情况见表 1-2-17、表 1-2-18。

表 1-2-16　2019—2023 年长三角地区一市三省财政收入情况

单位：亿元

地区	2019 年总值	2020 年总值	2021 年总值	2022 年总值	2023 年总值
上海市	7165.10	7046.30	7771.80	7608.19	8312.50
江苏省	8802.36	9059.00	10015.20	9258.88	9930.18
浙江省	7048.00	7248.00	8263.00	8039.00	8600.02
安徽省	3183.00	3216.00	3498.20	3589.10	3938.96

表 1-2-17　2022 年长三角地区各省辖市财政收入情况

单位：亿元

排名	地区	总值	排名	地区	总值
1	杭州市	2451.00	8	南通市	613.00
2	苏州市	2329.20	9	嘉兴市	596.47
3	宁波市	1680.20	10	温州市	573.90
4	南京市	1558.20	11	绍兴市	540.00
5	无锡市	1133.38	12	徐州市	517.40
6	合肥市	909.25	13	金华市	489.16
7	常州市	631.80	14	盐城市	453.30

续表

排名	地区	总值	排名	地区	总值
15	台州市	440.75	28	安庆市	174.90
16	泰州市	416.65	29	蚌埠市	174.00
17	芜湖市	388.60	30	衢州市	173.10
18	湖州市	387.30	31	丽水市	170.86
19	镇江市	343.80	32	六安市	161.30
20	扬州市	325.49	33	舟山市	156.10
21	淮安市	300.08	34	宿州市	155.30
22	滁州市	277.90	35	亳州市	148.10
23	宿迁市	271.78	36	淮南市	120.30
24	连云港市	212.81	37	淮北市	101.00
25	马鞍山市	204.88	38	铜陵市	93.50
26	宣城市	188.50	39	黄山市	90.70
27	阜阳市	184.80	40	池州市	83.10

表 1-2-18　2023 年长三角地区各省辖市财政收入情况

单位：亿元

排名	地区	总值	排名	地区	总值
1	杭州市	2617.00	21	扬州市	347.57
2	苏州市	2456.80	22	镇江市	320.71
3	宁波市	1785.90	23	宿迁市	302.00
4	南京市	1620.00	24	滁州市	298.20
5	无锡市	1195.42	25	连云港市	256.02
6	合肥市	929.63	26	马鞍山市	208.37
7	台州市	836.60	27	衢州市	204.21
8	常州市	680.30	28	宣城市	197.90
9	南通市	680.20	29	阜阳市	194.70
10	嘉兴市	632.02	30	安庆市	193.50
11	温州市	622.70	31	丽水市	186.10
12	绍兴市	579.00	32	蚌埠市	179.70
13	淮安市	560.68	33	六安市	173.60
14	徐州市	545.96	34	宿州市	161.80
15	舟山市	529.90	35	亳州市	160.00
16	金华市	525.80	36	淮南市	130.50
17	盐城市	482.70	37	铜陵市	112.10
18	泰州市	439.70	38	淮北市	104.80
19	芜湖市	414.28	39	池州市	92.10
20	湖州市	410.50	40	黄山市	84.30

第六节　长三角地区各省辖市城镇居民人均可支配收入情况

居民收入的不断提高，既是一个地区发展质量提高的必然结果，同时也是改善地区财富分配格局的重要内容。只有让居民充分享受到改革发展的红利，才能实现一个地区的可持续发展。2019—2023 年长三角地区一市三省城镇居民人均可支配收入情况见表 1-2-19，2022—2023 年长三角地区各省辖市城镇居民人均可支配收入情况见表 1-2-20、表 1-2-21。

表 1-2-19　2019—2023 年长三角地区一市三省城镇居民人均可支配收入情况

单位：元

地区	2019 年总值	2020 年总值	2021 年总值	2022 年总值	2023 年总值
上海市	73615	76437	82429	84034	89477
江苏省	51056	53102	57743	60178	63211
浙江省	60182	62699	68487	71268	74997
安徽省	37540	39422	43009	45133	47446

表 1-2-20　2022 年长三角地区各省辖市城镇居民人均可支配收入情况

单位：元

排名	地区	总值	排名	地区	总值
1	苏州市	79537	21	扬州市	53673
2	杭州市	77043	22	芜湖市	51481
3	宁波市	76690	23	宣城市	48596
4	南京市	76643	24	铜陵市	46445
5	绍兴市	76199	25	淮安市	46041
6	无锡市	73332	26	盐城市	45896
7	温州市	73326	27	蚌埠市	44652
8	嘉兴市	72096	28	黄山市	43800
9	舟山市	71965	29	淮南市	43353
10	湖州市	71044	30	徐州市	42610
11	台州市	70737	31	淮北市	41701
12	金华市	69626	32	安庆市	41454
13	常州市	68578	33	连云港市	41282
14	镇江市	61552	34	滁州市	41043
15	南通市	59605	35	池州市	41035
16	马鞍山市	59420	36	亳州市	39364
17	衢州市	57465	37	阜阳市	39240
18	泰州市	56576	38	宿州市	38910
19	合肥市	56177	39	六安市	38883
20	丽水市	55784	40	宿迁市	36756

表 1-2-21　2023 年长三角地区各省辖市城镇居民人均可支配收入情况

单位：元

排名	地区	总值	排名	地区	总值
1	苏州市	82989	21	扬州市	56781
2	杭州市	80587	22	芜湖市	54189
3	绍兴市	80392	23	宣城市	51318
4	宁波市	80144	24	铜陵市	48767
5	南京市	79858	25	盐城市	48526
6	温州市	77973	26	淮安市	48498
7	无锡市	76644	27	蚌埠市	46796
8	舟山市	76435	28	黄山市	45859
9	嘉兴市	75909	29	淮南市	45477
10	湖州市	74400	30	徐州市	44796
11	台州市	73879	31	淮北市	43786
12	金华市	73639	32	连云港市	43769
13	常州市	71744	33	安庆市	43609
14	镇江市	64602	34	池州市	43440
15	南通市	62512	35	滁州市	43423
16	马鞍山市	62510	36	亳州市	41726
17	衢州市	60592	37	阜阳市	41359
18	合肥市	59609	38	六安市	41279
19	泰州市	59604	39	宿州市	40895
20	丽水市	58583	40	宿迁市	38756

第七节　长三角地区各省辖市农村居民人均可支配收入情况

长三角地区农村居民收入的增长速度始终保持快于地区生产总值的增长速度，有时也快于城镇居民收入的增长速度。这使得长三角地区城乡居民的收入水平一直保持比较协调的关系和比例。2019—2023 年长三角地区一市三省农村居民人均可支配收入情况见表 1-2-22，2022—2023 年长三角地区各省辖市农村居民人均可支配收入情况见表 1-2-23、表 1-2-24。

表 1-2-22　2019—2023 年长三角地区一市三省农村居民人均可支配收入情况

单位：元

地区	2019 年总值	2020 年总值	2021 年总值	2022 年总值	2023 年总值
上海市	33195	34911	38521	39729	42988
江苏省	22675	24198	26791	28486	30488
浙江省	29876	31930	35247	37565	40311
安徽省	15416	16620	18368	19575	21144

表 1-2-23　2022 年长三角地区各省辖市农村居民人均可支配收入情况

单位：元

排名	地区	总值	排名	地区	总值
1	嘉兴市	46276	21	合肥市	28727
2	舟山市	45924	22	丽水市	28470
3	绍兴市	45709	23	盐城市	27794
4	宁波市	45487	24	徐州市	25210
5	杭州市	45183	25	淮安市	23404
6	湖州市	44112	26	宿迁市	23058
7	苏州市	43785	27	连云港市	22667
8	无锡市	41934	28	宣城市	22060
9	温州市	38482	29	黄山市	21712
10	常州市	37852	30	蚌埠市	20687
11	台州市	37700	31	池州市	20602
12	金华市	35630	32	铜陵市	20264
13	南京市	34664	33	滁州市	18630
14	镇江市	33129	34	安庆市	18130
15	衢州市	31468	35	亳州市	17872
16	南通市	30819	36	淮南市	17722
17	马鞍山市	30363	37	淮北市	17495
18	泰州市	29417	38	六安市	17216
19	扬州市	29332	39	宿州市	16897
20	芜湖市	29210	40	阜阳市	16871

表 1-2-24　2023 年长三角地区各省辖市农村居民人均可支配收入情况

单位：元

排名	地区	总值	排名	地区	总值
1	嘉兴市	49643	11	台州市	40153
2	舟山市	49379	12	金华市	38136
3	绍兴市	48825	13	南京市	36789
4	宁波市	48350	14	镇江市	35466
5	杭州市	48180	15	衢州市	33993
6	湖州市	47455	16	南通市	32977
7	苏州市	46385	17	马鞍山市	32670
8	无锡市	44617	18	泰州市	31810
9	温州市	41622	19	芜湖市	31517
10	常州市	40401	20	扬州市	31488

续表

排名	地区	总值	排名	地区	总值
21	合肥市	31140	31	蚌埠市	22334
22	丽水市	30811	32	铜陵市	21865
23	盐城市	29744	33	滁州市	20176
24	徐州市	27065	34	安庆市	19526
25	淮安市	25287	35	亳州市	19391
26	宿迁市	24679	36	淮南市	19105
27	连云港市	24411	37	淮北市	18807
28	宣城市	23979	38	六安市	18696
29	黄山市	23465	39	宿州市	18282
30	池州市	22415	40	阜阳市	18232

第三章　2023 年江苏省经济社会发展情况

2023 年，江苏全省上下坚持以习近平新时代中国特色社会主义思想为指导，全面贯彻党的二十大、二十届二中全会精神和习近平总书记对江苏工作重要讲话重要指示精神，认真落实党中央、国务院部署决策，按照省委、省政府工作安排，坚决扛起“走在前、挑大梁、多作贡献”的责任担当，全面落实“四个走在前”“四个新”重大任务，面对复杂多变的外部环境和经济恢复进程中的矛盾问题，千方百计强信心、稳预期、促发展，全省经济运行率先整体好转，内生动力显著增强，质量效益持续提升，民生保障有力有效，高质量发展迈出坚实步伐。

第一节　经济发展基本情况

一、综合概况

经济总量稳步增长。初步核算，2023 年江苏省地区生产总值 128222.2 亿元，按不变价格计算，比上年增长 5.8%（图 1-3-1）。其中，第一产业增加值 5075.8 亿元，增长 3.5%；第二产业增加值 56909.7 亿元，增长 6.7%；第三产业增加值 66236.7 亿元，增长 5.1%。全年三次产业结构比例为 4 ∶ 44.4 ∶ 51.6。全省人均地区生产总值 150487 元，比上年增长 5.6%。2023 年江苏省国民经济主要指标占全国比重见表 1-3-1，江苏省人均国民经济主要指标主要年份对比见表 1-3-2。

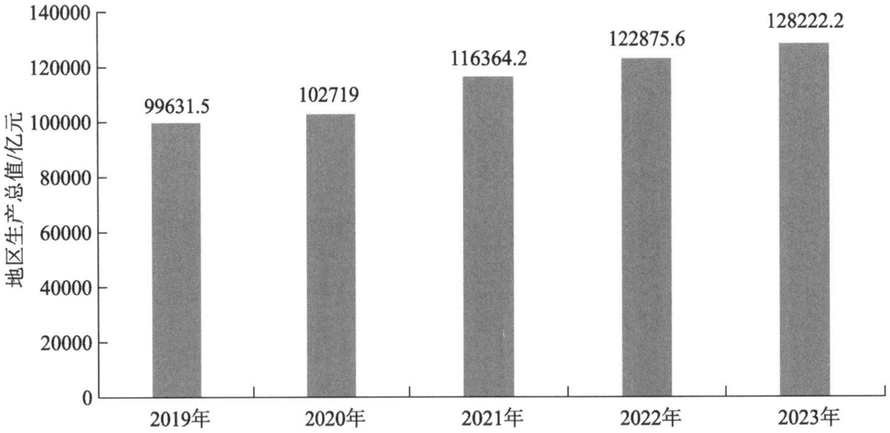

图 1-3-1　2019—2023 年江苏省地区生产总值

表 1-3-1　2023 年江苏省国民经济主要指标占全国比重

指标	单位	江苏绝对数	全国绝对数	江苏占全国的比重/%
地区生产总值	亿元	128222.2	1260582	10.2
其中：第一产业	亿元	5075.8	89755	5.7
第二产业	亿元	56909.7	482589	11.8
第三产业	亿元	66236.7	688238	9.6
工业用电量	亿千瓦时	5377.2	—	—
年末常住人口	万人	8526.0	140967	6.0
社会消费品零售总额	亿元	45547.5	471495	9.7
进出口总额	亿元	52493.8	417568	12.6
出口总额	亿元	33719.1	237726	14.2
实际利用外资	亿美元	253.4	1633	15.5
一般公共预算收入	亿元	9930.2	216784	4.6
一般公共预算支出	亿元	15242.7	274574	5.6
全体居民人均可支配收入	元	52674.0	39218	134.3
城镇居民人均可支配收入	元	63211.0	47122	134.1
农村居民人均可支配收入	元	30488.0	21691	140.6
金融机构人民币存款余额	亿元	239679.5	2899132	8.3
金融机构人民币贷款余额	亿元	233995.7	2422396	9.7

表 1-3-2　江苏省人均国民经济主要指标主要年份对比

指标	单位	2005 年	2010 年	2015 年	2020 年	2023 年
地区生产总值	元	23984	52787	89420	102719	128222.2
工业用电量	亿千瓦时	1771.28	3052.12	3903.61	4523.11	5377.2
社会消费品零售总额	亿元	7591	17115	32475	43769	45547.5
一般公共预算收入	亿元	1751	5204	10076	10691	9930.2
一般公共预算支出	亿元	2215	6268	12158	16147	15242.7
全体居民人均可支配收入	元	8712	—	29539	43390	52674
城镇居民人均可支配收入	元	12319	22944	37173	53102	63211
农村居民人均可支配收入	元	5276	9118	16257	24198	30488
金融机构人民币存款余额	亿元	22001.44	58984.14	107873.03	172580.27	239679.5
金融机构人民币贷款余额	亿元	15396.59	42121.04	78866.34	154523.28	233995.7

经济活力有效释放。全年非公有制经济增加值 96551.3 亿元，占地区生产总值比重为 75.3%；民营经济增加值占地区生产总值比重为 57.9%。年末市场监管部门登记的私营企业 397.6 万户，全年新登记私营企业 53.1 万户；年末个体经营户 998.9 万户，全年新登记个体经营户 116.9 万户。扬子江城市群、沿海经济带对全省经济增长的贡献率分别为 71.4%、20.3%。

新兴产业发展壮大。全年工业战略性新兴产业、高新技术产业产值占规模以上工业比重分别达41.3%、49.9%，比上年分别提高0.5个、1.4个百分点。全年规模以上战略性新兴服务业营业收入比上年增长9.4%，互联网和相关服务业营业收入增长18%。全年数字经济核心产业增加值占地区生产总值比重达11.4%。

就业创业有力保障。全年城镇新增就业138.29万人，同比增长5.1%。全年城镇调查失业率均值为4.6%，低于5.2%的全国平均水平。落实社保降费、稳岗返还、扩岗补助等政策231亿元；重点群体就业保障有力，帮扶20.52万名就业困难人员实现就业；累计开展政府补贴性技能培训118.66万人次；支持成功自主创业30.77万人。

居民消费价格小幅上涨。全年居民消费价格比上年上涨0.4%。分城乡看，城市上涨0.5%，农村上涨0.3%。分类别看，食品烟酒价格上涨1.0%，衣着价格上涨1.4%，生活用品及服务价格上涨0.6%，教育文化娱乐价格上涨1.8%，医疗保健价格上涨3.2%，其他用品及服务价格上涨3.9%，交通通信价格下降3.3%，居住价格与上年持平。食品中，粮食、食用油、鲜奶、鲜果、鲜菌价格分别上涨1.8%、2.1%、1.0%、5.6%、1.6%；猪肉、鸡蛋、鲜菜价格分别下降10.6%、0.1%、0.8%。2023年江苏省居民消费价格指数及其构成情况见表1-3-3。

工业生产者价格同比下降。全年工业生产者出厂价格比上年下降3.3%，其中生产资料出厂价格下降3.9%，生活资料出厂价格下降0.8%。全年工业生产者购进价格比上年下降3.6%，其中燃料动力类购进价格下降5.5%，农副产品类购进价格下降6.9%。

表1-3-3　2023年江苏省居民消费价格指数及其构成情况（以上年为100）

指标	全省价格指数	城市价格指数	农村价格指数
居民消费价格	100.4	100.5	100.3
食品烟酒	101.0	100.9	101.1
衣着	101.4	101.6	100.3
居住	100.0	100.1	99.7
生活用品及服务	100.6	100.6	100.6
交通通信	96.7	96.8	96.5
教育文化娱乐	101.8	101.7	101.8
医疗保健	103.2	103.0	103.7
其他用品及服务	103.9	104.1	103.2

二、农林牧渔业

粮食生产再获丰收。全年粮食总产量759.5亿斤，比上年增产0.8%。其中，夏粮产量281.4亿斤，增产0.5%；秋粮产量478.1亿斤，增产0.9%；粮食亩产463.8公斤，增产0.5%；粮食总产、亩产均创历史新高。全年粮食播种面积545.9万公顷，比上年增加1.5万公顷；棉花种植面积0.3万公顷；油料种植面积31.2万公顷；蔬菜种植面积148.4万公顷。

林牧渔业生产总体平稳。全年造林面积1.6万公顷。全年猪牛羊禽肉产量329.9万吨，比上年增长4.4%；禽蛋产量235.3万吨，增长0.8%；牛奶产量72.9万吨，增长6%。水产品产量517.8万吨（不含远洋捕捞），比上年增长2.9%。其中淡水产品379.8万吨，增长2.8%；海水产品138万吨，增长3.3%。

农业现代化水平显著提升。全年完成120万亩高标准农田新建任务。农作物耕种收综合机械化率87.2%，特色机械化率62%，农业科技进步贡献率达72%。全省有效灌溉面积385.7万公顷，新增有效灌溉面积2万公顷。年末农业机械总动力达5360万千瓦，比上年末增长1.8%。2023年江苏省主要农产品产量情况见表1-3-4。

表 1-3-4　2023 年江苏省主要农产品产量情况

产品名称	产量/万吨	比上年增长/%
粮食	3797.7	0.8
棉花	0.5	-13.3
油料	103.4	7.4
# 油菜籽	61.3	10.1
花生	40.7	3.0
蔬菜	6135.6	2.7
茶叶	1.1	0.1
水果（含瓜果类）	1015.2	1.3
猪牛羊禽肉	329.9	4.4
水产品（不含远洋捕捞）	517.8	2.9

三、工业和建筑业

工业经济稳中有进。全年规模以上工业增加值比上年增长 7.6%。分经济类型看，国有企业增加值增长 6.4%，股份制企业增长 11.2%，民营企业增长 11.6%，外商及港澳台商投资企业增长 0.8%。分门类看，采矿业增加值增长 8.8%，制造业增长 7.6%，电力、热力、燃气及水生产和供应业增长 7.3%。分行业看，40 个行业大类中，有 31 个行业实现增加值同比增长，行业增长面 77.5%，比上年提升 7.5 个百分点。

装备制造业增势向好。全年规模以上装备制造业增加值比上年增长 7.8%，占规模以上工业增加值比重达 53.4%。分行业看，汽车、电气机械、铁路船舶行业增加值分别增长 15.9%、15.9%、15.2%。新能源、新一代信息技术相关产品产量增长较快，其中新能源汽车、汽车用锂离子动力电池、太阳能电池、智能手机、服务器产量分别增长 46.3%、18.7%、45.6%、48.9%、9.8%。2023 年江苏省主要工业产品产量及其增长速度见表 1-3-5，江苏省 100 强企业名单见表 1-3-6，江苏省民营企业制造业 100 强企业名单见表 1-3-7。

表 1-3-5　2023 年江苏省主要工业产品产量及其增长速度

产品名称	单位	产量	比上年增长/%
纱	万吨	305.3	-0.7
布	亿米	50.7	2.3
化学纤维	万吨	2095.9	27.8
卷烟	亿支	1060.9	0.6
智能手机	万台	7579.5	48.9
彩色电视机	万台	694.3	-7.1
# 智能电视	万台	508.1	3.7
家用电冰箱	万台	1426.7	17.4
房间空调器	万台	507.9	-6.3
粗钢	万吨	11859.2	-0.4
钢材	万吨	16193.9	2.9
十种有色金属	万吨	97.2	11.3

续表

产品名称	单位	产量	比上年增长/%
水泥	万吨	14280.3	0.6
硫酸	万吨	264.5	-6.8
纯碱	万吨	388.0	3.8
乙烯	万吨	644.3	47.7
化肥	万吨	187.1	15.8
汽车	万辆	165.0	16.0
# 新能源汽车	万辆	69.4	46.3
太阳能电池	万千瓦	17474.0	45.6
光纤	万千米	18266.0	-0.3
光缆	万芯千米	8317.3	-3.5
微型电子计算机	万台	2762.3	-17.1
集成电路	亿块	1054.9	3.8
服务器	万台	3.7	9.8
工业机器人	万台（套）	6.4	-10.5

表 1-3-6　2023 年江苏省 100 强企业名单

排名	企业名称	2022 年营业收入/万元	主营行业类别	企业性质	地区
1	恒力集团有限公司	61175675	制造业	民营	苏州市
2	盛虹控股集团有限公司	41202270	制造业	民营	苏州市
3	江苏沙钢集团有限公司	28779934	制造业	民营	苏州市
4	南京钢铁集团有限公司	18835177	制造业	民营	南京市
5	协鑫集团有限公司	18190524	制造业	民营	苏州市
6	江苏德龙镍业有限公司	16952317	制造业	民营	盐城市
7	无锡产业发展集团有限公司	16153680	制造业	国有	无锡市
8	亨通集团有限公司	15599808	制造业	民营	苏州市
9	中天钢铁集团有限公司	15146300	制造业	民营	常州市
10	江苏永钢集团有限公司	14522537	制造业	民营	苏州市
11	苏美达股份有限公司	14114458	服务业	国有	南京市
12	江苏银行股份有限公司	13464272	服务业	国有	南京市
13	海澜集团有限公司	12032549	制造业	民营	无锡市
14	江苏新长江实业集团有限公司	11427782	制造业	民营	无锡市
15	南通三建控股有限公司	10246320	建筑业	民营	南通市
16	江阴兴澄特种钢铁有限公司	9648705	制造业	国有	无锡市
17	江苏悦达集团有限公司	9640450	制造业	国有	盐城市
18	徐工集团工程机械股份有限公司	9381712	制造业	国有	徐州市
19	江苏交通控股有限公司	9317107	服务业	国有	南京市

续表

排名	企业名称	2022年营业收入/万元	主营行业类别	企业性质	地区
20	中天科技集团有限公司	9024546	制造业	民营	南通市
21	南京银行股份有限公司	8709220	服务业	国有	南京市
22	天合光能股份有限公司	8505179	制造业	民营	常州市
23	三房巷集团有限公司	8237045	制造业	民营	无锡市
24	汇通达网络股份有限公司	8035478	服务业	民营	南京市
25	弘阳集团有限公司	7832005	服务业	民营	南京市
26	扬子江药业集团有限公司	7828541	制造业	民营	泰州市
27	红豆集团有限公司	7738008	制造业	民营	无锡市
28	江苏南通二建集团有限公司	7491564	建筑业	民营	南通市
29	江苏国泰国际集团股份有限公司	7250062	服务业	国有	苏州市
30	远景能源有限公司	6908477	制造业	民营	无锡市
31	江苏省建筑工程集团有限公司	6776020	建筑业	国有	南京市
32	东方润安集团有限公司	6523389	制造业	民营	常州市
33	南通四建集团有限公司	6345849	建筑业	民营	南通市
34	南京新工投资集团有限责任公司	6081983	服务业	国有	南京市
35	龙信建设集团有限公司	5721953	建筑业	民营	南通市
36	宝胜集团有限公司	5638171	制造业	国有	扬州市
37	双良集团有限公司	5509639	制造业	民营	无锡市
38	江苏华宏实业集团有限公司	5285691	制造业	民营	无锡市
39	徐州矿务集团有限公司	5250962	煤炭采掘及采选业	国有	徐州市
40	江苏满运软件科技有限公司	5232327	服务业	民营	南京市
41	通州建总集团有限公司	5217638	建筑业	民营	南通市
42	江苏扬子江船业集团	5212537	制造业	民营	无锡市
43	通鼎集团有限公司	5210110	服务业	民营	苏州市
44	江苏阳光集团有限公司	5204919	制造业	民营	无锡市
45	江苏华西集团有限公司	5150704	制造业	民营	无锡市
46	远东控股集团有限公司	5113433	制造业	民营	无锡市
47	金浦投资控股集团有限公司	5104416	制造业	民营	南京市
48	江苏省苏中建设集团股份有限公司	5062294	建筑业	民营	南通市
49	阿特斯阳光电力集团股份有限公司	5018653	制造业	民营	苏州市
50	江苏大明工业科技集团有限公司	5008850	制造业	民营	无锡市
51	攀华集团有限公司	4917394	制造业	民营	苏州市
52	江苏汇鸿国际集团股份有限公司	4775933	服务业	国有	南京市
53	国电南瑞科技股份有限公司	4682896	服务业	国有	南京市
54	法尔胜泓昇集团有限公司	4611222	制造业	民营	无锡市

续表

排名	企业名称	2022年营业收入/万元	主营行业类别	企业性质	地区
55	同程集团	4512370	服务业	民营	苏州市
56	大全集团有限公司	4482279	制造业	民营	镇江市
57	江苏金峰水泥集团有限公司	4457582	制造业	民营	常州市
58	江苏三木集团有限公司	4455909	制造业	民营	无锡市
59	江苏天工新材料科技集团有限公司	4431597	制造业	民营	镇江市
60	江苏西城三联控股集团有限公司	4362491	制造业	民营	无锡市
61	江苏沃得机电集团有限公司	4237451	制造业	民营	镇江市
62	南通化工轻工股份有限公司	4057679	服务业	民营	南通市
63	常熟市龙腾特种钢有限公司	4005552	制造业	民营	苏州市
64	江苏江润铜业有限公司	3914514	制造业	民营	无锡市
65	中国中材国际工程股份有限公司	3881925	服务业	国有	南京市
66	永鼎集团有限公司	3790926	制造业	民营	苏州市
67	江苏江都建设集团有限公司	3654866	建筑业	民营	扬州市
68	波司登股份有限公司	3631634	制造业	民营	苏州市
69	张家港市沃丰贸易有限公司	3561072	服务业	民营	苏州市
70	江苏省镔鑫钢铁集团有限公司	3525972	制造业	民营	连云港市
71	中亿丰控股集团有限公司	3517029	建筑业	民营	苏州市
72	江阴长三角钢铁集团有限公司	3505522	服务业	民营	无锡市
73	盐城市联鑫钢铁有限公司	3402756	制造业	民营	盐城市
74	大亚科技集团有限公司	3384735	制造业	民营	镇江市
75	江苏长电科技股份有限公司	3376203	制造业	民营	无锡市
76	江苏江中集团有限公司	3354529	制造业	民营	南通市
77	江苏国强镀锌实业有限公司	3323034	制造业	民营	常州市
78	雅鹿集团股份有限公司	3321235	制造业	民营	苏州市
79	红太阳集团有限公司	3320852	制造业	民营	南京市
80	江苏万帮金之星车业投资集团有限公司	3217996	服务业	民营	常州市
81	南通建工集团股份有限公司	3203284	建筑业	民营	南通市
82	江苏无锡朝阳集团股份有限公司	3198710	服务业	民营	无锡市
83	连云港亚新钢铁有限公司	3183439	制造业	民营	连云港市
84	苏州东山精密制造股份有限公司	3158014	制造业	民营	苏州市
85	江苏邗建集团有限公司	3151891	建筑业	国有	扬州市
86	江苏新海石化有限公司	3149242	制造业	民营	连云港市
87	连云港兴鑫钢铁有限公司	3130013	制造业	民营	连云港市
88	雅迪科技集团有限公司	3125091	制造业	民营	无锡市
89	中国核工业华兴建设有限公司	3124829	建筑业	国有	南京市

续表

排名	企业名称	2022 年营业收入/万元	主营行业类别	企业性质	地区
90	兴达投资集团有限公司	3120851	制造业	民营	无锡市
91	南通五建控股集团有限公司	3114214	建筑业	民营	南通市
92	南京金鹰国际集团有限公司	3108855	服务业	民营	南京市
93	华芳集团有限公司	3086496	制造业	民营	苏州市
94	南京新华海科技产业集团有限公司	3077898	服务业	民营	南京市
95	江苏上上电缆集团有限公司	3047338	制造业	民营	常州市
96	江苏吴中集团有限公司	3031585	制造业	民营	苏州市
97	长江润发集团有限公司	3021298	制造业	民营	苏州市
98	江苏洋河酒厂股份有限公司	3010490	制造业	国有	宿迁市
99	震雄铜业集团有限公司	2989479	制造业	民营	苏州市
100	澳洋集团有限公司	2971214	制造业	民营	苏州市

表 1-3-7　2023 年江苏省民营企业制造业 100 强企业名单

序号	企业名称	营业收入/万元	所在市
1	恒力集团有限公司	61175675	苏州市
2	盛虹控股集团有限公司	41202270	苏州市
3	江苏沙钢集团有限公司	28646492	苏州市
4	南京钢铁集团有限公司	18835176	南京市
5	协鑫集团有限公司	18190524	苏州市
6	江苏德龙镍业有限公司	16952317	盐城市
7	亨通集团有限公司	15599808	苏州市
8	中天钢铁集团有限公司	15146300	常州市
9	海澜集团有限公司	12032549	无锡市
10	永卓控股有限公司	11470990	苏州市
11	江苏新长江实业集团有限公司	11427782	无锡市
12	中天科技集团有限公司	9024546	南通市
13	天合光能股份有限公司	8505179	常州市
14	三房巷集团有限公司	8237045	无锡市
15	扬子江药业集团有限公司	7828541	泰州市
16	红豆集团有限公司	7738008	无锡市
17	远景能源有限公司	6908477	无锡市
18	东方润安集团有限公司	6523389	常州市
19	双良集团有限公司	5509639	无锡市
20	江苏扬子江船业集团	5212537	无锡市
21	通鼎集团有限公司	5210110	苏州市

续表

序号	企业名称	营业收入/万元	所在市
22	江苏阳光集团有限公司	5204919	无锡市
23	远东控股集团有限公司	5113433	无锡市
24	金浦投资控股集团有限公司	5104416	南京市
25	江苏时代新能源科技有限公司	5098892	常州市
26	阿特斯阳光电力集团股份有限公司	5018653	苏州市
27	江苏大明工业科技集团有限公司	5008850	无锡市
28	攀华集团有限公司	4917394	苏州市
29	雅迪科技集团有限公司	4623984	无锡市
30	法尔胜泓昇集团有限公司	4611222	无锡市
31	大全集团有限公司	4482279	镇江市
32	江苏金峰水泥集团有限公司	4457582	常州市
33	江苏三木集团有限公司	4455909	无锡市
34	江苏天工新材料科技集团有限公司	4431597	镇江市
35	江苏西城三联控股集团有限公司	4362491	无锡市
36	江苏沃得机电集团有限公司	4237451	镇江市
37	常熟市龙腾特种钢有限公司	4005552	苏州市
38	江苏江润铜业有限公司	3914514	无锡市
39	永鼎集团有限公司	3790926	苏州市
40	波司登股份有限公司	3631634	苏州市
41	江苏省镔鑫钢铁集团有限公司	3525972	连云港市
42	盐城市联鑫钢铁有限公司	3402756	盐城市
43	大亚科技集团有限公司	3384735	镇江市
44	红太阳集团有限公司	3372172	南京市
45	江苏国强镀锌实业有限公司	3323034	常州市
46	雅鹿集团股份有限公司	3321235	苏州市
47	连云港亚新钢铁有限公司	3183439	连云港市
48	苏州东山精密制造股份有限公司	3158014	苏州市
49	东方恒信集团有限公司	3150774	苏州市
50	江苏新海石化有限公司	3149242	连云港市
51	江苏上上电缆集团有限公司	3138568	常州市
52	连云港兴鑫钢铁有限公司	3130013	连云港市
53	兴达投资集团有限公司	3120851	无锡市
54	华芳集团有限公司	3086496	苏州市
55	联峰钢铁（张家港）有限公司	3051547	苏州市
56	无锡新三洲特钢有限公司	3040837	无锡市

续表

序号	企业名称	营业收入/万元	所在市
57	江南集团有限公司	3040097	无锡市
58	长江润发集团有限公司	3021298	苏州市
59	震雄铜业集团有限公司	2989479	苏州市
60	江苏华宏实业集团有限公司	2985023	无锡市
61	澳洋集团有限公司	2971214	苏州市
62	江苏中超投资集团有限公司	2956733	无锡市
63	新阳科技集团	2935011	常州市
64	中新钢铁集团有限公司	2923770	徐州市
65	建华建材（中国）有限公司	2912042	镇江市
66	江苏飞达控股集团有限公司	2523472	镇江市
67	江苏润阳新能源科技股份有限公司	2203777	盐城市
68	弘元绿色能源股份有限公司	2190943	无锡市
69	江苏鼎胜新能源材料股份有限公司	2160525	镇江市
70	通富微电子股份有限公司	2142857	南通市
71	江苏金昇控股有限公司	2141353	常州市
72	江苏恒瑞医药股份有限公司	2127527	连云港市
73	立铠精密科技（盐城）有限公司	2058202	盐城市
74	昆山联滔电子有限公司	2054155	苏州市
75	中创新航科技集团股份有限公司	2039994	常州市
76	淮海控股集团有限公司	2028469	徐州市
77	南京金箔控股集团有限责任公司	1735190	南京市
78	苏州天华新能源科技股份有限公司	1703045	苏州市
79	江苏江南实业集团有限公司	1683315	常州市
80	扬州恒润海洋重工有限公司	1672644	扬州市
81	南京高速齿轮制造有限公司	1554763	南京市
82	科沃斯机器人股份有限公司	1532476	苏州市
83	好孩子儿童用品有限公司	1508000	苏州市
84	闻泰科技（无锡）有限公司	1486966	无锡市
85	苏州汇川技术有限公司	1484629	苏州市
86	扬州市秦邮特种金属材料有限公司	1482119	扬州市
87	香塘集团有限公司	1452882	苏州市
88	苏州市相城区江南化纤集团有限公司	1451244	苏州市
89	浙江天能电池（江苏）有限公司	1435973	宿迁市
90	江阴模塑集团有限公司	1408287	无锡市
91	江苏龙蟠科技股份有限公司	1407164	南京市

续表

序号	企业名称	营业收入/万元	所在市
92	无锡先导智能装备股份有限公司	1393235	无锡市
93	江苏徐钢钢铁集团有限公司	1367944	徐州市
94	江苏瑞昕金属制品科技有限公司	1356521	常州市
95	江苏当升材料科技有限公司	1314741	南通市
96	江苏飞翔科技集团有限公司	1308000	淮安市
97	江苏隆基乐叶光伏科技有限公司	1282392	泰州市
98	江苏鑫海高导新材料有限公司	1274835	镇江市
99	瑞声光电科技（常州）有限公司	1272879	常州市
100	新华昌集团有限公司	1256992	常州市

资料来源：江苏省企业联合会。

工业企业效益稳步改善。全年规模以上工业企业利润总额9344.4亿元，同比增长2.5%，增速比上年回升6.7个百分点。分经济类型看，国有控股、股份制、私营企业利润分别增长3.9%、7.9%、11.1%，外商及港澳台商投资企业利润下降7.1%。分门类看，制造业利润增长0.8%，电力、热力、燃气及水生产和供应业增长58.4%，采矿业下降49.4%。

建筑业保持平稳发展。全年建筑业总产值43140.2亿元，比上年增长6.7%；竣工产值28914.3亿元，竣工率为67%。全年签订建筑合同额63351.1亿元，比上年增长4.1%。建筑业劳动生产率为38.3万元/人。

四、固定资产投资

固定资产投资保持稳定。全年固定资产投资完成额比上年增长5.2%。分产业看，第一产业投资增长12.3%；第二产业投资增长9.2%，其中工业投资增长9.1%；第三产业投资增长1.8%。分领域看，基础设施投资增长7%；制造业投资增长9.1%；民间投资增长2.1%，占全部投资比重为66.5%；房地产开发投资下降4.2%。

大项目投入支撑有力。全年10亿元以上在建项目3410个，比上年增加358个，同比增长11.7%，完成投资额增长16.2%，占全部投资比重为30.3%。10亿元以上项目完成投资中，制造业增长15.2%，交通运输、仓储和邮政业增长26.5%，批发和零售业增长65.9%，住宿和餐饮业增长37.8%。

五、国内贸易

消费市场加快复苏。全年社会消费品零售总额45547.5亿元，比上年增长6.5%。按消费类型分，商品零售40640.5亿元，增长5.1%；餐饮收入4907亿元，增长20.4%。分商品类值看，全年限额以上单位商品零售额中，粮油食品类、饮料类、烟酒类、服装鞋帽针纺织品类分别增长7.9%、19.9%、8.3%、8.1%；金银珠宝类、体育娱乐用品类、通讯器材类分别增长9%、12.2%、19.2%；石油及制品类、汽车类分别增长7.3%、5%。2023年江苏省服务业100强企业有新提升，名单见表1-3-8。

表1-3-8　2023年江苏省服务业100强企业名单

排名	企业名称	2022年营业收入/万元	企业性质	地区
1	苏美达股份有限公司	14114458	国有	南京市
2	江苏银行股份有限公司	13464272	国有	南京市
3	江苏交通控股有限公司	9317107	国有	南京市
4	南京银行股份有限公司	8709220	国有	南京市

续表

排名	企业名称	2022 年营业收入/万元	企业性质	地区
5	汇通达网络股份有限公司	8035478	民营	南京市
6	弘阳集团有限公司	7832005	民营	南京市
7	江苏国泰国际集团股份有限公司	7250062	国有	苏州市
8	南京新工投资集团有限责任公司	6081983	国有	南京市
9	江苏满运软件科技有限公司	5232327	民营	南京市
10	通鼎集团有限公司	5210110	民营	苏州市
11	江苏汇鸿国际集团股份有限公司	4775933	国有	南京市
12	国电南瑞科技股份有限公司	4682896	国有	南京市
13	同程集团	4512370	民营	苏州市
14	南通化工轻工股份有限公司	4057679	民营	南通市
15	中国中材国际工程股份有限公司	3881925	国有	南京市
16	张家港市沃丰贸易有限公司	3561072	民营	苏州市
17	江阴长三角钢铁集团有限公司	3505522	民营	无锡市
18	江苏万帮金之星车业投资集团有限公司	3217996	民营	常州市
19	江苏无锡朝阳集团股份有限公司	3198710	民营	无锡市
20	南京金鹰国际集团有限公司	3108855	民营	南京市
21	南京新华海科技产业集团有限公司	3077898	民营	南京市
22	苏州金螳螂企业（集团）有限公司	2962085	民营	苏州市
23	江苏华地国际控股集团有限公司	2956688	民营	无锡市
24	东华能源股份有限公司	2919900	民营	苏州市
25	中煤能源南京有限公司	2856751	国有	南京市
26	无锡市不锈钢电子交易中心有限公司	2615985	民营	无锡市
27	无锡市交通产业集团有限公司	2587987	国有	无锡市
28	江阴市金桥化工有限公司	2501841	民营	无锡市
29	无锡市国联发展（集团）有限公司	2478719	国有	无锡市
30	江苏江南农村商业银行股份有限公司	2378576	民营	常州市
31	江苏省粮食集团有限责任公司	2327140	国有	南京市
32	常州市化工轻工材料总公司	2150913	民营	常州市
33	江苏省苏豪控股集团有限公司	2000117	国有	南京市
34	江苏省煤炭运销有限公司	1994316	国有	南京市
35	中国电子系统工程第二建设有限公司	1988701	国有	无锡市
36	中国江苏国际经济技术合作集团有限公司	1932854	国有	南京市
37	京东五星电器集团有限公司	1912513	民营	南京市
38	江苏大经供应链股份有限公司	1911532	民营	无锡市
39	徐州东方物流集团有限公司	1911307	民营	徐州市

续表

排名	企业名称	2022 年营业收入/万元	企业性质	地区
40	中铝新材料有限公司	1850352	国有	无锡市
41	南京金箔控股集团有限责任公司	1731340	民营	南京市
42	江苏文峰集团有限公司	1702150	民营	南通市
43	江苏省江海粮油集团有限公司	1647589	国有	南京市
44	连云港港口控股集团有限公司	1581412	国有	连云港市
45	无锡太钢销售有限公司	1532622	国有	无锡市
46	无锡市市政公用产业集团有限公司	1309483	国有	无锡市
47	盐城市国有资产投资集团有限公司	1242653	国有	盐城市
48	无锡城建发展集团有限公司	1224515	国有	无锡市
49	江苏易汇聚软件科技有限公司	1139859	民营	苏州市
50	中建材大宗物联有限公司	1102912	国有	无锡市
51	玖隆钢铁物流有限公司	1091194	国有	苏州市
52	南京恒成供应链有限公司	1078585	民营	南京市
53	长江联合供应链管理（江苏）有限公司	1065324	民营	苏州市
54	江苏凤凰新华书店集团有限公司	1047879	国有	南京市
55	银城地产集团股份有限公司	1040769	民营	南京市
56	无锡安井食品营销有限公司	1000269	民营	无锡市
57	苏州裕景泰控股有限公司	970107	民营	苏州市
58	德基广场有限公司	968451	民营	南京市
59	江苏采木工业互联网科技有限公司	949913	民营	无锡市
60	江苏嘉奕和铜业科技发展有限公司	937763	民营	无锡市
61	中国外运长江有限公司	931020	国有	南京市
62	江苏无锡商业大厦集团有限公司	925741	民营	无锡市
63	江苏东津联国际贸易有限公司	923395	民营	无锡市
64	泰沣禾源（江阴）能源化工有限公司	912875	民营	无锡市
65	无锡农村商业银行股份有限公司	896259	国有	无锡市
66	中科可控信息产业有限公司	894538	民营	苏州市
67	江苏张家港农村商业银行股份有限公司	891889	民营	苏州市
68	江阴市川江化工有限公司	862188	民营	无锡市
69	江苏京迅递供应链管理有限公司	860294	民营	苏州市
70	江苏零浩网络科技有限公司	855198	民营	南京市
71	孩子王儿童用品股份有限公司	852016	民营	南京市
72	无锡市宝金石油化工有限公司	811608	民营	无锡市
73	中智江苏经济技术合作有限公司	805394	国有	南京市
74	江苏锡阁机电科技有限公司	757292	民营	无锡市

续表

排名	企业名称	2022年营业收入/万元	企业性质	地区
75	南京大地建设集团有限责任公司	751309	民营	南京市
76	江苏省广电有线信息网络股份有限公司	750583	国有	南京市
77	江苏省燃料集团有限公司	728099	国有	南京市
78	江阴宝靖有色金属材料有限公司	680238	民营	无锡市
79	江阴市双东金属材料有限公司	675105	民营	无锡市
80	江苏锡鹿国际贸易有限公司	658736	民营	无锡市
81	南京新街口百货商店股份有限公司	643068	民营	南京市
82	无锡广盈集团有限公司	600914	民营	无锡市
83	江苏海外集团国际技术工程有限公司	568823	国有	南京市
84	连云港市交通控股集团有限公司	559259	国有	连云港市
85	江阴德桥金属贸易有限公司	550910	民营	无锡市
86	常熟市交电家电有限责任公司	529889	民营	苏州市
87	南京卓能供应链管理有限公司	515160	民营	南京市
88	朗新科技集团股份有限公司	455174	民营	无锡市
89	村鸟网络科技有限责任公司	432652	民营	南京市
90	江苏辉源供应链管理有限公司	367475	民营	南京市
91	南京钢锋实业有限公司	355560	民营	南京市
92	无锡市新发集团有限公司	334337	国有	无锡市
93	中铁十局集团第五工程有限公司	327050	国有	南京市
94	无锡地铁集团有限公司	318860	国有	无锡市
95	中恒大耀纺织科技有限公司	315783	国有	无锡市
96	中通服咨询设计研究院有限公司	279011	国有	南京市
97	中电鸿信信息科技有限公司	264382	国有	南京市
98	南京地铁集团有限公司	245046	国有	南京市
99	央视国际网络无锡有限公司	238851	国有	无锡市
100	江苏瑞祥科技集团有限公司	209585	民营	镇江市

资料来源：江苏省企业联合会。

新兴消费不断升温。全年限额以上单位商品零售额中，智能手机比上年增长39%；能效等级为1级和2级的商品、智能家用电器和音像器材类、可穿戴智能设备类分别增长6.4%、18%、15.5%；新能源汽车增长49.3%，占限额以上汽车类零售额比重25.7%，比上年提高9个百分点。全年实物商品网上零售额11156.2亿元，比上年增长6.5%，占社会消费品零售总额比重为24.5%。

六、开放型经济

对外贸易稳中提质。全年进出口总额5.2万亿元，同比下降3.2%，占同期全国进出口总额的12.6%。从贸易方式看，一般贸易进出口3万亿元，占比57.3%；加工贸易进出口1.7万亿元，占比31.6%。从经营主体看，民营企业进出口2.4万亿元，规模创历史新高，增长8.5%，占比较上年提升4.9个百分点至45.2%。从主要市场看，对共建“一带一路”国家进出口 2.3 万亿元，增长 0.9%，占比较上年提升 1.7 个百分点至 42.9%；对中东地区、非洲、印度进出口分别增长 19.7%、8.9%、6.9%。从出口产品看，手机、船舶、“新三样”产品出口分别增长 69.1%、37.1%、12.3%。2023 年江苏省货物进出口贸易主要分类情况见表 1-3-9，江苏省对主要国家和地区货物进出口情况见表 1-3-10。

表 1-3-9　2023 年江苏省货物进出口贸易主要分类情况

指标	绝对数/亿元	比上年增长/%
进出口总额	52493.8	-3.2
出口总额	33719.1	-2.5
# 一般贸易	19681.5	-2.9
加工贸易	10998.8	1.1
# 机电产品	22975.9	0.4
# 高新技术产品	11333.6	-5.9
# 国有企业	2336.1	-16.0
外商投资企业	14634.3	-8.7
私营企业	16355.5	6.0
进口总额	18774.6	-4.3
# 一般贸易	10396.2	-3.7
加工贸易	5582.9	-7.5
# 机电产品	10046.3	-7.1
# 高新技术产品	7207.7	-7.8
# 国有企业	2050.6	-8.1
外商投资企业	9751.3	-13.9
私营企业	6785.7	17.1

表 1-3-10　2023 年江苏省对主要国家和地区货物进出口情况

国家和地区	出口额/亿元	比上年增长/%	进口额/亿元	比上年增长/%
欧盟	5807.1	-7.5	2077.7	2.2
美国	5617.8	-4.6	1253.5	-2.5
东盟	5003.0	-0.1	3141.5	-2.0
拉丁美洲	2317.9	-2.2	1387.8	4.3
韩国	2304.6	-4.4	2770.3	-15.0
日本	2066.4	-8.0	1850.2	-12.0
中国香港	1554.7	-13.8	23.4	158.2
印度	1391.1	8.1	144.2	-3.5
非洲	1212.4	16.4	360.8	-10.6
中国台湾	918.5	-17.5	2478.9	-9.7
俄罗斯	686.3	28.0	417.5	52.1

双向投资持续推进。全年新设立外商投资企业3481家，实际使用外资253.4亿美元。全年新增对外投资项目1242个，同比增长46.1%；中方协议投资额111.6亿美元，同比增长15.5%。新增对共建“一带一路”国家投资项目647个，同比增长107%；中方协议投资额66.8亿美元，增长72%。新增对《区域全面经济伙伴关系协定》（RCEP）其他成员国投资项目612个，同比增长109%；中方协议投资额62亿美元，增长83.5%。

七、交通、邮电和旅游

交通运输业恢复常态。全省铁公水空管五种运输方式完成货物运输量约32.5亿吨，比上年增长11.1%，货物周转量增长11.7%；旅客运输量增长54.4%，旅客周转量增长114.3%。全省机场飞机起降52.6万架次，比上年增长65.9%；旅客吞吐量5482.2万人次，增长122.9%；货邮吞吐量63.7万吨，增长7%。全省港口完成货物吞吐量35.1亿吨，比上年增长8.3%；其中外贸货物吞吐量6.2亿吨，增长12.1%；集装箱吞吐量2544.9万标准箱（TEU），增长6.3%。年末全省公路里程15.9万公里，比上年末增加741公里；其中高速公路里程5128公里。铁路营业里程4623.2公里，其中高速铁路里程2541.4公里。年末民用汽车保有量2456.3万辆，比上年末增长8.4%，净增190.6万辆。其中，私人汽车保有量2103.1万辆，增长6.9%；私人轿车保有量1388.6万辆，增长5.5%。2023年江苏省各种运输方式完成运输量情况见表1-3-11。

表1-3-11　2023年江苏省各种运输方式完成运输量情况

运输方式	货物周转量		货运量		旅客周转量		客运量	
	绝对量/亿吨公里	比上年增长/%	绝对量/万吨	比上年增长/%	绝对量/亿人公里	比上年增长/%	绝对量/万人	比上年增长/%
总计	13937.8	11.7	324766.3	11.1	1526.9	114.3	71567.9	54.4
铁路	358.3	−2.8	8380.8	−0.4	1029.6	152.1	28201.6	147.4
公路	3459.5	7.9	183485.4	14.7	257.3	26.4	38904.0	19.1
水路	9403.9	14.1	117563.0	7.7	1.1	101.3	2830.9	78.9
民航	2.7	−1.3	22.6	−3.2	238.8	124.3	1631.5	127.9
管道	713.4	8.2	15314.5	3.9	—	—	—	—

注：1. 民航运输数据包括东方航空江苏分公司、深圳航空无锡分公司、邮政航空和吉祥航空江苏分公司等4家公司的统计数据。2. 管道运输数据为国家管网集团东部原油储运有限公司的统计数据。

邮政电信业快速发展。全年邮电行业完成业务总量2636.4亿元，比上年增长16.2%；业务收入2516.9亿元，增长8.9%。分行业看，邮政行业完成业务总量1163.6亿元，增长13.8%，其中快递业务揽件量99.5亿件，增长14.2%；业务收入1165.1亿元，增长10%。电信行业完成业务总量1472.9亿元，增长18.2%；业务收入1351.8亿元，增长8%。全省固定电话用户1153.4万户；移动电话用户10859.4万户；电话普及率达141.1部/百人。年末长途光缆线路总长度4.2万公里，比上年末增加1319公里；互联网宽带接入用户4754.6万户，增长6.8%，净增303万户；移动互联网传输流量增长17.6%。

旅游业强劲复苏。全年境内外游客9.4亿人次，比上年增长81.2%；旅游总收入12022.7亿元，增长45.7%。入境过夜游客145万人次，增长198.9%。其中，外国人99.2万人次，增长217.7%；港澳台同胞45.8万人次，增长164.8%。旅游外汇收入27.6亿美元，增长205.5%。国内游客9.4亿人次，比上年增长81.1%；国内旅游收入11832.1亿元，增长44.5%。

八、海洋经济

2023年江苏海洋生产总值（GOP）达到9606.9亿元，按现价计算，比上年增长6.7%。其中，海洋第一产业增加值303.2亿元，第二产业增加值 4023. 4 亿元，第三产业增加值 5280. 3 亿元，分别占海洋生产总值的 3. 1%、41. 9%和 55. 0%。

2023 年江苏海洋经济强劲复苏，内生动力显著增强，海洋生产总值占地区生产总值（GDP）的比重为 7. 5%，占全国海洋生产总值的比重为 9. 7%。有力支撑与拉动全省经济运行率先整体好转，发挥了重要作用。从内部结构看，2023 年全省海洋产业增加值 3624 亿元，同比增长 6. 6%；海洋科研教育增加值 639. 5 亿元，同比增长 5. 4%；海洋公共管理服务增加值 1442. 6 亿元，同比增长 1. 8%；海洋上游相关产业增加值 2016. 6 亿元，同比增长 9. 2%；海洋下游相关产业增加值 1884. 2 亿元，同比增长 8. 8%。

2023 年，江苏海洋产业加快恢复，13 个海洋产业对海洋经济增长的贡献率达 37. 1%。海洋渔业加快转型升级，实现增加值 303. 1 亿元，比上年增长 2. 9%。海洋船舶工业主要指标保持全国领先，全年造船完工量 1929. 5 万载重吨，比上年增长 10. 7%，实现增加值 303. 6 亿元，比上年增长 29. 4%。海洋交通运输业稳中有进，实现增加值 1543. 8 亿元，比上年增长 2. 6%。海洋电力业有序发展，实现增加值 91. 7 亿元，比上年增长 3. 6%。全省海洋风力发电量 421. 4 亿千瓦时，比上年增长 3. 2%；海洋风力发电累计装机容量达 1765. 6 万千瓦，比上年增长 0. 3%，累计装机容量和年发电量均位居全国前列。海洋药物和生物制品业发展平稳，实现增加值 78 亿元，比上年增长 3. 3%。海洋旅游业全面复苏，实现增加值 560 亿元，比上年增长 16. 2%。全年沿海三市入境过夜游客 12. 8 万人次，同比增长 224. 6%。

九、自贸区建设

中国（江苏）自由贸易试验区（以下简称江苏自贸试验区）于 2019 年 8 月经国务院正式批准设立。江苏自贸试验区总面积 119. 97 平方公里，涵盖三个片区：南京片区 39. 55 平方公里，苏州片区 60. 15 平方公里（含苏州工业园综合保税区 5. 28 平方公里），连云港片区 20. 27 平方公里（含连云港综合保税区 2. 44 平方公里）。江苏自贸试验区自 2019 年设立以来，持续深化首创性、集成化、差别化改革探索，奋力打造“开放型经济发展先行区、实体经济创新发展和产业转型升级示范区”，在全省高水平开放、深层次改革、高质量发展中发挥了引领示范和辐射带动作用。5 年来，省级层面共总结形成了近 400 项制度创新成果，其中，25 项在全国复制推广，10 项在国家部委备案，137 项在省内复制推广；江苏自贸试验区实际使用外资 110. 7 亿美元，占全省 10. 2%；完成外贸进出口 2. 5 万亿元，占全省 10. 3%；累计集聚跨国公司地区总部及功能性机构 71 家，占全省 18%。江苏自贸试验区以全省 1‰的国土面积，集聚了全省 7. 3%的高新技术企业、12. 6%的上市公司，成为高质量发展的强劲动力源。

十、财政和金融

财政收入稳步增长。全年一般公共预算收入 9930. 2 亿元，比上年增长 7. 3%。其中税收收入 7977 亿元，增长 17. 3%；税占比达 80. 3%，比上年提高 6. 8 个百分点。2023 年江苏省财政收入分项情况见表 1-3-12。

表 1-3-12　2023 年江苏省财政收入分项情况

指标	绝对量/亿元	比上年增长/%
一般公共预算收入	9930. 2	7. 3
# 增值税	3665. 2	63. 4
企业所得税	1408. 7	-4. 7
个人所得税	505. 4	-2. 5
上划中央四税	7385. 3	18. 2
# 国内消费税	1047. 7	7. 5

支出结构不断优化。全年一般公共预算支出 15242. 7 亿元，比上年增长 2. 3%。其中，社会保障和就业支出 2049. 9 亿元，增长 5. 3%；教育支出 2710. 1 亿元，增长 4. 3%；科学技术支出 760. 6 亿

元，增长 12.1%；农林水支出 1190.2 亿元，增长 7.4%；住房保障支出 850.9 亿元，增长 1.1%。

金融存贷款持续快增。年末全省金融机构人民币存款余额 239679.5 亿元，比上年末增长 12.9%，比年初增加 27462.2 亿元。其中，住户存款增加 15291.6 亿元，非金融企业存款增加 7135.9 亿元。年末金融机构人民币贷款余额 233995.7 亿元，比上年末增长 14.6%，比年初增加 29801.5 亿元。其中，中长期贷款增加 18644.6 亿元，短期贷款增加 10240.5 亿元。2023 年末江苏省金融机构存贷款情况见表 1-3-13。

表 1-3-13　2023 年末江苏省金融机构存贷款情况

指标	年末数/亿元	比年初增加/亿元	比上年末增长/%
各项存款余额	239679.5	27462.2	12.9
# 住户存款	105446.3	15291.6	17.0
非金融企业存款	80705.6	7135.9	9.7
各项贷款余额	233995.7	29801.5	14.6
# 短期贷款	68109.5	10240.5	17.7
中长期贷款	149921.6	18644.6	14.2
# 消费贷款	53263.7	−35.2	−0.1
# 住房贷款	40245.8	−2051.8	−4.9

证券市场平稳运行。年末全省境内上市公司 690 家，辅导企业数 427 家，省内企业通过发行、配股、增发、公司债在资本市场筹集资金 7744.3 亿元。江苏企业境内上市公司总股本 5058.6 亿股，比上年增长 6.2%；总市值 64156.7 亿元，下降 0.6%。年末全省共有证券公司 6 家，证券分支机构 1048 家；期货公司 9 家，期货分支机构 204 家；证券投资咨询机构 3 家。全年证券交易额 105.2 万亿元，比上年增长 6.4%。全年期货经营机构代理交易额 26.3 万亿元，比上年增长 2.8%。

保险业增势稳定。全年保费收入 4790.3 亿元，比上年增长 11%。分类型看，财产险收入 1193.4 亿元，增长 6.1%；人寿险收入 2828.5 亿元，增长 14.7%；健康险收入 697.2 亿元，增长 8.8%；意外伤害险收入 71.2 亿元，下降 17.7%。全年赔付支出 1646.3 亿元，比上年增长 32%。其中，财产险赔付 778.1 亿元，增长 21.4%；人寿险赔付 572 亿元，增长 86%；健康险赔付 268.5 亿元，下降 1.8%；意外伤害险赔付 27.8 亿元，增长 7.9%。

第二节　社会发展基本情况

一、科学技术和教育

科技创新成果丰硕。全年全省专利授权量 44.7 万件，其中发明专利授权量 10.8 万件。全省 PCT 专利申请量 6547 件。年末全省有效发明专利量 52.9 万件，比上年末增长 23.5%；万人发明专利拥有量 62.2 件，增长 23.3%。全省技术市场签订技术合同 9.4 万项，比上年增长 7.3%；成交额 4607.4 亿元，增长 18.5%。省级以上众创空间 1277 家，比上年增长 8.6%。

企业创新活力提升。全省高新技术企业数量突破 5.1 万家，同比增长超 15%。新入库科技型中小企业 9.4 万家，新获批国家创新型县（市）9 个、新增国家级科技企业孵化器 37 家，数量均居全国第一。全省已建国家高新技术产业化基地和火炬特色产业基地 182 个。2023 年江苏省民营企业创新 100 强名单见表 1-3-14。

表 1-3-14　2023年江苏省民营企业创新100强名单

序号	企业名称	技术领域	所在市
1	江苏恒瑞医药股份有限公司	生物与新医药	连云港市
2	苏州旭创科技有限公司	电子信息	苏州市
3	江苏中天科技股份有限公司	电子信息	南通市
4	江苏亨通光电股份有限公司	电子信息	苏州市
5	天合光能股份有限公司	新能源与节能	常州市
6	博众精工科技股份有限公司	先进制造与自动化	苏州市
7	南京康尼机电股份有限公司	先进制造与自动化	南京市
8	江苏康缘药业股份有限公司	生物与新医药	连云港市
9	科沃斯机器人股份有限公司	先进制造与自动化	苏州市
10	通富微电子股份有限公司	电子信息	南通市
11	苏州华兴源创科技股份有限公司	先进制造与自动化	苏州市
12	常熟开关制造有限公司（原常熟开关厂）	先进制造与自动化	苏州市
13	扬子江药业集团有限公司	生物与新医药	泰州市
14	江苏沙钢集团有限公司	新材料	苏州市
15	江苏豪森药业集团有限公司	生物与新医药	连云港市
16	苏州天准科技股份有限公司	先进制造与自动化	苏州市
17	苏州苏大维格科技集团股份有限公司	电子信息	苏州市
18	昆山国显光电有限公司	电子信息	苏州市
19	南京钢铁股份有限公司	新材料	南京市
20	苏交科集团股份有限公司	电子信息	南京市
21	常州星宇车灯股份有限公司	先进制造与自动化	常州市
22	江苏苏博特新材料股份有限公司	新材料	南京市
23	固德威技术股份有限公司	先进制造与自动化	苏州市
24	远景能源有限公司	新能源与节能	无锡市
25	万帮数字能源股份有限公司	电子信息	常州市
26	好孩子儿童用品有限公司	先进制造与自动化	苏州市
27	江苏兴达钢帘线股份有限公司	新材料	泰州市
28	江苏久吾高科技股份有限公司	新材料	南京市
29	无锡新洁能股份有限公司	电子信息	无锡市
30	信达生物制药（苏州）有限公司	高技术服务	苏州市
31	江苏鱼跃医疗设备股份有限公司	生物与新医药	镇江市
32	南微医学科技股份有限公司	新材料	南京市
33	常州聚和新材料股份有限公司	新能源与节能	常州市
34	无锡先导智能装备股份有限公司	先进制造与自动化	无锡市
35	江苏金风科技有限公司	新能源与节能	盐城市

续表

序号	企业名称	技术领域	所在市
36	普源精电科技股份有限公司	先进制造与自动化	苏州市
37	苏州汇川技术有限公司	先进制造与自动化	苏州市
38	江苏上上电缆集团有限公司	新材料	常州市
39	江苏林洋能源股份有限公司	先进制造与自动化	南通市
40	江苏恒立液压股份有限公司	先进制造与自动化	常州市
41	江苏长电科技股份有限公司	电子信息	无锡市
42	华设设计集团股份有限公司	高技术服务	南京市
43	江苏恩华药业股份有限公司	生物与新医药	徐州市
44	金宏气体股份有限公司	新材料	苏州市
45	无锡奥特维科技股份有限公司	先进制造与自动化	无锡市
46	莱克电气股份有限公司	先进制造与自动化	苏州市
47	扬州扬杰电子科技股份有限公司	电子信息	扬州市
48	苏州纳芯微电子股份有限公司	电子信息	苏州市
49	江苏奥赛康药业有限公司	生物与新医药	南京市
50	思必驰科技股份有限公司	电子信息	苏州市
51	苏州晶方半导体科技股份有限公司	电子信息	苏州市
52	江苏永钢集团有限公司	新材料	苏州市
53	通鼎互联信息股份有限公司	电子信息	苏州市
54	法尔胜泓昇集团有限公司	新材料	无锡市
55	苏州长光华芯光电技术股份有限公司	电子信息	苏州市
56	昆山联滔电子有限公司	电子信息	苏州市
57	江苏卓胜微电子股份有限公司	电子信息	无锡市
58	苏州东微半导体股份有限公司	高技术服务	苏州市
59	博瑞生物医药（苏州）股份有限公司	高技术服务	苏州市
60	南京诺唯赞生物科技股份有限公司	生物与新医药	南京市
61	江苏博睿光电有限公司	新材料	南京市
62	亿嘉和科技股份有限公司	先进制造与自动化	南京市
63	瑞声光电科技（常州）有限公司	电子信息	常州市
64	江苏双星彩塑新材料股份有限公司	新材料	宿迁市
65	江苏风和医疗器材股份有限公司	新材料	无锡市
66	南通江海电容器股份有限公司	电子信息	南通市
67	天奇自动化工程股份有限公司	先进制造与自动化	无锡市
68	江苏丰尚智能科技有限公司	生物与新医药	扬州市
69	江苏恒力化纤股份有限公司	新材料	苏州市
70	江苏天楹环保能源成套设备有限公司	资源与环境	南通市

续表

序号	企业名称	技术领域	所在市
71	无锡中感微电子股份有限公司	电子信息	无锡市
72	苏州盛迪亚生物医药有限公司	生物与新医药	苏州市
73	江苏金发科技新材料有限公司	新材料	苏州市
74	吴江变压器有限公司	先进制造与自动化	苏州市
75	天臣国际医疗科技股份有限公司	新材料	苏州市
76	昆山丘钛微电子科技股份有限公司	电子信息	苏州市
77	江苏时代新能源科技有限公司	新能源与节能	常州市
78	江苏神马电力股份有限公司	先进制造与自动化	南通市
79	雅迪科技集团有限公司	先进制造与自动化	无锡市
80	江苏硕世生物科技股份有限公司	生物与新医药	泰州市
81	太仓市同维电子有限公司	电子信息	苏州市
82	浩鲸云计算科技股份有限公司	电子信息	南京市
83	济川药业集团有限公司	生物与新医药	泰州市
84	江苏鼎胜新能源材料股份有限公司	新材料	镇江市
85	苏州赛腾精密电子股份有限公司	电子信息	苏州市
86	无锡小天鹅电器有限公司	先进制造与自动化	无锡市
87	中科可控信息产业有限公司	电子信息	苏州市
88	江苏美科太阳能科技股份有限公司	新材料	镇江市
89	江苏雷利电机股份有限公司	先进制造与自动化	常州市
90	基蛋生物科技股份有限公司	生物与新医药	南京市
91	苏州赛伍应用技术股份有限公司	新材料	苏州市
92	苏州生益科技有限公司	电子信息	苏州市
93	中天钢铁集团有限公司	新材料	常州市
94	南京埃斯顿自动化股份有限公司	先进制造与自动化	南京市
95	扬力集团股份有限公司	先进制造与自动化	扬州市
96	八方电气（苏州）股份有限公司	先进制造与自动化	苏州市
97	江苏亚威机床股份有限公司	先进制造与自动化	扬州市
98	江苏永鼎股份有限公司	电子信息	苏州市
99	苏州迈为科技股份有限公司	新能源与节能	苏州市
100	江苏天士力帝益药业有限公司	生物与新医药	淮安市

资料来源：江苏省企业联合会。

科研投入力度加大。全社会研究与试验发展（R&D）活动经费支出与地区生产总值之比3.2%左右，研究与试验发展（R&D）人员折合全时当量达82.5万人年。全省拥有中国科学院和中国工程院院士116人。各类科学研究与技术开发机构中，政府部门属独立研究与开发机构达450个。建设国家和省级重点实验室204个，省级以上科技公共服务平台214个，工程技术研究中心5426个，院士工作站171个。

教育事业稳步推进。年末全省共有普通高等学校168所（含独立学院）。普通高等教育本专科招生数73.7万人，在校生数229.9万人，毕业生数63万人；研究生招生数10.4万人，在校生数32万人，毕业生数8万人。中等职业教育（不含技工学校）招生数23.2万人，在校生数67.9万人。特殊教育学校招生数0.4万人，在校生数2.1万人。全省共有幼儿园8073所，在园幼儿209.9万人。2023年江苏省各阶段教育学生情况见表1-3-15。

表1-3-15　2023年江苏省各阶段教育学生情况

类别		招生数		在校生数		毕业生数	
		绝对量/万人	比上年增长/%	绝对量/万人	比上年增长/%	绝对量/万人	比上年增长/%
普通高等教育	本专科	73.7	3.8	229.9	3.6	63.0	9.9
	研究生	10.4	4.8	32.0	6.7	8.0	18.7
普通高中教育		50.5	3.8	143.2	6.0	41.5	9.0
普通初中教育		94.6	2.4	277.3	2.6	86.8	1.9
小学教育		97.7	4.5	588.5	0.5	95.2	2.4

二、文化、卫生和体育

公共文化服务体系更加完善。年末全省共有广播电台4座，电视台4座，广播电视台10座，县级融媒体中心（县广播电视台）64个，中短波广播发射台和转播台21座，广播综合人口覆盖率和电视综合人口覆盖率均达100%。全省有线电视用户1211.7万户，有线数字电视用户1204.4万户，有线电视数字化率99.4%。全年生产电视剧10部296集；领取电影公映许可证影片28部；出版报纸18.3亿份、杂志1.1亿册、图书7.1亿册。

卫生健康服务水平提升。年末全省共有各类卫生机构39543个，其中医院2175个，疾病预防控制中心115个，妇幼卫生保健机构119个。年末卫生技术人员74.3万人，其中执业医师、执业助理医师29万人，注册护士33.3万人；疾病预防控制中心卫生技术人员0.9万人，妇幼卫生保健机构卫生技术人员1.8万人。各类卫生机构床位数57.9万张，其中医院床位数45.7万张。

体育事业全面发展。江苏健儿在杭州亚运会上共获得30项次43人次金牌、12项次17人次银牌、13项次22人次铜牌，金牌项次数和人次数均居全国第三位，是江苏省自1974年参加亚运会以来夺得金牌数量最多的一届亚运会。公共体育服务水平持续提升，全省人均体育场地面积达4平方米，全年新建改建体育公园（广场）60个，新建健身步道540公里，推动124个大型体育场馆向社会免费或低收费开放，室外健身设施完好率为92.3%。

三、环境保护

生态环境质量明显改善。全年$PM_{2.5}$平均浓度33微克/立方米；空气质量优良天数比例79.6%，比上年提高0.6个百分点；国考断面水质优Ⅲ比例达92.4%，比上年提高1.4个百分点。长江保护修复取得积极成效，长江干流江苏段水质连续6年保持Ⅱ类，主要入江支流断面水质优Ⅲ比例达100%。太湖连续16年安全度夏，水质藻情为16年来最好水平，湖体总磷、总氮浓度比上年分别下降14.5%和14.3%。近岸海域优良水质面积比例92.7%、达有监测记录以来最好值，在国家污染防治攻坚战成效考核中连续4年获评优秀等级。

生态环境基础设施建设加快。推进618项生态环境基础设施重点工程项目，新增污水处理能力83万吨/日、新改建污水管网1872公里，建制镇实现污水处理设施全覆盖。全省城市污水集中处理率93.5%，比上年提高1个百分点，城市生活垃圾无害化处理率100%。累计入选国家级海绵城市建设示范城市4个、国家生态园林城市9个，均居全国第一；国家生态文明示范市县37个，比上年增加6个；入选国家首批碳达峰试点地区和园区3个；“绿水青山就是金山银山”实践创新基地增至10个。

四、人口、人民生活和社会保障

人口总量持续增加。年末全省常住人口8526万人，比上年末增加11万人，增长0.1%。男性人口4322万人，女性人口4204万人；0~14岁人口1157万人，15~64岁人口5796万人，65岁及以上人口1573万人。全年人口出生率4.8‰，人口死亡率7.6‰，人口自然增长率-2.7‰。新型城镇化建设步伐加快，年末常住人口城镇化率达75.0%，比上年末提高0.6个百分点。

居民收支平稳增长。全年全省居民人均可支配收入52674元，比上年增长5.6%。其中，工资性收入30054元，增长6.9%；经营净收入6645元，增长3.5%；财产净收入5417元，增长1.2%；转移净收入10557元，增长5.9%。按常住地分，城镇居民人均可支配收入63211元，增长5.0%；农村居民人均可支配收入30488元，增长7.0%。城乡居民人均收入比值为2.07，比上年缩小0.04。全省居民人均消费支出35491元，比上年增长8.0%。按常住地分，城镇居民人均消费支出40461元，增长7.1%；农村居民人均消费支出25029元，增长10.8%。

社会保障力度继续加大。年末全省参加城乡基本养老保险人数6103.9万人；参加基本医疗保险人数8133.3万人，参保率稳定在98.5%以上；参加失业、工伤、生育保险人数分别为2040.9万人、2426.1万人、2175.8万人。年末领取失业保险金人数35万人。持续发展惠民型商业补充医保，2023年度“江苏医惠保1号”受益人数5.7万人、赔付总金额5.2亿元。

社区服务能力巩固提升。年末全省共有各类注册登记提供住宿的社会服务机构2580个，其中养老机构2419个，儿童服务机构54个。社会服务床位44.3万张，其中养老服务床位42.8万张，儿童服务床位0.4万张。年末共有社区服务中心2684个，社区服务站1.2万个。

第三节　2023年主要工作

2023年，江苏省完整、准确、全面贯彻新发展理念，全面落实“四个走在前”“四个新”重大任务，制定实施八个“行动方案”和两组“若干措施”，实干担当，出实招、见实效，奋力推进中国式现代化江苏新实践。重点做了以下几方面工作：

全力推动经济运行率先整体好转。按月调度、按季推进经济运行，年初在全国较早推出“42条”政策举措，8月出台“28条”增量措施，相继制定一系列加力提效的专项政策。多措并举为企业减负纾困，累计新增减税降费及退税缓费超过2000亿元。持续开展“苏新消费”等系列促消费活动，文旅市场强劲复苏，社会消费品零售总额增长6.5%。积极扩大有效投资，固定资产投资增长5.2%，省重大项目完成投资超7000亿元。出台金融支持制造业发展18条政策措施，本外币贷款余额增长14.1%，其中制造业贷款连续39个月保持两位数增长。迎峰度夏、迎峰度冬能源电力保供有力有序。这一年，全省经济运行“平开中高后稳”，回升向好态势持续巩固，交出了一份鼓舞人心的成绩单。

加强科技创新和产业创新深度融合。出台打造具有全球影响力的产业科技创新中心行动方案，实施加强基础研究行动，统筹推进89项产业前瞻技术研发项目和85项重大科技成果转化项目。着力打造科技创新平台，苏州实验室总部基地开工建设，紫金山实验室建立业界首个6G综合实验室，太湖实验室建立连云港中心，新获批建设21家全国重点实验室、累计已有31家。强化企业科技创新主体地位，新增国家企业技术中心8家、国家技术创新示范企业6家，获批组建国家高性能膜材料创新中心。新增境内上市公司58家，首发融资规模587.4亿元，均居全国第一。科创板、北交所上市公司分别达110家、43家，保持全国第一。实施加快建设制造强省行动方案，逐群逐链建立工作推进机制，出台加快培育发展未来产业指导意见，研究并组建江苏省战略性新兴产业基金集群，打造具有国际竞争力的先进制造业基地。实施数字经济核心产业加速行动，举办世界智能制造大会，数字经济核心产业增加值占地区生产总值比重达 11.4%左右。推进“智改数转网联”，新增国家智能制造示范工厂 20 家，新增省级智能制造示范工厂 112 家、示范车间 501 个，全国首批 300 家 5G 工厂中江苏有 97 家，两化融合发展水平连续 9 年居全国第一，江苏制造正加快实现“数智蝶变”。

统筹城乡区域协调发展。出台全国首部省级国土空间规划。深入推进长三角一体化发展，牵头实施 8 个长三角科技创新共同体联合攻关项目，生态绿色一体化发展示范区新增 24 项制度创新成果。持续强化“1+3”重点功能区建设，出台支持海洋产业发展政策措施，深化南北结对帮扶合作，南北共建省级园区达 8 家，区域协调发展水平进一步提升。推进基础设施互联互通，沪宁沿江高铁开通运营，潍宿铁路江苏段、上元门铁路过江通道开工建设，高铁里程超过 2500 公里、居全国前列；京沪高速公路新沂至江都段“四改八”改扩建工程建成通车，10 座在建过江通道稳步推进；加快打造水运江苏，京杭运河苏南段谏壁一线船闸扩容改造工程开工建设，宿连航道等重点项目进展顺利，连云港 40 万吨级矿石码头建成投运。出台高水平建设农业强省行动方案，制定学习运用“千万工程”经验加快建设新时代鱼米之乡的政策措施。统筹抓好良田良种良机良法集成推广，新建高标准农田 120 万亩、改造提升 207 万亩，改造大中型灌区 34 处，粮食生产面积、单产、总产实现“三增”。推进农村人居环境整治提升，新改建“四好农村路”3064 公里，完成农村改厕 67.8 万户，农村生活污水治理率达 51%，建设省级特色田园乡村 159 个，新建农村生态河道 6000 公里。实施跨省援助项目 1548 个，续写了新时代东西部协作和对口支援合作“山海情”。

大力加强生态文明建设。毫不动摇抓好长江大保护，持续深化污染治理“4+1”工程，深入实施重大生态修复工程。完成重点治气工程 1.6 万余项，排污口排查整治取得扎实成效，土壤污染源头管控持续加强。扎实推动太湖流域控源减污、减磷控氮，建成生态清淤智能装备平台，湖体总磷、总氮浓度分别下降 14.5%和 14.3%。出台碳达峰专项实施方案，推进煤炭清洁高效利用，可再生能源装机占比达 36.4%，入选国家首批碳达峰试点地区和园区 3 个。大力提升环境基础设施建设水平，累计入选国家级海绵城市建设示范城市 4 个、国家生态园林城市 9 个，均居全国第一，国家生态文明示范区增至 37 个，“绿水青山就是金山银山”实践创新基地增至 10 个，在国家污染防治攻坚战成效考核中连续 4 年获评优秀等级，美丽江苏更加可触可感可享。

纵深推进改革开放。出台建设具有世界聚合力的双向开放枢纽行动方案，立足新起点推进“一带一路”交汇点建设，与共建“一带一路”国家进出口占全省比重达 42.9%。首届中欧班列国际合作论坛、两岸企业家峰会 10 周年年会在江苏举办，习近平主席亲自向论坛、年会都致了贺信。推动外贸稳规模优结构，民营企业出口占比达 49.7%，跨境电商出口增长 12.3%，“新三样”出口规模、《区域全面经济伙伴关系协定》签证出口货值均居全国第一。开展“走进跨国公司总部”行动，制造业外资、高技术产业外资和外资企业利润再投资规模均居全国前列。苏州工业园区在国家级经济技术开发区综合考核评价中实现“八连冠”。推进高标准市场体系建设，深化财税、投融资等改革，在全国率先推动国有和集体混合权属不动产登记发证、率先开展用地用林合并审批试点，系统谋划实施新一轮国企改革深化提升行动，推动 5 家省属贸易企业重组整合。编制实施国家营商环境试点和自主改革事项“两张清单”79 项改革举措，连续 5 年位列“营商环境最佳口碑省份”，经营主体总数超过 1452 万户。采取有力措施促进民营经济高质量发展，各类经营主体信心持续提振、活力不断增强。

强化基层治理和民生保障。出台稳就业 20 条新举措，城镇调查失业率 4.6%。加强重要民生商品保供稳价，居民消费价格上涨 0.4%。强化“一老一幼”服务保障，完成家庭适老化改造超 4 万户，新增托位数超 3 万个。加快完善社会保障体系，推进失业保险基金省级统收统支、工伤保险省级统筹，基本医保参保率稳定在 98.5%以上。推动优质医疗资源扩容下沉，遴选建设 16 家高水平医院，推动 16 家大型三级甲等医院结对帮扶苏北 5 家市级医院、15 家县级医院。强化优质教育资源供给，新建改扩建义务教育学校 167 所、普通高中40所，16所“双一流”建设高校率先进入部省共建行列。推行房票安置政策，全年棚户区改造基本建成18.85万套，城镇老旧小区改造惠及居民50.2万户，新改善农房超10万户，新增公共停车泊位13.7万个，保交楼超额完成年度目标任务。制定实施加快推进社会主义文化强省建设行动方案，编制长江国家文化公园江苏段建设保护系列规划，一批优秀文艺作品获得国家级奖项，一系列文化活动蓬勃开展。城乡精神文明建设取得新进展，全国文明城市创建再创佳绩。加快新时代体育强省建设，江苏健儿在杭州亚运会上获得30枚金牌的优异成绩。着力健全城乡社区治理体系，推动“五社联动”机制创新试点，积极化解信访突出问题，严打严防各类违法犯罪活动，平安江苏、法治江苏建设再上新台阶。

第四章　2023 年安徽省经济社会发展情况

2023 年，安徽省坚持稳中求进，全面贯彻新发展理念，真抓实干、攻坚克难，全省经济回升向好，内生动能不断增强，民生保障有力有效，社会大局保持稳定，高质量发展扎实推进，现代化美好安徽建设迈出坚实步伐。

第一节　经济发展基本情况

一、综合概况

初步核算，2023 年，全省地区生产总值 47050.6 亿元，增长 5.8%。其中，第一产业增加值 3496.6 亿元，增长 3.9%；第二产业增加值 18871.8 亿元，增长 6.1%；第三产业增加值 24682.2 亿元，增长 5.8%。工业增加值 14021.1 亿元，增长 6.2%。三次产业结构由上年的 7.9∶40.2∶51.9 调整为 7.4∶40.1∶52.5。预计全年全员劳动生产率 147934 元/人，比上年增加 8339 元/人。按常住人口计算，人均地区生产总值 76830 元（折合 10903 美元），增长 5.7%。2019—2023 年安徽省地区生产总值见图 1-4-1，安徽省三次产业增加值占全省生产总值比重见图 1-4-2。

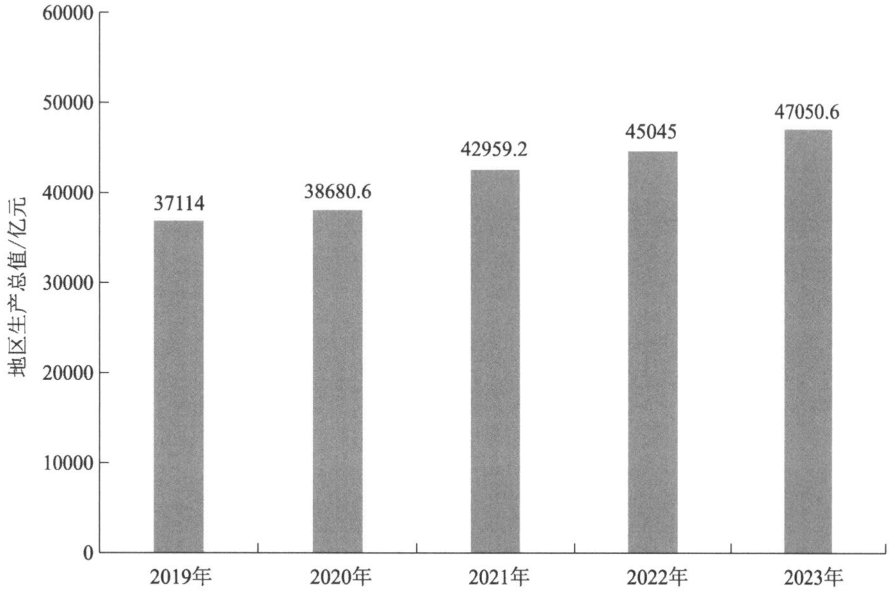

图 1-4-1　2019—2023 年安徽省地区生产总值

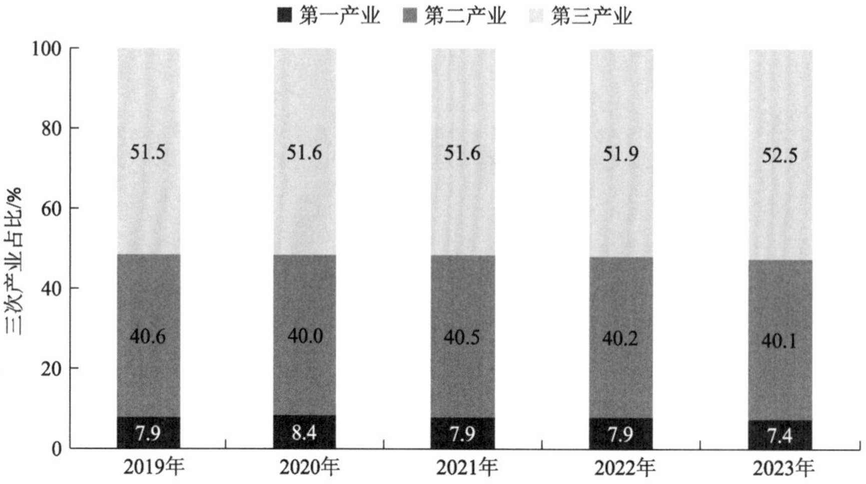

图 1-4-2　2019—2023 年安徽省三次产业增加值占全省生产总值比重

2023 年末全省常住人口 6121 万人，比上年末减少 6 万人；常住人口城镇化率为 61.51%，提高 1.36 个百分点。2023 年末安徽省常住人口及其构成见表 1-4-1。2019—2023 年末安徽省常住人口数见图 1-4-3。

表 1-4-1　2023 年末安徽省常住人口及其构成

指标	年末数/万人	比重/%
常住人口	6121	
其中：城镇	3765	61.51
乡村	2356	38.49
其中：男性	3127	51.09
女性	2994	48.91
其中：0~15 岁（含不满 16 周岁）	1142	18.66
16~59 岁（含不满 60 周岁）	3694	60.35
60 周岁及以上	1285	20.99
其中：65 周岁及以上	971	15.86

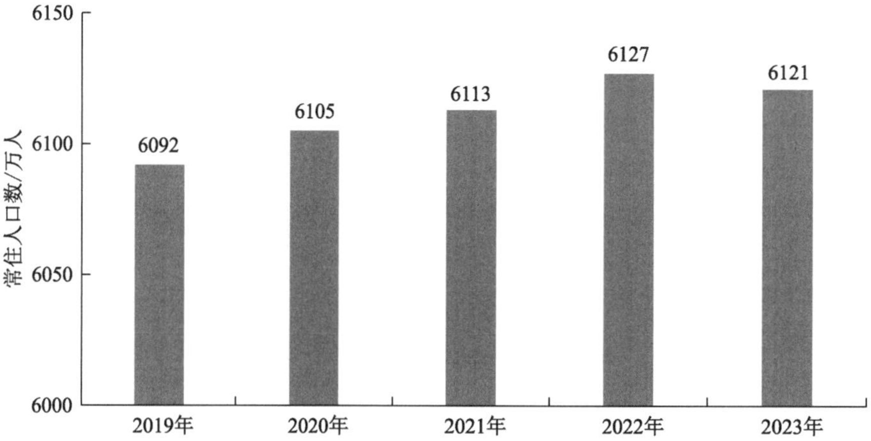

图 1-4-3　2019—2023 年末安徽省常住人口数

全年城镇新增就业72.2万人，登记失业人员再就业30.9万人。全省农民工总量1988.8万人，其中外出农民工1302.3万人。

全年居民消费价格比上年上涨0.2%，其中食品烟酒价格上涨0.5%。工业生产者出厂价格下降3.4%。工业生产者购进价格下降4.9%。农产品生产价格下降3.3%。2023年安徽省居民消费价格比上年涨跌幅度见表1-4-2。

表1-4-2 2023年安徽省居民消费价格比上年涨跌幅度

单位:%

指标	全省	城市	农村
居民消费价格	0.2	0.1	0.5
其中：食品烟酒	0.5	0.3	0.9
衣着	1.6	1.6	1.8
居住	-0.3	-0.4	0.0
生活用品及服务	0.1	0.0	0.1
交通通信	-2.5	-2.6	-2.4
教育文化娱乐	2.0	1.9	2.0
医疗保健	0.7	0.3	1.3
其他用品及服务	3.2	3.3	3.0

新兴动能不断增强。规模以上工业中，高新技术产业增加值比上年增长11.2%，占规模以上工业增加值比重为49.1%；装备制造业增加值增长13.3%，占规模以上工业增加值比重为38.7%；战略性新兴产业产值增长12.2%，占规模以上工业总产值比重为42.9%。市场销售中，网上零售额3985.4亿元，增长14.5%。其中，实物商品网上零售额3406.9亿元，增长12%。固定资产投资中，高技术产业投资增长24.4%，快于全部投资20.4个百分点。全年汽车全产业链营业收入突破万亿元，达1.16万亿元，比上年增长28.5%。全年新登记经营主体141.1万户，日均新登记企业1211户，年末经营主体总数达801.7万户。

二、农业

全年粮食播种面积11001.7万亩，比上年增加30.3万亩；粮食产量4150.8万吨，比上年增产1.2%。其中，夏粮1740.8万吨，增产1.1%；早稻101.5万吨，增产0.4%；秋粮2308.4万吨，增产1.4%。油料产量189万吨，增产9%。2023年安徽省主要农产品产量及其增长速度见表1-4-3。

表1-4-3 2023年安徽省主要农产品产量及其增长速度

产品名称	产量/万吨	比上年增长/%
粮食	4150.8	1.2
其中：夏粮	1740.8	1.1
早稻	101.5	0.4
秋粮	2308.4	1.4
油料	189.0	9.0
其中：花生	73.3	1.2
油菜籽	110.6	14.7
棉花	2.0	-20.8

续表

产品名称	产量/万吨	比上年增长/%
茶叶	14.6	3.2
蔬菜及食用菌	2630.1	3.6
水果	828.8	3.8

猪牛羊禽肉产量495.8万吨，增长4.5%。禽蛋产量206.3万吨，增长10.5%。牛奶产量53.6万吨，增长5.7%。水产品产量254万吨，增长3.5%。年末生猪存栏1551.7万头，比上年末下降6.3%；全年生猪出栏3075.5万头，增长5.3%。

年末全省农业机械总动力7194.6万千瓦，比上年末增长1.8%。主要农作物耕种收综合机械化率85%。累计建成高标准农田6256万亩。新增高效节水灌溉面积25.6万亩。

三、工业和建筑业

全年规模以上工业增加值比上年增长7.5%。分经济类型看，国有控股企业增加值增长5.1%；股份制企业增长7.7%；外商及港澳台商投资企业增长5%。分门类看，采矿业增加值增长2.5%，制造业增长8.8%，电力、热力、燃气及水生产和供应业增长0.5%。分行业看，41个工业大类行业中有28个行业增加值保持增长。其中，化学原料和化学制品制造业增长4.2%，非金属矿物制品业增长5.6%，汽车制造业增长33.9%，电气机械和器材制造业增长20.0%，计算机、通信和其他电子设备制造业增长4.2%。工业产品中，集成电路和液晶显示屏产量分别增长116.3%和21.3%，汽车增长48.1%，其中新能源汽车增长60.5%。2023年安徽省规模以上工业主要产品产量及其增长速度见表1-4-4。

表1-4-4　2023年安徽省规模以上工业主要产品产量及其增长速度

产品名称	单位	产量	比上年增长/%
卷烟	亿支	1227.2	0.6
合成洗涤剂	万吨	106.7	6.5
原煤	亿吨	1.1	0.3
发电量	亿千瓦时	3336	5.6
水泥	亿吨	1.3	0.2
平板玻璃	万重量箱	4946.2	4.0
钢材	万吨	4164.9	5.4
十种有色金属	万吨	270.6	17.3
工业机器人	套	16596	35.2
汽车	万辆	249.1	48.1
其中：新能源汽车	万辆	86.8	60.5
变压器	万千伏安	3875.6	9.0
家用洗衣机	万台	3031.1	19.1
家用电冰箱	万台	2946.6	12.2
房间空气调节器	万台	2738.2	1.7
集成电路	亿块	60.4	116.3
液晶显示屏	亿片	7.5	21.3

全年煤炭产能 13091 万吨。发电装机容量 10817.3 万千瓦，其中燃煤火电装机容量 5478.2 万千瓦，可再生能源发电装机容量 4824 万千瓦。

全年规模以上工业企业利润 2418.4 亿元，比上年增长 7.1%。分经济类型看，国有控股企业利润 647.6 亿元，增长 3.2%；股份制企业 2023 亿元，增长 4.8%；外商及港澳台商投资企业 328.3 亿元，增长 17.5%；私营企业 553.2 亿元，下降 8.9%。分门类看，采矿业利润 269.5 亿元，增长 1.9%；制造业 1946.3 亿元，增长 3.9%；电力、热力、燃气及水生产和供应业 202.6 亿元，增长 68.6%。全年规模以上工业企业每百元营业收入中的成本为 86.43 元，比上年下降 0.18 元；营业收入利润率为 4.75%，下降 0.08 个百分点。

2023 年安徽省工业企业 100 强名单见表 1-4-5。

表 1-4-5　2023 年安徽省工业企业 100 强名单

序号	企业名称	2022 年营业收入/万元
1	铜陵有色金属集团控股有限公司	23267823.00
2	安徽海螺集团有限责任公司	22192212.00
3	马钢（集团）控股有限公司	22119045.00
4	联宝（合肥）电子科技有限公司	16510755.00
5	奇瑞控股集团有限公司	15001803.00
6	中铁四局集团有限公司	12286869.36
7	欧冶链金再生资源有限公司	11196024.34
8	美的集团芜湖公司	8914768.63
9	安徽建工集团控股有限公司	8505306.43
10	淮北矿业（集团）有限责任公司	7839027.00
11	淮河能源控股集团有限责任公司	6689793.00
12	安徽省交通控股集团有限公司	6538667.10
13	合肥海尔工业园	6317226.40
14	合肥百货大楼集团股份有限公司	5830511.00
15	中国石化销售股份有限公司安徽石油分公司	5655229.00
16	美的集团合肥公司	5240795.13
17	六安钢铁控股集团有限公司	4890266.00
18	中国十七冶集团有限公司	4833056.90
19	中国石油化工股份有限公司安庆分公司	4471553.00
20	安徽省皖北煤电集团有限责任公司	4122774.54
21	安徽楚江科技新材料股份有限公司	4059588.00
22	阳光电源股份有限公司	4025724.00
23	合肥市建设投资控股（集团）有限公司	3855895.14
24	安徽江淮汽车集团控股有限公司	3657838.66
25	合肥维天运通信息科技股份有限公司	3403267.00
26	山鹰国际控股股份公司	3401411.62
27	安徽天大企业（集团）有限公司	3303704.16

续表

序号	企业名称	2022年营业收入/万元
28	安徽省能源集团有限公司	3253925.00
29	金鹏控股集团	3056588.80
30	文一投资控股有限公司	2750566.00
31	合肥晶澳太阳能科技有限公司	2484782.23
32	合肥鑫晟光电科技有限公司	2309917.30
33	国轩高科股份有限公司	2305170.15
34	安徽灵通集团控股有限公司	2250924.00
35	铜陵化学工业集团有限公司	2121671.00
36	中煤矿山建设集团有限责任公司	2021571.00
37	长虹美菱股份有限公司	2021522.00
38	安徽天康（集团）股份有限公司	1989520.00
39	安徽鸿路钢结构（集团）股份有限公司	1984768.00
40	合肥长安汽车有限公司	1923671.00
41	科大讯飞股份有限公司	1882023.00
42	安徽辉隆投资集团有限公司	1840793.38
43	安徽新华发行（集团）控股有限公司	1830939.00
44	安徽丰原集团有限公司	1771545.74
45	安徽古井集团有限责任公司	1760468.00
46	铜陵精达特种电磁线股份有限公司	1754240.00
47	安徽中鼎控股（集团）股份有限公司	1737163.00
48	中安华力建设集团有限公司	1703672.00
49	芜湖新兴铸管有限责任公司	1679096.44
50	联合利华服务（合肥）有限公司	1664644.00
51	三七互娱网络科技集团股份有限公司	1640603.00
52	安徽华源医药集团股份有限公司	1638457.00
53	安徽叉车集团有限责任公司	1572395.00
54	安徽昊源化工集团有限公司	1550285.00
55	安徽省徽商集团有限公司	1525093.00
56	合肥比亚迪汽车有限公司	1511197.49
57	安徽省贵航特钢有限公司	1461710.00
58	晶宫控股集团有限公司	1411071.00
59	安徽天星医药集团有限公司	1378442.00
60	中国化学工程第三建设有限公司	1348529.00
61	安徽环新集团股份有限公司	1334061.00
62	格力电器（合肥）有限公司	1290797.00

续表

序号	企业名称	2022年营业收入/万元
63	安徽鸣华投资集团	1284679.00
64	国药控股安徽有限公司	1283529.99
65	安徽出版集团有限责任公司	1281674.66
66	现代牧业（集团）有限公司	1233700.00
67	中能建建筑集团有限公司	1211100.36
68	中煤新集能源股份有限公司	1200286.20
69	安徽宝业建工集团有限公司	1150000.00
70	中盐安徽红四方股份有限公司	1142533.04
71	合肥京东方显示技术有限公司	1087847.80
72	安徽水安建设集团股份有限公司	1084469.22
73	安徽晶科能源有限公司	1059268.62
74	联合利华（中国）有限公司	1026193.00
75	安徽皖维集团有限责任公司	1019070.71
76	安徽省众城集团	1015674.00
77	铜陵泰富特种材料有限公司	1011815.40
78	立讯精密工业（滁州）有限公司	1004478.07
79	安徽康佳电子有限公司	985164.00
80	安徽鲁班建设投资集团有限公司	981630.00
81	安徽同康实业发展有限公司	980266.96
82	芜湖市富鑫钢铁有限公司	957180.00
83	中国能源建设集团安徽电力建设第二工程有限公司	956594.00
84	安徽伟达建设集团有限公司	873625.00
85	滁州惠科光电科技有限公司	864530.00
86	安徽友进冠华新材料科技股份有限公司	838512.00
87	安徽省盐业投资控股集团有限公司	824642.00
88	安徽金瑞投资集团有限公司	823456.45
89	安徽晋煤中能化工股份有限公司	819229.01
90	合肥市产业投资控股（集团）有限公司	813674.17
91	铜陵市旋力特殊钢有限公司	806569.73
92	安徽省高速石化有限公司	792924.00
93	安徽金煌建设集团有限公司	782106.00
94	池州起帆电缆有限公司	773634.00
95	合肥华泰集团股份有限公司	770653.00
96	淮南东辰集团有限责任公司	750681.00
97	铜陵市富鑫钢铁有限公司	747541.00

续表

序号	企业名称	2022 年营业收入/万元
98	南都电源（安徽）新能源科技有限公司	730439.41
99	安徽国祯集团股份有限公司	725157.29
100	安徽迎驾集团股份有限公司	714900.00

全年建筑业增加值 4881.2 亿元，比上年增长 5.7%。年末具有资质等级的总承包和专业承包建筑业企业 9651 家，比上年末增加 738 家。全年房屋建筑施工面积 59769.3 万平方米，比上年增加 10098.6 万平方米；房屋竣工面积 15465.6 万平方米，增加 608.7 万平方米。

2023 年底，安徽省独角兽企业数量达 16 家，跃居全国第 6 位，全省独角兽企业总估值达到 422.1 亿美元，平均估值 26.4 亿美元，同比增长 56%，跑出了强劲增长的“加速度”。其中，处于南京都市圈内的独角兽企业共 6 家，分别是芜湖 4 家，宣城、滁州各 1 家。2023 年末安徽省独角兽企业见表 1-4-6。

表 1-4-6　2023 年末安徽省独角兽企业

序号	企业名称	估值区间/亿美元	领域	所在城市
1	长鑫科技	198.5	集成电路	合肥
2	酷睡机器人	25.0	自动驾驶	芜湖
3	NeoFusion 聚变新能	20.6	清洁能源	合肥
4	丰原生物	20.2	合成生物	蚌埠
5	华晟新能源	18.1	清洁能源	宣城
6	易久批	18.0	新零售	芜湖
7	佳纳能源	16.8	动力电池	芜湖
8	视理技术	15.8	智能硬件	合肥
9	花生好车	14.8	汽车服务	淮南
10	英发睿能	11.3	清洁能源	滁州
11	讯飞医疗	10.9	数字医疗	合肥
12	清电光伏	10.6	清洁能源	合肥
13	长飞先进半导体	10.6	集成电路	芜湖
14	本源量子	10.6	量子科技	合肥
15	国仪量子	10.2	量子科技	合肥
16	伏达半导体	10.1	集成电路	合肥

四、服务业

全年批发和零售业增加值 4750.5 亿元，比上年增长 9.1%；交通运输、仓储和邮政业增加值 2469.2 亿元，增长 5.7%；住宿和餐饮业增加值 976.5 亿元，增长 11.8%；金融业增加值 3035.6 亿元，增长 9.4%；房地产业增加值 2839.5 亿元，下降 1.9%；信息传输、软件和信息技术服务业增加值 1223.3 亿元，增长 10.2%；租赁和商务服务业增加值 1552.7 亿元，增长 13.4%。全年规模以上服务业企业营业收入增长 8.8%。

全年货物运输量 42.3 亿吨，比上年增长 7.3%；货物运输周转量 12053.1 亿吨公里，比上年增长 7.3%。港口货物吞吐量 6.7 亿吨，增长

10.5%。旅客运输量2.6亿人次，增长76.8%。旅客运输周转量1039.1亿人公里，增长107.7%。全省民航机场旅客吞吐量1489.3万人次，增长110.6%，其中合肥新桥机场旅客吞吐量1117.1万人次，增长95.6%。2023年安徽省主要运输方式完成货物运输量及其增长速度见表1-4-7，安徽省主要运输方式完成旅客运输量及其增长速度见表1-4-8。

表1-4-7　2023年安徽省主要运输方式完成货物运输量及其增长速度

指标	单位	绝对数	比上年增长/%
货物运输量	亿吨	42.3	7.3
其中：铁路	亿吨	0.8	3.0
公路	亿吨	26.1	6.1
水运	亿吨	15.4	9.8
货物运输周转量	亿吨公里	12053.1	7.3
其中：铁路	亿吨公里	789.3	-1.8
公路	亿吨公里	3792.7	2.6
水运	亿吨公里	7470.9	10.9

表1-4-8　2023年安徽省主要运输方式完成旅客运输量及其增长速度

指标	单位	绝对数	比上年增长/%
旅客运输量	亿人次	2.6	76.8
其中：铁路	亿人次	1.5	108.2
公路	亿人次	1.0	43.9
水运	亿人次	223.2	155.7
旅客运输周转量	亿人公里	1039.1	107.7
其中：铁路	亿人公里	881.3	116.7
公路	亿人公里	114.6	51.6
水运	万人公里	3321.6	214.8

年末全省民用汽车拥有量1192.6万辆，比上年末增长5.4%，其中私人汽车1062.3万辆，增长5.8%。民用轿车拥有量672.8万辆，增长8.2%，其中私人轿车644.1万辆，增长8%。全省高速公路里程5804公里、一级公路7098公里，铁路营业里程5501公里、高速铁路营业里程2537公里。

全年邮政行业寄递业务总量57亿件，比上年增长14.3%。其中，快递业务量41亿件，增长16.2%。电信业务总量640.7亿元，增长19%。年末电话用户总数7319.9万户，其中移动电话用户6809.5万户。移动电话普及率111.1部/百人。固定互联网宽带接入用户2987.6万户，比上年末增加277.5万户，其中固定互联网光纤宽带接入用户2810.6万户，增加332.8万户。全年移动互联网用户接入流量112亿GB，增长16.3%。

全年全省国内游客8.5亿人次，比上年增长71.1%。国内旅游收入8510亿元，增长83.4%。皖南国际文化旅游示范区旅游总收入4340.3亿元，增长82.1%。年末全省有A级及以上旅游景点（区）683处。

五、固定资产投资

2023年全年固定资产投资（不含农户）比上年增长4%。其中，工业技术改造投资增长25.2%；基础设施投资增长6.3%；民间投资下降1.5%。分产业看，第一产业投资增长12.1%，第二产业投资增长22.7%，第三产业投资下降5.2%。工业投资增长22.7%，其中制造业投资增长20%。合肥大众新能源汽车、比亚迪（芜湖）新能源动力电池长三角制造中心二期、G42S上海至武汉高速无为至岳西段等项目竣工。2023年安徽省分行业固定资产投资（不含农户）增长速度见表1-4-9。

表1-4-9 2023年安徽省分行业固定资产投资（不含农户）增长速度

行业	比上年增长/%
农、林、牧、渔业	13.5
采矿业	57.0
制造业	20.0
电力、热力、燃气及水生产和供应业	32.0
建筑业	-44.0
批发和零售业	30.8
交通运输、仓储和邮政业	27.1
住宿和餐饮业	38.0
信息传输、软件和信息技术服务业	9.7
金融业	-29.1
房地产业	-15.0
租赁和商务服务业	8.2
科学研究和技术服务业	68.8
水利、环境和公共设施管理业	-7.5
居民服务、修理和其他服务业	-0.4
教育	1.7
卫生和社会工作	-18.9
文化、体育和娱乐业	4.9
公共管理、社会保障和社会组织	-24.7

全年房地产开发投资4659.4亿元，比上年下降16.4%。商品房销售面积4677.6万平方米，下降28.5%；商品房销售额3872.8亿元，下降22.8%。年末商品房待售面积2429.4万平方米，比上年末增长25.3%。

六、国内贸易

2023年全年社会消费品零售总额23008.3亿元，比上年增长6.9%。按经营地统计，城镇消费品零售额19339.1亿元，增长7.4%；乡村消费品零售额3669.2亿元，增长4.6%。按消费类型统计，商品零售额20082.7亿元，增长6%；餐饮收入2925.6亿元，增长13.7%。2019—2023年安徽省社会消费品零售总额见图1-4-4。

限额以上单位商品零售额中，粮油类零售额比上年下降4%，肉禽蛋类增长1.4%，服装类增长5%，日用品类增长7.5%，家用电器和音像器材类下降5.6%，中西药品类增长1.2%，家具类下降5.9%，通讯器材类增长19.9%，建筑及装潢材料类下降8.6%，汽车类增长5.6%，石油及制品类增长12.9%。

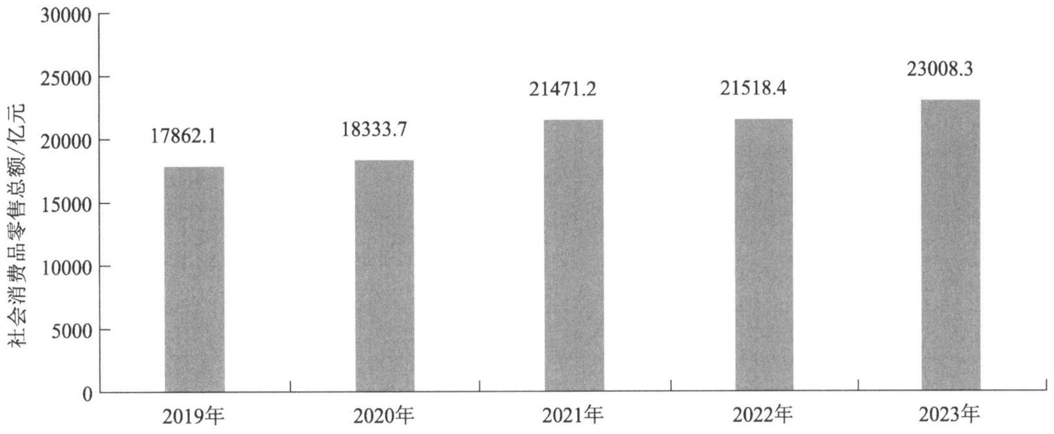

图 1-4-4　2019—2023 年安徽省社会消费品零售总额

七、开放型经济

2023 年全年进出口总额 8052.2 亿元，比上年增长 7.8%。其中，出口 5231.2 亿元，增长 11.3%；进口 2821 亿元，增长 1.8%。2019—2023 年安徽省进出口总额见图 1-4-5。从出口商品看，机电产品出口增长 20.6%，高新技术产品出口下降 9.2%。汽车出口 714.6 亿元，增长 1.2 倍。电动载人汽车、锂电池、太阳能电池等“新三样”合计出口 390.6 亿元，增长 11.6%。对共建“一带一路”国家进出口 4104.6 亿元，增长 20.1%。其中，出口 2601.8 亿元，增长 33.4%；进口 1502.8 亿元，增长 2.5%。2023 年安徽省出口主要分类及地区分布见表 1-4-10。

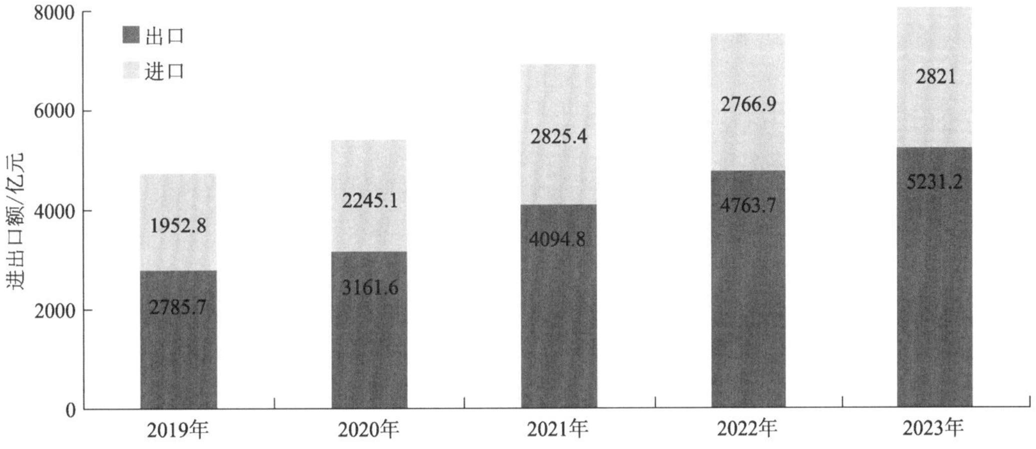

图 1-4-5　2019—2023 年安徽省进出口总额

表 1-4-10　2023 年安徽省出口主要分类及地区分布

指标	绝对数/亿元	比上年增长/%
出口额	5231.2	11.3
其中：机电产品	3583.2	20.6
其中：高新技术产品	1206.6	-9.2
其中：一般贸易	4148.1	14.3
加工贸易	629.6	-14.6
其中：对亚洲	2061.4	11.6

续表

指标	绝对数/亿元	比上年增长/%
对欧洲	1499.2	34.2
对北美洲	773.8	-12.6
对非洲	259.6	12.0
对拉丁美洲	533.4	3.5
对大洋洲	103.9	0.2

全年新批外商直接投资项目 602 个，比上年增长 26.7%；合同利用外资 273.4 亿元，下降 5.9%；实际使用外资 145.4 亿元，增长 4.3%。年末来皖投资的境外世界 500 强企业达 192 家。

全年对外承包工程新签合同金额 39.5 亿美元，比上年下降 27.6%；完成营业额 27.4 亿美元，增长 14.3%；当年外派劳务人员 7049 人，增长 32.2%。全年新批境外企业（机构）168 个，实际对外投资 23.2 亿美元，增长 35.9%，其中对“一带一路”共建国家投资 9.4 亿美元，增长 13.6%。

八、自贸区建设

2023 年，中国（安徽）自由贸易试验区以不到全省千分之一的面积，贡献了全省 24.4%的进出口额、30.9%的实际使用外资额，有力有效服务全省经济社会发展大局。实现进出口额 922.2 亿元，其中出口 716.7 亿元、同比增长 18.4%，分别高于全国、全省出口平均增幅 14.7 个、3.9 个百分点；实际使用外资 3.7 亿美元、同比增长 2.3 倍，大幅高于全国平均水平（下降 8.5%）、全省平均水平（增长 33.8%）；新增注册企业 1.1 万家、同比增长 26.9%，高于全省增幅 3 个百分点。截至 2023 年底，累计形成 192 项制度创新成果，其中 32 项为全国首创，10 项在全国复制推广，7 项入选商务部研究院 2023 年全国创新案例。112 项试点任务已落地见效 110 项，实施率 98%；其中中央事权 64 项试点任务已实施 62 项，实施率 97%；地方事权 48 项试点任务已全部实施，实施率 100%。

主要建设成效包括四个方面。

（一）聚焦“制度创新+科技创新”，产业高地效应进一步显现

对标国内外先进水平，重点围绕创新、赋能、便捷等方面，加快推进高质量发展。

一是突出引领性，科技领域创新多点突破。中国（安徽）自贸试验区开展系列首创性探索，率先构建服务自主创新的全周期管理机制。合肥片区在全国率先推行“赋权+转让+约定收益”的职务科技成果所有权改革，开展科研项目经费“包干制”和产业化经费股权投资改革试点，探索科创企业信用（信用贷）票据融资新模式，设立全国首个城市场景创新促进中心，推动科创要素转化为真正有益于市场发展的生产力，带动安徽位居全国区域创新能力第 7 位。

二是突出集成性，首位产业创新强劲赋能。中国（安徽）自贸试验区探索以制度创新赋能产业发展的实践路径，《人民日报》、新华社等多次进行了深度报道。围绕服务汽车首位产业，芜湖片区发行全国首单 10 亿元汽车金融公司绿色金融债券，落地全国首笔“再贷款”供应链债权凭证保理融资业务；全国首推“全额风险代偿”供应链金融服务，建设全球首个汽车数字化涂料色彩实验室，创新高技能人才引培路径，推动“四链”深度融合，加快形成新质生产力。

三是突出系统性，政务服务创新惠企利企。中国（安徽）自贸试验区紧扣市场主体需求，把重商、安商、亲商、暖商、护商各项工作做实做细。蚌埠片区首推内河运费扣减新模式，已为企业扣减运费 100 余万元。开展行政审批“极简化”试点，做到同类事项平均承诺办理时限全国最短。探索打造长江航运综合服务新模式，航运政务审批事项办结时间压缩 86%。

（二）聚焦开放引领，贸易投资提质增效

中国（安徽）自贸试验区持续加大制度型开放力度，贸易投资自由化便利化成效显著，成为

推动全省高水平对外开放的重要支撑。

一是“新三样”加速出海，外贸发展实现新跨越。深入实施“徽动全球”出海行动，2023 年前 11 个月（以下统计时间相同），中国（安徽）自贸试验区实现进出口额 1798.6 亿元，同比增长 9.7%，分别高于全国、全省平均增幅 9.7 个、1.2 个百分点，带动全省进出口总量跃居全国第 9 位、中部第 1 位，带动全省进出口增速跃居全国第 7 位，稳居长三角、中部第 1 位，增速在全国前十大外贸大省中居首位。带动全省机电产品出口 3297.6 亿元，同比增长 23.3%，占出口总值的 68.4%。其中电、光、锂“新三样”产品合计出口 364.9 亿元，同比增长 16.5%。

二是“强磁场”效应凸显，吸引外资实现新跃升。以“投资安徽行”为统揽，打造定向联系外商、磁吸海外投资的“天下徽商圆桌会”“海客圆桌会”等品牌。率先扩大旅游、教育等服务业开放，落户全省首家外商投资旅行社、外商独资设立的经营性教育培训机构。中国（安徽）自贸试验区实际使用外资 55.2 亿元，同比增长 30.8%，增幅分别高于全国、全省 40.8 个、20.5 个百分点。

三是“双循环”融通内外，开放通道实现新扩容。着力打造高水平开放枢纽，推广“联动接卸”“直装直提”等模式至合肥港及沿江一类口岸，开通全省首条集装箱外贸直航航线（芜湖—俄罗斯）。首次开通合肥至芝加哥（洛杉矶）、伦敦 2 条“第五航权”执飞航线，启用长三角国际航空合肥物流分拨中心，合肥国际货运航线增至 8 条（芝加哥、洛杉矶、仁川、大阪、阿姆斯特丹、达拉斯、纽约、布鲁塞尔）。开行至连云港海铁联运班列，推进“铁路快通”模式应用，畅通中欧班列出运快速通道。中欧班列（合肥）全年累计开行 868 标准列，同比增长 13%。

（三）聚焦增势赋能，主导产业培育壮大

中国（安徽）自贸试验区充分发挥制度高地和开放先行优势，推动片区主导产业“链条化集聚”“集群式发展”。

一是助力“集聚区”，主导产业起势见效。清单化推进实施新能源汽车和智能网联汽车等主导产业开放创新试点举措，建立全国首个型材工业互联网平台，成立长三角首个量超协同创新中心。中国（安徽）自贸试验区新签约亿元以上项目 333 个，大众集团在国内首个独资电池包生产工厂大众汽车（安徽）零部件有限公司、必欧瀚全球研发中心、大陆轮胎四期、新桥智能电动汽车产业园区等一批外资项目、总部项目签约落地、建成投产。

二是深耕“试验田”，金融创新有声有色。推动优质企业贸易外汇收支便利化政策扩面增量，全省纳入政策范围的企业已有 370 多家，居全国前列。在全国率先开展“贷投批量联动”模式试点，形成“批量推荐”“贷投联动”“风险补偿”三大机制，累计为 887 户科创企业提供“股+贷”联动支持 368.86 亿元。探索跨境融资服务新模式，推出全功能型跨境双向人民币资金池。开展服务贸易项下信保融资场景创新，首次为国际货运代理企业提供信保融资支持。实现知识产权证券化产品常态发行，助力 34 家创新主体融资 5.3 亿元。

三是打造“共同体”，协同合作走深走实。推动长三角产业一体化发展，加快研发飞地、创新平台、政策标准区域协同，推广“江海联运”“离港确认”“共舱管理”等新模式，深化安徽与沿海、沿江港口合作，推动制度规则“软联通”、要素使用互联互通。建设“一带一路”重要节点，探索“海铁空”联运、中欧卡航专线“门到门”物流服务等创新模式，共建共享新亚欧联运通道。全省对共建“一带一路”国家和地区进出口 3809.3 亿元，同比增长 22.7%，占全省外贸的 51.6%。

（四）聚焦激发活力，营商环境持续优化

中国（安徽）自贸试验区围绕提升发展“软实力”，持续推进营商环境整体优化，为争创一流积累了经验。全国工商联发布“2023 年度万家民营企业评营商环境”主要调查结果，安徽省营商环境得分与口碑均居全国前十。

一是市场化环境公平公正。加快形成公平竞争的制度体系，试点出口货物知识产权状况预确认，实现无障碍“秒放”通关。推行跨境人民币缴税服务，非居民企业境外税款缴纳入库时间压缩至半天。探索“一码管地”，大幅缩短企业办事周期并节省测绘成本。探索新型研发机构股权投

资改革，引入外部投资超 50 亿元。

二是法治化环境透明高效。逐步完善法治保障体系，协同推进安徽（合肥）创新法务区建设。发挥国际商事法律综合服务中心作用，探索涉台民商事案件“诉调解纷”新机制，实现涉台民商事案件办理业务流程再造。建立安全生产“轻违不罚”制度和监督执法企业线下免查清单制度，变被动执法为主动服务。

三是国际化环境开放共赢。多措并举优化涉外营商环境，大众学院首批 26 名学生成为德国大众“种子工程师”。探索建立境外职业资格认可清单制度，扩大境外人才在自贸试验区执业范围。推进国际学校、国际门诊建设，引入国际商保直付系统，打造国际商业医疗保险结算“绿色通道”。

九、财政和金融

2023 年全年全省一般公共预算收入 3939 亿元，比上年增长 9.7%，其中税收收入 2592.9 亿元，增长 15.4%。一般公共预算支出 8638.1 亿元，增长 3.1%。重点支出项目中，科学技术支出增长 5.5%，社会保障与就业支出增长 5.3%，卫生健康支出增长 0.8%，教育支出增长 6.8%，住房保障支出增长 19.3%。全年 50 项民生实事和 10 项暖民心行动累计统筹资金 492.8 亿元。新增减税降费及退税缓税缓费 868.3 亿元。2019—2023 年安徽省一般公共预算收入见图 1-4-6。

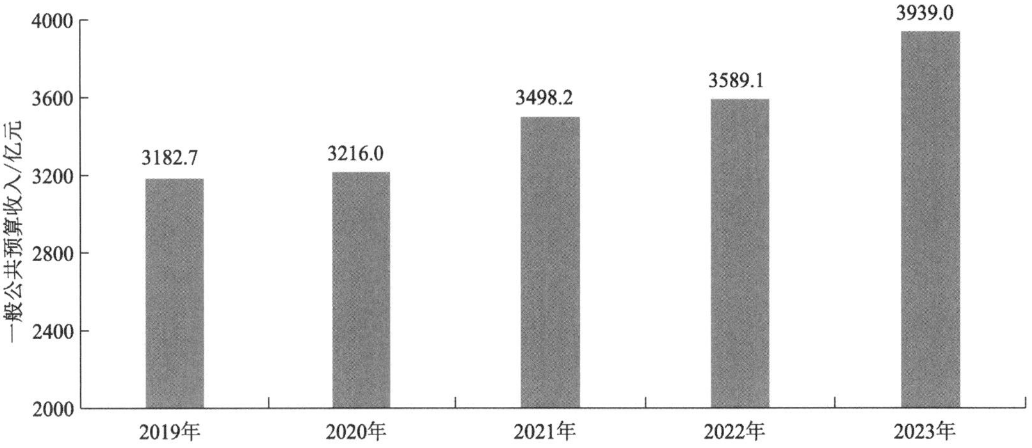

图 1-4-6　2019—2023 年安徽省一般公共预算收入

全年全省社会融资规模增量 13887.4 亿元，比上年增加 2084 亿元。年末金融机构本外币各项存款余额 83303.5 亿元，比上年末增加 8107.4 亿元，增长 10.8%；本外币各项贷款余额 77990.4 亿元，增加 10452.3 亿元，增长 15.5%。2023 年末安徽省金融机构本外币各项存贷款余额及其增长速度见表 1-4-11。

表 1-4-11　2023 年末安徽省金融机构本外币各项存贷款余额及其增长速度

指标	年末数/亿元	比上年末增长/%
各项存款	83303.5	10.8
其中：非金融企业存款	18863.9	2.5
住户存款	48138.9	16.2
机关团体存款	10811.8	7.7
各项贷款	77990.4	15.5
其中：境内短期贷款	18621.0	12.8
境内中长期贷款	53580.9	16.5
其中：企（事）业单位贷款	49021.3	20.9
住户贷款	28735.2	7.5

全年上市公司通过境内市场累计筹资 481.8 亿元。其中，首次公开发行 A 股 13 只（含 1 只首次在北交所公开发行股票），筹资 239.3 亿元；A 股再筹资（包括配股、公开增发、非公开增发、认股权证）124.5 亿元；上市公司通过发行可转债、公司债筹资 118 亿元。年末有 A 股上市公司 175 家，比上年末增加 14 家，上市公司市价总值 18580 亿元、增长 3.3%。

全年保险业原保险保费收入 1494.9 亿元，比上年增长 5.4%。其中，财产险业务原保险保费收入 514.2 亿元，增长 5.6%；人身险业务原保险保费收入 980.7 亿元，增长 5.3%。赔款和给付 644.2 亿元，增长 14.5%。其中，财产险业务赔款支出 343.2 亿元，增长 7.6%；人身险业务赔款和给付支出 301 亿元，增长 23.6%。

第二节　社会发展基本情况

一、人民生活和社会保障

2023 年全年全省居民人均可支配收入 34893 元，比上年增长 6.6%，扣除价格因素实际增长 6.3%。人均消费支出 23607 元，比上年增长 4.7%。居民恩格尔系数为 33.5%。

按常住地分，城镇居民人均可支配收入 47446 元，增长 5.1%，扣除价格因素实际增长 5.0%；人均消费支出 27900 元，增长 4.0%。城镇居民恩格尔系数为 32.8%，比上年下降 0.5 个百分点。

全年农村居民人均可支配收入 21144 元，增长 8.0%，扣除价格因素实际增长 7.5%；人均消费支出 18905 元，增长 5.1%；农村居民恩格尔系数为 34.7%，比上年下降 0.6 个百分点。2019—2023 年安徽省城镇、农村居民人均可支配收入见图 1-4-7。

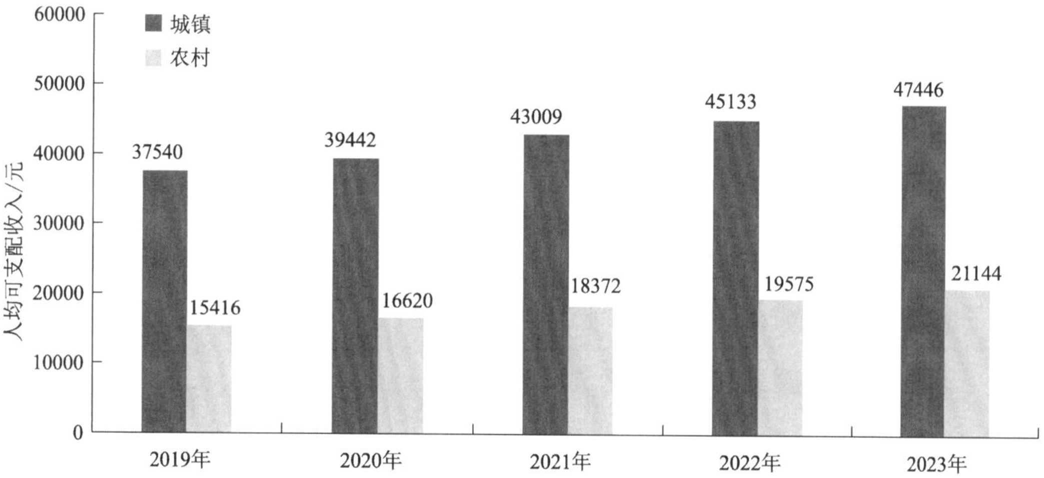

图 1-4-7　2019—2023 年安徽省城镇、农村居民人均可支配收入

年末全省参加城镇职工基本养老保险人数为 1688 万人。城乡居民基本养老保险参加人数为 3408 万人。失业保险参加人数为 700.4 万人，全年为 17.1 万名失业人员发放了不同期限的失业保险金。参加基本医疗保险人数为 6377.9 万人，工伤保险参加人数为 920.9 万人，生育保险参加人数 782.2 万人。年末 26.2 万人享受城镇居民最低生活保障，167.8 万人享受农村居民最低生活保障，农村特困供养对象 31.5 万人。

年末全省有各类提供住宿的社会工作机构 2737 个，床位 34.1 万张，收养救助人员 13.2 万人；不提供住宿的社会工作机构和设施 3.0 万个，其中社区服务站 1.6 万个。全年销售社会福利彩票 71.3 亿元，筹集社会福利资金 21.7 亿元。

二、教育和科学技术

2023年末全省有研究生培养单位21个，普通高校（含独立学院）121所，各类中等职业教育学校（不含技工学校）245所，普通高中676所。初中2763所，初中阶段适龄人口入学率100%。小学6218所，小学学龄儿童入学率100%。2023年安徽省各级各类教育发展情况见表1-4-12。

表1-4-12　2023年安徽省各级各类教育发展情况

指标	招生数/万人	在校生数/万人	毕业生数/万人
研究生	4.1	11.8	3.0
普通本专科	48.5	158.0	45.0
中等职业教育	24.7	66.0	24.9
普通高中	42.4	123.3	38.8
初中	77.7	231.3	75.8
小学	80.4	472.2	77.7

年末全省专业技术人才总量503.3万人，其中高层次人才53.0万人。全省共有科研机构8571个。从事研发活动人员37.5万人。

全省已建成全超导托卡马克、稳态强磁场、同步辐射3个国家重大科技基础设施。有国家重点实验室（含国家研究中心）15个，省重点实验室286个；有省级以上工程技术研究中心413家，其中国家级9家；有省级以上高新技术产业开发区20个，其中国家级8个。

全年登记科技成果23219项，其中各类财政资金支持形成的科技成果1111项。授权专利14.3万件，比上年下降8.9%。年末全省有效发明专利17.3万件。全年输出技术合同成交额3339.5亿元，增长50.7%；吸纳技术合同成交额4734.2亿元，增长54.2%。

年末全省有获得资质认定的检验检测机构1762家，国家产品质量检验检测中心26个；产品、服务、管理体系认证机构86个（包含在皖分部、分公司），获得强制性产品认证的企业1409个；法定及授权计量检定技术机构80个，全年强制检定计量器具923.2万台（件）。累计主导或参与制定国际标准74项、国家标准4767项，制定、修订地方标准4023项。累计拥有国家地理标志产品86个、有效注册商标132.4万件。

三、文化、卫生健康和体育

2023年末全省拥有文化馆123个，公共图书馆133个，博物馆225个（含非国有博物馆），乡镇街道综合文化站1512个。全国重点文物保护单位175处，省级重点文物保护单位915处。国家级非物质文化遗产名录99项，省级名录626项。

年末全省拥有广播电视台78座，广播节目综合人口覆盖率99.96%，电视节目综合人口覆盖率99.95%。有线电视用户777万户。全年出版报纸84种，总印数4.8亿份；期刊（杂志）181种，总印数0.3亿册；图书11135种，总印数3.6亿册。年末全省有各级国家综合档案馆125个，馆藏档案资料6779.3万卷（件、册），档案馆总建筑面积67.2万平方米。

年末全省有医疗卫生机构31361个，其中医院1355个、基层医疗卫生机构29340个、专业公共卫生机构484个、其他卫生机构182个。基层医疗卫生机构中，卫生院1317个，社区卫生服务中心（站）1825个，村卫生室15546个；专业公共卫生机构中，疾病预防控制中心128个，专科疾病防治院（所、站）41个，妇幼保健院（所、站）130个，卫生监督所（中心）108个。年末卫生技术人员51.4万人，其中执业（助理）医师20.2万人，注册护士24.4万人。乡村医生和卫生员2.3万人。医疗卫生机构床位45.1万张，其中医院床位34.6万张、基层医疗卫生机构床位9.3万张。全年医疗卫生机构共诊疗3.9亿人次。2019—2023年安徽省卫生技术人员人数见图1-4-8。

全年在国际国内重大比赛中，安徽省运动健

儿共获得27枚金牌、22枚银牌、30枚铜牌。全年共举办赛事活动4650场，参加活动583万人次。人均体育场地面积2.9平方米。全年销售体育彩票151.5亿元。

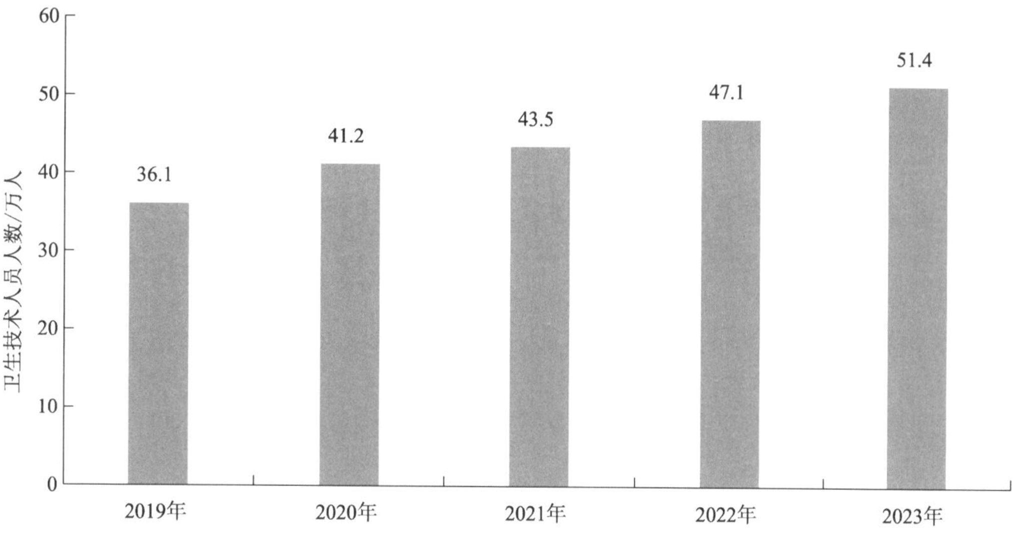

图1-4-8　2019—2023年安徽省卫生技术人员人数

四、资源、生态环境和应急管理

2023年，全省已发现的矿种为128种。查明资源储量已上表统计的矿种115种，其中能源矿种3种、金属矿种27种、非金属矿种83种、水气矿种2种。全年省级财政出资开展各类地质工作项目64项，新发现矿产地8处。

年末全省已建成国家级自然保护区8个，省级自然保护区33个。当年完成人工造林面积18.8千公顷。

年末全省共有省、市、县级生态环境监测机构84个。全省$PM_{2.5}$年均浓度为34.8微克/立方米，比上年下降0.3%。全省16个省辖市空气质量平均优良天数比例为82.9%，比上年提高1.1个百分点；有8个市空气质量达到二级标准，比上年增加2个。

淮河干流安徽段总体水质为优，主要支流总体水质为良好。长江干流安徽段总体水质为优，主要支流总体水质为优。巢湖湖区整体水质轻度污染，主要环湖支流整体水质为优。新安江干、支流总体水质为优。全省城市集中式饮用水水源地达标率为100%（扣除地质因素）。

全年全省生产安全事故死亡712人，比上年下降6.1%；煤矿百万吨死亡人数为0.0268人，下降62.6%。全年发生道路交通事故9387起。

第三节　2023年主要工作

一、适应形势变化，打出推动经济回升向好的组合拳

把握经济恢复阶段性特征，多措并举扩大内需、优化结构、提振信心、防范化解风险。推进“徽动消费”行动，传统消费稳定恢复，新型消费快速增长，旅游人数和收入超过疫情前水平。有效展开“投资安徽行”系列活动，制造业投资增速连续24个月保持18%以上，占比提高到31.1%，全省新开工50亿元以上项目76个。加强产业链招商，推行平台招商、基金招商、场景招商等新模式，“双招双引”成效持续扩大。常态化开展为企服务活动，新增减税降费及退税缓费超860亿元，惠企政策“免申即享”“即申即享”兑付资金99.7亿元、惠及企业2.3万户。人民币贷款增量突破万亿元，贷款余额增长15.8%、连续

13个月居全国首位，其中制造业贷款增长29.1%，普惠小微企业贷款增长27%。电力迎峰度夏度冬平稳顺利。有效防范化解风险，地方债务风险总体可控。

二、以高水平创新型省份建设为旗帜性抓手，科技创新策源能力进一步提升

合肥综合性国家科学中心重大科技设施平台功能持续增强，量子信息、聚变能源、深空探测三大科创高地建设取得重大进展，合肥先进光源开工建设，深空探测实验室实质化运行。新获批全国重点实验室5家、国家级制造业创新中心1家。高新技术企业数增长28%、总量居全国第8位，科技型中小企业数增长54%、总量居全国第7位，新增国家级专精特新“小巨人”企业129户、总量居全国第8位。企业研发投入、研发人员、研发机构、有效发明专利占全社会比重均超过80%。职务科技成果赋权改革试点全面推开。第二届中国（安徽）科交会成功举办。创新实施金融支持科创企业“共同成长计划”，科技型企业贷款余额5971亿元，增长54%。“科大硅谷”建设起势良好，新入驻科技型企业846家、创新创业人才近万人，设立海内外创新中心9家。安徽省国家级知识产权保护中心建成运行。启动实施人才兴皖工程，推出4.0版人才政策，组织开展“人才安徽行”系列活动，新增各类人才95.5万人，总量达1272万人。

三、积极开拓高质量发展新赛道，新兴产业融合集群发展势头强劲

聚力打造汽车“首位产业”，出台支持新能源汽车产业集群建设政策举措，全面展开整车、零部件、后市场“三位一体”布局，大众新能源汽车研发创新中心落户合肥，开放型汽车生态实验室组建运行，全省统一充换电综合服务平台建成使用。十大新兴产业全面发力，集成电路产量增长1倍以上，柔性显示产业产值增长1.9倍，装备制造产业营业收入突破万亿元，新材料产业产值突破5200亿元。新创建国家级中小企业特色产业集群6个，居全国前列。传统产业转型升级步伐加快，完成规模以上制造业企业数字化改造7737户、规模以下制造业企业数字化应用3.46万个。未来产业有序布局，全国首个量子信息未来产业科技园挂牌运营，通用人工智能创新发展三年行动计划启动实施。数字安徽建设深入推进，羚羊工业互联网平台入驻用户107.2万户、服务企业510.1万次，“海行云”“凯盛AGM”入选国家级“双跨”平台，培育国家级5G工厂19个、居全国第4位。

四、深层次改革加快推进，高水平开放取得新的积极进展

启动实施国企改革深化提升行动，组建省粮食产业集团、省生态环境产业集团，省属企业布局新兴产业投资536.5亿元，增长33.2%。实施促进民营经济高质量发展若干措施，高效办理民营企业家恳谈会清单事项，规模以上民营工业增加值增长9.7%。加快发展多层次资本市场，省新兴产业引导基金全面运营，新增境内上市公司14家，总数175家、升至全国第7位，其中科创板上市公司24家、居全国第6位。国家级开发区全部实现产业用地“标准地”方式出让。启动营商环境改革创新示范区建设，首批29项改革全省复制推广，“万家民营企业评营商环境”综合得分和最佳口碑排名均位列全国前十。创业安徽深入推进，创建国家级创新创业孵化载体19个，新登记经营主体141万户、增长19%，科创、融创、共创的氛围更加浓厚。

精心组织“徽动全球”出海行动，稳外贸稳外资成效显著。“新三样”产品出口增长11.6%，汽车出口114.7万辆、增长80.1%。跨境电商交易额增长超30%，对共建“一带一路”国家进出口增长20.1%。创建“海客圆桌会”等新型引资平台，新设外商投资企业超500家。皖企“走出去”覆盖145个国家和地区，对外投资增长35.9%。自贸试验区6项制度创新成果在全国复制推广。池州皖江江南保税物流中心（B型）通过验收，合肥中欧班列发运量增长13%，开通至墨西哥国际汽车滚装航线，填补安徽省远洋运输航线空白。世界制造业大会国际影响力进一步提升，徽商总会正式成立，RCEP地方政府暨友城合作（黄山）论坛、国际商协会大会等实现平台化运行。外事、侨务、对台、港澳工作取得新进展。

五、服务和融入重大国家战略，区域发展协调共进格局加快构建

坚持主动靠上去、精准接上去、全力融进去，精心主办长三角地区主要领导座谈会，共同签署重大科技基础设施、国土空间规划等9项合作协议。G60科技成果转化促进中心揭牌运行，牵头成立工业互联网产业链联盟，“7+3”结对合作园区挂牌运营。合肥、芜湖成为虹桥国际开放枢纽联动发展区。政务服务跨省通办远程窗口开通运行，152项高频事项“一网通办”，52项居民服务实事“一卡通办”。深入落实推动长江经济带发展、中部地区加快崛起、共建“一带一路”等战略，实施一批通道对接、产业互促、环保共治等省际合作项目，安徽联动长三角与中部地区“桥头堡”功能进一步加强。

培育增强全省各区域发展动能。以产业发展引领皖北振兴，制定支持皖北汽车及零部件、新能源、新材料、绿色食品等重点产业集群建设实施方案。编制完成合肥都市圈发展规划，提升安徽长江城市带科创实力和制造业能级。推进皖西大别山革命老区振兴发展，上海与六安对口合作落地制造业项目40个。大黄山世界级休闲度假康养旅游目的地建设有序展开，一批重大文旅项目相继签约。

基础设施体系进一步改善。长三角（芜湖）智算中心加快建设，全省算力统筹调度平台上线运行，智能算力突破7000P，5G基站突破12万个。合武高铁安徽段、京台高速合肥至蚌埠段改扩建、凤凰山水库等项目开工建设，昌景黄高铁、滁宁城际滁州段、无岳高速、阜阳机场改扩建等项目建成运营。合肥、芜湖、阜阳、安庆国家现代流通战略支点城市获批建设。江淮运河全线通航，全省双通道达海、两运河入江、河江海联运新格局正在形成。

六、坚持农业农村优先发展，乡村全面振兴扎实推进

启动建设千亿斤江淮粮仓，新建、改造高标准农田442.7万亩，实施大中型灌区改造项目36个，育繁推一体化种业企业达12家、居全国第2位。推进“粮头食尾”“畜头肉尾”“农头工尾”，启动实施“秸秆变肉”暨肉牛振兴计划。新认定长三角绿色农产品生产加工供应示范基地100个，绿色食品全产业链产值1.2万亿元。推进科技强农，安徽耕云农业大模型落地应用，农作物耕种收综合机械化率达85%。成功举办中国农民丰收节全国主场活动。启动实施“千村引领、万村升级”工程，建设精品示范村200个、省级中心村838个，提质改造农村公路4166公里。乡村治理水平不断提升，淮北“一杯茶”七步调解工作法入选全国乡村治理典型案例。脱贫攻坚成果巩固拓展，脱贫人口人均纯收入17872元，增长15.2%。

七、加强生态环境保护，绿色低碳发展呈现新气象

打好污染防治攻坚战，空气质量主要指标改善幅度居全国前列，长江、淮河干流出境水质保持Ⅱ类，巢湖总磷、总氮浓度分别削减19.5%、23.4%，治理农村黑臭水体1176个。突出生态环境问题整改扎实推进。排查整治餐饮油烟、噪声扰民等群众“家门口”环境问题3.8万个。长江禁渔三年强基础目标圆满实现。新安江—千岛湖生态环境共同保护合作区获批建设。新创建国家生态文明建设示范区3个、“绿水青山就是金山银山”实践创新基地2个，马鞍山薛家洼、芜湖十里江湾成为最美岸线。完成人工造林28.15万亩。第十四届中国（合肥）国际园林博览会成功举办。长丰获批全国首批农村能源革命试点县。新增可再生能源发电装机1213万千瓦，累计发电装机占比提高到44.6%。

八、积极呼应群众急难愁盼，民生保障进一步加强

创办“民声呼应”平台体系，是安徽省践行宗旨、为民造福的品牌工程，全省建立覆盖省市县三级的联动机制，平台载体汇聚群众关切问题3.62万个，已解决3.5万个。统筹投入资金492.8亿元，实施10项暖民心行动和50项民生实事。皖北13个县（区）实现城乡供水地下水水源替换。启动“家门口”就业三年行动，实施高校毕业生等青年就业创业推进计划，开发政策性岗位20.9万个。办好人民满意的教育，新建、改扩建公办

幼儿园507所，义务教育优质均衡发展取得新进展，合肥大学、蚌埠医科大学正式揭牌，安徽高等研究院和一批现代产业学院启动建设。国家区域医疗中心增至9个，居全国第2位，城市社区医疗卫生机构、村卫生室标准化建设全部达标。健全养老服务供给体系，家庭适老化改造惠及5.47万户特殊困难老年人家庭。新开工棚户区改造18.4万套，改造老旧小区1273个，完成“难安置”房屋53.4万套。社会保障安全网得到加强，城乡低保、特困人员、残疾人“两项补贴”对象保障标准实现动态提高。妇女、儿童、老年人、残疾人合法权益得到有效保障，慈善、志愿服务等事业取得新进展。民族和睦、宗教和顺局面得到巩固，援藏援疆工作扎实推进。

第五章　2023 年南京都市圈经济社会发展总体情况

2023 年是全面贯彻党的二十大精神的开局之年，也是三年新冠疫情防控转段后经济社会恢复发展的一年。这一年，南京都市圈各地区紧紧围绕中央和所在省、市的部署要求，立足各自实际，坚持稳字当头、稳中求进，加强各类政策协调配合，克服种种困难，全力推动各地区经济社会高质量发展，取得了较好成绩。

本章将南京都市圈各地区生产总值情况、产业发展情况、财政收入情况、居民收入情况、就业创业情况等指标作为参考维度，全面展示南京都市圈在 2023 年的经济社会发展成绩。

第一节　地区生产总值情况

地区生产总值直观反映地区经济发展规模和总体实力，也可以协助监测国民经济运行情况，因为它是监测一个国家或地区国民经济运行情况的综合性指标。地区生产总值还可以反映一个国家或地区的经济结构、人均水平、能耗强度、通货膨胀等情况，为后续的宏观经济决策提供依据。同时，地区生产总值作为一种标准的、国际通行的概念而广泛应用于国际比较之中。近年来南京都市圈地区生产总值保持持续增长。2023 年南京都市圈各地区生产总值见图 1-5-1，2019—2023 年南京都市圈各地区生产总值见表 1-5-1。

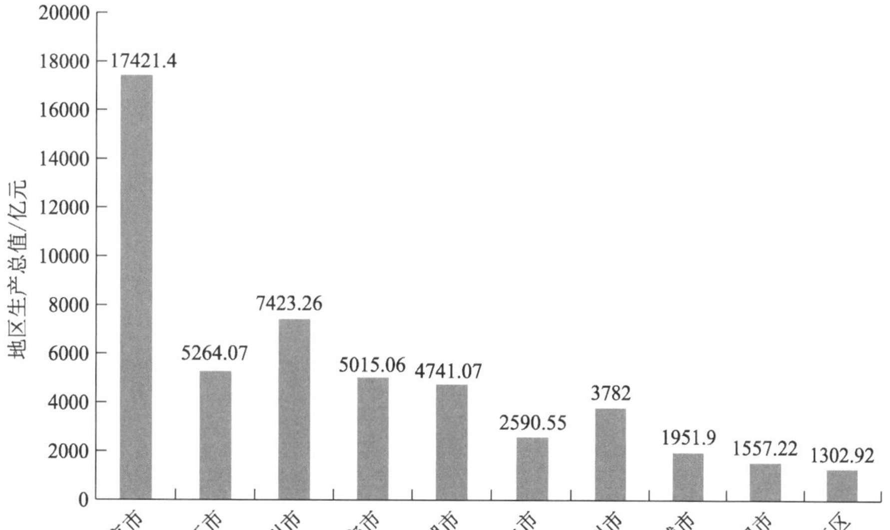

图 1-5-1　2023 年南京都市圈各地区生产总值

表 1-5-1　2019—2023 年南京都市圈各地区生产总值

单位：亿元

地区	2019 年总值	2020 年总值	2021 年总值	2022 年总值	2023 年总值
南京市	14050.00	14817.95	16355.30	16907.85	17421.40
镇江市	4077.30	4185.10	4763.40	5017.04	5264.07
扬州市	5799.10	6048.30	6696.40	7104.98	7423.26
淮安市	3840.20	4025.40	4550.10	4742.42	5015.06
芜湖市	3586.50	3714.10	4302.60	4502.13	4741.07
马鞍山市	2085.60	2102.70	2439.30	2520.96	2590.55
滁州市	2909.10	2946.80	3362.10	3610.00	3782.00
宣城市	1557.40	1591.40	1833.90	1914.40	1951.90
溧阳市	1010.54	1086.36	1261.30	1416.22	1557.22
金坛区	908.60	973.20	1101.10	1216.40	1302.92

一、南京市生产总值情况

2023 年，南京市实现地区生产总值 17421.40 亿元，比上年增长 4.6%。分产业看，第一产业增加值 317.75 亿元，增长 1.7%；第二产业增加值 5929.00 亿元，增长 2.8%；第三产业增加值 11174.65 亿元，增长 5.6%。三次产业结构比例由上年的 1.9∶35.4∶62.7 调整为 1.8∶34.0∶64.2，人均地区生产总值达 183015 元。

二、镇江市生产总值情况

2023 年，镇江市实现地区生产总值 5264.07 亿元，按可比价格计算，比上年增长 6.3%。其中，第一产业增加值 167.52 亿元，增长 3.4%；第二产业增加值 2507.36 亿元，增长 6.0%；第三产业增加值 2589.19 亿元，增长 6.7%。三次产业结构比例为 3.2∶47.6∶49.2。全市人均地区生产总值达 16.33 万元，增长 6.1%。

三、扬州市生产总值情况

2023 年，扬州市实现地区生产总值 7423.26 亿元，按可比价格计算，同比增长 6.0%。分产业看，第一产业增加值 337.09 亿元，同比增长 3.7%；第二产业增加值 3509.6 亿元，同比增长 6.6%；第三产业增加值 3576.57 亿元，同比增长 5.6%。

四、淮安市生产总值情况

2023 年，淮安市地区生产总值突破 5000 亿元，达 5015.06 亿元；按不变价格计算，比上年增长 7.8%。分产业看，第一产业增加值 462.95 亿元，增长 3.3%；第二产业增加值 2023.21 亿元，增长 5.8%；第三产业增加值 2528.90 亿元，增长 10.3%。三次产业结构比例调整为 9.2∶40.4∶50.4。人均地区生产总值 110328 元，按可比价格计算，增长 8.1%，按当年平均汇率折算为 15657 美元。

五、芜湖市生产总值情况

2023 年，芜湖市实现地区生产总值 4741.07 亿元，比上年增长 5.7%。其中，第一产业增加值 182.99 亿元，增长 4.1%；第二产业增加值 2181.22 亿元，增长 5.9%；第三产业增加值 2376.86 亿元，增长 5.6%。工业增加值 1722.11 亿元，增长 5.9%。三次产业结构比例由上年的 4.0∶46.3∶49.7 调整为 3.9∶46.0∶50.1。按常住人口计算，人均地区生产总值 126648 元（折合 17973 美元），比上年增加 5018 元。

六、马鞍山市生产总值情况

2023 年，马鞍山市实现地区生产总值 2590.55 亿元，按可比价格计算，比上年增长 5.7%。其中，第一产业增加值 109.10 亿元，增长 4.0%；第二产业增加值 1205.18 亿元，增长 5.2%；第三产业增加值 1276.27 亿元，增长 6.3%。三次产业结构比例为 4.2∶46.5∶49.3。人均地区生产总值 11.8 万元，增长 4.0%。

七、滁州市生产总值情况

2023 年，滁州市实现地区生产总值 3782.0 亿元，按可比价格计算，同比增长 6.4%。其中，第一产业增加值 295.1 亿元，增长 3.7%；第二产业增加值 1862.5 亿元，增长 7.5%；第三产业增加值 1624.4 亿元，增长 5.8%。三次产业结构比例调整为 7.8∶49.2∶43.0，其中工业增加值占地区生产总值的比重为 39.5%。按常住人口计算，人均地区生产总值 93325 元（折合 13244 美元），比上年增长 5.6%。

八、宣城市生产总值情况

2023 年，宣城市实现地区生产总值 1951.9 亿元，按不变价格计算，比上年增长 5.9%。其中，第一产业增加值 179.9 亿元，增长 4.2%；第二产业增加值 906.4 亿元，增长 5.8%；第三产业增加值 865.6 亿元，增长 6.5%。三次产业结构比例为 9.2∶46.4∶44.4。按常住人口计算，人均地区生产总值 78358 元（折合 11120 美元），增长 5.9%。

九、溧阳市生产总值情况

2023 年，溧阳市实现地区生产总值 1557.22 亿元，按可比价格计算，比上年增长 9.7%。分产业看，第一产业增加值 59.76 亿元，增长 3.4%；第二产业增加值 846.18 亿元，增长 11.8%；第三产业增加值 651.28 亿元，增长 7.7%。三次产业结构比例为 3.8∶54.4∶41.8。

十、金坛区生产总值情况

2023 年，金坛区实现地区生产总值 1302.92 亿元，按可比价格计算，比上年增长 8.2%。其中，第一产业增加值 45.57 亿元，增长 4.4%；第二产业增加值 716.74 亿元，增长 9.7%；第三产业增加值 540.61 亿元，增长 6.6%。三次产业结构比例为 3.5∶55.0∶41.5。

第二节　产业发展情况

产业发展是经济增长的关键驱动力之一，对经济产生着深远的影响。了解一个地区的产业发展状况，对调整和优化产业结构，提升科技创新和产业发展的融合度，分类发展相关产业生态链以及全社会的生产、分配、消费和收入的动态性发展均有重要意义。

一、南京市产业发展情况

2023 年，面对复杂多变的外部环境和经济恢复进程中的矛盾问题，南京市着力扩大内需、优化结构、提振信心，全市经济运行承压恢复、回升向好，供给需求稳步改善，转型升级积极推进，高质量发展走在前列，产业强市迈出新步伐。

2023 年，南京市农业生产形势稳定，粮食产量平稳增长。全市实现农林牧渔业总产值 530.70 亿元，同比增长 1.0%。粮食播种面积和总产量实现双增，全年粮食播种面积 208.56 万亩，较上年增加 1.2 万亩，增长 0.6%；粮食总产 99.35 万吨，增加 0.3 万吨，增长 0.3%。

2023 年，南京市工业生产平稳增长，高技术产品增势较好。全市规模以上工业增加值同比增长 3.6%，增幅较 2022 年提升 1.2 个百分点。高技术产品增势较好，集成电路、工业机器人、新能源汽车等产品产量分别增长 61.6%、27.6%、7.2%。

2023 年，南京市服务业发展稳中有进，生活性服务业较快恢复。2023 年，全市服务业实现增加值 11174.65 亿元，同比增长 5.6%，增幅较 2022 年提升 3.4 个百分点。其中，信息传输软件和信息技术服务业增加值增长 6.5%，金融业增加值增长 10.0%。

二、镇江市产业发展情况

2023 年，镇江市农林牧渔业总产值 290.53 亿元，按可比价格计算，比上年增长3.7%。全年粮食播种面积和产量稳中有增。全年粮食播种面积137.01千公顷，比上年增加1.31千公顷；粮食单产每公顷7142.82公斤，比上年增加45.91公斤；粮食总产量97.87万吨，比上年增加1.57万吨。蔬菜产量104.35万吨，增长3.7%；水果产量17.48万吨，增长5.9%；肉类产量9.01万吨，增长9.3%；水产品产量10.28万吨，增长4.0%。

2023年，镇江市规模以上工业增加值比上年增长7.0%。工业行业增长面扩大，全市36个工业行业大类中，有22个行业增加值比上年增长，行业增长面为61.1%，比前三季度扩大2.1个百分点。民营企业贡献突出，民营工业增加值增长8.0%，对规模以上工业增加值增长的贡献率达72.6%。装备制造业生产保持良好态势，助力工业产业不断优化结构，全年装备制造业增加值增长13.9%，高于全部规模以上工业平均水平6.9个百分点，对全部规模以上工业增长贡献率达95.5%。服务业增加值比上年增长6.7%，对国民经济增长的贡献率为52.2%，拉动地区生产总值增长3.3个百分点。服务业增加值占地区生产总值比重为49.2%，比上年提高1.7个百分点。

2023年，镇江市现代服务业支撑作用增强，其中信息传输、软件和信息技术服务业，租赁和商务服务业，金融业增加值比上年分别增长5.4%、10.1%、10.3%，共拉动服务业增加值增长2.4个百分点，较上年提高0.7个百分点。全年全市公路旅客周转量、货物周转量分别增长31.9%、11.3%；港口货物吞吐量增长14.4%。全年全社会快递业务量3.34亿件，比上年增长18.2%；全社会快递业务收入33.08亿元，增长18.0%。

三、扬州市产业发展情况

分产业来看，2023年扬州市第一产业增加值337.09亿元，同比增长3.7%；第二产业增加值3509.6亿元，同比增长6.6%；第三产业增加值3576.57亿元，同比增长5.6%。

农业方面，2023年扬州市粮食总产量289.23万吨，同比增长0.6%。生猪出栏123.15万头，同比增长11.3%。蔬菜产量254.95万吨，同比增长4.0%。瓜果产量12.7万吨，同比增长11.9%。

工业方面，2023年扬州市规模以上工业企业增加值增长7.2%。34个行业大类中，23个行业产值实现增长，增长面为67.6%。其中，通用设备制造业增长10.9%，电气机械和器材制造业增长8.5%，计算机、通信和其他电子设备制造业增长7.2%。

服务业方面，2023年扬州市规模以上服务业实现营业收入778.06亿元，增长11.9%。其中，生活性服务业持续向好，增长14.1%，高于生产性服务业增速1.9个百分点。租赁和商务服务业、科学研究和技术服务业保持较快增长，分别增长20.9%、20.0%。

四、淮安市产业发展情况

2023年，淮安市粮食种植面积1025.53万亩，比上年增加0.8万亩。粮食产量创历史新高，总产494.82万吨，增产1.89万吨，增长0.38%。其中，夏粮产量185.27万吨，增长0.03%；秋粮产量309.55万吨，增长0.59%。

2023年，淮安市现代农业加速发展。新增优质稻米核心基地11.6万亩，新建和改造提升绿色蔬菜保供基地12607亩、高标准农田45.85万亩。盱眙县获批2023年度国家农业现代化示范区，淮阴区入围第四批国家农村产业融合发展示范园创建名单。累计建成8个国家级农业园区、7个国家级农业产业强镇，16个省级农业产业园区、5个省级农产品加工集中区。

2023年，淮安市工业生产稳中提质。全年规模以上工业增加值比上年增长6.2%。分行业看，电气机械和器材制造业、通用设备制造业等行业分别增长45.0%、25.7%，分别拉动全市规模以上工业增加值增长1.6个和0.8个百分点。实施制造业高质量发展行动，规模以上工业企业“新三样”产值增长51.9%，今世缘酒业、苏盐井神跨上百亿级，新增超50亿元企业3户，新增长点产值贡献增量超500亿元。全年实现资质以上建筑业企业总产值1782.1亿元，比上年增长5.4%；新签合同额1508.6亿元，增长1.4%。建筑业企业房屋建筑施工面积11611.8万平方米，下降15.9%，其中新开工面积2563.8万平方米，下降23.7%。境外市场开拓取得新突破，以总承包形式承揽海外项目8个，中标价超6.2亿美元，增长389.7%。年度全市建筑业企业共获国家级奖项 15 项，位列全国建筑业百强城市第 37 名。

2023 年，淮安市实现服务业增加值 2528.9 亿元，同比增长 10.3%，增速位列全省第一，拉动全市地区生产总值增长 5.11 个百分点。规模以上服务业营业收入 682.62 亿元，同比增长 28.3%，增速排名全省第二，Ⅲ类地区第二，其中列入地区生产总值核算的规模以上服务业行业 385.95 亿元，同比增长 31.5%。

五、芜湖市产业发展情况

2023 年，芜湖市粮食种植面积 223.6 千公顷，油料种植面积 42.0 千公顷。粮食产量 141.6 万吨，比上年增长 1.4%；油料产量 11.5 万吨，增长 15.5%；棉花产量 0.3 万吨，下降 9.9%；蔬菜产量 184.7 万吨，增长 3.2%。肉类产量 19.2 万吨，增长 3.9%；水产品产量 19.1 万吨，增长 3.8%。当年完成造林面积 868.3 公顷。2023 年末，全市拥有绿色食品认证 361 个，有机农产品认证 64 个，农产品地理标志 10 个。年末拥有省级及以上农业产业化龙头企业 88 家。拥有农业机械总动力 239.04 万千瓦，农用拖拉机 4.82 万台。

2023 年，芜湖市规模以上工业企业实现增加值比上年增长 6.5%。其中，国有企业占规模以上工业比重为 15.2%，增加值增长 6.7%；股份制企业占比 67.3%，增加值增长 4.9%；外商及港澳台商投资企业占比 17.4%，增加值增长 13.5%。工业产品销售率达到 100.3%。规模以上工业主要产品产量：汽车 120.24 万辆，增长 10.7%；空调 1622.05 万台，下降 4.1%；工业机器人 13772 套，增长 64.8%；服务机器人 1683 套，增长 321.8%；平板玻璃 2276.16 万重量箱，增长 2.0%；水泥 1915.35 万吨，下降 0.5%；钢材 533.22 万吨，增长 3.9%；铜材 27.71 万吨，增长 31.8%。全年规模以上工业企业利润 448.94 亿元，比上年增长 24.7%。全年规模以上工业企业每百元营业收入中的成本为 84.5 元，比上年下降 0.9 元；营业收入利润率为 6.2%，提高 0.3 个百分点。全年建筑业增加值 477.20 亿元，增长 5.7%。房屋建筑施工面积 8867 万平方米，比上年增加 5572 万平方米；房屋建筑竣工面积 1470 万平方米，比上年增加 93 万平方米。

2023 年，芜湖市批发和零售业增加值 562.06 亿元，比上年增长 9.1%；交通运输、仓储和邮政业增加值 238.81 亿元，增长 4.0%；住宿和餐饮业增加值 83.12 亿元，增长 6.3%；金融业增加值 217.70 亿元，增长 10.4%；房地产业增加值 222.11 亿元，下降 5.4%。全年规模以上服务业企业营业收入增长 15.4%，其中以互联网信息技术、商务服务等新兴行业为代表的其他营利性服务业营业收入增长 17.1%。

全年公路客运量 628 万人，增长 7.0%；公路货运量 11471 万吨，增长 6.1%。铁路旅客发送量 1491.97 万人，增长 111.2%；铁路货运发送量 276.5 万吨，下降 11.5%。水路货运量 2.7 亿吨，增长 11.5%。港口货物吞吐量 1.4 亿吨，增长 5.2%，其中，外贸货物吞吐量 545 万吨，增长 23.3%；港口集装箱吞吐量 142 万标准箱，增长 13.4%。

年末民用汽车拥有量 73.92 万辆，比上年增长 5.9%，其中私人汽车拥有量 69.14 万辆，增长 6.2%。民用船舶拥有量 4009 艘。公路里程 11317 公里，其中等级公路 11317 公里。在等级公路中，高速公路 328 公里，一级公路 427 公里，二级公路 662 公里。

截至 2023 年末，本地固定电话用户 29.72 万户，比上年减少 4.77 万户；移动电话 435.7 万户，增加 5.61 万户。计算机互联网用户达到 207.65 万户，新增 22.29 万户。

六、马鞍山市产业发展情况

2023 年，马鞍山市实现农业总产值 190.24 亿元，按可比价格计算，比上年增长 4.5%。粮食产量实现“二十连丰”，粮食播种面积 17.68 万公顷，增长 0.1%；粮食总产量 108.4 万吨，增长 1.5%；蔬菜种植面积 2.99 万公顷，增长 2.7%；蔬菜产量 92.8 万吨，增长 3.7%。

按可比价格计算，2023 年，马鞍山市规模以上工业增加值比上年增长 5.7%。全市 36 个工业大类行业中，有 19 个行业增长，行业增长面 52.8%，19 个行业规模以上工业增加值比上年增长 11.0%，拉动全市规模以上工业增加值增长 7.4 个百分点；其中，增幅较大的行业有汽车制造业（90.3%），金属制品、机械和设备修理业（68.4%），其他制造业（65.4%）等。

2023年，马鞍山市战略性新兴产业产值比上年增长10.8%。八大战略性新兴产业有6个保持增长，其中，涨幅靠前的有新能源产业（46.1%）、新能源汽车产业（44.7%）、新一代信息技术产业（28.5%）等。全年高技术产业增加值比上年增长12.9%。五大高技术产业全面增长，其中，涨幅靠前的有计算机及办公设备制造业（41.3%）、医药制造业（14.8%）等。

七、滁州市产业发展情况

2023年，滁州市粮食总产量477.14万吨，比上年增长2.4%。其中，夏粮186.51万吨，比上年增长2.1%；秋粮290.63万吨，比上年增长2.6%。经济作物有增有减，其中，全年棉花产量28.4吨，比上年减少70.2%；蔬菜产量113.2万吨，比上年增长3.4%；水果产量27.8万吨，比上年增长1.5%；油料产量15.0万吨，比上年增长17.0%。

全年肉蛋奶总产量58.0万吨，比上年增长4.8%。其中，肉类产量42.5万吨，比上年增长4.2%；禽蛋产量14.6万吨，比上年增长6.7%；牛奶产量8814吨，比上年增长3.1%。水产品产量40.1万吨，比上年增长3.6%。

2023年，滁州市规模以上工业中，37个大类行业中，22个行业增加值实现增长。其中，家具制造业增长38.8%，有色金属冶炼和压延加工业增长38.5%，燃气生产和供应业增长30.3%，电气机械和器材制造业增长27.0%，通用设备制造业增长22.2%，非金属矿物制品业增长16.0%。在主要工业产品产量方面，原盐145.5万吨，增长13.6%；农用化肥19.6万吨，增长18.0%；家用洗衣机313.4万台，增长20.0%；冰箱554.9万台，增长2.7%。

全年规模以上工业企业实现营业收入5496.8亿元，实现利税总额513.5亿元。

截至2023年末，资质以上建筑企业851户，全年共完成建筑业总产值845.7亿元，比上年增长7.4%。全年房屋建筑施工面积3811.3万平方米，其中当年新开工面积1504.0万平方米，房屋竣工面积1404.5万平方米。

截至2023年末，滁州市新增规模以上服务业企业62家，总数达293家；新增限额以上单位533家，总数达2366家。新获批滁州高新技术产业开发区、通用生物、埃克森科技3家“两业融合”试点单位，总数达8家；新获批琅琊新区新型专业市场、凤阳申通智慧物流园2个省级服务业集聚区，总数达17个；新获批西涧食品、品享牧业2家省级冷链集配中心，总数达4家。菜鸟物流省内首个实体运行的客户体验基地成功挂牌运营。来安家宁医院、金百合医疗器械、方舟医学检验、奶酪博士4家单位入选第三批长三角健康服务业示范培育企业名单。

八、宣城市产业发展情况

2023年，宣城市粮食播种面积329.8万亩，比上年增长0.2%。油料播种面积50.4万亩，增长17.1%。蔬菜播种面积40.5万亩，增长3.0%。园林水果种植面积9.9万亩，增长0.4%。茶园面积51.1万亩，增长2.1%。烟叶种植面积10.0万亩，增长4.9%。

全年粮食总产量128.5万吨，比上年增长1.3%。其中，夏粮产量22.5万吨，增长1.0%；早稻产量8.5万吨，减少0.6%；秋粮产量97.4万吨，增长1.6%。油料产量8.1万吨，增长13.4%。蔬菜产量61.2万吨，增长3.0%。园林水果产量3.5万吨，增长7.9%。茶叶产量3.9万吨，增长2.8%。烟叶产量1.4万吨，增长2.9%。

2023年，宣城市全部工业增加值690.1亿元，比上年增长5.2%。规模以上工业增加值增长6.2%。在规模以上工业中，分经济类型看，国有控股企业增加值增长2.3%；股份制企业增长6.3%；外商及港澳台商投资企业增长2.2%。分门类看，采矿业增加值增长0.2%；制造业增长6.8%；电力、热力、燃气及水生产和供应业增长0.6%。2023年，宣城市规模以上高技术制造业增加值增长6.2%，其中医药制造业增长14.1%，电子及通信设备制造业增长1.2%，计算机及办公设备制造业下降17.4%，医疗仪器设备及仪器仪表制造业增长51.9%。全年装备制造业增加值增长7.0%，占规模以上工业增加值比重由上年的36.2%提高到38.3%。其中，汽车制造业增长7.9%，电气机械和器材制造业增长28.9%，计算机、通信和其他电子设备制造业增长22.9%。

汽车零部件、新能源两大主导产业增加值同

比增长 22.7%，占规模以上工业增加值比重由上年的 21.9%提高到 26.6%。其中，新能源产业增长 69.0%，汽车零部件产业增长 13.6%。

2023 年，宣城市服务业增长较快，企业盈利能力不断增强。全年服务业增加值比上年增长 6.5%。其中，住宿和餐饮业、批发和零售业、金融业增加值分别增长 14.9%、11.5%、10.4%。1—11 月份，全市规模以上服务业实现利润总额 6.6 亿元，同比增长 55.3%。规模以上服务业涉及的 10 个行业门类中有 9 个行业实现盈利，行业盈利面为 90.0%。其中，水利、环境和公共设施管理业，交通运输、仓储和邮政业，文化、体育和娱乐业利润总额实现快速增长，分别同比增长 26.6 倍、4.4 倍、1.1 倍。

九、溧阳市产业发展情况

2023 年，溧阳市实现农林牧渔业总产值 101.61 亿元，增长 3.9%。其中，农业 54.41 亿元，林业 2.52 亿元，牧业 3.45 亿元，渔业 31.80 亿元，农林牧渔服务业 9.44 亿元。实现农林牧渔业增加值 66.07 亿元，按可比价格计算，增长 4.8%。其中，农业 39.79 亿元，林业 0.96 亿元，牧业 1.50 亿元，渔业 17.55 亿元，农林牧渔服务业 6.27 亿元。全年粮食播种面积 82.69 万亩，粮食总产量 41.18 万吨。农业机械总动力 58.82 万千瓦，农业机械专业合作社 185 家。

2023 年，溧阳市实现工业总产值 3520.16 亿元，增长 11.3%；营业收入 4303.16 亿元，增长 19.5%；利税总额 321.10 亿元，增长 25.4%；利润总额 231.51 亿元，增长 13.2%。其中：规模以上工业总产值 3381.65 亿元，增长 12.5%；营业收入 4165.98 亿元，增长 20.9%；利税总额 309.29 亿元，增长 28.1%；利润总额 222.83 亿元，增长 14.9%。

需要说明的是，以高端不锈钢为代表的绿色精品钢产业规模突破千亿，全年实现规模以上工业总产值 1113.9 亿元，增长 71.0%，成为继动力电池产业后的第二个千亿级产业集群。全年新增销售超百亿企业 3 家，累计达 10 家；认定国家级专精特新“小巨人”企业 9 家，省级专精特新中小企业 39 家。

十、金坛区产业发展情况

2023 年，金坛区农业经济运行总体呈平稳发展态势，实现农林牧渔业总产值 82.73 亿元，同比增长 3.7%，剔除价格因素，可比价增长 4.1%；农林牧渔业增加值 51.64 亿元，同比增长 4.6%，可比价增长 4.1%。第一产业增加值 45.57 亿元，同比增长 4.4%，增速位列常州市第一。

分具体行业来看，种植业、渔业仍是金坛区农业的支柱产业，全年分别实现产值 34.87 亿元、28.61 亿元，占全区农林牧渔业总产值 42.2%、34.6%。种植业的增长是全年农业总产值增长的主要支撑，同比增长 3.5%。

2023 年，金坛区完成规模以上工业总产值 2215.71 亿元，同比增长 9.8%，增速位列全市第三。规模以上工业增加值同比增长 11.7%，增速位列全市第二。工业用电量 71.98 亿千瓦时，同比增长 6.9%，增速位列全市第一。从产业分类看，新能源产业完成产值 428.07 亿元，同比增长 35.1%；新能源汽车产业完成产值 837.38 亿元，同比增长 2.4%；新智能产业完成产值 498.93 亿元，同比增长 19.9%。从企业规模看，中型企业完成产值 732.61 亿元，同比增长 4.9%；小型企业完成产值 812.17 亿元，同比增长 19.0%。

2023 年，金坛区第三产业增加值 540.61 亿元，增长 6.6%。东方盐湖城获全区首张服务业“江苏精品”证书，金坛“江苏精品”实现第一、二、三产业全覆盖。

第三节　财政收入情况

一个地区的经济发展水平直接决定了该地区财政收入的规模和增长速度。积极的财政政策，如减税降费和增加支出，虽然短期内可能减少税收收入，但长期来看有助于促进经济增长，从而增加长期性的财政收入。此外，财政收入也能体现社会分配情况和社会资金活力，同时，财政收入也是政策宏观调控结果的一种体现。有鉴于此，统计近五年的财政收入情况可以更好地呈现新冠疫情前、中及转段后的各地区财力变化情况。2019—2023年南京都市圈各地区一般公共预算收入见表1-5-2。

表1-5-2　2019—2023年南京都市圈各地区一般公共预算收入

单位：亿元

地区	一般公共预算收入				
	2019年	2020年	2021年	2022年	2023年
南京市	1580.00	1637.30	1729.50	1558.20	1620.00
镇江市	306.85	311.74	327.56	303.96	320.71
扬州市	328.79	337.27	344.00	325.49	347.57
淮安市	257.30	264.20	297.00	300.08	316.60
芜湖市	321.79	331.37	361.20	388.40	414.28
马鞍山市	284.62	300.70	196.50	204.90	208.37
滁州市	357.10	371.80	250.90	277.85	298.20
宣城市	254.70	168.40	182.80	188.50	197.90
溧阳市	62.00	64.02	71.11	81.09	105.03
金坛区	57.73	55.82	60.03	51.30	57.66

一、南京市财政收入情况

2023年，南京市市本级一般公共预算收入191.47亿元，加上级补助收入、下级上解收入、调入资金、上年结转收入等，收入总来源1576.29亿元。全市一般公共预算收入1620亿元，比上年增长4.0%。完成支出473.04亿元，加上解支出、补助下级支出、地方政府债券一般债务还本支出、补充预算稳定调节基金等，总支出1540.41亿元，结转35.88亿元；政府性基金预算收入669.05亿元，加上级补助收入、下级上解收入、地方政府专项转贷收入、调入资金、上年结转收入等，收入总来源1243.62亿元。

二、镇江市财政收入情况

2023年，镇江市全市实现一般公共预算收入320.71亿元，比上年增长5.5%。其中税收收入229.50亿元，增长14.5%；非税收入91.21亿元，下降12.9%。从主要税种看，增值税增长59.3%，企业所得税下降21.2%，个人所得税下降2.1%。

三、扬州市财政收入情况

2023年，扬州市全市一般公共预算收入347.57亿元，同比增长6.8%。税收收入277亿元，同比增长16.3%，税收占一般公共预算收入比重为79.7%。主体税种中，增值税131.43亿元，同比增长46.9%；企业所得税32.2亿元，同比下降18.2%；个人所得税13.82亿元，同比增长9.3%。

四、淮安市财政收入情况

2023年，淮安市全市实现一般公共预算收入316.6亿元，增幅5.5%，全省排名第7位，其中税收完成239.3亿元，税收占比75.6%，比上年提高5.6个百分点。

五、芜湖市财政收入情况

2023年，芜湖市全市实现一般公共预算收入414.28亿元，比上年增长6.6%。一般公共预算支出619.25亿元，增长6.2%。

六、马鞍山市财政收入情况

2023年，马鞍山市全市实现一般公共预算收入208.37亿元，比上年增长1.7%。其中，税收收入142.33亿元，增长2.5%，占一般公共预算收入比重为68.3%。财政支出320.33亿元，增长0.8%。其中，民生支出268.3亿元，增长1.6%；社会保障和就业支出48.99亿元，增长20.1%。

七、滁州市财政收入情况

2023年，滁州市全市实现一般公共预算收入298.2亿元，同比增长7.3%。其中，税收收入166.8亿元，同比增长12.3%，占一般公共预算收入比重为55.9%。全市实现一般公共预算支出533.8亿元，同比增长4.1%，其中民生支出440.6亿元，占财政支出比重为82.5%。

八、宣城市财政收入情况

2023年，宣城市全市一般公共预算收入197.9亿元，按自然口径增长5.0%，扣除先进制造业加计抵减等因素增长7.2%。其中，税收收入126.3亿元，增长5.1%，税收占比63.8%。

九、溧阳市财政收入情况

2023年，溧阳市一般公共预算收入105.03亿元，较上年同期增加23.94亿元，增长29.5%，税收占比为81.2%。财政总收入（含政府性基金收入、国有资本经营收入和上划中央四税）433.06亿元，增长5.4%。

十、金坛区财政收入情况

2023年，金坛区一般公共预算收入57.66亿元，同比增长12.5%。其中，税收收入形成一般公共预算收入52.71亿元，同比增长28.5%；非税收入形成一般公共预算收入4.95亿元，同比下降51.6%。税收收入占比91.4%。收入增幅、税收收入占比和收入总量分别居全市第2位、第2位和第4位。

第四节　居民收入情况

居民收入既是经济发展的结果，也是经济发展的动力和基础。居民收入的高低会影响社会整体购买力和消费需求的强弱，会影响资本市场的供给和投资水平，也会影响社会创新活力的培育。同时，居民收入还能直观体现出区域发展差异，为后续制定发展目标和决策提供参考。2019—2023年南京都市圈各地区城镇、农村居民人均可支配收入见表1-5-3。

表1-5-3　2019—2023年南京都市圈各地区城镇、农村居民人均可支配收入

单位：元

地区	居民人均可支配收入				
	2019年	2020年	2021年	2022年	2023年
南京市（城）	64372	67553	73593	76643	79858
南京市（农）	27636	29621	32701	34664	36789
镇江市（城）	52713	54572	59204	61552	64602
镇江市（农）	26785	28402	31354	33129	35466
扬州市（城）	45550	47202	50947	53673	56781
扬州市（农）	23333	24813	27354	29332	31488
淮安市（城）	38952	40318	43954	46041	48498
淮安市（农）	18567	19730	21884	23404	25287
芜湖市（城）	42064	44588	48668	51481	54189

续表

地区	居民人均可支配收入				
	2019年	2020年	2021年	2022年	2023年
芜湖市（农）	22745	24473	27202	29210	31517
马鞍山市（城）	49010	51804	56440	59420	62510
马鞍山市（农）	23473	25421	28331	30363	32670
滁州市（城）	34091	36051	39025	41043	43423
滁州市（农）	14487	15732	17400	18630	20176
宣城市（城）	39975	42134	46115	48596	51318
宣城市（农）	17542	18928	20565	22060	23979
溧阳市（城）	53478	55478	60560	63152	66183
溧阳市（农）	28292	30083	33371	35306	37742
金坛区（城）	54933	57097	62316	65120	68376
金坛区（农）	28701	30518	33796	35776	38138

一、南京市居民收入情况

2023年，南京市全体居民人均可支配收入72112元，同比增长4.5%。按居住地分，城镇居民人均可支配收入79858元，同比增长4.2%；农村居民人均可支配收入36789元，同比增长6.1%；城乡居民收入比由上年的2.21缩小至2.17。

二、镇江市居民收入情况

2023年，镇江市全体居民人均可支配收入55565元，增长5.6%，其中，工资性收入34950元，增长6.7%；经营净收入7194元，增长3.1%；财产净收入4944元，增长1.9%；转移净收入8477元，增长5.5%。居民人均消费支出34985元，增长9.1%。按常住地分，城镇居民人均可支配收入64602元，增长5.0%，城镇居民人均消费支出37866元，增长8.0%。农村居民人均可支配收入35466元，增长7.1%，农村居民人均消费支出28576元，增长11.8%。

三、扬州市居民收入情况

2023年，扬州市全体居民人均可支配收入47717元，同比增长6.4%，其中工资性收入28687元，同比增长6.2%。城镇居民人均可支配收入56781元，同比增长5.8%；农村居民人均可支配收入31488元，同比增长7.4%。

四、淮安市居民收入情况

2023年以来，淮安市不断加大社会民生领域的投入，增进民生福祉，城乡居民收入显著增长。2023年淮安市全体居民人均可支配收入39057.8元，同比增长6.4%，增幅居全省第二。分城乡看，城镇居民人均可支配收入48498元，同比增长5.3%，高于全省平均水平（5%）0.3个百分点；农村居民人均可支配收入25287元，同比增长8.0%，高于全省平均水平（7%）1个百分点。城乡居民收入比逐渐缩小，城乡居民人均可支配收入比为1.918，同比缩小4.93%，缩小幅度居全省第二。

五、芜湖市居民收入情况

2023年，芜湖市全体居民人均可支配收入46022元，比上年增长6.7%。按常住地分，城镇常住居民人均可支配收入54189元，增长5.3%；人均消费支出30511元，增长3.5%。城镇居民恩格尔系数为31.4%。人均住房建筑面积39平方米。全年农村常住居民人均可支配收入31517元，增长7.9%；人均消费支出19945元，增长4.5%。农村居民恩格尔系数为35.5%。人均住房建筑面积43平方米。

六、马鞍山市居民收入情况

2023年，马鞍山市城乡居民人均可支配收入

52418元，比上年增长6.2%。其中，城镇居民人均可支配收入62510元，增长5.2%；农村居民人均可支配收入32670元，增长7.6%。城乡收入差距进一步缩小，城乡居民收入比为1.91，比上年缩小0.05。

七、滁州市居民收入情况

2023年，滁州市城镇居民人均可支配收入43423元，比上年增长5.8%；人均消费性支出22299元，比上年增长4.6%。城镇居民恩格尔系数为30.6%。

全年农村居民人均可支配收入20176元，比上年增长8.3%；农村居民人均生活消费支出15924元，比上年增长5.6%。农村居民恩格尔系数为33.8%。

八、宣城市居民收入情况

2023年，宣城市全体居民人均可支配收入38952元，比上年增长8.5%，扣除价格因素实际增长8.2%。全体居民人均消费支出24868元，比上年增长6.1%。全体居民恩格尔系数为32.6%。按常住地分，城镇居民人均可支配收入51318元，增长5.6%，扣除价格因素实际增长5.3%。农村居民人均可支配收入23979元，增长8.7%，扣除价格因素实际增长8.4%。城乡居民人均可支配收入比为2.14，比上年缩小0.06。城镇居民人均消费支出30488元，增长4.2%；农村居民人均消费支出18063元，增长5.7%。

九、溧阳市居民收入情况

2023年，溧阳市全体居民人均可支配收入54743元，增长5.5%。其中，城镇居民人均可支配收入66183元，增长4.8%；农村居民人均可支配收入37742元，增长6.9%。城乡居民收入比为1.75，较上年缩小0.04。

十、金坛区居民收入情况

2023年，金坛区全体居民人均可支配收入56544元，同比增长5.6%。按常住地分，城镇居民人均可支配收入68376元，同比增长5.0%；农村居民人均可支配收入38138元，同比增长6.6%。

第五节　就业创业情况

就业创业与经济社会发展有着密不可分的关系。从经济角度来看，经济增长是就业增长的基础。经济增长能够创造更多的就业创业机会。而就业创业的发展也能为经济增长和产业升级贡献人力资源和机会成本。从社会角度来看，就业是民生之本。就业创业的发展对增加居民收入和生活获得感与安全感至关重要。促进就业创业，民生才会逐步改善，社会才会安定，各项事业的发展才有更大的保障。出于对就业创业情况在经济社会发展中的巨大重要性的考量，本卷年鉴（《南京都市圈创新与发展年鉴（2024卷）》）特增加南京都市圈各地区就业创业情况的呈现。2023年南京都市圈各地区城镇新增就业人数见图1-5-2。

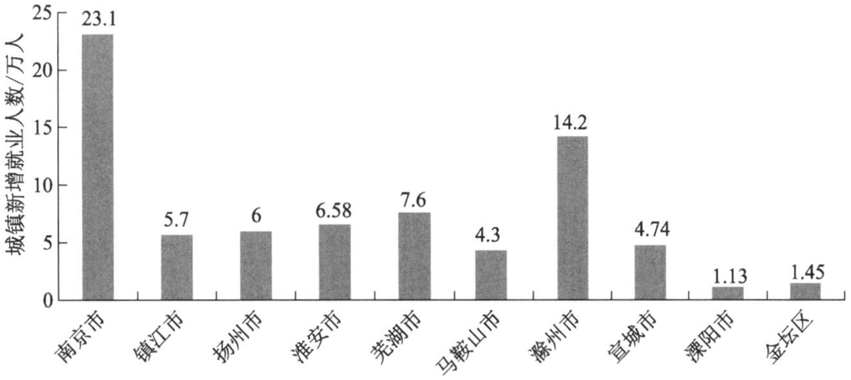

图1-5-2　2023年南京都市圈各地区城镇新增就业人数

一、南京市就业创业情况

2023年，南京市城镇新增就业23.1万人，扶持大学生创业7604人、在江苏省领先。成功入选全国公共就业服务能力提升示范项目和创建公共就业创业服务示范城市，再获年度“中国最佳促进就业城市”。

二、镇江市就业创业情况

2023年，镇江市深入实施就业优先战略，落实全民创业行动计划，就业形势保持总体稳定。建成省级零工市场，发放稳就业政策补贴7亿元，扶持1.7万人成功创业，城镇新增就业5.7万人，零就业家庭保持动态清零。

三、扬州市就业创业情况

2023年，扬州市城镇新增就业6万人，新建标准化“家门口”就业服务站16个，新建规范化零工市场2个，就业形势总体保持平稳。

四、淮安市就业创业情况

2023年，淮安市城镇新增就业6.58万人，城镇失业人员再就业4.03万人，城乡就业困难人员就业1.22万人。完成补贴性职业技能培训6.27万人，支持成功自主创业1.34万人，扶持农民自主创业0.62万人，创业带动就业2.75万人。

五、芜湖市就业创业情况

2023年，芜湖市社会保障和就业支出89.24亿元，增长20.6%。全年新增城镇就业人员7.6万人，其中失业人员再就业2.43万人。

六、马鞍山市就业创业情况

2023年，马鞍山市城镇新增就业4.3万人，城乡就业形势保持总体稳定。累计为1.19万户企业拨付失业保险稳岗返还资金7053万元，新增发放创业担保贷款8.4亿元，直接扶持2632人创业，带动6895人就业。累计帮扶10686名失业人员、2161名就业困难人员实现再就业。

七、滁州市就业创业情况

2023年，滁州市社会保障和就业支出86.3亿元，增长11.1%。全年城镇新增就业14.2万人，失业人员再就业2.45万人。

八、宣城市就业创业情况

2023年，宣城市城镇新增就业4.74万人，完成目标任务的105.33%。全年帮助失业人员实现再就业2.3万人，就业困难人员实现再就业0.4万人。全年新增技能人才3.68万人，开展职业技能培训6.14万人次，分别完成目标任务的216.51%、157.68%。

九、溧阳市就业创业情况

2023年，溧阳市城镇新增就业11262人，城镇失业人员再就业4180人，就业困难人员再就业2210人，支持成功自主创业1509人，引领大学生创业276人，扶持农村劳动力自主创业556人。

十、金坛区就业创业情况

2023年，金坛区高度重视创业带动就业工作，不断加大创业扶持力度，优化创业环境，有力推进“大众创业、万众创新”蓬勃发展。全年新增城镇就业1.45万人，支持创业1800余人。

第二篇

市域经济社会发展

第一章　南京市经济社会发展情况

2023年是全面贯彻党的二十大精神的开局之年，是三年新冠疫情防控转段后经济恢复发展的一年。面对复杂多变的外部环境和经济恢复进程中的矛盾和问题，南京全市上下坚持以习近平新时代中国特色社会主义思想为指导，全面贯彻党的二十大、二十届二中全会精神和习近平总书记对江苏工作重要讲话重要指示精神，认真落实党中央、国务院和省委、省政府决策部署，牢牢把握“走在前、做示范”重大要求，紧紧围绕“四个走在前”“四个新”重大任务，在市委、市政府的坚强领导下，坚持稳中求进工作总基调，完整准确全面贯彻新发展理念，全市经济运行承压恢复、回升向好，高质量发展扎实推进。

第一节　经济发展基本情况

一、综合概况

经济总量继续扩大，基本面持续向好。初步核算，全市全年实现地区生产总值17421.40亿元，按可比价格计算比上年增长4.6%。2019—2023年南京市地区生产总值及其增长速度见图2-1-1、地区生产总值和人口概况见表2-1-1。分产业看，第一产业增加值317.75亿元，增长1.7%；第二产业增加值5929.00亿元，增长2.8%；第三产业增加值11174.65亿元，增长5.6%。三次产业结构比例由上年的1.9∶35.4∶62.7调整为1.8∶34.0∶64.2。2019—2023年南京市三次产业结构比例见图2-1-2。人均地区生产总值达183015元，同比增长2.37%。2023年南京市辖各区经济发展情况见图2-1-3。

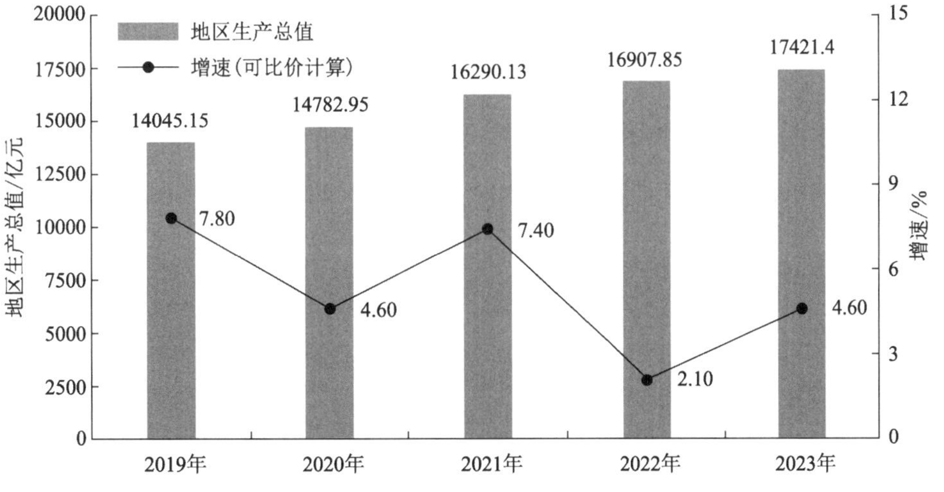

图2-1-1　2019—2023年南京市地区生产总值及其增长速度

表 2-1-1　2019—2023 年南京市地区生产总值和人口概况

指标	2019 年	2020 年	2021 年	2022 年	2023 年
地区生产总值/亿元	14045. 15	14782. 95	16290. 13	16907. 85	17421. 40
地区生产总值可比价增速/%	7. 80	4. 60	7. 40	2. 10	4. 60
常住人口/万人	928. 20	931. 97	942. 34	949. 11	954. 70
人均地区生产总值/万元	15. 16	15. 89	17. 38	17. 88	18. 30

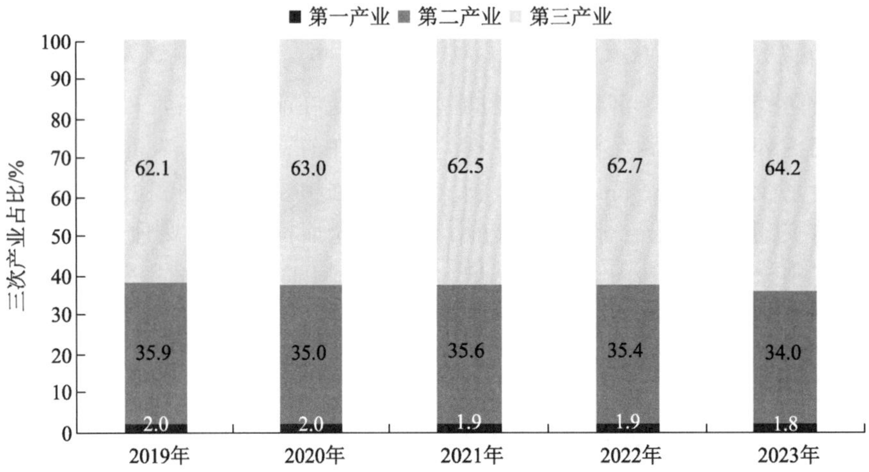

图 2-1-2　2019—2023 年南京市三次产业结构比例

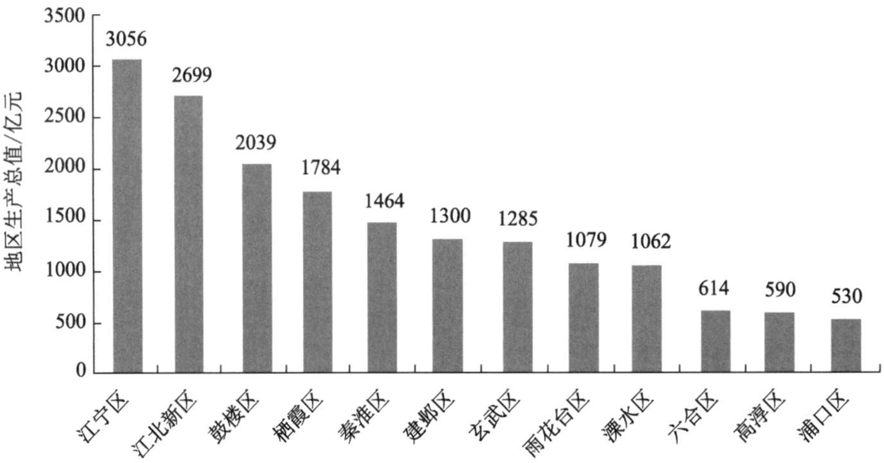

图 2-1-3　2023 年南京市辖各区经济发展情况

常住人口保持增长。年末全市常住人口 954. 70 万人，比上年末增加 5. 59 万人，比上年末增长 0. 59%。其中，城镇人口 832. 50 万人，占总人口比重（常住人口城镇化率）为 87. 20%，比上年提升 0. 19 个百分点。全年常住人口出生率为 5. 68‰，死亡率为 5. 06‰，自然增长率为 0. 62‰。

就业形势基本稳定。全年城镇新增就业 23. 1 万人。全年全市共培育自主创业者 4. 55 万人，大学生创业 7604 人，扶持农民自主创业 4048 人。

居民消费价格基本持平，工业价格稳中有降。全年居民消费价格比上年上涨 0. 6%。分类别看，食品烟酒类上涨 1. 1%，衣着类上涨 1. 9%，居住类上涨 0. 1%，生活用品及服务类上涨 0. 6%，交通通信类下降 2. 5%，教育文化娱乐类上涨 2. 1%，医疗保健类上涨 1. 6%，其他用品及服务类上涨 5. 0%。全年工业生产者出厂价格比上年下降 4. 1%。其中，轻工业下降 1. 0%，重工业下降 4. 7%；生产资料价格下降 4. 2%，生活资料价格下降3.6%。工业生产者购进价格比上年下降4.2%。2023年南京市居民消费价格月度涨跌幅度见图2-1-4，2021—2023年南京市居民消费和商品零售价格涨跌幅度见表2-1-2。

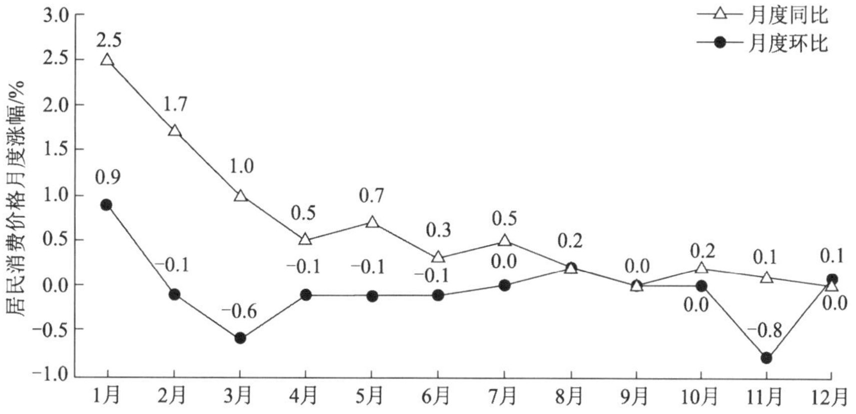

图2-1-4　2023年南京市居民消费价格月度涨跌幅度

表2-1-2　2021—2023年南京市居民消费和商品零售价格涨跌幅度

指标	2021年涨跌幅度/%	2022年涨跌幅度/%	2023年涨跌幅度/%
居民消费价格	1.5	2.2	0.6
# 食品烟酒	1.4	2.7	1.1
衣着	1.0	1.4	1.9
居住	1.0	0.8	0.1
生活用品及服务	1.5	2.9	0.6
交通和通信	4.0	4.1	−2.5
教育文化和娱乐	0.5	2.1	2.1
医疗保健	0.9	2.6	1.6
其他用品及服务	1.4	1.8	5.0

市场主体总量持续提升。年末各类经营主体累计179.96万户，比上年末增长4.1%。其中，外商投资企业1.05万户，增长2.5%；个体工商户109.53万户，增长3.4%。全年全市各级登记机关登记新设立各类经营主体24.50万户，其中新设立企业9.93万户。

二、农林牧渔业

2023年，农业生产继续保持稳中有增。全市完成农林牧渔业总产值530.70亿元，比上年增长1.0%；农林牧渔业增加值346.00亿元，可比增长2.2%。分行业看，农业（种植业）实现产值285.10亿元，同比增长0.9%；林业实现产值25.00亿元，同比增长4.1%；畜牧业实现产值25.90亿元，同比下降1.7%；渔业实现产值147.70亿元，同比下降1.3%；农林牧渔专业及辅助性活动实现产值47.00亿元，同比增长9.0%。

全年粮食播种面积208.56万亩，比上年增长0.6%；总产量99.35万吨，增长0.3%。夏粮播种面积66.63万亩、增长1.9%，总产量22.19万吨、增长2.5%，其中小麦播种面积65.59万亩、增长2.1%，总产量21.99万吨、增长2.6%。秋粮播种面积141.93万亩，与上年相比总体持平，总产量77.16万吨、下降0.3%，其中水稻播种面积122.50万亩、下降1.6%，总产量70.58万吨、下降1.2%；玉米播种面积7.82万亩、增长2.1%，总产量3.26万吨、增长3.1%。

油料播种面积34.91万亩，增长12.7%；总产量5.52万吨，增长9.5%。蔬菜播种面积121.45万亩，增长0.1%；总产量279.82万吨，增长0.2%；综合亩产2304公斤，增长0.1%。2023年南京市主要农产品产量情况见表2-1-3。

表 2-1-3　2023 年南京市主要农产品产量情况

产品名称	播种面积/万亩	产量/万吨	产量比上年增长/%
粮食	208.56	99.35	0.3
# 小麦	65.59	21.99	2.6
水稻	122.50	70.58	-1.2
玉米	7.82	3.26	3.1
油料	34.91	5.52	9.5
蔬菜	121.45	279.82	0.2

现代农业继续保持提档升级。全年新增高标准农田 0.52 万亩，新增评定市级示范家庭农场 80 家，新认定市级龙头企业 71 家。全年休闲农业接待游客 3800 万人次，实现综合收入 150 亿元。

三、工业和建筑业

工业发展增势强劲。全年规模以上工业增加值比上年增长 3.6%。其中，国有控股企业增加值增长 4.8%，股份制企业增长 5.6%，外商及港澳台商投资企业下降 0.5%，民营企业增长 4.9%。大中型企业增长 4.4%，小型企业增长 1.3%。

分行业看，电气机械和器材制造业增加值增长 14.4%，化学原料和化学制品制造业增长 3.0%，黑色金属冶炼和压延加工业增长 9.8%，专用设备制造业增长 12.4%。新能源汽车、集成电路、工业机器人等绿色、智能产品产量增长较快，分别比上年增长 7.2%、61.6%、27.6%。2023 年南京市主要工业产品产量情况见表 2-1-4。

表 2-1-4　2023 年南京市主要工业产品产量情况

产品名称	计量单位	绝对数	比上年增长/%
生铁	吨	17637752	6.7
粗钢	吨	19337142	3.4
钢材	吨	18884401	5.5
汽车用发动机	千瓦	60263662	-4.4
泵	台	353957	52.6
医疗仪器设备及器械	台	1426001	9.6
工业机器人	套	35617	27.6
汽车	辆	571131	0.0
# 新能源汽车	辆	186123	7.2
城市轨道车辆	辆	1514	9.9
电动机	千瓦	1572733	88.4
光纤	千米	8186476	39.8
光缆	芯千米	9750243	-24.9
锂离子电池	只	2593249968	1.7
电子计算机整机	台	837611	10.2
显示器	台	6148634	-5.7
集成电路	万块	1104791	61.6

主导产业支撑明显。2023 年，全市百强工业企业产值占全市规模以上工业产值总量超六成，产值同比增长 0.9%，较全市规模以上工业总产值增速高 1.7 个百分点。其中，装备制造业产值同比增长 2.1%，高于全部规模以上工业总产值增速 2.9 个百分点；高技术产业产值同比增长 0.1%，高于全部规模以上工业总产值增速 0.9 个百分点。

建筑业继续保持平稳增长。全年列入统计具有资质等级的总承包和专业承包建筑业企业完成建筑业总产值 5080.57 亿元，比上年增长 5.0%。其中，建筑安装业增长 8.2%，土木工程建筑业增长 13.6%。

全市工业经济受市场有效需求不足、部分行业产能过剩、市场预期偏弱等因素影响，总体呈“前高后低”的运行态势。下阶段，面对复杂严峻的国际国内形势和诸多不稳定因素，全市工业经济回升仍面临挑战。

四、固定资产投资和房地产业

2023 年全市投资规模平稳增长。全年完成固定资产投资 5763.64 亿元，比上年下降 1.9%。其中，第一产业投资增长 27.1%，第二产业投资增长 2.0%，第三产业投资下降 2.9%。投资结构持续优化。制造业投资 1088.93 亿元，比上年增长 9.0%，其中电气机械和器材制造业、医药制造业、汽车制造业分别增长 38.6%、15.3%、49.9%。高新技术产业投资 802.46 亿元，比上年增长 7.7%。

全年完成房地产开发投资 2753.19 亿元，比上年下降 0.2%。其中，住宅投资 2063.46 亿元，增长 0.5%。全年商品房销售面积 906.03 万平方米，比上年下降 3.9%，其中住宅销售面积 796.86 万平方米，增长 0.6%。年末商品房待售面积 474.65 万平方米，其中，商品住宅待售面积 208.53 万平方米。全年筹集保障性租赁住房 2.4 万套（间）。

五、国内贸易

2023 年，南京市实现消费市场稳步复苏。全年完成社会消费品零售总额 8201.07 亿元，比上年增长 4.7%。限额以上单位中城镇市场实现零售额 4790.42 亿元，比上年增长 1.7%；乡村市场实现零售额 35.97 亿元，下降 7.8%。限额以上零售业实体店商品零售额同比增长 5.0%，其中专业店、品牌专卖店商品零售额分别增长 4.6% 和 8.6%，便利店同比增长 48.3%。全年限额以上单位商品零售额中，新能源汽车增长 10.8%；书报杂志类、金银珠宝类、通讯器材类分别增长 9.5%、17.0% 和 7.6%。2023 年南京市按商品分类限额以上批发零售企业消费品零售情况见表 2-1-5。

表 2-1-5　2023 年南京市按商品分类限额以上批发零售企业消费品零售情况

商品类别	绝对数/亿元	比上年增长/%
粮油、食品类	524.09	9.8
饮料类	59.60	12.7
烟酒类	144.25	-10.1
服装、鞋帽、针纺织品类	373.63	9.3
化妆品类	78.88	1.3
金银珠宝类	173.85	17.0
日用品类	225.68	-30.9
五金、电料类	30.37	-10.5
体育及娱乐用品类	34.96	-11.6
书报杂志类	123.36	9.5
电子出版物及音像制品类	1.15	-85.3
家用电器和音像器材类	569.78	-1.3
中西药品类	110.26	5.9
文化办公用品类	212.13	0.0

续表

商品类别	绝对数/亿元	比上年增长/%
家具类	18.70	-7.1
通讯器材类	238.87	7.6
石油及制品类	450.49	12.0
建筑及装潢材料类	86.94	-12.4
机电产品及设备类	18.80	-0.3
汽车类	952.70	-0.9

六、交通、邮电和旅游业

交通运输业大幅增长。全年货物运输总量46381.61万吨，比上年增长1.4%；货物周转量4374.10亿吨公里，增长13.7%。其中，公路货物运输量比上年增长5.1%，水运货物运输量下降3.5%，民航货物运输量增长37.4%（表2-1-6）。全年旅客运输总量15697.52万人次，比上年增长82.0%；旅客运输周转量214.10亿人公里，增长100.2%（表2-1-7）。已建成轨道交通线路14条（含有轨电车2条），运营里程459.4公里（含有轨电车16.71公里）。全年地铁实现客运量10.10亿人次，比上年增长31.7%。

年末全市机动车保有量（不包含拖拉机）338.80万辆，比上年末增加18.47万辆。其中，私人汽车保有量达248.67万辆，增加15.27万辆。

全年完成邮政业务总量133.49亿标准量，增长13.7%；邮政业务收入149.28亿元，增长11.3%。全年完成电信业务总量199.81亿元，比上年增长19.3%；电信业务收入200.76亿元，增长6.9%。全年完成全社会快递业务量9.79亿件，比上年增长6.9%。

表2-1-6　2023年南京市各种运输方式完成货物运输量情况

指标名称	计量单位	绝对数	比上年增长/%
货物运输总量	万吨	46381.64	1.4
# 公路	万吨	21898.90	5.1
水运	万吨	18775.90	-3.5
铁路	万吨	771.20	28.5
民航	万吨	5.84	37.4
管道	万吨	4929.77	1.4
机场货邮吞吐量	万吨	38.35	1.48
港口货邮吞吐量	万吨	27649.60	1.6
# 外贸吞吐量	万吨	3563.23	20.6
港口集装箱吞吐量	万标箱	346.07	8.1
货物运输周转量	万吨公里	43741032.19	13.7
# 公路	万吨公里	2910012.30	0.4
水运	万吨公里	40257882.80	14.7
铁路	万吨公里	—	—
民航	万吨公里	8978.33	37.9
管道	万吨公里	564158.76	13.9

注：2020年开始，铁路货运量统计口径调整为货物发送量，表中货物运输周转量合计中不包括铁路货运周转量。

表 2-1-7　2023 年南京市各种运输方式完成旅客运输量情况

产品名称	计量单位	绝对数	比上年增长/%
旅客运输总量	万人次	15697.52	82.0
# 公路	万人次	6693.00	37.4
铁路	万人次	7753.40	143.8
水运	万人次	79.00	34.5
民航	万人次	1172.12	127.5
机场旅客吞吐量	万人	2734.05	125.2
旅客运输周转量	万人公里	2140968.00	100.2
# 公路	万人公里	442238.00	45.8
铁路	万人公里	—	—
水运	万人公里	456.90	68.25
民航	万人公里	1698237.16	121.8

注：2020 年开始，铁路客运量统计口径调整为旅客发送量，表中旅客运输周转量合计中不包括铁路客运周转量。

2023 年，随着经济社会全面常态化运行，居民生活需求进一步释放，生活性服务业加快恢复，租赁和商务服务业、文化体育和娱乐业营业收入分别增长 24.0% 和 13.5%，增速分别高于规模以上服务业 19.3 个和 8.8 个百分点。

七、财政和金融

2023 年度，南京市金融市场稳中有进。全年完成一般公共预算收入 1620 亿元，增长 4%，税收占比 84.4%。

年末全市各项存款余额为 54279.92 亿元，同比增长 9.6%，较年初增加 4756.43 亿元。其中住户存款余额 15453.12 亿元、占 28.5%，余额比年初增加 2163.67 亿元；非金融企业存款余额 16931.91 亿元、占 31.2%，余额比年初增加 883.94 亿元。年末金融机构本外币各项贷款余额 54337.89 亿元，比年初增加 5537.68 亿元，增长 11.4%。其中，制造业贷款余额 4117.51 亿元，比年初增长 16.7%。全年新增 7 家境内外上市公司，总数达到 161 家。2023 年南京市金融机构本外币存贷款情况见表 2-1-8。

表 2-1-8　2023 年南京市金融机构本外币存贷款情况

指标	绝对数/亿元	比上年增长/%
金融机构本外币存款余额	54279.92	9.6
# 住户本外币存款	15453.12	16.3
金融机构人民币存款余额	53178.25	9.9
# 住户人民币存款	15228.95	16.4
金融机构本外币贷款余额	54337.89	11.4
# 住户本外币贷款	17954.60	7.4
金融机构人民币贷款余额	53901.89	11.8
# 住户人民币贷款	17953.67	7.4

全年实现保费收入 1009.21 亿元，比上年增长 5.4%。分类型看，寿险收入 621.85 亿元，增长 7.9%；财产险收入 239.64 亿元，下降 1.4%；健康险收入 135.03 亿元，增长 9.4%；意外伤害险收入 12.70 亿元，下降 14.5%。

第二节　社会发展基本情况

一、科学技术和教育

2023 年，全市创新平台建设有序。全市拥有省级以上重点实验室 93 家，其中国家级 33 家；拥有省级以上工程技术研究中心 629 家，新增 82 家。累计建成并投入使用城市硅巷 234 万平方米，集聚高新技术企业 519 家，认定科技型中小企业 929 家，入驻企业 3841 家。

全年全社会研发经费支出占地区生产总值比重超 3.82%，高新技术产业产值占规模以上工业产值比重达 57.1%。有效期内高新技术企业总数超 1 万家；入库科技型中小企业 23569 家，增长 16.8%。市级新型研发机构 376 家，全年市级新型研发机构及其关联带动企业实现营业收入 562.5 亿元。

全年专利授权量 68805 件，其中发明专利授权量 28565 件、同比增长 1.0%。万人有效发明专利拥有量 146.80 件；拥有有效发明专利 139331 件，同比增长 22.45%。全市共认定登记技术合同 35585 份，成交额 1001.57 亿元，成交额增长 16.91%。国家 EDA 技术创新中心正式运营，第三代半导体技术创新中心产业化取得积极进展，国家高性能膜材料创新中心获批组建，在研培育的重大科技基础设施达到 12 个，“问天 I”类脑超级计算机、“源图”开源软件供应链平台取得重大成果。

全市在宁普通高等学校 51 所（不含部队院校），在校学生（不含研究生）79.94 万人，比上年增加 2.17 万人。在宁高校及研究生培养机构在学研究生 20.81 万人，比上年增加 1.31 万人。全市普通中学 277 所，在校学生 31.69 万人，比上年增加 1.44 万人；中等职业学校 22 所，在校学生 6.35 万人，增加 0.01 万人；特殊教育学校 15 所，在校学生 0.24 万人，增加 0.04 万人；小学 391 所，在校学生 56.57 万人，增加 3.64 万人；幼儿园 1031 所，在园幼儿 25.11 万人，减少 2.73 万人。新改扩建幼儿园 30 所，新开办义务教育学校（校区）12 所。全市义务教育学校标准化达标率达 100%。

二、文化、卫生和体育

2023 年，全市共有市级以上文化产业园区（基地）177 家，其中国家级 12 家，省级 35 家，市级 130 家。年末全市共有文化馆 14 个，公共图书馆 15 个，文化站 101 个，博物馆 76 个，市级以上文物保护单位 667 处；拥有国家级历史文化街区 2 个，省级历史文化街区 9 个，国家级历史文化名镇（村）3 个。达到省级标准的社区综合性文化服务中心 1205 个。

年末拥有卫生机构 3846 个。其中，医院、社区卫生服务中心及卫生院 443 个，妇幼保健院（所、站）14 个，专科疾病防治院（所、站）4 个。全市各类卫生机构拥有病床 72495 张，其中医院、社区卫生服务中心及卫生院 70290 张。卫生技术人员 11.27 万人，其中执业（含助理）医师 4.23 万人，注册护士 5.15 万人。

全年新改建体育公园（广场）6 个、灯光球场 41 片，建设健身步道 125 公里，新改建 16 个百姓健身房，完成 776 套全民健身工程（点）老旧健身器材更新；体质健康检测与运动健身指导服务 9.4 万人次，举办群众性体育竞赛与活动 3000 项（次）以上，高水平举办 2023 南京马拉松。

三、人民生活和社会保障

2023 年，居民收支水平稳中有增。全年全体居民人均可支配收入 72112 元，比上年增长 4.5%。其中，工资性收入 45057 元，增长 4.5%；经营净收入 7512 元，增长 4.2%；财产净收入 7262 元，增长 2.8%；转移净收入 12281 元，增长 5.3%。按照常住地分，城镇居民人均可支配收入 79858 元，增长 4.2%；农村居民人均可支配收入 36789 元，增长 6.1%。2019—2023 年南京市全体居民人均可支配收入及其增长速度见图 2-1-5。

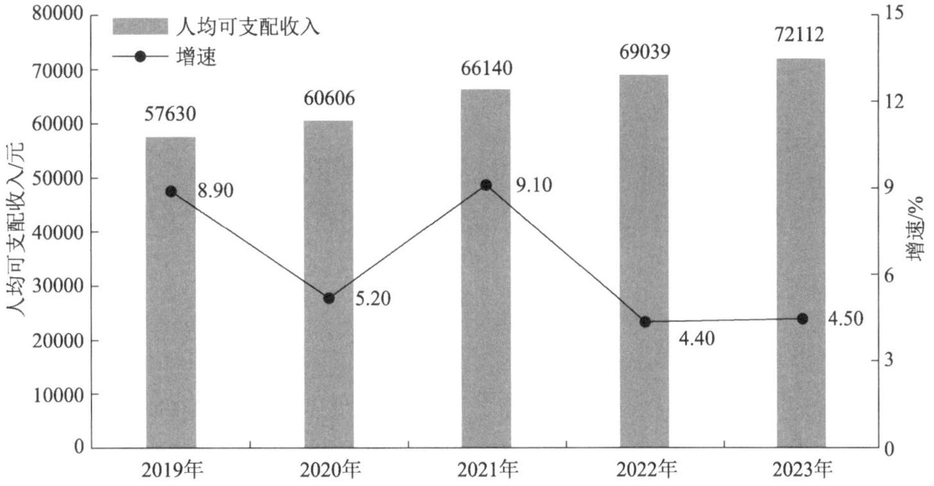

图 2-1-5　2019—2023 年南京市全体居民人均可支配收入及其增长速度

全年全体居民人均消费支出 43182 元，比上年增长 7.1%。按常住地分，城镇居民人均消费支出 46552 元，增长 6.7%；农村居民人均消费支出 27811 元，增长 9.8%。全体居民恩格尔系数为 25.7%，其中城镇为 25.2%，农村为 29.6%。2023 年南京市全体居民人均消费支出构成情况见表 2-1-9。

表 2-1-9　2023 年南京市全体居民人均消费支出构成情况

指标	绝对数/元	占比/%	绝对数比上年增长/%
居民人均消费支出	43182	100.0	7.1
# 食品烟酒	11106	25.7	6.0
衣着	2768	6.4	4.7
居住	9694	22.4	4.2
生活用品及服务	2725	6.3	6.4
交通和通信	6016	13.9	8.0
教育文化和娱乐	6759	15.7	12.6
医疗保健	2745	6.4	10.6
其他用品及服务	1370	3.2	7.6

社会保障体系更加完善。年末企业职工基本养老保险参保 375.41 万人，城镇职工基本医疗保险参保 549.05 万人，失业保险参保 350.55 万人，工伤保险参保 391.00 万人，生育保险参保 362.95 万人。城乡居民享受最低生活保障 4.25 万人（城市 1.87 万人、农村 2.38 万人）。城乡低保标准统一增至每月 1050 元。

四、资源、环境和安全生产

2023 年，能源消费较为平稳。单位地区生产总值能耗下降 1.7%。全市全社会用电量 747.27 亿千瓦时，比上年增长 3.1%。规模以上工业综合能源消费量 3796.71 万吨标准煤，比上年增长 2.3%。

生态环境持续向好。全年共完成 2045 个减排项目，其中水污染减排项目 61 个、大气污染减排项目 1984 个，主要污染物全部完成省政府下达的年度削减任务。$PM_{2.5}$ 年平均浓度为 29 微克/立方米，全年空气质量达良好以上天数为 299 天，优良天数比例 81.9%。地表水国省考断面水质优良比例 100%，长江南京段水质符合国家地表水环境质量Ⅱ类水质标准，主要集中式饮用水源地水质达标率 100%。

安全生产持续稳定。全市发生生产安全事故82起，死亡48人，同比分别下降8.89%、7.69%，未发生较大及以上事故，整体安全形势为近年最好水平。

第三节　2023年主要工作

2023年是全面贯彻党的二十大精神的开局之年，是三年新冠疫情防控转段后经济恢复发展的一年，在江苏和南京发展史上具有特殊意义。习近平总书记参加全国人民代表大会江苏代表团审议，两次亲临江苏视察并发表重要讲话；7月份在南京考察调研，就南京市推进高水平科技自立自强、发展先进制造业集群等作出重要指示，饱含着对江苏、对南京工作的巨大关怀和殷切希望，为推进中国式现代化南京新实践提供了根本遵循、注入了强劲动力，引领南京以更加昂扬的精神状态牢记嘱托、感恩奋进、砥砺前行！

面对复杂多变的外部环境和经济恢复进程中的矛盾问题，南京坚持以习近平新时代中国特色社会主义思想为指导，以全面贯彻党的二十大、二十届二中全会精神和习近平总书记对江苏工作重要讲话重要指示精神为主线，认真落实党中央、国务院和省委、省政府及市委决策部署，牢牢把握“走在前、做示范”重大要求，紧紧围绕“四个走在前”“四个新”重大任务，顶住外部压力、克服内部困难，统筹抓好改革发展稳定各项工作，着力扩大内需、优化结构、提振信心、防范化解风险，疫情防控平稳转段，经济运行承压恢复、回升向好，高质量发展扎实推进。

科技创新取得新突破。自然指数—科研城市全球排名升至第6位，国家创新型城市创新能力评价居全国第4位。紫金山实验室建立业界首个6G综合实验室；10家全国重点实验室获批建设，累计达23家，占全省近四分之三。高新技术企业突破1万家，入库科技型中小企业超过2.3万家，新增国家级专精特新“小巨人”企业107家、总量达213家。

产业强市迈出新步伐。新签约华天科技晶圆级先进封测基地、美埃高端装备等百亿级产业项目9个，与中国石化、宝武钢铁、长安汽车、上海汽车等企业携手谋划推进一批总投资近千亿元的重大转型项目。软件业务收入达到8000亿元，智能电网业务收入突破3200亿元。全市生产性服务业占比达56%。连续三年居全省推进乡村振兴战略实绩考核第一等次前列。

文化软实力得到新增强。成功举办两岸企业家峰会10周年年会，习近平总书记致贺信。首届长江文化南京论坛在宁举办，“中国南京周”开启中美文化地方交流新篇章。西街遗址考古发现商周时期古城，历史文化名城内涵更加丰富。成功创建国家对外文化贸易基地、国家文化产业示范园区。全年接待游客突破2亿人次。

民生保障和社会治理实现新提升。十大类49项民生实事项目全面完成，基本公共服务水平连续6年居全省第一，第14次获评“中国最具幸福感城市”。生产安全事故起数、死亡人数持续“双下降”。创成全国首批市域社会治理现代化合格城市，仙林街道获评全国新时代“枫桥经验”先进典型。群众安全感达99.3%，创历史新高。42个国省考断面水质优良比例连续5年保持100%，江豚逐浪成为亮丽风景。

一、全力推动经济运行整体好转

开展“五拼五比晒五榜”竞赛活动，深化服务企业大走访、项目堵点大排查，全力推动经济回升向好，全市地区生产总值增长4.6%，总量1.74万亿元、继续保持全国前十；地方一般公共预算收入增长4%，税收占比84.4%；社会消费品零售总额增长4.7%；实际使用外资超49亿美元，保持正增长；居民人均可支配收入增长与经济增长基本同步。推动政策精准发力、直达快享，制定实施推动经济运行率先整体好转“33条”、促进经济持续回升向好“23条”等一揽子政策，累计新增减税降费及退税缓费327亿元。积极扩大有效投资，组建重大项目推进专班，建立“拿地即开工”“地等项目”等“5+1”工作机制，LG新能源圆柱形电池四期、长安新能源汽车溧水生产基地、中材锂膜、日立新能源汽车核心部件制造基地等一批重大产业项目建成投产。着力恢复和扩大消费，推出提振汽车、家电等大宗商品消费支持政策，开展消费促进活动1600余场，建设特色消费场景超1000个，引入品牌首店350余家。制定出台优化土地市场服务、促进房地产市场平稳健康发展一揽子政策举措，着力稳定住房消费。开展招商引资大会战，举办金洽会、世界智能制造大会等重大活动，招引10亿元以上项目203个，中石化化工物流总部、国机数科等26家央企二、三级企业落地。千方百计稳住外资外贸基本盘，实施稳外贸“千企千团”和“走进跨国公司总部”行动，赴德国、法国、新加坡等重点国家和我国香港地区推介招商，跨境电商份额居全省第一。

二、统筹推进科技创新和产业创新

制定打造具有全球影响力的产业科技创新中心主承载区行动方案和推进产业强市行动计划，争取省委、省政府出台支持南京创建区域科技创新中心、支持紫金山实验室重大科技任务攻关等政策。扎实推动科技自立自强，国家EDA技术创新中心正式运营，第三代半导体技术创新中心产业化取得积极进展，国家高性能膜材料创新中心获批组建，在研培育的重大科技基础设施达到12个，“问天I”类脑超级计算机、“源图”开源软件供应链平台取得重大成果。加快科技成果转化，科技企业孵化器绩效评价连续3年居全国首位，技术合同成交额突破1000亿元；新增上市企业7家，总数达161家。着力营造优良创新生态，制定深化科技体制综合改革实施方案，推进科创金融改革试验区建设，创新推出科创金融产品200余款，入选首批国家知识产权保护示范区建设城市。出台人才强市“25条”和重点产业人才“7策”，推进科技人才评价改革试点，全域入选国家重点人才工程360人，居全省第一。贯彻落实市人大常委会废止《关于推进四大片区工业布局调整的决定》精神，坚持以增量项目引领四大支柱产业高端化智能化绿色化发展，“两钢四化”转型迈出新步伐。大力发展“2+6+6”创新型产业，新能源汽车、航空航天、新型材料等产业实现两位数增长，未来产业业务收入增长28%，江北新区生物药品制品制造入选国家创新型产业集群。加快现代服务业发展，金融、商务、文化、会展业保持快速增长。实施“智改数转网联”项目3800余个，新增国家级智能制造示范工厂4家，获批建设国家“东数西算”二期工程示范项目、国家新一代人工智能公共算力开放创新平台，汇通达等4家企业入选中国互联网综合实力百强。质量强市建设成效显著，成为中国质量大会承办城市。

三、全面深化改革扩大开放

完善“一区一特色、一园区一突破、一部门一课题”改革推进机制，统筹实施74项国家级、94项省级改革试点任务，“一网统管”、溧水“交邮快供”融合模式获评全国地方全面深化改革典型案例。制定实施持续优化营商环境126条政策举措，常态化开展“服务企业·面对面”活动，国际商事法庭挂牌运行，推出“一件事一次办”应用场景322个，一体化政务服务能力全国领先，位列工信部中小企业发展环境评估全国第三、万家民营企业评营商环境省会和副省级城市前十。谋划开展新一轮国企改革深化提升行动，新工集团入选国企改革“双百行动”名单；制定促进民间投资发展的10条措施。启动实施低效闲置存量资源盘活工作。完成国防动员体制改革。深化“一带一路”交汇点重要枢纽城市建设，“一带一路”友城达44座；中欧班列开行量增长19.3%，增速居全省第一。大力推动制度型开放，11项自贸试验区制度创新、服务业扩大开放综合试点、服务贸易创新发展试点成果获得全国推广或入选最佳案例，跨境贸易便利化专项行动积极推进，临空经济示范区揭牌。深度融入长江经济带、长三角一体化发展等国家战略，沿沪宁产业创新带、宁杭生态经济带加快建设，南京都市圈政务服务通办事项增至200项。实施东西部协作和对口支援合作项目262个。

四、加快构建城乡融合发展新格局

城市性质和核心功能定位获国务院审定同意，“南北田园、中部都市、拥江发展、城乡融合”空间结构加快形成。重点城建项目推进顺利，新生圩长江大桥主桥合龙，建宁路长江隧道双线贯通，沪宁沿江高铁开通运营，晓庄互通立交建成通车，地铁7号线南段投入运营，地铁5号线江宁段不载客试运行，轨道交通运营里程达460公里。深入推进有温度的城市更新，出台《南京市城市更新办法》，加快石榴新村等试点项目建设，完成老旧小区改造101个、背街小巷整治200条，新增共享停车泊位近1.9万个。坚持农业农村优先发展，新改建高标准农田5.5万亩，粮食面积和总产量实现“双增长”，农业特色优势产业融合产值增长14.6%，新增省级特色田园乡村16个，列入国家和省名录传统村落10个，农村居民人均可支配收入增速高于城镇居民。加强生态文明建设，狠抓中央生态环保督察反馈问题整改，国家和省长江经济带警示片披露问题整改顺利通过省级验收，长江干流南京段水质稳定保持Ⅱ类。持续推动大气环境改善，空气质量优良天数比例达81.9%，优良天数同比增加8天。提升河湖长履职效能，建成幸福河湖197处，秦淮河入选生态环境部第二批美丽河湖优秀案例，玄武湖入选国家水利风景区高质量发展典型案例。推进绿色低碳发展，江宁经开区入选首批国家级碳达峰试点园区。

五、持续增进民生福祉

突出就业优先导向，举办高校毕业生招聘会2448场次，建成服务大学生求职“宁青驿站”25个，在宁高校毕业生去向落实率达94%，城镇新增就业23.1万人。织密扎牢社会保障网，城乡低保标准提高至每月1050元，筹集人才房1.9万余套、保障性租赁住房2.4万套（间），主城区轮候家庭公租房全部保障到位。落实“一老一小”整体解决方案，完成老年人家庭适老化改造3293户，城市街道综合性养老服务中心实现全覆盖，构建重点困难老人、残疾人、留守儿童探访关爱服务体系，获批国家儿童友好城市建设试点、全国婴幼儿照护服务示范城市。加快建设教育强市，学前教育普及普惠率居全省第一，新开办义务教育阶段学校（校区）12所，金陵中学江心洲校区、十三中红山新城校区建成投用，紧密型集团化办学覆盖率达70.4%，获国家级优秀教学成果奖19项，其中特等奖1项。建成全国首个“三医”联动监管平台——南京“医保高铁”，长期护理保险惠及4.8万人，获批国家中医药传承创新发展示范试点，高分通过国家卫生城市复审。出台退役军人优待政策，积极争创全国双拥模范城“十连冠”。制定构建更高水平的全民健身公共服务体系实施意见，成功举办南京马拉松等赛事。

六、扎实做好风险防范化解和社会治理工作

一体推进重大事故隐患专项排查整治和“治本攻坚”行动，创新推行“应急—消防一体化”“综研联检”工作机制，完成234栋消防无水高层建筑整治，更新改造老旧化工装置15套、供水管网111公里、老旧燃气管道188公里，为8.5万户居民免费置换燃气“安心管”，危房改造实现动态清零。积极应对极端天气影响，有效防范多轮强降雨、台风、低温冰冻灾害。全力维护经济金融安全，扎实做好“保交楼”工作，积极推动地方债务、重点企业资金链风险化解和审计发现问题整改，非法集资立案数、涉案金额和人数大幅下降。食品安全连续7年获省考核A级评定。开展信访问题源头治理三年攻坚，积案化解质效稳居全省前列。多措并举抓好根治欠薪工作。深入推进平安南京建设，常态化开展扫黑除恶斗争，深化电信网络诈骗综合治理，获评全国社会治安防控体系建设示范城市。

第二章　镇江市经济社会发展情况

2023年，镇江市上下坚持以习近平新时代中国特色社会主义思想为指导，坚持稳中求进工作总基调，牢牢抓住高质量发展首要任务，更好统筹发展和安全，奋力推进“四个走在前”和“四个新”在镇江的生动实践，在复杂严峻的宏观环境和多重超预期因素挑战下，经济运行回升向好，社会事业全面进步，美丽镇江底色更亮，市场活力显著增强，民生福祉持续增进，高质量发展取得新成效。

第一节　经济发展基本情况

一、综合概况

初步核算，2023年全市实现地区生产总值5264.07亿元，按可比价格计算，比上年增长6.3%，全市人均地区生产总值达16.33万元，增长6.1%。2019—2023年镇江市地区生产总值及其增长速度见图2-2-1、地区生产总值和人口概况见表2-2-1。其中，第一产业增加值167.52亿元，增长3.4%；第二产业增加值2507.36亿元，增长6.0%；第三产业增加值2589.19亿元，增长6.7%。三次产业结构比例为3.2∶47.6∶49.2。2019—2023年镇江市三次产业结构比例见图2-2-2。2023年镇江市辖各市（区）经济发展情况见图2-2-3。

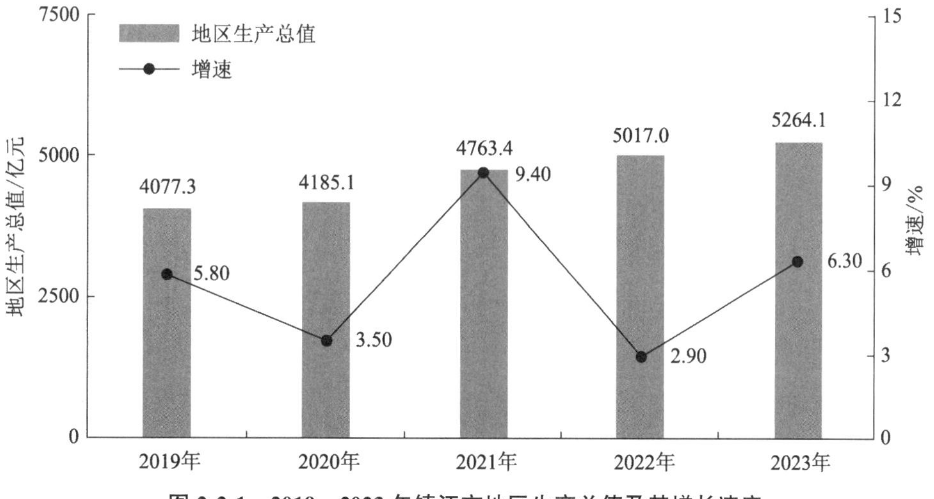

图2-2-1　2019—2023年镇江市地区生产总值及其增长速度

表 2-2-1　2019—2023 年镇江市地区生产总值和人口概况

指标	2019 年	2020 年	2021 年	2022 年	2023 年
地区生产总值/亿元	4077.30	4185.10	4763.40	5017.00	5264.10
地区生产总值可比价增速/%	5.80	3.50	9.40	2.90	6.30
常住人口/万人	320.35	321.10	321.72	322.22	322.60
人均地区生产总值/万元	12.74	13.05	14.82	15.58	16.33

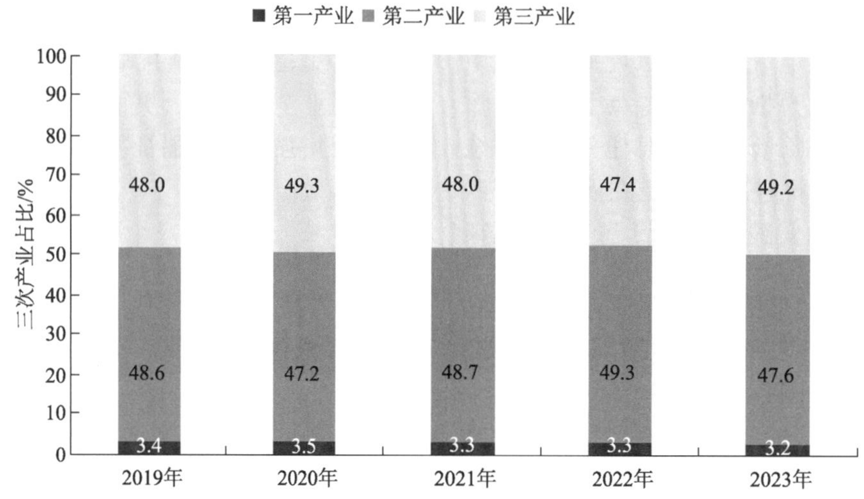

图 2-2-2　2019—2023 年镇江市三次产业结构比例

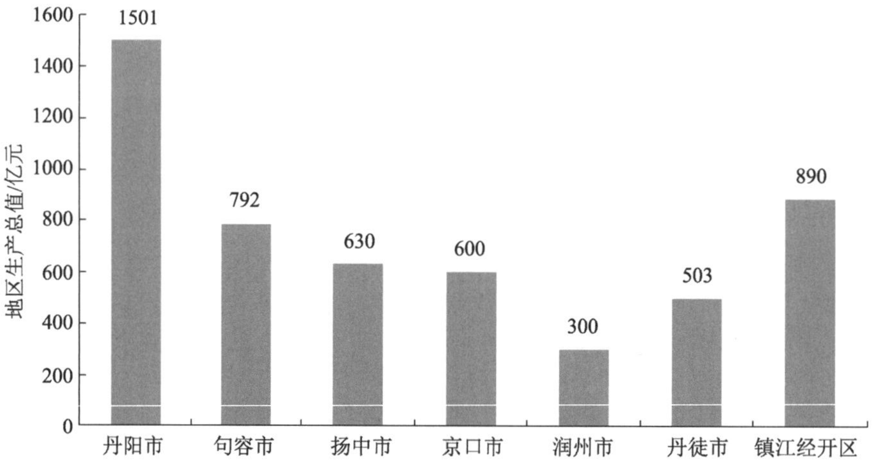

图 2-2-3　2023 年镇江市辖各市（区）经济发展情况

常住人口保持稳定。年末全市常住人口 322.60 万人，比上年增加 0.38 万人，其中城镇人口 260.34 万人，常住人口城镇化率 80.7%，常住人口中 60 岁及以上人口占比为 26.8%，比上年提高 1.6 个百分点。年末全市户籍人口 264.77 万人，比上年减少 2.09 万人。其中，男性 130.21 万人，减少 1.25 万人；女性 134.56 万人，减少 0.84 万人。

就业形势基本稳定。全年新增城镇就业人数 5.74 万人，新增城镇失业人员再就业人数 3.22 万人，就业困难人员再就业人数 1.32 万人，发放各类促就业补贴 7 亿元，零就业家庭保持动态清零。引进大专以上学历人才 4.04 万人，成功举办第六届“创响镇江”创业大赛，扶持成功自主创业人数 1.71 万人。实施职业技能培训赋能行动，开展各类政府补贴性职业技能培训 6.13 万人次。

居民消费价格基本持平。全年居民消费价格指数（CPI）100.5，比上年上涨0.5%。其中，消费品价格指数100.0，与上年持平；服务项目价格指数101.0，上涨1.0%。分类别看，食品烟酒类价格上涨1.3%，衣着类上涨1.9%，教育文化和娱乐类上涨1.6%，医疗保健类上涨4.5%，其他用品及服务类上涨3.3%；居住类下降0.2%，生活用品及服务类下降0.4%，交通和通信类下降3.6%。2021—2023年镇江市居民消费和商品零售价格涨跌幅度见表2-2-2。

表2-2-2　2021—2023年镇江市居民消费和商品零售价格涨跌幅度

指标	2021年涨跌幅度/%	2022年涨跌幅度/%	2023年涨跌幅度/%
居民消费价格	1.2	2.0	0.5
# 食品烟酒	0.3	2.0	1.3
衣着	2.8	2.4	1.9
居住	0.2	0.9	-0.2
生活用品及服务	1.2	2.0	-0.4
交通和通信	4.6	4.6	-3.6
教育文化和娱乐	1.5	2.0	1.6
医疗保健	1.5	1.2	4.5
其他用品及服务	-3.0	1.5	3.3

二、农林牧渔业

2023年，农业生产稳中有增。全市粮食播种面积137.01千公顷，比上年增加1.31千公顷，增长1.0%。全市粮食总产量97.87万吨，比上年增加1.57万吨，增长1.6%。其中，夏粮总产量25.67万吨，比上年增加0.63万吨，增长2.5%；秋粮总产量72.20万吨，比上年增加0.94万吨，增长1.3%。全年油料总产量4.59万吨，增长15.3%；蔬菜产量104.35万吨，增长3.7%；水果产量17.48万吨，增长5.9%。主要农产品中，肉类总产量9.01万吨，比上年增长9.3%。其中，猪肉产量2.55万吨，增长16.1%；禽肉产量6.41万吨，增长6.9%。禽蛋产量3.50万吨，增长5.4%；牛奶总产量0.77万吨，下降23.8%。全年生猪存栏量29.42万头，比上年增长0.9%；生猪出栏量32.08万头，增长14.1%；家禽出栏量3951.83万只，增长6.9%。水产品产量10.28万吨，增长4.0%。2023年镇江市主要农产品产量情况见表2-2-3。

表2-2-3　2023年镇江市主要农产品产量情况

产品名称	产量/万吨	比上年增长/%
粮食	97.87	1.6
油料	4.59	15.3
# 油菜籽	4.23	14.8
花生	0.24	35.9
肉类	9.01	9.3
水产品	10.28	4.0

2023年，现代农业继续保持稳中有增。全市拥有高标准农田120.92万亩，比上年增加5.85万亩；拥有高效设施种植业面积58万亩，农作物耕种收综合机械化水平达90.6%。年末农业机械总动力达146.3万千瓦，下降1.2%。年末拥有省级以上农业产业化龙头企业41家、省级示范家庭农

场198家、农民专业合作社2700家。全市拥有“两品一标”（绿色食品、有机农产品和农产品地理标志）393个。全市共有农产品网上营销主体3427个，实现农产品网上销售额64.73亿元。

三、工业和建筑业

工业发展势头较好。全年规模以上工业增加值比上年增长7.0%，其中大中型企业增长6.7%。分轻重工业看，轻工业增长6.3%，重工业增长7.2%。分行业看，采矿业下降9.2%，制造业增长7.2%，电力、热力、燃气及水生产和供应业增长5.5%。分经济类型看，国有企业下降10.7%，股份制企业增长7.5%，外商及港澳台商投资企业增长4.3%，民营企业增长8.0%，其中私营企业增长8.3%。年末成本费用利润率5.4%，比上年提高0.8个百分点；工业产品销售率95.9%，比上年下降0.7个百分点。

全市装备制造业增加值比上年增长13.9%，占规模以上工业比重为54.1%。新兴工业产品产量快速增长，单晶硅片、新能源汽车、锂电池、电子元件分别增长90.4%、90.7%、17.5%、97.4%。全市拥有国家级专精特新“小巨人”企业47家，比上年增加22家；省级专精特新企业328家，比上年增加152家。全市拥有省智能制造示范工厂（车间）132家，比上年增加29家；省工业互联网标杆工厂16家，比上年增加4家。年末拥有营业收入超百亿元工业企业14家，7家企业列中国制造业民营企业500强。2023年镇江市主要工业产品产量情况见表2-2-4。

表2-2-4　2023年镇江市主要工业产品产量情况

产品名称	计量单位	绝对数	比上年增长/%
食醋	万吨	31.56	2.4
复合木地板	万立方米	2851.27	-2.7
机制纸及纸板	万吨	278.78	3.7
冰乙酸	万吨	106.14	-8.4
单晶硅片	万片	364133	90.4
水泥	万吨	1464.56	5.5
钢材	万吨	364.64	-21.8
铝材	万吨	82.68	0.1
金属切削工具	亿件	7.05	-23.9
汽车	辆	36441	88.4
汽车仪器仪表	万台	145.69	-5.1
电子元件	亿只	34.50	97.5
眼镜成镜	万副	1938.50	7.2
发电量	亿千瓦时	501.44	3.6
母线	万米	283.80	22.1

年末拥有资质以上建筑业企业705家。全年实现建筑业总产值736.30亿元，比上年增长7.8%。其中，建筑业安装工程产值89.01亿元，增长17.5%；竣工产值388.57亿元，下降0.3%。全市建筑业从业人员期末人数12.93万人，比上年增加0.89万人，增长7.4%。

四、固定资产投资和房地产业

2023年，镇江市投资稳中有增。全年固定资产投资比上年增长3.0%，其中国有及国有控股投资下降10.3%，港澳台商及外商投资增长1.5%，民间投资增长6.4%。分三次产业看，第一产业投资增长 3.2%；第二产业投资增长 19.3%，其中制造业投资增长 13.8%；第三产业投资下降 12.1%。全年完成工业技术改造投资 158.70 亿元，增长 21.7%，占工业投资比重 13.8%，比上年提高 2.1 个百分点。

全年房地产开发投资比上年下降 7.0%，其中住宅投资下降 8.4%。商品房施工面积 2311.60 万平方米，比上年下降 19.5%，其中住宅施工面积 1884.47 万平方米，下降 21.2%。商品房竣工面积 380.42 万平方米，比上年下降 20.4%，其中住宅竣工面积 308.58 万平方米，下降 25.8%。商品房销售面积 506.72 万平方米，比上年下降 4.3%，其中住宅销售面积 416.56 万平方米，下降 9.9%。

五、国内贸易

2023 年，镇江市实现消费市场稳步复苏。全年实现社会消费品零售总额 1481.74 亿元，比上年增长 8.6%。按消费形态分，批发业零售额 232.37 亿元，增长 2.6%；零售业零售额 1095.69 亿元，增长 8.5%；住宿业零售额 7.80 亿元，增长 18.6%；餐饮业零售额 145.89 亿元，增长 20.2%。在限额以上批发和零售业零售额中，食品饮料、烟酒类增长 8.9%；化妆品类增长 6.3%；金银珠宝类增长 20.4%；日用品类增长 54.9%；家用电器和音像制品类增长 3.2%；文化办公用品类下降 36.3%；通讯器材类增长 41.8%；石油及制品类增长 2.8%；汽车类增长 1.5%；建筑及装潢材料类下降 29.2%。

全市限额以上商品网上零售额比上年增长 144.5%，占限额以上零售额的比重达 11.2%，比上年提高 6.6 个百分点。全市限额以上单位智能家电类商品零售额增长 83.9%，限额以上单位智能手机类商品零售额增长 51.6%；全年新能源汽车零售额比上年增长 88.9%。

六、交通、邮电和旅游业

2023 年度，镇江市交通运能持续改善。全年公路客运量 1004.85 万人，下降 5.6%。公路旅客周转量 5.93 亿人公里，增长 31.9%。公路货运量 6116.01 万吨，增长 13.7%；水路货运量 1395.08 万吨，增长 12.7%。公路货物周转量 95.96 亿吨公里，增长 11.3%；水路货物周转量 49.57 亿吨公里，增长 14.7%。全年完成港口货物吞吐量 2.67 亿吨，增长 14.4%，其中长江港口吞吐量 2.59 亿吨，增长 14.8%；港口集装箱吞吐量 39.97 万标箱，增长 5.6%。年末拥有公路总里程 6985.50 公里，其中高速公路 210.48 公里。年末全市民用汽车保有量 77.82 万辆，比上年增长 3.1%，其中私人汽车保有量 66.57 万辆，增长 2.7%。年末市区拥有公交线路 142 条，其中当年新辟优化 26 条；拥有公共交通车 1412 辆，其中当年新购 35 辆。

全年完成邮政电信业务总量 89.25 亿元，增长 19.2%。其中，邮政业务总量 40.92 亿元，增长 17.9%；电信业务总量 48.33 亿元，增长 20.3%。实现邮政电信业务收入 87.16 亿元，增长 11.4%。其中，邮政业务收入 41.72 亿元，增长 17.1%；电信业务收入 45.44 亿元，增长 6.7%。全年完成快递业务量 3.34 亿件，增长 18.2%；实现快递业务收入 33.08 亿元，增长 18.0%。年末拥有移动电话用户 390.51 万户，比上年增长 0.65%，其中 5G 手机用户 232.50 万户，增长 75.2%。年末互联网宽带接入用户 186.20 万户，增长 6.9%。

2023 年，镇江市旅游产业持续复苏。年末拥有 A 级及以上景区 30 个，其中 AAAAA 级景区 2 家，AAAA 级景区 7 家，AAA 级景区 12 家。拥有省级旅游度假区 3 家，省星级乡村旅游区 72 家。拥有星级旅游饭店 11 家，其中五星级宾馆 2 家；拥有旅行社 139 家。全年实现旅游业总收入 513.46 亿元，接待国内游客 4777.41 万人次，实现国内旅游收入 508.56 亿元；接待入境过夜游客 3.44 万人次，实现旅游外汇收入 7111.85 万美元。

七、财政和金融

2023 年度，镇江市全年实现一般公共预算收入 320.71 亿元，比上年增长 5.5%。其中，税收收入 229.50 亿元，增长 14.5%；非税收入 91.21 亿元，下降 12.9%。从主要税种看，增值税增长 59.3%，企业所得税下降 21.2%，个人所得税下降 2.1%。全年实现一般公共预算支出 533.77 亿元，下降 0.3%。其中，一般公共服务支出 49.87 亿元，下降 1.8%；教育支出 76.87 亿元，下降 0.2%；社会保障和就业支出 75.34 亿元，增长 13.8%；卫生健康支出 43.22 亿元，增长 7.7%。2023 年镇江市一般公共预算收支分项情况见表 2-2-5。

表 2-2-5　2023 年镇江市一般公共预算收支分项情况

指标	绝对值/亿元	比年初增长/%
一般公共预算收入	320.71	5.5
# 税收收入	229.50	14.5
# 增值税	112.13	59.3
企业所得税	26.69	-21.2
个人所得税	10.71	-2.1
房产税	15.59	7.5
印花税	6.04	66.5
契税	25.98	9.9
一般公共预算支出	533.77	-0.3
# 一般公共服务	49.87	-1.8
教育	76.87	-0.2
科技	11.10	-11.8
社会保障和就业	75.34	13.8
卫生健康	43.22	7.7
节能环保	10.24	-15.6

年末金融机构人民币存款余额 8436.09 亿元，比年初增加 1091.76 亿元。其中，住户存款 4292.31 亿元，比年初增加 612.55 亿元；非金融企业存款 2841.78 亿元，比年初增加 270.38 亿元。年末金融机构人民币贷款余额 9015.66 亿元，比年初增加 1094.63 亿元。其中，住户贷款 2150.16 亿元，比年初增加 19.39 亿元；企（事）业单位贷款 6862.69 亿元，比年初增加 1075.61 亿元。年末全市拥有银行业金融机构 36 家，其中政策性银行 1 家，国有商业银行 6 家，股份制商业银行 10 家，城市商业银行 3 家，外资银行 1 家，法人农村商业银行 4 家，异地农村商业银行分支机构 6 家，村镇银行 5 家。2023 年镇江市金融机构存贷款情况见表 2-2-6。

表 2-2-6　2023 年镇江市金融机构存贷款情况

指标	绝对值/亿元	比年初增减额/亿元
金融机构人民币存款余额	8436.09	1091.76
# 住户存款	4292.31	612.55
非金融企业存款	2841.78	270.38
金融机构人民币贷款余额	9015.66	1094.63
# 住户贷款	2105.16	19.39
企（事）业单位贷款	6862.69	1075.61

2023 年末全市境内上市公司 22 家，证券公司 44 家，证券营业部 39 家，期货经纪公司 1 家。年末全市 A 股上市公司总市值 1832.42 亿元，新增再融资额 11.43 亿元。全年证券交易额 1.39 万亿元，比上年增长 3.2%。全年期货经营机构代理交易额 568.54 亿元，比上年下降 51.4%。年末拥有保险机构 62 家。全年实现保费收入 170.49 亿元，比上年增长 11.7%。其中，寿险公司 132.21 亿元，增长 14.1%；财产险公司 38.27 亿元，增长 4.0%。全年赔付额 62.36 亿元，比上年增长 41.2%。其中，财产险公司赔付 25.26 亿元，增长 17.4%；寿险公司赔付 37.09 亿元，增长 63.9%。

第二节　社会发展基本情况

一、科学技术和教育

2023全年研究与试验发展（R&D）经费支出占地区生产总值的比重达2.7%，高新技术产业产值占规模以上工业产值比重达54%。全年获得国家、省级科技计划项目立项超350项，项目资金合计2.71亿元，其中省重大科技成果转化项目4项。全年新认定国家高新技术企业525家，有效期高新技术企业数达1429家，拥有省独角兽企业3家、省瞪羚企业47家、省科技上市培育计划企业81家。建设国家级企业研发机构6家，省级重点实验室5个，院士工作站5个。新建省产研院企业联合创新中心4家，新认定省级工程技术研究中心28家。拥有科技公共服务平台24个，工程技术研究中心达1455家。

全年专利授权量15523件，其中发明专利授权量3753件。年末全市有效发明专利拥有量22477件，比上年增加3742件；万人发明专利拥有量达69.8件，比上年增加11.6件。拥有国家级高新技术特色产业基地7个，省级以上众创空间39家。镇江入围“全国城市创新能力百强榜”，丹阳市获评国家创新型县（市）。

年末共有普通高校9所，本专科招生3.90万人，在校学生12.39万人，毕业生3.08万人；研究生教育招生0.64万人，在校学生1.97万人，毕业生0.53万人。中等职业学校8所，在校学生1.97万人。普通中学106所，在校学生11.98万人，毕业生3.74万人。小学115所，在校学生17.73万人，毕业生2.64万人。九年义务教育巩固率100%，高中阶段教育毛入学率100%。全市共有幼儿园284所，在园幼儿7.16万人。实施教育数字化战略行动，创成省智慧校园示范校20所，占比位居全省第一。全年4项成果获评国家基础教育教学成果奖，创历史新高。新增6个省中小学“一校一品”党建文化品牌项目。全省大一新生身体素质抽测连续四年总均分居全省第一。2023年镇江市各级各类教育发展情况见表2-2-7。

表2-2-7　2023年镇江市各级各类教育发展情况

指标	学校数/所	毕业生数/人	招生数/人	在校生数/人
高等教育学校	9	36085	45460	143617
中等职业学校	8	5853	6436	19664
普通中学	106	37379	40101	119777
# 高中阶段	20	13927	13555	42649
初中阶段	86	23452	26546	77128
普通小学	115	26402	30192	177250
特殊教育学校	5	140	103	586
幼儿园	284	30706	20749	71615

二、文化、卫生和体育

2023年末，镇江市共有艺术表演团体5个，文化馆8个，公共图书馆9个，博物（纪念）馆15个，美术馆2个。市级广播电视台1个，县级融媒体中心4个，电视调频发射台4座。年末有线电视用户49.91万户，其中数字电视用户49.03万户。完成38个智慧广电乡镇（街道）建设，实现智慧广电乡村工程辖市全覆盖。持续推进“文艺拾光浸润”工程、“何以镇江”文物活化利用工程、乡村文化旅游“五百”工程。开展文化惠民“十百千”工程相关活动1298场，完成省、市各级“送戏下乡”103场。35个非遗项目列入第五批省级非物质文化遗产代表性项目名录。成功举办第三届江苏发展大会镇江行、2023“米芾杯”国际青少年书法大会、第五届国际道教论坛、2023

长江·泡泡岛音乐艺术节。

年末拥有各类卫生机构（医疗卫生机构）1235 个，其中医院 67 个，卫生院 37 个，社区卫生服务中心 30 个，疾病预防控制中心 7 个，妇幼保健机构 8 个，村卫生室 301 个，社区卫生服务站 108 个。年末各类卫生机构拥有床位 1.82 万张，其中医院 1.37 万张，卫生院 0.18 万张，社区卫生服务中心 0.13 万张。年末拥有卫生技术人员 2.52 万人，其中执业医师及执业助理医师 9795 人，注册护士 11088 人。全年引进医学领军团队 7 个、医学博士 21 名，选拔培育本土医学人才 40 名。开展“千医巡诊万村行”活动，组建 487 支巡诊服务团队，惠及 18.19 万人次。成立镇江市智慧医疗发展促进会，江大附院、市第一人民医院通过智慧服务三级评估。镇江连续 14 年蝉联“全国无偿献血先进城市”称号。

新建扩建体育公园 6 个、健身步道 22 公里；成功举办江苏省第二届智力运动会、2023 健步走江苏大型公益体育系列活动、全国武术套路锦标赛资格赛；镇江市输送的运动员在世界大赛斩获 2 金 1 银 1 铜，在亚运会比赛获 2 金 2 银 2 铜，在全国比赛获 9 金 7 银 4 铜。运动员徐旭霞勇夺第五届全国智力运动会象棋比赛公开组女子个人冠军。镇江经开区航空体旅融合基地被认定为“2023 年江苏省体育融合发展示范基地”。全年体育彩票销售 11.77 亿元，增长 25.3%。

三、人民生活和社会保障

2023 年，镇江市全体居民人均可支配收入 55565 元，增长 5.6%，其中，工资性收入 34950 元，增长 6.7%；经营净收入 7194 元，增长 3.1%；财产净收入 4944 元，增长 1.9%；转移净收入 8477 元，增长 5.5%。居民人均消费支出 34985 元，增长 9.1%。按常住地分，城镇居民人均可支配收入 64602 元，增长 5.0%；城镇居民人均消费支出 37866 元，增长 8.0%。农村居民人均可支配收入 35466 元，增长 7.1%；农村居民人均消费支出 28576 元，增长 11.8%。2019—2023 年镇江市全体居民人均可支配收入及其增长速度见图 2-2-4。

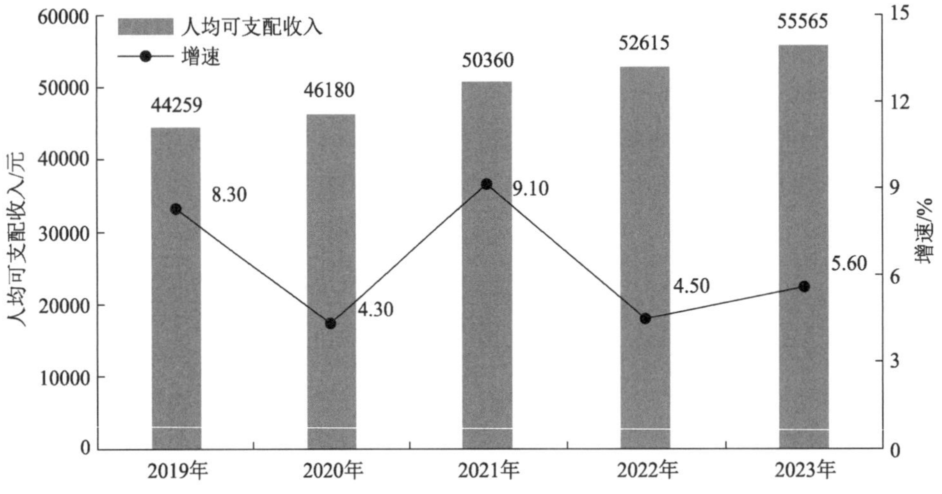

图 2-2-4　2019—2023 年镇江市全体居民人均可支配收入及其增长速度

全年完成一般公共预算民生类支出 412.58 亿元，占比 77.3%。全市职工最低工资标准为 2280 元/月，城乡居民基础养老金标准提高至每人每月 253 元，城乡最低生活保障标准提高至每人每月 840 元，失业保险金最低标准提高至每人每月 1260 元。年末全市企业职工养老保险参保人数 73.57 万人，城乡居民养老保险参保人数 18.15 万人。失业保险、工伤保险、生育保险参保人数分别为 60.53 万人、74.77 万人、66.26 万人。年末全市新增养老机构床位数 709 张，等级养老机构占比达 79%。全年福利彩票销售 4.55 亿元，同比增长 60.7%。

四、资源、环境和安全生产

2023 年，346 国道镇江城区段城市化改造工程完工，沪宁沿江高铁句容段建成通车，312 国道宁镇段快速化改造工程主线基本贯通，谏壁一线船闸扩容改造工程开工建设。市区实施城建项目134个，新建和改造城市道路34条，提档升级农村公路203公里。改造地下老旧燃气管网2.8公里；新建污水管网31.1公里，修复市政污水管网11公里，城市污水集中处理率达97%。新建成“乐享园林”活力空间11处，开放共享城市绿地38处、20.6万平方米，镇江入选全国首批城市公园绿地开放共享试点城市。

全年新增各类城市绿地面积178.65公顷，人均公园绿地面积15.93平方米。林木覆盖率、建成区绿化覆盖率分别达25.6%、42.5%。全年全社会用电量306.80亿千瓦时，比上年增长2.8%，其中城乡居民生活用电量39.41亿千瓦时，下降7.0%。全市拥有区域供水厂8座，总供水能力126万吨/日，其中市区自来水供水能力70万吨/日。市区管道天然气供气总量5.6亿立方米，家庭天然气用户34.87万户，家庭液化气用户10.95万户。全年国控站点$PM_{2.5}$平均浓度为37.1微克/立方米，空气质量优良天数比例74.5%。全年地表水国考断面、省考断面优Ⅲ比例均为100%。

第三节　2023年主要工作

2023年是全面贯彻党的二十大精神开局之年，镇江市政府坚持以习近平新时代中国特色社会主义思想为指导，深入落实省委、省政府和市委部署要求，坚持稳中求进工作总基调，牢牢抓住高质量发展首要任务，更好统筹发展和安全，保持了全市经济平稳运行和社会和谐稳定。经济社会发展主要预期目标基本实现，既定的115项重点工作任务得到较好落实、40项民生实事和军地互办20项实事项目全面完成。

一、始终牢记嘱托感恩奋进，坚决扛起“争当表率、争做示范、走在前列”的光荣使命，扎实落实“四个走在前”和“四个新”重大任务，推动“强富美高”基底愈发厚实

习近平总书记站在新的历史起点，赋予江苏重大使命，寄予江苏殷切期望，鼓舞和激励大家奋勇向前。镇江市深刻领悟自身使命之重，集中精力办好自己的事，自觉在服务全国、全省发展大局中彰显政治担当。

突出科技支撑，镇江市深入实施创新驱动发展战略，推动全市科创主体、平台、人才等持续增效扩容。新增中国独角兽企业2家、国家级专精特新“小巨人”企业22家、国家高新技术企业525家、省级瞪羚企业10家。新增省级工业设计中心6家、省级工程技术研究中心37家，省船舶与海洋工程设计研究院实体化运营。引进大专以上人才4万人，其中高层次领军人才178人，“人聚镇江，才享荣光”氛围更加浓厚。全社会研发投入占地区生产总值比重预计达2.7%以上，列全省第7位；高新技术产业产值占规模以上工业产值比重达到54%，列全省第4位。镇江入围“全国城市创新能力百强榜”。丹阳市获评国家创新型县（市）。

突出开放支撑，主动融入和服务新发展格局，积极参与长三角区域协同治理机制建设，自觉落实建设全国统一大市场重点任务，新增“跨区域通办”政务服务事项101项；加快对外重大交通基础设施建设，更深更好地融入长三角大交通网络，346国道镇江城区段城市化改造工程完工，沪宁沿江高铁句容段建成通车，312国道宁镇段快速化改造工程纳入国家“十四五”公路建设补助计划、主线基本贯通，谏壁一线船闸扩容改造工程开工建设。

突出生态支撑，持续深入打好蓝天、碧水、净土保卫战，持之以恒抓好长江大保护和长江“十年禁渔”，深入推进新一轮太湖综合治理，推动全市生态环境质量持续向好。581项大气污染防治工程按期完工，中央生态环保督察反馈问题按期整改到位，铁路沿线环境综合整治任务全面完成、面貌焕然一新。查办非法倾倒固废污染环境刑事案件15起，对环境污染犯罪形成有力震慑。全市国考、省考断面水质优Ⅲ比例保持100%，长江镇江段水质保持Ⅱ类，镇江省级豚类保护区内野生动植物物种数量持续增多。

突出文化支撑，着力建设文化强市，推动历史文化遗产创造性转化和创新性发展，发挥文化育人功能。新增省级非遗项目大幅提升，达35项。全市AAAA级及以上文化旅游景区接待游客人数增长70%，文化场馆接待人数增长80%。成功承办第五届国际道教论坛。

二、准确识变主动应变，把更多精力放到抓发展、抓产业、抓项目上，推动经济运行持续整体好转

在新冠疫情防控取得重大决定性胜利后，迅速将工作重心转移到经济建设上，推动经济稳步恢复和增长。全市地区生产总值增长6.3%，高于全省平均；一般公共预算收入增长5.5%，增幅排在全省并列第7位。

聚焦项目突破，深入实施“项目攻坚突破年”行动，全力以赴扩大有效投资。全年新签约亿元以上产业项目总投资额达到1650亿元，增长66%，亿元以上产业项目新列统入库投资额达到357亿元；省、市重大项目完成年度投资全面超目标，达到594亿元。镇江经开区新签约亿元以上产业项目总投资额增长96%。

聚焦工业回升，深入实施制造强市镇江行动，不遗余力夯实工业经济。全市规模以上工业增加值增长7%，工业企业技改投资增长21.7%，列全省第2位；四大主导产业集群应税销售收入增长6.9%，八条重点产业链应税销售收入增长10.3%。扬中市中低压智能电气产业集群入选国家级中小企业特色产业集群。新增营业收入超百亿元企业2家；7家企业跻身中国制造业民营企业500强。注重发挥数字经济的赋能效应，深入推进“智改数转网联”，加快推进现代服务业与先进制造业深度融合，“四群八链”骨干企业实现数字化转型全覆盖。新增省智能制造示范工厂（车间）29家、省工业互联网标杆工厂4家、省服务型制造示范企业（平台）5家，涵盖新材料、航空航天、电力、眼镜等领域。网易（镇江）联合创新中心落户润州、投入运营。镇江获评国家工业设计特色类服务型制造示范城市。镇江高新区荣获全国数字智慧园区称号。

聚焦内需恢复，出台“促消费措施20条”“房地产新政13条”等政策，千方百计推动消费提质扩容。全市社会消费品零售总额增长8.6%，列全省第2位；旅游总收入实现翻番，增幅列全省第7位；商品房销售面积恢复幅度位居全省前列。丹徒区创成江苏省全域旅游示范区。

聚焦惠企减负，深化营商环境重点领域改革，努力帮助经营主体纾困解难。新增减税降费及退税缓费54亿元以上；净增“四上”单位1412家，创历史新高。着力构建金融服务实体经济的体制机制，更好发挥金融要素的支撑作用，全市金融机构贷款余额达到9035亿元，本外币贷款余额增长13.8%；新增上市挂牌企业71家。围绕项目合作、产业链合作、招才引智、消费促进等成功举办系列重大活动，“借台唱戏”，既拓展了合作，又扩大了宣传。

三、以坚如磐石的定力推进园区整合，坚决破除体制机制弊端，推动开发园区加快向现代产业园区转型

开发园区是项目建设和经济发展的承载平台，是生产要素聚集和产业升级的重要载体，没有高品质的园区，就落不下高质量的项目，就形不成高端化的产业。然而开发园区还存在布局零散、基础设施薄弱等不足，把做强做优开发园区作为一项基础性战略性的重要任务，保持战略定力，持之以恒推动项目向园区集聚、政策向园区集成、资源向园区集中、企业向园区转移，使园区真正挑起经济发展大梁。新下放50项市级权力事项，基本实现“园内事园内办”。全市新签约重大产业项目入园率达到87%，省、市重大制造业项目入园率超过90%，开发园区亩均税收提升13%。探索推行“一区多园”管理模式，实行“赛马”考评机制，10个主体开发区承担经济发展职能的机构比例增至70%。全市域“一区多园”管理体制改革入选中国改革年度地方典型案例。

四、全面践行人民城市理念，深入开展生态修复、城市修补，聚力建设宜居韧性智慧城市，推动美丽镇江图景变现惠民

有序推进城市更新，加快城市功能修补。新建和改造城市道路34条，提档升级农村公路203公里。城市基础设施生命线安全工程建设加快推进，改造地下老旧燃气管网2.8公里。新建污水管

网 31 公里，修复市政污水管网 11 公里，城市污水集中收集率达到 84%。有力拓展城市绿色健康生活空间，着力改善居民居住环境。新完成 224 万平方米城镇老旧小区改造，润州区三茅宫片区、京口区学府路以南片区整体开发方案开始启动。新建成“乐享园林”活力空间 11 处，开放共享城市绿地 38 处、21 万平方米，昔日城市的“零碎地”变成了全民“健身房”。镇江入选全国首批城市公园绿地开放共享试点城市。

五、坚持农业农村优先发展，有力统筹城乡融合发展，推动乡村振兴更见成效

加快建设现代农业强市，推动粮食和重要农产品稳定安全供给能力持续增强。新增高标准农田 4.4 万亩，农作物耕种收综合机械化率达到 90%。全年粮食总产量超过上年，实现“四连增”。持续放大“戴庄经验”示范效应，新增市级“戴庄经验”试点村 16 个，绿色优质农产品占比提高到 71%。句容市获评首批全国农业科技现代化先行县。深入实施农业龙头企业“金凤行动”，孵化市级农业龙头企业 11 家，省级以上龙头企业年销售（交易）额合计超过 600 亿元。大力发展新型农村集体经济，深入实施农民收入十年倍增计划，强村富民基础更加牢固。成立“新农人”发展联盟，首批遴选 31 名青年农民纳入优秀“新农人”培养计划。村集体经营性收入平均增长 5%，98 个经济相对薄弱村集体稳定性收入全部达到或超过 120 万元。农村居民人均可支配收入增长 7.1%，超过城镇居民人均可支配收入增幅 2.1 个百分点。稳步推进乡村建设行动，统筹推进村庄更新和环境整治，农村危房、危桥全面消险解危；建成幸福河湖 60 条，生态河道覆盖率达到 54%；新增全国乡村治理示范村 4 个、省级特色田园乡村 7 个。

六、铭记“为民造福是最大政绩”，用心用情抓好民生社会事业，推动人民群众在高质量发展中共享美好生活

强化过紧日子思想，更好节用裕民，在优先筹措化债资金的基础上，用于保障改善民生的支出占一般公共预算支出的比重达到 78%。深入实施就业优先战略，落实全民创业行动计划，就业形势保持总体稳定。建成省级零工市场，发放稳就业政策补贴 7 亿元，扶持 1.7 万人成功创业，城镇新增就业 5.7 万人，零就业家庭保持动态清零。深入推进教育“双减”试点改革，探索全员导师制，推动义务教育发展更加优质均衡。4 项基础教育内涵建设项目成果获评国家基础教育教学成果奖。扬中市创建“全国义务教育优质均衡发展市”通过教育部评估认定核查。着力巩固国家卫生城市建设成果，加快健全公共卫生体系，推动医疗保障服务能力持续增强。市、县（市、区）两级疾病预防控制局挂牌成立，市传染病医院应急病房楼竣工，全市二级公立医院绩效评价位居全省第一。句容市创成省级健康县（区）。心系“一老一幼”，加快推进医养结合养老服务体系建设，长期护理保险制度落地实施，新建全国示范性老年友好型社区 3 个，为 37.2 万名 65 岁以上老年人免费健康体检；新增普惠型托育机构 18 家，“一老一幼”整体解决方案被国家发改委推荐为示范方案。广泛开展全民健身活动，成功承办江苏省第二届智力运动会。落实困难群众救助保障标准动态调整机制，坚决兜牢基本民生底线，全年发放救助金 4.4 亿元，覆盖困难群众 7 万余人。

七、高度重视防范化解重大风险，持续深化市域社会治理现代化实践，坚决守牢安全发展底线

深入贯彻总体国家安全观，纵深推进更高水平平安镇江建设，群众安全感达 99.4%，蝉联全省第一。持续加强地方债务管控，深入推进“削峰”“降色”“破冰”“强基”“提升”计划，防范化解金融债务风险取得重要阶段性成果。深入推进安全生产专项整治巩固提升和基础建设强化行动，持续排查整治重大事故隐患，全市安全生产形势平稳向好，生产安全事故起数和死亡人数保持“双下降”。智慧消防“陵口模式”在全省推广。坚持和发展新时代“枫桥经验”，扎实开展信访问题源头治理攻坚行动，事不避难解决突出现实问题，义不逃责化解历史信访积案，信访事项按期办结率达 100%，“问题楼盘”、非法集资等一批影响全局的棘手问题得到稳妥处置。

第三章　扬州市经济社会发展情况

2023年，扬州市上下聚焦“发力奋进年”决策部署，锚定目标、加压奋进，全力以赴抓项目、稳增长、促发展，不断巩固经济回升向好势头，全市经济总体呈现“生产平稳、内需改善、质效提升”的良好发展态势，中国式现代化扬州新实践实现良好开局。

第一节　经济发展基本情况

一、综合概况

经济稳中向好。经初步核算，2023年全市实现地区生产总值7423.26亿元，按可比价格计算，同比增长6.0%。2019—2023年扬州市地区生产总值及其增长速度见图2-3-1、地区生产总值和人口概况见表2-3-1。分产业看，第一产业增加值337.09亿元，同比增长3.7%；第二产业增加值3509.6亿元，同比增长6.6%；第三产业增加值3576.57亿元，同比增长5.6%。2019—2023年扬州市三次产业结构比例见图2-3-2。人均地区生产总值达16.19万元。2023年扬州市辖各县（市、区）经济发展情况见图2-3-3。

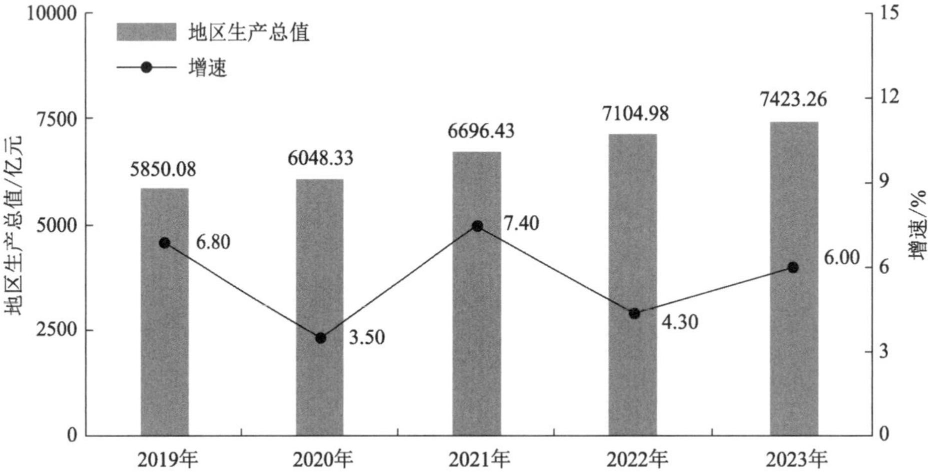

图2-3-1　2019—2023年扬州市地区生产总值及其增长速度

表2-3-1　2019—2023年扬州市地区生产总值和人口概况

指标	2019年	2020年	2021年	2022年	2023年
地区生产总值/亿元	5850.08	6048.33	6696.40	7104.98	7423.26
地区生产总值可比价增速/%	6.80	3.50	7.40	4.30	6.00

续表

指标	2019 年	2020 年	2021 年	2022 年	2023 年
常住人口/万人	454.90	454.71	457.70	458.29	458.50
人均地区生产总值/万元	12.86	13.30	14.63	15.50	16.19

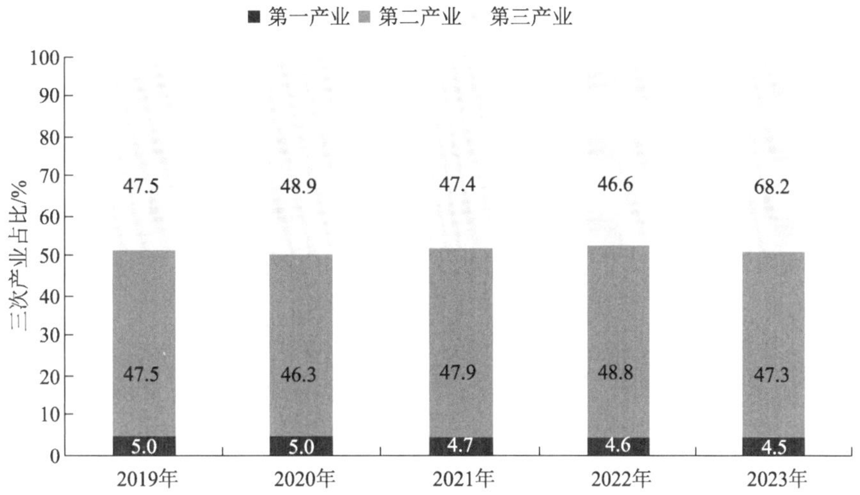

图 2-3-2　2019—2023 年扬州市三次产业结构比例

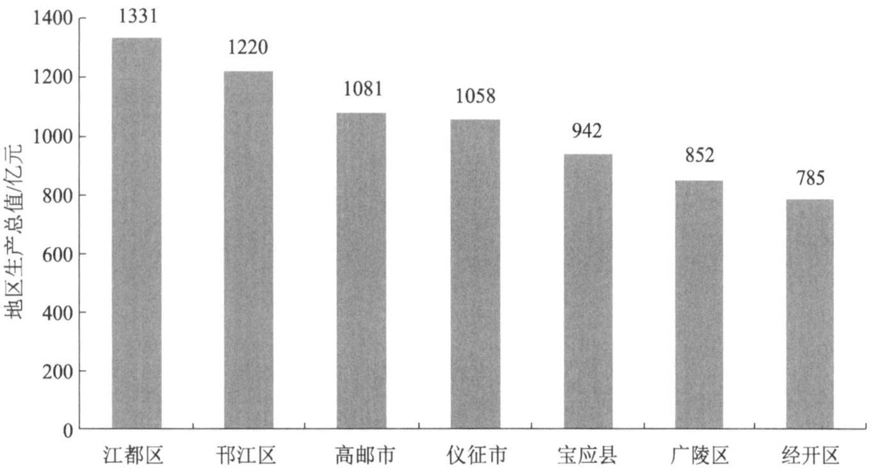

图 2-3-3　2023 年扬州市辖各县（市、区）经济发展情况

常住人口基本持平。年末全市户籍人口 445.04 万人，比上年下降 0.76%。年末常住人口 458.5 万人，比上年增长 0.05%。常住人口城镇化率为 72.79%，比 2022 年末上升 0.78 个百分点。城镇地区常住人口 333.75 万人，比上年增加 3.74 万人；乡村地区常住人口 124.75 万人，减少 3.53 万人。

全年城镇新增就业 6 万人，完成城乡劳动者就业技能培训 1.1 万人次，创业带动就业 48358 人。期末城镇登记失业人数 4.41 万人，城镇调查失业率达标，年末领取失业保险金人数 3 万人。

全年居民消费价格比上年上涨 0.4%，其中食品价格上涨 0.7%，非食品价格上涨 0.4%；服务价格上涨 1.0%，消费品价格持平。八大类消费品及服务项目价格与上年相比“六涨二跌”，涨幅由高到低依次是：其他用品及服务类价格上涨 3.5%、医疗保健类价格上涨 2.6%、教育文化和娱乐类价格上涨 2.5%、衣着类价格上涨 1.1%、食品烟酒类价格上涨 0.9%、生活用品及服务类价格上涨 0.5%、居住类价格下跌 0.3%、交通和通信类价格下跌 2.5%。2021—2023 年扬州市居民消费和商品零售价格涨跌幅度见表 2-3-2。

表 2-3-2　2021—2023年扬州市居民消费和商品零售价格涨跌幅度

指标	2021年涨跌幅度/%	2022年涨跌幅度/%	2023年涨跌幅度/%
居民消费价格	1.5	2.2	0.4
# 食品烟酒	0.8	2.3	0.9
衣着	2.2	0.7	1.1
居住	1.4	0.9	-0.3
生活用品及服务	0.5	0.9	0.5
交通和通信	4.1	6.0	-2.5
教育文化和娱乐	1.3	1.8	2.5
医疗保健	0.7	2.7	2.6
其他用品及服务	-0.4	3.3	3.5

市场主体总量持续提升。全市新登记经营主体10.54万户，其中，新登记企业3.04万户，新登记个体工商户7.48万户，新登记农民专业合作社179户。全市实有经营主体70.11万户，同比增长1%。其中，各类企业22.91万户，同比增长6.1%；个体工商户46.97万户，同比下降1.3%；农民专业合作社2275户，同比增长0.7%。

二、农林牧渔业

2023年，农业生产稳中有增。全年粮食播种面积586.74万亩，同比增长0.3%。其中，夏粮播种面积269.17万亩，同比增长0.5%；秋粮播种面积317.56万亩，同比增长0.1%。全年粮食亩产493公斤，同比增长0.3%，其中，夏粮亩产382.6公斤，同比增长0.04%；秋粮亩产586.5公斤，同比增长0.43%。全年粮食总产289.23万吨，同比增长0.6%。其中，夏粮总产102.98万吨，同比增长0.5%；秋粮总产186.3万吨，同比增长0.6%。全年蔬菜及食用菌播种面积98.66万亩，同比增长3%。全年蔬菜及食用菌产量254.95万吨，同比增长4%。全年猪牛羊禽肉类产量16.19万吨，同比增长3.2%。禽蛋产量8.27万吨，同比增长7.3%。牛奶总产量2.61万吨，同比增长17.7%。水产品总产量42.6万吨，同比增长4.2%。2023年扬州市主要农产品产量情况见表2-3-3。

表 2-3-3　2023年扬州市主要农产品产量情况

产品名称	产量/万吨	比上年增长/%
粮食	289.23	0.6
蔬菜及食用菌	254.95	4.0
猪牛羊禽肉类	16.19	3.2
禽蛋	8.27	7.3
牛奶	2.61	17.7
水产品	42.60	4.2

全年新改建高标准农田24.45万亩，农作物耕种收综合机械化率达87%，特色农业机械化水平达70%。高邮市、宝应县获批国家级电子商务进农村综合示范县，仪征市创成全国休闲农业示范县，宝应县射阳湖镇、高邮市龙虬镇、仪征市马集镇被认定为首批国家农业产业强镇。

三、工业和建筑业

2023年，扬州市3938家规模以上工业企业增加值增长7.2%，其中轻工业增长4%，重工业增长9%。按门类分，制造业增加值增长7.1%，电力、热力、燃气及水生产和供应业增加值增长8%，采矿业增加值增长12.2%。按经济类型分，国有工业增长29%，集体工业下降2.5%，股份制工业增长8.7%，外商及港澳台商投资工业增长0.3%。

先进制造业产值增长2%，对全部规模以上工业总产值的贡献率为30.2%。分产业看，汽车及零部件（含新能源汽车）产业增长6.6%，食品产业增长1.3%，海工装备和高技术船舶产业增长33.6%，新型电力装备产业下降1.4%，生物医药和新型医疗器械产业下降11.3%，高端装备产业增长1.3%，高端纺织服装产业增长1.5%，电子信息产业增长1.5%，航空产业下降15.7%。

规模以上工业企业营业收入增长3.7%，利润增长10.1%。规模以上工业企业营业收入利润率、成本费用利润率分别为4.0%、4.4%。规模以上工业企业资产负债率为55.9%。

全社会用电量331.67亿千瓦时，同比增长5.8%。其中，第一产业用电量4.68亿千瓦时，同比增长2%；第二产业用电量217.66亿千瓦时，同比增长8.6%，其中工业用电214.66亿千瓦时，同比增长9%；第三产业用电量57.67亿千瓦时，同比增长8%；城乡居民生活用电51.66亿千瓦时，同比下降6.5%。

全年建筑业实现总产值5698.89亿元，同比增长8.4%。房屋施工面积34434.23万平方米，同比增长4.3%，其中新开工面积12976.33万平方米，同比增长7.1%。房屋竣工产值4274.99亿元，同比增长57.6%。房屋竣工面积11089.79万平方米，同比增长0.6%。

四、固定资产投资和房地产业

2023年，扬州市实现消费市场稳步复苏。全年固定资产投资同比增长10.5%，其中第一产业投资同比下降27%，第二产业投资同比增长21.7%，第三产业投资同比增长1.3%。

房地产开发投资完成639.32亿元，同比下降10.9%。商品房施工面积2636.04万平方米，同比下降13.5%；商品房竣工面积348.05万平方米，同比下降0.7%。全年商品房销售面积632.11万平方米，同比下降5.9%；商品房销售额644.03亿元，同比下降11.7%。

五、国内贸易

2023年，扬州市实现消费市场稳步复苏。全市社会消费品零售总额1660.64亿元，同比增长9.3%，其中限额以上社会消费品零售总额939.85亿元，同比增长18.9%。按销售单位所在地分，限额以上城镇消费品零售额894.42亿元，同比增长18.4%；限额以上乡村消费品零售额45.43亿元，同比增长30.3%。分类别看，粮油、食品类零售额94.22亿元，同比增长37.9%；饮料类零售额8.97亿元，同比增长12.8%；烟酒类零售额29.40亿元，同比增长15.3%；服装、鞋帽、针纺织品类零售额71.59亿元，同比增长0.3%；日用品类零售额43.31亿元，同比增长26.2%；家用电器和音像器材类零售额34.82亿元，同比下降2.9%；中西药品类零售额27.24亿元，同比下降6%；通讯器材类零售额31.16亿元，同比增长69%；石油及制品类零售额103.38亿元，同比增长19.2%；汽车类零售额259.18亿元，同比增长18.1%。2023年扬州市按商品分类限额以上批发零售企业消费品零售情况见表2-3-4。

表2-3-4　2023年扬州市按商品分类限额以上批发零售企业消费品零售情况

商品类别	绝对数/亿元	比上年增长/%
粮油、食品类	94.22	37.9
饮料类	8.97	12.8
烟酒类	29.40	15.3
服装、鞋帽、针纺织品类	71.59	0.3

续表

商品类别	绝对数/亿元	比上年增长/%
日用品类	43.31	26.2
家用电器和音像器材类	34.82	-2.9
中西药品类	27.24	-6.0
通讯器材类	31.16	69.0
石油及制品类	103.38	19.2
汽车类	259.18	18.1

六、交通、邮电和旅游业

2023年，扬州市交通运能持续改善。全市完成营业性公路水路综合运输周转量778.63亿吨公里，同比增长8.4%。其中，完成营业性公路运输总周转量85.59亿吨公里，同比增长10.6%；完成营业性水路运输总周转量693.04亿吨公里，同比增长8.2%；完成港口货物吞吐量1.61亿吨，同比增长7.4%；集装箱吞吐量75.84万标箱，同比增长25.9%。扬泰机场新开通2个国内通航点，累计开通通航点66个，其中国内52个，国际（地区）14个。机场累计完成旅客吞吐量326.45万人次，同比增长134.1%；完成货邮吞吐量1.06万吨，增长20.8%。全市新增汽车6.69万辆，全市机动车保有量115.84万辆，同比增长6.1%；全市机动车驾驶人总数173.45万人，其中汽车驾驶人达164.12万人。

全市邮政通信业务收入116.22亿元，同比增长10.6%。其中通信业务收入65.46亿元，同比增长5.8%；邮政业务收入50.76亿元，同比增长17.4%。年末电话用户642.44万户，其中移动电话用户563.69万户，同比增长2.3%。互联网宽带接入用户258.28万户，同比增长6.7%。

2023年，扬州市全年共接待国内外游客10321.2万人次。全市拥有国家A级及以上景区56家。拥有省级全域旅游示范区（含创建单位）2家，省级以上旅游度假区4个，省级以上夜间文旅消费集聚区（含创建单位）6个，其中国家级2个；省级以上乡村旅游重点村12家，其中国家级2个；省级以上旅游休闲街区3个，其中国家级2个；省级以上工业旅游区9个，省级以上红色旅游融合发展示范项目1个。

七、财政和金融

2023年，扬州市一般公共预算收入347.57亿元，同比增长6.8%。税收收入277亿元，同比增长16.3%，税收占一般公共预算收入比重为79.7%。主体税种中，增值税131.43亿元，同比增长46.9%；企业所得税32.2亿元，同比下降18.2%；个人所得税13.82亿元，同比增长9.3%。

全市一般公共预算支出711.24亿元，同比增长1.7%，其中一般公共服务支出82.15亿元，同比下降2.6%；公共安全支出43.25亿元，同比下降6.9%；教育支出107.44亿元，同比增长0.4%；科学技术支出17.08亿元，同比增长17.1%；文化旅游体育与传媒支出12.06亿元，同比下降15.6%；社会保障和就业支出105.08亿元，同比增长11.2%；卫生健康支出63.98亿元，同比增长5.3%；节能环保支出13.73亿元，同比增长27.4%；农林水支出67.06亿元，同比增长12.1%；交通运输支出31.14亿元，同比下降19.3%；资源勘探信息等支出18.73亿元，同比增长4.5%；住房保障支出50.57亿元，同比增长15.2%；政府性基金预算支出561.51亿元，同比下降4.5%。2023年扬州市一般公共预算收支分项情况见表2-3-5。

表2-3-5　2023年扬州市一般公共预算收支分项情况

指标	绝对值/亿元	比上年增长/%
一般公共预算收入	347.57	6.8
# 税收收入	277.00	16.3

续表

指标	绝对值/亿元	比上年增长/%
# 增值税	131. 43	46. 9
企业所得税	32. 20	-18. 2
个人所得税	13. 82	9. 3
城市维护建设税	16. 86	13. 0
房产税	13. 07	0. 4
印花税	5. 83	43. 2
城镇土地使用税	6. 38	-8. 8
契税	30. 66	-8. 7
# 非税收入	70. 57	-19. 2
# 行政事业性收费	12. 50	-3. 1
附：政府性基金预算收入	651. 63	-0. 7
一般公共预算支出	711. 24	1. 7
# 一般公共服务	82. 15	-2. 6
教育	107. 44	0. 4
科技	17. 08	17. 1
公共安全	43. 25	-6. 9
文化旅游体育与传媒	12. 06	-15. 6
社会保障和就业	105. 08	11. 2
卫生健康	63. 98	5. 3
节能环保	13. 73	27. 4
农林水	67. 06	12. 1
交通运输	31. 14	-19. 3
资源勘探信息	18. 73	4. 5
住房保障	50. 57	15. 2
附：政府性基金预算支出	561. 51	-4. 5

年末金融机构人民币存款余额 10257. 24 亿元，同比增长 15. 2%，其中住户存款余额 5876. 48 亿元，同比增长 17. 4%。人民币贷款余额 9758. 68 亿元，同比增长 20. 2%。其中，住户贷款余额 2658. 48 亿元，同比增长 1. 8%；非金融企业及机关团体贷款余额 7099. 76 亿元，同比增长 29%，其中，制造业贷款余额 1063. 69 亿元，同比增长 21. 3%。2023 年扬州市金融机构存贷款情况见表 2-3-6。

表 2-3-6　2023 年扬州市金融机构存贷款情况

指标	绝对值/亿元	比年初增减额/%
金融机构人民币存款余额	10257. 24	15. 2
# 住户存款	5876. 48	17. 4
金融机构人民币贷款余额	9758. 68	20. 2

续表

指标	绝对值/亿元	比年初增减额/%
# 住户贷款	2658.48	1.8
非金融企业及机关团体贷款	7099.76	29.0
# 制造业贷款	1063.69	21.3

2023年，扬州市年末全市证券机构合格主资金账户98.58万户，比上年末增加7.82万户，同比增长8.6%。客户交易结算资金余额38.04亿元，同比下降9.8%。证券交易额19478.47亿元，比上年增加602.78亿元，同比增长3.2%。其中，股票交易额9892.21亿元，比上年下降1177.23亿元，同比下降10.6%，占证券交易额的50.8%；公募基金交易额1745.04亿元，比上年减少1021.88亿元，同比下降36.9%，占证券交易额的9%。

全市各类保险机构实现保费收入214.42亿元，增长12.3%。其中，财产险保费收入47.28亿元，增长9.7%；寿险保费收入134.1亿元，增长14.9%；健康险保费收入29.56亿元，增长11.4%；意外伤害险保费收入3.48亿元，下降23.9%。累计赔付支出84.9亿元，增长55.6%。其中，财产险赔付支出31.4亿元，增长18%；寿险赔付支出39.89亿元，增长174.5%；健康险赔付支出11.65亿元，增长0.6%；意外伤害险赔付支出1.94亿元，增长7.5%。

第二节　社会发展基本情况

一、科学技术和教育

2023年，全市完成专利授权量19388件，其中发明专利授权量3725件，同比增长46.5%。PCT国际专利申请量96件。商标申请量17218件，商标注册量11787件。全市商标有效注册量120623件，同比增长7.5%。全市有效发明专利量15874件，同比增长29.4%，其中维持年限在11年以上的有效发明专利量2011件，同比增长38.7%。每万人发明专利拥有量34.64件，同比增长29.2%。新增地理标志商标2件，地理标志商标总量达42件。

全年认定国家高新技术企业799家，有效高新技术企业累计数达2003家。2770家企业通过国家科技型中小企业认定，全年高新技术产业产值占规模以上工业产值比重达51.8%。全年在国家级、省级创新创业大赛中取得历史性突破，7家企业获国赛优秀企业奖，其中2家企业进入全国百强；全国首部以产业科创为主题的地方性法规《扬州市产业科创促进条例》颁布实施，产业科创名城建设能级不断提升。

全市共有普通高校8所，普通高等教育招生4.19万人，在校学生13.24万人，比上年增加0.52万人，毕业生3.75万人；其中研究生教育招生0.48万人，在校学生1.53万人，毕业生0.38万人。中等职业学校9所，在校学生2.75万人（不含技工学校）。普通中学165所，在校学生17.36万人。小学185所，在校学生23.76万人。特殊教育学校7所，在校学生0.11万人。幼儿园379所，在园幼儿8.88万人。学前三年教育毛入园率达99%以上，高中阶段教育毛入学率达100%。

二、文化、卫生和体育

2023年，全市共有文化馆7个，公共图书馆8个，国有登记注册博物馆17个。全市建成开放城市书房68家，村（社区）综合文化服务中心1333个。

全市新建（改建）体育设施451处，公共体育设施完好率达94.9%；推动全市7家大型体育场馆向社会提供低免开放服务近100万人次；全市新建健身步道31.58公里，改建生态体育公园3个。在第十九届杭州亚运会上，扬州健儿和扬州教练员取得3金1银的佳绩。

年末全市拥有各类卫生机构 2027 个，其中医院 102 个，疾病预防控制中心 7 个，妇幼卫生保健机构 8 个。各类卫生机构拥有病床 27577 张，其中医院拥有病床 20051 张。全市共有卫生技术人员 34455 人，其中医院卫生技术人员 17974 人，疾病预防控制中心卫生技术人员 638 人，妇幼卫生保健机构卫生技术人员 1376 人。全市共有乡镇卫生院 54 个，床位数 4323 张，乡镇卫生技术人员 5572 人，乡村医生 1174 人。

三、人民生活和社会保障

2023 年，全体居民人均可支配收入 47717 元，同比增长 6.4%。其中，工资性收入 28687 元，同比增长 6.2%；经营净收入 7467 元，同比增长 5.4%；财产净收入 3646 元，同比增长 4.1%；转移净收入 7917 元，同比增长 9.4%。城镇居民人均可支配收入 56781 元，同比增长 5.8%。其中，工资性收入 34375 元，同比增长 6.0%；经营净收入 7548 元，同比增长 3.9%；财产净收入 5289 元，同比增长 3.4%；转移净收入 9569 元，同比增长 7.9%。农村居民人均可支配收入 31488 元，同比增长 7.4%。其中，工资性收入 18502 元，同比增长 5.6%；经营净收入 7315 元，同比增长 8.2%；财产净收入 705 元，同比增长 3.8%；转移净收入 4966 元，同比增长 13.5%。全体居民人均消费支出 30228 元，同比增长 9.6%。城镇居民人均消费支出 33445 元，同比增长 8.3%。农村居民人均消费支出 24466 元，同比增长 12.3%。2019—2023 年扬州市全体居民人均可支配收入及其增长速度见图 2-3-4。

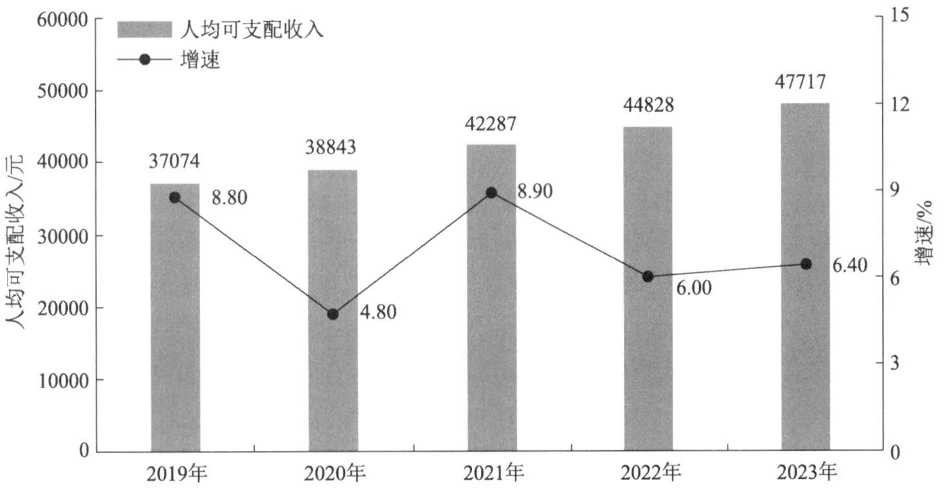

图 2-3-4　2019—2023 年扬州市全体居民人均可支配收入及其增长速度

年末全市城乡基本养老、医疗、失业、工伤和生育保险参保人数分别为 322.61 万人、429.15 万人、80.63 万人、100.65 万人和 91.83 万人。城乡居民基本养老保险基础养老金最低标准由每人每月 210 元提高到 220 元。城乡居民医保人均财政补助最低标准提高到每人每年 680 元。城乡最低生活保障标准提高到每人每月 800 元。

四、资源、环境和安全生产

2023 年，全市新增城市道路 22.86 公里。新建（提升）各类公园 24 个。改造老旧小区 153 个，棚户区改造新开工 11817 套，基本建成 13029 套，保障性租赁住房新开工 8377 套（间），基本建成 6156 套（间）。新增城镇生活污水处理能力 0.5 万吨/日，新建（改建）污水管网 150.48 公里。新建成省级特色田园乡村 15 个、市级特色田园乡村 14 个。

市区 $PM_{2.5}$ 年平均浓度 34.3 微克/立方米，连续 3 年达到国家环境空气质量二级标准。空气质量优良天数比例为 77.1%。15 个国考断面水质达标率为 100%，优Ⅲ类断面比例为 86.7%；47 个省考断面水质达标率为 100%，优Ⅲ类断面比例为 95.7%，无劣Ⅴ类水体。全市县级以上集中式饮用水源地水质达到或优于Ⅲ类标准比例为 100%，水质达到Ⅱ类标准比例为 66.7%。2023 年，扬州市区各功能区的昼、夜间噪声达标率分别为 97.5%、82.5%，总达标率为 90%。

第三节　2023年主要工作

2023年，扬州全市扎实做好“发力奋进年”各项工作，中国式现代化扬州新实践实现良好开局。**经济发展稳中有进。**地区生产总值按可比价格计算同比增长6%，一般公共预算收入同比增长6.8%，固定资产投资同比增长10.5%，社会消费品零售总额同比增长9.3%、增幅连续19个月居全省第一。**产业结构优化升级。**优化布局“613”产业体系，工业开票销售超8200亿元，规模以上工业增加值同比增长7.2%。高端装备产业入围中国百强产业集群。邗江数控成形机床产业入选国家级特色产业集群。**创新动能不断培育。**国家高新技术企业突破2000家。新增上市挂牌企业5家。全社会研发投入占地区生产总值比重提升0.2个百分点。有效发明专利总量同比增长27%。高新技术产业产值占规模以上工业产值比重达51.5%。**改革开放持续深化。**连续10年制定实施优化提升营商环境“2号文件”，县（市、区）营商环境评价得分首次全部高于全省平均得分。联环集团获评全国科改示范企业标杆。进出口总额超千亿元，与共建“一带一路”国家进出口增长11.3%。**城市品质加快提升。**新一轮国土空间总体规划获批启用。入选国家系统化全域推进海绵城市建设示范城市。获评全国首批“净塑城市”“中国最具生态竞争力城市”和联合国环境规划署“城市生态修复模范市”。创成国家公交都市建设示范城市。**富民工程务实推进。**城镇新增就业6万人，来扬就业创业大学生超2.5万人。城乡居民人均可支配收入同比分别增长5.8%、7.4%；收入比为1.8∶1，连续10年缩小。村均集体经营性收入同比增长10%。**文化魅力更加彰显。**历史文化名城保护经验全国交流推广。入选全国“十大旅游向往之城”“夜间经济新锐十城”，东关街园宅项目荣获联合国教科文组织亚太地区文化遗产保护杰出奖，全市接待过夜游客数、旅游收入分别比2019年增长18%、20%。**民生保障扎实有力。**民生支出占一般公共预算支出比重达75%以上，入选国家公立医院改革与高质量发展示范项目（全省唯一），连续三年蝉联全国健康城市建设样板市。创成全国市域社会治理现代化试点合格城市，群众安全感保持在99%以上。

一、大力推动经济高质量发展

全面落实国家、省稳增长一揽子政策。逐月调度、逐旬推进经济运行，及时出台“42+8”实施细则和“30条”增量措施，相继制定稳外贸“12条”、促消费“19条”、稳就业“21条”等专项政策。帮助企业稳经营、稳预期、稳信心，全年新增减税降费近110亿元，惠及各类经营主体20余万户，新增经营主体10.5万户、“四上”企业2752家。持续狠抓有效投入。强化重大项目全生命周期服务管理，及时解决用地、用能、融资等要素保障问题，阿特斯光储、纳力新材料等9个百亿级重特大项目开工建设，棒杰一期、三笑智能工厂等97个重大项目当年开工、当年投产。18个列省、485个市级重大项目投资完成率分别达170%、125%。不断激发消费潜能。打造“好地方·好生活”消费品牌，举办促消费活动500余场，发放惠民券超4500万元，新增品牌首店95家，新能源汽车、智能家电销售额同比分别增长98%、23%，入选一刻钟便民生活圈建设国家试点。邗江区入选全国首批县域商业领跑县（区）。

二、加快推进产业转型升级

聚焦制造强市建设。制定实施“1+6+N”行动方案，六大主导产业集群总产值达6400亿元，海工装备和高技术船舶、智能电网产业产值同比分别增长39%、20%。新增国家级专精特新“小巨人”企业26家、省专精特新中小企业219家。工业技改投资同比增长30.4%，增速居全省第一。实施智改数转网联项目2136个，新增国家智能制造示范工厂1家、智能制造优秀场景7个。扬州经开区全国排名大幅进位。建筑业总产值达5450亿元。加大项目招引力度。精心组织“烟花三月”国际经贸旅游节等活动，持续打响招商引资“百日会战”，新招引亿元以上产业项目734个，其中50亿元以上先进制造业项目6个。提升金融服务实体经济水平。本外币贷款余额同比增长20%，其中制造业贷款连续39个月保持两位数增长。举办中国科创投资峰会、“融汇扬州”系列融资对接活动，新设产业基金15只、总规模299亿元。实施“金扬帆”上市后备企业培育计划，设立深交所扬州基地，上市后备企业达180家。

三、不断增强创新发展动力

激发科技创新活力。建立科技创新工作例会制度，启动建设航空科技扬州实验室，布局设立域外创新中心11个。新招引科技型企业695家，新增省级创新型中小企业811家。组织实施产业前瞻与关键核心技术攻关、重大科技成果转化项目206个。推动教育赋能创新发展。扬州大学碳中和技术创新研究中心、种子创新研究院等建成投运。扬州职业大学入选教育强国推进工程储备院校清单，高邮湖校区开工建设。成立全国产教融合共同体3个，现代产业产教联合体入选省级培育名单。构建创新人才矩阵。举办“绿扬金凤”高层次人才创新创业大赛、宁扬青年人才协同发展推介会等系列活动，入选国家级引才计划47人、省“双创”人才（团队）25人（个）。设立“扬州工匠日”，举办产业工人节，新增高技能人才1.1万人。成立青年企业家人才服务中心，建成高品质人才公寓1.25万套、青年人才驿站14家。

四、坚定不移深化改革开放

不断打响“好地方·事好办”品牌。发布“免申即享”政策清单26条，打造“一贯到底”惠企政策直达服务平台。推行经营主体登记“同城通办通取”，建成政务服务“云勘验”平台、24小时智慧政务大厅3.0版。“信用+承诺”审批分级管理模式入选全国特色案例，“一企来办”机制全省推广。常态化实施“交地即发证”“拿地即开工”。设立“扬州企业家日”，增强企业家在扬州发展的荣誉感、获得感、归属感。江都入选全省首批民营经济高质量发展示范区培育地区。持续深化重点领域改革。优化国有经济布局，成立大数据集团、能源集团，9家市属国有企业资产总额、营业收入同比分别增长12%、10%。构建数字扬州建设“六位一体”新格局，开发智能化应用场景20个。积极扩大对外开放。举办第四届中德工业4.0暨全球采购大会、第十六届国际汽车轻量化大会。成功落户中亚（扬州）海外仓项目。新开通和加密各类航线21条，口岸外贸集装箱吞吐量突破20万标箱。落地首只QFLP基金。新招引世界500强及跨国公司项目6个，新设外资企业153家。新增国际友好交往城市2个。

五、切实加强区域协调发展

积极推动长江经济带建设。落实长江“十年禁渔”，完成省警示片披露问题整改，完成长江岸线利用项目19个，整治长江流域入河排污口281个。三江营入选省首批生态岛试验区建设试点。主动融入长三角一体化。开工建设宁盐高速、扬泰国际机场二期，京沪高速扬州段改扩建工程建成通车。扬泰国际机场年旅客吞吐量超320万人次，扬州东站年到发旅客突破千万人次。入选国家现代流通战略支点城市。牵头组建长三角航空产业创新联盟。落实对口支援协作合作任务，新霖飞（西宁）项目成为年度全省投资量最大的东西部合作项目。加快推动市域一体化。老淮江公路改扩建工程建成通车，345国道改扩建、扬子津路西延二期、京杭运河绿色现代航运综合整治等工程加快推进。新增市、县公交线路11条。全市城乡交通运输一体化发展水平达5A。推动公共服务均等化、普惠化，组建县域医共体15家，高邮通过国家学前教育普及普惠县创建实地督导评估。

六、深入实施乡村振兴战略

加快发展现代农业。新改建高标准农田24.5万亩，改造大中型灌区3处，粮食生产实现“二十连丰”。新增国家级农业龙头企业2家，绿色优质农产品比重达82%；9个品牌入选省农业精品培育名单，数量居全省第一。射阳湖镇、龙虬镇、马集镇入选首批国家农业产业强镇。大力建设和美乡村。整治农村人居环境突出问题3000多处。完成56个行政村“厕所革命”任务。农村生活污水治理率达56%，居苏中苏北第一。建成省级特色田园乡村15个、农村生态河道620公里。新改建农村公路280公里。仪征创成“四好农村路”全国示范县。积极推进富民强村。举办首届乡村休闲旅游节，农业电商销售额、休闲农业经营收入同比分别增长6.5%、9%，村级物流服务点覆盖率达90%。新增省级示范家庭农场22家。2个项目入选全省首批农村综合改革试点。

七、着力提升生态环境质量

扎实做好污染防治。高质量完成中央、省环保督察反馈问题年度整改任务。实施大气污染防治项目1300个，淘汰国Ⅲ及以下柴油货车1.2万辆。与淮安、滁州建立跨界河湖联保共治机制，省考以上断面水质优Ⅲ比例稳定在95.7%。开展扬农化工等地块土壤污染风险管控，重点建设用地安全利用率100%。推进绿色低碳转型。实施企业绿色化改造项目110个，创成国家级绿色工厂9家、省级17家。落实“双碳”战略，可再生能源装机占比达42%。新增绿色建筑850万平方米。编制氢能产业发展中长期规划，新建加氢站2座，开通氢能公交专线。加强生态保护修复。建成生态安全缓冲区7个。新增成片造林3492亩，修复湿地3250亩，建成幸福河湖100条。邵伯湖西湿地生态修复项目入选“中国山水工程”典型案例。瘦西湖入选全省“十佳生态环境治理改革创新案例”。“七河八岛”入选国家级森林康养试点基地。

八、统筹推进文化传承创新

不断深化大运河文化带建设。举办世界运河城市论坛，启动建设双宁运河世界遗产园和“十里外滩”项目，中国大运河原点公园开园，《志说运河十二景》《扬州通史》出版发行。十二圩“江上盐都”、南河下历史街区入选国家文化保护传承利用工程项目储备库。系统实施古城保护和有机更新。制定七大类16个配套“政策包”，有序推进皮市街、广陵路、小秦淮河等省级城市更新试点项目，修缮文保建筑15处，建成隋炀帝墓遗址公园，广陵“有盐”文化街区、文汇阁、马可·波罗纪念馆、淮扬菜博物馆全新开放。持续推进文旅融合发展。丰富拓展夜游、夜演、夜食等旅游新业态，东关街、运河·盂城驿创成国家级旅游休闲街区。提升全链条旅游服务保障水平，入选全国旅游公共服务优秀案例。城市书房获评全国全民阅读优秀项目。开展文化惠民活动2560场次。举办第十四届市运动会、鉴真半程马拉松赛。高质量承办全国乒乓球锦标赛决赛、首届东亚U20田径锦标赛。扬州健儿在成都大运会、杭州亚运会取得优异成绩。

九、用心用情办好民生实事

扎实做好就业和社会保障。建设充分就业示范社区75个，开展职业技能培训超5万人次。“五险”扩面净增11万人次。长期护理保险实现基本医保参保人员全覆盖。城乡低保标准提高至每人每月800元。在全省率先建立特困群体一体化服务保障工作机制。着力提升城市宜居品质。改造老旧小区249万平方米、棚户区1.2万套，新增保障性租赁住房2.7万套（间），市区征迁房屋320万平方米、历年结转项目清零，安置房权证办理遗留问题有效解决。新改建城镇供水管网305公里。实施城市精细化管理“红黑榜”制度，开展文明城市建设18类重难点问题攻坚，整治“飞线充电”小区151个，通过国家卫生城市复审。积极服务“一老一小”。入选第二批国家儿童友好城市建设名单、国家紧密型城市医疗集团建设试点。市妇女儿童医院开诊启用，市中医院新院区开工建设。新改扩建中小学、幼儿园15所，建设儿童友好学校25所。创成全国示范性老年友好型社区4个，完成30个颐养社区、2110户适老化改造，设立乡镇（街道）老年大学23所。

十、防范化解各类风险隐患

从严落实安全生产“十五条硬措施”。18个安全生产专委会实质化运作，生产安全事故起数、死亡人数同比分别下降14.5%、13.5%，扬州化工园获评“工业互联网+危化安全生产”全国十佳案例。切实防范化解重大风险。做好政府隐性债务化解，加强融资平台公司治理，持续开展融资“削峰行动”，超额完成年度化债任务，政府债务率保持在合理区间。推进社会矛盾纠纷多元化解“一站式”平台建设。深化信访积案攻坚化解，初信初访一次性化解率达96.5%。严打严防各类违法犯罪活动，刑事发案持续下降。“三格联动”防范非法金融活动工作机制、诉裁衔接工作经验在全省推广。

持之以恒加强政府自身建设。市人大常委会审议通过地方性法规5件，新制定政府规章1部。发布《法治政府建设白皮书》。认真抓好巡视、巡察、审计等发现问题整改。

第四章　淮安市经济社会发展情况

2023年，淮安全市上下坚持以习近平新时代中国特色社会主义思想为指导，全面贯彻落实党的二十大和二十届二中全会精神，对标落实习近平总书记对江苏工作重要讲话重要指示精神和对淮安殷切嘱托，以攀高比强的姿态全力跨越赶超，奋力推动经济运行率先整体好转，全市经济运行稳中有进、进中向好、好中提质，实现了现代化新征程良好开局。

第一节　经济发展基本情况

一、综合概况

经济总量再上台阶。初步核算，全年地区生产总值突破5000亿元，达5015.06亿元；按不变价格计算，比上年增长7.8%。2019—2023年淮安市地区生产总值及其增长速度见图2-4-1、地区生产总值和人口概况见表2-4-1。分产业看，第一产业增加值462.95亿元，增长3.3%；第二产业增加值2023.21亿元，增长5.8%；第三产业增加值2528.90亿元，增长10.3%。三次产业结构比例调整为9.2∶40.4∶50.4。2019—2023年淮安市三次产业结构比例见图2-4-2。人均地区生产总值110328元，按可比价格计算，增长8.1%，按当年平均汇率折算为15657美元。2023年淮安市辖各县（区）经济发展情况见图2-4-3。

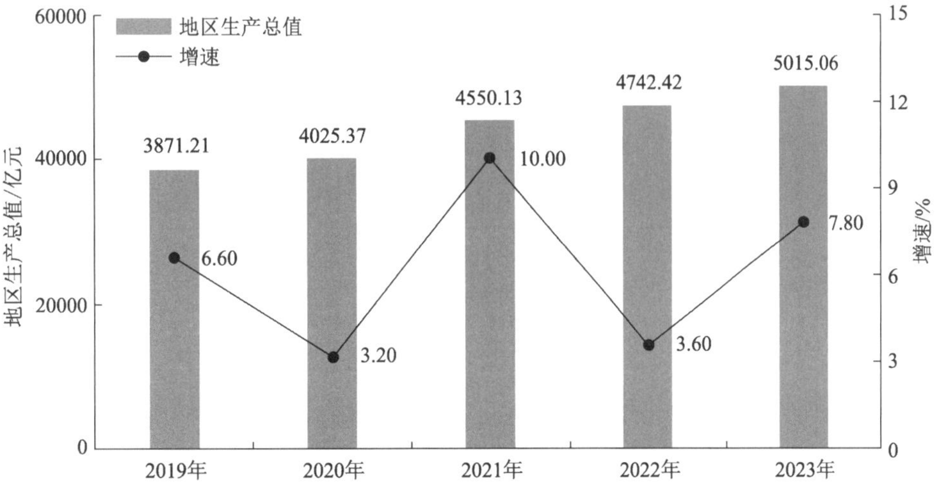

图2-4-1　2019—2023年淮安市地区生产总值及其增长速度

表 2-4-1　2019—2023 年淮安市地区生产总值和人口概况

指标	2019 年	2020 年	2021 年	2022 年	2023 年
地区生产总值/亿元	3871.21	4025.37	4550.13	4742.42	5015.06
地区生产总值可比价增速/%	6.60	3.20	10.00	3.60	7.80
常住人口/万人	464.09	455.92	456.22	455.31	453.80
人均地区生产总值/万元	8.34	8.83	9.97	10.42	11.03

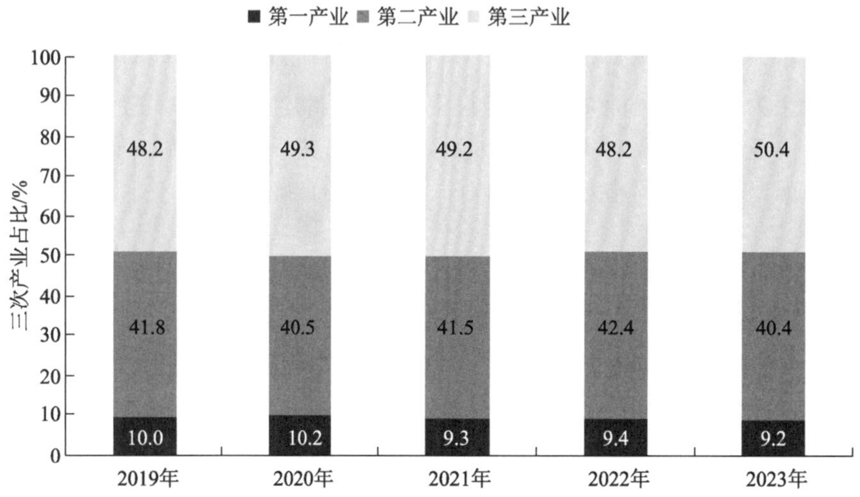

图 2-4-2　2019—2023 年淮安市三次产业结构比例

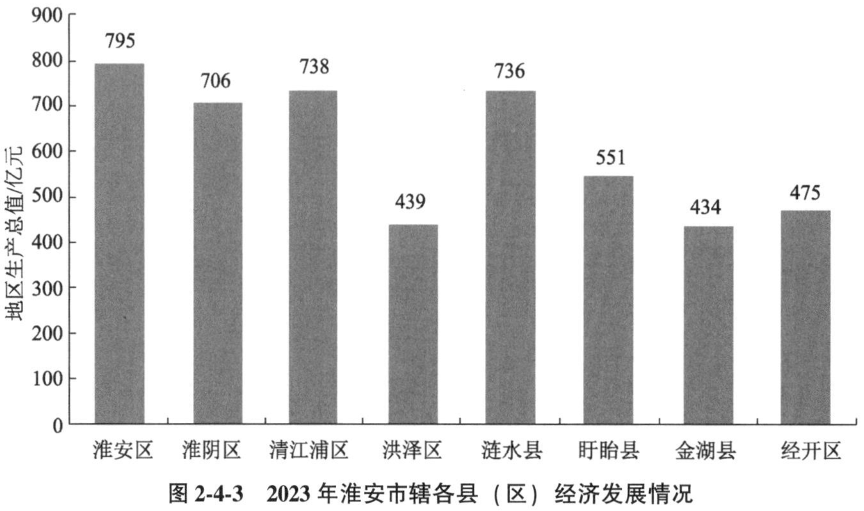

图 2-4-3　2023 年淮安市辖各县（区）经济发展情况

常住人口小幅减少。年末常住人口 453.80 万人，比上年减少 1.51 万人。其中，城镇常住人口 307.21 万人，常住人口城镇化率 67.70%。常住人口出生率 4.36‰，死亡率 8.54‰。年末户籍人口 547.31 万人，其中男性 280.71 万人，女性 266.60 万人。

就业创业保持稳定。全年城镇新增就业 6.58 万人，城镇失业人员再就业 4.03 万人，城乡就业困难人员就业 1.22 万人。完成补贴性职业技能培训 6.27 万人，支持成功自主创业 1.34 万人，扶持农民自主创业 0.62 万人，创业带动就业 2.75 万人。

消费价格温和上涨。全年居民消费价格比上年上涨 0.4%。分类别看，八大类价格指数“六升二降”。其中，食品烟酒类价格上涨 1.1%，衣着类价格上涨 3.6%，生活用品及服务类价格上涨

0.7%，教育文化和娱乐类价格上涨3.4%，医疗保健类价格上涨2.4%，其他用品及服务类价格上涨4.1%，居住类价格下降1.3%，交通和通信类价格下降3.2%。在食品烟酒价格中，猪肉价格下降8.7%，鲜菜价格上涨0.8%，粮食价格下降1.1%，鲜果价格上涨13.9%。2021—2023年淮安市居民消费和商品零售价格涨跌幅度见表2-4-2。

表2-4-2　2021—2023年淮安市居民消费和商品零售价格涨跌幅度

指标	2021年涨跌幅度/%	2022年涨跌幅度/%	2023年涨跌幅度/%
居民消费价格	1.2	1.9	0.4
# 食品烟酒	1.2	2.7	1.1
衣着	-1.8	1.7	3.6
居住	0.3	1.1	-1.3
生活用品及服务	1.1	2.3	0.7
交通和通信	3.6	3.1	-3.2
教育文化和娱乐	3.0	1.5	3.4
医疗保健	0.6	0.2	2.4
其他用品及服务	-2.4	1.7	4.1

二、农林牧渔业

2023年，粮食生产再获丰收。全年粮食种植面积1025.53万亩，比上年增加0.8万亩。粮食产量创历史新高，总产494.82万吨，增产1.89万吨，增长0.38%。其中，夏粮产量185.27万吨，增长0.03%；秋粮产量309.55万吨，增长0.59%。

牧业渔业平稳增长。年末生猪存栏157.57万头，比上年增长1.0%。生猪出栏261.40万头，增长4.5%。家禽出栏7691.01万只，增长0.9%。猪牛羊禽肉类产量34.14万吨，增长2.1%。水产品总产量33.05万吨，增长3.7%。2023年淮安市主要农产品产量情况见表2-4-3。

表2-4-3　2023年淮安市主要农产品产量情况

产品名称	产量/万吨	比上年增长/%
粮食	494.82	0.38
猪牛羊禽肉类	34.14	2.10
水产品	33.05	3.70

现代农业加速发展。新增优质稻米核心基地11.6万亩，新建和改造提升绿色蔬菜保供基地12607亩、高标准农田45.85万亩。盱眙县获批2023年度国家农业现代化示范区，淮阴区入围第四批国家农村产业融合发展示范园创建名单。累计建成8个国家级农业园区、7个国家级农业产业强镇，16个省级农业产业园区、5个省级农产品加工集中区。

三、工业和建筑业

工业生产稳中提质。全年规模以上工业增加值比上年增长6.2%。分行业看，电气机械和器材制造业、通用设备制造业等行业分别增长45.0%、25.7%，分别拉动全市规模以上工业增加值增长1.6个和0.8个百分点。实施制造业高质量发展行动，规模以上工业企业“新三样”产值增长51.9%，今世缘酒业、苏盐井神跨上百亿级，新增超50亿元企业3户，新增长点产值贡献增量超500亿元。

建筑业发展平稳。全年实现资质以上建筑业企业总产值1782.1亿元，比上年增长5.4%；新签合同额1508.6亿元，增长1.4%。建筑业企业房屋建筑施工面积 11611.8 万平方米，下降 15.9%，其中新开工面积 2563.8 万平方米，下降 23.7%。境外市场开拓取得新突破，以总承包形式承揽海外项目 8 个，中标价超 6.2 亿美元，增长 389.7%。年度全市建筑业企业共获国家级奖项 15 项，位列全国建筑业百强城市第 37 名。

四、固定资产投资和房地产业

2023 年，淮安市有效投资不断扩大。全年规模以上固定资产投资完成额比上年增长 10.4%。其中，工业投资增长 24.4%，拉动全部规模以上固定资产投资增长 13.5 个百分点。淮河入海水道二期工程、京沪高速公路淮安至江都段改扩建、淮安涟水国际机场航站区改扩建工程等重大基建项目有力推进，基础设施投资增长 96.7%。民间投资增长 7.9%，占全部投资比重为 80.6%。较好完成项目建设“1422”目标，新开工、新竣工亿元工业项目分别达 416 个和 286 个，11 个百亿级在建项目加速推进，其中 8 个首期竣工投产。

五、国内贸易

2023 年，淮安市消费市场平稳运行。全年实现社会消费品零售总额 1896.32 亿元，比上年增长 4.2%。分消费类型看，限额以上单位商品零售额 500.97 亿元，增长 0.3%；实现餐费收入 51.57 亿元，增长 17.5%。分商品类别看，基本生活消费保持平稳，限额以上单位粮油、食品类和服装、鞋帽、针纺织品类商品零售额分别增长 5.4%、5.7%；升级类消费需求加快释放，限额以上单位智能手机、新能源汽车类商品零售额分别增长 86.9%、111.8%。

六、交通、邮电和旅游业

2023 年，淮安市交通运能持续改善。交通运输恢复常态。全年完成公路货运量 0.54 亿吨、周转量 171.69 亿吨公里，分别比上年增长 10.2% 和 6.7%。水路货运量 0.69 亿吨、周转量 248.2 亿吨公里，分别增长 4.5% 和 7.6%。内河港口集装箱吞吐量 51.27 万标箱，增长 8.4%。铁路客运量 1555.40 万人次，增长 129.2%；铁路货运量 215.65 万吨，下降 8.5%。民用航空客运量 159.93 万人次，增长 97.8%；民用航空货邮运量 1.91 万吨，增长 24.0%。

2023 年，邮政业务快速增长。全年完成邮政业务总量 53.09 亿元，比上年增长 25.2%。邮政业务收入 41.65 亿元，增长 16.2%。其中，快递业务收入 29.28 亿元，增长 16.5%。完成快递业务量 4.31 亿件，增长 40.8%。其中，同城业务量 0.35 亿件，增长 23.5%；异地业务量 3.97 亿件，增长 42.6%。完成电信业务收入 48.59 亿元，增长 8.5%。年末移动电话用户 521.30 万户，增长 3.3%；固定电话用户 28.97 万户，下降 3.1%；固定互联网宽带接入用户 220.44 万户，增长 3.5%。

旅游业强劲复苏。全年实现旅游业总收入 512.59 亿元，比上年增长 104.9%。其中，国内旅游收入 510.21 亿元，增长 104.6%；旅游外汇收入 3449.11 万美元，增长 184.5%。接待境内外游客 4504.50 万人次，增长 85.4%。其中，国内游客 4502.60 万人次，增长 85.4%；入境过夜游客 1.91 万人次，增长 174.1%。全市共有国家 A 级及以上旅游景区 37 家，AAAAA 级景区 1 家，AAAA 级景区 21 家；星级旅游饭店 18 家；旅行社 147 家；持证导游 1607 人。

七、财政和金融

金融支持强劲有力。年末，金融机构本外币各项存款余额 6715.73 亿元，比上年末增长 15.1%。从存款主体看，住户存款余额 3326.86 亿元，增长 16.9%；企业存款余额 2201.38 亿元，增长 13.1%。金融机构本外币各项贷款余额 7637.46 亿元，增长 18.2%。其中，制造业贷款余额 541.49 亿元，增长 24.6%；涉农贷款余额 2740.92 亿元，增长 21.1%；普惠小微贷款余额 1229.31 亿元，增长 27.0%。2023 年淮安市金融机构本外币存贷款情况见表 2-4-4。

表 2-4-4　2023 年淮安市金融机构本外币存贷款情况

指标	绝对值/亿元	比年初增长/%
金融机构本外币存款余额	6715.73	15.1
# 住户存款	3326.86	16.9
企业存款	2201.38	13.1
金融机构本外币贷款余额	7637.46	18.2
# 制造业贷款	541.49	24.6
涉农贷款	2740.92	21.1
普惠小微贷款	1229.31	27.0

第二节　社会发展基本情况

一、科学技术和教育

2023 年，创新能力不断增强。全年新增专利授权量 8501 件，其中发明专利授权量 1463 件，比上年增长 33.6%。年末有效发明专利 6907 件，比上年末增加 1480 件，增长 27.3%。万人发明专利拥有量 15.17 件，增加 3.27 件，增长 27.5%。新获认定国家高新技术企业 312 家，年末有效期内高新技术企业 768 家。获批省级潜在独角兽企业 1 家。新建市级科技公共服务平台 3 家，市级重点实验室 11 家；新获批省级工程技术研究中心 6 个，新建市级工程技术研究中心 36 个。新引进 2 个全国重点实验室和 3 个省部级实验室。

人才队伍发展壮大。全市拥有专业技术人才 49.60 万人，当年新增 4.20 万人；高技能人才 22.07 万人，新增 1.15 万人。拥有享受国务院政府特殊津贴专家 120 名，省级突出贡献中青年专家 61 名。分别拥有国家级、省级技能大师工作室 1 个、11 个，国家级、省级高技能人才公共实训基地 2 个、6 个。拥有乡土人才传承示范基地 3 家和乡土人才示范工作室 8 家。

教育事业平稳发展。全市共有各级各类学校 920 所，比上年减少 40 所；在校学生 89.55 万人，比上年减少 3.20 万人；专任教师 6.45 万人，比上年减少 0.14 万人。其中，成规模幼儿园 457 所，在园幼儿 10.62 万人，教师 0.84 万人；小学 227 所，在校学生 33.95 万人，教师 2.26 万人；初中 167 所（含 40 所九年一贯制学校），在校学生 17.32 万人，教师 1.5 万人；普通高中 41 所，在校学生 10.64 万人，教师 0.99 万人；中等职业学校 13 所，在校学生 3.84 万人，教师 0.29 万人；高校 8 所，在校学生 13.07 万人，教师 0.55 万人；特殊教育学校 7 所，在校学生 0.11 万人，教师 0.02 万人。

二、文化、卫生和体育

2023 年，文化事业稳步推进。全市共有市级、县（区）级文化馆 8 个，公共图书馆 9 个（含少儿馆），美术馆 2 个，经省文物局备案的博物馆（纪念馆）14 个。镇（街道）文化站 95 个，行政村（社区）综合性文化服务中心覆盖率 100%，公共数字文化服务乡村覆盖率达 100%。广播和电视综合人口覆盖率均达 100%，全市有线数字电视有效用户数 45.66 万户。

卫生服务持续改善。全市共有各类卫生机构（不含村卫生室）1043 个，其中疾病预防控制机构 8 个，卫生监督机构 9 个，综合医院 44 个，专科医院 13 个，中医院 7 个，妇幼保健机构 8 个，卫生院 77 个，社区卫生服务中心（站）79 个。各类卫生机构实有病床 31805 张，其中医院 20050 张，卫生院 6989 张。卫生技术人员 3.91 万人，其中执业（助理）医师 15037 人，注册护士 18018 人；疾病预防控制机构卫生技术人员 572 人，卫生监督机构卫生技术人员 190 人，妇幼保健机构卫生技术人员 1969 人。

体育事业全面发展。全市共有体育场地数量 15120 片，总面积 1974.63 万平方米，人均体育场地面积达 4.34 平方米。新改扩建体育公园 3 个，新改扩建健身步道 50 公里。常住人口每千人拥有社会体育指导员达到 4.8 人，市国民体质监测合格以上人数达 93.5%，经常参加体育锻炼人数比例达 40.6%；城市“10 分钟体育健身圈”服务功能全面优化，行政村体育设施实现全覆盖。举办 2023 淮安马拉松、全国动力冲浪板联赛等各级各类赛事活动 200 余次。

三、人民生活和社会保障

2023 年，居民收入稳步增加。全体居民人均可支配收入 39058 元，比上年增长 6.4%。其中，工资性收入 21955 元，增长 6.5%；经营净收入 7680 元，增长 5.8%；财产净收入 2888 元，增长 1.5%；转移净收入 6535 元，增长 9.1%。按常住地分，城镇居民人均可支配收入 48498 元，增长 5.3%；农村居民人均可支配收入 25287 元，增长 8.0%。城乡居民收入比值为 1.92，较上年缩小 0.05。全体居民人均消费支出 22257 元，比上年增长 6.9%。按常住地分，城镇居民人均消费支出 26149 元，增长 5.5%；农村居民人均消费支出 16581 元，增长 9.2%。2019—2023 年淮安市全体居民人均可支配收入及其增长速度见图 2-4-4。

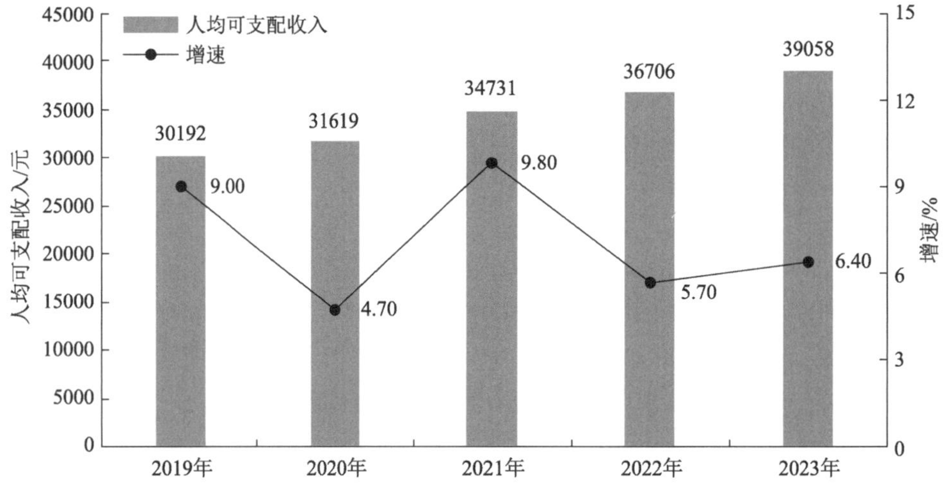

图 2-4-4 2019—2023 年淮安市全体居民人均可支配收入及其增长速度

社保体系不断完善。年末全市城乡居民基本养老保险参保人数 198.43 万人，比上年增加 0.43 万人。职工养老保险参保人数 121.31 万人，增加 3.67 万人。工伤保险参保职工人数 86.97 万人，增加 6.44 万人。失业保险参保人数 59.08 万人，增加 0.93 万人。城乡居民养老保险待遇领取人员养老金人均较 2022 年底上调 5.7%，企业退休人员养老金人均上调 4.6%。

四、资源、环境和安全生产

2023 年，淮安生态环境持续改善。水环境国考断面、省考断面优Ⅲ比例 93.0%；$PM_{2.5}$ 年平均浓度 36 微克/立方米，空气质量优良天数比例 81.3%。整治农村黑臭水体 15 条，新增农村生活污水治理行政村 103 个，农村生活污水治理率达 44.0%。危险废物处置能力 11.6 万吨/年，综合利用能力 92.64 万吨/年。

第三节 2023年主要工作

2023年，淮安坚持以习近平新时代中国特色社会主义思想为指导，全面贯彻党的二十大精神，对标落实习近平总书记对江苏工作重要讲话重要指示精神和对淮安殷切嘱托，以攀高比强的姿态全力跨越赶超，实现了现代化新征程良好开局。经济发展取得新成效，地区生产总值增速快于全省的势头不断巩固提升，全年增长7.8%、居全省第二。在可获取全省排名的19项主要经济指标中，有13项增幅进入全省前六，其中10项进入前三。项目攻坚实现新突破，平均每周新签约投资亿元以上产业项目16个、新开工10个、新竣工8个，规模以上工业投资首次突破千亿元、达1148亿元，增长24%、居全省第一。改革创新迸发新活力，12项工作被国家有关部委推广或列入全国试点，25项工作获省政府督查激励，均为近年来最多。乡村振兴迈出新步伐，粮食种植面积、产量均创历史新高，实现村级集体经济经营性收入50万元以下的行政村清零。民生福祉有了新改善，城镇新增就业6.6万人、失业人员再就业4万人，超额完成年度目标，全体居民、农村居民人均可支配收入增幅持续保持全省前列。安全发展得到新提升，创成全国市域社会治理现代化试点合格城市，安全生产形势平稳向好，事故发生数量全省最少。总体看，在深化践行总书记殷切嘱托10年再出发之年，发展成效鼓舞人心，发展动能更加强劲，全市上下凝心聚力、强势奋进的信心决心更加坚定。

一、经济运行在精准施策中率先回升向好

率先出台贯彻省“42条”“28条”实施细则，及时推出支持中小企业提信心稳增长、促进和扩大消费、推动外贸稳规模优结构等政策，确保直达快享，经济运行稳中有进、进中向好、好中提质。一般公共预算收入增长5.5%，服务业增加值增长10.3%。项目投资支撑有力，15个省重大项目、392个市重大产业项目分别完成年度投资计划的151%和115%，均提前2个月完成年度目标。规模以上固定资产投资增长10.4%，增幅居全省第二；基础设施投资增长96.7%，增幅居全省第一。102个专项债项目获批资金需求80.9亿元，增长32%。扎实开展驻企服务、助企纾困行动，办理减税降费及留抵退税60.9亿元，制造业、普惠小微贷款分别增长24.6%和27%，高于各项贷款平均增速6.4个和8.9个百分点。企业运行持续向好，工业用电量增长17.9%，增幅居全省第三；工业税收增长11.9%，占比46.5%。建筑业居全国百强市第37位。外贸进出口增长27.1%，增幅居全省前列，居全国外贸百强市第66位。旅游业总收入增长104.9%，西游乐园、淮安方特接待游客分别超200万和120万人次，清晏园创成国家AAAA级旅游景区。

二、工业强市在项目攻坚中厚积强劲动能

全面完成项目招引“4633”目标，新签约亿元以上项目810个，协议引资额4080亿元，其中亿元以上工业项目602个，50亿元以上项目32个，百亿级项目5个。较好完成项目建设“1422”目标，新开工、新竣工亿元工业项目分别达416个和286个，较上年分别增长32.5%和43%；11个百亿级在建项目加速推进，其中8个首期竣工投产。坚持要素跟着项目走，统筹4000亩挂钩指标用于重大项目保障，编制22宗500亩以上集中连片工业储备用地，搭建可转移能耗指标交易平台，建立市、县（区）排污总量指标二级储备库。实施制造业高质量发展行动，“新三样”规模以上企业产值同比增长51.9%，今世缘酒业、苏盐井神跨上百亿级，新增超50亿元企业3户，新增长点贡献产值增量超500亿元。新增国家级专精特新企业11户，新增数量接近历年总和；新增省两化融合贯标示范企业4户，新增数量居苏北第一。经开区入选国家级绿色工业园区，金湖创成全省首家省级仪器仪表产业园，工业园区通过省级化工园区认定复核。

三、创新能力在产才融合中实现快速提升

着力提升国家大学科技园运营质态，成立东

南大学国家技术转移淮安分中心，建成南京理工大学盱眙产学研合作基地，新引进 2 个全国重点实验室和 3 个省部级实验室。全社会研发支出占地区生产总值比重 2.02%，新获批国家高新企业 312 户，为历年最多；高新技术产业产值占比达 31.9%，提升 2.8 个百分点。有效发明专利量、万人发明专利拥有量均增长 26.6%，增幅均居全省第四，技术合同成交额增长 15.4%。引进培育高层次领军人才 153 名、团队 37 个，分别增加 47 名和 13 个，13 人入选国家重大人才工程，取得历史性突破，驻淮高校毕业生留淮人数增长 19.4%。数字淮安建设步伐加快，市县一体化数据共享交换平台上线运行，城市运行“一网统管”纵深推进，“i 淮安”系列应用获评数字中国建设十佳数字普惠案例。

四、改革开放在高效协同中充分释放活力

持续深化“四最”营商环境集成改革，实行项目服务评价“一事肯定”“一事否定”，建立市级机关挂钩县区营商服务专员、行政审批“不同意”事项报备等制度，工程建设项目全流程审批用时全省最优；拿地即开工项目 236 个，实现翻番，项目占比居全省第一。推出财政奖补集成服务 3.0 版，“淮上关爱一件事”办理事项数量居全省第一，在全省率先实现不动产登记同市同标、全市通办，创新开展“个转企+证照联办”，全面推行包容审慎监管，民营企业营商环境评价满意度居全省第三，城市信用状况月度监测首次进入全国地级市前十、位居第四。深化开发园区“1+*N*”体制机制改革，招商体制和人事薪酬制度改革扎实推进，全市区域评估成果应用数量位居全省前列。入选中央财政支持普惠金融发展示范区，搭建全省首个国企融资交易服务平台，获评工信部“金融科技创新应用优秀案例”。国企信用主体评级取得历史性突破，国联集团、城发集团实现 AAA 级，4 家县区国企获评 AA+。经济发达镇改革在省首轮考评中取得优异成绩，持续深化农村土地“三权”分置改革，开展农业设施所有权确权登记和抵押贷款试点。开放合作水平持续提高，宁淮智能制造产业园新签约项目 20 个、新竣工投产 8 个；淮昆台资合作产业园项目加速集聚，全市新签约总投资千万美元以上台资项目 49 个，协议利用台资 11.4 亿美元，分别居全省第一和第二。交通枢纽地位持续巩固，入选国家综合货运枢纽补链强链支持城市、全国综合型流通支点城市，宁淮城际铁路加快施工；淮安机场货邮运量增长 24%，三期工程全面开工；淮河入海水道二期淮安段先导工程完工，铁水联运量为上年的 4.4 倍，港口集装箱吞吐量增长 8.4%；完成京沪高速扩建，环洪泽湖公路全线贯通。

五、城乡面貌在融合发展中加快优化提升

《淮安市国土空间总体规划（2021—2035 年）》获省政府正式批复，“三级三类”国土空间规划体系初步构建。中心城市功能品质进一步提升，实施十大类 182 个中心城市重点项目，新开工棚户区改造 1.2 万余套，改造老旧小区 206 个，启动城市生命线安全工程，系统谋划推进“8・27”强降雨中暴露出的 51 个积涝点整治。累计化解“问题楼盘”175 个，化解率 92.6%，惠及 8.8 万户；化解超期过渡安置 2.6 万余套，化解率 83%，惠及 1.6 万户。房票工作经验在全省推广，住房公积金贷款增幅居全省首位。高水平文明城市建设全面推进，精细落实城市长效综合管理“六化”“四高”要求，顺利通过国家卫生城市第五轮复审，城市公共空间更加清朗有序。深入学习运用“千万工程”经验，大力实施以淮阴区为重点的“三级先导”工程，全市域推开乡村公共空间治理，实施 322 个乡村建设项目，绿色优质农产品占比超 75%，获评“中国生态籼米之乡”；盱眙获批创建国家农业现代化示范区。

六、生态环境在系统治理中不断夯实根基

实施 132 个生态环境基础设施建设项目，全面完成第二轮中央生态环境保护督察反馈问题、国家长江经济带生态环境警示片披露问题年度整改任务，提请市人大常委会审议通过《淮安市餐厨垃圾管理条例》和《淮安市市容管理条例（修正案）》。深入开展秋冬季空气质量改善六大行动、生态碧水三年行动、“散乱污低”企业专项整治、城镇污水处理提质增效等工作。$PM_{2.5}$ 年平均浓度 36 微克/立方米，改善幅度居全省第二；臭氧浓度全省最优，在全省设区市中唯一达到国家二级标准。57 个国考断面、省考断面优Ⅲ比例 93%，超

额完成省定目标；城市生活污水集中收集处理率62%，提升6.8个百分点。实施节能减排技改项目113个，新增国家级绿色工厂6家、数量居苏北第一。创成省生态园林城市，建成幸福河湖83条，生态质量指数连续三年居全省第一；公众生态环境满意率93.4%，居苏北第一。

七、群众生活在惠民利民中得到持续改善

全面完成十大类55项民生实事。城镇职工和城乡居民基础养老金、最低生活保障、孤儿基本生活费补贴等标准进一步提高，“一户一策”困境妇女儿童家庭精准微关爱项目实现县区全覆盖。发放各类救助保障资金12.8亿元，惠及67万人次。以县中振兴为引领谋划推进全市教育高质量发展，出台关爱激励教师等系列政策，14所重点县域高中一本达线率平均提高9.6个百分点。深入落实习近平总书记给新安小学少先队员重要回信精神，坚定培养拥有“四个自信”的孩子；《新安旅行团》被评为中国儿童戏剧节优秀展演剧目，获总书记肯定。成立全省首家中华职业教育社市级组织。入选全国紧密型城市医疗集团建设试点城市、国家医保经办服务标准化试点城市，实施职工医保门诊共济、长期护理保险等制度，提档升级15个农村医疗卫生中心，医保综合工作考评居全省第一，三级公立医院绩效考核居全省第二。基层院团涟水现象获全国推介，创成省书香城市建设示范市。成功举办全国蹦床冠军赛等高水平赛事，在杭州亚运会上取得全省第五良好成绩。

八、社会大局在治理创新中保持和谐稳定

深入开展安全生产专项整治巩固提升年等“四个年”行动，在全省率先实现镇街安全生产综合监督机构全覆盖，生产安全事故起数、死亡人数在上年度数量全省最少基础上又分别下降14.1%和14.3%。全面完成政府性债务化解年度目标，经营性债务综合融资成本在上年大幅下降基础上再降0.38个百分点。深化平安淮安建设，创新打造大型活动“数智安保”模式、“壹警办”公安政务服务体系，反诈预警劝阻成效居全省第二。积极妥善化解信访突出问题，信访标准化高分通过全国试点验收。12345热线综合服务质量获评全国A+等级，为全省唯一。仲裁服务领域不断拓展延伸。“八五”普法顺利通过省中期评估。全面推行获证食品主体包保制度。深化产业工人队伍建设改革。扎实推进“五经普”工作。完成国防动员体制改革，全面落实“双拥”政策。其他各项事业实现新发展。

始终把政治建设摆在首位，坚定不移推进政府系统全面从严治党，持续深化法治政府建设，在实干实效、改革创新中形成干的合力，努力让发展质效上去、风险隐患下降、民生温度上升、社会矛盾下降。

第五章　芜湖市经济社会发展情况

2023年，面对复杂严峻的外部环境和多重风险挑战，芜湖市上下坚持以习近平新时代中国特色社会主义思想为指导，认真贯彻落实党中央、国务院决策部署及省委、省政府工作要求，坚持稳中求进工作总基调，完整、准确、全面贯彻新发展理念，真抓实干、攻坚克难，全市经济运行保持了稳健向好的发展态势。

第一节　经济发展基本情况

一、综合概况

初步核算，全年全市实现地区生产总值4741.07亿元，比上年增长5.7%。2019—2023年芜湖市地区生产总值及其增长速度见图2-5-1、地区生产总值和人口概况见表2-5-1。其中，第一产业增加值182.99亿元，增长4.1%；第二产业增加值2181.22亿元，增长5.9%；第三产业增加值2376.86亿元，增长5.6%。工业增加值1722.11亿元，增长5.9%。三次产业结构比例由上年的4.0：46.3：49.7调整为3.9：46.0：50.1。2019—2023年芜湖市三次产业结构比例见图2-5-2。按常住人口计算，人均地区生产总值126648元（折合17973美元），比上年增加5018元。2023年芜湖市辖各县（市、区）经济发展情况见图2-5-3。

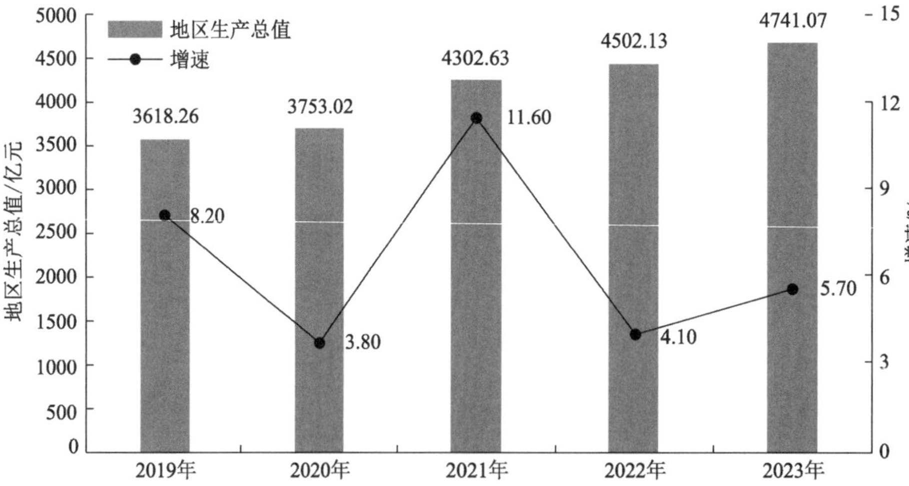

图2-5-1　2019—2023年芜湖市地区生产总值及其增长速度

表 2-5-1　2019—2023 年芜湖市地区生产总值和人口概况

指标	2019 年	2020 年	2021 年	2022 年	2023 年
地区生产总值/亿元	3618.26	3753.02	4302.63	4502.13	4741.07
地区生产总值可比价增速/%	8.20	3.80	11.60	4.10	5.70
常住人口/万人	377.80	364.60	367.20	373.10	375.60
人均地区生产总值/万元	9.62	10.29	11.72	12.16	12.66

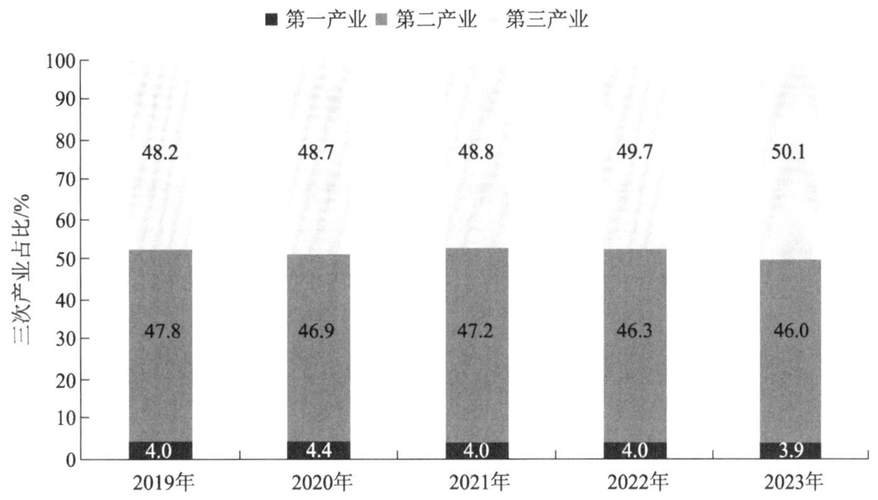

图 2-5-2　2019—2023 年芜湖市三次产业结构比例

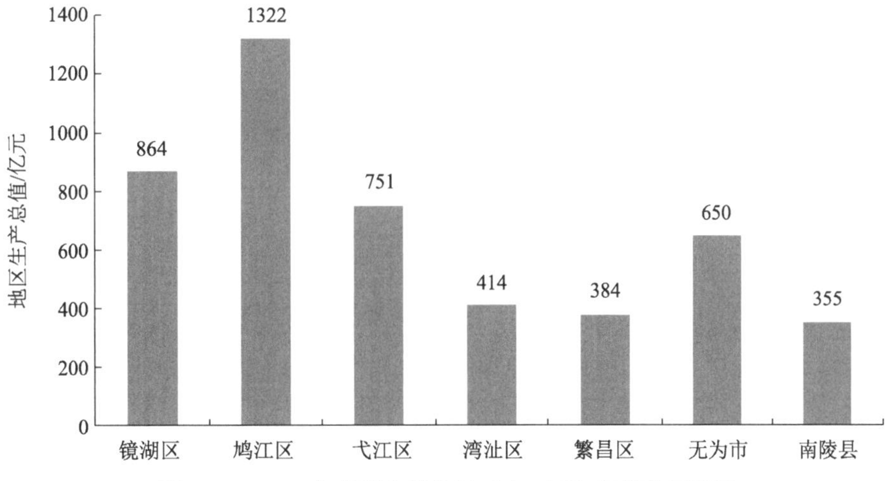

图 2-5-3　2023 年芜湖市辖各县（市、区）经济发展情况

年末全市常住人口 375.6 万人，比上年末增加 2.5 万人；常住人口城镇化率为 74.46%，提高 0.91 个百分点。

全年新增城镇就业人员 7.6 万人，其中失业人员再就业 2.43 万人。

全年居民消费价格比上年上涨 0.3%，其中，食品烟酒价格上涨 1.1%。

新兴动能不断增强。规模以上工业中，高技术制造业增加值比上年增长 19.1%，占规模以上工业增加值比重为 11.9%。高技术产业投资增长 40.3%，其中高技术制造业投资增长 28.0%。

二、农林牧渔业

2023 年全年粮食种植面积 223.6 千公顷，油料种植面积 42.0 千公顷。粮食产量 141.6 万吨，比上年增长 1.4%；油料产量 11.5 万吨，增长

15.5%；棉花产量0.3万吨，下降9.9%；蔬菜产量184.7万吨，增长3.2%；肉类产量19.2万吨，增长3.9%；水产品产量19.1万吨，增长3.8%。2023年芜湖市主要农产品产量情况见表2-5-2。

表2-5-2　2023年芜湖市主要农产品产量情况

产品名称	产量/万吨	比上年增长/%
粮食	141.6	1.4
油料	11.5	15.5
棉花	0.3	-9.9
烤烟	0.569	3.8
茶叶	0.264	-1.1
水果	20.3	1.2
蔬菜	184.7	3.2
肉类	19.2	3.9
水产品	19.1	3.8

当年完成造林面积868.3公顷。年末，全市拥有绿色食品认证361个，有机农产品认证64个，农产品地理标志10个。年末拥有省级及以上农业产业化龙头企业88家。拥有农业机械总动力239.04万千瓦，农用拖拉机4.82万台。

三、工业和建筑业

全年规模以上工业企业实现增加值比上年增长6.5%。其中，国有企业占规模以上工业比重为15.2%（以下简称占比），增加值增长6.7%；股份制企业占比67.3%，增加值增长4.9%；外商及港澳台商投资企业占比17.4%，增加值增长13.5%。工业产品销售率达到100.3%。

规模以上工业主要产品产量：汽车120.24万辆，增长10.7%；空调1622.05万台，下降4.1%；工业机器人13772套，增长64.8%；服务机器人1683套，增长321.8%；平板玻璃2276.16万重量箱，增长2.0%；水泥1915.35万吨，下降0.5%；钢材533.22万吨，增长3.9%；铜材27.71万吨，增长31.8%。2023年芜湖市主要工业产品产量情况见表2-5-3。

表2-5-3　2023年芜湖市主要工业产品产量情况

产品名称	计量单位	绝对数	比上年增长/%
卷烟	亿支	329.64	0.6
服装	万件	8841.26	-24.0
橡胶轮胎外胎	万条	529.78	16.8
水泥	万吨	1915.35	-0.5
平板玻璃	万重量箱	2276.16	2.0
钢材	万吨	533.22	3.9
铜合金	万吨	65.85	45.7
铜材	万吨	27.71	31.8
汽车用发动机	万千瓦	11381.08	61.6
制冷设备用压缩机	万台	6879.79	10.8
模具	套	13320.00	-1.9
工业机器人	套	13772.00	64.8

续表

产品名称	计量单位	绝对数	比上年增长/%
服务机器人	套	1683.00	321.8
汽车	万辆	120.24	10.7
基本型乘用车（轿车）	万辆	24.13	99.6
运动型多用途乘用车（SUV）	万辆	86.21	16.1
新能源汽车	万辆	11.60	-47.6
城市轨道车辆	辆	172.00	-23.2
民用钢质船舶	万载重吨	52.80	54.8
电动机	万千瓦	236.42	7.2
高压开关设备	台	13966.00	6.6
电力电缆	万千米	47.22	-20.2
锂离子电池	万只（自然只）	2490.91	-55.0
房间空气调节器	万台	1622.05	-4.1
发电量	亿千瓦小时	252.30	6.8
自来水生产量	万立方米	27941.42	3.6

全年规模以上工业企业利润448.94亿元，比上年增长24.7%。全年规模以上工业企业每百元营业收入中的成本为84.5元，比上年下降0.9元；营业收入利润率为6.2%，提高0.3个百分点。

全年建筑业增加值477.20亿元，比上年增长5.7%。房屋建筑施工面积8867万平方米，比上年增加5572万平方米；房屋建筑竣工面积1470万平方米，比上年增加93万平方米。

四、固定资产投资和房地产业

2023年，全年完成固定资产投资（不含农户）比上年下降0.7%。分产业看，第一产业投资增长3.9%，第二产业投资增长7.3%，第三产业投资下降6.2%。工业投资增长7.6%，其中制造业投资增长2.8%。基础设施投资增长7.4%。民间投资下降8.8%。芜合高速改扩建工程、皖江学院新校区、比亚迪新能源动力电池长三角制造中心二期等项目竣工。

全年房地产开发投资下降25.2%。商品房销售面积下降37.0%，商品房销售额下降34.9%。

五、国内贸易

2023全年实现社会消费品零售总额2091.77亿元，比上年增长4.8%。按经营地统计，城镇零售额1865.39亿元，增长4.6%；乡村零售额226.38亿元，增长7.0%。按消费类型统计，商品零售额1861.61亿元，增长4.9%；餐饮收入230.16亿元，增长4.7%。

全年限额以上单位商品零售额中，粮油、食品类零售额比上年增长9.8%，服装、鞋帽、针纺织品类增长14.6%，日用品类增长24.4%，化妆品类增长30.1%，金银珠宝类增长12.8%，体育娱乐用品类增长306%，家用电器和音像器材类增长8.4%，汽车类增长3.9%，石油及制品类增长6.5%。

六、交通、邮电和旅游业

2023年，全年公路客运量628万人，比上年增长7.0%；公路货运量11471万吨，增长6.1%。铁路旅客发送量1491.97万人，增长111.2%；铁路货运发送量276.5万吨，下降11.5%。水路货运量2.7亿吨，增长11.5%。港口货物吞吐量1.4亿吨，增长5.2%，其中，外贸货物吞吐量545万吨，增长23.3%；港口集装箱吞吐量142万标准箱，增长13.4%。

年末民用汽车拥有量73.92万辆，比上年增长

5.9%，其中私人汽车拥有量69.14万辆，增长6.2%。民用船舶拥有量4009艘。公路里程11317公里，其中等级公路11317公里。在等级公路中，高速公路328公里，一级公路427公里，二级公路662公里。

年末本地固定电话用户29.72万户，比上年减少4.77万户；移动电话用户435.7万户，增加5.61万户。年末计算机互联网用户达到207.65万户，新增22.29万户。

2023年，全年全市共接待国内游客7189.75万人次，实现国内旅游收入899.83亿元。年末共有旅行社127家；星级饭店25家，其中五星级1家，四星级10家，三星级14家；A级及以上旅游景点（区）35处，其中AAAA级及以上11处，AAAAA级景区1处。

全年批发和零售业增加值562.06亿元，比上年增长9.1%；交通运输、仓储和邮政业增加值238.81亿元，增长4.0%；住宿和餐饮业增加值83.12亿元，增长6.3%；金融业增加值217.70亿元，增长10.4%；房地产业增加值222.11亿元，下降5.4%。全年规模以上服务业企业营业收入增长15.4%，其中以互联网信息技术、商务服务等新兴行业为代表的其他营利性服务业营业收入增长17.1%。

七、财政和金融

2023年，全年实现一般公共预算收入414.28亿元，比上年增长6.6%。全年完成一般公共预算支出619.25亿元，增长6.2%。其中，社会保障和就业支出89.24亿元，增长20.6%；教育支出95.74亿元，增长7.6%；科学技术支出78.18亿元，增长7.0%；农林水事务支出49.16亿元，增长4.0%；卫生健康支出54.39亿元，增长2.1%；住房保障支出20.26亿元，增长13.8%。2023年芜湖市一般公共预算收支分项情况见表2-5-4。

表2-5-4　2023年芜湖市一般公共预算收支分项情况

指标	绝对值/亿元	比年初增长/%
一般公共预算收入	414.28	6.6
一般公共预算支出	619.25	6.2
# 教育	95.74	7.6
科技	78.18	7.0
社会保障和就业	89.24	20.6
卫生健康	54.39	2.1
农林水事务	49.16	4.0
住房保障	20.26	13.8

年末金融机构本外币存款余额6740.07亿元，比年初增加891.64亿元，增长15.2%。金融机构本外币贷款余额6078.53亿元，比年初增加793.29亿元，增长15.0%。2023年芜湖市金融机构存贷款情况见表2-5-5。

表2-5-5　2023年芜湖市金融机构存贷款情况

指标	绝对值/亿元	比年初增长/%
金融机构本外币存款余额	6740.07	15.2
金融机构本外币贷款余额	6078.53	15.0

全年全市保费收入98.63亿元，比上年增长9.0%。其中，人身险60.64亿元，增长10.8%；财产险37.99亿元，增长6.1%。赔款及给付支出36.57亿元。其中，人身险12.57亿元，财产险23.80亿元。

第二节　社会发展基本情况

一、科学技术和教育

2023年末全市拥有普通高等院校10所，各类中等职业教育学校（不含技工学校）14所，普通高中46所。初中164所，初中阶段适龄人口入学率100%。小学224所，小学学龄儿童入学率100%。

年末全市拥有省级及以上工程技术研究中心40个；省级及以上重点（工程）实验室26个；省级及以上质检中心5个，其中国家级3个。拥有院士工作站10个。拥有高新技术企业2006家，其中当年新认定438家；省级高新技术产品1471个，其中当年新认定310个。

全年组织实施市级以上科技项目486项，其中国家级83项；全年获省级以上科技奖37项。

二、文化、卫生和体育

2023年末全市拥有国有艺术表演团体1个，文化馆9个，公共图书馆10个。全国重点文物保护单位13处，省级文物保护单位32处。列入国家级非物质文化遗产名录3项，省级名录30项。

2023年末全市拥有广播电台5座，电视台5座，广播综合人口覆盖率和电视综合人口覆盖率均达到99.99%，数字电视用户32.17万户。拥有综合档案馆8个，向社会开放档案数20.18万件。

2023年末全市拥有各类卫生机构1813个，其中，医院86所，基层医疗卫生机构970所（不含村卫生室），专业公共卫生机构34所。基层医疗卫生机构中，社区卫生服务中心（站）146所，乡镇卫生院52所，门诊部162所，诊所、卫生所和医务室610所。专业公共卫生机构中，疾病预防控制中心10所，卫生监督机构9所，妇幼保健机构9所。卫生机构拥有床位27345张，其中医院23189张。卫生技术人员30127人，其中执业（助理）医生12061人，注册护士14301人。

全市举办各级各类全民健身活动448次，参加活动人员60万人次。全年全市新建健身步道109公里，全民健身设施场地409个。全市共有体育场地11939个，人均场地面积2.90平方米。销售体育彩票约12.07亿元。

三、人民生活和社会保障

2023年，全年全市居民人均可支配收入46022元，比上年增长6.7%。按常住地分，城镇常住居民人均可支配收入54189元，增长5.3%。人均消费支出30511元，增长3.5%。城镇居民恩格尔系数为31.4%。人均住房建筑面积39平方米。全年农村常住居民人均可支配收入31517元，增长7.9%。人均消费支出19945元，增长4.5%。农村居民恩格尔系数为35.5%。人均住房建筑面积43平方米。2019—2023年芜湖市全体居民人均可支配收入及其增长速度见图2-5-4。

年末全市参加城镇职工基本养老保险人数为154.97万人。城乡居民基本养老保险参加人数为154.4万人。失业保险参加人数为64.86万人。参加基本医疗保险人数为367.85万人，参加工伤保险人数为82.16万人，参加生育保险人数为67.28万人（医保）。年末2.77万人享受城市居民最低生活保障，6.18万人享受农村居民最低生活保障，农村特困供养对象1.25万人。

年末全市拥有各类福利机构154个，床位1.64万张，收养各类人员0.76万人。全年销售社会福利彩票5.07亿元，筹集社会福利资金5593万元。

四、资源、环境和安全生产

2023年末，全市共有省、市、县级生态环境监测机构3个。全市$PM_{2.5}$年平均浓度为34微克/立方米，连续四年达到国家二级标准。市区环境空气质量优良天数为304天，空气质量优良天数比例为83.3%。

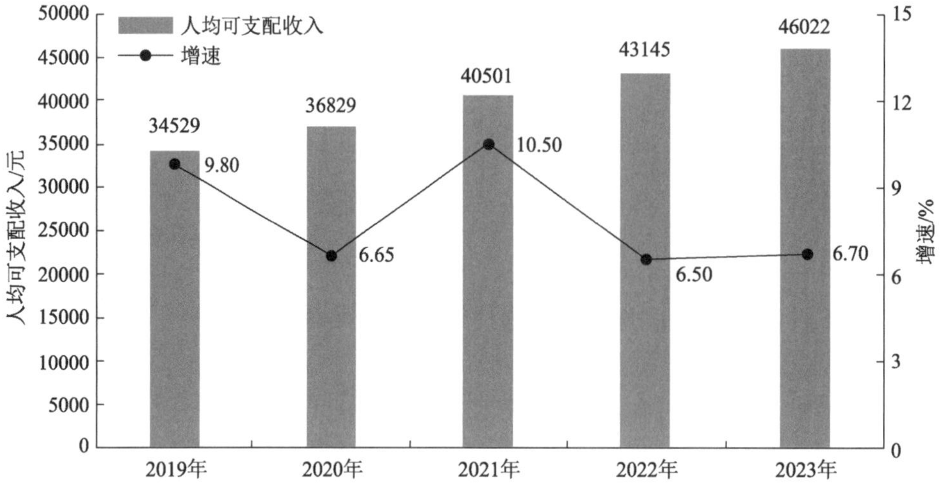

图 2-5-4　2019—2023 年芜湖市全体居民人均可支配收入及其增长速度

第三节　2023 年主要工作

2023 年，是全面贯彻党的二十大精神的开局之年，是三年新冠疫情防控转段后经济恢复发展的一年。芜湖市政府在省委、省政府和市委的正确领导下，在市人大、市政协的监督支持下，团结依靠全市人民，推动思想大解放、环境大优化、能力大提升、作风大转变、任务大落实，拼出了承压奋进的良好发展态势。全市实现地区生产总值 4741.07 亿元（初步核算，下同），同比增长 5.7%；一般公共预算收入 414.28 亿元，增长 6.6%；社会消费品零售总额 2091.77 亿元，增长 4.8%；居民人均可支配收入增长 6.7%。产业数字化建设等 4 项工作获国务院督查激励，零基预算改革等 3 项工作获中央改革办全国推介。

一、首位产业引领发展

出台首位产业集群行动计划，集聚“整车—零部件—后市场”规模以上企业 814 家、整车企业 10 家，汽车产业营业收入突破 3000 亿元，增长 36%，增加值占工业增加值比重达 27%、提高 4.5 个百分点。奇瑞汽车销量突破 188 万辆、出口 93 万辆，分别增长 53%和 101%，与华为合作的首款轿车智界 S7 成功上市。战略性新兴产业产值增长 13%，占规模以上工业比重提高 3 个百分点。持续实施规模以上企业三年递增行动，新增规模以上工业企业 318 家，居全省第二。“四上”企业应税收入增长 17.3%，其中规模以上工业企业应税收入增长 18.5%。制定实施芜湖数据中心集群起步区总体建设规划和项目建设指南。华为云华东数据中心一期江北项目调试运行，云安全项目入选全国一体化大数据中心体系建设示范工程；长三角（芜湖）智算中心建成投用，芜湖集群算力调度与公共服务平台上线运行。建筑业产值突破千亿元。无为市特种电缆产业集群、湾沚区通航装备制造产业集群获批工信部中小企业特色产业集群。海螺集团入选国务院国资委“创建世界一流示范企业”名单。海行云平台入选国家级双跨型工业互联网平台。

二、“双招双引”更加聚焦

围绕十大新兴产业 25 个优势细分领域，精准开展“敲门行动”，举办“投资芜湖行”系列活动，新签约亿元以上项目 713 个，滨江文旅产业新区、中国联通长三角（芜湖）算力中心等一批重点项目签约落地；一体推进招商引资项目开工、建设、投产，新开工亿元以上项目 332 个，天宸能科、比亚迪新能源汽车零部件等优势产业链项目开工建设，天马微电子等重点项目建成投产。赴欧洲、日韩、东南亚开展外资项目招引，实际利用外资增长10%，法国佛瑞亚座椅、日本彩色光刻胶等项目顺利签约。常态化开展“百校大宣讲”，举办紫云英人才日、金秋人才周等活动，启动新一轮万名大学生城市体验活动，新招引大学生8.8万人，引进领军人才393人、高端人才2724人。

三、投资消费支撑明显

充分发挥政府投资撬动作用，争取中央预算内投资、地方专项债等资金近225亿元，1315个项目纳入省重点项目库，凤鸣研创中心等重点项目开工建设，皖江学院新校区一期投入使用。交通设施投资增长70%，创历史新高；沪武高速无为至岳西段等一批重大交通设施建成投用。在全省率先出台促进民间投资行动方案，民间投资占固定资产投资比重达63%。规模以上服务业企业营业收入增长14.8%，新增限额以上商贸单位986家，商务服务业营业收入增长32%。开展“徽动消费·生活芜优”系列促消费活动，丰富夜间经济业态，发放消费券2.3亿元，带动消费超36亿元。芜湖古城入选国家级旅游休闲街区。新增AAA级景区5家、国家级旅游民宿9家。

四、“产业+科创”迈出新步伐

组建芜湖市创新委员会，建成芜湖科技大市场，企业技术合同成交额首次突破千亿元。壮大科创型企业队伍，新引进高层次科技人才团队95个，国家高新技术企业、科技型中小企业分别突破2000家和3000家。新增国家级专精特新“小巨人”企业27家，占全省21%。推动规模以上企业研发“双清零”，270家规模以上工业企业实现零的突破。工商银行在芜设立首个非省会城市总行级科创中心。实施“赤铸之光”重大科技项目20项。新认定首台套产品31个、首批次新材料4项、首版次软件10个。湾谷科技园等5个创新园区投入使用，建成80个市级创业孵化基地，在孵企业2000余家。与合肥工业大学共建产业共性技术研究院，启动运营皖南医学院脑科学研究院、国家航空产业知识产权运营中心。新增国家企业技术中心2家、产业创新中心1家。安徽创新中心全面运营，海归人才等10个项目签约。获批高水平新型研发机构、产业创新研究院数量分别占全省36%和22%。国营芜湖机械厂一项发明首获中国专利金奖。“芜湖造”通用航空发动机填补国内自主研发空白。全社会研发投入占地区生产总值比重提高至3.76%，城市创新能力跃居全国第26位。无为市入选全国创新型县（市）建设名单。

五、融入长三角取得务实成果

全力推进与上海核心发展区域的深度链接，长三角G60科创走廊芜湖产业创新中心二期开工建设，集聚企业20家，招引高端人才近百人。沪苏浙在芜投资亿元以上项目416个，实际到位资金占省外投资总量近57%；吸纳沪苏浙高校院所技术合同成交额近1.7亿元，同比增长1.5倍。宁芜高速改扩建等工程建成通车。“长三角政务地图”上线高频事项5.6万项，汇聚服务场所近4500个。推动数据中心集群与长三角生态绿色一体化发展示范区联动发展。成功举办低空经济发展大会、长三角（芜湖）人工智能视觉算法大赛、氢能产业合作发展大会。发起成立长三角快递物流智能装备产业联盟、长江城市氢能产业协同发展联盟。协同共建科创飞地等2项创新案例入选安徽省扎实推进长三角一体化发展“十佳”。

六、开放势能持续释放

实施“徽动全球·出海芜优”行动，帮助企业抢订单、拓市场；实现进出口总额超185亿美元，同比增长35%。芜湖港集装箱吞吐量达140万标箱，占全省比重近六成。开通全省首条集装箱万吨级外贸直航近洋航线。江淮运河通航，裕溪一线船闸扩容改造工程建成，合裕线航道货运能力增加一倍。三山港口岸开放通过国家验收。长江航运综合服务新模式获全国推广。三山综合物流园入选国家示范物流园区。芜宣机场年度客流量首次破百万，升级建设4E级中型机场、货运枢纽机场。塔桥多式联运基地加快建设。芜湖自贸片区上线运行“一站式审批平台”，实施“首席审批师”改革，办事时效优化提升84%。保税跨境贸易电商业务交易量和交易额均增长100%。

七、重点领域改革稳步推进

持续深化“放管服”改革，实施《芜湖市优化营商环境条例》，17个营商环境改革事项获全省推广，数量居全省首位。首批营商环境“体验官”

上岗。惠企政策网上超市累计上线政策超 1120 项，70%以上实现即申即享、免申即享；累计兑现政策资金 32 亿元，惠及企业近 1.5 万家。新增减税降费及退税缓费 75 亿元。公共资源交易平台成交额超 1000 亿元，同比增长 125%。推深做实“1%工作法”，规模以上工业实现利润总额 450 亿元，居全省首位。深化“亩均论英雄”改革，规模以上工业亩均税收、营收分别增长 21%和 30%，发放“亩均英雄贷”379 亿元。深化土地要素市场化配置，工业用地从“政策定价”向“市场定价”过渡。推进批而未供、闲置和工业低效土地全域治理，盘活存量土地 3.17 万亩，入选全国低效用地再开发试点城市。推进社会信用体系建设，实现一份信用报告代替 40 个部门证明。发行绿色债券 47 亿元，绿色贷款余额增长 49%。小微企业贷款余额达 2380 亿元，增长 26%，居全省前列。“供应链票据+担保”模式入选国务院复制推广改革试点经验。实现直接融资超 270 亿元，新增上市企业 2 家。

八、城市品质活力不断提升

高标准编制市级国土空间总体规划，完成市综合交通体系规划、城市更新专项规划和重点片区城市设计。持续开展人民城市建设“四促”攻坚行动，第六人民医院住院综合大楼等 55 个项目建成投用，外龙窝湖湿地自然公园等 65 个项目全面开工建设。江北新区大力推进“六百工程”，吴越路等重点项目加快建设。全面实施城市更新“十大工程”，“老船厂·智慧港”、中山路步行街地下停车场等项目全面启动，二街、赭山路等老街区焕然一新。新建、改造燃气和供水管网 250 余公里，实施城镇老旧小区改造 104 个。21 个宜邻中心开工建设，赭山路宜邻中心建成投用。镜湖区北门口社区获批国家完整社区试点。$PM_{2.5}$ 年平均浓度达到国家二级标准，空气质量优良天数比例上升 3 个百分点。国控、省控水质考核断面优良率 100%。保兴埠“水岸同治”，水质稳定向好。南陵县入选全国生态文明建设示范区。长江天门山段凤鸣湖流域 EOD（Eco-environment-oriented Development，生态环境导向的开发）项目成功纳入国家级项目库。新增、提升绿地 212 万平方米，新建绿道 33 公里。累计建成芜小园·口袋公园 100 个，获中国人居环境范例奖。新建城市阅读空间 60 个，引进“中国最美书店”钟书阁，入选全国首批“全民阅读推广城市”。市跳水游泳馆开工建设。鸠江区获评国家文旅产业融合发展示范区。成功举办神山音乐节、长江文化艺术交流周等系列盛会。

九、乡村振兴再添新绩

成功举办中国农民丰收节全国主场活动。新建和改造提升高标准农田 25 万亩。智慧“芜湖大米”种植面积达 28 万亩，亩均节本增收 200 元以上。建成全国农业农村信息化示范基地、中科院计算所繁昌伏羲智慧农场。新增农业产业化省级重点龙头企业 24 家、省级长三角绿色农产品加工供应基地 8 个。翱兰国际、同福中央厨房等绿色食品产业项目投产。繁昌区入选全国预制菜产业百强基地。持续推进村党组织领办合作社，集体经营性年收入 50 万元以上的村占比超 92%。推进党建引领信用村，授信信用主体达 1.8 万户。新增省级和美乡村中心村 70 个，建成、改造、养护农村公路 1000 余公里。“快递进村”实现全覆盖。湾沚区获批全国休闲农业重点县和文化产业赋能乡村振兴试点。10 个镇入选中部百强镇。坚决守住不发生规模性返贫底线，新识别监测对象全部落实帮扶措施。

十、民生保障更加完善

在财政收支紧平衡的情况下，80%以上财政支出用于民生。城市公共服务质量位居全国 120 个监测城市第 19 位。新建、改扩建公办幼儿园 11 所、中小学校 10 所，新增学位 1.7 万个，普惠性幼儿园覆盖率达 92%以上。建成皖南地区最大的特教中心。芜湖航空职业学院、芜湖医药健康职业学院获批建设。繁昌区入选义务教育教学改革实验区名单。全面推进国家卫生城市创建。安定医院芜湖医院揭牌。新增城镇就业 13.5 万人。建立补充工伤保险制度。“暖民心”行动取得实效，新增托位数 7100 余个，千人托位数居全省首位；助餐服务老年人 220 万人次；新增公共停车位 3800 余个、公共充电桩 2300 余个，开展公共停车位专项整治行动，推动解决停车难、充电难问题；全力打造“最干净城市”，群众满意度不断提高；全市住宅小区实现党组织全覆盖；新增金牌物业 10 家。危房整治近 4200 户。开工建设保障性租赁住房 8300 余套。完成适老化改造 2400 余户、残疾人无障碍设施改造 2500 余户。信访受理率、按期办结率均达 100%，沈巷镇“三问工作法”入选全国乡镇“枫桥式”工作法。防范化解安全生产领域重大风险，实现生产安全事故起数、死亡人数“双下降”。平安芜湖建设取得新成效，成为全国首批社会治安防控体系建设示范城市。退役军人安置质量显著提升，社会尊崇氛围日益浓厚。

深入开展学习贯彻习近平新时代中国特色社会主义思想主题教育，着力加强政府自身建设。在全省率先打造“行政机关智慧应诉系统”，全市行政机关负责人应诉率始终保持 100%。深入开展公共政策兑现和政府履约践诺行动，行政单位拖欠债务案件基本办结。纵深推进廉洁政府建设，深入开展招投标、城市绿化等领域专项整治。其他各项事业取得新成效。

第六章　马鞍山市经济社会发展情况

2023年是全面贯彻党的二十大精神的开局之年，是三年新冠疫情防控转段后经济恢复发展的一年。面对复杂严峻的内外部环境，在市委、市政府的坚强领导下，全市上下坚持以习近平新时代中国特色社会主义思想为指导，全面贯彻落实党的二十大和二十届二中全会精神，坚持稳中求进工作总基调，锚定打造安徽的“杭嘉湖”、长三角的“白菜心”新发展定位，迎难而进、真抓实干，经济持续回升向好，新时代马鞍山高质量发展迈出坚实步伐。

第一节　经济发展基本情况

一、综合概况

初步核算，全年实现地区生产总值2590. 55亿元，按可比价格计算，比上年增长5. 7%。2019—2023年马鞍山市地区生产总值及其增长速度见图2-6-1、地区生产总值和人口概况见表2-6-1。其中，第一产业增加值109. 10亿元，增长4. 0%；第二产业增加值1205. 18亿元，增长5. 2%；第三产业增加值1276. 27亿元，增长6. 3%。三次产业结构比例为4. 2∶46. 5∶49. 3。2019—2023年马鞍山市三次产业结构比例见图2-6-2，2023年马鞍山市辖各县（区）经济发展情况见图2-6-3。

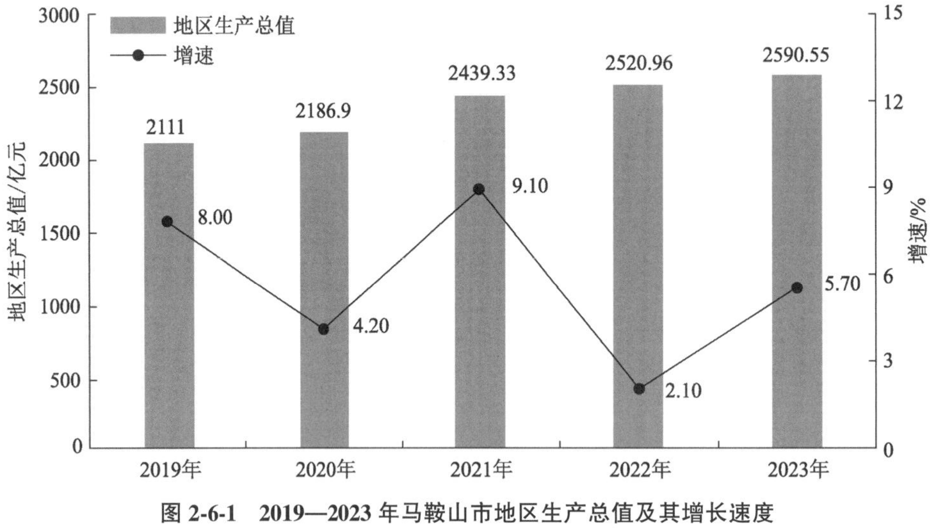

图2-6-1　2019—2023年马鞍山市地区生产总值及其增长速度

表2-6-1　2019—2023年马鞍山市地区生产总值和人口概况

指标	2019年	2020年	2021年	2022年	2023年
地区生产总值/亿元	2111	2186. 9	2439. 33	2520. 96	2590. 55

续表

指标	2019 年	2020 年	2021 年	2022 年	2023 年
地区生产总值可比价增速/%	8.0	4.2	9.1	2.1	5.7
常住人口/万人	236.1	225.2	215.7	218.6	219.1
人均地区生产总值/万元	9.6	9.7	11.3	11.6	11.8

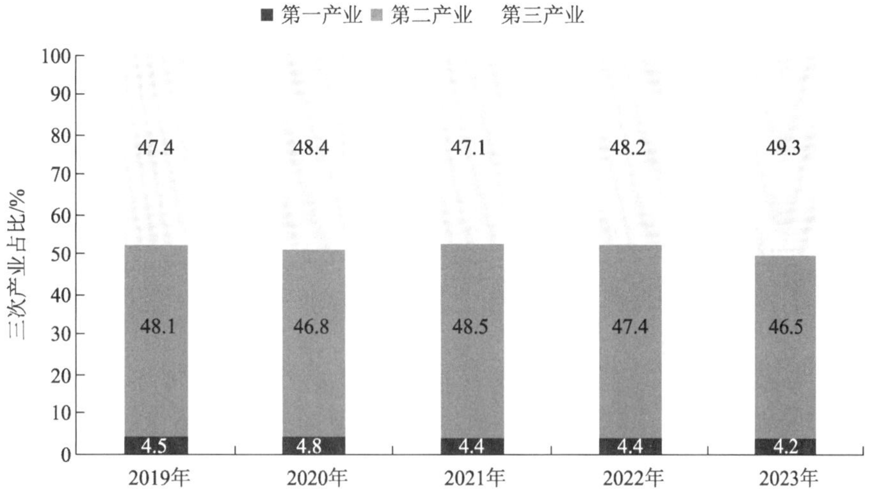

图 2-6-2　2019—2023 年马鞍山市三次产业结构比例

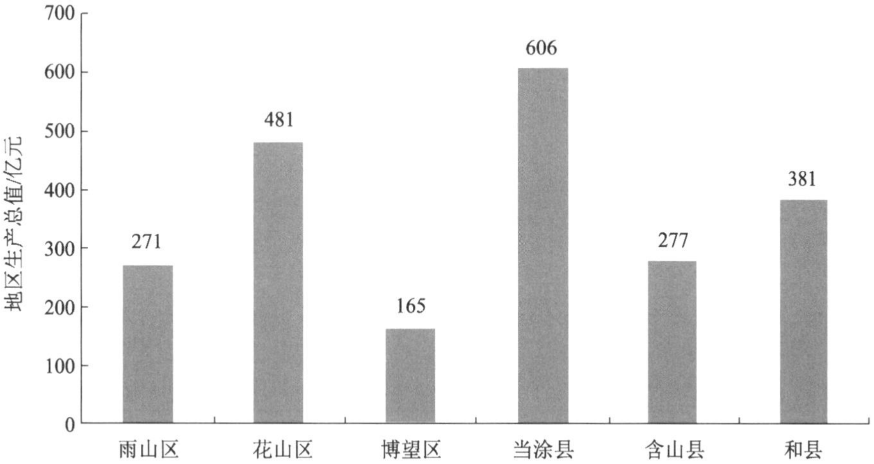

图 2-6-3　2023 年马鞍山市辖各县（区）经济发展情况

常住人口保持稳定。全市年末常住人口 219.1 万人，比上年增加 0.5 万人。其中，城镇人口 161.3 万人，比上年增加 1.9 万人，增长 1.2%；乡村人口 57.8 万人，比上年减少 1.4 万人，下降 2.4%。人口城镇化率 73.62%，比上年提升 0.72 个百分点。人口出生率为 6.05‰，死亡率为 7.30‰，自然增长率为-1.25‰。

全年新增就业 4.31 万人，下岗失业人员再就业 1.07 万人，“4050”人员等困难群体再就业 0.22 万人，城镇登记失业率 2.37%，保持在 3%以下低水平。

全年居民消费价格指数（CPI）与上年持平。八大类消费品及服务价格指数呈“六涨二跌”态势。其中，其他用品及服务类（4.0%）涨幅靠前；衣着类（2.0%）、教育文化和娱乐类（1.0%）、生活用品及服务类（0.8%）、食品烟酒类（0.2%）、医疗保健类（0.1%）均有不同程度的上涨；交通和通信类（-3.3%）、居住类（-0.1%）价格下跌。2021—2023 年马鞍山市居民消费和商品零售价格涨跌幅度见表 2-6-2。

表2-6-2　2021—2023年马鞍山市居民消费和商品零售价格涨跌幅度

指标	2021年涨跌幅度/%	2022年涨跌幅度/%	2023年涨跌幅度/%
居民消费价格	1.3	1.8	0.1
# 食品烟酒	0.9	2.1	0.2
衣着	0.5	-0.1	2.0
居住	0.7	0.4	-0.1
生活用品及服务	-0.6	1.1	0.8
交通和通信	4.6	5.1	-3.3
教育文化和娱乐	2.1	2.4	1.0
医疗保健	1.8	1.3	0.1
其他用品及服务	-4.3	1.3	4.0

二、农林牧渔业

2023年，农业生产稳中有增。全年实现农业总产值190.24亿元，按可比价格计算，比上年增长4.5%。粮食产量实现“二十连丰”，粮食播种面积17.68万公顷，增长0.1%；粮食总产量108.4万吨，增长1.5%；蔬菜种植面积2.99万公顷，增长2.7%；蔬菜产量92.8万吨，增长3.7%。全年生猪出栏45.6万头，比上年增长3.6%。肉类总产量9.5万吨，增长3.5%；禽肉产量5.3万吨，增长2.2%；禽蛋产量3.9万吨，增长11.2%；牛奶产量6万吨，增长4.2%。2023年马鞍山市主要农产品产量情况见表2-6-3。

表2-6-3　2023年马鞍山市主要农产品产量情况

产品名称	产量/万吨	比上年增长/%
粮食	108.4	1.5
蔬菜	92.8	3.7
肉类	9.5	3.5
# 禽肉	5.3	2.2
禽蛋	3.9	11.2
牛奶	6.0	4.2

三、工业和建筑业

按可比价格计算，全年规模以上工业增加值比上年增长5.7%。全市36个工业大类行业中，有19个行业增长，行业增长面52.8%；19个行业规模以上工业增加值比上年增长11%，拉动全市规模以上工业增加值增长7.4个百分点。其中，增幅较大的行业有汽车制造业（90.3%），金属制品、机械和设备修理业（68.4%），其他制造业（65.4%）等。全年战略性新兴产业产值比上年增长10.8%。八大战略性新兴产业有6个保持增长，其中，涨幅靠前的有新能源产业（46.1%）、新能源汽车产业（44.7%）、新一代信息技术产业（28.5%）等。全年高技术产业增加值比上年增长12.9%。五大高技术产业全面增长，其中，涨幅靠前的有计算机及办公设备制造业（41.3%）、医药制造业（14.8%）等。全年规模以上工业企业产品销售率为98%。部分工业产品产量下滑。2023年马鞍山市主要工业产品产量情况见表2-6-4。

表 2-6-4　2023 年马鞍山市主要工业产品产量情况

产品名称	计量单位	绝对数	比上年增长/%
生铁	万吨	1935.59	8.1
粗钢	万吨	2096.72	4.8
钢材	万吨	2080.26	2.8
水泥	万吨	1654.57	1.0
改装汽车	辆	3149	5.3
汽车及底盘	辆	7938	-20.3
机制纸及纸板	万吨	186.37	-8.5
啤酒	千升	84388	-24.7
纱	吨	7674.39	61.4
服装	万件	2581	-22.1
泵	台	12827	-17.7
阀门	吨	35662	0.3

全年实现建筑业增加值 244.47 亿元，按可比价格计算，比上年增长 5.6%。房屋建筑施工面积 1138.7 万平方米，房屋竣工面积 142.2 万平方米。

四、固定资产投资和房地产业

2023 年，马鞍山市全年固定资产投资比上年增长 7.5%。其中，第一产业投资增长 22.3%，第二产业投资增长 24.6%，第三产业投资下降 7.2%。制造业投资比上年增长 18.9%，增速比全市固定资产投资高 11.4 个百分点，拉动全市固定资产投资增长 7.9 个百分点。全市 1113 个亿元以上重点项目完成投资 1299.6 亿元。其中，百亿元以上重点项目 20 个，50 亿元以上 44 个，10 亿元以上 293 个。美利信新能源汽车结构件等 388 个省重点项目开工建设，泉峰智能制造产业基地一期等 270 个省重点项目竣工投产。

五、国内贸易

全年实现社会消费品零售总额 1047.66 亿元，比上年增长 9.3%。分城乡看，城镇社会消费品零售总额 950.11 亿元，增长 9.2%；乡村社会消费品零售总额 97.55 亿元，增长 10.9%。分消费形态看，商品零售额 898.63 亿元，增长 9.1%；餐饮收入 149.03 亿元，增长 10.9%。

六、交通、邮电和旅游业

全年铁路客运量 941.9 万人，其中，旅客发送量 460.52 万人，旅客到达量 481.38 万人；铁路货运量 1690.02 万吨，其中，货物发送量 467.29 万吨，货物到达量 1222.73 万吨。公路客运量 486 万人，公路货运量 8294 万吨；港口货物吞吐量 13367.59 万吨，集装箱吞吐量 16.02 万标箱。实施城区道路贯通工程 34 个。S446 改建工程开工建设，S205 围乌路一期建成通车。全年邮电业务收入 34.19 亿元，比上年增长 15.2%。年末固定电话用户 16 万户。移动电话用户 259.8 万户；其中，5G 用户 155.2 万户，增长 33.4%。宽带用户 115.9 万户，增长 11.8%。

2023 年，马鞍山市全年旅游业总收入 371.5 亿元。星级饭店 5 家，其中，五星级 2 家，四星级 2 家。现有 A 级及以上景区 33 处，其中，AAAAA 级景区 1 处，AAAA 级景区 8 处。大青山野生动物园获批 AAAA 级景区，长江不夜城、“创客+”文创园入选省级旅游休闲街区。

七、财政和金融

2023 年，全年实现一般公共预算收入 208.37 亿元，比上年增长 1.7%。其中，税收收入 142.33 亿元，增长 2.5%，占一般公共预算收入比重为

68. 3%。财政支出 320. 33 亿元，增长 0. 8%。其中，民生支出 268. 3 亿元，增长 1. 6%；社会保障和就业支出 48. 99 亿元，增长 20. 1%。

年末金融机构人民币存款余额 3520. 22 亿元，比上年增长 3. 8%。其中，单位存款 1118. 39 亿元，下降 14. 5%；个人存款 2313. 33 亿元，增长 15. 3%。金融机构人民币贷款余额 3354. 46 亿元，增长 15. 6%。其中，短期贷款 763. 86 亿元，增长 13. 1%；中长期贷款 2181. 57 亿元，增长 16. 8%。2023 年马鞍山市金融机构人民币存贷款情况见表 2-6-5。

表 2-6-5　2023 年马鞍山市金融机构人民币存贷款情况

指标	绝对值/亿元	比年初增长/%
金融机构人民币存款余额	3520. 22	3. 8
# 个人存款	2313. 33	15. 3
单位存款	1118. 39	-14. 5
金融机构人民币贷款余额	3354. 46	15. 6
# 短期贷款	763. 86	13. 1
中长期贷款	2181. 57	16. 8

全市各类保险机构 29 家。全年保费总收入 61. 53 亿元，比上年增长 12. 4%。其中，财产险保费收入 28. 68 亿元，增长 5. 9%；人身险保费收入 32. 85 亿元，增长 18. 7%。

第二节　社会发展基本情况

一、科学技术和教育

2023 年，全市高新技术企业 1089 家，比上年增长 23. 9%；每万人高价值发明专利拥有量 16. 3 件，居全省第 3 位。承担实施省级以上科技计划项目 21 项，建成省级以上科技企业孵化器 13 个、省级以上众创空间 15 个。新增国家级“双创”平台 1 个，新增省级以上创新平台 27 个，规模以上工业企业研发机构覆盖率 54. 8%、居全省首位；新增高新技术企业 210 家、备案科技型中小企业 1006 家；吸纳技术成交额 258. 25 亿元，输出技术成交额 218. 69 亿元；登记科技成果 2293 项。成为国家知识产权强市建设示范城市。创新能力居全国第 46 位。进入全国先进制造业城市 60 强。

全年财政用于教育的支出 46. 16 亿元，比上年增长 8. 9%。全市高等院校 6 所；中小学及其他各类学校 594 所，其中幼儿园 304 所，小学 175 所，特殊教育学校 4 所，普通中学 105 所。省一类幼儿园 10 所，省示范高中 11 所，省特色初中 1 所，省特色小学 2 所，国家重点职业学校 5 所。中小学及其他各类学校在校学生 29. 9 万人，教职工 2. 53 万人。高中阶段在校学生 6. 04 万人，高中阶段教育毛入学率 109. 2%。

迭代实施人才新政 5. 0 版，成立市科创和人才发展集团，走进 70 多所高校开展“才聚诗城高校行”等活动，引进高层次人才团队 45 个，引育各类人才 5. 1 万人。新设产业工程师学院 2 家。本地高校应届毕业生留马就业率 28. 3%，比上年提升 2. 4 个百分点。连续 3 年入围“中国最具人才吸引力城市百强榜单”，2023 年排名提升 12 位。

二、文化、卫生和体育

2023 年，全市年末拥有公共图书馆 7 家，藏书 289. 15 万册，比上年增长 11. 9%；文化馆 6 家；综合档案馆 7 家，总建筑面积 3. 6 万平方米，增长 11. 3%；档案资料 315. 14 万卷（册），增长 10. 6%。广播人口覆盖率、电视人口覆盖率均为 100%。成功举办第 35 届李白诗歌节。

全市卫生机构1130个，比上年增长3.8%。其中，医院、卫生院104个，社区卫生服务机构98个，标准化村卫生室425所。病床1.59万张，卫生技术人员1.80万人。以乡镇为单位，四苗、五苗接种率96.9%，乙肝疫苗首针接种率99.62%。

全年参加安徽省常规项目比赛获得奖牌316枚，其中，金牌100枚、银牌108枚、铜牌108枚。马鞍山市第十三届运动会胜利召开，参赛人数1.6万余人。

三、人民生活和社会保障

2023年，全市城乡居民人均可支配收入52418元，比上年增长6.2%。其中，城镇居民人均可支配收入62510元，增长5.2%；农村居民人均可支配收入32670元，增长7.6%。城乡收入差距进一步缩小，城乡居民收入比为1.91，比上年缩小0.05。2019—2023年马鞍山市全体居民人均可支配收入及其增长速度见图2-6-4。

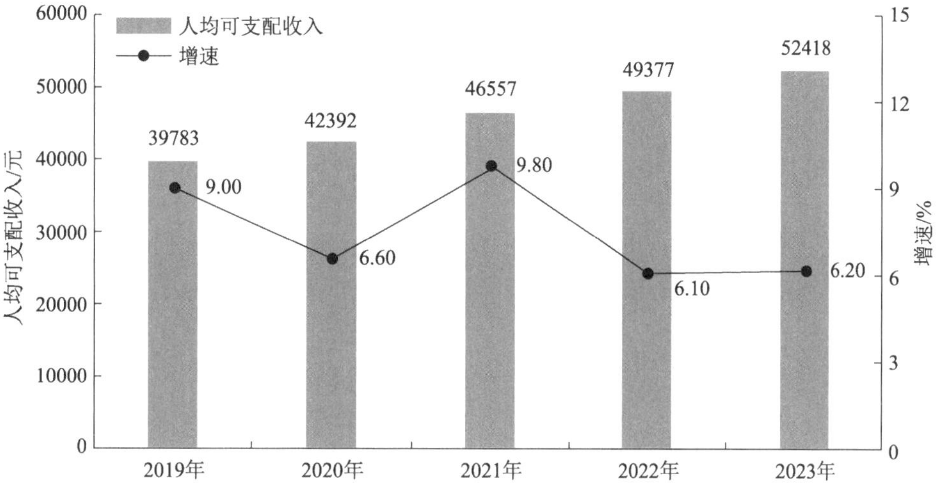

图2-6-4　2019—2023年马鞍山市全体居民人均可支配收入及其增长速度

城镇职工养老保险参保人数79.52万人，失业保险参保人数32.87万人，工伤保险参保人数40.46万人。城镇居民医疗保险参保人数150.63万人；城乡居民基本养老保险参保人数91.17万人，参保率99.71%。被征地农民养老保障实现即征即保，参保人数17.94万人。

全年城乡最低生活保障救助67.4万人次，支付低保金4.12亿元。城镇拥有各种社区服务设施550处；便民利民服务网点794个、社会收养性福利床位数1.49万张。福利彩票销售2.42亿元，筹集福利彩票公益金0.73亿元。完成城乡低保和特困供养标准提标工作，从7月起，农村低保标准由户月人均730元提高至763元，城市低保标准由户月人均730元提高至782元，农村特困人员基本生活标准由每人每月不低于950元提高至不低于992元，城市特困人员基本生活标准由每人每月不低于950元提高至不低于1017元。

四、资源、环境和安全生产

2023年，全市已发现40种矿种，其中，金属矿产9种，非金属矿产29种，水汽矿产2种。查明资源储量的矿种27种，其中，金属矿产3种。纵深推进生态环境保护十大攻坚行动。整治长江干流入河排污口931个、农村黑臭水体53条，建设省级幸福河湖4条；$PM_{2.5}$年平均浓度为35.1微克/立方米，连续3年达国家二级标准。空气质量优良天数比例为83.6%，改善幅度居全省第2位。国控、省控断面水质优良率均达100%，县级及以上饮用水水源地水质达标率100%；宁马协同开展长江苏皖交界水域生态环境保护入选国家创新实践案例，薛家洼成为最美岸线。全年亿元地区生产总值生产安全事故死亡人数0.02人，没有较大及以上生产安全事故发生。

第三节　2023 年主要工作

2023 年，是全面贯彻党的二十大精神的开局之年，是三年新冠疫情防控转段后经济恢复发展的一年，也是难中求成、极为不易的一年。面对复杂严峻的内外部环境，马鞍山全市坚持以习近平新时代中国特色社会主义思想为指导，在省委、省政府和市委坚强领导下，锚定打造安徽的“杭嘉湖”、长三角的“白菜心”新发展定位，紧扣高质量、全力拼经济，迎难而进、真抓实干，加快建设“七个强市”，新时代马鞍山高质量发展迈出坚实步伐。

采取超常规举措积极应对下行压力，经济持续回升向好。全年地区生产总值达 2590.55 亿元，同比增长 5.7%；一般公共预算收入 208.4 亿元，增长 1.7%；固定资产投资增长 7.5%，规模以上工业增加值增长 5.7%。

坚持以制造业为纲，产业转型持续加快。正奇电池片一期等 172 个制造业项目竣工投产，制造业投资占全部投资的 46.3%。新增规模以上制造业企业 188 家，高新技术企业、科技型中小企业总量均突破 1000 家，战略性新兴产业产值、高技术产业增加值分别增长 10.8%、12.9%。成为国家知识产权强市建设示范城市。创新能力居全国第 46 位。进入全国先进制造业城市 60 强。马钢获评国家“数字领航”企业。市经开区营业收入突破千亿元。4 个县区入选安徽省制造业发展综合十强，3 个县区入选增速十强。

聚力“七未”项目攻坚，有效投资持续扩大。库迪咖啡等 463 个亿元以上项目签约，其中固定资产投资 5 亿元以上重大项目 47 个；美利信新能源汽车结构件等 388 个重点项目开工，开工率 113.8%；泉峰智能制造产业基地一期等 270 个重点项目竣工，竣工率 134.3%。“七未”项目攻坚做法入选安徽省首提首创、改革创新攻坚克难典型案例。获批全国低效用地再开发试点市。“亩均论英雄”获评全国十大标杆案例。

主动靠上去、精准接上去、全力融进去，一体化发展持续提效。宁马城际架梁工程完成七成，巢马高铁建设进度过半，宁马高速“四改八”马鞍山段建成通车。与合肥市、安徽省港航集团签订港口合作协议。引进沪苏浙亿元以上项目占省外投资项目的 60.4%。在全省率先开展的“企声响应”“无证明城市”等 10 余项创新举措受到省委、省政府主要领导批示肯定。获国务院督查激励事项数量居全省第 3 位。连续 3 年入围中国最具人才吸引力城市百强。

致力“民有所呼、我有所应”，群众生活持续改善。“民声呼应”解决群众急难愁盼问题 464 个，暖民心行动和 49 项民生实事年度任务全面完成，创新实施城市困难群众“困有所扶”集成改革，新建改造口袋公园 38 个。城乡居民人均可支配收入保持全省第一；中等收入群体占比达 58%，居全省首位。特殊技能人才技能评价、城乡供水一体化经验做法在全国推广。获批国家食品安全示范城市。文明城市测评居全国“优秀”等次。

一、坚持稳中求进，经济运行“基本盘”更牢固

发挥投资关键作用。举办“投资马鞍山行”等活动，实际利用内资和外资分别达 1045 亿元、1.75 亿美元，均居全省前列。健全要素提级会商调度机制，蜂巢新能源二期等 1113 个重点项目完成投资 963 亿元；1573 个项目入选省新增谋划重大项目库，总投资超 1.5 万亿元。技改投资增长 21%。发行专项债券 53.7 亿元。清理处置闲置低效用地 1.7 万亩，出让工业“标准地”6317 亩，新增工业用地综合容积率提升 10%，当涂、博望入选全国首批自然资源节约集约示范县。锁库 500 千伏输变电工程获批。强化企业支撑作用。支持企业发展壮大，新增“四上”企业 417 家、省级以上专精特新企业 133 家。3 家企业入选全省制造业 20 强；4 家企业荣获国家级制造业单项冠军，数量居全省第 3 位。营业收入 5 亿元以上工业企业智能化改造覆盖率超 80%；新创建国家级智能制造示范工厂 2 家、优秀场景 4 家，数量均居全省第 2 位。整合建立“1+3+X”产业政策体系，兑现政策资金 4.6 亿元，新增减税降费及退税缓税缓费

40.1亿元。增强消费基础作用。开展系列促消费活动，发放3轮7622万元消费券；社会消费品零售总额达1047.7亿元，增长9.3%。大青山野生动物园获批AAAA级景区，长江不夜城、“创客+”文创园入选省级旅游休闲街区，全市实现旅游总收入371.5亿元，较2019年增长4.7%。实现电商网销额110.9亿元，增长51.3%。精准调整公积金等政策，完成商品房销售面积149.4万平方米。

二、坚持“四链协同”，构建产业“生态圈”更有力

做强创新链。“双清零”目标全面完成，规模以上工业企业研发机构覆盖率居全省首位。新增省级以上创新平台27个；吸纳技术合同成交额超300亿元，增长1.6倍。每万人高价值发明专利拥有量16.3件，居全省第3位。入选中国科技创新中心100强。十七冶“国家企业技术中心”评价居全国建筑施工行业第2位。拉长产业链。扎实推进“1+3+*N*”产业集群建设，出台县区、开发园区产业发展指导目录，组建6个新兴产业招商研究小组，96.5%的新签约项目符合新兴产业领域。先进结构材料产业集群产值达1754亿元，马钢新特钢一期、宝武特冶马鞍山基地一期等投产；汽车产业增加值增长近1倍，汉马科技新能源重卡市场占有率居国内同行业前列。含山县获评中国铸造产业集群县。数字经济等产业加速布局，组建市大数据资产运营公司，获评省级大数据企业22家，新增省级以上重点工业互联网平台2个。建筑业产值、服务业增加值分别增长6.2%、6.3%。完善资金链。新增信贷453.7亿元，增长15.6%；存贷比达95.3%，提升10个百分点。新设高质量发展母基金和江东百亿产业基金，政府参股基金总数39支、总规模390亿元。新增上市辅导备案企业1家、挂牌企业20家，完成直接融资136.5亿元。补齐人才链。迭代实施人才新政5.0版，成立市科创和人才发展集团，走进70多所高校开展“才聚诗城高校行”等活动，引进高层次人才团队45个，引育各类人才5.1万人。新设产业工程师学院2家。本地高校应届毕业生留马就业率达28.3%，提升2.4个百分点。

三、坚持改革开放，内生发展“驱动力”更强劲

深化重点改革。在全省率先推行政务服务“全市一单”，超七成事项实现1日内办结。市级证明材料免提交率达57.2%。迭代升级亩均效益评价4.0版；规模以上工业企业亩均税收达23.6万元，居全省第3位。组建市国控集团、江东交投公司等，提级管理江东文旅集团，国企改革三年行动成效居全省第3位。优化为企服务。《优化营商环境条例》全面施行。制定实施157项对标提升举措，近70%营商环境指标达到全省标杆水平。开展“优环境、稳经济”大走访等活动，实现“四上”企业走访全覆盖。常态化举办“采石会客厅”63场，整合升级企业服务中心功能；收集企业诉求7132件，办结率达100%。强化开放融入。深入开展“徽动全球”万企百团出海等行动，完成进出口总额61.9亿美元。组建大物流专班，开辟多式联运示范线路7条，马钢物流荣获国家示范工程；马鞍山港纳入全省高速公路收费减半名单，港口货物吞吐量达1.33亿吨，居全省第3位。江宁—博望新型功能区完成投资41亿元。与沪苏浙地区新签订园区合作协议5个，轮值承办南京都市圈党政联席会。墨西哥特拉内潘特拉市参访团等来马访问，举办“诗城侨英荟”、皖台职工技能竞赛交流等活动。

四、坚持统筹协调，城乡融合“新格局”更凸显

着力提升城市功能品质。开展36个专项规划研究编制，制定开发园区配套服务设施建设导则。323个城乡建设“四合一”项目完成投资477.6亿元。改造城镇老旧小区89个，棚改新开工3580套，启动10个完整社区建设。新增停车泊位2.9万个、充电桩9111个。海绵城市达标面积占建成区的47.5%。佳山、雨山等环山步道贯通，慈湖河体育公园等建成。改造市政管道612.7公里，更换宽边防沉降窨井盖1185个。秀山片区建设稳步推进，阳湖片区一期路网基本建成。出台文明创建常态长效管理措施，开展争创“最干净城市”行动，珍珠园驿站获评全国“最美驿站”，主城区生活垃圾分类、道路保洁一体化管理、城市小区

物业服务实现全覆盖。“城市大脑”一期建成试运行。入选中国新型智慧城市百强。着力加快乡村振兴步伐。创新开展“五统五促”行动，新增耕地8009亩，建设高标准农田12.5万亩，加固中小河流堤防75.8公里。粮食总产量达21.7亿斤，实现“二十连丰”。大力发展乡村特色产业，新认证“绿色有机地标”农产品42个，新培育规模以上农产品加工企业17家。全面实施“千村引领、万村升级”工程，善厚、黄池入选首批国家农业产业强镇，关镇村获评中国美丽休闲乡村，8个村入选省级精品示范村。村均集体经济年经营收益突破85万元。脱贫户人均纯收入居全省前列。着力完善综合交通体系。扬马城际安徽段可研获批，宁芜铁路扩能改造先期工程开工。宁和高速、沪武高速博望互通等加快推进，S446改建工程开工建设，S205围乌路一期建成通车。实施城区道路贯通工程34个。提质改造农村公路80公里，累计完成农村客运班线公交化改造52条。长江航道整治二期完工。

五、坚持绿色宜居，生态环保“金名片”更亮丽

狠抓环境治理。纵深推进生态环境保护十大攻坚行动，突出生态环境问题整改工作继续保持全省前列。$PM_{2.5}$年平均浓度连续3年达国家二级标准；空气质量优良天数比例达83.6%，改善幅度居全省第2位。整治长江干流入河排污口931个、农村黑臭水体53条，建设省级幸福河湖4条；国控、省控断面水质优良率首次均达100%。加快“无废城市”建设，完成4座废弃矿山治理。狠抓生态修复。实施美丽长江（马鞍山）经济带新一轮提升工程，设立“长江保护日”，宁马协同开展长江苏皖交界水域生态环境保护入选国家创新实践案例，薛家洼成为最美岸线。向山地区综合整治十大工程44个项目完工15个，累计完成投资44.6亿元。开展2轮自然保护地问题排查整治专项行动，修复湿地2613亩。新增造林6544亩。狠抓绿色转型。制定实施碳达峰碳中和“1+8”方案，燃煤机组全部实现超低排放改造，新增可再生能源发电装机容量41.8万千瓦，单位地区生产总值能耗下降1.1%。新增绿色建筑399.7万平方米。当涂经开区入选国家级绿色园区。新认定中钢天源等国家级绿色工厂5家，马钢成为全省首批环保绩效A级企业。

六、坚持民生为本，广大群众“获得感”更充实

聚力办好民生实事。民生支出270亿元，占财政支出的84%。城镇居民、农村居民人均可支配收入分别达6.3万元、3.3万元，分别增长6%、7.5%。开展“民呼我应惠万家”专项行动，推出低保申报快速通道等10项便民措施。建成“三公里”充分就业社区59个，城镇新增就业4.3万人，城镇登记失业率2.4%。建成全省首家老年助餐中央厨房集配中心，居家和社区基本养老服务提升行动项目考核居中部地区第1位。改造提升菜市场28个。社会保障水平保持全省前列。大力发展社会事业。认定普惠托育机构20家，新增托位3563个，新建改扩建公办幼儿园13所、中小学4所，红星中学新校区投入使用，中小学集团化办学覆盖学校43所。新增三级医院3家，市人民医院东院二期竣工，市口腔医院开诊，通过国家卫生城市复审，被全国爱卫办评为安徽健康城市建设样板市。《炉火照天地》入选中国戏剧节优秀剧目，3部作品获安徽省“五个一工程”奖。成功举办首届长江文化论坛，中国凌家滩文化论坛、李白诗歌节影响力不断扩大。在全省率先实施“乡村道德积分”试点，新当选中国好人和安徽好人数居全省第1位。成功举办市运会、市残运会、采石矶半程马拉松等赛事。全力保持大局稳定。健全应急管理体系，建成市应急指挥中心，安全生产形势总体稳定。推深做实信访“门诊”制度，初信初访一次性化解率达98.6%，医疗纠纷“导、解、防”工作法获全国新时代“枫桥经验”先进典型。处置风险楼盘7个，提前10个月完成“难安置”专项治理任务。常态化推进扫黑除恶斗争，系统打击治理电信网络诈骗犯罪，5年以上非法集资陈案全部清零，群众安全感持续提升。市本级及3个县区获批财政部隐性债务化解试点，置换额度居全省第1位。成为首批全国市域社会治理现代化试点合格城市。其他各项工作取得新成效。狠抓政府自身建设，履职效能得到新提升。12345热线服务水平测评居全省第1位。

第七章　滁州市经济社会发展情况

2023年是全面贯彻党的二十大精神的开局之年，全市上下在市委、市政府的坚强领导下，以习近平新时代中国特色社会主义思想为指导，全面落实党中央、国务院决策部署及省委、省政府工作要求，坚持稳中求进工作总基调，完整、准确、全面贯彻新发展理念，服务新发展格局，扎实推动长三角一体化和高质量发展，全市经济社会发展大局总体稳定，主要经济指标增长平稳，现代化新滁州建设迈出坚实步伐。

第一节　经济发展基本情况

一、综合概况

初步测算，全年实现地区生产总值3782.0亿元，按可比价格计算，同比增长6.4%。2019—2023年滁州市地区生产总值及其增长速度见图2-7-1、地区生产总值和人口概况见表2-7-1。其中，第一产业增加值295.1亿元，增长3.7%；第二产业增加值1862.5亿元，增长7.5%；第三产业增加值1624.4亿元，增长5.8%。三次产业结构比例调整为7.8∶49.2∶43.0，其中工业增加值占地区生产总值的比重为39.5%。2019—2023年滁州市三次产业结构比例见图2-7-2。按常住人口计算，人均地区生产总值93325元（折合13244美元），比上年增长5.6%。2023年滁州市辖各县（市、区）经济发展情况见图2-7-3。

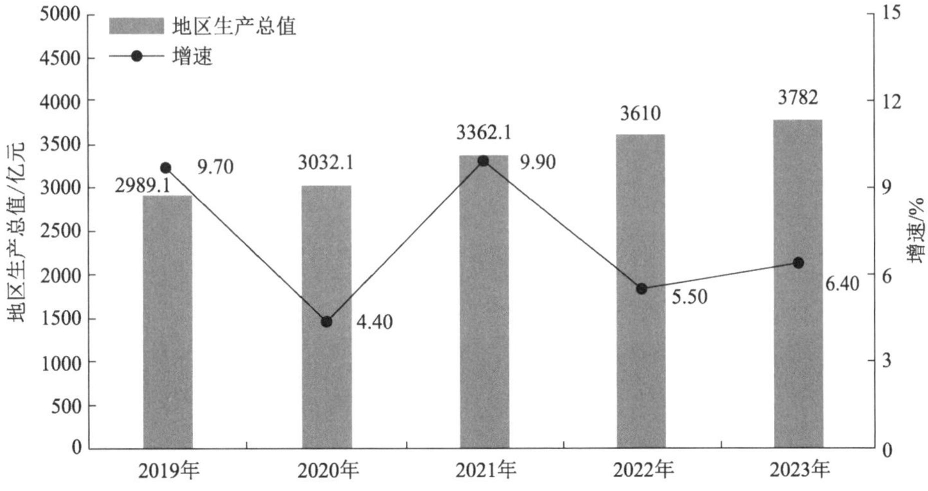

图2-7-1　2019—2023年滁州市地区生产总值及其增长速度

表 2-7-1　2019—2023 年滁州市地区生产总值和人口概况

指标	2019 年	2020 年	2021 年	2022 年	2023 年
地区生产总值/亿元	2909. 1	3032. 1	3362. 1	3610	3782
地区生产总值可比价增速/%	9. 70	4. 40	9. 90	5. 50	6. 40
常住人口/万人	414. 7	412	399	405	405. 5
人均地区生产总值/万元	7. 04	7. 36	8. 43	8. 98	9. 33

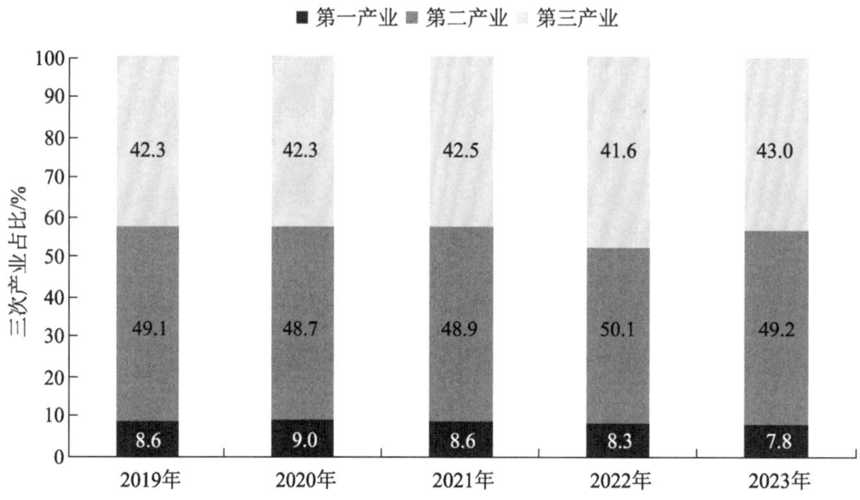

图 2-7-2　2019—2023 年滁州市三次产业结构比例

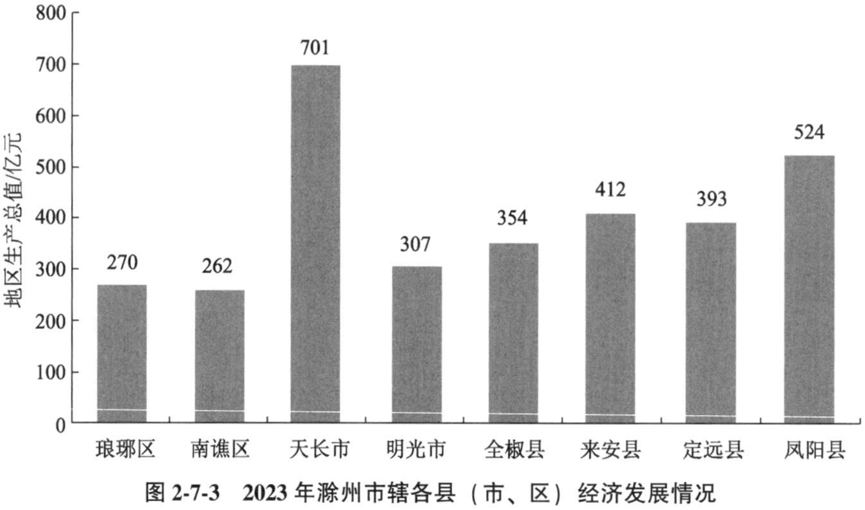

图 2-7-3　2023 年滁州市辖各县（市、区）经济发展情况

年末常住人口 405. 5 万人，比上年增加 0. 5 万人，常住人口城镇化率 63. 85%，比上年提高 0. 73 个百分点。

全年城镇新增就业 14. 2 万人，失业人员再就业 2. 45 万人。

全年居民消费价格累计上涨 0. 1%，涨幅低于上年 2. 0 个百分点。从构成类别看，八大类商品和服务价格同比呈现“五涨三降”态势。其中，其他用品及服务类价格上涨 3. 0%，食品烟酒类价格上涨 1. 0%，衣着类价格上涨 1. 0%，医疗保健类价格上涨 0. 8%，教育文化和娱乐类价格上涨 0. 7%，居住类价格下降 0. 3%，生活用品及服务类价格下降 0. 9%，交通和通信类价格下降 3. 0%。2021—2023 年滁州市居民消费和商品零售价格涨跌幅度见表 2-7-2。

表 2-7-2　2021—2023 年滁州市居民消费和商品零售价格涨跌幅度

指标	2021 年涨跌幅度/%	2022 年涨跌幅度/%	2023 年涨跌幅度/%
居民消费价格	1.0	2.1	0.1
# 食品烟酒	0.6	2.1	1.0
衣着	-0.4	0.8	1.0
居住	0.7	0.2	-0.3
生活用品及服务	0.8	1.1	-0.9
交通和通信	4.9	5.1	-3.0
教育文化和娱乐	2.3	4.1	0.7
医疗保健	-0.8	1.8	0.8
其他用品及服务	-4.4	1.8	3.0

二、农林牧渔业

全年农作物播种面积 91.5 万公顷。其中，粮食作物播种面积 83.07 万公顷，比上年增长 0.7%；油料作物播种面积 5.1 万公顷，比上年增长 27.9%；蔬菜播种面积 3.3 万公顷，比上年增长 3.2%。

全年粮食总产量 477.14 万吨，比上年增长 2.4%。其中，夏粮 186.51 万吨，比上年增长 2.1%；秋粮 290.63 万吨，比上年增长 2.6%。经济作物有增有减。其中，全年棉花产量 28.4 吨，比上年减少 70.2%；蔬菜产量 113.2 万吨，比上年增长 3.4%；水果产量 27.8 万吨，比上年增长 1.5%；油料产量 15.0 万吨，比上年增长 17.0%。

全年肉蛋奶总产量 58.0 万吨，同比增加 4.8%。其中，肉类产量 42.5 万吨，比上年增长 4.2%；禽蛋产量 14.6 万吨，比上年增长 6.7%；牛奶产量 8814 吨，比上年增长 3.1%。水产品产量 40.1 万吨，比上年增长 3.6%。2023 年滁州市主要农产品产量情况见表 2-7-3。

表 2-7-3　2023 年滁州市主要农产品产量情况

产品名称	产量/万吨	比上年增长/%
粮食	477.14	2.4
蔬菜	113.2	3.4
油料	15.0	17.0
水果	27.8	1.5
棉花	28.4	-70.2
肉类	42.5	4.2
禽蛋	14.6	6.7
牛奶	0.9	3.1
水产品	40.1	3.6

2023 年末，全市农业机械总动力 745.3 万千瓦，比上年增长 0.56%；农作物耕种收综合机械化水平达到 87.3%，同比提高 2.51 个百分点；拖拉机 35.7 万台，其中大中型 3.6 万台。年末农田有效灌溉面积达 49.1 万公顷，全年完成重点水利工程 70 项，基建工程当年完成投资 60.05 亿元。

三、工业和建筑业

全年规模以上工业增加值比上年增长 9.0%。规模以上工业中股份制企业、集体企业增长较快，增速分别为10.7%、6.9%。规模以上工业中，37个大类行业中，22个行业增加值实现增长。其中，家具制造业增长38.8%，有色金属冶炼和压延加工业增长38.5%，燃气生产和供应业增长30.3%，电气机械和器材制造业增长27.0%，通用设备制造业增长22.2%，非金属矿物制品业增长16.0%。

主要工业产品产量方面，原盐145.5万吨，增长13.6%；农用化肥19.6万吨，增长18.0%；家用洗衣机313.4万台，增长20.0%；冰箱554.9万台，增长2.7%。2023年滁州市主要工业产品产量情况见表2-7-4。

表2-7-4　2023年滁州市主要工业产品产量情况

产品名称	计量单位	绝对数	比上年增长/%
原盐	吨	1455426	13.6
白酒	千升	6567	-6.4
卷烟	万支	1406417	0.6
气体压缩机	台	1726741	127.8
农用化肥	吨	195677	18.0
水泥	吨	11520198	-5.9
电动机	千瓦	570139	7.2
合成洗涤剂	吨	28585	10.7
电子元件	万只	378886	8.5
中空玻璃	平方米	724399	10.0
家用洗衣机	台	3134234	20.0
冰箱	台	5549475	2.7
锂离子电池	只	6530083	58.3

全年规模以上工业企业实现营业收入5496.8亿元，实现利税总额513.5亿元。年末，资质以上建筑企业851户，全年共完成建筑业总产值845.7亿元，比上年增长7.4%。全年房屋建筑施工面积3811.3万平方米，其中当年新开工面积1504.0万平方米，房屋竣工面积1404.5万平方米。

四、固定资产投资和房地产业

2023年，滁州市全年固定资产投资比上年增长9.5%。按产业分，第一产业投资增长44.0%；第二产业投资增长40.0%；第三产业投资下降10.8%。分行业看，制造业投资增长32.6%；批发和零售业投资增长60.5%；交通运输、仓储和邮政业投资下降15.5%；水利、环境和公共设施管理业投资增长7.4%；教育投资增长23.4%；卫生和社会工作投资下降18.3%。

全年完成房地产开发投资下降20.0%。房屋施工面积下降19.4%，其中新开工面积下降66.9%，房屋竣工面积下降7.9%。

2023年全市省重点项目新开工424个，竣工274个；续建和新开工项目共计1107个。

五、国内贸易

2023年，滁州市全年实现社会消费品零售总额1694.4亿元，同比增长8.9%，其中限额以上消费品零售额同比增长5.9%。分区域看，城镇实现消费品零售额1347.9亿元，同比增长8.7%；乡村实现消费品零售额346.5亿元，同比增长9.6%。分构成看，商品零售额1472.0亿元，增长8.6%；餐饮收入222.4亿元，增长10.7%。

从限额以上单位商品零售分类完成情况看，吃类商品零售额同比增长8.3%；穿类商品零售额同比增长15.0%；用类商品零售额同比增长6.0%，其中，日用品类增长16.4%，家用电器和音像器材类下降6.8%，中西药品类增长0.2%，石油及制品类增长12.6%，建筑及装潢材料类下降 9.7%，汽车类增长 1.5%。

六、交通、邮电和旅游业

2023 年，全年货物运输周转量 421.2 亿吨公里。其中，公路货物运输周转量 356.3 亿吨公里；水运货物运输周转量 64.9 亿吨公里。全年旅客周转量 6.8 亿人公里。

2023 年末，全市民用汽车拥有量 66.3 万辆。其中，私人汽车拥有量 57.6 万辆，私人轿车拥有量 36.1 万辆。

2023 年，全市邮政行业业务收入累计完成 21.4 亿元，同比增长 12.4%，其中邮政寄递服务业务收入为 1.5 亿元，同比下降 0.7%。邮政行业业务总量累计完成 24.8 亿元，同比增长 18.5%。邮政寄递服务业务量为 11147 万件，同比增长 2.3%，其中快递包裹 6523 万件，同比增长 5.0%。快递业务量累计完成 19871 万件，同比增长 23.3%。全年电信业务总量 40.6 亿元。年末，全市拥有电话用户数 447.6 万户。其中，固定电话用户数 36 万户；移动电话用户数 411.6 万户，其中 5G 移动电话用户数 193.9 万户。年末固定互联网宽带接入用户 188.7 万户，其中 1000M 速率以上用户数 44.1 万户。

2023 年，滁州全市共接待游客 3669.4 万人次、旅游业总收入 336.7 亿元，同比分别增长 75.6%、87.1%。其中，国内游客 3668.5 万人次，国内旅游收入 336.5 亿元；入境游客 0.9 万人次，入境旅游收入 0.2 亿元。年末，全市共有 A 级及以上旅游景区 46 个，星级饭店 11 家，旅行社 87 家，旅行社分社 33 个，旅行社服务网点 187 个。

七、财政和金融

2023 年，全年实现财政总收入 481.4 亿元，比上年增长 10.9%。其中，一般公共预算收入完成 298.2 亿元，比上年增长 7.3%，总量稳居全省第三。从收入来源结构看，税收收入完成 166.8 亿元，增长 12.3%；非税收收入完成 131.4 亿元，增长 1.6%。税收收入占比 55.9%，较上年同期提高 2.5 个百分点，财政收入实现量质齐升。从实现主体看，市本级一般公共预算收入 62.1 亿元，增长 2.7%；县级一般公共预算收入 236.1 亿元，增长 8.6%。

全年财政支出 533.8 亿元，比上年增长 4.1%。其中，教育支出 91.1 亿元，增长 8.3%；城乡社区事务支出 44.2 亿元，下降 15.1%；农林水事务支出 78.3 亿元，下降 1.8%；社会保障和就业支出 86.3 亿元，增长 11.1%；卫生健康支出 56.7 亿元，增长 0.4%；交通运输支出 22 亿元，增长 11.7%；住房保障支出 19.8 亿元，增长 18.9%。用于民生方面支出 440.6 亿元，比上年增长 4.0%，占总支出的 82.53%。投入暖民心资金 3 亿元，暖民心行动满意度测评连续 6 个季度位居全省前二。

金融业务快速发展。2023 年末，全市金融机构本外币各项存款余额 4583.1 亿元，比年初增加 531.3 亿元，增长 13.1%。其中，境内非金融企业存款余额 1007.7 亿元，比年初增加 86.6 亿元；境内住户存款余额 2966.9 亿元，比年初增加 438.1 亿元。年末，金融机构各项贷款余额 4754.9 亿元，比年初增加 727.2 亿元，增长 18.1%。从贷款期限看，短期贷款余额 1328.2 亿元，比年初增加 193.3 亿元；中长期贷款余额 3011.0 亿元，比年初增加 411.3 亿元。2023 年滁州市金融机构本外币存贷款情况见表 2-7-5。

表 2-7-5　2023 年滁州市金融机构本外币存贷款情况

指标	绝对值/亿元	比年初增减额/亿元
金融机构本外币存款余额	4583.1	531.3
# 住户存款	2966.9	438.1
非金融企业存款	1007.7	86.6
金融机构本外币贷款余额	4754.9	727.2
# 短期贷款	1328.2	193.3
中长期贷款	3011.0	411.3

2023年新增多利科技、峆一药业等2家境内A股上市公司，新增瑞尔竞达、鑫民玻璃、立光电子等3家新三板挂牌企业，新增省内区域性股权交易中心挂牌企业112家。2023年末，全市有境内外上市公司14家，新三板挂牌企业16家，省区域性股权交易中心挂牌企业654家。

2023年末，全市共有持牌保险公司45家，其中财产险公司23家，人身险公司22家。全年累计实现保费收入87.3亿元，同比增长9.6%。财产险保费收入39.98亿元，同比增长11.0%。其中，机动车险保费收入18.55亿元，同比增长5.7%；农业险保费收入6.95亿元，同比增长16.3%；责任险保费收入2.65亿元，同比增长39.4%；健康险保费收入8.44亿元，同比增长17.5%。人身险保费收入47.3亿元，同比增长8.5%。其中，个人代理保费收入27.2亿元，同比增长5.2%；银邮代理业务19.3亿元，同比增长13.5%。支付赔款累计36.88亿元，同比增长7.4%。其中，财产险赔款28.17亿元，同比增长13.1%；人身险支付赔款（给付）8.7亿元，同比下降7.7%。全市保险资产总额199.66亿元，同比增长13.1%。

第二节　社会发展基本情况

一、科学技术和教育

2023年，全市全社会研发经费投入80.37亿元，同比增长18.7%，研发经费投入占地区生产总值比重为2.23%。全市拥有省级以上研发平台314家；国家高新技术企业1353家，比上年增加308家；国家级科技孵化器2家，国家级众创空间4家，省级孵化器8家，省级众创空间18家，市级众创空间6家，省级院士工作站12家；国家农业科技园区2个，省级及以上高新区2个。全年获省级科技成果登记3719项，新获得省级科技进步奖16项。

2023年末，全市各级各类学校（不含高等教育）共有1142所，在校生60.24万人，教职工5.01万人，专任教师4.03万人。其中，幼儿园667所，在园幼儿11.63万人，教职工1.5万人，专任教师0.82万人；小学212所，在校生25.72万人，教职工1.27万人，专任教师1.46万人；普通中学246所，在校生18.72万人，教职工2.01万人，专任教师1.54万人；中等职业教育学校11所，在校生4.09万人，教职工0.22万人，专任教师0.2万人；特殊教育学校6所，在校生871人，教职工185人，专任教师162人。

二、文化、卫生和体育

2023年末，全市公共图书馆藏书量297.45万册，电子图书377.23万册。全市广播电视台7个。全市广播综合覆盖率100%，电视综合覆盖率100%。广播全年播放时间4.17万小时，其中自办栏目播放时间2.20万小时；电视全年播放时间5.35万小时，其中自办栏目播放时间0.78万小时。

2023年末，全市共有卫生机构2054个。其中，医院、卫生院163个，疾病控制中心9个，妇幼保健机构9个。全市卫生机构实有床位27935张，比上年下降2%，其中医院、卫生院实有床位26603张，比上年减少512张。卫生机构从业人员3.9万人。其中，医院、卫生院技术人员2.63万人，执业医师9094人，注册护士13186人。

2023年，全市组织开展各类群众体育活动654场次，参与人数49.5万人次。新增体育场地2051个、面积131.9万平方米。截至2023年底全市共有体育场地17496个、面积1178.4万平方米，人均体育场地面积2.91平方米。新成立体育社会组织12个，共有体育社会组织290个。新增社会体育指导员1075个，共有社会体育指导员13334人，其中国家级33人，一级2205人，二级1237人，三级9859人。

三、人民生活和社会保障

全年城镇居民人均可支配收入43423元，比上年增长5.8%；城镇居民人均消费支出22299元，比上年增长 4.6%。城镇居民恩格尔系数为 30.6%。全年农村居民人均可支配收入 20176 元，比上年增长 8.3%；农村居民人均生活消费支出 15924 元，比上年增长 5.6%。农村居民恩格尔系数为 33.8%。2019—2023 年滁州市全体居民人均可支配收入及其增长速度见图 2-7-4。

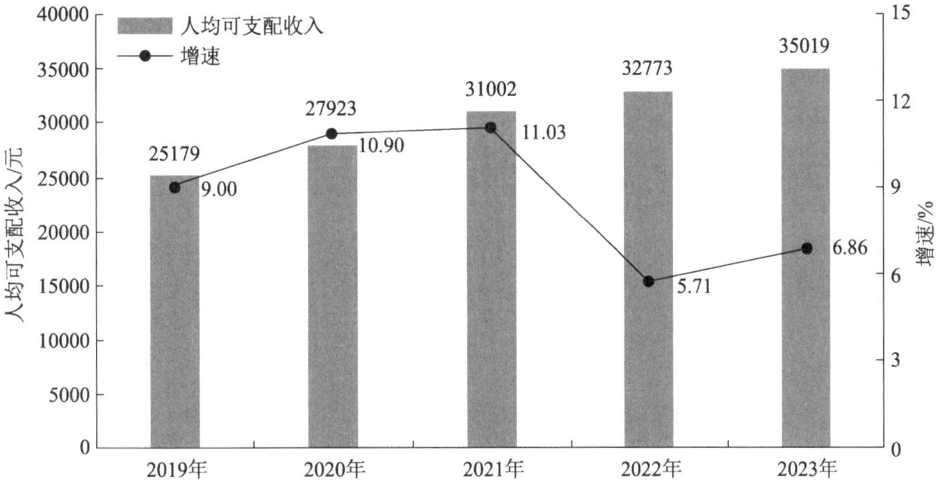

图 2-7-4　2019—2023 年滁州市全体居民人均可支配收入及其增长速度

2023 年末，全市基本养老保险参保人数 337.57 万人，其中，企业职工养老保险参保人数 81.76 万人，机关事业养老保险参保人数 13.38 万人，城乡居民养老保险参保人数 242.43 万人。失业保险参保人数 42.55 万人，工伤保险参保人数 54.41 万人。全市基本医疗保险参保人数 402.4 万人，其中，城乡居民基本医疗保险参保人数 335.6 万人，职工基本医疗保险参保人数 66.8 万人，基本医疗保险参保率 99.4%。

年末，全市共有养老服务机构 158 个，床位 18616 张。农村特困供养人数 2.09 万人，比上年下降 2.9%。年末，城镇社区各种养老服务设施 342 个。城镇社区公共服务设施 305 个，农村社区公共服务设施 1222 个。2023 年全年福利彩票销售总额达 4.81 亿元。

2023 年全市发生火灾 3028 起，死亡 1 人，直接财产损失 3484 万元。发生适用一般程序处理的道路交通事故 283 起，交通事故死亡人数 182 人。

四、资源、环境和安全生产

2023 年末，全市自来水日生产能力达到 104 万立方米。全年天然气供气总量 112287 万立方米，比上年增加 42173 万立方米。全年全社会用电量 328.5 亿千瓦时，增长 16.0%。其中，工业用电量 248.1 亿千瓦时，增长 20.6%。

年末，全市公路通车里程 30652 公里。全市公交运营线路 367 条，比上年增加 15 条；实有公交车辆 2078 辆，比上年减少 85 辆。全年公共汽车客运量 10432.55 万人次。全市出租汽车 3126 辆，网约车 2082 辆。

年末，全市共有自然保护区 2 个、面积 2.24 万公顷，当年人工造林面积 2926.7 公顷。国家湿地公园 1 个、面积 226.8 公顷，全市湿地保护率 57.8%。国家级公益林 4.87 公顷，省级公益林 0.73 万公顷。

年末，全市共有污水处理厂 12 座。城市污水处理率 98.27%。全市共有环境监测站和监察大（支）队 18 个。滁州市 2023 年市区环境空气质量总体上属于良好水平，全市环境空气质量符合《环境空气质量标准》（GB 3095—2012）一级标准的天数为 87 天，符合二级标准的天数为 203 天，符合一、二级标准的天数总计为 290 天，占比 79.5%。全年轻度污染 69 天，中度污染 5 天，重度污染 1 天，污染天数占比 20.5%。

第三节　2023年主要工作

2023年是全面贯彻党的二十大精神的开局之年，是三年新冠疫情防控转段后经济恢复发展的一年，也是滁州市发展进程中极为不易的一年。一年来，面对复杂严峻的内外部环境和艰巨繁重的现代化建设任务，滁州市政府坚持以习近平新时代中国特色社会主义思想为指导，在省委、省政府和市委的坚强领导下，在市人大、市政协的监督和支持下，全力拼经济、促发展、保安全、护稳定，真抓实干、争先进位，高质量发展取得新进展、新成效，交出了一份在全省争先进、在长三角创一流的优异答卷，滁州知名度、美誉度和影响力进一步提升。

一、奋勇争一流，赛马评议全省领跑

从全市看，经济运行连续7个季度、高水平创新型省份建设连续2个季度居全省第一，营商环境连续6个季度居全省前三，长三角一体化发展首评夺魁；入选全国先进制造业百强、中国科创中心百强、全国外贸百强等。从县域看，南谯经济运行3次居全省第一，来安、天长、凤阳各1次居全省第一，明光1次居全省第二，琅琊2次居全省第三。5个县（市）位列全省县域综合实力三十强。初步测算全年完成地区生产总值3782亿元，增长6.4%；规模以上工业增加值增长9%；固定资产投资增长9.5%；一般公共预算收入298.2亿元，增长7.3%；社会消费品零售总额1694.4亿元，增长8.9%；城镇居民、农村居民人均可支配收入分别达43423元、20176元，分别增长5.8%、8.3%。总量指标上，地区生产总值、一般公共预算收入稳居全省第三，社会消费品零售总额居全省第四；动态指标上，地区生产总值、规模以上工业增加值、社会消费品零售总额增速分别居全省第二、第二、第三。

二、筑牢硬支撑，“双招双引”成果丰硕

招大引强上，压茬开展季度攻势，用重大项目增量做大经济体量、提升发展质量。全年亿元以上项目新签约513个、新开工510个、新竣工320个、新投产350个，东旭光电、晶隆半导体、正泰二期等13个80亿元以上项目签约落地，国轩、旭合一期等一批项目开工建设，捷泰、天合、中润、昆宇、美达伦等一批项目竣工投产。参加全省集中开工项目376个、总投资2870亿元、年度计划投资526亿元，分别居全省第二、第三、第三。投资“赛马”连续6个季度获省激励。招才引智上，实施新时代“满天星人才计划”，出台高层次人才25条、大学生和高技能人才18条等普惠政策，举办“星耀滁州·会客虹桥”“才聚满天星·筑梦新滁州”系列活动，开展“千企百校行”校园招聘，与吉林大学等32所高校成为“人才合伙人”，新引进高层次人才和大学生数均较上年翻番。新备案省级院士工作站、新获评国家级领军人才、省重点人才计划、省人才团队数均居全省前列，人才政策兑现“四即四享”，产才融合改革做法获省委、省政府主要领导批示肯定。人才融入长三角一体化发展案例获评“全国百佳案例”；蝉联“中国最佳引才城市”称号，系全省唯一，再获省委主要领导批示肯定。要素保障上，盘活低效工业用地5680亩，开发区“标准地”出让比例达100%。获批各类建设用地6.7万亩，居全省前列。获批专项债项目224个、发行221亿元，分别居全省第一、第二。全市政府性股权投资基金发展到66支、总规模达654亿元，已投项目135个、总金额超210亿元；全市可再生能源发电量70亿千瓦时，居全省第一。助企招工近15万人，再创新高。

三、突出“新三样”，实体经济加速壮大

农业稳产增收。新建和改造提升高标准农田超60万亩，居全省第一，粮食生产实现“二十连丰”；稻渔综合种养面积达128万亩、水产品产量突破40万吨，分别居全省第二、第一。成功举办第二届长三角绿色食品加工业（小岗）大会、长三角预制菜暨中央厨房产业大会。做好“粮头食尾”“畜头肉尾”“农头工尾”增值大文章，新增绿色食品产业链项目133个，总投资313亿元；新

增长三角绿色农产品生产加工供应基地8个，农产品加工业产值突破1200亿元。全国首个融合功能农业与功能食品完整“创新链”的省级重点实验室落户滁州市。工业提质增效。推动制造业高端化、智能化、绿色化发展，开展工业稳增长“五大行动”，新增规模以上工业企业424家，总数达2567家、稳居全省第二；新增福莱特玻璃、捷泰电池2家产值超百亿元企业。新增国家级专精特新“小巨人”企业8家、省级专精特新企业168家，均居全省前列；新增省级智能工厂3个、数字化车间18个，均居全省第二。天长智能仪器仪表入选国家中小企业特色产业集群、创新型产业集群。先进光伏和新型储能、动力电池、新能源汽车“新三样”产业加速壮大，连续3年举办全国光伏行业大会（论坛），全球光伏20强企业有9家落户滁州，先进光伏和新型储能产业产值1362亿元、增长56%，相关经验做法获省委、省政府主要领导批示肯定；动力电池产业集聚了比亚迪、国轩、力神、天合等一批头部企业，产值增长超25%；新能源汽车产业规模以上企业达483家，居全省第三。战略性新兴产业产值达2300亿元，增长10%。天长、来安、全椒获评省制造业发展综合10强县，南谯获评省制造业发展增速10快县。18家企业入选全省民营企业百强，上榜数居全省前列。民营经济考核居全省第二，7个县（市、区）获评先进，占全省先进县（市、区）的近1/5。服务业恢复增长。开展“乐享亭城”系列促消费活动400余场，打造天长路、遵阳街等夜市聚集区27个，城市烟火气愈加浓烈。发放各类消费券近1亿元，带动消费19亿元，整市入选全国城市一刻钟便民生活圈试点。新增限额以上单位533家、总数达2366家，分别居全省第二、第三。新增上市企业2家、“新三板”挂牌企业3家，境内外上市企业达14家，居全省第三。各项存贷款余额双双突破4500亿元，其中，贷款余额4755亿元、增长18.1%，分别居全省第四、第二。新增AAAA级旅游景区2家、国家级旅游品牌7个，凤阳、全椒获评省级全域旅游示范区，全年接待游客3680万人次、旅游收入330亿元，均增长70%以上。

四、激发新活力，改革开放纵深推进

重点改革更加深入。新增国家级改革试点12项、省级28项。农村改革试验区、农村集体产权制度改革、农村宅基地制度改革3项“国字号”整市试点深入推进；新获批高标准农田建设、农村产权流转交易规范化2项“国字号”整市试点，均为全省唯一。林长制、商事制度改革工作获国务院督查激励。天长探索推进科技创新体制“四题”模式经验，被中央深改办专题刊载、全国推广。全省农业设施抵押贷款“首证首单”在天长发放。天长、来安、全椒、凤阳4个县入选全省制造业“亩均论英雄”改革综合效益30强，总数居全省第二。获批全省综合医改试点示范地区，滁州“医共体+卫生院分类管理”、天长医防融合工作获评全国基层卫生健康创新发展优秀案例。推进产业工人队伍建设改革，考核居全省前列。全国气候投融资试点取得成果，入库重点项目265个、总投资6985亿元，分别居全国第二、第一。开放合作更加紧密。顶山—汊河、浦口—南谯新型功能区累计引进亿元以上项目91个，总投资840亿元，其中50亿元项目2个，百亿元项目3个。推进沪苏浙城市结对合作帮扶，3个皖北省际产业合作园区累计引进亿元以上项目31个，总投资超230亿元；定远合滁合作园启动建设。滁州经开区成功跻身国家级经开区50强，位列第49位。苏滁高新区引进沪苏浙地区项目和投资额占比创历年新高。与上海杨浦、徐汇深化全方位战略合作。成功举办首届滁州长三角台商经贸合作峰会、台湾农企皖乡行——两岸乡村振兴发展交流会。实施“徽动全球”滁州行动，组团开展境外经贸招商活动，实际利用外资13.5亿元、外贸进出口420亿元，分别居全省第三、第五。签署《数实融合共建“1+4”中老经贸合作新通道合作备忘录》。滁州保税物流中心（B型）建成待验收。获批国家级加工贸易梯度转移重点承接地。创新动能更加强劲。实施“双倍增两清零”行动，全社会研发经费投入跃居全省第三。科技贷款余额363亿元、增长30%，分别居全省第三、第四。高新技术企业突破1300家、科技型中小企业突破2100家，均居全省第三，省级以上研发平台突破300家。加强与大学大院大所合作，新备案产学研合作项目超100项。与中科大、吉大、合工大、安大、南工大、南信大、南农大等签订合作协议，共建“工大智谷”、南信大天长研究院、南农大滁州科教创新园等，苏滁高新区与中国科学院苏州纳米所共建集萃科创谷，光智科技与中科大共建全省首批产业创新研究院。成功举办2023年长三角创新创业发展联盟大会，加入长三角“双创券”通用通兑试点区域。获评全省科技创新先进市。天长创成国家知识产权强县建设示范县。滁州经开区、滁州高新区获批全省首批科技成果产业化基地，苏滁高新区获评全省首批制造业数字化转型示范园区。全柴发行全省首单科技创新可交换公司债券。营商环境更加优化。深化“双对标”行动，出台2023版营商环境提升举措，开展“为企优服务提升年”活动，市场主体满意度稳居全省前列。发布全国首个市级《证照并销服务规范》地方标准，开展“极优服务、极简审批”改革试点，工程项目“全程包办”等一批创新举措在全省推广。推行惠企政策“免申即享”“即申即享”，在线兑付奖补资金超4亿元，惠及企业超1300家。制造业贷款余额超700亿元、增长34.9%，分别居全省第三、第二。入选全省创优营商环境改革创新试点市，获评全国优化产业营商环境先行典范；获评“苏商投资中国首选城市”，系全省唯一入选地级市。

五、着力提品质，城乡建设展现新貌

城市品质不断提升。滁城实施重点城建项目213个，完成投资150亿元。新增保障性租赁住房1.6万套，改造老旧小区139个，城镇老旧小区改造、棚户区改造工作获国务院督查激励。城市更新试点示范项目加快建设，经验做法被住建部推广。城市生命线安全工程二期开工建设。新增城市公共停车位1万个。人均公园绿地面积居全省第一。全国文明城市建设提质升级，年度测评获全国优秀等次。市奥体中心荣获“中国建设工程鲁班奖”，滁州大道获“中国公路交通优质工程奖”。乡村振兴有力推进。深化防止返贫动态监测帮扶，脱贫帮扶对象“两不愁三保障”与饮水安全持续巩固。全省推进乡村振兴现场会召开，衔接资金扶持庭院经济做法在全国做经验交流。南谯入选省乡村振兴示范县创建名单，天长、全椒分别获评国家级、省级“四好农村路”示范县。4个村入选全国乡村治理示范村，10个村入选首批省级和美乡村精品示范村创建名单，小岗农家书屋获评全国“最美农家书屋”，14家农民专业合作社获评全国供销系统示范社、居全省第一。加快培养农业生产经营等“五类人才”，开展农民工职业培训1.5万人，实现科技特派员行政村全覆盖。基础设施持续完善。全国首条跨省城际铁路滁宁城际滁州段建成运营，沪宁合、合新、宁淮等铁路以及滁合、宁洛改扩建等高速加快建设，来六高速滁州段、明巢高速等建成通车，高速公路通车里程达756公里，居全省第一。明光通用机场加快建设。驷马山滁河四级站干渠（江巷水库引调长江水）、城西水库除险加固加快推进。汊河船闸建成运营。滁州天然气调峰电厂首台机组并网。建成“城市大脑”“一网统管”平台。新建开通5G基站超2300个，完成率达120%。

六、聚力办实事，民生福祉有效增进

社会保障不断加强。新增城镇就业14.2万人，转移农村劳动力9.2万人，均超年度目标任务。道路交通安全提升工程等10件实事全面完成。完善民声呼应平台办理机制，暖民心行动满意度测评连续6个季度居全省前二。12345政务服务便民热线受理100余万件，交办督办26万件，群众满意率99%以上，被命名为“全国青年文明号”。整市入选全国居家和社区基本养老服务提升行动项目试点。退休人员养老金、居民基础养老金稳步提高，低保、特困供养标准得到提升。圆满承办第十一届全国民政行业职业技能竞赛相关赛事。妇女、儿童、老人、残疾人合法权益得到有效保障，红十字、慈善等事业持续发展。生态环境得到改善。配合接受省环保督察，扎实做好反馈问题整改，中央及省历年交办突出环境问题整改完成率超98%。打好大气、水、土壤污染防治攻坚战，$PM_{2.5}$年平均浓度优于年控目标，20个国考断面累计水质均达标。长江“十年禁渔”成果持续巩固。明光获评国家水土保持示范县；池杉湖获批国家级湿地公园，明湖创成全国首个“幸福湖”。社会事业持续进步。新建、改扩建中小学和幼儿园39所，新增学位2.9万个。各职业院校面向“新三样”产业开设5个专业，年输送毕业生超1.2万人。获批省产教融合试点城市。滁州技师学院新校区开工建设。安徽科技学院成立肉牛现代产业学院，滁州校区加快建设。滁州学院成立先进光伏与新型储能现代产业学院，科技成果转化服务地方发展取得积极成效。与上海优质医疗资源开展战略合作，共建上海市精神卫生中心滁州中心。天长获评全国生育友好先进单位，全椒入选全国医养结合示范县，省级卫生城市（县城）实现全覆盖。市第一人民医院荣获全国平安医院建设表现突出集体。蝉联“全国无偿献血先进市”称号。《滁州市历史文化名城保护条例》颁布实施。黄梅戏《初心》等4部作品获评省精神文明建设“五个一工程”奖，居全省第二。全市规模以上（限额以上）文化企业数居全省第二。滁州女子手球队代表安徽参加首届全国学生（青年）运动会并获得首金。成功举办第九届中国农民歌会及丰收节系列活动、奥体中心大型演艺、2023滁州马拉松等文体赛事活动。

七、全力防风险，社会大局和谐稳定

平安建设迈出新步伐。开展重大事故隐患专项排查整治2023行动，生产安全事故起数、死亡人数、受伤人数均同比下降。市消防救援支队获评全国消防专项整治三年行动先进支队。开展“清风2023”等专项行动，扫黑除恶、禁毒反诈成效明显，群众安全感和对公安工作满意度均居全省前列。严格落实“四个最严”要求，食品药品、特种设备、产品质量等领域安全形势平稳向好。省级平安建设县（市、区）实现全覆盖。社会治理取得新成效。推深做实“1+5+N”矛盾纠纷排查调处机制，深化信访突出问题“百日攻坚”，信访形势平稳向好，总量持续下降。深入推进非法集资陈案积案攻坚行动，案件数量全省最少。开展统计造假专项治理行动，完成第五次全国经济普查清查工作。市工商联获评全国工商联系统先进集体。南谯、全椒、明光获评第二批全国科普示范县（市、区）。其他各项工作再上新台阶。

八、持续改作风，自身建设全面加强

强化政治引领。深入学习贯彻党的二十大精神，扎实开展学习贯彻习近平新时代中国特色社会主义思想主题教育，一体推进理论学习、调查研究、推动发展、检视整改、建章立制，用足用好正反面典型案例，切实解决了一批影响制约高质量发展、人民群众急难愁盼、防范化解重大风险隐患等问题，在以学铸魂、以学增智、以学正风、以学促干上取得明显成效。聚焦“六破六立”，推动思想大解放、环境大优化、能力大提升、作风大转变、任务大落实，不折不扣抓好省委巡视反馈问题整改，做到“忠专实”“勤正廉”。推进依法行政。自觉接受人大法律监督、工作监督和政协民主监督，全年共办理人大议案3件、建议160件和政协提案344件，满意率均超99%。领导干部述法评价省级试点工作扎实推进，行政机关主要负责人出庭应诉率居全省前三；创成省级法治政府建设示范市，入选示范数量居全省第一。改进工作作风。严格落实中央八项规定精神和省市有关要求，弘扬“四下基层”优良作风，力戒“虚、推、拖、胡”。严格落实为基层减负举措，政府发文、会议、督查检查均实现下降。严格落实过紧日子要求，全面推行零基预算改革，大力压减非重点、非刚性支出，财政资金管理使用效益持续提高。

第八章　宣城市经济社会发展情况

2023年，面对错综复杂的外部环境和艰巨繁重的改革发展稳定任务，全市上下坚持以习近平新时代中国特色社会主义思想为指导，认真贯彻落实中央和省、市决策部署，坚持稳中求进工作总基调，完整、准确、全面贯彻新发展理念，积极服务和融入新发展格局，着力扩大内需、优化结构、提振信心、防范化解风险，全市经济运行总体平稳，生产需求稳步改善，就业物价总体稳定，民生保障有力有效，高质量发展扎实推进，经济社会发展呈现向上向好的良好态势。

第一节　经济发展基本情况

一、综合概况

根据地区生产总值统一核算结果，2023年全市实现地区生产总值1951.9亿元，按不变价格计算，比上年增长5.9%。2019—2023年宣城市地区生产总值及其增长速度见图2-8-1、地区生产总值和人口概况见表2-8-1。其中，第一产业增加值179.9亿元，增长4.2%；第二产业增加值906.4亿元，增长5.8%；第三产业增加值865.6亿元，增长6.5%。三次产业结构比例为9.2∶46.4∶44.4。2019—2023年宣城市三次产业结构比例见图2-8-2。按常住人口计算，人均地区生产总值78358元（折合11120美元），增长5.9%。2023年宣城市辖各县（市、区）经济发展情况见图2-8-3。

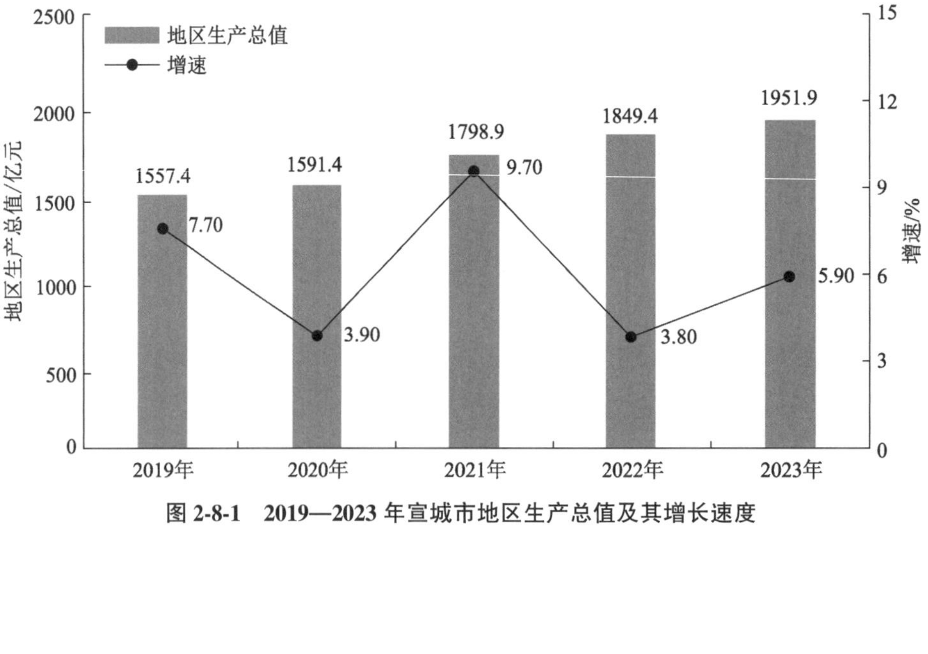

图2-8-1　2019—2023年宣城市地区生产总值及其增长速度

表 2-8-1　2019—2023 年宣城市地区生产总值和人口概况

指标	2019 年	2020 年	2021 年	2022 年	2023 年
地区生产总值/亿元	1561.3	1607.5	1833.9	1914.4	1951.9
地区生产总值可比价增速/%	7.8	4.0	10.1	4.2	5.9
常住人口/万人	266.1	250	248.7	249.5	248.7
人均地区生产总值/万元	5.88	6.43	7.35	7.69	7.84

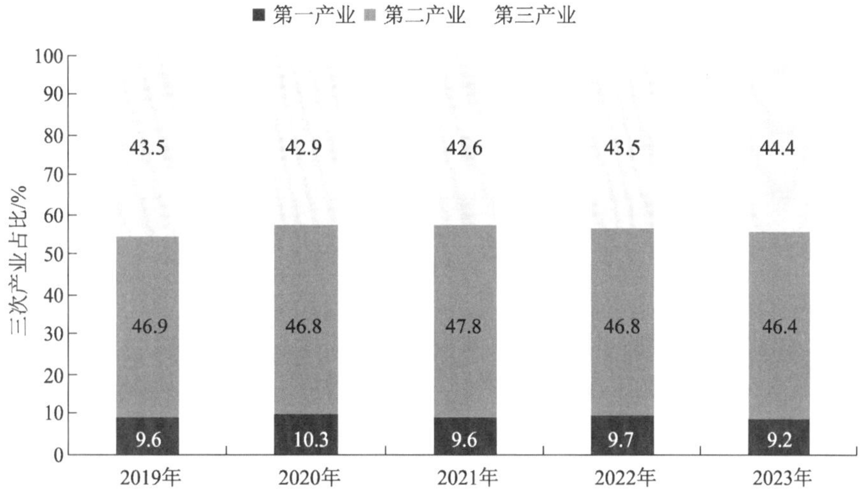

图 2-8-2　2019—2023 年宣城市三次产业结构比例

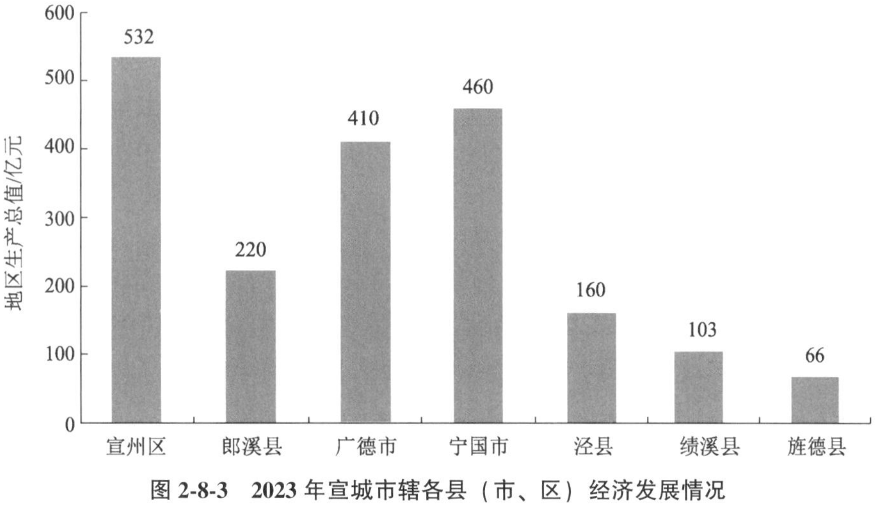

图 2-8-3　2023 年宣城市辖各县（市、区）经济发展情况

年末全市常住人口 248.7 万人，比上年减少 0.8 万人，其中城镇常住人口 158 万人，城镇化率为 63.55%，比上年提高 0.95 个百分点。全年出生人口 1.4 万人，出生率为 5.64‰；死亡人口 2.4 万人，死亡率为 9.78‰；人口自然增长率为 −4.14‰。

全年城镇新增就业 4.74 万人，完成目标任务的 105.33%。全年帮助失业人员实现再就业 2.3 万人，就业困难人员实现再就业 0.4 万人。全年新增技能人才 3.68 万人，开展职业技能培训 6.14 万人次，分别完成目标任务的 216.51%、157.68%。

全年居民消费价格比上年上涨 0.3%。分类别看，八大类商品及服务价格“六升二降”：食品烟酒类上涨 1.2%，衣着类上涨 2.1%，生活用品及服务类上涨 0.3%，教育文化和娱乐类上涨 1.1%，医疗保健类上涨 2.4%，其他用品及服务类上涨

4.2%，居住类下降 1.8%，交通和通信类下降 2.1%。2021—2023 年宣城市居民消费和商品零售价格涨跌幅度见表 2-8-2。

表 2-8-2　2021—2023 年宣城市居民消费和商品零售价格涨跌幅度

指标	2021 年涨跌幅度/%	2022 年涨跌幅度/%	2023 年涨跌幅度/%
居民消费价格	0.7	2.3	0.3
# 食品烟酒	-0.4	4.5	1.2
衣着	2.6	0.8	2.1
居住	0.1	-1.2	-1.8
生活用品及服务	0.4	0.7	0.3
交通和通信	4.8	6.9	-2.1
教育文化和娱乐	0.8	0.1	1.1
医疗保健	-0.6	2.4	2.4
其他用品及服务	-3.1	2.9	4.2

市场主体总量持续增长。全年新登记企业 1.1 万户，个体户 3.5 万户。年末各类市场主体总数 33.3 万户，比上年增长 8.8%。全年新增“四上”企业 534 家，其中新增规模以上工业企业 316 家，规模以上服务业企业 21 家，限额以上批零住餐企业 136 家。

二、农林牧渔业

全年粮食播种面积 329.8 万亩，比上年增长 0.2%。油料播种面积 50.4 万亩，增长 17.1%。蔬菜播种面积 40.5 万亩，增长 3%。园林水果种植面积 9.9 万亩，增长 0.4%。茶园面积 51.1 万亩，增长 2.1%。烟叶种植面积 10 万亩，增长 4.9%。

全年粮食总产量 128.5 万吨，比上年增长 1.3%。其中，夏粮产量 22.5 万吨，增产 1%；早稻产量 8.5 万吨，减产 0.6%；秋粮产量 97.4 万吨，增产 1.6%。油料产量 8.1 万吨，增产 13.4%。蔬菜产量 61.2 万吨，增产 3%。园林水果产量 3.5 万吨，增产 7.9%。茶叶产量 3.9 万吨，增产 2.8%。烟叶产量 1.4 万吨，增产 2.9%。

全年猪牛羊禽肉类产量 34.2 万吨，比上年增长 3.9%。其中，猪肉产量 7.5 万吨，增长 2%；禽肉产量 26.3 万吨，增长 4.6%。禽蛋产量 7 万吨，增长 19.2%。年末生猪存栏 44.6 万头，增长 0.5%；全年生猪出栏 91.7 万头，增长 0.4%。

全年水产品产量 12.1 万吨，比上年增长 3.5%。其中，养殖水产品产量 11.1 万吨，增长 3.9%；捕捞水产品产量 1 万吨，下降 0.6%。2023 年宣城市主要农产品产量情况见表 2-8-3。

表 2-8-3　2023 年宣城市主要农产品产量情况

产品名称	产量/万吨	比上年增长/%
粮食	128.5	1.3
油料	8.1	13.4
# 油菜籽	7.5	18.2
蔬菜	61.2	3.0
园林水果	3.5	7.9
茶叶	3.9	2.8
烟叶	1.4	2.9
猪牛羊禽肉类	34.2	3.9

续表

产品名称	产量/万吨	比上年增长/%
禽蛋	7.0	19.2
水产品	12.1	3.5

年末全市农业机械总动力260.1万千瓦，比上年末增长1.8%。全年化肥施用量（折纯）10.4万吨，下降0.6%。主要农作物耕种收综合机械化率85.7%，比上年提高2.4个百分点。全年建成高标准农田17.6万亩。

三、工业和建筑业

全年全部工业增加值690.1亿元，比上年增长5.2%。规模以上工业增加值增长6.2%。在规模以上工业中，分经济类型看，国有控股企业增加值增长2.3%；股份制企业增长6.3%；外商及港澳台商投资企业增长2.2%。分门类看，采矿业增加值增长0.2%；制造业增长6.8%；电力、热力、燃气及水生产和供应业增长0.6%。

全年规模以上高技术制造业增加值增长6.2%，其中医药制造业增长14.1%，电子及通信设备制造业增长1.2%，计算机及办公设备制造业下降17.4%，医疗仪器设备及仪器仪表制造业增长51.9%。全年装备制造业增加值增长7%，占规模以上工业增加值比重由上年的36.2%提高到38.3%。其中，汽车制造业增长7.9%，电气机械和器材制造业增长28.9%，计算机、通信和其他电子设备制造业增长22.9%。

汽车零部件、新能源两大主导产业增加值同比增长22.7%，占规模以上工业增加值比重由上年的21.9%提高到26.6%。其中，新能源产业增长69%，汽车零部件产业增长13.6%。2023年宣城市主要工业产品产量情况见表2-8-4。

表2-8-4　2023年宣城市主要工业产品产量情况

产品名称	计量单位	绝对数	比上年增长/%
饲料	万吨	76.1	-2.2
饮料酒	万升	3841.4	-5.4
精制茶	万吨	1.4	9.2
服装	万件	884.7	-2.5
塑料制品	万吨	35.7	0.9
复合木地板	万平方米	551.3	-17.8
机制纸及纸板	万吨	8.8	-24.0
磷酸一铵	万吨	62.3	0.0
玻璃纤维布	万吨	8097.0	12.2
耐火材料制品	万吨	7.3	-7.7
粗钢	万吨	232.6	20.1
钢材	万吨	291.4	0.01
铸铁件	万吨	51.6	-6.5
泵	万台	24.9	14.8
液压元件	万件	6.4	-46.9
滚动轴承	万套	10080.7	-16.9
水泥	万吨	964.3	-1.9
灭火器	万台	72.9	-7.7

续表

产品名称	计量单位	绝对数	比上年增长/%
太阳能电池（光伏电池）	万千瓦	546.6	275.7
电子元件	万只	51284.38	10.7
印制电路板	万平方米	529.8	-21.0
电工仪器仪表	万台	7.1	-43.2

全年规模以上工业企业实现营业收入2667亿元，比上年增长6.1%；实现利润总额113.2亿元，下降13%。规模以上工业企业每百元营业收入的成本为86.8元，比上年增加0.3元；营业收入利润率4.24%，下降0.94个百分点。

全年建筑业增加值216.4亿元，比上年增长8.1%。年末在库资质以上建筑业企业427家，比上年增加29家；实现营业收入273.3亿元，增长2.9%。全年房屋建筑施工面积1578.9万平方米，房屋竣工面积712.6万平方米。

四、固定资产投资和房地产业

全年固定资产投资（不含农户）比上年增长6.9%。其中，国有经济投资增长34.2%；民间投资下降3.1%；港澳台、外商经济投资增长16.3%。分产业看，第一产业投资下降30.6%，第二产业投资增长16.3%，第三产业投资增长1.4%。工业投资增长16.3%，其中制造业投资增长12.1%，高技术制造业投资增长56.5%；基础设施投资增长44.7%；社会领域投资下降8.1%。

全年房地产开发投资比上年下降32.3%。商品房销售面积下降33.8%；商品房销售额下降36%。年末商品房待售面积增长20.9%，其中住宅待售面积增长39.2%。

五、国内贸易

全年社会消费品零售总额851.7亿元，比上年增长9.7%。按经营地分，城镇消费品零售额670.3亿元，增长9.5%；乡村消费品零售额181.4亿元，增长10.8%。按消费类型分，商品零售766.6亿元，增长9.1%；餐饮收入85.2亿元，增长15.6%。

限额以上单位商品零售额中，粮油、食品类比上年下降1.3%，饮料类增长23.9%，烟酒类增长32.1%，服装、鞋帽、针纺织品类增长2.7%，金银珠宝类增长9.5%，日用品类增长9.9%，家用电器和音像器材类增长20.7%，石油及制品类增长21.1%，汽车类下降4.5%。全年限额以上批发零售企业通过公共网络实现商品零售额比上年增长29.1%，占限额以上单位消费品零售额比重10.9%。

六、交通、邮电和旅游业

全年批发和零售业增加值206.9亿元，比上年增长11.5%；交通运输、仓储和邮政业增加值108.8亿元，增长5.6%；住宿和餐饮业增加值36亿元，增长14.9%；金融业增加值109.3亿元，增长10.4%；房地产业增加值76.6亿元，下降1.2%。

全年规模以上服务业企业实现营业收入90.2亿元，比上年增长3.3%，其中商务服务业增长8.5%，专业技术服务业增长10.6%。全年规模以上其他营利性服务业营业收入28.7亿元，比上年增长10.4%。

全年货物运输量3亿吨，比上年增长10.5%；货物运输周转量999.6亿吨公里，增长10.4%。港口货物吞吐量1382.9万吨，增长49.8%。旅客运输量176.3万人次，增长0.1%；旅客运输周转量2.2亿人公里，增长57.9%。

年末民用汽车保有量57.2万辆，比上年末增长4.4%，其中新注册3.8万辆。私人汽车保有量51.9万辆，增长5.1%，其中私人轿车31.8万辆，增长5.1%。

全年完成邮政业务总量15.5亿元，比上年增长15.3%。邮政业全年完成函件业务量70.5万件，包裹业务量6.3万件，快递业务量12501.6万件；快递业务收入9.3亿元，增长19.9%。电信业务总量28亿元，增长17%。年末电话用户总数314.4万户，其中移动电话用户288.5万户。固定互联网宽带接入用户132.3万户，其中光纤宽带接入用户

119.3 万户；手机上网用户 255.1 万人。全年移动互联网用户接入流量 2.7 亿 GB，增长 16.8%。

2023 年末，全市有 A 级及以上旅游景点（区）60 处。全年接待国内游客 4514.8 万人次，增长 72.2%；国内旅游收入 413.7 亿元，增长 85%。

七、财政和金融

全年一般公共预算收入 197.9 亿元，按自然口径比上年增长 5%。其中，税收收入 126.3 亿元，增长 5.1%；非税收收入 71.6 亿元，增长 4.7%。一般公共预算支出 368.1 亿元，比上年增长 5.6%。重点项目支出中，交通运输支出增长 68.1%，节能环保支出增长 15.6%，社会保障与就业支出增长 10.8%，教育支出增长 9.1%，农林水事务支出增长 4.3%，一般公共服务支出增长 3.7%。

年末金融机构本外币各项存款余额 3137 亿元，比上年末增长 12.9%，其中住户存款余额 2102.9 亿元，增长 16.5%。各项本外币贷款余额 2822.9 亿元，增长 17.1%，本年新增贷款 411.8 亿元。2023 年末宣城市金融机构本外币存贷款情况见表 2-8-5。

表 2-8-5　2023 年末宣城市金融机构本外币存贷款情况

指标	年末数/亿元	比上年增长/%
金融机构本外币存款余额	3137	12.9
# 住户存款	2102.9	16.5
非金融企业存款	628.3	9.4
机关团体存款	316.2	-4.2
金融机构本外币贷款余额	2822.9	17.1
# 境内短期贷款	878.5	15.7
境内中长期贷款	1800	16.9

全年保险公司原保险保费收入 67.7 亿元，比上年增长 6.5%。其中，人身险业务原保险保费收入 44.4 亿元，增长 8.4%；财产险业务原保险保费收入 23.3 亿元，增长 5.5%。赔款和给付支出 27.3 亿元，增长 3.9%。其中，人身险业务赔付 11.6 亿元，增长 2.5%；财产险业务赔付 15.8 亿元，增长 5.9%。

第二节　社会发展基本情况

一、科学技术和教育

全年中等职业学校招生 0.88 万人，在校生 2.58 万人，毕业生 0.90 万人。普通中学招生 3.33 万人，在校生 10.10 万人，毕业生 3.43 万人。普通小学招生 2.44 万人，在校生 13.57 万人，毕业生 2.14 万人。幼儿园在园幼儿 6.49 万人。宣城职业技术学院招生 5274 人，在校生 13677 人，毕业生 6745 人。合肥工业大学宣城校区招生 2648 人，在校生 10386 人，毕业生 2361 人。

全年登记科技成果 166 项，组织申报各类科技计划项目 285 项，其中列入国家和省科技计划 14 项。全年授权专利 5674 件，其中授权发明专利 787 件。年末拥有有效发明专利 5662 件；每万人口发明专利拥有量 22.7 件，比上年增长 12.9%。年末全市有高新技术企业 700 家，净增 134 家。备案国家科技型中小企业 925 家，增长 93.1%。全年签订技术合同 1166 个，技术合同交易额 511.5 亿元，增长 24.1%。

年末全市有获得资质认定的检验检测机构 95 家，国家质量监督检验中心 1 个，获得强制性产品认证企业 76 家。全年制定修订地方标准 7 项，累计102项。年末全市共有国家地理标志产品7个、有效注册商标4万件。全年制造业产品质量合格率为96.3%。

二、文化、卫生和体育

年末全市有艺术表演团体34个，文化馆8个，博物馆13个，剧场、影院18个。公共图书馆8个，馆藏书量184.02万册；综合档案馆8个，馆藏档案资料308.4万卷（件、册）。广播电视台7座，广播综合人口覆盖率和电视综合人口覆盖率分别为99.97%和99.96%。

年末全市有全国重点文物保护单位19处，省级重点文物保护单位102处。列入国家级非物质文化遗产名录8项，省级名录79项。

年末全市有医疗卫生机构1469个，其中医院61个，基层医疗卫生机构1376个，专业公共卫生机构30个。基层医疗卫生机构中，卫生院79个，社区卫生服务中心60个，村卫生室808个；专业公共卫生机构中，疾病预防控制中心8个，妇幼保健院（站、所）8个，专科疾病防治院（站、所）1个，卫生监督所8个。年末卫生技术人员20178人，其中执业（助理）医师7653人，注册护士9832人。医疗卫生机构床位17879张，其中医院13899张，卫生院3225张，社区卫生服务中心621张。全年医疗卫生机构共诊疗2208.2万人次。

年末全市有体育场地10555个，体育场地面积780.6万平方米。人均体育场地面积3.13平方米。全年新增一级运动员13名，二级运动员86名。全市组织890名运动员参加2023年安徽省青少年单项锦标赛，共获得47枚金牌、44枚银牌、53枚铜牌，695人次取得前八名的优异成绩。

三、人民生活和社会保障

2023年全年宣城市全体居民人均可支配收入38952元，比上年增长8.5%，扣除价格因素实际增长8.2%。人均消费支出24868元，比上年增长6.1%。全体居民恩格尔系数为32.6%。按常住地分，城镇居民人均可支配收入51318元，增长5.6%，扣除价格因素实际增长5.3%。农村居民人均可支配收入23979元，增长8.7%，扣除价格因素实际增长8.4%。城乡居民人均可支配收入比值为2.14，比上年缩小0.06。城镇居民人均消费支出30488元，增长4.2%；农村居民人均消费支出18063元，增长5.7%。2019—2023年宣城市全体居民人均可支配收入及其增长速度见图2-8-4。

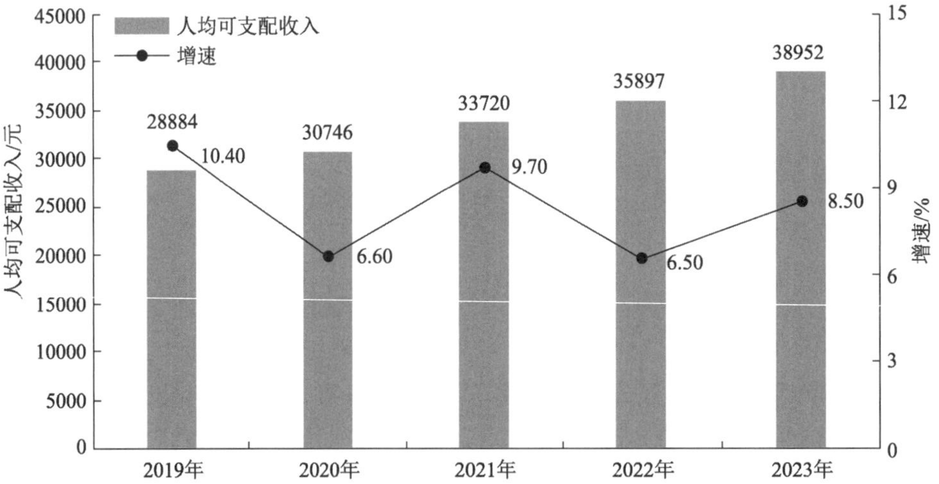

图2-8-4　2019—2023年宣城市全体居民人均可支配收入及其增长速度

年末全市参加城镇职工基本养老保险80.5万人，比上年增长5.8%。参加城乡居民基本养老保险142.5万人，下降1.1%。参加失业保险34.8万人，增长9.6%；参加工伤保险52万人，增长12.6%；参加生育保险40.2万人，增长6.9%。年末城镇职工基本医疗保险参保人数53.2万人，城乡居民基本医疗保险参保人数201.1万人。年末全市有0.7万人享受城市最低生活保障，5.74万人享受农村最低生活保障。

年末全市有各类提供住宿的社会服务机构177

个，其中养老机构169个。社会服务床位1.93万张，其中养老服务床位1.89万张。年末共有社区服务中心154个，城市社区综合服务设施覆盖率达到100%。

四、资源、环境和安全生产

全年总降水量1315.3毫米。全年总用水量13.6亿立方米，比上年下降12.6%。年末全市水利工程蓄水总量17.5亿立方米。

全年全社会用电量200.1亿千瓦时，增长7.5%。其中，工业用电量143.8亿千瓦时，增长8.8%。全年规模以上工业综合能源消费量468.8万吨标准煤，增长0.8%；单位工业增加值能耗0.826吨标准煤/万元，下降5.1%。

在16个国家考核断面中，Ⅰ~Ⅲ类水质断面比例为93.8%，分别为Ⅱ类水质断面比例81.3%、Ⅲ类水质断面比例12.5%。全市在用县级以上城市集中式生活饮用水水源地水质达标率100%。

年末全市有市、县级生态环境监测机构8个。全年$PM_{2.5}$平均浓度为30微克/立方米，空气质量优良天数比例为94.2%。

全年发生各类生产安全事故42起，比上年下降8.7%；生产安全事故死亡47人，增长2.2%；直接经济损失额1800万元，增长9.1%。全年发生道路交通事故1350起，增长25.1%；道路交通事故死亡344人，增长16.2%；经济损失额373万元，增长3.6%。

第三节　2023年主要工作

2023年，是全面贯彻党的二十大精神的开局之年，是三年新冠疫情防控转段后经济恢复发展的一年。全市上下坚持以习近平新时代中国特色社会主义思想为指导，按照省委、省政府和市委决策部署，拉高标杆、加压奋进，“追赶江浙、争先江淮”，全力拼经济、稳增长、惠民生、保安全，经济发展实现质的有效提升和量的合理增长。地区生产总值增长5.9%，一般公共预算收入增长5%，规模以上工业增加值增长6.2%，固定资产投资增长6.9%，社会消费品零售总额增长9.7%，全体居民人均可支配收入增长8.5%。

纵深融入长三角一体化发展积厚成势。宣城全域纳入上海大都市圈规划范围。长三角（宣城）产业合作区启动建设，“一区三片”空间布局拉开序幕。“一地六县”产业合作区宣城区域新签约亿元以上项目222个，总投资1204.9亿元。沪苏浙在宣投资新建亿元以上项目320个，在建亿元以上项目实际到位资金880亿元、位居全省前三。全面启动长三角（安徽）生态绿色康养基地广德先行区建设。建成运营长三角G60科创走廊宣城科创中心。规划启动东部新区建设，编制完成东部新区发展规划和产业规划，培育沪苏湖宣发展轴战略节点。

招大引强实现历史性突破。坚持把项目、招商、投资作为经济工作的主旋律和生命线，强力推进工业强市“6543”计划，新签约、新开工、新投产亿元以上制造业项目分别达612个、561个、417个，新增规模以上工业企业316家、居全省第3位，总数达2224家、居全省第4位。新签约总投资110亿元华晟新能源10GW超高效异质结电池、100亿元广德寻钠钠离子电池等百亿级项目5个，其中投资112亿元宁国仕净高效太阳能电池、107.5亿元宣州宏润新能源项目实现当年签约、当年投产。签约50亿元以上制造业项目13个，超近5年之和。连续两个季度获得全省投资“赛马”激励。

主导产业加速集聚。组建市领导牵头的“2+3+4”产业链推进组，编制产业链发展规划和招商地图。顶格推进新能源、汽车零部件主导产业，招引项目134个，总投资1274亿元。新能源、汽车零部件产业产值分别达430亿元、700亿元，分别增长55%、17%，对全部规模以上工业增长贡献超九成，产业规模位居全省前列。华晟新能源公司成为全球产能最大的异质结电池制造商、全球最年轻光伏独角兽企业。中鼎集团跃居中国汽车供应链前30强。

区域发展形象显著提升。全省季度“赛马”中，经济运行、营商环境连续3个季度稳居前列。

创成全国第7个、全省首个“天然氧吧城市”，生态文明建设获国务院督查激励。成功举办第十一届文房四宝文化旅游节、长三角地区国资国企联席会、第六届国际异质结大会、中国光伏行业半年会等重大活动。宣城在区域发展格局中的影响力日益增强、形象地位加速提升，全市上下呈现出人心思干、人心思进的浓厚氛围。

一、坚持扩内需、优环境，经济发展积蓄新动能

项目建设扩量提质。落实常态化投资“赛马”机制，开展“三比三学三赶超”项目现场观摩点评，推进项目落地见效。列入省级重点项目清单879个，投资完成率126.2%、开工率105%、竣工率144.1%。参加全省集中开工动员项目279个，总投资1882.6亿元，开工率98.2%、纳统率92.5%，分别居全省第4位、第5位。“双招双引”质效提升。调整优化招商机制，设立“5+2”招商局，持续推进产业链招商，产业契合度达80%以上。开展“投资安徽——宣城行”等招商推介活动72场，与江汽集团等省属国企合作项目25个。设立“宣城人才日”，升级人才强市28条、产业人才政策“宣十条”，赴180所高校开展招才引智活动，设立高校人才工作站27个，引进各类人才4.2万人、增长25%，入围中国城市人才吸引力百强榜。消费潜力加速释放。更大力度实施恢复和扩大消费政策，出台“抢先机拼经济扩消费惠企业”10条举措，开展“品质生活·乐享宣城”促消费活动30场，发放消费券3050万元，带动汽车、餐饮等消费5亿元。电子商务网上零售额突破100亿元。宣州、宁国获评首批全国县域商业“领跑县”。营商环境持续优化。建立政商恳谈会、“123”企业诉求督办反馈、周六要素保障会商等机制，解决178家企业反映诉求247个。全面推行惠企政策“免申即享”“即申即享”，兑付资金3.94亿元，惠及企业1440家。《宣城市优化营商环境条例》正式施行，出台促进民营经济发展壮大“十八条”，聘任首批民营经济发展顾问，开展水电气专项提升行动，深化企业开办集成服务改革，新登记市场经营主体4.64万户。

二、坚持聚产业、促创新，工业强市迈出新步伐

转型升级步伐加快。新增国家级专精特新“小巨人”企业10家，居全省第3位，总数达33家；新增省级专精特新企业159家，居全省第4位，总数达381家。战略性新兴产业产值占规模以上工业比重42.8%。加快企业数字化转型，为2159家规模以上工业企业开展数字化免费诊断，为910家企业实施数字化改造。新增国家级绿色工厂6家，居全省第2位。国家电动机产品质检中心（安徽）顺利通过验收。宁国高性能密封件产业集群入选全国中小企业特色产业集群。设立市本级产业基金8支，规模85亿元。在全省率先开展多层次资本市场资源普查，上市后备资源库企业达123家；新增广德森泰木塑、宁国博世科2家上市公司，总数达10家，居全省第5位。宁国、广德、宣州入选全省制造业发展综合十强县；旌德、广德、宁国入选全省制造业发展增速十快县。科技创新蓄势赋能。新增科技型中小企业446家、高新技术企业135家，创历年之最。高新技术产业增加值占规模以上工业比重56.2%，居全省第4位。科技创新指数居全省第5位。全面完成规模以上制造业企业研发投入“三清零”任务，规模以上工业企业研发机构覆盖率达34.1%；获批省企业研发中心42家，居全省第2位。设立2.6亿元科技成果转化基金，实施产学研合作项目320个，吸纳技术合同成交额突破300亿元。新增授权发明专利650件。开放平台支撑有力。在开发区全面推行“管委会+公司”管理模式。强力推进亩均效益评价改革，消化批而未供土地3.43万亩，处置闲置土地7430亩，盘活低效工业用地7579亩。加快推进“三区一港”建设，综合保税区入驻企业31家；宣城国际陆港一期建成使用，宣城至宁波舟山港海铁联运集装箱达3.2万标箱；建成跨境电商线上综合服务平台和9610海关监管场所，实现跨境电商交易额26亿元，增长83.4%。

三、坚持补功能、提品质，城市建设展现新面貌

基础设施持续完善。宣绩高铁开始全线铺轨。宁安高速建成通车，长高高速先行工程开工建设，

宣广等高速公路在建项目7个、在建总里程235公里。完成公路水运投资106亿元，创历史新高。省际、城际毗邻公交开通数量、开行里程均居全省第1位。港口吞吐量1400万吨，增长51%。郎溪获评“四好农村路”全国示范县。旌德入选全国城乡交通运输一体化示范创建县。完成水利投资42亿元，凤凰山水库、青弋江灌区续建配套工程项目开工建设，牛岭水库正式下闸蓄水。完成电网建设投资13.7亿元，居全省第3位。城市更新持续推进。全面完成市县国土空间总体规划编制。实施中心城市建设项目101个，完成投资130亿元。建成青弋江大道九标高新区段、桂花园路南延、九连山路等市政道路23条，完成鳌峰路雨污分流改造、宛陵湖品质提升和梅溪河、道叉河综合整治。市老年大学建成使用。新建城市阅读空间19个、口袋公园17个。改造老旧小区147个，惠及群众1.99万户。稳妥推进“保交楼”，完成交付2310套。更新改造城市燃气、供水、排水管网134.4公里。新增城市停车泊位4.1万个、公共充电桩1372个。

四、坚持强文旅、优生态，美丽宣城塑造新优势

旅游市场快速复苏。积极融入大黄山世界级休闲度假康养旅游目的地建设，开展“迎亚运·游宣城”、文旅惠民消费季等活动，举办第四届长三角城市非遗特展，全年接待游客4620万人次，实现旅游收入413亿元，超过2019年水平。敬亭山景区旅游收入比2019年增长74.9%。“中国文房四宝之城”顺利通过复评。泾县创成省级全域旅游示范区。水东古镇获评AAAA级景区，宣纸文化园入选国家工业旅游示范基地，“皖浙天路之旅”入选全国乡村旅游精品线路。文化事业繁荣发展。举办首届春节民俗文化季活动，主题巡演32场、观众近80万人次。开展“皖南星7天”等主题文化活动49场、“四季村晚”60场。非遗题材电影《幸福小马灯》在全国院线上映，50件文艺作品获省级以上奖项。选树宣城好人63人(组)，当选中国好人2人、安徽好人3人。生态优势持续巩固。深入打好污染防治攻坚战，空气质量综合指数稳居全省第2位，$PM_{2.5}$年平均浓度30.4微克/立方米、空气质量优良天数比例94.2%，均居全省第2位；国控断面总体水质达标率、建设用地安全利用率保持100%。完成突出生态环境问题整改449个，修复废弃矿山52个。在全国首启山核桃、绿化苗木、油茶等“高标准林地”建设1200亩，发放全省首本林下空间经营权证。扬子鳄国家级自然保护区入选首批国家林草科普基地。绩溪创成全国“两山”实践创新基地，生态文明“国字号”名片达7个，居全省第1位。

五、坚持增效益、抓示范，乡村振兴焕发新活力

农业生产提质增效。粮食播种面积329.8万亩，总产量128.5万吨，超额完成省下达的任务。新建高标准农田17.6万亩。创成长三角绿色农产品生产加工供应示范基地9家；新增省级农业产业化龙头企业12家，总数达99家；规模以上农产品加工产值增长11.2%。入选国家农业产业强镇6个，获评全国有机农产品基地6个、绿色食品原料标准化生产基地7个，新增家庭农场1854个、农民专业合作社91个。乡村建设提档升级。大力实施“千村引领、万村升级”工程，稳步推进23个乡村振兴示范片区建设，新增省级和美乡村中心村50个、精品示范村10个。持续推进农村人居环境整治提升，完成农村危房改造696户，农村生活垃圾无害化处理率保持在95%以上。新增中国传统村落18个，总数达85个、居全省第2位。泾县入选国家传统村落集中连片保护利用示范县。绩溪入选国家乡村振兴示范县创建名单。农民收入稳步增长。持续巩固拓展脱贫攻坚成果，“万企兴万村”行动惠及乡村464个。农村居民人均可支配收入2.4万元，增长8.7%。集体经营性收益50万元以上村521个，占比65.3%；股份分红村456个，占比57.1%。

六、坚持惠民生、增福祉，社会事业取得新进步

民生保障更加有力。省“民声呼应”重点事项、省定民生实事和十项“暖民心行动”任务顺利完成，群众满意度居全省前列。新增城镇就业4.74万人。《宣城市居家养老服务条例》正式施行。新增老年食堂（助餐点）118家、村级养老服务站77个。市社会福利中心“健康养老服务标准

化”项目获批国家级试点。国家妇幼保健机构能力建设项目实现县级全覆盖，每千人托位数居全省前列。残疾人、社会福利、公益慈善和红十字等事业取得新进步。公共服务持续优化。加大教育经费投入，公办园在园幼儿占比达 60.6%，建成中小学校 8 所，新增学位 16380 个。中小学配餐有序推进，“双减”成效持续巩固。高中布局得到优化调整。宣城职院首次招收本科生，“汽车学院”“光伏学院”正式成立。获评省优秀中等职业学校 3 所。常态化做好新冠疫情“乙类乙管”工作。国家卫生城市通过复审。启动县域医疗次中心建设，在全省率先建成“农村 30 分钟医疗急救圈”。市立中医医院正式启用。完成医保支付方式改革国家试点。成功举办市第三届运动会、第四届残运会。宣城籍运动员参加杭州亚运会取得 3 金 1 银 1 铜历史最好成绩，实现金牌零的突破。市体育运动学校获评国家体育后备人才基地。档案、地方志、地震、科普、机关事务、住房公积金管理等工作得到新加强。社会大局和谐稳定。首创首成“全国市域社会治理现代化试点合格城市”。开展“一站式”解纷体系建设试点，推行“握手言和”调解模式，推广“百姓评理说事点”建设，排查化解各类矛盾纠纷 1.8 万件，调解成功率达 99%。认真落实领导干部接访下访、包案化解、阅批群众来信等制度，进京去省重复访数量下降 66.7%。12345 热线办理质效持续提升，群众满意率达 99.9%。深入推进重大事故隐患专项排查整治行动，生产安全事故总量持续下降，食品药品安全形势稳定向好。持续推进扫黑除恶斗争，严厉打击电信网络诈骗等新型犯罪。深化国防动员体制改革，实施人防工程产权制度改革。民族宗教、外事侨务、对台事务、国家安全、国防教育、退役军人事务等取得新成效。

全市政府系统严格落实全面从严治党主体责任，扎实开展学习贯彻习近平新时代中国特色社会主义思想主题教育，主动接受人大法律监督、工作监督和政协民主监督，办理市人大代表建议 114 件、市政协提案（建议）201 件。全市办结行政复议案件 470 件，行政机关负责人出庭应诉率保持 100%，创成全省法治政府建设示范市。

第九章　常州溧阳市经济社会发展情况

2023年，常州溧阳全市上下坚持以习近平新时代中国特色社会主义思想为指导，以学习贯彻习近平总书记考察江苏重要讲话重要指示精神为遵循，深入学习贯彻落实党的二十大精神，紧扣“品质城市攻坚年”工作主题，坚持稳中求进工作总基调，坚定高远目标、坚持奋斗方向，聚力提升六大品质、奋战十项工程，以高质量发展奋力突破的过硬成果，走在前、做示范，为常州迈入“GDP万亿之城”和“强富美高”新江苏现代化建设作出溧阳贡献。

第一节　经济发展基本情况

一、综合概况

2023年，初步核算，溧阳市实现地区生产总值1557.22亿元，按可比价格计算，比上年增长9.7%。2019—2023年常州溧阳市地区生产总值及其增长速度见图2-9-1、地区生产总值和人口概况见表2-9-1。分产业看，第一产业完成增加值59.76亿元，增长3.4%；第二产业完成增加值846.18亿元，增长11.8%；第三产业完成增加值651.28亿元，增长7.7%。三次产业结构比例为3.8∶54.4∶41.8。2019—2023年常州溧阳市三次产业结构比例见图2-9-2。

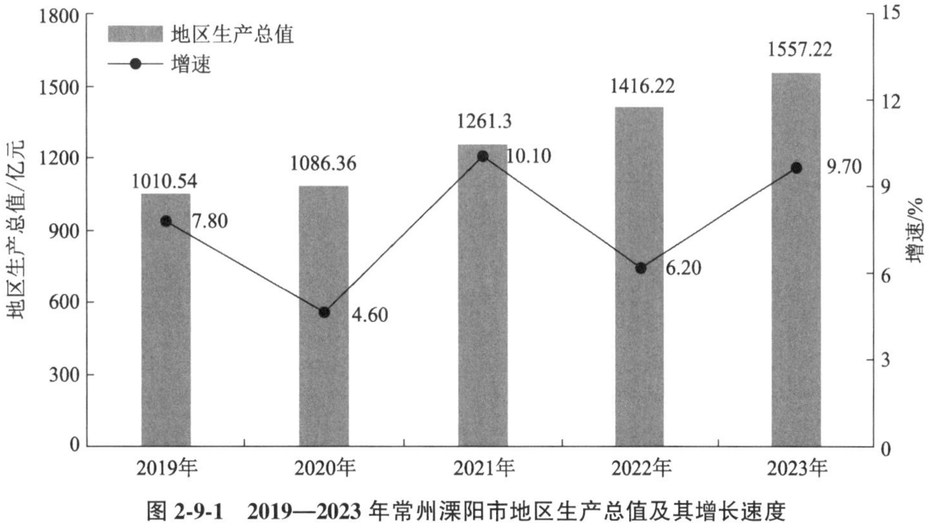

图2-9-1　2019—2023年常州溧阳市地区生产总值及其增长速度

表2-9-1　2019—2023年常州溧阳市地区生产总值和人口概况

指标	2019年	2020年	2021年	2022年	2023年
地区生产总值/亿元	1010.54	1086.36	1261.3	1416.22	1557.22

续表

指标	2019年	2020年	2021年	2022年	2023年
地区生产总值可比价增速/%	7.80	4.60	10.10	6.20	9.70
常住人口/万人	76.4	79.01	80.43	80.6	80.66
人均地区生产总值/万元	13.23	13.75	15.68	17.57	19.31

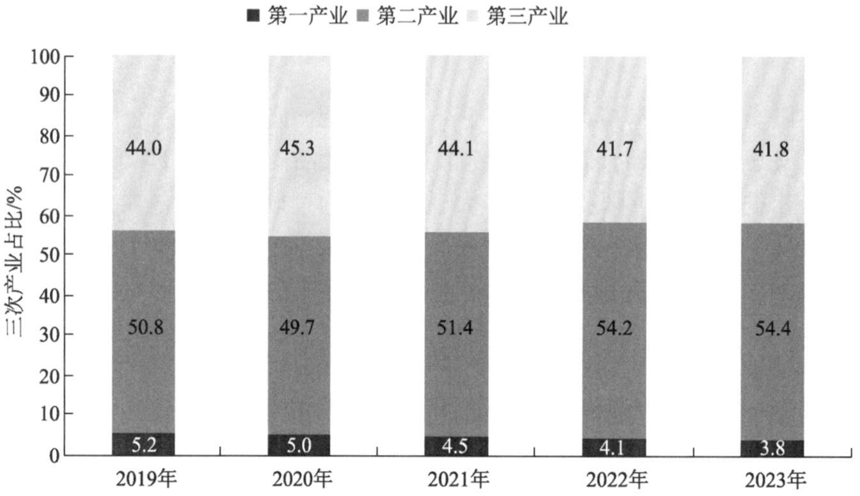

图 2-9-2　2019—2023年常州溧阳市三次产业结构比例

2023年，溧阳市户籍人口77.69万人，总户数27.00万户。年内出生人口3382人，出生率为4.339‰；死亡人口7465人，死亡率为9.578‰。户籍人口自然增长率为-5.239‰。男女性别比为99.98（以女性为100）。溧阳市常住人口80.66万人，其中城镇人口52.44万人，城镇化率65.12%。

2023年，溧阳市城镇新增就业人数11262人，城镇失业人员再就业4180人，就业困难人员再就业2210人，支持成功自主创业1509人，引领大学生创业276人，扶持农村劳动力自主创业556人。

二、农林牧渔业

2023年，溧阳市实现农林牧渔业总产值101.61亿元，比上年增长3.9%。其中，农业54.41亿元，林业2.52亿元，牧业3.45亿元，渔业31.8亿元，农林牧渔服务业9.44亿元。实现农林牧渔业增加值66.07亿元，可比价增长4.8%。其中，农业39.79亿元，林业0.96亿元，牧业1.50亿元，渔业17.55亿元，农林牧渔服务业6.27亿元。全年粮食播种面积82.69万亩，粮食总产量41.18万吨。农业机械总动力58.82万千瓦，农业机械专业合作社185家。2023年常州溧阳市农林牧渔产值情况见表2-9-2。

表 2-9-2　2023年常州溧阳市农林牧渔产值情况

类别	产值/亿元	比上年增长/亿元
农业	54.41	0.89
林业	2.52	0.03
牧业	3.45	0.21
渔业	31.80	1.80

三、工业和建筑业

2023年，溧阳市实现工业总产值3520.16亿元，增长11.3%；营业收入4303.16亿元，增长19.5%；利税总额321.10亿元，增长25.4%；利润总额231.51亿元，增长13.2%。其中，规模以上工业总产值3381.65亿元，增长12.5%；营业收入4165.98亿元，增长20.9%；利税总额309.29亿元，增长28.1%；利润总额222.83亿元，增长14.9%。

“2+2+X”产业实现规模以上工业总产值3028.9亿元，占全市规模以上工业总产值的比重达89.6%，增长15.9%。以高端不锈钢为代表的绿色精品钢产业规模突破千亿元，全年实现规模以上工业总产值1113.9亿元，增长71.0%，成为继动力电池产业后的第二个千亿级产业集群。江苏时代入选全球“灯塔工厂”，系常州首家。全年新增销售超百亿元企业3家，累计达10家；认定国家级专精特新“小巨人”企业9家，省级专精特新中小企业39家。2023年常州溧阳市主要工业产品产量情况见表2-9-3。

表2-9-3 2023年常州溧阳市主要工业产品产量情况

产品名称	计量单位	绝对数	比上年增长/%
服装	万件	2596	14.9
啤酒	万千升	20.04	2.4
初级形态塑料	吨	66130	4.1
锂离子电池	万只	18118	-13.5
钢材	万吨	547	144.1
铜材	万吨	10.95	16.7
水泥	万吨	1933	-11.2
电力电缆	万千米	319.68	61.1
塑料制品	吨	47986	22.0
变压器	万千伏安	12712	12.6
滚动轴承	万套	476	6.3
充电桩	个	9085	59.2

2023年，溧阳市拥有建筑业资质企业701家，其中，特级企业2家，一级企业67家，二级企业300家。全年完成施工总产值1131.7亿元，增长1.7%。

四、固定资产投资和房地产业

2023年，溧阳市固定资产投资增长7.1%。其中，工业投资增长5.4%，服务业投资增长9.6%。5000万元以上项目投资额占比96.5%，高技术投资占比16%。计划总投资10亿元以上项目（不含房地产）61个，完成投资增长3.3%，占固定资产投资额比重44.9%。

2023年，溧阳市房地产施工面积425.78万平方米，下降3.7%；新开工面积36.68万平方米，下降39.6%；商品房销售面积80.56万平方米，下降4.6%；实现销售额68.60亿元，下降16.5%；房屋待售面积40.91万平方米，增长0.9%。

五、国内贸易

2023年，溧阳市实现社会消费品零售总额402.75亿元，增长6.0%。其中，限额以上社会消费品零售总额100.61亿元，下降0.4%。分行业看，限额以上批发和零售业实现社会消费品零售总额90.89亿元，下降1.1%；限额以上住宿和餐饮业实现社会消费品零售总额9.72亿元，增长6.6%。

六、交通、邮电和旅游业

2023年，溧阳市交通和邮电业发展平稳，旅游业恢复良好。

2023年，全年接待游客2618.51万人次，较2019年增长24.5%；实现旅游收入325.8亿元，较2019年增长29.0%。全年推进重点文旅项目33个，年度总投资35亿元。推出“也新市集”“周末百姓篮球赛”“有个大坝”等夜游项目，惠及市民和游客超400万人次。开展“乡村旅居田园康养”品牌赋能乡村振兴试点工作，引进文旅业态31个。发放500万元文旅消费券，撬动约5000千万市场消费。

七、财政和金融

2023年，溧阳市一般公共预算收入完成105.03亿元，较上年同期增加23.94亿元，增长29.5%，税收占比为81.2%。财政总收入（含政府性基金收入、国有资本经营收入和上划中央四税）完成433.06亿元，增长5.4%。

截至12月末，全辖金融机构本外币各项存款余额2715.03亿元，比年初增加549.05亿元，增长25.4%。其中，住户存款1275.47亿元，比年初增加199.18亿元，增长18.5%。全辖金融机构本外币各项贷款余额2092.57亿元，比年初增加478.28亿元，增长29.6%。年末共有银行21家，小贷公司12家。全年保费收入28.5亿元，增长20.4%。2023年常州溧阳市金融机构本外币存贷款情况见表2-9-4。

表2-9-4　2023年常州溧阳市金融机构本外币存贷款情况

指标	绝对值/亿元	比年初增长/%
金融机构本外币存款余额	2715.03	25.4
# 住户存款	1275.47	18.5
金融机构人民币贷款余额	2092.57	29.6

第二节　社会发展基本情况

一、科学技术和教育

2023年，溧阳市成功入选国家第二批创新型县（市）建设名单，全市拥有有效高新技术企业超300家、江苏省潜在独角兽企业5家，建成国家火炬特色产业基地2个、国家级孵化器3家，拥有省级以上“三站三中心”198家，常州市级以上众创空间、孵化器、加速器34家。

2023年，溧阳市共有各类学校158所，在校学生99771人（含幼儿），专任教师7811人（含编外）。高中7所（含民办1所），在校学生11256人；初中27所，在校学生19813人；小学45所，在校学生45443人；特殊教育学校1所，在校学生174人；中专2所，在校学生4666人；幼儿园76所（含民办22所），在园幼儿18419人。另有青少年活动中心1所。

二、文化、卫生和体育

2023年，全年完成送书下乡3万册，送电影下乡3744场，主题文艺进乡村12场，艺术普及进乡村12次。完成图书馆改造升级工程，新建溧书房3家。开设春秋季“全民艺术普及课堂”、暑期少儿艺术体验项目近百个，累计服务群众10万余人次。

2023年，溧阳市现有各级各类医疗机构337家，其中市级公立医院2家，民营医院12家，乡镇卫生院17家，其他社会办医疗机构121家，村卫生室（含社区卫生服务站）179家。三级综合性医院1家。全系统卫健从业人员7296人，其中卫技人员5925人，每千常住人口执业（助理）医师数3.09人，每万常住人口全科医生数7.48人，每千常住人口医疗卫生机构床位数5.44张。

2023年，成功举办2023天目湖马拉松、中国溧阳射箭精英赛暨中国射箭协会认证达级赛、第十届长三角运动休闲体验季等系列大型体育赛事（活动）。新建体育公园1个、健身步道3公里，实现行政村体育设施全覆盖。

三、人民生活和社会保障

2023年，溧阳市全体居民人均可支配收入54743元，增长5.5%。其中，城镇居民人均可支配收入66183元，增长4.8%；农村居民人均可支配收入37742元，增长6.9%。城乡居民收入比1.75，较上年缩小0.04。2019—2023年常州溧阳市全体居民人均可支配收入及其增长速度见图2-9-3。

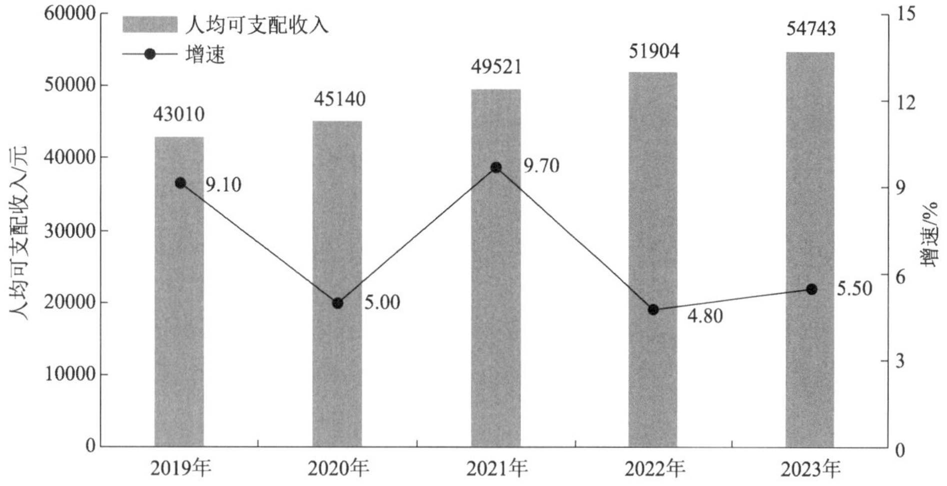

图2-9-3　2019—2023年常州溧阳市全体居民人均可支配收入及其增长速度

2023年，溧阳市城镇职工基本养老、医疗和失业“三大保险”综合覆盖率均超98%。城镇企业职工基本养老保险参保21.25万人，新增参保人数1.26万人，城乡居民养老参保6.16万人；职工基本医疗保险参保31.12万人（生育保险参保18.76万人），城乡居民基本医疗保险参保44.12万人；失业保险参保16.42万人；工伤保险参保25.14万人。全市共有农村特困供养对象1718人，其中集中供养333人、分散供养1385人。

四、资源、环境和安全生产

2023年，溧阳市$PM_{2.5}$平均浓度为31微克/立方米，空气质量优良天数比例79.2%。全市10个国考、省考断面优Ⅲ比例100%，其中山前桥、土山大桥达到Ⅱ类。完成湿地修复1650亩，净增造林面积34.56公顷，低效林改造（退化林修复）103.21公顷，封山育林面积267.15公顷。

2023年，溧阳市规模以上工业企业综合能源消费量377.65万吨标准煤，增速与上年持平。规模以上工业产值能耗为0.1117吨标准煤/万元，下降13.1%。

第三节　2023年主要工作

2023年，面对复杂严峻的外部环境和艰巨繁重的改革发展稳定任务，溧阳市政府在中共溧阳市委的坚强领导和市人大、市政协的监督支持下，坚持以习近平新时代中国特色社会主义思想为指导，以学习贯彻习近平总书记考察江苏重要讲话重要指示精神为遵循，深入学习贯彻落实党的二十大精神，紧扣“品质城市攻坚年”工作主题，坚持稳中求进工作总基调，紧紧依靠全市人民团结奋斗、拼搏进取，各项事业在勇挑重担、克难奋进中迈出坚实步伐。“推进新型城镇化高质量发展”等10项工作获省政府督查激励通报表扬，总数位列全省各县（市、区）第一，实现“三连冠”。

在稳住经济大盘中，迎难而上、难中求进，交出了稳进提质的实干答卷。实现地区生产总值1557.22亿元，增长9.7%（初步核算，下同）；一般公共预算收入105.03亿元，增长29.5%；规模以上工业产值3381.65亿元，增长12.5%；规模以上工业增加值增长15%；工业应税销售收入4300亿元，增长22%；工业用电量81.21亿千瓦时(剔除抽蓄)，增长8.12%；进出口总额175亿元，增长15%左右。多项指标增幅位列常州第一、苏南乃至全省前列。荣登2023“中国工业百强县（市）”第17位、“中国创新百强县（市）”第29位。

在抢抓战略机遇中，守正创新、勇于突破，交出了转型升级的亮眼答卷。“2+2+X”产业集群产值占比提升至89%。其中以动力电池、智能电网为代表的新能源产业产值突破1750亿元，占常州总量的24%；以高端不锈钢为代表的绿色精品钢产值达1080亿元，成为第二个千亿产业。新增龙跃金属、宝润钢铁、瑞昕金属3家销售超百亿元企业，全市超百亿元工业企业累计达10家。净增14家纳税超千万元工业企业，累计达83家；其中净增4家纳税超亿元工业企业，累计达12家。江苏时代成为常州首家“灯塔工厂”，通过海关AEO高级认证，时创能源成功上市。入选全省首批民营经济高质量发展示范县（市、区）培育名单。

在迈向共同富裕中，初心相守、笃定前行，交出了品质溧阳的富民答卷。坚持就业优先战略，新增城镇就业1万人，促进失业人员再就业4200人，帮扶困难人员就业2200人。全体居民人均可支配收入54743元，增长5.5%，增幅位列常州第二，城乡居民收入比缩小至1.75∶1。坚持财力向民生倾斜，财政民生支出占一般公共预算支出比重达80%，八大类15项市人代会票决民生实事项目高质量完成，认真办理人大代表议案建议171件、政协提案267件，并积极推动建议提案转化为促发展、惠民生、暖民心的政策举措。

一、持之以恒抓服务、稳实体，经济发展稳中向好

项目引建持续发力。绘制产业链图谱，成立市级投促公司，探索公司化、市场化运作，以经贸活动为抓手，拓展招商联络渠道，全年签约亿元以上项目94个，其中百亿元项目2个，50亿元以上项目1个，30亿元以上项目4个，10亿元以上项目16个。完善重大产业项目全流程服务管理，探索工业项目“准入即交底、拿地即开工、竣备即发证”等审批服务改革，7个省重大项目完成年度投资计划的128.7%；42个常州市重大项目完成年度投资计划的104%。时代上汽（二期）、天目先导纳米硅负极等重大项目稳步投产。服务企业润物无声。常态化深入中小企业开展“大走访”活动，及时回应企业关切。把全面推进惠企政策集成规范、精准公开作为深化营商环境改革、激发市场主体活力的重要抓手，累计兑付各类奖补8.3亿元，办理退税减税降费及缓税缓费22.01亿元，用“真金白银”提振企业转型升级的勇气和底气。新增普惠小微贷款余额70.77亿元，增长22.94%；制造业贷款余额381.1亿元，增长23.9%，增幅位居常州首位。启动政务服务线上线下融合和向基层延伸、政务服务标准化两项国家试点，“打通数据共享链，深化县域数字治理实践”经验做法获国办推介。高新区环境影响评价区域评估案例入选全省区域评估改革实践案例。扎实推进“五经普”。企业发展稳中见韧。新增市场主体近万户；净增“四上”单位170家，其中规模以上工业企业102家。完成375家企业数字化诊断，新增8家智能制造标杆企业、9家省级两化融合贯标试点企业。新增省质量信用AA级以上企业3家，7家企业产品获“江苏精品”认证。金峰水泥、国强镀锌、上上电缆3家企业连续两年同时上榜“中国民营企业500强”和“中国民营企业制造业500强”。江苏时代、江苏华鹏荣获省优秀企业称号。建安业稳健发展，施工产值超1200亿元，纳税28.8亿元。深化国资国企改革，推动国企聚焦主责主业做大做强、运营质态向好向优和国有资本保值增值，新增1家AAA、5家AA+和1家AA级国企主体。

二、持之以恒抓创新、增后劲，动能转换加快推进

平台载体日益丰富。重点园区活力迸发。高新区发展动能持续增强，以第3位次入选“2023中国省级开发区高质量发展百强榜单”，荣获全省创新驱动综合评价第一名，成功实现“五连冠”。天目湖健康研究院、巴斯夫—长三角物理研究中心联合中心成功落户，毛明院士工作站正式启用。长三角物理研究中心能级不断提升，引进固态钠

离子电池等9个科学家工作室项目。时创光伏产业园主体完工。主体培育成效显著。全社会研发经费占比达3.24%，认定高新技术企业133家、国家级专精特新“小巨人”企业9家，省级潜在独角兽企业5家、瞪羚企业10家，省级以上“三站三中心”18家。新增省级首台（套）重大装备1项、苏锡常首台（套）重大装备3项。苏高新南大创新园获评国家级科技孵化器。先后入选国家创新型市（县）和省知识产权建设示范市（县）。人才支撑更加有力。兑现“天目湖英才榜”政策资金超亿元，成立新能源产业人才创新联盟，推出“锂享新能源人才小镇”品牌，建成投用人才公寓7817套，长三角科学家之家、智溧锂享家获评常州三星级人才公寓，引进各类人才1.46万名，新增国家重大人才工程专家5名，省“双创人才”和“双创博士”各6名，常州“龙城英才计划”领军人才39名，常州人才攻关联合体3个。

三、持之以恒抓品质、强功能，城乡面貌稳步提升

城市功能不断优化。完成国土空间总体规划成果专家论证，编制“两湖”创新区溧阳片区概念规划，开展南山北山片区空间统筹规划和常溧一体化规划研究，发展类村庄规划覆盖率超60%。提升优化燕山中路、五里亭路等5条城区道路，完成西后街西延伸和S341竹箦段续建工程，焦尾琴隧道建成通车，开工建设码头街西延伸。“黑色化”改造农村道路30公里，新改建桥梁15座，新辟优化公交线路9条，开展新一轮码头专项治理和交通“四沿”环境综合整治，溧阳港一期开港运营，完成芜申线溧阳城区段航道整治，入选全国城乡交通运输一体化示范县创建单位。新建燃气管线182公里、供水主管网129.5公里，新增供电容量19.2万千伏安。乡村振兴不断深入。落实最严格的耕地保护制度，严防耕地“非农化”“非粮化”，建成高标准农田2万亩，改造标准化养殖池塘2.5万亩，农业适度规模经营水平达93%。粮食生产面积82.7万亩，总产量8.18亿斤，生产面积、单产和总产实现“三增长”，主要粮食作物生产全程机械化水平超98%，成立“一地六县”名特优产品销售联盟，农产品电商销售额达17亿元。入选国家农业现代化示范区和国家乡村振兴示范县创建名单。天目湖镇入选首批国家农业强镇。谋划并推进上兴、南渡、竹箦乡村片区整治更新，改造提升现代化宜居农房5600余户，获评全国村庄清洁行动先进县。新四军江南指挥部纪念馆入选全国“沉浸式文旅新业态示范案例”，“溧阳1号公路”入选全国首批交通运输与旅游融合发展“十佳案例”。天目湖旅游度假区入选国家级夜间文化和旅游消费集聚区。戴埠镇入选省现代服务业高质量发展集聚示范区，南山竹海获评省首批风情小镇。桂林村获评中国美丽休闲乡村，塘马村入选中组部新一轮红色美丽村庄试点，深溪岕创成省特色田园乡村，姜下村获评省乡村旅游重点村，成功举办2023天目湖马拉松，启动“乡村旅居·田园康养”4个示范村打造；累计接待游客2700万人次、实现旅游收入335亿元，较2019年分别增长25.2%、29.5%。管理水平不断提升。以市域治理现代化指挥中心为平台，充分整合数字城管、“12345”等平台，推进城市运行“一网统管”。城区围挡逐步打开，城市视野、停车场地和活动空间日益开阔。城区主要河道桥梁全部设置“应急救生圈”，打造燕山商务街区“美丽街区”，新增绿地54.2万平方米，开放共享14处公园绿地，建成4个口袋公园，“梅香园”获评省“乐享园林”。整改飞线充电1.7万余起，拆除违建10.6万平方米，既有住宅加装电梯10台。投放“共享电单车”1000辆，新建“光储充”一体充电站7座，新增停车泊位614个、汽车充电桩437个、电动车充电位1254个，公共停车泊位全部接入智慧停车系统。

四、持之以恒抓治理、固基础，生态底色不断擦亮

深入抓好污染防治攻坚。抓紧抓实突出环境问题整改，加强水、气、土一体化治理，推动环境质量持续改善。扎实推进新一轮太湖综合治理，严格落实河（湖）长制，强化断面水质改善、饮用水水源地保护和入河（湖）排污口整治，推进城乡供水治污一体化，国考、省考断面稳定达到Ⅲ类水质标准。坚持$PM_{2.5}$和臭氧协同控制，突出抓好工业烟气、工地扬尘、餐饮油烟等污染专项治理，金峰智能运输廊道建成投运，空气质量优良天数比例79.2%，$PM_{2.5}$年平均浓度31微克/立

方米。加快“无废城市”建设，城市固体废弃物焚烧发电水泥窑协同处置项目（二期）建成投运，固危废处置能力达5000吨/日。推进重点行业企业用地污染状况调查，严格污染地块再开发利用准入管理，促进土壤资源永续利用。全面推动绿色低碳发展。牢固树立“四个论英雄”导向，深化工业企业综合绩效评价结果应用，整治“危污乱散低”企业130余家，盘活土地4000余亩。开展“厂中厂”排查整治，新增宗地90块，挖潜市场主体554家。持续优化能源结构，煤炭消费同比削减20.6万吨，余桥片区渔光互补项目进展顺利，屋顶分布式光伏开发试点稳步推进，新增光伏并网容量155兆瓦，规模以上工业综合能耗、产值能耗降幅均居常州前列。培育国家级绿色园区1家，国家级绿色工厂1家，省级绿色工厂5家。围绕工业企业绿色升级、农业农村绿色发展、传统能源绿色转型、低碳技术转化运用，加大绿色信贷支持助力绿色转型，创成首批省级绿色金融创新改革试验区。筑牢生态保护绿色屏障。携手郎溪、广德建立跨区域生态环境和资源保护协作配合机制。完成长荡湖围网养殖清退，深化农业灌溉用水、工业供水、农村饮水“三水”改革，研究谋划水库塘坝清淤扩容。推进太湖流域水源涵养区废弃矿山生态修复，推动森林资源增量提质，完成净增造林519亩、低效林改造1548亩、封山育林4007亩、森林抚育1.2万亩、湿地修复1650亩，建设绿美村庄6个。曹山森林康养基地入选国家级试点建设单位。高新区水生态品质提升与绿色低碳产业高质量融合发展项目入选省EOD试点。天目湖湖群“生态岛”试验区入围省试点。天目湖入选国家美丽河湖优秀案例。

五、持之以恒抓民生、增福祉，社会事业日趋繁荣

提升公共服务水平。南师大溧阳初中、清泓路幼儿园、梅园小学等7所新改建学校投用，新增学位5000余个。19所公办幼儿园开设普惠托班29个，新增托位580个，新建“梦想小屋”80间，用心用情关注未成年人健康成长，入选省教育现代化先行区实践基地和省智慧教育样板区培育单位。获评省书香城市建设示范市和省食品安全示范市（县）。深化家庭医生签约服务，推进三级诊疗体系建设，中医院新院区一期装修完成、二期主体封顶，2家卫生院建成农村区域医疗卫生中心，新增5家甲级村卫生室。启动国家医疗保障服务标准化试点，实现村（居）基层医保服务点全覆盖。打响“颐养栗里”养老品牌，市级特困人员供养中心加快建设，实施407户高龄、特困、重残老人家庭适老化改造，日间照料惠及全市2.9万名80周岁以上老人，构建“15分钟居家养老服务圈”。巩固社会治理效能。坚持和发展新时代“枫桥经验”，推进矛盾纠纷“一站式”多元解纷平台建设，打造矛盾纠纷化解市级“终点站”、镇（街道）级“主阵地”、村（社区）级“前沿哨”，畅通群众沟通反映渠道，扎实推进重点领域信访突出问题化解攻坚。持续开展“八五”普法，常态化开展“扫黑除恶”“全民反诈”“根治欠薪”行动，扎实做好房地产“三保”。全市228个村（社区）“全科社工”服务实现全覆盖，完成3个街道9个村“撤村建居”，以及1个社区优化调整，着力理顺城乡社区管理体制。在中心城区3个街道选取24个小区，试点提升住宅小区规范化管理水平。严守安全发展底线。加强基层应急管理和消防安全体系建设，组建简约高效的镇（街道）安全生产综合监管机构，实行“一支队伍管安全”。紧盯非煤矿山、城镇燃气、道路交通、群租房等重点领域，持续开展安全生产专项整治，全面整合规范瓶装液化气市场，生产安全事故起数和死亡人数连续实现“双下降”，获评省安全发展城市创建工作先进地区。

第十章　常州金坛区经济社会发展情况

2023年，面对错综复杂的宏观经济形势和繁重艰巨的改革发展稳定任务，常州金坛区上下坚持以习近平新时代中国特色社会主义思想为指导，贯彻落实“532”发展战略，扎实推进“五大行动”，勇当“两湖”创新区主战场，争做“新能源之都”主力军，全区经济社会保持良好发展态势。

第一节　经济发展基本情况

一、综合概况

综合实力稳步提升。全年实现地区生产总值1302.92亿元，按可比价格计算，比上年增长8.2%。2019—2023年常州金坛区地区生产总值及其增长速度见图2-10-1、地区生产总值和人口概况见表2-10-1。其中，第一产业增加值45.57亿元，增长4.4%；第二产业增加值716.74亿元，增长9.7%；第三产业增加值540.61亿元，增长6.6%。三次产业结构比例为3.5∶55.0∶41.5。2019—2023年常州金坛区三次产业结构比例见图2-10-2。

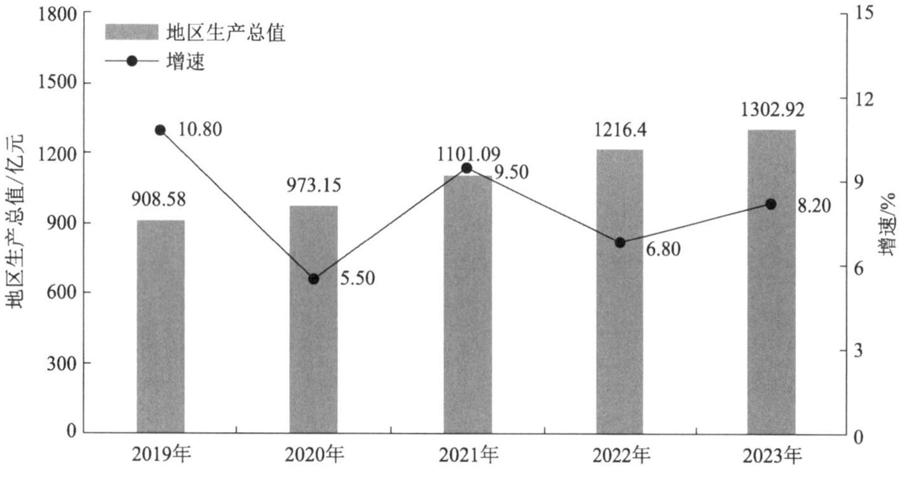

图2-10-1　2019—2023年常州金坛区地区生产总值及其增长速度

表2-10-1　2019—2023年常州金坛区地区生产总值和人口概况

指标	2019年	2020年	2021年	2022年	2023年
地区生产总值/亿元	908.58	973.15	1101.09	1216.40	1302.92
地区生产总值可比价增速/%	10.80	5.50	9.50	6.80	8.20
常住人口/万人	56.35	58.50	59.29	59.46	59.56
人均地区生产总值/万元	16.12	16.64	18.57	20.46	21.88

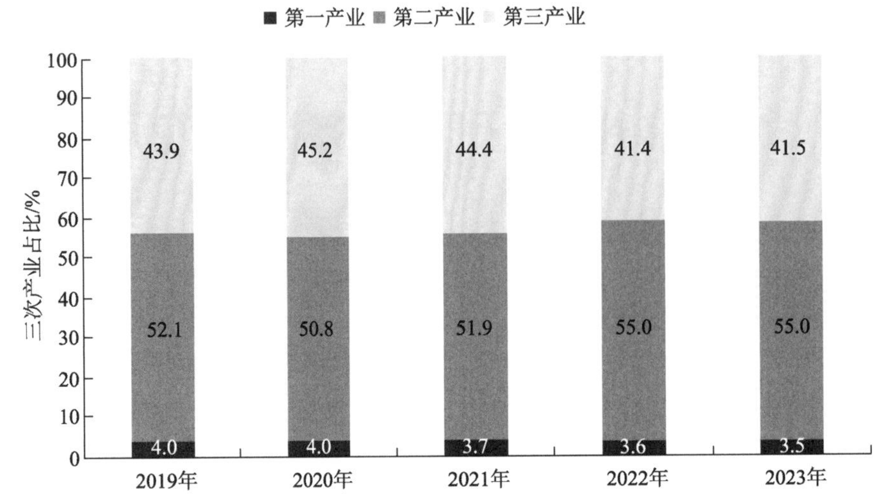

图 2-10-2　2019—2023 年常州金坛区三次产业结构比例

人口规模基本稳定。年末户籍人口 53.61 万人，其中男性 26.36 万人，女性 27.25 万人，男女性别比 0.97。户籍人口出生率 3.79‰，人口死亡率 10.34‰，人口自然增长率-6.55‰。年末常住人口 59.56 万人，其中城镇人口 40.28 万人，人口城镇化率 67.6%，比上年末提高 0.5%。

经营主体有序增长。全年新增经营主体 9716 户，注册资金 210.2 亿元；年末共有各类经营主体 88073 户，注册资金 3948.8 亿元。重点企业势头强劲，裕能石英、贝特瑞新能源等 11 家企业纳税超亿元，中创新航、东方日升等 4 家企业销售突破百亿元大关。新增 1 家国家智能制造示范工厂、8 家国家级专精特新“小巨人”企业；3 家企业入选工信部 5G 工厂名录，数量位居常州市第一。上市梯队蓄势待发，2 家过会，2 家申报，5 家辅导。

质量强区深入推进。“建昌红香芋”生产标准化试点和茶叶产业标准化试点获评 2023 年江苏省农业标准化试点项目，数量位列全省县（区）第一。蜂巢能源高分通过“省级战略性新兴产业标准化试点”验收评估。新增“江苏精品”8 个，创历年新高，其中，东方盐湖城获全区首张服务业“江苏精品”证书，金坛“江苏精品”实现一、二、三产全覆盖。蜂巢能源、永臻科技分获 2023 年常州市市长质量奖、提名奖。

二、农林牧渔业

农业生产形势向好。全年实现农林牧渔业增加值同比增长 4.1%。粮食播种面积 24.28 千公顷、单产 7135 公斤/公顷、总产 17.3 万吨，同比分别增长 0.2%、0.3%、0.5%。其中，夏粮总产 4.39 万吨，比上年增长 1.1%；秋粮总产 12.93 万吨，比上年增长 0.2%。油料种植面积 1.57 千公顷、单产 2610 公斤/公顷、总产 0.41 万吨，同比分别增长 11.1%、5.3%、17.0%。畜禽、水产等重要农产品供给稳定，全区生猪存栏 2.54 万头，累计出栏生猪 4.21 万头；建成省级四大家鱼良种繁育场 1 家，省级河蟹良种培育场 4 家，区级河蟹良种培育场 9 家。2023 年常州金坛区主要农产品产量情况见表 2-10-2。

表 2-10-2　2023 年常州金坛区主要农产品产量情况

产品名称	产量/万吨	比上年增长/%
粮食	17.30	0.5
油料	0.41	17.0
肉类	3.20	0.4
水产品	3.50	0.2

农业发展成果丰硕。常州国家农业科技园区高分通过验收，金坛现代农业产业园作为“全市唯一”入选国家创建名单。全年新增特色农机装备4179台套，特色农机化水平达77.0%，10家特色农机示范基地分别入选全省第二批和第三批特色农业机械化示范基地（园区），总量达12家，居全市第一。完成高标准农田提质改造任务7100亩，建成市级美丽农田1500亩，完成2022年度成片开发占用高标准农田补建项目710亩。

集体经济效益显著。全区村集体经营性收入总额2.99亿元，经营性收入超百万元的村占比达100%。其中，收入500万元以上的村达到12个，200万元以上的村达到52个，分别占全区行政村总数的12.0%和52.0%，富民强村帮促行动成功入选省政府督查激励事项。

三、工业和建筑业

工业经济支撑有力。全区工业增加值同比增长9.8%，高于地区生产总值增速1.6个百分点，工业增加值占地区生产总值的比重为47.2%，对全区经济增长的贡献率达到44.0%，拉动全区地区生产总值增长3.4个百分点。完成规模以上工业总产值2215.71亿元，同比增长9.8%；规模以上工业增加值同比增长11.7%，工业开票销售收入3177.39亿元，同比增长8.8%；工业用电量71.98亿千瓦时，同比增长6.9%。

企业效益稳中向好。全区规模以上工业企业完成营业收入2287.83亿元，同比增长4.9%；规模以上工业企业盈利能力增强，实现利税总额167.22亿元，同比增长54.7%，较上年提升1.7个百分点；利润总额112.57亿元，同比增长54.1%，较上年提升0.5个百分点。规模以上工业企业偿债能力增强，规模以上工业企业资产负债率60.5%，较上年下降1.4个百分点。规模以上工业单位增加值率16.9%，较上年提升2.6个百分点。

特色集群日益壮大。全区规模以上“五新产业”产值占规模以上总产值比重达到97.8%，其中新能源、新能源汽车产业实现总产值1265.45亿元，同比增长11.5%。中创新航、蜂巢能源2家动力电池总部企业装机量入围全球前十，新能源产业入选省级中小企业特色产业集群。

建筑领域企稳回升。全年完成建筑业总产值377.99亿元，同比增长1.6%。从构成看，完成建筑工程产值368.49亿元，同比增长5.6%，占全部建筑业总产值97.5%，占比较上年提高了3.7个百分点。从贡献看，以江苏城东建筑工程有限公司为首的特级资质企业，以及全区40家总专包一级资质企业全年共完成建筑业总产值322.33亿元，占全区建筑业总产值的85.3%；签订合同额405.93亿元，占全区签订合同额的88.7%，其中本年新签合同额265.46亿元，占全区本年新签合同额的86.4%。

四、固定资产投资和房地产业

工业投资贡献增强。全区固定资产投资（不含农户）同比增长6.2%。工业投资同比增长13.3%，比全部投资高出7.1个百分点。其中，工业技改投入同比增长48.6%，占工业投资比重达52.3%。

投资结构稳步优化。从项目建设看，新开工亿元以上项目38个，同比增长11.8%。新开工项目本年投资额同比增长34.3%；其中亿元以上项目投资额同比增长42.0%，对全部投资增长贡献率达59.4%。

项目引建持续突破。全年签约引进产业项目126个，协议投资总额442.78亿元，其中超10亿元或1亿美元项目19个。引进外资项目15个，协议投资总额6.12亿美元。打造“1+6”项目服务品牌，全力破解要素制约，8个省重大项目、37个市重大项目顺利推进，均超额完成年度投资计划，贝特瑞正极材料、精测新能源等12个项目竣工投产，重大项目“拿地即开工”实现常态化。

五、国内贸易

消费市场复苏回暖。全区实现社会消费品零售总额266.57亿元，同比增长0.5%，增速显著回升，较上年同期提升4.5个百分点，扭转了负增长态势。从城乡消费看，乡村拉动作用明显，实现限额以上乡村消费品零售额7.43亿元，增长18.9%，拉动限额以上社会消费品零售总额提升1.7个百分点。从消费类型看，餐饮收入明显增长，实现限额以上餐饮收入额2.92亿元，增长11.1%。从消费行业看，全年实现限额以上贸易销售额491.04亿元，同比增长8.6%。其中，实现批发业销售额442.29亿元，同比增长9.4%，拉动限额以上贸易销售额增长8.4个百分点。

六、交通、邮电和旅游业

交通能级加快提升。沪宁沿江高铁正式通车，金坛高铁枢纽投用3个月，到发旅客超70万人次，位居沿线各新建站点前列。全年完成交通基础设施投资14.1亿元。全区公路总里程达1163公里，航道总里程达300公里。全年完成公路客运量452万人次；完成交通部门货运量3976万吨，其中公路货运量2654万吨，水路货运量1322万吨。完成交通部门货物周转量590012万吨/公里。港口吞吐量97万吨，内河港口吞吐量1024万吨，船舶总吨位40万吨，全社会船舶拥有量620艘，公共汽（电）车客运总量1300万人次。

全域旅游趋暖向好。茅山旅游度假区入选国家级旅游度假区创建名单。“车票换门票”惠民政策引爆金秋旅游季，第八届全民运动会、茅山半程马拉松、金坛国际龙舟邀请赛等活动线上引流量、线下聚人气，全年接待游客超900万人次，比2019年同期增长21.9%。

七、财政和金融

财政收支持续改善。全年实现一般公共预算收入57.66亿元，同比增长12.5%。税收收入占比91.4%，比上年提高11.4个百分点。一般公共预算支出95.01亿元，增长5.0%；民生领域支出66.31亿元，占一般公共预算支出比重达69.8%，其中社会保障与就业支出、教育支出分别增长10.0%和15.6%。

信贷规模稳健增长。全区本外币各项存款余额2003.38亿元，首次突破2000亿元，较年初增长11.7%；本外币各项贷款余额1991.74亿元，较年初增长25.4%。人民币各项存款余额1975.98亿元，较年初增长13.4%。其中，个人存款817.88亿元，较年初增长18.9%；单位存款1158.05亿元，较年初增长16.9%。人民币各项贷款余额1990.10亿元，较年初增长25.9%。其中，短期贷款627.71亿元，较年初增长21.3%；中长期贷款1323.53亿元，较年初增长29.4%。2023年常州金坛区金融机构人民币存贷款情况见表2-10-3。

表2-10-3　2023年常州金坛区金融机构人民币存贷款情况

指标	绝对值/亿元	比年初增长/%
金融机构人民币存款余额	1975.98	13.4
# 个人存款	817.88	18.9
单位存款	1158.05	16.9
金融机构人民币贷款余额	1990.10	25.9
# 短期贷款	627.71	21.3
中长期贷款	1323.53	29.4

第二节　社会发展基本情况

一、科学技术和教育

科创主体加快建设。蜂巢能源、厚生新能源入选江苏省独角兽企业。华罗庚创新中心、蓝色彩虹金坛生物医药孵化器等科创载体相继启用，华大工程生物学长荡湖研究所获评省级新型研发机构，中创新航入选“赛马争先”国家能源研发创新平台、获批国家企业技术中心。

科创活力竞相迸发。河海大学—华能江苏新能源中心签约落地，新增国家级博士后科研工作站2个，培育省级产教融合型试点企业6家。引进各类人才1.45万人，入选国家重大人才工程3人、省“双创计划”11人、市“龙城英才计划”39人。累计建成人才公寓超2.3万套，获评五星级、四星级人才公寓各1家。

科创成果不断涌现。全年净增高新技术企业83家，认定科技型中小企业489家、瞪羚企业81家，新增省级“三中心”11家，均创历史新高。新增发明专利授权909件，万人有效发明专利拥有量51.92件。亿晶光电获评2023年度国家知识产权优势企业，金坛瑞凌获第二十四届中国专利优秀奖。永臻科技获常州市战略推进计划项目，中创新航、蜂巢能源分获常州专利奖金奖、优秀奖。

教育资源均衡配置。编制全区教育设施布局规划（2023—2035），优化调整4所城区学校施教区，3所学校建成投用，新增学位4260个，实施华罗庚中学高质量发展办学改革，全区高考本科达线率取得新突破，985、211高校录取人数较上年翻倍提升。

二、文化、卫生和体育

文化事业蒸蒸日上。三星村遗址启动第二次考古发掘，有力佐证了长江下游地区璀璨的史前文明。华罗庚纪念馆成为全市首家“全国科学家精神教育基地”，儿童剧《草房子》获江苏省紫金文化艺术节优秀剧目奖。

医疗服务提质增效。成功创建江苏省健康区，第一人民医院入选公立医院高质量发展省级试点，院府合作经验在长三角推广。“15分钟医保服务圈”实现全覆盖。为400户困难老年人家庭提供适老化改造服务，东浦村创成全国示范性老年友好型社区。新增省级普惠托育机构2家。

体育事业蓬勃发展。新（改）建28个全民健身场地。成功举办2023大运河文化节暨金坛国际龙舟邀请赛、2023“一带一路”国家驻华使节自行车系列赛（金坛站）暨中国金坛自行车文化旅游节、2023金坛茅山半程马拉松赛、“魅力江苏最美体育”——“骑乐无穷”自行车俱乐部联赛暨环金坛钱资湖自行车公开赛、2023年全国青少年U系列公路自行车锦标赛等赛事活动。金沙体育公园获评江苏省示范体育公园。

三、人民生活和社会保障

生活质量稳步提高。全区实现全体居民人均可支配收入56544元，比上年增长5.6%。按常住地分，城镇居民人均可支配收入68376元，增长5.0%；农村居民人均可支配收入38138元，增长6.6%。城乡居民人均可支配收入比为1.79，比上年缩小0.03，城乡居民收入差距进一步缩小。2019—2023年常州金坛区全体居民人均可支配收入及其增长速度见图2-10-3。

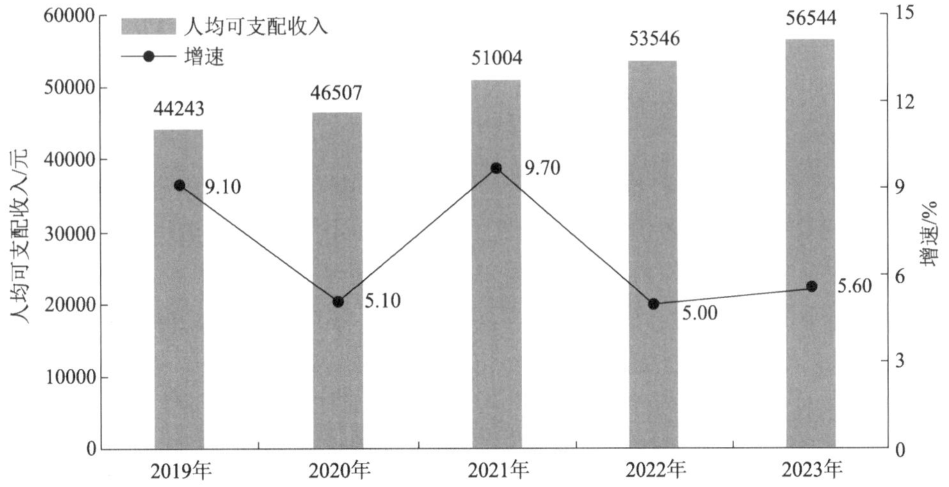

图2-10-3 2019—2023年常州金坛区全体居民人均可支配收入及其增长速度

保障水平不断提升。加大公共财政向民生领域倾斜力度，较好完成“优学金沙”“颐养金沙”等10件29项民生实事。新增城镇就业1.55万人，支持创业1821人。城乡居民基础养老金提高至437元/月，最低生活保障标准提高至1020元/月。

四、资源、环境和安全生产

功能布局日益完善。河海大学常州校区全面

启用，1.5万余名学生顺利入驻，周边金山南路等7条配套道路建成通车，“陌上花开”项目扮靓城市环境。金沙大道建成通车，金城大道主体工程基本完工，7个项目获省优质工程“扬子杯”。

基础设施更加齐备。改造提升老旧小区10个，新建改造市政污水管网30.5公里，排查检测排水管网690公里，既有住宅加装电梯25台，新增口袋公园4个、停车位1800个、新能源充电桩2300余套。

生态文明富有成效。深入打好污染防治攻坚战，全面推进上级环保督察反馈问题整改。突出抓好工地扬尘、露天焚烧等污染源管控，空气质量连续三年稳定达到国家二级标准。扛牢太湖治理上游责任，实施洮滆片区水环境质量提升专项行动，深入推进六大类20小类38项重点工程，长荡湖水质创近五年来最优，治理经验获全省推广，农业面源治理工作列入全国试点。在全市首倡“六个统一”工作制度，因地制宜推动农村生活污水分类处理，对67个集居村实施工程治理，农污治理率提升至75.0%。工业污水处理厂建成投用。新增国家级绿色工厂、绿色供应链企业各1家，金坛经开区获评国家级绿色园区。

第三节 2023年主要工作

2023年是全面贯彻党的二十大精神的开局之年，是三年新冠疫情防控转段后经济恢复发展的一年。面对错综复杂的宏观经济形势和繁重艰巨的改革发展稳定任务，金坛区全面落实“532”发展战略，扎实推进“五大行动”，勇当“两湖”创新区主战场，争做“新能源之都”主力军，同城化现代化迈出坚实步伐，较好地完成了年初确定的各项目标任务，全区经济社会保持快速发展的良好态势。

一、稳信心谋发展，推动综合实力新跃升

发展质量稳步提高。始终坚持“产业强区、工业立区、项目兴区”不动摇，全力推动经济实现质的有效提升和量的合理增长，金坛区首度跻身常州高质量发展考核第一等次，位列2023全国市辖区高质量发展百强第33名。发展战略性新兴产业等9项工作获省政府督查激励，创历史新高、居全省前列。全年完成地区生产总值1302.92亿元，增长8.2%；一般公共预算收入57.66亿元，增长12.5%，税收收入占比91.4%；工业投资227.12亿元，增长13.3%；规模以上工业总产值2215.71亿元，增长9.8%；工业用电量71.98亿千瓦时，增长6.9%。多项经济指标在同期高增幅基础上保持较快增长态势，为全市迈入GDP万亿之城提供坚实支撑。重大项目攻坚突破。牢固树立“大抓项目、抓大项目”鲜明导向，举办高工锂电产业峰会、“对话德国”合作交流大会等活动，签约引进产业项目126个，协议投资总额420亿元，其中超10亿元或1亿美元项目18个。引进外资项目12个，协议投资总额超3亿美元。打造“1+6”项目服务品牌，全力破解要素制约，8个省重大项目、37个市重大项目顺利推进，均超额完成年度投资计划，贝特瑞正极材料、精测新能源等12个项目竣工投产，重大项目“拿地即开工”实现常态化。产业层次提档升级。“新能源之都”示范区加快建设，新能源产业入选省级中小企业特色产业集群。重点企业贡献提升，裕能石英、贝特瑞新能源等11家企业纳税超亿元，中创新航、东方日升等4家企业销售突破百亿元大关。新增1家国家智能制造示范工厂、8家国家级专精特新“小巨人”企业；3家企业入选工信部5G工厂名录，数量位居全市第一。上市梯队蓄势待发，2家过会，2家申报，5家辅导。现代农业成果丰硕，启动打造“十大现代化农场、十大农业品牌、十大特色田园乡村”，常州国家农业科技园区高分通过验收，金坛现代农业产业园作为“全市唯一”入选国家创建名单。现代服务业集聚发展，金坛港至上海洋山港“河海直达”航线开通，海关监管作业场所正式获批，集装箱吞吐量累计突破10万标箱。华罗庚高新区获评省级现代服务业高质量发展集聚示范区。

二、抓改革促开放，塑造创新发展新优势

新旧动能转换提速。全社会研发经费占比达3.52%，净增高新技术企业83家，认定科技型中小企业489家、瞪羚企业81家，新增省级“三中心”11家，均创历史新高。2家企业入选江苏省独角兽企业。华罗庚创新中心、蓝色彩虹金坛生物医药孵化器等科创载体相继启用；华大工程生物学长荡湖研究所获评省级新型研发机构；中创新航入选“赛马争先”国家能源研发创新平台，获批国家企业技术中心。新增发明专利授权905件、“江苏精品”8个、国家（行业）标准22个。蜂巢能源获评常州市市长质量奖。全力做好“五经普”工作，新增“四上”单位220家。深化政产学研合作，河海大学—华能江苏新能源中心签约落地，新增国家级博士后科研工作站2个，培育省级产教融合型试点企业6家。引进各类人才1.45万人，入选国家重大人才工程3人、省“双创计划”11人、市“龙城英才计划”39人。累计建成人才公寓超2.3万套，获评五星级、四星级人才公寓各1家。重点改革蹄疾步稳。出台优化营商环境20条，深化工程建设领域行政审批改革，累计推出“一件事”办理场景32个，入选全省首批民营经济高质量发展示范区创建名单。整治“危污乱散低”企业单位442家、临时用地128宗，盘活工业用地3300亩，腾退空间1285亩。完成城乡公交一体化运营改革，运营效率大幅提升。深入推进国有企业市场化改革，加快解决历史遗留问题。开发开放深度拓展。金坛经开区首度跻身全省前五，获评省“互联网+先进制造业”特色产业基地。中德（常州）创新产业园集聚德语区企业57家，入选省海外人才离岸创新创业基地。合成生物产业园入驻链上企业9家，新材料科技产业园通过省级化工园区认定复核，RCEP常州华罗庚国际合作区成功揭牌。“新三样”出口逆势上扬，全年实现114.5亿元，占全市总量的38.2%。积极融入“一带一路”，新增境外投资项目18个，协议投资6.1亿美元，项目数和投资总额均创历史新高。

三、拓功能优品质，焕发城乡面貌新魅力

功能布局日益完善。河海大学常州校区全面启用，1.5万余名学生顺利入驻，周边金山南路等7条配套道路建成通车，“陌上花开”项目扮靓城市环境。沪宁沿江高铁正式通车，金坛高铁枢纽投用3个月，到发旅客超70万人次、位居沿线各新建站点前列。金沙大道建成通车，金城大道主体工程基本完工，7个项目获省优质工程“扬子杯”。城乡建设展现新貌。改造提升老旧小区10个，新建改造市政污水管网30.5公里，排查检测排水管网690公里，既有住宅加装电梯25台，新增口袋公园4个、停车位1800个、新能源充电桩2300余套。抓实做细“三标融合”，纵深推进城乡环境“五乱”治理，文明城市创建、城市长效综合管理、农村人居环境整治成效稳步提升。新建高标准农田7100亩，完成百亩连片标准化池塘改造1.13万亩，上阮村、泉江村、东大亭村创成省级特色田园乡村。全域旅游加快发展。茅山旅游度假区入选国家级旅游度假区创建名单。“车票换门票”惠民政策引爆金秋旅游季，第八届全民运动会、茅山半程马拉松、金坛国际龙舟邀请赛等活动线上引流量、线下聚人气，全年接待游客超900万人次，比2019年同期增长21.9%。三星村遗址启动第二次考古发掘，有力佐证了长江下游地区璀璨的史前文明。华罗庚纪念馆成为全市首家“全国科学家精神教育基地”，儿童剧《草房子》获江苏省紫金文化艺术节优秀剧目奖。

四、惠民生增福祉，书写人民幸福新答卷

民生保障扎实有效。加大公共财政向民生领域倾斜力度，较好完成“优学金沙”“颐养金沙”等10件29项民生实事。新增城镇就业1.55万人，支持创业1821人。城乡居民基础养老金提高至437元/月，最低生活保障标准提高至1020元/月。优化调整4所城区学校施教区，3所学校建成投用，新增学位4260个，实施华罗庚中学高质量发展办学改革，全区高考本科达线率取得新突破。成功创建江苏省健康区，第一人民医院入选公立医院高质量发展省级试点，院府合作经验在长三

角推广。“15分钟医保服务圈”实现全覆盖。为400户困难老年人家庭提供适老化改造服务，东浦村创成全国示范性老年友好型社区。新增省级普惠托育机构2家。生态文明富有成效。深入打好污染防治攻坚战，全面推进上级环保督察反馈问题整改。突出抓好工地扬尘、露天焚烧等污染源管控，空气质量连续三年稳定达到国家二级标准。扛牢太湖治理上游责任，实施洮滆片区水环境质量提升专项行动，深入推进六大类20小类38项重点工程，长荡湖水质创近五年来最优，治理经验获全省推广，农业面源治理工作列入全国试点。在全市首倡“六个统一”工作制度，因地制宜推动农村生活污水分类处理，对67个集居村实施工程治理，农污治理率提升至75%。工业污水处理厂建成投用。新增国家级绿色工厂、绿色供应链企业各1家，金坛经开区获评国家级绿色园区。社会治理精细高效。理顺村（社区）体制机制，厘清管理范围和职责，稳妥推进动迁安置居民户籍迁移，“人户合一”率突破90%。深化“精网微格”工程，加快“一网统管”建设，构建矛盾纠纷多元化解“一站式”平台，城市运行管理中心建成投用，一批重点信访积案得到化解，群众安全感满意度居全市前列，儒林镇获评全国乡村治理示范镇。深入开展重大事故隐患专项排查整治行动，全面排查农村道路交通、冶金工矿、“九小场所”等领域风险隐患，扎实推进餐饮等人员密集场所燃气安全专项整治“百日攻坚”，全区生产安全事故起数和死亡人数分别下降28.6%、40%。其他各项工作迈上新台阶。

第三篇

县域经济社会发展

第一章　南京市辖各区经济社会发展情况

南京市现辖玄武区、秦淮区、建邺区、鼓楼区、栖霞区、雨花台区、江宁区、浦口区、六合区、溧水区、高淳区 11 个区，以及江北新区、经济技术开发区、仙林大学城和自由贸易试验区南京片区 4 个功能区。2023 年，南京市实现地区生产总值 17421.40 亿元，年末常住人口 954.70 万人，人均地区生产总值 183015 元，全体居民人均可支配收入 72112 元。

2023 年，南京市辖 11 个区的地区生产总值、总人口、人均地区生产总值、人均可支配收入等主要经济社会发展指标情况见表 3-1-1。

表 3-1-1　2023 年南京市辖 11 个区主要经济社会发展指标情况

辖区	地区生产总值/亿元	年末常住人口/万人	人均地区生产总值/元	全体居民人均可支配收入/元	城镇居民人均可支配收入/元	农村居民人均可支配收入/元
江宁区	3056.19	198.52	153948.72	65715.00	76693.00	37525.00
鼓楼区	2038.79	94.27	216352.00	87834.50	87834.50	—
栖霞区	1783.56	101.27	176119.29	78441.30	78441.30	—
秦淮区	1464.39	74.29	197118.05	80946.50	80946.50	—
建邺区	1300.10	54.93	236683.05	78060.50	78060.50	—
玄武区	1285.45	53.69	239420.75	88207.50	88207.50	—
雨花台区	1078.83	62.80	171788.22	77570.50	77570.50	—
溧水区	1061.76	51.30	206970.76	55835.70	69929.30	36192.10
六合区	613.54	64.08	96075.00	56224.00	71684.00	36149.00
高淳区	590.35	44.00	134170.45	56377.90	70579.90	36715.00
浦口区	529.95	41.45	127868.00	61157.00	73876.30	37255.00

第一节　江宁区 2023 年经济社会发展情况

2023 年是全面贯彻落实党的二十大精神的开局之年，也是“十四五”规划承上启下的关键之年。全区上下坚持以习近平新时代中国特色社会主义思想为指导，全面贯彻党的二十大、二十届二中全会精神和习近平总书记视察江苏重要指示精神，认真落实省、市决策部署，全力践行“走在前、做示范”重大要求，全面落实“四个走在前”“四个新”重大任务，全区经济承压恢复，发展动能更加强劲，内生动力有效激发，治理效能显著提升，城乡环境更加宜居，幸福指数稳步提高。

一、综合经济社会发展情况

2023 年江宁区经济社会发展情况见表 3-1-2。

表 3-1-2　2023 年江宁区经济社会发展情况

类别	指标	计量单位	绝对数	占比/%	比上年增长/%
经济总量	全区地区生产总值	亿元	3056. 19		4. 50
	其中：第一产业增加值	亿元	74. 90	2. 50	1. 20
	第二产业增加值	亿元	1657. 93	54. 20	4. 30
	第三产业增加值	亿元	1323. 36	43. 30	4. 80
财政收支	一般公共预算收入	亿元	238. 30		17. 40
	其中：税收收入	亿元	218. 00	91. 50	25. 60
	一般公共预算支出	亿元	272. 60		
	其中：民生支出	亿元	223. 90	82. 10	
固定资产投资	全区固定资产投资	亿元	847. 91		-5. 90
	建筑安装工程投资	亿元	488. 07		-6. 70
	基础设施投资	亿元	75. 79		-19. 40
	工业投资	亿元	276. 66		23. 70
	其中：高新技术产业投资	亿元	197. 82		22. 50
	服务业投资	亿元	569. 55		-15. 90
	已开工城乡建设计划 A 类项目	项	391		
	已开工城乡建设计划 A 类项目完成投资	亿元	290. 07		
农业	农林牧渔业总产值	亿元	127. 79		0. 60
	其中：农业产值	亿元	79. 80		-0. 50
	林业产值	亿元	3. 88		4. 10
	牧业产值	亿元	5. 80		13. 50
	渔业产值	亿元	25. 97		-1. 60
	农林牧渔专业及辅助性活动产值	亿元	12. 34		7. 00
	农林牧渔业增加值	亿元	82. 13		1. 80
	粮食播种面积	公顷	28353. 33		-0. 70
	粮食总产量	吨	214046. 00		-2. 70
	棉花总产量	吨	35. 00		-31. 90
	油料作物播种面积	公顷	5540. 00		8. 60
	油料作物总产量	吨	11729. 00		2. 30
	蔬菜播种面积	公顷	28006. 67		
	蔬菜（含菜用瓜）总产量	吨	990069. 00		-0. 10
	瓜果类总产量	吨	85626. 00		-38. 10
	茶叶总产量	吨	370. 00		-18. 90

续表

类别	指标	计量单位	绝对数	占比/%	比上年增长/%
农业	猪牛羊禽肉总产量	吨	8060.00		19.30
	禽蛋产量	吨	10782.00		19.70
	水产品产量	吨	28530.00		0.10
	新建和改造提升高标准农田	公顷	706.67		
	农业综合机械化水平	%	94.20		
	农业机械总动力	万千瓦	54.50		
	农业龙头企业	家	179		
	家庭农场	家	1248		
	各类示范家庭农场	家	371		
工业	规模以上工业增加值				4.70
	规模以上工业总产值	亿元	4126.83		2.20
	战略性新兴产业产值	亿元	2001.43		5.20
	新型节能环保产值				2.60
	智能电网产值				1.80
	新能源（智能网联）汽车产值				0.50
	高端智能装备产值				0.50
	新一代信息技术产值				-1.30
市场主体	新设立各类市场主体	万户	4.24		
	经工商部门登记的私营企业	万家	11.12		
	经工商部门登记的内资企业（不含私营）	万家	1.45		
	经工商部门登记的外商投资企业	家	1992		
	经工商部门登记的个体工商户	万家	21.90		
建筑业	建筑业增加值	亿元	244.97		2.50
	列入统计具有资质等级的总承包和专业承包建筑业企业完成建筑业总产值	亿元	741.04		3.20
	房屋建筑施工面积	万平方米	3038.00		7.80
	房屋建筑竣工面积	万平方米	861.00		-2.20
国内贸易	社会消费品零售总额	亿元	1103.49		6.80
	其中：限额以上社会消费品零售额	亿元	657.74		3.90
	其中：实物商品网上零售额	亿元	329.87	50.20	8.40
	汽车类零售额	亿元	395.65		5.00
	其中：新能源汽车零售额	亿元	212.70		13.20
	粮油、食品类零售额	亿元	96.69		-0.50
	日用品类零售额	亿元	34.55		-0.60
房地产业	房地产开发投资	亿元	275.03		-17.50
	商品房销售面积	万平方米	168.98		0.30
	商品房销售额	亿元	337.35		-6.10

续表

类别	指标	计量单位	绝对数	占比/%	比上年增长/%
交通运输业	公路和水路货物运输总量	万吨	3714.80		
	公路和水路货物周转量	万吨公里	1186332.60		
	公路旅客运输量	万人	1170.30		
	公路旅客周转量	万人公里	21029.50		
	年末城市公共汽车运营线路网长度	公里	1607.30		2.00
	新辟优化调整公交线路	条	24		
	增设公交站点	个	5		
	优化调整公交站点	个	74		
	完成农路养护	公里	86.50		
	完成危桥改造	座	44		
	完成安防设施	公里	56.30		
旅游业	接待海内外旅游者	万人次	4069.70		
	旅游综合收入	亿元	350.20		
	年末拥有国家级旅游景区	个	6		
	年末拥有国家级旅游度假区	个	1		
	年末拥有星级宾馆饭店	家	4		
	其中：五星级宾馆饭店	家	1		
	年末拥有各类旅行社	家	103		
	其中：具有组织出境游资质的旅行社	家	1		
金融业	金融业增加值	亿元	108.02		12.60
	年末金融机构人民币存款余额	亿元	4097.71		12.00
	其中：住户存款余额	亿元	2065.39		15.90
	年末金融机构人民币贷款余额	亿元	3797.65		17.10
	境内外上市企业	家	47		
	当年新增境内外上市企业	家	2		
	首募资金	亿元	17.70		
	新三板挂牌企业	家	26		
	当年新增新三板挂牌企业	家	2		
	创业投资机构	个	326		
	较年初增加创业投资机构	个	34		
	创业投资机构注册资本总规模	亿元	231.66		
	股权投资机构	个	601		
	较年初增加股权投资机构	个	69		
	股权投资机构注册资本总规模	亿元	842.69		

续表

类别	指标	计量单位	绝对数	占比/%	比上年增长/%
开放型经济	进出口总额	亿元	1335.60		
	其中：出口总额	亿元	860.90		
	进口总额	亿元	474.70		
	物流业交易额	亿元	1900.15		7.90
	新设立外商投资企业	家	103		13.20
	实际使用外资	亿美元	9.34		-0.20
	合同利用外资	亿美元	29.22		138.90
	年末累计引入亿元以上签约项目	项	522		
	年末签约项目投资总额	亿元	3175.00		
人口	年末常住人口	万人	198.52		
	人口城镇化率	%	78.58		
	人口出生率	‰	6.15		
	人口自然增长率	‰	2.64		
	年末户籍总人口	万人	128.01		0.90
	其中：女性户籍人口	万人	64.90		1.10
	年末暂住人口	万人	108.30		0.04
就业	举办各类招聘活动	场	472		
	城镇新增就业	万人	4.28		
	补贴性职业技能培训	万人次	2.50		
	支持成功自主创业	人	8511		
	开发公益性岗位安置困难人员	人	717		
	开发高质量见习岗位	个	2715		
	引进留学回国人员来区就业创业	人	1108		
人民生活	居民人均可支配收入	元	65715.00		4.30
	其中：工资性收入	元	46010.00		4.30
	经营净收入	元	6033.00		4.30
	财产净收入	元	6039.00		2.50
	转移净收入	元	7633.00		5.70
	其中：城镇	元	76693.00		3.90
	农村	元	37525.00		6.10
	居民人均消费支出	元	40378.00		7.80
	其中：食品烟酒支出	元	10495.00	26.00	
	衣着支出	元	2563.00	6.30	
	居住支出	元	9752.00	24.20	
	生活用品支出	元	2609.00	6.50	

续表

类别	指标	计量单位	绝对数	占比/%	比上年增长/%
人民生活	交通通信支出	元	5059.00	12.50	
	教育文化娱乐支出	元	6212.00	15.40	
	医疗保障支出	元	2329.00	5.80	
	其他用品和服务支出	元	1360.00	3.40	
	其中：城镇	元	44986.00		7.10
	农村	元	28548.00		10.50
	居民恩格尔系数	%	26.00		-0.10
社会保障	新增参保单位	个	7475		
	征收三项社保费	亿元	91.80		
	中断缴费续保	人	7983		
	城乡居民养老保险参、续保人数	万人	5.10		
	发放城乡居民养老保险待遇	亿元	7.30		
	征地保障待遇	亿元	7.50		
	受理工伤认定案件	件	4461		
	支付工伤保险待遇	亿元	2.50		
	组织劳动能力鉴定	人次	3425		
	支付失业保险待遇	亿元	3.20		
	发放失业补助金	万元	969.70		
	支付职工医保零星报销费用	万元	2687.40		
	支付生育零星报销及津贴等费用	万元	5047.20		
	受理城乡居民申请医保零星报销费用	万元	4633.00		
	老旧小区改造	个	5		
	老旧小区改造出新面积	万平方米	7.10		
	新开工保障房建设面积	万平方米	73.16		
	新开工保障房建成面积	万平方米	91.89		
	发放住房租赁补贴	万元	8918.40		
	年末拥有养老机构	家	32		
	本年养老机构新增	家	2		
	年末拥有养老床位	张	5482		
	养老床位新增	张	163		
	年末拥有城镇各类社区服务设施	处	3232		
	年末拥有社区居家养老服务中心	个	216		
	其中：三级以上社区居家养老服务中心	个	127		
环境保护	空气质量优良天数	天	293		4.10
	$PM_{2.5}$年平均浓度	微克/立方米	28.80		

续表

类别	指标	计量单位	绝对数	占比/%	比上年增长/%
环境保护	降尘量均值	吨/（平方公里·月）	2.50		
	规模以上工业综合能源消费量	万吨标准煤	118.10		-2.20
	其中：煤炭消费量	万吨	18.13		-0.60
	全社会用电量	亿千瓦时	141.35		9.60
	其中：工业用电量	亿千瓦时	60.03	42.50	
	造林	公顷	73.13		
	封山育林	公顷	134.93		
	森林抚育	公顷	1369.60		
	现有林木总面积	公顷	49293.33		
	林木覆盖率	%	31.89		
	新增公共绿地面积	公顷	20.30		
	新增公共绿道	公里	5.10		
教育	年末拥有各类中小学	所	99		
	其中：普通中学	所	50		
	小学	所	48		
	特殊学校	所	1		
	年末拥有各类幼儿园	所	185		
	年末各类中小学拥有在校学生	人	176577		
	其中：普通中学在校学生	人	54654		
	小学在校学生	人	121585		
	特殊学校在校学生	人	338		
	年末各类幼儿园拥有在园幼儿	人	61567		
文化	年末公共文化设施面积	万平方米	76.93		
	举办公益演出	场	1800		
	开展送戏下乡	场	165		
	为农村和基层送书	册	12526		
卫生	年末拥有各类医疗卫生机构	个	777		
	年末各类医疗卫生机构拥有床位	张	10611		
	年末各类医疗卫生机构拥有技术人员	人	15179		
	新改扩建优质社区卫生服务站	个	60		
	年末拥有优质社区卫生服务站站点	个	207		
	年末拥有省社区医院	家	2		
	年末拥有省甲级村卫生室	个	6		
	年末拥有市级特色科室	个	3		

续表

类别	指标	计量单位	绝对数	占比/%	比上年增长/%
卫生	当年建成公建民营托育机构	个	2		
	年末拥有江苏省普惠托育机构	个	1		
	年末拥有全国医养结合示范机构	个	1		
	年末拥有省级优质护理院	家	1		
	年末拥有全国老年友好型社区	个	2		
	年末拥有省级老年友好型社区	个	1		
体育	人均体育场地面积	平方米	4.85		
	新建更新健身器材	套	200		
	持续推进建设健身步道	公里	10		
	持续推进建设百姓健身房	个	2		
	改造灯光球场	个	5		

二、科技创新发展情况

2023 年江宁区科技创新发展情况见表 3-1-3。

表 3-1-3　2023 年江宁区科技创新发展情况

指标	计量单位	绝对数	比上年增长/%
专利授权量	件	16426	
其中：发明专利授权量	件	6697	
年末有效发明专利拥有量	件	33236	
其中：高维持年限有效发明专利拥有量	件	4271	
完成技术合同成交额	亿元	191.46	20.50
当年新认定高新技术企业	家	316	
高新技术企业（累计）	家	2416	15.60
科技型中小企业入库数	家	5217	13.60
经备案认定科技企业孵化器	个	58	
其中：国家级孵化器	个	16	
经备案认定众创空间	个	117	
其中：国家级众创空间	个	20	

第二节　鼓楼区 2023 年经济社会发展情况

2023 年是全面贯彻党的二十大精神的开局之年，是疫情防控转段后经济恢复发展的一年，面对复杂严峻的外部环境和经济恢复进程中的矛盾问题，全区上下在区委、区政府的坚强领导下，坚持以习近平新时代中国特色社会主义思想为指导，统筹抓好经济社会发展各项工作。2023 年，全区经济稳步向好，生产需求逐步回暖，转型升级持续推进，发展质量稳步提升。

综合经济社会发展情况

2023 年鼓楼区经济社会发展情况见表 3-1-4。

表 3-1-4　2023 年鼓楼区经济社会发展情况

类别	指标	计量单位	绝对数	占比/%	比上年增长/%
经济总量	全区地区生产总值	亿元	2038.79		4.60
	其中：第二产业增加值	亿元	147.25	7.20	4.80
	第三产业增加值	亿元	1891.54	92.80	4.50
	人均地区生产总值	元	216352.00		4.30
财政收支	一般公共预算收入	亿元	184.20		6.50
	其中：税收收入	亿元	170.00	92.30	
	一般公共预算支出	亿元	111.80		-9.40
固定资产投资	全区固定资产投资				-1.90
	其中：第二产业投资				646.70
	其中：工业投资				375.70
	第三产业投资				-4.90
	其中：房地产开发投资	亿元	103.60		-27.00
	其中：住宅投资	亿元	50.00		-36.10
	基础设施投资				-15.10
	制造业投资				375.70
	高新技术产业投资				375.70
	城市建设投资				4.20
	其中：软件信息业投资				83.80
	租赁商务业投资				56.90
	教育行业投资				150.70
	交通运输业投资				-25.70
	水利业投资				-15.70
	文体娱乐业投资				-94.20
工业	规模以上工业总产值	亿元	285.60		0.10
	规模以上工业增加值				1.20
	销售产值	亿元	281.90		-0.90
	其中：出口交货值	亿元	8.10		-64.00
	利税总额	亿元	13.90		
	其中：利润总额	亿元	10.60		
	税金	亿元	3.30		
	战略性新兴产业总产值	亿元	23.30		23.70

续表

类别	指标	计量单位	绝对数	占比/%	比上年增长/%
建筑业	具有资质等级的总承包和专业承包建筑业企业完成建筑业总产值	亿元	604.40		5.80
	其中：在外省完成建筑业总产值	亿元	190.90		-6.60
	建筑业企业签订的合同总额	亿元	1375.40		-7.20
	房屋建筑施工面积	万平方米	223.90		-8.90
	竣工产值	亿元	381.70		5.80
国内贸易	社会消费品零售总额	亿元	1229.68		7.00
	其中：限额以上社会消费品零售总额	亿元	651.50		4.70
	其中：通过公共网络实现零售额	亿元	106.10	16.10	52.70
	贸易业销售额	亿元	5925.50		5.60
	其中：批发业销售额	亿元	5080.50		5.30
	零售业销售额	亿元	713.60		5.30
	住宿业营业额	亿元	40.30		27.80
	餐饮业营业额	亿元	91.20		23.70
	规模以上服务业营业收入	亿元	1713.73		13.10
	规模以上服务业利润总额	亿元	166.00		44.00
	信息传输、软件和信息技术服务业营业收入	亿元	237.70		15.70
	交通运输、仓储和邮政业营业收入	亿元	537.90		-5.00
	科学研究和技术服务业营业收入	亿元	174.70		9.00
	租赁和商务服务业营业收入	亿元	487.20		54.90
	居民服务、修理和其他服务业营业收入	亿元	20.20		12.60
	文化、体育和娱乐业营业收入	亿元	68.30		4.70
房地产业	商品房销售面积	万平方米	20.50		-32.60
	其中：住宅销售面积	万平方米	12.70		-23.50
	年末商品房待售面积	万平方米	21.00		
	其中：住宅待售面积	万平方米	0.50		-51.40
开放型经济	进出口总额	亿元	401.20		-20.70
	其中：进口总额	亿元	147.00		-14.00
	出口总额	亿元	254.10		-24.10
	实际利用外资	亿美元	8.20		
人口	年末常住人口	万人	94.27		
	年末户籍人口	万人	90.93		
	其中：男性人口	万人	44.70		
	女性人口	万人	46.20		
	人口出生率	‰	4.20		
	人口死亡率	‰	9.80		
	人口自然增长率	‰	-5.60		

续表

类别	指标	计量单位	绝对数	占比/%	比上年增长/%
人民生活	城镇居民人均可支配收入	元	87834.50		4.30
	其中：工资性收入				5.10
	经营净收入				2.10
	财产净收入				2.30
	转移净收入				3.60
	居民家庭人均消费支出	元	50791.60		6.00
	居民恩格尔系数	%	24.30		-0.60
	年末百户家庭汽车拥有量	辆	65		
	年末百户家庭电脑拥有量	台	110		
	年末百户家庭电话拥有量	部	247.20		
	其中：移动电话拥有量	部	238.30		
	人均住房面积	平方米	33.20		

第三节　栖霞区 2023 年经济社会发展情况

2023 年，面对复杂严峻的宏观环境和多重超预期困难挑战，全区上下深入贯彻党的二十大精神和习近平总书记关于江苏工作重要讲话重要指示精神，认真落实省、市各项决策部署以及推进经济率先整体好转相关政策，积极应对复杂严峻的外部环境等不利因素，努力提振市场信心，稳定发展预期，加快促进经济恢复向好，民生保障有力有效，社会大局安全稳定。

一、综合经济社会发展情况

2023 年栖霞区经济社会发展情况见表 3-1-5。

表 3-1-5　2023 年栖霞区经济社会发展情况

类别	指标	计量单位	绝对数	占比/%	比上年增长/%
经济总量	全区地区生产总值	亿元	1783.56		5.00
	其中：第一产业增加值	亿元	8.23	0.46	1.90
	第二产业增加值	亿元	993.01	55.68	1.10
	第三产业增加值	亿元	782.32	43.86	10.60
财政收支	财政收入（含经开区）	亿元	262.30		
	其中：一般公共预算收入	亿元	146.83		4.61
	财政支出（含经开区）	亿元	182.44		4.32
	一般公共预算支出	亿元	109.87		16.98
固定资产投资	全区固定资产投资				-2.90
	其中：工业投资				-4.20
	高新技术投资			16.70	-4.30
	第三产业投资				-2.80

续表

类别	指标	计量单位	绝对数	占比/%	比上年增长/%
农业	农林牧渔业现价总产值	亿元	11.87		1.90
	其中：农业产值	亿元	8.54		2.00
	林业产值	亿元	0.19		4.80
	牧业产值	亿元	1.09		0.50
	渔业产值	亿元	1.35		-0.70
	农林牧渔服务业产值	亿元	0.70		8.10
	粮食实际种植面积	平方公里	43.43		1.20
	粮食总产量	万吨	2.61		1.60
	蔬菜播种面积	平方公里	53.77		
	蔬菜总产量	万吨	10.39		
	生猪出栏量	万头	4.30		
	水产品养殖总产量	万千克	379.00		
	新型农业经营主体（累计）	个	315		
	区级以上示范合作社	家	32		0.37
	区级以上家庭农场	家	37		2.00
工业	规模以上工业总产值	亿元	3519.11		-5.58
	规模以上工业营业收入	亿元	3754.13		-5.80
	规模以上工业利税	亿元	376.69		6.83
	规模以上工业利润总额	亿元	171.21		15.10
	其中：制造业累计产值	亿元	3415.89		-5.76
	采矿业累计产值	亿元	2.88		-39.27
	电力、热力、燃气及水生产和供应业累计产值	亿元	100.35		2.52
	其中：内资企业工业总产值	亿元	1792.69		-9.04
	港澳台商投资企业工业总产值	亿元	165.06		1.61
	外商投资企业工业总产值	亿元	1561.35		-2.03
	战略性新兴产业企业产值	亿元	1839.82	52.28	-4.04
市场主体	年末在库规模以上企业	家	1738		12.71
	其中：工业企业	家	416		6.67
	商贸业（批零住餐业）企业	家	650		19.49
	服务业企业	家	455		12.62
	建筑业企业	家	135		4.65
	房地产开发业企业	家	82		9.33
	年末拥有市场主体	户	178210		
	其中：企业	家	84886		
	个体户	家	93324		

续表

类别	指标	计量单位	绝对数	占比/%	比上年增长/%
建筑业	资质建筑企业总产值	亿元	1010.79		12.30
	建筑工程产值	亿元	951.70		14.52
	安装工程产值	亿元	38.61		-12.89
	其他产值	亿元	20.48		-17.12
国内贸易	社会消费品零售总额	亿元	536.36		4.50
	其中：限额以上企业零售额	亿元	309.80		1.30
交通运输业	年末交通道路总里程	公里	467.63		
	年末公路网密度	公里/百平方公里	118.55		
	年末国省干线公路总里程	公里	80.32		
	年末农村公路总里程	公里	387.31		
	新改建农村公路	公里	26.90		
	优化公交线路	条	9		
	完成公共停车场建设	个	2		
	公共停车场增加泊车位	个	3400		
	经营性公共停车场首次备案	家	34		
	经营性公共停车场首次备案泊位	个	9337		
旅游业	接待旅游人次	万人次	733.40		36.10
	旅游收入	亿元	92.16		23.70
房地产业	房地产开发完成投资	亿元	375.28		1.20
	施工面积	万平方米	960.14		-12.00
	其中：住宅施工面积	万平方米	614.64		-13.90
	新开工各类房屋面积	万平方米	100.26		-29.60
	其中：住宅新开工面积	万平方米	64.20		-37.10
	房地产销售面积	万平方米	117.74		51.50
	房地产销售额	亿元	226.23		8.00
开放型经济	进出口总额	亿元	965.50		-4.90
	其中：进口总额	亿元	469.10		-10.90
	出口总额	亿元	496.40		1.50
	实际使用外资	亿美元	3.40		
	新设立外资项目	项	48		
	增资项目	项	18		
	总投资/净增资 3000 万美元以上项目	项	2		
	对外承包工程营业额	亿美元	5.39		
人口	年末常住人口	万人	101.27		0.69
	人口城镇化率	%	93.88		0.11

续表

类别	指标	计量单位	绝对数	占比/%	比上年增长/%
就业	城镇新增就业	人	20406		
	城镇失业人员就业	人	9507		
	就业困难人员就业	人	1586		
	支持成功自主创业	人	6547		
	支持离校五年内高校毕业生创业	人	914		
	扶持农民自主创业	人	469		
	新增公益性岗位安置就业困难人员	人	240		
	补贴性职业技能培训	人次	16463		
	新增取得职业资格证书或职业技能等级证书	人次	11693		
	新型学徒制培训	人次	281		
	新招收博士后	人	6		
	新增留学回国人员	人	475		
	新增区级企业专家工作室	个	3		
	新增市级企业专家工作室	个	1		
	新增职业技能等级认定机构备案	家	17		
	企业工资集体合同审查	份	630		
	劳动保障书面审查单位	户	7648		
人民生活	城镇居民人均可支配收入	元	78441.30		4.40
	其中：工资性收入	元	46743.75		4.60
	经营净收入	元	8206.00		4.40
	财产净收入	元	8269.00		4.40
	转移净收入	元	15222.55		4.00
	城镇居民生活消费支出	元	45705.00		
社会保障	新增养老机构床位	张	114		
	困难老年人家庭适老化改造	户	220		
	街道综合性养老服务中心	个	1		
	示范性乡村睦邻点	个	5		
	社区认知症照护中心	个	2		
	失能老年人家庭成员照护培训	人次	457		
	实施“社区微幸福项目”	项	21		
环境保护	规模以上工业企业累计综合能源消费量	万吨标准煤	709.03		0.20
	累计煤炭消费量	万吨	1031.79		2.30
	规模以上工业电力消费工业生产电力消费	亿千瓦时	63.32		-7.53
	空气质量优良天数	天	290		
	空气质量优良天数比例	%	78.90		0.80
	$PM_{2.5}$ 年平均浓度	微克/立方米	27.80		

续表

类别	指标	计量单位	绝对数	占比/%	比上年增长/%
卫生	年末拥有各类医疗机构（含驻区医疗机构）	家	329		
	年末拥有编制床位	张	4039		
	年末拥有卫生技术人员	人	6392		
	其中：执业（助理）医师	人	2542		
	护士	人	2750		
	平均每千人口拥有床位	张	4.08		
	平均每千人口卫技人员	人	6.41		
	平均每千人口执业（助理）医师	人	2.55		
	平均每千人口注册护士	人	2.76		
	医疗机构门急诊	万人次	582.99		
	医疗机构门急诊出院	万人次	8.93		

二、科技创新发展情况

2023年栖霞区科技创新发展情况见表3-1-6。

表3-1-6　2023年栖霞区科技创新发展情况

指标	计量单位	绝对数	比上年增长/%
入库科技型中小企业	家	2560	26.17
净增高新技术企业	家	67	
高新技术企业（累计）	家	982	
技术合同成交额	亿元	99.71	
新成立科技创业孵化载体	个	7	
其中：孵化器	个	4	
众创空间	个	3	
新增产学研合作项目	项	162	

第四节　秦淮区2023年经济社会发展情况

2023年，面对复杂多变的外部环境和艰巨繁重的改革发展稳定任务，全区上下坚持以习近平新时代中国特色社会主义思想为指导，坚决落实国家、省、市各项决策部署，坚持稳中求进工作总基调，完整、准确、全面贯彻新发展理念，加快构建新发展格局，着力推动高质量发展，经济运行保持稳健，产业能级不断提升，民生保障有力有效，生态文明建设持续推进。

一、综合经济社会发展情况

2023年秦淮区经济社会发展情况见表3-1-7。

表 3-1-7 2023 年秦淮区经济社会发展情况

类别	指标	计量单位	绝对数	占比/%	比上年增长/%
经济总量	全区地区生产总值	亿元	1464.39		5.20
	其中：第二产业增加值	亿元	93.00	6.40	1.50
	第三产业增加值	亿元	1371.39	93.60	5.50
财政收支	财政收入	亿元	219.14		
	其中：一般公共预算收入	亿元	113.12		9.10
	其中：税收收入	亿元	104.76		16.90
	一般公共预算支出	亿元	93.12		-7.70
	其中：社会保障和就业支出	亿元	19.73		-2.20
	教育支出	亿元	27.84		6.10
	卫生健康支出	亿元	6.75		-32.70
	科学技术支出	亿元	2.49		-19.90
	农林水支出	亿元	0.22		-4.30
固定资产投资	全区固定资产投资				17.90
	其中：服务业投资	亿元	363.94		18.80
	工业投资	亿元	4.04		-28.70
	固定资产投资项目	项	217		
	其中：固定资产项目	项	171		
	房地产项目	项	46		
工业	规模以上工业总产值	亿元	165.60		-5.60
	其中：轻工业产值	亿元	12.23		-40.60
	重工业产值	亿元	153.37		-0.90
	规模以上工业企业利税总额	亿元	11.50		-13.70
	规模以上工业企业利润总额	亿元	7.58		-19.10
市场主体	新设立市场主体	万户	2.29		
	其中：新设立企业	万家	0.75		
	新设立个体经营户	万家	1.54		
	年末市场主体（累计）	万户	18.86		
	其中：企业	万家	6.62		
	个体经营户	万家	12.24		
建筑业	资质以上建筑业企业	家	133		
	其中：一级资质企业	家	27		
	二级资质企业	家	44		
	三级及其他资质企业	家	62		
	建筑业总产值	亿元	154.60		7.80

续表

类别	指标	计量单位	绝对数	占比/%	比上年增长/%
国内贸易	社会消费品零售总额	亿元	1063.10		7.40
	其中：限额以上零售额	亿元	782.20		6.00
	全口径贸易业销售额	亿元	3440.10		10.40
	其中：批发业销售额	亿元	2407.00		12.40
	零售业销售额	亿元	867.80		3.60
	住宿业营业额	亿元	19.60		42.80
	餐饮业营业额	亿元	145.70		17.40
旅游业	旅游总收入	亿元	860.31		
	游客量	万人次	6824.25		
房地产业	房地产开发投资	亿元	274.90		29.30
	其中：住宅投资	亿元	171.90		34.10
	商品房销售面积	万平方米	76.51		4.90
	其中：住宅销售面积	万平方米	73.99		13.80
开放型经济	进出口总额	亿元	754.00		-2.20
	其中：进口总额	亿元	333.10		0.10
	出口总额	亿元	420.90		-4.00
	实际利用外资	万美元	29151.00		135.80
	吸收外商直接投资新设立企业	家	45		
	新增合同外资	亿美元	25067.00		
人口	年末常住人口	万人	74.29		0.10
	年末户籍人口	万人	67.09		
	其中：男性人口	万人	32.50		
	女性人口	万人	34.59		
	年末总户数	万户	26.38		
	人口出生率	‰	4.10		
	人口死亡率	‰	11.39		
	人口自然增长率	‰	-7.29		
就业	城镇新增就业	万人	2.62		
	城镇失业人员就业	万人	1.20		
	援助困难人员就业	人	1804		
	培育自主创业	人	5579		
	培育离校5年内高校毕业生新创业	人	916		
	补贴性职业技能培训	万人次	1.60		
	学徒制培训	人次	216		
	高质量就业见习岗位数	个	3363		

续表

类别	指标	计量单位	绝对数	占比/%	比上年增长/%
人民生活	城镇居民人均可支配收入	元	80946.50		4.10
	城镇居民人均生活消费支出	元	47567.00		7.50
社会保障	年末企业职工基本养老保险参保人数	万人	24.13		
	年末城镇职工基本医疗保险参保人数	万人	38.64		
	年末失业保险参保人数	万人	24.27		
	年末工伤保险参保人数	万人	24.38		
	年末生育保险参保人数	万人	26.97		
	企业职工基本养老保险净增缴费人数	人	4175		
	年末户籍中断缴费人员续保人数	人	2461		
	新增参保单位户数	户	3438		
	三项社会保险费（养老保险、失业保险、工伤保险）征收总额	亿元	45.85		
	企业退休人员周期免费体检	万人	8.39		
	劳动保障书面审查单位	万户	1.04		
环境保护	空气质量优良天数	天	297		
	空气质量优良天数比例	%	81.40		1.70
	$PM_{2.5}$ 年平均浓度	微克/立方米	27.60		-5.50
	区域内降尘均值	吨/（平方公里·月）	3.40		
教育	年末拥有普通高中	所	5		
	年末拥有初中（含中华初中部、一中初中部）	所	13		
	年末拥有小学（含2所特殊教育学校）	所	38		
	年末拥有幼儿园（82个办学点）	所	68		
	年末拥有高等职业学校	所	1		
	年末拥有教师发展中心	个	1		
	年末拥有少年宫（少年儿童校外活动基地）	个	1		
	年末拥有开放大学	所	1		
卫生	年末拥有区属医疗卫生单位	个	17		
	年末各类卫生机构拥有病床	张	11558		
	其中：医院拥有病床	张	9929		
	年末拥有卫生技术人员	人	18681		
	其中：执业医师、执业助理医师	人	7050		
	注册护士	人	8601		
	疾病预防控制中心卫生技术人员	人	67		
	妇幼卫生保健机构卫生技术人员	人	1948		

续表

类别	指标	计量单位	绝对数	占比/%	比上年增长/%
文化	年末拥有市级以上文化产业园区	个	14		
	年末拥有文化馆	个	1		
	年末拥有公共图书馆	个	1		
	年末拥有博物馆	个	11		
	年末拥有市级以上文物保护单位	个	95		
	达到省级标准的社区综合性文化服务中心	个	114		
	年末拥有规模以上文化企业	家	179		

二、科技创新发展情况

2023 年秦淮区科技创新发展情况见表 3-1-8。

表 3-1-8　2023 年秦淮区科技创新发展情况

指标	计量单位	绝对数	比上年增长/%
新增专利授权量	件	4667	
其中：新增发明专利授权量	件	2514	11.30
年末有效发明专利拥有量	件	13143	
高维持年限（十年以上）发明专利数量	件	2234	
通过科技型中小企业评价企业	家	1354	
通过高新技术企业认定企业	家	205	
年末拥有高新技术企业	家	598	
新型研发机构累计孵化引进企业	家	236	
入选省产学研合作项目企业	家	24	
新增省级工程技术研究中心	个	4	
新增市级工程技术研究中心	个	10	

第五节　建邺区 2023 年经济社会发展情况

2023 年是全面贯彻落实党的二十大精神的开局之年，是“十四五”规划承上启下的关键之年，是三年新冠疫情防控转段后推动经济运行率先整体好转的奋进之年。在区委、区政府的坚强领导下，全区上下锚定目标、齐心协力、攻坚克难，全力以赴抓运行、拼经济、稳增长，交出了一份好于预期、超出预期的精彩答卷。

综合经济社会发展情况

2023 年建邺区经济社会发展情况见表 3-1-9。

表 3-1-9　2023 年建邺区经济社会发展情况

类别	指标	计量单位	绝对数	占比/%	比上年增长/%
经济总量	全区地区生产总值	亿元	1300. 10		5. 30
	其中：第二产业增加值	亿元	382. 51	29. 42	4. 90
	第三产业增加值	亿元	917. 59	70. 58	5. 50
固定资产投资	全区固定资产投资				2. 80
	工业投资				-9. 80
	房地产开发投资				11. 70
	建筑安装工程投资				1. 10
	高新技术投资				-24. 00
	民间投资				2. 50
工业	新增“四上”单位	个	225		
	规模以上工业总产值				3. 30
建筑业	资质以上建筑业企业总产值				2. 00
国内贸易	全口径社会消费品零售总额	亿元	525. 78		14. 70
	其中：限额以上社会消费品零售额	亿元	355. 80		15. 80
	全口径商品销售额				10. 30
	其中：批发业销售额				9. 60
	零售业销售额				14. 20
	住宿业营业额				26. 70
	餐饮业营业额				17. 90
	营利性服务业营业收入				-3. 90
	其中：信息软件业营业收入				2. 00
	文体娱乐业营业收入				25. 50
	居民服务业营业收入				15. 30
	科研技术业营业收入				-5. 70
	商务服务业营业收入				-1. 60
	交通运输业营业收入				-30. 30
金融业	纳入规模企业统计金融单位营业收入				15. 00
	银行业营业收入				10. 70
	证券业营业收入				-2. 90
	保险业营业收入				23. 30
房地产业	商品房销售面积				0. 30
人民生活	城镇居民人均可支配收入	元	78060. 50		4. 30
	其中：工资性收入	元	49100. 30		4. 10
	经营净收入	元	7894. 00		4. 50
	财产净收入	元	8070. 10		3. 50
	转移净收入	元	12996. 10		5. 50

第六节　玄武区 2023 年经济社会发展情况

2023 年是全面贯彻党的二十大精神的开局之年，是三年新冠疫情防控转段后经济恢复发展的一年。一年来，全区上下坚持以习近平新时代中国特色社会主义思想为指导，全面贯彻党的二十大和二十届二中全会精神，深入贯彻习近平总书记对江苏工作重要讲话重要指示精神，认真落实党中央、国务院、省委、省政府和市委、市政府决策部署，在区委的坚强领导下，坚持稳中求进工作总基调，完整、准确、全面贯彻新发展理念，牢记嘱托、感恩奋进，凝心聚力、真抓实干，各项工作取得积极成效。

一、综合经济社会发展情况

2023 年玄武区经济社会发展情况见表 3-1-10。

表 3-1-10　2023 年玄武区经济社会发展情况

类别	指标	计量单位	绝对数	占比/%	比上年增长/%
经济总量	全区地区生产总值	亿元	1285.45		4.60
	其中：第二产业增加值			1.70	
	第三产业增加值			98.30	
	服务业增加值	亿元	1264.22		4.60
	金融业增加值	亿元	298.70		12.60
财政收支	一般公共预算收入	亿元	104.20		23.50
固定资产投资	全区固定资产投资				14.50
	其中：房地产开发投资				18.80
	建筑安装工程投资				10.80
	高技术产业投资				0.40
	实际利用内资	亿元	143.20		16.30
	区级以上重大项目建设投资	亿元	184.30		10.60
工业	规模以上工业总产值	亿元	58.07		-4.00
	规模以上工业增加值				0.40
	工业产销率	%	99.10		
	燃气生产和供应业产值	亿元	32.00		-3.70
	制造业产值				-4.40
	智改数转网联①项目	项	9		
	新增智改数转网联规模以上工业企业	家	6		
市场主体	新增市场主体	户	8320		
	其中：亿元以上企业	家	13		
	新增市场主体注册资本	亿元	164.23		
	新增市级总部企业	家	4		

① 智改数转网联指的是智能化改造、数字化转型、网络化联接。

续表

类别	指标	计量单位	绝对数	占比/%	比上年增长/%
金融业	新增金融机构	个	15		
房地产业	商品房销售面积				26.50
国内贸易	社会消费品零售总额	亿元	1054.72		-6.60
	其中：限额以上消费品零售额	亿元	830.07		-9.60
	全口径贸易业销售额	亿元	4097.34		-8.40
	其中：限额以上销售额	亿元	3430.02		-10.80
	引进重点商贸项目	项	10		
	新增规模以上服务业企业	家	52		
	新增限额以上贸易企业	家	73		
	累计获批省市级现代服务业集聚区	个	8		
就业	组织招聘会	场次	132		
	城镇新增就业	万人	1.80		
	发放就业补贴	万元	8100.00		
人民生活	居民人均可支配收入	元	88207.50		4.00
社会保障	低收入家庭认定	户	678		
	建成困境青少年梦想小屋	间	20		
	新增养老床位	张	82		
	政府补贴家庭适老化改造	户	210		
	创成省级达标小区	个	21		
	新建公共停车场	个	2		
	新增停车泊位	个	1171		
	高层建筑消防无水问题整改	栋	109		
	办复人大代表建议	件	126		
	办复政协委员提案	件	115		
	主动公开政府信息	条	2080		
环境保护	空气质量优良天数	天	300		
	空气质量优良天数比例	%	82.20		
	$PM_{2.5}$年平均浓度	微克/立方米	28.30		
	清疏修缮片区雨污水管网	个	55		
	建成城镇污水处理提质增效达标区	个	7		
	建成市级幸福河湖	条	2		
	累计整治入湖河道	条	5		
	累计整治雨污水排口	个	36		
	建成垃圾分类收运专线	条	45		
	安装除臭系统	套	312		
	改造街角路侧小微绿地	处	46		
文化	新增市级文化产业园区	个	6		

二、科技创新发展情况

2023年玄武区科技创新发展情况见表3-1-11。

表3-1-11　2023年玄武区科技创新发展情况

指标	计量单位	绝对数	比上年增长/%
新增市级科创载体	个	6	
新增市级精品硅巷	家	3	
新认定高新技术企业	家	168	
新认定科技型中小企业	家	1103	
新认定省级工程技术研究中心	个	3	
新认定国家级专精特新“小巨人”企业	家	4	
新认定省级专精特新中小企业	家	17	
入选省级高质量发展领军企业	家	4	
完成技术合同成交额	亿元	107.96	22.50
年末万人有效发明专利拥有量	件	431	

第七节　雨花台区2023年经济社会发展情况

2023年，全区全面贯彻新发展理念，坚持稳中求进工作总基调，紧扣“全面创新、全域高新”目标定位，全力打造新滨江、建设数字城，顶住了来自国外复杂严峻的风险挑战和国内多重因素交织叠加带来的下行压力，经济运行持续回升向好，高质量发展取得显著新成效。

一、综合经济社会发展情况

2023年雨花台区经济社会发展情况见表3-1-12。

表3-1-12　2023年雨花台区经济社会发展情况

类别	指标	计量单位	绝对数	占比/%	比上年增长/%
经济总量	全区地区生产总值	亿元	1078.83		4.60
	其中：第一产业增加值	亿元	0.18	0.01	12.40
	第二产业增加值	亿元	189.39	17.56	4.10
	其中：工业增加值	亿元	167.82		4.80
	第三产业增加值	亿元	889.26	82.43	4.70
财政收支	一般公共预算收入	亿元	88.34		
	一般公共预算支出（含债券还本支出）	亿元	88.78		-13.20
	其中：教育支出	亿元	18.50		
	科学技术支出	亿元	17.40		
	文化体育和传媒支出	亿元	0.50		
	社会保障和就业支出	亿元	6.30		
	卫生健康支出	亿元	5.40		

续表

类别	指标	计量单位	绝对数	占比/%	比上年增长/%
固定资产投资	全区固定资产投资				8.00
	其中：服务业投资				7.80
	国有及国有控股经济投资				-0.30
	外商及港澳台商经济投资				30.10
	民间投资				17.00
农业	农林牧渔、农林牧渔专业及辅助性活动现价产值	万元	2761.00		12.60
	其中：农业产值	万元	2623.00		24.70
	林业产值	万元	69.00		-74.90
	渔业产值	万元	69.00		-4.20
工业	规模以上工业企业	家	136		
	工业总产值	亿元	553.92		-2.90
	主营业务收入	亿元	562.98		-5.20
	利润总额	亿元	13.60		303.70
	专用设备制造业产值	亿元	34.81		32.90
	仪器仪表制造业产值	亿元	19.00		30.10
	黑色金属冶炼制造业产值	亿元	354.49		-4.90
	非金属矿物制品业产值	亿元	47.60		-8.50
软件及信息服务业	软件业务收入	亿元	2810.00		8.08
	年末软件产业建筑面积	万平方米	1213.18		
	年末拥有涉软企业	家	4192		
	年末涉软企业拥有从业人员	万人	36.00		
建筑业	具有资质等级的总承包和专业承包建筑业企业完成建筑业总产值	亿元	127.90		
	其中：在外省完成建筑业总产值	亿元	35.25		
国内贸易	社会消费品零售总额	亿元	724.63		1.10
	其中：限额以上零售额	亿元	380.67		-5.60
旅游业	旅游营业收入	亿元	6.00		
	旅行社组织接待旅游者	万人次	65.46		
	旅行社组织接待入境旅游者	万人次	0.80		
	三个国家等级景区接待总人次	万人次	676.52		
	三个国家等级景区总营业收入	万元	643.83		
	国家等级旅游景区	个	3		
	旅行社	家	69		
	旅行社分社	家	14		
	旅行社服务网点	个	50		

续表

类别	指标	计量单位	绝对数	占比/%	比上年增长/%
房地产业	商品房销售面积	万平方米	87.70		5.10
	商品房销售额	亿元	238.27		-15.90
开放型经济	实际利用外资	万美元	31967.00		-13.80
	进出口总额	亿元	274.30		-20.70
人口	年末户籍总人口	万人	33.92		1.56
	年末常住人口	万人	62.80		0.72
	人口城镇化率	%	100.00		
人民生活	城镇居民人均可支配收入	元	77570.50		4.00
	其中：工资性收入	元	57995.00		4.60
	经营净收入	元	4904.00		2.60
	财产净收入	元	11353.00		2.00
	转移净收入	元	3318.50		4.00
	城镇居民人均消费支出	元	45031.90		6.10
社会保障	城乡居民最低生活保障对象户数	户	1529		
	城乡居民最低生活保障对象人数	人	1974		
	城乡居民最低生活保障标准	元	1050.00		
	年末拥有养老机构床位	张	2297		
	年末每千名户籍老人拥有养老机构床位	张	30.98		
就业	新增城镇就业	人	18953		
环境保护	规模以上工业企业累计综合能源消费量	万吨标准煤	583.50		3.90
	工业生产电力消费量	亿千瓦时	37.90		4.10
	煤炭消费量	万吨	641.90		20.60
	空气质量达到国家二级标准天数	天	304		
	空气质量达标率	%	83.30		
	$PM_{2.5}$ 年平均浓度	微克/立方米	26.30		6.50
教育	年末拥有普通中学	所	19		
	年末拥有职业中学	所	1		
	年末拥有小学	所	30		
	年末拥有幼儿园	所	71		
	年末拥有在校学生	人	54359		
	其中：普通中学在校学生	人	18071		
	小学在校学生	人	33577		
	职业中学在校学生	人	2711		
	年末拥有在园幼儿	人	16738		

续表

类别	指标	计量单位	绝对数	占比/%	比上年增长/%
卫生	年末拥有医疗卫生机构	个	210		
	其中：区属医疗卫生机构	个	28		
	年末区属医疗卫生机构拥有职工	人	1301		
	年末区属医疗卫生拥有技术人员	人	1125		

二、科技创新发展情况

2023年雨花台区科技创新发展情况见表3-1-13。

表3-1-13　2023年雨花台区科技创新发展情况

指标	计量单位	绝对数
专利授权量	件	3647
其中：发明专利授权量	件	1494
年末发明专利有效量	件	6961
通过认定高新技术企业	家	348
市级以上孵化器新增孵化面积	平方米	10011.44

第八节　溧水区2023年经济社会发展情况

2023年是全面贯彻落实党的二十大精神的开局之年，是三年新冠疫情防控转段后经济恢复发展的一年。面对复杂多变的外部环境和经济恢复进程中的矛盾问题，全区坚持以习近平新时代中国特色社会主义思想为指引，深入学习贯彻习近平总书记对江苏工作重要讲话重要指示精神，千方百计强信心、稳预期、促发展，高质量发展迈出坚实步伐。

一、综合经济社会发展情况

2023年溧水区经济社会发展情况见表3-1-14。

表3-1-14　2023年溧水区经济社会发展情况

类别	指标	计量单位	绝对数	占比/%	比上年增长/%
经济总量	全区地区生产总值	亿元	1061.76		5.20
	其中：第一产业增加值	亿元	54.10	5.10	2.00
	第二产业增加值	亿元	555.72	52.30	6.60
	第三产业增加值	亿元	451.94	42.60	3.90
财政收支	一般公共预算收入	亿元	67.22		
	其中：税收收入	亿元	55.90	83.17	
	一般公共预算支出	亿元	102.10		
	其中：民生支出	亿元	80.96	79.30	

续表

类别	指标	计量单位	绝对数	占比/%	比上年增长/%
固定资产投资	全区固定资产投资	亿元	407.24		0.40
	其中：第一产业投资				-30.70
	第二产业投资				2.00
	其中：工业投资				2.00
	第三产业投资				-0.60
	其中：房地产开发投资				16.60
	高新技术投资	亿元	98.93		5.30
	高耗能投资	亿元	4.22		-58.60
	民间投资	亿元	269.88		12.90
农业	农业总产值	亿元	90.45		1.00
	其中：农业产值	亿元	51.16		0.30
	林业产值	亿元	4.23		3.10
	牧业产值	亿元	6.06		3.60
	渔业产值	亿元	20.00		-1.90
	粮食种植面积	公顷	28686.67		
	粮食总产量	万吨	20.78		
	新建和改造提升高标准农田	公顷	606.67		
	特色农业机械化水平	%	74.68		
工业	工业产值	亿元	1200.15		4.60
	其中：规模以上工业产值				7.50
	其中：汽车制造业产值				28.80
	电气机械和器材制造业产值				11.10
	通用设备制造业产值				2.00
	规模以上工业实现战略性新兴产业产值	亿元	548.68		8.70
	规模以上工业实现高新技术产业产值	亿元	592.49		10.20
建筑业	具有资质等级的总承包和专业承包建筑业企业完成建筑业总产值	亿元	318.72		0.30
	其中：房屋建筑业产值				2.10
	土木工程建筑业产值				-6.60
	建筑业企业签订的合同总额	亿元	410.32		
	房屋建筑施工面积	万平方米	1347.17		
国内贸易	社会消费品零售总额	亿元	461.28		15.50
	其中：限额以上零售额	亿元	240.56		18.20
	其中：限额以上单位通过公共网络实现零售额	亿元	69.17	28.80	0.80

续表

类别	指标	计量单位	绝对数	占比/%	比上年增长/%
旅游业	接待访客（累计）	万人次	1592.63		15.23
	旅游收入	亿元	175.90		15.60
金融业	年末金融机构人民币存款余额	亿元	1187.97		9.40
	其中：住户存款余额	亿元	576.19		16.10
	年末金融机构人民币贷款余额	亿元	1662.48		21.50
	其中：住户贷款余额	亿元	403.29		4.50
开放型经济	进出口总额	亿元	152.70		3.40
	其中：出口总额	亿元	116.20		-0.90
	进口总额	亿元	36.50		19.90
	实际使用外资	万美元	9240.00		
人口	年末常住人口	万人	51.30		0.71
	其中：城镇人口	万人	34.25	66.77	
	常住人口出生率	‰	6.77		
	常住人口死亡率	‰	6.11		
	常住人口自然增长率	‰	0.66		
就业	城镇新增就业	人	10843		
	开发公益性岗位	个	404		
	援助就业困难人员就业	人	1601		
	助力大学生就业创业	人	6622		
人民生活	居民人均可支配收入	元	55835.70		5.00
	其中：城镇	元	69929.30		4.00
	农村	元	36192.10		6.40
	居民人均消费支出	元	35028.90		7.50
	其中：城镇	元	40863.80		6.80
	农村	元	27260.40		9.70
社会保障	年末城乡居民社会养老保险参保人数	万人	4.87		
	年末城乡居民医保参保人数	万人	23.79		
	年末拥有养老机构	个	11		
	年末养老机构备案床位	张	2385		
	年末养老机构入住老人	人	741		
	年末拥有社区居家养老服务中心	个	150		
	社区居家养老服务中心站点服务	万人次	163.18		
	为老服务银发助餐点	家	160		
	为老服务银发助餐点开展助餐服务	万人次	73.08		
	慈善总会累计募得善款	万元	1397.49		
	慈善救助支出	万元	1294.38		

续表

类别	指标	计量单位	绝对数	占比/%	比上年增长/%
环境保护	规模以上工业综合能源消费量	万吨标准煤	55.20		3.50
	煤炭消费量	万吨	15.97		-0.10
	天然气消费量	亿立方米	2.09		-9.50
	电力消费量	万千瓦时	18.98		13.90
	焦炭消费量	万吨	1.57		21.40
	空气质量优良天数	天	299		
	空气质量优良天数比例	%	81.90		
	$PM_{2.5}$ 年平均浓度	微克/立方米	30.50		-5.90
教育	年末拥有各级各类学校（园）	所	120		
	其中：普通中小学	所	46		
	职业中学	所	1		
	特殊教育学校	所	1		
	幼儿园（班）	所	72		
	年末拥有在校学生	人	69572		
	其中：普通中小学在校学生	人	52890		
	职业中学在校学生	人	1600		
	特殊教育学校在校学生	人	218		
	在园（班）幼儿	人	14864		
卫生	年末拥有各类卫生机构	个	226		
	其中：医院	家	11		
	基层医疗机构	个	211		
	专业公共卫生机构	个	3		
	其他医疗机构	个	1		
	年末拥有卫生技术人员	人	4083		
	其中：执业（助理）医师	人	1634		
	注册护士	人	1757		
文化	年末拥有文化馆	个	1		
	年末拥有文化站	个	8		
	年末拥有图书馆	个	14		
	年末拥有博物馆	个	1		
	年末拥有文物保护单位	个	27		
体育	更新、新建体育健身路径	套	42		
	改造提升灯光球场灯光设施系统	套	3		
	改造提升 11 公里健身步道	条	1		
	建设百姓健身房	个	1		
	打造微社区俱乐部	个	10		

二、科技创新发展情况

2023年溧水区科技创新发展情况见表3-1-15。

表3-1-15　2023年溧水区科技创新发展情况

指标	计量单位	绝对数	比上年增长/%
入库科技型中小企业	家	1142	26.00
新增省级工程技术研究中心	个	3	
新增市级工程技术研究中心	个	14	
开展产学研合作项目	项	120	
年末万人发明专利拥有量	件	73.40	

第九节　六合区2023年经济社会发展情况

2023年，六合区上下坚持以习近平新时代中国特色社会主义思想为指导，深入学习贯彻党的二十大和二十届二中全会精神，全面落实习近平总书记参加十四届全国人大二次会议江苏代表团审议时的重要讲话精神，按照省委十四届六次全会和市委十五届八次全会部署，坚定信心、鼓足干劲、勇挑大梁，牢牢把握高质量发展这个首要任务，锚定“两个千亿”目标，推进“2442”整体布局，因地制宜加快发展新质生产力，建设南京绿色生产力特色区，在中国式现代化六合新实践中踔厉奋发、奋勇争先。

综合经济社会发展情况

2023年六合区经济社会发展情况见表3-1-16。

表3-1-16　2023年六合区经济社会发展情况

类别	指标	计量单位	绝对数	占比/%	比上年增长/%
经济总量	全区地区生产总值	亿元	613.54		5.00
	其中：第一产业增加值	亿元	73.45	12.00	1.80
	第二产业增加值	亿元	233.86	38.10	5.80
	其中：全部工业增加值	亿元	193.73		6.60
	第三产业增加值	亿元	306.23	49.90	5.20
	人均地区生产总值	元	96075.00		
	民营经济增加值	亿元	403.17	65.71	6.20
财政收支	财政收入	亿元	75.17		15.00
	其中：税务部门收入	亿元	57.39		17.90
	财政部门收入	亿元	17.78		6.30
	一般公共预算收入	亿元	50.11		9.50
	其中：税务部门收入	亿元	32.62		9.70
	财政部门收入	亿元	17.49		9.10
	一般公共预算支出	亿元	96.28		2.80

续表

类别	指标	计量单位	绝对数	占比/%	比上年增长/%
财政收支	其中：教育支出	亿元	23.63		4.50
	卫生健康支出	亿元	8.83		-3.40
	社会保障和就业支出	亿元	12.27		16.60
	城乡社区支出	亿元	9.23		0.30
	政府性基金预算支出	亿元	88.67		
固定资产投资	全区固定资产投资				6.10
	其中：房地产开发投资				-13.30
	第二产业完成投资				14.10
	其中：工业投资				14.10
	第三产业完成投资（除房地产开发投资）				18.80
农业	农业总产值	亿元	118.38		1.10
	其中：农业产值	亿元	69.87		1.40
	林业产值	亿元	6.90		5.00
	牧业产值	亿元	5.89		-8.20
	渔业产值	亿元	26.13		-1.20
	农林牧渔专业及辅助性活动产值	亿元	9.58		9.10
	农业增加值	亿元	79.28		2.30
	农作物播种面积	公顷	89966.67		
	其中：粮食作物播种面积	公顷	59273.33		
	粮食总产量	万吨	41.32		
工业	规模以上工业企业	家	419		
	其中：民营企业	家	357		
	规模以上工业企业实现总产值	亿元	544.00		
	其中：民营企业总产值	亿元	416.80	76.60	
	10亿元以上工业企业	家	8		
	10亿元以上工业企业实现产值	亿元	216.73	39.80	
	电气机械和器材制造业产值	亿元	175.78		55.40
	通用设备制造业产值	亿元	48.29		-8.60
	专用设备制造业产值	亿元	42.08		0.20
	金属制品业产值	亿元	32.12		-11.10
	有色金属冶炼和延压加工业产值	亿元	30.03		21.10
	化学原料和化学制品制造业产值	亿元	23.38		1.30
	非金属矿物制品业产值	亿元	22.86		-24.70
	汽车制造业产值	亿元	20.48		0.20
	纺织服装、服饰业产值	亿元	19.04		-33.00

续表

类别	指标	计量单位	绝对数	占比/%	比上年增长/%
工业	燃气生产和供应业产值	亿元	18.40		-8.10
	规模以上工业企业主营业务收入	亿元	486.51		
	规模以上工业企业实现利税	亿元	14.64		
	其中：利润总额	亿元	12.68		
	利润在亿元以上企业	家	2		
	利润在亿元以上企业实现利润	亿元	2.63		
	亏损企业	家	119		
	亏损企业共发生亏损	亿元	6.81		
	电气机械和器材制造业主营业务收入	亿元	160.30		
	通用设备制造业主营业务收入	亿元	43.21		
	专用设备制造业主营业务收入	亿元	34.38		
建筑业	有资质的建筑业企业	家	277		
	建筑业产值	亿元	151.78		8.20
	竣工产值	亿元	91.82		18.80
	房屋建筑施工面积	万平方米	298.46		
	房屋建筑竣工面积	万平方米	118.16		
	其中：住宅竣工面积	万平方米	78.22		
	营业收入	亿元	109.28		
	利润总额	亿元	3.61		
	建筑业增加值	亿元	40.13		2.60
国内贸易	销售额	亿元	662.40		11.80
	其中：批发业销售额	亿元	373.76		18.70
	零售业销售额	亿元	267.74		4.00
	住宿业营业额	亿元	2.09		5.80
	餐饮业营业额	亿元	18.82		2.00
	社会消费品零售总额	亿元	321.27		7.30
	限额以上销售额	亿元	270.68		12.00
	其中：限额以上批发业销售额	亿元	201.50		16.40
	限额以上零售业销售额	亿元	63.02		2.50
	限额以上住宿业营业额	亿元	0.22		-6.90
	限额以上餐饮业营业额	亿元	5.94		-12.30
	限额以上零售额	亿元	97.61		5.30
	批发和零售业增加值	亿元	71.70		9.50
	住宿和餐饮业增加值	亿元	9.05		-1.00

续表

类别	指标	计量单位	绝对数	占比/%	比上年增长/%
交通运输业	年末公路通车里程	公里	2368.06		
	年末内河通航里程	公里	92.14		
	公路客运量	万人	2659.00		
	公路货运量	万吨	1437.00		
旅游业	接待国内外旅游者	万人次	1465.96		
	旅游总收入	亿元	139.82		
金融业	年末金融机构存贷款余额	亿元	4152.13		22.80
	其中：金融机构存款余额	亿元	2184.60		24.90
	金融机构贷款余额	亿元	1967.53		20.40
房地产业	房屋建筑施工面积	万平方米	312.54		
	商品房销售面积	万平方米	63.05		-5.50
	商品房销售额	亿元	60.50		-33.00
	商品房住宅销售套数	套	5907		
开放型经济	实际利用外资	万美元	5057.00		-78.40
	协议注册外资	万美元	6709.00		
	新设外商投资项目	项	17		
	进出口总额	亿元	70.00		-22.30
	其中：进口总额	亿元	16.20		-11.40
	出口总额	亿元	53.80		-25.10
	服务贸易进出口	万美元	5270.00		
	服务外包执行额	万美元	20400.00		
	其中：离岸外包执行额	万美元	7800.00		
人口	年末居民总户数	户	245810		
	年末户籍人口	人	680108		
	出生人口	人	3539		
	人口出生率	‰	0.52		
	死亡人口	人	5732		
	人口死亡率	‰	0.84		
	人口自然增长率	‰	-0.32		
	年末常住人口	万人	64.08		
	人口城镇化率	%	55.10		
人民生活	居民人均可支配收入	元	56224.00		4.70
	其中：城镇	元	71684.00		3.70
	农村	元	36149.00		6.30
	城镇居民人均生活消费支出	元	41892.00		
	农村居民人均生活消费支出	元	27127.00		

续表

类别	指标	计量单位	绝对数	占比/%	比上年增长/%
社会保障	实施临时救助户数	户	404		
	实施临时救助人数	人	745		
	年末拥有养老机构	个	29		
	年末拥有居民最低生活保障户数	户	3240		
	年末拥有居民最低生活保障人数	人	4658		
	享受基本分类保障生活补贴的困难儿童	人	403		
	特困供养人员	人	3226		
	城乡居民基本医疗保险人均筹资标准老年居民	元/（人·年）	1780.00		
	城乡居民基本医疗保险人均筹资标准其他居民	元/（人·年）	1800.00		
	城乡居民基本医疗保险人均筹资标准学生儿童	元/（人·年）	1410.00		
	居民基础养老保险基础养老金最低标准	元	535.00		
就业	新增城镇就业	人	7841		
	培育自主创业	人	1388		
	大学生创业	人	255		
环境保护	规模以上工业能源消耗	万吨标准煤	25.03		1.80
	热力消耗	亿千焦	14551.89		
	天然气消耗	万立方米	3015.00		
	电力消耗	亿千瓦时	8.98		
	全社会用电	亿千瓦时	28.60		
	其中：工业用电	亿千瓦时	10.74		
	城乡居民生活用电	亿千瓦时	9.12		
教育	年末拥有学校	所	130		
	其中：普通中学	所	21		
	小学	所	27		
	年末拥有在校学生	人	80106		
	年末中小学毕业班拥有在校学生	人	12839		
	年末拥有中小学教职工	人	4350		
	其中：专任教师	人	3954		
	年末拥有幼儿园	所	76		
	年末拥有在园幼儿	人	16169		
	年末幼儿园毕业班拥有在园幼儿	人	2928		
	年末拥有从事幼教工作人员	人	2571		
卫生	年末拥有卫生机构	个	231		
	其中：医院	家	14		

续表

类别	指标	计量单位	绝对数	占比/%	比上年增长/%
卫生	年末拥有床位	张	2341		
	年末拥有卫生技术人员	人	4037		
	其中：执业医师	人	1391		
	执业助理医师	人	371		
	注册护士	人	1638		
文化	年末拥有公共图书馆	个	1		
	年末拥有文化馆	个	1		
	举办展览	次	65		
	组织文艺活动	次	92		
	人均拥有公共文化体育设施面积	平方米	8.26		
	新增公共文化设施面积	万平方米	1.44		
	万人拥有公共文化设施面积	平方米	4086.55		

第十节　高淳区2023年经济社会发展情况

2023年是全面贯彻党的二十大精神的开局之年，是三年新冠疫情防控转段后经济恢复发展的一年。高淳区全面贯彻党的二十大精神和习近平总书记对江苏工作重要讲话精神，坚决贯彻落实党中央、国务院决策部署和省委省政府、市委市政府工作要求，坚持稳中求进工作总基调，完整准确全面贯彻新发展理念，攻坚克难，拼搏奋进，全区经济运行稳字当头、进中提质，高质量发展扎实推进。

一、综合经济社会发展情况

2023年高淳区经济社会发展情况见表3-1-17。

表3-1-17　2023年高淳区经济社会发展情况

类别	指标	计量单位	绝对数	占比/%	比上年增长/%
经济总量	全区地区生产总值	亿元	590.35		4.30
	其中：第一产业增加值	亿元	50.90	8.62	2.00
	第二产业增加值	亿元	244.00	41.33	1.00
	第三产业增加值	亿元	295.45	50.05	7.70
财政收支	一般公共预算收入	亿元	43.07		11.00
	其中：税收收入	亿元	35.86	83.30	
	非税收入	亿元	7.21		
固定资产投资	全区固定资产投资	亿元	146.27		-17.40
	工业投资	亿元	58.66		11.10
农业	农林牧渔总产值	亿元	88.79		0.90
	农林牧渔增加值	亿元	55.13		2.40

续表

类别	指标	计量单位	绝对数	占比/%	比上年增长/%
农业	粮食播种面积	公顷	10513.33		5.50
	其中：夏粮播种面积	公顷	2726.67		19.40
	秋粮播种面积	公顷	7786.67		0.30
	其中：小麦播种面积	公顷	2673.33		20.40
	水稻播种面积	公顷	7340.00		2.20
	油料实产面积	公顷	4906.67		12.20
	粮食总产量	万吨	7.94		4.60
	其中：夏粮总产量	万吨	1.25		20.70
	秋粮总产量	万吨	6.69		2.00
	其中：小麦总产量	万吨	1.24		21.40
	水稻总产量	万吨	6.50		2.70
	油料产量	万吨	1.23		13.30
	油料单位面积产量	公斤/公顷	2505.00		1.20
	蔬菜种植总面积	公顷	5586.67		
	蔬菜总产量	万吨	25.11		-0.80
	果园面积	公顷	1606.67		
	水果总产量	万吨	1.42		4.90
工业	规模以上工业总产值	亿元	248.63		0.90
	其中：12月当月完成工业总产值	亿元	21.68		15.80
	规模以上工业增加值增长	%	6.60		5.10
建筑业	年末拥有资质建筑企业	家	253		
	资质建筑企业完成总产值	亿元	408.99		0.30
	新增建筑业企业	家	22		
	建筑业总产值	亿元	14.58		
国内贸易	社会消费品零售总额	亿元	243.31		0.10
	其中：限额以上社会消费品零售总额	亿元	100.42		-7.90
	限额以上批发零售住宿餐饮销售额	亿元	883.72		10.20
	其中：限额以上批发业销售额				10.80
	限额以上零售业销售额				5.30
	限额以上住宿业营业额				2.50
	限额以上餐饮业营业额				3.30
邮电业	实现营业收入	亿元	5.93		10.60
	其中：邮政业务实现营业收入	万元	9162.40		50.30
	三大运营商（中国移动、中国电信和中国联通）实现营业收入	亿元	4.55		2.40

续表

类别	指标	计量单位	绝对数	占比/%	比上年增长/%
邮电业	年末拥有固定电话用户	万户	5.18		
	年末拥有移动电话用户	万户	49.16		
	其中：4G手机用户	万户	18.51		
	5G手机用户	万户	30.65		
	年末拥有互联网用户	万户	21.26		
	其中：家庭互联网用户	万户	18.92	89.00	
金融业	年末人民币各项存款余额	亿元	768.15		
	年末人民币各项贷款余额	亿元	948.32		
房地产业	房地产开发投资	亿元	33.36		-45.50
	商品房销售面积	万平方米	35.23		5.40
开放型经济	进出口总额	亿元	111.50		8.70
	实际利用外资	万美元	2783.00		
交通运输业	境内公路客运量	万人	11.33		90.29
	公路旅客周转量	万人公里	1214.82		147.65
	公路货运量	万吨	604.37		147.54
	公路货物周转量	亿吨公里	7.51		3.90
	年末拥有公路客运场站	个	2		
	年末拥有公交站亭	个	327		
	年末拥有公交站牌	个	1470		
旅游业	旅游总收入	亿元	184.40		15.00
	接受文化场馆服务次数	万人次	411.07		
社会福利	教育支出	亿元	16.50		
	落实各项公立医院补助	亿元	0.43		
	安排基层卫生院人员经费	亿元	1.20		
	拨付村卫生室标准化建设补助资金	万元	68.00		
	安排构建多层次养老服务体系预算资金	亿元	0.13		
	统筹各级养老服务资金	亿元	0.36		
人口	年末常住人口	万人	44.00		
	其中：城镇人口	万人	26.40		
	常住人口出生率	‰	7.64		
	常住人口死亡率	‰	7.57		
	常住人口自然增长率	‰	0.07		
就业	城镇新增就业	人	6500		
	就业困难人员就业	人	1250		
	城镇失业人员就业	人	3800		
	累计核发就业创业各项补贴	万元	7650.70		

续表

类别	指标	计量单位	绝对数	占比/%	比上年增长/%
人民生活	居民人均可支配收入	元	56377.90		4.80
	其中：城镇	元	70579.90		4.10
	农村	元	36715.00		6.00
社会保障	发放各类援企惠民补贴	万元	9700.00		
	新增社保参保单位	户	2027		
	建成“15分钟医保服务圈”省级示范点	个	2		
	居民最低生活保障标准	元/月	1050.00		
	累计发放各类救助保障资金	亿元	1.91		
	建成保障房	万平方米	37.68		
	筹集保障性租赁住房	套	1052		
	完成农村住房条件改善	户	660		
环境保护	城镇生活污水集中收集处理率	%	66.50		
	完成主城区、开发区等片区污水管网建设改造	公里	6.30		
	创成幸福河湖	条	30		

二、科技创新发展情况

2023年高淳区科技创新发展情况见表3-1-18。

表3-1-18　2023年高淳区科技创新发展情况

指标	计量单位	绝对数	比上年增长/%
入库科技型中小企业	家	822	18.00
新认定高新技术企业净增	家	34	
新认定省民营科技企业	家	33	
市级新型研发机构及孵化引进企业	家	9	
市级新型研发机构及孵化引进企业营业收入	亿元	9.00	23.60
新认定省级院士工作站	个	1	
新认定市级工程技术研究中心	个	8	
新认定市级科普教育基地	个	1	
全年累计组织企业申报市级以上科技项目	项	138	27.80
组织企业申报市级以上科技项目已获立项	项	55	
全年引进亿元实体项目	项	2	
新注册总部企业	家	110	
完成总部经济纳税	万元	2372.74	
新医药与生命健康产业企业	家	2337	
新医药与生命健康产业企业营业收入	亿元	156.60	
全年申报区级高层次创新创业人才	人	56	

续表

指标	计量单位	绝对数	比上年增长/%
新入选省科技副总	人	7	
新入选紫金山英才外国人才	人	2	
预计入选省双创计划	人	1	
全年发放“宁科贷”资金	亿元	39.00	38.00
技术合同成交额	亿元	15.11	21.40

第十一节 浦口区2023年经济社会发展情况

2023年，面对复杂多变的外部环境和经济恢复进程中的矛盾问题，全区上下坚持以习近平新时代中国特色社会主义思想为指导，全面贯彻党的二十大、二十届二中全会精神和习近平总书记对江苏工作重要讲话重要指示精神，认真贯彻落实党中央、国务院、省委、省政府、市委、市政府决策部署，在区委的坚强领导下，紧紧围绕“四个走在前”“四个新”重大任务，坚持稳中求进工作总基调，完整、准确、全面贯彻新发展理念，积极服务和融入新发展格局，全区经济运行平稳增长，基本民生保障有力，居民生活水平稳步提高，高质量发展稳步推进。

一、综合经济社会发展情况

2023年浦口区经济社会发展情况见表3-1-19。

表3-1-19 2023年浦口区经济社会发展情况

类别	指标	计量单位	绝对数	占比/%	比上年增长/%
经济总量	全区地区生产总值	亿元	529.95		5.00
	其中：第一产业增加值	亿元	49.04	9.30	1.80
	第二产业增加值	亿元	182.44	34.40	4.70
	第三产业增加值	亿元	298.47	56.30	5.70
	人均地区生产总值	元	127868.00		2.80
财政收支	一般公共预算收入	亿元	65.30		8.30
	其中：税收收入	亿元	52.29	80.10	
	政府性基金预算收入	亿元	63.04		
	其中：土地基金收入	亿元	58.11		
	一般公共预算支出	亿元	119.82		
	其中：教育支出	亿元	16.54		
	社会保障和就业支出	亿元	12.49		
	卫生健康支出	亿元	9.73		
	民生支出	亿元	99.02		16.30
固定资产投资	全区固定资产投资	亿元	511.39		-12.30
	其中：第一产业投资	亿元	1.38		19.00
	第二产业投资	亿元	166.47		0.70

续表

类别	指标	计量单位	绝对数	占比/%	比上年增长/%
固定资产投资	第三产业投资	亿元	343.54		-17.50
	工业投资	亿元	163.14		-0.80
	基础设施投资	亿元	48.71		-15.90
	服务业（不含房地产）投资	亿元	113.10		-13.70
	建筑安装工程投资	亿元	225.39		-16.20
农业	农林牧渔总产值	亿元	82.48		1.50
	其中：农业产值	亿元	45.01		2.80
	林业产值	亿元	6.99		5.50
	牧业产值	亿元	3.37		-5.40
	渔业产值	亿元	18.97		-5.40
	农林牧渔专业及辅助性活动产值	亿元	8.14		12.20
	粮食播种面积	公顷	4986.67		
	粮食总产量	万吨	3.33		2.80
	家庭农场（含种养大户）	家	796		
	各级示范家庭农场	家	239		
	工商登记注册农民专业合作社	家	319		
	各级示范合作社	家	76		
	农业产业化龙头企业	家	71		
	新建水产苗种基地	个	6		
	新建水产苗种基地可生产优质种苗	吨	51.00		
	规模连片养殖池塘生态化改造工程	公顷	1813.33		
	省级智慧渔业园区	个	1		
	数字渔场	个	1		
工业	规模以上工业企业	家	305		
	规模以上工业企业完成产值	亿元	452.79		0.40
	内资企业产值	亿元	230.97		-10.70
	港澳台商投资企业产值	亿元	162.18		19.20
	外商投资企业产值	亿元	59.64		5.80
	高新技术产业工业总产值	亿元	286.56	63.30	5.10
	集成电路企业工业总产值	亿元	233.86	51.60	6.80
建筑业	资质内建筑业企业建筑业总产值	亿元	284.13		10.70
	其中：房屋建筑业产值	亿元	49.29		-4.20
	土木工程建筑业产值	亿元	221.43		15.50
	建筑安装业产值	亿元	5.40		-7.60
	建筑装饰、装修和其他建筑业产值	亿元	8.01		4.80

续表

类别	指标	计量单位	绝对数	占比/%	比上年增长/%
国内贸易	社会消费品零售总额	亿元	150.35		1.20
	其中：限额以上社会消费品零售总额	亿元	56.06		-4.20
	限额以上单位商品零售额	亿元	52.39		-4.60
	餐饮收入	亿元	3.67		2.50
	批发零售业通过公共网络实现商品零售额	亿元	8.73		2.50
交通运输业	年末公路总里程	公里	957.19		
	年末公路网密度（以国土面积计算）	公里/百平方公里	133.87		
旅游业	重点文化旅游项目	项	19		
	重点文化旅游项目总投资	亿元	59.56		
	重点文化旅游项目当年完成投资	亿元	3.50		
	累计旅游人次	万人次	1914.59		54.90
	旅游收入	亿元	134.53		42.40
金融业	年末金融机构存款余额	亿元	3696.47		18.90
	其中：居民储蓄存款	亿元	1328.08		17.90
	年末金融机构贷款余额	亿元	4082.28		18.50
	住户类短期贷款业务中消费贷款余额	亿元	81.99		181.70
	住户类中长期贷款业务中消费贷款余额	亿元	814.92		0.30
房地产业	房地产开发投资	亿元	230.45		-19.20
	其中：住宅投资	亿元	196.21		-19.20
	商品房销售面积	万平方米	45.29		-33.10
	其中：住宅销售面积	万平方米	40.25		-53.60
	年末商品房待售面积	万平方米	34.97		
	其中：住宅待售面积	万平方米	12.76		
开放型经济	进出口总额	亿元	274.30		-7.60
	其中：出口总额	亿元	134.00		13.20
	进口总额	亿元	140.30		-21.40
	实际使用外资	万美元	8490.00		-71.70
	新设及增资外资项目	项	32		
	新增合同利用外资	万美元	35480.00		794.90
	新设总投资净增资 3000 万美元以上大项目	项	7		
	合同外资	万美元	22990.00		
人口	年末常住人口	人	414451		0.69
	其中：城镇人口	人	335254	80.89	0.08
	常住人口出生率	‰	6.61		
	常住人口死亡率	‰	5.49		

续表

类别	指标	计量单位	绝对数	占比/%	比上年增长/%
人口	常住人口自然增长率	‰	1.12		
	年末户籍人口	人	356235		
	出生人口	人	2504		
就业	城镇新增就业	人	8033		
	城镇失业人员就业	人	4552		
	支持成功自主创业	人	1128		
	开发公益性岗位	个	252		
	开展补贴性技能培训	人次	10122		
	开发就业见习岗位	个	1292		
	新增高级工以上职业资格证书或职业技能等级证书	人次	1695		
	“家门口”就业服务站	个	3		
	发放各类补贴	万元	7190.00		
	各类补贴惠及企业	家	720		
	各类补贴惠及人数	人	32438		
	开展招聘活动	场	226		
	招聘活动提供就业岗位	个	18714		
人民生活	居民人均可支配收入	元	61157.00		4.80
	其中：工资性收入	元	37854.90		5.50
	经营净收入	元	11372.20		0.10
	财产净收入	元	2743.60		7.80
	转移净收入	元	9186.30		6.80
	其中：城镇	元	73876.30		4.20
	农村	元	37255.00		6.00
	居民人均消费支出	元	37813.50		7.40
	其中：城镇	元	42885.70		6.30
	农村	元	28281.90		10.20
社会保障	三项社会保险费征收总额	万元	181314.81		
	企业职工基本养老保险净增缴费人数	人	4339		
	中断缴费人员续保人数	人	2295		
	新增参保单位户数	户	1702		
	年末城乡居民基本养老保险参保人数	人	24512		
	年末城乡居民基本医疗保险参保人数	万人	15.30		
	年末工伤保险参保工程建设项目	个	202		
	新增征地项目进保人数	人	834		

续表

类别	指标	计量单位	绝对数	占比/%	比上年增长/%
社会保障	为符合条件的困难人员代缴城乡居民基本养老保险	人	1931		
	免缴城乡居民基本医疗保险参保人数	人	9348		
	企业退休人员	人	38378		
	企业退休人员发放养老金	亿元	10.10		
	领取城乡居民养老保险待遇人数	人	37272		
	领取城乡居民养老保险待遇人员发放养老金	亿元	3.36		
	基础养老金	元/月	570.00		
	城镇职工基本医疗保险统筹基金支付	亿元	6.14		
	城乡居民基本医疗保险统筹基金支付	亿元	2.94		
	工伤保险待遇发放	万元	6583.80		
	失业保险待遇发放	万元	8518.43		
	城乡最低生活保障标准	元/月	1050.00		1.90
	城乡居民最低生活保障对象户数	户	1387		
	城乡居民最低生活保障对象人数	人	1880		
	临时救助	人次	1216		
	享受残疾人生活补贴	人	3046		
	护理补贴	人	3858		
	困境儿童	人	258		
	发放优抚安置资金	万元	3873.75		
	年末共备案养老机构	家	12		
	年末运营养老机构	家	9		
	年末拥有养老床位	张	3467		
环境保护	$PM_{2.5}$ 年平均浓度	微克/立方米	28.20		
	空气质量优良天数比例	%	80.50		
教育	年末拥有各类学校	所	87		
	其中：中职学校	所	2		
	普通中学	所	20		
	小学	所	21		
	幼儿园	所	43		
	特殊教育学校	所	1		
	年末各级各类学校拥有在校学生	人	53462		3.40
	其中：中职学校在校学生	人	3321		-8.80
	普通中学在校学生	人	13099		5.80
	小学在校学生	人	24807		9.30
	在园幼儿	人	12125		-5.90
	特殊教育学校在校学生	人	110		7.80

续表

类别	指标	计量单位	绝对数	占比/%	比上年增长/%
文化	年末拥有街道文体站	个	5		
	年末拥有社区（村）综合文化服务中心	个	76		
	年末拥有江苏省最美公共文化空间	个	6		
	年末拥有24小时自助图书馆	个	8		
	年末拥有馆外流通服务点	个	28		
	年末拥有无界阅读点位	个	104		
	年末拥有少儿图书室	个	5		
卫生	年末拥有各级各类医疗卫生机构	个	152		
	年末医疗机构拥有床位	张	2635		
	其中：医院床位	张	2275		
	年末拥有卫生技术人员	人	3475		
	其中：执业（助理）医师	人	1399		
	注册护士	人	1559		
	平均每千人口拥有床位	张	6.01		
	平均每千人口拥有执业（助理）医师	人	3.40		
	平均每千人口拥有注册护士	人	3.79		
体育	体育产业总规模	亿元	41.14		
	销售体育彩票	亿元	1.40		
	筹集公益金	万元	1000.00		
	建成健身步道	公里	15.00		
	建成百姓健身房	个	2		
	建成篮球场	片	3		
	人均体育场地面积	平方米	7.10		
	国民体质监测合格率	%	97.10		

二、科技创新发展情况

2023年浦口区科技创新发展情况见表3-1-20。

表3-1-20　2023年浦口区科技创新发展情况

指标	计量单位	绝对数	比上年增长/%
发明专利授权量	件	488	16.80
年末有效发明专利拥有量	件	1863	28.90
科技型中小企业入库	家	1085	
新增技术先进型企业	家	1	
有效期内高新技术企业	家	411	

续表

指标	计量单位	绝对数	比上年增长/%
已建成市级以上科技创新载体	个	25	
新增省级科技企业孵化器	个	1	
新增市级科技企业孵化器	个	1	
新增众创空间	个	1	
新增市级工程技术研究中心	个	7	
新增省级工程技术研究中心	个	3	
累计建有市级以上工程技术研究中心	个	53	
技术合同成交额	亿元	26	

第二章 镇江市辖各市区经济社会发展情况

镇江市现辖丹阳市、句容市、扬中市3个市，丹徒区、京口区、润州区3个区，以及经济技术开发区、高新技术产业开发区（高新区）2个功能区。2023年，镇江市实现地区生产总值5264.07亿元，年末常住人口322.60万人，人均地区生产总值163300元，全体居民人均可支配收入55565元。

2023年，镇江市辖6个市（区）和2个功能区的地区生产总值、总人口、人均地区生产总值、人均可支配收入等主要经济社会发展指标情况见表3-2-1。

表3-2-1 2023年镇江市辖6个市（区）和2个功能区主要经济社会发展指标情况

市（区）	地区生产总值/亿元	年末常住人口/万人	人均地区生产总值/元	全体居民人均可支配收入/元	城镇居民人均可支配收入/元	农村居民人均可支配收入/元
丹阳市	1500.68	99.39	150989.03	53382.10	64718.00	36759.00
句容市	791.67	64.28	123236.00	49210.00	62269.00	32081.00
扬中市	630.45	31.65	199300.00	59618.30	71302.40	40743.00
京口区	600.49	35.56	168866.70	64923.00	64923.00	—
丹徒区	484.94	34.89	138999.71	49790.00	62894.00	31910.00
润州区	300.05	23.97	125177.30	63354.00	63354.00	—
经济技术开发区	869.95	26.67	326190.48	57024.00	62419.00	35468.00
高新技术产业开发区	145.32	6.19	234765.75	62001.00	62001.00	—

第一节 丹阳市2023年经济社会发展情况

2023年，全市上下深入贯彻落实习近平总书记考察江苏重要讲话精神，以及中央和省委、市委各项决策部署，坚定不移落实产业强市“一号战略”，齐心合力抓项目、促就业、稳增长、提收入，扩大国内外有效需求，强化经济增长基础，推动产业转型升级，全市经济保持了稳中向好的发展态势。

一、综合经济社会发展情况

2023年丹阳市经济社会发展情况见表3-2-2。

表3-2-2 2023年丹阳市经济社会发展情况

类别	指标	计量单位	绝对数	占比/%	比上年增长/%
经济总量	全市地区生产总值	亿元	1500.68		6.50
	其中：第一产业增加值	亿元	56.41	3.76	3.70
	第二产业增加值	亿元	786.20	52.39	6.50
	第三产业增加值	亿元	658.07	43.85	6.80

续表

类别	指标	计量单位	绝对数	占比/%	比上年增长/%
财政收支	财政收入	亿元	222.83		5.30
	其中：中央财政收入	亿元	49.61		22.90
	地方财政收入	亿元	173.22		1.10
	其中：一般公共预算收入	亿元	80.05		11.30
	其中：税收收入	亿元	63.01		13.40
	其中：增值税	亿元	35.02		
	企业所得税	亿元	7.29		
	个人所得税	亿元	2.24		
	财政支出	亿元	206.74		-9.50
	其中：一般公共预算支出	亿元	113.08		0.90
物价指数	居民消费价格指数				0.70
	其中：食品烟酒类价格指数				2.00
	衣着类价格指数				2.30
	居住类价格指数				0.60
	生活用品及服务类价格指数				1.10
	交通和通信类价格指数				-4.20
	教育文化和娱乐用品类价格指数				1.60
	医疗保健类价格指数				2.90
	其他用品和服务类价格指数				2.70
固定资产投资	全市固定资产投资	亿元	271.25		9.40
	其中：第一产业完成投资	亿元	0.66	0.24	-32.80
	第二产业完成投资	亿元	182.07	67.12	20.90
	第三产业完成投资	亿元	88.52	32.63	-8.10
	完成高技术产业投资	亿元	45.20	16.70	16.90
农业	农业总产值	亿元	96.97		
	农业增加值	亿元	66.03		3.90
	粮食种植面积	公顷	58480.00		0.50
	粮食总产量	万吨	43.24		1.20
	油料种植面积	公顷	2893.33		11.30
	油料总产量	万吨	0.78		12.80
	蔬菜总产量	万吨	31.94		4.00
	生猪出栏量	万头	10.89		4.20
	羊出栏量	万只	1.11		-23.80
	家禽出栏量	万只	1396.77		6.40
	肉类总产量	万吨	3.14		4.10
	禽蛋产量	吨	10428.00		0.10
	水产品产量	万吨	4.86		4.10

续表

类别	指标	计量单位	绝对数	占比/%	比上年增长/%
工业	工业总产值	亿元	2111.82		1.00
	年末拥有年销售2000万元以上规模工业企业	家	834		
	年末拥有年销售2000万元以上规模工业企业增加值（按可比价）				7.30
	工业企业销售收入	亿元	2049.51		-0.20
	工业企业利税总额	亿元	146.45		3.30
	工业用电量	亿千瓦时	76.41		0.80
建筑业	列入统计资质以上建筑业企业	家	128		
	其中：一级资质企业	家	8		
	二级资质企业	家	39		
	建筑业总产值	亿元	81.99		7.40
	建筑业增加值	亿元	42.19		12.90
	全年建筑施工面积	万平方米	498.81		22.30
	全年建筑新开工面积	万平方米	211.83		-3.00
国内贸易	社会消费品零售总额	亿元	391.84		8.10
	其中：城镇	亿元	360.49		8.00
	农村	亿元	31.35		9.10
交通运输业	公路客运量	万人	426.00		-6.00
	公路货运量	万吨	983.00		
	港口吞吐量	万吨	513.00		-6.70
	年末公路总里程	公里	2270.00		
	其中：高速公路里程	公里	56.84		
	一级公路里程	公里	338.94		
	二级公路里程	公里	349.89		
	民用汽车保有量	万辆	25.53		3.00
	其中：私人汽车保有量	万辆	24.23		3.00
邮电业	邮政行业业务收入	亿元	7.03		
	电信业务收入	亿元	11.36		
	年末拥有固定电话用户	万户	10.84		
	年末拥有移动电话用户	万户	114.92		
	年末拥有固定宽带接入用户	万户	26.37		
金融业	年末金融机构各项存款余额	亿元	2141.65		
	其中：住户存款余额	亿元	1276.34		
	年末金融机构各项贷款余额	亿元	1987.13		
	其中：制造业贷款余额	亿元	480.25		

续表

类别	指标	计量单位	绝对数	占比/%	比上年增长/%
保险业	全年保费业务收入	亿元	37.59		0.90
	其中：财产保险保费收入	亿元	11.82	31.44	13.20
	人身保险保费收入	亿元	25.78	68.58	-3.90
	保险业务赔款和给付	亿元	13.19		21.30
	其中：财产保险赔付	亿元	7.96	60.35	17.50
	人身保险赔付	亿元	5.23	39.65	27.60
房地产业	房地产投资	亿元	68.21		-6.10
	商品房施工面积	万平方米	546.06		-8.30
	其中：住宅施工面积	万平方米	410.29		-11.90
	商品房竣工面积	万平方米	124.40		51.30
	其中：住宅竣工面积	万平方米	90.39		26.70
	商品房销售面积	万平方米	101.39		-7.00
	其中：住宅销售面积	万平方米	81.15		-8.70
	商品房销售额	亿元	68.15		-29.80
	其中：住宅销售额	亿元	54.86		-30.80
开放型经济	进出口总额	亿元	249.44		-5.40
	其中：进口总额	亿元	21.16		-18.90
	出口总额	亿元	228.28		-3.90
	其中：一般贸易出口总额	亿元	221.08		-3.80
	加工贸易出口总额	亿元	7.07		-5.70
	新批外商投资项目	项	21		
	实际利用外资	亿美元	1.75		27.80
	其中：实际利用制造业外资	亿美元	1.73		
人口	年末户籍人口	万人	78.39		
	其中：城镇人口	万人	47.41		
	人口出生率	‰	3.40		
	人口死亡率	‰	10.60		
	人口自然增长率	‰	-7.20		
社会保障	年末企业职工基本养老保险在职参保人数	万人	21.53		
	年末城乡居民基本养老保险在职参保人数	万人	6.41		
	年末城镇职工基本医疗保险参保人数	万人	29.33		
	年末城乡居民基本医疗保险参保人数	万人	53.31		
	年末失业保险参保人数	万人	17.35		
	年末工伤保险参保人数	万人	20.56		
	确定居民最低生活保障对象人数	人	1745		

续表

类别	指标	计量单位	绝对数	占比/%	比上年增长/%
社会保障	其中：城市	人	250		
	农村	人	1495		
人民生活	城镇居民人均可支配收入	元	64718.00		5.20
	城镇居民人均生活消费支出	元	35557.00		7.50
	农村居民人均可支配收入	元	36759.00		6.90
	农村居民人均生活消费支出	元	34136.00		11.90
环境保护	人均公园绿地面积	平方米	13.08		
	建成区绿化覆盖率	%	41.83		
	污水处理厂污水处理能力	万立方米/日	12.00		
	年污水处理总量	万立方米	4036.00		
	污水处理率	%	95.00		
	生活垃圾无害化处理率	%	100.00		

二、科技创新发展情况

2023年丹阳市科技创新发展情况见表3-2-3。

表3-2-3　2023年丹阳市科技创新发展情况

指标	计量单位	绝对数	比上年增长/%
新增高新技术企业	家	50	
专利授权量	件	4378	
其中：发明专利授权量	件	420	22.50

第二节　句容市2023年经济社会发展情况

2023年，全市上下坚持以习近平新时代中国特色社会主义思想为指导，坚持稳中求进工作总基调，牢牢抓住高质量发展首要任务，有效应对各种风险挑战，经济社会运行稳中向好，“融入南京、接力镇江”的步伐更加坚定，高质量发展取得新成效。

一、综合经济社会发展情况

2023年句容市经济社会发展情况见表3-2-4。

表3-2-4　2023年句容市经济社会发展情况

类别	指标	计量单位	绝对数	占比/%	比上年增长/%
经济总量	全市地区生产总值	亿元	791.67		5.50
	其中：第一产业增加值	亿元	58.38	7.37	3.50
	第二产业增加值	亿元	348.53	44.02	5.30
	第三产业增加值	亿元	384.75	48.60	6.10

续表

类别	指标	计量单位	绝对数	占比/%	比上年增长/%
财政收支	一般公共预算收入	亿元	50.05		25.70
	其中：税收收入	亿元	35.63		35.10
	其中：增值税	亿元	13.72		180.00
	企业所得税	亿元	2.58		29.50
	个人所得税	亿元	1.04		13.00
	一般公共预算支出	亿元	83.00		3.80
	其中：一般公共服务支出	亿元	7.41		9.00
	教育支出	亿元	12.80		0.00
	科技支出	亿元	1.67		-23.00
	社会保障和就业支出	亿元	15.72		42.26
	医疗卫生支出	亿元	8.39		-3.60
固定资产投资	全市固定资产投资	亿元	225.39		-0.40
	其中：第一产业投资	亿元	0.60	0.27	-41.60
	第二产业投资	亿元	85.37	37.88	32.00
	其中：制造业投资	亿元	63.16		26.80
	高技术产业投资	亿元	26.45		-6.50
	基础设施投资	亿元	53.19		-3.70
	第三产业投资	亿元	139.43	61.86	-13.20
农业	农林牧渔业总产值	亿元	96.42		2.60
	其中：农业产值	亿元	59.37		3.20
	林业产值	亿元	5.19		0.90
	牧业产值	亿元	8.60		-5.30
	渔业产值	亿元	10.30		0.90
	农林牧渔服务业产值	亿元	12.96		7.90
	农林牧渔业增加值	亿元	65.24		3.80
	粮食种植面积	公顷	38193.33		0.50
	其中：夏粮总面积	公顷	10246.67		1.00
	秋粮总面积	公顷	27953.33		0.30
	粮食总产量	万吨	26.23		1.40
	其中：夏粮总产量	万吨	5.04		1.50
	秋粮总产量	万吨	21.18		1.40
	水果总产量	万吨	20.74		-11.70
	其中：葡萄产量	万吨	8.42		6.60
	草莓产量	万吨	1.95		-7.50
	梨产量	万吨	1.36		7.60

续表

类别	指标	计量单位	绝对数	占比/%	比上年增长/%
农业	茶叶产量	万吨	0.10		5.30
	生猪出栏量	万头	6.87		-40.70
	家禽出栏量	万只	1042.00		9.40
	禽蛋产量	万吨	1.42		10.90
	水产品产量	万吨	2.64		3.50
工业	工业用电量	亿千瓦时	18.40		3.40
	工业增加值	亿元	292.59		5.50
	规模以上工业企业	家	317		6.90
建筑业	建筑业总产值	亿元	151.50		7.40
	其中：建筑安装工程产值	亿元	150.28		7.80
	建筑业从业人员期末人数	万人	4.43		1.40
国内贸易	社会消费品零售总额	亿元	193.96		8.40
	贸易总额	亿元	499.65		13.40
	批发业销售额	亿元	301.08		13.30
	零售业销售额	亿元	166.15		12.80
	住宿业营业额	亿元	2.70		22.30
	餐饮业营业额	亿元	29.72		17.30
交通运输业	年末公路总里程	公里	2446.90		
	其中：高速公路里程	公里	51.57		
	公路客运量	万人	432.00		10.60
	公路旅客周转量	万人公里	12085.00		41.70
	公路货运量	万吨	1159.00		32.00
	水路货运量	万吨	69.00		-2.60
	公路货物周转量	万吨公里	147395.00		26.30
	水路货物周转量	万吨公里	17218.00		-1.80
	长江港口完成货物吞吐量	万吨	2768.81		5.20
文化	年末拥有文化馆	个	1		
	年末拥有公共图书馆	个	1		
	年末拥有博物（纪念）馆	个	1		
	年末拥有美术馆	个	1		
	年末拥有省级以上重点文物保护单位	个	8		
	其中：全国重点文物保护单位	个	4		
旅游业	年末拥有A级及以上景区	个	8		
	其中：AAAAA级景区	个	1		
	AAAA级景区	个	2		

续表

类别	指标	计量单位	绝对数	占比/%	比上年增长/%
旅游业	AAA 级景区	个	5		
	年末拥有省级旅游度假区	个	1		
	接待游客	万人次	1504.90		94.50
	旅游总收入	亿元	120.71		70.80
金融业	年末金融机构各项本外币存款余额	亿元	1220.61		12.50
	年末金融机构各项本外币贷款余额	亿元	1724.37		10.80
	其中：制造业贷款余额	亿元	94.07		
房地产业	房地产开发投资	亿元	88.53		-12.50
	商品房施工面积	万平方米	894.12		-22.60
	其中：住宅施工面积	万平方米	813.92		-22.70
	商品房竣工面积	万平方米	128.31		-49.80
	其中：住宅竣工面积	万平方米	120.83		-48.20
	商品房销售面积	万平方米	189.14		-3.50
	其中：住宅销售面积	万平方米	182.75		-5.50
	商品房销售额	亿元	156.58		-1.90
	其中：住宅销售额	亿元	154.10		-2.40
开放型经济	进出口总额	亿元	39.20		-18.90
	其中：出口总额	亿元	32.70	83.42	-10.40
	进口总额	亿元	6.50	16.58	-44.90
	全年实际利用外资	万美元	3792.08		-58.10
	协议利用外资	万美元	9097.58		-35.00
教育	年末拥有普通高中	所	3		
	年末拥有中专校	所	1		
	年末拥有初中	所	11		
	年末拥有小学	所	27		
	年末拥有九年一贯制学校	所	2		
	年末拥有特殊教育学校	所	1		
	年末拥有幼儿园	所	56		
	其中：公办幼儿园	所	41		
	年末普通高中拥有在校学生	人	7548		
	年末拥有初中学生	人	13017		
	年末拥有小学生	人	32528		
	年末拥有特殊教育学生	人	119		
	年末拥有在园幼儿	人	15632		
	其中：流动人口子女	人	4393		

续表

类别	指标	计量单位	绝对数	占比/%	比上年增长/%
卫生	年末拥有各类卫生机构（医疗卫生机构）	个	278		
	其中：二级以上医院	家	5		
	卫生院	家	10		
	社区卫生服务中心	个	5		
	疾病预防控制中心	个	1		
	皮肤病防治所	所	1		
	急救站	个	1		
	村卫生室	个	114		
	社区卫生服务站	个	11		
	年末卫生机构拥有床位	张	2465		
	其中：二级及以上医院拥有床位	张	1387		
	卫生院拥有床位	张	627		
	社区卫生服务中心拥有床位	张	236		
	年末拥有卫生技术人员	人	3890		
	其中：执业医师及执业助理医师	人	1604		
	注册护士	人	1543		
人口	年末常住人口	万人	64. 28		0. 10
	其中：城镇	万人	42. 73		
	农村	万人	21. 55		
	常住人口城镇化率	%	66. 50		
人民生活	居民人均可支配收入	元	49210. 00		5. 80
	其中：工资性收入	元	29584. 00		6. 90
	其中：城镇	元	62269. 00		4. 90
	农村	元	32081. 00		7. 00
	居民人均生活消费支出	元	31649. 00		9. 30
	其中：城镇	元	35501. 00		7. 70
	农村	元	26596. 00		11. 80
环境保护	$PM_{2.5}$ 年平均浓度	微克/立方米	32. 40		
	空气质量优良天数比例	%	79. 30		
	13 个国省考断面水质优Ⅲ比例	%	100. 00		
	建成幸福河湖	条	30		
	建成农村生态河道	公里	36. 00		

二、科技创新发展情况

2023 年句容市科技创新发展情况见表 3-2-5。

表 3-2-5 2023 年句容市科技创新发展情况

指标	计量单位	绝对数
年末拥有高新技术企业	家	157
新增高新技术企业培育入库	家	27
新增省科技型中小企业	家	317
年末拥有国家级科技企业孵化器	个	5
年末拥有国家级众创空间	个	2
年末拥有省级科技企业加速器	个	1
年末拥有省级众创社区	个	1
新增省级众创社区	个	2
新增镇江市级科技企业孵化器	个	1
新增镇江市众创空间	个	1
新增镇江市级工程技术研究中心	个	12

第三节 扬中市 2023 年经济社会发展情况

2023 年，全市持续深入贯彻“产业强市”一号战略，积极推进高质量发展，全年主要经济指标保持稳定增长，经济社会总体呈现稳中有进、稳中加固态势。

一、综合经济社会发展情况

2023 年扬中市经济社会发展情况见表 3-2-6。

表 3-2-6 2023 年扬中市经济社会发展情况

类别	指标	计量单位	绝对数	占比/%	比上年增长/%
经济总量	全市地区生产总值	亿元	630.45		8.90
	其中：第一产业增加值	亿元	18.76	2.98	3.00
	第二产业增加值	亿元	339.53	53.85	10.40
	第三产业增加值	亿元	272.17	43.17	7.40
	人均地区生产总值	万元	19.93		7.49
财政收支	一般公共预算收入	亿元	40.03		10.74
	其中：税收收入			81.19	
	一般公共预算支出	亿元	57.91		-5.40
固定资产投资	全市固定资产投资	亿元	141.07		14.80
	其中：制造业投资	亿元	102.58	72.70	23.40
	服务业投资	亿元	35.44	25.10	-1.60

续表

类别	指标	计量单位	绝对数	占比/%	比上年增长/%
农业	农林牧渔业总产值	亿元	34.00		3.70
	其中：种植业产值	亿元	20.00		13.73
	林业产值	亿元	1.40		-20.45
	牧业产值	亿元	2.40		-31.39
	渔业产值	亿元	5.80		0.57
	粮食播种面积	千公顷	10.66		2.60
	粮食总产量	万吨	7.60		2.70
	其中：秋粮总产量	万吨	5.27		1.54
	油料种植面积	千公顷	0.89		12.56
	油料总产量	吨	2482.00		14.43
	蔬菜种植面积	千公顷	4.24		
	肉类总产量	吨	3155.00		-19.23
	家禽出栏量	万只	76.31		2.97
	禽蛋产量	吨	3715.00		6.60
	水产放养面积	公顷	1280.00		
	水产品总产量	吨	8015.00		
	新增标准化改造池塘	公顷	41.33		
	特色水产工厂化养殖面积	公顷	18.80		
	河蟹标准化养殖面积	公顷	460.00		
工业	规模以上工业企业产值	亿元	1063.10		15.95
	完成工业增加值	亿元	316.33		10.30
	规模以上工业企业实现销售收入	亿元	1022.81		
	规模以上工业企业实现利税	亿元	98.32		
	全社会用电量	亿千瓦时	21.61		13.62
	其中：工业用电量	亿千瓦时	13.81		24.34
建筑业	资质以上建筑业企业	家	58		
	其中：产值超亿元建筑业企业	家	9		
	建筑业总产值	亿元	45.48		9.86
国内贸易	社会消费品零售总额	亿元	173.90		9.60
	批发业商品销售额				15.80
	零售业商品销售额				8.40
	住宿业营业额				15.50
	餐饮业营业额				16.30
	限额以上批发业销售额	亿元	139.60		19.80
	限额以上零售业销售额	亿元	15.00		7.40

续表

类别	指标	计量单位	绝对数	占比/%	比上年增长/%
金融业	年末金融机构本外币存款余额	亿元	1028.05		15.76
	其中：居民存款余额	亿元	596.08		16.75
	年末金融机构本外币贷款余额	亿元	1054.78		20.00
	其中：短期贷款余额	亿元	401.64		26.33
	中长期贷款余额	亿元	591.04		15.66
保险业	年末拥有保险业金融机构	家	32		
	保险收入	亿元	18.10		5.77
	其中：寿险收入	亿元	14.76		6.90
	产险收入	亿元	3.34		1.07
	保险赔付额	亿元	4.84		
	其中：寿险赔付	亿元	2.69		2.00
	产险赔付	亿元	2.15		9.00
房地产业	在库房地产企业	家	40		
	房地产开发投资	亿元	26.13		9.80
	商品房施工面积	万平方米	129.89		-10.60
	商品房销售面积	万平方米	47.15		-11.70
	其中：住宅销售面积	万平方米	35.08		18.20
	商品房销售额	亿元	29.07		-47.30
	其中：住宅销售额	亿元	20.61		2.90
开放型经济	进出口总额	亿元	49.40		7.90
	光伏逆变器出口额	亿元	12.50		200.60
	机动多用途船出口额	亿元	5.00		264.10
	光伏组件出口额	亿元	3.00		67.40
人口	年末常住人口	万人	31.65		
	年末户籍人口	人	276414		
	其中：男性人口	人	134788		
	女性人口	人	141626		
	出生人口	人	1071		
	人口出生率	‰	3.87		
	死亡人口	人	2870		
	人口死亡率	‰	10.38		
教育	年末拥有各级各类学校	所	54		
	其中：高等职业技术学院	所	1		
	高中	所	3		
	初中	所	8		

续表

类别	指标	计量单位	绝对数	占比/%	比上年增长/%
教育	小学	所	15		
	九年一贯制学校	所	1		
	特殊教育学校	所	1		
	开放大学	所	1		
	幼儿园	所	24		
	年末拥有在校学生	万人	4.48		
文化	开展“文艺播种计划”	场	608		
	开展全民艺术普及活动	场	797		
	开展社教活动	场	819		
	开展戏曲进校园	场	15		
	开展“淘文化”演出	场	6		
	开展送电影下乡	场	360		
人民生活	居民人均可支配收入	元	59618.30		5.90
	其中：城镇	元	71302.40		5.00
	农村	元	40743.00		7.40
	居民人均生活消费支出	元	34448.00		9.10
	其中：城镇	元	37185.00		7.60
	农村	元	30027.00		11.70
城市建设	新改建农村公路	公里	18.00		
	新改建县道公路安防工程	公里	31.53		
	年末拥有村级乡村振兴服务点	个	40		
	年末拥有村级代收点	个	32		
	新改建公交站台	个	12		
	建设出租车临时停靠点	个	20		
环境保护	$PM_{2.5}$年平均浓度	微克/立方米	33.40		
	空气质量优良天数比例	%	78.40		
	完成长江排口整治	个	2309		
	修复、清淤污水管网	公里	234.34		

二、科技创新发展情况

2023年扬中市科技创新发展情况见表3-2-7。

表3-2-7　2023年扬中市科技创新发展情况

指标	计量单位	绝对数
获镇江市级以上科技项目立项	项	12
其中：国家重点研发计划资金项目	项	1

续表

指标	计量单位	绝对数
省碳达峰碳中和科技创新专项资金（重大科技成果转化）项目	项	1
镇江市重大专项	项	2
备案入库2023年度科技型中小企业	家	431
通过国家高新技术企业认定企业	家	121
有效高新技术企业	家	323
新增省瞪羚企业	家	4
新增省级工程技术研究中心	个	4
新增江苏省研究生工作站	个	3

第四节　丹徒区2023年经济社会发展情况

2023年，在区委、区政府的坚强领导下，全区上下坚定不移贯彻新发展理念，坚持稳中求进工作总基调，始终保持发展定力，紧密团结和依靠全区人民，经济和社会发展总体回升向好。

一、综合经济社会发展情况

2023年丹徒区经济社会发展情况见表3-2-8。

表3-2-8　2023年丹徒区经济社会发展情况

类别	指标	计量单位	绝对数	占比/%	比上年增长/%
经济总量	全区地区生产总值	亿元	484.94		3.70
	其中：第一产业增加值	亿元	24.82	5.10	4.10
	第二产业增加值	亿元	244.50	50.40	2.40
	第三产业增加值	亿元	215.62	44.50	5.20
财政收支	一般公共预算收入	亿元	23.57		1.80
	其中：税收收入	亿元	16.53		16.80
	一般公共预算支出	亿元	44.02		7.60
	其中：城乡社区支出				83.30
	卫生健康支出				27.10
	公共安全支出				19.10
	社会保障和就业支出				17.60
固定资产投资	全区固定资产投资	亿元	82.20		-6.70
	其中：工业投资	亿元	37.77		8.00
	制造业投资	亿元	32.57		-6.30
	工业技术改造投资	亿元	7.42		-27.00
	高技术产业投资	亿元	3.41		0.70
	服务业投资	亿元	39.59		-20.20
	59个计划总投资亿元及以上项目完成投资	亿元	38.90		

续表

类别	指标	计量单位	绝对数	占比/%	比上年增长/%
农业	粮食作物播种面积	公顷	19333.33		
	粮食总产量	万吨	13.67		2.00
	其中：夏粮总产量	万吨	2.73		6.00
	秋粮总产量	万吨	10.94		1.10
	油料总产量	万吨	0.96		14.00
	蔬菜总产量	万吨	12.78		4.00
	肉类总产量	万吨	2.77		5.80
	水产品产量	万吨	1.67		3.90
	禽蛋产量	万吨	0.66		1.00
	牛奶产量	万吨	0.41		-5.90
	茶叶产量	吨	369.00		4.30
	农业龙头企业	家	58		
	绿色食品基地面积	公顷	4753.47		
	有机农产品基地面积	公顷	34.20		
	省级绿色优质农产品基地面积	公顷	6966.67		
	绿色优质农产品比重	%	71.40		19.21
	开工建设高标准农田项目	项	6		
	建设高标准农田项目总投资	万元	2290.00		
	农业机械总动力	万千瓦	26.86		
	农用化肥施用量（折纯）	吨	7013.00		
	新增绿美村庄	个	2		
	新增省级示范家庭农场	家	5		
	新增省农业生产全程机械化智能化示范基地	个	2		
工业	规模以上工业企业完成产值	亿元	521.31		-5.60
	其中：采矿业完成产值	亿元	6.56		-1.40
	制造业完成产值	亿元	470.97		-6.20
	电力、热力、燃气及水生产和供应业完成产值	亿元	43.77		0.70
	规模以上工业企业销售收入	亿元	514.20		-9.40
	规模以上工业企业利税总额	亿元	29.14		4.40
	其中：利润总额	亿元	16.62		-7.00
	规模以上工业企业亏损面	%	20.80		-0.70
建筑业	列入政府统计部门名单的资质以上建筑业企业	家	86		
	从业人员	人	13906		-7.00
	建筑业总产值	亿元	131.22		7.10

续表

类别	指标	计量单位	绝对数	占比/%	比上年增长/%
建筑业	房屋建筑施工面积	万平方米	337.99		-10.80
	房屋建筑竣工面积	万平方米	106.23		-2.70
	营业收入	亿元	123.18		0.80
房地产业	列入政府统计部门名单的房地产经营企业	家	45		
	房地产业开发投资	亿元	23.86		0.50
	商品房新开工面积	万平方米	12.74		-59.00
	其中：住宅新开工面积	万平方米	8.24		-71.30
	商品房竣工面积	万平方米	9.66		-37.40
	其中：住宅竣工面积	万平方米	7.86		-45.80
	商品房销售面积	万平方米	29.56		-4.00
	其中：住宅销售面积	万平方米	24.17		-13.20
国内贸易	社会消费品零售总额	亿元	77.14		5.30
	按行业分：批发业零售额	亿元	18.96		
	零售业零售额	亿元	49.99		
	住宿业营业额	亿元	0.53		
	餐饮业营业额	亿元	7.62		
	按规模分：限额以上单位零售额	亿元	15.59		
	限额以下单位零售额	亿元	61.51		
开放型经济	年成交额亿元以上的商品交易市场	个	2		
	年成交额亿元以上的商品交易市场完成成交额	亿元	8.32		0.90
	实际利用外资	万美元	1006.00		-40.90
	进出口总额	亿元	71.10		-18.80
	其中：出口总额	亿元	59.70		-24.50
	进口总额	亿元	11.40		33.00
交通运输业	年末等级公路总里程	公里	1043.676		
	其中：一级公路里程	公里	97.148		
	二级公路里程	公里	84.068		
	三级公路里程	公里	111.725		
	四级公路里程	公里	750.735		
	年末拥有营运车辆	辆	2365		
	新增货车	辆	392		
	境内公路客运量	万人	152.00		
	公路旅客周转量	万人/公里	8171.00		
	公路货运量	万吨	1272.00		
	公路货物周转量	万吨公里	159000.00		

续表

类别	指标	计量单位	绝对数	占比/%	比上年增长/%
交通运输业	水路货物运输量	万吨	13.50		
	水路货物周转量	万吨公里	151200.00		
	内河港口货物吞吐量	万吨	278.00		
人口	年末常住人口	万人	34.89		
	常住人口城镇化率	%	72.22		
	年末户籍总户数	万户	10.36		
	年末户籍人口	万人	28.29		
人民生活	居民人均可支配收入	元	49790.00		5.60
	其中：工资性收入	元	30056.00		6.80
	经营净收入	元	6433.00		3.60
	财产净收入	元	4849.00		3.40
	转移净收入	元	8452.00		5.70
	其中：城镇	元	62894.00		4.60
	农村	元	31910.00		7.00
	居民人均消费支出	元	33428.00		8.90
	其中：城镇	元	39696.00		7.30
	农村	元	24875.00		11.60
就业	新增城镇就业	人	4686		
	提供就业岗位	个次	7808		
	发放就业补贴	万元	3852.00		
社会保障	年末城镇职工基本养老保险参保人数	人	54867		
	企业最低工资	元/月	2490.00		
	城乡居民最低生活保障在保户数	户	1448		
	城乡居民最低生活保障在保人数	人	2163		
	社会组织	个	270		
	其中：民办非企业单位	个	156		
	社会团体	个	114		
旅游业	省级旅游度假区	个	1		
	A 级及以上旅游景区	个	6		
	省星级乡村旅游点	个	18		
	国家和省级乡村旅游重点村	个	5		
	国家乙级民宿	家	1		
城市管理	清运处置生活垃圾	吨	82124.00		
	城市生活垃圾无害化处理率	%	100.00		
	完成全年垃圾分类达标小区建设任务	个	15		
	完成四分类小区建设任务	个	21		

续表

类别	指标	计量单位	绝对数	占比/%	比上年增长/%
环境保护	9个国省考断面优Ⅲ类水体比例	%	100.00		
	$PM_{2.5}$ 年平均浓度	微克/立方米	38.00		
	空气质量优良天数比例	%	70.10		
	重点建设用地安全利用率	%	100.00		
	受污染耕地安全利用率	%	100.00		
	农村生活污水治理自然村覆盖率	%	43.80		
	已建农村生活污水设施正常运行率	%	100.00		
卫生	年末拥有各类卫生健康单位	个	137		
	其中：乡镇卫生院	家	9		
	社区卫生服务中心	个	1		
	村卫生室（社区卫生服务站）	个	58		
	民营精神病医院	家	1		
	门诊部（所）	个	45		
	企（事）业单位医务室（卫生所）	个	14		
	护理站	个	2		
	年末医疗机构拥有病床总数	张	983		
	年末拥有各类卫生专业技术人员	人	1315		
	其中：执业（助理）医师	人	566		
	注册护士	人	525		
	全科医师	人	227		
	平均每千人口病床数	张	2.82		
	每千人口执业（助理）医师数	人	1.62		
	每千人口注册护士数	人	1.50		
	每万人口全科医师数	人	6.50		
教育	年末拥有各类教学单位	个	64		
	其中：普通高中	所	3		
	职业高中	所	1		
	初中	所	8		
	小学	所	10		
	九年一贯制学校	所	7		
	幼儿园	所	24		
	开放大学（含社区培训学院）	所	1		
	社区教育中心	个	10		
	年末中小学、幼儿园拥有在校学生（在园幼儿）	人	33247		
	其中：普通高中在校学生	人	4474		

续表

类别	指标	计量单位	绝对数	占比/%	比上年增长/%
教育	职业高中在校学生	人	993		
	初中在校学生	人	3665		
	小学在校学生	人	10907		
	九年一贯制学校在校学生	人	6967		
	幼儿园在园幼儿	人	6241		
	年末拥有专任教师	人	2673		
	其中：高中专任教师	人	452		
	初中专任教师	人	654		
	小学专任教师	人	1039		
	幼儿园专任教师	人	528		
文化	年末拥有省级最美公共文化空间	个	1		
	年末拥有省级优秀群众文化团队	个	4		
	图书借还	万册次/年	48.00		
体育	新建体育场地	个	57		
	新增体育场地面积	平方米	26260.00		
	健身步道总长度	公里	172.00		
	人均公共体育设施面积	平方米	3.71		
	社会体育指导员	人	1746		
	新增社会体育指导员	人	295		
	体育彩票销售收入	万元	11233.00		

二、科技创新发展情况

2023年丹徒区科技创新发展情况见表3-2-9。

表3-2-9　2023年丹徒区科技创新发展情况

指标	计量单位	绝对数
认定高新技术企业	家	49
年末拥有高新技术企业	家	163
获批科技型中小企业入库	家	174
备案省级众创空间	个	1
认定省级工程技术研究中心	个	6
认定市级工程技术研究中心	个	29

第五节　京口区 2023 年经济社会发展情况

2023 年，全区坚持以习近平新时代中国特色社会主义思想为指导，全面贯彻落实习近平总书记重要指示批示精神和党中央决策部署，紧扣高质量发展要求，扎实做好改革发展稳定各项工作，有力保障经济社会平稳健康发展。

一、综合经济社会发展情况

2023 年京口区经济社会发展情况见表 3-2-10。

表 3-2-10　2023 年京口区经济社会发展情况

类别	指标	计量单位	绝对数	占比/%	比上年增长/%
经济总量	全区地区生产总值	亿元	600.49		7.40
	其中：第一产业增加值	亿元	0.89	0.10	4.10
	第二产业增加值	亿元	159.53	26.60	1.40
	第三产业增加值	亿元	440.07	73.30	9.60
财政收支	一般公共预算收入	亿元	18.60		
	其中：税收收入	亿元	12.30		
	一般公共预算支出	亿元	28.49		
固定资产投资	全区固定资产投资	亿元	107.50		8.80
	其中：第二产业投资	亿元	39.80		16.90
	第三产业投资	亿元	67.70		4.50
	其中：工业技术改造投资	亿元	7.70		11.70
	产业投资	亿元	67.30		48.60
	高技术产业投资	亿元	29.40	27.40	14.00
农业	农林牧渔业总产值	亿元	1.70		2.70
	其中：农业总产值	亿元	1.27		0.40
	林业总产值	亿元	0.08		88.00
	渔业总产值	亿元	0.11		0.50
	农林牧渔服务业总产值	亿元	0.24		1.60
	粮食播种面积	公顷	1660.00		3.60
	粮食总产量	吨	10253.00		4.40
	油料播种面积	公顷	326.67		11.70
	油料总产量	吨	1008.00		16.40
	蔬菜播种面积	公顷	280.00		0.60
	蔬菜总产量	吨	9382.00		0.70
工业	规模以上工业企业	家	76		
	其中：规模以上工业增加值				2.00
	规模以上工业企业完成总产值	亿元	534.70		1.00

续表

类别	指标	计量单位	绝对数	占比/%	比上年增长/%
工业	分规模：大中型工业企业产值	亿元	480.40		1.10
	小微型企业产值	亿元	54.30		0.70
	分经济类型：国有控股和集体控股企业产值	亿元	252.90		-1.20
	私人控股企业产值	亿元	249.80		2.50
	港澳台商控股及外商控股企业产值	亿元	32.00		9.20
	分行业门类：规模以上工业行业个数	个	20		
	其中：实现产值同比增长的行业个数	个	11	55.00	
	电力、热力生产和供应业产值	亿元	65.20		-3.90
	农副食品加工业产值	亿元	130.40		11.20
	有色金属冶炼和压延加工业产值	亿元	158.00		0.30
	经营方面：规模以上工业企业营业收入	亿元	528.50		-3.30
	规模以上工业企业利润总额	亿元	14.40		5.40
	规模以上工业企业资产总计	亿元	416.90		-8.30
建筑业	资质以上建筑业企业	家	106		
	建筑业总产值	亿元	52.00		12.30
	其中：建筑安装工程产值	亿元	51.69		12.20
	竣工产值	亿元	26.71		21.90
	房屋建筑施工面积	万平方米	148.99		147.59
	其中：新开工面积	万平方米	34.14		668.90
	签订合同额	亿元	90.45		-24.40
	年平均从业人员	人	13959		41.80
国内贸易	社会消费品零售总额	亿元	318.00		9.30
	限额以上单位：批发业销售额	亿元	515.00		-19.60
	零售业销售额	亿元	98.10		16.90
	住宿业营业额	亿元	0.90		-12.80
	餐饮业营业额	亿元	4.50		-6.50
	限额以上批发和零售业消费品				
	其中：石油及制品类零售额	亿元	36.90		4.00
	服装、鞋帽、针纺织品类零售额	亿元	8.10		30.30
	家用电器和音像器材类零售额	亿元	5.80		14.90
	金银珠宝类零售额	亿元	4.90		16.00
	中西药品类零售额	亿元	3.90		14.80
房地产业	房地产投资	亿元	25.63		-15.40
	施工面积	万平方米	164.41		-13.30

续表

类别	指标	计量单位	绝对数	占比/%	比上年增长/%
房地产业	竣工面积	万平方米	14.03		-63.90
	房地产销售面积	万平方米	31.75		1.50
	其中：住宅销售面积	万平方米	23.11		-11.20
开放型经济	进出口总额	亿元	97.60		-12.90
	其中：出口总额	亿元	70.70		-12.60
	进口总额	亿元	26.90		-13.60
	实际到位外资	万美元	250.00		
人民生活	城镇居民人均可支配收入	元	64923.00		4.90
	城镇居民人均消费支出	元	40988.00		8.60
就业	城镇新增就业	人	6465		
	支持成功自主创业	人	2125		
	其中：引领大学生创业	人	376		
	发放一次性创业补贴	万元	9.60		
	创业带动就业补贴	万元	0.30		
	引进大专以上学历人才	人	3512		
	其中：本科学历以上人才	人	1736		
	发放高校毕业生各项补贴	万元	771.00		
	发放高校毕业生各项补贴惠及人数	人	3141		
社会保障	年末企业养老保险参保人数	人	43803		
	企业养老保险参保扩面	人	2865		
	城乡居民基本养老保险保障水平	元/（人·月）	253.00		
城市建设	组织实施城建重点项目	项	18		
	城建重点项目当年计划投资（约）	亿元	17.73		
	组织开展老旧小区改造	个	8		
	老旧小区改造建筑面积	万平方米	37.71		
	老旧小区改造惠及居民	户	4743		
	梳理D级危房	处	23		
	完成D级危房消险任务	处	21		
	排查自建房	栋	12312		
	排查系统内存在安全隐患自建房	栋	20		
	系统内存在安全隐患自建房已整治销号	栋	16		
	系统内存在安全隐患自建房整治销号率	%	80.00		
环境保护	$PM_{2.5}$年平均浓度	微克/立方米	37.60		
	空气质量优良天数比例	%	73.90		
	经整治达标或纳入日常监测的晴天常流水排口	个	42		

续表

类别	指标	计量单位	绝对数	占比/%	比上年增长/%
环境保护	长江排口整治率	%	99.00		
	太湖排口整治率	%	100.00		
	完成产废单位危险废物规范化管理考核的企业	家	18		
	通过首批“无废细胞”建设试点验收的企事业单位	个	14		
	创成无废机关	个	1		
	创成无废商场	家	1		
	创成无废集贸市场	个	1		
	创成无废乡村	个	1		
	创成无废社区	个	2		
	创成无废校园	所	6		
	创成无废工厂	家	2		
	下达《环境监察意见书》	份	12		
	下达行政处罚决定	件	12		
	实施查封扣押案件	起	1		
	处罚金额	万元	122.70		
	开展现场标准执法	厂次	375		
	开展快捷执法	厂次	138		
	出动执法人员	人次	949		
卫生	年末拥有卫生医疗单位	个	7		
	其中：医疗单位	个	5		
	卫生防保单位	个	3		
	年末拥有卫生专业技术人员	人	439		
	其中：考取高级职称	人	138		
	考取中级职称	人	134		
	考取初级职称	人	144		
	本科及以上学历	人	340		
	大专学历	人	79		
	其他学历	人	20		
教育	新增市优质幼儿园	所	2		
	省、市优质园占比	%	100.00		
	在建省、市基础教育内涵项目	项	12		
	结项省、市基础教育内涵项目	项	2		
	年末拥有省“双减”示范学校	所	1		
	省教育评价改革试点项目	项	1		

续表

类别	指标	计量单位	绝对数	占比/%	比上年增长/%
教育	省项目建设成果奖	个	1		
	省社区教育特色品牌建设项目	项	1		
	入选省“双减”工作典型案例	篇	2		
	获评镇江市十佳教师	人	3		
	获评镇江市优秀教育工作者	人	11		
	获评镇江市第四批教坛新秀	人	21		
	获评镇江市师德标兵	人	1		
	获评镇江市师德先进个人	人	5		
	新增正高级教师	人	1		
	新增江苏省教学名师	人	1		
	省、市教学竞赛中，获市级以上一等奖	人次	16		
	省、市教学竞赛中，获市级以上二等奖	人次	31		
文化	新建续建重点文化旅游产业项目	项	5		
	计划总投资	亿元	13.07		
	当年计划投资	亿元	2.14		
体育	举办群众体育活动和赛事	场	21		
	新建和提档升级健身路径	套	32		
	新建和提档升级室外乒乓球桌	张	40		
	新建和提档升级篮球架	副	10		

二、科技创新发展情况

2023年京口区科技创新发展情况见表3-2-11。

表3-2-11　2023年京口区科技创新发展情况

指标	计量单位	绝对数
规模以上工业企业研发投入同比增长	%	20.00
基础研究支出	万元	7252.60
科技型中小企业备案	家	132
年末拥有高新技术企业	家	58
获评省级工程技术研究中心	个	3
获立项国家、省、市科技项目	项	13

第六节　润州区2023年经济社会发展情况

2023年，在市委、市政府和区委、区政府的坚强领导下，全区坚持以习近平新时代中国特色社会主义思想为指导，认真贯彻党的二十大和二十届二中全会精神，深入落实习近平总书记视察江苏、镇江重要讲话重要指示精神，牢记“镇江很有前途”的殷殷嘱托，团结依靠全区人民，攻坚克难、苦干实干，不断推动城市经济和各项事业高质量发展，努力为镇江“十四五”贡献润州力量。

一、综合经济社会发展情况

2023年润州区经济社会发展情况见表3-2-12。

表3-2-12　2023年润州区经济社会发展情况

类别	指标	计量单位	绝对数	占比/%	比上年增长/%
经济总量	全区地区生产总值	亿元	300.05		6.80
	其中：第一产业增加值	亿元	0.46	0.20	3.40
	第二产业增加值	亿元	57.63	19.20	4.20
	第三产业增加值	亿元	241.96	80.60	7.30
财政收支	一般公共预算收入	万元	162753.00		11.10
	其中：税收收入	万元	123022.00		10.38
	一般公共预算支出	万元	212549.00		-43.82
固定资产投资	全区固定资产投资	亿元	58.08		-1.80
	其中：第二产业投资	亿元	6.02		35.70
	第三产业投资	亿元	52.06		-4.90
	高技术产业投资	亿元	3.34		35.50
	民间投资	亿元	27.83		-8.50
农业	农林牧渔业总产值	万元	8209.00		3.60
	农林牧渔业增加值	万元	4937.00		3.60
	粮食总产量	吨	1059.04		3.40
	蔬菜及食用菌产量	吨	12565.34		10.40
	农作物播种面积	公顷	650.67		2.40
	其中：粮食播种面积	公顷	137.40		5.10
	蔬菜播种面积	公顷	456.27		0.20
	化肥施用量（折纯）	吨	358.50		
	疏浚县乡河道	条	1		
	改造塘坝	座	1		
	改善灌溉面积	公顷	66.67		
	改善除涝面积	公顷	66.67		
工业	规模以上工业企业	家	9		
	规模以上工业企业完成总产值	亿元	32.62		-15.20

续表

类别	指标	计量单位	绝对数	占比/%	比上年增长/%
工业	其中：轻工业产值	亿元	0.00		
	重工业产值	亿元	32.62		-15.20
	其中：采矿业产值	亿元	8.28		-6.20
	制造业产值	亿元	3.49		-51.90
	电力、热力、燃气及水生产和供应业产值	亿元	20.85		-6.80
	股份制企业产值	亿元	4.43		-6.90
	外商及港澳台商投资企业产值	亿元	20.85		-6.80
	民营工业产值	亿元	8.28		-38.80
	其中：私营企业产值	亿元	0.88		-80.90
	大中型工业企业产值	亿元	28.43		-6.40
	规模以上工业企业营业收入	亿元	38.24		-9.10
	规模以上工业企业利税	亿元	4.46		-37.50
	规模以上工业企业利润	亿元	3.32		-41.70
	规模以上工业企业成本费用利润率	%	9.50		
	规模以上工业企业产品销售率	%	101.90		
建筑业	年末在库的具有资质等级的建筑业企业	家	92		
	从事建筑业活动的平均人数	人	28540		
	签订合同额	亿元	155.85		-10.40
	其中：本年新签合同额	亿元	90.88		-27.90
	房屋建筑施工面积	万平方米	240.22		-12.30
	建筑业总产值	亿元	112.18		5.10
	竣工产值	亿元	56.50		-10.10
国内贸易	社会消费品零售总额	亿元	151.16		10.50
	限额以上单位：批发业零售额	亿元	22.37		12.59
	零售业零售额	亿元	85.09		27.51
	住宿业营业额	亿元	0.31		-6.75
	餐饮业营业额	亿元	4.17		12.23
	国内贸易总额	亿元	542.01		13.05
	其中：批发业实现国内贸易总额	亿元	378.47		12.60
	零售业实现国内贸易总额	亿元	134.90		13.40
	住宿业实现国内贸易总额	亿元	4.41		21.20
	餐饮业实现国内贸易总额	亿元	24.24		16.60
	年末拥有亿元贸易市场	个	2		
	亿元贸易市场成交额	亿元	43.99		

续表

类别	指标	计量单位	绝对数	占比/%	比上年增长/%
房地产业	年末在库从事房地产开发经营业企业	家	28		
	房地产投资	亿元	30.52		-7.70
	房屋建筑施工面积	万平方米	216.32		-9.30
	房屋建筑竣工面积	万平方米	38.75		-5.60
	商品房销售面积	万平方米	49.23		-0.90
	其中：住宅销售面积	万平方米	24.26		-45.40
	商品房销售额	亿元	40.72		-15.40
	商品房待售面积	万平方米	10.45		-63.90
开放型经济	进出口总额	亿元	23.20		-9.80
	其中：出口总额	亿元	16.10		-23.60
	进口总额	亿元	7.20		51.80
	实际利用外资	万美元	510.00		
人民生活	城镇居民人均可支配收入	元	63354.00		4.90
	其中：工资性收入	元	37262.00		6.70
	经营净收入	元	7123.00		1.20
	财产净收入	元	7061.00		1.30
	转移净收入	元	11908.00		3.70
	城镇居民人均消费支出	元	41334.00		8.60
	其中：食品支出			28.70	
	居住支出			20.20	
	教育文化娱乐支出			16.10	
就业	新增城镇就业	人	6365		
	帮助城镇失业人员再就业	人	5637		
社会保障	城乡基本社会保险覆盖率	%	98.00		
	享受城乡居民省基础养老金人数	人	7394		
环境保护	空气质量优良天数比例	%	77.10		21.00
	$PM_{2.5}$ 年平均浓度	微克/立方米	35.00		
	集中式饮用水水质达标率	%	100.00		
	完成造林总面积	公顷	8.67		
	其中：新增造林面积	公顷	2.00		
	低效林改造面积	公顷	6.67		
	林木覆盖率	%	32.82		
卫生	年末拥有医疗卫生机构（包含个私诊所）	个	134		
	年末拥有床位	张	640		
	年末拥有卫生技术人员	人	1660		

续表

类别	指标	计量单位	绝对数	占比/%	比上年增长/%
卫生	其中：执业（助理）医师	人	643		
	注册护士	人	826		
	药剂人员	人	97		
	技师（检验、影像、康复）	人	94		
教育	年末拥有小学	所	12		
	年末拥有初中	所	1		
	年末拥有九年一贯制学校（含2所民办）	所	5		
	年末拥有在校小学生	人	15286		
	年末拥有在校初中生	人	4524		
	九年义务教育对象入学率	%	100.00		
	小学、初中在校生巩固率	%	100.00		
	初中升高中段的比例	%	100.00		
	年末拥有中等职业类学校	所	1		
	年末中等职业类学校拥有在校学生	人	1607		
	年末老年大学拥有在校学生	人	2268		
	国家学生体质健康网数据上报平均合格率	%	>95.00		
	中考体育考试均分	分	26.89		
文化	年末拥有街道文化站	个	7		
	公共数字文化地区覆盖率	%	100.00		
	开展惠民广场文化演出	场	34		
	组织“文艺播种计划”志愿辅导	课时	110		
	开展“润心向学”系列研学活动	场	5		
	开展戏曲进校园活动	场	10		
	成功举办区级文艺赛事	场	13		
体育	已建成体育健身路径点	个	190		
	年末拥有社会体育指导员	人	2418		

二、科技创新发展情况

2023年润州区科技创新发展情况见表3-2-13。

表3-2-13　2023年润州区科技创新发展情况

指标	计量单位	绝对数
认定国家高新技术企业	家	15
年末拥有国家高新技术企业	家	27
科技型中小企业入库	家	64

续表

指标	计量单位	绝对数
高新技术企业培育入库	家	26
新增市级工程技术研发中心	个	2
年末拥有省级工程技术中心	个	1
年末拥有市级工程技术中心	个	14
年末拥有市级孵化器	个	1
年末拥有省级众创空间	个	4
年末拥有市级众创空间	个	4

第三章　扬州市辖各县市区经济社会发展情况

扬州市现辖宝应县 1 个县，高邮市、仪征市 2 个市，江都区、邗江区、广陵区 3 个区，以及经济技术开发区、生态科技新城、蜀冈—瘦西湖风景名胜区 3 个功能区。2023 年，扬州市实现地区生产总值 7423.26 亿元，年末常住人口 458.50 万人，人均地区生产总值 161903.16 元，全体居民人均可支配收入 47717 元。

2023 年，扬州市辖 6 个县（市、区）的地区生产总值、总人口、人均地区生产总值、人均可支配收入等主要经济社会发展指标情况见表 3-3-1。

表 3-3-1　2023 年扬州市辖 6 个县（市、区）主要经济社会发展指标情况

县（市、区）	地区生产总值/亿元	年末常住人口/万人	人均地区生产总值/元	全体居民人均可支配收入/元	城镇居民人均可支配收入/元	农村居民人均可支配收入/元
邗江区（含蜀冈—瘦西湖景区）	1313.10	85.97	152802.00	59311.00	63447.00	34822.00
江都区	1312.05	92.87	141278.13	47758.00	58395.00	33918.00
高邮市	1056.64	71.38	148030.26	40289.00	50254.00	29560.00
仪征市	1042.91	53.83	193741.41	45718.00	58348.00	30340.00
宝应县	941.60	67.73	138900.00	36701.00	43178.00	29779.00
广陵区	837.63	61.77	135604.66	57263.00	60389.00	42095.00

第一节　邗江区 2023 年经济社会发展情况

2023 年，全区上下以习近平新时代中国特色社会主义思想为指导，坚持稳中求进工作总基调，全力以赴稳增长，推动经济运行持续整体向好，中国式现代化邗江新实践实现良好开局。

一、综合经济社会发展情况

2023 年邗江区经济社会发展情况见表 3-3-2。

表 3-3-2　2023 年邗江区经济社会发展情况

类别	指标	计量单位	绝对数	占比/%	比上年增长/%
经济总量	全区地区生产总值	亿元	1313.10		6.30
	其中：第一产业增加值	亿元	23.03	1.75	2.70
	第二产业增加值	亿元	508.50	38.73	7.40
	第三产业增加值	亿元	781.57	59.52	5.70

续表

类别	指标	计量单位	绝对数	占比/%	比上年增长/%
财政收支	一般公共预算收入	亿元	50.58		11.20
	其中：税收收入	亿元	42.86		25.80
	其中：增值税	亿元	19.64		60.80
	企业所得税	亿元	5.33		0.60
	个人所得税	亿元	3.08		46.70
固定资产投资	全区固定资产投资				7.70
	其中：工业投资				23.10
	服务业投资				-2.70
农业	粮食播种面积	公顷	18473.33		1.00
	粮食单位面积产量	公斤/公顷	6945.00		0.20
	粮食总产量	万吨	12.83		1.20
	蔬菜及食用菌播种面积	公顷	5986.67		2.70
	蔬菜及食用菌产量	万吨	26.52		2.50
	肉类总产量	万吨	0.38		-19.40
	其中：禽蛋产量	万吨	0.38		-6.70
工业	规模以上工业企业产值				7.70
	战略性新兴产业工业总产值				4.50
	“三主”产业产值				6.60
	“三特”产业产值				1.30
	高技术行业完成产值占规模以上工业总产值比重	%	30.50		16.60
建筑业	建筑业总产值	亿元	631.97		18.60
	建筑施工面积	万平方米	2646.43		10.40
	建筑新开工面积	万平方米	1003.11		-1.30
	竣工产值	亿元	2617.52		-11.90
	竣工面积	万平方米	1027.76		-8.40
国内贸易	社会消费品零售总额	亿元	294.09		9.50
	其中：限额以上社会消费品零售总额	亿元	297.64		26.00
	其中：限额以上城镇社会消费品零售总额	亿元	294.31	98.88	25.80
	限额以上农村社会消费品零售总额	亿元	3.33	1.12	47.20
交通运输业	境内公路货运量	万吨	576.85		
	境内公路货物周转率	万吨/公里	86527.50		
	年末拥有各类货运车辆	辆	3451		
	新增货车	辆	445		
	年末货运车辆总吨位数	吨	48071.00		
	新增货车总吨位数	吨	5569.00		

续表

类别	指标	计量单位	绝对数	占比/%	比上年增长/%
旅游业	星级宾馆	家	3		
	旅行社	家	189		
	景区	个	7		
房地产业	房地产投资	亿元	158.30		-3.80
	商品房施工面积	万平方米	576.37		-16.00
	商品房竣工面积	万平方米	38.08		-49.10
	商品房销售面积	万平方米	139.67		4.00
	商品房销售额	亿元	165.67		-8.00
开放型经济	进出口总额	亿元	215.00		-1.90
	其中：出口总额	亿元	195.59	90.97	0.60
	进口总额	亿元	19.45	9.05	-21.40
	实际利用外资	万美元	30000.00		-0.16
	其中：制造业利用外资	万美元	5830.00		-32.90
	高技术产业利用外资	万美元	5901.00		-46.60
	对外直接投资额	万美元	9774.04		91.30
	中方协议投资额	亿美元	2.67		106.59
人口	含蜀冈-瘦西湖景区：				
	年末总户数	万户	21.82		
	年末户籍人口	万人	65.32		
	年末常住人口	万人	85.97		
	剔除蜀冈-瘦西湖景区：				
	年末总户数	万户	17.72		
	年末户籍人口	万人	53.76		0.60
	年末常住人口	万人	72.70		0.11
	其中：城镇	万人	64.26		
	农村	万人	8.43		
	常住人口城镇化率	%	88.40		0.60
人民生活	居民人均可支配收入	元	59311.00		6.00
	其中：城镇	元	63447.00		5.70
	农村	元	34822.00		7.30
	居民人均消费支出	元	42508.00		8.60
	其中：城镇	元	44751.00		8.10
	农村	元	29231.00		12.20
环境保护	$PM_{2.5}$年平均浓度	微克/立方米	33.90		7.30
	空气质量优良天数比例	%	76.50		0.10
	7个国省考断面优Ⅲ比例	%	85.30		

二、科技创新发展情况

2023年邗江区科技创新发展情况见表3-3-3。

表3-3-3　2023年邗江区科技创新发展情况

指标	计量单位	绝对数
完成专利授权量	件	3919
其中：发明专利授权量	件	627
PTC国际专利申请量	件	21
年末有效发明专利拥有量	件	2435
其中：维持10年以上有效	件	323
年末每万人发明专利拥有量	件	33.37
年末地理标志商标	件	2
获批国家高新技术企业	家	155
净增国家高新技术企业	家	56
年末拥有国家高新技术企业	家	410
认定国家科技型中小企业	家	545

第二节　江都区2023年经济社会发展情况

2023年，全区坚持以习近平新时代中国特色社会主义思想为指导，深入学习贯彻落实党的二十大精神和习近平总书记对江苏工作重要讲话重要指示精神，在区委、区政府的正确领导下，全面贯彻新发展理念，聚焦高质量发展首要任务，发力奋进、砥砺前行，全区经济发展稳中提质，民生保障有力有效，谱写“强富美高”新江都现代化建设新篇章。

一、综合经济社会发展情况

2023年江都区经济社会发展情况见表3-3-4。

表3-3-4　2023年江都区经济社会发展情况

类别	指标	计量单位	绝对数	占比/%	比上年增长/%
经济总量	全区地区生产总值	亿元	1312.05		6.00
	其中：第一产业增加值	亿元	79.86	6.09	4.50
	第二产业增加值	亿元	659.07	50.23	6.60
	第三产业增加值	亿元	573.12	43.68	5.50
财政收支	一般公共预算收入	亿元	57.24		2.50
	其中：税收收入	亿元	46.56		13.90
	其中：增值税、企业所得税、个人所得税合计	亿元	32.92		27.00
	其中：增值税	亿元	25.71		36.20

续表

类别	指标	计量单位	绝对数	占比/%	比上年增长/%
财政收支	企业所得税	亿元	5.38		4.40
	个人所得税	亿元	1.83		-3.50
固定资产投资	全区固定资产投资				0.30
	其中：第一产业投资				46.70
	第二产业投资				11.70
	其中：工业投资				11.80
	第三产业投资				-18.30
	其中：房地产投资				-13.20
	高技术产业投资占全部投资比重	%	11.40		
农业	农林牧渔业总产值	亿元	133.69		4.70
	粮食播种面积	公顷	90806.67		0.20
	粮食总产量	万吨	66.03		0.50
	年末生猪存栏量	万头	18.34		-6.50
	其中：能繁殖母猪存栏量	万头	1.12		-6.70
	生猪出栏量	万头	33.68		11.10
	年末家禽存栏量	万只	311.26		10.90
	家禽出栏量	万只	690.32		-5.90
工业	规模以上工业企业营业收入				7.70
	规模以上工业企业利税				35.90
	规模以上工业企业利润				21.90
	全社会用电量	亿千瓦时	53.08		1.90
	其中：工业用电量	亿千瓦时	33.34		6.00
建筑业	建筑业总产值	亿元	1499.85		4.50
	建筑工程产值	亿元	1249.43		5.40
	安装工程产值	亿元	247.71		1.70
	资质以上施工总承包、专业承包建筑业企业	家	198		2.10
	其中：施工总承包企业	家	102		
	专业承包企业	家	96		
国内贸易	社会消费品零售总额	亿元	312.36		9.40
	其中：批发业销售额	亿元	540.15		9.10
	零售业销售额	亿元	296.34		10.70
	住宿业营业额	亿元	6.61		30.30
	餐饮业营业额	亿元	41.40		14.20
	限额以上社会消费品零售总额	亿元	122.07		14.10

续表

类别	指标	计量单位	绝对数	占比/%	比上年增长/%
交通运输业	公路客运量	万人	8.70		
	公路旅客周转量	万人公里	1426.10		
	公路货运量	万吨	2673.00		
	公路货物周转量	亿吨公里	2.60		
	水路货运量	万吨	2762.00		
	水路货物周转量	亿吨公里	28.05		
	沿江港口货物吞吐量	万吨	5985.50		
	内河港口货物吞吐量	万吨	75.40		
邮电业	累计完成邮政业务总量	亿元	5.06		28.23
	其中：快递业务收入	亿元	3.98		26.96
金融业	年末金融机构人民币存款余额	亿元	1875.61		13.60
	其中：住户存款余额	亿元	1299.54		16.30
	年末金融机构人民币贷款余额	亿元	1560.26		23.20
	其中：中长期贷款余额	亿元	945.69		28.20
	个人消费贷款余额	亿元	230.06		-0.30
房地产业	商品房销售面积	万平方米	79.92		-4.10
	其中：住宅销售面积	万平方米	60.23	75.40	-1.90
	商品房销售额	亿元	67.45		-9.40
	其中：住宅销售额	亿元	56.13	83.20	-18.80
开放型经济	进出口总额	亿元	258.30		
	新批外资项目	项	17		
	实际利用外资	亿美元	0.57		
卫生	年末拥有医疗卫生机构	个	443		
	年末拥有床位	张	4700		
	年末拥有卫生技术人员	人	5654		
旅游业	接待游客人次	万人次	553.10		
	AAAA级景区	个	1		
	AAA级景区	个	6		
	AA级景区	个	1		
人口	年末常住人口	万人	92.87		
	常住人口城镇化率	%	62.67		
	年末户籍人口	万人	99.44		
	登记出生人口	人	2999		
	人口出生率	‰	3.00		
	死亡人口	人	11025		

续表

类别	指标	计量单位	绝对数	占比/%	比上年增长/%
人口	人口死亡率	‰	11.10		
	人口自然增长率	‰	-8.10		
人民生活	居民人均可支配收入	元	47758.00		6.60
	其中：城镇	元	58395.00		5.70
	农村	元	33918.00		7.50
	居民人均消费支出	元	32676.00		9.90
	其中：城镇	元	36238.00		8.20
	农村	元	28043.00		12.50
环境保护	$PM_{2.5}$年平均浓度	微克/立方米	34.60		
	空气质量优良天数比例	%	75.30		
	国省考断面水质优Ⅲ比例	%	100.00		
	完成新增造林	公顷	27.73		
	湿地修复	公顷	17.33		
	森林抚育	公顷	666.67		
城乡建设	完成征迁	万平方米	19.00		
	改造老旧小区	个	32		
	新增绿地	公顷	25.00		
	建成乡村振兴示范带环境节点	个	30		
	创成省市特色田园乡村	个	8		
	创成美丽宜居村庄	个	50		
	创成“三美一高”示范镇村	个	16		
就业	新增城镇就业	人	7538		
社会保障	新增社保扩面	人	6010		
	新建颐养示范社区	个	2		
	打造农村互助颐养睦邻中心	个	22		
	新建区级未成年人保护中心面积	平方米	1200.00		

二、科技创新发展情况

2023年江都区科技创新发展情况见表3-3-5。

表3-3-5　2023年江都区科技创新发展情况

指标	计量单位	绝对数
获批高新技术企业	家	173
获批科技型中小企业	家	554
签订产学研合作	项	161

续表

指标	计量单位	绝对数
获省产学研项目立项	项	12
创成省星级上云企业	家	108

第三节　高邮市2023年经济社会发展情况

2023年，面对复杂多变的外部环境和经济恢复过程中的困难挑战，全市上下坚持以习近平新时代中国特色社会主义思想为指导，在市委、市政府的坚强领导下，齐心合力、攻坚克难，积极应对风险挑战，持续巩固经济社会发展成果，全年经济呈平稳向好态势，内生动力活力显著增强，高质量发展迈出坚实步伐。

一、综合经济社会发展情况

2023年高邮市经济社会发展情况见表3-3-6。

表3-3-6　2023年高邮市经济社会发展情况

类别	指标	计量单位	绝对数	占比/%	比上年增长/%
经济总量	全市地区生产总值	亿元	1056.64		5.90
	其中：第一产业增加值	亿元	100.46	9.51	3.70
	第二产业增加值	亿元	523.02	49.50	6.60
	第三产业增加值	亿元	433.16	40.99	5.40
	人均地区生产总值	元	148030.26		
财政收支	一般公共预算收入	亿元	43.56		8.64
	其中：税收收入	亿元	36.30		17.55
	一般公共预算支出	亿元	101.81		7.44
固定资产投资	全市固定资产投资				7.40
	其中：第一产业投资				21.00
	第二产业投资				16.80
	第三产业投资				-34.40
	5000万元及以上重大项目投资				7.40
	新增列入统计5000万元及以上项目	项	192		
	新开工亿元项目	项	137		
	其中：100亿元以上项目	项	1		
	50亿元以上项目	项	2		
	10亿~50亿元项目	项	9		
	竣工亿元以上项目	项	144		
	其中：10亿元及以上项目	项	13		
农业	农林牧渔业总产值	亿元	176.44		4.00
	其中：农业总产值	亿元	68.67		4.60

续表

类别	指标	计量单位	绝对数	占比/%	比上年增长/%
农业	林业总产值	亿元	1.93		2.50
	牧业总产值	亿元	19.65		1.10
	渔业总产值	亿元	74.34		1.50
	粮食产量	吨	848416.00		0.50
	油料产量	吨	15985.00		2.90
	蔬菜产量	吨	724336.00		4.10
	水产品产量	吨	247914.00		5.70
	生猪出栏量	万头	29.78		11.10
	家禽出栏量	万只	2235.18		-4.10
	新建高标准农田	公顷	2600.00		
	改造提升高标准农田	公顷	3200.00		
	高效节水灌溉	公顷	146.67		
	农作物耕种收综合机械化水平	%	88.00		
	特色农机化水平	%	76.02		
	绿色优质农产品占比	%	95.78		
	“三田”融合规模	公顷	6220.00		
	农作物秸秆综合利用率	%	98.51		
	粪肥沼液还田	公顷	7446.67		
	进入江苏农业品牌精品培育计划品牌	个	2		
	入选扬州市级品牌目录品牌	个	5		
	休闲农业接待游客	万人次	307.76		
	休闲农业营业收入	亿元	4.80		
	农产品电商销售额	亿元	24.86		
	宜居宜业和美乡村个数	个	10		
工业	规模以上工业企业	家	763		
	工业总产值	亿元	1318.64		9.90
	产值亿元以上企业	家	209		
	其中：10亿元以上企业	家	22		
	营业收入	亿元	1216.32		6.80
	利润总额	亿元	61.37		59.20
	营业收入利润率	%	5.00		
	工业入库税收	亿元	37.86		34.60
	工业开票销售	亿元	1390.00		6.50
	新增规模以上工业企业	家	100		

续表

类别	指标	计量单位	绝对数	占比/%	比上年增长/%
建筑业	建筑业企业总产值	亿元	1598.00		
	建筑业总产值	亿元	1455.00		8.50
	税收收入	亿元	8.44		
	产值超10亿元企业	家	22		
	其中：产值超百亿元企业	家	4		
	外埠施工产值	亿元	1065.60		
	装配式施工面积	万平方米	39.00		
	各类资质建筑业企业	家	791		
	其中：特级总承包资质企业	家	3		
	一级总包企业	家	15		
	二级总包企业	家	48		
国内贸易	社会消费品零售总额	亿元	206.93		9.70
	限额以上社会消费品零售额	亿元	91.00		26.00
	限额以上主要商品零售中化妆品类零售额				153.70
	限额以上主要商品零售中日用品类零售额				88.90
	限额以上主要商品零售中金银珠宝类零售额				66.90
	限额以上主要商品零售中粮油及食品类零售额				54.00
金融业	年末金融机构各项存款余额	亿元	1179.76		16.07
	其中：非金融企业存款余额	亿元	243.58		23.48
	住户存款余额	亿元	806.17		16.03
	年末金融机构本外币各项贷款余额	亿元	1043.29		22.74
	其中：短期贷款余额	亿元	347.55		19.70
	票据融资余额	亿元	37.02		-14.52
房地产业	房地产开发投资	亿元	24.20		-34.40
	其中：住宅投资	亿元	18.28		-65.71
	商业营业用房投资	亿元	3.84		-21.08
	其他用房投资	亿元	2.08		-17.30
	商品房竣工面积	万平方米	9.24		-76.40
开放型经济	进出口总额	亿元	49.20		0.50
教育	完成新改扩建工程项目	项	10		
	启动实施改建改造工程	个	2		
	年末拥有中等职业教育学校	所	1		0.00
	年末拥有普通高中	所	5		0.00
	年末拥有普通初中	所	21		0.00

续表

类别	指标	计量单位	绝对数	占比/%	比上年增长/%
教育	年末拥有小学	所	36		-2.70
	年末拥有幼儿园	所	66		-2.90
	年末中等职业教育拥有在校学生	人	5780		0.30
	年末普通高中拥有在校学生	人	9469		-6.40
	年末普通初中拥有在校学生	人	13445		1.40
	年末小学拥有在校学生	人	30592		5.00
	年末幼儿园拥有在园幼儿	人	11795		20.90
文化	图书馆新增城市书房	个	1		
	新增流动图书点	个	6		
旅游业	累计接待游客	万人次	797.84		17.69
	累计接待过夜游客	万人次	96.58		59.61
体育	新增社会体育指导员	人	300		
	年末拥有各级指导员	人	3461		
	获评扬州市群众体育先进个人	人	6		
	发放优秀赛事奖补资金	万元	43.35		
	新增体育场地面积	万平方米	6.50		
	销售体育彩票	亿元	1.15		
卫生	创成省健康村（社区）	个	6		
	创成省卫生村	个	5		
	年末拥有扬州市健康单位	个	8		
	年末拥有扬州市健康家庭示范户	个	100		
	居民健康素养水平提升	%	38.54		6.30
人民生活	居民人均可支配收入	元	40289.00		6.70
	其中：工资性收入	元	24139.00		6.70
	经营净收入	元	7001.00		4.90
	财产净收入	元	2719.00		3.90
	转移净收入	元	6430.00		9.70
	其中：城镇	元	50254.00		5.80
	农村	元	29560.00		7.30
	居民人均消费支出	元	28349.00		10.10
	其中：城镇	元	32970.00		8.30
	农村	元	23373.00		12.40
就业	新增城镇就业	人	8300		
	失业人员再就业	人	5025		
	就业困难人员再就业	人	1592		

续表

类别	指标	计量单位	绝对数	占比/%	比上年增长/%
社会保障	城乡最低生活保障标准	元/（人·月）	800.00		
	慈善总会筹集慈善捐助	万元	4584.84		
	慈善救助支出	万元	2643.64		
	城乡居民基本养老保险基础养老金月标准	元	220.00		
	年末职工医保参保人数	万人	23.86		
	年末居民医保参保人数	万人	46.33		
	公积金扩面	人	7278		4.70
	归集住房公积金	亿元	9.30		4.00
	发放住房公积金贷款	亿元	3.45		43.40
环境保护	$PM_{2.5}$ 年平均浓度	微克/立方米	32.60		
	空气质量优良天数比例	%	80.40		
	10个国省考断面水质达标率	%	100.00		

二、科技创新发展情况

2023年高邮市科技创新发展情况见表3-3-7。

表3-3-7　2023年高邮市科技创新发展情况

指标	计量单位	绝对数
当年新认定国家高新技术企业	家	146
年末拥有有效高新技术企业	家	351
省科技型中小企业备案	家	483
通过科技企业上市培育计划	家	1
新招引科技型企业	家	101
获批省级科技计划项目	项	7
获批扬州市级科技计划项目	项	16
获批省级企业工程技术研究中心	个	2
获批省科技副总	人	23
获批扬州市企业工程技术研究中心	个	8
获批扬州市企业重点实验室	个	1

第四节　广陵区2023年经济社会发展情况

2023年，全区上下深入学习贯彻习近平总书记对江苏工作重要讲话重要指示精神和中央经济工作会议精神，全面落实省委省政府、市委市政府经济形势分析调度会议部署要求，着力改善市场预期、提振发展信心、增强内生动力，奋发作为、顽强拼搏，经济运行总体呈现加快回升走势，改革发展稳定各项事业取得新成效、迈上新台阶。

一、综合经济社会发展情况

2023 年广陵区经济社会发展情况见表 3-3-8。

表 3-3-8　2023 年广陵区经济社会发展情况

类别	指标	计量单位	绝对数	占比/%	比上年增长/%
经济总量	全区地区生产总值	亿元	837.63		5.40
	其中：第一产业增加值	亿元	9.01	1.08	2.80
	第二产业增加值	亿元	298.93	35.69	5.80
	第三产业增加值	亿元	529.69	63.24	5.20
财政收支	一般公共预算收入	亿元	40.07		26.20
	其中：税收收入	亿元	28.51		3.20
	财政支出	亿元	115.98		
	其中：一般预算支出	亿元	44.62		
固定资产投资	全区固定资产投资				8.10
	其中：第一产业投资				10.50
	第二产业投资				42.70
	其中：制造业投资				44.10
	工业技术改造投资				85.10
	工业技术改造投资占工业投资比重	%	41.00		
	第三产业投资				-3.20
	高技术产业投资			19.60	26.50
	房地产开发投资	亿元	126.24		-13.00
	其中：住宅投资	亿元	114.05		
农业	农林牧渔业现价总产值	亿元	20.62		2.21
	其中：农业产值	亿元	12.05		
	林业产值	亿元	0.20		
	牧业产值	亿元	1.44		
	渔业产值	亿元	5.47		
	农林牧渔业增加值	亿元	9.57		3.00
工业	新增规模以上工业企业	家	15		
	年末规模以上工业企业	家	306		
	营业收入	亿元	550.46		
	利润总额	亿元	31.41		
	规模以上工业增加值				2.80
	规模以上工业企业完成产值	亿元	603.24		-4.10
	其中：重工业产值			79.10	-2.90

续表

类别	指标	计量单位	绝对数	占比/%	比上年增长/%
工业	股份制企业产值			88.10	-5.80
	私营企业产值			66.50	-9.40
	大中型企业产值			63.60	-6.00
	亿元以上企业	家	69		
	其中：5亿元企业	家	11		
	10亿元企业	家	5		
	百亿元企业	家	1		
	全部工业开票销售	亿元	609.00		
	工业投资	亿元	126.36		42.70
	技术改造投资	亿元	51.78		85.10
建筑业	资质以上企业完成建筑业总产值	亿元	832.16		9.10
	竣工产值	亿元	604.73		
	房屋建筑施工面积	万平方米	4927.38		4.40
	其中：新开工面积	万平方米	1535.02		17.40
房地产业	商品房销售面积	万平方米	94.55		
	其中：住宅销售面积	万平方米	84.71		
	商品房销售额	亿元	129.76		
	其中：住宅销售额	亿元	119.21		
国内贸易	社会消费品零售总额	亿元	318.76		8.70
	批发零售业、住宿业和餐饮业销售额	亿元	576.12		
	其中：批发零售业销售额	亿元	529.00		
	住宿餐饮业营业额	亿元	47.12		
	规模以上服务业营业收入	亿元	73.97		12.40
	新增市场主体	万户	1.22		
人口	年末总人口	万人	41.97		
	其中：女性人口	万人	21.47	51.20	
	人口出生率	‰	3.90		
	人口死亡率	‰	10.90		
	人口自然增长率	‰	-7.00		
人民生活	居民人均可支配收入	元	57263.00		5.90
	其中：城镇	元	60389.00		5.50
	农村	元	42095.00		7.20
	居民人均消费支出	元	44566.00		8.60
教育	开展教学视导	场	23		
	开展学业检测	场	186		

续表

类别	指标	计量单位	绝对数	占比/%	比上年增长/%
教育	审批非学科类校外培训机构	个	30		
	注销学科类校外培训机构	个	113		
	创成“课改合格校”“课改试点校”	所	9		
体育	新增体育场地面积	万平方米	8.30		
	新增健身步道	公里	5.00		
	更新全民健身路径	套	45		
城乡建设	完成违法用地整改	公顷	39.80		
	完成低效用地再开发	公顷	109.60		
	实施城建“双十”项目	项	71		
	完成投资	亿元	70.60		
	改造老旧小区	万平方米	101.00		
	整治易涝积水点	个	5		
	建成海绵城市示范项目	项	9		
	建成幸福河湖	条	24		
环境保护	$PM_{2.5}$ 年平均浓度	微克/立方米	33.00		
	空气质量优良天数比例	%	78.10		
	省考以上断面水质优Ⅲ比例	%	100.00		
	建成曲江北部污水排放达标区	平方公里	4.30		
	集中整治“散乱污”企业	家	137		
	新增城市绿地	公顷	24.78		
	完成营造林	公顷	13.00		
	修复湿地	公顷	15.33		

二、科技创新发展情况

2023 年广陵区科技创新发展情况见表 3-3-9。

表 3-3-9　2023 年广陵区科技创新发展情况

指标	计量单位	绝对数
招引科技型企业	家	95
新增国家高新技术企业	家	70
新增科技型中小企业	家	294
净增有效发明专利	件	407
开展“智汇广陵”系列产才融合活动	场次	24
入选国家重大人才工程	人	6
获批省“双创博士”	人	13
申报“四上”企业	家	510

续表

指标	计量单位	绝对数
新增省级专精特新企业	家	20
实现“数字诊断”全覆盖规模以上工业企业	家	288
获批省级乡土人才创新创业载体平台	个	2
兑现人才：“来留回”及购租房政策	万元	2679.00
新增人才公寓	套	1527

第五节　仪征市2023年经济社会发展情况

2023年是全面贯彻党的二十大精神的开局之年，也是三年新冠疫情防控转段后经济恢复发展的一年。全市上下坚持以习近平新时代中国特色社会主义思想为指导，承压前行，攻坚克难，聚力突破，全市经济社会平稳健康发展，内生动力显著增强，民生福祉持续增进，创新动能加速释放，高质量发展迈出坚实步伐。

一、综合经济社会发展情况

2023年仪征市经济社会发展情况见表3-3-10。

表3-3-10　2023年仪征市经济社会发展情况

类别	指标	计量单位	绝对数	占比/%	比上年增长/%
经济总量	全市地区生产总值	亿元	1042.91		5.30
	其中：第一产业增加值	亿元	25.24	2.42	4.20
	第二产业增加值	亿元	531.50	50.96	5.40
	第三产业增加值	亿元	486.17	46.62	5.20
财政收支	一般公共预算收入	亿元	50.33		7.90
	其中：税收收入	亿元	39.80	79.10	7.60
物价指数	居民消费价格指数				0.40
	其中：食品类价格指数				0.70
	非食品类价格指数				0.40
	其中：服务价格指数				1.00
	消费品价格指数				0.00
	交通和通信价格指数				-2.50
	医疗保健价格指数				2.60
	食品烟酒价格指数				0.90
	教育文化和娱乐价格指数				2.50
	居住价格指数				-0.30
	生活用品及服务价格指数				0.50
	衣着价格指数				1.10
	其他用品和服务价格指数				3.50

续表

类别	指标	计量单位	绝对数	占比/%	比上年增长/%
固定资产投资	全市固定资产投资				10.60
	其中：第一产业投资				241.90
	第二产业投资				26.10
	第三产业投资				-6.90
农业	粮食总产量	万吨	27.04		3.40
	其中：夏粮总产量	万吨	6.10		
	秋粮总产量	万吨	20.95		
	油料总产量	万吨	0.99		
	蔬菜总产量	万吨	33.94		
	粮食种植面积	公顷	37793.33		3.20
	其中：夏粮种植面积	公顷	8306.67		
	秋粮种植面积	公顷	16886.67		
	油料种植面积	公顷	3886.67		
	蔬菜种植面积	公顷	8466.67		
	生猪出栏量	万头	17.00		
	牛奶总产量	吨	0.00		
	禽蛋总产量	万吨	1.07		
	水产品总产量	吨	7037.00		
工业	规模以上工业产值	亿元	1222.13		-2.10
	规模以上石化无纺产业产值	亿元	435.07		-7.60
	规模以上汽车及零部件产业产值	亿元	217.12		-13.20
	工业开票销售收入	亿元	1414.42		1.50
	工业用电量	亿千瓦时	43.42		-0.20
建筑业	建筑业总产值	亿元	452.60		5.60
	竣工产值	亿元	377.87		2.80
	建筑业企业房屋建筑施工面积	万平方米	2726.76		10.50
	竣工面积	万平方米	926.31		1.30
交通运输业	年末公路里程	公里	1616.36		
	公路客运量	万人	67.13		
	公路货运量	万吨	605.65		
	水路货运量	万吨	2098.53		
	铁路货运量	万吨	6.20		
	年末民用汽车拥有量	辆	129598		2.00
	其中：私人汽车拥有量	辆	115640		1.80
邮电业	实现邮政业务收入	亿元	0.36		13.40

续表

类别	指标	计量单位	绝对数	占比/%	比上年增长/%
邮电业	实现电信业务收入	亿元	6.30		7.70
	年末拥有电话用户	万户	80.04		2.40
	其中：固定电话用户	万户	9.74		-17.50
	年末拥有移动电话用户	万户	70.30		0.10
	年末拥有互联网宽带接入用户	万户	37.62		16.60
电力	全社会用电量	亿千瓦时	57.58		1.00
	其中：第一产业用电量	亿千瓦时	0.16	0.28	-9.30
	第二产业用电量	亿千瓦时	43.84	76.14	-0.10
	第三产业用电量	亿千瓦时	7.40	12.85	17.30
	城乡居民生活用电	亿千瓦时	6.17	10.72	-7.30
金融业	年末金融机构人民币存款余额	亿元	1091.05		18.10
	其中：住户存款余额	亿元	657.40		16.00
	年末金融机构人民币贷款余额	亿元	1028.70		29.90
开放型经济	进出口总额	亿元	118.47		-17.10
	注册外资实际到账	亿美元	2.53		34.10
教育	年末拥有各类学校	所	87		
	其中：幼儿园	所	38		
	小学	所	27		
	初中（含4所九年一贯制学校）	所	16		
	高中	所	4		
	特殊教育学校	所	1		
	其他职业教育学校	所	1		
	年末拥有在校学生	人	57073		
	其中：幼儿园在园幼儿	人	10388		
	小学在校学生	人	26134		
	初中在校学生	人	11270		
	高中在校学生	人	7880		
	特殊教育学校在校学生	人	102		
	其他职业教育学校在校学生	人	1299		
文化	年末拥有电影放映单位	个	11		
	年末拥有艺术表演场馆	个	1		
	年末拥有博物馆	个	1		
	年末拥有公共图书馆	个	1		
	年末拥有文化站	个	9		
	艺术表演观众	万人次	6.90		

续表

类别	指标	计量单位	绝对数	占比/%	比上年增长/%
文化	文物展览参观	万人次	20.30		
	年末公共图书馆拥有总藏书量	万册、件	72.78		
	书刊文献外借	万册次	193.34		
卫生	年末拥有各类卫生机构（不含村卫生室）	个	116		
	年末拥有卫生技术人员	人	4662		
	其中：执业医师、执业助理医师	人	1482		
	诊疗	万人次	313.55		
体育	年末拥有体育场	个	8		
	年末拥有体育馆	个	10		
	年末拥有游泳池馆	个	10		
	年末拥有教练员	人	35		
	年末拥有等级裁判员	人	228		
	年末拥有等级运动员	人	385		
	运动员获奖牌总数	枚	306		
	举办体育竞赛表演	次	119		
	体育人口	万人	26.80		
人口	年末户籍人口	人	537922		
	人口出生率	‰	3.81		
	人口死亡率	‰	10.00		
	人口自然增长率	‰	-6.19		
	年末常住人口	万人	53.83		
人民生活	居民人均可支配收入	元	45718.00		6.70
	其中：城镇	元	58348.00		6.00
	农村	元	30340.00		7.20
	居民人均消费支出	元	28624.00		10.30
	其中：城镇	元	32915.00		8.80
	农村	元	23401.00		12.40
城镇建设	完成危房解危面积	万平方米	1.00		
	改造老旧小区	万平方米	19.00		
环境保护	$PM_{2.5}$年平均浓度	微克/立方米	31.00		
	空气质量优良天数比例	%	81.00		
	考核断面水功能区优Ⅲ比例	%	100.00		
	绿化造林	公顷	265.47		
	修复湿地	公顷	20.53		

二、科技创新发展情况

2023年仪征市科技创新发展情况见表3-3-11。

表3-3-11　2023年仪征市科技创新发展情况

指标	计量单位	绝对数
备案科技型中小企业	家	373
认定国家高新技术企业	家	106
招引科技型企业	家	95
获批扬州市瞪羚企业	家	2
获批独角兽培育企业	家	1
净增有效发明专利	件	280
完成“上云用数”项目	项	106
完成“数字标杆”创建项目	项	57

第六节　宝应县2023年经济社会发展情况

2023年，全县上下坚持以习近平新时代中国特色社会主义思想为指导，全面贯彻党的二十大精神和习近平总书记对江苏工作重要讲话重要指示精神，坚持稳中求进工作总基调，全力以赴加压奋进，全县经济运行整体好转，中国式现代化宝应新实践实现良好开局。

一、综合经济社会发展情况

2023年宝应县经济社会发展情况见表3-3-12。

表3-3-12　2023年宝应县经济社会发展情况

类别	指标	计量单位	绝对数	占比/%	比上年增长/%
经济总量	全县地区生产总值	亿元	941.60		6.10
	其中：第一产业增加值	亿元	96.74	10.27	3.10
	第二产业增加值	亿元	454.45	48.26	6.80
	第三产业增加值	亿元	390.41	41.46	6.00
财政收支	财政收入	亿元	116.23		42.40
	其中：一般公共预算收入	亿元	30.05		22.80
	其中：税收收入	亿元	24.19	80.50	39.00
	非税收入	亿元	5.86		-17.10
	财政支出	亿元	163.01		1.10
	其中：一般公共预算支出	亿元	102.16		2.10
固定资产投资	全县固定资产投资				12.20
	其中：第一产业投资				-62.50
	第二产业投资				18.30
	第三产业投资				5.40

续表

类别	指标	计量单位	绝对数	占比/%	比上年增长/%
农业	粮食播种面积	公顷	113306.67		0.10
	其中：夏粮播种面积	公顷	54353.33		0.10
	秋粮播种面积	公顷	58953.33		0.10
	粮食单位面积产量	公斤/公顷	7730.70		0.20
	其中：夏粮单位面积产量	公斤/公顷	6120.00		0.00
	秋粮单位面积产量	公斤/公顷	9225.00		0.40
	粮食总产量	万吨	87.59		0.30
	其中：夏粮总产量	万吨	33.22		0.00
	秋粮总产量	万吨	54.38		0.50
	生猪出栏量	万头	38.56		10.80
	年末生猪存栏量	万头	22.30		-1.20
	水产养殖面积	公顷	23986.67		-2.50
	水产品产量	万吨	14.90		1.40
	高标准农田	公顷	2966.67		
	生态化改造池塘	公顷	2773.33		
	年末有效灌溉面积	公顷	81320.00		
	旱涝保收面积	公顷	67673.33		
工业	年末规模以上工业企业	家	643		
	规模以上工业企业实现营业收入	亿元	984.09		6.60
	规模以上工业企业实现利润总额	亿元	45.12		80.60
	规模以上工业企业实现利税总额	亿元	69.91		58.40
	全部工业开票销售	亿元	1005.40		6.70
	规模以上工业总产值	亿元	1036.07		4.10
	其中：电气机械和器材制造业产值	亿元	293.12		1.40
	有色金属冶炼和压延加工业产值	亿元	250.38		17.60
	金属制品业产值	亿元	70.98		17.40
	非金属矿物制品业产值	亿元	56.81		7.70
	汽车制造业产值	亿元	45.85		7.00
	化学原料和化学制品制造业产值	亿元	36.16		-8.90
	工业用电量	亿千瓦时	17.20		3.40
建筑业	各级各类资质建筑业企业	家	333		
	其中：特级施工总承包资质企业	家	1		
	一级施工总承包资质企业	家	12		
	一级专业承包企业	家	13		
	二级施工总承包资质企业	家	34		

续表

类别	指标	计量单位	绝对数	占比/%	比上年增长/%
建筑业	二级专业承包企业	家	127		
	建筑业总产值	亿元	730.84		5.80
	房屋建筑施工面积	万平方米	10779.23		20.40
	建筑新开工面积	万平方米	4486.02		1.30
	竣工产值	亿元	619.15		-7.30
	竣工面积	万平方米	3107.69		2.00
国内贸易	社会消费品零售总额	亿元	191.46		9.40
	限额以上社会消费品零售总额	亿元	63.41		10.60
	其中：限额以上城镇消费品零售额	亿元	56.83		9.60
	限额以上乡村消费品零售额	亿元	6.58		19.60
交通运输业	公路客运量	万人	75.00		6.90
	旅客周转量	亿人公里	0.35		9.40
	公路货运量	万吨	377.00		-2.20
	公路货物周转量	亿吨公里	5.80		-1.70
	水路货运量	万吨	1012.00		-53.30
	水路货物周转量	亿吨公里	77.80		-27.30
邮电业	邮电业务总量	万元	22698.00		18.50
	电信业务收入	亿元	6.66		2.10
	年末拥有移动用户	万户	75.24		4.40
	年末拥有互联网宽带接入用户	万户	34.38		8.80
电力	全社会用电量	亿千瓦时	30.72		1.10
	其中：第一产业用电量	亿千瓦时	1.51		-0.70
	第二产业用电量	亿千瓦时	17.37		1.00
	第三产业用电量	亿千瓦时	5.23		9.40
	城乡居民用电量	亿千瓦时	6.61		-3.90
旅游业	AAA 级景区	个	6		
	AA 级景区	个	4		
	省四星级乡村旅游区	个	7		
	三星级乡村旅游区	个	2		
	三星级旅行社	家	4		
	三星级旅游饭店	家	2		
	省研学旅行基地	个	1		
	省工业旅游区	个	2		
	省乡村旅游重点村	个	2		
	旅游收入	亿元	35.75		10.00
	国内外入住游客	万人次	70.34		27.20

续表

类别	指标	计量单位	绝对数	占比/%	比上年增长/%
金融业	年末金融机构各项人民币存款余额	亿元	978.73		21.50
	其中：住户存款余额	亿元	636.81		16.80
	年末金融机构各项人民币贷款余额	亿元	812.29		25.70
房地产业	房地产开发投资项目	项	44		
	房地产投资	亿元	30.43		-11.30
	其中：住宅投资	亿元	23.43		-9.90
	非住宅投资	亿元	7.00		-15.40
	商品房竣工面积	万平方米	51.11		21.30
	商品房销售面积	万平方米	42.41		-12.70
开放型经济	实际到账外资	万美元	16500.00		123.40
	进出口总额	亿元	59.19		0.70
	其中：出口总额	亿元	47.17		
	对外直接投资额	万美元	1215.00		
	期末实有外商投资企业	家	105		
就业	新增城镇就业	人	7126		
	举办网络招聘会	场	50		
	举办现场招聘会	场	57		
	采集各类岗位	个	21300		
	转移农村劳动力	人	1120		
	举办创业培训班	期	27		
	组织创业培训	人次	1160		
	支持成功自主创业	人	2378		
	扶持农村劳动者自主创业	人	1501		
	引领大学生创业	人	308		
	征集创业项目	项	14		
教育	年末拥有各类学校	所	119		
	其中：普通中学	所	29		
	小学	所	29		
	中等职业学校	所	1		
	特殊学校	所	1		
	幼儿园	所	59		
	年末拥有在校学生	人	73665		
	其中：普通中学在校学生	人	27314		
	小学在校学生	人	32724		
	中等职业学校在校学生	人	2655		
	特殊学校在校学生	人	222		
	幼儿园在园幼儿	人	10750		

续表

类别	指标	计量单位	绝对数	占比/%	比上年增长/%
卫生	年末拥有各类卫生机构	个	34		
	其中：医院	家	14		
	社区卫生服务中心、乡镇卫生院	家	14		
	妇幼保健院	家	1		
	专科疾病防治院	家	2		
	疾病预防控制中心	个	1		
	卫生监督所	所	1		
	卫生发展服务中心	个	1		
	年末各类卫生机构拥有病床	张	3903		
	其中：医院拥有病床	张	2326		
	年末拥有卫生技术人员	人	3891		
	其中：执业医师、执业助理医师	人	1468		
	注册护士	人	1626		
体育	新建全民健身步道	公里	18.99		
	新增体育场地	万平方米	26.82		
人口	年末户籍人口	万人	83.93		
	户籍出生人口	万人	0.27		
	人口出生率	‰	3.21		
	户籍死亡人口	万人	0.88		
	人口死亡率	‰	10.42		
	人口自然增长率	‰	-7.21		
	年末常住人口	万人	67.73		
	常住人口城镇化率	%	60.01		1.50
人民生活	居民人均可支配收入	元	36701.00		6.90
	其中：城镇	元	43178.00		6.10
	农村	元	29779.00		7.40
	居民人均消费支出	元	23928.00		10.50
	其中：城镇	元	25950.00		8.60
	农村	元	21768.00		12.70
社会保障	年末基本养老保险参保人数	万人	57.13		
	年末基本医疗保险参保人数	万人	71.39		
	年末失业保险参保人数	万人	7.56		
	年末工伤保险参保人数	万人	9.17		
	机关事业养老保险征缴基金	亿元	3.22		
	城乡居民社会养老保险征缴基金	亿元	4.26		
	城乡居民基本养老保险基础养老金最低标准	元/（人·月）	220.00		

续表

类别	指标	计量单位	绝对数	占比/%	比上年增长/%
环境保护	绿化造林	公顷	108.00		
	修复湿地	公顷	13.33		
	建成省级绿美村庄	个	8		
	林木覆盖率	%	21.25		
	空气质量优良天数比例	%	80.50		1.90
	$PM_{2.5}$年平均浓度	微克/立方米	32.30		2.10

二、科技创新发展情况

2023年宝应县科技创新发展情况见表3-3-13。

表3-3-13 2023年宝应县科技创新发展情况

指标	计量单位	绝对数
专利授权量	件	1550
其中：发明专利授权量	件	232
发明专利保有数	件	1039
年末每万人发明专利拥有量	件	15.20
新增注册商标	件	1759
新认定国家高新技术企业	家	86
新入库国家科技型中小企业	家	306
获批省级工程技术研究中心	个	1
获批市级重点实验室	个	1
获批省级重大成果转化项目	项	1
获批国家重点人才“QM计划”	项	5
获批省双创计划创新人才	项	1
获批省科技副总项目	项	38
获批市“绿杨金凤计划”项目	项	5
获批县“宝地英才集聚计划”项目	项	4

第四章　淮安市辖各县区经济社会发展情况

淮安市现辖涟水县、盱眙县、金湖县3个县，清江浦区、淮阴区、淮安区、洪泽区4个区，以及经济技术开发区、工业园区2个功能区。2023年，淮安市实现地区生产总值5015.06亿元，年末常住人口453.80万人，人均地区生产总值110328元，全体居民人均可支配收入39058元。

2023年，淮安市辖7个县（区）的地区生产总值、总人口、人均地区生产总值、人均可支配收入等主要经济社会发展指标情况见表3-4-1。

表3-4-1　2023年淮安市辖7个县（区）主要经济社会发展指标情况

县（区）	地区生产总值/亿元	年末常住人口/万人	人均地区生产总值/元	全体居民人均可支配收入/元	城镇居民人均可支配收入/元	农村居民人均可支配收入/元
淮安区	795.40	78.27	101228.00	34170.00	42194.00	25735.00
清江浦区	737.89	59.15	124939.00	55663.00	58431.70	31230.20
涟水县	735.96	81.17	90307.00	32166.00	40394.00	23565.00
淮阴区	705.70	73.52	95987.49	34667.00	45148.00	23693.00
盱眙县	551.11	60.02	91821.06	37484.00	48630.00	25441.00
洪泽区	438.63	28.09	155487.00	38647.00	48754.00	27721.00
金湖县	434.48	28.80	150914.00	38943.80	49005.50	27948.00

第一节　淮安区2023年经济社会发展情况

2023年，全区坚持以习近平新时代中国特色社会主义思想为指导，深入学习贯彻党的二十大精神和习近平总书记对江苏工作重要讲话重要指示精神，把总书记对新安小学孩子们的亲切问候和谆谆嘱托转化为做好各项工作的强大动力，以“四大工程”为统揽，攀高比强、跨越赶超，较好完成了年度各项目标任务。

一、综合经济社会发展情况

2023年淮安区经济社会发展情况见表3-4-2。

表3-4-2　2023年淮安区经济社会发展情况

类别	指标	计量单位	绝对数	占比/%	比上年增长/%
经济总量	全区地区生产总值	亿元	795.40		8.10
	其中：第一产业增加值	亿元	87.27	11.00	4.10
	第二产业增加值	亿元	331.04	41.60	9.20
	第三产业增加值	亿元	377.09	47.40	8.10
	人均地区生产总值	元	101228.00		

续表

类别	指标	计量单位	绝对数	占比/%	比上年增长/%
财政收支	财政收入	亿元	62.22		16.40
	其中：一般公共预算收入	亿元	38.58		10.60
	其中：税收收入	亿元	30.00	77.80	22.10
	上划中央四税（增值税、企业所得税、个人所得税、资源税）	亿元	23.64		27.20
	政府性基金收入	亿元	51.75		-16.80
	公共财政预算支出	亿元	102.23		11.30
	其中：教育支出	亿元	18.94		11.00
	社会保障和就业支出	亿元	18.15		6.60
	住房保障支出	亿元	8.34		-23.30
	一般公共服务支出	亿元	9.37		5.30
	农林水支出	亿元	9.65		13.70
固定资产投资	规模以上固定资产投资				10.60
	其中：建筑安装工程投资			87.90	5.50
	项目投资				15.40
	工业投资				28.50
	房地产开发投资				-16.60
	新签约亿元以上项目	项	110		
	协议引资额	亿元	528.87		
	新开工亿元以上项目	项	70		
	新竣工亿元以上项目	项	50		
	当年签约当年开工当年竣工项目	项	16		
农业	粮食作物播种面积	公顷	132813.33		
	粮食总产量	万吨	98.39		0.40
	其中：小麦总产量	万吨	38.01		0.10
	水稻总产量	万吨	58.59		0.60
	夏粮播种面积	公顷	64633.33		0.00
	夏粮总产量	万吨	38.02		0.10
	秋粮播种面积	公顷	68180.00		
	秋粮总产量	万吨	60.37		0.60
	粮食单位面积产量	公斤/公顷	7408.50		0.40
	年末生猪存栏量	万头	28.48		-4.60
	生猪出栏量	万头	54.38		1.30
	猪牛羊禽肉产量	万吨	5.65		1.40
	禽蛋总产量	万吨	2.08		-19.10

续表

类别	指标	计量单位	绝对数	占比/%	比上年增长/%
农业	水产品总产量	万吨	5.12		
	其中：淡水养殖水产品总产量	万吨	4.76		
	淡水捕捞水产品总产量	万吨	0.36		
工业	工业开票销售收入	亿元	440.39		9.00
	工业用电量	亿千瓦时	18.38		16.30
	规模以上工业增加值				11.70
	通过江苏精品认证企业	家	5		
	获评省专精特新中小企业	家	5		
	获评省两化融合贯标企业	家	6		
	新增星级上云企业	家	38		
	创成省绿色工厂	家	4		
	规模以上工业企业主营业务收入	亿元	391.31		9.90
	规模以上工业企业营业利润	亿元	34.98		94.60
	年末亏损企业	家	13		
	规模以上工业应税开票销售	亿元	332.73		
建筑业	有资质建筑业企业总产值	亿元	463.65		20.00
	有资质建筑业企业竣工产值	亿元	350.87		26.00
	有资质建筑业企业利润总额	亿元	16.00		24.00
	建筑业企业房屋建筑施工面积	万平方米	5767.38		16.46
	其中：新开工面积	万平方米	857.89		-11.70
	竣工面积	万平方米	1445.16		30.99
	其中：住宅竣工面积	万平方米	1190.82		25.90
交通运输业	公路客运量	万人	270.00		
	公路旅客周转量	万人公里	8920.00		
	公路货运量	万吨	670.00		
	公路货物周转量	亿吨公里	12.89		0.78
	水路货运量	万吨	1205.00		0.75
	水路货物周转量	亿吨公里	31.92		0.63
	港口吞吐量	万吨	1450.00		4.61
	年末现有公路总里程	公里	2326.00		
	其中：高速公路里程	公里	81.00		
	一级公路里程	公里	159.00		
	年末拥有公共汽（电）车	辆	456		
	公共汽（电）车客运量	万人	270.00		

续表

类别	指标	计量单位	绝对数	占比/%	比上年增长/%
国内贸易	社会消费品零售总额	亿元	262.88		4.30
	其中：批发业销售额	亿元	373.58		15.00
	零售业销售额	亿元	233.31		7.00
	住宿业营业额	亿元	8.24		15.20
	餐饮业营业额	亿元	56.54		14.10
民营经济	年末区市监部门登记的私营企业	家	22776		
	私营企业注册资本共计	亿元	1263.35		
	年末区市监部门登记的个体工商户	家	65551		
	个体工商户实有资金数额	亿元	92.82		
	新增列入政府统计部门名单的企业（不含投资）	家	217		
金融业	年末人民币存款余额	亿元	910.97		24.90
	其中：居民储蓄存款余额	亿元	556.16		17.10
	年末人民币贷款余额	亿元	870.30		28.90
旅游业	组织演艺进景区	场	160		
	新增停车位	个	400		
	来淮游客	万人次	541.46		
	旅游综合收入	亿元	56.00		
房地产业	商品房销售面积	万平方米	91.67		-9.20
	其中：住宅销售面积	万平方米	69.78		-3.00
开放型经济	进出口总额	亿元	52.00		59.50
	协议注册外资额	万美元	5617.10		-81.60
	注册外资实际到账	万美元	10038.00		-37.60
人民生活	居民人均可支配收入	元	34170.00		6.70
	其中：工资性收入	元	21062.00	61.60	
	经营净收入				8.20
	其中：城镇	元	42194.00		5.40
	农村	元	25735.00		8.10
	居民人均消费支出	元	21121.00		6.90
	其中：交通通信类支出				11.60
	居民恩格尔系数	%	29.20		
社会保障	发放富民创业贷款	亿元	1.17		
	发放脱贫人口小额信贷	亿元	3.52		
	建成标准化“家门口”就业服务站	个	2		
	完成困难家庭适老化改造	户	360		
	累计发放救助金	亿元	2.51		
	城乡居民基础养老金	元/（人·月）	208.00		

续表

类别	指标	计量单位	绝对数	占比/%	比上年增长/%
社会保障	被征地农民纳入社保	万人	1.69		
	城乡居民医保覆盖率	%	99.00		
环境保护	完成京杭大运河淮安区段省交办问题整改	项	9		
	建成山水工程项目	项	6		
	新建农村生活污水治理设施	座	6		
	国省考断面优Ⅲ比例	%	91.70		
	落实年度重点治气工程	个	84		
	$PM_{2.5}$ 年平均浓度	微克/立方米	34.60		
	空气质量优良天数比例	%	81.40		
	新增绿化造林	公顷	66.09		
卫生	年末拥有各类卫生机构	个	124		
	其中：医院	家	22		
	卫生院	家	16		
	妇幼卫生保健机构	个	1		
	年末拥有国家级卫生镇	个	1		
	年末拥有省级卫生镇	个	11		
	年末拥有省级卫生村	个	272		
	年末拥有病床	张	4416		
	年末拥有卫生技术人员	人	4611		
	其中：执业医师	人	1397		
	执业助理医师	人	261		
	注册护士	人	2143		
教育	年末拥有各类学校	所	151		
	年末各类学校拥有专任教师	人	10043		
	年末各类学校拥有在校学生	人	126273		
	各类学校招收新生	人	30679		
	各类学校毕业生	人	35740		

二、科技创新发展情况

2023年淮安区科技创新发展情况见表3-4-3。

表3-4-3　2023年淮安区科技创新发展情况

指标	计量单位	绝对数
发明专利授权量	件	78
年末发明专利拥有量	件	512

续表

指标	计量单位	绝对数
年末万人有效发明专利拥有量	件	6.49
年末拥有国家高新技术企业	家	85

第二节　清江浦区2023年经济社会发展情况

2023年，在区委、区政府的坚强领导下，全区上下坚持以习近平新时代中国特色社会主义思想为指导，全面贯彻党的二十大精神，深入落实习近平总书记对江苏工作重要讲话重要指示精神和对淮安的殷切嘱托，坚决扛起“走在前、做示范”重大使命，以攀高比强的姿态加快跨越赶超，较好完成了区二届人大二次会议确定的目标任务。

一、综合经济社会发展情况

2023年清江浦区经济社会发展情况见表3-4-4。

表3-4-4　2023年清江浦区经济社会发展情况

类别	指标	计量单位	绝对数	占比/%	比上年增长/%
经济总量	全区地区生产总值	亿元	737.89		7.80
	其中：第一产业增加值	亿元	15.54	2.10	3.20
	第二产业增加值	亿元	174.66	23.70	6.10
	第三产业增加值	亿元	547.69	74.20	8.40
	人均地区生产总值	元	124939.00		
	人均地区生产总值按当年平均汇率折算	美元	17730.00		
	全部内资非私营企业	家	3045		
	全部内资非私营企业注册资本	亿元	2208.08		
	私营企业	家	25079		
	私营企业注册资本	亿元	2282.21		
	个体工商户	家	97619		
	个体工商户注册资本	亿元	105.14		
财政收支	公共财政预算收入	亿元	36.19		6.70
	其中：税收收入	亿元	28.00		17.50
	非税收入	亿元	8.19		-18.60
	公共财政预算支出	亿元	47.56		6.90
	其中：一般公共服务支出	亿元	4.14		11.50
固定资产投资	规模以上固定资产投资				10.60
	其中：工业投资				13.00
	建筑安装工程投资				20.10
	项目投资				35.60
	房地产开发投资				-21.30
	民间投资			51.50	
	高技术产业投资			7.70	

续表

类别	指标	计量单位	绝对数	占比/%	比上年增长/%
农业	农林牧渔业总产值	亿元	27.04		1.50
	其中：农林牧渔服务业总产值	亿元	2.56		9.70
	粮食作物播种面积	公顷	12120.00		
	粮食总产量	万吨	8.97		
	其中：夏粮总产量	万吨	3.45		
	秋粮总产量	万吨	5.52		
	油料作物播种面积	公顷	166.67		
	油料总产量	万吨	0.04		
	蔬菜播种面积	公顷	6886.67		
	蔬菜及食用菌总产量	万吨	38.36		
	年末林木覆盖率	%	25.10		
	新增及更新造林	公顷	44.67		
	更新和完善农田林网	公顷	333.33		
	森林抚育	公顷	66.67		
	四旁植树	万株	20.00		
	肉类总产量	万吨	1.39		
	其中：猪肉产量	万吨	1.10		
	禽肉产量	万吨	0.27		
	生猪出栏量	万头	13.15		
	年末生猪存栏量	万头	9.57		
	家禽出栏量	万只	169.54		
	年末家禽存栏量	万只	118.73		
	禽蛋总产量	万吨	0.71		
	水产品总产量	吨	4994.00		
	水产养殖面积	公顷	333.33		
	淡水养殖产量	吨	4108.00		
工业	规模以上工业总产值	亿元	213.76		9.40
	规模以上工业营业收入	亿元	187.53		7.70
	规模以上工业利润	亿元	17.49		4.70
	规模以上工业增加值				9.30
建筑业	具有资质等级的总承包和专业承包建筑业企业	家	173		
	建筑业总产值				-3.30
	签订合同额				-8.50
	建筑业增加值	亿元	63.04		
	可比价增幅	%	4.20		

续表

类别	指标	计量单位	绝对数	占比/%	比上年增长/%
国内贸易	社会消费品零售总额	亿元	572.35		3.40
	其中：批发业销售额	亿元	404.10		9.50
	零售业销售额	亿元	470.52		8.20
	住宿业营业额	亿元	10.18		12.00
	餐饮业营业额	亿元	62.35		7.70
	限额以上单位商品销售				
	其中：粮油、食品类销售额				-24.60
	服装、鞋帽、针纺织品类销售额				2.90
	日用品类销售额				-15.40
	金银珠宝类销售额				6.70
	家用电器和音像器材类销售额				5.60
	汽车类销售额				-6.20
房地产业	商品房销售面积	万平方米	167.46		-14.30
开放型经济	实际使用外资额	亿美元	1.01		68.70
	新注册外资项目	项	20		
	其中：总投资 3000 万美元以上项目	项	8		
	实际到账台资	万美元	1545.34		
	进出口总额	亿元	52.50		22.80
服务业	服务业增加值	亿元	547.69		8.40
	服务业增加值占 GDP 比重	%	74.20		
	淮安金融中心已入驻企业（约）	家	240		
	入选 2023 年江苏省服务业重点项目	项	2		
人口	年末户籍人口	万人	59.86		
	其中：男性人口	万人	29.43	49.20	
	女性人口	万人	30.43	50.80	
	出生人口（公安数）	人	3141		
	死亡人口（公安数）	人	4870		
	年末常住人口	万人	59.15		
	其中：城镇常住人口	万人	54.56		
	常住人口城镇化率	%	92.24		
	常住人口出生率	‰	5.05		
	常住人口死亡率	‰	8.23		
人民生活	居民人均可支配收入	元	55663.00		5.40
	其中：城镇	元	58431.70		5.30
	农村	元	31230.20		7.80

续表

类别	指标	计量单位	绝对数	占比/%	比上年增长/%
人民生活	居民人均生活消费支出	元	29360.00		6.00
	其中：城镇	元	30080.00		5.90
	农村	元	23006.00		7.80
社会保障	年末企业养老保险参保人数	万人	8.80		
	年末居民养老保险参保人数	万人	3.67		
	年末失业保险参保人数	万人	7.05		
	城乡居民基础养老金	元/（人·月）	251.00		
	企业职工退休人员月平均工资	元	2298.00		
	年末基本医疗保险参保人数	万人	42.58		
	其中：职工基本医疗保险参保人数	万人	10.36		
	城乡居民基本医疗保险参保人数	万人	32.22		
	职工居民基本医疗保险政策范围内住院医疗费用基金支付比例	%	88.30		
	城乡居民基本医疗保险政策范围内住院医疗费用基金支付比例	%	70.00		
	城乡居民最低生活保障标准	元/（人·月）	675.00		
	年末拥有城乡居民最低生活保障家庭户数	户	2107		
	年末拥有城乡居民最低生活保障人数	人	3958		
	累计发放城乡居民最低生活保障资金	万元	2724.66		
	救助临时困难家庭	户	782		
	累计发放临时救助金	万元	276.34		
	年末拥有养老机构	个	16		
	年末机构拥有养老床位	张	1315		
	其中：护理型床位	张	994		
环境保护	$PM_{2.5}$年平均浓度	微克/立方米	35.80		4.40
	空气质量优良天数比例	%	78.90		-1.90
	地表水达到或好于Ⅲ类水质比例	%	100.00		
	年末危废库存量	吨	85.67		
卫生	年末拥有医疗卫生机构	个	331		
	其中：医院	家	25		
	年末拥有基层医疗卫生机构	个	306		
	年末拥有区属专业公共卫生机构	个	2		
	年末医疗卫生机构（含6个市直医院）拥有床位	张	6625		
	每千人口床位数	张	10.70		
	每千人口执业（助理）医师	人	2.52		

续表

类别	指标	计量单位	绝对数	占比/%	比上年增长/%
卫生	每千人口注册护士（不含辖区内市直医院）	人	3.73		
	孕产妇死亡率	‰	0.00		
	5岁以下儿童死亡率	‰	1.60		
	婴儿死亡率	‰	0.96		
	出生缺陷发生率（含市直医院）	‰	29.90		
	为准备怀孕和怀孕3个月内的妇女免费增补叶酸	名	2845		
	产前筛查	人	3065		
	产前筛查率	%	98.93		
教育	年末拥有中小学及幼儿园（含市直学校）	所	110		
	其中：幼儿园	所	58		
	小学	所	22		
	初级中学	所	15		
	九年一贯制学校	所	6		
	高级中学	所	6		
	十二年一贯制学校	所	2		
	特殊教育学校	所	1		
	年末拥有在校学生（在园幼儿）	人	117923		
	其中：幼儿园在园幼儿	人	16962		
	小学在校学生	人	56864		
	初中在校学生	人	26942		
	高中在校学生	人	16950		
	特殊教育学校在校学生	人	205		
	年末拥有专任教师	人	8552		
	其中：学前专任教师	人	1311		
	小学专任教师	人	3530		
	初中专任教师	人	2160		
	高中专任教师	人	1497		
	特殊教育专任教师	人	54		
文化	入选省政府第五批省级非物质文化遗产代表性项目名录	个	5		
	新增省级最美公共文化空间	家	3		
	年末拥有省级最美公共文化空间	家	7		
	举办周末大舞台、送戏下乡等惠民活动	场次	500		
	公益影院播放电影	场	960		
	年末拥有24小时翔宇城市书房	个	28		

续表

类别	指标	计量单位	绝对数	占比/%	比上年增长/%
体育	区运动队参加省以上比赛获金牌数量	枚	12		
	区运动队参加省以上比赛获银牌数量	枚	15		
	区运动队参加省以上比赛获铜牌数量	枚	18		
	创成全国青少年校园足球特色学校	所	4		
	创成市青少年校园足球特色学校	所	2		
	完成小区健身器材更新	个	30		
	建设古淮河、蛇家坝健身步道	公里	10.00		

二、科技创新发展情况

2023 年清江浦区科技创新发展情况见表 3-4-5。

表 3-4-5　2023 年清江浦区科技创新发展情况

指标	计量单位	绝对数
研发投入	亿元	8.20
净增国家高新技术企业	家	6
高新技术企业	家	56
成功申报江苏省民营科技企业	家	3
成功获批江苏省级工程技术研究中心	个	1
成功获批省科技计划项目	项	3
成功获批市级工程技术研究中心	个	10
入选省科技副总	人	7
成功申报省产学研项目	项	21
年末拥有各类专业技术人员	万人	2.24
其中：高技能人才	人	13763
中级以上职称人才	人	2711
新增高技能人才	人	1065

第三节　涟水县 2023 年经济社会发展情况

2023 年，全县坚持以习近平新时代中国特色社会主义思想为指导，坚决扛起“以百万人口大县的责任担当，在全县率先建成全国百强县”的重大使命，坚定不移实施“2233”发展战略，奋力攀高比强、矢志跨越赶超。围绕“申创国家级经开区，加快建成全国百强县”两大奋斗目标，强产业、抓项目，全力以赴推动高质量发展，县域经济发展的核心竞争力有了更大提升，提前两年圆梦百强县，实现了百强县的突破。

一、综合经济社会发展情况

2023 年涟水县经济社会发展情况见表 3-4-6。

表 3-4-6　2023 年涟水县经济社会发展情况

类别	指标	计量单位	绝对数	占比/%	比上年增长/%
经济总量	全县地区生产总值	亿元	735.96		8.00
	其中：第一产业增加值	亿元	83.06	11.30	3.90
	第二产业增加值	亿元	325.70	44.30	10.40
	第三产业增加值	亿元	327.20	44.40	6.70
	其中：交通运输、仓储和邮政业增加值	亿元	36.20		
	人均地区生产总值	元	90307.00		8.80
财政收支	一般公共预算收入	亿元	33.02		10.00
	其中：税收收入	亿元	27.00	81.80	29.60
	一般公共预算支出	亿元	82.52		4.50
金融业	年末金融机构本外币存款余额	亿元	751.08		20.10
	年末金融机构本外币贷款余额	亿元	611.13		18.60
农业	农林牧渔业总产值	亿元	139.29		4.30
	农林牧渔业增加值	亿元	88.12		4.30
	建成高标准农田	公顷	8000.00		
	粮食种植面积	公顷	141926.67		
	粮食总产量	万吨	97.41		
	其中：夏粮总产量	万吨	37.30		
	秋粮总产量	万吨	60.11		
	粮食单位面积产量	公斤/公顷	6863.10		
	其中：夏粮单位面积产量	公斤/公顷	4794.00		
	秋粮单位面积产量	公斤/公顷	7865.10		
	油料总产量	万吨	2.82		
	油料单位面积产量	公斤/公顷	3476.25		
	蔬菜种植面积	公顷	25400.00		
	蔬菜总产量	万吨	115.33		
	新增省级示范家庭农场	家	6		
	新增市级示范家庭农场	家	50		
	新增造林面积	公顷	213.33		
	四旁植树	万株	80.00		
	林业产值	亿元	4.40		11.40
	生猪累计出栏量	万头	54.76		6.40
	家禽累计出栏量	万只	1663.91		32.90
	禽蛋产量	万吨	2.43		9.90
	水产品总产量	万吨	2.96		5.00

续表

类别	指标	计量单位	绝对数	占比/%	比上年增长/%
工业	新增规模以上工业企业	家	63		
	规模企业	家	325		
	全年产值超亿元企业	家	81		
	全年开票销售超亿元企业	家	66		
	入库税金超千万元企业	家	16		
	规模以上工业增加值				12.30
	规模以上工业应税开票销售	亿元	401.10		20.10
	工业入库税金	亿元	28.70		27.80
	全部工业用电量	亿千瓦时	18.25		44.60
建筑业	资质以上建筑业总产值				19.20
	建筑业企业利润总额	亿元	25.88		24.70
	商品房销售面积	万平方米	112.57		
固定资产投资	全县固定资产投资	亿元	274.95		11.40
	其中：第一产业投资	亿元	6.05	2.20	
	第二产业投资	亿元	206.20	75.00	
	第三产业投资	亿元	62.70	22.80	
	规模以上固定资产投资项目	项	272		
	完成工业投资	亿元	199.50		29.10
	民间投资占投资总额比重	%	89.20		
	高技术产业投资比重	%	6.36		
	新开工亿元工业项目	项	54		
	新竣工亿元工业项目	项	39		
国内贸易	社会消费品零售总额	亿元	237.38		5.80
	限额以上贸易企业及大个体销售收入	亿元	304.12		14.50
	批发业销售额				14.90
	零售业销售额				9.30
	住宿业营业额				15.00
	餐饮业营业额				12.00
开放型经济	注册外资实际到账	亿美元	0.71		
交通运输业	年末等级公路通车里程	公里	2397.25		
	年末通航航道	条	9		
	其中：干线航道	条	1		
	年末航道通航里程	公里	169.25		
	其中：干线航道通航里程	公里	51.36		

续表

类别	指标	计量单位	绝对数	占比/%	比上年增长/%
人口	年末总户数	万户	31.82		
	年末户籍人口	万人	107.06		
	年末常住人口	万人	81.17		
	其中：城镇人口	万人	47.03		
	人口城镇化率	%	57.94		
	人口出生率	‰	4.19		
	人口死亡率	‰	8.52		
	人口自然增长率	‰	-4.33		
人民生活	居民人均可支配收入	元	32166.00		6.70
	其中：工资性收入	元	14793.00		7.90
	经营净收入	元	7923.00		3.80
	财产净收入	元	1354.00		4.70
	转移净收入	元	8096.00		7.90
	其中：城镇	元	40394.00		5.50
	农村	元	23565.00		7.90
	居民人均消费支出	元	22257.00		7.90
	其中：城镇	元	23843.00		5.10
	农村	元	14744.00		9.50
社会保障	年末城乡居民基本养老保险参保人数	万人	24.71		
	年末职工养老保险参保人数	万人	8.66		
	年末工伤保险参保职工人数	万人	8.45		
	年末失业保险参保人数	万人	6.31		
	城乡居民养老保险待遇领取人员人均养老金较2022年底上调	%	7.40		
	企业退休人员养老金人均上调	%	3.60		
就业	新办私营企业	家	3121		
	城镇新增就业	人	6395		
	城镇失业人员再就业	人	6014		
	城乡就业困难人员就业	人	2458		
环境保护	生态环境基础设施项目	项	22		
	月均值达到Ⅲ类水标准的国考断面	个	2		
	达到考核目标的省考断面	个	4		
卫生	年末拥有卫生机构	个	495		
	其中：医院	家	10		
	卫生院	家	16		

续表

类别	指标	计量单位	绝对数	占比/%	比上年增长/%
卫生	疾病预防控制中心（防疫站）	个	1		
	妇幼保健院	家	1		
	年末卫生机构拥有床位	张	4730		
	年末拥有卫生技术人员	人	5194		
	其中：执业（助理）医师	人	2110		
	注册护士	人	2335		
教育	年末拥有小学	所	52		
	年末拥有初中	所	32		
	年末拥有高中	所	6		
	年末拥有普通中等专业学校	所	2		
	年末拥有高等学校	所	1		
	年末拥有特殊教育学校	所	1		
	年末拥有专任教师	人	9711		
	年末拥有在校生人数	万人	12.81		
	涟水中学本科达线率	%	>90.00		
	高标准完成教育基础设施项目	项	11		
	设立高中教育发展基金	万元	1000.00		
体育	年末拥有各类运动员	人	94		
	举办各类比赛次数	次	106		
	参加市以上比赛	人次	320		
	获得国家级金牌	枚	1		
	获得省级奖牌	枚	25		
	为市级以上输送运动员	人	15		

二、科技创新发展情况

2023年涟水县科技创新发展情况见表3-4-7。

表3-4-7　2023年涟水县科技创新发展情况

指标	计量单位	绝对数
获国家版权局软件著作权	项	4
新增有效发明专利授权	件	144
新增省“双创计划”	个	3

第四节　淮阴区 2023 年经济社会发展情况

2023 年是全面贯彻落实党的二十大精神的开局之年，全区坚持以习近平新时代中国特色社会主义思想为指导，切实把思想和行动落实到“牢记嘱托、感恩奋进、走在前列”的实践中去，奋力在现代化新征程上更好展示“把周总理家乡建设好”的“象征意义”。全区经济总量再上新台阶，物价水平温和上涨，民生福祉持续改善，“全国百强区、全国百强高新区”建设迈出坚实步伐。

一、综合经济社会发展情况

2023 年淮阴区经济社会发展情况见表 3-4-8。

表 3-4-8　2023 年淮阴区经济社会发展情况

类别	指标	计量单位	绝对数	占比/%	比上年增长/%
经济总量	全区地区生产总值	亿元	705.70		7.00
	其中：第一产业增加值	亿元	82.75	11.70	3.00
	第二产业增加值	亿元	264.93	37.60	4.90
	第三产业增加值	亿元	358.01	50.70	9.60
财政收支	一般公共预算收入	万元	464107.00		3.30
	其中：税收收入	万元	260311.00		6.70
	一般公共预算支出	万元	940270.00		14.50
	其中：教育支出	万元	125928.00		6.40
	卫生健康支出	万元	79839.00		23.40
	社会保障和就业支出	万元	156981.00		-2.00
	城乡社区支出	万元	51452.00		-33.70
	节能环保支出	万元	13431.00		25.60
	科学技术支出	万元	28228.00		36.90
	农林水支出	万元	195653.00		55.40
	文旅体育与传媒支出	万元	4356.00		-28.10
	社会保障基金补助支出	万元	99462.00		-0.40
固定资产投资	规模以上固定资产投资				8.50
	其中：固定资产项目投资				5.40
	房地产开发投资				-9.20
	工业投资				28.90
	高技术产业投资				-38.60
农业	粮食种植面积	公顷	98926.67		
	油料种植面积	公顷	2640.00		
	蔬菜种植面积	公顷	32526.67		
	粮食产量	万吨	70.27		
	其中：夏粮产量	万吨	29.95		

续表

类别	指标	计量单位	绝对数	占比/%	比上年增长/%
农业	秋粮产量	万吨	40.32		
	油料产量	万吨	0.92		
	肉类总产量	万吨	7.43		1.90
	其中：猪肉产量	万吨	4.24		0.60
	牛肉产量	万吨	0.12		22.20
	羊肉产量	万吨	0.04		10.70
	禽蛋产量	万吨	2.45		-3.54
	年末生猪存栏量	万头	31.01		-0.39
	生猪出栏量	万头	54.10		5.00
	水产品产量	万吨	2.47		-1.60
	其中：养殖水产品产量	万亩	2.33		-1.70
	木材产量	万立方米	1.01		-59.60
工业	工业增加值	亿元	212.04		-6.10
	规模以上工业利润	亿元	0.69		125.49
	三大主导产业产值				10.06
	其中：绿色食品产业产值				-2.57
	新型装备制造产业产值				28.75
	新一代信息技术产业产值				35.11
建筑业	建筑业完成总产值	亿元	231.39		
	全社会建筑业增加值	亿元	52.97		7.50
	具有资质等级的总承包和专业承包建筑业企业利润	亿元	18.72		7.70
国内贸易	社会消费品零售总额	亿元	204.51		4.90
	其中：限额以上单位商品零售额	亿元	65.39		3.10
	其中：粮油类销售额				18.80
	肉禽蛋类销售额				9.30
	服装类销售额				120.50
	化妆品类销售额				-60.30
	日用品类销售额				-21.50
	家电和音像器材类销售额				-25.70
	中西药品类销售额				11.80
	文化办公用品类销售额				-43.10
	化工材料及制品类销售额				61.50
	汽车类销售额				6.90
金融业	年末金融机构本外币存款余额	亿元	627.10		10.25
	年末金融机构本外币贷款余额	亿元	982.09		30.25

续表

类别	指标	计量单位	绝对数	占比/%	比上年增长/%
房地产业	房地产开发投资				-9.20
	其中：住宅用房投资				19.10
	商品房销售面积	万平方米	75.40		-29.80
交通运输业	年末公路网密度	公里/平方公里	1.52		
	年末公路总里程	公里	1995.49		
	其中：一级公路总里程	公里	81.78		
	二级公路总里程	公里	17.97		
	年末农村一级公路里程	公里	7.82		
	年末农村二级公路里程	公里	224.87		
	年末农村三级公路里程	公里	123.29		
	年末农村四级公路里程	公里	1484.60		
	年末拥有载货车	辆	8099		
	其中：普货营运车	辆	7624		
	危货营运车	辆	475		
	年末拥有道路运输货运行业实际经营业户	家	3896		
	其中：货运企业	家	621		
	其中：网络货运企业	家	17		
	个体经营户	家	3275		
	年末拥有货运船舶	艘	126		
	营业性公路客运量	万人	350.00		
	公路旅客周转量	万人公里	22668.00		
	公路货运量	万吨	240.00		
	公路货物周转量	亿吨公里	18.20		
	年末拥有航道	条	9		
	年末航道总里程	公里	189.02		
	其中：二级航道总里程	公里	16.00		
	三级航道总里程	公里	23.89		
	六级航道总里程	公里	73.04		
	等外航道总里程	公里	72.92		
	专用航道总里程	公里	3.17		
	年末拥有航标	座	1		
邮电业	邮政业务总量	亿元	9.02		26.34
开放型经济	进出口总额	亿元	42.50		109.30
	其中：出口总额	亿元	11.00		-11.30

续表

类别	指标	计量单位	绝对数	占比/%	比上年增长/%
开放型经济	进口总额	亿元	31.50		298.70
	注册外资实际到账	万美元	7280.20		-43.50
	其中：第一产业注册外资实际到账	万美元	2479.20		
	第二产业注册外资实际到账	万美元	2245.65		
	第三产业注册外资实际到账	万美元	2555.35		
人口	年末户籍人口	人	860722		
	出生人口	人	3030		
	人口出生率	‰	4.07		
	死亡人口	人	6448		
	人口死亡率	‰	7.00		
就业	城镇新增就业	人	5782		
	城镇登记失业人员再就业	人	3138		
人民生活	居民人均可支配收入	元	34667.00		6.60
	其中：城镇	元	45148.00		5.30
	农村	元	23693.00		8.00
	居民恩格尔系数	%	29.50		
社会保障	年末基本医疗保险参保人数	人	770977		
	其中：城镇职工医疗保险参保人数	人	100795		
	年末企业职工基本养老保险参保人数	万人	8.08		
	年末失业保险参保人数	万人	5.29		
	年末城乡居民养老保险参保人数	万人	22.71		
	年末拥有养老机构	个	28		
	年末养老机构拥有床位	张	3895		
	得到最低生活保障的城镇居民人数	人	281		
	得到最低生活保障的农村居民人数	人	15432		
	得到政府特困人员保障的城镇居民人数	人	46		
	得到政府特困人员保障的农村居民人数	人	4835		
环境保护	空气质量优良天数比例	%	79.20		-9.80
	$PM_{2.5}$年平均浓度	微克/立方米	35.00		2.90
	降尘量	吨/平方公里	2.60		
	国省考断面水质达到Ⅲ类水标准比例	%	93.75		
	饮用水源地水质达标率	%	100.00		
	农村生活污水行政村治理率	%	41.53		
	城区污水处理率	%	71.27		
	林木覆盖率	%	23.97		
	城市绿化覆盖率	%	41.36		

续表

类别	指标	计量单位	绝对数	占比/%	比上年增长/%
卫生	年末拥有医疗机构	个	347		
	其中：医院	家	10		
	卫生院	家	19		
	社区卫生服务中心	个	4		
	疾病预防控制中心	个	1		
	年末拥有卫生技术人员	人	4621		
	其中：执业医师和执业助理医师	人	2259		
	注册护士	人	2972		
	年末医院和卫生院拥有床位	张	5149		
	5 岁以下儿童死亡率	‰	2. 64		
	婴儿死亡率	‰	1. 65		
	新生儿死亡率	‰	0. 33		
	产妇住院分娩比例	%	100. 00		
教育	年末拥有学校	所	158		
	其中：幼儿园	所	83		
	小学	所	37		
	初中	所	19		
	九年制学校	所	9		
	高级中学	所	7		
	完全中学	所	1		
	公办特殊学校	所	1		
	普通中职学校	所	1		
	小学招生	人	6283		
	年末小学拥有在校学生	人	47416		
	其中：女生	人	23809		
	小学毕业生	人	9775		
	初中招生	人	9012		
	年末初中拥有在校学生	人	27372		
	其中：女生	人	12593		
	初中毕业生	人	9498		
	高中招生	人	5914		
	年末高中拥有在校学生	人	18648		
	其中：女生	人	9117		
	高中毕业生	人	4803		
	年末幼儿园拥有在园幼儿	人	17843		

续表

类别	指标	计量单位	绝对数	占比/%	比上年增长/%
教育	年末拥有在职在编教师	人	6131		
	其中：小学在编教师	人	2608		
	初中在编教师	人	1905		
	中职在编教师	人	251		
	高中在编教师	人	1222		
	幼儿园在编教师	人	123		
	特殊教育学校在编教师	人	22		
旅游业	旅游总收入	亿元	59.40		
文化	年末拥有艺术表演团体	个	1		
	年末拥有文化馆	个	1		
	年末拥有新时代文明实践所	所	13		
	年末拥有村级文化综合服务中心	个	259		
	年末拥有公共图书馆	个	1		
	年末图书总藏量	万册	13.70		
	年末拥有广播电台	座	1		
	年末拥有电视台	座	1		
	广播节目综合人口覆盖率	%	100.00		
	电视节目综合人口覆盖率	%	100.00		
	年末拥有城区有线数字电视（约）	万户	1.52		
	城区有线数字电视入户率	%	11.91		
	年末拥有乡镇有线电视用户（约）	万户	2.61		
	乡镇有线电视入户率（约）	%	13.62		
体育	竞技体育在省以上比赛中共获得奖牌	枚	48		
	竞技体育在省锦标赛中获得金牌	枚	13		
	竞技体育在省锦标赛中获得银牌	枚	9		
	竞技体育在省锦标赛中获得铜牌	枚	15		
	向市以上运动队输送优秀体育后备人才	人	68		
	年末拥有运动队	支	8		
	年末拥有在册运动员	人	362		

二、科技创新发展情况

2023 年淮阴区科技创新发展情况见表 3-4-9。

表 3-4-9　2023 年淮阴区科技创新发展情况

指标	计量单位	绝对数
专利授权量	件	1115
其中：发明专利授权量	件	194

第五节　盱眙县 2023 年经济社会发展情况

2023 年，面对复杂多变的外部环境和经济恢复进程中的矛盾问题，全县上下在县委、县政府的坚强领导下，坚持“严快紧实”工作标准，聚力聚焦聚神产业，全力落实“四抓”任务，全力推动经济率先整体好转，发展动能持续增强，运行质效稳步提升，县域经济发展呈现出“稳中有进、进中向好”的良好态势。

一、综合经济社会发展情况

2023 年盱眙县经济社会发展情况见表 3-4-10。

表 3-4-10　2023 年盱眙县经济社会发展情况

类别	指标	计量单位	绝对数	占比/%	比上年增长/%
经济总量	全县地区生产总值	亿元	551.11		7.50
	其中：第一产业增加值	亿元	82.64	15.00	3.20
	第二产业增加值	亿元	200.27	36.30	6.50
	第三产业增加值	亿元	268.20	48.70	9.50
财政收支	一般公共预算收入	亿元	22.54		10.10
	其中：税收收入	亿元	14.63	64.90	23.50
	其中：增值税	亿元	6.97		90.20
	企业所得税	亿元	1.67		6.50
	个人所得税	亿元	0.80		73.60
	一般公共预算支出	亿元	78.20		11.40
	其中：教育支出	亿元	9.78	12.50	6.40
	社会保障和就业支出	亿元	13.40	17.14	6.50
	卫生健康支出	亿元	7.80	9.94	-0.30
物价指数	居民消费价格指数				1.10
	其中：食品烟酒类价格指数				0.20
	其他用品和服务类价格指数				4.20
	生活用品及服务类价格指数				1.10
	教育文化和娱乐类价格指数				7.20
	医疗保健类价格指数				7.50

续表

类别	指标	计量单位	绝对数	占比/%	比上年增长/%
物价指数	衣着类价格指数				0.80
	居住类价格指数				-1.60
	交通通信类价格指数				-1.50
市场主体	新登记私营企业	家	2180		
	累计私营企业	家	13745		
	新登记个体户	家	6533		
	累计个体户	家	58694		
	列入政府统计部门名单的企业	家	728		
	其中：工业企业	家	305		
	服务业企业	家	74		
	批零住餐业企业	家	236		
	房地产建筑业企业	家	113		
	新增列入政府统计部门名单的企业	家	159		
	其中：工业企业	家	51		
	服务业企业	家	15		
	批零住餐业企业	家	83		
	房地产建筑业企业	家	10		
固定资产投资	规模以上固定资产投资（含房地产）	亿元	185.08		10.40
	其中：第二产业投资	亿元	139.56		
	第三产业投资	亿元	41.57		
	民间投资	亿元	135.09		
	民间投资占项目投资比重	%	89.58		
	制造业投资占工业投资比重	%	99.06		
房地产业	房地产开发投资				-29.41
	商品房施工面积	万平方米	259.85		4.78
	其中：住宅施工面积	万平方米	218.56		0.65
	商品房竣工面积	万平方米	21.22		-38.39
	其中：住宅竣工面积	万平方米	21.22		-28.90
	商品房销售面积	万平方米	79.34		-25.00
	其中：住宅销售面积	万平方米	76.69		-25.03
农业	农林牧渔业总产值	亿元	144.83		3.66
	其中：农业产值	亿元	76.13		10.69
	林业产值	亿元	1.98		2.02
	牧业产值	亿元	24.18		-13.62
	渔业产值	亿元	36.66		2.24

续表

类别	指标	计量单位	绝对数	占比/%	比上年增长/%
农业	农林牧渔服务业产值	亿元	5.88		14.15
	农林牧渔业增加值	亿元	86.51		1.51
	其中：农业增加值	亿元	45.90		-1.15
	林业增加值	亿元	0.48		5.83
	牧业增加值	亿元	9.22		6.22
	渔业增加值	亿元	27.31		3.14
	农林牧渔服务业增加值	亿元	3.61		13.25
	粮食播种面积	公顷	148026.67		
	其中：夏粮播种面积	公顷	58693.33		
	秋粮播种面积	公顷	89333.33		
	粮食总产量	万吨	105.58		
	其中：夏粮总产量	万吨	33.31		
	秋粮总产量	万吨	72.27		
	粮食单位面积产量	公斤/公顷	7132.65		
	其中：夏粮单位面积产量	公斤/公顷	5676.00		
	秋粮单位面积产量	公斤/公顷	8089.65		
	年末生猪存栏量	万头	38.36		
	生猪出栏量	万头	57.50		
	年末羊存栏量	万只	2.82		
	羊出栏量	万只	3.27		
	年末家禽存栏量	万只	541.58		
	家禽出栏量	万只	2173.72		
	肉类产量	万吨	8.10		
	禽蛋产量	万吨	2.22		
	新增高效节水灌溉面积	公顷	666.67		
	新增设施农业面积	公顷	53.30		
	累计设施农业面积	公顷	3800.00		
	农业机械总动力	万千瓦	135.22		
	家庭农场总数	家	1280		
	其中：省级示范家庭农场	家	51		
	市级示范家庭农场	家	128		
	农民专业化合作社	家	963		
	农业产业化龙头企业	家	53		
	已建高标准农田在永久基本农田中占比	%	77.00		

续表

类别	指标	计量单位	绝对数	占比/%	比上年增长/%
工业	工业增加值	亿元	179.98		6.40
	规模以上工业总产值				7.60
	工业总产值呈正增长的行业数目（规模以上工业企业所涉及的141个行业分类中）	个	69		
	规模以上工业企业营业收入				5.12
	规模以上工业企业利润总额				-31.31
建筑业	建筑业增加值	亿元	20.36		9.20
	拥有一级资质建筑业企业	家	3		
	房屋建筑新开工面积	万平方米	106.10		-31.67
	房屋建筑竣工面积	万平方米	71.27		-41.23
国内贸易	批发和零售业增加值	亿元	28.45		10.00
	住宿和餐饮业增加值	亿元	20.88		7.40
	社会消费品零售总额	亿元	191.04		5.70
	限额以上批发业销售额	亿元	201.63		13.50
	限额以上零售业销售额	亿元	163.07		9.00
	限额以上住宿业营业额	亿元	5.05		21.50
	限额以上餐饮业营业额	亿元	30.90		11.70
	规模以上服务业营业收入	亿元	25.88		
	其中：规模以上互联网、软件和信息技术服务业营业收入	亿元	0.84		33.30
	规模以上租赁和商务服务业营业收入	亿元	7.72		25.00
	规模以上科学研究和技术服务业营业收入	亿元	1.49		26.01
	规模以上居民服务、修理和其他服务业营业收入	亿元	0.10		56.12
	规模以上文化、体育和娱乐业营业收入	亿元	3.97		35.38
交通运输业	客运量	万人	2192.00		1.20
	旅客周转量	亿人公里	3.18		2.90
	水路货运量	万吨	275.15		-4.20
	水路货物周转量	亿吨公里	4.48		-1.90
	年末公路总里程	公里	2875.04		
	其中：高速公路里程	公里	117.853		
	一级公路里程	公里	101.492		
	二级公路里程	公里	285.23		
	三级公路里程	公里	253.006		
	四级公路里程	公里	2117.459		

续表

类别	指标	计量单位	绝对数	占比/%	比上年增长/%
邮电业	邮政业务收入	亿元	1.36		10.87
	电信业务收入	亿元	4.84		6.90
	年末拥有固定电话用户	万户	2.20		
	年末拥有移动电话用户	万户	56.29		
	年末拥有互联网宽带接入用户	万户	23.15		2.52
金融业	商业银行户数	户	15		
	年末金融机构各项存款余额	亿元	629.05		18.22
	其中：住户存款余额	亿元	427.18		
	年末金融机构各项贷款余额	亿元	698.99		19.62
	其中：短期贷款余额	亿元	202.69		
	中长期贷款余额	亿元	470.84		
开放型经济	进出口总额	亿元	22.30		55.50
	其中：出口总额	亿元	21.60		57.78
	新批外资项目	项	16		
	其中：3000万美元以上项目	项	6		
	协议注册外资额	亿美元	2.81		
	注册外资实际到账	万美元	6103.00		
旅游业	国家AAAA级旅游景区	个	4		
	省级旅游度假区	个	1		
	省级乡村旅游重点村	个	5		
	省级工业旅游区	个	1		
	省级五星级乡村旅游区	个	1		
	接待游客	万人次	786.69		
	旅游总收入	亿元	84.36		
人口	年末户籍人口	万人	77.05		
	年末常住人口	万人	60.02		
	其中：城镇	万人	37.79		
	农村	万人	22.23		
	人口城镇化率	%	62.97		
	人口出生率	‰	4.02		
	人口死亡率	‰	8.50		
	人口自然增长率	‰	-4.48		
人民生活	居民人均可支配收入	元	37484.00		6.60
	其中：工资性收入	元	20796.24		7.00
	经营净收入	元	9549.58		4.28

续表

类别	指标	计量单位	绝对数	占比/%	比上年增长/%
人民生活	财产净收入	元	2341.20		4.52
	转移净收入	元	4797.48		11.19
	其中：城镇	元	48630.00		5.30
	农村	元	25441.00		8.10
	居民人均消费支出	元	20080.60		7.84
	其中：城镇	元	25859.97		6.23
	农村	元	13835.77		9.85
	全体居民恩格尔系数	%	29.93		
社会保障	年末养老保险参保人数	万人	37.70		
	其中：企业职工基本养老保险参保人数	万人	7.41		
	机关事业单位养老保险参保人数	万人	1.26		
	城乡居民基本养老保险参保人数	万人	29.03		
	年末基本医疗保险参保人数	万人	66.84		
	其中：职工基本医疗保险参保人数	万人	10.76		
	居民基本医疗保险参保人数	万人	56.08		
	年末失业保险参保人数	万人	5.44		
社会福利	年末拥有各类托老机构	个	39		
	其中：公办养老机构	个	15		
	民办养老机构	个	24		
	年末养老机构拥有床位	张	6121		
	其中：护理型床位	张	4378	71.00	
	年末拥有未成年人救助保护中心	个	1		
	年末社区服务中心覆盖率	%	100.00		
	年末城乡居民最低生活保障对象	人	8438		
	其中：城镇居民最低生活保障对象	人	440		
	农村居民最低生活保障对象	人	7998		
	城乡特困供养人数	人	3145		
	提供最低生活保障资金	亿元	0.52		
	其中：城镇	亿元	0.03		
	农村	亿元	0.49		
就业	城镇新增就业	人	5861		
	失业人员再就业	人	3824		
	新增农村劳动力转移	人	2078		
	开展城乡劳动者补贴性职业培训	人次	5008		

续表

类别	指标	计量单位	绝对数	占比/%	比上年增长/%
城乡建设	新建改建地下管网	公里	52.90		
	农村卫生厕所普及率	%	100.00		
	棚户区改造目标任务新开工	套	1200		
	实际完成棚户区改造新开工	套	1217		
	棚户区改造目标任务基本建成	套	400		
	棚户区改造实际基本建成	套	1217		
	改造完成老旧小区	个	48		
	累计建成美丽宜居乡村	个	100		
环境保护	$PM_{2.5}$年平均浓度	微克/立方米	32.00		
	二氧化硫年平均值	微克/立方米	8.00		
	二氧化氮年平均值	微克/立方米	19.00		
	空气质量优良天数	天	307		
	空气质量优良天数比例	%	84.10		
	国考断面水质达标率	%	100.00		
	省考断面水质达标率	%	100.00		
	地表水达到或好于Ⅲ类水体比例	%	90.00		
	总用水量	亿立方米	5.36		
	其中：生活用水量	亿立方米	0.39		
	农业用水量	亿立方米	4.83		
	全社会用电量	亿千瓦时	27.60		11.10
	其中：工业用电量	亿千瓦时	16.09		8.70
	新增造林面积	公顷	100.10		
	林木覆盖率	%	27.10		
安全生产	各类生产安全事故	起	6		
	各类生产安全事故死亡人数	人	4		
	亿元GDP生产安全事故死亡率	人/亿元	0.01		
卫生	年末拥有各类卫生机构	个	406		
	其中：医院	家	12		
	卫生院	家	19		
	年末各类卫生机构拥有医疗标准床位	张	4026		
	年末拥有卫生技术人员	人	4675		
	其中：执业医师、执业助理医师	人	1952		
	注册护士	人	2440		
	每万常住人口全科医生数	人	6.39		
	累计总诊疗病人	万人	441.50		

续表

类别	指标	计量单位	绝对数	占比/%	比上年增长/%
卫生	产妇住院分娩比例	%	100.00		
	5岁以下儿童死亡率	‰	2.59		
	婴儿死亡率	‰	0.86		
教育	年末拥有中等职业技术学校	所	1		
	年末中等职业技术学校拥有在校学生	人	4479		
	年末拥有普通高中	所	6		
	年末高中拥有在校学生	万人	1.71		
	年末拥有普通初中	所	22		
	年末普通初中拥有在校学生	万人	2.56		
	年末拥有小学	所	25		
	年末小学拥有在校学生	万人	4.29		
	年末拥有各类幼儿园	所	69		
	年末各类幼儿园拥有在园幼儿	万人	1.40		
	年末拥有教职工	人	8667		
	年末拥有专职教师	人	8172		
	高中阶段毛入学率	%	100.00		
	九年义务教育巩固率	%	100.00		
	学前三年教育毛入园率	%	100.00		
文化	年末拥有县级公共图书馆（含总馆及平台）	个	1		
	年末拥有县级公共图书馆镇（街道）分馆	个	13		
	年末拥有村（社区）图书室	个	154		
	年末拥有24小时自助图书馆	个	8		
	年末拥有博物馆	个	7		
	年末图书总藏量	万册	73.00		
	年末拥有剧场	个	2		
	年末拥有文化馆（美术馆）	个	1		
	年末拥有文化站（中心）	个	13		
	年末拥有村（社区）综合性文化服务中心	个	154		
	年末拥有国家级文物保护单位	个	4		
	年末拥有省级文物保护单位	个	6		
	年末拥有市级文物保护单位	个	14		
	年末拥有县级文物保护单位	个	29		
	年末拥有不可移动文物点	个	322		
	年末拥有各类文艺团体	个	38		
	举办各类文艺演出	场次	430		
	应急广播行政村覆盖率	%	100.00		

续表

类别	指标	计量单位	绝对数	占比/%	比上年增长/%
体育	年末拥有体育场地	个	2100		
	人均体育场地面积	平方米	4.48		
	年末拥有二级运动员	人	60		
	年末拥有一级裁判员	人	34		
	年末拥有三级以上社会体育指导员	人	2504		
	其中：国家级社会体育指导员	人	32		

二、科技创新发展情况

2023 年盱眙县科技创新发展情况见表 3-4-11。

表 3-4-11　2023 年盱眙县科技创新发展情况

指标	计量单位	绝对数
专利授权量	件	866
其中：发明专利授权量	件	62
年末有效发明专利拥有量	件	451
年末每万人发明专利拥有量	件	7.47
年末拥有科研机构	个	163
年末拥有科研人员	人	1432
国家科技型中小企业评价入库	家	200
获批国家高新技术企业	家	36
有效期内国家高新技术企业	家	81

第六节　洪泽区 2023 年经济社会发展情况

2023 年，是全面贯彻落实党的二十大精神的开局之年，也是“十四五”承上启下的关键之年。这一年，全区上下坚持以习近平新时代中国特色社会主义思想为指导，对标落实习近平总书记对江苏工作重要讲话重要指示精神，以攀高比强的姿态全力跨越赶超，经济持续恢复向好，运行呈现总体平稳、稳中有进态势。

一、综合经济社会发展情况

2023 年洪泽区经济社会发展情况见表 3-4-12。

表 3-4-12　2023 年洪泽区经济社会发展情况

类别	指标	计量单位	绝对数	占比/%	比上年增长/%
经济总量	全区地区生产总值	亿元	438.63		8.80
	其中：第一产业增加值	亿元	50.62	11.54	3.30
	第二产业增加值	亿元	168.17	38.34	5.10
	其中：工业增加值	亿元	143.60		5.50

续表

类别	指标	计量单位	绝对数	占比/%	比上年增长/%
经济总量	第三产业增加值	亿元	219.84	50.12	12.70
	人均地区生产总值（现价）	元	155487.00		9.50
财政收支	财政收入（不含土地出让金收入）	亿元	43.34		14.20
	其中：公共财政预算收入	亿元	27.03		13.10
	其中：增值税	亿元	9.82		
	财政支出				
	其中：公共财政预算支出	亿元	63.34		2.20
	其中：一般公共服务支出	亿元	4.96		9.30
固定资产投资	规模以上固定资产投资	亿元	118.90		12.20
	其中：项目投资	亿元	109.62		14.30
	房地产投资	亿元	9.28		-8.00
	其中：第一产业投资	亿元	5.75	5.20	-22.80
	第二产业投资	亿元	80.12	73.10	30.20
	第三产业投资	亿元	23.75	21.70	-10.30
农业	农林牧渔业总产值	亿元	84.76		1.50
	其中：农业总产值	亿元	45.55		0.20
	林业总产值	亿元	4.38		-2.50
	牧业总产值	亿元	11.22		3.90
	渔业总产值	亿元	18.69		2.50
	粮食总产量	万吨	50.76		3.30
	其中：小麦总产量	万吨	19.32		
	水稻总产量	万吨	31.18		
	粮食种植面积	公顷	65880.00		3.10
	其中：小麦种植面积	公顷	32053.33		
	水稻种植面积	公顷	33153.33		
	油料种植面积	公顷	480.00		
	油料总产量	万吨	0.19		
	新增林地面积	公顷	33.00		0.04
	生猪饲养量	万头	14.95		-12.10
	其中：生猪出栏量	万头	8.51		-1.70
	家禽饲养量	万只	1280.24		-7.00
	其中：家禽出栏量	万只	937.35		-9.40
	水产品产量	万吨	5.46		4.20
工业	规模以上工业企业完成工业总产值	亿元	294.48		1.20
	规模以上工业企业实现营业收入	亿元	265.61		0.60

续表

类别	指标	计量单位	绝对数	占比/%	比上年增长/%
工业	“两主三特一新”产业企业产值（累计）	亿元	138.91	47.20	18.60
	全社会用电量	亿千瓦时	24.32		10.40
	其中：工业用电量	亿千瓦时	17.62		13.40
建筑业	资质以上建筑业企业完成总产值	亿元	93.30		5.60
	房屋建筑施工面积	万平方米	339.40		-7.80
国内贸易	社会消费品零售总额	亿元	131.74		4.70
	批发业销售额	亿元	228.53		19.60
	零售业销售额	亿元	126.47		3.60
	住宿业营业额	亿元	6.30		13.60
	餐饮业营业额	亿元	35.04		10.60
民营经济	年末拥有私营企业	家	8578		
	私营企业注册资本	亿元	545.32		12.30
	年末拥有个体经营户	家	38918		
	个体经营户注册资金	亿元	45.51		5.50
交通运输业	公路客运量	万人	285.00		-3.40
	港口货物吞吐量	万吨	762.84		0.60
	年末公路总里程	公里	1604.15		
	新改建农村公路	公里	163.76		
邮电业	邮政业务收入	万元	9195.64		13.60
	电信业务收入	亿元	2.49		6.40
	年末拥有固定电话用户	万户	4.02		
	年末拥有移动电话用户	万户	33.72		
	年末拥有互联网用户	万户	13.92		
金融业	年末金融机构存款余额	亿元	416.45		21.20
	其中：住户存款余额	亿元	241.03		
	其中：活期存款余额	亿元	68.55		
	定期存款余额	亿元	120.29		
	非金融企业存款余额	亿元	115.08		
	其中：活期存款余额	亿元	41.86		
	定期存款余额	亿元	45.13		
	年末金融机构贷款余额	亿元	494.36		28.80
	其中：住户贷款余额	亿元	132.97		
	其中：短期贷款余额	亿元	66.28		
	中长期贷款余额	亿元	66.70		
	非金融企业及机关团体贷款余额	亿元	361.39		

续表

类别	指标	计量单位	绝对数	占比/%	比上年增长/%
金融业	其中：短期贷款余额	亿元	74.69		
	中长期贷款余额	亿元	262.02		
	票据融资余额	亿元	24.67		
房地产业	商品房销售面积	万平方米	26.16		−25.60
	其中：住宅销售面积	万平方米	23.62		−5.60
	商品房销售额	亿元	17.13		−16.60
	其中：住宅销售额	亿元	15.63		−5.10
开放型经济	进出口总额	亿元	35.20		5.00
	其中：出口总额	亿元	27.63		−5.96
	新签外资项目	项	12		
	协议注册外资额	亿美元	1.58		−74.20
	注册外资实际到账	万美元	5720.00		−45.90
人口	人口出生率	‰	3.27		
	人口死亡率	‰	9.55		
	人口自然增长率	‰	−6.28		
	年末常住人口	万人	28.09		
	年末户籍人口	万人	36.08		
人民生活	居民人均可支配收入	元	38647.00		6.90
	其中：城镇	元	48754.00		5.60
	农村	元	27721.00		8.30
就业	城镇登记失业率	%	4.50		
	新增城镇就业	人	4233		
	城镇失业人员再就业	人	2520		
社会保障	年末失业保险城镇职工参保人数	万人	4.29		
	年末城镇企业职工基本养老保险参保人数	万人	5.46		
	年末城镇职工基本医疗保险参保人数	万人	7.73		
	年末城乡居民医保参保人数	万人	24.05		
城市建设	实施中心城市建设重点项目	项	15		
	其中：续建项目	项	3		
	新建项目	项	12		
	中心城市建设重点项目累计完成投资	亿元	10.65		
	完成棚户区改造任务	户	2479		
	改建污水管道	公里	8.20		
	改建雨水管道	公里	5.50		
	维修道路面积	万平方米	0.90		

续表

类别	指标	计量单位	绝对数	占比/%	比上年增长/%
城市建设	建成陆地总面积	公顷	1053.40		
	绿化覆盖面积	公顷	1105.40		
	绿地率	%	40.50		
	绿化覆盖率	%	42.50		
	公园绿地面积	公顷	315.80		
环境保护	$PM_{2.5}$年平均浓度	微克/立方米	32.00		
	空气质量优良天数比例	%	81.60		
	达标的国省考断面	个	10		
	其中：达到Ⅱ类水激励目标的国省考断面	个	2		
	涉农行政村中达双60%①行政村	个	45		
	农村生活污水治理率	%	40.90		
安全生产	各类生产安全事故死亡人数	人	3		-40.00
	亿元GDP生产安全事故死亡率	%	0.01		-43.80
旅游业	接待游客	万人次	705.10		
	其中：淮安方特东方欲晓接待游客（约）	万人次	173.00		
卫生	三河镇创成省级卫生村	个	4		
	年末拥有医疗卫生机构	个	154		
	其中：二级甲等综合医院	家	1		
	中医院	家	1		
	妇幼保健院	家	1		
	疾病预防控制机构	个	1		
	卫生监督机构	个	1		
	每千人拥有医师数	人	3.11		
	每千人拥有护士数	人	4.09		
	每千人拥有床位数	张	5.20		
	普通人群家庭医生签约率	%	54.00		
	重点人群家庭医生签约率	%	79.80		
	首诊签约率	%	20.90		
	累计建成家庭医生工作室	个	3		
教育	年末各类学校拥有在校学生	人	34524		
	其中：普通高中在校学生	人	5272		
	普通中等专业学校在校学生	人	1108		
	初中在校学生	人	7368		

① “双60%”指的是一个行政村内60%的自然村生活污水得到治理，一个自然村内60%的农户生活污水得到治理。

续表

类别	指标	计量单位	绝对数	占比/%	比上年增长/%
教育	小学在校学生	人	15401		
	特殊教育学校在校学生	人	114		
	幼儿园在园幼儿	人	5261		
	年末拥有教师	人	3847		
	其中：高中教师	人	525		
	初中教师	人	775		
	普通中等专业学校教师	人	141		
	小学教师	人	1542		
	幼儿园教师	人	864		
	年末拥有在编教师	人	2752		
	其中：高中在编教师	人	504		
	初中在编教师	人	722		
	普通中等专业学校在编教师	人	114		
	小学在编教师	人	1174		
	幼儿园在编教师	人	238		
文化	开展公益性文化惠民活动	场	300		
	完成送戏下乡	场	36		
体育	新建体育公园	个	1		
	打造健身步道	公里	6.00		
	体育场地面积新增	万平方米	15.00		
	人均体育场地面积	平方米	4.50		
	举办区级体育活动	场	61		

二、科技创新发展情况

2023年洪泽区科技创新发展情况见表3-4-13。

表3-4-13　2023年洪泽区科技创新发展情况

指标	计量单位	绝对数
专利授权量	件	609
其中：发明专利授权量	件	129
年末有效发明专利拥有量	件	552
年末万人有效发明专利拥有量	件	19.65
获批国家高新技术企业	家	22
获批市级创新领军企业	家	8
获批市级以上“两站三中心”	个	21
其中：省级	个	6

续表

指标	计量单位	绝对数
获批省科技副总	人	5
获批市级以上科技计划项目	项	3
其中：省级	项	1

第七节　金湖县2023年经济社会发展情况

2023年是全面贯彻党的二十大精神的开局之年，是三年新冠疫情防控转段后经济恢复发展的一年。在县委、县政府的坚强领导下，全县上下认真贯彻习近平总书记考察江苏重要讲话重要指示精神，以攀高比强、跨越赶超的实际行动，全面推动县域高质量发展取得新成效。

一、综合经济社会发展情况

2023年金湖县经济社会发展情况见表3-4-14。

表3-4-14　2023年金湖县经济社会发展情况

类别	指标	计量单位	绝对数	占比/%	比上年增长/%
经济总量	全县地区生产总值	亿元	434.48		7.90
	其中：第一产业增加值	亿元	56.95	13.10	4.70
	第二产业增加值	亿元	174.47	40.20	7.70
	第三产业增加值	亿元	203.06	46.70	8.80
	人均地区生产总值	元	150914.00		5.70
财政收支	财政收入	亿元	51.39		14.50
	其中：一般公共预算收入	亿元	30.01		10.00
	其中：税收收入			83.30	
	财政支出	亿元	83.01		2.30
	其中：一般公共预算支出	亿元	59.00		−4.20
市场主体	新增私营企业	家	1488		
	新发展个体工商户	家	4004		
	年末拥有私营企业	家	12292		
	年末拥有个体工商户	家	24363		
	新增规模企业	家	140		
	其中：工业企业	家	62		
	贸易企业	家	55		
	服务业企业	家	16		
	建筑业企业	家	6		
	房地产企业	家	1		
	年末拥有规模企业	家	766		

续表

类别	指标	计量单位	绝对数	占比/%	比上年增长/%
市场主体	其中：工业企业	家	414		
	贸易企业	家	198		
	服务业企业	家	73		
	建筑业企业	家	53		
	房地产企业	家	28		
固定资产投资	规模以上固定资产投资	亿元	207.58		13.60
	其中：项目投资				20.50
	建筑安装工程投资				5.00
	民间项目投资			92.10	22.00
	高技术产业投资			21.00	43.50
	工业投资	亿元	160.25		13.20
	投资超亿元的项目	项	191		
农业	农林牧渔业总产值	亿元	94.46		3.20
	农林牧渔业增加值	亿元	59.76		7.30
	粮食播种面积	公顷	75880.00		0.10
	粮食总产量	万吨	57.63		0.50
	其中：夏粮产量	万吨	21.28		
	秋粮产量	万吨	36.35		0.80
	蔬菜总产量	万吨	25.58		
	生猪出栏量	万头	18.85		11.40
	年末生猪存栏量	万头	13.03		21.60
	家禽出栏量	万只	218.19		-25.10
	年末家禽存栏量	万只	169.98		26.00
	猪牛羊禽肉产量	万吨	1.98		7.00
	水产品总产量	吨	57759.00		1.50
	油料总产量	万吨	0.55		5.80
	其中：油菜籽总产量	万吨	0.52		6.10
	禽蛋产量	万吨	1.41		24.80
	新建高标准农田	公顷	3153.33		
	2万亩以上工厂化集中育秧中心	个	1		
	水稻新品种新技术试验示范基地面积	公顷	52.00		
	新建现代化粮食仓容	万吨	2.89		
	新发展高效设施农业	公顷	41.53		
	创成省级示范家庭农场	家	6		

续表

类别	指标	计量单位	绝对数	占比/%	比上年增长/%
工业	规模以上工业总产值	亿元	510.03		7.50
	其中：高端装备制造业产值				18.70
	新材料产业产值				-0.30
	大健康产业产值				-16.50
	全部工业增加值	亿元	153.33		8.30
	制造业增加值占 GDP 比重	%	34.20		
	全部工业用电量	亿千瓦时	13.71		14.70
	全部工业应税销售收入	亿元	508.25		4.50
建筑业	在库总专业承包企业	家	44		
	建筑业产值	亿元	123.45		10.30
	建筑业完成增加值	亿元	21.20		3.30
国内贸易	贸易额	亿元	353.98		8.40
	其中：批发业销售额	亿元	177.76		12.80
	零售业销售额	亿元	141.97		3.70
	住宿业营业额	亿元	5.03		15.10
	餐饮业营业额	亿元	29.22		6.30
	社会消费品零售总额	亿元	134.82		3.40
金融业	年末金融机构本外币存款余额	亿元	518.93		20.70
	其中：住户存款余额	亿元	341.48		17.40
	年末金融机构本外币贷款余额	亿元	525.28		26.30
	其中：住户贷款余额	亿元	122.29		11.80
	非金融企业及机关团体贷款余额	亿元	402.99		31.50
开放型经济	进出口总额	亿元	43.39		9.60
	其中：出口总额	亿元	39.59		3.50
	进口总额	亿元	3.80		184.10
	注册到账外资总额	万美元	6033.00		-49.70
交通运输业	淮河入江水道特大桥完成水中桩	根	617		
	淮河入江水道特大桥建成承台	个	35		
	淮河入江水道特大桥建成墩身	个	15		
	建成农村公路示范工程	公里	164.80		
	道路改造提升	条	8		
邮电业	年末拥有邮政业务网点	个	25		
	邮政业务收入	亿元	0.80		
	年末拥有固定电话用户	万户	2.02		
	年末拥有移动电话用户	万户	31.51		
	年末拥有互联网用户	万户	14.68		

续表

类别	指标	计量单位	绝对数	占比/%	比上年增长/%
人口	年末常住人口	万人	28.80		
	常住人口城镇化率	%	62.15		
	年末户籍人口	万人	33.21		
	人口出生率	‰	3.53		
	人口死亡率	‰	10.65		
	人口自然增长率	‰	-7.13		
人民生活	居民人均可支配收入	元	38943.80		6.60
	其中：工资性收入	元	25059.50		4.60
	经营净收入	元	6362.40		8.50
	财产净收入	元	1918.70		5.00
	转移净收入	元	5603.20		14.40
	其中：城镇	元	49005.50		5.20
	农村	元	27948.00		8.40
	城镇居民人均居住面积	平方米	52.00		
	农村居民人均居住面积	平方米	61.00		
	城镇居民人均消费支出	元	30212.00		6.40
	城镇居民恩格尔系数	%	29.70		
	农村居民人均消费支出	元	23033.00		10.20
	农村居民恩格尔系数	%	30.90		
就业	新增城镇就业	人	4500		
社会保障	发放富民创业担保贷款	万元	8188.00		
	社会保险覆盖率	%	98.60		
	发放低保、特困供养、困境儿童等各类救助资金	万元	7228.00		
	适老化改造	户	187		
环境保护	完成大气重点治理项目	项	136		
	淘汰国三及以下柴油货车	辆	256		
	$PM_{2.5}$ 年平均浓度	微克/立方米	30.90		
	空气质量优良天数比例	%	82.30		
	整治城乡河道	公里	167.60		
	打造农村生态河道	条	41		
	建成幸福河湖	条	18		
	国省考断面水质达标率	%	100.00		
	创成省级生态清洁型小流域	个	2		
公共安全	省交办信访突出问题化解率	%	100.00		
	刑事发案数				-13.20

续表

类别	指标	计量单位	绝对数	占比/%	比上年增长/%
卫生	年末拥有卫生机构	个	13		
	其中：综合医院	家	2		
	卫生院	家	5		
	社区服务中心	个	3		
	妇幼保健院	家	1		
	疾病预防控制中心（防疫站）	个	1		
	卫生监督所	所	1		
	年末卫生机构拥有床位	张	1839		
	年末拥有卫生技术人员	人	1833		
	其中：执业医师	人	576		
	助理医师	人	88		
	注册护士	人	817		
教育	小学阶段巩固率	%	100.00		
	义务教育阶段巩固率	%	100.00		
	初中毕业生升学率	%	99.58		
	残疾儿童入学率	%	100.00		
	高考保优率	%	107.50		
	一本达线率	%	38.30		
	达线人数同比增长	%	55.00		
	校外培训机构全国平台监管率	%	98.20		
文化	新增省级非遗项目	项	2		
	获批省科普教育基地	个	2		

二、科技创新发展情况

2023 年金湖县科技创新发展情况见表 3-4-15。

表 3-4-15　2023 年金湖县科技创新发展情况

指标	计量单位	绝对数
招引科技项目	项	48
招引人才项目	项	40
引进高层次人才	人	44
净增国家高新技术企业	家	19
新培育国家级专精特新“小巨人”企业	家	4
新培育省级以上专精特新“小巨人”企业	家	23
获批省级企业研发中心	个	14

第五章　芜湖市辖各县市区经济社会发展情况

芜湖市现辖南陵县1个县，无为市1个市，镜湖区、鸠江区、弋江区、湾沚区、繁昌区5个区，以及经济技术开发区、三山经济开发区、皖江江北新兴产业集中区3个功能区。2023年，芜湖市实现地区生产总值4741.07亿元，年末常住人口375.60万人，人均地区生产总值126648元，全体居民人均可支配收入46022元。

2023年，芜湖市辖7个县（市、区）的地区生产总值、总人口、人均地区生产总值、人均可支配收入等主要经济社会发展指标情况见表3-5-1。

表3-5-1　2023年芜湖市辖7个县（市、区）主要经济社会发展指标情况

县（市、区）	地区生产总值/亿元	年末常住人口/万人	人均地区生产总值/元	全体居民人均可支配收入/元	城镇居民人均可支配收入/元	农村居民人均可支配收入/元
镜湖区	864.14	48.80	177077.87	60491.00	60972.00	38447.00
无为市	650.09	82.70	78609.00	37586.00	49645.00	27959.00
鸠江区	584.60	55.60	105143.88	48191.00	54660.00	33618.00
弋江区	563.05	44.60	126244.39	56796.00	56796.00	—
湾沚区	413.70	35.70	116706.00	42483.00	51011.00	34355.00
繁昌区	384.49	25.50	150780.39	43540.00	50916.00	34129.00
南陵县	354.90	43.90	80843.42	40938.00	48859.00	34014.00

第一节　鸠江区2023年经济社会发展情况

2023年，全区上下在习近平新时代中国特色社会主义思想的指引下，在区委、区政府的坚强领导下，全面贯彻党的二十大精神，承压奋进、勇担使命，持续巩固拓展三年新冠疫情防控转段后首年的经济恢复发展，大力夯实统计数据质量，全力以赴，迎难而上，经济运行企稳回升。

一、综合经济社会发展情况

2023年鸠江区经济社会发展情况见表3-5-2。

表3-5-2　2023年鸠江区经济社会发展情况

类别	指标	计量单位	绝对数	占比/%	比上年增长/%
经济总量	全区地区生产总值（小口径）	亿元	584.60		3.40
	其中：第一产业增加值	亿元	23.16	4.00	4.50
	第二产业增加值	亿元	201.83	34.50	2.30
	第三产业增加值	亿元	359.61	61.50	4.00

续表

类别	指标	计量单位	绝对数	占比/%	比上年增长/%
经济总量	全区地区生产总值（大口径）	亿元	1322.28		9.00
	其中：第一产业增加值	亿元	24.04	1.80	4.20
	第二产业增加值	亿元	772.21	58.40	12.40
	第三产业增加值	亿元	526.03	39.80	4.20
财政收支	一般公共预算收入	亿元	44.00		8.70
	其中：增值税	亿元	17.00		28.00
	企业所得税	亿元	3.10		-2.00
	个人所得税	亿元	1.40		18.00
	城镇土地使用税	亿元	1.90		2.00
	契税	亿元	3.40		-39.00
	财政支出	亿元	51.87		6.30
	其中：一般公共服务支出	亿元	3.00		-16.30
	公共安全支出	亿元	1.22		1.60
	节能环保支出	亿元	0.65		-65.00
	教育支出	亿元	8.43		8.30
	科学技术支出	亿元	1.68		23.30
	文化旅游体育与传媒支出	亿元	0.68		-15.30
	社会保障和就业支出	亿元	8.88		20.50
	城乡社区支出	亿元	7.54		-29.80
	卫生健康支出	亿元	4.02		2.70
固定资产投资	全区固定资产投资				9.00
	其中：第一产业投资				60.10
	第二产业投资				145.10
	第三产业投资				-8.20
	其中：房地产投资				-30.70
农业	粮食种植面积	公顷	20591.00		
	粮食总产量	万吨	10.31		3.40
	油料种植面积	公顷	6477.00		
	油料总产量	万吨	1.91		6.80
	棉花种植面积	公顷	1061.00		
	棉花产量	万吨	0.10		-8.40
	蔬菜总产量	万吨	57.05		3.80
	肉类总产量	万吨	2.79		-0.10
	水产品产量	万吨	0.91		3.50
	农用化肥施用量（折纯）	万吨	3.79		

续表

类别	指标	计量单位	绝对数	占比/%	比上年增长/%
工业	规模以上工业增加值				4.40
	其中：国有及国有控股企业增加值			5.30	4.20
	股份制企业增加值			87.50	12.30
	外商及港澳台商投资企业增加值			5.60	3.30
	其他类型企业增加值			1.60	3.80
	铜材产量	万吨	4.39		6.30
	钢结构产量	万吨	1.80		-47.90
	电工仪器仪表产量	万台	172.75		9.90
	工业自动调节仪表与控制系统产量	套	6077		-3.10
	工业机器人产量	套	13722		64.40
	塑料制品产量	万吨	0.61		28.60
	电力电缆产量	千米	34548.00		-1.90
建筑业	建筑业总产值	亿元	311.14		
	房屋建筑施工面积	万平方米	546.40		
	房屋建筑竣工面积	万平方米	168.70		
国内贸易	社会消费品零售总额	亿元	455.50		5.20
	其中：限额以上社会消费品零售总额	亿元			11.10
开放型经济	进出口贸易总额	万美元	88200.83		-6.62
	其中：出口总额	万美元	63611.18		-7.28
	进口总额	万美元	24589.65		-4.85
招商引资	实际利用外商投资	万美元	1976.00		283.00
	省外亿元以上项目到位资金	亿元	186.20		
	招商项目实现固定资产投资	亿元	175.90		
	新签约产业项目	项	177		
	其中：亿元以上项目	项	80		
	10亿元以上项目	项	10		
	百亿元以上项目	项	1		
开发区建设	税收	亿元	16.40		9.30
	规模以上工业产值				3.00
	固定资产投资				100.50
	新增“四上”企业	家	43		
人口	年末常住人口	万人	55.60		
	出生人口	人	2465		
	人口出生率	‰	4.63		
	人口自然增长率	‰	-1.35		

续表

类别	指标	计量单位	绝对数	占比/%	比上年增长/%
人口	出生人口性别比	%	113.05		
	已婚育龄妇女	人	97747		
就业	各类职业技能培训班	期	107		
	培训人员	人	3149		
	培训补贴资金	万元	386.47		
	新增发放创业担保贷款	万元	24834.00		
	兑付返芜创业补贴	万元	2.40		
	举办各类招聘会	场	374		
	服务企业数	家次	2826		
	提供就业岗位	万个次	3.20		
	城镇新增就业	万人	1.89		
	城镇失业人员再就业	人	3819		
	就业困难人员帮扶就业率	%	99.83		
	高校毕业生就业率	%	>90.00		
	城镇登记失业率	%	2.35		
教育	年末拥有义务教育阶段学校	所	57		
	其中：九年一贯制学校（含民办）	所	10		
	初中	所	13		
	小学（不含不计校数教学点）	所	34		
	年末拥有在校学生	人	35641		
	其中：初中在校学生	人	9221		
	小学在校学生	人	26420		
	年末拥有专任教师	人	2268		
人民生活	居民人均可支配收入	元	48191.00		
	其中：城镇	元	54660.00		5.60
	农村	元	33618.00		7.60
社会保障	年末城镇职工基本养老保险参保人数	万人	18.09		
	年末工伤保险参保人数	万人	12.31		
	年末失业保险参保人数	万人	8.42		
	年末城乡居民基本养老保险参保人数	万人	19.61		
	年末城镇居民基本医疗保险已有参保人数	万人	36.90		
	第三代社保卡发卡量	万张	35.05		
	居民医保报销	万人次	29.20		
	城镇居民基本医疗保险政策范围内住院费用支付比例	%	71.60		

续表

类别	指标	计量单位	绝对数	占比/%	比上年增长/%
社会保障	普通门诊政策内报销比例	%	50.00		
	大病保险政策内报销比例	%	60.50		
	共救助人次	人次	6194		
	发放医疗救助金	万元	2047.20		
	共注册登记社会组织	个	318		
	其中：社会团体	个	106		
	民办非企业单位	个	212		
残疾人事业	年末拥有持证残疾人数	人	12349		
	新增残疾儿童康复救助定点机构	个	1		
环境保护	空气质量优良天数	天	302		4.10
	$PM_{2.5}$ 年平均浓度	微克/立方米	33.80		
	新增绿地面积	公顷	38.30		
	农村垃圾无害化处理率	%	100.00		
	中央和省级层面交办突出生态环境问题	个	2		
	绿化提升面积	公顷	2.00		
城乡建设	建设市政道路	条	9		
	房屋征收	户	3928		
	土地征收	公顷	1041.20		
	清零交地项目	项	46		
	实施农村公路建设	公里	32.20		
	改造农村危房	户	189		
	改造农村厕所	个	2504		
	改造城镇老旧小区	个	5		
	改造燃气老旧管网	公里	19.30		
	改造供水管网	公里	9.90		
	新建公共停车场	个	8		
	配建小区停车场	个	6		
	新增泊位数	个	5428		
文化	举办大型群众性文体活动	场次	25		
	送文化下乡进社区演出	场次	70		
	送电影下乡进社区	场次	723		
体育	年末体育场地面积	万平方米	162.85		
	新增三级社会体育指导员	人	116		
卫生	年末拥有区属医疗机构	个	245		
	年末拥有注册医师	人	750		
	年末拥有护士	人	1182		
	居民健康档案规范化电子建档率	%	92.81		

二、科技创新发展情况

2023 年鸠江区科技创新发展情况见表 3-5-3。

表 3-5-3　2023 年鸠江区科技创新发展情况

指标	计量单位	绝对数	比上年增长/%
认定高新技术企业	家	143	
年末拥有高新技术企业	家	362	27.90
进入科技型中小企业库	家	484	45.30
高新技术产业增加值			13.00
立项实施省重点研究与开发计划项目	项	3	
立项实施市“赤铸之光”重大科技项目	项	1	
重大科技成果工程化项目	项	1	
立项实施市重点研发与成果转化等各类项目	项	28	

第二节　镜湖区 2023 年经济社会发展情况

2023 年，在市委、市政府和区委的坚强领导下，在区人大、区政协的监督支持下，全区坚持以习近平新时代中国特色社会主义思想为指导，深入学习贯彻党的二十大精神，紧紧团结和依靠全区人民，攻坚克难、奋勇争先，经济社会发展呈现稳中有进良好态势，“四区一中心”建设迈出坚实步伐。

综合经济社会发展情况

2023 年镜湖区经济社会发展情况见表 3-5-4。

表 3-5-4　2023 年镜湖区经济社会发展情况

类别	指标	计量单位	绝对数	占比/%	比上年增长/%
经济总量	全区地区生产总值	亿元	864.14		7.70
	其中：第一产业增加值	亿元	2.80	0.30	0.30
	第二产业增加值	亿元	115.40	13.40	2.90
	第三产业增加值	亿元	745.90	86.30	8.60
财政收支	一般公共预算收入	亿元	38.50		5.70
	一般公共预算支出	亿元	39.80		0.60
固定资产投资	全区固定资产投资				3.40
	其中：项目投资				13.00
	房地产项目投资				-7.50
	第一产业投资			1.60	1.20
	第二产业投资			4.00	29.50
	第三产业投资			94.40	2.60

续表

类别	指标	计量单位	绝对数	占比/%	比上年增长/%
国内贸易	社会消费品零售总额	亿元	438.10		1.90
	其中：限额以上商贸单位零售额				0.10
农业	农业增加值	万元	28090.00		0.30
	粮食总产量	万吨	3.12		1.60
	油料总产量	吨	2114.00		34.90
	棉花总产量	吨	2.86		-4.70
	肉类总产量	吨	681.90		-17.60
	水产品产量	吨	4329.00		3.10
工业	规模以上工业企业	家	11		
	工业增加值	亿元			-0.30
	列入统计的规模以上工业企业实现营业收入	亿元	174.90		1.70
	列入统计的规模以上工业企业实现利润总额	亿元	32.00		-3.10
建筑业	有资质等级的总承包与专业承包建筑单位	个	150		
	建筑业总产值	亿元	72.50		26.60
	年末从业人员	万人	1.89		38.00
教育	年末拥有学校	所	35		
	年末拥有在校学生	人	42990		5.70
卫生	年末拥有卫生机构	个	219		
	年末卫生机构拥有床位	张	8682		
	年末卫生机构拥有人员	人	12382		
	其中：卫生技术人员	人	10318		
	执业（助理）医师	人	3882		
	注册护士	人	5284		
社会保障	年末在职职工基本养老保险参保人数	万人	27.38		
	年末失业保险参保人数	万人	7.10		
人口	年末常住人口	万人	48.80		

第三节 弋江区2023年经济社会发展情况

2023年，全区人民在市委、市政府和区委、区政府的坚强领导下，坚持以习近平新时代中国特色社会主义思想为指导，认真贯彻落实党的二十大精神，全面贯彻落实习近平总书记关于安徽工作的重要讲话重要指示精神，完整、准确、全面贯彻新发展理念，更好落实稳中求进、以进促稳、先立后破的要求，全区经济实现了质的有效提升和量的合理增长，奋力走出新时代高质量发展新路。

一、综合经济社会发展情况

2023年弋江区经济社会发展情况见表3-5-5。

表 3-5-5　2023 年弋江区经济社会发展情况

类别	指标	计量单位	绝对数	占比/%	比上年增长/%
经济总量	全区地区生产总值	亿元	563.05		1.90
	其中：第一产业增加值	亿元	3.40	0.60	0.90
	第二产业增加值	亿元	294.92	52.38	1.10
	其中：工业增加值	亿元	256.99		0.50
	第三产业增加值	亿元	264.73	47.02	2.68
财政收支	一般公共预算收入	亿元	41.74		10.50
固定资产投资	全区固定资产投资				-18.00
	其中：建筑安装工程投资				-17.80
	在建项目	项	296		
	新开工项目	项	106		
农业	农林牧渔业总产值	亿元	5.60		
	谷物播种面积	公顷	4829.60		
	谷物产量	吨	27563.00		
	蔬菜播种面积	公顷	1080.60		
	蔬菜总产量	吨	31457.00		
	肉类总产量	吨	726.00		
	其中：猪肉产量	吨	400.00		-3.10
	生猪出栏量	头	4452		
	水产品产量	吨	6459.00		
	渔业产值	亿元	2.10		
工业	规模以上工业增加值				0.50
	战略性新兴产业产值	亿元	215.90		
	高新技术产业产值	亿元	407.81		
	产值过亿元企业	家	63		
建筑业	建筑业总产值	亿元	84.50		14.60
	其中：建筑工程产值	亿元	71.86		18.30
	建筑装饰装修产值	亿元	1.20		
	其他建筑产值	亿元	5.86		-18.80
国内贸易	社会消费品零售总额	亿元	346.53		2.40
	其中：限额以上商贸单位零售额	亿元	146.70		0.80
	限额以上批发业销售额	亿元	429.60		7.70
	限额以上零售业销售额	亿元	110.90		2.30
	限额以上住宿业营业额	亿元	0.92		26.10
	限额以上餐饮业营业额	亿元	5.90		1.80

续表

类别	指标	计量单位	绝对数	占比/%	比上年增长/%
开放型经济	进出口总额	万美元	108851.98		104.30
	其中：出口总额	万美元	99894.42		129.90
	进口总额	万美元	8957.56		−8.70
城市建设	完成老旧小区改造	个	6		
	完成老旧小区庭院燃气管道改造	公里	42.40		
	完成市政道路燃气管网改造	公里	7.20		
教育	年末拥有学校	所	31		
	年末中小学拥有在校学生	人	33718		
	年末中小学拥有教职工	人	1979		
人口	年末常住人口	万人	44.60		
	出生人口	人	1429		
	其中：男孩	人	754		
	女孩	人	675		
	人口出生率	‰	5.65		
就业	新增城镇就业	万人	1.80		
	新增创业担保贷款	亿元	2.30		
人民生活	居民人均可支配收入	元	56796.00		5.40

二、科技创新发展情况

2023年弋江区科技创新发展情况见表3-5-6。

表3-5-6　2023年弋江区科技创新发展情况

指标	计量单位	绝对数
新增高新技术企业	家	60
新增科技型中小企业	家	260
新增国家级研发孵化创新平台	个	1
新增省级以上研发孵化创新平台	个	16
荣获省科技进步奖企业	家	7
获批省重点研发计划项目企业	家	6
新增国家级专精特新“小巨人”企业	家	5

第四节　无为市2023年经济社会发展情况

2023年是全面贯彻党的二十大精神的开局之年，面对复杂严峻的外部环境和多重风险挑战，在市委、市政府的坚强领导下，全市上下坚持以习近平新时代中国特色社会主义思想为指导，深入学习贯彻党的二十大精神，坚持稳中求进工作总基调，完整、准确、全面贯彻新发展理念，攻坚克难、勇毅前行，全市经济保持了稳中向好态势，经济结构不断优化，发展动能持续集聚，社会事业统筹推进，高质量发展取得积极成效。

一、综合经济社会发展情况

2023 年无为市经济社会发展情况见表 3-5-7。

表 3-5-7　2023 年无为市经济社会发展情况

类别	指标	计量单位	绝对数	占比/%	比上年增长/%
经济总量	全市地区生产总值	亿元	650.09		7.00
	其中：第一产业增加值	亿元	64.46	9.90	4.70
	第二产业增加值	亿元	318.20	49.00	10.40
	第三产业增加值	亿元	267.43	41.10	3.40
	其中：批发和零售业增加值	亿元	72.81		12.50
	交通运输、仓储和邮政业增加值	亿元	31.85		3.10
	住宿和餐饮业增加值	亿元	9.53		9.90
	金融业增加值	亿元	17.59		9.30
	房地产业增加值	亿元	35.31		-3.40
	其他服务业增加值	亿元	97.42		-1.20
	人均地区生产总值	元	78609.00		
财政收支	一般公共预算收入	亿元	33.41		8.50
	一般公共预算支出	亿元	68.49		3.30
	其中：社会保障和就业支出				8.00
固定资产投资	全市固定资产投资				-2.50
	其中：第一产业投资				-18.80
	第二产业投资				5.60
	第三产业投资				-6.10
	工业投资				5.60
	政府性投资				29.80
	建筑安装工程投资				1.60
	房地产开发投资				-26.90
农业	粮食种植面积	万公顷	8.27		0.20
	其中：稻谷种植面积	万公顷	5.59		-0.03
	蔬菜种植面积	万公顷	2.24		3.80
	油料种植面积	万公顷	1.45		19.40
	粮食产量	万吨	55.91		1.60
	棉花产量	万吨	0.16		-10.90
	茶叶产量	万吨	0.03		2.30
	蔬菜产量	万吨	54.26		3.90
	园林水果产量	万吨	2.95		0.30

续表

类别	指标	计量单位	绝对数	占比/%	比上年增长/%
农业	肉类产量	万吨	4.00		4.70
	水产品产量	万吨	7.41		3.10
	拥有农业机械总动力	万千瓦	80.31		
	谷物联合收割机	台	2018		
	农用拖拉机	台	17491		
	排灌动力机械	万台	7.40		
	机耕面积	万公顷	11.93		
	机电灌溉面积	万公顷	7.92		
	机收面积	万公顷	9.02		
工业	新增规模以上工业企业	家	10		
	规模以上工业增加值				15.00
	国有控股企业增加值				17.50
	股份制企业增加值				16.70
	外商及港澳台商投资企业增加值				-23.30
	采矿业增加值				21.20
	制造业增加值				11.00
	电力、热力、燃气及水生产和供应业增加值				-8.00
建筑业	建筑业增加值	亿元	135.41		9.80
	资质以内建筑业企业总产值	亿元	130.22		18.50
邮电业	邮政业务总量	亿元	3.06		21.40
	快递业务量	万件	984.00		20.00
	快递业务收入	万元	9000.00		
	年末拥有固定电话用户	万户	2.80		
	年末拥有移动电话用户	万户	72.80		
	年末拥有互联网宽带接入用户	万户	30.20		
金融业	年末金融机构各项人民币存款余额	亿元	858.35		13.10
	年末金融机构各项人民币贷款余额	亿元	580.72		18.60
国内贸易	社会消费品零售总额	亿元	233.91		5.60
	限额以上商贸单位零售额	亿元	42.47		7.20
	城镇零售额	亿元	39.21		8.30
	乡村零售额	亿元	3.26		7.30
	批发和零售业零售额	亿元	33.87		13.70
	住宿和餐饮业零售额	亿元	8.61		6.40
开放型经济	进出口总额	万美元	27546.00		36.90
	其中：进口总额	万美元	23843.00		70.10
	出口总额	万美元	3704.00		-39.30

续表

类别	指标	计量单位	绝对数	占比/%	比上年增长/%
旅游业	接待国内游客	万人次	121.00		
	旅游收入	亿元	14.00		
人口	年末常住人口	万人	82.70		
	年末户籍人口	万人	117.08	100.00	
	其中：城镇	万人	43.99	37.60	
	乡村	万人	73.09	62.40	
	其中：0~17岁人口	万人	18.03	15.40	
	18~34岁人口	万人	25.59	21.90	
	35~59岁人口	万人	48.10	41.10	
	60岁及以上人口	万人	25.36	21.70	
	出生人口	万人	0.62		
	死亡人口	万人	0.77		
人民生活	居民人均可支配收入	元	37586.00		6.20
	其中：城镇	元	49645.00		5.70
	农村	元	27959.00		7.90
教育	年末拥有中等职业教育学校	所	1		
	年末拥有普通高中	所	9		
	年末拥有普通初中	所	52		
	年末拥有小学	所	76		
	年末拥有幼儿园	所	125		
	年末拥有特殊教育学校	所	1		
社会保障	年末企业职工养老保险参保人数	万人	8.60		
	年末失业保险参保人数	万人	5.46		
	年末城乡居民养老保险参保人数	万人	66.35		
	年末城乡居民基本医疗保险参保人数	万人	88.58		
	享受城镇居民最低生活保障	人	3358		
	享受农村居民最低生活保障	人	31215		
	用于社会保障与就业方面的财政支出	亿元	13.08		8.00
	失业保险金标准	元/月	1737.00		
	企业离退休人员人均养老金	元/月	2395.00		
文化	年末拥有文化站	个	20		
	年末拥有公共图书馆	个	1		
	建成阅读空间	个	9		
	其中：城市书房	个	4		
	城市书吧	个	5		

续表

类别	指标	计量单位	绝对数	占比/%	比上年增长/%
卫生	年末拥有各类卫生机构	个	455		
	年末卫生机构拥有床位	张	6090		
	年末拥有卫生技术人员	人	5671		
	其中：执业医师（含助理医师）	人	2169		
	注册护士	人	2146		
	药师	人	137		
	技师	人	184		

二、科技创新发展情况

2023年无为市科技创新发展情况见表3-5-8。

表3-5-8　2023年无为市科技创新发展情况

指标	计量单位	绝对数
专利授权量	件	913
其中：发明专利授权量	件	224
实用新型专利授权量	件	647
外观设计专利授权量	件	42

第五节　湾沚区2023年经济社会发展情况

2023年，在市委、市政府、区委、区政府的坚强领导下，全区上下坚持以习近平新时代中国特色社会主义思想为指导，全面贯彻落实党的二十大和二十届二中全会精神，以及省委、市委、区委全会精神，聚焦高质量发展，全区经济持续恢复、总体回升向好。

一、综合经济社会发展情况

2023年湾沚区经济社会发展情况见表3-5-9。

表3-5-9　2023年湾沚区经济社会发展情况

类别	指标	计量单位	绝对数	占比/%	比上年增长/%
经济总量	全区地区生产总值	亿元	413.70		2.50
	其中：第一产业增加值	亿元	26.30	6.30	4.80
	第二产业增加值	亿元	203.90	49.30	2.20
	第三产业增加值	亿元	183.60	44.40	2.40
	其中：交通运输、仓储和邮政业增加值	亿元	41.80		3.70
	人均地区生产总值	元	116706.00		0.90
财政收支	财政收入	亿元	67.50		13.50
	其中：一般公共预算收入	亿元	41.00		8.60

续表

类别	指标	计量单位	绝对数	占比/%	比上年增长/%
财政收支	其中：增值税	亿元	21.20		19.30
	契税	亿元	1.60		-0.60
	企业所得税	亿元	1.90		23.30
	城市维护建设税	亿元	2.20		18.10
	土地增值税	万元	234.00		-95.80
	一般预算支出	亿元	60.00		2.00
	其中：教育支出	亿元	14.10		3.80
	社会保障和就业支出	亿元	8.50		20.50
	农林水事务支出	亿元	7.00		1.80
	住房保障支出	亿元	2.20		-16.40
	卫生健康支出	亿元	2.90		-17.90
	城乡社区事务支出	亿元	2.10		35.10
固定资产投资	全区固定资产投资				6.50
	其中：第一产业投资				21.60
	第二产业投资				15.10
	其中：工业投资				17.30
	第三产业投资				-2.90
	其中：房地产投资				-30.00
	工业技术改造投资				19.00
	民间投资				-8.00
农业	粮食种植面积	公顷	31330.00		
	粮食总产量	万吨	21.43		0.30
	油料种植面积	公顷	6852.00		
	油料总产量	万吨	1.94		20.20
	蔬菜总产量	万吨	20.66		3.80
	棉花种植面积	公顷	5.90		
	棉花总产量	吨	4.84		-5.10
	肉类总产量	万吨	1.75		4.20
	水产品产量	万吨	3.34		3.10
工业	规模以上工业增加值				0.20
	其中：高技术产业增加值				8.00
	电子电器及健康生活家居产业增加值				7.20
	汽车零部件及高端装备制造产业增加值				-7.30
	新能源新材料产业增加值				16.20
	航空低空产业增加值				-21.50

续表

类别	指标	计量单位	绝对数	占比/%	比上年增长/%
建筑业	具有资质等级的总承包和专业承包建筑业企业	家	165		
	具有资质等级的总承包和专业承包建筑业企业总产值	亿元	134.40		15.90
	具有资质等级的总承包和专业承包建筑业企业利润	亿元	1.40		
	房屋建筑施工面积	万平方米	577.80		21.48
	房屋建筑竣工面积	万平方米	264.00		-10.10
房地产业	商品房销售面积				-62.50
国内贸易	社会消费品零售总额	亿元	122.70		3.60
	其中：城镇	亿元	71.60		3.50
	农村	亿元	51.10		3.70
	其中：批发业销售额	亿元	25.90		5.10
	零售业销售额	亿元	77.70		2.90
	住宿业营业额	亿元	1.40		3.10
	餐饮业营业额	亿元	17.70		4.50
开放型经济	进出口总额	亿元	5.43		13.70
	其中：进口总额	亿元	0.59		90.10
	出口总额	亿元	4.83		8.30
旅游业	接待国内外各类游客	万人次	415.00		
	旅游业总收入	亿元	23.00		
交通运输业	公路客运量	万人	80.00		
	公路货运量	万吨	1010.00		
	水路货运量	万吨	15966.00		
	年末民用船舶	艘	2054		
	年末民用汽车拥有量	辆	66504		1.20
	年末公路总里程	公里	1278.80		
	其中：高速公路里程	公里	48.93		
	一级公路里程	公里	67.87		
	二级公路里程	公里	97.44		
邮电业	邮电业务总量	万元	10198.00		
	国内函件数	万件	31.40		
金融业	年末金融机构本外币存款余额	亿元	481.27		7.10
	其中：住户储蓄存款余额	亿元	327.75		18.50
	年末金融机构本外币贷款余额	亿元	480.27		19.00
	年末金融机构本外币存贷款余额	亿元	961.54		13.00

续表

类别	指标	计量单位	绝对数	占比/%	比上年增长/%
保险业	保费收入	亿元	7.50		
	其中：人身险收入	亿元	3.60		
	财产险收入	亿元	3.90		
教育	年末拥有普通中学	所	20		
	年末普通中学拥有专任教师	人	1443		
	年末普通中学拥有在校学生	人	15802		
	年末拥有小学	所	22		
	年末小学拥有专任教师	人	1231		
	年末小学拥有在校学生	人	20338		
	年末拥有幼儿园	所	59		
	年末幼儿园拥有在园幼儿	人	9187		
文化	举办大型文化活动	场次	39		
	举办大型群众性文化活动	场次	64		
卫生	年末拥有各类卫生机构	个	24		
	年末卫生机构拥有床位	张	2005		
	年末拥有卫生技术人员	人	2157		
体育	举办区级全民健身活动	次	25		
城市建设	年末公交运营线路网长度	公里	595.60		
	县城日供水综合能力	万吨	21.50		
环境保护	居民生活用电量	亿千瓦时	2.90		
	空气质量优良天数	天	318		
	城镇生活污水处理率	%	97.20		
人口	年末常住人口	万人	35.70		
人民生活	居民人均可支配收入	元	42483.00		
	其中：城镇	元	51011.00		5.00
	农村	元	34355.00		8.20
就业	新增城镇就业	人	22199		
社会保障	年末拥有人力资源公司	家	68		
	年末城乡居民养老保险参保人数	万人	16.30		
	年末城乡居民基本医疗保险参保人数	万人	28.20		
	年末拥有各类社会福利收养性单位	个	17		
	年末各类社会福利收养性单位拥有床位	张	1749		

二、科技创新发展情况

2023 年湾沚区科技创新发展情况见表 3-5-10。

表 3-5-10　2023 年湾沚区科技创新发展情况

指标	计量单位	绝对数
年末拥有高新技术企业	家	368
专利授权量	件	2405

第六节　繁昌区 2023 年经济社会发展情况

2023 年，全区上下深入贯彻落实中央及省、市各项决策部署，锚定打造全省高质量发展先行区目标，迎难而上、勇毅前行、真抓实干，积极服务和融入新发展格局，高质量发展取得新成效。

综合经济社会发展情况

2023 年繁昌区经济社会发展情况见表 3-5-11。

表 3-5-11　2023 年繁昌区经济社会发展情况

类别	指标	计量单位	绝对数	占比/%	比上年增长/%
经济总量	全区地区生产总值	亿元	384.49		1.80
	其中：第一产业增加值	亿元	14.47		3.10
	第二产业增加值	亿元	208.19		-0.30
	第三产业增加值	亿元	161.83		4.80
	其中：服务业增加值				4.80
财政收支	一般公共预算收入	亿元	35.45		-8.80
	一般公共预算支出	亿元	52.03		1.90
固定资产投资	全区固定资产投资	亿元			8.70
	其中：民间投资	亿元			13.40
	工业投资	亿元			24.20
	其中：房地产开发投资	亿元			-34.30
	技术改造投资	亿元			2.00
	施工项目	项	296		
	其中：新开工项目	项	169		
	亿元以上项目	项	131		
农业	农林牧渔业总产值	亿元	27.40		3.10
	粮食总产量	万吨	8.49		2.40
	蔬菜产量	万吨	11.85		2.40
	肉类总产量	万吨	1.02		2.00
	水产品产量	万吨	1.36		2.30

续表

类别	指标	计量单位	绝对数	占比/%	比上年增长/%
工业	规模以上工业增加值				-6. 40
	工业总产值				-16. 10
	其中：新型建材产业产值				-8. 80
	医药食品产业产值				-1. 50
	轻纺服装产业产值				-28. 90
	冶金机械产业产值				-23. 50
	规模以上工业企业利税总额	亿元			-4. 60
	规模以上工业企业利润总额	亿元			-54. 20
	规模以上工业企业累计亏损额	亿元	8. 21		270. 50
房地产业	商品房销售面积				-20. 00
金融业	年末金融机构本外币存款余额	亿元	384. 72		9. 50
	年末金融机构本外币贷款余额	亿元	299. 96		26. 90
国内贸易	规模以上服务业营业收入	亿元			-17. 50
	其中：其他营利性服务业营业收入	亿元			-15. 50
	社会消费品零售总额	亿元	91. 18		5. 00
	其中：批发业销售额	亿元			22. 80
	零售业销售额	亿元			5. 50
	住宿业营业额	亿元			-6. 30
	餐饮业营业额	亿元			-9. 60
人民生活	居民人均可支配收入	元	43540. 00		
	其中：城镇	元	50916. 00		5. 20
	农村	元	34129. 00		8. 10

第七节　南陵县 2023 年经济社会发展情况

2023 年，全县坚持以习近平新时代中国特色社会主义思想为指导，深入学习贯彻党的二十大和二十届二中全会精神，全面落实习近平总书记考察安徽重要讲话重要指示精神，坚决贯彻落实省市各项决策部署，全县经济运行总体平稳，高质量发展取得积极进展，主要指标稳中向好。

综合经济社会发展情况

2023 年南陵县经济社会发展情况见表 3-5-12。

表 3-5-12　2023 年南陵县经济社会发展情况

类别	指标	计量单位	绝对数	占比/%	比上年增长/%
经济总量	全县地区生产总值	万元	3549026. 00		4. 90
	其中：第一产业增加值	万元	414651. 00	11. 70	4. 60

续表

类别	指标	计量单位	绝对数	占比/%	比上年增长/%
经济总量	第二产业增加值	万元	1376683.00	38.80	4.70
	第三产业增加值	万元	1757692.00	49.50	5.20
	其中：交通运输、仓储和邮政业增加值	万元	139892.90		9.10
财政收支	一般公共预算收入	万元	249813.00		5.50
	一般公共预算支出	万元	474545.00		10.30
固定资产投资	全县固定资产投资				-14.40
	其中：第一产业投资				11.70
	第二产业投资				-36.60
	其中：工业投资				-36.60
	第三产业投资				7.30
	其中：房地产开发投资				-11.30
房地产业	商品房销售面积	万平方米	38.70		-38.90
农业	农林牧渔业总产值	亿元	67.20		4.60
	粮食种植面积	公顷	57133.33		
	粮食总产量	万吨	36.30		1.10
	油料种植面积	公顷	5600.00		
	油料总产量	万吨	1.30		10.70
	蔬菜总产量	万吨	17.20		3.30
	肉类产量	万吨	8.20		5.50
	水产品产量	万吨	3.90		3.90
	造林面积	公顷	447.00		
	农用化肥施用量	吨	29177.00		
工业	规模以上工业总产值				11.70
	规模以上工业增加值				12.40
	其中：采矿业增加值				4.20
	制造业增加值				12.90
	电力、热力、燃气及水生产和供应业增加值				8.70
	有色金属冶炼和压延加工业增加值				273.20
	通用设备制造业增加值				12.80
	橡胶和塑料制品业增加值				92.50
建筑业	在库资质以上建筑业企业	家	105		
	在库资质以上建筑业企业总产值	亿元	226.70		3.20
	签订合同额	亿元	253.80		-13.60
	其中：上年结转合同额	亿元	126.20		16.90
	本年新签合同额	亿元	127.60		-31.30

续表

类别	指标	计量单位	绝对数	占比/%	比上年增长/%
国内贸易	社会消费品零售总额	万元	1584893.00		10.50
	其中：城镇	万元	846951.00		10.20
	农村	万元	737941.00		10.90
	其中：批发业销售额	万元	150437.00		15.90
	零售业销售额	万元	1227954.00		9.90
	住宿业营业额	万元	15204.00		8.20
	餐饮业营业额	万元	191298.00		10.80
金融业	年末金融机构各项存款余额	亿元	460.90		
	其中：住户存款余额	万元	3880060.80		
	年末金融机构各项贷款余额	亿元	349.00		
	其中：短期贷款余额	万元	693543.20		
	中长期贷款余额	万元	2623153.30		
开放型经济	进出口总额	万美元	13575.20		-18.40
	其中：出口总额	万美元	13174.30		-15.80
	进口总额	万美元	400.90		-59.35
	实际利用外资	万美元	509.00		-78.80
	新签约项目	项	96		
	其中：亿元以上项目	项	76		
	新签约项目总投资	亿元	286.20		
	其中：亿元以上项目总投资	亿元	281.50		
旅游业	接待游客	万人次	552.70		
	旅游综合收入	亿元	12.20		
交通运输业	年末拥有高等级公路里程	公里	246.70		
教育	年末拥有普通中学	所	30		
	年末普通中学拥有专任教师	人	1887		
	年末普通中学拥有在校学生	人	21389		
	年末拥有职业高中学校	所	2		
	年末职业高中拥有在校学生	人	3006		
	年末拥有小学	所	33		
	年末小学拥有专任教师	人	1456		
	年末小学拥有在校学生	人	23724		
	年末拥有幼儿园	所	67		
	年末幼儿园拥有在园幼儿	人	10181		
文化	年末拥有文化馆	个	1		
	年末拥有公共图书馆	个	1		

续表

类别	指标	计量单位	绝对数	占比/%	比上年增长/%
文化	年末馆藏图书	万册	21.30		
	年末拥有乡镇文化站	个	8		
	举办训练班	次	445		
	训练班结业人员	人次	9420		
体育	运动员在市级以上运动会中共获得奖牌	枚	12		
	其中：金牌	枚	8		
	举办县乡运动会	次	8		
卫生	年末拥有各类卫生机构（含村卫生室）	个	290		
	年末卫生机构拥有床位	张	2367		
	其中：医院、卫生院拥有床位	张	2328		
	年末拥有卫生技术人员	人	2602		
	其中：执业（助理）医师	人	969		
	注册护士	人	981		
人口	年末户籍人口（公安数）	人	536609		
	其中：男性人口	人	278326		
	女性人口	人	258283		
	人口出生率	‰	4.40		
	人口死亡率	‰	5.10		
	人口自然增长率	‰	-0.70		
人民生活	城镇居民人均可支配收入	元	48859.00		5.30
	农村居民人均可支配收入	元	34014.00		7.40

第六章　马鞍山市辖各县区经济社会发展情况

马鞍山市现辖含山县、和县、当涂县3个县，花山区、雨山区、博望区3个区，以及经济技术开发区、郑蒲港新区现代产业园区、慈湖国家高新技术产业开发区3个功能区。2023年，马鞍山市实现地区生产总值2590.55亿元，年末常住人口219.10万人，人均地区生产总值118000元，全体居民人均可支配收入52418元。

2023年，马鞍山市辖6个县（区）的地区生产总值、总人口、人均地区生产总值、人均可支配收入等主要经济社会发展指标情况见表3-6-1。

表3-6-1　2023年马鞍山市辖6个县（区）主要经济社会发展指标情况

县（区）	地区生产总值/亿元	年末常住人口/万人	人均地区生产总值/元	全体居民人均可支配收入/元	城镇居民人均可支配收入/元	农村居民人均可支配收入/元
当涂县	605.70	41.80	144904.00	45911.00	52857.00	37351.00
花山区	481.10	46.40	103685.34	72807.00	73963.00	43138.00
和县	380.93	41.10	92500.00	37972.00	46203.00	29036.00
含山县	276.88	33.90	81675.52	35736.00	44616.00	28922.00
雨山区	271.40	39.70	68362.72	75070.00	77205.00	42345.00
博望区	165.49	16.20	102154.32	46983.00	58258.00	35454.00

第一节　雨山区2023年经济社会发展情况

2023年，在区委、区政府的坚强领导下，全区上下深入学习贯彻党的二十大精神，以习近平新时代中国特色社会主义思想为指引，经济发展质量稳步提升，产业结构持续优化，城市功能不断完善，民生福祉显著增强，为全区高质量发展奠定了坚实基础。

一、综合经济社会发展情况

2023年雨山区经济社会发展情况见表3-6-2。

表3-6-2　2023年雨山区经济社会发展情况

类别	指标	计量单位	绝对数	占比/%	比上年增长/%
经济总量	全区地区生产总值	亿元	271.40		5.30
	其中：第一产业增加值	亿元	2.60	0.96	3.80
	第二产业增加值	亿元	98.80	36.40	5.30
	第三产业增加值	亿元	170.00	62.64	5.40

续表

类别	指标	计量单位	绝对数	占比/%	比上年增长/%
财政收支	一般公共预算收入	亿元	16.93		5.06
	财政支出	亿元	20.97		24.30
固定资产投资	全区固定资产投资				1.10
农业	农业总产值	亿元	4.72		4.00
	粮食总产量	万吨	1.15		1.20
	其中：小麦产量	万吨	0.12		0.10
	稻谷产量	万吨	1.01		1.14
	肉类产量	万吨	0.08		0.70
	水产品产量	万吨	0.09		3.80
	禽蛋产量	万吨	0.05		8.72
工业	规模以上工业增加值				12.20
	战略性新兴产业产值				7.70
建筑业	建筑业总产值	亿元	27.74		0.60
国内贸易	社会消费品零售总额	亿元	106.72		6.60
开放型经济	进出口总额	亿美元	2.11		14.90
人口	年末户籍人口	万人	23.05		
	其中：农业人口	万人	2.62		
	非农业人口	万人	20.43		
人民生活	城镇居民人均可支配收入	元	77205.00		4.34
	农村居民人均可支配收入	元	42345.00		5.45

二、科技创新发展情况

2023年雨山区科技创新发展情况见表3-6-3。

表3-6-3　2023年雨山区科技创新发展情况

指标	计量单位	绝对数
新增高新技术企业	家	23
新增专精特新企业	家	9
累计专利授权量	件	1125
其中：发明专利授权量	件	320

第二节　花山区2023年经济社会发展情况

2023年，全区在市委、市政府、区委、区政府的正确领导下，全面贯彻落实党的二十大精神，坚持稳中求进工作总基调，以高质量发展为目标，深化改革开放，加强创新驱动，注重民生改善，实现了经济社会持续健康发展。

综合经济社会发展情况

2023年花山区经济社会发展情况见表3-6-4。

表3-6-4　2023年花山区经济社会发展情况

类别	指标	计量单位	绝对数	占比/%	比上年增长/%
经济总量	全区地区生产总值	亿元	481.10		2.70
	其中：第一产业增加值	亿元	1.74	0.36	4.40
	第二产业增加值	亿元	129.52	26.92	-6.50
	第三产业增加值	亿元	349.84	72.72	6.60
财政收支	一般公共预算收入	亿元	17.18		6.40
	财政支出	亿元	20.25		5.40
固定资产投资	全区固定资产投资				-26.60
农业	农业总产值	亿元	2.72		4.20
	粮食总产量	万吨	0.36		3.20
	其中：小麦产量	万吨	0.08		5.90
	稻谷产量	万吨	0.27		3.00
	蔬菜总产量	万吨	1.39		4.50
	水果产量	万吨	0.47		3.90
工业	工业增加值				-3.40
建筑业	建筑业总产值	亿元	456.34		10.10
国内贸易	社会消费品零售总额	亿元	295.14		8.20
人民生活	城镇居民人均可支配收入	元	73963.00		4.20
	农村居民人均可支配收入	元	43138.00		5.50

第三节　当涂县2023年经济社会发展情况

2023年，县委、县政府坚持以习近平新时代中国特色社会主义思想为指导，全面贯彻落实党的二十大精神，认真落实中央及省市县委全委会部署，完整、准确、全面贯彻新发展理念，坚持稳字当头、稳中求进，加快推动高质量发展，全力争做“三高地、两先锋”，全县经济运行呈现出总体平稳、稳中有进良好态势。

一、综合经济社会发展情况

2023年当涂县经济社会发展情况见表3-6-5。

表 3-6-5　2023 年当涂县经济社会发展情况

类别	指标	计量单位	绝对数	占比/%	比上年增长/%
经济总量	全县地区生产总值	亿元	605.70		7.50
	其中：第一产业增加值	亿元	38.20	6.31	4.10
	第二产业增加值	亿元	309.30	51.06	8.30
	第三产业增加值	亿元	258.20	42.63	7.10
	人均地区生产总值（按常住人口计算）	元	144904.00		
财政收支	一般预算收入	亿元	36.90		0.90
	其中：税收收入	亿元	23.40		-4.60
	一般预算支出	亿元	52.00		-7.40
	其中：农林水事务支出	亿元	8.10		
	科学技术支出	亿元	2.40		
	卫生健康支出	亿元	2.10		
	教育支出	亿元	9.20		
固定资产投资	全县固定资产投资				10.50
	其中：工业投资				37.70
	技术改造投资				24.20
农业	农业总产值	亿元	61.41		4.00
	其中：农业产值	亿元	19.26		3.30
	林业产值	亿元	0.68		5.40
	牧业产值	亿元	6.65		3.70
	渔业产值	亿元	31.61		5.10
	农林牧渔服务业产值	亿元	3.22		7.28
	粮食作物种植面积	公顷	52120.00		
	粮食产量	万吨	31.64		
	油料作物种植面积	公顷	9000.00		
	油料作物产量	万吨	2.57		8.00
	蔬菜播种面积	公顷	5053.33		
	蔬菜产量	万吨	12.62		5.00
工业	规模以上工业企业	家	347		
	规模以上工业增加值				7.50
	规模以上工业总产值				1.30
	高新技术产业增加值				8.20
	规模以上工业企业实现营业收入	亿元	606.90		0.90
	规模以上工业企业实现利税	亿元	33.60		14.30
	其中：利润总额	亿元	11.50		0.30

续表

类别	指标	计量单位	绝对数	占比/%	比上年增长/%
建筑业	全社会建筑业增加值	亿元	68.20		11.30
	房屋建筑施工面积	万平方米	134.70		
	其中：新开工面积	万平方米	26.90		
国内贸易	社会消费品零售总额	亿元	208.60		11.20
开放型经济	进出口总额	万美元	40540.00		15.50
	其中：进口总额	万美元	437.00		
	出口总额	万美元	40103.00		
交通运输业	年末境内等级公路里程	公里	2011.00		
	其中：高速公路里程	公里	27.00		
	机动车保有量	辆	100355		
	其中：个人机动车保有量	辆	93738		
邮电业	邮政业务总量	万元	33546.00		51.70
金融业	年末金融机构各项本外币存款余额	亿元	541.27		
	其中：本外币住户存款余额	亿元	430.09		
	年末金融机构各项本外币贷款余额	亿元	488.83		
人口	年末户籍人口	万人	47.08		
	其中：男性人口	万人	24.11		
	女性人口	万人	22.97		
	出生人口	人	2670		
	死亡人口	人	3614		
	人口出生率	‰	5.70		
	人口死亡率	‰	7.70		
	人口自然增长率	‰	-2.00		
人民生活	城镇居民人均可支配收入	元	52857.00		5.40
	农村居民人均可支配收入	元	37351.00		8.10
环境保护	争取污染防治资金	万元	6900.00		
	$PM_{2.5}$ 年平均浓度				-3.10
	完成挥发性有机物减排项目	项	16		
	整治长江干流入河排污口	个	147		
	重点建设用地安全利用率	%	100.00		
	完成突出环境问题整改	件	71		

二、科技创新发展情况

2023 年当涂县科技创新发展情况见表 3-6-6。

表 3-6-6　2023 年当涂县科技创新发展情况

指标	计量单位	绝对数
新培育高新技术企业	家	47
新培育科技型中小企业	家	151
新增有效发明专利	件	173

第四节　和县 2023 年经济社会发展情况

2023 年，全县上下坚持以习近平新时代中国特色社会主义思想为指导，认真贯彻落实县委、县政府决策部署，坚持稳中求进工作总基调，完整、准确、全面贯彻新发展理念，主动作为、靠前发力，着力改善市场预期、提振发展信心、增强内生动力，全力促进经济运行整体好转。

一、综合经济社会发展情况

2023 年和县经济社会发展情况见表 3-6-7。

表 3-6-7　2023 年和县经济社会发展情况

类别	指标	计量单位	绝对数	占比/%	比上年增长/%
经济总量	全县地区生产总值	亿元	380. 93		8. 50
	其中：第一产业增加值	亿元	31. 40	8. 24	4. 30
	第二产业增加值	亿元	160. 40	42. 11	9. 00
	第三产业增加值	亿元	189. 20	49. 67	8. 80
	人均地区生产总值	万元	9. 25		
财政收支	一般公共预算收入	亿元	32. 02		7. 10
	其中：税收收入	亿元	24. 73		12. 30
	财政支出	亿元	54. 70		-5. 40
固定资产投资	全县固定资产投资				12. 30
	其中：制造业投资			40. 10	36. 20
	技术改造投资			18. 70	68. 50
	房地产投资				-17. 50
农业	农业总产值	亿元	56. 72		4. 60
	农业增加值	亿元	32. 86		4. 40
	粮食总产量	万吨	39. 52		1. 70
	油料总产量	万吨	2. 32		19. 10
	蔬菜总产量	万吨	57. 28		3. 50
	肉类总产量	万吨	4. 06		2. 30
	水产品产量	万吨	2. 36		-1. 60

续表

类别	指标	计量单位	绝对数	占比/%	比上年增长/%
交通运输业	年末公路总里程	公里	1857.54		
	其中：一级公路里程	公里	73.27		
	二级公路里程	公里	95.40		
邮电业	邮电业务总量	亿元	4.33		7.10
	年末拥有移动电话用户	万户	44.98		
	年末拥有互联网宽带接入用户	万户	24.56		
	邮电行业业务收入	亿元	3.43		
金融业	年末金融机构各项人民币存款余额	亿元	475.76		8.10
	年末金融机构各项人民币贷款余额	亿元	417.49		22.20
保险业	保费业务收入	亿元	5.88		
	其中：财产保险保费收入	亿元	4.19		
	人身保险保费收入	亿元	1.69		
	保险业务赔款和给付	亿元	3.21		
	其中：财产保险赔付	亿元	2.90		
	人身保险赔付	亿元	0.31		
房地产业	商品房销售面积	万平方米	38.55		0.10
	商品房销售额	亿元	22.85		-6.60
开放型经济	进出口总额	亿美元	18.07		-11.60
人口	年末户籍人口	万人	53.09		
	人口出生率	‰	5.74		
	人口死亡率	‰	7.53		
	年末常住人口	万人	41.10		
人民生活	居民人均可支配收入	元	37972.00		5.70
	其中：城镇	元	46203.00		5.80
	农村	元	29036.00		7.20

二、科技创新发展情况

2023年和县科技创新发展情况见表3-6-8。

表3-6-8 2023年和县科技创新发展情况

指标	计量单位	绝对数
新增高新技术企业	家	36
专利授权量	件	1443
其中：发明专利授权量	件	271

第五节　含山县 2023 年经济社会发展情况

2023 年，全县上下坚持稳中求进工作总基调，全面贯彻落实新发展理念，紧扣高质量、全力拼经济，不断克服经济运行中出现的困难，全县经济保持稳中向好、稳中有进的良好态势，总量再上新台阶，现代化幸福美好含山建设取得新成果。

综合经济社会发展情况

2023 年含山县经济社会发展情况见表 3-6-9。

表 3-6-9　2023 年含山县经济社会发展情况

类别	指标	计量单位	绝对数	占比/%	比上年增长/%
经济总量	全县地区生产总值	亿元	276.88		7.80
	其中：第一产业增加值	亿元	25.01	9.03	3.70
	第二产业增加值	亿元	123.41	44.57	10.20
	第三产业增加值	亿元	128.46	46.40	6.50
财政收支	一般公共预算收入	亿元	17.55		
	其中：地方税收收入	亿元	12.51		10.20
	一般公共预算支出	亿元	42.91		1.00
	其中：民生支出	亿元	37.46		0.60
固定资产投资	全县固定资产投资				18.00
	其中：第一产业投资				122.90
	第二产业投资				81.80
	第三产业投资				−23.30
	工业企业技术改造				70.40
	制造业投资				26.90
	基础设施投资				41.30
	民间投资				18.10
农业	农业总产值	亿元	48.21		4.40
	农业增加值	亿元	29.18		4.20
	农作物播种面积	公顷	52782.18		5.30
	粮食种植面积	公顷	39773.60		0.40
	其中：稻谷种植面积	公顷	27627.33		0.20
	小麦种植面积	公顷	9740.98		0.60
	玉米种植面积	公顷	283.00		−2.20
	棉花种植面积	公顷	156.19		0.40
	油料种植面积	公顷	10002.13		32.20
	糖料种植面积	公顷	41.15		−0.30
	蔬菜种植面积	公顷	2498.20		3.60

续表

类别	指标	计量单位	绝对数	占比/%	比上年增长/%
农业	粮食产量	万吨	26.25		1.50
	蔬菜产量	万吨	13.56		3.90
	稻谷产量	万吨	20.70		1.30
	小麦产量	万吨	4.95		2.20
	玉米产量	万吨	0.14		-0.50
	大豆产量	万吨	0.03		5.40
	油量产量	万吨	2.63		23.20
	园林水果类产量	万吨	1.71		1.20
	瓜果类产量	万吨	1.03		4.10
	生猪出栏量	万头	15.73		5.80
	年末生猪存栏量	万头	8.03		17.90
	肉类总产量	吨	22830.00		6.50
	其中：猪牛羊肉产量	吨	13982.00		6.60
	禽肉产量	吨	8846.00		6.20
工业	工业增加值	亿元	95.17		9.90
	年末规模以上工业企业	家	206		10.60
建筑业	列入政府统计部门名单的资质以上建筑业企业	家	48		
	建筑业总产值	亿元	39.87		10.40
	建筑业增加值	亿元	28.24		11.20
	建筑施工面积	万平方米	665.58		297.90
	房屋建筑竣工面积	万平方米	70.81		48.10
	年末从业人员	人	9583		-2.80
交通运输业	货物周转量	万吨公里	35004.48		8.50
	旅客周转量	万人公里	7137.46		50.10
	年末公路总里程	公里	2227.60		1.00
	年末民用汽车拥有量	辆	57069		
	其中：汽车拥有量	辆	39224		
邮电业	邮政行业业务总量	亿元	1.28		25.50
	邮政寄递业务总量	万件	716.50		
	年末拥有电话用户	万户	35.87		
	年末拥有移动电话用户	万户	34.34		
	年末拥有互联网宽带接入用户	万户	15.67		
金融业	年末金融机构各项本外币存款余额	亿元	359.95		8.90
	年末金融机构各项本外币贷款余额	亿元	324.75		25.10

续表

类别	指标	计量单位	绝对数	占比/%	比上年增长/%
房地产业	房地产开发投资				-4.90
	商品房销售面积	万平方米	15.85		-18.70
	商品房销售额	亿元	8.37		-20.00
	年末商品房待售面积	万平方米	18.83		30.00
开放型经济	进出口总额	万美元	6449.00		6.40
	实际利用外商直接投资	万美元	1433.00		6.40
人口	年末总户数	户	136723		
	年末户籍人口	人	438309		
	其中：城镇	人	175416		40.02
	农村	人	262893		59.98
	年末常住人口	万人	33.90		
就业	城镇新增就业	人	6886		
	失业人员再就业率	%	95.80		
	就业困难人员就业帮扶率	%	93.40		
人民生活	居民人均可支配收入	元	35736.00		5.90
	其中：城镇	元	44616.00		5.40
	农村	元	28922.00		7.60

第六节　博望区2023年经济社会发展情况

2023年是全面贯彻党的二十大精神的开局之年，区委、区政府带领全区上下坚持以习近平新时代中国特色社会主义思想为指导，完整、准确、全面贯彻新发展理念，扎实推进高质量发展，全年经济平稳增长，社会大局保持稳定。

一、综合经济社会发展情况

2023年博望区经济社会发展情况见表3-6-10。

表3-6-10　2023年博望区经济社会发展情况

类别	指标	计量单位	绝对数	占比/%	比上年增长/%
经济总量	全区地区生产总值	亿元	165.49		6.10
	其中：第一产业增加值	亿元	10.34	6.25	4.00
	第二产业增加值	亿元	89.22	53.91	8.90
	第三产业增加值	亿元	65.93	39.84	2.90
财政收支	一般公共预算收入	亿元	12.83		-24.50
固定资产投资	全区固定资产投资				20.00
	其中：第一产业投资				48.80
	第二产业投资				5.80
	第三产业投资				38.70

续表

类别	指标	计量单位	绝对数	占比/%	比上年增长/%
农业	农业总产值	亿元	16.46		4.40
	粮食总产量	万吨	9.54		
	其中：稻谷产量	万吨	7.08		
	肉类产量	万吨	0.79		
	牛奶产量	万吨	6.00		
	水产品产量	万吨	1.39		
工业	规模以上工业增加值				8.30
	战略性新兴产业产值				43.40
建筑业	建筑业总产值	亿元	10.59		23.70
国内贸易	社会消费品零售总额	亿元	58.02		11.30
	限额以上零售额				12.50
	批发业销售额	亿元	131.46		14.60
	零售业销售额	亿元	61.42		14.20
	住宿业营业额	亿元	0.90		16.10
	餐饮业营业额	亿元	5.94		22.40
开放型经济	实际利用外资	万美元	1204.40		86.40
金融业	年末银行本外币存款余额	亿元	155.15		
	年末银行本外币贷款余额	亿元	111.65		
人口	年末户籍人口	万人	18.83		
	年末常住人口	万人	16.20		
人民生活	居民人均可支配收入	元	46983.00		4.80
	其中：城镇	元	58258.00		5.60
	农村	元	35454.00		6.00

二、科技创新发展情况

2023年博望区科技创新发展情况见表3-6-11。

表3-6-11　2023年博望区科技创新发展情况

指标	计量单位	绝对数	比上年增长/%
新认定高新技术企业	家	27	
年末有效发明专利拥有量	件	712	14.80

第七章　滁州市辖各县市区经济社会发展情况

滁州市现辖来安县、全椒县、定远县、凤阳县4个县，天长市、明光市2个市，琅琊区、南谯区2个区，以及经济技术开发区、中新苏滁高新技术产业开发区2个功能区。2023年，滁州市实现地区生产总值3782亿元，年末常住人口405.50万人，人均地区生产总值93325元。

2023年，滁州市辖8个县（市、区）的地区生产总值、总人口、人均地区生产总值、人均可支配收入等主要经济社会发展指标情况见表3-7-1。

表3-7-1　2023年滁州市辖8个县（市、区）主要经济社会发展指标情况

县（市、区）	地区生产总值/亿元	年末常住人口/万人	人均地区生产总值/元	全体居民人均可支配收入/元	城镇居民人均可支配收入/元	农村居民人均可支配收入/元
天长市	701.39	61.30	114513.00	39644.00	46526.00	28232.00
凤阳县	524.36	63.90	82059.00	25276.00	36130.00	17811.00
来安县	411.90	42.40	97146.23	32284.00	45699.00	20204.00
定远县	393.34	67.60	58187.12	26514.00	39353.00	18733.00
全椒县	353.70	40.20	87986.00	31833.00	41133.00	20574.00
明光市	306.50	48.80	62743.00	28758.00	39714.00	18790.00
琅琊区	269.60	27.20	99111.00	50545.00	52220.00	21410.00
南谯区	262.10	35.80	73209.80	36066.00	49770.00	20816.00

第一节　天长市2023年经济社会发展情况

2023年，面对多重超预期因素影响，在市委、市政府的坚强领导下，全市上下坚持稳中求进工作总基调，完整、准确、全面贯彻新发展理念，真抓实干、攻坚克难，全力以赴拼经济，纲举目张抓工作，铆足干劲促发展，在顶住压力、克难攻坚中实现了经济发展质的有效提升和量的合理增长，高质量发展扎实推进。

一、综合经济社会发展情况

2023年天长市经济社会发展情况见表3-7-2。

表3-7-2　2023年天长市经济社会发展情况

类别	指标	计量单位	绝对数	占比/%	比上年增长/%
经济总量	全市地区生产总值	万元	7013917.00		3.10
	其中：第一产业增加值	万元	431351.00	6.10	3.50
	第二产业增加值	万元	4089845.00	58.30	-1.10

续表

类别	指标	计量单位	绝对数	占比/%	比上年增长/%
经济总量	其中：工业增加值	万元	3587112.00		-2.70
	第三产业增加值	万元	2492720.00	35.50	10.70
	其中：批发和零售业增加值	万元	512179.00		15.40
	交通运输、仓储和邮政业增加值	万元	179597.00		6.10
	住宿和餐饮业增加值	万元	132271.00		12.60
	金融业增加值	万元	376122.00		15.30
	房地产业增加值	万元	282782.00		6.20
	营利性服务业增加值	万元	547066.00		14.80
	非营利性服务业增加值	万元	428259.00		1.50
财政收支	财政总收入	万元	762578.00		11.10
	其中：上划中央收入	万元	206846.00		34.20
	一般公共预算收入	万元	504998.00		8.00
	其中：增值税	万元			40.20
	企业所得税	万元			36.80
	个人所得税	万元			41.60
	城镇土地使用税	万元			-56.60
	出口货物退增值税	万元	50177.00		-21.80
	财政支出	万元	761583.00		3.40
	其中：一般公共服务支出	万元	54678.00		15.20
	公共安全支出	万元	44849.00		13.70
	教育支出	万元	153833.00		8.50
	科学技术支出	万元	38704.00		39.80
	社会保障和就业支出	万元	109306.00		1.80
	城乡社区事务支出	万元	60710.00		-10.10
	节能环保支出	万元	16486.00		12.20
固定资产投资	全市固定资产投资				11.90
	其中：第一产业投资				54.80
	第二产业投资				61.10
	第三产业投资				-19.20
农业	粮食种植面积	公顷	143041.00		
	粮食总产量	吨	867212.00		2.50
	其中：夏粮产量	吨	377685.00		2.17
	冬粮产量	吨	489527.00		2.70
	油料种植面积	公顷	1994.00		
	油料总产量	吨	5166.00		122.40

续表

类别	指标	计量单位	绝对数	占比/%	比上年增长/%
农业	其中：花生产量	吨	366.00		-28.80
	油菜籽产量	吨	4746.00		156.40
	蔬菜种植面积	公顷	5070.00		
	蔬菜总产量	吨	166065.00		3.20
	茶叶总产量	吨	14.00		-6.70
	造林面积	公顷	27.00		
	肉类总产量	吨	21546.00		4.90
	禽蛋总产量	吨	35730.00		5.80
	家禽出栏量	万只	629.00		14.90
	生猪出栏量	头	108101		6.81
	水产品总产量	吨	82032.00		3.40
	农业机械总动力	万千瓦	1301.00		1.20
	农用拖拉机	台	55480		
	化肥施用量（折纯）	吨	43452.00		-1.00
	有效灌溉面积	公顷	83000.00		0.00
工业	规模以上工业企业	家	693		
	规模以上工业总产值				-4.70
	股份制企业总产值				-4.70
	外商和港澳台商投资企业总产值				-0.90
	其他企业总产值				-9.60
	规模以上工业增加值				-5.70
	建筑用天然石料产量	立方米	525923.00		80.30
	饲料产量	吨	42876.00		32.40
	非织造布（无纺布）产量	吨	2920.00		28.60
	服装产量	万件	351.00		78.90
	涂料产量	吨	63368.00		33.00
	合成橡胶产量	吨	10243.00		245.00
	化学纤维产量	吨	72182.00		28.50
	塑料制品产量	吨	629039.00		5.10
	商品混凝土产量	立方米	1706265.00		7.50
	沥青和改性沥青防水卷材产量	平方米	4960181.00		28.60
	铝材产量	吨	18718.00		144.10
	锻件产量	吨	3266.00		22.00
	模具产量	套	624527		21.10
	锂离子电池产量	只	6530083		58.30

续表

类别	指标	计量单位	绝对数	占比/%	比上年增长/%
工业	灯具及照明装置产量	套	809904		67.70
	电子元件产量	万只	341320.00		9.30
建筑业	资质以上建筑业企业完成建筑业总产值	万元	1578337.00		21.10
	资质以上建筑业企业实现利润总额	万元	23913.00		-9.80
	建筑业增加值	万元	503374.00		11.80
	房屋建筑施工面积	万平方米	800.00		20.40
	房屋建筑竣工面积	万平方米	361.00		38.50
国内贸易	社会消费品零售总额	万元	2690711.00		10.70
	其中：城镇	万元	2188487.00	81.33	10.30
	农村	万元	502224.00	18.67	12.50
	限额以上社会消费品零售额	万元			12.80
	其中：粮油类销售额	万元			6.60
	烟酒类销售额	万元			22.20
	服装类销售额	万元			30.50
	化妆品类销售额	万元			31.40
	日用品类销售额	万元			23.00
	中西药品类销售额	万元			11.80
	石油及制品类销售额	万元			43.30
	限额以下社会消费品零售额	万元			10.20
	商品零售额	万元	2266228.00		8.70
	餐饮收入	万元	424483.00		22.80
邮电业	邮政业务总量	万元	14950.00		15.30
	实现电信、移动、联通公司营业收入	万元	49877.00		4.30
	其中：电信业务收入	万元	13952.00		3.60
	年末拥有固定电话用户	万户	4.30		
	年末拥有移动电话用户	万户	70.30		
	年末拥有国际互联网用户（宽带）	万户	30.60		
金融业	年末金融机构各项本外币存款余额	万元	7842127.00		18.20
	其中：居民储蓄存款余额	万元	5660734.00		18.70
	年末金融机构各项本外币贷款余额	万元	7448394.00		23.50
保险业	保费业务收入	万元	52288.00		5.90
	其中：财产保险保费收入	万元	25409.00		12.70
	人寿险业务保费收入	万元	26879.00		4.80
	各项赔款收入	万元	23904.00		20.40

续表

类别	指标	计量单位	绝对数	占比/%	比上年增长/%
房地产业	房地产开发投资	万元	675547.00		4.90
	商品房销售额	万元	748991.00		8.20
开放型经济	进出口总额	万美元	113426.00		
	其中：出口总额	万美元	106818.00		
	其中：生产企业出口总额	万美元	74025.00		
	外商企业出口总额	万美元	32793.00		
	实际利用外商直接投资	万美元	3714.00		
	实际利用省外资金	亿元	208.00		
	无缝钢管、电子元件、机械设备、医疗用品累计完成出口总额	万美元	102853.00	79.10	
	其中：无缝钢管出口总额	万美元	15040.00		22.71
	电子元件出口总额	万美元	43745.00		25.93
	机械设备出口总额	万美元	13588.00		14.22
	医疗用品出口总额	万美元	12117.00		-17.63
旅游业	旅游接待总人次	万人次	385.00		
	旅游总收入	亿元	43.00		
人口	年末户籍人口	万人	62.60		
	年末常住人口	万人	61.30		
	常住人口城镇化率	%	73.56		0.76
人民生活	城镇居民人均可支配收入	元	46526.00		6.00
	城镇居民人均生活消费支出	元	24558.00		7.70
	农村居民人均可支配收入	元	28232.00		8.80
	农村居民人均生活消费支出	元	20367.00		5.40
教育	年末拥有中等职业教育学校	所	2		
	年末拥有普通高中	所	7		
	年末拥有普通初中	所	31		
	年末拥有小学	所	28		
	年末拥有特殊教育学校	所	1		
	年末拥有幼儿园	所	93		
	高中阶段毛入学率	%	95.70		
	初中阶段毛入学率	%	100.00		
	小学阶段毛入学率	%	100.00		
文化	年末拥有文化场馆	个	5		
	年末公共图书藏量	万册	76.70		
	年末拥有有线广播电视用户	户	79020		
	其中：农村有线广播电视用户	户	40724		

续表

类别	指标	计量单位	绝对数	占比/%	比上年增长/%
卫生	年末拥有医疗卫生机构	个	293		
	年末医院、卫生院拥有床位	张	4295		
	年末拥有卫生技术人员（含诊所、卫生所室、村卫生室等）	人	5067		
	其中：执业（助理）医师	人	1985		
	注册护士	人	2482		
	年末村卫生室拥有乡村医生	人	214		
	年末拥有乡村执业（助理）医师	人	228		
	年末拥有乡村注册护士	人	18		
体育	组织举办学生体育比赛	次	9		
	组织举办综合性运动会	次	1		
	参加活动学生数	人	2650		
	举办全民健身活动	次	108		
	其中：百人以上的体育健身活动	次	35		
	电脑体育彩票销售点	个	99		
	体育彩票发行额	亿元	1.70		
社会保障	年末城镇基本养老保险参保人数	万人	10.93		
	其中：在职员工基本养老保险参保人数	万人	7.92		
	离退休人员基本养老保险参保人数	万人	3.01		
	年末机关事业单位养老保险参保人数	万人	1.67		
	其中：在职职工养老保险参保人数	万人	0.99		
	退休人员养老保险参保人数	万人	0.67		
	年末城乡居民养老保险参保人数	万人	34.19		
	年末城镇基本医疗保险参保人数	万人	8.16		
	其中：在职职工基本医疗保险参保人数	万人	6.01		
	退休人员基本医疗保险参保人数	万人	2.15		
	年末城乡居民医疗保险参保人数	万人	50.17		
	年末城镇失业保险参保人数	万人	5.75		
	各项社会保险基金总收入	万元	157836.40		
	各项社会保险基金总支出	万元	162292.30		
	年末城镇登记失业人数	人	2420		
	城镇居民享受政府最低生活保障	户	1208		
	农村居民享受政府最低生活保障	户	6206		
	享受医保部门医疗救助	人次	49883		
	医保部门医疗救助资金	万元	1944.20		

续表

类别	指标	计量单位	绝对数	占比/%	比上年增长/%
社会保障	年末拥有各级各类收养类单位	个	23		
	其中：城市养老服务单位	个	8		
	年末各级各类收养类单位拥有床位	张	4008		
	其中：养老服务单位拥有床位	张	2329		
	年末救助管理站拥有床位	张	60		
	年末农村分散五保供养人数	人	1592		
交通运输业	发生道路交通事故接处警	起	21726		4.20
	共受理道路交通事故	起	13434		31.80

二、科技创新发展情况

2023年天长市科技创新发展情况见表3-7-3。

表3-7-3　2023年天长市科技创新发展情况

指标	计量单位	绝对数	比上年增长/%
用于科技活动的经费支出	亿元	3.90	39.80
发明专利授权量	件	394	
万人发明专利授权量	件	42	
共取得省级以上科技成果	项	977	
年末拥有高新技术企业	家	305	
拥有各类专业技术人员	人	6725	
其中：农业技术人员	人	201	

第二节　凤阳县2023年经济社会发展情况

2023年，全县上下在县委、县政府的坚强领导下，以习近平新时代中国特色社会主义思想为指导，认真学习贯彻党的二十大精神，全面贯彻落实习近平总书记系列重要讲话重要指示精神，全面贯彻落实党中央、省、市决策部署，坚持稳中求进工作总基调，立足新发展阶段，服务新发展格局，扎实推动高质量发展，全县主要经济指标实现平稳较快增长，经济运行保持稳中向好的良好态势。

一、综合经济社会发展情况

2023年凤阳县经济社会发展情况见表3-7-4。

表3-7-4　2023年凤阳县经济社会发展情况

类别	指标	计量单位	绝对数	占比/%	比上年增长/%
经济总量	全县地区生产总值	万元	5243570.00		8.40
	其中：第一产业增加值	万元	483622.00	9.22	4.50
	第二产业增加值	万元	2326132.00	44.36	12.10

续表

类别	指标	计量单位	绝对数	占比/%	比上年增长/%
经济总量	其中：工业增加值	万元	1813283.00		18.10
	建筑业增加值	万元	517603.00		-4.10
	第三产业增加值	万元	2433816.00	45.42	5.60
	其中：农林牧渔服务业增加值	万元	40806.00		8.40
	批发和零售业增加值	万元	480617.00		17.60
	交通运输、仓储及邮政业增加值	万元	406117.00		5.30
	住宿和餐饮业增加值	万元	156897.00		12.90
	金融业增加值	万元	174533.00		16.80
	房地产业增加值	万元	168156.00		-7.20
	其他服务业增加值	万元	1001937.00		0.50
	人均地区生产总值	元	82059.00		
财政收支	一般公共预算收入	万元	450150.00		11.10
	其中：税收收入	万元	252073.00		21.20
	财政支出	万元	670687.00		3.60
	其中：民生支出	万元	568691.00		4.00
	其中：一般公共服务支出				12.90
	教育支出				8.70
	科学技术支出				0.80
	社会保障和就业支出				1.60
	医疗卫生和计划生育支出				-10.10
	城乡社区事务支出				-76.70
	农林水事务支出				0.10
	交通运输支出				153.70
	住房保障支出				29.50
固定资产投资	全县固定资产投资				10.70
	其中：第一产业投资				86.80
	第二产业投资				52.40
	其中：工业技术改造投资				103.20
	第三产业投资				-20.50
	房地产投资	万元	199732.00		-57.20
	完成亿元以上项目	项	96		
农业	农作物播种面积	公顷	147313.33		0.60
	其中：稻谷播种面积	公顷	62893.33		
	小麦播种面积	公顷	63006.67		
	油料播种面积	公顷	10640.00		

续表

类别	指标	计量单位	绝对数	占比/%	比上年增长/%
农业	蔬菜播种面积	公顷	3553.33		
	粮食总产量	吨	851226.00		2.10
	其中：稻谷产量	吨	404385.00		30
	小麦产量	吨	374885.00		1.50
	油料产量	吨	35191.00		6.90
	蔬菜产量	吨	125943.00		30
	瓜果产量	吨	20464.00		2.80
	园林水果产量	吨	35917.00		3.20
	年末生猪存栏量	头	165000		-2.90
	生猪出栏量	头	365001		5.33
	肉类总产量	吨	53878.00		2.69
	禽蛋产量	吨	29150.00		6.93
	水产品产量	吨	60150.00		3.70
工业	规模以上工业总产值				35.40
	规模以上工业增加值				23.40
	工业总产值超亿元企业	家	71		
	其中：产值超10亿元企业	家	13		
	产值5亿~10亿元企业	家	9		
	产值1亿~5亿元企业	家	49		
建筑业	建筑业增加值	万元	517603.00		-15.74
	资质以上建筑企业	家	108		
	资质以上建筑企业总产值	千元	8711853.00		-4.40
	资质以上建筑企业利润总额	千元	289879.00		
	房屋建筑施工面积	万平方米	299.60		
房地产业	商品房销售面积	万平方米	38.00		-65.30
	商品房销售额	万元	206368.00		-63.40
国内贸易	社会消费品零售总额	万元	2701446.00		8.50
开放型经济	进出口总额	万美元	35536.00		63.30
	实际利用外资	万美元	135.00		800.00
	招商引资到位资金	亿元	213.20		40.00
旅游业	接待游客	万人次	490.00		31.00
	门票收入	万元	5171.00		32.40
	旅游总收入	亿元	51.00		13.80
	年末有A级及以上旅游景点（区）	个	12		
	其中：AAAA级旅游景点	个	4		
	AAA级旅游景点	个	4		

续表

类别	指标	计量单位	绝对数	占比/%	比上年增长/%
邮电业	邮电业务总量	万元	22891.00		9.70
	其中：电信业务总量	万元	10803.00		10.20
	邮政业务量	万元	12088.00		14.30
金融业	年末金融机构各项本外币存款余额	万元	4804278.00		14.30
	其中：住户存款余额	万元	3604780.00		16.00
	非金融企业存款余额	万元	752832.00		8.00
	年末金融机构各项本外币贷款余额	万元	4572616.00		26.30
	其中：短期贷款余额	万元	1291074.00		20.50
	中长期贷款余额	万元	3129463.00		29.40
社会保障	年末城镇职工养老保险参保人数	万人	6.40		5.40
	年末城乡居民养老保险参保人数	万人	44.10		-0.90
	年末失业保险参保人数	万人	4.40		11.10
	年末工伤保险参保人数	万人	4.85		9.00
	年末职工基本医疗保险参保人数	万人	6.50		11.20
	年末城乡居民基本医疗保险参保人数	万人	58.90		-3.60
人口	年末总户数	户	212580		
	年末户籍人口	人	792990		
	年末常住人口	万人	63.90		
人民生活	居民人均可支配收入	元	25276.00		8.70
	其中：城镇	元	36130.00		6.40
	农村	元	17811.00		8.40
环境保护	空气质量优良天数比例	%	77.30		
	工业二氧化硫排放量				35.60
	氮氧化物排放量				34.10
	烟（粉）尘排放量				55.20
	年末森林面积	千公顷	41.80		
	造林面积	公顷	80.24		
	活立木总蓄积量	万立方米	526.00		
	森林蓄积量	万立方米	290.70		

二、科技创新发展情况

2023年凤阳县科技创新发展情况见表3-7-5。

表3-7-5　2023年凤阳县科技创新发展情况

指标	计量单位	绝对数	比上年增长/%
年末拥有各类专业技术人员	人	9192	1.16
年末拥有科研机构	个	146	
其中：大中型工业企业科研机构	个	22	
年末从事研发活动人员	人	3176	
年末拥有高新技术企业	家	122	
专利授权量	件	1182	5.85
其中：发明专利授权量	件	179	46.70
实用新型专利授权量	件	766	-12.90
外观设计专利授权量	件	237	-6.70

第三节　来安县2023年经济社会发展情况

2023年是全面贯彻党的二十大精神的开局之年，全县上下在县委、县政府的坚强领导下，以习近平新时代中国特色社会主义思想为指导，全面贯彻落实党中央、省、市决策部署，坚持稳中求进工作总基调，完整、准确、全面贯彻新发展理念，服务新发展格局，扎实推动长三角一体化和高质量发展，全县经济社会发展大局总体稳定，主要经济指标增长平稳。

综合经济社会发展情况

2023年来安县经济社会发展情况见表3-7-6。

表3-7-6　2023年来安县经济社会发展情况

类别	指标	计量单位	绝对数	占比/%	比上年增长/%
经济总量	全县地区生产总值	亿元	411.90		7.40
	其中：第一产业增加值	亿元	28.40	6.89	2.80
	其中：农林牧渔业增加值	亿元	30.60		3.20
	第二产业增加值	亿元	210.10	51.01	13.00
	其中：工业增加值	亿元	185.70		14.40
	建筑业增加值	亿元	24.40		3.30
	第三产业增加值	亿元	173.40	42.10	1.70
	其中：交通运输、仓储和邮政业增加值	亿元	26.70		5.00
	批发和零售业增加值	亿元	22.20		10.90
	住宿和餐饮业增加值	亿元	8.40		12.10
	金融业增加值	亿元	15.90		10.50

续表

类别	指标	计量单位	绝对数	占比/%	比上年增长/%
经济总量	房地产业增加值	亿元	23.50		-7.00
	营利性服务业增加值	亿元	38.70		-4.40
	非营利性服务业增加值	亿元	35.50		2.20
财政收支	财政收入	亿元	42.90		26.20
	其中：一般公共预算收入	亿元	28.00		10.20
	上划中央收入	亿元	14.40		73.60
	财政支出	亿元	49.50		15.90
	其中：一般公共服务支出	亿元	3.30		21.70
	公共安全支出	亿元	2.50		43.30
	教育支出	亿元	7.60		8.60
	科学技术支出	亿元	0.70		18.00
	社会保障和就业支出	亿元	10.00		20.20
	卫生健康支出	亿元	3.90		15.40
	民生类支出	亿元	42.50		
固定资产投资	全县固定资产投资				-1.60
	其中：第一产业投资				179.20
	第二产业投资				-22.40
	第三产业投资				12.30
	500万元以上项目投资				-22.60
	500万元以上固定资产投资施工项目	项	138		
	其中：当年新开工项目	项	49		-44.90
	亿元以上项目	项	118		-19.20
	当年已投产项目	项	144		
	房地产开发投资	亿元	28.30		2.50
农业	粮食种植面积	公顷	77874.00		0.02
	粮食总产量	万吨	47.40		1.70
	油料种植面积	公顷	4804.00		22.40
	油料总产量	吨	13237.90		14.20
	棉花种植面积	公顷	3.00		-79.30
	棉花总产量	吨	2.40		-78.20
	蔬菜种植面积	公顷	8585.00		3.50
	蔬菜总产量	吨	289656.00		3.70
	肉蛋总产量	万吨	8.00		3.70
	其中：肉类总产量	万吨	6.80		2.00
	禽蛋产量	吨	1.30		13.60
	水产品产量	吨	32220.00		3.90

续表

类别	指标	计量单位	绝对数	占比/%	比上年增长/%
工业	全部工业实现工业总产值	亿元	185.70		14.40
	其中：规模以上工业产值				17.00
	规模以上工业企业	家	330		
	规模以上工业企业实现营业收入	亿元	656.80		21.60
	规模以上工业企业实现利润总额	亿元	33.60		5.60
	规模以上工业企业实现利税总额	亿元	44.30		13.10
建筑业	资质以上建筑企业	家	120		
	建筑业总产值	亿元	41.10		5.40
	房屋建筑施工面积	万平方米	201.50		66.90
	房屋建筑竣工面积	万平方米	84.30		49.50
房地产业	房屋建筑施工面积	万平方米	209.50		-8.30
	房屋建筑新开工面积	万平方米	5.10		-88.60
	房屋建筑竣工面积	万平方米	6.30		-48.60
	商品住宅销售额	亿元	24.30		61.80
国内贸易	社会消费品零售总额	亿元	165.60		7.90
	其中：城镇	亿元	128.80		8.70
	农村	亿元	36.80		5.20
开放型经济	进出口总额	万美元	85276.00		-2.10
	其中：出口总额	万美元	77967.00		-1.20
	进口总额	万美元	7309.00		-10.40
旅游业	接待国内游客	万人次	395.60		
	国内旅游收入	亿元	34.10		
	年末拥有名胜风景区和文物保护区	个	5		
	星级饭店	家	2		
交通运输业	年末民用汽车拥有量	万辆	6.10		
	其中：私人汽车拥有量	万辆	5.50		
	年末民用轿车拥有量	万辆	4.40		
	其中：私人轿车拥有量	万辆	4.10		
邮电业	年末拥有固定电话用户	万户	2.90		
	年末拥有移动电话用户	万户	37.20		-1.10
	年末互联网宽带接入用户	万户	21.50		23.60
电力	全社会用电量	万千瓦时	369197.00		28.80
	其中：第一产业用电量	万千瓦时	6498.00		-15.20
	第二产业用电量	万千瓦时	293851.00		39.50
	第三产业用电量	万千瓦时	31061.00		12.00
	城乡居民生活用电量	万千瓦时	37787.00		-7.10

续表

类别	指标	计量单位	绝对数	占比/%	比上年增长/%
金融业	年末金融机构各项本外币存款余额	亿元	397.90		12.30
	其中：住户存款余额	亿元	295.70		16.40
	年末金融机构各项本外币贷款余额	亿元	490.40		14.40
社会保障	年末城乡居民基本养老保险参保人数	万人	28.70		
	年末企业职工养老保险参保人数	万人	7.30		
	年末机关事业养老保险参保人数	万人	1.30		
	年末失业保险参保人数	万人	4.10		
	年末工伤保险参保人数	万人	5.10		
	年末基本医疗保险参保人数	万人	41.40		
	其中：城镇职工医疗保险参保人数	万人	6.50		
	城乡居民基本医疗保险参保人数	万人	34.90		
人口	年末户籍人口	万人	48.10		
	年末总户数	万户	17.20		
	年末常住人口	万人	42.40		
	常住人口城镇化率	%	59.62		0.74
人民生活	城镇居民人均可支配收入	元	45699.00		6.00
	农村居民人均可支配收入	元	20204.00		8.60

第四节　定远县2023年经济社会发展情况

2023年是全面贯彻落实党的二十大精神开局之年，也是实施“十四五”规划承上启下的关键之年。全县上下坚持以习近平新时代中国特色社会主义思想为指导，认真贯彻落实中央、省、市决策部署，全县经济运行保持“稳”和“进”的势头，经济总量稳步扩大，消费需求持续释放，发展动能不断增强。

一、综合经济社会发展情况

2023年定远县经济社会发展情况见表3-7-7。

表3-7-7　2023年定远县经济社会发展情况

类别	指标	计量单位	绝对数	占比/%	比上年增长/%
经济总量	全县地区生产总值	万元	3933449.00		4.80
	其中：第一产业增加值	万元	752950.00	19.14	2.90
	其中：农林牧渔业增加值	万元	842190.00		3.00
	第二产业增加值	万元	1220149.00	31.02	3.80
	其中：工业增加值	万元	797842.00		0.50
	建筑业增加值	万元	422492.00		10.30
	第三产业增加值	万元	1960350.00	49.84	6.20

续表

类别	指标	计量单位	绝对数	占比/%	比上年增长/%
经济总量	其中：批发和零售业增加值	万元	532050.00		11.00
	交通运输、仓储及邮政业增加值	万元	226967.00		4.00
	住宿和餐饮业增加值	万元	83271.00		13.70
	金融业增加值	万元	173139.00		11.10
	房地产业增加值	万元	142028.00		-4.60
	营利性服务业增加值	万元	345613.00		8.20
	非营利性服务业增加值	万元	367857.00		1.60
财政收支	一般公共预算收入	万元	273155.00		5.90
	其中：税收收入	万元	97100.00		4.30
	财政支出	万元	711259.00		4.20
	其中：教育支出	万元	112497.00		6.50
	城乡社区支出	万元	54628.00		361.90
	农林水事务支出	万元	139904.00		-23.90
	社会保障和就业支出	万元	156275.00		18.60
	卫生健康支出	万元	50524.00		-10.00
	交通运输支出	万元	58104.00		28.60
	住房保障支出	万元	19845.00		25.90
固定资产投资	全县固定资产投资				11.10
	其中：第一产业投资				51.80
	第二产业投资				62.50
	第三产业投资				-41.70
	其中：房地产开发投资				-40.00
农业	农作物播种面积	公顷	228646.00		2.48
	其中：粮食作物播种面积	公顷	209994.80		0.95
	油料播种面积	公顷	10968.79		49.75
	蔬菜播种面积	公顷	5691.60		3.03
	粮食总产量	吨	1201658.60		2.79
	油料产量	吨	29783.90		24.60
	蔬菜产量	吨	217539.80		3.52
	年末生猪存栏量	头	628168		
	生猪出栏量	头	1338316		5.70
	肉类总产量	吨	140382.20		5.28
	其中：猪肉产量	吨	117001.60		6.39
	禽蛋产量	吨	24850.00		5.41
	水产品产量	吨	44900.00		4.79

续表

类别	指标	计量单位	绝对数	占比/%	比上年增长/%
工业	工业增加值	万元	797842.00		0.50
	其中：规模以上工业增加值				1.00
	其中：金属制品业增加值				1041.26
	纺织业增加值				263.26
	电气机械和器材制造业增加值				125.48
	汽车制造业增加值				59.71
	通用设备制造业增加值				36.41
	燃气生产和供应业增加值				26.92
	专用设备制造业增加值				11.88
	化学原料和化学制品制造业增加值				9.31
	电力、热力生产和供应业增加值				4.04
	水的生产和供应业增加值				3.73
	规模以上工业企业	家	194		
	规模以上工业企业实现营业收入	万元	2790113.00		3.50
	规模以上工业企业实现利税	万元	186216.00		23.40
	规模以上工业企业实现利润	万元	110934.00		32.70
建筑业	建筑业增加值	万元	422492.00		10.30
	资质以上建筑业企业	家	100		
	建筑业总产值	万元	1092240.70		20.80
	房屋建筑施工面积	万平方米	287.70		-4.20
	房屋建筑竣工面积	万平方米	135.90		0.50
房地产业	房屋建筑施工面积				-23.40
	其中：新开工面积				-71.90
	商品房销售面积				-70.20
	商品房销售额				-77.50
国内贸易	社会消费品零售总额	万元	2077230.00		8.20
	其中：城镇	万元	1383370.00		8.10
	农村	万元	693860.00		8.50
开放型经济	进出口总额	万美元	4076.00		-7.10
	实际利用外资	万美元	52.40		-72.30
旅游业	精选旅游线路	条	11		
	乡村休闲旅游业经营主体	个	115		
	吸纳游客	万人次	225.00		27.00
	旅游综合收入	亿元	21.50		28.00

续表

类别	指标	计量单位	绝对数	占比/%	比上年增长/%
交通运输业	年末拥有公交运营线路总里程	公里	3646.00		
	年末拥有实有公交车辆	辆	312		
	公共汽车客运总量	万人次	996.00		
	年末拥有出租车	辆	456		
金融业	年末金融机构各项人民币存款余额	万元	4696371.00		13.00
	其中：住户存款余额	万元	3746106.00		15.50
	年末金融机构各项人民币贷款余额	万元	3807780.00		15.60
社会保障	年末城镇职工养老保险参保人数	万人	6.97		
	年末城乡居民养老保险参保人数	万人	56.29		
	年末失业保险参保人数	万人	3.18		
	年末工伤保险参保人数	万人	4.23		
	年末职工基本医疗保险参保人数	万人	5.59		
	年末城乡居民基本医疗保险参保人数	万人	73.16		
人口	年末总户数	户	264816		
	年末户籍人口	万人	97.65		
	年末常住人口	万人	67.60		
人民生活	城镇居民人均可支配收入	元	39353.00		6.20
	农村居民人均可支配收入	元	18733.00		8.20
环境保护	环境空气监测的实际天数	天	365		
	其中：环境空气质量符合《环境空气质量标准》（GB 3095—2012）一、二级标准的天数	天	325	89.00	
	其他天数	天	40	11.00	
	PM_{10} 年平均浓度	微克/立方米	57.00		
	$PM_{2.5}$ 年平均浓度	微克/立方米	33.00		
	轻度污染天数	天	36		
	中度污染天数	天	3		
	重度污染天数	天	1		

二、科技创新发展情况

2023 年定远县科技创新发展情况见表 3-7-8。

表 3-7-8　2023 年定远县科技创新发展情况

指标	计量单位	绝对数	增长/%
签订科学技术交易合同	份	454	
科学技术交易成交额	亿元	151.00	
登记省级以上科技成果	项	85	

续表

指标	计量单位	绝对数	增长/%
规模以上企业研发投入	亿元	6.70	24.00
搭建研发创新平台	个	44	
发布人才新政	项	2	
培育省市产业创新团队	个	7	
新引进高层次人才	人	108	
其中：院士、国家级领军人才	人	9	

第五节　全椒县 2023 年经济社会发展情况

2023 年，面对复杂严峻的外部环境和多重风险挑战，在县委、县政府的坚强领导下，全县上下坚持以习近平新时代中国特色社会主义思想为指导，认真贯彻落实党中央、国务院决策部署及省市工作要求，坚持稳中求进工作总基调，完整、准确、全面贯彻新发展理念，真抓实干、攻坚克难，全县经济运行保持了稳健向好的发展态势，新质生产力加快培育，民生保障有力有效，高质量发展迈出坚实步伐。

一、综合经济社会发展情况

2023 年全椒县经济社会发展情况见表 3-7-9。

表 3-7-9　2023 年全椒县经济社会发展情况

类别	指标	计量单位	绝对数	占比/%	比上年增长/%
经济总量	全县地区生产总值	亿元	353.70		7.50
	其中：第一产业增加值	亿元	30.40	9.27	4.00
	其中：农林牧渔业增加值	亿元	36.40		4.60
	第二产业增加值	亿元	154.30	45.34	7.70
	其中：工业增加值	亿元	107.80		6.60
	建筑业增加值	亿元	46.60		10.10
	第三产业增加值	亿元	169.00	45.40	8.10
	其中：交通运输、仓储和邮政业增加值	亿元	20.00		6.60
	批发和零售业增加值	亿元	22.90		23.90
	住宿和餐饮业增加值	亿元	8.40		16.60
	金融业增加值	亿元	18.90		10.50
	房地产业增加值	亿元	18.30		-10.90
	营利性服务业增加值	亿元	45.80		14.60
	非营利性服务业增加值	亿元	28.50		1.80
	人均地区生产总值	元	87986.00		
财政收支	财政收入	亿元	38.30		16.40
	一般公共预算收入	亿元	27.00		10.10
	其中：税收收入	亿元	13.90	51.30	8.00

续表

类别	指标	计量单位	绝对数	占比/%	比上年增长/%
财政收支	一般公共预算支出	亿元	46.10		2.10
	其中：教育支出	亿元	7.53		9.60
	科技支出	亿元	1.05		3.40
	社会保障和就业支出	亿元	8.37		14.80
	城乡社区事务支出	亿元	4.59		-17.70
	医疗卫生支出	亿元	3.03		-17.20
	交通运输支出	亿元	1.46		-5.40
	住房保障支出	亿元	0.80		0.90
固定资产投资	全县固定资产投资				13.60
	其中：5000万元以上项目投资				31.30
	5000万元以下项目投资				-0.90
	房地产开发项目投资				-28.30
	高技术产业投资				114.70
	民间投资				35.40
	其中：第一产业投资			3.60	-8.10
	第二产业投资			61.20	120.80
	其中：技改项目投资				165.80
	电力、热力、燃气及水生产和供应业投资				230.00
	第三产业投资			35.10	-37.70
	其中：基础设施项目投资				-65.60
	其中：道路运输业项目投资				-52.80
	水利管理业项目投资				33.90
	公共设施管理项目投资				-78.50
	房地产业项目投资				-28.30
农业	农作物播种总面积	公顷	85248.00		2.40
	粮食种植面积	公顷	75340.00		
	油料种植面积	公顷	4884.00		
	蔬菜播种面积	公顷	2734.00		
	粮食总产量	万吨	43.60		2.80
	油料产量	吨	11538.00		20.30
	棉花产量	吨	0.40		
	蔬菜总产量	万吨	9.50		4.80
	肉类总产量	万吨	5.90		5.30
	禽蛋总产量	万吨	1.20		8.70
	水产品总产量	万吨	7.40		4.30

续表

类别	指标	计量单位	绝对数	占比/%	比上年增长/%
工业	工业增加值				6.60
	规模以上工业企业	家	339		
	其中：战略性新兴产业企业	家	46		
	高新技术企业	家	172		
	规模以上工业增加值				7.60
	其中：战略性新兴产业企业增加值			42.00	13.80
	高新技术企业工业增加值			55.30	9.20
	规模以上工业中战略性新兴产业企业工业产值			37.40	10.60
	规模以上工业企业年末从业人员	万人	3.20		13.40
	规模以上工业企业实现营业收入	亿元	411.20		33.90
	规模以上工业企业实现利润	亿元	20.40		28.70
	规模以上工业企业实现入库增值税	亿元	7.50		66.50
建筑业	在库资质以上建筑企业	家	97		
	建筑业总产值	亿元	99.60		19.00
	签订合同额	亿元	150.00		-10.30
	主营业务收入	亿元	56.50		15.50
	利润总额	亿元	1.50		-5.00
	房屋建筑施工面积	万平方米	362.40		-19.20
	房屋建筑竣工产值	亿元	51.80		-10.70
	房屋建筑新开工面积	万平方米	89.90		-54.00
房地产业	房屋建筑施工面积	万平方米	286.60		-22.40
	房屋建筑竣工面积	万平方米	7.90		-56.60
	商品房销售面积	万平方米	22.20		-57.40
	商品房销售额	亿元	12.10		-53.90
	商品房销售均价	元/平方米	5449.00		0.10
	其中：住宅销售均价	元/平方米	4920.00		8.00
	商业营业用房均价	元/平方米	7296.00		7.80
国内贸易	社会消费品零售总额	亿元	199.80		9.80
	其中：城镇	亿元	151.50		9.50
	农村	亿元	48.30		11.00
开放型经济	进出口总额	万美元	39470.00		-0.60
	其中：出口总额	万美元	36632.00		1.30
	进口总额	万美元	2838.00		-20.00
	外商直接投资	万美元	1133.00		5295.20
	招商引资省外亿元以上项目到位资金	亿元	235.70		17.70

续表

类别	指标	计量单位	绝对数	占比/%	比上年增长/%
旅游业	接待国内外游客	万人次	417.60		
	旅游总收入	亿元	37.70		
	年末拥有星级旅游饭店	家	2		
	年末星级饭店拥有客房	间（套）	471		
	年末拥有 A 级及以上旅游景区（点）	个	8		
邮电业	邮政部门业务收入	万元	8537.00		16.90
	年末拥有电话用户	户	432360		2.00
	其中：固定电话用户	户	24832		4.20
	移动电话用户	户	407528		1.80
	年末拥有国际互联网用户	户	176017		9.80
电力	全社会用电量	亿千瓦时	22.50		10.80
	其中：居民生活用电量	亿千瓦时	3.30	14.60	-0.80
	第一产业用电量	亿千瓦时	0.80	3.60	-12.70
	第二产业用电量	亿千瓦时	14.30	63.60	14.60
	第三产业用电量	亿千瓦时	4.10	18.20	14.20
	购网电量	亿千瓦时	20.30		11.60
	售电量	亿千瓦时	19.80		12.80
金融业	年末金融机构各项人民币存款余额	亿元	429.34		17.28
	其中：住户存款余额	亿元	322.27		
	年末金融机构各项人民币贷款余额	亿元	425.10		17.30
	其中：短期贷款余额	亿元	140.32		
	中长期贷款余额	亿元	268.88		
	单位贷款余额	亿元	236.99		
	个人贷款余额	亿元	188.11		
社会保障	年末城镇职工养老保险参保人数	万人	4.90		
	年末机关事业养老保险参保人数	万人	1.20		
	年末城乡居民基本养老保险参保人数	万人	23.80		
	年末失业保险参保人数	万人	3.90		
	年末工伤保险参保人数	万人	5.90		
	年末城镇职工医疗保险参保人数	万人	6.50		
	年末城乡居民基本医疗保险参保人数	万人	32.90		
	享受城市最低生活保障人数	人	3051		-4.00
	享受农村最低生活保障人数	人	11288		4.80
	城镇居民最低生活保障月人均补差水平	元	722.00		
	农村居民最低生活保障月人均补差水平	元	571.00		

续表

类别	指标	计量单位	绝对数	占比/%	比上年增长/%
人口	年末户籍人口	万人	44.30		
	年末常住人口	万人	40.20		
人民生活	城镇居民人均可支配收入	元	41133.00		6.30
	农村居民人均可支配收入	元	20574.00		8.10
环境保护	城区公园绿地面积	公顷	315.20		
	建成区绿地面积	公顷	1103.00		
	绿地率	%	39.40		
	绿化覆盖面积	公顷	1162.00		
	绿化覆盖率	%	41.20		
	新增绿道长度	公里	2.50		

二、科技创新发展情况

2023年全椒县科技创新发展情况见表3-7-10。

表3-7-10　2023年全椒县科技创新发展情况

指标	计量单位	绝对数
年末拥有专业技术人员	人	4673
年末有效发明专利拥有量	件	1191
年末拥有国家高新技术企业	家	158
年末拥有省级院士工作站	个	1
年末拥有省级企业研发中心	个	5
年末拥有省级博士后工作站	个	5
年末拥有省级企业技术中心	个	20
年末拥有省级工业设计中心	个	8

第六节　明光市2023年经济社会发展情况

2023年是全面贯彻党的二十大精神的开局之年，全市上下坚持以习近平新时代中国特色社会主义思想为指导，全面贯彻落实中央、省委决策部署，在市委、市政府的坚强领导下，紧紧围绕“工业强市、产业兴市、生态立市”总目标，锚定“超均速、进前列、上台阶”，务实苦干、顶压前行，高质量发展取得新成果，经济社会发展呈现稳中有进、回升向好态势。

一、综合经济社会发展情况

2023年明光市经济社会发展情况见表3-7-11。

表 3-7-11　2023 年明光市经济社会发展情况

类别	指标	计量单位	绝对数	占比/%	比上年增长/%
经济总量	全市地区生产总值	亿元	306. 50		6. 90
	其中：第一产业增加值	亿元	45. 10	14. 71	4. 60
	第二产业增加值	亿元	87. 80	28. 65	10. 80
	其中：工业增加值	亿元	56. 60		6. 30
	建筑业增加值	亿元	31. 20		20. 30
	第三产业增加值	亿元	173. 60	56. 64	5. 60
	其中：交通运输、仓储和邮政业增加值	亿元	13. 00		3. 40
	批发和零售业增加值	亿元	42. 90		12. 20
	住宿和餐饮业增加值	亿元	7. 10		14. 00
	金融业增加值	亿元	12. 30		8. 90
	房地产业增加值	亿元	17. 50		-5. 60
	其他服务业增加值	亿元	77. 20		4. 60
	人均地区生产总值	元	62743. 00		
财政收支	财政收入	亿元	33. 80		19. 90
	其中：中央财政收入	亿元	9. 00		59. 70
	一般公共预算收入	亿元	24. 60		10. 00
	财政支出	亿元	54. 80		6. 20
	其中：一般公共服务支出	亿元	5. 40		33. 70
	教育支出	亿元	9. 10		8. 90
	社会保障和就业支出	亿元	11. 20		15. 40
	卫生健康支出	亿元	4. 60		12. 30
固定资产投资	全市固定资产投资				5. 70
	其中：城镇投资				9. 90
	其中：第一产业投资				4. 20
	第二产业投资				-2. 50
	第三产业投资				11. 80
	其中：技术改造投资				-32. 00
	新开工制造业投资				31. 80
	制造业投资				-5. 00
	工业投资				-2. 50
	房地产投资				-13. 10
农业	农林牧渔业总产值	亿元	79. 70		5. 10
	农作物播种面积	公顷	157633. 33		
	其中：粮食种植面积	公顷	133686. 67		
	油料面积	公顷	15200. 00		

续表

类别	指标	计量单位	绝对数	占比/%	比上年增长/%
农业	蔬菜面积	公顷	3660.00		
	粮食总产量	万吨	69.31		2.90
	其中：稻谷产量	万吨	268.04		4.00
	小麦产量	万吨	32.71		2.00
	油料总产量	万吨	5.00		11.40
	蔬菜总产量	万吨	12.89		2.70
	肉类总产量	万吨	5.75		3.90
	禽蛋产量	万吨	2.55		4.90
	水产品产量	万吨	8.15		3.20
	年末生猪存栏量	万头	16.29		
	生猪出栏量	万头	37.03		
	年末牛存栏量	万头	1.03		
	牛出栏量	万头	0.99		
	年末家禽存栏量	万只	359.48		
	家禽出栏量	万只	1515.48		
工业	规模以上工业企业	家	187		
	规模以上工业增加值				7.90
	其中：采矿业增加值				-34.90
	制造业增加值				14.90
	电力、热力、燃气及水生产和供应业增加值				18.40
	规模以上工业企业	家	187		
	规模以上工业总产值				6.30
	其中：销售产值				11.60
	规模以上工业企业实现营业收入	亿元	180.20		15.40
	规模以上工业企业实现利税总额	亿元	16.80		7.00
	亿元以上工业企业	家	35		
	亿元以上工业企业产值			66.20	
建筑业	列入政府统计部门名单的资质以上建筑业企业	家	86		
	建筑业总产值	亿元	73.60		14.60
	建筑工程产值	亿元	51.50		69.90
房地产业	房屋建筑施工面积	万平方米	134.10		-41.50
	其中：新开工面积	万平方米	26.70		-69.60
	房屋建筑竣工面积	万平方米	39.40		-53.30
	商品住宅销售额	亿元	15.60		-46.10

续表

类别	指标	计量单位	绝对数	占比/%	比上年增长/%
国内贸易	社会消费品零售总额	亿元	194.90		9.30
	城镇消费品零售总额	亿元	149.60		9.20
	其中：城区消费品零售额	亿元	122.10		8.40
	乡村消费品零售额	亿元	45.30		9.80
开放型经济	进出口总额	万美元	17362.00		39.06
	其中：出口总额	万美元	16808.00		38.48
	进口总额	万美元	554.00		59.37
	实际利用外资	万美元	813.00		
交通运输业	年末拥有各类运营车辆	辆	41		
	年末拥有公交车	辆	244		
	年末拥有出租车	辆	351		
电力	全社会用电量	亿千瓦时	13.83		11.35
	其中：第一产业用电量	亿千瓦时	0.33		3.82
	第二产业用电量	亿千瓦时	6.25		28.70
	其中：工业用电量	亿千瓦时	5.99		31.58
	第三产业用电量	亿千瓦时	3.44		8.00
	城乡居民生活用电量	亿千瓦时	3.81		-6.14
旅游业	接待国内外旅游人次	万人次	288.76		77.21
	旅游业总收入	亿元	23.15		85.47
	年末拥有旅行社	家	7		
	星级饭店	家	2		
	A 级及以上旅游景点	个	4		
金融业	年末金融机构各项存款余额	亿元	383.90		9.10
	其中：居民储蓄存款余额	亿元	307.80		15.10
	年末金融机构各项贷款余额	亿元	356.40		13.30
社会保障	年末基本养老保险参保人数	万人	38.84		
	年末城乡居民养老保险参（续）保缴费人数	万人	17.79		
	年末 60 周岁以上领取城乡居民养老保险待遇人数	万人	11.73		
	年末失业保险参保人数	万人	3.24		
	年末企业职工养老保险参保人数	万人	4.47		
	年末机关事业单位养老保险参保人数	万人	1.60		
	年末城乡居民基本医疗保险及职工医疗保险参保人数	万人	54.50		
	获得政府最低生活保障的城镇居民	万人次	4.16		
	发放最低生活保障经费	万元	2562.63		

续表

类别	指标	计量单位	绝对数	占比/%	比上年增长/%
社会保障	获得政府最低生活保障的农村居民	万人次	20.41		
	发放最低生活保障经费	万元	9686.80		
人口	年末户籍人口	万人	63.37		
	其中：城镇	万人	23.75		
	农村	万人	39.62		
	出生人口	万人	0.34		
	死亡人口	万人	0.44		
人民生活	居民人均可支配收入	元	28758.00		6.50
	其中：城镇	元	39714.00		6.00
	农村	元	18790.00		8.80
环境保护	年末拥有林地面积	公顷	43366.67		
	林木绿化率	%	37.20		
	活立木蓄积量	万立方米	330.26		
	当年人工造林面积	公顷	430.00		

二、科技创新发展情况

2023 年明光市科技创新发展情况见表 3-7-12。

表 3-7-12　2023 年明光市科技创新发展情况

指标	计量单位	绝对数
年末拥有国家高新技术企业	家	113
年末拥有省级及以上创新创业平台	个	3
年末拥有院士工作站	个	2
年末拥有博士后科研工作站	个	3
年末拥有博士创新工作站	个	14
发明专利授权量	件	106
实用新型专利授权量	件	524
外观设计专利授权量	件	124

第七节　琅琊区 2023 年经济社会发展情况

2023 年是落实党的二十大精神的开局之年，也是实施“十四五”规划承上启下的重要一年，面对错综复杂的国内外环境和超出预期的困难挑战，全区上下坚持以习近平新时代中国特色社会主义思想为指导，坚持稳中求进工作总基调，完整、准确、全面贯彻新发展理念，聚焦“一改两为”，聚力“九问九争”，抓实“六稳六保”，砥砺奋进，拼搏实干，实现琅琊经济社会平稳健康有序发展。

综合经济社会发展情况

2023年琅琊区经济社会发展情况见表3-7-13。

表3-7-13　2023年琅琊区经济社会发展情况

类别	指标	计量单位	绝对数	占比/%	比上年增长/%
经济总量	全区地区生产总值	亿元	269.60		7.30
	其中：第一产业增加值	亿元	4.00	1.50	2.20
	第二产业增加值	亿元	121.50	45.10	12.00
	第三产业增加值	亿元	144.00	53.40	3.80
	人均地区生产总值	元	99111.00		
财政收支	财政收入	万元	193807.00		21.40
	其中：上划中央收入	万元	67975.00		70.10
	一般公共预算收入	万元	125687.00		5.00
	财政支出	万元	210106.00		11.80
	其中：一般公共预算支出	万元	18601.00		-2.00
	教育支出	万元	61554.00		1.20
	科学技术支出	万元	9175.00		26.40
	节能环保支出	万元	4179.00		6.70
	社会保障和就业支出	万元	35768.00		15.50
	卫生健康支出	万元	13726.00		-12.80
固定资产投资	全区固定资产投资				13.70
	其中：第一产业投资				-11.10
	第二产业投资				36.50
	第三产业投资				4.90
	500万元以上项目投资				48.50
	房地产投资				-4.80
农业	农作物播种面积	公顷	6433.00		5.80
	其中：粮食播种面积	公顷	4427.00		2.00
	油料播种面积	公顷	523.00		76.00
	蔬菜播种面积	公顷	1081.00		3.30
	粮食总产量	吨	22232.00		4.00
	油料总产量	吨	1173.60		53.60
	蔬菜总产量	吨	34475.00		3.40
	棉花总产量	吨	0.00		
	水果总产量	吨	4511.30		2.50
	肉类产量	吨	2458.00		0.40
	禽蛋产量	吨	1001.00		
	水产品产量	吨	3554.00		0.80

续表

类别	指标	计量单位	绝对数	占比/%	比上年增长/%
工业	规模以上工业增加值				15.60
	其中：股份制企业增加值				10.10
	外商和港澳台商投资企业增加值				-3.20
	其他类型企业增加值				98.00
	规模以上工业总产值				28.80
	其中：销售产值				28.40
	营业收入				68.40
	能源消费总量	万吨	47.79		10.90
建筑业	资质以上建筑业企业	家	90		20.00
	年末从业人员	人	17455		2.20
	建筑业总产值	亿元	85.70		0.50
国内贸易	社会消费品零售总额	亿元	188.96		7.80
	其中：限额以上社会消费品零售额	亿元			3.60
房地产业	房屋建筑施工面积	万平方米			-9.00
	其中：新开工面积	万平方米			-64.60
	房屋建筑竣工面积	万平方米			88.90
	商品房销售面积	万平方米			-52.90
	商品房销售额	亿元			-44.10
开放型经济	进出口总额	亿美元	1.61		-2.80
	其中：出口总额	亿美元	1.51		11.50
	进口总额	万美元	993.00		-67.00
	实际利用外资	万美元	493.00		134.80
旅游业	景区接待人数	万人次	275.40		106.20
	景区门票收入	万元	2031.80		458.60
人口	年末户籍人口	万人	28.19		
	年末常住人口	万人	27.20		
	人口出生率	‰	4.11		
	人口死亡率	‰	7.48		
	出生人口	人	1014		
	死亡人口	人	1845		
人民生活	城镇居民人均可支配收入	元	52220.00		4.00
	农村居民人均可支配收入	元	21410.00		8.30
社会保障	年末城镇职工基本养老保险参保人数	万人	6.82		
	年末城乡居民基本养老保险参保人数	万人	5.31		
	年末机关事业养老保险参保人数	万人	0.51		

续表

类别	指标	计量单位	绝对数	占比/%	比上年增长/%
社会保障	年末失业保险参保人数	万人	3.20		
	获得政府最低生活保障的城镇居民	户	1226		
	发放最低生活保障经费	万元	1450.00		
	获得政府最低生活保障的农村居民	户	389		
	发放最低生活保障经费	万元	494.00		
	年末拥有养老机构	个	10		
教育	年末拥有在校学生（在园幼儿）	人	44199		
	其中：普通中学在校学生	人	7849		
	十二年一贯制学校在校学生	人	38		
	九年一贯制学校在校学生	人	2133		
	小学在校学生	人	25557		
	幼儿园在园幼儿	人	10793		
	年末拥有教职工	人	3120		
	其中：专任教师	人	2399		
卫生	年末拥有各类卫生机构总数	个	154		
	其中：医院	家	3		
	社区卫生服务中心	个	6		
	年末拥有床位	张	410		
	其中：医院	张	120		
	社区卫生服务中心	张	290		
	年末拥有卫生机构人员	人	1246		
	其中：卫生技术人员	人	1112		
	执业（助理）医师	人	481		
	注册护士	人	541		

第八节　南谯区2023年经济社会发展情况

2023年是全面贯彻落实党的二十大精神开局之年，面对复杂严峻的发展环境，全区上下认真贯彻落实各项决策部署，把经济稳增长摆在突出位置，紧扣高质量发展首要任务，全力以赴推动全区经济稳定发展，全年经济运行行稳势好，科技创新提质升级，民生保障有力有效，高质量发展扎实推进，经济社会发展迈上新征程。

一、综合经济社会发展情况

2023年南谯区经济社会发展情况见表3-7-14。

表 3-7-14　2023 年南谯区经济社会发展情况

类别	指标	计量单位	绝对数	占比/%	比上年增长/%
经济总量	全区地区生产总值	亿元	262.10		7.37
	其中：第一产业增加值	亿元	20.30	7.80	-1.93
	第二产业增加值	亿元	101.00	38.50	12.22
	第三产业增加值	亿元	140.80	53.70	5.55
	人均地区生产总值	元	73209.80		4.97
财政收支	财政收入	亿元	29.90		14.20
	一般公共预算收入	亿元	21.00		5.00
	一般公共预算支出	亿元	35.93		
	其中：教育支出			25.90	
	科学技术支出			2.60	
	文化旅游体育与传媒支出			0.50	
	社会保障和就业支出			15.20	
	卫生健康支出			6.70	
	农林水支出			11.80	
固定资产投资	全区固定资产投资				13.70
	基础设施投资				2.10
	工业投资				151.60
	制造业投资				138.00
	民间投资				22.60
	技术改造投资				143.30
	高技术产业投资				149.00
农业	农林牧渔业总产值	亿元	34.90		4.80
	其中：农业产值	亿元	13.10		2.20
	林业产值	亿元	3.30		8.70
	畜牧业产值	亿元	11.10		5.20
	渔业产值	亿元	4.50		4.30
	农林牧渔专业及辅助性活动产值	亿元	2.90		15.00
	农作物播种面积	公顷	43233.00		1.80
	粮食作物播种面积	公顷	38544.50		
	其中：小麦播种面积	公顷	11934.30		
	稻谷播种面积	公顷	23349.10		
	玉米播种面积	公顷	2578.10		
	大豆播种面积	公顷	221.00		
	粮食总产量	万吨	22.35		1.40
	其中：稻谷产量	万吨	14.30		0.80

续表

类别	指标	计量单位	绝对数	占比/%	比上年增长/%
农业	小麦产量	万吨	6.67		2.30
	玉米产量	万吨	1.20		3.00
	大豆产量	吨	260.40		9.00
	肉类总产量	万吨	2.30		5.00
	其中：猪肉产量	万吨	1.20		9.50
	禽蛋产量	吨	4625.00		7.90
	奶类产量	吨	3336.50		2.90
	园林水果产量	吨	10984.00		2.40
	水产品产量	吨	23023.00		3.50
工业	规模以上工业企业营业收入	亿元	222.50		
	规模以上工业增加值				10.00
	采矿业产值				-1.70
	制造业产值				7.10
	电力、热力、燃气及水生产和供应业产值				-0.20
	家具制造业产值				46.40
	通用设备制造业产值				91.30
	橡胶和塑料制品业产值				34.90
	废弃资源综合利用业累计产值				28.50
	智能家电产业产值				81.00
	规模以上新能源产业产值				60.10
	先进装备产业产值				23.00
	农产品加工业产值				25.10
建筑业	建筑业总产值	亿元	63.90		11.90
	新签订合同金额	亿元	63.40		
	房屋建筑施工面积	万平方米	175.40		
国内贸易	社会消费品零售总额	亿元	104.10		7.50
	其中：批发业销售额	亿元	130.40		8.00
	零售业销售额	亿元	81.60		7.50
	住宿业营业额	亿元	0.80		7.40
	餐饮业营业额	亿元	28.10		18.50
	限额以上单位消费品零售额				3.80
	其中：城镇				4.10
	农村				-16.50
	限额以上新能源汽车类商品零售额				42.60
	限额以上可穿戴智能设备类商品零售额				572.90
	限额以上化妆品类商品零售额				140.20

续表

类别	指标	计量单位	绝对数	占比/%	比上年增长/%
房地产业	房地产投资				-40.10
	房屋建筑施工面积				-27.40
	房屋新开工面积				-30.20
	商品房销售面积				-57.60
	商品房销售额				-60.50
开放型经济	进出口总额	万美元	17523.00		49.10
	其中：出口总额	万美元	15485.00		35.00
	进口总额	万美元	2038.00		631.10
教育	年末普通中学拥有在校学生	人	20017		7.00
	年末小学拥有在校学生	人	32918		9.40
	年末普通中学拥有专任教师	人	1485		
	年末小学拥有专任教师	人	1755		
	农村义务教育专任教师本科及以上学历比例	%	86.30		
	年末拥有普通中学	所	23		
	年末拥有小学	所	18		
文化	年末拥有文化和旅游部门所属艺术表演场馆	个	1		
	年末拥有乡镇（街道）综合文化站	个	11		
	年末公共图书馆馆藏书籍总藏量	万册	29.70		
卫生	年末拥有各类医疗卫生机构	个	233		
	年末拥有卫生技术人员	人	4161		
体育	年末拥有各类体育场地	个	1824		
人口	年末常住人口	万人	35.80		
	人口城镇化率	%	71.93		0.68
	出生人口	人	1708		
	人口自然增长率	‰	-0.95		
人民生活	城镇居民人均可支配收入	元	49770.00		6.10
	农村居民人均可支配收入	元	20816.00		8.50
社会保障	年末城镇职工基本养老保险参保人数	人	56611		
	年末城乡居民基本养老保险参保人数	人	140182		
	年末基本医疗保险参保人数	人	247841		
	其中：城乡居民基本医疗保险参保人数	人	203626		
	年末失业保险参保人数	人	33469		
	提供住宿的社会服务机构	个	14		
就业	城镇新增就业	万人	1.00		

续表

类别	指标	计量单位	绝对数	占比/%	比上年增长/%
环境保护	全区国土总面积	平方公里	1154.80		
	耕地面积	公顷	30268.20		
	设施农业种植占地面积	公顷	247.10		
	耕地灌溉面积	公顷	25820.00		
	农田灌溉水有效利用系数		0.55		
	年末境内森林面积	公顷	47248.00		
	水利工程供水能力	万立方米	27636.00		
	自然保护区面积	公顷	3534.00		
	人工造林面积	公顷	283.53		
	抚育森林面积	公顷	2133.33		
	畜禽粪污综合利用率	%	97.80		
	农村生活污水治理管控率	%	30.90		
	农膜回收率	%	91.20		

二、科技创新发展情况

2023年南谯区科技创新发展情况见表3-7-15。

表3-7-15　2023年南谯区科技创新发展情况

指标	计量单位	绝对数	比上年增长/%
年末拥有新增高新技术企业	家	25	28.70
全社会研发投入强度	%	2.19	
专利授权量	件	953	
年末每万人口高价值发明专利拥有量	件	26.80	
新增国家级专精特新“小巨人”企业	家	1	
新增省级专精特新冠军企业	家	1	
新增省级专精特新中小企业	家	17	
新增战略性新兴产业企业	家	23	
新认定省级数字化车间	个	4	
新认定绿色工厂	家	2	
新认定工业设计中心	个	1	

第八章　宣城市辖各县市区经济社会发展情况

宣城市现辖郎溪县、泾县、绩溪县、旌德县4个县，宁国市、广德市2个市，宣州区1个区，以及经济技术开发区、高新技术产业开发区2个功能区。2023年，宣城市实现地区生产总值1951.90亿元，年末常住人口248.70万人，人均地区生产总值78358元，全体居民人均可支配收入38952元。

2023年，宣城市辖7个县（市、区）的地区生产总值、总人口、人均地区生产总值、人均可支配收入等主要经济社会发展指标情况见表3-8-1。

表3-8-1　2023年宣城市辖7个县（市、区）主要经济社会发展指标情况

县（市、区）	地区生产总值/亿元	年末常住人口/万人	人均地区生产总值/元	全体居民人均可支配收入/元	城镇居民人均可支配收入/元	农村居民人均可支配收入/元
宣州区	531.50	77.00	69027.00	39250.00	51335.00	24196.00
宁国市	460.40	38.70	118668.00	47644.00	56670.00	26741.00
广德市	410.00	50.30	81510.93	42981.00	55399.00	27229.00
郎溪县	220.00	31.20	70516.00	34807.00	49648.00	23190.00
泾县	160.40	27.00	59305.00	31042.00	41935.00	21333.00
绩溪县	103.10	13.60	75808.82	32944.00	45845.00	19709.00
旌德县	66.40	10.90	60917.43	27336.00	36802.00	19022.00

第一节　宣州区2023年经济社会发展情况

2023年，面对复杂严峻的国际环境和艰巨繁重的国内改革发展稳定任务，在以习近平同志为核心的党中央坚强领导下，宣州区各部门认真贯彻落实党中央、省、市决策部署及区委、区政府工作要求，坚持稳中求进工作总基调，完整、准确、全面贯彻新发展理念，加快构建新发展格局，全面深化改革开放，加大宏观调控力度，着力扩大内需、优化结构、提振信心、防范化解风险，全区经济回升向好，高质量发展扎实推进。

一、综合经济社会发展情况

2023年宣州区经济社会发展情况见表3-8-2。

表3-8-2　2023年宣州区经济社会发展情况

类别	指标	计量单位	绝对数	占比/%	比上年增长/%
经济总量	全区地区生产总值	亿元	531.50		7.40
	其中：第一产业增加值	亿元	54.70	10.29	4.30
	第二产业增加值	亿元	205.70	38.70	9.80

续表

类别	指标	计量单位	绝对数	占比/%	比上年增长/%
经济总量	第三产业增加值	亿元	271.00	50.99	6.80
	人均地区生产总值	元	69027.00		
财政收支	一般公共预算收入	亿元	33.60		0.70
	其中：税收收入	亿元	20.50	61.10	7.60
	非税收收入	亿元	13.00	38.90	-8.70
	一般公共预算支出	亿元	64.80		5.70
	其中：民生工程支出	亿元	55.40	90.50	
	其中：农林水支出	亿元	16.50	26.90	
	社会保障和就业支出	亿元	11.90	19.40	
	教育支出	亿元	9.40	15.40	
	卫生健康支出	亿元	4.90	8.00	
固定资产投资	全区固定资产投资				12.70
	其中：第一产业投资				-38.70
	第二产业投资				4.60
	第三产业投资				18.60
农业	农业总产值	亿元	97.70		4.80
	农业增加值	亿元	57.80		4.60
	粮食种植面积	万公顷	8.70		
	粮食总产量	万吨	49.62		0.80
	油料总产量	万吨	1.76		22.80
	蔬菜总产量	万吨	18.10		2.90
	茶叶产量	万吨	1.43		1.60
	水果产量	万吨	3.42		1.60
	烟叶产量	万吨	1.05		0.40
	年末生猪存栏量	万头	6.30		
	生猪出栏量	万头	11.40		-0.10
	年末羊存栏量	万只	1.70		
	年末家禽存栏量	万只	1478.50		
	家禽出栏量	万只	6301.80		6.00
	肉类总产量	万吨	11.00		7.50
	禽蛋产量	万吨	1.60		44.80
	水产品产量	万吨	7.10		3.40
建筑业	年末在库资质内建筑业企业	家	74		
	建筑施工面积	万平方米	296.00		-10.00
	房屋建筑竣工面积	万平方米	76.00		-31.10

续表

类别	指标	计量单位	绝对数	占比/%	比上年增长/%
国内贸易	社会消费品零售总额	亿元	272.80		8.00
	其中：城镇	亿元	209.50		7.70
	农村	亿元	63.30		9.00
交通运输业	年末公路总里程	公里	3841.45		2.30
	其中：高速公路里程	公里	146.71		
	民用汽车保有量	万辆	1.70		36.00
	其中：私人汽车保有量	万辆	10.50		7.80
邮电业	邮电业务总量	亿元	5.88		10.50
	年末拥有电话用户	万户	99.96		
	年末拥有移动电话用户	万户	51.51		
	年末拥有固定互联网宽度接入用户	万户	42.31		
金融业	年末金融机构各项人民币存款余额	亿元	1111.30		14.10
	其中：住户存款余额	亿元	653.70		17.00
	年末金融机构各项人民币贷款余额	亿元	1000.20		13.00
开放型经济	进出口总额	万美元	36177.00		17.50
	其中：出口总额	万美元	26656.00		17.80
	进口总额	万美元	9522.00		16.90
	实际利用外商投资	万美元	103.00		
人口	年末户籍人口	万人	86.02		
	其中：城镇	万人	28.27		
	农村	万人	57.75		
	年末常住人口	万人	77.00		
人民生活	居民人均可支配收入	元	39250.00		6.90
	其中：城镇	元	51335.00		4.50
	农村	元	24196.00		7.80
	居民人均消费支出	元	21226.00		5.40
	其中：城镇	元	25910.00		3.80
	农村	元	15504.00		5.30

二、科技创新发展情况

2023 年宣州区科技创新发展情况见表 3-8-3。

表 3-8-3　2023 年宣州区科技创新发展情况

指标	计量单位	绝对数	比上年增长/%
新增高新技术企业	家	34	
年末拥有高新技术企业	家	134	34.00

续表

指标	计量单位	绝对数	比上年增长/%
专利授权量	件	862	
其中：发明专利授权量	件	112	
年末有效发明专利拥有量	件	630	
签订技术合同	份	368	-25.20
技术合同交易额	亿元	116.26	54.44
登记科技成果	项	14	
累计有效注册商标	个	8303	

第二节　郎溪县2023年经济社会发展情况

2023年，面对复杂严峻的国内外环境和艰巨繁重的改革发展任务，全县上下坚持以习近平新时代中国特色社会主义思想为指导，深入贯彻党的二十大精神，认真贯彻落实中央和省市县决策部署，坚持稳中求进工作总基调，完整、准确、全面贯彻新发展理念，积极服务和融入新发展格局，着力扩大内需、优化结构、提振信心、防范化解风险，全县经济运行总体平稳，生产需求稳步改善，民生保障有力有效，高质量发展扎实推进，经济社会发展呈现向上向好的良好态势。

一、综合经济社会发展情况

2023年郎溪县经济社会发展情况见表3-8-4。

表3-8-4　2023年郎溪县经济社会发展情况

类别	指标	计量单位	绝对数	占比/%	比上年增长/%
经济总量	全县地区生产总值	亿元	220.00		7.10
	其中：第一产业增加值	亿元	21.40	9.73	4.90
	第二产业增加值	亿元	115.50	52.50	8.20
	第三产业增加值	亿元	83.10	37.77	6.00
	人均地区生产总值	元	70516.00		
财政收支	一般公共预算收入	亿元	23.00		4.20
	其中：税收收入	亿元	13.70		4.60
	财政支出	亿元	39.90		
固定资产投资	全县固定资产投资				10.60
	其中：第一产业投资				26.90
	第二产业投资				26.80
	第三产业投资				-7.10
农业	农业总产值	亿元	36.84		
	粮食作物种植面积	公顷	49681.00		
	经济作物种植面积	公顷	7517.00		
	粮食总产量	万吨	27.90		

续表

类别	指标	计量单位	绝对数	占比/%	比上年增长/%
农业	油料总产量	吨	10522.00		21.50
	蔬菜产量	吨	59774.00		1.60
	茶叶产量	吨	8442.00		5.70
	水果产量	吨	9032.00		17.00
	年末生猪存栏量	头	43100		
	年末生猪出栏量	头	76621		
	肉类总产量	万吨	2.10		5.40
	禽蛋产量	万吨	1.50		13.70
	水产品产量	万吨	2.80		3.80
工业	工业增加值	亿元	92.20		7.70
	年末规模以上工业企业	家	335		9.70
	集体企业				-100.00
	股份制企业				8.06
	规模以上工业企业实现营业收入				11.70
	规模以上工业企业实现利润总额	亿元	10.20		-5.20
	规模以上工业企业营业收入利润率				-0.48
建筑业	建筑业总产值	亿元	34.86		
	建筑业增加值	亿元	23.30		10.60
	年末具有资质登记的总承包和专业承包建筑业企业	家	83		
	房屋建筑施工面积	万平方米	167.05		
	房屋建筑竣工面积	万平方米	68.22		
国内贸易	社会消费品零售总额	亿元	85.30		9.70
	其中：城镇	亿元	63.20		10.40
	农村	亿元	22.10		7.90
交通运输业	年末公路总里程	公里	2202.80		
	其中：国道里程	公里	101.20		
	省道里程	公里	146.00		
	县道里程	公里	456.90		
	乡道里程	公里	560.20		
	村道里程	公里	938.50		
	机动车保有量	辆	48308		
	其中：私人汽车保有量	辆	45276		
邮电业	邮政业务总量	万元	5612.80		13.05
	年末拥有固定电话用户	万户	1.25		
	年末拥有移动电话用户	万户	42.20		
	年末拥有互联网宽带接入用户	万户	16.47		

续表

类别	指标	计量单位	绝对数	占比/%	比上年增长/%
旅游业	国内旅游总收入	亿元	44.10		
	接待旅客	万人次	520.10		
金融业	年末金融机构各项人民币存款余额	亿元	318.80		13.70
	年末金融机构各项人民币贷款余额	亿元	299.00		20.30
	其中：短期贷款余额	亿元	96.60		13.50
	中长期贷款余额	亿元	194.01		23.70
房地产业	房地产开发投资	亿元			-20.60
	房屋建筑施工面积	万平方米	167.05		
	商品房销售额	亿元			-48.40
	年末商品房待售面积				-11.20
	其中：住宅待售面积				3.80
	房屋竣工面积	万平方米	68.22		
开放型经济	进出口总额	万美元	39511.00		-18.13
	其中：出口总额	万美元	38376.00		-18.55
	进口总额	万美元	1153.00		-0.77
	实际利用外商直接投资	万美元	353.60		17.40
人口	年末户籍人口	人	344074		
	出生人口	人	1545		
	人口自然增长率	‰	-2.40		
就业	城镇新增就业	人	8910		
	失业人员再就业	人	1990		
	就业困难人员再就业	人	925		
人民生活	居民人均可支配收入	元	34807.00		8.60
	其中：城镇	元	49648.00		4.70
	农村	元	23190.00		8.90
	城镇常住居民人均消费支出	元	32270.00		
	农村常住居民人均消费支出	元	20687.00		
环境保护	活立木总蓄积量	万立方米	124.10		
	水质监测断面达标率	%	100.00		
	PM_{10}年平均浓度	微克/立方米	61.00		
	$PM_{2.5}$年平均浓度	微克/立方米	30.00		
	空气质量优良天数	天	305		
	空气质量优良天数比例	%	83.60		
	工业废水排放量达标率	%	100.00		
	工业烟尘排放量达标率	%	100.00		

二、科技创新发展情况

2023 年郎溪县科技创新发展情况见表 3-8-5。

表 3-8-5　2023 年郎溪县科技创新发展情况

指标	计量单位	绝对数
新增高新技术企业	家	23
专利授权量	件	499

第三节　广德市 2023 年经济社会发展情况

2023 年以来，面对复杂严峻的宏观经济环境影响，全市上下坚持加压奋进、实干为先，着力抓项目强支撑、抓工业促回升、抓招商扩投资，全市财政增速不断加快、招引项目不断增多、金融存贷款增速保持高位，努力克服经济运行中的消极因素，促进全市经济运行平稳发展、社会大局和谐稳定，为建设现代化美好新广德迈出坚实步伐。

一、综合经济社会发展情况

2023 年广德市经济社会发展情况见表 3-8-6。

表 3-8-6　2023 年广德市经济社会发展情况

类别	指标	计量单位	绝对数	占比/%	比上年增长/%
经济总量	全市地区生产总值	亿元	410.00		1.90
	其中：第一产业增加值	亿元	31.10	7.60	3.00
	第二产业增加值	亿元	186.70	45.50	-2.50
	第三产业增加值	亿元	192.20	46.90	6.60
财政收支	一般公共预算收入	亿元	40.00		11.50
	其中：税收收入	亿元	26.70		1.90
	财政支出	亿元	61.60		0.50
	其中：社会保障和就业支出	亿元	9.50		
	卫生健康支出	亿元	4.00		
	教育支出	亿元	9.20		
	农林水支出	亿元	7.90		
固定资产投资	全市固定资产投资				-16.70
	其中：第一产业投资				-22.40
	第二产业投资				-9.80
	第三产业投资				0.80
农业	粮食种植面积	公顷	37020.00		0.24
	粮食总产量	万吨	23.32		1.40
	油菜籽种植面积	公顷	7679.19		

续表

类别	指标	计量单位	绝对数	占比/%	比上年增长/%
农业	蔬菜种植面积	公顷	4588.17		
	年末生猪存栏量	万头	10.04		-25.31
	生猪出栏量	万头	26.73		-7.12
	肉类总产量	万吨	7.91		-5.31
	禽蛋产量	吨	2.60		13.19
工业	年末拥有年销售2000万元以上规模工业企业	家	538		
	年末拥有年销售2000万元以上规模工业企业增加值（按可比价）				-3.20
	全部工业企业营业收入	亿元	664.00		-5.20
	全部工业企业利润总额	亿元	33.00		-33.30
建筑业	列入统计资质以上建筑业企业	家	92		
	房屋建筑竣工面积	万平方米	158.91		30.70
	房屋建筑施工面积	万平方米	538.70		19.10
	房屋建筑新开工面积	万平方米	328.90		25.90
国内贸易	社会消费品零售总额	亿元	186.60		10.70
	其中：城镇	亿元	148.50		10.90
	农村	亿元	38.00		9.70
交通运输业	客运总量	万人次	160.00		6.47
	货物运输量	万吨	13123.00		6.18
	旅客周转量	万人公里	22036.00		75.03
	货物周转量	万吨公里	1275202.00		2.62
	年末公路总里程	公里	3406.04		
	其中：高速公路里程	公里	74.00		
	一级公路里程	公里	113.22		
	二级公路里程	公里	154.56		
邮电业	邮电业务总量	万元	21222.00		
	邮电行业业务收入	万元	7638.00		26.19
	年末拥有固定电话用户	户	28575		
	年末拥有移动电话用户	户	614603		
	年末拥有互联网宽带接入用户	万户	43.07		
旅游业	国内旅游人数	万人次	1136.00		28.30
	接待旅游入境者	人次	1090.00		14.70
	旅游总收入	亿元	37.80		38.60
	旅游外汇收入	万美元	1215.00		12.40
	国内旅游收入	亿元	36.90		38.70

续表

类别	指标	计量单位	绝对数	占比/%	比上年增长/%
金融业	年末金融机构各项本外币存款余额	亿元	559.94		12.92
	其中：住户存款余额	亿元	362.74		16.43
	非金融企业存款余额	亿元	134.75		19.89
	年末金融机构各项本外币贷款余额	亿元	578.92		21.60
	其中：境内住户贷款余额	亿元	269.86		6.05
	非金融企业及机关团体贷款余额	亿元	309.04		39.45
保险业	保费业务收入	亿元	9.57		
	其中：财产保险保费收入	亿元	4.12		
	人身保险保费收入	亿元	5.45		
	保险业务赔款和给付	亿元	3.92		
	其中：财产保险赔付	亿元	3.09		
	人身保险赔付	亿元	0.83		
房地产业	房地产开发投资	亿元	33.40		-41.90
	商品房销售面积	万平方米	40.20		-42.70
	商品房销售额	亿元	26.30		-38.40
	年末商品房待售面积	万平方米	17.00		153.70
	房地产行业从业人员工资总额	万元	3892.00		-45.50
开放型经济	进出口总额	万美元	92244.00		-19.00
	其中：出口总额	万美元	86391.00		-19.67
	进口总额	万美元	5853.00		-7.76
	化工类产品进出口总额	万美元	18217.00		-45.20
	轻工类产品进出口总额	万美元	37803.00		-20.20
	机械电子类产品进出口总额	万美元	32706.00		10.90
	利用外资	万美元	1004.00		-50.56
	新批外商投资企业	家	7		
	新批外商投资企业合同利用外资	万美元	2254.00		-64.95
人口	年末户籍人口	万人	51.21		
	人口出生率	‰	5.08		
	人口自然增长率	‰	-2.35		
	年末常住人口	万人	50.30		
就业	新增就业	人	16000		
	城镇失业人员再就业率	%	100.00		
	就业困难人员帮扶率	%	100.00		
人民生活	居民人均可支配收入	元	42981.00		8.60
	其中：城镇	元	55399.00		4.70

续表

类别	指标	计量单位	绝对数	占比/%	比上年增长/%
人民生活	农村	元	27229.00		8.70
	城镇常住居民人均生活消费支出	元	33335.00		3.90
	农村常住居民人均生活消费支出	元	21967.00		6.70
环境保护	$PM_{2.5}$年平均浓度	微克/立方米	26.00		
	空气质量优良天数比例	%	88.50		
	当年人工造林面积	公顷	235.72		
	年末森林面积	万公顷	10.40		
	活立木总蓄积量	万立方米	216.00		

二、科技创新发展情况

2023年广德市科技创新发展情况见表3-8-7。

表3-8-7　2023年广德市科技创新发展情况

指标	计量单位	绝对数
年末拥有规模以上工业企业自办研发机构	个	209
年末从事研发活动人员	人	7109
用于研发与试验发展经费支出	亿元	18.65
年末拥有高新技术企业	家	132

第四节　泾县2023年经济社会发展情况

2023年，面对复杂多变的内外局势，全县上下坚持以习近平新时代中国特色社会主义思想为指导，认真贯彻中央、省、市决策部署，紧盯“追赶江浙，争先江淮”战略定位，坚持稳中求进工作总基调，全力以赴拼经济、抓发展，全县经济运行持续向好，经济总量迈上新台阶，高质量发展取得新成效。

一、综合经济社会发展情况

2023年泾县经济社会发展情况见表3-8-8。

表3-8-8　2023年泾县经济社会发展情况

类别	指标	计量单位	绝对数	占比/%	比上年增长/%
经济总量	全县地区生产总值	亿元	160.40		7.10
	其中：第一产业增加值	亿元	21.30	13.28	4.70
	第二产业增加值	亿元	64.60	40.27	7.50
	第三产业增加值	亿元	74.50	46.45	7.40
	人均地区生产总值	元	59305.00		

续表

类别	指标	计量单位	绝对数	占比/%	比上年增长/%
财政收支	一般公共预算收入	亿元	17.00		2.20
	其中：税收收入	亿元	9.60		5.40
	一般公共预算支出	亿元	33.90		2.80
	其中：一般公共服务支出	亿元	2.70		
	教育支出	亿元	6.60		
	科技支出	亿元	0.40		
	农林水支出	亿元	6.50		
	卫生健康支出	亿元	2.20		
	社会保障和就业支出	亿元	6.90		
固定资产投资	全县固定资产投资				17.60
	其中：第一产业投资				84.50
	第二产业投资				56.20
	第三产业投资				10.70
农业	粮食播种面积	公顷	19800.00		
	粮食产量	吨	118106.00		1.90
	油料产量	吨	9733.00		18.10
	年末生猪存栏量	头	49286		11.50
	生猪出栏量	头	106789		3.20
	猪牛羊禽肉产量	吨	33707.30		6.40
	禽蛋产量	吨	5656.00		19.50
工业	规模以上工业企业	家	155		11.40
	规模以上工业企业实现利润	万元	84296.00		30.40
建筑业	建筑业增加值	亿元	22.70		8.30
	年末在库资质以内建筑业企业	家	32		
	房屋建筑施工面积	万平方米	99.50		
	房屋建筑竣工面积	万平方米	44.70		
国内贸易	社会消费品零售总额	亿元	92.90		10.50
	其中：城镇	亿元	68.10		11.00
	农村	亿元	24.80		9.10
交通运输业	年末公路总里程	公里	2119.00		
	其中：国道里程	公里	54.50		
	省道里程	公里	278.60		
	县道里程	公里	392.40		
	乡道里程	公里	502.90		
	村道里程	公里	890.60		

续表

类别	指标	计量单位	绝对数	占比/%	比上年增长/%
旅游业	年末拥有全国重点文物保护单位	个	6		
	省级重点文物保护单位	个	18		
	接待旅游人次	万人次	741.50		
	旅游收入	亿元	67.70		
金融业	年末金融机构各项人民币存款余额	亿元	322.50		13.70
	年末金融机构各项人民币贷款余额	亿元	202.50		19.40
房地产业	房地产开发投资	亿元			-19.70
	商品房销售面积	万平方米			13.50
	商品房销售额	亿元	8.30		-40.70
开放型经济	进出口总额	万美元	6335.00		11.50
	其中：出口总额	万美元	6322.00		11.40
	进口总额	万美元	13.00		96.30
人口	年末常住人口	万人	27.00		
就业	城镇新增就业	人	7157		
	失业人员再就业	人	2247		
	困难人员再就业	人	425		
人民生活	城镇居民人均可支配收入	元	41935.00		5.20
	农村居民人均可支配收入	元	21333.00		8.00
	城镇居民人均消费支出	元	26301.00		4.20
	农村居民人均消费支出	元	16623.00		4.50
环境保护	$PM_{2.5}$ 年平均浓度	微克/立方米	26.00		7.10
	空气质量优良天数比例	%	96.40		1.30

二、科技创新发展情况

2023 年泾县科技创新发展情况见表 3-8-9。

表 3-8-9　2023 年泾县科技创新发展情况

指标	计量单位	绝对数
专利授权量	件	376
其中：发明专利授权量	件	64
实用新型专利授权量	件	218
外观设计专利授权量	件	94

第五节　绩溪县2023年经济社会发展情况

2023年，在县委、县政府的坚强领导下，全县上下紧盯全年目标任务加压奋进，以务实举措持续推动经济社会稳步恢复。全年经济整体保持平稳，工业、投资等部分指标稳中有升，活力动力显著增强，为全年经济稳增长奠定了扎实基础。

一、综合经济社会发展情况

2023年绩溪县经济社会发展情况见表3-8-10。

表3-8-10　2023年绩溪县经济社会发展情况

类别	指标	计量单位	绝对数	占比/%	比上年增长/%
经济总量	全县地区生产总值	亿元	103.10		5.50
	其中：第一产业增加值	亿元	14.40	13.97	4.40
	第二产业增加值	亿元	44.50	43.16	5.00
	第三产业增加值	亿元	44.20	42.87	6.40
财政收支	一般公共预算收入	亿元	9.35		5.30
	财政支出	亿元	20.40		13.70
固定资产投资	全县固定资产投资				11.80
	房地产投资				-9.70
农业	农业总产值	亿元			4.60
	农林牧渔服务业总产值	亿元			4.70
	粮食生产种植面积	公顷	6715.20		
	粮食产量	吨	37402.50		
	生猪出栏量	万头	8.36		11.75
工业	规模以上工业企业	家	91		
	规模以上工业企业实现主营业务收入	亿元			7.00
	规模以上工业企业实现利润总额	亿元	4.45		
建筑业	建筑业产值	亿元	13.80		-5.60
国内贸易	社会消费品零售总额	亿元	40.20		8.90
交通运输业	客运量	万人	37.91		18.00
	货运量	万吨	138.00		5.00
	旅客周转量	万人公里	1685.37		11.00
	货物周转量	万吨公里	16782.00		5.00
	年末公路总里程	公里	1125.80		
	其中：高速公路里程	公里	46.30		
	一级公路里程	公里	13.90		
	二级公路里程	公里	84.40		

续表

类别	指标	计量单位	绝对数	占比/%	比上年增长/%
邮电业	年末拥有固定电话用户	万户	0.80		
	年末拥有移动电话用户	万户	19.10		
	年末拥有互联网用户	万户	8.60		
旅游业	旅游综合收入	亿元	44.89		
	接待游客	万人次	497.48		
金融业	年末金融机构各项人民币存款余额	亿元	189.90		11.20
	其中：居民储蓄存款余额	亿元	144.90		14.10
	年末金融机构各项人民币贷款余额	亿元	169.40		11.50
开放型经济	进出口总额	万美元	14047.00		-23.90
	实际到位国外资金（累计）	万美元	3.10		
人口	年末户籍人口	万人	17.00		
	年末常住人口	万人	13.60		
	人口出生率	‰	4.10		
	人口死亡率	‰	4.30		
	户籍人口自然增长率	‰	-0.20		
人民生活	居民人均可支配收入	元	32944.00		7.70
	其中：城镇	元	45845.00		5.70
	农村	元	19709.00		8.00

二、科技创新发展情况

2023 年绩溪县科技创新发展情况见表 3-8-11。

表 3-8-11　2023 年绩溪县科技创新发展情况

指标	计量单位	绝对数
认定国家高新技术企业	家	10
年末拥有高新技术企业	家	29
备案科技型中小企业	家	45
年末拥有事业单位专业技术人员	人	2458

第六节　旌德县 2023 年经济社会发展情况

2023 年，是全面贯彻党的二十大精神的开局之年，是三年新冠疫情防控转段后经济恢复发展的一年，全县上下坚持以习近平新时代中国特色社会主义思想为指导，全面贯彻党的二十大精神，坚持稳中求进工作总基调，认真落实中央及省、市部署要求，紧扣县委“1136”工作思路，以实干作答、靠奋斗出彩、凭实绩交卷，经济社会保持平稳健康发展。

一、综合经济社会发展情况

2023 年旌德县经济社会发展情况见表 3-8-12。

表 3-8-12　2023 年旌德县经济社会发展情况

类别	指标	计量单位	绝对数	占比/%	比上年增长/%
经济总量	全县地区生产总值	亿元	66.40		6.70
	其中：第一产业增加值	亿元	8.60	12.95	4.40
	第二产业增加值	亿元	27.00	40.66	8.50
	第三产业增加值	亿元	30.80	46.39	5.90
财政收支	一般公共预算收入	万元	68677.00		1.00
	其中：税收收入	万元	35226.00		3.40
	非税收收入	万元	33451.00		-1.30
	一般公共预算支出	万元	174766.00		-3.10
	其中：教育支出	万元	20477.00		9.10
	社会保障与就业支出	万元	38099.00		18.00
	卫生健康支出	万元	10070.00		-25.00
	农林水支出	万元	32011.00		7.80
固定资产投资	全县固定资产投资				14.50
	其中：第一产业投资				8.60
	第二产业投资				-11.80
	第三产业投资				23.10
农业	粮食播种面积	公顷	8266.67		
	粮食产量	万吨	5.29		1.70
	油料产量	吨	2497.76		24.20
	年末生猪存栏量	万头	3.10		9.93
	生猪出栏量	万头	6.29		5.32
	肉类总产量	吨	7548.00		6.13
工业	规模以上工业增加值				12.90
	规模以上工业企业实现利润	亿元	1.30		5.00
建筑业	建筑业增加值	亿元	92951.00		2.00
	年末在库资质以上建筑业企业	家	23		
	房屋建筑施工面积	万平方米	26.90		-35.00
	房屋建筑竣工面积	万平方米	12.50		-18.80
国内贸易	社会消费品零售总额	亿元	25.10		10.50
	其中：城镇	亿元	19.10		11.00
	农村	亿元	6.00		8.80

续表

类别	指标	计量单位	绝对数	占比/%	比上年增长/%
交通运输业	长途班线客运量	万人	7.20		
	长途班线旅客周转量	万人公里	982.57		
	公交客运量	万人	178.08		
	公交旅客周转量	万人公里	2700.00		
金融业	年末金融机构各项人民币存款余额	亿元	145.04		12.70
	其中：住户存款余额	亿元	113.27		15.87
	年末金融机构各项人民币贷款余额	亿元	110.27		16.93
	其中：中长期贷款余额	亿元	54.84		19.51
房地产业	房地产开发投资	万元	53911.00		3.00
	商品房销售面积	平方米	79950.00		-28.40
	商品房销售额	万元	41387.00		-46.00
开放型经济	进出口总额	万美元	1949.00		38.39
	其中：出口总额	万美元	1902.00		
	进口总额	万美元	47.00		
就业	城镇新增就业	人	4983		
	失业人员再就业	人	2544		
	就业困难人员帮扶	人	310		
	离校未就业高校毕业生帮扶	人	200		
人口	年末常住人口	万人	10.90		
人民生活	居民人均可支配收入	元	27336.00		7.60
	其中：城镇	元	36802.00		5.80
	农村	元	19022.00		7.90
	居民人均消费支出	元	19582.00		5.80
	其中：城镇	元	25781.00		5.30
	农村	元	14137.00		4.30
环境保护	$PM_{2.5}$年平均浓度	微克/立方米	20.40		7.40
	空气质量优良天数比例	%	98.10		0.60
	人工造林面积	公顷	100.00		

二、科技创新发展情况

2023年旌德县科技创新发展情况见表3-8-13。

表3-8-13　2023年旌德县科技创新发展情况

指标	计量单位	绝对数
专利授权量	件	136
其中：发明专利授权量	件	19

第七节　宁国市2023年经济社会发展情况

2023年是全面贯彻党的二十大精神开局之年，是向第二个百年奋斗目标进军和实施“十四五”规划的攻坚之年。面对严峻复杂的国际环境和艰巨繁重的国内改革发展稳定任务，全市上下坚持以习近平新时代中国特色社会主义思想为指导，坚持稳中求进工作总基调，完整、准确、全面贯彻新发展理念，服务和融入新发展格局，全市经济发展稳中有进，进中提质，高质量发展取得新进展，为打造具有产业竞争力、城市吸引力、区域影响力的长三角中心区现代化中小城市奠定坚实基础。

一、综合经济社会发展情况

2023年宁国市经济社会发展情况见表3-8-14。

表3-8-14　2023年宁国市经济社会发展情况

类别	指标	计量单位	绝对数	占比/%	比上年增长/%
经济总量	全市地区生产总值	亿元	460.40		7.00
	其中：第一产业增加值	亿元	28.20	6.13	4.30
	第二产业增加值	亿元	262.50	57.02	7.30
	第三产业增加值	亿元	169.70	36.86	6.80
	人均地区生产总值	元	118668.00		
财政收支	一般公共预算收入	亿元	39.00		4.90
	其中：税收收入	亿元	27.70		10.10
	财政支出	亿元	55.80		2.20
固定资产投资	全市固定资产投资				10.00
	其中：第一产业投资				-53.80
	第二产业投资				25.50
	第三产业投资				-5.90
农业	农业总产值	亿元	48.20		4.70
	粮食总产量	万吨	6.70		1.70
	油料总产量	万吨	1.20		2.30
	蔬菜总产量	万吨	7.50		3.70
	年末生猪存栏量	万头	11.00		26.70
	生猪出栏量	万头	20.60		3.60
	肉类总产量	吨	8.20		6.80
	水产品产量	吨	6592.00		2.50
建筑业	资质内建筑企业	家	60		
	资质内建筑企业完成建筑业总产值	亿元	85.50		9.50
	房屋建筑施工面积	万平方米	232.60		-7.10
	房屋建筑竣工面积	万平方米	104.40		12.20

续表

类别	指标	计量单位	绝对数	占比/%	比上年增长/%
交通运输业	年末民用车辆拥有量	万辆	9.90		4.10
	其中：私人汽车拥有量	万辆	8.60		1.70
邮电业	邮电行业业务收入	亿元	5.00		
	年末拥有固定电话用户	万户	3.50		
	年末拥有移动电话用户	万户	59.80		
	年末拥有国际互联网用户	万户	23.00		
金融业	年末金融机构各项人民币存款余额	亿元	489.40		9.60
	其中：住户存款余额	亿元	333.50		16.20
	年末金融机构各项人民币贷款余额	亿元	463.00		19.90
保险业	保费业务收入	亿元	4.40		
	其中：财产保险保费收入	亿元	2.60		
	人身保险保费收入	亿元	1.80		
	保险业务赔款和给付	亿元	2.30		
	其中：财产保险赔付	亿元	2.10		
	人身保险赔付	亿元	0.20		
人口	年末常住人口	万人	38.70		
人民生活	居民人均可支配收入	元	47644.00		7.20
	其中：城镇	元	56670.00		5.90
	农村	元	26741.00		7.80
环境保护	饮用水源地水质达标率	%	100.00		
	空气质量优良天数比例	%	95.60		
	当年人工造林面积	公顷	152.93		
	年末森林面积	千公顷	196.30		
	活立木总蓄积量	万立方米	1048.70		
	森林蓄积量	万立方米	1042.30		
	森林覆盖率	%	79.60		

二、科技创新发展情况

2023年宁国市科技创新发展情况见表3-8-15。

表3-8-15 2023年宁国市科技创新发展情况

指标	计量单位	绝对数
年末拥有省级以上研发机构	个	90
年末拥有高新技术企业	家	164
专利授权量	件	1331
其中：发明专利授权量	件	175

第四篇

创新发展

第一章　创新发展理论与实践

南京都市圈秘书处2023年5月印发实施《南京都市圈2023年度工作要点》，坚持“各扬所长、合作共赢”和“先易后难、逐年推进”原则，紧扣《南京都市圈发展规划》目标任务，聚焦基础设施、产业创新、统一市场、公共服务、生态环境、体制机制六大领域，共安排了60项重点任务。其中，基础设施方面，围绕加快建设“一小时通勤圈、一日生活圈”，明确优化毗邻区域重大基础设施布局，力争开工建设南京北站等9项重点项目；产业创新方面，明确推进南京区域科技创新中心和沿沪宁产业创新带建设，举办2023年南京都市圈创新合作（扬州）大会等14项重点任务；统一市场方面，明确发布新一批南京都市圈城市政务服务通办事项清单，探索都市圈内企业信用信息共享应用等13项重点任务；公共服务方面，明确提升医疗教育同城化发展水平，深化跨区域社会保障服务“一卡通”建设，推进文旅体育创新融合发展等12项重点任务；生态环境方面，明确组织开展长江流域重点水域禁捕执法行动，探索建立生态产品价值实现机制等8项重点任务；体制机制方面，明确推动都市圈城市协同立法，建立毗邻区（县）常态化对接机制等4项重点任务。

第一节　南京市创新发展理论与实践

2023年，南京市创新发展理论与实践重点分为经济、社会与法治、文化教育、乡村振兴4个专题，力争全面呈现中国式现代化南京新实践的新样貌，其具体内容主要着力于以下几个方面：一是围绕新发展格局下的南京经济发展，从总体经济形势、夜经济、开放型经济、国有资产管理、民营经济、居民消费、产业发展转型等方面进行了研判。二是从社会与法治角度对卫生健康事业、社区治理、法治服务保障等方面进行了研究。三是关注文化教育方面取得的成效，对文化数字化战略、教育事业及旅游景区发展进行了分析和展望。四是聚焦乡村振兴，对都市现代农业强市建设、农业现代化、城乡融合发展、和美乡村建设等方面进行了探讨。

一、产业高质量发展理论创新

南京市在2023年产业高质量发展理论创新中提出了一系列切实可行的措施和方案。通过产业强市建设、扩大有效投资、优化经济结构等多方面的努力，南京市将进一步推动产业高质量发展，实现经济社会的全面进步。

（一）产业强市建设

优化产业布局：根据南京市的经济社会发展实际和产业发展趋势，优化产业布局，推动产业集聚发展，形成一批具有国际竞争力的产业集群；发展新兴产业：重点发展人工智能、大数据、云计算、生物医药等新兴产业，推动产业结构升级，提升产业核心竞争力；培育龙头企业：借助政策扶持和市场引导，培育一批具有全球影响力的龙头企业，使其在产业发展中发挥引领与带动作用。

（二）扩大有效投资

创新投融资体制：优化投融资环境，拓宽融资渠道，降低融资成本，提高投资效率；加大基础设施建设投入：加强交通、能源、信息等基础设施建设，提升城市承载能力和服务水平；鼓励民间投资：放宽市场准入限制，鼓励民间资本进入重点领域和优势产业，激发民间投资活力。

（三）优化经济结构

推动服务业升级：加快发展现代服务业，提升服务业在国民经济中的比重和水平；深化农业现代化：推动农业向绿色、生态、高效的方向发展，提高农业综合生产能力和竞争力；发展循环经济和绿色产业：推广循环经济理念和技术，发展绿色产业，推动经济可持续发展。

二、原始创新发展理论创新

南京市在2023年通过强化原始创新和理论创新，不断推动科技创新取得新突破，为南京的现代化建设提供了强有力的支撑。同时，南京还注重人才引进和培养，打造了一批高水平的科技创新平台和团队，为科技创新提供了有力的人才保障。

（一）原始创新和科技成果

紫金山实验室初步建成6G端到端实验平台，6G光子太赫兹通信实时传输速率达到国际领先水平；国家第三代半导体技术创新中心（南京）平台实现第三代半导体——SiC（碳化硅）芯片的自主量产，并达到国际领先水平；2023年度国家科学技术奖中，南京有29项科研成果获奖，占全国总数的11.6%，获奖数量位居全国前列。

（二）科技创新取得新突破

自然指数—科研城市全球排名升至第六位，国家创新型城市创新能力评价居全国第四位；紫金山实验室建立业界首个6G综合实验室，10家全国重点实验室获批建设，累计达23家，占全省近四分之三；高新技术企业突破1万家，入库科技型中小企业超过2.3万家，新增国家级专精特新“小巨人”企业107家，总量达213家。

（三）科创生态与平台建设

全方位支持顶尖科学家领衔进行原创性、引领性科技攻关；原子制造研究所瞄准关键核心问题，逐步推动相关技术从“实验场”走向“应用场”。

（四）人才引育改革

出台人才强市“25条”和重点产业人才“7策”，推进科技人才评价改革试点；全域入选国家重点人才工程360人，数量居全省第一。

三、双循环经济发展理论创新

南京市在2023年积极响应国家“双循环”经济发展战略，致力于构建更高水平的双向开放经济循环体系。通过一系列理论创新和政策实践，南京市在促进国内国际双循环相互促进、协调发展方面取得了显著成效。

（一）持续推动外贸稳规模优结构

实施“一对一”联企服务问题清单销号制度，加强企业精准服务；积极组织企业参加国内外重点展会（如广交会、华交会等），加大市场开拓力度；举办与跨境电商发展相关的活动（如2023江苏跨境出海峰会等），加快跨境电商发展。

（二）加快服务业扩大开放综合试点

围绕科技服务、金融服务、商务服务等10个重点领域，积极谋划制度改革和政策创新；招引现代服务业项目，如希尔顿大中华区财务共享中心、金拱门数字科技等重点项目先后落地；在中国香港、美国圣路易斯等地开展政策推介和经贸交流活动，推介南京市服务业扩大开放综合试点政策。

（三）高标准推进自贸试验区建设

南京片区坚持以制度创新为核心，累计形成近200项制度创新成果，其中11项成果在全国复制推广，48项成果在全省复制推广；搭建FTA综合服务平台，高标准落实RCEP等自贸协定，对标高标准国际经贸规则，开展投资贸易、竞争中立、绿色低碳等领域改革试点；形成出入境高风险特色物品评估、“宁研通”境外参比制剂采购服务等开放创新服务体系。

（四）提升口岸服务保障功能

以入选2023年促进跨境贸易便利化专项行动试点为契机，不断推动口岸功能提升；优化口岸通关流程、加强航线服务保障、推动跨境贸易便利化。

第二节　镇江市创新发展理论与实践

2023 年，镇江市坚持将创新作为引领发展的第一动力，深入探索创新发展的理论与实践。通过深化对创新理念的理解和把握，镇江市在科技创新、制度创新、管理创新等多个方面取得了新的突破。市政府积极推动创新驱动发展战略的实施，努力构建以企业为主体、市场为导向、产学研相结合的技术创新体系，不断提升自主创新能力。镇江市积极融入南京都市圈，认真落实宁镇扬一体化发展，以宁镇扬“小三角”全面融入长三角“大三角”，以宁镇扬“中循环”全面助推全国“大循环”。

一、“四群八链”发展战略

（一）“四群”战略实施

镇江市的“四群”战略——高端装备制造、新材料、数字经济与生命健康四大产业集群，构成了城市经济转型升级、竞争力增强的核心引擎。该战略精准定位，旨在通过优化产业结构，引领经济迈向高质量发展之路。

第一，在高端装备制造领域，镇江市凭借坚实的工业底蕴，汇聚了一批竞争力卓越的企业。这些企业融合国际先进技术与本土研发实力，打造出拥有自主知识产权的高端装备，不仅稳固了国内市场地位，更在国际竞争中崭露头角。第二，新材料产业作为新兴增长点，在镇江市蓬勃发展。企业在新型金属材料、纳米材料等前沿领域持续创新，推动新材料产业不断升级，为城市经济注入强劲动力。第三，面对数字经济浪潮，镇江市积极拥抱变革，加快数字基础设施建设，赋能传统产业转型升级。同时，通过政策扶持与市场培育，一批创新力强、市场潜力大的数字经济企业迅速崛起，为城市数字经济发展注入了新活力。第四，在生命健康产业领域，镇江市依托深厚的生物医药与医疗器械产业基础，不断完善产业链，推动产业向高端、集群化方向发展。在健康医疗、健康管理等方面的显著进展，不仅提升了市民的健康福祉，也增强了城市的宜居性与综合竞争力。

（二）“八链”战略实施

镇江市在“八链”战略上精准布局，重点打造新型电力（新能源）装备、汽车及零部件（新能源汽车）、高性能材料、医疗器械与生物医药、新一代信息技术、航空航天、船舶海工装备及智能农机装备等八条产业链，实现了产业链的快速崛起与协同共进。特别是医疗器械与生物医药领域，通过产学研深度融合，创新技术加速转化，不仅提升了产品竞争力，更为产业链升级奠定了基石。

新能源领域亦成绩斐然，镇江市通过引进与培育双轮驱动，构建了新能源装备制造的完整产业链，为城市绿色发展注入了强劲动力。2023 年，“四群八链”应税销售收入实现年均 15%的强劲增长，总额超 4100 亿元，工业经济高质量发展成效显著，产业结构优化升级迈上新台阶。镇江市坚持以创新驱动为核心，深入实施产业强链行动，通过园区整合与科技创新政策，提升产业集聚度与承载能力，为企业协同发展拓宽空间。同时，激发企业创新活力，推动产业链向高端化、智能化、绿色化转型，为镇江市经济社会的持续健康发展提供了强大支撑。

二、科技创新环境优化

镇江市在 2023 年通过优化科技创新环境、推动创新资源集聚、提升创新发展效能和加强体制机制改革等措施，为城市的经济社会发展注入了新的活力。

镇江市全面优化科技创新环境，打造公共服务平台（如大学科技园），强化企业服务，激发创新创业活力。同时，推动创新资源向重点产业体系“四群八链”集聚，成立科技企业孵化载体联盟，吸引优质项目入驻。镇江国家大学科技园在高企培育、研发投入等方面成果显著，孵化能力突出，现代服务业集聚区获省级示范。此外，镇江还深化体制机制改革，整合优化开发园区，剥离社会事务管理职能，专注经济发展与创新，全面提升创新发展效能。

三、创新科技计划项目

镇江市2023年创新科技计划项目，涵盖了重点研发计划、创新能力建设、政策引导计划和专项支持计划等多个方面，将进一步提升镇江市的科技创新能力和核心竞争力，推动经济社会高质量发展。

重点研发计划聚焦于高端装备制造、新材料等主导产业及清洁能源等新兴领域，旨在攻克关键技术难题，促进产业升级，并强化与高校、科研机构的合作，提升自主创新能力。创新能力建设则通过加强科技创新平台、人才队伍建设及成果转化体系，夯实创新基础。政策引导计划利用政策与资金双重杠杆，降低创新成本，激发创新活力，并设立专项资金支持创新项目。专项支持计划则针对战略意义重大的项目及中小企业，提供特别扶持，并加强国际合作，引进国际创新资源，共同推动镇江市科技创新的全面发展。

第三节　扬州市创新发展理论与实践

2023年，扬州市在南京都市圈的创新发展中贡献显著。通过深化与都市圈成员城市的合作，扬州市不仅在产业转型升级上取得新突破，更在科技创新和公共服务优化上迈出坚实步伐。一方面，扬州市积极融入都市圈产业链，推动传统产业向高端化、智能化转型，同时培育壮大新兴产业，形成了特色鲜明、竞争力强的产业体系。另一方面，扬州市加大科技研发投入，提升自主创新能力，通过产学研深度融合促进科技成果转化，为都市圈的创新发展注入了新动力。此外，扬州市还不断优化公共服务，推进智慧城市建设，提高了城市治理效能和居民生活品质。这一系列创新理论与实践的举措，不仅展现了扬州市在南京都市圈中的担当和作为，也为推动都市圈整体高质量发展贡献了重要力量。

一、高质量发展理论创新

扬州市在2023年高质量发展理论创新方面取得了显著成效，特别是在创新主体培育、产业技术创新、科创平台建设和创新生态优化等方面取得了重要突破。这些创新成果的取得，为扬州市的经济社会发展注入了新的动力。

扬州市在2023年持续深化创新主体培育，优化政策环境以激励企业加大研发投入，同时引导高校与科研机构积极参与创新，显著增强了高新技术企业和科技型中小企业的创新能力与市场竞争力。在产业技术创新上，扬州市聚焦于主导产业与新兴领域，通过重大科技项目突破关键核心技术，推动产业优化升级，特别是在新材料、新能源及生物医药领域取得显著成就。此外，扬州市还加强了科创平台建设，引进优质资源共建高水平实验室与研究中心，促进科技成果的高效转化与产业化，实现创新链与产业链的深度融合。在优化创新生态方面，扬州市不断完善政策体系，强化知识产权保护，提升创新服务质量，并强化政府与其他创新主体的协同作用，共同营造出更加有利的创新环境。

二、扬州生态科技新城创新

扬州生态科技新城（以下简称新城）在2023年实现了创新主体的显著增长与高质量引进，高新技术企业与科技型中小企业数量均实现大幅提升，特别是科技型中小企业数量达到2770家。新城聚焦航空、生物医药等关键领域，成功实施多项产业关键共性技术攻关与重大科技成果转化项目，不仅推动了技术创新，也促进了传统产业转型升级。在科创平台建设上，新城通过引进大院名校共建高端创新平台，并与国内外知名机构深化合作，显著提升了科研实力。此外，新城还积极响应《扬州市科创载体高质量发展三年行动方案》，加速科创载体的优化与升级，已建成多个省级、国家级众创空间与孵化器，为创新创业提供了更加广阔的平台与机遇。

三、产业强链建设理论创新

2023 年，扬州市通过政策引领与布局、关键技术突破、创新能力建设、市场开拓扶持、项目招引与建设，以及营商环境优化等方面的综合施策，将进一步推动产业强链建设，为经济社会发展注入新的动力。

扬州市通过构建完善的政策体系与科学布局产业链，为产业强链建设奠定了坚实基础。在关键技术领域，扬州市加大研发投入，深化产学研合作，成功突破多项核心技术瓶颈，提升了产业链的整体技术水平。同时，扬州市注重创新能力建设，建设高水平创新平台，集聚高层次创新人才，为产业强链提供了强有力的技术支撑与智力保障。此外，扬州市还积极扶持市场开拓，鼓励企业加强品牌建设，支持企业拓展国内外市场，并优化贸易环境，降低贸易成本，提高贸易效率，为产业链的可持续发展注入了新的活力。

第四节　淮安市创新发展理论与实践

2023 年淮安市聚焦产业提质，深化科技创新，实施“4633”工程以打造一流营商环境，并突出绿色发展。同时，致力于改善民生福祉，强化项目招引，拓展对外开放，以及全面提升发展质量。这些举措旨在推动淮安市经济社会高质量发展，实现更加繁荣、绿色、宜居的未来。

一、加速产业转型升级

淮安市 2023 年加速产业转型升级的策略与实践主要体现在以下几个方面：

（一）产业体系创新

淮安市在推动经济转型升级方面取得了显著成果，特别是在新兴产业培育与“新三样”产业增长上表现突出。截至 2023 年，淮安市成功培育了新医药、新能源、新材料、软件和信息服务等五大战略性新兴产业，其销售总规模已突破千亿元大关，标志着淮安市在构建现代化产业体系上迈出了坚实步伐。同时，淮安市在电动汽车、锂电池、光伏产品等“新三样”产业上实现了快速增长，产值增幅高达 51.9%，成为推动当地经济发展的新引擎。

在重特大项目攻坚方面，淮安市同样表现出色。通过引进并推动天合光能、捷泰新能源等项目的投产，淮安市不仅成功培育了“新三样”产业的龙头企业，还带动了整个产业链的快速发展。这些项目的成功落地与投产，不仅为淮安市带来了显著的经济效益，更为其未来的可持续发展奠定了坚实基础。

（二）营商环境优化

淮安市在优化营商环境与政策环境方面采取了积极措施，成效显著。通过实施“4633”工程，淮安市致力于打造一个审批最少、办事效率最高、运营成本最低、政府服务最优的营商环境，为企业提供了更加便捷、高效的服务。同时，淮安市还出台了一系列优惠政策，涵盖税收减免、资金扶持、人才引进等多个方面，为企业的创新和发展提供了强有力的支持。这些举措不仅降低了企业的运营成本，提高了市场竞争力，还进一步激发了市场活力和创造力，为淮安市的经济社会发展注入了新的动力。

（三）绿色发展

在推动产业转型升级的进程中，淮安市始终秉持绿色发展理念，强化生态环境保护，积极促进绿色能源发展，提升清洁能源占比，并有效降低能源消耗与碳排放强度。同时，完善协同治理机制，明确县区责任，加强环保宣传，以彰显美丽淮安的生态底色。此外，还出台了多项优惠制度与绿色金融奖补政策，以实际行动支持绿色转型与可持续发展。

二、创新发展新道路

淮安市 2023 年创新发展新道路以产业提质、科技创新、营商环境优化、绿色发展和民生福祉改善为重点方向，旨在推动经济社会高质量发展，打造现代化创新型城市。

（一）聚焦产业提质，打造现代化产业体系

淮安市在经济发展中双管齐下，一方面持续加大新兴产业培育力度，特别是在新医药、新能源、新材料、软件和信息服务等领域取得了显著成效，新兴产业销售总规模已超千亿元，成为驱动经济高质量发展的强劲引擎；另一方面，通过技术创新与产业升级，积极改造纺织、机械等传统产业，有效提升了产业附加值与市场竞争力。

（二）深化科技创新，构建创新驱动体系

淮安市在科技创新领域成果丰硕，不仅加强了科技创新平台建设，成功引进并培育了高水平创新团队与科研机构，显著提升了科技创新实力；还积极实施科技招商倍增行动，全年招引科技项目超 400 个，落地项目与签约“揭榜挂帅”项目均取得亮眼成绩，有力推动了科技成果的转化与产业化进程。

（三）优化营商环境，提升政府服务水平

淮安市致力于优化营商环境，围绕“四最”目标，通过简政放权、提升服务效率与降低成本等措施，全力打造一流营商环境，实现审批事项精简、办事效率提升与运营成本降低。同时，出台系列优惠政策，涵盖税收减免、资金扶持及人才引进等方面，并强化政策宣传解读，确保企业充分受益，为企业发展营造更加有利的环境。

三、城乡融合生态创新

淮安市 2023 年城乡融合生态创新的实践主要体现在以下几个方面：

（一）城乡融合发展

淮安市在城市建设与民生改善方面成效显著，通过“四大工程”推进中心城市重点项目，全年投资约 45 亿元，其中老旧小区与棚户区改造工作屡获佳绩。同时，城市功能不断完善，道路交通与基础设施建设取得重要进展。此外，文旅融合发展成果丰硕，重点文旅项目与古城保护改造有力推进，2023 年旅游综合收入达 56 亿元，为城市发展注入了新的活力。

（二）生态创新与发展

2023 年淮安市通过城乡融合和生态创新，实现了经济社会的高质量发展。一方面，通过城市建设和民生改善，加强了城乡融合，提高了城市品质和居民幸福感；另一方面，通过生态环境治理和绿色能源发展，实现了绿色低碳转型，促进了可持续发展。淮安市在生态文明建设方面取得显著成效，深入践行习近平生态文明思想，污染防治成效显著，空气质量持续改善。同时，淮安市积极推动绿色能源发展，清洁能源比重不断提升，在新能源汽车与光伏发电等领域取得重要突破。此外，还加速构建绿色制造体系，孵化和培养绿色领军企业，为可持续发展奠定坚实基础。

第五节　芜湖市创新发展理论与实践

芜湖市 2023 年在创新发展理论与实践上取得了显著成效。在深度融入长三角一体化发展的大背景下，芜湖市积极实施创新驱动发展战略，通过加强科技创新、优化产业结构、深化改革开放等措施，实现了经济社会的高质量发展。一是科技创新驱动：芜湖市坚持科技创新引领，加强创新平台建设，全年新增高新技术企业、科技型中小企业数量显著增长。通过实施“赤铸之光”科技攻关计划，聚焦十大新兴产业中的优势领域，开展有组织的科研攻关，取得了一批标志性成果。二是产业结构优化：芜湖市以“产业+科创”为定位，推动产业提质升级。新兴产业培育成效显著，同时加快传统产业改造提升，提高了产业附加值和市场竞争力。此外，芜湖市还积极参与长三角地区合作，推动区域产业协同发展。三是深化改革开放：芜湖市持续深化改革，优化营商环境，激发市场活力。积极扩大对外开放，加强与国内外企业和机构的合作，吸引了一批高质量项目落户。

一、共建长三角科技创新共同体

芜湖市在2023年通过深化科技合作、推动关键技术攻关与成果转化、优化科技创新环境与服务、构建长三角科技创新共同体新局面等举措，为长三角地区的科技创新合作与交流注入了新的活力。

（一）深化与长三角地区的科技合作

芜湖市在推进区域协同创新方面，积极加强与长三角区域其他城市的合作，通过共建联合实验室、技术创新中心等方式，实现了科研资源的共享与优势互补，有力推动了区域科技创新能力的提升。同时，借鉴并实施“科创飞地”项目模式，探索在长三角核心区域设立创新基地，旨在打造接轨先进地区、融入区域一体化的前沿平台，促进与周边城市的深度融合与共同发展，共同开创合作共赢的未来。

（二）推动关键技术攻关与成果转化

芜湖市紧密围绕“一体化”与“高质量”发展理念，深度融入长三角区域合作，积极参与联合攻关计划，在集成电路、人工智能、生物医药等前沿领域取得关键技术突破，彰显了强大的科技创新实力。同时，借助“科创飞地”等创新平台，成功吸引了众多海内外高端人才，为芜湖企业注入了强大的创新活力，并有效推动了创新成果的跨区域转移转化，为区域经济的高质量发展注入了新的动力。

（三）优化科技创新环境与服务

芜湖市在优化营商环境与科技创新投入方面展现了显著成效。通过实施“4633”工程等创新举措，该市有效提升了审批效率，降低了企业运营成本，为科技创新提供了高效便捷的服务保障。同时，芜湖市还加大了科技创新投入力度，构建了政府引导、企业主体、市场运作的多元化科技创新投入机制，为科技创新活动提供了充足的资金支持和良好的市场环境。这些举措共同推动了芜湖市科技创新能力的持续提升，为区域经济的高质量发展注入了强劲动力。

（四）构建长三角科技创新共同体新局面

芜湖市积极融入长三角科技创新共同体建设，通过共建G60科创走廊、联合举办科技创新活动等形式，深化了与长三角区域的科技创新合作与交流。同时，充分发挥其桥梁纽带作用，强化与长三角其他城市的协同发展，携手打造具有全球影响力的科技创新高地。

二、科技金融深度融合发展

芜湖市每年设立10亿元产业创新专项资金，并配套金融支持政策，强化科技创新金融支撑。推出“科技贷”“园区贷”等金融产品，优化服务流程，满足企业融资需求。实施风险补偿与激励机制，激励金融机构服务中小企业。深化政银企合作，促进三方交流。科技金融深度融合推动产业升级，为地方经济注入新活力。

三、打造双创生态环境

一是通过设立产业创新专项资金、加强创新平台建设等措施，完善科技创新体系。二是优化金融生态环境，推出专项金融产品，构建多元化投入机制，建立风险管理机制。三是出台多项政策文件支持科技型企业发展，深化改革优化营商环境。四是积极构建双创生态，引进和培养高端人才，打造创新创业服务平台，促进产学研合作与科技成果转化。

第六节　马鞍山市创新发展理论与实践

马鞍山在2023年继续深化创新发展的理论与实践，通过规划交通的无缝对接、精准赋能的体制机制改革，以及场景创新的实施，推动城市经济社会的高质量发展。在这一年里，马鞍山不仅在经济指标上取得了显著成绩，更在创新道路上展现了卓越的实践能力和战略眼光，为长三角一体化进程和现代化建设注入了强劲动力。

一、区域协调发展理论创新

马鞍山在2023年区域协调发展理论创新方面通过规划交通无缝对接、体制机制精准赋能等措施，有效推动了区域经济社会的高质量发展，为长三角一体化进程注入了强劲动力。

在交通无缝对接上，通过加强与沪苏浙及南京、合肥等城市的规划合作，推进了重大交通项目的共谋共建，显著提升了区域空间功能连续性和基础设施互联互通水平。同时，马鞍山精准施策，通过体制机制改革和创新行动，如制定一体化发展工作机制、实施“企声响应”专项行动等，激活了内生合作动力，拓宽了对外合作渠道，营造了与沪苏浙无差别的政策环境。在经济数据方面，马鞍山市的经济实力持续增强，一般公共预算收入、金融机构存贷款余额、社会消费品零售总额，以及外贸进出口总额均实现了稳步增长，充分展现了其在区域协调发展理论创新方面的有效实践和丰硕成果。这些成就不仅为马鞍山自身的发展注入了强劲动力，也为推动长三角区域一体化发展作出了积极贡献。

二、绿色转型理论创新

2023年以来马鞍山市坚持以绿为笔，突出减污降碳，坚定不移地走生态优先、绿色发展之路，绿色经济不断发展壮大，交出了一份亮丽的“绿色答卷”。

（一）坚持绿色发展理念

马鞍山市坚定秉持“绿水青山就是金山银山”的绿色发展理念，将生态环境保护置于战略高度，不断探索和实践绿色转型的新模式与新路径。为进一步强化长江生态保护意识，马鞍山市于2023年12月13日由市人大常委会正式设立“马鞍山长江保护日”，并科学组织增殖放流活动，旨在携手社会各界共同守护长江流域的生态环境安全，让长江大保护的理念深入人心，成为推动经济社会可持续发展的重要支撑。

（二）实施节能降碳措施

马鞍山市在绿色转型方面取得了显著成效。通过编制并实施全市碳达峰实施方案等系列规划，积极引领多个省级以上园区开展节能降碳循环化改造，有效推动了能源利用效率和环境质量的双重提升。同时，加强对企业的指导与支持，推动多家企业成功实施污染减排项目，全市单位地区生产总值能耗实现了1.1%的下降，充分展现了马鞍山市在绿色转型道路上的坚定步伐和显著成果。

（三）推动产业绿色化

马鞍山市在推动能源、产业、交通三大结构转型升级方面展现出强劲动力，致力于构建高效、清洁、低碳的绿色发展体系。其中，马钢集团凭借其在绿色生产方面的卓越表现，荣获首批国家级“绿色工厂”称号，成为全市乃至全省绿色转型的典范。同时，马鞍山市在绿色供应链管理企业和环保装备制造业方面也取得了显著进展，新增国家级企业数量位居全省前列，进一步提升了产业的“含绿量”，为区域经济的可持续发展奠定了坚实基础。

（四）促进“两山”转化

马鞍山市坚定秉持绿色发展理念，致力于将“绿水青山”转化为“金山银山”，积极探索生态与经济双赢的发展路径。通过不懈努力，成功实现了一批项目从优美的生态环境向“美丽经济”的华丽转身。其中，马钢“绿色钢铁”主题园区以其绿色生产模式和环保理念，成为钢铁行业绿色转型的标杆；大青山野生动物园则依托丰富的自然资源，打造了集生态保护、科普教育、休闲旅游于一体的综合性项目，为当地经济发展注入了新的活力。这些项目的成功实施，不仅彰显了马鞍山市在绿色转型方面的坚定决心和卓越成就，也为其他地区提供了可借鉴的宝贵经验。

三、产业协同融合发展

马鞍山2023年在产业协同融合发展方面取得了显著成效，通过形成多个产业集群、推进重点项目提速、加快融入长三角、嵌入产业链供应链创新链等措施，实现了产业协同发展的“速度与激情”。

（一）产业集群建设加速

马鞍山市在2023年持续深化产业协作，取得了显著成效。通过精准布局和积极引进，成功形成了多个具有竞争力的产业集群，包括马鞍山经开区的新能源及汽车产业、慈湖高新区的通信通讯产业，以及郑蒲港新区的集成电路产业等。这些产业集群的崛起，不仅促进了产业链上下游的紧密合作，还推动了技术、人才、资金等要素的集聚与优化配置，为马鞍山市的产业协同融合发展奠定了坚实基础。同时，马鞍山市还积极对接长三角一体化发展战略，成功引进了一批重大项目，如宁波奥克斯、浙江天能、南京泉峰等。这些项目的落地投产，不仅为马鞍山市的经济发展注入了新的强劲动力，还进一步增强了产业集群的竞争力，提升了马鞍山市在长三角区域乃至全国范围内的产业地位和影响力。

（二）重点项目提速

马鞍山市在推动制造业高质量发展方面采取了有力措施，实施了“制造业三年倍增攻坚年”活动。通过工业技改攻坚和重点项目提速等实际行动，马鞍山市致力于促进制造业的转型升级和提质增效，努力实现制造业的“三年倍增”目标。这一战略举措不仅展现了马鞍山市对制造业发展的高度重视，也为其经济的持续增长注入了强劲动力。同时，马鞍山市还积极举办各类招商活动，吸引优质项目落户。例如，在2023中国（马鞍山）互联网大会上，来自南京都市圈的众多企业云集一堂，现场集中签约了23个重点项目。这些项目的成功签约，不仅为马鞍山市的产业发展注入了新的活力，也进一步巩固了其在长三角一体化发展中的重要地位。这些举措的实施，为马鞍山市的未来发展奠定了坚实基础。

（三）对接融入长三角

马鞍山市在推动区域互联互通和园区合作方面取得了显著进展。在交通互联互通方面，马鞍山正加快融入南京都市圈和合肥都市圈，通过一系列重大交通项目的建设，如宁马城际架梁工程的快速推进、巢马高铁建设稳步推进，以及宁马高速“四改八”马鞍山段的建成通车等，进一步强化了与周边城市的交通联系，为区域协同发展提供了有力支撑。同时，马鞍山市还高度重视园区合作，通过高标准建设江宁—博望新型功能区，以及与沪苏浙重点地区新签订5个园区合作协议，实现了跨区域重大项目的共谋、共商、共建。这种合作模式不仅促进了资源的优化配置和产业的协同发展，还有效提升了马鞍山市的产业竞争力和创新能力，为全市经济社会的持续健康发展注入了新的活力。

（四）产业协同发展效应放大

马鞍山市积极融入南京都市圈，深度嵌入长三角地区的产业链、供应链和创新链，通过协同合作放大产业效应。重点项目建设如马鞍山泉峰高端汽车零部件智能制造项目进展显著，该项目集研发与生产于一体，致力于成为安徽省最大的汽车高端零部件生产基地，进一步推动了区域经济的协同发展。

第七节　滁州市创新发展理论与实践

滁州市在2023年积极响应国家创新发展战略，充分利用自身资源优势，全面推进创新发展理论与实践。滁州市聚焦于工业互联网建设、数字经济赋能、新兴产业发展、创新驱动发展战略、营商环境优化、人才引育战略，以及生态文明建设等方面，取得了显著成效。滁州市通过加大科技创新力度、优化营商环境、引进和培养高层次人才、强化生态文明建设等措施，有效推动了经济社会的高质量发展。

一、双招双引，百日攻坚

滁州市在2023年全力推进“双招双引”工作，实施百日攻坚行动，通过精准聚焦新兴产业，全力攻坚重大项目，滁州市在招商引资和招才引智方面取得了显著成果。在这一百日攻坚期间，滁州市不仅成功签约落地了一批亿元以上项目，还开工建设了多个重大项目，为区域经济发展注入了新动能。同时，滁州市还不断优化营商环境，提升服务质量，为吸引更多优质企业和人才创造了良好条件。这一系列的努力和成绩，充分展现了滁州市在推动高质量发展方面的决心和实力。

二、高质量发展理论创新

滁州市在 2023 年致力于高质量发展，理论创新成为推动发展的核心动力。通过加强工业互联网创新，提升制造业发展水平，优化工业经济结构，并深度融合新技术，滁州市正迈向更高端、智能、绿色的产业格局。同时，积极融入长三角一体化发展战略，优化经济运行效率，不断改善营商环境，强化招商引资力度，为吸引更多优质企业和项目落户滁州创造了有利条件。

三、"发展一盘棋"

滁州市在 2023 年通过坚持"发展一盘棋"的理念，全面推动经济社会的高质量发展，实现了经济增长、产业升级、区域合作、招商引资、经济运行优化和生态环境保护等成效。

滁州市全年经济增长稳健，地区生产总值达到3782 亿元，同比增长 6.4%，伴随产业结构优化为 7.8∶49.2∶43.0，其中制造业增长尤为显著，贡献了地区生产总值的 39.5%。创新驱动成为产业升级的核心，工业互联网及人工智能、大数据等新技术融合应用，推动制造业智能化升级。同时，滁州积极融入长三角一体化，强化区域合作，打造产业辐射腹地与绿色农产品基地。招商引资成果斐然，亿元以上项目签约、开工、竣工、投产数量均创新高，营商环境持续优化，政务服务效率与企业满意度显著提升。

第八节　宣城市创新发展理论与实践

宣城市在 2023 年坚持以创新为核心的发展理念，通过强化理论学习、实施创新发展战略、推进工业互联网及 5G 基站建设、深化社会实践、提升科技创新等多方面工作，取得了显著成效。

一、高质量发展"新高地"

宣城市经济发展迅速，全年经济表现位居全省第三，多项主要经济指标增速领跑全省。产业结构优化成效显著，通过"6543"计划推动制造业与高新技术产业飞跃，新兴产业蓬勃兴起。在科技创新领域，宣城市名列全省前茅，高技术制造业增长迅猛，同时吸引了多家主板上市公司入驻，人才引进与培养实现历史性突破，创新能力与竞争力显著提升。项目建设与招商引资成果斐然，大项目密集开工投产，招商引资策略优化，成功引进多个百亿级项目，为高质量发展注入了强劲动力。此外，宣城市积极融入长三角一体化发展，作为桥头堡角色，与周边地区深化合作，成功举办多项产业交流活动，进一步巩固了其在长三角地区的重要地位与影响力。

二、科技创新全面提升

宣城市在 2023 年实现了科技创新的全面提升，创新平台建设、科技成果转化、研发投入、产业发展，以及创新环境等方面均取得了显著进展。

宣城市在创新平台建设上取得显著突破，聚焦现代产业体系与"2+3+4"产业链，积极推进高能级创新平台构建，并力争国家级平台建设新进展。同时，企业技术中心建设成效显著，提升了自主研发能力。科技成果转化能力大幅增强，通过高新技术企业培育、产学研合作等举措，促进了科技成果的转化与应用。研发投入持续增长，企业创新活力得到激发。科技创新不仅引领了产业发展，还在多个领域实现了核心技术突破，培育了一批具有核心竞争力的创新型企业，为宣城市的产业升级和转型注入了强劲动力。

三、点线面推动数字化转型

宣城市在 2023 年通过点线面相结合的方式，全面推动数字化转型取得了显著成效。这不仅提高了宣城市的制造业竞争力和产业数字化水平，也为其他城市的数字化转型提供了可借鉴的经验和模式。

宣城市全面推进数字化改造项目，精选 316 个重点项目入库，已启动 134 项改造，并计划全年实现重点企业全覆盖。同时，“机器换人”计划部署近 5000 台工业机器人，提效增质。在数字化车间与智能工厂建设上，宣城已打造 55 个省级数字化车间和 12 个省级智能工厂，实现生产流程的智能化升级。区域型平台如“工业大脑”及 5G 工业互联网创新中心成效显著，入驻企业众多，自研工业操作系统发布。此外，宣城与多家知名工业软件服务商合作，共促产业数字化转型。政策方面，《宣城市产业数字化转型发展三年行动计划》为转型提供明确指引，而 5G 网络等基础设施的完善，更为数字化转型奠定了坚实基石。

第九节　溧阳市创新发展理论与实践

溧阳市在 2023 年深入贯彻创新发展理念，通过政策引领、经济提质增效、城乡科学规划、资源高效配置、科技创新驱动、民生持续改善，以及制度的不断完善，实现了经济社会全面进步。这一年，溧阳市不仅在经济领域取得了显著成绩，还在社会民生、自然生态等多个方面实现了创新发展，为构建更加美好的城市奠定了坚实基础。

一、科技创新加速赋能

溧阳市在 2023 年通过政策引领、科技创新平台建设、科技创新券支持、产学研合作与科技成果转化，以及数字化与智能化发展等多种方式，实现了科技创新的加速赋能。

溧阳市深入贯彻国家创新驱动发展战略，通过政策引领与科技创新平台构建，如天目湖先进储能研究院等，为科技创新奠定坚实基础。科技创新成果斐然，新锐企业如溧阳天目湖先进储能技术研究院有限公司崭露头角，彰显新能源领域强劲实力。同时，实施科技创新券政策，激励企业加大研发投入，公示并资助多个创新项目，激发市场创新活力。溧阳市还强化产学研合作，促进科技成果高效转化，并通过数字化转型，推动智能制造与工业互联网发展，提升传统产业竞争力，加速产业升级转型步伐。

二、产城融合步伐“大提速”

溧阳市在 2023 年产城融合的步伐“大提速”，得益于政策引领、经济高质量发展、科技创新、城乡规划建设与资源要素供给等多方面的共同推动。

溧阳市在推动产城融合方面展现出全面而深入的策略与实践。政策引领与科学规划先行，深入学习贯彻党的二十大精神及习近平总书记考察江苏重要讲话，制定并实施了古渎片区开发建设的长期规划，为未来发展指明了方向。经济层面，溧阳市地区生产总值稳步增长，工业总产值显著提升，尤其是规模以上工业的高速增长，为产城融合奠定了坚实的经济基础。同时，溧阳市坚持创新驱动，高新技术产业发展迅速，新能源汽车与高端不锈钢等产业集群的形成，为产业升级与城市发展注入了强大动力。在城乡规划与建设上，溧阳市注重融合发展，通过基础设施延伸与片区更新调整，促进城乡一体化进程，古渎片区作为产城融合的关键区域，正加速推动规划落地，实现产业的提质增效。

三、创新发展新理念

溧阳市在推动全面发展中，以习近平新时代中国特色社会主义思想为指引，通过精准规划与政策引导，确保了创新发展的方向清晰、步骤有序。在经济领域，溧阳市聚焦“2+2+X”特色产业集群，实现了工业总产值与地区生产总值的稳健增长，特别是在新能源产业方面取得了显著成就，为经济高质量发展注入了新活力。同时，溧阳市坚持创新驱动发展战略，大力推动高新技术产业产值增长，高新技术企业数量不断增加，逐步构建起创新型县市的坚实基础。在产城融合方面，溧阳市以古渎片区开发为重要抓手，加速城乡一体化进程，提升城市综合承载能力与公共服务品质，为居民创造更加宜居宜业的生活环境。

第十节 金坛区创新发展理论与实践

金坛区在 2023 年创新发展理论与实践上取得了显著成效。通过深入学习贯彻习近平总书记关于科技创新的重要论述，金坛区大力实施创新驱动发展战略，推动科技创新“变量”转化为高质量发展“增量”。在科技创新方面，金坛区建立了完善创新主体培育机制，科技型中小企业数量显著增长，高新技术企业、独角兽企业等不断涌现。同时，金坛区积极打造高能级创新平台，如常州国家农业科技园区、华罗庚创新中心等，为科技创新提供了有力支撑。此外，金坛区还加强了与长三角地区的产业合作，推动产业创新跨区域协同，进一步提升了产业竞争力。这些创新发展的理论与实践，为金坛区打造“生态创新区科创未来城”提供了有力支撑，展现了金坛区在创新驱动高质量发展上的坚定决心和积极行动。

一、持续高质量发展

金坛区经济发展势头强劲，全年地区生产总值实现 1302. 92 亿元，同比增长 8. 2%，产业结构均衡且持续优化。重点企业如裕能石英、贝特瑞新能源等纳税超亿元，中创新航、东方日升等销售破百亿，彰显了企业在经济增长中的核心作用。同时，金坛区在科技创新与企业培育上成绩斐然，新增国家智能制造示范工厂、专精特新“小巨人”企业等多项荣誉，科技创新能力与品牌影响力显著增强。特别是“江苏精品”的广泛覆盖及市长质量奖的获得，为金坛区高质量发展增添了新动力。此外，金坛区还加速推进产业转型升级，通过智能化改造和数字化转型，促进“五新产业”蓬勃发展，新能源及新能源汽车产业更是成为经济增长的重要支柱，为区域经济高质量发展注入了强劲动力。

二、“宜居城市”争先锋

金坛区在 2023 年“宜居城市”建设中展现出了先锋姿态，通过老旧小区改造、城市绿化、公共服务提升、文明城市建设和居民文明素养提升等多个方面的努力，打造了一个更加宜居、舒适、美丽的城市环境。

金坛区在 2023 年通过改造 10 个老旧小区，显著改善了 7543 户居民的居住环境，市政配套、公共服务及室外环境等多方面的提升，使居民生活更加便捷舒适。同时，城市绿化与环境整治工作也取得了重大进展，丹阳门南路、北环西路等道路的绿化升级，以及公路沿线的环境整治，让城市面貌焕然一新，为市民提供了更多绿色休闲空间。在公共服务方面，金坛区加大对社会保障、就业及教育的投入，实现了相关支出的显著增长，有效提升了公共服务水平，增强了市民的幸福感与获得感。此外，金坛区还全面推进文明城市建设，实施“三标融合”考核，加速公园城市建设，如彭公桥口袋公园的落成，进一步丰富了市民的文化生活。金坛区注重居民文明素养的提升，通过乡风文明建设与积分制等创新机制的应用，有效促进了市民道德素质与文明行为的提升，为构建和谐社会、推动城市可持续发展奠定了坚实基础。

三、绿色生态，文明建设

金坛区在绿色生态与文明建设方面取得了显著成就。在水质方面，通过“六个统一”制度，太湖流域水质显著改善，长荡湖水质达近 5 年最佳。同时，空气质量连续 3 年达标，$PM_{2.5}$ 浓度大幅下降，位居全市前列。在农业面源污染治理方面，金坛作为省级试点，积极探索精准治理模式。在文明建设领域，金坛区已建成大量公园绿地，人均公园绿地面积近 20 平方米，并计划新增绿化面积。乡风文明建设成效显著，汀湘村等地通过制定村规民约、推广文明婚礼等方式，提升了村民精神面貌与市民素质。

第二章　政策创新

2023年，《南京都市圈发展规划》实施进入第三年。苏皖两省发改部门联合印发的《南京都市圈建设2023年省际合作重点任务》，围绕需要省级层面沟通协调的问题，聚焦两省合作重大政策、重大事项、重大项目，坚持可操作、可评估、可跟进原则，从6个方面提出21条具体事项。这6个方面包括健全一体化发展体制机制、推进基础设施一体化建设、促进产业创新协同、服务构建全国统一大市场、推进公共服务便利共享、强化生态环境共保联治等。聚焦省内协同、强化支持指导，由江苏省发展改革委印发实施《南京都市圈2023年省内合作重点任务》，立足南京都市圈省内成员城市，聚焦需要省级层面沟通协调和指导支持的重要事项，采用清单化、项目化方式，围绕重大工程项目、重大载体平台、重点推进事项谋划提出13条具体合作事项。

第一节　南京市的政策创新

2023年南京市坚持以习近平新时代中国特色社会主义思想为指导，以全面贯彻党的二十大、二十届二中全会精神和习近平总书记对江苏工作重要讲话重要指示精神为主线，认真落实党中央国务院、省委省政府和市委决策部署，牢牢把握“走在前、做示范”重大要求，紧紧围绕“四个走在前”“四个新”重大任务，顶住外部压力、克服内部困难，统筹抓好改革发展稳定各项工作，着力扩大内需、优化结构、提振信心、防范化解风险，疫情防控平稳转段，经济运行承压恢复、回升向好，高质量发展扎实推进。

一、社会保障

南京市在2023年社会保障工作中取得了显著成绩。通过促进就业、加强社会保险保障、优化社会保险补缴与缴费标准，以及完善社会保障服务体系等措施，为市民提供了更加全面、便捷、高效的社会保障服务。

（一）就业促进与职业培训

全市在就业领域取得显著成效，新增城镇就业23.1万人，并帮助10.61万人实现再就业，拓宽了市民的就业与再就业渠道。同时，积极扶持自主创业，成功培育4.55万名自主创业者，其中特别助力7604名离校5年内高校毕业生及4048名农民创业，显著激发了社会创业热情。全年实施补贴性职业技能培训达14.65万人次，有效提升了劳动力的就业技能与市场竞争力。此外，还加强了就业服务体系建设，新建45个标准化“家门口”就业服务站，并对6461名困难群体进行了就业兜底帮扶，确保零就业家庭实现“动态清零”，持续增强就业服务的可及性和有效性。

（二）社会保险保障

2023年末，南京市社会保险体系运行稳健，基本养老保险、失业保险及工伤保险参保人数分别达到440.22万、350.55万和391万。基本养老保险基金实现稳健增长，总收入875.43亿元，同比上升6.5%，总支出663.61亿元，增长6.3%。失业保险基金总收入34.39亿元，微增1.1%，而支出则显著增长至30.06亿元，增幅达13.3%。工伤保险基金亦表现良好，总收入19.91亿元，上涨9.4%，支出

16.62亿元，大幅增长27.1%。此外，南京市失业金待遇支付标准设定在每月1575元至2280元之间，有效保障了失业人员的基本生活需求。

（三）社会保险补缴与缴费标准

南京市社保中心针对以个人身份参与企业职工基本养老保险的个体工商户及灵活就业人员，特开放补缴通道，允许其在2023年底前补缴2022年及2023年度未缴的养老保险费用，以保障其缴费年限的连续性。同时，依据最新通知，南京市已明确2023年度企业职工与机关事业单位基本养老保险的缴费工资基数上下限，其中下限设定为4494元。值得注意的是，各类参保群体如灵活就业人员、城乡居民等，其社保缴费标准均有所区分，并享受相应的财政补助政策。

（四）社会保障服务体系

2023年末，南京市人力资源和社会保障服务网络日臻完善，全市共设有102个街道（镇）级服务所及1268个社区（村）级服务站，配备专业人员3213名，实现了标准化服务平台的广泛覆盖。在信息化服务方面，全年新制发社会保障卡127万张，累计持卡人数攀升至1363万，电子社保卡申领率高达94.71%，显著提升了服务便捷性。同时，依托12333热线、江苏人社网上办事服务大厅等多元化渠道，为市民提供了更加高效、便捷的社会保障服务。

二、产业空间发展

南京市2023年的产业空间发展方面，通过超前布局未来产业、优化产业结构、加大高新技术产业投资、建设高端创新平台与独角兽企业、打造产业集聚园区，以及优化政策扶持与市场环境等措施，推动了产业的快速发展和转型升级。

（一）产业布局与结构优化

南京在产业规划与发展上展现出了前瞻性与均衡性。一方面，积极抢占未来产业发展先机，新一代人工智能、第三代半导体等六大未来产业领域实现营业收入约1920亿元，同比增长28%，彰显了“2+6+6”创新型产业集群中未来产业的核心驱动力。另一方面，南京的传统支柱产业如电子信息、汽车等保持稳健增长，为经济提供坚实支撑。同时，软件和信息服务、新型电力装备等国家先进制造业集群，以及新能源汽车、智能制造装备等六大战略性新兴产业蓬勃发展，在国内市场占据重要地位，在南京经济版图中熠熠生辉，实现了传统产业与新兴产业的双轮驱动、并进共荣。

（二）产业投资与科技创新

2023年，南京高新技术产业投资实现显著增长，总额达到802.46亿元，同比增长7.7%，彰显了南京对高新技术产业发展的坚定支持与持续投入。与此同时，南京的高端创新平台也展现出强劲实力，其高端实验室在新型网络架构、第三代半导体等关键领域取得多项国际领先的技术突破，预示着这些先进技术即将步入产业化快车道，为南京产业升级注入强劲动力。此外，南京还孕育了众多独角兽企业，这些企业广泛分布于集成电路、创新药、智慧出行等前沿领域，不仅总估值达到较高水平，更以其独特的创新能力和市场潜力，成为引领南京产业创新发展的重要引擎。这些独角兽企业的崛起，不仅丰富了南京的产业结构，也进一步提升了南京在全球创新版图中的影响力。

（三）产业空间载体建设

南京将高新区定位为产业发展的核心引擎，实施“一园区一赛道”战略，有效促进了资源的集中优化配置，加速了特色产业集群的形成。这种发展模式不仅增强了园区的核心竞争力，也为产业创新发展提供了肥沃的土壤。同时，南京致力于深化产业集聚与园区建设，通过构建完善的产业链、供应链、创新链及人才链，显著提升了供给与需求之间的适应性和匹配度。在第三代半导体等前沿领域，南京更是取得了突破性进展，如碳化硅电力电子芯片的国产替代成功，并批量应用于新能源汽车行业，展现了其强大的技术创新能力和市场转化效率。这些成就不仅推动了南京本地产业的升级转型，也为全国乃至全球的产业链发展贡献了重要力量。

（四）政策扶持与市场环境

南京市政府在推动产业强市与科技创新的道

路上，展现出高度的政策创新力与优化能力。通过发布《南京市推进产业强市行动计划（2023—2025年）》等政策文件，南京明确了集合政产学研力量、构建现代化产业体系、加速产业强市建设的战略路径。同时，江苏省层面的《加快科技创新引领未来产业发展“5个100”行动方案（2024—2026年）》也为南京乃至全省的科技创新与产业发展提供了强有力的支撑，旨在突破前沿技术、培育行业标杆企业、强化科创园区建设等关键领域。在市场环境营造方面，南京致力于打造长期稳定可预期的制度、法治与市场环境，为产业发展注入强劲动力。通过持续优化营商环境、加大政策扶持力度、激发科技创新活力等一系列举措，南京成功吸引了众多优质企业与高端人才前来投资兴业，为城市的经济社会发展注入了新的活力与动能。

第二节　镇江市的政策创新

镇江市在2023年通过深化“24千将”服务机制、成功举办双碳金山峰会、推出“镇合意”3.0版优化营商环境，健全产业项目“前评估+后评价”体系等一系列创新举措，不仅加速了项目建设，推动了产业转型升级，强化了低碳发展氛围，为实现高质量发展奠定了坚实基础。

一、社会保障

镇江市在2023年的社会保障工作中取得了显著成效，通过提高困难群众生活保障标准、推进社保卡“居民服务一卡通”工作、完善社会保障体系和加强社会保障基金监管等措施，进一步织密织牢了社会保障网，为全市人民的幸福生活提供了有力保障。

（一）提高困难群众生活保障标准

自2023年7月1日起，镇江市对多项社会救助与保障标准进行了上调，以更好地满足困难群众及特殊群体的基本生活需求。其中，城乡低保标准统一提升至每人每月840元，较去年有所增加，有效增强了低保家庭的生活保障力度。针对特困人员，农村特困供养基本生活标准提升至每人每月1100元，而城市特困供养标准在镇江市区则维持原有水平，即每人每月1745元，目前暂未调整。此外，为全面覆盖并提升弱势群体的福祉，镇江市还对集中供养孤儿、社会散居孤儿、困境儿童及困难残疾人的保障标准进行了相应调整，确保这些特殊群体能够享受到更加充分和适宜的社会关爱与支持，从而进一步提升社会整体的公平与和谐。

（二）推进社保卡“居民服务一卡通”工作

镇江市在社保卡“居民服务一卡通”工作上取得了显著进展，通过与各合作金融机构的紧密协作，不断拓展社保卡的应用领域，为市民提供了更加便捷、全面的服务。目前，句容市等地已成功换发数十万张三代社保卡实体卡，并同步签发了数十万张电子社保卡，标志着社保卡居民服务一卡通项目迈出了坚实的一步。为了进一步提升社保卡的实用性和便捷性，镇江市积极探索创新服务模式，不断拓展线上、线下使用场景。例如，通过社保卡实现公交刷卡进站乘车等功能，不仅丰富了社保卡的应用范围，也极大地提升了市民的出行体验。这些创新举措不仅体现了镇江市在社保卡服务领域的积极探索和前瞻布局，也为构建更加便捷、高效的公共服务体系奠定了坚实基础。

（三）完善社会保障体系

镇江市在社会保障领域持续努力，巩固企业职工基本养老保险全国统筹成果，确保养老保险待遇及时发放；同时，大力推进“三位一体”工伤保险体系建设，提升工伤案件处理质量，保障工伤职工权益；并持续推动社会保险扩面征缴工作，以提质增效为目标，扩大覆盖面，提升社会保障整体水平。

（四）加强社会保障基金监管

镇江市在社会保障基金管理方面，不仅健全了监管体系以防范化解基金运行风险，还通过全方位织密智能监管网络，利用高清视频监控系统实现互联网+视频监控全覆盖，以数字化手段强化基金监管，确保社会保障基金的安全与稳定。

二、产业空间发展

镇江市2023年的产业空间发展在经济增长、产业升级、科技创新、绿色发展和交通优势等方面均取得了显著成效。未来，镇江将继续坚持高质量发展道路，努力打造“创新创业福地、山水花园名城”的城市愿景。

（一）总体经济概况

2023年，镇江市经济稳健增长，地区生产总值达5264.07亿元，一般公共预算收入达320.71亿元。产业结构进一步优化，呈现为2.2∶48.6∶49.2的比例，凸显第三产业的核心引领作用。在工业经济方面，规模以上工业增加值同比增长8.4%，尤其是民营工业企业增长更为显著，达10.5%，彰显了工业经济的回暖趋势与发展质量的双重提升。

（二）产业发展布局

镇江聚焦“四群八链”新兴主导产业培育，加速产业升级转型，该领域应税销售收入年均增速高达15%，2023年突破4100亿元，为经济注入新动能。同时，镇江深化科技创新引领，实施“876”创新工程，强化空间布局、园区改革等支撑，积极引进高层次人才，为产业发展赋能。此外，镇江还通过园区整合与改革，促进项目与要素集聚，2023年园区数量精减而效益倍增，亩均税收提升13%，园区经济实现质的飞跃。

（三）绿色发展与生态保护

镇江在经济发展的同时，注重环境保护和生态改善。能耗强度下降了38%，$PM_{2.5}$年平均浓度下降了49%，空气质量优良天数比例提高了16个百分点。镇江致力于推动产业结构、能源结构、交通运输结构调整优化，加快发展抽水蓄能、光伏等绿色电力，为高质量发展赢得主动权。

（四）交通与区位优势

镇江江河交汇，是国家级水路、公路、铁路交通枢纽。镇江将发挥交通优势，深入推进港口码头资源整合，加快发展多式联运、构建“公铁水空”立体交通格局。预计到“十四五”末，镇江铁路和水路区域货运量将提高到3亿吨，为高质量发展积蓄新动能。

第三节　扬州市的政策创新

扬州市在2023年通过实施多项创新举措，推动经济社会高质量发展。在优化营商环境方面，采用“云勘验”模式提升行政效率，并率先探索产业政策公平竞争后评估制度，有效激发市场主体活力。同时，扬州市聚焦科技创新，加速产学研一体化，高新技术企业数量突破2000家，研发投入持续增长，创新生态不断优化。此外，扬州还注重民营经济发展，出台多项政策措施支持民营企业，持续优化营商环境，为民营经济壮大提供有力保障，这些政策创新举措共同助力扬州市经济社会高质量发展，为其打造长三角有竞争力和影响力的产业科创高地奠定了坚实基础。

一、社会保障

（一）养老保障与居民保障

扬州市实施“多缴多得，长缴多得”政策，旨在激励居民增加缴费年限与基数，直接提升退休养老金水平，确保晚年生活品质。同时，调整2023年社会保险缴费基数上下限，设定4494元至24042元的合理区间，旨在平衡养老金水平，避免极端差异。针对灵活就业人员，扬州市提供多元化缴费档次，鼓励根据个人经济能力选择更高档次，以保障其持续缴费并获得更坚实的退休保障。

（二）就业保障

2023年，扬州市在就业服务领域持续发力，通过推广“991”工作法，构建“家门口”就业服务体系，并升级标准化服务站，为居民提供便捷高效的就业帮助。同时，实施就业富民乡村振兴计划，展现人社部门在推动乡村经济与社会发展中的积极作用。扬州市还注重劳务品牌建设，计划新增3个省级劳务品牌，以品牌效应促进就业增长，赋能乡村振兴。在人才引进与培养方面，扬州市采取“多快好省”策略，吸引高层次紧缺人才，并强化职业培训，提升劳动者技能与就业竞争力，紧密对接市场需求，推动就业市场繁荣发展。

（三）创业保障

扬州市积极扶持创业活动，通过提供创业补贴和税收优惠政策，有效降低了创业者的经济负担。此外，扬州市还强化了创业服务体系，为创业者提供包括创业培训、项目评估、市场调研在内的全方位支持，助力创业者稳步发展。同时，建设创业孵化基地，为初创企业打造低成本、高效率的创业平台，并加强与各类创业服务机构的合作，共同激发创业创新活力，推动经济社会的持续发展。

二、产业空间发展

（一）确立“613”产业体系

扬州市正全力推动产业升级与转型，巩固并提升高端装备、汽车及零部件、新能源等六大主导产业集群的竞争力，特别是汽车及零部件产业正加速向电动化、智能化、网联化、轻量化方向迈进。同时，扬州市还聚焦于航空、储能等13条新兴产业链的发展，致力于突破关键技术瓶颈，积极构建“飞机主机+机载系统”的完整产业发展体系，力求在全国航空产业中占据创新高地，加速实现产业结构的优化与升级。

（二）重点产业发展情况

扬州市在航空产业与新能源领域取得显著进展。航空科技扬州实验室的成立及其与沈阳所的签约，标志着双方在航空科技创新与成果转化上的深度合作。目前，扬州已汇聚50余家航空航天企业，高新技术企业与专精特新企业占比显著，构建了较为完整的产业链条。同时，扬州聚焦新能源领域，围绕晶硅光伏、储能电池、风电装备及氢能四大方向，实施多项行动以优化布局、提升功能、完善链条、突破技术和引领应用。阿特斯光储全产业链、晶澳科技高效电池等重大项目相继投产，为新能源产业的蓬勃发展注入了新活力。

（三）总产值和产业成效

2023年，扬州市地区生产总值达到7423.26亿元，同比增长6%，其中第二产业以6.6%的增速引领增长，彰显工业经济强劲势头。六大主导产业集群总产值突破6400亿元大关，新材料与高端装备两大集群表现尤为突出，分别接近2000亿元和1500亿元。同期，全市新登记经营主体及企业数量分别达到10.54万户和3.04万户，市场活力持续迸发，经济发展动能充沛。

第四节 淮安市的政策创新

2023年淮安市的政策创新主要体现在经济发展、科技创新、乡村振兴、城市发展及环境保护等多个方面。淮安市通过实施项目招引与建设的“4633”和“1422”工程，强化创新驱动和工业强市战略，推动产业集群发展，培育骨干企业梯队，并发力数字经济新赛道。同时，围绕农业强市目标，加快现代农业发展，扎实推进乡村建设。在城市发展上，淮安市注重提升城市功能和管理水平，并坚持生态优先、绿色发展，强化生态文明体系建设和污染防治攻坚。此外，淮安市还出台了《淮安市科技体制改革三年攻坚实施方案（2023—2025年）》等文件，以破除制约创新能力提升的体制机制障碍，全面提升科技创新体系化能力。这些政策创新共同推动了淮安市的高质量跨越发展。

一、社会保障

（一）养老保险

淮安市紧跟国家及省政策步伐，对退休养老金进行了全面调整，涵盖固定额增长、缴费年限挂钩、基本养老金挂钩及高龄增发等多个维度，确保退休人员生活质量稳步上升。具体而言，每位退休人员固定增加26元/月，并根据个人缴费年限和基本养老金水平实施差异化增长，高龄者享受额外补贴。此外，淮安市还致力于完善多层次社会保障体系，通过强化社会保险制度及基金监管运营，提升整体社会保障水平，为民众福祉筑牢基石。

（二）就业保障

淮安市在就业促进方面成效显著，通过完善就业政策体系，实施阶段性降费政策，为企业减负超2.39亿元，助力稳岗扩就业。针对高校毕业生、就业困难人员等重点群体，采取招聘活动、就业见习、专项援助等措施，全年引进高校毕业生3.11万名，有效缓解就业压力。同时，淮安市还大力推进职业技能培训，惠及6.45万人次，提升劳动者就业竞争力和创业能力，为经济发展注入新动力。

（三）创业保障

淮安市积极营造创业友好环境，推出多项创业补贴政策，涵盖求职、初创、场地租金及就业带动等多个环节，为创业者提供从筹备到起步全链条支持。此外，淮安市还不断优化创业服务体系，通过提供创业指导、项目评估、市场调研等多元化服务，并打造创业孵化基地与众创空间，为初创企业搭建起低成本、高效率的创业平台，助力创业者稳健前行。

二、产业空间发展

（一）产业规模持续壮大

淮安市在经济发展中取得显著成效，新一代信息技术、新型装备制造、新材料、绿色食品四大主导产业蓬勃发展，2023年应税开票销售额达2502.5亿元，同比增长8%，增速领先全市工业。同时，天合光能、捷泰新能源、南高齿等重大项目的成功投产，为智能装备及新能源集群注入了强劲动力，开票销售额同比增长17.8%，展现了淮安市产业升级与重大项目推进的丰硕成果。

（二）产业结构优化升级

淮安市紧跟时代步伐，积极拥抱“新三样”等行业机遇，加速引进战略性新兴产业项目，并通过实施六大工程，即绿色制造、智改数转网联、规模企业培育、上市企业培育、高科技企业培育及创新平台载体培育，全力推动产业结构向高端化、智能化、绿色化转型。同时，淮安市在专精特新企业培育方面取得了显著成效，2023年新增国家级专精特新“小巨人”企业11户，创历年新高，省级专精特新中小企业数量也大幅增加至114户，彰显了其在培育创新型企业方面的强劲实力。

（三）产业布局日趋合理

淮安市作为江苏制造业的重要新兴力量，正积极把握政策红利，深化区域协同发展战略，主动融入长三角一体化进程，并与大湾区建立紧密联系，以吸引和整合更多优质资源，提升区域供应链与价值链中的影响力。在重大项目建设方面，淮安市聚焦“7+3”先进制造业集群，全年新开工与新竣工的亿元以上项目中，该集群项目占比分别达到72%和60%，展现出强劲的产业发展动力与项目推进能力。

第五节　芜湖市的政策创新

芜湖市2023年的政策创新体现了全方位、多层次的支持和推动，重点围绕科技创新、财政支持、产业升级、政务公开等多个领域展开。在科技创新方面，芜湖市加大了财政投入，全年财政科技支出达到78.2亿元，同比增长7.04%，并通过研发费用补助、高企认定奖励等措施激发企业创新活力，全年共兑现科技创新政策资金5.6亿元，惠及企业5000家。同时，芜湖市还聚焦产业共性技术和关键核心技术，通过“揭榜挂帅”“定向委托”等方式支持科技项目攻关，全年累计支持科技项目300项，投入资金2.23亿元。在财政支持上，芜湖市不仅积极落实国家对研发投入的税收优惠政策，还通过保费补贴、风险补偿、政府投资基金等方式，撬动金融资本和社会资本投向科技创新领域，助力企业降低融资成本，增强创新动力。此外，芜湖市还深化政务公开工作，通过政策解读、政策咨询、政策文件库等多种渠道，提升政策服务的透明度和可及性，为企业和群众提供更加便捷、高效的政务服务。

一、社会保障

（一）养老保障与福利

芜湖市新核定了2023年度职工社保月缴费基数，上限为20094元，下限为4019元，时间自2023年1月至2023年12月。这一调整确保了社会保险缴费的公平性和合理性，同时考虑了经济发展水平和职工收入状况。灵活就业参保人员的基本养老保险月缴费基数也相应调整为9个档次，覆盖了社会平均工资的60%至300%，具体金额从4019元至20094元不等，按20%费率计算月缴费金额。针对部分单位和灵活就业人员，根据新核定的缴费基数上下限，对基本养老保险、失业保险、工伤保险基数差额部分进行了补缴。这确保了社会保险制度的连续性和完整性。

（二）就业促进

芜湖市在稳就业与职业技能提升方面采取了一系列有力措施。通过实施一次性扩岗补助、吸纳就业补贴及失业保险稳岗返还等政策，积极鼓励企业扩大招聘规模，稳定职工队伍，特别针对高校毕业生、登记失业人员等关键群体给予重点支持，有效维护了就业市场的稳定与繁荣。同时，为提升劳动者技能水平及就业竞争力，芜湖市还推行了职业技能培训补贴政策，不仅支持企业开展高级工岗位技能提升培训，还面向符合条件的未就业或灵活就业人员提供就业技能培训补贴，全方位促进劳动力素质与市场需求的匹配。

（三）创业扶持

芜湖市针对毕业2年内符合条件的高校毕业生、残疾人及退役2年内自主就业的退役军人，首次创办并正常运营小微企业者，提供不低于5000元的一次性创业补贴，有效激发创业热情，促进就业。同时，为助力初创企业成长，芜湖市对社会资本、民企或高校运营的孵化基地内，孵化超9个月且缴纳社保的企业，按每户每年5000元标准补贴孵化基地，以支持其发展。2023年芜湖市人力资源和社会保障主要数据见表4-2-1。

表4-2-1　2023年芜湖市人力资源和社会保障主要统计数据

类别	序号	统计指标	单位	数量
就业和再就业	1	城镇新增就业人数	万人	10.52
	2	城镇失业人员再就业人数	万人	1.86
	3	就业困难人员就业人数	万人	0.31
城镇职工基本养老保险	4	参保人数	万人	154.97
	5	基金收入	亿元	90.46
	6	基金支出	亿元	104.64
城镇居民基本养老保险	7	参保人数	万人	154.41
	8	基金收入	亿元	26.54
	9	基金支出	亿元	13.25

续表

类别	序号	统计指标	单位	数量
失业保险	10	参保人数	万人	64.86
	11	基金收入	亿元	3.78
	12	基金支出	亿元	3.35
工伤保险	13	参保人数	万人	82.16
	14	基金收入	亿元	2.51
	15	基金支出	亿元	2.47

二、产业布局发展

（一）新兴产业快速发展

芜湖市重点发展新能源汽车与智能网联汽车产业，以奇瑞为引领，构建起超1400家汽车产业链企业的集群，其中规模以上企业超800家，辅以财政补贴、税收优惠等政策支持技术创新。同时，该市紧抓低空经济机遇，发布发展行动方案，目标至2025年培育超300家低空经济企业，含10余家龙头，翻倍“专精特新”与高新企业数，产值达500亿元，并加速通用机场等基础设施建设，以构建低空经济融合生态。

（二）首位产业强势推进

汽车产业被安徽省确立为首位产业，芜湖市作为省域副中心城市，积极响应并全力推进。芜湖市强化产业链、创新链、资金链、人才链一体布局，全力打造一流的汽车全产业生态，为打造具有全球知名度和影响力的“智车强省”贡献芜湖力量。奇瑞汽车作为芜湖市的龙头企业，2023年销量突破188万辆，出口超过93万辆，营业收入超过3000亿元，有力带动了整个汽车产业链的发展。

（三）创新驱动发展战略

芜湖市以科技创新为引擎，强化财政科技投入，推动企业技术创新与产品研发，构建创新平台、吸引高端人才，增强产业竞争力。同时，持续优化营商环境，深化“放管服”改革，简化审批，提升服务效率，并通过政策宣讲、企业帮扶等措施，激发市场活力与潜力。

（四）产业融合与协同发展

芜湖市强化产业链协同，搭建合作平台，促进上下游紧密合作，实现互利共赢。同时，依托长三角一体化战略，加强与周边区域产业合作，推动区域分工协作与优势互补，协同推进新能源汽车和智能网联汽车产业发展。

第六节　马鞍山市的政策创新

马鞍山市在2023年的政策创新方面，重点围绕数字经济、风险投资创业投资、供应链创新应用，以及外商投资工作等领域展开。通过制定并实施《马鞍山市场景创新实施方案》《马鞍山市支持风险投资创业投资高质量发展实施意见》等文件，马鞍山市积极推动新技术、新模式的落地应用，加快高新技术产业发展，提升城市精细化管理水平和创新能力。同时，还通过加强供应链创新应用和外商投资工作，促进产业升级和经济高质量发展。这些政策创新举措体现了马鞍山市在新时代背景下的战略眼光和务实精神，为城市的经济社会发展注入了新的动力和活力。

一、社会保障

（一）参保人数与扩面征缴

马鞍山市在社会保险领域取得显著成效，参保人数持续增长，城镇企业职工基本养老、失业、工伤保险参保人数均达预定目标，彰显社会保障体系的全面覆盖与深化。为进一步提升扩面工作质量，市人社部门积极创新政策，加大宣传力度，深入推行“社会保险参保提质扩量三年行动”，通过明确工作目标与措施，力求实现“应保尽保，应缴尽缴”的目标，为市民提供更加坚实的社会保障网。

（二）缴费基数与待遇调整

马鞍山市紧跟国家和省政策步伐，精准调整社会保险缴费基数上下限，依据最新统计数据科学设定标准，维护了社保制度的公平与可持续。同时，该市坚决保障参保人员待遇，确保各项社会保险福利按时足额发放，切实增强了人民群众的幸福感与获得感。

（三）政策创新与服务提升

马鞍山市在社会保障领域积极创新，如“数据找人”计划精准扩面，征地农民保障政策强化权益。同时，深化“互联网+征缴”服务，构建便捷高效的线上办理平台，并扩展“社银一体化”网点，打造“15 分钟”人社便民圈，全面提升了社保服务的便捷性与效率。

二、产业布局发展

马鞍山市在 2023 年的产业布局发展中，以制造业为基础，大力发展数字经济和绿色节能环保产业等新兴产业，通过创新驱动和人才引进推动产业高质量发展。同时，不断优化营商环境和服务体系，为企业发展提供良好的外部条件。

（一）重点产业布局

马鞍山市以制造业为基石，依托科技创新驱动产业升级，实施制造业倍增计划，重点发展汽车制造、金属制品等产业，并聚焦新能源汽车等新兴产业，年引进超 400 个亿元项目。同时，马鞍山市积极布局数字经济，加速集成电路、5G 通信等产业壮大，前瞻规划未来产业，建设先导区，并投资 7. 7 亿元推进新型基础设施与重点行业数字化改造，全面提升城市经济竞争力与未来发展潜力。

（二）创新驱动与人才引进

马鞍山市双管齐下，强化创新驱动与人才引进。一方面，提升企业科技创新主体地位，实施多项倍增计划，打造高端创新平台，加速产业研究院与研发机构建设；另一方面，深化“诗城英才”等人才计划，年投 3 亿元专项资金，汇聚 70. 7 万名人才，含 8873 名高层次人才，连续 3 年跻身中国人才吸引力城市百强，为城市发展注入强劲动力。

（三）营商环境优化

马鞍山市致力于优化营商环境，通过体制机制创新深化亩均效益评价，实施“企声响应”等行动，直面企业需求。配套一系列政策措施，包括税收减免、融资支持及涉企收费清单管理，有效减轻企业负担，激发市场活力，促进经济健康发展。马鞍山市制造业十大产业集群具体情况见表 4-2-2。

表 4-2-2　马鞍山市制造业十大产业集群具体情况

十大产业	发展目标与发展行业
钢铁	发展目标：到 2025 年，打造一个 2400 万吨级的精品钢生产基地
	发展行业：特种冶金、优特钢等
轨道交通	发展目标：到 2025 年，总投资 130 亿元
	发展行业：新型轨道交通车辆及关键零部件等
新材料	发展目标：到 2025 年，打造产值 150 亿元的新材料产业基地
	发展行业：化工新材料、高分子材料、前沿性新材料等
智能制造	发展目标：到 2025 年，年产值突破 500 亿元，打造智能家电产业集群
	发展行业：机器人、智能空调、中央空调、智能小家电等

续表

十大产业	发展目标与发展行业
先进装备制造	发展目标：到2025年，转型为“智能工厂建设解决方案供应商”集群
	发展行业：高端数控机床、制冷设备等
食品加工	发展目标：到2025年，打造百亿级食品产业集群
	发展行业：休闲食品、调味品、乳制品、绿色食品等
新能源	发展目标：到2025年，总投资100亿元，打造新能源及汽车产业集群
	发展行业：新能源汽车等
机械制造	发展目标：到2025年，打造工程机械产业基地
	发展行业：旋挖钻机、液压抓斗、压桩机、三轴钻机等
节能环保	发展目标：到2025年，力争产值达500亿元
	发展行业：环保设备、节能材料等
新一代信息技术	发展目标：到2025年，打造长三角地区具有影响力的半导体产业集群
	发展行业：半导体、CPU、应用软件、集成电路封装测试及相关配套等

第七节　滁州市的政策创新

滁州市在2023年的政策创新方面，重点围绕创新驱动发展、工业互联网创新、企业研发投入及科技成果转化等方面展开。通过出台《滁州市“双倍增两清零一提升”行动方案》等一系列政策措施，滁州市强化机制建设，加强部门协同，聚焦创新主体培育，加大研发投入奖补力度，推动项目引领和平台建设，强化金融支持并促进成果对接。

一、社会保障

（一）社会保险缴费基数申报与调整

滁州市于2023年9月10日至11月25日开展了年度社会保险缴费基数申报工作，主要面向市本级参保企业，涵盖养老、失业、工伤保险。申报原则上采用网上形式，旨在为参保单位提供便利，同时也提供线下备选方案。缴费基数依据职工2022年月平均工资确定，并设定了上限20094元/月、下限4019元/月的标准，此标准基于全省上年度城镇单位就业人员平均工资。

（二）城乡居民基本医疗保障

2023年滁州市城乡居民基本医疗保险筹资标准定为每人1020元，其中政府财政补助不低于640元/（人·年），个人缴费380元/（人·年），以应对医疗费用增长，保障民众健康需求。同时，实施资助参保政策，特困、低保等困难群体可获得医疗救助资金资助参保。集中参保期原则上在年底前完成，但针对外出务工人员，参保筹资时间延长至次年2月底，以便利其参保。

（三）社会保障政策创新与服务提升

滁州市在社会保障领域积极推行政策创新，如灵活调整社会保险缴费基数申报机制及优化城乡居民基本医疗保障策略，以精准对接多元化需求。同时，致力于服务提升，通过强化政策普及、简化办事手续及融合“互联网+政务服务”模式，有效提升了社会保障服务的便捷性与效率，为参保单位及广大民众带来了更为优质、高效的体验。

二、产业布局发展

（一）高端装备制造业

滁州市紧抓装备制造业发展机遇，以高端突破和智能转型为引领，强化产业链、供应链、创新链等多链协同，促进装备制造业向高端化、智能化、绿色化转型升级。同时，聚焦重大项目与集群发展，通过专题推进、专项招商，新增项目数量领先全省，光伏与新能源电池产业集群迅速崛起，汇聚了多家龙头企业，构建了多个具有竞争力的特色产业集群。

（二）先进光伏和新型储能产业

滁州市光伏与新型储能产业蓬勃发展，产值连续两年翻倍，2023 年达到 1362 亿元。全球光伏 20 强中 10 家入驻，构建起从硅片到储能电池的完整产业链。滁州在光伏玻璃、组件及电池片等领域的产能均居全国前列，凤阳县更是成为全球最大的光伏玻璃生产基地，彰显了其产业链构建与产能建设的卓越成就。

（三）新能源汽车产业

滁州市新能源汽车产业呈现整车、零部件与后市场协同发展的全面态势，规上企业数量领跑全省。同时，成功吸引比亚迪、国轩高科等动力电池领军企业入驻，推动动力电池产量与产值持续增长，进一步巩固了产业基础与竞争优势。滁州市三大产业布局体系见表 4-2-3，滁州市制造业六大千亿级产业集群具体情况见表 4-2-4。

表 4-2-3　滁州市三大产业布局体系

三大产业	布局体系
十大农业产业	优质稻米、生猪、家禽、专用面粉、稻虾、食用菌、林产品、经果、道地药材、蔬菜
“6+10”工业体系	智能家电、先进装备、硅基材料、绿色能源、新型化工、健康食品六大支柱产业；智能仪器仪表、轨道交通装备、新型功能纺织材料、凹凸棒基新材料、智能出行装备、绿色涂料、人工智能、半导体、生物医药、燃料电池十大新兴产业和未来产业
九大重点服务业	商贸流通、文化创意、休闲旅游、健康养生、现代物流、金融服务、商务服务、科技服务、电子商务

表 4-2-4　滁州市制造业六大千亿级产业集群具体情况

六大集群	发展目标与发展行业
智能家电	发展目标：到 2025 年，力争规模以上企业达到 300 家，产值超 1000 亿元
	发展行业：智能芯片、智能家电等
先进装备	发展目标：到 2025 年，力争规模以上企业超过 600 家，产值突破 1500 亿元
	发展行业：汽车装备及零部件制造、轨道交通装备、智能装备、输变电设备等
硅基材料	发展目标：到 2025 年，力争规模以上企业超过 100 家，产值超 1000 亿元
	发展行业：光电玻璃、汽车玻璃、电子玻璃、医药和化学玻璃等特种玻璃
绿色能源	发展目标：到 2025 年，力争规模以上企业达 100 家，产值超 1000 亿元
	发展行业：新能源汽车、动力电池等
新型化工	发展目标：到 2025 年，规模以上企业超过 200 家，产值突破 1000 亿元
	发展行业：盐化工、精细化工、石油化工、水性涂料、电子新材料等
健康食品	发展目标：到 2025 年，规模以上企业超过 300 家，产值突破 1000 亿元
	发展行业：休闲食品、功能饮料、保健品等

第八节 宣城市的政策创新

宣城市在2023年进行了多项政策创新，通过建立“政商恳谈会”制度，每月首个周六由市委、市政府主要负责同志带头接待企业，并实行“123”企业诉求督办反馈机制，高效解决企业问题；同时，创新“四个面对面”工作法，包括政商恳谈、政策落地、要素保障、疏堵解难，系统优化营商环境；在土地要素保障方面，率先实行工业项目用地“周转池”制度，确保项目用地需求；此外，还通过设立“办不成事”反映窗口、聘请营商环境体验官等措施，补齐服务短板，提升企业满意度。这些政策创新措施有效提升了宣城市的营商环境，推动了经济高质量发展。

一、社会保障

（一）灵活就业人员社保缴费

根据《关于发布2023年社会保险费缴费基数上下限的通知》（皖人社秘〔2023〕186号），宣城市灵活就业人员可自主选择4019元/月至20094元/月（平均工资的60%至300%）作为缴费基数，提供多样档次以适配不同收入水平。缴费灵活便捷，支持按月、季、半年或年缴纳，且通过支付宝、微信、皖事通等平台即可完成，省去窗口排队烦恼。若需调整基数，需在规定时间（如2023年12月25日前）至市行政服务中心人社窗口办理，社保部门将依据上年度基数按新标准核定并处理差额补缴。

（二）就业困难人员灵活就业社保补贴

针对法定劳动年龄内、以个人身份参保职工养老与医疗保险、目前未稳定就业且属于灵活就业的就业困难人员（含农村贫困劳动者），可申领养老与医疗保险补贴。补贴标准为每月350元养老保险补贴及100元医疗保险补贴，低保人员养老保险补贴增至450元/月。补贴期限为2023年全年，申报时段为2024年1月及4月，要求申请前已缴清2023年社保费。申请人可通过“安徽省阳光就业网办事大厅”在线申请，并提交材料至市公共就业（人才）服务中心审核，审核通过后补贴将直接发放至个人社保卡金融账户。

（三）社保政策宣传与服务

宣城市积极开展社保政策宣传活动，如举办“社保服务进万家”活动，通过发放资料、网络直播、集中展出宣传展板等形式，提高群众对社保政策的知晓率。不断优化社保服务流程，提升服务效率和质量。如推广使用“我的宣城”App社保专栏等线上服务平台，为群众提供更加便捷、高效的社保服务。

二、产业发展布局

2023年，宣城市紧抓新时代发展机遇，围绕高质量发展目标，科学谋划并扎实推进产业发展布局，以重点产业加速发展为引领，全面推动产业链招商、创新能力提升、数字化转型、现代服务业发展、有效投资扩大，以及人才引进与培养，为城市经济发展注入强劲动力。

宣城市正加速推进重点产业发展，聚焦高端装备制造、新能源、新材料、生物医药及特色农业与现代服务业，通过政策、项目与科技创新驱动产业规模扩张与品质提升。新能源领域尤为显著，光伏、风电等清洁能源产业迅速崛起，形成核心竞争力集群。同时，实施产业链招商，精准对接国内外企业，增强产业集聚效应。宣城市不断提升创新能力，加大研发投入，促进产学研合作，加速科技成果转化。在数字化转型方面，以信息技术为驱动，推进传统产业升级与新兴产业培育，提升生产效率与产品质量。此外，现代服务业与制造业深度融合，金融服务、物流、电商、文化旅游等蓬勃发展，为经济注入新动力，推动宣城市经济高质量发展。

第九节　溧阳市的政策创新

溧阳市2023年政策创新的重点体现在多个方面，其中最为显著的是围绕“科创中国”试点工作的深入推进。溧阳市积极响应中国科协和省科协的部署，紧扣常州“国际化智造名城、长三角中轴枢纽”的城市定位，加快打造标志性重大科技创新载体，并着力提升新能源产业集群的竞争力。通过引进高端创新资源，布局建设清洁能源材料国家技术创新中心，力争在动力电池产业上实现规模突破。同时，溧阳市还大力推进“科创中国”数字平台建设，促进科研成果的转化与应用。在教育、人才方面，溧阳持续优化教育资源配置，引进高层次人才，实施“双创优选计划”，并通过多种渠道强化人才招引和服务力度。此外，溧阳还积极推动数字经济和制造业的深度融合，实施“智能升级、机器换人”工程提升企业的数字化和智能化水平。这一系列政策创新举措，不仅促进了溧阳市经济的高质量发展，而且为其在科技创新和产业升级方面树立了新的标杆。

一、社会保障

（一）养老保障

溧阳市积极响应省级政策，对2023年退休人员养老金进行了全面调整，惠及11.54万企业退休人员，月人均养老金增幅达4.44%，并已顺利完成1—7月养老金的补发工作，总计金额达7033万元。同时，为灵活就业人员提供了更加灵活的社保缴费选择，依据最新政策文件，灵活就业人员可根据自身情况，在4494元至24042元的多档缴费工资基数中自主选择，以缴纳企业职工基本养老保险费，体现了社会保障制度的灵活性与包容性。

（二）医疗保险

溧阳市积极推进城乡居民医保参保工作，确保广大城乡居民能够及时参保并享受医保待遇。2023年度居民医保（含长护险）集中参保缴费期为2022年10月至12月20日，参保对象范围广泛，包括本市户籍的城乡居民、持有有效居住证的城乡居民等。个人缴费标准与居民医保和长护险同步缴纳，确保参保人员的基本医疗保障。

（三）政策创新与服务优化

溧阳市在社会保障领域持续创新，调整养老金、优化缴费政策，提升保障水平，增强民众获得感与幸福感。同时，强化服务体系建设，推广线上服务，简化办事流程，高效便捷地满足群众社会保障需求。

二、产业发展布局

2023年，溧阳市在多个领域深化布局与创新。在动力电池产业方面，强化集聚效应，提升技术创新，完善产业链，推动产业向高端化、智能化、绿色化迈进。高端不锈钢产业聚焦高品质产品，拓展精深加工与高端应用，打造国际竞争力集群。医疗产业抓住健康中国机遇，发展健康服务、生物医药等，构建全周期健康服务体系。工业与服务业深度融合，通过智能制造与现代服务业发展，提升产业链竞争力。在科技创新方面，加大研发投入，建设创新平台，深化产学研合作。文化旅游产业挖掘地方特色，提升服务质量，打造多元旅游产品，促进乡村振兴与生态保护。同时，坚持绿色发展理念，大力发展生态农业、清洁能源等绿色生态产业，实现经济社会环境协调可持续发展。

第十节　金坛区的政策创新

金坛区2023年的政策创新聚焦于创新驱动发展战略，通过一系列政策措施推动经济高质量发展。金坛区深入学习贯彻科技创新的重要论述大力实施创新驱动，在创新主体培育、创新矩阵建设、创新氛围营造及创新成果转化等方面取得显著成效。具体而言，金坛区建立健全了五级梯次科技企业培育库，加速构建科技企业集群。谋划建设高水平研发机构，推动科创载体蝶变；成功入选省科技厅督查激励事项名单，并积极推进校地融合发展；同时，多项创新成果获得省、市科技专项资金立项，实现了科技成果转化的新突破。此外，金坛区还出台了创业扶持新政，将创新创业大赛奖励、创业基地创建补贴等纳入奖补范围，进一步完善和优化了创业扶持政策。这些政策创新举措为金坛区全力打造“生态创新区科创未来城”提供了有力的科技支撑和政策保障。

一、社会保障

（一）社保政策调整与缴费标准

金坛区社保缴费基数依据社会平均工资的60%至300%范围设定，针对养老保险与医疗保险，明确规定企业分别承担16%和7%的缴费比例，而个人则承担8%和2%的比例。基于这些明确的缴费基数与比例，可以计算出个人及企业在五险一金方面的最低缴费金额，确保每位参保人员的基本社会保障权益得到充分保障。

（二）社会保障体系建设

金坛区积极推进社会保障体系建设，致力于扩大覆盖范围，确保城乡居民均能享受基本社会保障服务。同时，通过优化服务流程与提升服务质量，显著提高了社会保障服务的便捷性与高效性，极大地便利了群众办理相关事务，增强了群众的满意度与幸福感。

（三）特殊群体保障

金坛区特别关注并支持灵活就业人员，制定相关政策确保其享受社会保障待遇；同时，加强对老年人、残疾人等群体的关爱，提升养老金标准并完善福利制度，全面优化特殊群体的生活保障。

（四）社会保险费申报缴纳流程优化

为提升用人单位社会保险费申报缴纳的服务体验与效率，金坛区自2023年12月1日起优化流程，允许用人单位直接向税务部门申报缴费，省去了向人社、医保部门先行申报缴费工资并核定的步骤，实现了流程简化与效率提升。

二、产业发展布局

金坛区正积极发力新兴产业，锻造工业强区的“硬脊梁”。在新能源领域，以光伏、风电、氢能为核心，旨在打造经济增长新引擎，通过政策扶持、技术创新与基础设施完善，促进产业链协同与集群化发展。新材料产业则聚焦高性能纤维、先进复合材料等前沿，深化与智能制造、新能源的融合，构建产学研用协同创新体系，并强化国际合作，提升产业竞争力。新能源汽车作为汽车产业转型的关键，聚焦整车及零部件研发，力推电池、电机等核心技术突破，完善充换电设施，并加速智能网联技术研发，引领产业智能化升级。同时，金坛区以智能制造为发展重点，依托工业互联网、大数据、人工智能等技术，推动制造业智能化、服务化、绿色化转型，通过智能工厂建设、智能装备应用及人才培养引进，为现代化产业体系构建与高质量发展注入强劲动力。

第三章　文化创新

中共二十大报告明确指出："要坚持以文塑旅、以旅彰文，推进文化和旅游深度融合发展"，为文旅融合发展指明了方向。以南京为中心、地跨苏皖两省的南京都市圈建设已有17年，南京都市圈成员文化气质相近，也促进了各市的文化生活共融。2023年，以南京市为南京都市圈的中心城市，南京都市圈不断创新文旅融合发展，取得了积极成果。

2023年，南京都市圈创新保护与传承历史文化，打造优质文旅品牌，争取塑造全国都市圈文旅合作发展样板。其中，以扬州为代表，大力发展大运河文化旅游品牌，共同开发运河文化主题产品，塑造IP模式，旅游收入再创新高，扬州2023年总收入增长率为89.7%。同时创新营销方式，促进品牌营销与社交电商、网络直播、短视频等在线新经济结合，传播推广都市圈文化旅游消费新形象。南京都市圈内各地文旅积极参与，南京、扬州、滁州、芜湖等地联动电商、直播等方式促进非遗传播，并创新"非遗+直播""线上+线下"的联动模式。

2023年旅游业迎来全面复苏，南京都市圈推动文化强市建设，擦亮夜间文旅消费新模式，江苏已建成12个国家级夜间文化和旅游消费集聚区、45个省级夜间文化和旅游消费集聚区。南京都市圈入选的分别为南京新街口文商旅融合商圈、银杏里文化街区、幕燕滨江风貌区、无想水镇景区，常州金坛的东方盐湖城·道天下景区，淮安青浦江1415历史文化街区、西游记文化体验园，扬州皮市街旅游休闲街区，镇江心湖微度假文旅生活圈。仅在2023年五一期间，江苏45家省级以上夜间文旅消费集聚区假期前4晚共接待游客369.89万人次，同比2022年增长322.92%。30个集聚区被认定为第三批省级夜间文化和旅游消费集聚区建设单位，其中南京都市圈占了11个。

2023年是全面贯彻党的二十大精神的开局之年，强国建设、民族复兴，需要强大的物质力量，也需要强大的精神力量。在这一重要节点，南京都市圈高举思想引领大旗，致力于让群众深入了解革命先烈，感悟革命前辈的革命初心，汲取红色力量。南京市注重红色传承、开辟多条红色旅游线路。镇江市开展红色宣讲，促进红色教育深度融合。淮安市以大运河为融合，推动红色旅游融合发展，形成"红色旅游+"模式。马鞍山市围绕红色文化，传承革命基因。

第一节　南京市的文化创新

一、创新传承非遗文化

（一）打造非遗智库

2023年11月南京市紫金文创研究院与南京师范大学共建紫金非遗管理与品牌传播研究中心，打造非遗智库，用数字化战略为江苏省非遗的传播、保护提供帮助。"讲好非遗故事，塑造中国形象"主题，旨在传播中华优秀传统文化，讲好非遗保护的中国故事，塑造中国鲜明文化形象，打造更多非遗文化标识，以智库力量为非遗传承传播助力。非遗智库有力推动非遗实现数字化共享，进一步融入社会生活中，让非遗在快速发展的今天，依旧"活起来""火起来"。

（二）传承非遗文化

2023年11月，南京市各区文旅街区、非遗工坊、非遗工作室等不断开展丰富多彩的非遗展演展销活动。开办当天秦淮·非遗馆公益非遗体验活动、江北新区非遗活态传承展演活动、桦墅稻田音乐节非遗集市活动、“校园栖霞日”南京邮电大学非遗集市、“六合优品”特色非遗集市等，精彩内容不断，让非遗走进千家万户。此外，南京市非遗体验中心（秦淮·非遗馆）还协办“潮玩国风　传承非遗”主题元旦活动。将非遗文化与潮流文旅消费相结合，让游客们能沉浸式体验非遗，真正让非遗“活”起来、“潮”起来。非遗馆集图文、实物、视听、手作和交流于一体，体现了“非遗盛宴、古都宝典、活态体验、多维呈现”的鲜明特色。南京市推动非遗与潮流相结合，为相关产业带来更多关注。将非遗文化与数字生活相结合，碰撞出新的传承方式。南京市致力于开办多样的非遗活动，积极发展与数字生活融合的新途径，促进文化融合，让非遗联动更多彩。非物质文化遗产不仅需要保护，更需要发展传承，走进当代生活，走进千家万户。

（三）创新非遗传播

2023年，南京市开展多样线上传播活动，推进非遗文化传播。南京市利用多个线上平台，包括官方微信、微博等社交媒体，以及专门的非遗网站，向公众展示和推广非遗项目。这些平台通过视频、图文等形式生动展现了非遗的独特魅力和背后的文化故事。举办了多场非遗文化的线上直播活动，邀请非遗传承人进行技艺展示和讲解。这些直播活动不仅吸引了大量观众参与，还通过互动环节让观众更深入地了解和体验非遗文化。同时推进多场虚拟展览，通过3D技术和全景图像展示非遗项目，让观众可以足不出户地参观和了解南京市的非遗文化。

南京市多地景区同样推出多种线上活动，深化数字科技与当地特色结合。不仅提升了游客出游的舒适度，还为游客带来了沉浸式的全新体验，成为文旅消费的新增长点。将深厚的历史人文资源进行数字化“活化”，让游客“触手可及”，同时方便游客实现体验“一键式”畅游。

二、推动文化强市战略

（一）重视红色传承

2023年2月，南京日报推出“牢记嘱托　奋进足迹”系列报道，重温总书记谆谆嘱托、殷殷期盼，在中国式现代化建设新征程上书写更多“今胜昔”“慨而慷”的生动篇章。2023年9月30日是我国第十个烈士纪念日。当天，在雨花台烈士陵园内，文工团演员、非遗传承人、“小雨滴”志愿者、“红领巾”讲解员等，用优秀传统文化中的多种艺术形式，创新讲好英烈故事，唱响红色“好声音”。致力于让群众深入了解革命先烈，感悟革命前辈的革命初心，汲取红色力量，真正做到“传承红色文化、厚植爱国情怀、砥砺报国之志”。

（二）推进文化融合

南京市加强文化建设，创新形式以讲好发生在南京的中国故事，让国内外游客在游览、娱乐的同时，感受到南京文脉的源远流长，从而更好地擦亮“世界文学之都”的金字招牌。为促进文化融入公共空间，南京市深入打造“金陵唐诗之路”，使之成为串联南京文化IP的一条“宝带”。通过设立诗碑、原址原貌保护、主题游等形式，充分活化利用宝贵的文化遗产，在文旅融合背景下，放大集聚效应，让文化IP活起来，进一步传承文脉，塑造世界文学之都品牌，建设文化强市。此外，在2023年全国文明城市复查测评中，位列全国同类城市第三。

（三）保障惠民建设

南京市秉承文化惠民理念，最大限度保障人民群众的基本文化权益，致力于打造网络健全、结构合理、发展均衡、运行有效、覆盖城乡、惠及全民的公共文化服务体系，促进公共文化服务水平不断提升。南京市文化馆与金陵图书馆均为国家一级馆。所属11个区共建有文化馆12个、公共图书馆14个，其中9个文化馆、13个图书馆达到国家一级馆标准。全市100个街镇全部建有面积800平方米以上的综合文化站，其中面积达1500平方米以上的街镇“示范文化站”41个；全市

1235个社区（村）建有文化活动室，其中582个达到市级示范点标准，面积在200平方米以上。此外，全市还建设了14个“示范文化广场”和86个“社区特色文化广场”。

（四）开辟红色旅游

2023年南京市积极推出多项红色旅游产品线路，推动红色旅游与沉浸式产业、乡村生态游等融合发展，吸引更多的年轻人走进红色场馆，明白肩上的使命担当，扎实走好脚下的每一步。南京这座英雄之城，拥有165处红色文化资源点，以红色文化吸引游客是南京的独特优势。红色旅游呈亲子化、年轻化趋势，是新时代中国青年不忘来路的生动诠释，也对红色旅游产品提质升级提出了更高的要求。在线旅游平台日前发布的《2023年上半年红色旅游大数据》报告显示，在人气最高的传统红色旅游目的地中，南京位居第二名。南京市2015—2023年文旅产业发展状况见图4-3-1。

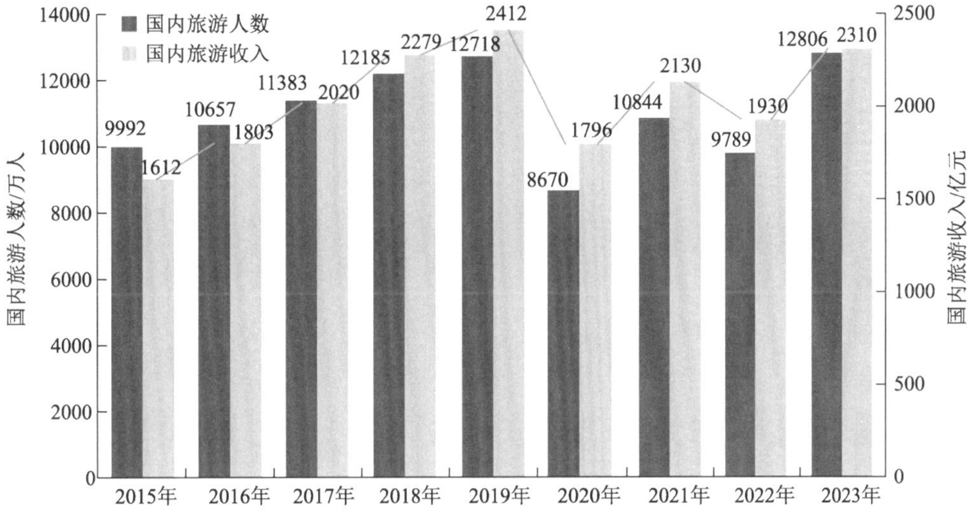

图4-3-1　南京市2015—2023年文旅产业发展状况

（五）创新文旅融合

2023年5月，南京市文化和旅游部联合中央网信办、国家发展改革委、工业和信息化部、国家数据局等部门印发《智慧旅游创新发展行动计划》，提出智慧旅游基础设施提升、服务效能提升、管理水平提升、营销效能提升、产品业态培育、旅游数据资源利用提升、旅游数字化转型提升、创新人才培育等八大行动、20项任务，以加快推动以数字化、网络化、智能化为特征的智慧旅游创新发展。从供给侧看，数字技术创新了文旅融合的方式，增加了旅游产品内容；从需求侧看，智慧旅游让旅游活动更加便捷，让旅游体验更加丰富，满足了游客多元化、个性化的旅游需求。文化和旅游部将以《智慧旅游创新发展行动计划》发布为契机，持续推进智慧旅游项目培育，推动智慧旅游新供给新需求的对接，让科技成果更好赋能旅游发展。

（六）擦亮夜间文旅

2023年，南京市推动出台《关于夜间文旅消费的实施意见》，不断丰富文旅产品业态，优化文旅专项资金支出结构和导向，进一步激发夜间文旅市场内生动力。南京持续打造夜间经济发展多样化场景，联动推进夫子庙、老门东、长江路等18个夜间经济集聚区建设，创建3个国家级夜间文化和旅游消费集聚区，新街口、南京1912街区获评“全国夜间经济示范街”。目前，南京已形成科举博物馆、玄武湖、内外秦淮河游船等一批“夜之金陵”品牌项目。夜间消费需求得到进一步释放，南京市在2023年9月底启动了“2023南京国际消费节 · 宁动金秋”系列活动。促进国际消费节聚焦文商旅体融合、线上线下联动。推动文商旅创融合，南京夜间消费产品创新也从城市走向了乡村。2023 年 8 月，在南京六合区金牛湖奥帆体育公园，开办首届南京金牛湖 · 紫金音乐节，吸引了近 2 万人次入场。越来越多别具特色的“乡村夜经济”，也迎来了乡村夜间消费热潮。仅 2023 年上半年，南京全市乡村休闲旅游农业接待游客 1960 万人次，实现综合收入 74.5 亿元，分别增长 20.8%、14.8%。

第二节　镇江市的文化创新

一、文旅全面复苏，加大文旅投资

（一）发展旅游新定位

2023 年 2 月 10 日，镇江召开旅游高质量发展大会，确立“国际文旅休闲目的地城市”的城市旅游新定位；3 月 17 日，在浙江宁波举办“宜游镇江　‘甬’向春天”2023 镇江文化旅游（宁波）推介活动；3 月 26 日，第十三届中国句容茅山文化旅游节暨 2023 镇江乡村文化旅游年在句容市茅山风景区举行；镇江市在 2023 年以“水韵江苏 宜游镇江”为统领品牌，挖掘镇江有差异化、有辨识度的文化内涵，推广城市形象，形成宣传营销合力，将文旅工作上升到城市经营高度，成为展示城市形象的重要窗口，寻找旅游新定位。镇江市 2016—2023 年文旅产业发展状况见图 4-3-2。

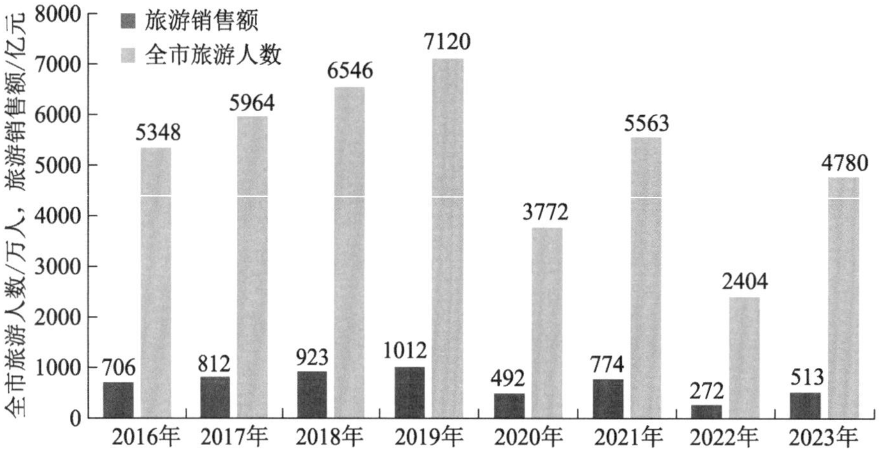

图 4-3-2　镇江市 2016—2023 年文旅产业发展状况

（二）打造文旅新产品

2023 年 5 月，镇江市聚焦乡村旅游建设。围绕“‘乡’见四季　‘村’光镇好”主题，推出包括全市乡村旅游实施意见、品牌标识体系等的一整套乡村旅游顶层设计，打造包括乡村旅游重点村镇（培育单位）、主题村、乡村旅游业态创新示范产品项目等 10 余个乡村旅游村镇品牌，推出 10 余条“乡村四时好风光”精品线路，开展百余场乡村旅游活动，发挥乡村旅游独特气质，开拓融合发展之新。镇江大力推进“文旅+农业”“文旅+教育”等模式，积极寻求产业契合处、连接点，培育一批各具特色的文旅新产品。同时推出“文心”研学品牌，联合市教育局出台全市研学旅行发展实施意见，出台研学导师、研学服务机构、红色研学 3 个研学旅行地方标准，推出现代休闲农业类、红色旅游类、博物馆类等 5 类研学代表教程，打造“跟着诗词游镇江”“跟着名人游镇江”等 10 条代表镇江的研学旅行线路，打造研学旅行镇江样板。

2023 年镇江市突出“文化旅游项目攻坚”主抓手，建立文旅“大招商”工作机制，联合出台文旅产业招商政策，召开全市文旅项目招商推介会，签约一批文旅项目，使得全年文旅项目签约数和签约总投资额增长8%以上，镇江市级重点文旅项目年度实际投资额增长6%左右。

（三）提升标准新环境

2023年，镇江市在硬件配套上，围绕旅游过程所关联的交通、停车、如厕、标识、休憩设施、市场秩序、安全、集散中心等8方面，形成一整套服务标准和流程，强化旅游精细化管理，提升旅游配套服务水平。在软件环境上，拓展全国文旅市场信用经济发展试点经验，在全省率先对文旅企业实施信用分级分类评价。创新实施“文旅信用+金融”，鼓励金融机构对重点文旅经营主体实施数字人民币消费补贴，提振消费需求。加强剧本杀等文旅新业态的安全监管，实施柔性执法，不断优化营商环境。在队伍建设上，组织建设“我们身边的场馆”活动类、“文艺播种”培训类、“民星艺术绽放”展演类、“淘文化网”演出类、“传统文化‘六进’”宣讲类、“文艺新空间”管理类、“文旅推介官”宣传类等10支文化志愿服务队伍，引导社会力量参与文旅服务。

二、推进大众文化，营造多彩生活

（一）丰富文化惠民渠道

2023年4月，镇江市启动小剧场试点建设，打造新兴的文化传播载体和文旅消费空间，10家试点小剧场和15家小剧场文艺演出团队获授牌，形成一批“为民、惠民、乐民”的共享文化驿站，也成为镇江市文化文艺领域的一张特色名片。此项送到群众身边的演出活动极大地丰富了群众尤其是老年朋友的业余文化生活。党的二十大报告指出：“坚持以文塑旅、以旅彰文，推进文化和旅游深度融合发展。”党的二十大以来，面对人民群众对美好生活的新期待，特别是对更高品质、更高质量的精神文化需求，镇江把小剧场作为文化惠民的新渠道、公共文化服务的新载体、文旅融合的新抓手，全力推进小剧场建设。坚持“定制服务+促进消费”模式，通过提供小剧场公益排练、小剧场定制婚礼、小剧场生日派对等服务，实现小剧场多元化发展，助力文旅消费，让小剧场成为推动文旅产业高质量发展的新增长点，释放赋能群众高品质生活的“大能量”。

（二）加强红色文化建设

2023年镇江市举办多场活动，积极普及宣讲团队，常年开展红色宣讲、社会主义核心价值观宣教、寻访现代化镇江新实践等活动，提升青少年的科学文化素养，用党的创新理论、优秀传统文化、人文社科知识培根铸魂，引领时代新人。镇江市连续3年举办的“小小社科讲读人”系列主题代言活动，实现了镇江中小学校全覆盖，全市各学校共组建了百支“小小社科讲读人”团队，参与学生近6万人。为红色文化传承打造了一支重要力量，为青少年践行社会主义核心价值观找到了一个有力抓手，促进了本土红色教育资源与学生思政教育常态化深度融合，也为“双减”政策落实提供了一个有效样本。

（三）关注基层群众生活

2023年8月，镇江市举办“逐梦新时代奋进新征程”，该演出为系列公益演出，首场演出吸引残疾人、残疾人服务机构人员、特教学校文艺老师等数百人观看。在系列公益演出活动中，应江苏省残联的邀请，中国残疾人艺术团的38名表演者带来13个节目，从18日至20日，这些演出分别走进镇江市、常州市、淮安市。同时江苏省残联将依托全省3000多个“残疾人之家”，推选100个“文艺残疾人之家”，以此发掘一批优秀艺术人才，打造一批文艺精品节目，广泛推动残疾人文艺活动深入基层。致力于通过文体活动帮助残疾人走出家门、娱乐身心，激励他们充分展示才华、勇敢逐梦圆梦。

第三节　扬州市的文化创新

一、做好顶层设计，助推文旅融合

（一）推进文旅项目建设

2023 年，扬州全市大力推进文旅项目建设，目前扬州市共布局重点文旅产业项目 42 个，包括扬州三湾大运河休闲旅游度假区等 5 个列省重大项目。当下，扬州市将进一步推进京杭大运河（广陵段）文化带暨明清古城保护综合开发等重点项目加快建设，持续推动大运河文化旅游度假区等“国字号”文旅品牌创建，不断拓展运河文旅空间，联动打造大运河扬州段缤纷旅游带。在 2023 年，扬州市精心举办 2023“中国旅游日”江苏省主会场活动、“扬州的夏日”、“冬季养生节”、湖上花海旅游节等文旅消费活动，做到“季季有主题、月月有精彩”，推动文旅消费“旺”起来。扬州市集中力量推进大运河非遗文化园二期工程、明清古城保护暨文旅示范区、高邮邮运世遗景区、瓜洲文旅小镇等项目建设，以及江苏戏剧学院落户。扬州已多年连续位列游客满意度综合指数全省第一方阵。

（二）强化新模式发展

2023 年，江都文旅产业不断植入、培育新型业态，积极推进“文旅+”“+文旅”模式，创新消费场景，打造了一批有地方特色的旅游产品和服务，不仅有效承接了扬州中心城区旅游流量，也打开了全域旅游的新格局。以及发展“非遗+旅游”模式，把文旅跟非遗进行了深度融合，努力地让非遗在景区景点有更多的发展空间，有更多的平台载体，有更多的跟游客互动的场景，让非遗“活”起来、火起来。既加强了非遗传承保护，也促进了当地文化的繁荣与发展，实现了本地“文化+经济”的共同发展。

（三）出台夏季旅游政策

2023 年 6 月，扬州市从品牌活动、重点项目、夜间推广、政策扶持等方面着手，打造扬州文旅消费新场景、全面释放市场潜力，提升扬州文旅消费的活跃度，进一步拉动夏季旅游市场。2023 年 7—8 月，瘦西湖、大明寺、个园、何园等 21 家收费景区，针对全国在校大中小学生实行日间免费开放，还将实施 2023 年扬州文旅夏季促消费政策奖励，包括过夜游客招徕奖励，专列、包机奖励，演出活动奖励，特色活动奖励，赛事、企业活动奖励，招徕过夜游客及小剧场演出的排名奖励。2023 年夏季促消费政策奖励还较以往增加了境外过夜游客招徕奖励，赛事、企业活动奖励；下调了专列、包机奖励中一次性到达人数，增加了奖励金额，“扬州的夏日”奖补总金额达 500 万元，让“淡季不淡”，让文旅消费“旺”起来。为吸引集聚更多青年群体向往扬州、了解扬州、深度体验扬州，进一步打响“扬州的夏日”品牌，助力“国际旅游名城”建设，在 6—8 月，扬州还举办了系列文旅活动。

扬州市 2018—2023 年旅游业发展状况见图 4-3-3。

（四）创新文旅推广模式

2023 年，扬州贯彻落实全省文化产业高质量发展要求，深化文化科技、文化旅游融合，推进文化制造业转型升级、文化服务业提质增效、文化数字化扩容提速，为实体经济发展贡献了文化力量。扬州市打造线上线下融合发展，开展扬州旅游商品、景点等直播带货，提升经济效益，强化宣传效果，丰富扬州旅游品牌推广体系。扬州市通过线上线下多样相结合的推广模式，形成了形式多样、内容丰富的旅游产品服务，开展了一系列推介展示活动，并推出诸多惠民政策措施，吸引广大人民群众开启美好旅程、领略扬州大好河山、感悟扬州文化之美。

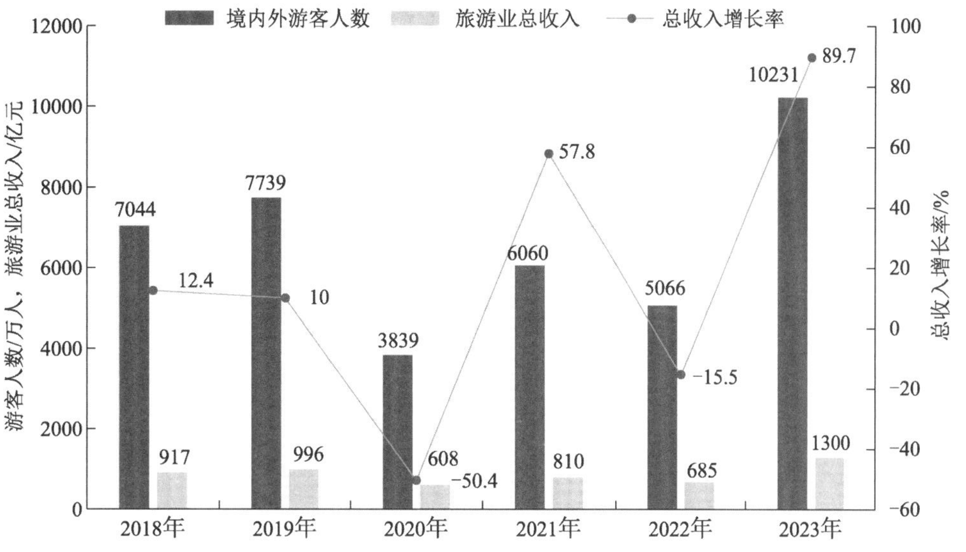

图 4-3-3 扬州市 2018—2023 年旅游业发展状况

二、弘扬运河文化，推动非遗传承

（一）丰富非遗文化保护形式

2023 年扬州市在“文化和自然遗产日”开办“非遗购物节”，仪式上可观看通草花、堆锦、扬州绳结、扬州灯彩等非遗技艺，还可以体验扬州敲背、扬州修脚技艺。此外，还有“文物赋彩美好生活”图片展、首届全国传统修脚术非遗传承人峰会、“茶和天下 共享非遗”扬州市宣传展示、“水韵乡情”长三角六市地方曲艺作品交流演出、跟着非遗游扬州——线上线下推广等展示展演、论坛推广活动，以及文博主题宣传配套活动、“非遗购物节”系列配套活动等，以更为丰富的形式、县市区联动的方式，为进一步提高人民群众非物质文化遗产保护意识，传承弘扬中华优秀传统文化，营造扬州非遗保护良好社会氛围，打造立体多元的扬州非遗消费新场景。同时在 6 月，扬州市通过联合促销、直播带货等方式，打造“非遗购物节”线上平台，鼓励非遗企业和传承人利用电商平台开设非遗店铺、直播带货线上销售活动；打造“一地一品牌”线下特色文物、非遗活动；组织非遗工坊、非遗美食企业、非遗文创企业走进重点乡村旅游区、乡镇文化广场等地持续开展“美丽乡村欢乐汇”非遗旅游嘉年华，在夜间文旅消费集聚区开展“扬州·好运集”非遗主题市集等活动，鼓励各地、各相关单位通过发放消费券、联合促销等方式，搭建非遗产品线下展销平台，创新文化消费场景。2023 年扬州市非遗文化遗产种类及数量见表 4-3-1。

表 4-3-1 2023 年扬州市非遗文化遗产种类及数量

类型	数目/名称
世界级非遗项目	3 项（古琴艺术、雕版印刷、扬州剪纸）
国家级非遗项目	20 项
省级非遗项目	61 项
市级非遗项目	231 项

（二）依托运河文化打造运河 IP

2023 年，运河三湾景区抢抓文旅复苏契机，厚植文化氛围，扩大“运河十二景”品牌影响力，一方面通过依托省级“无限定空间非遗进景区”项目，进一步联动扬州中国大运河博物馆、大运河非遗文化街区的资源，植入形式多样的非遗展陈、展示、展演、体验内容，让游客在景区全程共享非遗活态魅力；另一方面以大运河非遗文化街区一期为平台，积极顺应和把握文旅消费升级趋势，进一步组织并优化业态，打造更多符合全民参与的操作性强、体验度高、满意度好的高品质活动，做到每月有新奇、每季有亮点，在满足游客“求新、求奇、求知、求乐”的旅游需求的同时，积极促成“一次游”向“反复游”的转变。立足瘦西湖风景区的优质旅游资源优势，积极推动运河三湾创建国家 AAAAA 级景区，并探求三湾与运河沿线众多景点的联动，发挥串联扬城南北文旅轴线的关键作用，推动扬州运河文化由分散展示向集聚展示转变，为“古运河重生”创造新机遇。扬州市高品质推进大运河文化带和国家文化公园建设，使之成为世界文化遗产保护传承利用的典范。作为大运河原点城市、运河申遗牵头城市，扬州将切实扛起使命担当，打造精品工程，全力推动大运河文化和旅游融合发展，争做大运河文化带建设的示范。

第四节　淮安市的文化创新

一、文旅融合推陈出新

（一）建设文旅消费示范城市

2023 年，淮安将挖掘地方特色文化资源、文化元素、文化符号放在塑造文化品牌、提升文化影响力的第一位，大力实施“文化+”发展战略，西游乐园、淮安方特东方欲晓主题乐园等文旅 IP 形成了辐射带动效应。开办夏夜消费节，淮安以文化丰富旅游内涵、助推旅游业转型升级为目的，开办一系列活动，通过创新消费场景，打造了集“吃、游、购、娱、康、演”于一体的消费新业态，全方位覆盖淮安文旅市场，多维度彰显文旅消费特色，吸引了不少市民、游客前来打卡。2023 年春节期间，淮安文旅消费季活动持续放送，“欢喜聚福，惠民游淮我买单”“打卡有福，新春游淮零距离”“云游集福，文旅寄福贺新春”“好剧送福，观影看戏饱眼福”“锦礼派福，淮抱优惠大放送”“乐园迎福，合家欢乐任你游”六大版块活动攒足了人气。发放 20 万张（价值 1000 万元）文旅消费券、200 张西游乐园/淮安方特门票，推出 10000 张起价 19.9 元的特惠观影票，开展西游/方特双主题乐园 2 天 1 夜惠民游活动，提供高星级/主题度假酒店 99 元/间起的优惠，派发 3000 个文旅新春寄福红包，提供 1400 张限时优惠的文旅惠民卡。

（二）推动红色文旅融合发展

2023 年淮安市淮安区以大运河“百里画廊”红色旅游融合发展带试点为主题成功入选全国红色旅游融合发展试点单位，成为全省唯一上榜城市。2023 年，淮安市在完善政策、健全机制的基础上，通过深挖资源、夯实基础、优化服务等方式扎实推动红色旅游融合发展，助力打造文旅融合发展新格局。淮安对红色文化资源的挖掘从未停止过。举办《人民总理周恩来》陈列展，推出原创舞剧《血战刘老庄》。通过“红色旅游+”模式，将红色旅游与乡村旅游、产业发展有机融合，形成乡村特色旅游线路；加强对“车桥芡实”等“红色地名+特色农产品”产业链扶持力度，带动乡村振兴。初步形成“红色旅游吸引人，红色精神感染人，融合产业留住人”的集聚效应。

二、打造淮安文化品牌

（一）放大本土代表品牌效应

2023 年“5·19 中国旅游日”淮安市举办首届洪泽湖休闲旅游美食节。淮安市致力于放大淮安“世界美食之都”和洪泽“中国蟹都”“江苏省地标美食城市”品牌效应，让各地游客和洪泽人民感受“美好中国，幸福旅程”，品味“洪泽味道，湖鲜美食”，进一步释放消费潜力，提振发展信心。举办洪泽湖休闲旅游美食节，可以通过宣传洪泽休闲旅游和湖鲜美食，进一步放大淮安“世界美食之都”和洪泽“中国蟹都”“江苏省地标美食城市”品牌效应。同时淮安市聚力打造大运河百里画廊示范样板，集中启动了一系列旅游规划和项目建设，分批开展了一系列精品旅游活动和宣传营销，“生态福地·精致湖城”城市品牌知名度和影响力显著提升。

（二）保护红色文化高质量发展

2023 年淮安不可移动革命文物中，列入全国重点文物保护单位的有 4 处、省级文物保护单位 3 处、市级文物保护单位 26 处、县区级文物保护单位 14 处、一般不可移动文物 127 处。淮安红色精神文化是党百年奋斗历程中创造的先进文化的组成部分，是伟大建党精神的生动体现。淮安市淮安区以大运河“百里画廊”红色旅游融合发展带试点为主题成功入选，成为全国 10 家试点之一、全省唯一上榜的城市。淮安市积极打造多处红色文化和旅游融合单位，致力于传播弘扬红色文化，促进红色文化产业高质量发展。

（三）打造运河文化标志产业

淮安市按照省委、省政府打造“先导段、示范段、样本段”和“走在全国前列”的工作要求，聚焦“千秋淮扬”文化高地定位，系统谋划大运河百里画廊的建设工程，加快推进淮安大运河文化带和国家文化公园建设，全力打造大运河文化带标志性城市，取得了积极成效。淮安市在发展中，挖掘自身在大运河维护文化方面的潜力，进一步完善淮安大运河的建设。围绕“1+1+N”规划体系，编制五河口生态文明示范园专项规划，修编清口枢纽保护总体规划。打造运河文旅品牌，从“建设思维”转向“收益思维”，建设大运河文化带文旅消费中心。建立旅游宣传推广多元体系，以线上线下形式，借助传统媒体、互联网、新媒体等多种手段，打造“运河三千里，醉美是淮安”品牌形象。

第五节　芜湖市的文化创新

一、开辟文化产业发展新模式

（一）狠抓数字创意产业

2023 年 4 月 25 日，2023 芜湖数字创意产业大会暨三七互娱投资峰会在芜湖隆重召开。此次活动进一步把发挥市场在资源配置中的决定性作用与更好发挥政府作用结合了起来，也为加快培育新型文化企业、文化业态、文化消费模式，有力地促进全省数字创意产业发展，实现数字创意产业项目与金融资源深度对接、产业政策与金融政策协同配合、“有为政府”与“有效市场”良性互动。同年，芜湖市召开数字创意产业项目签约暨工作推进会。长三角信息智能创新研究院与芜湖市文化和旅游局签订《长三角数字创意产业研究中心合作共建框架协议》，共同探索数字时代文创产业新蓝海。

（二）融合产业聚焦发展

2023 年，芜湖市深入推进“旅游+”“+旅游”，推动产品迭代、业态更新。充分挖掘芜湖山水资源和历史文化底蕴，实施乡村旅游“七大行动”，新增省级旅游度假区 1 家、特色美食村 1 家、精品主题村 3 家、乡村旅游风景道 1 条。新增全国甲级民宿 1 家、丙级民宿 9 家，培育“鸠兹小住”精品民宿 53 家。同时，芜湖市开办芜湖神山音乐节引爆文旅热潮，引流超 13 万人次；首届长江文化艺术交流周汇聚 11 个省区市的 50 余种非遗美食、民俗表演，让“烟火气”更具“文化味”。芜湖市认真落实全省旅游高质量发展大会、文化强省建设大会精神，围绕高水平建设省域副中心城市目标，加快文旅融合、数实融合，构建产品供给、宣传营销、市场治理“三大体系”，致力于打造主客共享、近悦远来的区域文旅中心。

（三）重视文化遗产保护

2023年，芜湖市系统推进考古研究，省文物考古研究所芜湖工作站正式揭牌，新开工文保项目7个、竣工4个。同时推进启动《皖中革命文物保护利用片区专项规划》编制、实施革命文物保护利用“五个一”工程等项目。让非遗“热”起来，持续推动非遗“六进”，打造“非遗后备箱”“青年博创市集”等品牌，让非遗更加可感可及。加强芜湖铁画传承与发展，发布铁画数字藏品，推动铁画珍品赴长三角地区巡展。2023年6月，芜湖市举办文化和自然遗产日，活动打造非遗集市，围绕尝特色美食、赏非遗民俗、寻传统文化，全面展示非遗保护的风貌和活力，并通过“非遗+直播”“线上+线下”的联动模式等，释放消费动能；产学研用融合，创新文保方式，实现文物与教育互动、与创意嫁接、与旅游融合，推动各类文化遗产走进百姓生活；精心制定5条集能吃、能逛、能玩于一体的非遗旅游线路，提升旅游热度。

（四）扩大文旅品牌传播

2023年，芜湖市策划“爱在鸠兹”系列推广活动，开展“皖美好味道·芜湖名小吃”主题活动，高质量办好神山音乐节、长江艺术周、航空马拉松等品牌活动，提升“月上西河”“乡村渔趣大赛”等民俗节庆活动。芜湖市还深耕主要客源地、拓展高铁沿线、联动长江沿岸市场，开展城市宣传营销和旅游商品推介。赴外举办4场文旅专题推介会，达成客源互送等成果，开展旅行恳谈会、文旅商务教育投资洽谈会等活动，扩大文旅“朋友圈”，积极参加各类经贸展会活动43场。2023年芜湖市创新实施融媒体营销。芜湖文旅被中央级主流媒体报道386次，其中央视报道19次，旅游广告在央视曝光量超40亿次。芜湖文旅自媒体联盟全网粉丝量近1000万。深化与抖音等社交平台、携程等OTA平台、重点企业自有宣传平台合作，持续点亮“欢乐芜湖”文旅品牌。

（五）强化景区环境监督

2023年，芜湖市遴选10个景区，实施“一景一案”改造提升，按照“席地而坐”的标准，创建一批“最干净景区”。深化文明旅游、志愿服务和信用体系建设，定期发布文明旅游“红黑榜”，更新优质旅游服务商“白名单”。芜湖市实施全市AAA以上景区景点、重点文博场馆解说词标准化、规范化提升行动。实行动态化监管，优化芜湖市A级旅游景区常态化监管工作，强化文明城市创建旅游景区自身主体责任、政府属地管理责任、行业部门监管责任。

（六）推动文旅强市建设

2023年，芜湖市为抢抓市场快速恢复和扩大消费有利时机，提出“四个聚焦”加快推进文旅强市建设（表4-3-2）。

表4-3-2 芜湖市“四个聚焦”

项目	实施举措
聚焦“产业”，不断推进集聚式发展	推出“10+*N*”个乡村旅游集聚区。旅游产业在政策激励、行业联动、技术支持、受众需求的共同支持下得到快速发展
聚焦“品牌”，不断提升标准化水平	按照“推荐一批、创建一批、储备一批、精简一批”原则，不断优化全市旅游资源储备库，全面提升旅游品牌标准化建设水平
聚焦“融合”，不断丰富产品供给	遵循以文塑旅、以旅彰文的理念，不断丰富优化景区产品供给，为景区注入艺术活力、丰富文化内涵、提升文化品质
聚焦“联动”，不断美化景区环境	坚持全市“一盘棋”布局，加强统筹谋划，将景区景点环境卫生提升工作与芜湖市全国文明城市创建、“最干净城市”工作、文化旅游目的地建设等重大战略目标有机统一、同频共振

二、文化普惠民众

（一）传播芜湖好人文化

2023年8月，芜湖市举办第二季度“芜湖好人”发布仪式，仪式上以戏曲等多种艺术表演形式展示身边的好人好事。芜湖市充分利用资源，发挥好文艺骨干的作用，走进群众身边，利用丰富多彩的文体活动方式将道德模范和“身边好人”事迹加以宣传；同时，利用遍布全市的道德讲堂，道德模范与身边好人现场交流，让广大居民在参与中受到教育和启发，通过实实在在的事迹感动人、教育人、鼓舞人，自觉以身边好人为榜样，使“好人”精神的正能量传递到社会最基层，拉近了“好人”与群众的距离。芜湖市大力推进“好人芜湖”品牌提升行动，建设好人文化主题公园、好人大道等。建成市内首个好人文化主题园，以红色为主基调，将好人元素融入园中，集中展示、宣传各级好人典型事迹，充分领略“好人”精神内涵。南陵县围绕“好人+”模式，放大“好人力量”，探索好人大道建设，在人流最密集的交通要道设置“好人志愿执勤岗”，每周一至周五交通高峰时间段内轮流执勤，“好人”志愿者配合交通警察疏导交通、维持秩序，引导群众遵守道路交通法律法规，文明出行。在芜湖市形成随处可以看见好人“身影”，听见好人故事，传递榜样力量的城市氛围。

（二）惠民活动促进消费

2023年2月，芜湖市正式启动“徽动消费·生活芜优”2023年促消费活动。此次活动以“徽动消费·生活芜优”为主题，将持续举办多领域、多层次、多元化的消费促进活动，建立“贯通全年、四季持续、消费繁华”的促消费格局，打造“多元融合、联动皖江、模式创新”的促消费平台，实现“月月有活动，季季有特色，全年可持续”的促消费模式，更好助力全市经济高质量发展。面向全体在芜人员发放200万元消费券并举办20余场大型消费促进活动，涉及暖心年货节、家电促销、惠民车展、餐饮美食、商超百货、老字号企业等。采取线下消费和线上消费、传统消费和新型消费、提袋消费和体验消费、物质消费和服务消费相结合等方式，充分与文旅、体育、文艺等领域实现跨界融合，打造新消费场景，针对不同消费群体、不同消费心理，举办形式多样的促消费活动，进一步激发城乡居民消费欲望，更好满足人民群众消费需求。

第六节　马鞍山市的文化创新

一、全面提升文化“软实力”

（一）弘扬中医药文化

2023年7月，开展了“中医药文化服务月”主题活动，进一步弘扬中医药文化，传播中医药知识，让市民切身感受到中医药在预防疾病、保健养生、康复等方面的独特魅力。活动现场设置了常见中药材知识墙，市民可参与竞答，答对者会获赠中药防感香囊1个。市民们积极参与，现场气氛活跃。此环节寓教于乐，大大丰富了市民的中草药知识，让市民进一步领略中医药文化的魅力。此次活动进一步推动了中医药健康文化传播，提升了群众中医药健康文化素养，为中医药事业发展营造了良好氛围。

（二）深入实施文化惠民

2023年，马鞍山围绕构建现代公共文化服务体系，不断提升公共文化服务标准化、均等化水平，打造“全省领先、中部示范、全国一流”的现代公共文化服务高质量发展先行区，让公共文化服务真正走到群众身边，走进群众生活。马鞍山市加强公共文化服务场馆建设与提档升级，国家一级文化馆、图书馆达标率稳居全省第一。把公共文化设施建设与城市更新、乡村建设行动相结合，打造12个非遗传承基地、23个数字文化驿站、52 个城市悦书房、401 个农村文化礼堂，512 个村（社区）文化广场等各类新型公共文化空间，把服务群众的“最后一公里”变成“最美一公里”。同时深入实施文化惠民工程，聚焦乡村群众文化所需，打造文化点单模式，常态化开展“三送一走”活动。2023 年，全市送演出下乡 3200 余场次、送展览（讲座）下乡 2500 余场次、送书下乡 5 万余册次，开展文化走亲活动 50 余场，有力促进了乡村文化振兴。

二、文旅融合助推乡村振兴

（一）围绕红色文化，传承革命基因

2023 年 8 月 11 日，马鞍山市开办首届长江文化论坛，会上回望历史、凝聚共识，共同探讨了如何挖掘利用红色资源“富矿”，传承红色基因、赓续红色血脉，让红色文化在新征程上焕发时代光芒。大力开展研学、教育实践、网上祭英烈、演讲比赛等活动，缅怀革命先烈、传承红色基因，打造具有全国影响力的长江红色文化品牌。马鞍山市将在用好红色资源、弘扬红色文化的同时，用红色力量激活新动能，打造宜居宜业和美乡村。马鞍山市应深入普查调查，摸清红色资源家底，加强革命文物保护；科学挖掘革命文物的内涵、价值，提高陈列展览水平，讲好革命故事，广泛开展研学旅行、教育实践等活动，弘扬红色文化、赓续红色血脉，涵养一方文化自信；促进红色资源与历史文化、自然生态资源的整体保护开发，打造特色红色旅游线路，推动红色文化和旅游融合发展，不断增强红色文化的生命力和影响力。

（二）做强旅游品牌，推动消费升级

2023 年马鞍山市引入长江不夜城“文化+商业+旅游”全链条产业模式，通过电影化布景、情景化演绎、数智化夜游等途径，打造沉浸式长江文化主题体验街区。依托采石矶、长江不夜城等长江沿线景区，打造“诗仙李白游踪”“长江文明探源”等自驾游产品 4 个，“休闲游”“研学游”等精品旅游线路 5 条，推出采石矶夜游灯光秀、“课本上的马鞍山”研学游等长江文化旅游产品 7 个。同时，马鞍山市出台《关于进一步激发文化和旅游消费潜力的实施意见》，发放长江文旅消费券 500 余万元，带动文旅消费超亿元。举办“马鞍山文化惠民消费全城行”活动，推出国内外精品演出近 50 场，惠及群众近 5 万人次。

（三）整合传统资源，产业转型升级

2023 年 1 月，马鞍山市举办非物质文化遗产保护传承成果展演活动。该活动旨在丰富春节期间的群众文化生活，展现马鞍山市非遗保护传承工作成果，弘扬中华优秀传统文化。这些形式多样、丰富多彩的非遗传承实践活动，让群众感受到了中华优秀传统文化的无穷魅力，为新年增添了浓厚的文化气息。马鞍山市非物质文化遗产资源丰富，包含了采石矶茶干制作技艺、横望山米酒酿造技艺、新市滚龙、含山封扁鱼制作技艺、和县打莲湘、乌江霸王酥、三圣傩舞等一批省级非物质文化遗产，展现了马鞍山人民特有的思维方式、审美习惯与文化涵养。马鞍山市将发展非遗与推动文旅产业发展、促进乡村振兴等相结合，以国家、省级非遗项目为牵引，通过开展非遗文化节、建设非遗工坊、搞直播、开网店等方式，推动非遗走向全国市场，真正让非遗文化价值和经济价值得到充分发挥，为促进就业增收、推动共同富裕注入新动力。马鞍山市重视对非遗产业的关注，推动非遗产业与旅游、文化创意等产业融合发展，打造非遗品牌，提高非遗产品的附加值，推动非遗文化走向市场，促进非遗文化产业的繁荣。马鞍山市将非遗文化融入现代生活，让非遗文化活起来、传承下去，为中华优秀传统文化的传承与发展注入新的活力和动力。

第七节　滁州市的文化创新

一、助力文旅市场复苏

（一）文化旅游纵向发展

2023 年 11 月滁州市开办首届“阳明文化活动周”，活动周分“山水滁州”“醉美滁州”“寄情滁州”3 个篇章，包含七大系列活动，串联起滁州的自然之美、人文之美、和谐之美，展现醉美亭城的文旅魅力。七大系列活动即“滁州有礼”活动分为美食、非遗和文创 3 个主题区域，展示 60 余种滁州好礼。滁州市立足市域厚重的历史文化底蕴和迥异多彩的旅游资源，以文促旅、以旅彰文，实现了文旅产业发展提速、文旅经济总量攀升、文艺创作精品迭出、节庆活动丰富多彩的发展新局面，整个城市因文化的滋养而更添魅力。“阳明文化活动周”丰富滁州文化旅游品牌内涵，进一步赓续中华优秀传统文化，同时助力滁州文化旅游向纵深拓展，为文旅高质量发展注入持久生命力和澎湃新动力。

（二）完善旅游基础设施

2023 年，滁州市聚焦乡村振兴，推动风景道基础设施完善、配套服务设施补足、沿线环境风貌提升、支线连接线延伸等系列工程，新增旅游集散中心、服务驿站、停车场、旅游厕所、充电桩等基础设施 50 处以上，培育提升乡村风景道 8 条，打造 20 个乡村露营地。依托滁州智慧文旅综合管理服务平台，加快完善文旅信息化基础设施，鼓励引导适老化智慧景区建设，全面提高滁州智慧文旅服务水平。围绕用户需求，拓展“一码游滁州”应用场景和使用方式，开发优惠券发放、电影票购买、视频直播、景区 AR 展示等多种功能，提升平台在线人数和用户黏性。扩充滁州全域旅游电子导览系统文旅资源点，探索开发电子导览系统全景化展示功能，打造沉浸式体验。

（三）文化旅游深度融合

2023 年，滁州市坚持以文塑旅，用文化丰富旅游内涵，提升旅游品位。一方面，立足滁州特色文化资源，邀请长三角知名文创设计师采风创作，推出一批具有滁州地域文化特色的旅游商品和文创产品。充分挖掘明源文化、醉翁文化、小岗精神等历史文化资源，建设富有文化底蕴的国家级、省级旅游景区和度假区，打造一批文化特色鲜明的民宿、营地、街区等。另一方面，滁州市用旅游带动文化传播，推动文化繁荣。以风景道沿线为重点，结合《滁州市数字创意产业规划》编制项目清单，构建常态化跟踪调度机制，强力攻坚双招双引，确保全市落地数字创意类项目不少于 10 个。积极探索文化场馆服务功能拓展，推动一批公共文化场馆、文保单位、文博场馆景区化建设，在 A 级旅游景区、旅游集散中心等旅游场所建设非遗体验馆。弘扬革命文化和红色基因，大力发展红色游、研学游，依托来安半塔、天长龙岗等景区、景点，打造一批长三角红色旅游精品线路。滁州市 2015—2023 年文旅产业发展状况见图 4-3-4。

（四）合作共建旅游市场

2023 年，滁州市积极申办第十届安徽自驾游大会。市县联动推出不少于 80 场宣传营销活动，提高年货节、美食节、桃文化旅游节、池杉湖观鸟周等文旅品牌活动的知名度和影响力。持续推深做实“安徽人游安徽”“滁人游滁”“皖美好味道·百县名小吃”等主题营销活动，开展“好味滁州”美食品牌、“驾游滁州”自驾品牌、“好物滁州”后备箱品牌、“同乐滁州”休闲品牌系列推广活动。拍摄风景道网络微短剧、微视频，在“双微一抖”等线上平台发布播放，结合《中国旅游报》《中国文化报》《南京日报》等线下纸媒宣传，广泛传播文旅动态。

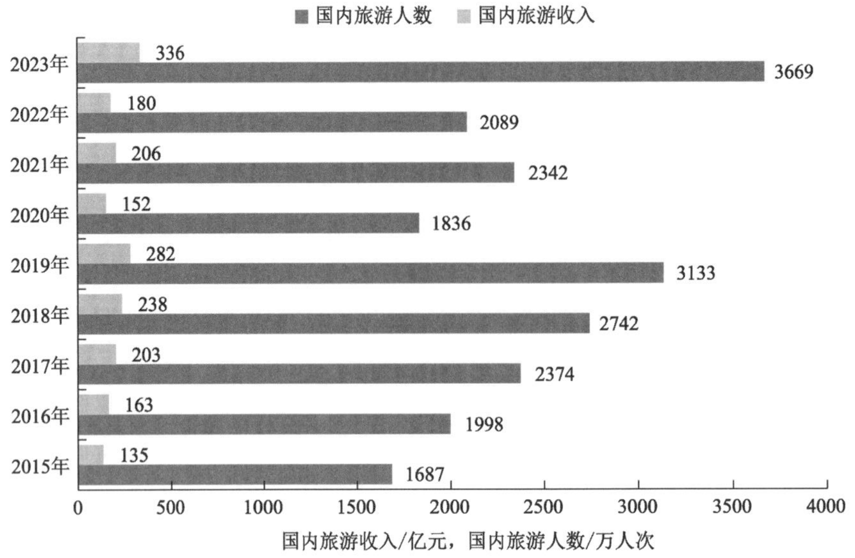

图 4-3-4 滁州市 2015—2023 年文旅产业发展状况

二、创新传承非遗文化

（一）开展线上直播活动

2023 年 9 月 21 日滁州市举办“滁城非遗，寻礼之旅”线上直播主题活动。活动中，非遗传承人走进直播间，不仅为观众解读了非遗制作技艺背后的深厚文化内涵，还以中秋佳节为契机，推介了相关非遗好礼。活动体现滁州市加大非遗传播普及力度，以适应媒体深度融合趋势，拓展非遗传播渠道，支持利用直播、短视频等新媒介全面深入参与非遗传播。本次活动也通过直播的形式，成功地吸引了大量的粉丝关注。不仅让非遗产品有全新的平台来传播非遗文化，也让更多群体了解和认识到这些非遗制作技艺的价值和意义。

（二）促进文化遗产传承

2023 年，滁州市开展第四次全国文物普查和第九批全国重点文物保护单位、第六批市级文物保护单位申报工作，组织“反映中华文明和优秀传统文化”的文明标识申报推选和 2023 年文物项目申报；组织实施琅琊山石刻数字化保护等一批项目建设，鼓励和支持社会力量参与文物建筑保护利用，兴办一批高质量、差异化、多元化的文博场馆。加强非遗调查记录和研究，规范市级非遗项目档案资料和数据库。同时，滁州市建设滁州非遗直播基地，展示非遗保护成果，提高文化遗产资源数字化保护、展示和利用水平。举办“文化和自然遗产日”“长三角非遗保护剧种现代小戏展演”“跟着非遗游滁州”“非遗进校园”等 20 场主题活动，结合 VR、AR 等技术手段，让文化遗产动起来、活起来。

第八节　宣城市的文化创新

一、开创文化建设新格局

（一）推进基层文化建设

2023 年宣城市完善村级综合文化服务中心建设，鼓励村级综合文化服务中心，按照“一场、两堂、三室、四墙”标准提升建设农民文化乐园。将村（社区）文化服务中心与农家书屋、党员远程教育站、科普宣传站、居民健身场所、老人日间照料室、未成年人活动室等集中设置、综合利用、共建共享。文化活动中心按照“八个有”标准设置，对已经建成的村（社区）综合文化服务中心，根据本地居民实际需求，整合扩充场地，丰富活动内容等，不断提升公共文化服务水平。

（二）开展群众文化活动

2023年6月20日宣城市举办“大地欢歌·美好安徽”全国夏季“村晚”示范展示暨皖美畲乡大联欢活动，展现畲族独特的民风民俗和非遗项目，并借此机会直播带货畲乡及宁国的特色农副产品、文创产品等。此外，宣城市开展“强国复兴有我”群众性主题宣传教育活动，组织举办“大地欢歌——2023安徽省宣城市广场舞集中展演”、宣城市2023年“童心向党”六一文艺展演等活动。持续开展广场舞展演、四季村晚等贴近生活、大众喜闻乐见的文化活动，满足群众日益增长的精神文化需求，形成和谐的群众文化环境。实施文艺进基层活动，推动精品文艺走进基层，丰富群众文化供给。

（三）弘扬安徽戏曲文化

2023年3月，宣城市为传承中华优秀传统文化，促进戏曲艺术在校园的传播普及和传承发展，在校园举办2023年戏曲进校园活动启动仪式，活动邀请了8名专业戏曲老师表演《打金枝》。此次活动为学生们打开了一扇近距离感受戏曲艺术魅力的窗口，让学生们了解了戏曲文化，感受到了戏曲艺术的魅力，接受了传统文化熏陶。这不仅弘扬了民族精神，也激发了学生对中华优秀传统文化的热爱，培养和增强了他们的民族自豪感和文化自信心。宣城市在2023年持续选拔优质戏曲节目走进校园，让戏曲艺术之花根植于孩子们心里，将优秀传统文化传承工作进行到底。

二、厚植文旅融合底蕴

（一）打造宣城文旅品牌

2023年“文化和自然遗产日”宣城市主场活动暨“茶和天下　共享非遗”主题活动启动仪式在泾县举行，该活动旨在让广大群众了解非遗、近距离感受非遗的独特魅力。集中展示宣城市文化遗产保护工作成果，广泛宣传和普及文化遗产保护知识，增强全社会文化遗产保护意识。宣城市连续举办十届文房四宝文化旅游节、承办两届全球少年书画艺术大会总决赛，先后举办湘鄂赣皖四省非遗联展、长三角非遗特展等大型活动，两次在上海“外滩之窗”进行“中国文房·诗意宣城”城市形象推广。同时宣城市积极对接电商平台，巩固脱贫成果、助力乡村振兴。鼓励通过发放消费券、联合促销等方式，搭建非遗产品线下展销平台，创新文化消费场景，推动文旅消费恢复，提振市场信心，不断打造宣城市的文旅品牌。

（二）构建全域旅游格局

2023年，宣城市与南京、湖州、镇江等城市签订旅游合作协议，率先发起成立长三角文化旅游一体化合作联盟，成功举办长三角文旅一体化发展宣城论坛、首届长三角（宣城）文旅嘉年华、“玩转G60畅游长三角”。扎实推进乡村旅游“421”行动，“赏梯田花海　探徽州之源”皖浙天路之旅等4条跨区域线路成功入选2023年度“全国乡村旅游精品线路”。绩溪县龙川景区入选“安徽省最干净景区景点”，通过旅游廊道优化文旅产业总体发展布局。结合各县市区资源、区位优势打造特色鲜明的文旅板块。

（三）结合农耕创新文旅

2023年，宣城市在延续乡村原有形态基础上，坚持细处着眼、小处着手，对乡村旅游景观、设施、产品等节点进行微改造、微提升，提升乡村旅游活力。宣城市扎实推进“双微”工程建设，结合23个乡村振兴示范片区，在全省创新开展“双微”改造重点村建设。结合农耕文化，宁国西村景区将景观系统与农业生产有机结合，形成稻田农耕文化群雕、四季彩色农业生态景观。广德市笄山村成功创建“全国乡村旅游重点村”，“皖南川藏线”成功入选“安徽省首批旅游风景道”，绩溪县家朋乡入选第二批“安徽避暑旅游休闲目的地”，新创“安徽省特色美食村”5个，创成“安徽省百佳乡村旅游示范点”8个。

第九节　溧阳市的文化创新

一、加快文旅融合进程

（一）“有时溧阳”智慧文旅平台

2023年，溧阳市建设“有时溧阳”电视文旅公共服务平台，发挥广播电视和网络视听行业优势，对接溧阳优质文旅资源和“有时溧阳”智慧文旅服务平台，利用广电网络优势资源，通过对本地乡村旅游资源和农特产品的宣传、推广和引流，促进消费升级，带动乡村产业振兴，助力溧阳乡村旅游公共服务发展，打造全域智慧文旅的“全国品牌”。“有时溧阳”智慧文旅平台投入运营是争创“全域旅游示范”、加快“数字政府”建设的重要内容。溧阳文旅局将瞄准建设苏南绿色崛起品质城市的目标，顺应文旅行业数字化发展趋势，深化“互联网+”融合发展，培育促进文旅消费的新业态、新模式、新场景，创新内容和手段，丰富产品供给和形式，营造良好文旅数字生态，提升文旅公共服务效能，更好满足人民群众日益增长的文旅新需求。

（二）打造溧阳茶叶金字招牌

2023年4月，溧阳市开展溧阳茶叶节暨天目湖旅游节，活动深入茶园体验白茶采摘，欣赏茶艺表演，体验特色茶文化旅游线路，彰显诗画溧阳的独特韵味。作为全国闻名的茶叶之乡，溧阳种茶历史悠久，天目湖白茶就是其中的珍品，是溧阳一张响亮的金名片。溧阳以茶为媒，努力提升“天目湖白茶”品牌价值，构建起智慧型体验式乡村经济发展新模式，用天目湖白茶，带动“天目湖”品牌的崛起，展现了“田园生金”的示范模式，奏响了乡村振兴的崭新旋律。

（三）创新乡村文旅消费服务

2023年12月，溧阳推出“彩虹路”，通过全长365公里的“1号公路”串珠成线，以“三山（南山、曹山、瓦屋山）两湖（天目湖、长荡湖）”为中心，连接沿线旅游景区、特色田园乡村，构建“一路一景、一路一特色”的全域旅游格局。溧阳还在当地将98个行政村、312个自然村、220多个休闲农业乡村旅游景点串联在一起，带动特色农产品、农家乐、民宿、茶舍等发展，并通过打造茶乡特色和地域风情的主题精品民宿，走出了一条茶旅融合特色发展之路。2023年8月入选第三批国家农业现代化示范区创建名单。念好“山水经”、绘就“田园画”，溧阳走出了一条具有长三角都市圈丘陵农区特色的农文旅高质量发展的农业现代化之路。

二、积极开展文化惠民工程

（一）开设传统文化教育中心

2023年7月1日，溧阳市文化馆“艺起童行”暑期研学营——全民艺术普及课堂少儿艺术体验活动正式开始。该活动融合绘画、舞蹈、音乐等多种艺术形式开设了12类课程，旨在激发孩子们的创造力与想象力。这样的活动不仅丰富了孩子的暑期生活，更让他们在快乐中学会了欣赏美、创造美。溧阳市文化馆将继续致力于推广艺术教育，为孩子们搭建更多展示自我、放飞梦想的舞台。

（二）实施文化惠民工程

2023年，溧阳市不断加强文化阵地建设，深入实施文化惠民工程，公共文化服务效能显著提升。新建、改建“溧书房”16家，实现全市所有镇（街道）全覆盖。自2023年以来，“溧书房”累计接待读者达30余万人次，外借图书10万余册次，办理读者证1200多张，成为市民阅读休闲的“精神粮仓”。并且实施“文化三送”活动，在2023年已完成送书下乡22400册，送电影下乡2812场，完成主题文艺进乡村9场、艺术普及进乡村12次。举办“全民艺术普及课堂”“美音溧阳故事会”“非遗进景区”等品牌文化活动。举办各类文艺演出19场，书画摄影展览12次，基层文艺培训50次，书法摄影讲座6场。

第十节　金坛区的文化创新

一、创新保护非遗文化传承

（一）全面开展非遗新工作

2023 年，金坛区全面普查，深入挖掘，夯实非遗保护基础。为夯实非遗保护基础，金坛区有序开展非遗普查、挖掘、整理等工作，深入镇村一线、庄户人家、田间地头，全面了解和掌握非物质文化遗产资源的种类、数量、分布状况、生存环境、保护现状和存在问题，并做好普查资料整理、归档和科学保存工作。经统计，金坛区境内的非物质文化遗产涉及民间文学、传统美术、传统戏剧、曲艺等 14 类，门类齐全且存续状态良好，具有重要价值和鲜明特色。

（二）开辟非遗传承新时代

2023 年，金坛区推出“家乡文化我传承”非遗进校园系列活动，评选了一批区级非物质文化遗产传承基地（学校）和非物质文化遗产进校园优秀实践案例、创新实践案例，启动非遗小传习人培育计划，加强新生代传承力量的扶持与培养，助力开辟非遗传承新时代。2023 年 8 月，金坛认定首批 5 个非遗工坊，旨在充分发挥非遗赋能作用，更好地助力乡村振兴。金坛依托愚池公园的基础条件和环境空间建设非遗公园，打造非遗融合“引擎”。公园月均人流量约 3000 人次。2023 年，金坛区共有 178 名非遗传承人，其中国家级 4 名、省级 7 名、市级 40 名、区级 127 名。同时，金坛正加快制定传承人培养制度、传承奖励制度，激励列入保护项目的传承人恪守匠心、守正创新。

（三）非遗融合文旅新发展

2023 年，江苏省东方盐湖城旅游发展有限公司成立常州茅山文化发展中心。在金坛茅山引入专业人才，搭设专业机构，完善制度机制，专司非遗工作，并邀请名家、大师搭建非遗文化交流、非遗技法展示、非遗创意碰撞的平台。东方盐湖城把铁水舞龙、杂技舞中幡、板凳龙等绚丽的非遗表演和精彩的年俗活动搬至仙镇舞台，让传统汉服、古法拓印走进以非遗元素为特色的酒店松桂里，让非遗文化巧妙融入住客行程中，打造沉浸式非遗体验和寓教于乐的非遗互动空间。常有各领域非遗传承人亲临现场，为游客讲解和传授非遗技艺。景区不断引入融合文化展示、交互体验的系列非遗活动，让金坛区非遗文化在景区常看常新。2023 年金坛区非遗文化种类及数量见表 4-3-3。

表 4-3-3　2023 年金坛区非遗文化种类及数量

类型	数目/名称
文化遗产	192 项
非遗项目	55 项
国家级非遗	金坛刻纸
	金坛抬阁
	董永传说
	金坛封缸酒酿造技艺
	直溪巨龙

（四）打造非遗保护新阵地

2023年，金坛区加快重点非遗项目传播设施建设，精心打造促进非遗保护传承的示范基地、开展非遗宣传教育的展示平台和促进非遗开发利用的重要窗口。金坛区四度被命名为“中国民间文化艺术（刻纸）之乡”，金坛圩村文化生态保护实验区入选第四批江苏省级文化生态保护实验区，相继建成省级非遗工坊2家、省级非遗传承示范基地和省级非遗创意基地各1家。为构建多元化的特色文化保护空间和传承链，将天荒湖流域、长荡湖流域和丹金溧漕河流域等江南水圩非遗密集区作为重点保护实验基地，探索出非物质文化遗产原真性、活态性、整体性保护新路子。

二、推进全域文旅创建行动

（一）推动文旅高质发展

2023年，金坛区创新工作举措，在常州“532”发展战略重点文旅项目建设、全域旅游创建行动、三星村考古遗址公园建设、文商旅融合发展等方面下功夫，统筹推进文化和旅游全领域、全方位、全链条深度融合。充分发挥金坛茅山和长荡湖两大旅游度假区的开发优势，发展全域旅游，打造更有产业活力的江南山水之城，推动文旅融合高质量发展。2018—2023年金坛区文旅产业发展状况见图4-3-5。

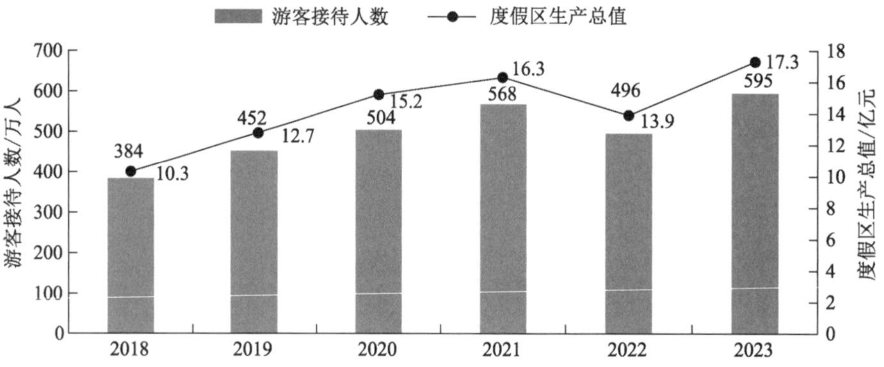

图4-3-5　2018—2023年金坛区文旅产业发展状况

（二）组织文旅惠民活动

2023年，金坛区成功举办大运河文化节暨金坛国际龙舟邀请赛，央视新闻频道和CGTN专题报道；举办2023年江苏省青少年自行车锦标赛、中国金坛自行车文化旅游节等，让更多人通过骑行运动欣赏金坛自然秀丽的风景；组织开展2023年金坛美食大赛、非遗进机关、“三星眩耀”金坛三星村遗址特展等系列文旅惠民活动。华罗庚纪念馆、非遗研学博览园入选2023年度省级“最美公共文化空间”打造对象名单。金坛区一系列举措坚持以文塑旅、以旅彰文，推动文化和旅游更广范围、更高水平深度融合，打造更多人们喜闻乐见的新场景、新业态、新模式。

（三）开展特色红色文旅

2023年7月7日是七七事变86周年，为满足人民群众追寻先辈足迹、传承红色基因的强烈愿望，金坛区深耕革命旧址、纪念馆、博物馆等革命传统资源，以点带面，让“红色旅游”成为金坛文旅发展新亮点。此外，金坛区还以区域内革命旧址遗迹、爱国主义教育基地等为学习阵地，开辟党史学习教育第二课堂，发挥革命传统教育功能。在吸引游客走进来的同时，金坛区积极探索让“红色历史”走出去，以展览、城乡惠民演出、志愿服务等形式，走进学校、企业、社区、农村等送教上门，用百姓喜闻乐见的方式推动红色教育深入群众、深入基层、深入人心，实现红色文化全覆盖。金坛区依托茅山革命老区丰富的红色资源和深厚的红色底蕴，持续推进“金坛茅山红色教育基地”建设，努力发挥红色资源的集聚效应，以红色旅游助推全域旅游发展，擦亮金坛茅山“红色名片”。

第四章　科技创新

2023年，南京都市圈内全年生产总值超过5万亿元，成为国内第二个5万亿国家级都市圈，这一成就表明该区域不仅具备了高度的经济活力、体现了其在科技创新和经济发展中的强大潜力，也凸显了城市群在推动区域经济一体化和创新驱动方面的关键作用。

2023年，南京都市圈高新技术产业保持快速发展，全年共集聚高新企业3392家，同比增长19.47%。高成长性企业的系统性培育卓有成效，全年共入选瞪羚企业423家，新增专精特新"小巨人"企业244家。上市公司发展韧性十足，都市圈内共有上市企业数量292家，新增上市企业15家。技术创新和成果转化势头加快，截至2023年底，都市圈内共有省级工程研究中心125家。这一成果的取得，得益于都市圈对于科技创新的全方位投入和系统性推进，通过持续增加投入，推动科技创新从量的积累向质的飞跃转变。

江苏省发展改革委印发实施《南京都市圈2023年省内合作重点任务》，立足南京都市圈省内成员城市，聚焦需要省级层面沟通协调和指导支持的重要事项，采用清单化项目化方式，围绕重大工程项目、重大载体平台、重点推进事项谋划提出13条具体合作事项。2023年，也是南京市科技局持续实施长三角（南京都市圈）科技合作计划的第三年，自7月起，南京市科技局组织开展2023年长三角（南京都市圈）科技合作活动项目，发挥第三方科技服务机构链接创新资源的"桥梁"作用，从供需两端发力，为都市圈创新主体提供技术、金融、人才和产业链对接等服务，推动科技成果在区域内转移转化。在项目组织实施过程中更加聚焦生物医药、智能制造、集成电路、人工智能、电子信息、新能源汽车、农业科技和航空航天等都市圈重点产业链创新发展需求，同时注重推动与宁淮、宁滁南北结对帮扶对象的创新合作项目和产学研对接，促进都市圈重点区域的创新协同。目前，项目已服务企业392家，举办活动19场，辐射镇江、淮安、马鞍山等周边城市，产生经济效益约1亿元，其中，促成技术合同成交额4207万元，达成投融资金额3500万元。在产业合作创新领域，2023年成功举办南京都市圈创新合作（扬州）大会、世界智能制造大会、中国（南京）软件和信息服务交易博览会、南京都市圈电子商务大会等重大活动，协同推进沿沪宁产业创新带、南京区域科技创新中心建设，进一步提升都市圈创新发展活力。

第一节　南京市的科技创新

一、创新实力

（一）知识产权专利指标

2023年，南京市专利授权量为68805件，较上年下降20.82%，PCT专利申请量为867件，较上年下降8.92%，发明专利授权量28565件，较上年增长1%，万人发明专利拥有量146.8件，相比2022年增长21.57%。2023年，南京市参加第24届中国专利评选，共获奖项26项，其中专利金奖1项、专利银奖2项、优秀奖23项。

（二）科技创新活力指标

2023年，南京市按照知识产权强企行动计划要求，以高新技术企业、规模以上企业、上市企业和涉军企业为重点，推进贯标绩效评价本地化工作。截至2023年底，南京市参与贯标企业的有624家，122家绩效评价合格单位，195家企业通过国际认证。

众创空间是一种创新创业平台，具有低成本、便利化、全要素、开放式特点。科技部火炬中心国家级众创空间的评定，旨在推动科技创新创业载体体系化、专业化建设，持续优化国家备案众创空间一体化布局，加快科技创新创业高质量发展。2023年，南京市新增23家省级众创空间。2023年南京市新增省级众创空间名单见表4-4-1。

表4-4-1　2023年南京市新增省级众创空间名单

序号	众创空间名称	设区地	类型
1	南京星河领创天下众创空间	南京市	综合
2	南京财经大学众创空间	南京市	综合
3	Link云智互联众创空间	南京市	综合
4	创盈众创空间	南京市	综合
5	仁义邦众创空间	南京市	综合
6	中南谷众创空间	南京市	综合
7	春鸿众创空间	南京市	综合
8	5C创享中心	南京市	综合
9	你好空间	南京市	综合
10	创匠空间	南京市	综合
11	军地协同创新港众创空间	南京市	综合
12	医械创新众创空间	南京市	综合
13	环保汇智众创空间	南京市	专业
14	康创空间	南京市	专业
15	医工交叉创新空间	南京市	专业
16	莱科智创空间	南京市	专业
17	南机智农众创空间	南京市	专业
18	南理工智能成像众创空间	南京市	专业
19	中云筑智创空间	南京市	专业
20	云创新众创空间	南京市	专业
21	易诺维众创空间	南京市	专业
22	蓝联盟众创空间	南京市	专业
23	浙溧智能众创空间	南京市	专业

资料来源：江苏省科技厅网站与网络检索资料。

科技企业孵化器作为引育高技术人才的强阵地、培育科技型企业的主战场和孵育新兴产业的磁力场，是最具活力的创新主体。2023年，南京市新增省级科技孵化器7家。2023年南京市新增省级科技孵化名单见表4-4-2。

表 4-4-2　2023 年南京市新增省级科技孵化器名单

序号	孵化器名称	设区地	类型
1	智蓝空间科技企业孵化器	南京市	综合
2	ABC 人工智能专业孵化器	南京市	专业
3	云密城科技企业孵化器	南京市	专业
4	南京瑞泰科技企业孵化器	南京市	专业
5	南京两港创业园科技企业孵化器	南京市	专业
6	博士未来食品孵化器	南京市	专业
7	高芯科谷电子信息孵化器	南京市	专业

资料来源：江苏省科技厅网站与网络检索资料。

二、创新市场

（一）全年技术交易合同额与合同量

2023 年，南京市技术交易合同额与合同量整体稳步上涨。南京市技术成交合同额为 1016.37 亿元，比 2022 年上涨 18.63%，技术成交合同量为 39465 项。

（二）高新技术产业产值

高新技术产业发展是产业转型升级达到技术含量高、市场占有率高和产业附加值高的过程。2023 年南京高新技术产业产值为 1.69 万亿元，高新技术产业占南京规模以上工业总产值的 57.1%。

（三）上市企业

南京市总共有 160 家上市企业，新增境内外上市企业 5 家，分别为肯特股份、波长光电、莱斯信息、翔腾新材、晶升股份。A 股上市公司为 119 家，其中上交所 65 家，深交所 50 家，北交所 4 家。2023 年南京市上市企业名单见表 4-4-3。

表 4-4-3　2023 年南京市上市企业名单

企业类型	序号	地区	企业名称	性质	上市/挂牌地点
境内上市企业	1	江宁区	前沿生物-U	外资	上交所科创板（688221）
	2		宁通信 B	国有	深交所 B 股（200468）
	3		国旅联合	国有	上交所主板（600358）
	4		埃斯顿	民营	深交所主板（002747）
	5		中电环保	民营	深交所主板（300172）
	6		泉峰汽车	民营	上交所主板（603982）
	7		宝色股份	国有	深交所主板（300402）
	8		国电南瑞	国有	上交所主板（600406）
	9		中材科技	国有	深交所主板（002080）
	10		中材国际	国有	上交所主板（600970）
	11		健友股份	国有	上交所主板（603707）
	12		寒锐钴业	民营	深交所主板（300618）
	13		苏博特	民营	上交所主板（603916）
	14		国电南自	国有	上交所主板（600268）
	15		新联电子	民营	深交所主板（002546）

续表

企业类型	序号	地区	企业名称	性质	上市/挂牌地点
境内上市企业	16	江宁区	孩子王	民营	深交所主板（301078）
	17		金智科技	民营	深交所主板（002090）
	18		迈拓股份	民营	深交所主板（301006）
	19		科思股份	民营	深交所主板（300856）
	20		音飞储存	民营	上交所主板（603066）
	21		佳力图	民营	上交所主板（603912）
	22		金埔园林	民营	深交所主板（301098）
	23		万德斯	民营	上交所主板（688178）
	24		航天晨光	国有	上交所主板（600501）
	25		沪江材料	民营	上交所主板（870204）
	26		大烨智能	民营	深交所主板（300670）
	27		科远智慧	民营	深交所主板（002380）
	28		奥联电子	民营	深交所主板（300585）
	29		华脉科技	民营	上交所主板（603042）
	30		三超新材	民营	深交所主板（300554）
	31		我乐家居	民营	上交所主板（603326）
	32		多伦科技	民营	上交所主板（603528）
	33		ST 光一	民营	深交所风险警示板（300356）
	34		北路智控	民营	深交所主板（301195）
	35		美埃科技	民营	上交所主板（688376）
	36		腾亚精工	民营	深交所主板（301125）
	37		灿能电力	民营	北交所主板（870299）
	38		国博电子	民营	上交所主板（688375）
	39		磁谷科技	民营	上交所主板（688448）
	40		麦澜德	民营	上交所主板（688273）
	41		科远智慧	民营	深交所主板（002380）
	42		茂莱科技	民营	上交所主板（688502）
	43		肯特股份	民营	深交所创业板（301591）
	44		波长光电	民营	深交所创业板（301421）
	45	建邺区	越博动力	民营	深交所创业板（300742）
	46		南京公用	民营	深交所主板（000421）
	47		江苏租赁	民营	上交所主板（600901）
	48		紫金银行	民营	上交所主板（601860）
	49		苏垦农发	国有	上交所主板（601952）
	50		苏交科	民营	深交所主板（300284）

续表

企业类型	序号	地区	企业名称	性质	上市/挂牌地点
境内上市企业	51	建邺区	测绘股份	民营	深交所主板（300826）
	52		天泽信息	民营	深交所创业板（300209）
	53		弘业期货	民营	深交所创业板（001236）
	54	浦口区	ST 宏图	民营	上交所风险警示板（600122）
	55		盛航股份	民营	深交所主板（001205）
	56		久吾高科	民营	深交所主板（300631）
	57		南微医学	民营	上交所主板（688029）
	58	玄武区	江苏国信	国有	深交所主板（002608）
	59		苏宁易购	民营	深交所风险警示板（002024）
	60		东华能源	民营	深交所主板（002221）
	61		新能泰山	国有	深交所主板（000720）
	62		南京银行	国有	上交所主板（601009）
	63		苏美达	国有	上交所主板（600710）
	64		江苏有线	国有	上交所主板（600959）
	65		江苏新能	国有	上交所主板（603693）
	66	雨花台区	江苏舜天	国有	上交所主板（600287）
	67		莱绅通灵	民营	上交所主板（603900）
	68		诚迈科技	民营	深交所主板（300598）
	69		南京医药	国有	上交所主板（600713）
	70		亿嘉和	民营	上交所主板（603666）
	71		亚信安全	民营	上交所主板（688225）
	72		伟思医疗	民营	上交所主板（688580）
	73		润和软件	民营	深交所主板（300339）
	74		嘉环科技	民营	上交所主板（603206）
	75		联迪信息	民营	北交所主板（839790）
	76	高淳区	ST 红太阳	民营	深交所风险警示板（000525）
	77		红宝丽	民营	深交所主板（002165）
	78		国睿科技	国有	上交所主板（600562）
	79	秦淮区	奥特佳	民营	深交所主板（002239）
	80		江苏银行	民营	上交所主板（600919）
	81		南纺股份	民营	上交所主板（600250）
	82		南京新百	民营	上交所主板（600682）
	83		华设集团	国有	上交所主板（603018）
	84		汇鸿集团	国有	上交所主板（600981）
	85		锦泓集团	民营	上交所主板（603518）

续表

企业类型	序号	地区	企业名称	性质	上市/挂牌地点
境内上市企业	86	秦淮区	中央商场	民营	上交所主板（600280）
	87		弘业股份	国有	上交所主板（600128）
	88		云创数据	民营	北交所主板（835305）
	89		莱斯信息	国有	上交所科创板（688631）
	90	栖霞区	幸福蓝海	民营	深交所主板（300528）
	91		宁沪高速	国有	上交所主板（600377）
	92		南京高科	民营	上交所主板（600064）
	93		诺唯赞	民营	上交所主板（688105）
	94		康尼机电	民营	上交所主板（603111）
	95		栖霞建设	国有	上交所主板（600533）
	96		龙蟠科技	民营	上交所主板（603906）
	97		海辰药业	民营	深交所主板（300584）
	98		冠石科技	民营	上交所主板（605588）
	99		美思德	民营	上交所主板（603141）
	100		南京熊猫	国有	上交所主板（600775）
	101		金陵药业	民营	深交所主板（000919）
	102		南京港	国有	深交所主板（002040）
	103		通行宝	民营	深交所主板（301339）
	104		高华科技	民营	上交所主板（688539）
	105		翔腾新材	民营	深交所主板（001373）
	106		晶升股份	民营	上交所科创板（688478）
	107	六合区	金浦钛业	民营	深交所主板（000545）
	108		三六五网	民营	深交所主板（300295）
	109		基蛋生物	民营	上交所主板（603387）
	110		南大环境	民营	深交所主板（300864）
	111		南钢股份	国有	上交所主板（600282）
	112		中旗股份	民营	深交所主板（300575）
	113		南京化纤	国有	上交所主板（600889）
	114	鼓楼区	苏宁环球	民营	深交所主板（000718）
	115		招商南油	民营	上交所主板（601975）
	116		金陵饭店	民营	上交所主板（601007）
	117		大千生态	民营	上交所主板（603955）
	118		凤凰传媒	国有	上交所主板（601928）
	119		商络电子	民营	深交所主板（300975）
	120		全信股份	国有	深交所主板（300447）

续表

企业类型	序号	地区	企业名称	性质	上市/挂牌地点
境内上市企业	121	鼓楼区	凤凰股份	国有	上交所主板（600716）
	122		南京证券	国有	上交所主板（601990）
	123		通达海	民营	深交所主板（301378）
	124	溧水区	本川智能	民营	深交所主板（300964）
	125		云海金属	民营	深交所主板（002182）
	126	江北新区	药石科技	民营	深交所主板（300725）
	127		焦点科技	民营	深交所主板（002315）
	128		雷尔伟	民营	深交所主板（301016）
	129		药康生物	民营	上交所主板（688046）
	130		迪威尔	民营	上交所主板（688377）
	131		南京聚隆	民营	深交所主板（300644）
境外上市企业	132	江宁区	金斯瑞生物科技	外资	港交所主板（01548. HK）
	133		中电光伏	民营	美国纳斯达克证券交易所（CSUN）
	134		中国高速传动	民营	港交所主板（00658. HK）
	135		华瑞服装	民营	美国纳斯达克证券交易所（EVK）
	136		泉峰控股	民营	港交所主板（02285. HK）
	137		协众国际	民营	港交所主板（03663. HK）
	138	建邺区	雨润食品	民营	港交所主板（01068. HK）
	139		GHW Intl	民营	港交所主板（09933. HK）
	140		稻草熊娱乐	民营	港交所主板（02125. HK）
	141		华泰证券	国有	香港联交所（06886）
	142	浦口区	弘阳地产	民营	港交所主板（01996. HK）
	143		银城生活服务	民营	港交所主板（01922. HK）
	144		中国擎天软件	民营	港交所主板（01297. HK）
	145		明发集团	民营	港交所主板（00846. HK）
	146		先声药业	民营	港交所主板（02096. HK）
	147	玄武区	中生联合	民营	港交所主板（03332. HK）
	148		途牛	民营	美国纳斯达克证券交易所（TOUR）
	149		汇通达网络	民营	港交所主板（09878. HK）
	150	雨花台区	朗诗地产	国有	港交所主板（00106. HK）
	151		丰盛控股	民营	港交所主板（00607. HK）
	152		中国育儿网络	民营	港交所主板（01736. HK）
	153	秦淮区	千百度	民营	港交所主板（01028. HK）
	154		金鹰贸易集团	外资	港交所主板（03308. HK）

续表

企业类型	序号	地区	企业名称	性质	上市/挂牌地点
境外上市企业	155	栖霞区	三宝科技	民营	港交所主板（01708. HK）
	156		冠捷科技	台资	香港联交所（00903. HK）
	157	六合区	东方文化	民营	美国纳斯达克证券交易所（OCG）
	158	鼓楼区	银城国际控股	民营	港交所主板（01902. HK）
	159		金轮天地控股	民营	港交所主板（01232. HK）
	160		南大苏富特	民营	港交所创业板（08045. HK）

资料来源：南京市统计局与网络检索资料。

三、创新企业

（一）高新技术企业

2023年，南京市高新技术产业保持快速发展，全年规模以上工业总产值15872.43亿元，比上年增长3.6%，企业产销率达98.7%。分经济类型看，国有控股企业产值增长4.8%，股份制企业增长5.9%，外商及港澳台商投资企业下降0.5%，私营企业增长4.9%。分规模看，大中型企业增长4.4%，小微型企业增长1.3%。分行业看，电气机械和器材制造业增加值增长14.4%，化学原料和化学制品制造业增长3%，黑色金属冶炼和压延加工业增长9.8%，专用设备制造业增长12.4%。制造业投资1088.93亿元，比上年增长9%，其中电气机械和器材制造业、医药制造业、汽车制造业分别增长38.6%、15.3%、49.9%。高新技术产业投资802.46亿元，比上年增长7.7%。新能源汽车、集成电路、工业机器人等绿色、智能产品产量增长较快，分别比上年增长7.2%、61.6%、27.6%。规模以上工业战略性新兴产业产值占规模以上工业总产值比重达57.1%。

2023年全年新增7家境内外上市公司，总数达到161家。年末全市各项存款余额为54279.92亿元，同比增长9.6%，较年初增加4756.43亿元。非金融企业存款余额16931.91亿元、占31.2%，余额比年初增加883.94亿元。年末金融机构本外币各项贷款余额54337.89亿元，比年初增加5537.68亿元，增长11.4%。其中，制造业贷款余额4117.51亿元，比年初增长16.7%。

2023年全年全社会研发经费支出占地区生产总值比重超3.82%，高新技术产业产值占规模以上工业产值比重达57.1%。有效期内高新技术企业总数超1万家，入库科技型中小企业23569家、增长16.8%。市级新型研发机构376家，全年市级新型研发机构及其关联带动企业实现营收562.5亿元。

（二）独角兽企业

南京市发布2023年独角兽、培育独角兽、瞪羚企业榜单，全市594家企业脱颖而出，包含独角兽企业18家、培育独角兽企业218家。在这份榜单上，按照估值排序，南京入选企业分别为：T3出行（第23位），智慧出行赛道；新康众（第86位），汽车服务赛道；中汽创智（第94位），智能网联赛道；芯驰科技（第181位），集成电路赛道；蓬勃生物（第193位），创新药赛道；华控创为（第277位），人工智能赛道。同处第305位的有：芯华章，集成电路赛道；连尚文学，数字文娱赛道；众能联合，产业互联网赛道；艾佳生活，数字地产赛道；福佑卡车，智慧物流赛道；世和基因，数字医疗赛道。

（三）瞪羚企业

南京市2023年度入选的市级瞪羚企业有南京方通科技有限公司等358家。南京市高成长性企业飞速增长，对于高成长性企业的系统性培育卓有成效。

（四）专精特新“小巨人”企业

2023年，江苏省工信厅发布了《关于江苏省第五批专精特新“小巨人”企业和第一批专精特新“小巨人”复核通过企业名单的公示》，南京市共107家企业进入第五批专精特新“小巨人”公示名单（表 4-4-4），总数超过前四批总和，新增数量居全国第八，创历史新高。全市累计培育专精特新“小巨人”企业达到 213 家，总数实现翻番。

表 4-4-4　2023 年南京市新增专精特新“小巨人”企业名单

序号	企业名称
1	多伦科技股份有限公司
2	南京大桥机器有限公司
3	江苏中圣高科技产业有限公司
4	江苏凯基生物技术股份有限公司
5	南京电研电力自动化股份有限公司
6	南京岚煜生物科技有限公司
7	南京新捷中旭微电子有限公司
8	南京沃天科技股份有限公司
9	南京北路智控科技股份有限公司
10	徐工集团凯宫重工南京股份有限公司
11	南京驰韵科技发展有限公司
12	南京物华电气装备有限公司
13	南京尚爱机械制造有限公司
14	江苏越升科技股份有限公司
15	南京首勤特种材料有限公司
16	南京辉锐光电科技有限公司
17	南京博森科技有限公司
18	江苏六维智能物流装备股份有限公司
19	南京麦驰钛业有限公司
20	南京赛达科技有限公司
21	江苏新蓝天钢结构有限公司
22	南京景曜智能科技有限公司
23	南京同尔电子科技有限公司
24	江苏烁石焊接科技有限公司
25	南京广顺电子技术研究所有限公司
26	南京东利来光电实业有限责任公司
27	南京华兴压力容器制造有限公司
28	江苏易安联网络技术有限公司
29	南京赛宁信息技术有限公司
30	中石化南京化工研究院有限公司
31	南京聚隆科技股份有限公司
32	南京工大环境科技有限公司
33	南京美辰微电子有限公司

续表

序号	企业名称
34	南京芯驰半导体科技有限公司
35	南京双威生物医学科技有限公司
36	华路易云科技有限公司
37	南京国电南自维美德自动化有限公司
38	江苏华创微系统有限公司
39	南京云信达科技有限公司
40	南京英锐创电子科技有限公司
41	南京派格测控科技有限公司
42	南京业恒达智能系统有限公司
43	南京市智凌芯科技股份有限公司
44	南京格洛特环境工程股份有限公司
45	江苏新瀚新材料股份有限公司
46	南京长江江宇环保科技股份有限公司
47	南京先正电子股份有限公司
48	南京威孚金宁有限公司
49	南京苏美达智能技术有限公司
50	中电鸿信信息科技有限公司
51	江苏肯立科技股份有限公司
52	南京誉葆科技股份有限公司
53	赛特斯信息科技股份有限公司
54	江苏普旭科技股份有限公司
55	江苏江航智飞机发动机部件研究院有限公司
56	南京芯传汇电子科技有限公司
57	联通物联网有限责任公司
58	南京博克纳自动化系统有限公司
59	南京拓控信息科技股份有限公司
60	南京贝伦思网络科技股份有限公司
61	南京公诚节能新材料研究院有限公司
62	南京群顶科技股份有限公司
63	南京全信传输科技股份有限公司
64	南京国睿安泰信科技股份有限公司
65	南京海纳医药科技股份有限公司
66	南京英田光学工程股份有限公司
67	南京红杉生物科技有限公司
68	南京铖联激光科技有限公司

续表

序号	企业名称
69	江苏泰治科技股份有限公司
70	南京雷电信息技术有限公司
71	南京维拓科技股份有限公司
72	南京弘毅电气自动化有限公司
73	江苏润邦新材料集团有限公司
74	南京中孚信息技术有限公司
75	南京绿芯集成电路有限公司
76	南京久鼎环境科技股份有限公司
77	江苏新恒基特种装备股份有限公司
78	南京中盛铁路车辆配件有限公司
79	南京德尔隆工程塑料有限公司
80	南京新核复合材料有限公司
81	南京金焰锶业有限公司
82	南京箬升机电制造有限公司
83	南京施密特光学仪器有限公司
84	南京晶升装备股份有限公司
85	南京京达生物技术有限公司
86	南京江南永新光学有限公司
87	南京中科煜宸激光技术有限公司
88	江苏美特林科特殊合金股份有限公司
89	中电环保股份有限公司
90	南京濠暻通讯科技有限公司
91	信联科技（南京）有限公司
92	南京蓝昊智能科技有限公司
93	南京迈得特光学有限公司
94	南瑞联研半导体有限责任公司
95	南京米乐为微电子科技股份有限公司
96	南京晨光东螺波纹管有限公司
97	中航工业南京伺服控制系统有限公司
98	南京纳特通信电子有限公司
99	南京国兆光电科技有限公司
100	南京美均电子科技有限公司
101	南京音飞储存设备（集团）股份有限公司
102	南京悠阔电气科技有限公司
103	南京慧尔视智能科技有限公司

续表

序号	企业名称
104	江苏大全高压开关有限公司
105	苏世博（南京）减振系统有限公司
106	南京楚航科技有限公司
107	江苏金寓信息科技有限公司

数据来源：江苏省工业和信息化厅网站。

（五）制造业单项冠军企业

2024年3月5日，工信部第八批制造业单项冠军企业名单日前出炉，南京市共13家企业入围，新增数量全省第一。分别为国电南瑞南京控制系统有限公司的智能电网主配网调度及监控自动化系统、南京钢铁股份有限公司的超高强耐磨钢板、南京埃斯顿自动化股份有限公司（以下简称埃斯顿）的光伏排版工业机器人、南京洛普股份有限公司的大型超高清LED球幕及模组、南京科远智慧科技集团股份有限公司的电力发电智能分布式系统、美埃（中国）环境科技股份有限公司的超净节能型风机过滤机组、南京茂莱光学科技股份有限公司的高精度光学检测器件及系统、南京港机重工制造有限公司的港口门座起重机、南京玻璃纤维研究设计院有限公司的S级高强玻璃纤维及制品、南京天诗新材料科技有限公司的纳米复合蜡微粉、中船鹏力（南京）塑造科技有限公司的绿色薄壁管及配套容器产品、南京巨鲨显示科技有限公司的医学影像智能显示系统设备、南京麦澜德医疗科技股份有限公司的智能康复诊疗系统。

埃斯顿在光伏、动力电池等领域均拥有高端智能化设备和数字化工厂解决方案。伴随光伏产业链出海，埃斯顿提前布局精准抓住行业机会，研发的光伏排版工业机器人受到市场青睐。2023年，全球90%的光伏电池片工厂均使用埃斯顿机器人。

南京巨鲨显示科技有限公司近年来持续加大在医学影像云平台、放射影像设备、感染控制生物监测和电子监测判读等方向的研发投入，其产品同时销往近百个国家与地区，服务全球30亿诊疗人群。南京茂莱光学科技股份有限公司一直专注于精密光学器件、光学镜头和光学系统的研发、设计、制造及销售，应用于国产光刻机、高分卫星、探月工程、民航飞机等重要领域。公司相关负责人表示，在保持产品技术优势的同时，还将进一步巩固在精密光学行业的市场地位，力争成为在半导体、生命科学、航空航天、无人驾驶、生物识别、AR/VR检测等领域核心客户的首选供应商。

（六）研究机构

工程技术研究中心是由南京市有关行业或领域内科技实力较强的重点科研机构、市级以上高新技术企业和高等院校组建的科研开发实体，其设立旨在引导企业通过建立工程化研究进一步促进技术创新和成果转化。该评选，对申报单位的研发场地、研发人员数量、经费投入规模、研发装备，以及研发业务能力等都有着严格的要求，即申报单位需在行业、领域具备较强的科技创新能力、较好的研发基础条件。2023年，南京市热交换系统节能工程技术研究中心等175家公司的研究中心被认定为南京市工程技术研究中心。

四、研发投入

（一）研究与试验发展经费支出

2023年，南京市研究与试验发展（R&D）经费投入645亿元，位居江苏省第二，保持较快增长，比上年增长了3.03%，从近5年的R&D经费投入来看，其保持了稳步增长，投入强度也持续提升，全市R&D经费投入相对于地区生产总值的比重继续提高，达到了3.82%。

（二）重点实验室

重点实验室以服务国家重大科技需求为使命，

为高质量发展赋能，截至2023年共建设国家和省级重点实验室190个。其中，国家级重点实验室中以南京大学为依托单位的重点实验室数目最多，共有7家。

（三）科技公共服务平台

2023年，南京市科技局开展2023年市级科技公共服务平台绩效评估工作，南京沃谱瑞环境研究院有限公司、江苏集萃药康生物科技股份有限公司、南京南智先进光电集成技术研究院有限公司、南京南邮信息产业技术研究院有限公司、南京亿科人群健康研究院有限公司、南京景瑞康分子医药科技有限公司、江苏集萃先进高分子材料研究所有限公司、中科曙光（南京）计算技术有限公司等8家单位，纳入市级科技公共技术服务平台管理。

第二节　镇江市的科技创新

一、创新实力

（一）知识产权专利指标

2023年，镇江市专利授权量为15523件，较上年下降22.92%，PCT专利申请量为87件，较上年下降28.09%，发明专利授权量3753件，较上年增长14.67%，万人发明专利拥有量69.76件，比2022年上涨16.37%。2023年，镇江市参加第24届中国专利评选，共获奖项9项，其中专利金奖1项、专利优秀奖8项。

（二）科技创新活力指标

镇江市深入开展知识产权强国建设试点示范工作。国家知识产权局以打造国家知识产权试点示范园区升级版为目标，按照“试点促普及推广、示范促深化发展”的思路，经园区申报、地方推荐、专家评审、结果公示等程序，认定了镇江经济开发区为国家级知识产权强国建设试点园区；镇江市京口区、句容市、扬中市为国家知识产权强县建设试点县，镇江市丹阳市为镇江知识产权强县建设示范县。2022年，镇江市按照知识产权强企行动计划要求，以高新技术企业、规模以上企业、上市企业和涉军企业为重点，推进贯标绩效评价本地化工作，截至2023年底，镇江市参与贯标企业的有145家，36家绩效评价合格单位，64家企业通过国际认证；镇江市新增4家省级备案众创空间，为华昌科创空间、宜城网创空间、翼视科创中心和南林水杉创客空间。

二、创新市场

（一）全年技术交易合同额与合同量

2023年，镇江市技术交易合同额与合同量整体稳步上涨。镇江市技术成交合同额为87.62亿元，比2022年上涨8.93%，技术成交合同量为3568项。

（二）高新技术产业产值

2023年，镇江高新技术产业产值为4238.65亿元，高新技术产业占镇江规模以上工业总产值的54%。

（三）上市企业

2023年，镇江市拥有上市企业25家（表4-4-5），境内上市企业22家，境外上市企业3家，其中新增上市企业1家，为常青科技。

表 4-4-5　2023 年镇江市上市企业名单

企业类型	序号	地区	企业名称	性质	上市/挂牌地点
境内上市企业	1	丹阳	大亚圣象	民营	深交所主板（000910）
	2		恒宝股份	民营	深交所主板（002104）
	3		丹化科技	国有	上交所主板（600844）
	4		鱼跃医疗	民营	深交所主板（002223）
	5		花王股份	民营	上交所主板（603007）
	6		图南股份	民营	深交所创业板（300855）
	7		同力日升	民营	上交所主板（605286）
	8		明月镜片	民营	深交所创业板（301168）
	9	句容	骏成科技	民营	深交所创业板（301106）
	10	扬中	威腾电气	民营	上交所科创板（688226）
	11		通灵股份	民营	深交所创业板（301101）
	12	丹徒	恒顺醋业	国有	上交所主板（600305）
	13	京口	江苏索普	国有	上交所主板（600746）
	14		鼎胜新材	民营	上交所主板（603876）
	15		常青科技	民营	上交所主板（603125）
	16	镇江新区	大港股份	国有	深交所主板（002077）
	17		东方电热	民营	深交所创业板（300217）
	18		正丹股份	民营	深交所创业板（300641）
	19		吉贝尔	民营	上交所科创板（688566）
	20		三维股份	民营	北交所（831834）
境外上市企业	21	丹阳	沃得精机	民营	新加坡交易所主板（B49）
	22		天工国际	民营	香港联交所（0826. HK）
	23		海昌	台资	台湾证交所（8406. TWO）
	24	句容	谭木匠	民营	香港联交所（0837. HK）
	24	扬中	大全能源	民营	美国纽交所（DQ）

数据来源：镇江市统计局网站检索资料整理。

三、创新企业

（一）高新技术企业

2023 年，镇江市创新动能稳步增强，全年规模以上工业增加值比上年增长 7%，其中大中型企业增长 6.7%。分轻重工业看，轻工业增长 6.3%，重工业增长 7.2%。分行业看，采矿业下降 9.2%，制造业增长 7.2%，电力、热力、燃气及水生产和供应业增长 5.5%。分经济类型看，国有企业下降 10.7%，股份制企业增长 7.5%，外商及港澳台商投资企业增长 4.3%，民营企业增长 8%，其中私营企业增长 8.3%。

2023 年，全市装备制造业增加值比上年增长 13.9%，占规模以上工业比重为 54.1%。新兴工业产品产量快速增长，单晶硅片、新能源汽车、锂电池、电子元件分别增长 90.4%、90.7%、17.5%、97.4%。全市拥有国家级专精特新“小巨人”企业 47 家，比上年增加 22 家；省级专精特新企业 328 家，比上年增加 152 家。全市拥有省智能制造示范工厂（车间）132家，比上年增加29家；省工业互联网标杆工厂16家，比上年增加4家。年末拥有营收超百亿元工业企业13家，7家企业列中国制造业民营企业500强。

2023年末，全市境内有上市公司22家，证券公司44家，证券营业部39家，期货经纪公司1家。年末全市A股上市公司总市值1832.42亿元，新增再融资额11.43亿元。全年证券交易额1.39万亿元，比上年增长3.2%。

2023年末，拥有保险机构62家。全年实现保费收入170.49亿元，比上年增长11.7%。其中，寿险公司132.21亿元，增长14.1%；财产险公司38.27亿元，增长4%。全年赔付额62.36亿元，比上年增长41.2%。其中，财产险公司赔付25.26亿元，增长17.4%；寿险公司赔付37.09亿元，增长63.9%。

（二）独角兽企业

江苏省生产力促进中心发布2023年江苏省独角兽、潜在独角兽评估结果，镇江市江苏美科太阳能科技股份有限公司、惠龙易通国际物流股份有限公司入选省独角兽企业，镇江矽佳测试技术有限公司、镇江海姆霍兹传热传动系统有限公司入选省潜在独角兽企业。镇江市累计培育省独角兽企业4家、潜在独角兽企业4家。

（三）瞪羚企业

2023年，镇江市共10家企业入选江苏省瞪羚企业名单，分别为北汽蓝谷麦格纳汽车有限公司、江苏和正特种装备有限公司、汇森生物设备镇江有限公司、中能建华东电力装备有限公司、江苏海川新材料科技有限公司、江苏火蓝电气有限公司、江苏创大电气有限公司、江苏大全凯帆开关股份有限公司、江苏乐能电池股份有限公司、句容协鑫光伏科技有限公司。

（四）专精特新“小巨人”企业

2023年，江苏省工业和信息化厅公布了江苏省入选国家级第五批专精特新“小巨人”企业名单，镇江市有22家企业成功入选（表4-4-6）。

表4-4-6　2023年镇江市新增专精特新“小巨人”企业名单

序号	名称
1	江苏奇一科技有限公司
2	江苏超力散热器有限公司
3	双峰格雷斯海姆医药玻璃（丹阳）有限公司
4	江苏联博精密科技股份有限公司
5	江苏天工科技股份有限公司
6	江苏和正特种装备有限公司
7	江苏亿能电气有限公司
8	威腾电气集团股份有限公司
9	镇江默勒电器有限公司
10	江苏万奇电器集团有限公司
11	江苏海纬集团有限公司
12	江苏正能电子科技有限公司
13	中铸新材工业（江苏）有限公司
14	镇江蓝舶科技股份有限公司
15	镇江赛尔尼柯自动化股份有限公司
16	江苏金海创科技有限公司
17	江苏奥雷光电有限公司

序号	名称
18	镇江同舟螺旋桨有限公司
19	镇江润晶高纯化工科技股份有限公司
20	江苏领瑞新材料科技有限公司
21	江苏瑞尔隆鼎实业有限公司
22	镇江华东电力设备制造厂有限公司

数据来源：江苏省工业和信息化厅网站检索资料整理。

（五）制造业单项冠军企业

2024 年 3 月 8 日，工信部委托各省（自治区、直辖市）及计划单列市，发布了第八批制造业单项冠军企业（产品）公示名单。镇江市的江苏恒神股份有限公司和哈尔滨电气集团哈尔滨锅炉厂有限责任公司成功入选全国制造业单项冠军示范企业名单。

江苏恒神股份有限公司是一家专注于碳纤维及其复合材料全生命周期管理的高新技术企业。成立于 2007 年 8 月，位于江苏丹阳航空产业园，公司占地 107 万平方米。公司集碳纤维、复合材料和结构件的设计、研发、生产、销售、技术应用服务为一体，是国内唯一一家产品组合覆盖从原丝、碳纤维、上浆剂、织物、液体树脂、预浸料、碳纤维复合材料零件等到航空复合材料结构件的企业。公司隶属于世界 500 强企业陕西煤业化工集团，是一家新三板上市单位。公司拥有 5 条单线千吨级碳纤维生产线，可年产 5000 吨各类型碳纤维。

哈尔滨锅炉厂有限责任公司是新中国第一个五年计划期间兴建的国家重点大型骨干企业，是苏联援建我国 156 项重点工程中的两项，原哈尔滨“三大动力”之一哈尔滨锅炉厂沿革发展而来，是中央管理的关系国家安全和国民经济命脉的国有重要骨干企业之一——哈尔滨电气集团（简称“哈电集团”）的重要成员企业。公司以 50~1000 兆瓦火力发电锅炉为主导产品，并设计制造锅炉和汽轮机辅机、石化容器、核能设备，以及军工等产品，是国内生产能力最大、最具规模的发电设备制造企业，电站锅炉年生产能力已达 30000 兆瓦。设计制造了各种不同容量和布置方式的锅炉、汽轮机辅机（高压加热器、除氧器）1000 余台，装备了全国 360 多个电厂，部分产品出口 20 多个国家和地区，产品产量居全国首位。

（六）研究机构

江苏省工程研究中心是依托江苏省有关行业或领域内科技实力较强的重点科研机构、省级以上高新技术企业和高等院校组建的科研开发实体。2023 年镇江市共有省级工程研究中心 16 家（表 4-4-7）。

表 4-4-7　2023 年镇江市省级工程研究中心名单

序号	平台名称	依托单位
1	江苏省新型智能扶梯驱动系统工程研究中心	江苏申阳电梯部件有限公司
2	江苏省水陆交通安全防控高端装备工程研究中心	江苏金海星导航科技有限公司
3	江苏省航空航天增材制造工程研究中心	中国航发北京航空材料研究院
4	江苏省工业碳系统分析工程研究中心	江苏大学
5	江苏省海洋智能感知工程研究中心	江苏科技大学
6	江苏省混合动力增压直喷汽油机工程研究中心	蜂巢动力系统（江苏）有限公司
7	江苏省通讯天线与射频系统工程技术研究中心	江苏泰科微通讯科技有限公司
8	江苏省感控消毒制剂与装备工程技术研究中心	利康医药科技江苏有限公司

续表

序号	平台名称	依托单位
9	江苏省树脂镜片功能性膜层工程技术研究中心	江苏万新光学有限公司
10	江苏省太阳能一体化智能泳池系统工程技术研究中心	江苏汇天机电科技有限公司
11	江苏省智慧矿山装备工程技术研究中心	江苏山宝集团有限公司
12	江苏省个体防护及应急装备工程技术研究中心 江苏省新能源汽车传动系统工程技术研究中心	宜禾股份有限公司
13	江苏省电力变压设备工程技术研究中心	蜂巢传动系统（江苏）有限公司
14	江苏省高端气体储运装备工程技术研究中心	中电电气（江苏）变压器制造有限公司
15	江苏省微界面强化制醋酸工程技术研究中心	江苏天海特种装备有限公司
16	江苏省通讯天线与射频系统工程技术研究中心	江苏索普化工股份有限公司

数据来源：江苏省发展和改革委员会网站检索资料整理。

四、研发投入

（一）研究与试验发展经费支出

2023 年镇江市研究与试验发展（R&D）经费投入 130.9 亿元，位居江苏省第十，保持较快增长，比上年增长了 3.89%，从近 5 年的 R&D 经费投入来看，其保持了稳步增长，投入强度也持续提升，全市 R&D 经费投入相对于地区生产总值的比重继续提高，达到了 2.7%左右。

（二）重点实验室

镇江市拥有省级重点实验室 5 家。分别为依托于江苏大学的江苏省汽车工程重点实验室、江苏省材料摩擦学重点实验室、江苏省动力机械清洁能源与应用重点实验室和依托于江苏科技大学的江苏省船舶先进设计制造技术重点实验室、江苏省先进焊接技术重点实验室。

（三）科技公共服务平台

截至 2023 年，镇江市开设了镇江市知识产权公共服务平台、镇江科技资源云平台、镇江科技创新服务网、镇江公共资源交易服务平台、镇江市中小企业公共服务平台等一系列科技公共服务平台。

第三节　扬州市的科技创新

一、创新实力

（一）知识产权专利指标

2023 年，扬州市专利授权量为 19388 件，较上年下降 16.5%，PCT 专利申请量为 92 件，较上年下降 8.91%，发明专利授权量 3725 件，较上年增长 46.48%，万人发明专利拥有量 34.64 件，比上年上涨 29.21%。

（二）科技创新活力指标

2023 年，扬州市经园区申报、地方推荐、专家评审、结果公示等程序，认定了扬州国家高新技术产业开发园为国家级知识产权强国建设试点园区；截至 2023 年底，扬州市参与贯标企业的有 214 家，32 家绩效评价合格单位，46 家企业通过国际认证。2023 年，扬州市新增 6 家省级众创空间，分别为医工协同众创空间、雅伦文创空间、云谷众创空间、国网智慧能源双创空间、仁丰里文创空间和探索加众创空间。

二、创新市场

（一）全年技术交易合同额与合同量

2023年，扬州市技术交易合同额与合同量整体稳步上涨。扬州市技术成交合同额为237.74亿元，比2022年上涨19.62%，技术成交合同量为6841项。

（二）高新技术产业产值

2023年，扬州高新技术产业产值为3569.68亿元，高新技术产业占扬州规模以上工业总产值的51.2%。

（三）上市企业

扬州市2023年度共计上市企业21家（表4-4-8），其中新增上市企业1家，为扬州金泉。

表4-4-8　2023年扬州市上市企业名单

企业类型	序号	地区	企业名称	性质	上市/挂牌地点
境内上市企业	1	广陵区	扬农化工	国有	上海证券交易所（600486）
	2		亚星客车	民营	上海证券交易所（600213）
	3		倍加洁	民营	上海证券交易所（603059）
	4		联环药业	国有	上海证券交易所（600513）
	5		鸿达兴业	民营	深圳证券交易所（002002）
	6	邗江区	亚普股份	国有	上海证券交易所（603013）
	7		扬杰科技	民营	深圳证券交易所（300373）
	8		海昌新材	民营	深圳证券交易所（300885）
	9		艾迪药物	民营	上海证券交易所（688488）
	10		苏奥传感	民营	深圳证券交易所（300507）
	11	江都区	长青股份	民营	深圳证券交易所（002391）
	12		亚威股份	国有	深圳证券交易所（002559）
	13		嵘泰股份	国有	上海证券交易所（605133）
	14	高邮市	传艺科技	民营	深圳证券交易所（002866）
	15	宝应县	晨化股份	国有	深圳证券交易所（300610）
	16		宝胜股份	国有	上海证券交易所（600973）
境外上市企业	17	广陵区	泰和小贷	民营	香港证券交易所（01915. HK）
	18		美华国际	民营	美国NASDAQ证券交易所（MHUA）
	19	邗江区	奇点国际	民营	香港证券交易所（01280. HK）
	20		罗思韦尔	民营	韩国科斯达克证券交易所（900260）
	21		扬州金泉	民营	上海证券交易所（603307）

数据来源：扬州市统计局网站检索资料整理。

三、创新企业

（一）高新技术企业

2023 年，扬州市 3938 家规模以上工业企业增加值增长 7.2%，其中轻工业增长 4%，重工业增长 9%。全区 829 家规模以上工业总产值增长 6.2%。新增规模以上工业企业 87 家。规模以上工业 30 个行业大类中，有 15 个行业产值上升，其中上升幅度较大的橡胶和塑料制品业，铁路、船舶、航空航天和其他运输设备制造业，电气机械和器材制造业，分别增长 37.8%、32.1%、20.6%。

先进制造业产值增长 2%，对全部规模以上工业总产值的贡献率为 30.2%。分产业看，汽车及零部件（含新能源汽车）产业增长 6.6%，食品产业增长 1.3%，海工装备和高技术船舶产业增长 33.6%，新型电力装备产业下降 1.4%，生物医药和新型医疗器械产业下降 11.3%，高端装备产业增长 1.3%，高端纺织服装产业增长 1.5%，电子信息产业增长 1.5%，航空产业下降 15.7%。

2023 年认定国家高新技术企业 712 家，有效高企累计数达 1774 家。2930 家企业通过国家科技型中小企业认定。全年高新技术产业产值占规模以上工业产值的比重达 51.2%。

（二）独角兽企业

2023 年，江苏省生产力促进中心发布江苏独角兽企业暨高新区独角兽企业评估结果。扬州市有 5 家企业入选“潜在独角兽”企业，分别为航天锂电科技（江苏）有限公司、扬州万润光电科技股份有限公司、扬州纳力新材料科技有限公司、江苏神州半导体科技有限公司和江苏埃泰斯新能源科技有限公司。

（三）瞪羚企业

2023 年，扬州市有 18 家企业入选高新区瞪羚企业（表 4-4-9）。

表 4-4-9　2023 年扬州市瞪羚企业名单

序号	名称
1	中环艾能（高邮）能源科技有限公司
2	江苏泽景汽车电子股份有限公司
3	江苏中兴派能电池有限公司
4	江苏中利石化设备有限公司
5	江苏赛迪乐节能科技有限公司
6	江苏康茂环保工程有限公司
7	江苏诚创智能装备有限公司
8	江苏科迈液压控制系统有限公司
9	扬州兴轮绳缆有限公司
10	扬州市宜楠科技有限公司
11	江苏康峰高分子材料有限公司
12	江苏胜帆电子科技有限公司
13	江苏阿科米科技有限公司
14	扬州天启新材料股份有限公司
15	扬州沃盛车业制造有限公司
16	扬州金致星机械有限公司
17	扬州普立特科技发展有限公司
18	扬州金运汽配有限公司

数据来源：江苏省生产力促进中心网站检索资料整理。

（四）专精特新“小巨人”企业

2023 年，江苏省工业和信息化厅公布了江苏省入选国家级第四批专精特新“小巨人”企业名单，扬州市有 25 家企业成功入选（表 4-4-10）。

表 4-4-10　2023 年扬州市新增专精特新“小巨人”企业名单

序号	名称
1	江苏新扬新材料股份有限公司
2	江苏凯能机械设备有限公司
3	扬州通利冷藏集装箱有限公司
4	江苏神州半导体科技有限公司
5	扬州宇安电子科技有限公司
6	江苏道赢科技有限公司
7	扬州晶新微电子有限公司
8	江苏联能电子技术有限公司
9	扬州乾照光电有限公司
10	扬州戴卡轮毂制造有限公司
11	江苏奥力威传感高科股份有限公司
12	江苏稻源科技集团有限公司
13	扬州杰利半导体有限公司
14	扬州锻压机床有限公司
15	扬州国宇电子有限公司
16	扬州恒春电子有限公司
17	江苏竣业过程机械设备有限公司
18	江苏盛华电气有限公司
19	江苏赛德电气有限公司
20	扬州海通电子科技有限公司
21	扬州曙光光电自控有限责任公司
22	江苏宁达环保股份有限公司
23	中航宝胜海洋工程电缆有限公司
24	江苏奥克化学有限公司
25	江苏维创散热器制造有限公司

数据来源：江苏省工业和信息化厅网站检索资料整理。

（五）制造业单项冠军企业

2023 年，工业和信息化部、中国工业经济联合会联合发布第八批制造业单项冠军企业（产品）名单，扬州市 3 家企业榜上有名，分别是扬州扬杰电子科技股份有限公司、迈安德集团有限公司和宝胜科技创新股份有限公司。截至 2023 年底，全市累计获批制造业单项冠军示范企业 6 家、单项冠军产品 7 项。

扬州扬杰电子科技股份有限公司的主导产品是光伏旁路二极管，该产品通过分体式模块设计大幅减小产品体积，具备更低热阻和强散热能力，采用高纯度环氧封装，具有高机械强度和长期稳定的可靠性能，广泛应用于光伏组件和电站。

迈安德集团有限公司的主导产品是油脂设备及成套工程。通过加大人才引进和与高校开展产学研合作，自主研发出油脂加工设备的核心设备——浸出器，经鉴定达到“国际领先”水平，可完全替代进口，该产品和工程已出口到80个国家和地区，市场占有率居亚洲第一，全球第二。

宝胜科技创新股份有限公司的主导产品是矿物绝缘防火电缆，该产品能够耐受1000℃高温燃烧数小时而不影响电力传输，应用于北京大兴机场、北京国展中心、杭州地铁、杭州奥体中心等重点项目。

（六）研究机构

2023年扬州市共有江苏省工程研究中心7家（表4-4-11）。

表4-4-11　2023年扬州市省级工程研究中心名单

序号	平台名称	依托单位
1	苏省先进光伏智能制造技术与光储融合应用工程研究中心	扬州大学
2	江苏省特种专用车辆工程研究中心	扬州中集通华专用车有限公司
3	江苏省新材料及其中间体研发应用工程研究中心	江苏瑞祥化工有限公司
4	江苏省新型高效太阳能电池工程研究中心	中环艾能（高邮）能源科技有限公司
5	江苏省机器视觉智能驱动装备工程研究中心	扬州市职业大学
6	江苏省碳基低维半导体材料及器件工程研究中心	扬州工业职业技术学院
7	江苏省环保节能配电电气设备	中航宝胜电气股份有限公司

数据来源：江苏省发展和改革委员会网站检索资料整理。

四、研发投入

（一）研究与试验发展经费支出

2023年，扬州市研究与试验发展（R&D）经费投入191亿元，位居江苏省第七，保持较快增长，比上年增长了6.11%，从近5年的R&D经费投入来看，扬州市R&D经费保持了稳步增长，投入强度也持续提升，全市R&D经费投入相对于地区生产总值的比重继续提高，达到近2.6%。

（二）重点实验室

扬州市拥有省级重点实验室7家，均依托于扬州大学，分别为江苏省作物栽培生理重点实验室、江苏省动物预防医学重点实验室、江苏省水利动力工程重点实验室、江苏省动物遗传繁育与分子设计重点实验室、江苏省植物功能基因组学重点实验室、江苏省环境材料与环境工程重点实验室和江苏省人兽共患病学重点实验室。

（三）科技公共服务平台

扬州高度重视科技公共服务平台建设工作，已建成市级以上科技公共服务平台36家，其中省级科技公共服务平台16家，数量位居全省第5位。

第四节　淮安市的科技创新

一、创新实力

（一）知识产权专利指标

2023年，淮安市专利授权量为8501件，较上年下降26.87%，PCT专利申请量为50件，较上年下降12.28%，发明专利授权量1463件，较上年增长33.6%，万人发明专利拥有量15.17件，比上年上涨27.5%。

（二）科技创新活力指标

2023年，经淮安市园区申报、地方推荐、专家评审、结果公示等程序，认定了淮安经济开发区为国家级知识产权强国建设试点园区；截至2023年底，淮安市参与贯标企业的有46家，3家为绩效评价合格单位，23家企业通过国际认证。

二、创新市场

（一）全年技术交易合同额与合同量

2023年，淮安市技术交易合同额与合同量整体稳步上涨。淮安市技术成交合同额为244亿元，比2022年上涨22%，技术成交合同量为8126项。

（二）高新技术产业产值

高新技术产业发展是产业转型升级达到高技术含量、高市场占有率和高产业附加值的过程。2023年淮安高新技术产业产值为1227亿元，高新技术产业占淮安规模以上工业总产值的31.6%。

（三）上市企业

2023年，淮安市共计上市企业18家，均为境内上市企业（表4-4-12）。

表4-4-12　2023年淮安市上市企业名单

企业类型	序号	地区	企业名称	性质	上市/挂牌地点
境内上市企业	1	涟水县	今世缘	国有	上海证券交易所（603369）
	2		永创医药	民营	新三板（833453）
	3	淮安区	苏盐井神	民营	上海证券交易所（603299）
	4		共创草坪	民营	上海证券交易所（605099）
	5		建纬检测	民营	新三板（872620）
	6		威博液压	民营	上交所主板（871245）
	7	清江浦区	柴米河	民营	新三板（873369）
	8		金象传动	国有	新三板（830802）
	9		世昌集团	民营	新三板（832302）
	10		山河生态	国有	新三板（870283）
	11	淮阴区	恒信诺金	民营	新三板（870066）
	12		纽泰格	民营	深交所主板（301229）
	13	洪泽区	海拜科技	民营	新三板（833287）
	14		洪泽生物	民营	新三板（871357）
	15		华晨股份	国有	新三板（872692）
	16	金湖县	祥豪实业	民营	新三板（838211）
	17		政轩股份	民营	新三板（873351）
	18	盱眙县	华洪新材	民营	新三板（839981）

数据来源：淮安市统计局网站检索资料整理。

三、创新企业

（一）高新技术企业

2023年淮安市工业生产稳中提质。全年规模以上工业增加值比上年增长6.2%。分行业看，电气机械和器材制造业、通用设备制造业等行业分别增长45%、25.7%，分别拉动全市规模以上工业增加值增长1.6个和0.8个百分点。实施制造业高质量发展行动，规模以上工业企业“新三样”产值增长 51.9%，今世缘酒业、苏盐井神跨上百亿级，新增超 50 亿元企业 3 户，新增长点产值贡献增量超 500 亿元。

（二）瞪羚企业

2023 年淮安市 3 家企业获批省级瞪羚企业（表 4-4-13）。

表 4-4-13 2023 年淮安市瞪羚企业名单

序号	企业名称
1	江苏迈尔汽车零部件有限公司
2	江苏纽泰格科技股份有限公司
3	江苏辰威生物科技有限公司

数据来源：江苏省生产力促进中心网站检索资料整理。

（三）专精特新“小巨人”企业

淮安市大力支持中小微企业发展，实施专精特新“小巨人”企业培育行动。江苏省工信厅公布的 2023 年度江苏省专精特新“小巨人”企业名单中，11 家淮安企业列居榜上（表 4-4-14）。

表 4-4-14 2023 年淮安市新增专精特新“小巨人”企业名单

序号	名称
1	江苏斯德瑞克化工有限公司
2	淮安巴德聚氨酯科技有限公司
3	江苏威博液压股份有限公司
4	江苏恒信诺金科技股份有限公司
5	江苏瑞洋安泰新材料科技有限公司
6	江苏沃德托普热力科技有限公司
7	西派集团有限公司
8	江苏协诚科技发展有限公司
9	淮安中顺环保科技有限公司
10	江苏杰创科技有限公司
11	江苏科环新材料有限公司

数据来源：江苏省工业和信息化厅网站。

（四）研究机构

2023 年淮安市共有江苏省工程研究中心 9 家（表 4-4-15）。

表 4-4-15 2023 年淮安市省级工程研究中心名单

序号	平台名称	依托单位
1	江苏省酿酒微生物工程研究中心	江苏食品药品职业技术学院
2	江苏省工业云边协同技术工程研究中心	江苏电子信息职业学院
3	江苏省高性能流体控制装置工程研究中心	西派集团有限公司
4	江苏省药用真菌生物工程研究中心	江苏神华药业有限公司

续表

序号	平台名称	依托单位
5	江苏省儿科呼吸系统药物工程研究中心	江苏正大清江制药有限公司
6	江苏省新型光电功能材料与应用工程研究中心	淮阴工学院
7	江苏省高性能质子交换膜工程研究中心	江苏科润膜材料有限公司
8	江苏省卫生用品智能化柔性生产装备工程研究中心	江苏金卫机械设备有限公司
9	江苏省特种聚氨酯新材料工程研究中心	江苏利宏科技发展有限公司

数据来源：江苏省发展和改革委员会网站。

四、研发投入

（一）研究与试验发展经费支出

2023年，淮安市研究与试验发展（R&D）经费投入126亿元，位居江苏省第十二，保持较快增长，比上年增长了7.6%，从近5年的R&D经费投入来看，淮安市R&D经费保持了稳步增长，投入强度也持续提升，全市R&D经费投入相对于地区生产总值的比重继续提高，达到了2.5%左右。

（二）重点实验室

淮安市拥有省级重点实验室2家，分别为江苏省国土资源利用重点实验室和由数字化制造技术应用研究室和数字化测控与工业网络技术应用研究室组成的江苏省数字化制造技术重点实验室，依托单位均为淮阴工学院。

（三）科技公共服务平台

淮安市充分认识科技公共服务平台建设的重要性，通过搭平台、引人才、出政策、优服务等措施大力推进全市科技公共服务平台建设工作，江苏省淮安物流公用信息技术服务平台、江苏省淮安设施农业智能化公共技术服务中心、江苏省淮安盐化工产品分析监测公共技术服务中心、江苏省淮安教学具产业数字化公共技术服务平台、江苏省淮安软件测试及技术公共服务平台等多家科技公共服务平台顺利通过省科技公共服务平台绩效评估。

第五节　芜湖市的科技创新

一、创新实力

（一）知识产权专利指标

2023年，芜湖市专利授权量为19461件，较上年下降7.8%；PCT专利申请量为86件，较上年增长21.12%；发明专利授权量3093件，较上年上升5.75%；万人发明专利拥有量59.37件，比上年上涨4.97%。

（二）科技创新活力指标

2023年，经地方申报推荐、材料审查、专家评审等程序，芜湖市湾沚区被认定为芜湖知识产权强县建设试点县；在2023年度安徽省首次海外知识产权纠纷应对指导工作考核中，芜湖市获全省考核优秀等次，且位居全省第一。截至2023年底，芜湖市参与贯标企业有127家，34家为绩效评价合格单位，68家企业通过国际认证；全市知识产权维权援助工作也获得全省考核优秀等次。2023年，芜湖市新增6家省级众创空间，分别为川流众创空间、起航众创空间、芜湖宠科技众创空间、芜湖哈特机器人众创空间、企帆创客谷众创空间、六郎镇青年众创空间；2023年，芜湖市新增省级科技孵化器2家，分别为科大讯飞芜湖产业创新中心和易恒科技孵化器。

二、创新市场

（一）全年技术交易合同额与合同量

2023年，芜湖市技术交易合同额与合同量整体大幅上涨。芜湖市技术成交合同额为812.38亿元，比2022年上涨14.5%，技术交易成交合同量为1957项。

（二）高新技术产业产值

2023年，芜湖市高新技术产业产值为2654.98亿元，高新技术产业产值占芜湖规模以上工业总产值的56.1%。

（三）上市企业

截至2023年，芜湖全市共有境内外上市公司25家（表4-4-16），新增境内外上市企业2家，分别为福赛科技和三联锻造。

表4-4-16　2023年芜湖市上市企业名单

企业类型	序号	地区	企业名称	性质	上市/挂牌地点
境内上市企业	1	鸠江区	楚江新材	民营	深圳证券交易所（002171）
	2		富春染织	民营	上海证券交易所（605189）
	3		淮河能源	国有	上海证券交易所（600575）
	4		鑫科材料	民营	上海证券交易所（600255）
	5		瑞鹄模具	民营	深圳证券交易所（002997）
	6		埃夫特	民营	上海证券交易所（688165）
	7		众源新材	民营	上海证券交易所（603527）
	8		神剑股份	国有	深圳证券交易所（002361）
	9		三七互娱	民营	深圳证券交易所（0025555）
	10		中电兴发	民营	深圳证券交易所（002298）
	11		长信科技	国有	深圳证券交易所（300088）
	12		伯特利	民营	上海证券交易所（603596）
	13		皖江物流	国有	上海证券交易所（600575）
	14		福赛科技	民营	深圳证券交易所（301529）
	15	弋江区	三只松鼠	民营	深圳证券交易所（300783）
	16		海螺新材	国有	深圳证券交易所（000619）
	17		三联锻造	民营	深圳证券交易所（001282）
	18	繁昌区	海螺水泥	国有	上海证券交易所（600585）
	19	无为市	丰原药业	民营	深圳证券交易所（000153）
	20	镜湖区	中公教育	民营	深圳证券交易所（002667）
	21	南陵县	雅葆轩	民营	北交所主板（870357）
境外上市企业	22	鸠江区	信义光能	民营	香港证券交易所（00968.HK）
	23		信义能源	民营	香港证券交易所（03868.HK）
	24	弋江区	海螺创业	国有	香港证券交易所（00586.HK）
	25		海螺环保	国有	香港证券交易所（00587.HK）

数据来源：芜湖市统计局网站检索资料整理。

三、创新企业

（一）高新技术企业

2023年，新兴动能不断增强。规模以上工业中，高技术制造业增加值比上年增长19.1%，占规模以上工业增加值比重为11.9%。高技术产业投资增长40.3%，其中高技术制造业投资增长28%。

2023年末，全市拥有省级及以上工程技术研究中心40个；省级及以上重点（工程）实验室26个；省级及以上质检中心5个（含国家级质检中心3个）。院士工作站10个。拥有高新技术企业2006家，其中当年新认定438家；拥有省级高新技术产品1471个，其中当年新认定310个。

（二）瞪羚企业

截至2023年，芜湖市共有18家瞪羚企业（表4-4-17）。

表4-4-17　2023年芜湖市瞪羚企业名单

序号	名称
1	三只松鼠股份有限公司
2	信义光能控股有限公司
3	联合卡车
4	伯特利控股集团
5	芜湖安瑞光电有限公司
6	芜湖勤惠科技有限公司
7	芜湖宏景电子股份有限公司
8	芜湖跃飞新型吸音材料股份有限公司
9	芜湖飞驰汽车零部件有限公司
10	芜湖金安世腾汽车安全系统有限公司
11	芜湖卓越线束系统有限公司
12	芜湖三联锻造股份有限公司
13	广东美芝制冷制备有限公司
14	芜湖航飞科技股份有限公司
15	芜湖天弋能源科技有限公司
16	芜湖杰诺瑞汽车电器系统有限公司
17	安徽达尔智能控制系统股份有限公司
18	华仁药业股份有限公司

数据来源：芜湖市统计局网站检索资料整理。

（三）专精特新“小巨人”企业

2023年，安徽省经济和信息化厅公布了第五批国家级专精特新“小巨人”企业名单，其中，芜湖市有31家企业成功入选（表4-4-18）。

表 4-4-18　2023 年芜湖市新增专精特新“小巨人”企业名单

序号	名称
1	芜湖泓鹄材料技术有限公司
2	芜湖伯特利电子控制系统有限公司
3	芜湖埃泰克汽车电子股份有限公司
4	安徽华星电缆集团有限公司
5	安徽昌永得机械有限公司
6	安徽众源新材料股份有限公司
7	安徽森米诺农业科技有限公司
8	中机精密成形产业技术研究院（安徽）股份有限公司
9	三花亚威科电器设备（芜湖）有限公司
10	安徽德孚转向系统股份有限公司
11	安徽长飞先进半导体股份有限公司
12	安徽亚格盛电子新材料有限公司
13	安徽问天量子科技股份有限公司
14	芜湖通潮精密机械股份有限公司
15	安徽美佳新材料股份有限公司
16	安徽瑞之星电子科技集团有限公司
17	来邦科技股份公司
18	海程新材料（芜湖）有限公司
19	中鼎恒盛气体设备（芜湖）股份有限公司
20	芜湖中瑞弹簧有限公司
21	中汇瑞德电子（芜湖）有限公司
22	长青藤高性能纤维材料有限公司
23	芜湖盟博科技有限公司
24	芜湖雅葆轩电子科技股份有限公司
25	安徽天航机电有限公司
26	安徽舟之航电池有限公司
27	安徽航瑞航空动力装备有限公司
28	安徽华烨特种材料有限公司
29	芜湖金牛电气股份有限公司
30	安徽苏立科技股份有限公司
31	瑞鹄汽车模具股份有限公司

数据来源：工信部、安徽省经济和信息化厅网站检索资料整理。

（四）制造业单项冠军企业

2023 年，芜湖市无企业上榜制造业“单项冠军”榜单，但芜湖市格外注重制造业“单项冠军”企业培育，经企业申报、所在地经信部门审核推荐、专家评审、公示等程序，确定安徽美芝制冷设备有限公司等58家企业为2023年制造业单项冠军培育企业，纳入制造业单项冠军企业培育库。

安徽美芝制冷设备有限公司是一家专业化研发、生产、销售空调压缩机、冰箱压缩机的中日合资企业。该公司由中国广东美的电器股份有限公司控股，日本东芝开利株式会社参股组建而成。安徽美芝制冷设备有限公司主要生产家用空调压缩机、冰箱压缩机、电机等家电核心配件，客户包括美的、海尔、开利、东芝、LG、GE、格兰仕、志高、奥克斯、海信、科龙、夏普、伊莱特、三菱、澳柯玛、奥马、康佳等国内主要空调、冰箱生产厂家。此外，公司还关注员工的福利与发展，提供餐补、住宿等福利待遇，以及根据员工表现提供晋升机会和发展空间。

（五）研究机构

2023年，芜湖市新增省级工程研究中心6家（表4-4-19），全市共获批37家省级工程研究中心。

表4-4-19　2023年度芜湖市新增省级工程研究中心名单

序号	平台名称	依托单位
1	安徽省多功能水泥节能环保助剂工程研究中心	安徽海螺材料科技股份有限公司
2	安徽省高级驾驶辅助系统成套装备工程研究中心	芜湖伯特利汽车安全系统股份有限公司
3	安徽省乘用车无级变速器工程研究中心	芜湖万里扬变速器有限公司
4	安徽省新能源汽车电池储能材料工程实验室	安徽师范大学
5	安徽省工业微生物分子育种工程实验室	安徽工程大学
6	安徽省皖南地区植物药活性物质筛选与再评价工程实验室	皖南医学院

数据来源：安徽省发展和改革委员会网站检索资料整理。

四、研发投入

（一）研究与试验发展经费支出

2023年，芜湖市研究与试验发展（R&D）经费投入为169.4亿元，位居安徽省第二，保持较快增长，比上年增长了13.16%，从近5年的R&D经费投入来看，芜湖市R&D经费保持了稳步增长，投入强度也持续提升，全市R&D经费投入相对于地区生产总值的比重继续提高，达到了3.76%。

（二）重点实验室

芜湖市拥有省级及以上重点实验室27家。其中依托安徽师范大学的重点实验室有8家，依托安徽工程大学的实验室6家，依托皖南医学院的重点实验室有8家，还有依托中国科学技术大学、安徽医科大学、安徽农业大学的实验室各1家。其余的均依托于芜湖市的企业，分别为奇瑞汽车股份有限公司、芜湖东旭光电科技有限公司、国营芜湖机械厂、芜湖哈特机器人产业技术研究院有限公司、中电科芜湖钻石飞机制造有限公司、安徽华东光电技术研究所有限公司。

（三）科技公共服务平台

2023年，芜湖支持打造企业服务应用场景及典型案例，主动对接县（市、区）级企业服务中心，积极开展公益性服务，不断提高服务能力和组织带动社会服务资源的能力。经过自愿申报、县区推荐、专家评审、公示等程序，认定以下8家中小企业为公共服务示范平台：芜湖赛宝机器人产业技术研究院有限公司、芜湖赛宝信息产业技术研究院有限公司、芜湖通全科技有限公司、安徽瑞谱检测技术有限公司、安徽誉特双节能技术有限公司、南陵县生产力促进中心有限公司、芜湖市江川人力资源有限责任公司、芜湖江城人力资源服务产业园有限公司。

第六节　马鞍山市的科技创新

一、创新实力

（一）知识产权专利指标

2023 年，马鞍山市专利授权量为 11449 件，较上年下降 13.7%，PCT 专利申请量为 48 件，较上年增长 77.78%，发明专利授权量 2044 件，较上年下降 5.19%，万人发明专利拥有量 57 件，比上年上涨 17.3%。

（二）科技创新活力指标

2023 年，马鞍山市按照知识产权强企行动计划要求，以高新技术企业、规模以上企业、上市企业和涉军企业为重点，推进贯标绩效评价本地化工作。截至 2023 年底，马鞍山市参与贯标的企业有 38 家，4 家为绩效评价合格单位，20 家企业通过国际认证；承担实施省级以上科技计划项目 21 项，建成省级以上科技企业孵化器 13 个、省级以上众创空间 15 个。

二、创新市场

（一）全年技术交易合同额与合同量

2023 年，马鞍山市技术交易合同额与合同量整体稳步上涨。马鞍山市技术成交合同额为 161.56 亿元，比 2022 年上涨 11.42%，技术成交合同量为 705 项。

（二）高新技术产业产值

2023 年，马鞍山高新技术产业产值为 1946.26 亿元，高新技术产业占马鞍山规模以上工业总产值的 38.5%。

（三）上市企业

2023 年，马鞍山市的上市企业有 10 家，其中境内上市 9 家，境外上市 1 家（表 4-4-20）。

表 4-4-20　2023 年马鞍山市上市企业名单

企业类型	序号	地区	企业名称	性质	上市/挂牌地点
境内上市企业	1	雨山区	马钢股份	国有	上海证券交易所（600808）
	2		中钢天源	国有	深圳证券交易所（002057）
	3		汉马科技	民营	上海证券交易所（600375）
	4		泰尔股份	国有	上海证券交易所（002347）
	5		华菱星马	民营	深圳证券交易所（600375）
	6		华骐环保	国有	深圳证券交易所（300929）
	7	花山区	山鹰国际	民营	上海证券交易所（600567）
	8		新光圆成	国有	深圳证券交易所（002147）
	9	含山县	同兴环保	国有	深圳证券交易所（003027）
境外上市企业	10	博望区	现代牧业	民营	香港证券交易所（01117. HK）

数据来源：马鞍山市统计局网站检索资料整理。

三、创新企业

（一）高新技术企业

2023年，马鞍山市高技术产业增加值比上年增长12.9%。五大高技术产业全面增长，其中，涨幅靠前的有计算机及办公设备制造业（41.3%）、医药制造业（14.8%）等。全年战略性新兴产业产值比上年增长10.8%。八大战新产业有6个保持增长，其中，涨幅靠前的有新能源产业（46.1%）、新能源汽车产业（44.7%）、新一代信息技术产业（28.5%）等。

全市高新技术企业1089家，比上年增长23.9%；每万人高价值发明专利拥有量16.3件，居全省第3。承担实施省级以上科技计划项目21项，建成省级以上科技企业孵化器13个、省级以上众创空间15个。新增国家级双创平台1个，新增省级以上创新平台27个，规模以上工业企业研发机构覆盖率54.8%，居全省首位；新增高新技术企业210家、备案科技型中小企业1006家；吸纳技术成交额258.25亿元，输出技术成交额218.69亿元；登记科技成果2293项。成为国家知识产权强市建设示范城市。创新能力居全国第46位。进入全国先进制造业城市60强。

（二）瞪羚企业

作为长三角一体化发展中心区城市，马鞍山市2023年不断创新合作模式、加大合作力度、拓宽合作领域、提高合作水平。马鞍山市重视凭借创新模式或构建新业态等方式取得高速成长的瞪羚企业，积极引导鼓励山地桥等瞪羚企业的成长与发展。

（三）专精特新“小巨人”企业

2023年，安徽省经济和信息化厅公布了第五批国家级专精特新“小巨人”企业名单，其中，马鞍山市有5家企业成功入选（表4-4-21）。

表4-4-21　2023年马鞍山市新增专精特新“小巨人”企业名单

序号	企业名称
1	安徽马钢输送设备制造有限公司
2	安徽马钢粉末冶金有限公司
3	安徽天一重工股份有限公司
4	安徽东海机床制造有限公司
5	马鞍山宏力橡胶制品有限公司

数据来源：工信部、安徽省经济和信息化厅网站检索资料整理。

（四）制造业单项冠军企业

2024年3月4日，安徽省发布关于第八批国家级制造业单项冠军企业和通过复核的第二批、第五批国家级制造业单项冠军企业的公示。截至目前，除正在公示中的马鞍山钢铁股份有限公司，马鞍山市已获工业和信息化部认定的单项冠军企业有4家，分别是宝武集团马钢轨交材料科技有限公司、安徽国星生物化学有限公司、泰尔重工股份有限公司、中钢天源股份有限公司，制造业单项冠军企业数量位居全省第三。

安徽国星生物化学有限公司成立于2007年1月，是一家专注于杂环“三药”（医药、农药、兽药）中间体的研发、制造、销售的环保型“国家火炬计划重点高新技术企业”。该公司自成立以来，一直专注于杂环“三药”中间体的研发、生产、销售，走“专特优精”发展道路，并围绕“生态链、产品链和循环经济链”的节能减排、循环经济模式建设项目，不断拓展下游产品，建成了世界唯一、规模最大、上下游一体、拥有自主创新的人称杂环类“三药”中间体“芯片”的吡啶碱产业，并主导制定吡啶碱系列国家、行业标准7项，成为世界吡啶碱行业领导者。

（五）研究机构

2023年，马鞍山市共有3家省级工程研究中心获批（表 4-4-22）。

表 4-4-22　2023 年度马鞍山市新增省级工程研究中心名单

序号	平台名称	依托单位
1	安徽省生态智慧矿山工程研究中心	安徽马钢矿业资源集团有限公司
2	安徽省先进球形粉体材料制备及应用工程研究中心	中钢集团马鞍山矿院新材料科技有限公司
3	安徽省智能破拆装备工程实验室	安徽工业大学

数据来源：安徽省发展和改革委员会网站检索资料整理。

四、研发投入

（一）研究与试验发展经费支出

2023 年，马鞍山市研究与试验发展（R&D）经费投入 97 亿元，位居安徽省第六，保持较快增长，比上年增长了 6.31%，从近 5 年的 R&D 经费投入来看，马鞍山市 R&D 经费保持了稳步增长，投入强度也持续提升，全市 R&D 经费投入相对于地区生产总值的比重继续提高，达到了 3.7%。

（二）重点实验室

马鞍山市拥有国家级重点实验室 1 家，为金属矿山安全与健康国家重点实验室。拥有省级重点实验室 3 家，分别为冶金工业数字孪生技术安徽省重点实验室、氢电高效转化与固态存储安徽省重点实验室与新能源电池负极材料安徽省联合共建学科重点实验室。

（三）科技公共服务平台

2023 年，马鞍山市加快产学研服务平台建设，强化“政产学研用金”一体化服务，加强与省内外高校科研院所合作，搭建高质量科技服务平台。依托安徽工业大学，充分发挥政校企合作平台作用，精准对接主导产业重点企业的技术需求，加快高校科研成果的转移转化。支持企业与高校院所建设共性研发平台，为企业提供创新服务。鼓励引导企业对照省、市级研发机构建设标准，自主创建或与高校科研院所联合组建高水平研发平台。

第七节　滁州市的科技创新

一、创新实力

（一）知识产权专利指标

2023 年，滁州市专利授权量为 11722 件，较上年下降 12.72%，PCT 专利申请量为 119 件，较上年增加 213.15%，发明专利授权量 1636 件，较上年增加 9.41%，万人发明专利拥有量 28.2 件，比上年上涨 19%。

（二）科技创新活力指标

2023 年，滁州天长市被评为滁州知识产权强县建设示范县，来安县、全椒县为国家知识产权强县建设试点县；2023 年，滁州市按照知识产权强企行动计划要求，以高新技术企业、规模以上企业、上市企业和涉军企业为重点，推进贯标绩效评价本地化工作，滁州市参与贯标的企业有 13 家，3 家为绩效评价合格单位，3 家企业通过国际认证。2023 年，滁州市新增 2 家省级众创空间，分别为西南汇众创空间和智点创客众创空间；2023 年，滁州市新增省级科技孵化器 1 家，为启迪之星（来安）孵化器。

二、创新市场

（一）全年技术交易合同额与合同量

2023 年，滁州市技术交易合同额与合同量整体大幅上涨。滁州市技术成交合同额为 428.4 亿元，比上年上涨17.67%，技术成交合同量为1632项。

（二）高新技术产业产值

2023年，滁州高新技术产业产值为2216.37亿元，高新技术产业占滁州规模以上工业总产值50.3%。

（三）上市企业

2023年，滁州市共有境内外上市公司14家，其中境内上市企业13家，境外上市企业1家（表4-4-23）。新增上市企业2家，为多利科技和蛤一药业。

表4-4-23　2023年滁州市上市企业名单

企业类型	序号	地区	企业名称	性质	上市/挂牌地点
境内上市企业	1	琅琊区	金春股份	民营	深圳证券交易所（300877）
	2		浩森科技	民营	北京证券交易所（831856）
	3		开润股份	民营	深圳证券交易所（300577）
	4		嘉美包装	民营	深圳证券交易所（002969）
	5		龙利得	民营	深圳证券交易所（300883）
	6		多利科技	民营	深圳证券交易所（001311）
	7	全椒县	全柴动力	国有	上海证券交易所（600218）
	8	来安县	金禾实业	民营	深圳证券交易所（002597）
	9	定远县	华塑股份	国有	上海证券交易所（600935）
	10	凤阳县	德力股份	民营	深圳证券交易所（002517）
	11	南谯区	超越科技	民营	深圳证券交易所（301049）
	12	天长市	鑫铂股份	民营	深圳证券交易所（003038）
	13		蛤一药业	民营	北京证券交易所（430478）
境外上市企业	14	南谯区	宝申控股	民营	香港证券交易所（08151.HK）

数据来源：滁州市统计局网站检索资料整理。

三、创新企业

（一）高新技术企业

2023年，滁市拥有省级以上研发平台314家；国家高新技术企业1353家，比上年增加308家；国家级科技孵化器2家，国家级众创空间4家，省级孵化器8家，省级众创空间18家，市级众创空间6家，省级院士工作站12家；国家农业科技园区2个，省级及以上高新区2个。全年获省级科技成果登记3719项、新获得省级科技进步奖16项。

（二）瞪羚企业

2023年，滁州市组织开展“瞪羚企业”认定工作，这一举措旨在鼓励和支持企业创新发展，特别是那些具有高成长潜力的企业。滁州市通过设立3亿元天使投资基金，重点扶持高层次人才团队在滁创新创业项目，累计引进人才团队90个，扶持项目28个、投资金额超1亿元。这一策略不仅吸引了人才和项目，也为瞪羚企业的发展提供了资金支持。通过这些措施，滁州市旨在促进人才链与产业链的深度融合，为瞪羚企业的成长创造有利条件。

（三）专精特新“小巨人”企业

2023年，安徽省经济和信息化厅公布了第五批国家级专精特新“小巨人”企业名单，滁州市有12家企业成功入选（表4-4-24）。

表 4-4-24　2023 年滁州市新增专精特新“小巨人”企业名单

序号	企业名称
1	安徽光智科技有限公司
2	安徽省众望科希盟科技有限公司
3	安徽鸿创新能源动力有限公司
4	通用生物（安徽）股份有限公司
5	安徽博石高科新材料股份有限公司
6	来安县科来兴实业有限责任公司
7	安徽斯迈特新材料股份有限公司
8	安徽艳阳电气集团有限公司
9	安徽开林新材料股份有限公司
10	安徽电缆股份有限公司
11	安徽扬子空调股份有限公司
12	安徽徽宁电器仪表集团有限公司

数据来源：工信部、安徽省经济和信息化厅网站检索资料整理。

（四）制造业单项冠军企业

安徽省经济和信息化厅公布了 2023 年制造业单项冠军培育企业名单。该活动旨在为推动安徽省制造业高质量发展贡献力量，上榜企业皆是各细分市场领头企业，拥有较高的市场份额。滁州市 5 家企业成功入选，分别为安徽全柴动力股份有限公司、安徽光智科技有限公司、安徽寒锐新材料有限公司、安徽胜华波汽车电器有限公司、安徽立光电子材料股份有限公司。

（五）研究机构

2023 年，滁州市共有 4 家省级工程研究中心获批（表 4-4-25）。

表 4-4-25　2023 年度滁州市新增省级工程研究中心名单

序号	平台名称	依托单位
1	安徽省红外功能晶体及探测器件工程研究中心	安徽光智科技有限公司
2	安徽省猪肉质量控制与提升工程研究中心	安徽科技学院
3	安徽省高性能水处理陶瓷分离膜工程研究中心	滁州学院
4	安徽省合成香料绿色工艺工程研究中心	安徽金禾实业股份有限公司

数据来源：安徽省发展和改革委员会网站检索资料整理。

四、研发投入

（一）研究与试验发展经费支出

2023 年，滁州市研究与试验发展（R&D）经费投入 76.2 亿元，位居安徽省第三，保持较快增长，比上年增长了 11.27%，从近 5 年的 R&D 经费投入来看，滁州市 R&D 经费保持了稳步增长，投入强度也持续提升，全市 R&D 经费投入相对于地区生产总值的比重继续提高，达到了 2.3%。

（二）重点实验室

2023 年，滁州市拥有省级重点实验室 2 家，分别为依托于安徽科技学院的功能农业与功能食品安徽省重点实验室和依托于明光浩淼安防科技股份公司的无人应急装备与灾害过程数字化重建安徽省联合共建学科重点实验室。

（三）科技公共服务平台

2023 年，滁州市开展中小企业公共服务平台及滁州市小微企业创业创新示范基地的认定工作。经企业自愿申报、各县（市、区）及园区审核推荐、市直有关部门及市经信局评审，认定以下 6 家为 2023 年滁州市中小企业公共服务示范平台：安徽中认倍佳科技有限公司、滁州市高新技术创业服务中心、天长市卓越企业管理咨询有限公司、中新苏滁（滁州）企业发展服务有限公司、滁州西交科技企业孵化器管理有限公司、安徽惠企知识产权服务有限公司。

第八节　宣城市的科技创新

一、创新实力

（一）知识产权专利指标

2023 年，宣城市专利授权量为 7964 件，较上年增长 27.4%，PCT 专利申请量为 11 件，较上年增加 37.5%，发明专利授权量 787 件，较上年增长 24.1%，万人发明专利拥有量 22.7 件，较上年上涨 12.9%。

（二）科技创新活力指标

2023 年，宣城市按照知识产权强企行动计划要求，以高新技术企业、规模以上企业、上市企业和涉军企业为重点，推进贯标绩效评价本地化工作，截至 2023 年底，宣城市参与贯标的企业有 16 家，3 家为绩效评价合格单位，7 家企业通过国际认证。2023 年宣城市新增两家省级众创空间，分别为宁国智谷众创空间和 TEAM WORK 众创空间；2023 年宣城市新增省级科技孵化器 1 家，为宛陵科创城。

二、创新市场

（一）全年技术交易合同额与合同量

2023 年，宣城市技术交易合同额与合同量整体大幅上涨。宣城市技术成交合同额为 511.5 亿元，同比上涨 24.1%，技术成交合同量为 1166 项。

（二）高新技术产业产值

2023 年，宣城高新技术产业产值为 1527.9 亿元，高新技术产业占宣城规模以上工业总产值的 56.7%。

（三）上市企业

2023 年，宣城市拥有 9 家上市企业，均为境内上市企业，新增上市企业 1 家，为森泰股份（表 4-4-26）。

表 4-4-26　2023 年宣城市上市企业名单

企业类型	序号	地区	企业名称	性质	上市/挂牌地点
境内上市企业	1	宁国市	中鼎股份	民营	深圳证券交易所（000887）
	2		香农芯创	民营	深圳证券交易所（300475）
	3		江南化工	民营	深圳证券交易所（002226）
	4	郎溪县	华菱精工	民营	上海证券交易所（603356）
	5	宣州区	司尔特	国有	深圳证券交易所（002538）
	6	广德市	广信股份	民营	上海证券交易所（603499）
	7		拓山重工	民营	深圳证券交易所（001226）
			森泰股份	民营	深圳证券交易所（301429）
	8	旌德县	黄山胶囊	民营	深圳证券交易所（002817）

数据来源：宣城市统计局网站检索资料整理。

三、创新企业

（一）高新技术企业

2023 年，宣城市规模以上高技术制造业增加值增长 6.2%，其中医药制造业增长 14.1%，电子及通信设备制造业增长 1.2%，计算机及办公设备制造业下降 17.4%，医疗仪器设备及仪器仪表制造业增长 51.9%。全年装备制造业增加值增长 7%，占规模以上工业增加值比重由上年的 36.2% 提高到 38.3%。其中，汽车制造业增长 7.9%，电气机械和器材制造业增长 28.9%，计算机、通信和其他电子设备制造业增长 22.9%。

全年规模以上工业企业实现营业收入 2667 亿元，比上年增长 6.1%；实现利润总额 113.2 亿元，下降 13%。规模以上工业企业每百元营业收入中的成本为 86.8 元，比上年增加 0.3 元；营业收入利润率 4.24%，下降 0.94 个百分点。

汽车零部件、新能源两大主导产业增加值同比增长 22.7%，占规模以上工业增加值比重由上年的 21.9%提高到 26.6%。其中，新能源产业增长 69%，汽车零部件产业增长 13.6%。

全年新登记企业 1.1 万户，个体户 3.5 万户。年末各类市场主体总数 33.3 万户，比上年增长 8.8%。全年新增“四上”企业 534 家，其中新增规模以上工业企业 316 家，规模以上服务业企业 21 家，限额以上批零住餐企业 136 家。

（二）瞪羚企业

宣城市十分重视对于凭借创新模式或构建新业态等方式取得高速成长的瞪羚企业，积极引导鼓励宣城市企业向瞪羚企业发展。

（三）专精特新“小巨人”企业

2023 年，安徽省经济和信息化厅公布了第五批国家级专精特新“小巨人”企业名单，其中，宣城市有 10 家企业成功入选（表 4-4-27）。

表 4-4-27　2023 年宣城市新增专精特新“小巨人”企业名单

序号	名称
1	安徽永茂泰汽车零部件有限公司
2	磐石油压工业（安徽）有限公司
3	安徽宁国中鼎模具制造有限公司
4	安徽省凤形新材料科技有限公司
5	宣城亨泰电子化学材料有限公司
6	安徽特思通管路技术有限公司
7	安徽宝泰特种材料有限公司
8	安徽益佳通电池有限公司
9	安徽凯特泵业有限公司
10	安徽五行动力新能源有限公司

数据来源：工信部、安徽省经济和信息化厅网站检索资料整理。

（四）制造业单项冠军企业

安徽省经济和信息化厅公布了 2023 年制造业单项冠军培育企业名单。宣城市有 3 家企业入选，分别为安徽涌诚机械有限公司、德特威勒密封技术（安徽）有限公司、安徽黄山胶囊股份有限公司。

（五）研究机构

2023 年，宣城市共有省级工程研究中心 2 家，为安徽省高端不锈钢材料工程研究中心（依托单位为安徽富凯特材有限公司）和安徽省钙钛矿光伏技术工程研究中心（依托单位为宣城先进光伏技术有限公司）。

四、研发投入

（一）研究与试验发展经费支出

2023年，宣城市研究与试验发展（R&D）经费投入48亿元，位居安徽省第十一，保持较快增长，比上年增长了12.09%，从近4年的R&D经费投入来看，宣城市R&D经费保持了稳步增长，投入强度也持续提升，全市R&D经费投入相对于地区生产总值的比重继续提高，达到了3%左右。

（二）重点实验室

2023年，宣城市新增一家省级重点实验室，为依托于安徽广信农化股份有限公司的光气产业绿色制造安徽省重点实验室。

（三）科技公共服务平台

宣城市把积极培育示范平台作为健全中小企业服务体系的重要内容，通过加强业务指导，建立示范平台培训和交流机制，总结宣传推广服务中小企业的典型做法，不断提升示范平台为企服务能力和社会影响力，同时对示范平台服务数量和质量、服务满意度等进行不定期检查，推动更多优质服务直达中小企业。工信部公布2023年度国家中小企业公共服务示范平台名单，宣城市安徽拓维检测服务有限公司继2019年首次获得国家中小企业公共服务示范平台称号后，2023年再次通过复评。

第九节　溧阳市的科技创新

一、创新实力

（一）知识产权专利指标

溧阳市知识产权创造结构不断优化，知识产权创造能力持续提升。2023年，溧阳市专利授权量为3114件，较上年下降17.26%，PCT专利申请量为59件，较上年增加34.09%，发明专利授权量138件，较上年增加15%，万人发明专利拥有量29.7件，比2022年上涨7.8%。

（二）科技创新活力指标

2023年，溧阳市按照知识产权强企行动计划要求，以高新技术企业、规模以上企业、上市企业和涉军企业为重点，推进贯标绩效评价本地化工作，截至2023年底，溧阳市参与贯标的企业有12家，1家为绩效评价合格单位，5家企业通过国际认证。

二、创新市场

（一）全年技术交易合同额与合同量

2023年，溧阳市技术交易合同额与合同量整体稳步上涨。溧阳市技术成交合同额为26.82亿元，比2022年上涨13%，技术成交合同量为403项。

（二）高新技术产业产值

2023年，溧阳高新技术产业产值为1142亿元，高新技术产业占溧阳规模以上工业总产值77%。

（三）上市企业

溧阳拥有4家A股上市企业，分别为江苏安靠智能输电工程科技股份有限公司、科华控股股份有限公司、江苏天目湖旅游股份有限公司与常州时创能源股份有限公司（表4-4-28），这四家企业均各具特色，在各自所属领域绩效卓越。

表 4-4-28　2023 年溧阳市上市企业名单

企业类型	序号	地区	企业名称	性质	上市/挂牌地点
境内上市企业	1	溧阳市	安靠智电	民营	深圳证券交易所（300617）
	2		天目湖	国有	上海证券交易所（603136）
	3		科华控股	民营	上海证券交易所（603161）
	4		时创能源	民营	上海证券交易所（688429 ）

数据来源：溧阳市统计局网站检索资料整理。

三、创新企业

（一）高新技术企业

2023 年，溧阳市“2+2+X”产业实现规模以上工业总产值 3028.9 亿元，占全市规模以上工业总产值的比重达 89.6%，增长 15.9%。以高端不锈钢为代表的绿色精品钢产业规模突破千亿，全年实现规模以上工业总产值 1113.9 亿元，增长 71%，成为继动力电池产业后的第二个千亿级产业集群。江苏时代入选全球“灯塔工厂”，系常州首家。全年新增销售超百亿企业 3 家，累计达 10 家；认定国家级专精特新“小巨人”企业 9 家，省级专精特新中小企业 39 家。

（二）独角兽企业

江苏省生产力促进中心发布 2023 年江苏省独角兽、潜在独角兽评估结果，溧阳市共有 5 家企业获评潜在独角兽，为溧阳天目先导电池材料科技有限公司、蜂巢能源科技股份有限公司、江苏厚生新能源科技股份有限公司、万帮数字能源股份有限公司和天合富家能源股份有限公司。

（三）瞪羚企业

2023 年，溧阳市共有 10 家企业获批省级瞪羚企业（表 4-4-29）。

表 4-4-29　2023 年溧阳市瞪羚企业名单

序号	名称
1	常州金纬管道设备制造有限公司
2	常州汉德机车工业有限公司
3	江苏省奥谷生物科技有限公司
4	常州时创能源股份有限公司
5	江苏卓高新材料科技有限公司
6	常州金纬智能化工装备有限公司
7	溧阳卓越新材料科技有限公司
8	立讯精密工业（江苏）有限公司
9	溧阳紫宸新材料科技有限公司
10	常州索韬自动化科技有限公司

数据来源：江苏省生产力促进中心网站检索资料整理。

（四）专精特新“小巨人”企业

2023 年，工信部公示了第四批国家级专精特新“小巨人”企业，溧阳市共有 9 家企业入选（表 4-4-30）。

表4-4-30　2023年溧阳市国家级专精特新“小巨人”企业名单

序号	名称
1	江苏上上电缆集团新材料有限公司
2	江苏兴锻智能装备科技有限公司
3	江苏佳禾电子材料有限公司
4	溧阳市金桥机械有限公司
5	溧阳二十八所系统装备有限公司
6	溧阳中材重型机器有限公司
7	溧阳卓越新材料科技有限公司
8	江苏安靠智能输电工程科技股份有限公司
9	溧阳市江南烘缸制造有限公司

数据来源：工信部网站检索资料整理。

（五）制造业单项冠军企业

2023年，江苏省工业和信息化厅官方网站公示了江苏省第八批国家级制造业单项冠军企业名单，其中，溧阳市江苏金源高端装备股份有限公司被认定为第八批国家级制造业单项冠军示范企业。

江苏金源高端装备股份有限公司始建于1997年5月，多年来专注于高速重载齿轮的研发、生产、销售，产品主要涵盖电力、海洋工程、轨道交通、矿山机械等领域。公司现有各类生产设备600余台套，包括处于国内技术水平领先的80MN模锻压力机、数控操作机、智能化数控辗环机及其配套设备，处于国际领先水平的程控式温控天然气炉窑台、智能化热处理炉台、各类大小锤锻设备，年生产能力10万吨。公司建有江苏省企业技术中心，江苏省3MW及以上级风电精密齿坯工程中心、江苏省大型锻件成形与控制工程技术研究中心，以及一个配备有可完成金相、力学、探伤、化学分析的国家认可（CNAS）实验室。公司通过自主研发及和南京理工大学、江苏大学等国内知名院校的产学研合作，成功开发了多项高新技术产品和江苏省名牌产品，拥有多项授权专利技术、专有技术，多个项目获得省市级科技奖项。

（六）研究机构

2023年，溧阳市共有省级工程研究中心3家，分别为江苏省新能源传动机械工程研究中心、江苏省先进固态电池工程研究中心和江苏省动力与储能锂电池智能制造技术工程研究中心。

四、研发投入

（一）研究与试验发展经费支出

2023年，溧阳市研究与试验发展（R&D）经费投入93亿元，保持较快增长，比上年增长了12.65%，从近5年的R&D经费投入来看，溧阳市R&D经费保持了稳步增长，投入强度也持续提升，全市R&D经费投入相对于地区生产总值的比重继续提高，达到了近6%。

（二）科技公共服务平台

溧阳市落实“532”发展战略，加快打造长三角创新中轴和产业科技创新中心的工作总目标，以深化“四大清单”科技服务机制为抓手，推进科研设备深度开放共享，提升科技服务机构服务水平，完善科技服务机构支持方式，分类优化评价指标体系，发布科技服务机构绩效评价优秀清单，支持并引导科技服务机构规范化、专业化、品牌化发展。

第十节　金坛区的科技创新

一、创新实力

（一）知识产权专利指标

2023年，金坛区专利授权量为5693件，较上年增长15.67%，PCT专利申请量为127件，较上年增加11.02%，发明专利授权量909件，较上年增长9.51%，万人发明专利拥有量51.92件，比2022年上涨37.42%。

（二）科技创新活力指标

2023年，金坛区按照知识产权强企行动计划要求，以高新技术企业、规模以上企业、上市企业和涉军企业为重点，推进贯标绩效评价本地化工作，截至2023年底，金坛区参与贯标的企业有18家，3家为绩效评价合格单位，8家企业通过国际认证。

二、创新市场

（一）全年技术交易合同额与合同量

技术合同成交额是衡量科技成果转化的重要指标。2022年，金坛区技术交易合同额与合同量整体稳步上涨。金坛区技术成交合同额为22.47亿元，比2021年上涨19.65%，技术成交合同量为489项。

（二）高新技术产业产值

2023年，金坛高新技术产业产值为1423亿元，高新技术产业占金坛规模以上工业总产值的67.37%。

（三）上市企业

2023年，金坛区拥有亿晶光电、天龙光电、朗博科技3家上市企业（表4-4-31）。

表4-4-31　2023年金坛区上市企业名单

企业类型	序号	地区	企业名称	性质	上市/挂牌地点
境内上市企业	1	金坛区	亿晶光电	民营	上海证券交易所（600537）
	2		天龙光电	民营	深圳证券交易所（300029）
	3		朗博科技	民营	上海证券交易所（603655）

数据来源：金坛区统计局网站检索资料整理。

三、创新企业

（一）高新技术企业

2023年，金坛区工业经济支撑有力。全区工业增加值同比增长9.8%，高于地区生产总值增速1.6个百分点，工业增加值占地区生产总值的比重为47.2%，对全区经济增长的贡献率达到44%，拉动全区地区生产总值增长3.4个百分点。完成规模以上工业总产值2215.71亿元，同比增长9.8%；规模以上工业增加值同比增长11.7%，工业开票销售收入3177.39亿元，同比增长8.8%；全区规模以上“五新产业”产值占规模以上总产值比重达到97.8%，其中新能源、新能源汽车产业实现总产值1265.45亿元，同比增长11.5%。中创新航、蜂巢能源2家动力电池总部企业装机量入围全球前十，新能源产业入选省级中小企业特色产业集群。全年净增高新技术企业83家，认定科技型中小企业489家、瞪羚企业81家，新增省级“三中心”11家，均创历史新高。

（二）独角兽企业

2023年12月8日，江苏省生产力促进中心公示2023年江苏省独角兽企业、潜在独角兽企业和苏南国家自主创新示范区瞪羚企业评价结果，金坛共12家企业入选。金坛区中蜂巢能源科技股份有限公司、江苏厚生新能源科技有限公司获评江苏省独角兽企业。常州锂源新能源科技有限公司、中能创光电科技（常州）有限公司、永臻科技股份有限公司、江苏创健医疗科技股份有限公司获评江苏省潜在独角兽企业。

（三）瞪羚企业

2023 年，金坛区共 6 家企业获批省级瞪羚企业（表 4-4-32）。

表 4-4-32　2023 年金坛区瞪羚企业名单

序号	企业名称
1	江苏万纳普新材料科技有限公司
2	常州易控汽车电子股份有限公司
3	信维通信（江苏）有限公司
4	中创新航技术研究院（江苏）有限公司
5	海目星激光智能装备（江苏）有限公司
6	江苏兆维塑料科技有限公司

数据来源：江苏省生产力促进中心网站检索资料整理。

（四）专精特新“小巨人”概况

2023 年，工信部公示了第五批国家级专精特新“小巨人”企业，金坛区有 8 家企业入选（表 4-4-33）。截至 2023 年底，金坛区共有专精特新“小巨人”企业 12 家。

表 4-4-33　2023 年金坛区专精特新“小巨人”企业名单

序号	名称
1	永臻科技股份有限公司
2	江苏常宝普莱森钢管有限公司
3	常州易控汽车电子股份有限公司
4	常州华德机械有限公司
5	江苏泽润新能科技股份有限公司
6	江苏万纳普新材料科技有限公司
7	常州德博新材料科技有限公司
8	贝特瑞（江苏）新能源材料有限公司

数据来源：工信部网站检索资料整理。

（五）研究机构

2023 年，金坛区共有省级工程研究中心 1 家，为江苏省电热耦合综合能源系统工程研究中心，依托单位为常州金坛金能电力有限公司。

四、研发投入

（一）研究与试验发展经费支出

2023 年，金坛区研究与试验发展（R&D）经费投入 93 亿元，保持较快增长，比上年增长了 14. 6%，从近 5 年的 R&D 经费投入来看，金坛区 R&D 经费保持了稳步增长，投入强度也持续提升，全市 R&D 经费投入相对于地区生产总值的比重继续提高，达到了 6%左右。

（二）科技公共服务平台

金坛区集聚资源要素，打造科技创新平台。集中政策资源建设“一区七园”，构建了宽领域、多层次的载体平台体系。金坛区加快建设华罗庚产业科技创新中心和各镇科技创业园，为定向招引高质量科技型中小项目打造一批区域载体平台。

第十一节　南京都市圈的域内合作

一、科学技术奖

2023 年，江苏省科学技术奖专业组初评通过通用项目 257 项，其中有 22 项奖项的完成单位由南京都市圈 2 个及 2 个以上的设区市共同完成（表 4-4-34）。2023 年度安徽省科学技术奖提名工作已结束，共收到有关单位和专家提名的自然科学奖项目 144 项，技术发明奖项目 16 项，科学技术进步奖项目 692 项，其中安徽省共有 10 个项目荣获 2023 年度国家科学技术奖。南京都市圈在吸收部分江苏城市的同时，又纳入部分安徽城市，以南京为中心形成一个经济区域带。在这个区域带里共同发展，共同做强做大，即以一个城市为龙头来带动一大批城市及周围城镇发展。

表 4-4-34　2023 年南京都市圈联合省级科学技术奖专业组初评通过通用项目

序号	项目名称	完成单位	设区市	完成人
1	活断层区域桥梁地震动输入与灾变控制理论	江苏大学，东南大学，中铁二院工程集团有限责任公司	镇江市，南京市	王景全，曾永平，张凡，李帅，王震，姚一鸣，程钊，赵泰儀，胡玉庆，董俊，王明东
2	高效防/除冰微纳结构表面多相界面抑制理论与调控方法	南京航空航天大学，中国空气动力研究与发展中心低速空气动力研究所，南京工业大学，淮阴工学院	南京市，淮安市	沈一洲，刘森云，刘伟兰，赵凌峰，江家威，许杨江山，林岳宾，王祯
3	高性能高可靠碳化硅功率器件技术与应用	中国电子科技集团公司第五十五研究所，南京第三代半导体技术创新中心，东南大学，江苏天科合达半导体有限公司，扬州国扬电子有限公司	扬州市，南京市	柏松，黄润华，李士颜，杨勇，陈辰，魏家行，张平，郝凤斌，李赟，陈谷然，刘奥
4	异构场景下高效能机器学习关键技术及应用	南京航空航天大学，中兴飞流信息科技有限公司，龙海（江苏）数字科技有限公司	南京市，溧阳市	陈松灿，吕阿斌，梁栋，李绍园，李明，张道强，耿传兴，屠趁锋，黄飞虎，邵伟，张坚国
5	大型医疗设备智能定量分析关键技术及标准体系构建	江南大学附属医院，江苏省人民医院，江南大学，无锡物联网产业研究院，新亿成科技（江苏）有限公司，江苏赛诺格兰医疗科技有限公司	南京市，扬州市	刘丽，高宇峰，钱英，郁春景，钱鹏江，钱维林，顾志成，王涛，花磊，姚健宏，张敏
6	复杂海洋环境自主感知与精细化探测关键技术及应用	河海大学，中北大学，江苏大学，江苏中海达海洋信息技术有限公司	南京市，镇江市	黄浩乾，申冲，王迪，王冰，崔冰波，宋宝雄
7	面向互联网黑灰产对抗实时感知挖掘与图谱溯源关键技术研发及应用	中国移动通信集团江苏有限公司，江苏警官学院，南京理工大学，恒安嘉新（北京）科技股份公司，淮阴工学院	南京市，淮安市	王群，朱同先，马晓明，刘亮，练智超，王方圆，张海艳，付金星，时镇军，屈林波，夏玲玲
8	高能量密度高功率密度相变储热理论方法及应用	南京航空航天大学，南京理工大学，江苏金合能源科技有限公司	南京市，镇江市	刘向雷，宣益民，李强，金翼，丁玉龙，宋鹏飞，胡定华

续表

序号	项目名称	完成单位	设区市	完成人
9	低能耗大规模反渗透海水淡化关键流体装备创制与产业化	江苏大学，自然资源部天津海水淡化与综合利用研究所，杭州水处理技术研究开发中心有限公司，山东双轮股份有限公司，浙江科尔泵业股份有限公司，蓝深集团股份有限公司，合肥华升泵阀股份有限公司，江苏飞跃泵业股份有限公司，江苏法尔机械制造有限公司	南京市，镇江市	张德胜，潘强，张启华，王生辉，叶晓琰，戴诚怿，李岩，胡敬宁，张军辉，刘军，夏益洪
10	极端工况大功率混流泵高效稳定运行关键技术及应用	江苏大学，浙江大学，中国农业大学，中国船舶重工集团公司第七〇五研究所昆明分部，南水北调东线江苏水源有限责任公司，上海电气凯士比核电泵阀有限公司，上海凯士比泵有限公司，日立泵制造（无锡）有限公司	南京市，镇江市	李伟，王福军，吴大转，周岭，季磊磊，关醒凡，王行元，施伟，卢熙宁，潘再兵，陈守前
11	CAP1400 核电站 SC 结构建造关键技术研究与应用	中国核工业华兴建设有限公司，沈阳航空航天大学，江苏科技大学	南京市，镇江市	程小华，张吉斌，陈勇，许祥平，王志勇，陈新禹，马桥石，许开勋，赵宇，张磊磊，别刚刚
12	大容量深地盐穴压缩空气储能电站关键技术及工程应用	中盐金坛盐化有限责任公司，华能国际电力江苏能源开发有限公司，清华大学，中盐盐穴综合利用股份有限公司	南京市，金坛区	管国兴，曹庆伟，梅生伟，王国华，陈辉，薛小代，陈留平，蔺通，陈来军，谢卫炜，林迎虎
13	生物质气化—活化联产炭基功能材料技术创新与应用	丹阳市华发环保机械有限公司，江苏理工学院，南京林业大学，南京宁粮生物工程有限公司，江苏竹溪活性炭有限公司，江苏开放大学，南京市耕地质量保护站	南京市，镇江市，溧阳市	秦恒飞，阙明华，周月，马欢欢，梁晓辉，陈静，王琳，王亮才，程月琴
14	电网友好型虚拟同步充电站关键技术与应用	国充充电科技江苏股份有限公司，东南大学，中南大学，大全集团有限公司	南京市，镇江市，扬州市	赵剑锋，潘小刚，王建华，刘康礼，闫涵，刘永露，孙前双，王辉，粟梅，孙尧，刘小利
15	微生物源农用投入品绿色高效制造及产业应用	南京工业大学，南京市农业技术推广站，江苏省农业科学院，南京财经大学，江苏开放大学，淮阴工学院，江苏润果农业发展有限公司，江苏丰源生物工程有限公司，南京宁粮生物工程有限公司	南京市，镇江市，淮安市	胡永红，章泳，庞心怡，刘邮洲，袁灿生，俞仪阳，魏巧，张国良，于鸣洲，钱永根，李兵
16	节能减排目标下废轮胎低温靶向再生核心技术、装备及工程应用	徐州工业职业技术学院，江苏中宏环保科技有限公司，南京绿金人橡塑高科有限公司，扬州大学，菏泽学院	南京市，扬州市	王艳秋，周洪，史金炜，张明，鲍桂楠，许麒，冉升财，宋帅帅，李杰，张小萍，李晓娟
17	大型装备动力构件激光沉积制造关键技术及典型应用	南京辉锐光电科技有限公司，江苏大学，上海航天设备制造总厂有限公司，中国长江电力股份有限公司，南昌航空大学，中国电建集团透平科技有限公司，成都青石激光科技有限公司	南京市，镇江市	罗开玉，齐欢，赵凯，徐祥，刘辉，陈玉华，蔡国双，吴志玮，李明

续表

序号	项目名称	完成单位	设区市	完成人
18	航空航天复杂构件数字化柔性产线技术与装备	中国航空工业集团公司金城南京机电液压工程研究中心，南京航空航天大学，上海飞机制造有限公司，北京机科国创轻量化科学研究院有限公司，江苏华龙精密智造股份有限公司，中亿丰罗普斯金材料科技股份有限公司	南京市，镇江市	汪俊，单忠德，陈丽君，易程，张倩，曹杰，邢宏文，谢乃明，张沅，黄斌达，黄同裕
19	面向车路协同的汽车多域融合自动驾驶关键技术及应用	江苏大学，中国汽车工程研究院股份有限公司，比亚迪汽车工业有限公司，吉利汽车研究院（宁波）有限公司，徐州徐工汽车制造有限公司，江苏中路工程技术研究院有限公司，上海交通大学	南京市，镇江市	蔡英凤，孙晓强，夏芹，张晓东，钟益林，王海，姜涛，胡孟夏，杨阳，庄瀚洋，陈龙
20	面向智能驾驶的底盘电动一体化集成关键技术及应用	江苏大学，开沃新能源汽车集团股份有限公司，蜂巢智能转向系统（江苏）有限公司，南京经纬达汽车科技有限公司，南京金龙客车制造有限公司，扬州江淮轻型汽车有限公司	南京市，镇江市，扬州市	徐兴，陈特，梁聪，董钊志，江昕炜，李勇，江浩斌，窦腾飞，董晓，王春海，钱孙峰
21	“神丹6号”新品种创制及绿壳蛋鸡产业化	江苏省家禽科学研究所，湖北神丹健康食品有限公司，扬州翔龙禽业发展有限公司，江苏科技大学，扬州天牧畜禽有限公司，东台市东翼禽业有限公司，江苏农邦禽业有限公司	镇江市，扬州市	曲亮，童海兵，王克华，李清逸，郭军，卢建，沈曼曼，胡玉萍，李永峰，邵丹，王星果
22	大马力拖拉机机液复合无级变速系统关键技术及应用	南京农业大学，江苏大学，第一拖拉机股份有限公司，江苏悦达智能农业装备有限公司	镇江市，南京市	肖茂华，朱镇，鲁植雄，史金钟，王义平，陆凤祥，邢鹏飞，陆凯，朱烨均，王家博，王炜

数据来源：江苏省人民政府网站检索资料整理。

二、专利合作

（一）专利合作概况

2014年至2023年，由南京都市圈内2个及2个以上设区市共同完成的专利申请量为284件，专利授权量为177件，总授权占比38.39%（图4-4-1）。其中专利授权率表明申请的有效率及最终获得授权的提交申请成功率。自2014年以来，南京都市圈内设区市共同完成的专利申请量整体有所起伏，在2019年曾达到峰值，申请量为61件。

（二）简单法律状态

2014年至2023年，在南京都市圈设区市共同完成的284件专利中，专利合作条约（PCT）指定期内专利9件，占比3.17%，PCT指定期满专利49件，占比17.25%，有效专利131件，占比46.13%，审中专利19件，占比6.69%，但不可忽视的是有76件专利已经失效，占比26.76%（图4-4-2）。

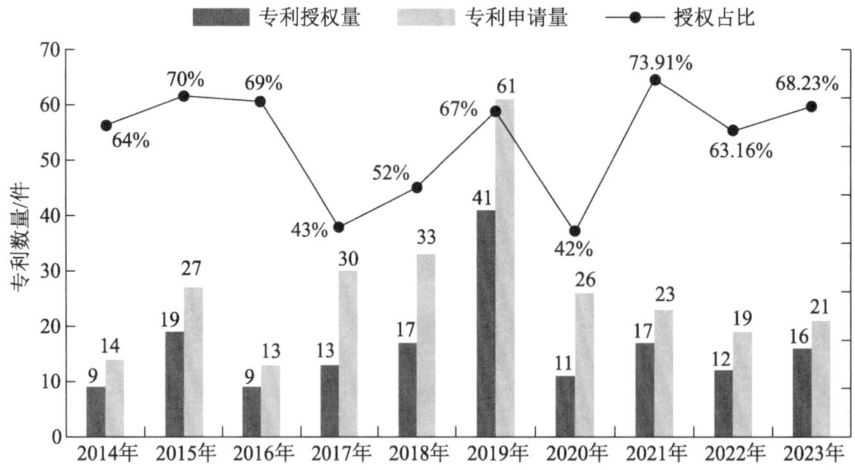

图 4-4-1　2014—2023 年南京都市圈设区市共同完成的专利申请量

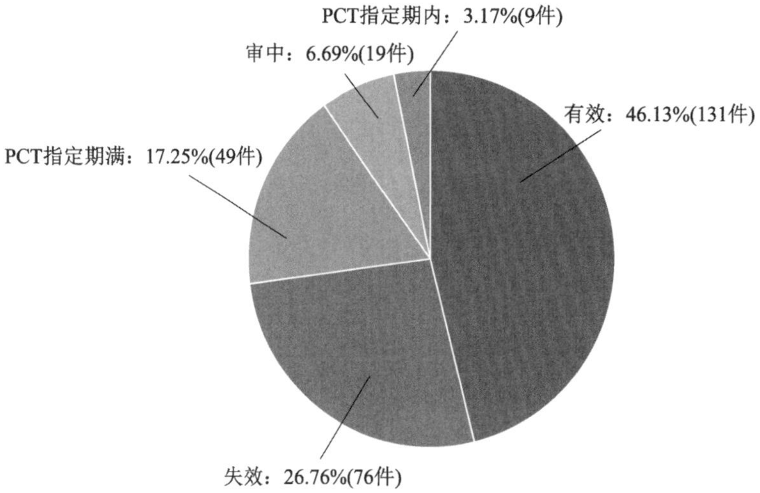

图 4-4-2　南京都市圈设区市共同完成的专利简单法律状态

（三）专利类型

2014 年至 2023 年，在南京都市圈设区市共同完成的 284 件专利中，外观设计专利 18 件，占比 6.34%，实用新型专利 68 件，占比 23.94%，发明专利 198 件，占比 69.72%（图 4-4-3）。这说明南京都市圈内各城市创新程度较高。

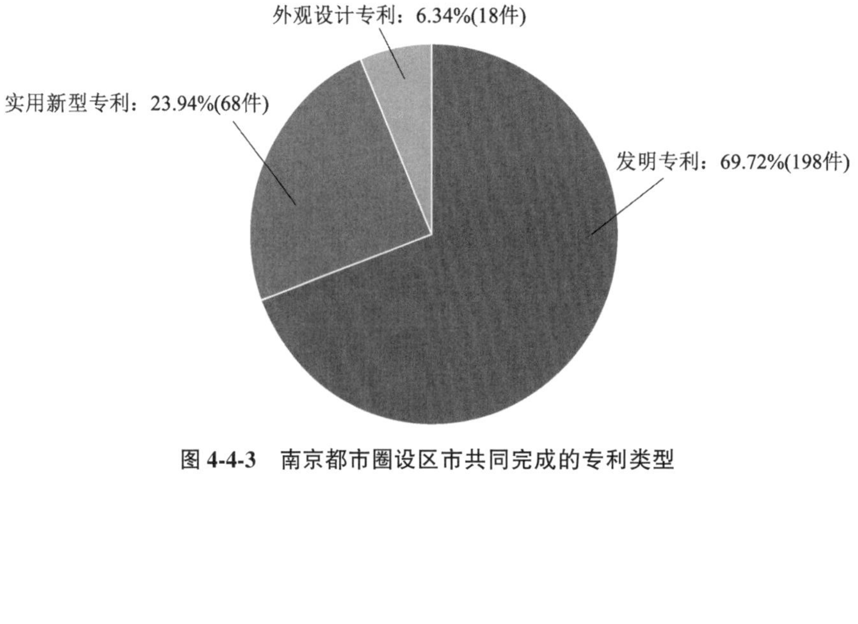

图 4-4-3　南京都市圈设区市共同完成的专利类型

（四）技术主题分析

2014 年至 2023 年，在南京都市圈设区市共同完成的 284 件专利中，相关技术排名前三的是 H02J3、G06Q50 和 G06Q10 领域，专利数量分别为 33 件、28 件、25 件（图 4-4-4）。

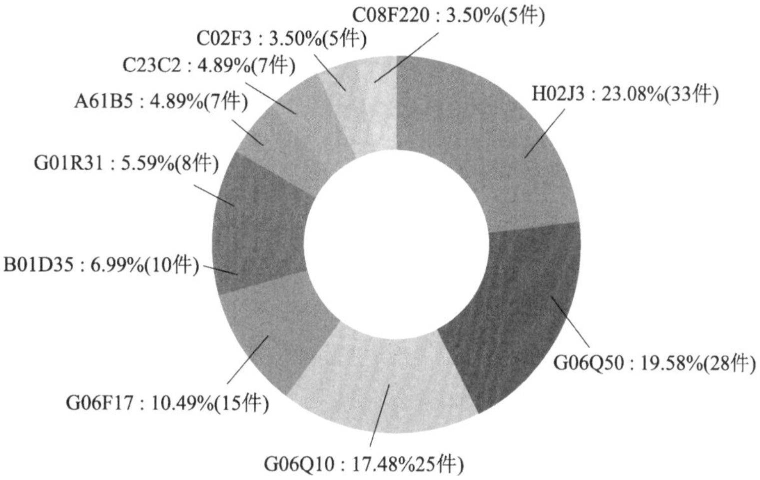

图 4-4-4　南京都市圈设区市共同完成的排名前 10 的专利技术主题

（五）申请人排名分析

2014 年至 2023 年，在南京都市圈设区市共同完成的 284 件专利中，专利申请人排名前三的分别是东南大学、东南大学溧阳研究院和江苏大学，专利申请量分别为 94 件、78 件、15 件（图 4-4-5）。

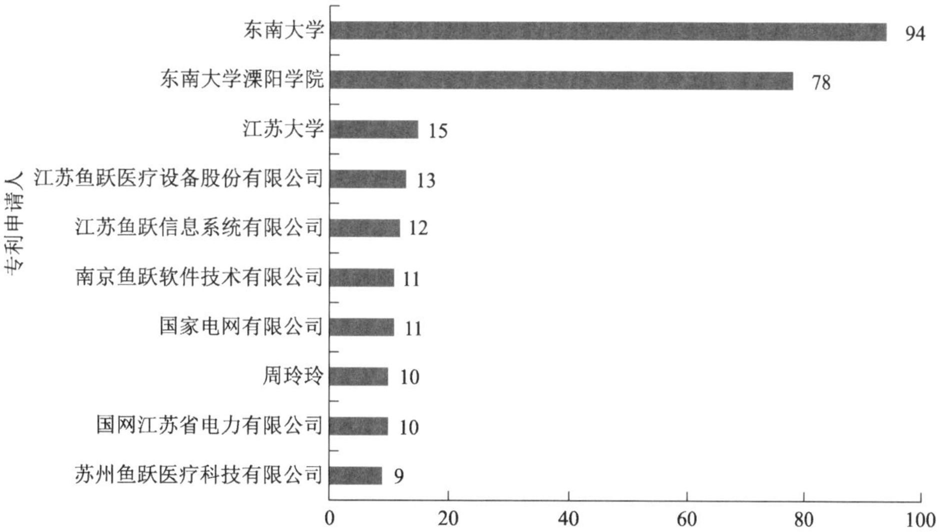

图 4-4-5　南京都市圈设区市共同完成的专利申请人排名

（六）发明人排名分析

2014 年至 2023 年，在南京都市圈设区市共同完成的 284 件专利中，专利数量最高的发明人是汤奕，专利数量为 16 件，其次是顾伟，专利数量为 12 件（图 4-4-6）。

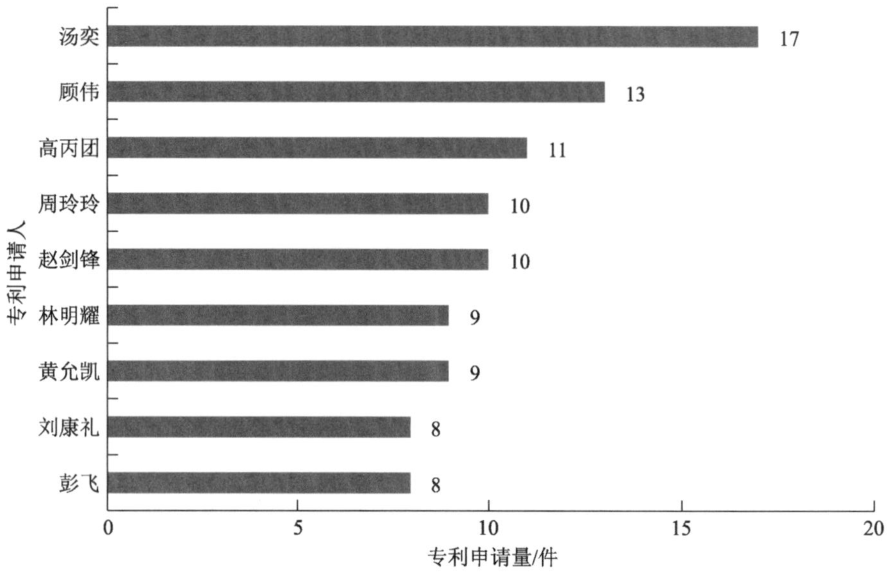

图 4-4-6　南京都市圈设区市共同完成的专利发明人排名分析

（七）重点专利

2014 年至 2023 年，在南京都市圈设区市共同完成的 284 件专利中，按每组简单同族一个专利代表的去重规则进行统计，一共可分为 141 族，专利总价值为 7151200 美元，且价值区间主要分布在 1 美元至 3 万美元和 3 万美元至 30 万美元（图 4-4-7），由此可见南京都市圈内共同完成的专利价值一般。

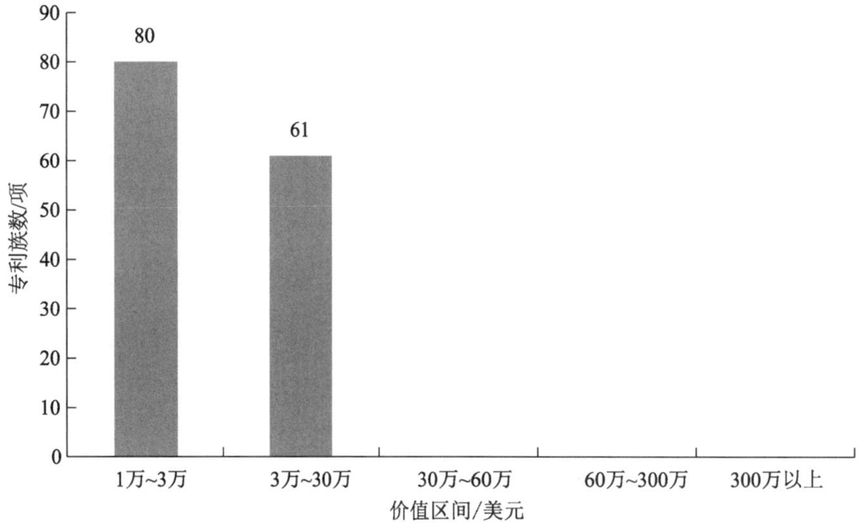

图 4-4-7　南京都市圈设区市共同完成的专利价值分布

（八）热门技术

2014 年至 2023 年，在南京都市圈设区市共同完成的 284 件专利中，最热门的技术主题词为预测方法、控制器、电力系统、滤水器、热镀锌，除此之外，储存装置、化合物、电池、变压器、控制策略等主题词出现的频次也较多。

第五篇

开放发展

第一章　对外经济贸易

第一节　南京都市圈对外经济发展情况

2023年，南京都市圈实现外贸进出口总额11090.23亿元，下降4.1%。其中出口7548.49亿元，下降0.7%；进口3541.74亿元，下降6.5%。出口市场呈多元化，特别是“一带一路”、RCEP等国际市场增速很快，新能源汽车、锂电池、太阳能光伏等“新三样”出口比重在不断增加；外资提质增效，围绕挖掘存量潜力、拓展增量项目，持续“引进来”，实际利用外资81.24亿美元，下降15.95%，其中高新技术产业投资增长较快，制造业使用外资占比不断上升，淮安等地制造业实际使用外资占外资总量的41.9%。对外直接投资15亿美元以上，占江苏全省当年对外直接投资82.9亿美元的18.1%。

2023年，是全面贯彻党的二十大精神的开局之年，是三年新冠疫情防控转段后经济恢复发展的一年。面对复杂多变的外部环境和经济恢复进程中的矛盾问题，南京都市圈各市（区）坚持以习近平新时代中国特色社会主义思想为指导，全面贯彻党的二十大、二十届二中全会精神和习近平总书记重要讲话重要指示精神，认真落实党中央、国务院关于对外开放各项重大要求，坚持稳中求进工作总基调，完整准确全面贯彻新发展理念，经济运行承压恢复，回升向好，高质量发展扎实推进。**一是持续推进高水平对外开放**。南京、芜湖等地主动对接国际高标准经贸规则，深入实施经济开发区、高新区、自贸区等载体提升行动，加快探索创新更多首创性、集成式对外开放机制。**二是支持外贸新业态发展**。通过政策引导、平台搭建等举措支持跨境电商发展，注重发挥跨境电商等新业态对外贸发展新引擎作用。**三是扎实开展招商引资**。聚焦以产业链招商为重点，深入推进以商招商、基金招商、平台招商，提升招商引资精准度和项目转化率。**四是注重营商环境建设**。各地在政务环境、企业保障、审批服务等方面深化“放管服”改革，完善“一站式”服务，让更多政务服务事项实现“一网通办”，为企业发展提供更加高效、便捷、优质的营商服务环境。

第二节　各市（区）对外经济发展情况

一、南京市对外经济发展

2023年，全市外贸进出口总额5659.9亿元，下降9.3%，总量占全省外贸进出口总额的10.8%，排名居全省第3位。其中出口总额3333.1亿元，下降11.8%；进口总额2326.8亿元，下降5.6%。从贸易方式看，一般贸易进出口总额下降11.7%，加工贸易进出口总额下降7.8%。从企业主体看，国有企业进出口总额下降7.8%，外商投资企业进出口总额下降8.7%，民营企业进出口总额下降11.2%。新能源汽车、锂离子蓄电池、太阳能电池产业“新三样”产品出口351.9亿元，增长21.2%，占南京市外贸出口比重提升2.9个百分点至10.6%，规模跃居全省第一，其中新能源汽车出口额为29.5亿元，增速高达220.9%。从商品构成看，机电产品出口下降4.6%，高新技术产品出口下降12.9%；机电产品进口下降7.1%，高新技术产品进口下降13.6%。2023年南京市外贸进出口情况见表5-1-1。

表5-1-1 2023年南京市外贸进出口情况

指标	金额/亿元	比上年增长/%
进出口总额	5659.9	-9.3
出口额	3333.1	-11.8
其中：一般贸易	2516.5	-15.2
加工贸易	645.5	-2.8
其中：机电产品	1771.7	-4.6
高新技术产品	624.1	-12.9
其中：国有企业	748.0	-7.4
外商投资企业	1071.5	-4.0
民营企业	1513.2	-18.4
进口额	2326.8	-5.6
其中：一般贸易	1830.8	-6.3
加工贸易	194.8	-21.3
其中：机电产品	1095.3	-7.1
高新技术产品	602.8	-13.6
其中：国有企业	986.9	-8.1
外商投资企业	758.5	-14.6
民营企业	579.2	15.6

全年实际使用外资49.4亿美元，比上年增长1.9%。服务业使用外资同比下降3.2%，其中科研技术服务业增长3.2%，租赁和商务服务业增长71.1%，金融业增长139.2%；制造业使用外资增长39.6%，其中电气机械设备制造业增长19.3%，医药制造业增长134.8%。全年新设及增资外商投资项目717个，合同外资58.6亿美元；共建“一带一路”主要国家在宁实际投资2.43万美元，增长139%。

全年对外直接投资总额8.3亿美元。新增境外投资项目130个，中方协议投资额6.6亿美元，增长20%。对外承包工程完成营业额23.2亿美元，增长9.8%，新签合同额43.1亿美元。对共建“一带一路”国家协议投资1.86亿美元，增长83.9%。

（一）江宁区。2023年，实现外贸进出口总额1335.6亿元，其中出口总额860.9亿元，进口总额474.7亿元；完成物流业交易额1900.15亿元，增长7.9%；全年新设立外商投资企业103个，增长13.2%；实际使用外资9.34亿美元，下降0.2%；合同利用外资29.22亿美元，增长138.9%。年末，累计引入亿元以上签约项目522个，签约项目投资总额3175亿元。

（二）栖霞区。2023年，实现外贸进出口总额965.5亿元，下降4.9%。其中进口总额469.1亿元，下降10.9%；出口总额496.4亿元，增长1.5%。实际使用外资3.4亿美元，占南京市比重6.9%。新设立外商投资项目48个，增资外商投资项目18个，总投资净增资3000万美元以上项目2个。完成对外承包工程营业额5.39亿美元。

（三）鼓楼区。2023年，实现外贸进出口总额401.2亿元，下降20.7%。其中出口总额254.1亿元，下降24.1%；进口总额147亿元，下降14%。围绕世界500强企业、金融服务业企业及机构等4个招引目标库，开展总部生根、海外拓展、金融赋能、专业提升四大行动，精准对接外商投资项目，实际利用外资8.2亿美元，居全市第1位。

（四）玄武区。2023年，实现外贸进出口总额665.1亿元，下降5.1%。服务贸易额完成6.1亿美元，增长3.2%。实际利用外资1.87亿美元；实际利用内资120亿元，签约项目投资总额580亿元，亿元以上签约项目数100个。在全市“拼招商比成效赛马榜”竞赛活动中获得1次红旗激励。

（五）秦淮区。2023年，实现外贸进出口总额754.0亿元，下降2.2%。其中进口总额333.1亿元，增长0.1%；出口总额420.9亿元，下降4%。实际利用外资29151万美元，增长135.8%。吸收外商直接投资新设立企业45家，新增合同利用外资25067亿美元。

（六）浦口区。2023年，实现外贸进出口总额274.3亿元，下降7.6%。其中出口总额134.0亿元，增长13.2%；进口总额140.3亿元，下降21.4%。实际使用外资8490万美元，下降71.7%。新设及增资外商投资项目32个，其中新设项目20个，增资项目12个。新增合同利用外资35480万美元，增长794.9%。新设总投资净增资3000万美元以上大项目7个，合同利用外资22990万美元。

（七）建邺区。2023年，实现外贸进出口总额235亿元，增幅2%。开展3期赴新加坡及中国香港等地境外经贸交流活动，走访洽谈35个企业和项目，香港新华集团等知名企业回访。

（八）雨花台区。2023年，实现外贸进出口总额274.3亿元，下降20.7%。实际利用外资31967万美元，下降13.8%。外商及港澳台商经济投资增长30.1%。组织外出招商活动150余批次，创新发布雨花台区招商画册和招商数字地图，签约项目投资总额600亿元，其中亿元以上项目105个，豪威科技、普联华东总部、深圳云豹智能等一批重大项目签约落户。

（九）六合区。2023年，实现外贸进出口总额70亿元，下降22.3%。其中进口总额16.2亿元，下降11.4%；出口总额53.8亿元，下降25.1%。实际利用外资5057万美元，下降78.4%；协议注册外资6709万美元。新设外商投资项目17个，增资外商投资项目1个。

（十）高淳区。2023年，实现外贸进出口总额111.5亿元，增长8.7%。年度新增跨境电商主体20家。红太阳、红宝丽、高淳陶瓷荣获2023年度江苏省国际知名品牌荣誉称号。实际利用外资2783万美元。

（十一）溧水区。2023年，实现外贸进出口总额152.7亿元，比上年增长3.4%。其中出口总额116.2亿元，下降0.9%；进口总额36.5亿元，增长19.9%。实际使用外资9240万美元。

二、镇江市对外经济发展

2023年，全市实现外贸进出口总额140.42亿美元，下降10.1%。其中进口总额34.96亿美元，下降12.1%；出口总额105.46亿美元，下降9.4%。一般贸易出口额86.85亿美元，下降9.5%，占出口总额比重为82.4%；加工贸易出口额16.99亿美元，增长21.5%。从出口市场看，对东盟出口17.05亿美元，下降23.3%；对欧盟出口22.61亿美元，增长4.1%；对美国出口18.00亿美元，下降16.5%；对韩国出口3.83亿美元，增长7.8%。对共建“一带一路”国家出口42.56亿美元，下降5.7%，占全市出口总额的比重为40.4%。从出口种类看，机电产品占主导，共出口424.8亿元，增长8.6%，占镇江出口总值57.3%，比上年同期提升6.8个百分点。机电产品中，电动载人汽车、锂电池和太阳能电池“新三样”表现抢眼，这类新动能产品全年出口82.3亿元，增长70.4%，拉动全市出口总值增长4.4个百分点。从进口种类看，纸浆、基本有机化学品、电子元件等三类生产原料进口额达96.1亿元，占全市进口总值39.2%。其中进口纸浆38.7亿元，增长14.3%；进口有机化工品21.9亿元，增长12%。

全年工商新注册外商投资企业70家，新批千万美元以上项目13项。实际利用外资4.26亿美元，下降24.9%；协议利用外资2.86亿美元，下降32.0%。全年服务外包合同总额49.53亿美元，比上年增长18.7%，其中离岸外包合同总额18.42亿美元，增长23.7%；执行总额41.51亿美元，增长13.6%，其中离岸外包执行额16.18亿美元，增长20.4%。

全年对外直接投资2.46亿美元，增长49.3%。

（一）丹阳市。2023年，实现外贸进出口总额249.44亿元，下降5.4%。其中出口总额228.28亿元，比上年下降3.9%；进口总额21.16亿元，比上年下降18.9%。按贸易方式分，一般贸易出口221.08亿元，比上年下降3.8%；加工贸易出口7.07亿元，比上年下降5.7%。新批外商投资项目21个；实际利用外资1.75亿美元，比上年增长27.8%，其中制造业实际利用外资1.73亿美元。

（二）句容市。2023年，实现外贸进出口总额39.2亿元，下降18.9%。其中进口总额6.5亿元，下降44.9%；出口总额32.7亿元，下降10.4%。新批千万美元以上项目6个。实际利用外资3792.08万美元，比上年下降58.1%；协议利用外资9097.58万美元，下降35.0%。

（三）扬中市。2023年，实现外贸进出口总额49.4亿元，增长7.9%。其中进口总额3.5亿元，下降10.6%；出口总额45.8亿元，增长9.6%。实际利用外资3844万美元，同比增长51.0%。

（四）丹徒区。2023年，实现外贸进出口总额71.1亿元，下降18.8%。其中进口总额11.4亿元，增长33%；出口总额59.7亿元，下降24.5%。实际利用外资1006万美元，下降40.9%。

（五）京口区。2023年，实现外贸进出口总额97.6亿元，下降12.9%。其中进口总额26.9亿元，下降13.6%；出口总额70.7亿元，下降12.6%。实际利用外资250万美元，下降94.9%。

（六）润州区。2023年，实现外贸进出口总额23.2亿元，下降9.8%。其中进口总额7.2亿元，增长51.8%；出口总额16.1亿元，下降23.6%。实际利用外资510万美元，下降67.7%。

三、扬州市对外经济发展

2023年，全市实现外贸进出口总额1055.8亿元，下降3.9%。其中出口总额851.4亿元，下降2%；进口总额204.4亿元，下降10.9%。从进出口主体看，民营企业和国有企业分别实现进出口521.7亿元和226.3亿元，占全市进出口总额的比重分别为49.4%和21.4%；外商投资企业进出口307.7亿元，占比29.1%。从贸易方式看，一般贸易进出口795.7亿元，占比75.4%；加工贸易进出口209.9亿元，增长13%，占比19.9%。从重点市场看，对欧盟、美国、大洋洲、东盟、中国台湾分别进出口206.5亿元、131.7亿元、103.9亿元、106.7亿元和40.4亿元，其中对东盟进出口增长14.1%。

全市实际利用外资12.2亿美元，其中制造业利用外资4.02亿美元，占比33%，比上一年度提高1.5个百分点。新设外商投资企业153家，增长43%；新增协议外资38.7亿美元（含增资），增长34.6%。

全市完成对外投资总额5.84亿美元，增长28.9%。从业务板块看，新批对外投资项目40个，中方协议投资额4.48亿美元，增长84.2%；对外直接投资额2.56亿美元，增长30.6%；对外承包工程企业完成营业额3.01亿美元，增长40.2%。

（一）邗江区。2023年，实现外贸进出口总额215.04亿元，下降1.9%。其中出口总额195.59亿元，增长0.6%；进口总额19.45亿元，下降21.4%。实际利用外资30000万美元，下降0.16%。从产业分布看，制造业实际利用外资5830美元，下降32.9%；高技术产业实际利用外资5901万美元，下降46.6%。从新批项目看，新设（含增资）外商投资项目38个，新增协议外资28474万美元。对外直接投资额9774.04万美元，增长91.3%；新批对外直接投资项目9个，中方协议投资额2.67亿美元，增长106.59%。

（二）广陵区。2023年，赴德国、荷兰等开展招商推介，启动建设中欧（扬州）智能制造产业园3000亩先导区，成功签约荷兰重卡牵引座、法国工程机械等外商投资项目。扬农股份、巨鑫石油钢管获批外贸领域省级国际知名品牌。加快布局跨境电商全产业链，在全市率先出台《促进跨境电子商务高质量发展的扶持政策》，启动阿里跨境电商产业园建设，天猫国际、卖淘淘等项目落户运营。

（三）江都区。2023年，实现外贸进出口总额258.3亿元。新批外商投资项目17个，实际利用外资0.57亿美元。已备案境外投资企业33家，投资项目39个，实施对外承包工程项目10个，其中包括新签合同总额8081万美元的阿汉加兰水泥厂水泥粉磨系统改造项目、蒙古国ETS铜钼矿项目等5个对外承包工程总包项目。

（四）宝应县。2023年，实现外贸进出口总额61亿元。实际利用外资1.65亿美元，新开工制造业项目65个；完成工业投资345亿元，增长18.6%；劲胜锂电池、怡海精密、万益高分子、祥鸿易征4个项目当年签约，当年开工，当年投产。

（五）高邮市。2023年，实现外贸进出口总额49.2亿元，增长0.5%。新签约亿元以上项目130个，其中10亿元以上重特大项目20个、50亿元以上项目2个。新设外商投资企业15家，外资到账1.65亿美元，制造业外资到账占比37.75%。

（六）仪征市。2023年，实现外贸进出口总额118.47亿元，下降17.1%。注册外资实际到账2.53亿美元，增长34.1%。八大重点产业链累计新签约亿元以上重大产业项目116个，依利安达高密度线路板、西门子智能电机等产业链龙头项目相继落地。

四、淮安市对外经济发展

2023年，全市实现外贸进出口总额542.4亿元，增长27.1%。其中出口总额396.5亿元，增长24%；进口总额145.9亿元，增长36.4%。出口机电产品199亿元，增长28.2%，其中电子元件、橡胶轮胎、“新三样”、车身零部件、通用机械设备出口分别增长113.9%、37.8%、331.4%、12.8%、18.1%。出口劳动密集型产品104.3亿元，增长52.8%，其中纺织服装、塑料制品、家具出口分别增长37.8%、71.5%、37.3%。对东盟、欧盟进出口分别为115.5亿元、83亿元，分别增长54.8%、20.8%。对中东、非洲等新兴市场进出口分别为23.8亿元、23.5亿元，分别增长41.5%、139.2%，增速显著快于整体。对共建“一带一路”国家进出口253.3亿元，增长52.1%。全市有进出口实绩的外贸企业1303家，增长15.1%，其中一般贸易进出口增长30.4%，占进出口总额比重67.5%，较上年同期提升5.8个百分点；民营企业实现进出口400.6亿元，增长48.5%，占进出口总额的73.9%，占比提升10.7%，民营企业主体作用不断增强。

全年实际利用外资5.5亿美元，其中制造业实际使用外资占总量41.9%，较上年提升6.7个百分点；高技术产业实际使用外资增长19.7%。增资扩股成效显著，全年新增利润再投1.8亿美元，增长56.5%。

全年新批境外投资企业11家，中方协议投资额7264万美元，分别增长57%、123%，投资主要目的地分布在越南、柬埔寨、泰国、印尼等国家，经营范围主要包括设备制造、木业家具、水陆货运等，在“一带一路”国家、RCEP成员国投资步伐加快，对外投资领域进一步拓展。江苏共创草坪在越南投资9800万美元的越南共创草坪，是投资规模最大的国际产能合作项目；扬海贸易有限公司成为淮安第一家落户江苏省境外园区的企业；金石机械分别在美国和印度尼西亚投资，为淮安外经合作作出贡献。

（一）淮安区。2023年，实现外贸进出口总额52亿元，增长59.5%。协议注册外资额5617.1万美元，下降81.6%；注册外资实际到账10038万美元，下降37.6%。

（二）淮阴区。2023年，实现外贸进出口总额42.5亿元，增长109.3%。其中出口总额11亿元，下降11.3%；进口总额31.5亿元，增长298.7%。实际外资到账7280.2万美元，比上年下降43.5%，其中一产2479.2万美元、二产2245.65万美元、三产2555.35万美元。

（三）清江浦区。2023年，实现外贸进出口总额52.5亿元，增长22.8%。实际利用外资1.01亿美元，比上年增长68.7%。新注册外商投资项目20个，其中总投资3000万美元以上项目8个。实际到账台资1545.34万美元。

（四）洪泽区。2023年，实现外贸进出口总额35.2亿元，增长5%，其中出口总额27.63亿元，下降5.96%。新签外商投资项目12个，同比减少8个；协议注册外资1.58亿美元，下降74.2%；实际到账注册外资5720万美元，下降45.9%。

（五）涟水县。2023年，实现外贸进出口总额33.36亿元，增长9.8%。实际利用外资7082万美元，下降56%。

（六）盱眙县。2023年，实现外贸进出口总额22.3亿元，增长55.5%，其中出口总额21.6亿元，增长57.78%。新批外商投资项目16个，其中3000万美元以上项目6个。协议注册外资2.81亿美元，注册外资实际到账6103万美元。

（七）金湖县。2023年，实现外贸进出口总额43.39亿元，增长9.6%。其中出口总额39.59亿元，增长3.5%；进口总额3.80亿元，增长184.1%。注册到账外资总额6033万美元，下降49.7%。

五、芜湖市对外经济发展

2023年，全市实现外贸进出口总额1274.75亿元，比上年增长40.6%，总量和增速均居全省第2位，增速分别高于全国、全省41.05个、33.69个百分点，其中出口总额1034.73亿元，增长63.7%。机电产品出口增长较快，在奇瑞、美的等重点企业的带动下，实现进出口976.24亿元，增长58.0%，其中出口897.42亿元，增长72.0%。全市货物进口总额240亿元，下降12.6%。新批外商投资企业80家，合同利用外资5.28亿美元。实际利用外资18.35亿元，比上年增长18.1%。实际利用省外资金1681.9亿元，增长7.8%。

推动外贸稳规模优结构。一是培育壮大外贸主体。全市获批“安徽出口品牌”12个，新增进出口实绩企业150家。二是持续挖掘外贸增长潜力。加强重点外贸企业包保服务，强化二手车出口企业监管服务，规范企业经营行为，组织企业赴乌兹别克斯坦等国开拓二手车市场，1—10月实现二手车出口5013辆，增长321%；出口额9579万美元，增长463%。开展跨境电商“芜湖行”活动，引导企业转型升级；积极创建省级跨境电商产业园，发挥集聚规模效应。已有省级跨境电商产业园5家，数量居全省第1位。三是加强国际市场开拓。市、县（区）两级商务部门共组织120余家企业出海参加20余场国际知名展会；组织90余家企业参加第133届、134届广交会，第三届消博会等10余场境内国际展会，累计签约订单（含意向订单）约4亿美元。市商务局、经开区组织12批次招商小分队赴日本、韩国等地招大引强。

做好利用外资招引服务。一是拓展外资招引渠道。与中关村国际控股有限公司协商拟定海外招商中心合作协议，拓展外资招引渠道；利用制造业大会、进博会等高能级平台，借梯登高开展投资促进活动，促成一系列外商投资项目签约。二是做好外商投资企业服务。立足已建立的重点外商投资项目清单及外资工作专班问题台账，加强跟踪服务，动态调整重点外商投资项目清单，为重点外商投资项目提供“一对一”服务。三是强化外资政策宣讲。积极宣传省级外资激励政策，鼓励企业申报争取。深入解读《国务院关于进一步优化外商投资环境加大吸引外商投资力度的意见》，结合实际情况广泛宣传、解读，充分汲取政策红利。

全力提升开放平台能级。一是推进芜湖港口岸三山港区扩大开放。顺利通过省市两级验收，并通过国家口岸办正式验收。二是全力推进芜宣机场临时开放。加大“跑部跑省”力度，多次提请省市领导就芜宣机场口岸开放争取支持。启动口岸临时开放申报程序。三是谋划提升口岸能级。推动芜湖港水运口岸出入境直航业务全面恢复，对接芜湖海关为船舶顺利通关持续提供保障服务。开展2023年芜湖市集装箱口岸发展政策修订工作，芜湖港口岸出入境直航业务航次及吞吐量均在全省保持前列。

（一）镜湖区。2023年，实现外贸进出口总额8.97亿美元，增幅8.6%。新设外商投资企业5家，合同利用外资5168万美元，实际利用外商直接投资666万美元。

（二）弋江区。2023年，实现外贸进出口总额108851.98万美元，比上年增长104.3%。其中进口总额8957.56万美元，比上年下降8.7%；出口总额99894.42万美元，比上年增长129.9%。新引进签约项目101个，总投资464.24亿元，其中亿元以上项目69个，10亿元以上项目9个，50亿元以上项目3个。奇瑞新能源四期、威迈斯、义柏半导体载具等项目顺利投产，智路汽车半导体系统封装及配套、智质智慧装备总部基地项目开工建设。

（三）鸠江区。2023年，实现外贸进出口总额88200.83万美元，下降6.62%。其中出口总额63611.18万美元，下降7.28%；进口总额24589.65万美元，下降4.85%。实际利用外商投资1976万美元，增长283%。省外亿元以上项目到位资金186.2亿元。新签约产业项目177个，总投资378.6亿元，其中亿元以上项目80个，10亿元以上项目10个，百亿元以上项目1个。

（四）湾沚区。2023年，实现外贸进出口总额5.43亿美元，增长13.7%。其中进口总额0.59亿美元，增长90.1%；出口总额4.83亿美元，增长8.3%。赴欧盟、沪苏浙等地招商16批次，举办专场招商推介活动8场次，引进主导产业项目72个，实际利用外商直接投资650万美元。实际利用省外资金280亿元。

（五）繁昌区。2023年，实现外贸进出口总额1.77亿美元，下降20.4%。实现跨境电商交易额2.5亿元，增长43.7%。全区在建项目296个，其中亿元以上项目131个，新开工亿元以上制造业项目36个。

（六）南陵县。2023年，实现外贸进出口总额13575.2万美元，下降18.4%。其中出口总额13174.3万美元，下降15.8%；进口总额400.9万美元，下降59.35%。实际利用外资509万美元，下降78.8%。全年新引进签约项目96个，总投资286.2亿元，其中亿元以上项目76个，总投资281.5亿元。

（七）无为市。2023年，实现外贸进出口总额2.7546亿美元，增长36.9%。其中进口总额2.3843亿美元，增长70.1%；出口总额3704万美元，下降39.3%。新签约亿元以上项目125个，总投资857亿元、增长39%。外商及港澳台商投资企业增加值下降23.3%。

六、马鞍山市对外经济发展

2023年，全市实现外贸进出口总额433.37亿元，居全省第4位。其中出口总额221.62亿元，增长0.4%；进口总额211.75亿元，下降13.8%。新增外贸主体99家。获批安徽中泰“两国双园”申建唯一入选城市。从经济区划来看，经开区进出口39亿元，增长36.4%；慈湖高新区进出口31.6亿元，下降10.6%；马鞍山综合保税区进出口90.8亿元，下降21%。从企业性质来看，民营企业进出口215.6亿元，下降0.9%，占比49.5%；外商投资企业进出口168.4亿元，下降11%；国有企业进出口51.5亿元，增长39.9%。从产品类型来看，劳动密集型产品和“新三样”出口大幅增长。出口钢材41.3亿元，下降7.2%；出口集成电路4.8亿元，下降70.8%；出口劳动密集型产品15.6亿元，增长59.5%；出口“新三样”产品7.2亿元，增长43.7%。进口铁矿砂及其精矿129.9亿元，增长7.5%；进口农产品9.8亿元，下降30%；进口集成电路5.7亿元，下降80.2%。从国家和区域来看，对东盟进出口69.7亿元，增长1.7%；对澳大利亚和巴西分别进出口103.4亿元和43.1亿元，分别增长18.8%和下降5.6%；对美国进出口23.8亿元，下降26.6%；对欧盟进出口30.8亿元，增长17.8%。对共建“一带一路”国家进出口165.3亿元，增长9.8%；对RCEP其他成员国进出口219.5亿元，增长13.7%。跨境电商交易额18亿元，增长50%。

全年实际利用外商直接投资1.75亿美元，增长22.1%。实际利用省外亿元以上项目到位资金1003.2亿元，增长0.7%。新签约重大项目61个，其中固定资产投资20亿元以上项目11个，50亿元以上项目3个。正奇控股20GW高效N型电池片智能制造产业化项目、明阳异质结（HJT）10GW光伏电池片及组件生产基地项目等百亿元项目签约落地。全力支持外商投资企业申报省级外资激励资金，现代牧业、欧力食品、信义玻璃3家企业成功获批省级外资激励资金349.2万元，申报企业数和获批金额均创历史新高。

抢抓新冠疫情防控转段机遇，鼓励引导企业走出国门，积极参与共建“一带一路”。制定《重点外经企业走访服务工作方案》，实现全市对外承包工程企业服务全覆盖。督促外经企业建立风险防控预警机制，开展境外风险防范培训4场，不断增强企业自身安全防范和保护能力。全年新设5家境外投资企业及境外机构，成功获批省级外经扶持资金211.5万元；实现实际对外投资1276万美元，增长43倍；实现对外承包工程完成营业额9476.76万美元，增长13.2%。

（一）花山区。2023年，建立品牌商贸企业名录库，引入首进品牌50余个，新增限额以上商贸企业30家。助力增强外贸进出口企业韧性，推动跨境电商外贸企业落地，完成跨境电商进出口额2.3亿元。新开工亿元以上省市重点项目8个，完成民间投资35亿元。

（二）雨山区。2023年，实现外贸进出口总额2.11亿美元，增长14.9%。招大引强、招新引优，滚动储备亿元以上项目181个，总投资近1709亿元。

（三）博望区。2023年，新签约亿元以上项目35个，其中20亿元以上项目3个。实际利用外资1204.4万美元，增长86.4%。

（四）当涂县。2023年，实现外贸进出口总额

4.054 亿美元，增长 15.5%，其中进口总额 437 万美元，出口总额 40103 万美元。新签约亿元以上项目 57 个，实际利用外资、实际利用省外亿元以上项目到位资金分别增长 16.5%、7.8%。

（五）含山县。2023 年，实现外贸进出口总额 6449 万美元，增长 6.4%，实际利用外资 1433 万美元，增长 6.4%。

七、滁州市对外经济发展

2023 年，实现外贸进出口总额 409.4 亿元，增长 5.1%。其中出口总额 345.9 亿元，增长 8.7%；进口总额 63.5 亿元，下降 11%。从进出口经营主体看，民营企业进出口 334 亿元，增长 11.4%，占 81.6%；外商投资企业进出口 74.8 亿元，下降 15.9%。从贸易方式看，一般贸易进出口 357.6 亿元，增长 10.5%，占 87.3%；加工贸易进出口 51.4 亿元，下降 21.4%。从贸易伙伴看，对欧盟进出口 91.6 亿元，增长 9.4%；对美国进出口 60 亿元，下降 3.6%；对东盟进出口 47.2 亿元，下降 4.9%；对共建“一带一路”国家进出口 174.7 亿元，增长 12.3%；对 RCEP 其他成员国进出口 107.6 亿元，增长 1%。从出口商品看，机电产品出口 221 亿元，增长 10.1%，占 63.9%，其中太阳能电池等电子元件出口 52.9 亿元，增长 40%。全市新增外贸实绩企业 182 家，总数达 1104 家。2023 年滁州市进出口额主要分类及地区分布见表 5-1-2。

表 5-1-2　2023 年滁州市进出口额主要分类及地区分布

指标	绝对数/亿元	比上年增长/%
进出口额	409.4	5.1
其中：一般贸易	357.6	10.5
加工贸易	51.4	-21.4
其中：对美国	60.0	-3.6
对欧盟（不含英国）	91.6	9.4
对东盟	47.2	-4.9
对日本	16.9	-11.1
对共建“一带一路”国家和地区	174.7	12.3

全年新签约亿元以上项目 513 个，新开工 510 个，新竣工 320 个，新投产 350 个，其中大部分为先进光伏和新型储能、动力电池、新能源汽车等“新三样”产业项目。全年在建境内省外投资项目到位资金增长 11.3%，来自长三角区域的资金占境内省外引资总量的 69.3%。新设外商投资企业 42 家，实际利用外资 7806.6 万美元，累计企业超 300 家，累计投资总额 51 亿美元。新增跨境电商企业 18 家，总数达 184 家，在线交易额累计 9.85 亿元。

全年为先进半导体、宏全食品包装 2 家企业申报省级外资激励资金 300 万元，兑现 232.8 万元；为滁州米润、德力玻璃 2 家企业申报省级外经激励资金 222.5 万元，兑现 164.7 万元。

（一）琅琊区。2023 年，实现外贸进出口总额 1.61 亿美元，下降 2.8%。其中出口总额 1.51 亿美元，增长 11.5%；进口总额 993 万美元，下降 67%。实际利用外资 493 万美元，增长 134.8%。

（二）南谯区。2023 年，实现外贸进出口总额 17523 万美元，增长 49.1%。其中出口总额 15485 万美元，增长 35%；进口总额 2038 万美元，增长 631.1%。新增外贸实绩企业 21 家。实际使用外资 266 万美元。

（三）来安县。2023 年，实现外贸进出口总额 85276 万美元，比上年下降 2.1%，总量居全市第 2 位。其中出口总额 77967 万美元，下降 1.2%；进口总额 7309 万美元，下降 10.4%。直接利用外资超 1200 万美元，总量居全市第 2 位。

（四）全椒县。2023 年，实现外贸进出口总额 39470 万美元，下降 0.6%。其中出口总额 36632 万美元，增长 1.3%；进口总额 2838 万美元，下降 20%。引进省外亿元以上项目到位资金 235.7 亿元，增长17.7%。外商直接投资1133万美元，增长5295.2%。

（五）定远县。2023年，实现外贸进出口总额4076万美元，比上年下降7.1%，实际利用外资52.4万美元，下降72.3%。

（六）凤阳县。2023年，实现外贸进出口总额35536万美元，增长63.3%。其中出口总额33641万美元，增长67.4%；进口总额1895万美元，增长13.3%。实际利用外资135万美元，增长800%。

（七）天长市。2023年，实现外贸进出口总额113426万美元，其中出口总额106818万美元。出口按经营主体分，民营企业出口74025万美元，外商投资企业出口32793万美元。在出口商品中，无缝钢管出口15040万美元，增长22.71%；电子元件出口43745万美元，下降25.93%；机械设备出口13588万美元，增长14.22%；医疗用品出口12117万美元，下降17.63%。以上4种商品累计完成出口102853万美元，占全市出口总额79.1%。实际利用外商直接投资3714万美元，实际利用省外资金208亿元。

（八）明光市。2023年，实现外贸进出口总额1.7362亿美元，增长39.06%。其中出口总额1.6808亿美元，增长38.48%；进口总额554万美元，增长59.37%。实际利用外资813万美元。

八、宣城市对外经济发展

2023年，实现外贸进出口总额212.8亿元，下降3.8%。其中出口总额194.4亿元，下降4.2%；进口总额18.3亿元，增长1.2%。从出口商品看，机电产品出口87.2亿元，增长10.5%；高新技术产品出口20.8亿元，下降18.9%。对欧盟进出口48.3亿元，下降1.4%；对美国进出口36亿元，下降13.7%；对东盟进出口23.5亿元，增长7.7%；对“一带一路”共建国家进出口83.3亿元，增长1.3%。建成跨境电商线上综合服务平台和9610海关监管场所，创成鸿乔斯省级跨境电商产业园，建设使用海外仓29个；全市共有154家跨境电商实绩企业，相比上年同期增加78家，实现跨境电商交易额26亿元，增长83%。

全年新设外商投资企业28家，比上年减少4家。实际利用外商直接投资4046.2万美元，比上年下降33.4%。积极宣传外资专项资金政策，为2家外商投资企业共计争取232.8万元政策奖补资金。深入推进“徽动全球”万企百团出海行动，组建14支境外招商小分队，赴境外开展外资招引活动6场，达成意向投资3500万美元。

全年引导重点外经企业扩大对外投资，加大海外市场拓展，为7家外经企业争取360.5万元政策奖补资金。1—11月，对外实际投资总额1.56亿美元，同比增长26.3%，总量稳居全省第3位。

（一）宣州区。2023年，实现外贸进出口总额212.8亿元，下降3.8%。其中出口总额194.4亿元，下降4.2%；进口总额18.3亿元，增长1.2%。从出口商品看，机电产品出口87.2亿元，增长10.5%；高新技术产品出口20.8亿元，下降18.9%。对欧盟进出口23.5亿元，增长7.7%。对“一带一路”共建国家进出口83.3亿元，增长1.3%。新设外商投资企业28家，比上年减少4家。实际利用外资4046.2万美元，比上年下降33.4%。

（二）郎溪县。2023年，实现外贸进出口总额39511万美元，比上年下降18.13%。其中出口总额38376万美元，下降18.55%；进口总额1153万美元，下降0.77%。全县有自营进出口权企业103家。实际利用外商直接投资353.6万美元，增长17.4%。

（三）泾县。2023年，实现外贸进出口总额6335万美元，比上年增长11.5%。其中出口总额6322万美元，增长11.4%；进口总额13万美元，增长96.3%。新建亿元以上省外投资项目40个，实际到位省外资金87.4亿元；新签约亿元以上制造业项目40个，其中50亿元以上项目1个，20亿元以上项目3个。

（四）绩溪县。2023年，实现外贸进出口总额14047万美元，比上年下降23.9%。全年实际到位国外资金累计3.1万美元。

（五）旌德县。2023年，实现外贸进出口总额1949万美元，比上年增长38.39%，其中出口总额1902万美元，进口总额47万美元。举办“双招双引”集中签约仪式4次，签约项目75个，总投资119.8亿元。

（六）宁国市。2023年，实现外贸进出口总额7.9亿美元。成功举办杭州、苏州招商推介会，成立 5 个驻外招商部，新签约亿元以上项目 70 个，新开工 104 个，新投产 83 个。总投资 112 亿元的仕净光能项目成功落地，实现了百亿工业项目零的突破。成功举办长三角 G60 科创走廊新能源和智能网联汽车产业协同发展大会，组织 29 家企业参加境内外展会。外商和港澳台商投资企业增长 5.6%。博世科服务“一带一路”发展，投资 24 亿元建设环保项目 50 个。全年实际利用外资 2000 万美元。

（七）广德市。2023 年，实现外贸进出口总额 92244 万美元，下降 19%。其中出口总额 86391 万美元，下降 19.67%；进口总额 5853 万美元，下降 7.76%。从产业进出口看，机械电子类产品实现进出口 32706 万美元，增长 10.9%；化工类产品实现进出口 18217 万美元，下降 45.2%；轻工类产品实现进出口 37803 万美元，下降 20.2%。实际利用外资 1004 万美元，下降 50.56%。新批外商投资企业 7 家；合同利用外资 2254 万美元，下降 64.95%。

九、溧阳市对外经济发展

2023 年，实现外贸进出口总额 174.8 亿元，增长 16.8%，增幅列常州辖市区第 1 位。其中出口总额 142.3 亿元，增长 33.3%；进口总额 32.5 亿元，下降 24.2%。从企业性质看，民营企业拉动增长，占比持续提升。全市民营企业进出口 133.9 亿元，同比增长 20%。从贸易方式看，一般贸易增长明显，全年一般贸易进出口总额 157.9 亿元，同比增长 17.1%。从贸易国别和地区看，东盟、欧盟以及美国成为溧阳市主要进出口国（地区）前 3 位，其中对东盟的进出口总额达到 54.2 亿元。从产品类别看，机器及电子产品出口额增幅最大，贱金属及其制品、化学工业及其制品，以及纺织原料及其制品也是溧阳主要出口商品。实际到账注册外资 3.45 亿美元，下降 14.4%。

十、金坛区对外经济发展

2023 年，实现外贸进出口总额 338.6 亿元，下降 11.9%。其中出口总额 286.6 亿元，下降 10%；进口总额 52 亿元，下降 21.6%。“新三样”出口逆势上扬，实现出口总额 114.5 亿元，占全市总量 38.2%，动力电池出口占全市份额七成以上。实际使用外资 8944.43 万美元。新增“一带一路”境外投资项目 12 个，协议投资 2.14 亿美元，项目数和投资总额均创历史新高。

第二章　国家级新区发展

第一节　南京都市圈国家级新区发展情况

南京江北新区是南京都市圈目前仅有的一家国家级新区，也是江苏省唯一的国家级新区，包括浦口区、六合区部分区域和栖霞区八卦洲街道，其中直管区面积386平方公里，涉及7个街道，常住人口约108万（第七次人口普查）。

南京江北新区获批设立8年来，积极发挥国家级新区与自贸区“双区叠加”优势，紧扣“自主创新先导区、新型城镇化示范区、长三角地区现代产业集聚区、长江经济带对外开放合作重要平台”的“三区一平台”战略定位，聚焦“两城一中心”产业方向，联通长三角一体化、长江经济带与“一带一路”内外协同发展，不断扩大“世界级”朋友圈，逐步形成“3+3+*X*”现代产业体系，推动国内国际双循环发展走向新局面。从2015年到2023年，地图上稀稀落落的建筑已变成城市模样。从2017年到2022年，新增大学生就业人数超过16万人。在生物医药谷，2017年的产业人口不到7000人，到2023年已经集聚3.7万名生物医药从业人员。在研创园，集成电路领域相关从业人员超过2万人。《2023胡润全球未来独角兽》发布，南京6家企业入选，排名中国第7位，其中4家来自江北新区。2022年南京发布全市独角兽企业、培育独角兽企业、瞪羚企业榜单，江北新区上榜企业111家，在南京市占比超过20%。南京江北新区已形成新材料、高端装备制造、汽车及轨道交通等优势产业。

第二节　南京江北新区发展情况

2023年，江北新区全域实现地区生产总值2698.6亿元，增长5.1%。其中第二产业增加值增长4.5%；第三产业增加值增长5.9%；规模以上工业总产值3869.6亿元，下降2.1%；全社会固定资产投资818.35亿元，下降1.1%；社会消费品零售总额787.06亿元，增长4.6%；城镇居民人均可支配收入77980.2元，增长4.6%。

一、经济发展态势稳中向好

坚持把稳增长放在更加突出位置，研究出台江北新区促进市场主体高质量发展“1+6”专项政策，积极完善“普惠+特色”“生产+运营”“纾困+成长”全场景政策体系，稳增长政策持续显效。前三季度，完成地区生产总值1981.4亿元，增长5.1%，高于全市平均水平。1—11月，完成规模以上工业总产值3539.87亿元，一般公共预算收入增长11.1%，经济发展基础持续夯实。

二、现代产业体系优化构建

高质量出台产业强区等行动方案，三大优势产业、三大新兴产业1—11月实现营业收入4437.4亿元，集聚规模以上数字经济核心产业企业334家，前三季度营业收入增长6.8%。积极培育特色产业集群，持续深化生物医药全产业链开放创新，推动研发用物品进口“白名单”试点，开展跨境数据安全有序流动改革试点，跨境贸易数字公共服务平台优化升级，跨境电商产业园正式开园，生命健康产业入选国家级生物药品制品制造创新型产业集群，是近 10 年来南京唯一获批的国家级创新型产业集群。大力实施“智改数转网联”行动，成功推动 592 家规模以上工业企业实施“智改数转”项目 766 个。

三、有效投资动能持续释放

积极发挥重大项目牵引带动作用，深入开展亮项目建设、亮服务效能“双亮行动”。全年实施重大产业项目 141 个，完成投资 401.95 亿元，纳入市“双百工程”重点项目 66 个，投资支撑作用稳步提升。全年举办各类招商活动 68 场，累计签约项目投资总额 2143.11 亿元，新增亿元以上签约项目 434 个，亿元以上项目注册数、开工运营数均居全市第 1 位。

四、创新策源能力不断增强

国家 EDA 技术创新中心挂牌运作，国家高性能膜材料创新中心、国家级生物医药产业知识产权运营中心获批建设，光电技术创新中心成功构建国内首个“薄膜铌酸锂+X”异质集成光电公共技术平台，昇腾人工智能计算中心持续扩容，建成华东地区首家全栈国产技术人工智能算力中心，脑科学与类脑智能创新中心自主研发的双光子显微镜成功应用于神舟十五号空间站。

五、创新资源要素加速集聚

强化企业科技创新主体地位，新增国家级专精特新“小巨人”企业 21 家，入围省独角兽企业 3 家、潜在独角兽企业 23 家、瞪羚企业 47 家，309 家企业入选全市创新积分制奖励名单，列全市第 1 位。更大力度集聚创新人才，海外人才离岸创新创业基地连续 3 年获省绩效评价第 1 位，新入选国家重点人才工程、省双创计划、市紫金山英才计划人才数量均居全市第 1 位。国家、省专精特新企业累计达 255 家，独角兽企业累计达 5 家，培育独角兽企业累计达 75 家，瞪羚企业累计达 59 家，国家认定企业研发机构数累计达 26 个，省、市认定企业研发机构数累计达 774 个。

六、创新生态体系不断完善

围绕知识产权创造、保护、运用全链条发力，11 个项目获评市专利奖，位列全市首位。省级商业秘密保护创新试点加快建设。全国首创线上知识产权质押融资模式，助力企业获超 10 亿元融资。科创金融改革试验区加快建设，百亿级高质量发展产业投资基金正式成立，扬子江 S 基金实现长三角区域跨省市合作联动，累计投资金额破亿元，与省产研院合作设立“拨投结合”、产业科技创新引导专项资金。

七、集成创新水平有力提升

聚焦制度创新核心任务，在数字贸易、数据流动等领域加大探索力度，2023 年形成 20 项制度创新成果在全省乃至全国复制推广，健康医疗大数据转化应用等 3 项入选国务院自由贸易试验区第七批改革试点经验，占全国 1/8。持续深化生物医药全产业链开放创新，国家生物医药产业计量测试中心正式落地，省药监局审评核查江北新区分部挂牌成立，生物医药公共服务平台获得海关 AEO 高级认证。加大金融开放创新探索力度，成功入选江苏省首批绿色金融创新改革试验区，金融活水充分涌流。

八、服务业扩大开放提速提效

抢抓南京市服务业扩大开放综合试点等政策机遇，开展跨境数据安全流动试点，升级打造江北新区跨境贸易数字公共服务平台，企业跨境贸易“全生命周期”一站式服务日益优化，焦点科技“中国制造网外贸电商平台业务”成为全国首个数据合规出境案例。大力推动加工贸易产业链延伸，积极争取自贸试验区外保税维修与保税再制造试点，贸易自由化便利化水平不断提升。

九、区域营商环境持续优化

深入推进“放管服”改革，“拿地即开工”实现常态化，改革范围扩大至产业类项目，区域评估、“告知承诺制”、“多评合一”改革持续推进。围绕降低市场准入成本，积极承接“一次性进口研究用对照药品审批”省级事项，全面优化“容缺受理”“绿色通道”等服务机制。加快推动法治园区建设，最高人民法院第三巡回法庭、江北新区法院和检察院入驻办公，江北新区法院获批增设涉外商事案件管辖权。

十、城乡融合发展趋向明显

直管区有耕地7.79万亩，约90%的农地已流转。不断强化现代农业科技支撑、科技赋能，农作物耕种收机械化率达到85%以上。力推农业转型发展，盘城葡萄、优质稻米、绿色蔬菜、长芦板鸭、葛塘观赏鱼、顶山水生花卉等均具有一定影响力。2023年，发展葡萄优质品种40余个，全年获得省市级评比奖项21个，创建“盘城葡萄”区域公用品牌，建设江北新区葡萄研究院，举办第六届盘城葡萄节，实现综合收益约2.5亿元。

十一、新主城形象加速展现

坚持将城建工程作为提升江北新区功能品质的关键抓手，南京江北图书馆正式投用，地下空间一期所有区段全部开工建设，建筑面积已完成50%以上，桥荫路市政综合体建成投用，现代化新主城风貌加快彰显。突出工程项目全流程管理、精细化管控，市民中心等3个项目获省绿色建筑创新项目奖，长江岸线湿地保护及环境提升一期工程等3个项目获省海绵城市优秀工程奖。

第三章　自由贸易区发展

第一节　南京都市圈自由贸易试验区发展情况

建设自由贸易试验区是以习近平同志为核心的党中央在新时代推进改革开放的重要战略举措，在我国改革开放进程中具有里程碑意义。党的二十大报告提出，“实施自由贸易试验区提升战略”。我国自贸试验区建设从上海起步，形成了拥有22个自贸试验区的“雁阵”。2023年是我国自贸试验区建设10周年。

南京都市圈内有中国（江苏）自由贸易试验区南京片区和中国（安徽）自由贸易试验区芜湖片区，分别于2019年8月和2020年9月经国务院批准设立。11家南京都市圈城市开发区（高新区）入选江苏自贸试验区联动创新区（简称联创区）；安徽省明确6个联创区，涉及南京都市圈滁州、马鞍山和宣城3个城市（见《南京都市圈创新与发展年鉴（2023卷）》）。

多年来，南京都市圈自贸试验区南京和芜湖2个片区，以及各联创区不断推动高能级开放，打造多式联运货运枢纽，持续增强全球市场链接能力，提升口岸服务保障水平，成为南京都市圈改革开放的“前沿阵地”。在深化对外开放格局中，围绕制度创新，从“产业需求”“自由便利”“创新生态”三个方面不断完善开放平台功能，为区域高质量发展助力赋能。特别在投资、贸易、金融、政府职能转变等领域，推出了一系列首创性实践，实现了一系列突破性进展，一大批改革开放制度创新成果复制推广到全国，有效发挥了自贸试验区作为改革开放试验田的作用。**一是实施外商投资准入前国民待遇加负面清单管理模式**。推动外商投资管理体制实现历史性变革，带动投资自由化便利化水平大幅提升。**二是建立以国际贸易“单一窗口”、高效便利海关监管为核心的贸易管理模式**。有力支撑贸易强国建设。**三是实施“证照分离”等一系列政府管理改革**。促进营商环境改善和政府职能加快转变，政府服务效能不断提升，营商环境得到进一步优化。**四是探索自由贸易账户等一批开创性举措**。推动经营主体跨境贸易外汇收支、投融资便利化程度不断提高，融资渠道更宽，成本更低，金融开放有效服务实体经济发展。**五是推出跨境服务贸易负面清单管理模式**。推进服务业综合开放。**六是坚持协调创新**。随着政策制度深入推进，在产业开放发展、要素资源保障等方面进行探索，并积极开展联动创新。截至2022年，南京都市圈自贸试验区南京和芜湖2个片区累计实现外贸进出口总额2186.89亿元。

第二节　中国（江苏）自由贸易试验区南京片区发展情况

一、总体发展情况

南京自贸试验片区自2019年8月获批以来，认真落实江苏自贸试验区总体方案与建设实施方案，自贸改革任务实施率均超过98%；在产业协同创新、知识产权保护、数字经济培育、营商环境优化等方面探索形成200余项制度创新成果，其中15项成果在全国复制推广，48项成果在全省复制推广，64项成果在南京市复制推广。南京片区3项首创经验入选国务院第七批自贸试验区改革试点经验，1项入选第四批自贸试验区“最佳实践案例”，5项入选服务贸易创新发展试点“最佳实践案例”，4项改革经验被纳入服务业扩大开放综合试点示范建设第二批“最佳实践案例”。区域集聚独角兽企业、培育独角兽企业数量连续两年位居全市首位，其中集成电路和生命健康领域占比86%以上。截至2022年，累计实现外贸进出口总额992亿元，累计实际利用外资23.3亿美元。

（一）持续优化创新生态建设。开展研产贯通行动，加快EDA国创中心、省级光电技术创新中心、脑科学与类脑智能创新中心等重点创新平台建设，提速创新项目产业化进程。开设专利预审“绿色通道”，发明专利授权周期缩短至最快44天。打造“互联网+金融+知识产权”服务模式，服务企业超过1.6万家。实施专利导航协同产业创新，设立生物医药知识产权运营中心，以专利精准导航助力企业关键核心技术研发。探索数字贸易全链条电子公证模式，设立全省首个数字贸易调解中心，线上调解国际贸易纠纷136件。

（二）着力推进开放创新发展。围绕生物医药“研发+数据+临床+制造+应用”全产业链条，搭建生物医药集中监管和公共服务平台，优化多组学科技创新服务，推动健康医疗大数据有效转化，创新参比制剂“一站通”综合服务，成功试单细胞基因治疗特殊物品快速出入境通关保畅模式，助力细胞治疗技术等生物医药前沿产业发展。依托国家“芯火”双创平台链接全球服务，为集成电路企业提供全要素保障，支撑超过百种不同类型芯片产品的研发创新。成立集成电路和生命健康科学仪器开放共享服务联盟，“大型实验室仪器共享服务”入选全国首批专精特新中小企业服务产品目录。

（三）积极探索制度型开放举措。推出全国首个FTA惠企“一键通”智慧平台，集成国际主要自贸协定，注册企业近2万家。积极探索数据跨境有序流动，片区企业焦点科技股份有限公司的“中国制造网外贸电商平台业务”成为跨境电商领域全国首个数据合规出境案例。服务企业“绿色出海”，打造碳擎-企业数字化碳管理平台，收集碳足迹过程数据，开展出口纺织品碳中和标识服务，围绕纺织服装产业的供应、生产、运输、运营4个主要环节，加快对接国际低碳贸易规则，为200多家企业提供碳认证服务，为突破国际碳关税绿色贸易壁垒提供宝贵经验。

二、2023年发展情况

2023年，南京自贸试验片区肩负着建设具有国际影响力的自主创新先导区、现代产业示范区和对外开放合作重要平台的使命，不断向改革更深处试水，朝高水平开放迈进，通过制度创新红利的释放，有力推动了区域产业集聚发展。

（一）加速“全链”“全面”开放畅通。以制度创新赋能产业链做大做强，一条条新兴产业链更是一条条开放创新链，重点发展集成电路、生命健康、高端服务业等新兴产业。依托国家“芯火”双创平台链接全球服务，为集成电路企业提供全要素保障，支撑超过百种不同类型芯片产品的研发创新；开展生物医药全产业链开发创新试点，在产品研发、药械审评、临床试验、生产上市、销售流通等全链条开展改革探索。同时提升人才服务水平，优化人才分类评价机制，强化集成电路、生物医药重点产业人才“一链一策”支持，支持企业设立“海外人才飞地”，打造南京市首个国际人才服务“直通站”；布局知识产权全链条运营，建设生物医药产业知识产权运营中心，整合专利导航、高端培育、优品转移、公共服务等优质服务资源，为企业提供一站式综合性知识产权服务。知识产权质押融资公共服务平台质押项数9000余项，协助企业获得融资金额超600亿元。聚焦企业“全生命周期”，在市场准入、工程建设上，不断推动行政审批制度“证照分离”改革，将177项事项按照4种方式分类实施改革，惠及企业近4.5万家；开展“竣工即交付”试点，推动“拿地即开工”常态化；深化区域评估集成改革，评估事项增加到9项，累计形成700多个成果应用案例。

（二）推动要素更好更快更便利流动。迈进数字贸易“新赛道”，南京片区积极探索开放新模式、新业态，持续开展数字贸易制度型创新探索，推动要素更加便捷流动，构筑国际竞争新优势。

联动相关单位，升级打造“跨境贸易数字公共服务平台”，汇聚国际物流及海外仓企业近10家，覆盖亚洲、欧洲、美洲等海陆空线路及各类仓储功能，并集成亚马逊等10余家电商平台，提供从网络开店、运营服务、独立站开设、VAT申报到营销推广的一站式网络电商服务平台等相关服务资源。焦点科技股份有限公司“中国制造网外贸电商平台业务”，通过国家网信办数据出境安全评估，为促进跨境电商行业安全健康发展提供了实践指引。

（三）助力跨境电商和数字经济产业崛起。建设工业品跨境电商产业园，2023年上半年新增入驻跨境电商企业近30家，集聚生态合作伙伴20家。以产业园为依托，还培育“跨境电商+医疗器械”“跨境电商+高端制造”等工业品电商新业态，搭建“长三角工业品跨境电商选品中心”，计划用3年时间辅导300家传统制造业企业与一般贸易企业向工业品跨境电商转型升级，助力企业融入全球产业链协作体系。

第三节　中国（安徽）自由贸易试验区芜湖片区发展情况

一、总体发展情况

芜湖自贸试验片区自2020年9月获批以来，切实扛起“为国家试制度、为地方谋发展”职责使命，全市依托自贸片区平台先行先试，加快制度型开放，累计形成创新案例166项，其中入选省级制度创新案例49项。截至2022年，累计实现外贸进出口总额1194.89亿元。

（一）积极探索制度创新。探索新型易货贸易、保税维修等新业务新模式，促进汽车产业实现高质量发展。依托芜湖港，探索“联动接卸”“无感通关”“共舱管理”“抵港直装”等新模式，降低企业物流成本。通过在贸易投资便利化、金融、科技等领域开展的一系列创新，自贸试验区利用外资、发展外贸的开放高地效应凸显。

（二）推进制度创新可复制可推广。探索动产（供应链票据）质押融资业务模式，创新打造“供应链票据保e贴”。“供应链票据”和“国有担保公司担保”的结合，使得小微企业可以分享核心企业的优质信用，降低中小微企业的融资成本。这一制度创新举措入选国务院第七批复制推广改革试点经验。打造长江流域首个集政务服务和产业汇聚为一体的综合平台，集中整合部、省、市三级108项航运政务服务事项，推动“高效办成一件事”，实现“一窗办理，只跑一次”，“联动接卸”监管模式在全省一类水运口岸全面铺开，提升了全省跨境贸易便利化水平，最大限度释放自贸试验区红利。

（三）持续优化营商环境。深入推进相对集中行政许可权改革，省级特别赋权事项清单共260项全部承接，省市两级承接事项累计达430项。上线运行“一站式审批平台”，审批效率进一步提升，平均办件时长由原来的4.91天压缩至1.62天。强力推进营商环境改革创新示范区建设，实施“首席审批师”改革，在准入准营、工程建设领域实行“一人终审”，审批环节平均压缩68.25%，办事时效优化提升84.62%。成立国际商事法律综合服务中心，建立专业化、综合性涉外商事法律服务全链条保障机制。探索“分段施工许可+承诺制+容缺受理”工程建设项目审批制度，基本实现拿地即开工，通过创新实施市场主体登记确认制，企业开办仅需30分钟。推出“长三角海关特殊货物检查作业一体化改革”，每票报关单通关时间压缩了3~5天。

二、2023年发展情况

中国（安徽）自由贸易试验区芜湖片区规划6个功能区，分别为港口物流区、综合保税区、银湖国际社区、中心商务区、滨湖研创区和高端制造区。2023年，紧扣“为国家试制度、为地方谋发展”职责使命，在制度创新、深化改革、服务外向型经济、优化营商环境等方面取得较好成效，以不到全市6‰的面积，贡献全市约65%的外贸进出口额、76%的外商直接投资额、11%的新增市场主体和27.6%的经济总量，连续两个季度在全省考核中居综合排名第1位。2023年1—7月，芜湖片区实现外贸进出口总额463.9亿元，增长54%；实际利用外商直接投资12631万美元，增长8.1倍；新增注册企业1935家，增长38.3%。

（一）推动上海—芜湖区域港口一体化发展。将芜湖—上海洋山、芜湖—上海外高桥“点到点”外贸直达航线均升级为联盟共舱线，实现了芜湖至上海“点到点”直达航线上海港所有集装箱港区“全覆盖”，升级后的航线将使得港、航、企三方受益。经统计，芜湖—洋山港开通以后，船舶装载率从过去的55%上升到88%。为进一步优化通航，安徽省港航集团与上港集团及两地海关等共同合作在芜湖港建立“联动接卸”海关创新监管新模式，通过实施“联动接卸、视同一港”整体监管，以一体化方式申报，实现目的地为上海洋山港、接卸地为芜湖港的进出口集装箱“一次申报、一次查验、一次放行”一体化运行，为客户节约通关时间1~2天，助推上海—芜湖区域港口一体化发展。

（二）率先开展相对集中行政许可改革。加快营造市场化、法治化、国际化营商环境，率先开展相对集中行政许可权改革，成立行政审批局，做到“一枚印章管审批”，累计办理审批1274件；推进营商环境改革创新示范区建设，设立自贸试验区法庭、知识产权维权援助工作站及公证办理点、仲裁服务点，成立国际商事法律综合服务中心，建立专业化、综合性涉外商事法律服务全链条保障机制。

（三）提供全流程“保姆式”服务。结合园区企业服务工作实际，以企业为单位，建立服务清单，为园区提供全流程“保姆式”帮代办、“首席审批师”、“首席政策兑现专员”等多元化服务，架起党和企业的“连心桥”，其中“首席审批师”改革在准入准营、工程建设领域，实行“一人终审”，审批环节平均压缩68.25%，办事时效优化提升84.62%，让更多企业感受到“自贸区速度”。

第四节　中国（安徽）自由贸易试验区联动创新区发展情况

一、滁州市联动创新区发展

2023年，滁州市印发《滁州联动创新区天长片区2023年重点工作任务》，明确制度创新、发展实效、创新驱动等7个方面24项重点任务，细化52项赋权承接工作，画“路线图”、定“时间表”。上报制度创新案例17个，入选全省案例3个，新签约、新开工、新投产亿元以上项目分别为23个、15个、13个。在二季度全省联动创新区考核中居第1位。

二、马鞍山市联动创新区发展

2023年，马鞍山市委常委会、市政府常务会分别传达学习习近平总书记对深入推进自贸试验区建设作出的重要指示精神，市政府主要领导召开会议作出部署，顶格谋划推动马鞍山联动创新区建设。2023年以来，50项省级改革试点经验任务全部完成复制落地，并成功推荐2项制度创新举措入选省级改革试点经验。在创新引领的示范带动下，2023年，马鞍山市联动创新区实现实际利用外资6222万美元，占全市比重35.5%；实现外贸进出口总额19.4亿美元，占全市比重31.3%。外资外贸总量稳居全省联动创新区前列。

三、宣城市联动创新区发展

宣城市联动创新区自设立以来，锚定打造开放型经济发展先行区、高端产业集聚区、营商环境示范区目标，围绕产业发展、科技创新、物流通道三方面谋篇布局，做好跨区域联动合作文章。一是深化产业联动，筑牢发展基础，围绕新能源、汽车零部件等主导产业发展，完善产业专班，强化产业链招引。二是深化科创联动，注入发展活力。宣城经开区区块华晟新能源、先进光伏研究院等多家企业入驻长三角G60科创走廊宣城科创中心，设立异地研发机构，开展跨区域技术交流，依托上海高端人才和高校科研院所集聚优势，贯通产学研用创新链条，推动更多科技创新成果在宣城落地转化。广德经开区区块与上海临港控股股份有限公司建立战略合作关系，依托上海临港集团资源和运营优势，建设广德创新港科技孵化器，入孵企业达 47 家。三是深化通道联动，提供发展保障，大力畅通国际物流通道，为宣城联动创新区发展提供有力支持。与浙江省海港集团（宁波舟山港集团）合作共建宁波舟山港宣城国际陆港项目，运用多式联运“一单制”模式。宣城国际陆港已成为国际物流货运重要节点和启运港。2023 年，累计复制推广自贸试验区制度创新成果 152 条，承接省级赋权事项 44 项，累计推出改革试点任务 29 项，其中 1 项获得全省复制推广，重点项目已投产 18 个，完成投资 122 亿元。

第四章　省级以上经济技术开发区发展

第一节　南京都市圈省级以上开发区发展情况

2023 年，南京都市圈有正式批准的省级以上经济技术开发区 65 家，其中国家级 10 家，省级 55 家（含筹建）。2023 年 12 月，商务部对全国 230 家国家级经开区 2022 年度综合发展水平情况进行考核评价。综合排名前 30 位的国家级经开区中，江宁经济技术开发区、南京经济技术开发区和芜湖经济技术开发区综合排名分别列第 8 位、第 13 位和第 20 位，列东部地区第 7 位、第 12 位和中部地区第 2 位；实际使用外资排名前 10 位的国家级经开区中，南京经济技术开发区列第 8 位。

2023 年，南京都市圈各省级以上开发区坚持以习近平新时代中国特色社会主义思想为指导，认真学习贯彻党的二十大、二十届二中全会精神和习近平总书记重要讲话重要指示，按照中央、省、市关于推动经开区高质量发展部署要求，坚持稳中求进工作总基调，积极推进经济高质量发展，在巩固外贸外资基本盘中发挥了重要作用，呈现总量扩大、质量提升、开放带动作用进一步增强的良好发展态势。

一、经济发展质量提升

呈现经济稳中提质的良好态势。截至 2023 年底，南京市省级以上经济开发区创成省级特色创新（产业）示范园区 8 家、省级智慧园区 5 家、省级国际合作园区 2 家；在 2022 年度全省 118 家省级及以上经开区高质量发展综合考评中，4 家经开区进入 30 强。扬州省级以上开发园区在 2023 年全省经开区综合考评中，6 家实现进位，取得历史最好成绩。2023 年南京都市圈省级以上开发区（含高新区）综合经济情况、招商引资情况分别见表 5-4-1、表 5-4-2。

表 5-4-1　2023 年南京都市圈省级以上开发区（含高新区）综合经济情况

类别	发展情况
南京市省级以上开发区（含高新区）	完成地区生产总值 11341 亿元，一般公共财政预算收入 866 亿元，固定资产投资 4316 亿元。实现制造业增加值 4459 亿元，规模以上工业增加值 4318 亿元，规模以上工业企业主营业务收入 11576 亿元，新增省市重大制造业项目 112 个。新引进千万美元以上外商投资项目超 55 个、亿元以上内资项目超 1000 个
镇江市省级以上开发区（含高新区）	实现地区生产总值 3325. 14 亿元，增长 6. 13%，占全市比重达 63. 17%；固定资产投资 827. 41 亿元，占全市比重达 72. 14%；规模以上工业增加值 1349. 04 亿元，占全市比重达 86. 26%
扬州市省级以上开发区（含高新区）	实现地区生产总值 2783. 2 亿元，增长 6. 8%；实现工业开票销售 4957. 5 亿元，增长 6. 6%，占全市总量的 60. 4%；实现工业入库税收 144. 3 亿元，增长 6. 1%，占全市总量的 57. 6%
淮安市省级以上开发区（含高新区）	完成规模以上工业开票和入库税金分别为 2773 亿元和 134 亿元

表5-4-2　2023年南京都市圈省级以上开发区（含高新区）招商引资情况

类别	发展情况
南京市省级以上开发区（含高新区）	新引进千万美元以上外商投资项目超55个、亿元以上内资项目超1000个
镇江市省级以上开发区（含高新区）	签约亿元以上项目268个，总投资1650.5亿元。其中开发园区累计完成项目233个，占比87%；总投资1363.3亿元，占比82.6%
扬州市省级以上开发区（含高新区）	招引亿元以上项目255个，其中39个10亿元以上新签约项目中，21个集聚在省级以上开发园区，占比53.8%；10亿元以上先进制造业正式合同项目23个，18个集聚在开发园区，占比78.3%，重大项目加快集聚
淮安市省级以上开发区（含高新区）	新签约亿元以上项目612个，占全市比重达76%；协议引资额3338亿元，占全市比重达82%；50亿元以上项目30个，占全市比重达94%

二、开放带动作用提升

坚持高水平对外开放，有效发挥稳外贸、稳外资的“主力军”作用。各省级以上开发区不仅成为所在城市对外开放的重要载体，而且带动了经济社会各项事业的发展。2023年南京都市圈省级以上开发区（含高新区）开放型经济情况见表5-4-3。

表5-4-3　2023年南京都市圈省级以上开发区（含高新区）开放型经济情况

类别	发展情况
南京市省级以上开发区（含高新区）	实际使用外资22.64亿美元。新引进千万美元以上外商投资项目55个。拥有市级以上跨国公司地区总部25个，跨国公司功能性机构（含研发中心、采购中心、结算中心等）41个
镇江市省级以上开发区（含高新区）	外贸进出口总额102.9亿美元，占全市比重达73.28%；实际使用外资3.77亿美元，占全市比重达88.5%
扬州市省级以上开发区（含高新区）	实际利用外资9.2亿美元，占全市总量的75.4%，较上年提升8.3个百分点；实现外贸进出口总额690亿元，占全市总量的65.4%，较上年提升近3个百分点
淮安市省级以上开发区（含高新区）	实际利用外资、外贸进出口分别占全市的80%、90%以上

三、科技创新能力提升

大力加强国家级、省级孵化器、研发机构、众创空间建设，着力发展数字化、智能化高新技术产业。各省级以上开发区整体科技创新能力得到新的提升。2023年南京都市圈省级以上开发区（含高新区）科技创新情况见表5-4-4。

表5-4-4　2023年南京都市圈省级以上开发区（含高新区）科技创新情况

类别	发展情况
南京市省级以上开发区（含高新区）	研发经费支出425亿元，占主营业务收入的比重为3.7%；当年授权专利36945件；期末“智改数转”企业数1842家，“智改数转”项目2110个；拥有高新技术企业7892家，拥有高新技术产业化基地、国家新型工业化产业示范基地、绿色园区等国家部委授予的品牌累计50个；拥有科创载体（含高新技术企业创业服务中心、大学科技园、众创空间等）465个，其中国家级105个；科创载体在孵企业9246家，毕业企业2866家；拥有企业研发机构3768个
镇江市省级以上开发区（含高新区）	科技重大制造业项目入园率达90%。“一区多园”管理体制改革入选中国改革2023年度地方全面深化改革典型案例
扬州市省级以上开发区（含高新区）	新招引科技型企业464家，同比增幅达70%，占全市66.76%；年末有效高新技术企业878家，同比增幅23.31%，占全市43.83%。2023年度省级以上开发园区共有54家市级重点实验室，占全市65.85%；11个省列入统计新型研发机构，占全市73.33%

续表

类别	发展情况
淮安市省级以上开发区（含高新区）	高新技术企业达693家，占全市91%。获批省级以上工程研究中心、企业技术中心、工程技术研究中心分别为6家、35家、101家，分别占全市70%、95%、97%。企业研发投入达105亿元，占全市83%

四、绿色低碳水平提升

牢牢把握经济发展着力点，以高质量发展为导向，聚焦产业转型升级、产业质效提升、产业融合创新等实际需求，紧盯重大项目抓落实，强化项目招引，构建以实体经济为支撑的现代化产业体系，突破有基础、有潜力的战略性新兴产业领域，推动产业转型升级、高端化、智能化、绿色化发展，壮大创新型产业集群主引擎，推动科技与产业双向奔赴、资本与产业双向赋能、人才与产业融合发展，着力打造一流产业生态。南京经济技术开发区省级以上“绿色工厂”企业达15家。江宁滨江经开区入选第一批江苏省绿色工业园区名单。

五、安全生产责任提升

各省级以上经开区认真贯彻中央和省、市关于安全生产的决策部署，深入开展安全生产排查整治“治本攻坚”大会战，扎实推进安全生产工作。严格落实安全生产“一岗双责”，制定印发领导班子成员安全生产重点工作清单，并定期召开安全生产工作会议，研究解决安全生产工作重大问题。加大安全生产检查频次和执法惩处力度，对排查出的隐患问题和安全风险建立台账，对隐患问题实施闭环管理，压紧压实属地安全管理责任和企业安全生产主体责任。进一步拓展安全生产专项整治“一年小灶”“三年大灶”成果，坚持小切口、抓关键，聚焦“查大问题、除大隐患、防大事故”，着力化解一批重大安全风险，集中整治一批突出问题隐患，不断提升经开区本质安全水平，推动经开区安全生产形势持续稳定向好。

六、区域协调发展提升

各省级以上开发区之间相互协作，展现一体化融通发展新优势。南京都市圈共享创新资源，优化完善“南京都市圈科技创新生态图谱”，汇聚都市圈城市及开发区创新资源、技术需求、科技政策等数据超50万条；实施长三角（南京都市圈）科技合作计划，帮助企业实现技术创新项目融资2.64亿元；举办南京“宁工品推”重点产业链供需系列活动发布暨江北新区专场会等5场产业链供应链对接活动，共邀请南京都市圈城市160余家企业参加；促进南京都市圈优质农产品产销对接，举办“食礼秦淮”南京都市圈品牌推介会暨优质农产品产销对接活动，现场达成意向签约额1亿元。雨山经济开发区与浙江省湖州市南浔经济开发区、上海天地软件园、南京江宁滨江经济开发区等长三角开发园区达成战略合作，不断提升雨山区磁性材料的品牌影响力。2022年，凤阳在全省率先揭牌成立南京经济技术开发区凤阳省际合作园区，2023年1—9月，该合作园区新签约亿元以上项目5个，项目总投资35.2亿元，成为增长新引擎。

第二节　国家级经济技术开发区发展情况

一、南京经济技术开发区发展

南京经济技术开发区是南京市最早获国务院批准的国家级经济技术开发区，经过32年发展，已形成光电显示、高端装备、生物医药三大主导产业，制造业占比近70%，规模以上工业年产值超过3000亿元。近5年累计完成实际使用外资33.58亿美元，占全市比重为15.6%，贡献度位居全市前列，制造业占比为85.7%。引进外商投资企业394家。在全省118家省级以上经开区高质量发展综合考评中，南京经开区连续6年进入5强，列第4位。

2023年，全区实现工业产值3455.6亿元，占全市22.5%；新增上市企业3家，数量居全市第1位；入选全市制造业百强企业23家，数量位居全市前列。开展招商活动25场，签约项目投资总额547亿元，协议利用外资2.56亿美元。1—6月，实际利用外资2.06亿美元；完成外贸进出口总额465.3亿元，其中出口230.7亿元，增长5.4%，“新三样”产品中的锂电池出口增长20%以上，拉动整体出口增长3个百分点；跨境电商实现外贸进出口货值7663.96万美元，同步实现数倍增长。成功申报中央第二批外经贸提质增效示范工作园区型载体。

推进项目建设。2023年，开工建设项目18个，投资总额近120亿元，LG电子新能源汽车零部件项目、捷希5G通信测试设备总部及研发制造基地项目、颐兰贝体外诊断设备及试剂研发生产项目等18个重大产业项目竣工，投资总额约82亿元。新增科技型中小企业1180家，新认定高新技术企业71家，培育独角兽企业、瞪羚企业39家，拥有有效发明专利3617件、高维持年限发明专利767件，新增国家级人才4名。

深化内部改革。2023年，市场化运营国资公司、经东产投、新港产投、新港生物科技、兴智资管等经开区下属平台公司，土地、载体等资源资产加速资本化运作，园区市场化公司加速壮大。稳步推进经营性用地上市，完成3幅地块出让；着力完善综合交通网络，仙新路过江通道、地铁6号线等省市重大交通基础设施得到有效保障；不断完善民生配套设施，1所小学建成开学，2所幼儿园及基层社区中心完工；推动“保交楼”工作，交付保障房6744套；不断改善环境质量，空气质量优良天数比例81.6%，同比提高3.2%，$PM_{2.5}$平均浓度21.2微克/立方米，提高5.8%。

优化投资环境。2023年，全方位、多层次提升营商环境系统性竞争力，努力优化审批流程，打造审批环节更少、办事效率更高、服务质量更好、综合成本更低的营商环境。杉金光电实现首个环评项目“打捆”审批，惠及臣功制药等10家企业；加快完善科技金融服务体系，帮助正科医药、合信自动化、恒点信息等136家科技创新型企业获得贷款资金515笔，额度超16.96亿元。

二、江宁经济技术开发区发展

2023年，江宁经济技术开发区深入贯彻产业强市、制造业强区建设部署要求，以实体经济为本，深入践行高质量发展要求，构筑了低能耗、高产出的现代产业体系，高新技术产业、先进制造业产值分别占规模以上工业比重达70%、90%。新增国家级绿色工厂1家、省级绿色工厂5家，产业“含绿量”持续提升，成功获批全国首批碳达峰试点园区。正式签约项目投资总额达1690亿元，占全市13.5%，亿元以上项目187个，其中50亿元级项目7个，协议利用外资7.65亿美元，占全市15.5%；智能电网产业增长10.3%，第三代半导体、未来网络、储能氢能、元宇宙等未来产业实现两位数增长。1—10月，实际利用外资6.78亿美元，签约亿元以上项目135个，总投资998.55亿元。在全省118家省级以上经开区高质量发展综合考评中，江宁经开区连续6年进入5强，列第3位。

强化招商。坚持“顶格招商”“大抓招商”，以组建市场化运作的投促公司为抓手，构建扁平化管理、快速化反应工作机制。围绕构建“4+5+1”现代产业体系，成立管委会领导挂帅的12个产业链工作专班，做好增量带动、层次提升和前瞻布局“三篇文章”。招商各项指标在全市开发园区中位列第一，在市、区历次“五拼五比”竞赛中全部夺魁，实现“大满贯”，展现了“争第一、挑大梁、作贡献”的应有担当。新引进12个千万美元以上外商投资企业，其中1亿美元以上外商投资项目3个；签约引进50亿元以上内资项目10个，其中百亿级项目3个。

推进产业发展。牢牢把握经济发展着力点，以高质量发展为导向，聚焦产业转型升级、产业质效提升、产业融合创新等实际需求，紧盯重大项目抓落实，强化项目招引，构建以实体经济为支撑的现代化产业体系。新能源（智能网联）汽车产业、智能电网产业、高端智能装备、新型节能环保产业产值分别达816.1亿元、1061.5亿元、1167.8亿元、802.2亿元，推进建设70个区级实施类项目（含省市重大项目），南京茂莱光学科技在上交所科创板正式挂牌上市，江苏鑫昇腾科技在新三板挂牌上市。

加强科技创新。全年新增省级企业研发机构30家、市级企业研发机构85家，新增入湾人才超200人，完成知识产权质押融资额12亿元；新增国家级专精特新“小巨人”企业20家，省级专精特新企业48家，高新技术企业数量突破1680家，入选市级独角兽企业、瞪羚企业174家。

改善投资环境。实行一名管委会领导管一个平台、抓一个园区、带一支力量，形成以总部为核心，空港开发区、高新园、江苏软件园、综合保税区、未来科技城、九龙湖国际企业总部园为支撑的“一核多元”联动发展格局。设立企业服务中心，实施覆盖企业全生命周期的企业发展陪伴计划，实行“在谈即保障、签约即预审、拿地即开工、竣工即交付、建成即投产”全链审批服务模式，建立政策360°实时推送机制，获批一般纳税人资格试点、服务业综合改革试点等先行先试试点。全面推进51项年度城市建设任务，加速推进市政工程、安置房、产业创新服务综合体等项目建设，出让经营性用地4宗251亩，全面实施存量用地提质增效，完成低效用地再开发16宗827.1亩。推进楼宇经济高质量发展，打造社会楼宇园区44处，总面积240万平方米，集聚企业5000余家。

三、镇江经济技术开发区发展

2023年，镇江经济技术开发区完成地区生产总值870亿元，可比价增长7.1%；工业应税销售完成1380亿元，规模以上工业增加值增长9.2%；一般公共预算收入40.41亿元；实现外贸进出口额368.6亿元，总量在全市占比超1/3。

加快产业发展。聚焦一个新材料骨干产业、一个新能源主导产业、一个航空航天新兴产业和一个生命健康未来产业等“四个一”产业，配套四个产业园区（新能源产业园、新材料产业园、航空航天产业园、中瑞生态产业园），以及一个综合保税区。2023年，工业应税销售1267亿元，其中新材料、新能源、航空航天、生命健康产业分别为451亿元、238亿元、18亿元、39亿元。持续深耕战略性新兴产业，制定《关于进一步落实产业项目全周期管理的意见》，构建产业项目全周期管理指标体系，落实产业项目全方位服务推进机制，完善产业项目全周期管理制度措施。实施“管委会重点调度—板块园区常态化推进—重大项目办持续跟踪协调”的分级调度机制，以“日跟踪、周推进、旬调度、月通报”的节奏协调解决项目从签约落地、开工建设到竣工投产各个阶段的矛盾问题。全年召开区级层面项目评估审办、会办、督办等专题会议30余场。加强上市企业梯队建设，在企业上市改制、辅导、申报等关键节点，主动上门服务，帮助协调解决权证办理、资产转让等问题，加快优质拟上市企业孵化。深化与证券交易所沟通交流，针对上市路径、财税问题、股权激励、信用修复等热点难点问题召开专题培训会，联合上交所、深交所、北交所及头部券商赴上市后备企业开展调研指导和服务对接，利用资本市场帮助企业做大做强。严格落实项目准入评估机制，进一步完善细化评估指标体系，严审项目评估材料，邀请行业专家参与项目评估，提升评估的科学性和专业性，全年共对55个拟落户项目开展准入评估，其中3个项目未予准入。以金融赋能高质量发展为主线，落实政银企常态化对接和金融“白名单”制度，围绕特色金融产品、重点产业、重大项目融资需求，举办政银企对接会、普惠金融园区行专场、金融惠企沙龙等活动9场。积极践行投行思维，参与联博、航材院等项目股权投资，取得良好效果。

推进科技创新。坚持“初创企业—科技型中小企业—培育库企业—高新技术企业”的梯度培育机制，挖掘筛选出一批创新基础好、发展潜力优的高科技企业，纳入科创企业培育库，入库科技型中小企业401家、申报高新技术企业130家、新建企业重点实验室2个，完成情况均列全市第1位。新申报省级瞪羚企业2家。实施“小转精”工程，滚动建立专精特新“小巨人”企业和单项冠军企业培育库，推动企业持续向专业化、精细化、特色化、新颖化方向转型发展。2023年新增国家级专精特新“小巨人”企业7家，增长75%，认定国家级单项冠军1家，国家级专精特新“小巨人”企业12家、省级43家、市级53家。获省委、省政府表彰优秀企业1家，获省委、省政府表彰优秀企业家1人。推进企业“智改数转网联”，培育数字化转型优秀应用场景、标杆示范企业，累计创建省级智能示范工厂5家，省级智能车间

33家，实现“四个一”主导产业全覆盖。加快工业互联网创新应用，新增省级工业互联网标杆工厂2家，中节能光伏云工业互联网集成平台创成省工业互联网平台，新增两化融合管理体系贯标认定企业3家。新增省级首台（套）重大装备企业2家。推进企业绿色化转型，深化企业节能服务，滚动推进重点节能改造项目22个，创建国家级绿色工厂1家。推动校企合作，提升产业与高校黏性，举办生命健康产业对接交流会、食品加工行业成果对接会等产学研活动10余场，解决企业转型升级实际难题，校企联合申报市级科技计划项目36个，立项19项，立项金额近1000万元。

强化招商引资。全年新签约亿元以上项目72个，签约项目累计总投资328亿元，增长96%；新签约10亿元以上项目9个、30亿元以上项目3个。坚持以投行思维招引项目，新签约项目中以央国企、上市公司及优质外企为投资主体的项目占比41%。强链补链取得新成效，新签约“四群八链”产业项目55个，占比76%。众钠硫酸铁钠钠离子电池正极材料项目、航发优材高温合金技术中心二期项目，获镇江市2022年度重大产业项目招引奖。坚持开放发展，全年实际利用外资13462万美元，其中高技术产业利用外资10269万美元；新签约外商投资项目12个，同比提高100%，其中总投资1亿美元的蓬勃生物基因细胞治疗载体研发中心项目，是近年镇江经济技术开发区首个落户的外商投资研发中心项目。

积极为企业服务。不断强化要素保供，持续推动营商环境优化，印发《镇江新区优化营商环境2023年提升行动方案》，每季度召开优化营商环境工作会议，通报13项重点指标评价结果。研究制定《镇江新区营商环境意见建议办理工作管理办法》，理清各部门关于企业营商环境问题诉求的责任分工，5个工作日内完成企业问题诉求的处理答复。深化“放管服”改革，落实“一件事一次办”主题服务，探索一照多址、一照通用、全城通办、远程核验等企业开办“全链通”改革举措。开展“百所千人助万企”活动，深入园区企业开展“法治体检”，为企业提供法律风险防范建议10余件。探索“首违不罚”制度，全年累计标准执法350家次，双随机执法检查企业113家，其中不予处罚、免予处罚企业17家，减免罚金294.65万元。

完善基础设施。全年实施一批提升城市形象的重大民生工程，包括丁卯街道谷阳新村二区、大港街道港中新村五区及大港医院楼老旧小区改造项目等，总投资2900万元。加快推进产业类项目配套建设进度，为悦河湾、双峰、华科电镀、坤鼎产业园等一批优质新项目提供道路、雨污水、供电等配套设施。稳步推进城镇污水提质增效精准攻坚行动，开展全域排水管网普查，全区河道水质得到显著提升。完成27号达标区建设，实施83家工业企业、4家事业单位、9家小散排水户雨污分流整治，以及东方河、跃进河劣Ⅴ类水体整治。加大城市环境改善力度，关停废品回收站92处，整治提升27处，全面完成16个省级垃圾分类小区、98个四分类小区建设任务。加大市政设施维护力度，实施镇江地区规模最大的路灯改造合同能源管理项目。在全省率先探索铁路道口“设备、作业、管理、环境”4个标准化管理制度，晋元大道道口“暖心驿站”荣获全市首家省级“铁路道口路地共建标准化示范基地”称号。

四、扬州经济技术开发区发展

2023年，扬州经济技术开发区锚定新“双千亿过百亿”目标不动摇，聚焦“五个年”具体工作不松劲，以“发展质态提升、基础设施升级、社会治理夯实、民生实事突破、党建工作品牌”五个年为统揽，紧盯主责主业，突破要素制约，筑牢底板底线，牢记初心使命，全面从严治党，发力奋进，拼搏实干，交出了既有成色又有特色的崭新答卷。地区生产总值从2020年的545.7亿元增长到2023年的745.8亿元，年均增长12.2%；在全国国家级经开区的综合排名，由2020年的第161位上升至2023年的第84位，跻身全国百强；在全省国家级经开区的排名也从2020年的第22位上升到2023年的第14位，前进8位。2023年，实现规模工业总产值1050亿元，增长5%；工业开票销售1239.9亿元，增长12%；固定资产投资251.68亿元，增长16%。经开区以全市2%的土地面积创造了全市10%的经济总量。

招商体制改革有序推进。多措并举推动开发园区加快招商市场化改革，以市场化手段激活招商动能。制定《2023年招商引资加分项加分细则》

和《2023年全市招商引资擂台赛方案》，逐季开展招商引资擂台赛，扎实推进项目落地。2023年，新签约亿元以上先进制造业项目66个，其中总投资百亿元项目2个、50亿元项目3个。新签现代服务业项目120个，总投资约85亿元。阿特斯光储、棒杰高效光伏电池、晶澳20GWN型电池等百亿级项目建成投产，惠通科技生物基新材料、高拓精密、友升轻量化汽车零部件等一批重特大项目投产达产，有力拉动全区工业经济提档发展；实施工业项目167个、服务业项目120个，列省投资库5000万元以上项目141个；实现外贸进出口总额34.42亿美元，增长7%；实际利用外资4.1亿美元。

依托科技创新发展新质生产力。致力打造开放包容的创新创业生态，创新创业政策体系日趋完善，相继出台“科创载体入驻政策”“人才新政12条”和“科技新政10条”等科技、人才创新政策，给予科创企业大力扶持。2023年全区科技创新工作首次迈入全市第一方阵，全社会研发投入占GDP比重、高新技术产业产值占规模以上工业产值比重、万人发明专利拥有量、技术合同成交额等指标居全市第1位。全区累计建设省级以上研发机构74家。全区规模以上工业企业数量达214家。通过推动数字化“赋能”、科技成果“赋智”、质量标准品牌“赋值”，鼓励企业走专精特新之路。新增国家级专精特新“小巨人”企业7家，居全市首位。截至2023年底，全区省级以上专精特新企业占规模以上工业企业数比重为26%。晶澳太阳能获批国家级智能工厂，海信容声、中集通华、永丰余3家企业获批国家绿色工厂。碳中和研究院、氢能研究院实体化运作。全区形成了“三新三高”的产业发展格局，分别是新能源、新光电、新健康、高档轻工、高端智能制造、高端汽车零部件。

持续改善营商环境。制度化举办政企互动视频会、企业家沙龙和问题会办会，创新实施“云勘验”“桩基先行”等举措，区级新政务服务中心建成投用，“拿地即开工”成为常态。打造全周期、全流程、全方位政务服务链，制定《项目服务白皮书》，项目建设全面提速增效。新引进国外高端人才7人。深入实施道路交通、供电设施、燃气配套、供水提升、排污管道、污水处理六大提升工程，八里、朴席污水处理厂全面启动建设，500KV扬江线迁改取得实效，500亩优质土地得以释放。截至12月底，41个列省、列市重大项目全部开工建设，开工率100%；3个列省重大项目完成列统投资66.98亿元，完成率191.4%。另外创新推进片区开发，打破路径依赖，探索央企合作新模式，阿特斯新能源产业园、朴席片区开发产城融合两个重大项目成功启动，走出一条借力央企优势、严守债务红线、撬动开发建设的崭新路径。

五、淮安经济技术开发区发展

2023年，淮安经济技术开发区认真落实省委省政府、市委市政府关于高质量发展的部署要求，始终坚持走产业兴区之路，加速培育主导产业，加快集聚优势产业，加紧突破重点产业，“3+*N*”现代产业体系，即PCB电子元器件、新能源汽车及零部件、智能装备及新能源“3”个主导产业和生命健康、新材料等“*N*”个特色产业体系初步形成。全区实现规模以上工业总产值624.07亿元，增长6.1%；实现工业入库税收24.4亿元，增长50.8%；实现规模以上固定资产投资166.99亿元；完成工业战略性新兴产业产值419.7亿元，增长15.88%，总量占全区比重79.59%，居全市第1位。其中“3+*N*”主导产业完成应税开票571.47亿元，增长9.92%，总量占全区应税开票比重94.35%。

改革动力充分激发。持续深化招商和人事薪酬制度改革，推动职位职级、薪酬待遇等向招商引资、项目建设、科技创新等一线倾斜，出台《干部实绩纪实考评办法（试行）》，干事激情活力得到有效激发。全省首创“青年服务一件事”改革在区试点成功，从原来“至少跑3次”缩减至现在“最多跑一次”，并作为“淮安经验”在全省加快推进“一件事一次办”现场会上向全省推介。全市首推“证照联销”1+*N*改革，印发《淮安经开区“证照联销一件事”改革方案（试行）》，首批推出卫生许可证、劳务派遣经营许可证等10项许可事项与营业执照同步注销改革，统一证照联销的集成服务。全市率先实施个体工商户分型分类培育和精准帮扶工作。全市首推“竣工验收即领证”一件事改革。

对外开放克难奋进。进一步提高外资利用水平，积极推进存量项目增资扩股、利润再投资，全力招引外商投资项目。2023年完成外资到账1.6亿美元，总量居全市第1位；新设外商投资项目25个，其中15个超1000万美元项目，协议注册外资6.9亿美元。进一步推进外贸保稳提质，完成外贸进出口额230亿元，增长18.3%。积极发展外贸新业态，完成跨境电商监管中心改造，进口商品展示交易直播中心加快建设，跨境电商公共服务平台成交额1.5亿美元。完成知识密集型服务进出口额2850万美元，总量及目标完成率全市领先；完成对外直接投资100万美元。组织企业参加上海华交会、日本大阪展、广交会、上海进博会等境内外展会，加快走出去步伐，助力杰杰工具、汉邦科技等企业积极拓展海外市场。

产业发展加速。2023年，签约项目81个、协议总投资488.69亿元，项目数同比增加58%，总投资同比增长42%，其中新签约50亿元以上项目5个。PCB电子元器件产业，有规模以上工业企业22户，2023年实现应税开票226.57亿元，下降8.35%，总量占全区比重达37.41%。PCB电子元器件产业已成为经开区第一大支柱产业，初步形成以新型电子线路板、电子元器件、导线为主要产品的产业集群。新能源汽车及零部件产业，现有规模以上新能源汽车及零部件企业13户，2023年实现应税开票72.66亿元，增长20.22%，总量占全区比重达12%，现有年应税开票超10亿元企业2家、超亿元企业7家。智能装备及新能源产业，有规模以上智能装备制造企业56家，2023年实现工业应税开票151.7亿元，同比增长73.71%，占全区比重25.05%，现有年应税开票超10亿元企业3家、超亿元企业16家。

六、芜湖经济技术开发区发展

2023年，芜湖经济技术开发区提出“四个经开”的发展目标，在当好全市经济发展主战场、项目建设主阵地的同时，打造产城融合新典范。全年实现地区生产总值增长13.8%；实现规模以上工业产值2707.9亿元，实现固定资产投资199.7亿元，分别增长21.2%、13%；实现外贸进出口总额125亿美元，增长50%，占全市总额68%。在国家、省、市级考核指标排名中有25个项目列全市第1位。在全省126家省级以上开发区综合考评中列第5位。

产业发展日益兴旺，首位产业发展动能强劲。2023年，汽车产业产值1453.2亿元，增长35.2%。“整车—零部件—后市场”规模以上企业113家，居全市第1位。新能源和智能网联汽车科技成果转化基地入选安徽省首批科技成果转化基地，奇瑞汽车获批安徽省产业创新中心。智能家电、光伏新能源、新型显示三大战略性新兴产业产值共计376亿元。成功获批省首批“工业上楼”试点园区、省级智能家电特色产业园、省级航运服务业集聚区、省级商业秘密保护创新试点县区等。

“双招双引”持续发力，为高质量发展提供强有力支撑。积极开展“徽动全球”活动，赴欧洲、东南亚开展优质外商投资项目招引，新签约亿元以上项目116个，总投资465.9亿元。组织500余家企业深入各类高等院校举办高校毕业生专场招聘会400余场，其中985、211高校数量较往年提升60%，新招引大学生就业超1.53万人，引进领军人才22人、高端人才240人，各层次人才招引数量均居全市第1位。

产城融合，切实提升人民幸福感、获得感。限额以上零售额及四行业销售额稳中有升，批发业实现销售额1870亿元，增长29%，总量及增速均居全市第1位。轨道交通沿线（齐落山路—红光路）道路景观、轨道交通沿线慢行系统景观全面提升。实施“打通断头路、畅通微循环”项目，圆满完工交付6条重点道路，总投资8620万元。全年有12次在全市最干净城市测评中平均成绩名列前茅。新增城市停车泊位3000余个，新建成城市书房2个、城市书吧6个、口袋公园3处，完善小区健身设施维修提升改造10处，新增健身路径10套、健身步道4.5公里、百姓健身房3个。教育设施不断提升，12所中小学、9所公办园集团化办学覆盖率达100%。谋划推进渔文化博物馆、市工人文化宫项目。

七、马鞍山经济技术开发区发展

2023年，马鞍山经济技术开发区真抓实干、攻坚克难，经济发展稳中有进，取得明显成效。全年实现全区经营（销售）收入超1010亿元，正式迈入“千亿级”园区行列；固定资产投资增长9.5%；新开工制造业投资增长158.9%；实际利用外商直接投资5610万美元；新增规模以上工业企业22家。

招大引强成效明显。紧盯新能源汽车首位产业以及装备制造、绿色食品、能源电子三大主导产业，全力以赴招大引强、招新引优。2023年新引进项目38个，总投资273亿元，新签约重大项目8个，其中总投资20亿元以上项目4个，并实现百亿项目再突破。提质升级马鞍山青浦工业园，现已入驻项目13个，总投资189.5亿元，来自长三角地区的新签约亿元以上项目占比超过50%。园区轨道交通基地考核获评全省3A级。招商引资工作连续三季度获全市“赛马冠军”。

项目攻坚扎实有力。牢固树立“全生命周期”管理理念，抓实抓细“七未项目”集中攻坚行动，加快重点项目落地转化。正奇高效电池片项目一期、蓝黛科技项目一期实现当年签约、当年开工、当年投产；蜂巢能源二期、青鸟消防、红创无菌包装等一批重大项目也全面加快建设。2023年重点项目完成投资90.7亿元；56个重点项目开工建设，开工率109.8%；32个重点项目竣工投产，竣工率213.3%。

创新要素加速集聚。北大东科半导体联合研发中心、蜂巢无钴锂电研发中心、化合物半导体研发中心等研发平台加快建设，累计建成国家级研发平台12家、省级64家，规模以上工业企业研发机构覆盖率突破60%。鼓励企业在长三角地区设立“研发飞地”，推动更多科研成果在经开区落地转化。持续加大高新技术企业和高层次人才招引培育力度，2023年新增高新技术企业30家，总数达166家；新认定国家级专精特新“小巨人”企业2家，总数达13家；申报“四马”人才818人。大力支持企业数字化、信息化、智能化改造，2023年实施亿元以上技改项目76个，完成技改投资67.5亿元。

营商环境全面优化。坚持服务专员“一对一”“全流程”服务企业，全面推行营商环境体验官制度，创新实施政务大厅“潮汐窗口”服务，进一步提升为企服务质效。深化政银企合作，大力推广“科技贷”“园区贷”“专利贷”等融资产品，惠企政策精准直达直享，着力破解企业融资难题，持续做好企业上市服务。网上平台一网通办率100%，全程网办率100%。

重点工作扎实推进。有序推进城市更新，实施金泽园、福达人才公寓等老旧小区改造2个，实现道路保洁一体化管理，持续推进“最干净城市”“海绵城市”建设。加快乡村振兴步伐，全面落实耕地保护和粮食安全政治责任，大力发展乡村特色产业，高质量完成港东村、正觉村等农村生活污水治理。坚决打好蓝天碧水净土保卫战，生态环境水平不断提升。严格落实安全生产责任制，安全生产形势总体平稳。法治建设、文明创建、平安建设、防汛抗旱、林长制、河长制、田长制等各项重点工作也取得了阶段性成效。

八、安徽滁州经济技术开发区发展

2023年，滁州经济技术开发区全力拼经济、促发展、保安全、护稳定、强党建，各项事业均取得新进展、新成效，经济社会不断跑出高质量发展“加速度”。全年新增规模以上工业企业23家，规模以上工业总营业收入突破1300亿元，规模以上工业增加值增长9.5%，规模以上工业企业利润增长超100%。“新三样”企业营业收入增长超20%。固定资产投资增长8%，社会消费品零售总额增长9%，一般公共预算收入22.18亿元，增长10.1%，税占比84%。实现外贸进出口22亿美元，利用外资超3200万美元，增长10%。在商务部组织的国家级开发区综合评价中居全国第49位，连续8年被评为全省园区非公党建先进单位。

“双招双引”硕果累累。坚持把招商引资和招才引智作为经济工作的主战场、扩大投资的主抓手，顶格招项目、鼎力引人才。全年新签约亿元以上项目50个，2个百亿级项目签约落地，10亿元以上项目7个，协议总投资约390亿元。突出高质量招项目，累计签约世界500强项目1个、国内500强项目4个、上市公司项目13个、外商投资项目9个、国家高新技术企业项目23个、战略性新兴产业项目46个，高质量项目占比94%。

推进科技创新。以国家创新型城市建设为抓手，坚定不移推进创新驱动发展。科技创新企业加快培育，当年净增国家高新技术企业31家。区域协同创新有序推进，与上海杨浦、徐汇以及浙江丽水深入合作，探索共建“科创+产业”伙伴园区，加强与上海同济科技园等方面的合作，深度融入长三角区域创新共同体。国家高新技术企业、国家级专精特新"小巨人"企业、省级专精特新冠军企业分别发展到198家、8家、6家，高技术制造业增加值占全市比重达45.4%。科技创新基础更加坚实，研究与试验发展经费支出19.3亿元，增长18.5%，居全市首位。多利汽车在深交所主板上市。

加强人才建设。认真落实"产业+人才"的战略，大力实施新时代"满天星人才计划"，持续开展"千企百校"大学生招引，支持园区主导产业依托各类创新载体，精准引进各类"高精尖缺"产业人才，推进人才链、创新链、产业链深度融合，邀请清华大学致理书院15位专家人才开展园区行活动，累计引进博士等高层次人才40余名，2家企业获批省引才资助奖补。

优化营商环境。牢固树立"服务好现有企业就是最好的招商"理念，落实政务服务标准化、规范化、便利化建设要求，利企惠企市场环境持续优化。大力推行"互联网+政务服务"，实行"一站式"网上审批，办件好评率实现100%。个体执照办理实现"7×24小时不打烊"，新登记各类市场主体8493户，增长30.1%，累计达3.64万户。实施留抵退税3.4亿元，助企招工8.5万余人。为企服务季度评议考核工作及市工商联第三方满意度调查连续两个季度蝉联全市第一。

扎实推进民生工程。群众获得感、幸福感、安全感显著提升。园区一般公共预算支出12.4亿元，其中民生支出11.1亿元，占比达90%，同比提高16个百分点。群众关切事项加快解决，实施保障性住房项目10个。民声呼应有效推进，网上交办639件，及时受理率和按期办结率均为100%。

九、宣城经济技术开发区发展

2023年，宣城经济技术开发区紧扣"追赶江浙、争先江淮"工作要求，坚持"发展产业、服务企业"，狠抓工业强市"6543"任务落实，全力以赴抓项目、拼经济、促发展。全年实现规模以上工业总产值增长32.2%，规模以上工业增加值增长34.7%；高技术制造业增加值增长36.5%；固定资产投资增长25.2%；工业技改投资增长56.3%；规模以上工业增加值增幅连续11个月居全市第1位。固定资产投资、工业投资等6项指标增幅连续11个月居全市前3位。经济运行考评连续4个季度居全市第2位。

项目招引量质齐升。围绕三大主导产业，以产业链招商为重点，深入推进以商招商、基金招商、平台招商，提升招商引资精准度和项目转化率。全年共签约制造业亿元以上项目62个，协议引资359.95亿元，其中1亿~5亿元项目（含1亿元）47个，5亿~10亿元项目（含5亿元）8个，10亿元及以上项目7个。总投资110亿元的华晟第二个10GW高效异质结全产业链项目、总投资80亿元的智能压铸低碳循环产业基地项目的相继签约，更是实现了园区重大产业项目招引质的突破。

项目投资全面提效。及时协调解决项目建设中的各类问题，全面推行工业用地"标准地"出让，重点项目实现"四证齐发""拿地即开工"，积极推动签约项目尽快形成实物工作量。全年新开工亿元以上项目55个，新竣工投产亿元以上项目44个。新开工制造业项目固定资产投资增幅超100%，在建制造业项目固定资产投资增幅69%。扎实推进基础设施项目建设，通津路等10条新建道路建成通车，北部新区空间框架全面拉开。污水处理中心各单体均已进入收尾阶段，光伏产业园供水完善工程进行管网施工，双创大厦开工建设，职工中心、体育中心等重要功能配套项目加快前期谋划。获评首批长三角G60科创走廊产城融合发展示范区。

为企服务优化升级。出台《促进园区转型升级跨越发展的若干政策》，最大限度地发挥政策效应。将56家年应税销售额1000万元以上或近两年新投产的工业企业列入"白名单"管理，有针对性地开展专项帮扶，强化企业梯次培育。实现产值超10亿元企业5家；新增规模以上工业企业30家；新增国家级专精特新"小巨人"企业2家、省级专精特新中小企业22家。组织线上线下招聘活动197场次，助企招工9781人。举办政银企对接会6场；组织园区40家重点企业参加万企资本市场线上培训，培育上市后备企业4家，华晟新能源完成股改。加快推进为企服务中心建设，实现更多事项"一窗受理""一站办结"。推深做实"雇员联系企业"机制，为企业解决诉求事项

197 个，高效兑现惠企资金 3.7 亿元。获评 2023 年度宣城市优化营商环境工作优秀单位。

科创动能持续激发。加快科技企业培育，动态调整高新技术企业培育库，新入库科技型中小企业 128 家，净增高新技术企业 22 家。现有研发活动的规模以上企业 103 家，研发活动开展率达 60%，居全市第 1 位，研发费用投入强度达 3.41%。13 家未归集研发费用的亿元以上工业企业全部实现销号清零，2 家未设立研发中心的 5 亿元以上企业均已建立研发中心。支持重点企业建设省级创新平台，5 家企业获批 2023 年（首批）省企业研发中心。抓好人才引育，打造信息化云招聘平台，利用大数据为园区重点企业精准引才。全年协助园区企业新引进硕博人才 128 人、大专以上人才 2070 人，实习实训大学生 842 人。

十、宁国经济技术开发区发展

2023 年，宁国经济技术开发区全力拼经济、促发展，各项事业均取得新进展、新成效，经济社会跑出高质量发展“加速度”。全区拥有工业企业 1367 家，形成了以汽车零部件产业为龙头，高端装备和耐磨铸件、电子信息、绿色食品、精细化工及新材料等特色产业齐头并进的现代产业体系。全年规模以上工业总产值近 600 亿元，占宁国市全部工业产值比例超 90%。实现外贸进出口总额 70230.02 万美元，下降 2.3%。其中出口 65661.24 万美元，下降 1.1%；进口 4568.78 万美元，下降 16.7%。1—9 月，规模以上工业总产值增长 5.5%，固定资产投资增长 13.7%，财政收入增长 18.07%。在 2022 年国家级经开区综合发展水平考核中居全国第 45 位、中部地区第 12 位、安徽省第 3 位。入选制造业数字化转型、碳达峰、产品质量提升全省试点示范。

项目建设步伐坚实。对内培育壮大优质企业，对外推进产业配套招商，积极引进产业链关键配套企业，新增亿元以上开工项目 75 个以上；新增亿元以上投产项目 70 个以上；完成新签约项目 50 个以上，其中 3 亿元以上项目 18 个。初步形成了项目“开、竣、投”梯次接续、滚动发展的良好局面。

基础设施加快建设。实施城市建设项目 30 个，纳入宁国市重点工业项目 19 个。全年新建道路约 30800 平方米，新增绿化面积约 9600 平方米，新增场平面积 1600 余亩，完成供电工程 84 个，完成供水工程 24 个，持续推进港口生态产业园化工集中区综合配套建设项目，为项目建设奠定基础。

创新发展活力迸发。强化人才引育工作，加强与合肥工业大学、西安电子科技大学、青岛科技大学等高校合作交流，新引进高校毕业生 900 余人。鼓励创新型领军企业积极对上承担各类科技计划项目，实施一批关键技术攻关，掌握一批关键核心技术，开发一批高新技术产品，加快形成一批具有自主知识产权的新技术、新产品和高价值专利。园区拥有高新技术企业 128 家、国家级博士后科研工作站 1 家、国家级企业技术中心 2 家；拥有省级重点实验室、工程技术研究中心等各类省级研发机构 60 家；拥有国家级专精特新“小巨人”企业 8 家、省级专精特新冠军企业 7 家、省专精特新企业 85 家。获评省级数字化转型示范项目企业 3 家，推荐 11 家企业申报安徽省智能工厂和数字化车间。

营商环境持续优化。充分发挥网格化管理工作优势，做细做实企业服务工作。通过现场走访调研、线上办公、QQ 和微信群等多种形式，广泛宣传中央、省、市扶持企业发展各项政策，重点解读市本级惠企政策措施，为企业提供点对点个性化服务。持续开展“园区贷”“贷投批量联动”融资工作，加快财政涉企资金的审核拨付进度，确保各类资金及时拨付到相关企业，持续优化审批程序、压缩审批时限，推行并联审批事项，将备案审批时限压缩为 1 个工作日，实施用地规划许可证与土地出让合同同步发放，将用地规划许可证办理时限压缩至 1 个工作日，将工业企业建设工程规划许可证审批时限压缩至 3 个工作日。

第三节　省级经济开发区发展情况

一、南京市省级经济开发区发展

2023 年，南京市有正式批准的省级经济开发区 9 家（含筹建南京空港经济开发区）。2022—2023 年南京市省级经济开发区发展概况见表 5-4-5。

表 5-4-5　2022—2023 年南京市省级经济开发区发展概况

序号	名称	发展情况
1	浦口经济开发区	2022 年，地区生产总值 443. 12 亿元，增长 4. 75%；一般公共预算收入 53. 28 亿元，下降 12. 25%；规模以上工业总产值 412. 37 亿元，增长 14. 23%；全社会固定资产投资 481. 83 亿元，增长 5. 6%，其中工业投资 153. 64 亿元，增长 54. 22%；外贸进出口 260. 81 亿元，增长 40. 88%；实际到位外资 1. 63 亿美元。签约亿元以上项目 94 个，签约项目总投资 606. 4 亿元。 2023 年，地区生产总值增速 9%，高于浦口区 4 个百分点；一般公共预算收入增长 62. 09%；签约亿元以上项目 100 多个，投资总额 400 多亿元，其中超 10 亿元的重大产业项目 10 个。获评 2023 年度江苏省知识产权建设示范园区
2	溧水经济开发区	2022 年，地区生产总值 637. 28 亿元，增长 6. 92%；一般公共预算收入 46. 42 亿元；规模以上工业总产值 900 亿元，增长 22%；全社会固定资产投资 405. 73 亿元，增长 3. 87%，其中工业投资 162 亿元，增长 6. 8%。签约亿元以上项目 40 个。 2023 年，完成招商项目签约 53 个，投资总额近 400 亿元
3	六合经济开发区	2022 年，在全省 91 家省级开发区综合评价排名中列第 17 位，比上一年度前进 2 个位次。获评“第四批省智慧园区”“省知识产权建设示范园区”。完成签约项目 56 个，签约项目总投资 156. 23 亿元。列入六合区重点实施项目 32 个，总投资 657. 1 亿元。高新技术企业获批 66 家，增幅 46. 1%。 2023 年，完成签约项目投资总额 269. 96 亿元，亿元以上签约项目 57 个。入选首批江苏省知识产权建设示范（园区）评定名单
4	高淳经济开发区	2022 年，地区生产总值 354. 4 亿元，增长 6. 1%；一般公共预算收入 30 亿元；规模以上工业总产值 214. 7 亿元，增长 34. 3%。签约亿元以上项目 43 个，完成注册亿元以上项目 41 个，正式投产亿元项目 28 个。 2023 年，签约亿元以上项目 46 个，其中 50 亿元级项目 2 个、30 亿元级项目 1 个、10 亿元级项目 5 个、5 亿元级项目 4 个
5	雨花经济开发区	2022 年，地区生产总值 102. 35 亿元；社会消费品零售总额 117. 25 亿元；全社会固定资产投资 54. 4 亿元；工业总产值 71. 04 亿元，新增规模以上企业 13 家；外贸进出口 13. 1 亿元。签约亿元以上项目 32 个，签约项目总投资 176. 1 亿元。人均可支配收入增长 4%。 2023 年，引进亿元以上项目 35 个，签约项目投资总额 181. 8 亿元。成立合规审计专班，推进联东 U 谷等科技初创企业孵化器建设，联合高等院校、科研机构和社会资本建立科技项目初创基地，为初创项目提供创业孵化和融资支持“一站式”服务
6	江宁滨江经济开发区	2022 年，实现地区生产总值 586. 5 亿元，增长 13. 9%；一般公共预算收入 41. 8 亿元，增长 26. 1%；规模以上工业总产值 986 亿元，增长 21. 2%；全社会固定资产投资 173. 7 亿元，增长 11. 5%，其中工业投资 45. 15 亿元，增长 9. 9%；外贸进出口 164. 4 亿元，增长 30. 5%；实际到位外资 582 万美元。签约亿元以上项目 69 个，签约项目总投资 471. 19 亿元。实际利用内资 106. 35 亿元。 2023 年，签约亿元以上项目 68 个，投资总额 364. 8 亿元。18 个城建 A 类项目全部开工，7 个项目竣工，完成总投资 24. 32 亿元。建设“亲清 · 政务港”，做好 39 项拟赋权事项承接工作；深入推进服务企业大走访工作，园区 130 家规模以上企业全覆盖，办结企业诉求 76 件

续表

序号	名称	发展情况
7	生态科技岛经济开发区	2022 年，全社会固定资产投资 105.8 亿元，完成率 91.2%，增长 39%；建安投资完成 36.2 亿元，完成率 143.5%，增长 51.5%；完成零售业销售额 2.54 亿元，增幅 1052.6%；完成建筑业产值 17.5 亿元，增幅 14.8%；完成批发业销售额 30.8 亿元，增幅 37.1%；完成科研服务业营业收入 10.7 亿元，增幅 0.6%。 2023 年，累计入驻企业和平台 300 余家。打造“亲清·政务港”，办理政务服务事项 130 余件；开展百千万“建邺合伙人”陪跑行动，解决企业诉求 109 条，帮助 151 家企业注册省金服平台，3196 家企业注册宁企通平台，为在岛企业兑现产业政策近 200 万元
8	南京化学工业园区	2022 年，地区生产总值 1249.9 亿元；一般公共预算收入 83.35 亿元；全社会固定资产投资 99.53 亿元；实际到位外资 9003 万美元。签约亿元以上项目 14 个，签约项目总投资 191 亿元；建成投产各类企业 128 家。 2023 年，签约亿元以上项目 30 个，完成签约项目投资总额 343 亿元，完成项目备案预审 120 余个
9	南京空港经济开发区（筹）	集聚涵盖运输、仓储、加工、配送、信息平台等全产业链条物流企业近 60 家，包括亚洲第一、世界第三的中邮航综合口岸项目，圆通、顺丰等国内六大快递巨头，天猫昊超、盒马鲜生等新零售头部企业，通关量连续 5 年在全省跨境电商产业园中领跑。全区累计实现物流业营业收入突破 100 亿元，日均处理邮件量突破 150 万件，年货物吞吐量突破 100 万吨

二、镇江市省级经济开发区发展

2023 年，镇江市有正式批准的省级经济开发区 5 家。2022—2023 年镇江市省级经济开发区发展概况见表 5-4-6。

表 5-4-6　2022—2023 年镇江市省级经济开发区发展概况

序号	名称	发展情况
1	丹阳经济开发区	2022 年，地区生产总值 391.9 亿元，增长 6%；规模以上工业总产值 428.9 亿元，增长 3.6%；规模以上固定资产投资 69.2 亿元，增长 13.8%；制造业投资 45 亿元，增长 20.4%；实际到位外资 1.02 亿美元。签约亿元以上项目 94 个，签约项目总投资 606.4 亿元。 2023 年 1—11 月，一般公共预算收入 16.85 亿元，增长 18.37%；工业应税销售 496.48 亿元，增长 2.83%；规模以上固定资产投资 75.42 亿元，增长 15.5%，其中制造业投资 47.92 亿元，增长 13.6%；实际利用外资 9507 万美元
2	句容经济开发区	2022 年，一般公共预算收入 9.6 亿元，占全市比重 36.4%；工业应税销售 139.46 亿元，增长 2.07%；工业税收 4.6 亿元，占全市比重 46.9%；地区生产总值 160 亿元，增长 5.75%；固定资产投资 50.5 亿元；制造业投资 14.7 亿元；实际到位外资 6311.17 万美元，占全市比重 69.79%。 2023 年 1—9 月，地区生产总值同比增长 4.65%。1—11 月，一般公共预算收入增长 32.6%；制造业投资增长 8.6%；规模以上工业总产值增长 9.1%。全年实施重点产业项目 39 个，总投资 205 亿元
3	扬中经济开发区	2022 年，工业应税销售 331 亿元，增长 45.8%，总量创全市历史第一；一般公共预算收入 6.25 亿元，增长 31.6%；制造业固定资产投资 28.25 亿元，占全市 30% 以上；规模以上工业增加值 60 亿元，增长 10%。 2023 年，实现地区生产总值 630 亿元，增长 8%以上；一般公共预算收入 40 亿元，增长 10.62%；工业应税销售 1345 亿元，增长 20%；规模以上工业总产值 1064 亿元，增长 15.8%；规模以上工业增加值增长 14%；固定资产投资增长 10%。签约亿元以上项目 39 个，总投资 110 亿元，其中 10 亿元以上项目 4 个

续表

序号	名称	发展情况
4	丹徒经济开发区	2022 年，应税销售 236.44 亿元，其中工业应税销售 210.27 亿元，增长 3.45%；规模以上工业产值 187.43 亿元，增长 6.4%；全社会固定资产投资 19.08 亿元，其中制造业投资 9.91 亿元；一般公共预算收入 3.32 亿元，税收 6.8 亿元。 2023 年，狠抓物理复配产业集聚区、重装产业基地及电力装备产业园等三大特色专业园区建设，新签约亿元以上项目 9 个，总投资 33.89 亿元，在手在谈项目 20 个，总投资 79 亿元
5	京口经济开发区	2022 年，一般公共预算收入 1.7 亿元；产业类投资 11.1 亿元，增长 2.9%；高新技术产业投资 4.1 亿元；规模以上工业总产值 182.4 亿元，增长 9.7%；工业销售 194 亿元，增长 17%；外贸进出口增长 33.2%；新增规模以上企业 7 家、高新技术企业 6 家。 2023 年，实现规模以上工业总产值 448 亿元，完成税收近 14 亿元。获批镇江市首批且唯一一家通过市级绿色园区认定的开发区

三、扬州市省级经济开发区发展

2023 年，扬州市有省级经济开发区 7 家。2022—2023 年扬州市省级经济开发区发展概况见表 5-4-7。

表 5-4-7　2022—2023 年扬州市省级经济开发区发展概况

序号	名称	发展情况
1	高邮经济开发区	2022 年，地区生产总值 203 亿元，净增长突破 20 亿元，增长 9.5%；工业开票销售 556 亿元，净增长 104 亿元，增量占全市比重 97.2%；一般公共预算收入 7.98 亿元，增长 14.6%；规模以上工业产值 554.5 亿元，工业入库税收 9.4 亿元；固定资产投资 96.2 亿元；工业投资 77.7 亿元，增长 27.4%；企业技改投资 34.8 亿元，增长 176%；新增规模以上工业企业 16 家。 2023 年，地区生产总值 225 亿元，增长 9.3%；工业开票销售 623 亿元，增长 12%；一般公共预算收入 9.1 亿元，增长 14.3%；规模以上工业产值 648 亿元，增长 16.9%；工业入库税收 12 亿元，增长 27.4%；固定资产投资 120 亿元，增长 24.5%；外贸进出口总额 1.95 亿美元，增长 12%；实际到位外资超亿美元。在全省省级开发区考核中列第 28 位、进 25 位
2	宝应经济开发区	2022 年，地区生产总值 81.93 亿元，增长 6%；一般公共预算收入 2.22 亿元，增长 6.73%；工业开票销售 275.06 亿元；固定资产投资 38.74 亿元；实际利用外资 1659.1 万美元，其中制造业利用外资 1037.3 万美元，占实际利用外资 62.52%；新增高新技术企业 16 家。 2023 年，地区生产总值增长 9%，工业开票销售增长 18.5%，省市园区多项监测指标增速居全市前列，在全省开发园区高质量发展综合考核中列第 52 位、进 16 位
3	江都经济开发区	2022 年，工业开票销售 598.3 亿元、入库税收 9.7 亿元、一般公共预算收入 6.3 亿元；申报规模以上工业产值 479.1 亿元，其中工业战略性新兴产业占比 31.7%；固定资产投资 59.93 亿元，增长 8.7%，其中工业固定资产投资 50.4 亿元，工业高技术投资占比 21.5%，服务业高技术投资占比 24.2%。 2023 年，新招引科技型企业 24 家，获批国家高新技术企业 19 家，入库科技型中小企业 36 家，实施“智改数转”示范项目 32 个。外贸进出口超百亿元。1—10 月，新签约亿元以上项目 10 个，其中 50 亿元以上项目 2 个、20 亿元以上项目 3 个、10 亿元以上项目 3 个。在全省省级开发区考核中列第 12 位、进 4 位
4	仪征经济开发区	2022 年，工业开票销售 508.7 亿元，工业入库税收 22.73 亿元，固定资产投资 94 亿元，一般公共预算收入 15.11 亿元；研发投入 3.8 亿元。 2023 年，投入资金 33.91 亿元，重点实施工程项目 73 个；新批国家级专精特新企业 1 家、省级专精特新企业 12 家、市级专精特新企业 19 家。累计入驻企业近 1150 家，规模以上企业 214 家；实际到位外资超亿美元。在全省省级开发区考核中列第 27 位、进 29 位

续表

序号	名称	发展情况
5	扬州化学工业园区	截至2022年，累计完成基础设施投入80亿元，建成公共液体化工码头、污水处理、综合应急响应中心等。累计注册外资实际到账19亿元。 2023年，集聚一批境内外知名石化企业，其中国家级专精特新“小巨人”企业4家，国家高新技术企业16家，国家级制造业单项冠军企业1家，江苏省专精特新企业9家。建成以高性能合成材料、高端专用化学品、高效新能源材料为主导，以现代服务业为配套的“1+3+X”现代化产业体系，连续12年位列中国化工园区30强前10强
6	扬州维扬经济开发区	2022年，工业开票销售351亿元，增长10.4%；工业入库税收8.6亿元，增长4.5%；一般公共预算收入7.3亿元；税收收入11.4亿元；工业固定资产投资91亿元，增长30%。在全省91家省级开发区考核中排名首次进入第8位，较上年前进4位，创历史最好成绩。 2023年，共有企业500多家，规模以上工业企业118家，形成了以微电子、汽车零部件、机械装备为主导的产业发展格局
7	广陵经济开发区	2022年，地区生产总值96.783亿元，增长7.3%；全部工业开票销售170.2亿元，增长7.7%；工业入库税收5.1亿元；一般公共预算收入4.97亿元。有规模以上工业企业103家，其中亿元以上企业31家，高新技术企业54家。签约外商投资项目5个。 2023年，聚焦高端装备、新能源、新一代信息技术产业，实施亿元项目50个。获批省“互联网+先进制造业”特色产业基地。首次进入省级开发园区前10强，列省重大制造业项目实现近6年零的突破，耀扬氢能源入选全省首批、全市唯一“双碳”产业前瞻性重大科技项目。在全省省级开发区考核中列第8位、进1位

四、淮安市省级经济开发区发展

2023年，淮安市有省级经济开发区7家。2022—2023年淮安市省级经济开发区发展概况见表5-4-8。

表5-4-8　2022—2023年淮安市省级经济开发区发展概况

序号	名称	发展情况
1	江苏淮安经济开发区	2022年，地区生产总值448.85亿元；开票销售414.26亿元，入库税金11.1亿元，其中规模以上工业开票销售252.7亿元，增长3.9%；规模以上工业入库税收8.4亿元，增长17%。亿元以上新开工工业投资额7亿元，亿元以上新竣工工业投资额39.4亿元；外贸进出口4.4亿美元，增长0.9%；实际使用外资1.4亿美元，增长109%。新增列入统计企业8家。 2023年，累计进区企业2000余家、外商投资企业200多家。建成了以富士康为代表的港台企业、以韩泰轮胎为代表的日韩企业、以安特汽车为代表的欧美中小企业和以美的威灵电机为代表的民营企业等一批规模企业
2	涟水经济开发区	2022年，拥有规模以上工业企业113家，规模以上工业总产值310.7亿元，增长21.3%；规模以上工业开票销售246.6亿元，增长15.9%，分别占全县68.7%、75.2%；签约亿元以上项目53个，总投资394.08亿元。 2023年，规模以上工业开票销售首次突破300亿元，达319.3亿元，同比增长30.4%，位居全省91家省级开发区前16强、苏北前3强，连续7年居全市第1位。新招引亿元项目68个，新开工、新竣工项目分别为51个、35个
3	金湖经济开发区	2022年，战略性新兴产业产值42.1亿元，占比613%；研发投入完成11848.9万元；科技型中小企业入库41个；新增首次注册商标企业121个；民间投资351387万元；工业技改项目投资45786万元；高技术投资41593万元；一般公共预算收入113637万元；其他服务业收入22877.3万元，增长51%；规模以上工业总产值68.8亿元，增长12.3%；外贸进出口额7070.7万美元；规模以上工业开票销售32.8亿元；规模以上高新技术企业17家，工业总产值完成21.8亿元，占工业总产值31.7%。 2023年，规模以上工业企业334家，拥有国家高新技术企业140家、国家级专精特新“小巨人”企业10家、国家级绿色工厂1家、省级专精特新企业61家

续表

序号	名称	发展情况
4	江苏洪泽经济开发区	2022年，工业企业510家，工业开票销售249.43亿元，增长5.46%；一般公共预算收入8.4亿元，增长76.8%；入库税收7.8亿元，增长15.2%；规模以上工业企业179家，开票销售238.7亿元，增长7.28%；新培植规模以上企业11家，其中工业企业8家，批发业企业2家，建筑业企业1家；签约亿元以上工业项目49个，总投资265.38亿元，其中10亿元以上项目5个。 2023年，新签约项目23个、新开工项目42个、新竣工项目31个。“水、能、碳、产”协同发展的节水减碳型EOD项目顺利通过评审，成功纳入江苏省第一批EOD项目库
5	盱眙经济开发区	2022年，工业企业700余家，开票销售305.3亿元，工业入库税收7.21亿元，外贸进出口14.34亿元，实际到位外资0.68亿美元；主导产业规模以上企业129家，开票销售121.62亿元，入库税收3.44亿元。 2023年，加强开发区和凹土科技园、港口产业园联动发展，放大“1+1+1>3”的资源整合、发展融合效应。在全省同级开发区考核排名中跃升27位
6	江苏淮安工业园区	2022年，工业总产值273亿元、增加值71亿元，分别增长16.4%、12%，总量均再创历史新高；完成外贸进出口33亿元、外资到账5014.9万美元，分别增长64.8%、567.6%。新招引亿元以上项目37个，其中50亿元以上5个、10亿元以上5个，协议引资额380.72亿元。 2023年，规模以上工业增加值增长5.7%；规模以上工业应税开票增长1%；工业投资增长16%；民间投资占固定资产投资比重99.34%；研发支出5.25亿元；货物贸易总额36.1亿元；实际使用外资3375万美元
7	淮安清江浦经济开发区	2022年，税收收入7.9亿元、一般公共预算收入4.7亿元；实际到账外资7306万美元；规模以上工业企业产值为121亿元，增长11%以上；工业入库税金为7亿元；应税开票136亿元，增长16.7%；工业固定资产投资39.亿元，增长113%。新增10户列入统计企业。 2023年1—10月，招引亿元以上工业项目17个，协议总投资额123.9亿元，增长52.11%；规模以上企业实现工业总产值158.5亿元，增长9.08%，全区占比76.8%；规模以上工业企业入库税收5.13亿元，增长15.77%，全区占比79.5%。全年提供融资贷款资金5.122亿元，涉及企业66家，较上年增加2.955亿元

五、芜湖市省级经济开发区发展

2023年，芜湖市有省级经济开发区7家。2023年芜湖市省级经济开发区发展概况见表5-4-9。

表5-4-9 2023年芜湖市省级经济开发区发展概况

序号	名称	发展情况
1	芜湖三山经济开发区	实现地区生产总值188亿元，增长0.2%；一般公共预算收入16.7亿元，增长7.5%；固定资产投资增长0.7%；技改投资增长31.3%，全市排名第2位；新开工制造业项目投资增长53.5%，全市排名第1位；社会消费品零售总额增长10.8%，全市排名第1位；净入库税款增长100.2%，全市排名第1位；城乡居民人均可支配收入40660元，增长8.8%。新签约项目123个，增长25.5%，总投资367亿元
2	皖江江北新兴产业集中区	实现规模以上工业总产值216亿元，增长26%；规模以上工业增加值48亿元，增长27%；固定资产投资205亿元，增长56%；建安投资165亿元，增长96%；资质以内建筑业产值65亿元，增长80%；限额以上商贸销售369.9亿元，下降12.3%；完成一般公共预算收入37.8亿元；新增规模以上企业73户，累计197户；新增纳税主体992户，累计3532户；新签约项目136个，总投资约448亿元，其中亿元以上产业项目18个，增长157.1%，总投资约345亿元

续表

序号	名称	发展情况
3	无为经济开发区	200余家“五上”企业，全年实现经营销售收入超650亿元，增长21%；固定资产投资150亿元，增长16%；实现税收收入20亿元，增长18%；规模以上工业产值300亿元，增长31%；工业固定资产投资39亿元，税收入库14亿元（扣除留抵退税因素后），增长160%；一般公共预算收入6亿元，增长123%；签约亿元以上项目25个，签约额480亿元
4	南陵经济开发区	新增16家规模以上工业企业，规模以上工业产值106亿元，增长15.21%；固定资产投资累计在库项目99个；限额以上商贸业企业27家，实现零售额19158万元；签约落户项目43个，总投资187.03亿元，已投产项目17个、在建项目8个，项目落地率58.1%
5	鸠江经济开发区	拥有“四上”企业227家，其中规模以上工业企业163家、规模以上商贸企业34家、规模以上服务业企业21家、资质以内建筑业企业9家。全年规模以上工业总产值328.9亿元，增长2.93%；固定资产投资总额为49.1亿元，增长100.5%；建筑业总产值8.5亿元，增长23%；批发业46.4亿元，增长38.8%；零售业25.9亿元，增长71.1%；其他营利性服务业49亿元，增长56.5%；入库项目43个，亿元以上项目13个，其中5亿元以上项目4个、10亿元以上项目3个
6	新芜经济开发区	已建成面积40平方公里，世界500强企业法国施耐德电气、中国500强企业德力西电气、央企中电科钻石飞机等先后在此投资。共有汽车零部件生产企业120余家，其中规模以上企业85家。在全省省级开发区综合考核中列第29位，连续7年列全省前30位
7	繁昌经济开发区	固定资产投资增长11.75%；本级税收增长103.24%；外贸进出口总额增长3.56%；签约招商引资项目34个，协议总投资333.8亿元。总投资116亿元的天宸能科项目签约入驻，实现繁昌百亿级招商项目零的突破；获批国家高新技术企业45家、省创新型中小企业18家；成功申报科技型中小企业180家、省专精特新企业19家

六、马鞍山市省级经济开发区发展

2023年，马鞍山市有省级经济开发区5家。

2023年马鞍山市省级经济开发区发展概况见表5-4-10。

表5-4-10　2023年马鞍山市省级经济开发区发展概况

序号	名称	发展情况
1	安徽含山经济开发区	总产值突破360亿元，集群产值迈上百亿台阶；一般公共预算收入增长22%，规模以上制造业增加值、固定资产投资、技改投资、战略性新兴产业产值、高新技术产业增加值等增长25%以上；新增规模以上企业23家以上，净增18家以上。建成投产帅翼驰（安徽）新材料集团有限公司
2	安徽和县经济开发区	新增工业产值20亿元；完成汽车零部件产业园、栖金产业园共计约25万平方米标准化厂房交付；通过招商引资，成功签约14个项目入驻标准化厂房，总投资97.2亿元；盘活闲置用地473亩；获批徽商银行3.5亿元闲置低效专项收储融资授信保障资金
3	安徽当涂经济开发区	签约腾志博汽车零部件产业园项目、库迪咖啡华东供应链基地等亿元以上项目20多个，总投资271亿多元，已形成智能家电家居、生命健康、新材料以及汽车零部件等特色产业；安徽奥克斯实现40亿元产值。在全省省级开发区考核中名列第4位；在安徽省商务厅公布的全省拟升级为国家级开发区的省级开发区考评结果中，综合排名第6位；获评国家级绿色工业园区

续表

序号	名称	发展情况
4	安徽马鞍山雨山经济开发区	总投资 21 亿元的海光电子新能源高端磁性元器件智能制造项目，实现当年开工、当年投产；拥有新能源汽车零部件及后市场企业 34 家；新能源汽车产值 28. 6 亿元，增长 40. 03%，入库税收 2861. 7 万元，实现了园区新能源汽车零部件产业的加速集聚。入选安徽省新材料产业十强园区
5	郑蒲港新区现代产业园区	签约亿元以上项目 52 个，同比增长 6. 1%，其中 20 亿元以上项目 1 个、5 亿元以上项目 7 个，固定资产投资 83. 72 亿元。1—11 月，规模以上工业增加值增长 10. 5%，技改投资增长 81. 1%，新开工制造业项目投资增长 78. 6%，固定资产投资增长 12. 8%，社会消费品零售总额增长 13. 4%，一般公共预算收入 13. 6 亿元，增长 5. 9%；外贸进出口 11. 8 亿美元，跨境电商贸易 4. 34 亿元，实际使用外资 918 万美元

七、滁州市省级经济开发区发展

2023 年，滁州市有省级经济开发区 7 家。2023 年滁州市省级经济开发区发展概况见表 5-4-11。

表 5-4-11　2023 年滁州市省级经济开发区发展概况

序号	名称	发展情况
1	安徽明光经济开发区	抢抓“双碳”机遇，倾力打造千亿元规模的世界光伏之都，光伏产业在滁集聚效应凸显，成功签约落户储能锂电池项目，总投资 65 亿元，建成达产后，可实现年销售收入 100 亿元以上
2	安徽全椒经济开发区	工业企业近 600 家，规模以上企业 275 家。创新招商方式、延伸招商网络、拓展开放空间，紧盯长三角地区产业转移重要机遇，组成 5 个招商小组，围绕光伏、新能源电池等主导产业驻点招商，培育壮大产业集群。新能源产业共招引亿元以上工业项目 6 个，总投资 158 亿元，其中 10 亿元以上项目 4 个；新开工项目 7 个，总投资 48. 9 亿元；新投产项目 4 个，总投资 13. 5 亿元。1—6 月实现营业收入 48. 3 亿元，税收 0. 7 亿元
3	安徽来安经济开发区	形成装备制造、非金属新材料、电子信息三大主导产业，以及食品加工、生物医药等产业。光伏产业链产值 268 亿元。完成总体规划环评报告书
4	安徽定远经济开发区	建成面积 16. 6 平方公里，入驻亿元以上项目 100 余个，协议总投资超过 1000 亿元，其中规模以上企业 52 家；工业总产值近 200 亿元，税收近 10 亿元。启动建设年产 12 万吨生物可降解新材料项目
5	安徽凤阳经济开发区	新签约亿元以上硅基新材料产业项目近 30 个，总投资超 400 亿元，硅基产业产值 274. 71 亿元，增长 61. 11%；高新技术企业 90 家，“小巨人”企业 2 家，省级及以上研发机构 2 家，省数字化车间 1 家。签约落户总投资 100 亿元正泰光伏电池组件项目
6	安徽滁州琅琊经济开发区	实现 50 亿元、100 亿元项目落户新突破；拥有省级以上研发平台 16 家、高新技术企业 24 家、省级专精特新企业 18 家、院士工作站 2 家；累计引进博士以上人才百余名，促成企业与大院大所达成产学研合作项目 21 个，创新创造潜力持续释放，三大主导产业发展提质增效
7	安徽滁州南谯经济开发区	规模以上工业产值 136. 1 亿元，增长 17. 84%；规模以上工业增加值 29. 82 亿元，增长 22. 06%；税收实现 5. 45 亿元，增长 91%；固定资产投资 53. 76 亿元，增长 33. 56%。新签约亿元以上项目 27 个，增长 17. 4%，总投资超 200 亿元；培育规模以上企业 12 家、高新技术企业 15 家；荣获全省推动长三角地区更高质量一体化发展优秀集体、滁州市高质量发展突出贡献奖先进集体，在全省省级开发区考核中列第 4 位，在省级开发区土地集约利用评价排名中列第 19 位、进 9 位

八、宣城市省级经济开发区发展

2023年，宣城市有省级经济开发区6家。

2023年宣城市省级经济开发区发展概况见表5-4-12。

表5-4-12　2023年宣城市省级经济开发区发展概况

序号	名称	发展情况
1	安徽广德经济开发区	投产企业721家，规模以上企业421家，高新技术企业95家；崛起电子电路、汽车零部件、智能化成套装备、新材料“四个百亿”产业集群；安徽森泰木塑集团股份有限公司成功在主板上市；众钠能源钠离子电池项目成功签约，实现广德市百亿项目招引零的突破；在全省省级以上开发区综合考核中列第21位，连续6年挺进全省前30位
2	安徽郎溪经济开发区	实现规模以上工业产值170.06亿元，增长5.9%；完成固定资产投资48.3亿元，增长64.57%；完成税收7.52亿元，增长16.91%；签约35个项目，协议资金约300亿元，其中5亿~10亿元项目4个，10亿元以上项目6个；新增规模以上工业企业22个，总数达166个；新增省专精特新企业12家，累计28家；省级新产品6个，总数达52个；新增高新技术企业5家，总数达41家；融资22.84亿元，供应链贸易营业收入1.99亿元
3	安徽泾县经济开发区	工业总产值128.6亿元，增长6%；高新技术产业产值80.13亿元，增长5%；战略性新兴产业产值68.73亿元，增长9%；限额以上商贸销售额7.8亿元，增长15%；规模以上服务业营业收入2.3亿元，增长10%；固定资产投资38亿元，增长45.5%。纳入县重点项目72个，其中省市重点项目42个，占比58%。新增高新技术企业10家。科技型中小企业入库30家，专精特新中小企业11家。新签约项目33个，其中10亿元以上项目3个；新开工项目29个，其中10亿元以上项目3个
4	安徽绩溪经济开发区	累计入园企业300余家，其中规模以上工业企业70多家，战略性新兴产业企业14家，专精特新企业15家，高新技术企业25家，拟上市企业2家。形成高端金属新材料、医疗康养以及数字经济等“2+N”主导产业
5	安徽旌德经济开发区	坚持强链补链，聚焦生物医药、智能制造、新材料“1+2”特色产业，集聚生物医药企业27家，其中规模以上企业5家；培育2家战略性新兴企业、2家科技型中小企业、2家专精特新企业；实施9个技改项目，总投资达2.2亿元；新签约项目21个，协议总投资51.25亿元，项目个数同比增长50%，协议总投资翻一番，实现了20亿元项目零的突破
6	安徽宣城宣州经济开发区	规模以上工业总产值增长32.2%，规模以上工业增加值增长34.7%；高技术制造业增加值增长36.5%；固定资产投资增长25.2%；工业技改投资增长56.3%。规模以上工业增加值增幅连续11个月居全市第1位。签约制造业亿元以上项目62个，协议引资359.95亿元。新开工亿元以上项目55个，新竣工投产亿元以上项目44个。新开工制造业项目固定资产投资增幅超100%，在建制造业项目固定资产投资增幅69%。新增规模以上工业企业30家；新增国家级专精特新“小巨人”企业2家、省级专精特新中小企业22家

九、常州溧阳市省级经济开发区发展

2023年，溧阳市有省级经济开发区1家，即江苏溧阳经济开发区。

溧阳经开区位于溧阳市西北部，与曹山省级旅游度假区、上兴镇实行区政合一管理体制，区域面积245.6平方公里，户籍人口8.11万，辖23个行政村和1个居委会。核心区规划面积80平方公里（其中制造业园区15平方公里，旅游度假区50平方公里，城镇生活集聚区15平方公里）。

2023年，围绕市委建设苏南绿色崛起品质城市的目标愿景，聚焦“六大品质”，奋战“十项工程”，重大项目攻坚、城镇能级提升、全域旅游提质、全域环境整治、乡村振兴赋能、民生福祉保障等各项工作取得了亮眼成绩。实现地区生产总值110.11亿元；一般公共预算收入完成4.09亿元，增长26.2%；高新技术产业产值完成79.7亿元，增长25.9%；规模以上工业总产值完成402亿元，增长20.1%；工业应税销售完成430亿元，增长7.1%；全社会固定资产投资完成36.2亿元，增长11.9%。在全省省级开发区高质量发展综合考核评价中列第10位，获评国家级绿色工业园区，新能源电力装备零部件产业集群入选2023年全省35个中小企业特色产业集群。上兴镇入选江苏省乡村振兴示范乡镇创建名单。

溧阳经开区以新能源、大健康、智能制造、会展文旅为重点产业。高端装备制造产业主要以江苏国强和江苏友发为龙头，产值近400亿元；新能源产业主要以长盈精密、国强兴晟为代表；大健康产业主要以绝味、卤江南等项目为代表；会议会展产业主要以曹山未来城、瓦屋山低碳城和九洲康养城等项目为代表。此外还有东南大学基础设施安全与智慧技术创新中心、中航气动院南方分院2家创新中心和以法德尔、博飞特、兴跃洋、赛密思等为代表的“小而精”制造企业。目前正在全力打造接轨南京第一城，朝着建设南京都市圈最具特色的宁南生态创新城目标奋力前行。

十、常州金坛区省级经济开发区发展

2023年，金坛区有省级经济开发区1家，即江苏金坛经济开发区。

2023年是金坛经开区成立30周年，该区坚持以常州“532”发展战略为引领，抢抓“两湖”创新区发展新机遇，纵深推进“五大行动”，锚定“接轨主城区桥头堡、‘两湖’创新区主战场、‘五大行动’领头羊”目标定位，扎实开展各项工作。全年工业应税销售收入完成1161亿元，增长13%；规模以上工业总产值完成1007亿元，增长17%；工业投资额完成102亿元，增长22%；一般公共预算收入完成19.2亿元，增长15%。

项目突破卓有成效。成功举办2023新能源汽车产业链投资茅山峰会、核酸药物发展论坛、区重点产业项目签约暨合成生物产业园揭牌仪式等重大活动。项目招引多点发力，签约项目58个，总投资近195.9亿元，其中10亿元以上重大项目8个。内资项目48个，协议投资183.8亿元；外商投资项目（不含德语区）4个，协议投资1.2亿美元；德语区项目6个，已集聚德语区企业57家。项目建设稳步推进。完成省重大项目入库5个、市重大项目入库11个、区重点项目入库16个。深化项目服务进网格、服务代办全流程，落实“拿地即开工”“四证同发”审批模式，其中裕能高纯石英坩埚项目仅用时3个小时即完成“四证同发”。

科创动能不断积聚。创新氛围浓厚，拥有国家级专精特新“小巨人”企业6家、省级专精特新企业30家、市级专精特新企业19家。鹿山新材料升格成国家级博士后科研工作站，创健医疗获批省级工程技术研究中心、当升科技获评市级工程研究中心。江苏履信研发的新一代温敏型沥青路面主动抗凝冰产品先后获得国家发明专利和国际PCT专利，属国际首创；江苏履信参与相关行业标准起草。持续推进蓝色彩虹等平台作用，签约入孵项目7个，华大工程生物学长荡湖研究所获省级新型研发机构立项。通过2023年度“龙城英才计划”领军型创业人才项目9个、创新人才项目3个。中德（常州）创新产业园成为常州市唯一入选省海外人才离岸创新创业基地的产业园。

经济运行量质齐升。扎实开展第五次全国经济普查工作，摸排“四上”单位446家、“四下”企业6907家、个体户14750家。在库规模以上工业企业达294家。指导企业转型升级，完成智能化改造和数字化转型诊断110家，改造30家，当升科技等3家企业入选工信部5G工厂项目名录，新鸿电子获得苏锡常首台（套）重大装备认定，亿晶光电、常友环保、乐庭电线、腾沅机械被评定为三星级上云企业。产业集群特色鲜明，新能源（光储一体）产业集群获评省级中小企业特色产业集群，获批省级“互联网+先进制造业”特色产业基地。前瞻布局合成生物产业，建立“2+3+N”产业创新体系，华大工程生物学长荡湖研究所初创企业常州新一产生命科技有限公司顺利完成首单产品出口，填补了金坛区在合成生物领域出口的空白。

对外开放持续扩大。对德合作展现新气象，组织8批次招商团组赴欧洲拜访，连续3年举办江苏“对话德国”活动，首度亮相江苏省政府举办的2023江苏—德国产业合作（杜塞尔多夫）论坛并做主旨推介。持续深化省级自贸联创区建设，中德跨境电商展示平台正式上线运行。开放服务水平进一步提升，正式启动德奥创业者联盟，“外事彩虹桥”服务站正式挂牌。中德高技能人才（江苏）培训认证基地影响力持续扩大，已为国内6所职业学校约400名双元制职业教育学生提供培训与考试服务，为本地德企储备充足的后备人力资源。对韩交流持续拓宽，积极推动中韩创新产业园申报省级国际合作园区，围绕新能源等重点产业领域持续加强对韩双边交流，在韩举行“2023年江苏金坛——军浦产业合作推介会”。

园区品质提档升级。坚持规划引领，完成中德（常州）创新产业园重点区域开发建设的全周期策划方案等，形成常州合成生物产业园概念策划初步成果。加快推进中德城镇节能示范园区等项目建设，实施金城大道改造提升、金宜路景观提升等工程建设，新建和改造兴盛路等11条道路及配套管网。营造优良环境，针对947家企业开展涉水专项排查整治，编制“一园一策”整治方案。开展综合能效提升模式研究，中德城镇节能示范园知名度得到提升。化工园区焕发新活力，新材料科技产业园通过省级化工园区复核认定，园区配套水平、管理能级、产业层次进一步提升。开发区获批国家级绿色工业园区。

党建引领凝聚合力。从严从实抓好巡视巡察等反馈问题整改落实工作，推进源头治理，促进标本兼治。组织建设持续夯实，园区党群服务中心获常州市“两新组织”红领学院授牌；蜂巢能源、海目星等新能源企业，通过“党建链”带动“产业链”，打造发展共赢“聚能环”的经验做法获省委主要领导充分肯定。体制机制不断完善，进一步深化综合网格服务机制，全面构建“纵到底、横到边、全覆盖”网格化服务管理体系；进一步优化招商管理体系，打造“一体四翼”组织运行模式，实施以“整体挂钩、过程分段、多维激励、优胜劣汰”为导向的项目制绩效考核办法。

第五章　省级以上高新技术产业开发区发展

第一节　南京都市圈省级以上高新技术产业开发区发展情况

2023年，南京都市圈共有省级以上高新技术产业开发区24家，其中国家级7家，省级17家（包括5家筹建）。

党的二十大报告提出要“以城市群、都市圈为依托构建大中小城市协调发展格局”，同时提出“统筹推进国际科技创新中心、区域科技创新中心建设”。南京都市圈是国家首个获批的跨省都市圈。近年来，南京市积极贯彻落实国家战略要求和省委、省政府工作部署，聚力都市圈协同建设，以省级以上高新技术开发区为载体，加强科技创新一体化发展。**一是国家科技创新重大任务纷纷落地**。紫金山实验室建立业界首个6G综合实验室。国家第三代半导体技术创新中心、集成电路设计自动化技术创新中心、国家高性能膜材料制造业创新中心等获批建设，南京成为引领性国家创新型城市，入选国家科技人才评价改革试点城市、国家科创金融改革试验区。滁州、淮安获批建设国家创新型城市，滁州高新区成功升级国家高新区。**二是科技创新主体加快向都市圈集聚**。2023年，南京都市圈内高新技术企业共20109家，增长14.83%；科技型中小企业38086家，增长18.46%，国家级专精特新企业580家，增长90%以上。高校院所实力不断增强，新一轮“双一流”学科增加6个，达43个。**三是科技创新合作促进资源高效配置**。持续实施长三角（南京都市圈）科技合作计划，支持中介服务机构为都市圈中小企业对接创新资源，都市圈创新资源配置更加高效。2023年，南京都市圈各城市技术合同成交总额（输出）达2878.29亿元，增长23.24%，占苏皖两省技术合同成交额（输出）的41.54%，占长三角区域技术合同成交总额（输出）的18.11%。**四是聚焦科创圈建设**。在体制机制优化、产学研合作、重点园区共建、资源共享共用、创新生态营造等方面，不断探索新模式、新路径，形成区域创新协同发展的新突破、新经验。

一、强化顶层设计，完善协同发展的体制机制

南京都市圈各城市在苏皖两省领导下，围绕建设“创新都市圈”的目标定位，强化顶层设计，充实工作力量，形成了多层次协同推进机制。一是完善工作推进机制。2021年，国家发改委正式批复《南京都市圈发展规划》后，南京市设立常态化运行的南京都市圈建设办公室，逐渐形成苏皖两省共同指导协调，都市圈党政联席会议进行重大决策，都市圈建设办公室综合推进，科技等专业委员会和区县政府执行的多层级工作推进机制。二是建立决策咨询机制。都市圈科技专委会推动建立都市圈科技创新智库联盟，纳入都市圈内高校、智库机构，开展区域合作有关课题研究，提供决策咨询报告，定期发布南京都市圈创新合作白皮书。同时，组建区域科技创新专家库，纳入国家、省、市三级高校、智库的专家，为都市圈科创合作提供智力支撑。三是建立信息数据互通机制。依托都市圈科技专委会，定期召开都市圈专委会会议，交流通报各城市科技创新情况，共同组织开展航空等重点产业调研，定期组织企业、新型研发机构、技术经理人的交流培训。

二、增强辐射带动作用，拓宽产学研深度融合渠道

推动南京高校院所等优势创新资源加大都市圈的布局，设立异地研发和技术转移机构，注入创新资源，对都市圈各城市的创新辐射带动作用不断增强。一方面，政府积极作为，马鞍山市积极对接南京大学、东南大学等高校，引进技术转移分中心，共建新型研发机构。扬州市与东南大学、南京林业大学等高校院所签订合作协议，共建研究院和科技园。南京大学在都市圈 4 个城市设有异地研发机构，东南大学在都市圈 5 个城市设立异地研发机构和技术转移中心。另一方面，企业主动对接，镇江江苏鱼跃医疗设备股份有限公司在南京设立研发中心，与中国药科大学、南京医科大学、鼓楼医院等多家高校院所开展产学研合作，实现了一系列技术突破；马鞍山中钢集团等 6 家企业为更好利用南京创新资源，在南京设立研发机构。

三、加快园区共建，形成“点、线、面”体系化发展

南京都市圈各城市以“科创飞地”、创新走廊和毗邻地区合作为重点，发挥各地比较优势，推进不同城市、不同类型园区联合共建，区域合作的网络更加紧密。一是以“科创飞地”为“点”强化合作。苏皖两省分别出台《关于印发深化南北结对帮扶支持科创飞地建设的通知》《关于开展开发区“飞地经济”试点的通知》等政策，南京都市圈各城市积极响应，在中心城市设立科创飞地，打通创新资源跨区域流动的通道。都市圈各城市政府、企业在南京设有各类“科创飞地”共 18 个，“研发在南京，生产在周边”的模式日趋成熟。二是以创新走廊为“线”打通循环。南京以环紫金山科创带为基点，构筑都市圈一体化发展桥头堡。南京与镇江共同推进 G312 产业创新走廊建设，串联沿线科创资源；与扬州谋划建设 G328 科创走廊，研究制定《扬州 G328 产业创新走廊发展规划》；与淮安共建“宁淮科创走廊”，共建区域产业创新圈，形成南北纵横的线性合作模式。三是以毗邻区域为“面”对口协助。南京与淮安设立“宁淮智能制造产业园”，由江北新区负责开发建设，盱眙县负责社会管理，共同打造都市圈跨区域合作示范平台；南京与滁州围绕顶山—汊河、浦口—南谯签订多项跨界一体化示范区共建框架协议，依据规划同图、计划同步形成科技创新、成果转化与社会治理一体化全面发展模式；江宁—博望新型功能区围绕高端数控机床、新材料、新能源汽车等主导产业，打造南京都市圈产业承接和配套基地。

四、促进资源共享，保障要素流通政策落实

南京积极推进都市圈科技创新资源共享共用，推进科技创新技术、人才、资金、成果等创新资源高效流动。一是搭建创新资源对接平台。牵头构建南京都市圈科技创新生态图谱，汇集都市圈内重点企业、高校院所、创新平台、孵化载体、高新园区等科技创新资源信息，为都市圈创新主体提供创新资源展示、检索、链接等一站式可视化服务功能。二是政府专项计划支持。持续实施“长三角（南京都市圈）科技合作计划项目”，通过市场化手段，推动区域内科技创新资源充分对接，促进创新链和产业链融合发展，营造区域良好创新协作生态。三是推进人才互通互认。签订《南京都市圈外国人才来华工作许可互认框架合作协议》，推动江苏省技术产权交易市场与都市圈城市签署《南京都市圈技术转移联盟框架合作协议》，对滁州、马鞍山和镇江等地技术经纪人进行培训，培育技术转移人才。

五、注重氛围营造，凝聚都市圈创新合作共识

南京扛起中心城市担当与责任，主动作为、率先发力，周边城市群策群力，积极响应、形成合力，紧扣一体化思维和一盘棋思想，创新合作共识不断凝聚。一是发布创新合作宣言。都市圈各城市科技局局长联合发布《南京都市圈创新合作（镇江）宣言》，就完善创新合作机制、畅通合作渠道、共享创新资源达成共识。二是共同制定重大战略。都市圈各城市共同编制《南京区域科技创新中心建设方案》《南京区域科技创新中心建设三年行动方案（2023—2025）》，协同打造全球领先的特色化科技集群，联合共建长江经济带科

技创新引领性枢纽和全国科教资源创造性转化示范区，共同培育世界级智能科技与生命科学产业创新高地。三是共同举办重大活动。连续举办三届都市圈科技创新合作大会，共商都市圈科技合作重大事项，谋划都市圈优化创新合作机制、畅通合作渠道、共享创新资源的路径和举措，搭建都市圈创新主体交流互动的平台。

第二节　国家级高新技术产业开发区发展情况

一、南京高新技术产业开发区发展

南京高新区位于南京市浦口区，属于江北新区直管区，是中国首批也是江苏首家国家级高新区，拥有企业近2000家，经济总量、高新技术产业产值在国家级高新区中均位居前列。全区集聚南京市80%以上的高新技术企业、科技型中小企业、独角兽企业等科技型企业，已成为南京市科技创新的主阵地。

2023年，南京高新区秉持“发展高科技、实现产业化”的初心使命，围绕做实做好“高”和“新”两篇文章，以发展高新技术产业和增强企业创新活力为重点，以争创区域科技创新中心为目标，聚焦创新型产业发展，培育国家战略科技力量，助力南京引领国家创新型城市建设；持续深化体制机制改革，加快开放创新，努力把高新区打造成为创新驱动发展示范区和高质量发展先行区，有效推动了高新区的高质量发展。在科学技术部2023年全国173家国家级高新区综合考评中，南京高新区列第15位。

持续深化改革。南京高新区在全面深化科技体制机制改革方面进行了一系列探索。在产业园区方面，围绕做实做好“高”和“新”两篇文章，持续深化体制机制改革，科学构建“一区15园”管理体系，走出了一条改革创新、奋勇争先的蝶变之路。以改革激发活力，以创新驱动发展，南京高新区已成为科技人才在宁创新创业的主战场，“高”“新”气质愈加明显。

加快发展高新技术产业。全年立足江北新区“4+2”主导产业，以千亿级生命健康、千亿级智能制造产业为龙头，加速传统产业区“腾笼换凤”、新陈代谢，加速新拓产业区基础配套、功能提升，加速构建以创新、改革、开放、人才为动能的发展结构，积极培育新的生产方式、产业形态、商业模式和经济增长点，真正将高新区建设成为江北智慧发展高地、产业创新之都，为江北新区成为新的发展增长极发挥引擎作用。南京一正医疗科技有限公司一款介入式手术机器人机械手联合研发、多项中国科学院先进医疗器械产业孵化联盟合作项目正在推进。江宁开发区高新园主打新能源和智能网联汽车、高端智能装备、新一代信息技术、科技服务业等主导产业。新港高新园后摩智能项目已接连发布国内首款存算一体智驾芯片H30、边端大模型AI芯片M30。高淳园集聚医疗器械类企业612家、生产企业151家，取得产品备案凭证、注册证308件，年应税销售额保持35%以上增长，高值耗材、体外诊断、康复器械三大特色细分集群已初步形成，被列入南京市新医药与生命健康产业地标规划和产业链重点园区。2023年，高淳园完成技术合同交易额9.75亿元，增长289.8%；新港高新园实现高技术制造业产值1589亿元，高技术服务业增幅29%。1—6月，南京高新区“2+6+6”创新型产业业务收入增长10%以上，6个未来产业整体增速约30%，规模以上工业增加值增长6%，高技术制造业投资增长12.4%。雨花台园的软件和信息服务、江宁国家高新园的新型电力（智能电网）同时入选首批25个国家先进制造业集群。

为企业提供优质服务。南京高新区研究出台“1+6”等专项政策，探索构建“普惠+特色”“产业+企业”“生产+运营”“纾困+成长”的全场景政策体系，深入开展“服务企业大走访”、惠企政策宣贯、重点企业座谈、产业供需对接等各类活动，累计服务企业2000余家次，解决企业诉求400余项。

二、镇江高新技术产业开发区发展

2023年，镇江高新区完成地区生产总值980.25亿元，增长7.1%；财政总收入82.8亿元，下降4.2%；实际利用外资22.45亿美元，下降3.5%；出口总额298.82亿元，增长8.3%；研发投入38.47亿元，增长18.6%；高新技术企业数370家，比上年增加39家。

加强产业建设。全年列入统计省市重点产业项目数、总投资分别增长36.4%、41.7%。省重大哈电抽水蓄能项目7小时完成“五证联发”，鹰普项目主体封顶，年产3万吨新能源电池材料进入设备安装调试阶段。江苏柳工举行成立20周年暨高机新产品发布会，企业连续2年实现产品销量、销售收入、利税翻番，在高空机械领域成功跻身行业前列。中船动力获2023年镇江市市长质量奖提名奖，并成为全市首家获得海关AEO高级认证的央企，企业加快承接沪东重机产能转移，未来燃料发动机研发制造项目签约落地，形成中速机与低速机业务全面发展、齐头并进的局面，未来将成为世界一流的低速机制造基地。

加快招商引资。新签约亿元以上产业项目21个，总投资近100亿元，其中10亿元以上项目4个，创近年来最好水平。持续壮大船舶海工、高端装备、新能源电池、半导体及通信产业集群，加快发展百亿级优势产业，全年工业应税销售收入增长8%以上，增幅保持全市领先。动力船舶创新型产业集群成功入选首批江苏省创新型产业集群建设名单。

强化科技创新。全年研发投入占国内生产总值比重3.5%、高新技术产业产值占工业总产值比重68.8%，两项关键指标均在全市排第一方阵。“创新积分制”试点工作获科技部火炬中心批复同意，发布首批126家企业，创新积分作为企业获得资助、资质认定、评先评优的重要依据。惠龙易通连续6年获批“中国独角兽”企业，矽佳测试、海姆霍兹入选省潜在独角兽企业，丹佛斯、凯德电控、兆能电子、中能建华东电力、弘信华印等5家企业先后入选省瞪羚企业，全区集聚高新技术企业66家。新增市级以上高层次人才20人；新增市级以上工程技术中心7家、4星级上云企业4家、3星级上云企业14家，市级企业公共服务平台、创业示范基地4家，市级绿色工厂1家，各类资质总计净增50余家。建有省级以上研发机构30家，累计获省、市科技计划项目扶持资金1.3亿元，镇江船厂、中船动力、船舶电器等企业获省科技成果转化项目立项支持。

与国内外“大院大所”合作共建江苏省船舶海工设计研究院、黑科院镇江智能制造创新研究院、镇江南京邮电大学研究院等7家新型研发机构，引进中国工程院俞梦孙院士、加拿大工程院阿里达院士等海内外高层次人才23人，落地科创项目17个，累计为镇江及长三角地区400余家企业提供技术诊断服务。黑科院镇江智能制造创新研究院，成功入选镇江市首批“智改数转”服务供应商，江科大海装院建有以亚洲首台最高水平3D打印关键设备为支撑的华东地区一流的增材制造中心。7家省级以上孵化载体累计孵化科技型企业150余家，国家高创中心连续2年获国家科技企业孵化器绩效评价A等级、连续3年获省科技企业孵化器绩效评价A等级。

推进体制机制改革。制定出台“三高四新”“活力标杆17条”等政策，在全面兑现市人才“镇兴”政策的基础上，在“双创”扶持、平台搭建、安居保障、就业落户等方面再给予最高2倍的配套资金支持。持续放大“团山英才”、“镇江高新区杯”创新创业大赛、“新型研发机构助力产业创新路演对接会”等引才聚才留才品牌效应，引进培育各类高层次人才155人。成立高新区企业发展服务中心，打造综合服务超市、企业技术“诊疗所”、金融“输血站”三大服务品牌，为高新区人才（团队）创新创业提供“一站式”优质服务。

改善发展环境。以“优空间、护资源、促发展”为工作主线，助推高新区高质量发展，完成《镇江高新区国土空间分区规划（2021—2035年）》编制工作。统筹空间规模保障G346国道沿线绿化项目、哈电、鹰普、船舶配套产业园等用地项目，新增建设用地约675亩，处置批而未供土地358.2亩、低效用地205.65亩。完成义务植树面积约10亩，成片造林33亩，低效林改造101.25亩，森林抚育386.55亩。打好污染防治攻坚战，深入推进五大专项行动，劣V类水体和黑臭水体动态消除。深入推进长江岸线清理整治、沿江片区环境综合整治，腾退、拆除、取缔企业30余家，退企还绿沿江片区土地100多亩。

为企业提供优质服务。落实项目“全生命周期”管理服务机制，精选招商中心、政务服务中心、企业发展服务中心、项目推进服务办公室等部门业务党员骨干，构建“一办三中心”项目全过程服务体系，创新推出“136”工作法，为重大项目审批提供全流程帮代办“店小二”服务，当年新入库列入统计投资增幅超过30%，鹰普流体实现交地后10个工作日内完成施工许可审批；哈电储能实现7个小时内“五证联发”，第二天开工建设，创下镇江市项目建设新速度。“136”工作法在省、市、区重点产业项目建设中发挥了积极作用，相关经验做法先后被学习强国、新华日报、交汇点新闻、新浪财经等媒体刊发报道，并在全省推广。优化行政审批流程，提升服务质量，新注册1277家市场主体。同时，协助企业获得知识产权质押融资17笔，涉及金额约3.1亿元。

三、扬州高新技术产业开发区发展

2023年，扬州高新区按照市委“发力奋进年”决策部署和区委“六个聚力突破”的工作要求，牢牢把握“高”“新”发展定位和高质量发展首要任务，各项工作稳中有进位、进中有提质，稳居全区高质量考核第一等次。全年实现工业开票、入库税收、生产总值分别增长10.9%、28.7%、7.3%，多项核心指标持续领跑全区，在全省国家级高新区中的排名前进3位，数控成形机床产业集群摘取国家、省特色产业集群“金字招牌”。

坚守实体经济，追求更高“含金量”。支持以扬力、扬锻、金方圆为代表的金属成形机床军团，以及迈安德、丰尚集团等实体企业发展壮大，使扬州高新区“含金量”成色越来越足。2023年前三季度全区生产总值增长6.6%，工业开票增长8.18%，工业税收增长35.2%。

坚持科技赋能，追求更高“含智量”。与北京长城所合作，布局建设高新区科创中心，依托邗江创业园、硅光产业创新中心、扬农研发办公总部、联创大厦等项目，打造总部经济集聚区、科创载体集聚区和低碳产业园。一个个创新载体，为园区项目装载了更多“含智量”。扬力集团自主研发设计的“2500T机械多连杆冲压线”入选2023年江苏省首台（套）重大装备认定名单，该冲压线解决了乘用车覆盖件钢铝混合冲压成形的难题，总体技术处于国际先进水平。1—7月，新增5家国家级专精特新“小巨人”企业。

厚植竞争优势，追求更高“含新量”。一方面，从“土地存量”中寻找“发展增量”，更聚焦、更专注，突出新质生产力。另一方面，全面优化园区功能布局，丰富产城融合内涵。除了专班化推进吉安路、邗江路、润扬路等主要路网两侧农村人居环境整治提升，还稳步实施一批道路建设工程，逐步完善东西向路网。在重要节点打造、片区环境改善上，聚力打造中央核心商务区，围绕宁扬城际汉河站，布局科创、住宅等功能；对春江路、高旻寺路等道路实施节点改造和提升，做到一点一色、一点一景，不断提升园区辨识度，既满足生态需求，又满足民生需要。

四、淮安高新技术产业开发区发展

2023年，淮安高新区牢固树立“项目为王、环境是金”理念，紧紧围绕创建“全国百强高新区”目标，立足招大引强，聚力创新赋能，强化要素保障，加强党的建设，攀高比强、跨越赶超，发展质态稳步提升，项目引建取得突破，科创要素加速集聚，产城融合持续深入，政治生态不断优化，在全市开发园区综合考核中位居前列，被市委、市政府表彰为“2023年度全市重特大项目攻坚先进单位”。

政策引领，实现新动能建设“裂变”。市委、市政府印发《关于支持淮安高新技术产业开发区高质量发展建设全国百强高新区的意见》，包括优化园区空间布局、加强绿色园区建设、强化金融服务支撑、优化区域功能配套，完善园区科技金融、交通物流、教育卫生等服务体系等，提出“到2025年力争形成千亿级园区”“规上企业中的高新技术企业占比不低于40%”的目标，旨在解决产业质态低、高新技术企业少、产业特色不鲜明、创新平台缺乏等问题，为后续发展拓展空间，掀开了发展新篇章。

产业引领，实现高质量发展“裂变”。聚焦百强目标，紧跟政策和产业导向，先后委托江苏省经济和信息化研究院编制“十四五”产业规划，委托扬州规划院等团队编制高质量发展规划，通过产业更新和精耕细作，提升园区集聚承载能力；

委托江苏环保产业技术研究院股份公司等机构编制开发建设规划环境影响评价报告，进一步理清园区绿色发展、低碳发展思路。全区有规模以上工业企业近200家。中天钢铁新材料、淮安国际精密模具产业园等一大批项目正在加快建设。

智慧引领，实现新业态产业“裂变”。加强源头管控，建立项目准入制度，锚定“高”“新”目标，引进了江苏淮安启迪物联网科技园、淮安蚂蚁链产业创新中心，通过智慧引领，提质增效，促进新业态产业落户。围绕智慧引领，加快智慧园区建设，升级园区智慧平台，通过物联网、人工智能等新兴技术，开发可视化园区地块系统平台、运用安全信息化管理平台等管理指挥中枢。智慧安全等智慧管理手段的运用有效促进了园区管理效益、经济效益的全面提升。

五、芜湖高新技术产业开发区发展

2023年，芜湖高新区围绕省委、省政府“科创与产业融合发展”的部署要求，在创新主体培育、平台搭建、生态优化等方面持续发力。全社会研发投入强度4.1%，高新技术产业增加值占规模以上工业增加值比重90.7%，每万人发明专利拥有量115.4件，均居全省前列。该区列2022年全省高新区创新驱动发展综合评价第2位；居赛迪“2023园区高质量发展百强”榜第82位。

实施创新主体倍增行动。突出做好“招引、培育、升级”文章，着眼“招引”扩增量，既攻“高精尖”，又招“小而优”。持续完善“微成长、小升高、高变强”的科技型企业梯次培育机制。全区有科技型中小企业716家、高新技术企业325家；认定国家级专精特新“小巨人”企业19家、省级专精特新冠军企业9家。

促进科创企业和创新成果孵化转化。主动对接具有科研优势的国内外著名高校、科研机构共建科创平台，先后引入西电芜湖研究院、中国科大智慧城市研究院等6家高水平研究院所。同时高标准建设科技孵化平台，着力构建以科技产业园、南站科技园为核心的“2+N”双创孵化体系，打造满足产业全周期发展需求的科创研发新高地。截至2023年，全区有市级以上孵化器、众创空间25家，国家级孵化器2家、省级孵化器5家，在孵企业（团队）近千家。

优化营商环境。力推芜湖市“紫云英人才计划”落地，从住房保障、精准引才等方面入手，让更多优秀人才在芜工作安心、生活舒心。真情实意引育各类英才，让高端人才资源成为助推芜湖高质量发展的新引擎。做强企业服务，推深做实“1%工作法”，为科创企业提供最佳创新发展环境。其中，率先推出知识产权公共服务平台，全年助力35家企业完成专利、商标质押融资3.42亿元；深化“亩均论英雄”改革，引导各类要素向高效益、高技术、高成长性产业集聚。

六、马鞍山慈湖高新技术产业开发区发展

2023年，慈湖高新区实现地区生产总值增长4.5%，技术改造投资增长2.8%，规模以上工业增加值增长7%，战略性新兴产业产值增长12%，服务业增加值增长5%，社会消费品零售总额增长8%，一般公共预算收入增长8%，通信通讯产业集群产值、节能环保产业集群产值分别增长29.5%、24%。

坚持高质量发展，产业升级加快推进。大力开展招商引资。围绕园区主导产业开展以商招商、内引外联，全年新签约亿元以上项目30个，其中10亿元以上工业项目2个。奋力推进科技创新。以国家级双创基地建设为抓手，全面加强创新生态体系建设。高新区获批国家级钢铁材料制品制造创新型产业集群，中科新材料备案首批省级科技成果转化中试基地，全省首笔“创新积分贷”在高新区落地。全力加快产业发展。深入实施智能制造工程和制造业数字化转型行动，鼓励企业数字化转型升级。新增省专精特新中小企业21家、国家级智能制造优秀场景1个、省级数字化车间3个、市级数字化车间1个和市级数字化生产线1条。

坚持一体化发展，长三角融合更加紧密。加强与南京对接，做好与江宁滨江开发区规划补缺；推进慈湖河路北延、慈湖过江通道涉南京基本农田的调整，为其实施创造条件；与中规院合作开展高新区战略规划编制，进一步提升土地利用水平和产城融合发展水平。协助推进宁马高速“四改八”、宁马城际铁路等重大区域性交通设施施工，宁马慈湖公交枢纽正式启用，芜马江海联运枢纽建设项目（9号码头改扩建工程）加快建设。

强化科技创新联动，东南大学国家大学科技园（马鞍山）双创基地发展良好并申报省级科技企业孵化器，马钢表面与宁波大学合作项目参与第二届科交会十大科技成果集中签约，承办省科技厅首场“长三角高校院所行”专场活动。深化区域更多合作。对标南京滨江开发区，积极构建优势互补、合作共赢的区域产业发展模式，加强与上海湾区高新技术产业开发区等的交流互访，深化对接合作。

坚持绿色发展，园区品质持续提升。开展全域排查、全面治理、全过程监管、全方位提升的生态环境治理工作，有序推进生态环境问题整改，持续打好蓝天、碧水、净土三大保卫战。积极创建绿色园区。持续推进循环化改造，加快推进无废园区创建，有序推进“双碳”行动，积极推进分布式光伏建设，鼓励企业绿色发展，做好存量优质传统企业的环保改造提升，以及落后企业的淘汰更新，推动减污降碳协同增效，新增国家级和省级绿色工厂各1家、市级绿色工厂3家。

坚持改革创新，体制机制有效激活。深化体制机制改革。大刀阔斧将内设机构由原先的15个调整为9个，并设立4个事业单位。成立“双十攻坚、百日竞赛”领导小组，下设六大工作专班，开展专项行动，全力破解项目建设、要素保障、营商环境等领域难点、堵点问题。加快平台公司转型。实施新慈集团转型发展，按“小管委会+大公司”改革方向，将更多的招商、建设、服务等职能划转公司，成立了专注于产业招商服务的马鞍山市高新产业投资有限公司、专注于限额以下交易服务的马鞍山新慈招标咨询有限公司，正在筹建马鞍山新慈建设投资发展有限公司。对标优化营商环境。持续深化“放管服”改革，深入推进互联网+政务改革，推进政务服务事项集成化办理，推动政务服务提质提效。同时以数字赋能、改革创新为手段，优化政务服务中心、综治维稳中心、党群服务中心“三中心”功能布局，强化“一核多点、多端融合”服务模式，提升园区服务管理水平。

七、安徽滁州高新技术产业开发区发展

2023年，滁州高新区深入贯彻国家、省、市决策部署，坚持稳中求进工作总基调，坚持新发展理念，以高质量发展为核心目标，以激发对外经济活力为突破口，着力推进园区开放创新、科技创新、制度创新，提升对外合作水平、提升经济发展质量，打造改革开放新高地。

实施扩容增能。全年实施10个基础设施提升项目，总投资29亿元，新拓展面积4平方公里。新开工亿元项目15个，新投产项目10个。启动“管委会+公司”改革，赋权经济管理事项34项。获批全省首批科技成果产业化基地、全省先进制造业和现代服务业融合发展试点区域、省级碳达峰试点园区。

加快产业发展。初步形成以智能测控装置为主的高端装备制造业、以太阳能光伏组件制造为主的新能源产业、以有色金属和合金材料为主的新材料产业，为园区打造战略性新兴产业聚集区和长三角城市群创新发展示范区打下坚实基础。

推进科技创新。作为滁州发展高端装备制造产业的前沿阵地，不断完善科技创新服务体系，创建多家国家级科技企业孵化器、众创空间、星创天地、研发平台，孵化器建设规模、服务内容、服务手段、服务成效等各方面均居安徽省前列，拥有“天仪”和“晶仪”两大中国驰名商标。形成以仪器仪表为核心，以传感器及合金材料为上游、仪器仪表成品为中游、智能监测监控系统为下游的一体化产业链。2023年智能测控装备制造创新型产业集群，获批国家级创新型产业集群。

第三节　省级高新技术产业开发区发展情况

一、南京市省级高新技术产业开发区发展

2023年，南京市有省级高新技术产业开发区7家（包括3家筹建）。

（一）南京白下高新技术产业开发区

2022年，白下高新区实际利用内资完成20.23亿元，签约项目投资总额完成131.15亿元，其中

亿元以上项目 8 个；实际利用外资 3017 万美元；重点企业外贸进出口总额 82.71 亿元；规模以上工业总产值与 2021 年基本持平，新增规模以上工业企业 2 家，建立准规模以上企业培育库 10 家，累计规模以上工业企业 21 家；限额以上贸易业销售额增幅 6%，限额以上贸易业企业 21 家；规模以上服务业营业收入增幅 7%，新增规模以上服务业企业 7 家，累计规模以上服务业企业 42 家；实现一般公共预算收入（剔除留抵退税因素）7.5 亿元，增长 7.4%。完成固定资产投资 19.2 亿元。

2023 年，白下高新区在 2022 年度全省高新区创新驱动高质量发展综合评价中，列全省省级高新区第 3 位，其中创新能力和创业活跃度、结构优化和产业价值链，列全省省级高新区第 1 位。

创新为要触发“空间裂变”。2023 年改造建成高品质载体近 11 万平方米，近 5 年累计新增科创企业 1200 多家，成为老城和园区的“发展增量”，从业人员超 3200 人，累计实现税收超 4 亿元。

链式发展驱动“产业唯精”。加快提升以华设集团、莱斯信息为龙头的智能交通领域，以云创大数据、紫光西部为龙头的大数据领域，以联通物联网、天翼物联网为龙头的物联网领域，以百度阿波罗、赛康交安为代表的车联网领域，以智慧航空、中航无人机为代表的无人机领域，形成创新驱动力强劲的现代产业矩阵。举办首届“格物杯”联通物联网应用创新大赛暨 2023 联通物联网科创生态大会，500 多支团队竞逐比拼。

“校地协同”培育新质生产力。重点促进南航、南理工等高校在地资源转化，构建楼上楼下双创综合体，建设科技成果“沿途下蛋”高效转化机制。以校友经济为产业特色的创新湾区建设，正为白下高新区新一轮发展注入源头活水。截至 2023 年，南京理工科技园集聚电子信息、新材料等领域企业 121 家。

（二）江苏省南京徐庄高新技术产业开发区

2022 年，徐庄高新区实现地区生产总值 198 亿元，增长 2.9%；完成全口径税收 16.7 亿元，一般公共预算收入 7.7 亿元，增长 3.5%；固定资产投资 77 亿元，增长 14.39%；社会消费品零售总额完成 461.6 亿元。软件和信息服务业、新医药与生命健康两大主导产业营业收入分别突破 430 亿元和 200 亿元。

2023 年，实现地区生产总值 208 亿元，一般公共预算收入 7.98 亿元，限额以上社会消费品零售总额 327.6 亿元，固定资产投资 20.6 亿元，服务外包执行额 9.76 亿美元，服务外包离岸额 3.7 亿美元。新增科技型中小企业 873 家，新增认定高新技术企业 115 家，新增瞪羚企业 4 家。

（三）江苏省高淳高新技术产业开发区

2022 年，高淳高新区完成地区生产总值 354.4 亿元，增长 6.1%；完成一般公共预算收入 30 亿元；实现规模以上工业总产值 214.7 亿元，增长 34.3%；签约亿元以上项目 43 个，其中 10 亿元以上项目 6 个，完成注册亿元项目 41 个，正式开工亿元项目 42 个，正式投产亿元项目 28 个。集聚医疗器械企业 550 家，其中生产类企业 128 家，取得产品备案凭证、产品注册证 268 个。

2023 年，按照“产城景”融合发展目标，全力打造一流投资环境，开发面积达 40 多平方公里。区内“九通一平”设施配套齐全，绿化、路灯等同步配套建设，并建成全国首家国家级创新型中小企业孵化基地、国家级科技企业孵化器——开发区科创中心、中关村北京海淀创业园南京分园、达安创谷·南京创谷产业孵化器、浙江大学南京健康产业研究院等一批创新载体，具备较强的项目承载能力。在建设一流投资环境的同时，凭借独特的区位优势和产业配套优势，突出先进制造业与现代服务业“双轮齐驱”，成功集聚红太阳、红宝丽、高陶三大本土上市公司和美国福特汽车、台湾统一企业、冠盛汽车部件、乐普医疗科技、永合高分子材料、SAP 跨境电商平台等 700 多家产业企业落户，形成高端装备制造、节能环保新材料、生物医药和医疗器械三大主导产业集群，现代服务业加快发展。

（四）江苏省南京白马高新技术产业开发区

2022 年，白马高新区作为全国首批、长三角唯一的国家农业高新技术产业示范区，实现地区生产总值 716.23 亿元，一般公共预算收入 35.12 亿元，固定资产投资 401.08 亿元，实际使用外资 14125 万美元，规模以上工业增加值 163.57 亿元。

2023 年，着力构建以生物农业为引导，以农产品特色加工、农业智能装备制造、农业科技服务业发展为特色，以未来食品为战略的“1+3+1”现代产业体系，建设具有区域特色的农业科技产业集群。成功举办2023年中国农民丰收节暨第十九届中国南京农业嘉年华、南京都市圈2023年现代种业高质量发展论坛。累计集聚南京农业大学、南京林业大学、江苏省农业科学院等高校院所7家、高新技术企业42家、规模以上工业企业48家、农业龙头企业24家，专精特新企业18家（包含2家省级专精特新企业），纳税超千万企业9家、超5000万元企业2家，“智改数转”企业15家。建成作物遗传与种质创新国家重点实验室等国家和部省级创新平台90多个，农业科技成果650多项。

（五）江苏省麒麟高新技术产业开发区（筹）

2022年，麒麟高新区以服务高水平科技自立自强为战略抓手，紧扣“两区三城”的发展定位，打造“国家区域科技创新中心核心承载区、国家战略科技力量承载区”，建设“创新策源活力之城、科技产业实力之城、生态宜居魅力之城”。实现地区生产总值100.83亿元，一般公共预算收入11.63亿元，全社会固定资产投资125.8亿元。

2023年，做强做优新能源、新消费两大支柱产业和新一代信息技术、智能制造等主导产业，着力培育综合交通、生物医药、新材料等一批未来产业，助推南京市争创国家区域科技创新中心。累计引入中国科学院微电子研究所等7家研究所、设立8家创新研究院，集聚各类人才超过2000人。正在积极培育“信息高铁综合试验”“开源软件供应链”“决策智能与计算”等一批重大科技基础设施、交通运输部行业重点南京现代综合交通实验室。

（六）江苏省南京建邺高新技术产业开发区（筹）

2022年，建邺高新区建成商业楼宇172栋，建筑面积2415万平方米，共入驻企业8120家。地区生产总值重点支撑行业服务业营业收入812.6亿元，增长12.5%，其中信息软件业营业收入394.4亿元，实现全市占比五连升，经济总量稳步扩大。信息软件业作为数字经济高质量发展的主力军，营业收入由2018年的89.67亿元提升到2022的419.54亿元，5年时间增长了3.68倍，全市占比17.1%（2018年占比5.8%），在全市排名由第4位上升到第2位，产业规模大幅提升。园区拥有上市企业13家，独角兽企业、培育独角兽企业10家，瞪羚企业14家，省级以上专精特新企业17家，经认定的总部企业50家。园区被认定为江苏省级文化产业示范园（全市仅2家）、第二批南京市数字经济产业园（数字创意）；圆满完成国家电子商务示范基地评价工作、省级现代服务业集聚区评价工作、省级服贸基地评价工作，在南京市58家市级现代服务业集聚区的评估中排名第1位。

2023年，以华为、中软国际等数字经济行业龙头为引领，集聚各类优质生态资源，精心打造南京数智城。集聚13家国内头部互联网企业，并培育出江苏零浩网络科技、咪咕互娱等本土行业龙头企业，形成信息软件、智慧物流、数字文娱等产业。落户数字产业相关总部企业超40家、数字经济企业超1800家、科技服务企业超3000家，地区生产总值超1200亿元，产业集聚形成的马太效应正在充分释放。

（七）江苏省南京鼓楼高新技术产业开发区（筹）

南京鼓楼高新区以南京鼓楼国家大学科技园为基础，整合江东软件城、模范路科技创新街区、幕府创新小镇3个板块，以及7家大学科技园，总占地面积约10平方公里。

2022年，实现地区生产总值416亿元，税收62.6亿元，高新技术产业投资额3018万元。累计引育企业近7000家，其中科技型企业占比70%以上。集聚字节跳动、亚信科技、博西家电毕马威等总部企业、软件百强企业以及世界或中国500强企业；累计培育科技型中小企业1095家，高新技术企业390家，培育独角兽企业6家、瞪羚企业14家，总部企业11家，省级以上专精特新企业11家，上市企业19家；引进培育“诺贝尔奖”获得者3人、海内外院士11名、“国家级人才工程计划”专家18人、江苏省“双创”人才17人、南京市“科技顶尖专家”8人、“创新型企业家”23人；累计签约落地15家新研机构，孵化引进企业528家，专利申请累计739件，其中发明专利申请累计324件。科创森林已逐渐形成梯度、形成规模。

2023年，汇集了南京大学等20所高等院校、中国电力科学研究院南京分院等120余家科研机构。新备案科技型中小企业197家，同比增加24家。拥有国家级、省级众创空间和孵化器12家。政产学研金合作不断深化，引进5名高层次人才与企业携手申报并获批省科技副总项目，同比增加3个。组织重点科技型企业申报高新技术企业，公示21家，年底有效期内高新技术企业数达60家，是2017年的10倍，持续保持净增长。赴西安、兰州等地大学举办7场秋季高校招聘会，组织29家企业参加市人社局举办的“人才政策进校园”、大学生招聘会等活动，吸引3000余名高校毕业生到鼓楼区就业创业。高新区荣膺2023年科技部第三批“企业创新积分”试点单位，连续3年在省级高新区创新驱动发展综合评价考核中实现进位。

二、镇江市省级高新技术产业开发区发展

2023年，镇江市有省级高新技术产业开发区2家。

（一）丹阳高新技术产业开发区

2022年，丹阳高新区实现地区生产总值239.44亿元，增长3.4%；实现一般公共预算收入10.14亿元。全年累计招引亿元以上项目11个，培育高新技术企业10家，科技型中小企业90家。

2023年，实现地区生产总值242.9亿元，一般公共预算收入9.39亿元，工业应税销售56.45亿元，规模以上工业总产值48.53亿元。高新区围绕全市“1+3”战略部署，以“产业强区”为根本目标，以“创新园区、生态新区、精致城区、和谐社区”为方向，打造“宜居、宜业、宜创、宜学”的南部新城，核心区已集聚鱼跃医疗、恒宝股份等各类工业企业400余家。

推进产业建设。2023年，坚持把做大实体经济作为立身之本，围绕产业升级、集群创新，突出建链延链补链强链，加强传统产业优化和新兴产业聚势，挖掘释放产业空间，加快综合配套升级，持续推动产业规模、产业结构、产业质态向好向优，经济发展韧劲和质量不断提升。全年完成规模以上工业总产值48.53亿元，制造业投资10.3亿元。13个市级以上重点产业项目开工12个，伯端项目首次实现“拿地即开工”。

强化招商引资。2023年，紧扣“项目攻坚突破年”主线，持续释放招商体制机制改革效能，进一步完善驻点招商、小分队招商等工作机制，紧紧围绕高端装备制造、电子信息和生产性服务业“2+1”主导产业，引进了一批质态好、层次高、带动力强的“链上”优质项目。全年新招引亿元以上项目10个。

实施科技创新。2023年，作为全市科技创新的主阵地，深入实施创新驱动发展战略，不断完善科技创新体系，持续推动产业链、创新链、资金链、人才链融合发展，全面铸就“人才福地、创新高地、投资宝地”的金字招牌。园区连续4年获江苏省科技企业孵化器绩效评价优秀（A类），成功入选全国第三批“企业创新积分制”实施单位、江苏省知识产权建设示范园区。慧创医疗荣获第八届“创客中国”暨江苏省中小企业创新创业大赛“十佳双创好项目”（镇江市唯一获奖项目）；倍浮力精密机械荣获中国创新创业大赛江苏赛区优秀成长型企业。

（二）扬中高新技术产业开发区

2022年，扬中高新区完成一般公共预算收入7.62亿元；工业申报销售308.4亿元，增长8.3%；实施市级以上重点产业项目24个，实现固定资产投资20.56亿元，制造业投资13.66亿元，分别完成全年任务的106.5%、110%。火蓝电气、云企智造等项目竣工投产，双扬特种精密轴承、中安特种车辆防撞系统等项目基建完成。实体经济逆势上扬，大全集团本土销售突破百亿大关，获江苏制造突出贡献奖优秀企业，入选江苏民营企业100强、中国民营企业制造业500强。全区新增规模以上工业企业29家。大全凯帆开关创成省级智能制造示范工厂。宜禾股份获“江苏省省长质量提名奖”。全年为企业退税减税2.86亿元。

2023年，全区完成一般公共预算收入9.03亿元，增长18.61%；工业申报销售454亿元，增长49%；实现固定资产投资26.9亿元，制造业投资21.7亿元；规模以上工业总产值303亿元。先后创成省级、国家级中小企业特色产业集群，系镇江市唯一。在开发园区考评中位居镇江市26个园

区前列。

加快产业发展。锚定“五个高质量”的发展蓝图，聚力聚焦“产业强镇”主战场，牢牢扭住项目建设“牛鼻子”，一刻不松抓发展、促提升，综合实力稳中有进。一是实体经济发展步伐稳健。推进“百亿领航、十亿跟进、亿元支撑”发展战略。2023年，新增“四上”企业65家、亿元企业4家、10亿元企业1家，创成国家级中低压电气中小企业特色产业集群、省工程电气服务贸易基地。大全集团扬中销售达236亿元，名列“中国电气工业100强”榜首，凯帆开关获评全市唯一国家级5G工厂；威腾电气、默勒电器获评国家级专精特新“小巨人”企业；大全长江、福泰电力、超宇电气等7家企业获评省级专精特新企业、省级智能制造示范工厂；大航有能、士林电气分别获评省级智能制造示范车间、省级绿色工厂。二是项目建设如火如荼。2023年共实施27个市级以上重点项目，18个项目竣工投产；总投资超10亿元的大全智能输配电设备项目落地即开工、厂房已封顶，刷新项目建设“新坝速度”。三是营商环境持续优化。实施“先锋暖链”工程，组建“先锋管家”服务团队，摸排辖区企业新坝籍在外优秀人才和困难职工名单，建立一人一档，为企业、在外人才及其家属提供点对点“管家式”服务。2023年，提供帮办代办服务300余次，清扫发展障碍200余个，企业满意率达100%。“先锋暖链”工程入选镇江市项目攻坚服务先进典型。

强化招商引资。2023年，一方面，千方百计招大引强。举办“迎老乡、回故乡、建家乡”新年发展大会、南京乡贤恳谈会等系列活动，聚焦乡贤招商、产业链招商、以商引商，成功招引元新隔膜材料、火蓝籽晶钻头等优质产业项目18个，总投资超30亿元，其中亿元以上项目9个。另一方面，高质高效盘活存量。针对优质地块、闲置地块、存量厂房以及低效企业，按照上下游产业集聚、同类企业集中原则，实行精准匹配。鼓励投资主体建设多层、高层厂房，让有限的黄金资源发挥最大的产出效益。对低效企业加强服务引导，通过对外合作、项目推荐等多种形式，加快“腾笼换鸟”步伐。全年盘活存量产业项目占比达60%。

三、扬州市省级高新技术产业开发区发展

2023年，扬州市有省级高新技术产业开发区3家（包括2家筹建）。

（一）江苏省杭集高新技术产业开发区

2022年，杭集高新区“一区四园”实现地区生产总值244.31亿元，增长12.58%；营业收入791亿元，增长9.32%；工业增加值200.71亿元，增长14.72%；规模以上工业总产值620.43亿元，增长17.38%；出口总额109.63亿元，增长28.37%；固定资产投资298.68亿元，增长16.29%；技术合同成交额19亿元，增长23.9%；高新技术产业产值503亿元，增长11.1%；实际利用外资金额4.07亿元，增长31.7%。有大小企业4000余家，规模以上工业企业55家，省级及以上重点实验室3个、省级及以上企业技术中心3个、省级及以上博士后科研工作站1个、省级及以上工程技术研究中心3个。其中杭集高新区“核心区”完成地区生产总值136.76亿元，增长4.5%；全部工业开票销售103.14亿元，增幅10.7%；规模以上工业开票销售56.49亿元，增幅7.1%。杭集高新区2022年在全省57个国省级高新区中排名第32位，较上年上升7位，在全省36个省级高新区中排名第15位，较上年上升4位。

2023年，锚定创建国家高新区使命任务，着力打造“2+2+N”科创产业集群：“2”个基础产业，高端日化、医美健康；“2”个龙头产业，航空科技、智慧能源；“N”条科创产业链，包括数字经济、2.5产业和N个未来产业，构建现代产业体系。认定高新技术企业15家，净增10家，有效高新技术企业达29家，增幅达52.6%，实现了高新技术企业数量与质量“双提升”。年产牙刷75亿支，年产值130多亿元。

（二）江苏省高邮高新技术产业开发区（筹）

2022年，高邮高新区实现地区生产总值150.6亿元，工业开票销售212亿元，规模以上工业产值161.6亿元，一般公共预算收入3.37亿元，固定资产投资109.4亿元。建筑业产值104.7亿元，服务业增加值48.5亿元。

2023年，实现一般公共预算收入3.8亿元，

增幅39.7%；规模以上工业产值183.8亿元，增幅14%；工业入库税收5.85亿元，增幅61%；固定资产投资121.5亿元，增幅12%；外资到账2073.9万美元，增幅40%；工业开票销售220亿元，增幅4.76%；外贸进出口12200万美元，增幅16%。批发业限额以上销售52亿元，增幅15.2%；零售业限额以上销售6.3亿元，增幅30.1%；住宿业限额以上销售2810万元，增幅36%；餐饮业限额以上销售4.2亿元，增幅43.6%。新签约项目19个，完成全年目标任务数的172.7%，其中扬州市级项目16个，完成全年目标任务数的145%；完成扬州市级新开工项目9个，增幅28.6%；新竣工项目11个，增幅175%；新达产项目4个，增幅33.3%。获评国家级专精特新企业1家，成功申报高新技术企业59家，全区高新技术企业总数达100家；科技型企业招引入库29家；科技型中小企业申报175家，通过认定144家，通过率82.3%；规模以上工业企业研发费用近5亿元，同比增长23.67%；技术合同交易备案额超4.5亿元；新增授权发明专利84件；国家级QM计划人才项目有效申报16个；申报扬州市“绿扬金凤”领军人才项目3个；南京工业大学电光源高邮实验室获批国家级实验室；江苏世豪合金科技有限公司申报的“航空航天复杂构件用高强韧超塑性镁合金关键技术研发”项目，成功获批省科技计划专项资金。

（三）江苏省江都高新技术产业开发区（筹）

2022年，江都高新区完成开票销售377.38亿元，增长12.94%；入库税收14.82亿元。188家规模以上工业产值完成300.63亿元，增长9.7%。31家企业进入江都百强。41家销售过亿元企业开票250亿元，总税收11.6亿元，分别占园区总额的66.2%和78.3%；6家销售过10亿元企业开票153亿元，其中扬州石化达40亿元、江淮汽车达39亿元，同比增长均在50%以上。新增规模以上工业企业27家。完成高新技术产业产值173.94亿元，占规模以上工业产值57.86%；战略性新兴企业在库数56家，完成战略性新兴产业产值114.29亿元，占规模以上工业产值38.02%。组织和参加招商活动20次，新签约亿元以上先进制造业重大项目（正式合同）7个，新签约先进制造业重大项目注册到资5个，新签约纳力新材料二期、扬州博恒新能源材料项目总投资分别超百亿元。新招引科技型企业20家，在手注册外商投资项目9000万美元，实际到账外资86万美元，新增市场主体净增数5500户。列入省级重大项目1个、市级8个、区级4个。通过新开工认定项目23个。全年完成工业投资49.9亿元，增长41%。

2023年，制定发布《江都高新区科技创新和人才发展三年行动计划（2023—2025年）》，并配套发布《江都高新区鼓励科技创新与人才发展奖励扶持政策实施细则（试行）》，深化创新驱动发展战略，全面提升区域自主创新能力和内生发展动力。聚焦前沿领域、聚集战略性新兴产业，江苏纳力新材料科技有限公司二期项目开工，总投资112亿元。稻源科技集团有限公司专业从事“射频+AI”前沿技术研发，2019年落户，当年实现开票超3000万元，2023年攀升至3.6亿元。建成坎德拉飞轮储能等一批重点大项目。

四、马鞍山市省级高新技术产业开发区发展

安徽马鞍山市有省级高新技术产业开发区1家，即博望高新技术产业开发区。

2023年，博望高新区启动了产业重塑行动，精心打造“十大产业园区”，占地823亩，建筑面积54万平方米，新建标准化厂房45万平方米，其中科技孵化园（A区）新建7栋标准化厂房。全年加大传统产业培育，技改投资增长30%，新增规模以上企业26家、专精特新企业20家、产值超亿元企业9家。加快布局“两新”产业，龙文新能源汽车零部件、诚宇新材料等一批重大项目相继落地；顺博合金年产值超30亿元，成为全区首个纳税破亿元企业。大力推动科技创新，新增高新技术企业28家、智能工厂和数字化车间（生产线）6个，高技术产业增加值增长15%以上。深化产学研合作，新增省级首台（套）重大技术装备产品7个，企业技术合同吸纳额达28.7亿元，R&D经费投入增长15%。博望高新区入选省级制造业数字化转型示范园区。

五、滁州市省级高新技术产业开发区发展

滁州市有省级高新技术产业开发区1家，即中新苏滁高新技术产业开发区。

2023 年，中新苏滁高新区按照苏州工业园区的成功经验，结合滁州的区位条件、产业基础等因素，突出“高端、品牌、外资”，确定了高端装备制造、新能源新材料、电子信息、医疗健康作为中新苏滁高新区重点发展的主导产业，坚持双主体合作，开展全方位、全球化招商。截至 2023 年，累计引进近 350 个工业项目，总投资额 930 亿元。累计引进了来自韩国、美国、日本、德国、新加坡、俄罗斯等国家和地区的 60 多个外商投资项目。高新区入选安徽省创优营商环境改革创新试点，获评“全省优化营商环境优秀单位”，获评安徽省首批、滁州市唯一省制造业数字化转型示范园区。

六、宣城市省级高新技术产业开发区发展

宣城市有省级高新技术产业开发区 1 家，即安徽宣城高新技术产业开发区。

2023 年，安徽宣城高新区完成规模以上工业总产值增长 5.3%；固定资产投资总额增长 34.9%；技术改造投资总额增长 56.3%；完成新开工制造业投资增长 117.1%；规模以上企业总数 151 家；新增“四上”企业 23 家，新增规模以上工业企业 17 家。全年签约项目 43 个，协议投资额 283.68 亿元，其中亿元以上项目 33 个、10 亿元以上项目 6 个。累计利用省外资金 67.5 亿元。全年共入库科技型中小企业 65 家，同比增加 30%；申报国家高新技术企业 33 家（其中首次认定企业 15 家，重新认定企业 18 家），高新技术企业总数达 73 家。登记吸纳技术合同成交额近 13 亿元，增长 20%。授权专利 350 件，其中发明专利 51 件。“科技贷”已为弘朗炭、乐畅汽配等 7 家企业提供贷款 3100 万元，累积贷款金额已达 9900 万元。

七、溧阳市省级高新技术产业开发区发展

溧阳市有省级高新技术产业开发区 1 家，即江苏溧阳高新技术产业开发区。

2023 年，溧阳高新区实现规模以上工业总产值 2203 亿元，增长 18%，为全市增长贡献 89%；工业应税销售 2802 亿元，增长 45%，为全市增长贡献 101%；一般公共预算收入 48.8 亿元，增长 44%，完成年度目标 125%，为全市增长贡献 63%；高新技术产业产值 1142 亿元，占全市 77%；全年招引百亿项目 2 个、超 10 亿元项目 6 个、亿元项目 16 个。拥有高新技术企业 192 家、规模以上工业企业 203 家，国家级专精特新“小巨人”企业 10 家、潜在独角兽企业 4 家、瞪羚企业 21 家。拥有国家级科创平台 10 家，省级部门认定的各类研发机构 96 家，省级以上孵化器、加速器、众创空间 11 家，省级科技公共服务平台 9 家。

八、金坛区省级高新技术产业开发区发展

金坛区有省级高新技术产业开发区 1 家，即江苏省金坛华罗庚高新技术产业开发区。

2023 年，金坛华罗庚高新区完成科技型中小企业备案登记 57 家，申报高新技术企业 25 家，新认定省级独角兽（潜在）企业、瞪羚企业 6 家，数量占金坛区一半；完成技术合同登记 19.05 亿元，新增发明专利授权 211 件；申报省级及以上研发机构 7 家。成功承办中国汽车动力电池产业创新联盟 2023 年度大会和第十六届高工锂电产业峰会暨高工储能产业峰会，成功揭牌 RCEP 常州华罗庚国际合作区。全年完成项目招引 61 个，其中协议备案投资超 30 亿元的项目 1 个，协议备案投资超 10 亿元的项目 5 个，协议备案投资超 3 亿元的项目 6 个，RCEP 等外商投资产业类项目 8 个。

第六章　省级以上旅游度假区发展

第一节　南京都市圈省级以上旅游度假区发展情况

2023 年，南京都市圈共有省级以上旅游度假区 23 家，其中国家级 2 家，南京市和溧阳市各 1 家；省级 21 家，其中南京市 4 家、镇江市 3 家、扬州市 4 家、淮安市 2 家、芜湖市 1 家、滁州市 2 家、宣城市 2 家、溧阳市 1 家、金坛区 2 家。2023 年 7 月新批芜湖市南陵县烟墩霭里乡村旅游度假区为省级旅游度假区。

2023 年，南京都市圈各成员城市围绕高质量一体化发展，在旅游度假区融合发展道路上越走越紧密，通过高效协同联动，跑出加速度，为都市圈发展“增绿添彩”。**一是旅游景区度假区在旅游业中率先回暖，带动地方游客快速增长。**各旅游度假区以免费、降价和优惠策略成为各地“抢游客”的首发阵容和主阵地，带动地方游客快速增长。劳动节、中秋节、国庆节假期，旅游市场继续以年初春节以来“高开稳走、加速回暖”的态势发展，按可比口径，出游人次和旅游收入超过 2019 年同期数据，旅游业迎来了从市场复苏到高质量发展的战略转折。全年江苏省级以上旅游度假区共接待游客 2.19 亿人天（1.7 亿人次），同比增长 26.59%，其中接待过夜游客 2307.37 万人次。安徽全年接待国内游客 8.48 亿人次，实现国内旅游收入 8510 亿元。**二是“去景区化”和“景区依赖”并存，大众旅游全面发展时代的旅游景区度假区体系重构加速。**一方面，观光仍然是大众旅游的基础市场。另一方面，随着国内外游客出游经验的丰富，传统旅游景区不再是游客的首选，更多的游客选择到风景优美的度假区和家人一起安静地享受假期。观光、休闲、度假正在串联起景区度假区未来的发展路径，个性化和多样化的观光、休闲和度假需求正在推动并引领着旅游景区体系的分解与重构。**三是文化创造旅游景区度假区消费的新场景。**旅游度假区，是集自然风光、娱乐设施、美食体验和住宿服务于一体的旅游目的地，也是地方旅游业高质量发展行稳致远的重要载体。全年南京都市圈许多旅游度假区提升打造多个文旅商融合的综合性消费场景建设项目。江苏省旅游度假区营业收入总额达 424.44 亿元，同比增长 59.56%。

第二节　国家级旅游度假区发展情况

一、南京汤山温泉旅游度假区发展

2023 年，汤山温泉旅游度假区建设世界级旅游度假区，打好“长江国际旅游”牌，建设南京都市圈长江国际黄金旅游带枢纽城市。

“温泉+”打造多元业态，推动文旅产业形成新格局。把金乌温泉公园作为新打造的温泉体验公园，并免费开放，使之成为全国首个免费开放的温泉康养主题公园。同时引入房车露营基地、紫清湖森林温泉、扬子颐尚中医温泉康养中心等一系列“温泉+”项目。从“温泉”到“温泉+”，集中体现了汤山丰富旅游体验、拉长旅游产业链带来的变化。汤山温泉康养小镇成功入选“江苏省级特色小镇”创建名单。

生态修复唤醒矿坑文化资源，奏响文旅融合“协奏曲”。除了大名鼎鼎的温泉，“新晋网红”汤山矿坑公园也成为汤山文旅融合、创新发展的新名片。生态修复让废弃矿坑悄然重生，昔日废弃矿坑成了网红打卡地。“十一”期间，汤山矿坑公园景区内的粉黛乱子草进入盛花期，成片的粉黛乱子草呈现出粉色“云雾海洋”的壮观景象，观赏效果极佳，吸引众多游客前来打卡体验。

系列活动引领全民参与，促进文旅新消费。通过举办古琴雅集活动之太极表演、体育竞赛等，吸引了大批旅客。从最开始单一型的泡温泉衍生到如今“温泉+”多元化链条，汤山国家旅游度假区在产业转型升级上积极探索实践，旨在给游客带来更多元选择与超值体验。同时也提升国家级旅游度假区综合影响力，展示汤山落实南京市“四新”行动计划的生动实践以及打造新基建、发展新产业、促进新消费、建设新都市的丰硕成果。

二、溧阳天目湖旅游度假区发展

常州天目湖旅游度假区既是国家级旅游度假区，也是生态旅游示范区。2023 年，天目湖旅游度假区依托自然生态优势，打造一站式旅游休闲目的地，荣获“长三角旅游休闲热门度假区”称号。一季度营业收入 4.63 亿元，创历史新高，比历史同期最高增长 52.89%。

景区客流量稳步增长。成功举办“春满天目湖”主题活动、2023 中国·溧阳茶叶节暨天目湖旅游节，以“花、鸟、茶、湖”为主要元素，通过春茶花海、雀鸟互动、野宿露营等一系列主题策划，打造浪漫缤纷的旅游氛围，给游客带来全新的度假体验。启动“还来溧阳就春光”系列推广活动，在携程平台的活动总曝光量达 2100 万次，携程平台溧阳旅游产品销售额超过 600 万元。

住宿行业欣欣向荣。天目湖宾馆获评国家金树叶级绿色旅游饭店（这是国家绿色饭店标准中的最高等级），是常州地区唯一获此殊荣的酒店。由于地理位置得天独厚，来天目湖的游客大多会光临天目湖宾馆品尝地道的砂锅鱼头和春季时令美食。春节、“五一”、国庆节，酒店住宿、餐饮销售额日益增长。作为南山竹海景区附近的招牌民宿，芷岚秋民宿已经成为同行里的佼佼者。民宿占地 60 亩，背靠茶山，面朝湖泊，独特的摩洛哥风格收获粉丝无数。一季度民宿营业额高达 60 余万元，入住率达到 30%。

品牌营销蓄势勃发。联合携程等平台发放文旅消费券、抖音平台文旅产品直播、百位达人打卡溧阳、重要客源地城市旅游推介、“有时溧阳”智慧文旅平台上线运行等旅游品牌营销活动丰富多样。溧阳市文旅部门大力实施旅游目的地品牌营销，推动全市文化和旅游宣传推广工作务实创新，有效增强了全市文化和旅游品牌的影响力、吸引力和竞争力，全面激活文旅消费市场，引爆溧阳文旅消费。

第三节　省级旅游度假区发展情况

一、南京市省级旅游度假区发展

2023 年，南京市有省级旅游度假区 4 家，分别为南京珍珠泉旅游度假区、南京高淳国际慢城旅游度假区、南京六合金牛湖旅游度假区、南京栖霞山旅游度假区。2023 年南京市省级旅游度假区发展情况见表 5-6-1。

表 5-6-1　2023 年南京市省级旅游度假区发展情况

序号	名称	发展情况
1	南京珍珠泉旅游度假区	推介老山景区独特资源。推出老山景区特色 IP。南京珍珠泉风景区狮虎园老虎存栏量 100 多头，居华东第一。为了打造老虎特色专项动物园，为动物园里刚出生的幼虎“集体取名”为泉小虎，打造泉小虎 IP 形象，不断突破创新，全力做强特色品牌。推动老山景区改革建设，深化推进老山景区体制机制改革，率先打造微度假模式，响堂等网红景点不断涌现，松鼠部落等优质文旅产品接连上线，华昌龙之谷成为行业新标杆，老山国际文化旅游节引爆消费新热潮。近 5 年全区游客接待量和旅游收入均保持 15%以上的快速增长，荣获首批国家级“避暑旅游目的地”称号
2	南京高淳国际慢城旅游度假区	以“国家级旅游度假区”和“文旅融合示范区”两大品牌创建为抓手，统筹要素资源，构建集优秀传统文化、休闲康养度假、乡村特色旅游于一体的文旅发展新格局。实施慢城品牌推广、资产资源盘活、龙头项目引进、队伍建设提升“四大工程”，精心制定全年宣推计划，积极培育消费增长点。成功举办“花开中国 首‘绽’高淳”第十五届中国·高淳国际慢城金花旅游节
3	南京六合金牛湖旅游度假区	消险修复野生动物王国，推出威亚、步步惊心桥、悬崖秋千、玻璃栈道、淘气堡、露营基地、夜间游等项目，动物王国从“网红”变成“长红”，多次在抖音、美团、驴妈妈等平台入选最佳亲子旅游景区、创意主题乐园，成为南京都市圈热门旅游目的地。全年接待游客约 80 万人次，实现直接营业收入近 6000 万元
4	江苏省南京栖霞山旅游度假区	深入挖掘栖霞山佛教文化、红叶文化等文化资源，传承活化历史遗迹，规划建设栖霞广厅，打造集文化体验、佛学禅修、活力配套和生态休闲于一体的旅游文化广场。突出禅意休闲生活特色主题，推进栖霞山禅意小镇建设，持续丰富旅游业态。新设“栖霞山石窟研究院”暨“南京大学文化与自然遗产研究所石窟艺术研究基地”

二、镇江市省级旅游度假区发展

2023 年，镇江市有省级旅游度假区 3 家，分别为世业洲旅游度假区、句容茅山湖旅游度假区、丹阳水晶山旅游度假区。2023 年镇江市省级旅游度假区发展情况见表 5-6-2。

表 5-6-2　2023 年镇江市省级旅游度假区发展情况

序号	名称	发展情况
1	世业洲旅游度假区	从 2014 年的现代农业产业面积不足 200 亩，发展至 5000 亩，从业人员也在不断增加，经济效益更是成倍增长。以四季春农业园为主体，先后建成了应时鲜果培育基地，形成一批现代化观赏采摘农业园。依托金色年华健康养生谷、柿叶花洲、镇江农谷农业科技园等“三农”与“三产”项目的融合发展，吸引旅客。全年完成农业总产值 3. 36 亿元，较 2014 年增长 53. 6%；游客接待量 12. 98 万人次
2	句容茅山湖旅游度假区	打出文旅融合“创新牌”，从推动非遗进景区、夜经济创新揽客、研学主打红色元素、合作推出景区联票、文创推出新品等方面发力。整合周边优质文旅资源，与伏热花海景区联合发售景区年卡；与金坛金牛洞景区、索道实现旅游景点互通、景区票务“一票通”；与东方盐湖城、茅山森林世界、花谷奇缘、茅山一号农场景区实现线上线下票务合作、营销宣传推广合作。同时，加强与周边酒店民宿合作，形成“大茅山旅游联盟”。上半年，接待游客 56. 32 万人次，较 2019 年同期增长 73. 04%
3	丹阳水晶山旅游度假区	以齐梁文化为背景，以上至西汉、下至民国的近 8000 件中国历代石刻为平台，辅以声、光、电等现代科技手段，向游客展现了一个融知识性、趣味性、互动性于一体的石刻博览园

三、扬州市省级旅游度假区发展

2023 年，扬州市有省级旅游度假区 4 家，分别为扬州大运河文化旅游度假区、扬州凤凰岛生态旅游度假区、仪征枣林湾旅游度假区、扬州瓜洲国际旅游度假区。2023 年扬州市省级旅游度假区发展情况见表 5-6-3。

表 5-6-3　2023 年扬州市省级旅游度假区发展情况

序号	名称	发展情况
1	扬州大运河文化旅游度假区	推进重点文旅项目分类别建设，制定发布《2023 扬州文旅产业投资指南》，赴北京、上海、深圳等地开展精准招商 12 次，开展专题文旅推介会 10 次。高质量承办运河城市文旅融合发展分论坛，54 个项目集中签约，总投资 213.6 亿元，其中 10 亿元以上项目 4 个
2	扬州凤凰岛生态旅游度假区	累计投入 1.5 亿元对旅游交通、旅游安全、资源环境、智慧旅游等基础设施与服务进行改造、优化，服务品质和旅游形象大幅提升。成功举办“绿水青山”中国休闲运动挑战赛、“七河八岛”音乐节。中秋、国庆期间接待游客数同比 2019 年增长近 2 倍
3	仪征枣林湾旅游度假区	全年完成亿元服务业项目 1 个，新增“四上”企业 11 个；民生福祉水平实现新突破，群众获得感、幸福感持续增强；乡村振兴力度再上新台阶，推进村企深度合作，村村实现经营性收入过百万元，人居环境不断优化，长山村王庄、石山组获评 2023 年江苏省绿美村庄
4	扬州瓜洲国际旅游度假区	主动融入长三角一体化，推动文旅产业转型升级，实现运河重生、文旅融合，推进长江名镇、诗渡古镇、戏剧小镇建设，放大历史文化效应。成功举办瓜洲音乐节

四、淮安市省级旅游度假区发展

2023 年，淮安市有省级旅游度假区 2 家，分别为淮安盱眙天泉湖旅游度假区、淮安洪泽老子山温泉旅游度假区。2023 年淮安市省级旅游度假区发展情况见表 5-6-4。

表 5-6-4　2023 年淮安市省级旅游度假区发展情况

序号	名称	发展情况
1	淮安盱眙天泉湖旅游度假区	围绕“养心铁山寺・仰星天泉湖”品牌定位，倾心发掘和设计，匠心打造养眼（四季变幻的美景）、养心（千年古刹、天然氧吧）、养胃（湖鲜野蔬、甘冽天泉）、养生（森林浴、温泉浴）、仰星（星空观测、天文科普）等一系列旅游精品，让四方来客在度假中享受到田园诗般的慢生活，获得高品质的旅游体验。举办第三届“天泉湖天文论坛”，集聚 2600 名天文爱好者。度假区被评选为“长三角首选慢生活旅游度假区”
2	淮安洪泽老子山温泉旅游度假区	以农旅融合新业态，奏响乡村振兴凯歌。成功举办老子山温泉山庄旅游推介会、老子山镇第一届“富有・安淮”乡村旅游文化节。春节期间度假区（含国家级乡村旅游重点村龟山古村落）接待游客 4.65 万人次

五、芜湖市省级旅游度假区发展

2023 年 7 月，淮安市新批 1 家省级旅游度假区，即芜湖市南陵县烟墩霭里乡村旅游度假区。

该度假区围绕“一核双廊五区两中心”发展规划，打造集生态旅游、文化体验、乡村休闲、广外运动、养生度假等功能于一体的旅游度假区。2020 年至 2021 年接待游客近 50 万人次，旅游总收入近 4000 万元。2022 年和 2023 年，持续开展人居环境整治，注重发展特色农业和乡村旅游，打造独具魅力的乡村风情，并大力发展生态旅游，充分利用自然资源，进一步提升旅游服务品质，深入挖掘乡村文化资源，使乡村文明气息愈加浓厚。2023 年，度假区入选“世界旅游联盟——旅游助力乡村振兴案例”。

六、滁州市省级旅游度假区发展

2023 年，滁州市有省级旅游度假区 2 家，分别为来安县兴茂旅游度假区、滁州白鹭岛国际生态旅游度假区。2023 年滁州市省级旅游度假区发展情况见表 5-6-5。

表 5-6-5　2023 年滁州市省级旅游度假区发展情况

序号	名称	发展情况
1	来安县兴茂旅游度假区	建成水镇项目 A 区。形成金陵水乡、康养基地、运动文化园、研学基地、生态科普乐园、文创乐园、水世界、酒店会议中心八大业态。成功举办兴茂秋季研学旅行风筝节
2	滁州白鹭岛国际生态旅游度假区	进一步完善了白鹭山庄、碧云山庄、御龙山庄、拓展基地、观鹭阁、御龙岛、情人岛、天然浴场、森林级汤池、文华酒店，以及道路、步道、停车场、网络、通信、医护、购物等基础设施，全新打造集乐玩、雅玩、野玩及康体养生养老为一体的国际生态旅游度假胜地

七、宣城市省级旅游度假区发展

2023 年，宣城市有省级旅游度假区 2 家，分别为泾县桃花潭旅游度假区、宁国恩龙世界木屋村旅游度假区。2023 年宣城市省级旅游度假区发展情况见表 5-6-6。

表 5-6-6　2023 年宣城市省级旅游度假区发展情况

序号	名称	发展情况
1	泾县桃花潭旅游度假区	召开桃花潭国家级旅游度假区创建工作调度会议；制定《桃花潭旅游度假区总体规划》。按照“一区一带三街多点”的规划，提档升级镇内基础设施、配套设施、接待设施等，推进旅游度假区创建工作。成功举办 2023 中国・桃花潭第十届龙舟赛
2	宁国恩龙世界木屋村旅游度假区	提升住宿品质和服务水平，加强与周边景区的合作和交流，共同推动“大黄山”品牌走向世界。同时不断创新旅游产品，丰富旅游业态，为游客提供更加多元化、个性化的旅游体验。成功举办“大黄山 不止黄山”主题活动

八、溧阳市省级旅游度假区发展

2023 年，溧阳市有 1 家省级旅游度假区，即溧阳市曹山旅游度假区。

该度假区立足省级森林公园的优美环境，依托曹山农业示范园区的特色农业，通过曹山森林步道、自行车公园等项目的建设，积极参与并开展旅游宣传、推介、营销等活动，形成“七彩曹山”健身旅行特色，进一步加强田园休闲度假和全民健身旅行的融合发展，丰富“七彩曹山”旅游体系，提升曹山旅游品牌知名度，聚力打造“未来旅居生活领航者”。成功举办 2023“苏韵乡情”乡村休闲旅游农业（常州）专场推介暨第十二届曹山日日春杨梅节活动。

九、金坛区省级旅游度假区发展

2023 年，金坛区有省级旅游度假区 2 家，分别为金坛茅山旅游度假区、金坛长荡湖旅游度假区。2023 年金坛区省级旅游度假区发展情况见表 5-6-7。

表 5-6-7　2023 年金坛区省级旅游度假区发展情况

序号	名称	发展情况
1	江苏省金坛茅山旅游度假区	打造文旅产业融合发展集聚区、文旅产业创新发展先行区、文旅产业转型升级示范区。全年接待游客 589.61 万人次，旅游收入 14.69 亿元。成功入选美丽中国・文旅融合高质量发展旅游度假区
2	金坛长荡湖旅游度假区	牢牢把握“活力长荡湖、未来科创城”发展定位，紧扣持续深入推进“五大行动”发展主线，抢抓机遇、乘势而为。全年实现一般公共预算收入 4300 万元；新增规模以上房地产业企业 1 家。1—11 月，完成引进备案总投资超 3000 万元现代服务业项目 1 个、超 1000 万元项目 4 个，新增税源经济项目 3 个，金坛区重点项目入库 4 个

第七章　海关监管区发展

第一节　南京都市圈海关监管区发展情况

2023年，南京都市圈内共有综合保税区7家，占全国综合保税区总数的4.5%，其中江苏4家，安徽3家。全年7家综合保税区实现外贸进出口总额790.51亿元，其中出口额422.52亿元，进口额367.99亿元。

综合保税区是对外开放和改革创新的重要平台。2023年，南京都市圈内各综合保税区在海关的积极指导参与下，充分运用政策功能优势，实现“小区域、大产出”。**一是加强改革创新**。认真贯彻执行海关总署新颁发的《推动综合保税区高质量发展综合改革实施方案》，包含改革业务运行架构、优化全流程监管、支持功能业态拓展、强化监管手段、完善配套保障等五大方面，大力推动综合保税区综合改革23条举措落地实施，开放平台活力进一步增强。**二是积极建设智慧综合保税区**。借助数据资源、数字技术、数字人才等生产要素，完善信息基础设施，推进智慧综合保税区建设；运用区块链、数字孪生、视觉增强、物联网等新技术，升级综合保税区服务平台，提升数据汇聚与治理能力，促进海关智慧化监管、综合保税区科学合规运营、企业贸易便利化，促进综合保税区高质量发展及低碳可持续发展。同时通过数字化手段监管货物状态，控制海关监管风险。**三是加强与口岸联动发展**。口岸是人员、货物进出我国关境的必经通道，各地综合保税区基于自身政策优势及产业赋能作用，并结合口岸的区位优势，采取“转口业务”“区港联动”，与口岸无缝衔接，促进协同发展，实现港口功能内移，提高物流效率，取得多方共赢。南京综合保税区（龙潭片）与南京临空经济示范区，在保税加工、保税物流、保税服务等产业功能方面进行深度融合，打通物流数据，实现集中调度，畅通要素资源，共同支持全市外贸企业发展。

第二节　各市（区）海关监管区发展情况

一、南京综合保税区发展

南京综合保税区分为龙潭片和江宁片两个片区。2023年南京综合保税区实现外贸进出口总额503769.13万美元，其中出口额211772.53万美元，进口额291996.59万美元。

（一）南京综合保税区江宁片区

2022年，完成外贸进出口总额522亿元、一般公共预算收入6093.14万元、营业收入达1亿元，均实现正增长。全年引进鸣啸科技生产研发、瓶子科技、永磁同步机电等亿元以上项目8个；完成到位外资1000万美元、到位内资8亿元、工业投入8亿元，分别增长165.8%、130.7%、160%，加工制造中心、研发设计中心规模日益壮大。开工建设北侧研发楼、美乐威、方桥、联亚二期、盛鑫半导体、鸣啸轨道交通、芯长征半导体等7个购地项目，总体量达32.3万平方米。联合南京广电共同打造“跨境Mall”、省内第一家跨境进口商品发货仓。完善“营商之家”服务平台，增扩服务品牌维度，为企业提供集服务代办、产品展示、会见洽谈、商务休闲等功能于一体的一站式共享空间。2023年，举办重点项目集中签约和入驻运营暨中电科项目投产活动，8个大项目集中签约，总投资近50亿元，一期投资19.3亿元的中电科项目正式投产，同时发布建设双循环融合发展集聚区实施方案。

（二）南京综合保税区龙潭片区

2022年，完成跨境电商通关151.24万票，共计552.24万件。累计完成监管总货值118.36亿美元，下降18.58%，其中一线进出口货值为4.73亿美元，下降54.61%；二线进出口货值113.63亿美元，下降5.79%。已建成办公大楼（含辅楼）2.6万平方米、口岸作业区近9.8万平方米（其中重载堆场约6000平方米、监管仓库和验货平台约4000平方米、现场查验楼约2000平方米）、保税仓库近14万平方米，并建设了符合海关监管要求的围网、巡逻通道、卡口及监控设施等，实现跨境电商“1210”“9610”“9710”“9810”等业务模式全覆盖，初步构建了高效便捷的跨境电商服务体系。累计引进总投资7.2亿元的苏商保税物流中心、总投资7800万美元的日本京亚供应链等物流、贸易及电商类企业30余家。2023年，着力推进“中欧班列+保税”监管新模式，企业无须再从国外仓库通过国际物流发货，国内企业收货平均耗时由30天缩短至7天内，效率提升了80%。

二、镇江综合保税区发展

2023年，持续推动经济发展，加强项目招引，园区开放水平不断提升。全年实现税务部门税收8370.3万元；一般公共预算税收收入3861万元，增长63.7%；实现规模以上工业产值16.8亿元，增长27.3%；固定资产投资5.2亿元，其中制造业投资完成2.5亿元，增长416.9%；实现外贸进出口总额47.9亿元，其中进口额11.7亿元，出口额36.2亿元。招引项目4个，分别是总投资10.2亿元的众钠年产5万吨硫酸铁钠钠离子电池正极材料项目、总投资1.05亿元的南锦新能源热管理材料项目、总投资5000万元的远信二期扩产项目和总投资5000万元的康帕斯年产100万平方米高性能预浸料材料项目，其中远信二期扩产项目实现当年签约、当年开工、当年投产，康帕斯年产100万平米高性能预浸料材料项目实现当年签约、当年开工、当年建成。

三、扬州综合保税区发展

2023年，实现外贸进出口总额67485.2万美元，增长23.3%。其中出口额55461.37万美元，增长62.5%；进口额12023.83万美元。该区集保税区、出口加工区、保税物流园、港口功能于一身，享受“境外货物入区保税、境内货物入区退税、区内交易免税”政策，可以从事加工制造、物流分拨、研发设计、检测维修、销售服务等业务。已建成标准厂房10幢15万平方米，海关监管仓库2100平方米，食品仓库6000平方米，保税仓37000平方米；综合办公大楼1幢12层，共计13700平方米。

四、淮安综合保税区发展

2023年，实现外贸进出口总额10.1亿美元，增长58.4%。其中出口额2.6亿美元；进口额7.4亿美元，增长161.8%。该区大力发展跨境电商新业态，已建成跨境电商保税仓库（含跨境电商监管中心）、口岸物流作业区、公共保税仓储区、海关检验检疫区。园区配有全自动海关智能查验分拣线，利用“人工智能+物联网”技术手段提升商品识别分拣效率，有效保障消费者购物时效，提升消费体验。园区建有淮安市跨境电商公共服务平台网站，利用“大数据+云计算”技术，实现跨境电商企业数据申报、归集、交换、共享，为全市跨境电商企业提供便利。近两年，跨境电商平台为全市数百家企业提供服务，实现外贸进出口交易额超3.6亿美元。

五、芜湖综合保税区发展

2023年，实现外贸进出口总额260722.12万美元，增长14.2%。其中出口额205768.93万美元，增长55.1%；进口额54953.2万美元。该区大力发展对外贸易，吸引外商投资，促进产业转型升级。2023年，富春智能化精密纺纱、信义玻璃装备国际贸易仓储等一批重点项目建成投产。落地库迪咖啡项目，在综合保税区培育打造咖啡产业链。依托“海关特殊监管区域+自贸试验区”的叠加优势，芜湖综合保税区积极培育跨境电商、进出口商品保税展示交易、保税检测维修、保税研发、保税融资租赁等新业态，在全省率先落地保税货物质押融资新模式，国际贸易创新产业园已纳入全市十大创新园区。三年以来，芜湖片区跨境电商1210业务年业务单量从104.9万单增至433.2万单，年复合增长率高达100%；年交易额从1.63亿元增至5.35亿元，年复合增长率高达81%。

六、马鞍山综合保税区发展

2023年，实现外贸进出口总额128891.58万美元，其中出口额52876.39万美元，进口额76015.18万美元。该区以开放为引领，抓平台谋发展，积极构建主导产业驱动型、新业态联动型的开放发展体系。一是融入“双循环”新发展格局，马鞍山综合保税区增值税一般纳税人资格备案获批以来，已帮助区内众力智能、中外运、锐孜能源等59家企业申请成为一般纳税人资格试点企业。二是推动内外贸一体化发展，引进内贸企业如众力叉车、通能新能源等落户综合保税区，同时面对国际局势及外贸形势变化，及时跟进企业发展诉求，利用综合保税区保税政策和一般纳税人资格试点等政策优势，协助多拉生物、富瑞莱德等企业开展一线进二线出、委托加工等多项业务。打通国内市场，助力企业用好国际国内两个市场，拓展发展空间。三是提升贸易通关便利化程度，创新海关特殊监管区域非保税业务便捷通关模式。通过卡口通道集约化管理，搭建智慧关贸业务平台，开辟集拼物流通关新模式，实现“数据实时采集、系统自助验核、风险预警提示、卡口联动验放”，提升了综合保税区智慧化监管水平。简化场站通关业务流程，非保税业务通关由原20分钟缩短为2分钟内，大大提升通关时效。

七、宣城综合保税区发展

宣城综合保税区项目分三期建设，总面积约3773亩，一期为起步区，总用地面积约1098亩。2023年，累计完成投资8.2亿元，基本建成基本功能设施；实体化运行长三角（宣城）产业合作区，建成运营长三角G60科创走廊宣城（上海）科创中心，顺利开园长三角“一地六县”人才综合体和人力资源产业园；入驻企业31家；建成跨境电商线上综合服务平台和9610海关监管场所，实现跨境电商交易额26亿元，增长83%。

第六篇

绿色发展

第一章　生态环境质量

第一节　江苏省生态环境质量

2023 年，全省环境空气质量在合理区间内小幅波动，较 2019 年改善明显。全省 $PM_{2.5}$ 年均浓度连续 3 年达到环境空气质量二级标准。

一、环境空气

全省设区市环境空气质量平均优良天数比例为 79.6%，与 2022 年（79%）相比提升 0.6 个百分点，较 2019 年（71.4%）提升 8.2 个百分点。

13 个设区市优良天数比例介于 69.3%~84.5% 之间。

全省环境空气中 $PM_{2.5}$、PM_{10}、二氧化硫、二氧化氮年均浓度分别为 33 微克/立方米、56 微克/立方米、8 微克/立方米、27 微克/立方米；一氧化碳和臭氧浓度分别为 1 毫克/立方米和 169 微克/立方米。与 2019 年相比，6 项主要污染物浓度均有不同程度降低。

空气质量优良天数比例和 $PM_{2.5}$ 浓度均达目标要求。

2023 年，全省酸雨平均发生率为 4%，降水年均 pH 值为 6.08，酸雨年均 pH 值为 5.07。全省有 5 个设区市监测到不同程度的酸雨，酸雨发生率介于 1.3%~26.4%之间。与 2022 年相比，全省酸雨平均发生率下降 0.3 个百分点，降水酸度和酸雨酸度同比基本持平。与 2019 年相比，酸雨平均发生率下降 11.7 个百分点，降水酸度和酸雨酸度分别减弱 10.7%和 9.3%。

二、地表水环境

2023 年，全省地表水环境质量保持优级水平。国考断面水质达到或好于Ⅲ类比例再创考核以来新高，长江干流全线水质连续 6 年稳定达Ⅱ类，太湖连续第 16 年实现安全度夏。

1. 国省考断面

纳入“十四五”国家地表水环境质量考核的 210 个地表水断面中，年均水质达到或好于《地表水环境质量标准》（GB 3838—2002）Ⅲ类标准的断面比例为 92.9%，无劣Ⅴ类断面，达到国家指标计划要求，与 2022 年相比水质达到或好于Ⅲ类断面比例上升 1.9 个百分点。

纳入江苏省“十四五”水环境质量目标考核的 655 个地表水断面（含国考断面）中，年均水质达到或好于Ⅲ类断面比例为 96.6%，无劣Ⅴ类断面，达到省定考核目标要求，与 2022 年相比，水质达到或好于Ⅲ类断面比例上升 0.6 个百分点。

2. 饮用水水源地

全省饮用水以集中式供水为主。2023 年全省 128 个县级及以上城市集中式饮用水水源地取水总量约为 75.74 亿吨，主要取水水源为长江和太湖，取水量分别占取水总量的 47.8% 和 15.3%。依据《地表水环境质量标准》（GB 3838—2002）评价，全省县级及以上城市集中式饮用水水源地的取水水质全部达标（达到或好于Ⅲ类标准）。全年各次监测均达标的水源地有 120 个，占 93.8%。

3. 太湖流域

根据国家监测数据统计，2023 年太湖湖体总体水质为Ⅳ类，处于轻度富营养状态。湖体高锰酸盐指数和氨氮平均浓度分别为Ⅱ类和Ⅰ类，总磷和总氮平均浓度均为Ⅳ类，与 2022 年相比，总磷、总氮浓度分别下降17.5%和9.9%。

2023年3—10月安全度夏期间，卫星遥感监测共计发现蓝藻水华聚集现象53次，蓝藻平均聚集面积57平方千米/次，最大聚集面积234平方千米。与2022年同期相比，发生次数减少51次，平均和最大聚集面积分别缩减45.7%和50.8%。

15条主要入湖河流中4条水质达Ⅱ类，11条水质达Ⅲ类。流域内206个重点断面，水质达到或好于Ⅲ类数量为199个，占96.6%，与2022年相比上升1个百分点。

4. 长江流域

2023年，江苏省长江流域总体水质稳定在优级水平。长江干流江苏段各断面水质均符合Ⅱ类，长江主要支流各断面水质全部达到或好于Ⅲ类，与2022年相比，长江干支流水质保持稳定。

5. 淮河流域

2023年，江苏省淮河流域水质保持优级水平。淮河干流江苏段各监测断面年均水质均达到或好于Ⅲ类。流域内主要河流、湖库监测断面中，水质达到或好于Ⅲ类断面占95.7%，与2022年相比上升0.4个百分点。

南水北调东线江苏段22个评价断面中，有20个年均水质达到Ⅲ类，与2022年相比增加1个。调水干线9个断面中，有8个水质达到或好于Ⅲ类，与2022年相比，水质保持稳定。

沂沭泗水系（江苏境内）水质总体为优。127个监测断面中，有122个水质达到或好于Ⅲ类，占96.1%，与2022年相比上升2.4个百分点；Ⅳ类水质断面数量占3.9%，无Ⅴ类、劣Ⅴ类水质断面。

6. 京杭大运河

2023年，京杭大运河江苏段水质总体为优，沿线各监测断面水质均达到或好于Ⅲ类，与2022年相比，水质保持稳定。

三、海洋环境

2023年，全省近岸海域95个国控水质监测点位中，达到或好于《海水水质标准》（GB 3097—1997），二类标准的海水面积比例为92.7%，三类面积比例为4.5%，四类面积比例为1%，劣四类面积比例为1.8%，优良（一类、二类）海水面积比例超过国家考核目标28.5个百分点。2023年，全省入海河流水质总体为优，国考入海河流断面年均水质达到或好于Ⅲ类比例为97%，与2022年相比上升3.1个百分点。

2023年7—9月监测结果显示，连云港市连岛海滨浴场和苏马湾海水浴场水质等级为“优”“良”的监测次数占比分别为13.5%、84.6%，游泳适宜度为适宜游泳或较适宜游泳；水质等级为“差”的监测次数占比1.9%，与2022年相比，海水浴场总体水质持续向好。

2023年，苏北浅滩生态监控区的27个海水点位中，优良（一类、二类）海水水质点位比例为85.2%，三类水质点位比例11.1%，四类水质点位比例3.7%，无劣四类水质点位。27个点位的海洋沉积物质量均符合《海洋沉积物质量》（GB 18668—2002）第一类要求。

苏北浅滩生态监控区的浮游植物多样性级别为“丰富”，大型浮游动物、中小型浮游动物多样性级别均为“一般”，大型底栖生物的多样性级别为“贫乏”，与2022年相比均保持稳定。

四、土壤环境

2023年，全省对778个“十四五”国家土壤监测网点开展土壤环境质量监测，包括背景点82个、基础点663个、重点风险监控点33个。参照《土壤环境质量　农用地土壤污染风险管控标准（试行）》（GB 15618—2018）评价，污染物含量低于风险筛选值的点位有737个，占比94.7%，土壤环境质量总体较好。

五、自然生态

依据《区域生态质量评价办法（试行）》（环监测〔2021〕99号）规定的生态质量指数（EQI）综合评价，2023年江苏省生态质量达到“二类”。

1. 水生生物状况

2023年，全省对148个淡水水生生物监测点位开展淡水水生生物监测，与2022年相比，江苏省淡水水生生物环境质量有所提升。

底栖动物。共监测到318种，主要优势种为梨形环棱螺和水丝蚓属某种，生物多样性均值为2.69，水生生物评价等级为“良好”。

着生藻类。共监测到385种，主要优势种为舟形藻属某种和菱形藻属某种，生物多样性均值为

3.44，水生生物评价等级为“优秀”。

浮游植物。共监测到179种，主要优势种为微囊藻属某种和假鱼腥藻属某种，生物多样性均值为3.24，水生生物评价等级为“优秀”。

浮游动物。共监测到后生浮游动物93种，主要优势种为针簇多肢轮虫和象鼻溞属某种，生物多样性均值为3.11，水生生物评价等级为“优秀”。

2. 海洋水生生物状况

2023年，全省对近岸海域40个监测点位开展海洋水生生物监测，30个监测点位开展潮间带生物监测，与2022年相比，全省海洋水生生物环境质量稳中向好。

浮游植物。共监测到170种，主要优势种为中肋骨条藻，平均生物密度为4.81×106个/立方米，生物多样性指数均值为3.94，多样性级别为“丰富”。

浮游动物。共监测到45种（不包括18种浮游动物幼体），主要优势种为腹针胸刺水蚤和中华哲水蚤，平均生物密度为316个/立方米，平均生物量为176.63毫克/立方米，生物多样性指数均值为2.92，多样性级别为“较丰富”。

大型底栖生物。共监测到85种，平均生物密度为23.34个/平方米，平均生物量为22.35克/平方米，生物多样性指数均值为1.17，多样性级别为“一般”。

潮间带生物。共监测到90种，平均生物密度为70.69个/平方米，平均生物量为67.77克/平方米，生物多样性指数均值为1.67，多样性级别为“一般”。

六、声环境

2023年，全省昼间声环境质量与2022年相比基本持平，夜间声环境质量较上一轮监测（2018年）略有下降（平均等效声级略有上升）；功能区声环境质量与2022年相比略有下降。

1. 区域声环境

全省设区市昼间区域噪声平均等效声级为55.5分贝，同比基本持平，夜间区域噪声平均等效声级为47.3分贝，较上一轮监测（2018年）升高1分贝，昼、夜间区域噪声均处于三级（一般）水平。影响全省设区市区域声环境质量的主要声源均为社会生活噪声，昼间、夜间占比分别为55.5%和55.8%，其余声源依次为交通噪声、工业噪声和施工噪声。

2. 功能区声环境

依据《声环境质量标准》（GB 3096—2008）评价，全省设区市功能区声环境昼间、夜间平均达标率分别为95.4%和85.8%。1~4（包括4a和4b）类功能区声环境昼间达标率分别为87.5%、97%、96.5%、98.8%和100%，夜间达标率分别为74.3%、92.8%、93.8%、78%和100%。与2022年相比，功能区声环境昼间平均达标率下降2.2个百分点，夜间平均达标率下降1.7个百分点。

3. 道路交通声环境

依据《环境噪声监测技术规范　城市声环境常规监测》（HJ 640—2012）监测及评价，全省设区市昼间道路交通噪声平均等效声级为65.7分贝，与2022年相比基本持平，夜间平均等效声级为57.2分贝，较上一轮监测（2018年）上升1.2分贝，昼、夜间交通噪声强度均为一级，声环境质量为好。在监测路段中，声强超过道路交通噪声强度二级限值（昼间70分贝，夜间60分贝）的路段分别占监测总路长的11.9%（昼间）和32.5%（夜间），昼间超标路段比例同比上升3.5个百分点，夜间超标路段比例较上一轮监测（2018年）上升11个百分点。

七、固体废物

截至2023年底，全省共建成危险废物集中处置设施109座，其中焚烧、水泥窑协同、等离子、超临界氧化等处置设施80座，焚烧处置能力229.5万吨/年，填埋处置设施29座，填埋处置能力77万吨/年，全省危险废物集中处置能力306.5万吨/年，同比增长13.8%。2023年，全省办理危险废物移入审批708项、危险废物移出审批1388项，省内经营单位申报处置危险废物量为83万吨。

全省废弃电器电子产品拆解处理企业共8家，年处理能力为1153.9万台，分别位于南京、常州、苏州、南通、淮安和扬州6市。2023年共拆解处理废弃电器电子产品613.6万台，其中废电视机占29.6%、废冰箱占20%、废洗衣机占19.5%、废空调占18.1%、废电脑占12.8%。

八、辐射环境

2023年全省辐射环境66个国控点和222个省控点监测结果表明：环境γ辐射剂量率处于当地

天然本底涨落范围内；空气、土壤、近岸海域海水和海洋生物，以及长江、太湖、淮河等重点流域水体中天然放射性核素活度及浓度处于本底水平，人工放射性核素活度及浓度未见异常；重点饮用水水源地取水口水中总α、总β活度及浓度低于《生活饮用水卫生标准》（GB 5749—2022）规定的指导值；电磁辐射环境监测点监测结果低于《电磁环境控制限值》（GB 8702—2014）规定的公众暴露控制限值。

田湾核电基地外围辐射环境状况总体良好，周围环境γ辐射剂量率，空气、水、土壤、生物等环境介质中与设施活动相关的放射性核素活度及浓度总体处于历年涨落范围内。全省城市放射性废物库区周围环境γ辐射剂量率处于当地天然本底涨落范围内，空气、水、土壤、生物等环境介质中天然放射性核素活度及浓度处于本底水平，人工放射性核素活度及浓度未见异常。

九、农村环境

2023 年，全省在 13 个设区市中的 76 个县（市、区）开展农村环境质量监测。

1. 农村环境空气

全省开展空气质量监测的 136 个村庄，环境空气质量优良天数比例为 81. 3%，与 2022 年持平。出现超标的污染物为臭氧、$PM_{2.5}$、PM_{10} 和二氧化氮。

2. 农村水环境

全省开展监测的 16 个农村饮用水水源地水质达到或好于Ⅲ类比例为 100%，与 2022 年相比保持稳定。184 个县域地表水监测断面（点位）中，水质达到或好于Ⅲ类比例为 88. 6%，与 2022 年相比上升 0. 7 个百分点。

3. 农村土壤环境

“十四五”期间需开展监测的 530 个农村土壤环境质量监测点位已于 2021—2022 年按要求完成一轮监测。依据《土壤环境质量　农用地土壤污染风险管控标准（试行）》（GB 15618—2018）评价，500 个点位的污染物含量低于土壤风险筛选值，占比 94. 3%。

第二节　安徽省生态环境质量

一、环境空气

2023 年，全省环境空气中 $PM_{2.5}$、PM_{10}、二氧化硫、二氧化氮年均浓度分别为 34. 8 微克/立方米、59 微克/立方米、7 微克/立方米、24 微克/立方米，臭氧日最大 8 小时平均值第 90 百分位数浓度为 154 微克/立方米，一氧化碳日均值第 95 百分位数浓度为 0. 9 毫克/立方米。与 2022 年相比，二氧化硫、一氧化碳浓度持平，$PM_{2.5}$ 和臭氧浓度分别下降 0. 3%和 2. 5%，PM_{10} 和二氧化氮浓度分别上升 1. 7%和 4. 3%（图 6-1-1）。

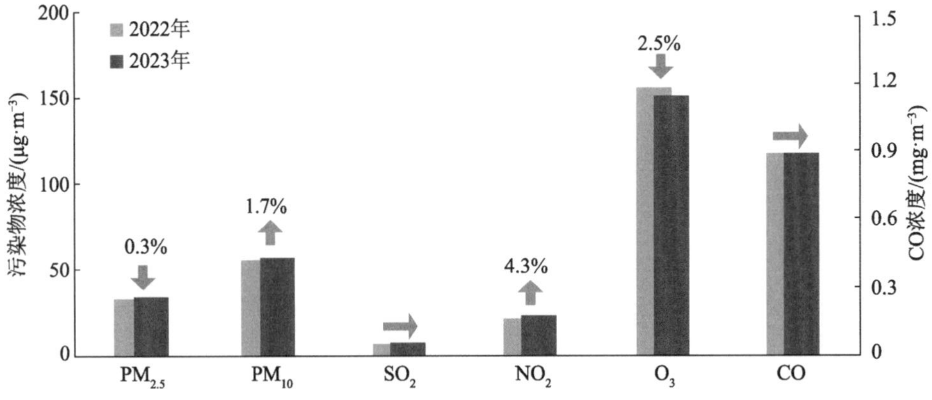

图 6-1-1　2022—2023 年安徽省环境空气主要污染物浓度

合肥、六安、芜湖、宣城、铜陵、池州、安庆和黄山 8 个设区市环境空气质量达标。按照环境空气质量综合指数评价，排名前 3 位的设区市依次是黄山、宣城、六安，排名后 3 位的设区市依次是淮北（倒 1）、宿州（倒 2）、芜湖（倒 3）。

2023 年，全省空气质量优良天数比例为 82.9%，同比上升 1.1 个百分点。16 个设区市空气质量优良天数比例范围为 70.1%（淮北市）~97.5%（黄山市）。扣除沙尘天气影响，除黄山市外，其余 15 个设区市均出现重污染天，累计天数为 54 天，同比增加 26 天。

二、水环境

1. 地表水环境

2023 年，全省地表水总体水质状况为优。监测的 210 条河流、73 个湖泊水库共 401 个断面中，Ⅰ~Ⅲ类水质断面占 90.3%，同比上升 3.8 个百分点，Ⅳ类水质断面比例为 9.7%，无Ⅴ类和劣Ⅴ类水质断面（图 6-1-2）。

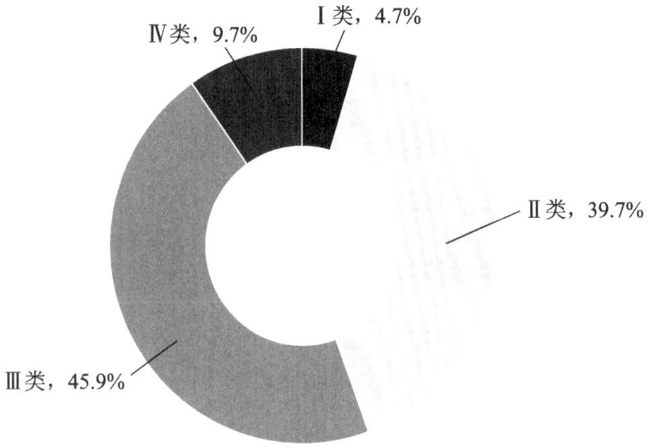

图 6-1-2　2023 年安徽省地表水监测断面（点位）水质类别占比

长江流域。长江干流（安徽段）总体水质为优，20 个断面水质均为Ⅱ类。长江支流总体水质为优，监测的 77 条支流中，53 条水质优、21 条水质良好、3 条水质轻度污染。

淮河流域。淮河干流水质为优，13 个断面中有 5 个断面水质为Ⅱ类、8 个为Ⅲ类。淮河支流总体水质为良好，监测的 85 条支流中，22 条水质优、48 条水质良好、15 条水质轻度污染。

新安江流域。新安江干流水质状况为优，2 个断面水质均为Ⅱ类。新安江支流总体水质为优，监测的 7 条支流中，6 条水质优、1 条水质良好。

巢湖流域。全湖及东、西半湖水质类别均持续为Ⅳ类，全湖及东、西半湖均呈轻度富营养状态，主要污染指标为总磷。

环湖河流总体水质状况为优，监测的 38 条环湖河流中，7 条水质优、30 条水质良好、1 条水质轻度污染。

其他主要湖泊、水库。除巢湖外，全省监测的其他 28 个湖泊中，15 个水质良好、13 个水质轻度污染；44 座水库中，20 座水质优、21 座水质良好、3 座水质轻度污染。

龙感湖、石塘湖、四方湖、龙子湖、天河湖、茨河湖、沱湖、天井湖、石龙湖、升金湖、平天湖、石湖水库、屯仓水库、釜山水库、七里湖、石坝水库、蔡桥水库、安丰塘、高塘湖、焦岗湖、城西湖、城东湖、石臼湖、南漪湖和枫沙湖等 25 个（座）湖库水体呈轻度富营养状态，其他湖库水体均呈中营养状态。

引江济淮。2023 年，引江济淮（安徽段）一期工程输水干线沿线 47 个监测断面中，Ⅰ~Ⅲ类水质断面共 43 个，占 91.5%。

2. 地下水环境

2023 年，全省地下水水质总体保持稳定，102 个国家考核点位水质以Ⅳ类及以上为主，Ⅳ、Ⅴ类水主要分布于淮北平原地区，满足国家地下水环境区域点位考核目标要求。

3. 饮用水环境

地级城市。2023 年，地级城市的 44 个水源地中，有 40 个水源地监测项目全部满足饮用水水源地水质标准，与上年持平。出现超标的水源地均为地下水水源地，受地质环境背景影响，主要超标指标为氟化物和钠。2023 年，地级城市水源地取水总量为 17.5 亿立方米，其中达标水量为 17.4 亿立方米，占 99.4%，同比上升 0.3 个百分点。

县级行政单位所在城镇。2023 年，县级行政单位所在城镇的 84 个水源地中，有 75 个水源地监测项目全部满足饮用水水源地水质标准，与上年持平。出现超标的水源地中，地表水水源地 5 个，主要超标指标为总磷；地下水水源地 4 个，受地质环境背景影响，主要超标指标为氟化物、钠和碘化物。2023 年，县级行政单位所在城镇水源地取水总量为 9.1 亿立方米，其中达标水量为 8.6 亿立方米，占 94.5%，同比上升 0.2 个百分点。

三、声环境

2023 年，全省设区市区域声环境昼间等效声级平均值为 54.8 分贝，同比下降 0.3 分贝；夜间等效声级平均值为 47.6 分贝。区域声环境昼间总体水平为二级的设区市 7 个，占 43.8%，同比下降 6.2 个百分点；三级的设区市 9 个，占 56.2%，同比上升 6.2 个百分点。区域声环境夜间总体水平为二级的设区市 2 个，占 12.5%；三级的设区市 12 个，占 75%；四级的设区市 2 个，占 12.5%。2023 年安徽省设区市区域声环境昼间和夜间平均等效声级图见图 6-1-3。

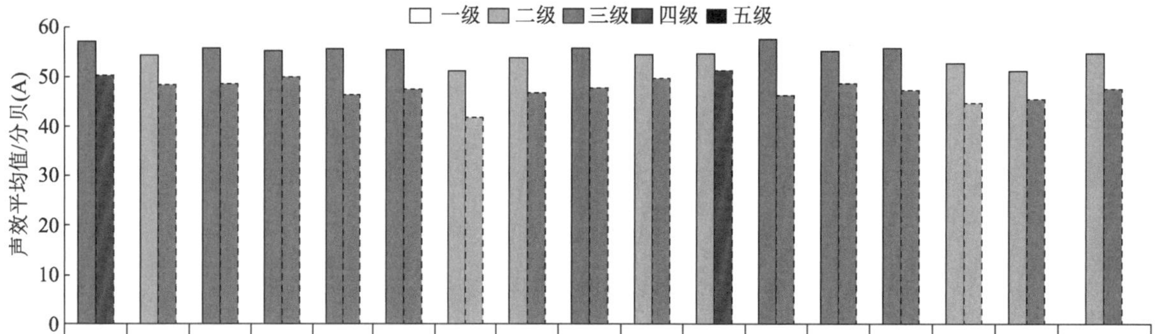

	合肥	淮北	亳州	宿州	蚌埠	阜阳	淮南	滁州	六安	马鞍山	芜湖	宣城	铜陵	池州	安庆	黄山	全省
昼间	57.2	54.4	55.8	55.3	55.7	55.5	51.2	53.9	55.8	54.5	54.7	57.6	55.2	55.8	52.8	51.2	54.8
夜间	50.3	48.4	48.6	50.0	46.4	47.5	41.8	46.8	47.8	49.7	51.3	46.3	48.7	47.3	44.7	45.5	47.6

图 6-1-3　2023 年安徽省设区市区域声环境昼间和夜间平均等效声级图

2023 年，全省设区市道路交通声环境昼间等效声级平均值为 66.1 分贝，同比上升 0.1 分贝；夜间等效声级平均值为 59 分贝。道路交通昼间噪声强度为一级的设区市 14 个，占 87.5%，同比持平；二级的设区市 2 个，占 12.5%，同比持平。道路交通夜间噪声强度为一级的设区市 6 个，占 37.5%；二级的设区市 7 个，占 43.8%；三级的设区市 1 个，占 6.2%；五级的设区市 2 个，占 12.5%。2023 年安徽省设区市道路交通声环境昼间和夜间平均等效声级图见图 6-1-4。

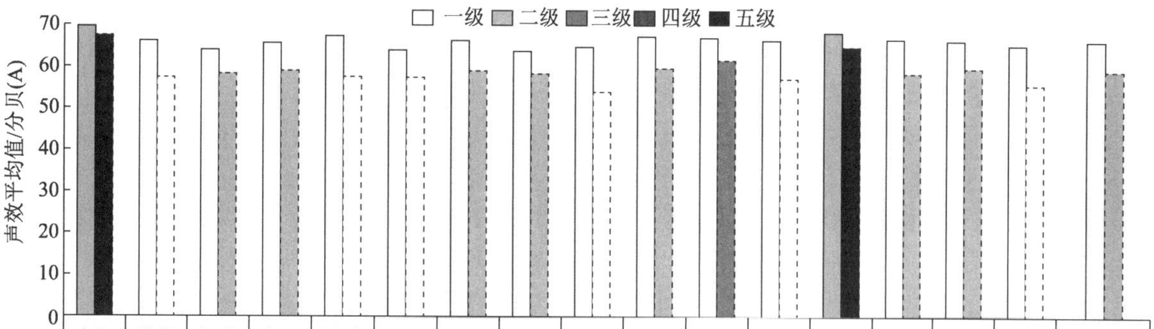

	合肥	淮北	亳州	宿州	蚌埠	阜阳	淮南	滁州	六安	马鞍山	芜湖	宣城	铜陵	池州	安庆	黄山	全省
□昼间	69.6	66.1	64.0	65.6	67.3	63.9	66.2	63.7	64.7	67.2	66.9	66.3	68.1	66.6	66.2	65.1	66.1
⬚夜间	67.4	57.4	58.3	59.0	57.5	57.4	59.0	58.3	53.8	59.6	61.5	57.1	64.7	58.4	59.6	55.5	59.0

图 6-1-4　2023 年安徽省设区市道路交通声环境昼间和夜间平均等效声级图

2023 年，全省设区市声环境功能区昼间和夜间达标率分别为 95.8%和 85%，同比分别下降 1.4 个百分点、上升 1.8 个百分点。除 0 类功能区外，其余声环境功能区昼间达标率高于夜间。从 0 类到 4 类声环境功能区来看，4 类功能区昼间达标率最高，夜间达标率最低。2023 年安徽省各类功能区声环境质量达标率见图 6-1-5。

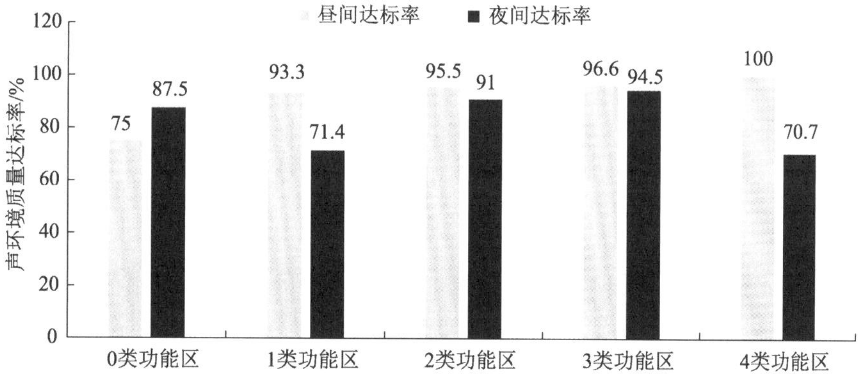

图 6-1-5　2023 年安徽省各类功能区声环境质量达标率

四、生态质量

2023 年，全省生态质量指数（EQI）值为 64.12，生态质量为“二类”，与 2022 年相比基本稳定。16 个设区市中，宣城、池州、安庆和黄山 4 市生态质量为“一类”，合肥、蚌埠、淮南、滁州、六安、马鞍山、芜湖和铜陵 8 市生态质量为“二类”，淮北、亳州、宿州和阜阳 4 市生态质量为“三类”。

2023 年，安徽省在全省 16 个设区市选择 67 个县（市、区）109 个村庄，开展村庄环境空气、县域地表水监测。在全省范围内开展“千吨万人”饮用水水源地水质、设计灌溉规模在 10 万亩及以上农田灌溉水质监测。

2023 年，全省 109 个村庄环境空气质量状况良好，空气质量优良天数比例为 79.6%，同比下降 4.2 个百分点，主要超标指标为臭氧和 $PM_{2.5}$。

2023 年，158 个县域地表水水质监测断面中，水质达到或优于Ⅲ类的断面有 102 个，达标率为 64.6%，主要超标指标为高锰酸盐指数、总磷和化学需氧量。

2023 年，528 个“千吨万人”地表水饮用水水源地中，水质达标率为 97.3%，主要超标指标为溶解氧、总磷和总氮；704 个“千吨万人”地下水饮用水水源地中，水质达到或优于Ⅲ类的比例为 40.6%，主要超标指标为钠、氟化物和锰，主要是由于自然本底值较高所致。

2023 年，135 个设计灌溉规模在 10 万亩及以上的农田灌区点位中，水质达标的有 125 个，达标率为 92.6%，同比上升 6.7 个百分点。

2023 年，按照《农村环境质量综合评价技术规定》对全省开展农村环境质量监测的 67 个县（区）进行农村环境状况评价。农村环境状况指数在 58~98 之间，其中 33 个县（区）为优，占比 49.3%，同比上升 1.5 个百分点；25 个县（区）为良，占比 37.3%，同比下降 3 个百分点；9 个县（区）为一般，占比 13.4%，同比上升 1.5 个百分点。

五、辐射环境

2023 年，全省 γ 辐射空气吸收剂量率（含宇宙射线贡献值）平均值为 97 纳戈瑞/小时，范围为 59~129 纳戈瑞/小时，全省 17 个辐射环境自动监测站采集的大气气溶胶中放射性核素水平未见异常，大气辐射环境处于正常本底水平。

2023 年，全省境内长江、淮河和巢湖流域地表水体中的总 α 放射性水平小于 0.04 贝克/升，总 β 放射性水平范围为 0.09~0.2 贝克/升，总铀含量小于 0.81 微克/升，地表水体放射性水平处于正常水平范围；全省各设区市饮用水水源中地表水总 α 放射性水平小于 0.08 贝克/升，总 β 放射性水平小于 0.26 贝克/升，地下水总 α 放射性水平小于 0.09 贝克/升，总 β 放射性水平范围为 0.02~0.28 贝克/升，饮用水水源总放射性水平处于正常水平范围。

2023 年，全省各设区市土壤监测点中铀-238 含量范围为 23.3~57 贝克/千克，钍-232 含量范围为 25.3~69.7 贝克/千克，镭-226 含量范围为 22.2~62.3 贝克/千克，钾-40 含量范围为 402~746.5 贝克/千克，铯-137 含量不大于 4.6 贝克/千克，监测点土壤放射性核素活度水平均为本底水平。

2023 年，在合肥市开展了城市电磁辐射（射频）环境质量监测，监测点位处电磁辐射水平范围为 1.01~1.78 伏特/米，电磁环境质量状况良好。

第三节　南京市生态环境质量

2023 年，全市生态环境质量保持稳中趋好的总体态势，$PM_{2.5}$ 年均浓度为 29 微克/立方米，排名全省第四；空气质量优良天数比例为 81.9%，排名全省第三；水环境质量总体良好，国省考断面连续 5 年优良率 100%，排名全省第一，主要集中式饮用水水源地水质持续优良；声环境质量和辐射环境质量稳定达标。“双碳”工作体系不断完善，深入治气取得明显成效，水质稳定达标成果持续巩固，土壤和地下水环境总体保持稳定，生态环境安全底线继续筑牢，全面优化服务力度不断加大，突出环境问题整改扎实推进，“长江大保护”稳步开展，环境监管手段不断创新，南京生态底色不断擦亮，为推进中国式现代化南京新实践夯实生态根基。

一、环境空气

根据实况数据统计，南京市环境空气质量达到二级标准的天数为 299 天，同比增加 8 天，达标率为 81.9%，同比上升 2.2 个百分点。其中，达到一级标准天数为 96 天，同比增加 11 天；未达到二级标准的天数为 66 天（其中，轻度污染 58 天，中度污染 6 天，重度污染 2 天），主要污染物为臭氧和 $PM_{2.5}$。各项污染物指标监测结果：$PM_{2.5}$ 年均值为 29 微克/立方米，达标，同比上升 3.6%；PM_{10} 年均值为 52 微克/立方米，达标，同比上升 2%；二氧化氮年均浓度为 27 微克/立方米，达标，同比持平；二氧化硫年均值为 6 微克/立方米，达标，同比上升 20%；一氧化碳日均值第 95 百分位数浓度为 0.9 毫克/立方米，达标，同比持平；臭氧日最大 8 小时平均值第 90 百分位数浓度为 170 微克/立方米，超标 0.06 倍，同比持平，超标天数 49 天，同比减少 5 天。2023 年南京市空气质量级别分布见图 6-1-6，2023 年南京市每季度 $PM_{2.5}$ 均值及优良率变化见图 6-1-7。

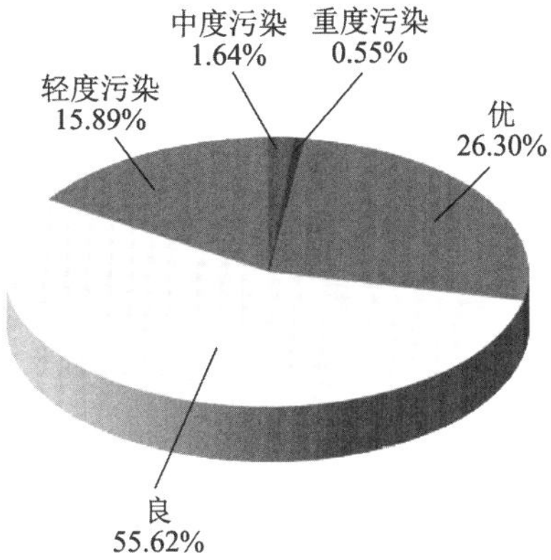

图 6-1-6　2023 年南京市空气质量级别分布

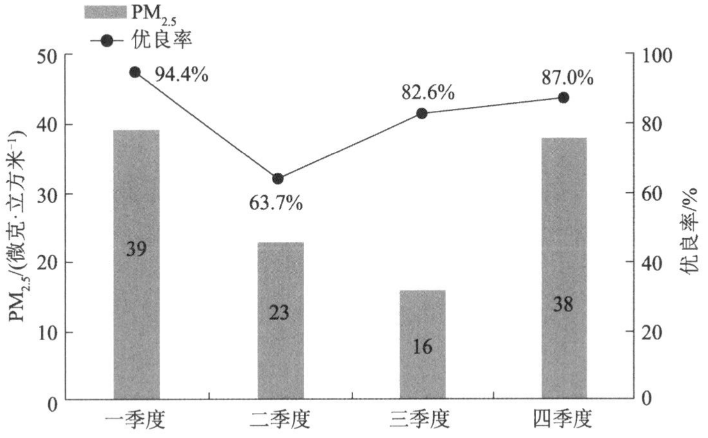

图 6-1-7　2023 年南京市每季度 $PM_{2.5}$ 均值及优良率变化

全市降尘国控点年均值为 2.6 吨/平方公里·月，同比持平。降尘量月最大值为 4.2 吨/平方公里·月，最小值为 1.6 吨/平方公里·月。全市 12 个板块降尘量均值在 2.6 至 3.4 吨/平方公里·月之间。

全市平均年降水量为 1094.1 毫米；酸雨频率为 7.5%，同比下降 2.4 个百分点；降水 pH 均值 5.8，酸性略强于上年水平（上年同期为 5.87）。

二、水环境

全市水环境质量总体处于良好水平。纳入江苏省“十四五”水环境考核目标的 42 个地表水断面水质优良（《地表水环境质量标准》Ⅲ类及以上）率为 100%，无丧失使用功能（劣Ⅴ类）断面。

全市主要集中式饮用水水源地水质持续优良，逐月水质达Ⅲ类及以上，达标率为 100%。

长江南京段干流水质总体状况为优，5 个监测断面水质均达到Ⅱ类。

全市 18 条省控入江支流，水质优良率为 100%。其中 10 条水质为Ⅱ类，8 条水质为Ⅲ类，与上年相比，水质保持优良无明显变化。

秦淮河干流水质总体状况为优，6 个监测断面中，2 个水质为Ⅱ类，4 个水质为Ⅲ类，水质优良率为 100%，与上年相比，水质状况无明显变化。

秦淮新河水质总体状况为优，2 个监测断面水质均为Ⅱ类，与上年相比，水质状况无明显变化。

滁河干流南京段水质总体状况为优，5 个监测断面中，1 个水质为Ⅱ类，4 个水质为Ⅲ类，与上年相比，水质状况无明显变化。

金川河水质状况为优，水质为Ⅱ类，与上年相比，水质状况无明显变化。

玄武湖水质为Ⅳ类，影响水质的主要污染指标为总磷，与上年相比，水质状况无明显变化。固城湖和石臼湖水质均为Ⅲ类，与上年相比，水质状况均无明显变化。

全市 5 个主要湖泊中，按综合营养状态指数评价，莫愁湖、金牛湖和固城湖处于中营养水平，玄武湖和石臼湖处于轻度富营养水平，与上年相比，富营养化水平均无明显变化。

三、声环境

全市区域噪声监测点位 534 个。城区昼间区域环境噪声均值为 53.5 分贝，同比下降 0.3 分贝；郊区昼间区域环境噪声均值为 53 分贝，同比上升 0.5 分贝。

全市交通噪声监测点位 247 个。城区昼间交通噪声均值为 67.7 分贝，同比上升 0.3 分贝；郊区昼间交通噪声均值为 66.1 分贝，同比下降 0.4 分贝。

全市功能区噪声监测点位 28 个。昼间噪声达标率为 99.1%，同比上升 0.9 个百分点；夜间噪声达标率为 94.6%，同比上升 1.6 个百分点。

四、辐射环境

全市 8 个电离辐射监测点，瞬时 γ 辐射空气吸收剂量率平均值为 51.5 纳戈瑞/小时，均在江苏省辐射环境本底值范围内。5 个电磁辐射监测点，综合场强平均值为 1.28 伏特/米，远低于《电磁环境控制限值》（GB 8702—2014）规定的限值标准（12 伏特/米）。

第四节　镇江市生态环境质量

一、环境空气

2023 年，镇江市环境空气中 $PM_{2.5}$、PM_{10} 和二氧化氮浓度较上年均有所上升，二氧化硫、一氧化碳日均值第 95 百分位数浓度（以下简称一氧化碳浓度）与上年持平，臭氧日最大 8 小时平均值第 90 百分位数浓度（以下简称臭氧浓度）较上年有所下降。其中，市区 $PM_{2.5}$ 年均浓度为 37 微克/立方米，较上年上升 5.7%，未达到《环境空气质量标准》（GB 3095—2012）二级标准限值；市区环境空气质量优良天数比例为 74.5%，较上年下降 0.3 个百分点。2023 年镇江市区空气质量级别分布见图 6-1-8。

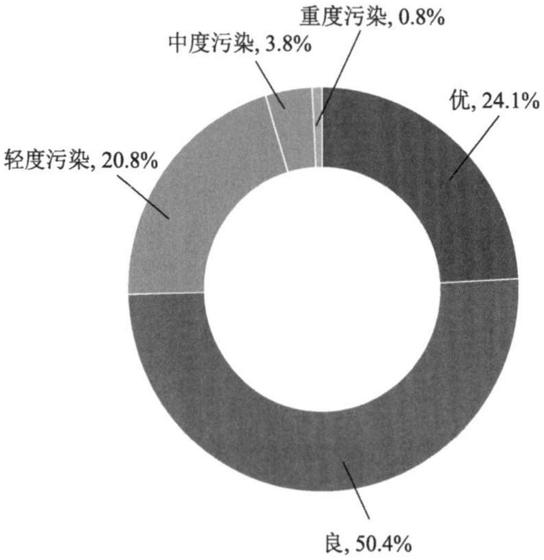

图 6-1-8　2023 年镇江市区空气质量级别分布

镇江市区环境空气中 $PM_{2.5}$、PM_{10}、二氧化硫、二氧化氮年均浓度分别为 37 微克/立方米、57 微克/立方米、5 微克/立方米、29 微克/立方米，一氧化碳浓度、臭氧浓度分别为 0.9 毫克/立方米、174 微克/立方米。对照《环境空气质量标准》（GB 3095—2012）二级标准限值，$PM_{2.5}$ 和臭氧未达要求。与上年相比，$PM_{2.5}$、PM_{10} 浓度分别上升 5.7%和 7.5%，二氧化氮和一氧化碳浓度均持平，二氧化硫和臭氧浓度分别下降 16.7%和 5.4%。

8 个辖市区 $PM_{2.5}$ 浓度范围为 33～38 微克/立方米，与上年相比，除丹徒区持平以外，其余均有所上升，升幅范围为 2.7%～12.5%，其中镇江经开区升幅最大。8 个辖市区环境空气质量优良天数比例范围为 70.1%～80.3%，与上年相比，除京口区持平、镇江高新区和镇江经开区分别下降 0.7 和 0.1 个百分点以外，其余均有所上升，升幅范围为 0.1～5 个百分点，其中润州区升幅最大。

2023 年，全市重度及以上污染天数为 3 天，较上年增加 3 天，驻市环境监测中心共发布各类污染快报 163 期。

2023 年，全市酸雨平均发生率为 2.3%，降水年均 pH 值为 6.2。其中镇江市区、丹阳市、句容市、扬中市酸雨发生率分别为 0%、7.5%、0%、0%。与上年相比，全市酸雨平均发生率上升 1.1 个百分点。

二、水环境

2023 年，全市地表水环境质量总体为优。列入《江苏省水污染防治工作计划》地表水环境质量考核的 10 个国考断面中，水质符合《地表水环境质量标准》（GB 3838—2002）的优Ⅲ类断面比例为 100%，优Ⅱ类断面占比为 40%。省考 45 个断面中，优Ⅲ类断面占比为 100%，优Ⅱ类断面占比为 46.7%。

与上年相比，国考断面优Ⅲ类断面占比持平，优Ⅱ类断面占比下降 20 个百分点。省考断面优Ⅲ类断面占比持平，优Ⅱ类断面占比下降 6.6 个百分点。

1. 饮用水水源地

镇江市区 2 座集中式供水厂（金山水厂和金西水厂）共用的长江征润洲取水口是镇江市的主要饮用水水源地，丹阳市和扬中市的城市（城镇）集中式饮用水也取自长江，句容市的城市（城镇）集中式饮用水主要取自北山水库和句容水库。

2023 年，镇江市区征润洲水源地水质达标率为 100%。全市 4 个县级集中式饮用水水源地，丹阳市长江江心洲水源地、扬中市二墩港水源地、句容市北山水库和句容水库水源地水质达标率均为 100%。与上年相比，水质保持稳定。

2. 太湖流域

2023 年，镇江市太湖流域Ⅰ～Ⅲ类断面占比为 100%，Ⅰ～Ⅱ类断面比例为 33.3%，总体水质为优。与上年相比，Ⅰ～Ⅱ类断面占比下降 4.8 个百分点。

3. 长江流域

2023 年，镇江市长江干流水质为优，3 个监测断面水质类别均为Ⅱ类，达标率为 100%，与上年相比，水质保持稳定。主要入江支流总体水质为优，Ⅰ～Ⅱ类断面占比为 94.7%，与上年相比，上升 10.5 个百分点。

三、土壤环境

2023 年，全市对国家土壤监测网 34 个点位开展了土壤环境质量监测。参照《土壤环境质量 农用地土壤污染风险管控标准（试行）》（GB 15618—2018）评价，29 个监控点位污染物含量低于风险筛选值，占比为 85.3%。5 个重点风险监控点重金属含量超风险筛选值，占比 14.7%。土壤环境质量总体良好。

四、声环境

2023 年，全市声环境质量总体保持稳定。

2023 年，镇江市昼间区域环境噪声平均等效声级为 57 分贝，与上年相比，下降 0.1 分贝；夜间噪声平均等效声级为 48.2 分贝。全市昼间和夜间区域声环境质量等级为三级，处于“一般”水平。

全市 1～4 类功能区声环境昼间和夜间等效声级年均值均达国家标准。与上年相比，1 类、3 类功能区昼间和夜间等效声级略有上升，2 类功能区昼间和夜间等效声级则略有下降，4 类功能区等效声级昼间有所上升，夜间则略有下降。

全市 1～4 类功能区声环境昼间点次达标率分别为 87.5%、95.8%、100%、100%，夜间达标率分别为 81.3%、95.8%、94.4%、100%。与上年相比，1 类功能区昼间、2 类功能区昼间和夜间、3 类功能区夜间达标率有所下降，其余均持平。

2023 年，镇江市昼间交通噪声平均等效声级为 63.8 分贝，与上年相比，上升 0.1 分贝，夜间平均等效声级为 55.9 分贝。全市道路交通噪声强度等级为一级，处于“好”水平。

五、生物环境

2023 年，对镇江市集中式饮用水水源地、长江流域、太湖流域及秦淮河流域主要水体开展水生生物多样性监测，结果显示：采集到的水生生物种类较上年在种类及数量上均有所增加，监测断面中评价等级为“优秀”“良好”的断面比例有所提升，生物多样性得到改善。其中，底栖动物 Shannon-Wiener 多样性指数均值为 2. 21，多样性级别为“良好”；着生藻类 Shannon-Wiener 多样性指数均值为 3. 1，多样性级别为“优秀”。

2023 年，镇江市集中式饮用水水源地和环境空气微生物监测结果显示：主要饮用水水源地水质微生物指标达标率为 100%；全市环境空气中细菌含量及霉菌含量评价为清洁的测点比例均为 100%，较上年保持稳定。

六、生态环境

根据《区域生态质量评价办法》（试行），2023 年镇江市生态质量类型为二类（55≤EQI<70），与上年相比，生态质量变化幅度为“基本稳定”。各辖市区生态质量均处于二类或三类。

七、农村环境

2023 年镇江市农村环境质量状况总体稳定。

1. 农村环境空气

2023 年，镇江市共选取 10 个村庄作为监测区域，监测点位获取的有效数据表明，空气质量优良天数比例为 76. 6%。

2. 农村水环境

2023 年，镇江市“千吨万人”饮用水水源地水质监测点位句容市后白镇二圣水库水源地、丹徒区世业镇水源地水质均达到《地表水环境质量标准》（GB 3838—2002）Ⅲ类水质标准要求。4 个农业面源污染控制断面均达到Ⅲ类水质标准要求。9 个农村县域河流湖库监测断面数据表明：优Ⅲ类断面占比为 88. 9%，无劣Ⅴ类断面。5 个规模化典型农田灌区灌溉水质均达到《农田灌溉水质标准》（GB 5084—2021）标准要求。

3. 农村生活污水处理设施出水水质

2023 年，全市对 577 个农村生活污水处理设施开展出水水质自行监测，自行监测中设施正常运行率 99. 8%。抽取不低于 20%的设施开展执法监测，设施正常运行率 100%。按《农村生活污水处理设施水污染物排放标准》（DB 32/3462—2020）评价，自行监测达标率为 99. 3%，执法监测达标率为 96. 7%。

4. 农村黑臭水体

2023 年，在句容市郭庄南河、和平河各布设 3 个农村黑臭水体监测点位，各监测指标均达到非黑臭标准。

5. 农田退水水质

2023 年，在句容市 2 个规模化典型农田灌溉区布设 5 个农田退水监控断面。4—9 月期间，共开展 6 次监测。农田退水监控断面，按年均值评价均为Ⅳ类，无劣Ⅴ类断面。

八、辐射环境

2023 年，全市辐射环境 4 个国控点和 14 个省控点监测结果表明，环境 γ 辐射吸收剂量率、土壤中主要放射性核素浓度值与江苏省环境天然放射性水平调查测量结果处于同一水平。重点饮用水水源地取水口放射性指标符合《生活饮用水卫生标准》（GB 5749—2022）要求。环境中电磁辐射监测结果均低于《电磁环境控制限值》（GB 8702—2014）中公众暴露控制限值要求。

九、固体废物

2023 年，镇江市一般工业固体废物产生量 783. 64 万吨，利用处置量 809. 44 万吨（含往年贮存量 27. 95 万吨），年末贮存量 2. 15 万吨，利用处置率 99. 73%。危险废物（含医疗废物）产生量 24. 74 万吨、利用处置量 24. 89 万吨（含往年贮存量 0. 6 万吨），年末贮存量 0. 45 万吨，利用处置率 98. 22%。

第五节　扬州市生态环境质量

2023年，扬州市委、市政府认真学习贯彻习近平生态文明思想，深入打好污染防治攻坚战、全面推动绿色发展转型、统筹推进生态保护与修复、加快补齐生态环境基础设施短板，推动生态环境质量持续改善，生态文明“兴”的愿景更加可感，生态环境“优”的全景更加清新，诗画扬州“美”的风景更加动人。

一、环境空气

2023年，扬州市区环境空气中$PM_{2.5}$年均浓度为34微克/立方米，同比上升6.3%；PM_{10}年均浓度为59微克/立方米，同比上升7.3%；臭氧日最大8小时平均值第90百分位数浓度为170微克/立方米，同比下降5.6%；二氧化氮年均浓度为31微克/立方米，同比上升19.2%；二氧化硫年均浓度为7微克/立方米，同比下降12.5%；一氧化碳日均值第95百分位数浓度为1毫克/立方米，同比上升11.1%。

2023年，扬州市区环境空气有效监测天数365天，优良天数共275天，优良天数比例为75.3%，同比下降0.6个百分点；全年共出现90个轻、中、重污染天，其中以臭氧为首要污染物的天数为56天，以$PM_{2.5}$为首要污染物的天数为23天，以PM_{10}为首要污染物的天数为10天，臭氧污染的天数占比达到62.2%。全年有30天受沙尘天气影响。

2023年，江都区空气质量优良天数比例为75.3%，$PM_{2.5}$年均浓度为35微克/立方米；仪征市优良天数比例为81.1%，$PM_{2.5}$年均浓度为31微克/立方米；高邮市优良天数比例为79.1%，$PM_{2.5}$年均浓度为33微克/立方米；宝应县优良天数比例为80.5%，$PM_{2.5}$年均浓度为32微克/立方米。

2023年，扬州市区酸雨发生率为1.7%，同比下降1.4个百分点；仪征市酸雨发生率为2.2%，江都区、高邮市和宝应县均未监测到酸雨。

2023年，扬州市降尘量为2.4吨/平方公里·月，降尘量同比上升4.3%。其中广陵区、邗江区、江都区、仪征市、高邮市、宝应县降尘量分别为1.9、2.4、2.7、2.4、2.4、2.8吨/平方公里·月。

二、水环境

2023年，长江扬州段、京杭运河扬州段总体水质为Ⅱ类，仪扬河、北澄子河、新通扬运河、三阳河总体水质为Ⅲ类。宝应湖总体水质为Ⅲ类，高邮湖、邵伯湖总体水质为Ⅳ类。

15个国考断面优Ⅲ类比例为86.7%，无劣Ⅴ类水体，符合考核标准；47个省考及以上断面水质优Ⅲ类比例为95.7%，无劣Ⅴ类断面，符合考核标准。

2023年，扬州市列入考核的县级以上集中式饮用水水源地共有9家，各饮用水水源地水质达标率为100%；水源地水质达到Ⅱ类标准比例为66.7%。

2023年，扬州市20个省考地下水监测井中，其中14个监测井水质达到或优于Ⅲ类。

三、声环境

2023年，扬州市区功能区昼、夜间噪声达标率分别为97.5%、85%；江都区功能区昼、夜间噪声达标率分别为100%、95.8%；其他县（市、区）功能区昼、夜间噪声达标率均为100%。

2023年，扬州市区区域环境噪声昼、夜间声环境质量均为三级；江都区区域环境噪声昼、夜间声环境质量均为二级；仪征市区域环境噪声昼、夜间声环境质量分别为一级、二级；高邮市区域环境噪声昼、夜间声环境质量分别为二级、三级；宝应县区域环境噪声昼、夜间声环境质量等级均为三级。

2023年，扬州市区昼间道路交通噪声平均等效声级为66.6分贝，声环境质量等级为一级；夜间道路交通噪声平均等效声级为58.7分贝，声环境质量等级为二级。

四、土壤环境

2023年，扬州市79个农用地土壤监测点位中，74个点位各项监测因子浓度符合农用地风险筛选值，5个点位各项监测因子浓度符合农用地土壤污染风险管制值。

五、生态环境

2023年，扬州市生态质量指数（EQI）为57.81，同比下降0.06。一级指标中：生物多样性上升0.09、生态胁迫上升0.71、生态功能上升0.11、生态格局下降0.13；二级指标中：生态宜居上升1.48、生态组分下降0.2、生态结构下降0.09、生态活力下降0.27；三级指标中：建成区公园绿地可达指数上升3.21、生态用地面积比指数下降0.2、生境质量指数下降0.11、植被覆盖指数下降0.45。

六、生物环境

2023年，市区廖家沟饮用水水源地、瓜洲饮用水水源地、三江营饮用水水源地水生物监测结果均为良好。

2023年，着生藻类监测点位共12个，共检出着生藻类99种，优势种为舟形藻属某种。底栖动物监测点位共18个，共检出底栖动物45种，优势种为梨形环棱螺。浮游植物监测点位2个，共检出浮游植物39种，优势种为游丝藻。浮游动物监测点位2个，共检出浮游动物13种，优势种为象鼻溞属某种，水生物环境总体稳定。

2023年，市区叶片氟含量、硫含量均为清洁水平，与上年持平。

扬州共调查发现各类物种1948种。陆生维管植物共143科517属865种，调查到的陆生维管植物中包括银杏、水杉、野大豆等37种国家重点保护野生植物。陆生脊椎动物共360种，包括两栖动物8种、爬行动物14种、鸟类314种和哺乳动物24种，其中东方白鹳、虎纹蛙等为国家重点保护动物。陆生昆虫共306种（属），其中斐豹蛱蝶、黄钩蛱蝶等18种列入《江苏省生态环境质量指示物种清单》。淡水水生生物共417种，包括哺乳动物1种、鱼类65种、浮游植物170种、浮游动物75种（属）、底栖动物68种、水生维管植物38种。

第六节　淮安市生态环境质量

一、环境空气

2023年淮安市环境空气质量在合理区间内小幅波动，空气质量等级为优的天数创有监测数据以来历史新高。PM_{10}、二氧化硫、二氧化氮、一氧化碳、臭氧浓度达到国家二级标准限值。

2023年淮安市空气质量优良天数为290天（扣除沙尘影响异常超标天数），优良天数比例为81.3%。与2022年相比，空气质量为优的天数增加22天。县区优良天数比例介于78.8%至86.4%之间，工业园区最高，涟水县最低。

全市$PM_{2.5}$、PM_{10}、二氧化硫、二氧化氮年均浓度分别为36微克/立方米、58微克/立方米、8微克/立方米、25微克/立方米，一氧化碳日均值第95百分位数浓度和臭氧日最大8小时平均值第90百分位数浓度分别为1毫克/立方米、158微克/立方米。与2022年相比，臭氧污染有所改善，以臭氧为首要污染物的超标天数减少3天，$PM_{2.5}$浓度有所反弹，以$PM_{2.5}$为首要污染物的超标天数增加7天。PM_{10}、二氧化硫、臭氧降幅分别为3.3%、11.1%、0.6%。县区$PM_{2.5}$年均浓度介于31至36微克/立方米之间，金湖县最低，清江浦区最高；PM_{10}年均浓度介于52至62微克/立方米之间，金湖县浓度最低，淮阴区浓度最高。

2023年，淮安市未发生酸雨，降水pH值为6.96。

2023年淮安市降尘年均浓度为2.65吨/平方公里·月，达标。各县区降尘量均达标，年均浓度介于2.59至2.77吨/平方公里·月之间。

二、水环境

2023年淮安市水环境质量总体较好，优Ⅲ比例超过省定考核指标，27条主要河流水质状况达优良，湖泊水质保持稳定，饮用水水源地水质稳定达标，地下水水质稳中趋好。

纳入“十四五”国家地表水环境质量考核的11个国考断面中，年均水质达到或好于Ⅲ类标准的断面有9个（Ⅱ类断面4个），优Ⅲ类占比为81.8%，达标率为100%，无Ⅴ类和劣Ⅴ类断面。

纳入江苏省“十四五”水环境质量目标考核的57个断面中水质达到或好于Ⅲ类标准的断面有53个，优Ⅲ类占比为93%，达标率为100%，无Ⅴ类和劣Ⅴ类断面。

全市城镇饮用水以集中式供水为主。淮安市集中式饮用水水源地取水总量28301万吨，主要取水水源为古淮河、二河。12个集中式饮用水水源地水质状况稳定，均达到地表水Ⅲ类标准，达标率为100%。

2023年，淮河、京杭大运河、苏北灌溉总渠等6个断面水质状况为优；入海水道南偏泓、浔河、黄河故道等21个断面水质状况为良好；入海水道北偏泓、赵公河、公兴河水质状况为轻度污染。

2023年，洪泽湖淮安片区总体水质达到地表水Ⅳ类标准，水质状况保持稳定，总磷、总氮年均浓度为0.076毫克/升、1.52毫克/升，同比分别下降2.6%和20.8%。综合营养状态指数55.2，处于轻度富营养状态，与2022年相比，综合营养状态指数下降了3。

2023年，白马湖水质均达到地表水Ⅲ类标准，水质状况保持稳定，总磷、总氮年均浓度为0.036毫克/升、0.85毫克/升，同比分别下降12.2%和7.6%。综合营养状态指数50.4，处于轻度富营养状态，与2022年相比，综合营养状态指数下降了2。

2023年，高邮湖淮安片区总体水质达到地表水Ⅳ类标准，水质状况保持稳定，总磷、总氮年均浓度为0.06毫克/升、0.95毫克/升，同比分别上升1.7%和下降20.8%。综合营养状态指数56.3，处于轻度富营养状态，与2022年相比，综合营养状态指数下降了1.3。

2023年，宝应湖淮安片区水质为地表水Ⅲ类标准，水质状况保持稳定，总磷、总氮年均浓度为0.035毫克/升、0.64毫克/升，同比分别下降25.5%和25.6%。综合营养状态指数50.1，处于轻度富营养状态，与2022年相比，综合营养状态指数下降了2.8。

2023年，龙王山水库水质均为地表水Ⅲ类标准，水质状况保持稳定，总磷、总氮年均浓度为0.045毫克/升、0.77毫克/升，同比分别上升12.5%和下降1.3%，综合营养状态指数为50.4，处于轻度富营养状态，与2022年相比，综合营养状态指数降低了0.9。

2023年，化农水库水质均为地表水Ⅲ类标准，水质状况保持稳定，总磷、总氮年均浓度为0.043毫克/升、0.64毫克/升，同比上升7.5%和6.7%，综合营养状态指数为47.9，处于中营养状态，与2022年相比，综合营养状态指数上升了0.4。

三、土壤环境

2023年，淮安市对75个国家土壤环境监测网点开展土环境质量监测，包括64个基础点、6个背景点、5个重点风险监控点。参照《土壤环境质量 农用地土壤污染风险管控标准（试行）》（GB 15618—2018）评价，污染物含量低于风险筛选值的有65个，达标率86.7%，总体清洁比例为88%，土壤环境质量总体状况良好。

四、自然环境

依据《区域生态质量评价办法（试行）》（环监测〔2021〕99号）规定的生态质量指数（EQI）综合评价，2023年淮安市生态质量达到“二类”，生态质量指数为61.41，比2022年降低了0.03，名列全省第一，表明淮安市自然生态系统覆盖比例高，生态结构完整且生态功能较为完善，淮安市生态质量变化基本稳定。

五、农村环境

2023年，在7个县（区）辖区内10个行政村开展农村环境质量监测。按照《农村环境质量综合评价技术规定》评价，淮安市农村环境质量总体较好，环境质量综合指数为89.2，级别为“良”，指标同比升高1.4，生态环境良好，基本适合农村居民生活和生产。

淮安市农村环境空气质量总体较好，优良天数比例为79.5%。3个农村饮用水水源地水质达Ⅲ类标准，达标率100%，饮用水水源地水质指数为100，水质保持稳定。13个县域地表水监测断面，水质达到或优于Ⅲ类比例为 90.7%，同比升高 6.3%；20 吨以上农村生活污水处理设施出水达标率 100%；33 个农村土壤环境质量监测点位指标均低于土壤污染风险筛选值，达标率 100%。

六、声环境

2023 年，淮安市声环境总体较好，全市各功能区昼夜噪声均达标。全市区域环境昼间噪声均值为 55.1 分贝，夜间均值为 45.3 分贝，同比均有所改善；全市昼间交通噪声均值为 65.4 分贝，夜间交通噪声均值为 55.4 分贝，均保持稳定，处于“好”水平。

七、固体废物

2023 年，全市一般工业固体废物产生量 551.49 万吨，综合利用率为 96.86%，主要利用方式为建材化、能源化；处置率为 1.85%，主要处置方式为焚烧；累计贮存量为 8.73 万吨。本市危险废物（含医疗废物）产生量 28.62 万吨，其中自行利用处置 7.73 万吨，委外利用处置 21.39 万吨，购存量为 0.48 万吨。

八、辐射环境

2023 年，淮安市开展 15 个点位瞬时监测、1 个国控点空气累计剂量监测、5 个点位电磁辐射监测工作。辐射环境质量保持良好。空气吸收剂量率、大气和土壤中放射性核素浓度处于本底水平；淮河水系监测点放射性核素浓度处于本底水平；重点饮用水水源地取水口水中放射性指标低于《生活饮用水卫生标准》限值。

第七节　芜湖市生态环境质量

一、环境空气

2023 年，芜湖市环境空气优良天数为 304 天（其中，优 84 天，良 220 天），同比增加 11 天，优良天数比例为 83.3%，同比上涨 3 个百分点；污染天数为 61 天（其中，轻度污染 55 天，中度污染 2 天，重度污染 3 天，严重污染 1 天）。

2023 年，芜湖市以二氧化氮为首要污染物的天数为 21 天，占比 5.8%；以臭氧（日最大 8 小时滑动平均）为首要污染物的天数为 139 天，占比 38.1%；以 PM_{10} 为首要污染物的天数为 55 天，占比 15.1%；以 $PM_{2.5}$ 为首要污染物的天数为 70 天，占比 19.2%（部分天数同时存在多个首要污染物）。

各项污染物指标监测结果：$PM_{2.5}$ 年均值为 34 微克/立方米，同比持平；PM_{10} 年均值为 57 微克/立方米，同比上升 3.64%；二氧化氮年均值为 33 微克/立方米，同比上升 10%；二氧化硫年均值为 8 微克/立方米，同比下降 11.11%；一氧化碳日均值第 95 百分位数浓度为 1.1 毫克/立方米，同比上升 10%；臭氧日最大 8 小时平均值第 90 百分位数浓度为 159 微克/立方米，同比下降 1.85%。全市空气质量持续改善。

2023 年，全市降尘年均值为 2.78 吨/平方公里·月，市区降尘年均值为 2.71 吨/平方公里·月，县级（南陵县和无为市）降尘年均值为 3.07 吨/平方公里·月。

2023 年，芜湖市全市降水次数为 237 次，降水量为 3157.7 毫米，全市降水 pH 值范围为 5.6～7.77，年均值为 6.48。

二、水环境

2023 年，列入国家水质考核的 10 个地表水断面中，长江东西梁山、青弋江宝塔根、漳河澛港桥等 9 个断面水质年均值符合《地表水环境质量标准》（GB 3838—2002）Ⅱ类标准，西河入裕溪河口断面水质年均值符合Ⅲ类标准，优良比例、达标率 100%。

芜湖市二水厂（长江）水源地、芜湖市四水厂（长江）水源地、芜湖市漳河备用水源地等 10 个县级以上饮用水水源地水质均达到《地表水环境质量标准》（GB 3838—2002）Ⅲ类标准，水质达标率 100%。

三、声环境

2023 年全市昼间主要交通干线噪声等效声级

平均值为66.9分贝，低于国家标准3.1分贝，交通噪声等效声级平均值比2022年上升0.4分贝。根据道路交通噪声强度等级划分，芜湖市道路交通噪声强度为一级。

2023年，芜湖市区域环境噪声昼间平均等效声级为54.7分贝，比2022年降低了1.5分贝。芜湖市区域环境噪声处于二级水平，对应的评价为“较好”。

2023年共设监测点10个，其中：1类标准适用区设监测点1个，2类标准适用区设监测点5个，3类标准适用区设监测点2个，4类标准适用区设监测点2个。芜湖市各功能区的环境噪声声级大致是随着1类标准适用区<2类标准适用区<3类标准适用区<4类标准适用区依次递增，和功能区的划分完全一致。

四、土壤环境

全市61个详细规划用途变更为“两公一住”，且完成土地供应的地块全部依法落实土壤污染风险管控和修复措施，重点建设用地安全利用率为100%。严格落实受污染耕地安全利用措施，全市受污染耕地安全利用率达100%。

五、固体废物

2023年芜湖市产废单位申报登记1694家，登记产生危废总量为37.29万吨，其中委托利用处置量10.9万吨，自行利用处置量26.39万吨。全市共产生医疗废物3333.05吨，全部落实无害化处置。

六、生态环境

芜湖位于皖南山区向长江沿岸平原的过渡地带，生态系统丰富，既有森林、灌丛、草地等陆地生态系统，又有河流、湖泊、池塘等水域生态系统，还有农田、城市等人工生态系统。多种多样的生态系统蕴藏着丰富多样的物种和生物基因。芜湖市现有省级及以上自然保护地14个，其中省级及以上自然保护区3个，省级以上森林公园4个，省级湿地公园3个，省级风景名胜区1个，国家地质公园2个，国家级水产种质资源保护区1个。

芜湖市境内分布有陆生脊椎动物80科270种，其中国家重点保护野生动物50种（Ⅰ级7种，Ⅱ级43种）。如扬子鳄、穿山甲、江豚、小天鹅、画眉、虎纹蛙等。据不完全统计，芜湖市有高等维管束植物1000余种。留有枫香、化香、马尾松、黑松、毛竹等次生林。有银杏、金钱松、野大豆等国家保护植物数十种。

第八节　马鞍山市生态环境质量

2023年，马鞍山市生态环境质量持续提升。全市$PM_{2.5}$平均浓度为35微克/立方米，连续3年达到国家二级标准；空气优良天数比例改善幅度居全省第二。地表水国省控断面达标率和优良率、“千吨万人”乡镇级和县级及以上饮用水水源地达标率首次全部实现100%，劣Ⅴ类水体全面消除，完成53条农村黑臭水体治理任务。全市重点建设用地安全利用率为100%，危废安全处置率为100%。

一、环境空气

2023年，马鞍山市空气质量达到“优”的天数为91天，“良好”214天，环境空气质量达标天数比例为83.6%。PM_{10}年均浓度为54微克/立方米，达到国家二级标准限值；二氧化硫年均浓度为9微克/立方米，达到国家一级标准限值；二氧化氮年均浓度为30微克/立方米，达到国家一级标准限值；一氧化碳日均值第95百分位数浓度为1.2毫克/立方米，达到国家一级标准限值；臭氧日最大8小时平均值第90百分位数浓度为161微克/立方米；酸雨发生率为8.9%，降水年均pH值为6.13。

二、水环境

2023年，马鞍山市地表水国控监测断面10个，水质状况为良好，全部达到或优于Ⅲ类水质以上。其中，长江马鞍山段2个监测断面水质达到《地表水环境质量标准》（GB 3838—2002）中Ⅱ类，水质状况优。青山河、姑溪河2个监测断面水质均达到Ⅱ类，水质状况优。裕溪河监测断面水质均达到Ⅱ类，水质状况优。

三、声环境

2023年，全市道路交通噪声昼间平均等效声级为67.2分贝，昼间道路交通声环境强度为一级。全市区域环境噪声昼间平均等效声级为54.5分贝，昼间区域声环境总体水平为二级。马鞍山市各类功能区共监测20个点次，其中昼夜各监测10个点次，平均等效声级达标率为82.5%，较2022年提升7.5个百分点。

四、生态建设

2023年，马鞍山市生态环境多项工作位居全省第一方阵。博望区获批省级生态文明建设示范区；创建“无废工厂”等“无废细胞”68个，“无废城市”建设走在全省前列。成功入库中央项目16个，争取中央大气污染防治资金3.1亿元。向山EOD项目44个子项目竣工11个，累计完成投资近40亿元。马鞍山市一件生态环境损害赔偿案成为全省唯一入选第三批全国生态环境损害赔偿磋商十大典型案例，获生态环境部通报表扬。突出生态环境问题整改核查考核位居全省第二，连续6年位居全省前三。

第九节　滁州市生态环境质量

一、环境空气

根据《环境空气质量标准》（GB 3095—2012）的规定，参与评价的污染物指标共6项。2023年，滁州市二氧化硫年均浓度为8微克/立方米，符合一级标准的要求（20微克/立方米）；二氧化氮年均浓度为25微克/立方米，符合一级标准的要求（40微克/立方米）；PM_{10}年均浓度为54微克/立方米，符合二级标准的要求（70微克/立方米）；$PM_{2.5}$年均浓度为34微克/立方米，符合二级标准的要求（35微克/立方米）；一氧化碳年均浓度为0.9毫克/立方米，符合一级标准的要求（4毫克/立方米）；臭氧日最大8小时平均值第90百分位数浓度为171微克/立方米，不符合二级标准的要求（160微克/立方米）。

2023年，滁州市市区环境空气质量总体上属于良好水平，全年优良天数为290天，优良比例为79.5%。

2023年滁州市降水pH值范围在5.6～7.2，pH年均值为6.2，在酸雨临界值（5.6）之上；全年没有出现酸雨。

2023年滁州市及各县（市）共设置了10个监测点位，2023年各测点的年均值在2.3～3.7吨/平方公里·月，全部达标。

二、水环境

2023年滁州市饮用水水源地监测结果表明：滁州市3个市级饮用水水源地水质达标率为100%。

淮河流域小柳巷断面——本断面为国控断面，水质类别符合地表水Ⅱ类，水质状况为优，与2022年相比，水质无明显变化。

淮河流域刘府河入天河湖口断面、淮河流域池河公路桥断面、淮河流域池河三河集断面等14个国控断面，水质类别符合地表水Ⅲ类，水质状况为良好，与2022年相比，水质无明显变化。

长江流域来河—水口断面为国控断面，水质类别符合地表水Ⅳ类，水质状况为轻度污染指标，主要污染指标为高锰酸盐指数，与2022年相比，水质无明显变化。

淮河流域凤阳县淮河水源地断面等4个省控断面，水质类别符合地表水Ⅲ类，水质状况为良好，与2022年相比，水质无明显变化。

淮河流域铜龙河龙岗断面为省控断面，水质类别符合地表水Ⅳ类，水质状况为轻度污染等级，主要污染指标为化学需氧量，与2022年相比，水质无明显变化。

淮河流域秦栏河秦栏断面、长江流域小马厂河小马厂河断面、长江流域清流河盈福桥断面3个省控断面，水质类别符合地表水Ⅳ类，水质状况为轻度污染等级，主要污染指标为化学需氧量、高锰酸盐指数，与2022年相比，水质无明显变化。

高塘湖——国控监测点，水质类别为地表水Ⅳ类，水质轻度污染，污染指标为总磷和总氮，与2022年相比，水质无明显变化。

七里湖——国控监测点，水质类别为地表水Ⅳ类，水质轻度污染，污染指标为总磷，与2022年相比，水质无明显变化。

高邮湖——省控监测点，水质类别为地表水Ⅳ类，水质轻度污染，污染指标为总磷和总氮，与2022年相比，水质无明显变化。

城西水库、凤阳山水库等10个水库为省控监测点，水质类别为地表水Ⅲ类，水质状况为良好，与2022年相比，水质无明显变化。

釜山水库、蔡桥水库等为省控监测点，水质类别为地表水Ⅳ类，水质轻度污染，污染指标为总磷，与2022年相比，水质无明显变化。

三、声环境

滁州市建成区按不同功能区分布情况共布设14个功能区噪声定期监测点，监测结果表明：14个功能区全年昼间达标率100%，夜间达标率96.4%。

2023年度昼间平均等效声级为63.7分贝，监测点达标率为100%，整体道路交通噪声环境为“好”。夜间道路交通声环境平均等效声级为58.3分贝，62个道路交通噪声监测点位中49个测点夜间超标，监测达标率仅为21%。

2023年度滁州市建成区按1000米×1000米的网格布设了114个测点，其中昼间等效声级平均值为53.9分贝，符合《声环境质量标准》（GB 3096—2008）中1类区（居住、医疗、文教区）环境噪声标准；夜间等效声级平均值为46.8分贝，符合《声环境质量标准》（GB 3096—2008）中2类区（居住、商业、工业混杂区）环境噪声标准。

第十节　宣城市生态环境质量

一、环境空气

2023年，宣城市空气质量持续改善，市区空气中$PM_{2.5}$年均浓度为30微克/立方米，环境空气质量优良天数比例为94.2%，市区空气质量连续4年达到空气质量二级标准，空气质量排名全省第二，空气质量改善幅度全省第一。

2023年，宣城市区空气质量优良天数为344天，优良天数比例为94.2%，较上年增加2.7个百分点。2023年宣城市区空气质量级别分布见图6-1-9。

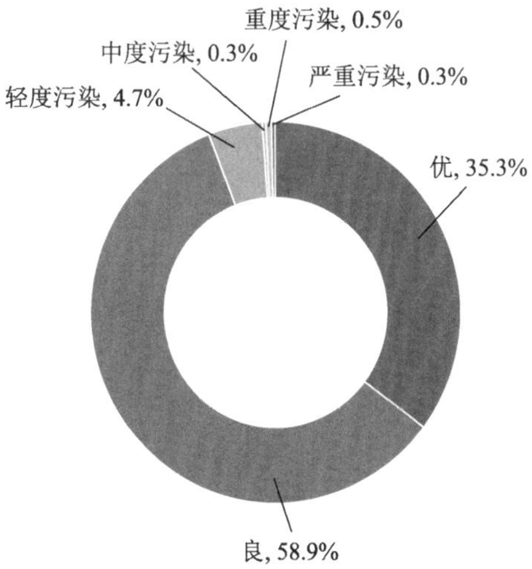

图6-1-9　2023年宣城市区空气质量级别分布

宣城市区环境空气中二氧化硫年均浓度为6微克/立方米，较上年持平；二氧化氮年均浓度为23微克/立方米，较上年持平；$PM_{2.5}$ 年均浓度为30微克/立方米，同比下降6.2%；PM_{10} 年均浓度为48微克/立方米，同比上升2.1%；臭氧日最大8小时平均值第90百分位数浓度为130微克/立方米，同比下降7.1%；一氧化碳日均值第95百分位数浓度为0.8毫克/立方米，同比下降11.1%。6种主要污染物均达到环境空气质量二级标准。

全市县市区空气质量优良天数比例在83.6%~98.1%，下辖7个县市区中除郎溪县外其余县市区空气质量均达到环境空气质量二级标准；郎溪县空气6项污染物中除臭氧外，其余各项污染物均达到环境空气质量二级标准。

各县市区环境空气中 $PM_{2.5}$ 年均浓度范围为20~30微克/立方米，PM_{10} 年均浓度范围为37~61微克/立方米，二氧化硫年均浓度范围为5~10微克/立方米，二氧化氮年均浓度范围为9~23微克/立方米，臭氧日最大8小时平均值第90百分位数浓度范围为121~166微克/立方米，一氧化碳日均值第95百分位数浓度范围为0.6~1.1毫克/立方米。

2023年，全市降水pH均值为6.3，酸雨发生率为0.8%。全市降水离子组成中，阳离子当量浓度高低依次为 NH_4^+、Ca^{2+}、Na^+、K^+、Mg^{2+}，其中 NH_4^+ 和 Ca^{2+} 分别占总离子当量的12.5%、10.9%，为阳离子主要成分；阴离子当量浓度高低依次为 NO_3^-、SO_4^{2-}、Cl^-、F^-，其中 NO_3^- 和 SO_4^{2-} 分别占总离子当量的27.8%、26.5%，为阴离子主要成分。

二、水环境

2023年，全市地表水环境质量持续为优。境内水阳江、青弋江、新安江水系水质为优，太湖水系水质总体良好，南漪湖总体水质为良好。

2023年，全市地表水水质总体为优，监测的30个国控、省控地表水断面中，Ⅰ~Ⅲ类水质断面占93.3%，Ⅳ~Ⅴ类水质断面占6.7%（图6-1-10）。

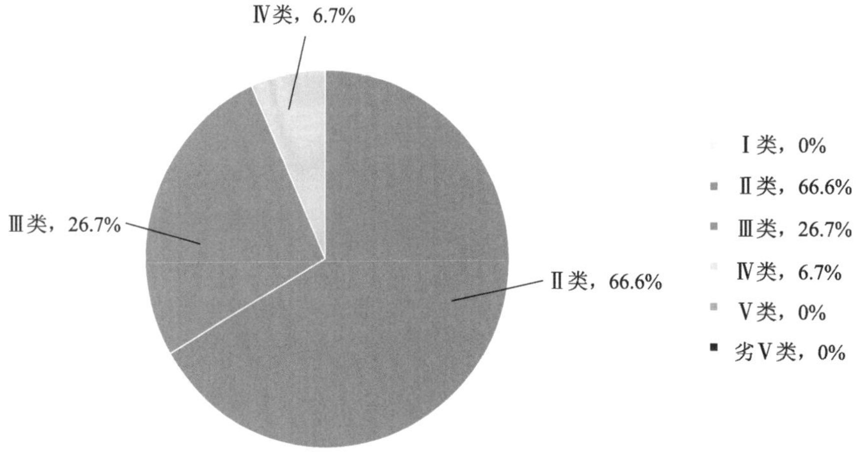

图6-1-10　2023年宣城市地表水环境质量状况

全市16个国控考核断面水质均达到考核要求，达标率100%，其中3个断面水质优于考核要求；14个省控考核断面全部达到考核要求，达标率100%。

水阳江水系水质总体为优。其中水阳江干流、西津河、东津河、新郎川河水质为优，无量溪河、郎川河水质良好。

青弋江水系水质总体为优。青弋江干流水质持续稳定，青弋江干流、总干渠、玉水河、徽水河、周寒河水质为优，汤泊河水质为良好。

太湖水系水质总体良好。其中泗安河水质为优，梅溧河水质轻度污染。

新安江水系水质为优。扬之河水质持续为优。

2023年，全市9个湖泊（水库）中Ⅰ~Ⅲ类水质湖泊（水库）占88.9%，Ⅳ~Ⅴ类水质湖泊（水库）占11.1%。其中港口湾水库、卢村水库、天子门水库、翚溪水库水质为优，龙须湖水库、南漪湖、畈村水库、粮长门水库水质良好，白沙水库水质轻度污染。

南漪湖呈轻度富营养状态。其余湖库均呈中

营养状态。

2023 年，2 个地级城市集中式饮用水水源地取水量为 5493 万吨，水源达标率及水量达标率均为 100%。全市 12 个县级城市集中式饮用水水源地取水总量为 11120.8 万吨，水源达标率及水量达标率均为 100%。

三、声环境

2023 年，全市声环境质量总体较好。城市区域声环境和道路交通声环境质量保持稳定。

2023 年，宣城市城市区域声环境质量有效测点 114 个，昼间等效声级范围为 44.6～77 分贝，昼间平均等效声级为 57.6 分贝；夜间等效声级范围为 34.4～59 分贝，夜间平均等效声级为 46.3 分贝。

2023 年，宣城市区 34 条道路 68 个道路交通噪声点位昼间等效声级在 57.4 至 73.2 分贝之间，加权平均等效声级为 66.3 分贝，质量等级为“好”。夜间等效声级在 41.5 至 67.5 分贝之间，加权平均等效声级为 57.1 分贝，质量等级为“好”。

2023 年，宣城市功能区声环境质量昼间、夜间点次达标率分别为 100%、96.4%。

四、辐射环境

2023 年，全市辐射环境质量总体稳定。环境电磁辐射水平总体情况较好，环境电离辐射水平处于正常本底水平。

2023 年，全市环境地表 γ 辐射空气吸收剂量率在 59 至 103 纳戈瑞/小时之间，处于天然本底涨落范围内。

水阳江玉山水源地水质总 α、总 β 放射性均低于《生活饮用水卫生标准》（GB 5749—2022）中规定的放射性指标指导值。

土壤中放射性核素均处于正常本底水平。

五、农村环境

2023 年，宣城市农村环境状况总体为优。全市开展监测的 14 个村庄的空气质量平均优良天数比例为 98.6%，县域河流湖库断面水质总体为“优”，农村“千吨万人”水源地水质达标率 100%，农田灌区水质稳定达标。

第十一节　溧阳市生态环境质量

一、环境空气

2023 年，溧阳市环境空气中 $PM_{2.5}$、PM_{10}、二氧化硫、二氧化氮年均浓度分别为 31 微克/立方米、54 微克/立方米、9 微克/立方米和 26 微克/立方米；一氧化碳日均值第 95 百分位数浓度和臭氧日最大 8 小时平均值第 90 百分位数浓度分别为 1.2 毫克/立方米和 170 微克/立方米。全市空气质量优良天数 289 天，优良天数比例为 79.2%，其中达到Ⅰ级（优）空气质量的天数为 87 天，达到Ⅱ级（良）空气质量的天数为 202 天，空气质量为Ⅲ级（轻度污染）和Ⅳ级（中度污染）的天数分别为 70 天和 5 天，Ⅴ级（重度污染）1 天。与上年相比，空气质量优良天数比例降低了 1.1 个百分点。

2023 年，溧阳市空气质量综合指数为 3.82，同比下降 1.8%。超标天的首要污染物有臭氧、$PM_{2.5}$、PM_{10}、二氧化氮。与上年相比，臭氧、PM_{10}、二氧化氮超标天数有所增多，同比分别增加 4 天、7 天和 1 天，$PM_{2.5}$ 超标天数同比减少 8 天。

2023 年，溧阳市全年降水 pH 值范围在 5.75～6.91，年均值为 6.12，高于酸性降水临界值（pH＝5.60）。2023 年共监测到降水 54 次，无酸性降水。pH 值在 6～6.50 区间的降水发生频率最高，占 50%。与上年相比，降水 pH 值升高 0.03，酸雨频率下降 2.6 个百分点。

2023 年，溧阳市降尘量年均值 2.2 吨/平方公里·月，与常州市对照点竺山湖持平。与上年相比，溧阳市年均降尘量上升 10.9%。

二、水环境

2023 年，溧阳市主要河流水质整体状况为优，所监测的8个断面（丹金溧漕河、南溪河、北溪河、邮芳河、大溪河、胥河、北河和中干河）均符合Ⅲ类水质标准，北溪河和北河达到Ⅱ类水质标准，水质优良率达100%。

2023年，沙河水库、大溪水库、前宋水库和塘马水库均达到地表水Ⅲ类标准。从多年情况来看，总体水质较为稳定。沙河水库、大溪水库和塘马水库3个湖库为中度富营养状态，前宋水库为轻度富营养状态。

2023年，溧阳市2个集中式饮用水水源地取水总量5904万吨，同比增加17万吨，水质均达到地表水Ⅲ类标准，总体水质状况良好。溧阳市农村“千吨万人”饮用水水源地吕庄水库水质总体较好，达到地表水Ⅲ类标准。

2023年，溧阳市地表水底泥各项指标均值均低于风险筛选值。常规指标中，总磷均值同比上升3.8%，总氮和有机质指标均值同比分别下降44.1%和24.7%；重金属指标中，镉均值同比下降4%，砷、汞、铬、铅、铜和锌均值同比分别上升107.1%、33.3%、38.7%、200%、73.9%和23.1%。

2023年，溧阳市地下水水质达到Ⅲ类标准，水质同比持平。

三、声环境

2023年，溧阳市各类功能区昼间噪声均达标，达标率为100%，同比持平；夜间噪声达标率为96.4%。声级范围为36.9～71.3分贝。受人们的作息规律影响，1至4a类功能区均呈现昼间噪声声级高、夜间噪声声级低的特征。

2023年，溧阳市昼间区域环境噪声声级范围为43.8~65.1分贝，平均值54.7分贝，同比略微降低，处于“较好”水平；夜间区域环境噪声声级范围39.2~54.5分贝，平均值44.5分贝，略低于2018年，处于“较好”水平。

2023年，溧阳市道路交通噪声测点总数25个，监测路段总长50.4千米。监测期间，昼间平均车流量为911辆/小时，道路交通噪声平均值为65.2分贝，处于“好”水平，同比持平；夜间平均车流量为395辆/小时，道路交通噪声平均值为59.4分贝，处于“较好”水平，较2018年上升0.3分贝。

四、生态环境

2023年，溧阳市属于“二类”生态质量地区，生态质量指数（EQI）下降0.5，生态质量变化分级属于“基本稳定”。

2023年，溧阳市水生生物监测点位共监测到大型底栖无脊椎动物2127头，分属4门8纲16目25科45属59种，节肢动物为主要优势类群；共监测到浮游植物113种，数量上主要优势种为蓝藻门假鱼腥藻属某种、泽丝藻属某种和尖头藻属某种等。

2023年，溧阳市7个水生生物监测点位涉及河流和水库，河流大型底栖无脊椎动物完整性处于“一般”至“良”，多样性处于“中等”至“优秀”；着生藻类多样性处于“优秀”水平。大溪水库和沙河水库2个湖库水体的综合营养状态为中营养；大型底栖无脊椎动物完整性处于“中”，多样性处于“良好”至“优秀”；浮游植物完整性处于“中”，多样性处于“中等”至“良好”；浮游动物多样性处于“良好”。

五、农村环境

2023年，溧阳市农村环境空气质量总体较好，日平均达标率为79.7%，首要污染物主要为臭氧、$PM_{2.5}$、PM_{10}和二氧化氮；农村饮用水水源地水质稳定达标，达标率100%；县域地表水Ⅲ类及以上水质断面比例为66.7%，同比下降16.6个百分点，主要影响因子为总磷、化学需氧量和高锰酸盐指数；20吨以上生活污水处理设施全年正常运行，设施出水超标率为1.8%，超标因子主要为氨氮和总磷；大溪水库灌区农田灌溉水质所有监测指标均在《农田灌溉水质标准》基本控制项目限值内，满足灌溉水水质需求。

六、土壤环境

2023年，溧阳市选取天目湖镇高唐夼作为土壤背景点，评价结果为“清洁”。

七、企业排污情况

2023年，溧阳市工业废气排放量为1356.2亿立方米，主要污染指标二氧化硫、氮氧化物和颗粒物排放量同比呈上升趋势，分别上升4.1%、

4.8%和4.9%。溧阳市工业煤炭消耗总量、锅炉数量和工业窑炉数量均同比增加。溧阳市工业企业二氧化碳排放总量为106.9万吨。

2023年，溧阳市工业废水排放总量543万吨，主要污染指标化学需氧量、总氮和氨氮分别同比下降27.1%、25.1%和64.2%，总磷排放量同比上升20%。

2023年，溧阳市产生一般工业固体废物52.6万吨，产生的各类固体废物均被综合利用或处置，固体废物持续保持零排放。一般工业固体废物、工业危险废物和生活垃圾产生量均同比增加，医疗废物产生量减少。

2023年，溧阳市针对76家重点监控企业进行废气有组织监督监测，达标率为100%。针对2家重点监控企业进行废气无组织监督监测，达标率为100%。针对42家重点监控企业进行废水监督监测，达标率为100%。

第十二节　金坛区生态环境质量

2023年，金坛区境内国省考断面优Ⅱ比例达36.4%，同比提升9.1个百分点；长荡湖水质同比改善一个水质类别，总磷指标同比下降21.2%，达近10年来最佳水平。

金坛区统筹推进老旧小区改造、美丽宜居城市建设与城镇污水处理提质增效精准攻坚“333”行动，持续推进金沙老城雨污分流改造。2023年实施10条市政管网建设，累计新改建雨污水管网20.9公里，完成11个住宅小区、3个机关单位庭院和2个城中村的雨污分流改造。

2023年，金坛区科学规划、因地制宜推进农村生活污水治理，提出“六个统一”工作制度，全面推进41个行政村的工程治理，完成9296户化粪池改造，并对下辖203个不具备条件的自然村实施收集转运及资源化利用，治理率由2022年底的21%提升至75%。

此外，金坛区全力推进工业污染防治、农业面源治理和河道综合整治，从源头上降低入湖污染负荷。制定《工业企业排水排查整治流程图》《金坛区工业企业排水排查标准》《金坛区工业企业内部雨污分流技术指南》，开展园区内外涉水企业排查和监测2200余家，推动雨污分流整治177家。提速新一轮涉磷企业专项整治，排查涉磷企业379家。整治太湖流域问题排污口171个、问题小微水体71个，建设农村生态河道30条。完成百亩以上连片养殖池塘标准化改造1.13万亩，建成29个化肥减量增效示范方，总面积达4050亩。

2023年，开展长荡湖“湿地公园生物多样性调查”“水生态健康调查与评估”等研究，编制长荡湖总磷污染控制方案。实施长荡湖出入湖口生态拦截工程，完成生态前置库、引流槽、污泥捕获槽等18万方底泥清淤。巩固水生植物恢复成效，湖滨带（9436亩）水草覆盖率超90%，湖心区（4000多亩）首现金鱼藻等沉水植物，部分水域的芦苇、菖蒲、菱等水生植物得到自然恢复，物种数量增加到760余种。

第二章　各城市绿色发展情况

第一节　江苏省绿色发展情况

2023 年，江苏省生态环境系统坚持以习近平新时代中国特色社会主义思想为指导，扎实开展主题教育，深入学习贯彻习近平生态文明思想和习近平总书记对江苏工作重要讲话重要指示精神，全面贯彻新发展理念和全国、全省生态环境保护大会精神，在省委省政府坚强领导下，持续深入打好污染防治攻坚战，协同推进高水平保护和高质量发展，美丽江苏建设迈出坚实步伐，生态环境质量持续改善。全省 $PM_{2.5}$ 年均浓度为 33 微克/立方米，连续 3 年达到国家空气质量二级标准；国考断面水质优Ⅲ比例为 92.9%，同比提升 1.9 个百分点，连续 2 年达到优级水平。太湖连续第 16 年实现安全度夏，水质藻情为近 16 年以来最好，上半年首次达到良好湖泊标准；近岸海域海水优良面积占比达 92.7%，为有监测记录以来最好值。长江干流江苏段水质连续 6 年保持Ⅱ类，主要通江支流断面水质优Ⅲ比例达 100%，国家污染防治攻坚战考核连续 4 年获得优秀等级；公众对生态环境的满意度达 93%。

一、牢牢把握“国之大者”，坚决贯彻落实党中央和省委省政府各项决策部署

生态环境保护高位推动。认真学习贯彻习近平总书记在全国生态环境保护大会上的重要讲话精神，省委省政府高规格召开全省生态环境保护大会，省委常委会会议、省政府常务会议审议通过《关于全面推进美丽江苏建设的实施意见》，省政府与生态环境部签署《以高品质生态环境支撑高质量发展　加快推进人与自然和谐共生的现代化》新一轮部省共建合作协议。

长江大保护成效显著。115 个通江支流断面水质全部达到或好于Ⅲ类，同比改善 1.7 个百分点，其中Ⅱ类水质断面占 73%。出台《深入打好长江保护修复攻坚战行动方案》，持续抓好 1.6 万个排污口溯源整治，统筹推进“4+1”污染治理工程、沿江产业转型升级、岸线整治和生态修复，完善水生态监测网络和考评体系。国家长江经济带生态环境警示片年度整改任务圆满完成，江苏省正面典型案例全国最多。深入推进长江经济带高质量发展和长三角一体化绿色发展，联合建立空气质量会商、预测预报机制。

新一轮太湖综合治理取得重要进展。太湖湖体高锰酸盐指数和氨氮稳定保持在Ⅱ类和Ⅰ类；总磷浓度为 0.052 毫克/升，总氮浓度为 1.09 毫克/升，同比分别下降 17.5%和 9.9%。出台《推进新一轮太湖综合治理行动方案》，围绕行动方案细化分解 100 项具体任务，省委常委会每季度听取工作情况汇报，省政府每月现场调度推进。太湖流域 5 市共实施太湖治理工程项目 488 个，完成年度投资 238 亿元。聚焦太湖上游地区，全面收严 40 条主要入湖河流及关联骨干河流总磷、总氮控制目标，扎实推动太湖流域控源减污、减磷控氮。建成生态清淤智能装备平台，率先在全国制成太湖流域精准溯源“热力图”，对流域 2 万余家涉磷企业分类开展规范化整治并建立“磷账本”，完成 6970 家企业的规范化整治。

二、深入开展治污攻坚，推动全省生态环境质量持续改善

深入打好蓝天保卫战。完成年度重点治气、治水工程1.6万余项。全省1亿余吨钢铁产能基本完成全流程超低排放改造，吨钢利润约为全国平均水平的6倍；完成1.7万余家企业活性炭治理设施排查及27个码头泊位、276个储罐治理。推进近2000家家具制造、船舶修造等企业源头替代。推动火电、钢铁、垃圾焚烧发电等排放大户友好减排。

深入打好碧水保卫战。开展工业废水与生活污水分类收集、分质处理。持续推进工业园区水污染整治专项行动，出台重点行业工业企业雨水排放环境管理办法，开展城市黑臭水体整治专项行动，累计完成养殖池塘标准化改造130万亩、农田排灌系统生态化改造46.6万亩。印发《江苏省美丽海湾建设三年行动计划》，实施130个近岸海域污染物削减重点工程项目建设。南京秦淮河、常州天目湖、苏州吴淞江入选国家美丽河湖优秀案例，盐城大丰川东港入选国家美丽海湾优秀案例。

深入打好净土保卫战。累计完成1459家土壤污染重点监管单位土壤污染隐患排查及“回头看”，实施7个国家级土壤污染源头管控重大项目。完成727个行政村的农村生活污水治理，治理率达51%，同比提升9个百分点；103条纳入国家监管清单的农村黑臭水体已完成整治88条，为提前完成“十四五”期间的整治任务打下坚实基础；实施425个农村环境整治项目，超额完成国家目标任务。全省重点建设用地年度安全利用率达100%。104个地下水国考点位中V类水质点位数减少3个。

系统保护修复自然生态。全省95%的县（市、区）开展生物多样性本底调查，记录物种数达6903种。与浙江省共同启动环太湖“昆蒙框架”实施联盟，推动国家“山水工程”34个子项目和第一批8个“生态岛”试验区建设，建成生态安全缓冲区67个，累计入选国家级海绵城市建设示范城市4个、国家生态园林城市9个；创成国家生态文明建设示范区37个，“绿水青山就是金山银山”实践创新基地增至10个。加强固体废物和新污染物治理。出台“无废城市”建设奖励办法，印发“无废园区”建设工作方案，制定《江苏省固体废物全过程环境监管工作意见》，超过10万家企业纳入过程监管。建立新污染物治理跨部门协调机制，全省1.2万家企业完成化学物质环境信息填报和审核工作。

大力提升环境基础能力水平。率先制定“十四五”生态环境基础设施建设规划，全年发布生态环境相关标准16项。持续开展城镇区域水污染物平衡核算，实施618项生态环境基础设施重点工程，新增城镇生活污水处理能力83万吨/日、新改建管网1872千米，新增工业废水处理能力50万吨/日，建制镇实现污水垃圾处理等生态环境基础设施全覆盖，危废利用处置能力达2009万吨/年。初步建成以生态环境分区管控为基础架构的高水平生态环境智慧监管平台，全面建成全省“1+1+13”的大气超级监测站网，印发全国首个省域基层生态环境监测机构规范化建设工作方案并获生态环境部全国推广。

三、坚持服务中心大局，全力推动绿色转型发展提质增效

推动绿色低碳发展。印发实施《江苏省减污降碳协同增效实施方案》，推进煤炭清洁高效利用，可再生能源装机占比达36.4%。对1400家重点企业开展强制性清洁生产审核。评选第二批绿色发展领军企业134家，环保信用评价参评单位增至24万家。完成八大行业重点排放单位碳核查，盐城市、苏州工业园区、南京江宁经济技术开发区入选国家首批碳达峰试点，5个地方（园区）入选国家首批减污降碳协同创新试点。

全力服务重大项目。年度共审批环评项目1.2万余个，总投资约2.35万亿元，同比增加9.2%。在全省161个园区开展规划环评与项目环评联动工作试点，累计审批1200多个项目，平均缩短审批时间14天。

帮扶基层惠企纾困。创新推出“环基贷”，“环保担”入库项目总投资520亿元，“环保贷”总规模308.2亿元，为企业节约融资成本约2.8亿元。出台《长江三角洲区域生态环境领域轻微违法行为依法不予处罚清单》，全年不予处罚1132件，从轻处罚2382件。

持续深化制度改革。出台《全省生态环境系统服务高质量发展十项措施》等，制定全国首个省级EOD实施方案，授信总额200.9亿元。全省168家省级以上工业园区基本实现环境监测监控系统全覆盖，限值限量管理系统入选全国生态环境智慧监测创新应用优秀案例。建立省市县三级总量指标储备库和排污权交易平台，完成排污权交易419笔，金额2841万元。“江苏省推动大气污染高水平治理与经济高质量发展协同并进”调研成果被全国大气污染防治部际协调小组办公室以简报形式报送国务院办公厅，生态环境部2次在江苏围绕“绿色金融”等工作召开现场推进会。

四、加大督察执法力度，推动解决一批突出生态环境问题

坚决抓好中央督察反馈问题整改。扎实推进第二轮中央生态环保督察反馈问题整改，3411件信访件办结率98.9%。国家《督察成效典型案例汇编》收录江苏省正面典型案例全国最多。

持续抓好省级督察和专项督查。修订环境监察管理办法、制定派驻监察办法等，对徐州、常州、盐城和泰州4市开展例行督察，首次将督查范围拓展到省林业局、省农垦集团等省级部门及国有企业，对太湖和洪泽湖、骆马湖开展专项督查，督促地方建立污染源清单、治本措施清单，推动突出问题整改。紧盯水、气环境质量改善核心目标，对排名靠后的点位开展“末位拔点”行动，强化重点监察和帮扶督导，帮助地方解决问题。

持续提升生态环境执法监管效能。在全国率先与公安机关联合建立联勤中心，组织开展太湖安全度夏、大气污染治理异地帮扶等专项执法行动。连续开展6轮农村生态环境问题异地暗访行动，覆盖13个设区市86个县。开展“两治一提升”专项行动，累计检查噪声、异味点位74万余次，督促整改问题12万余起。深化非现场执法，将4925家企业纳入监督执法正面清单，全省现场执法检查次数同比下降30%。全省生态环境信访量同比下降12.9%，其中越级赴京到省同比下降25.4%，公众对生态环境满意度同比提高0.6个百分点，人民群众生态环境获得感持续提升。

五、聚焦群众权益保护，讲好美丽江苏故事提升安全水平

持续唱响生态文明建设主旋律。举办“习近平生态文明思想宣讲大赛”“习近平生态文明思想百题百答”等活动，江苏省习近平新时代中国特色社会主义思想研究中心生态环境厅基地正式揭牌运行，产出理论成果26篇。加快推进江苏省生态文明学院建设，执法、监测、应急等比武基地高标准、规范化运行。印发《关于大力推进生态文化建设的行动方案》，修订《江苏省生态环境保护公众参与办法》；政校联动上好中小学“生态文明第一课”；连续5年开展“长江大保护绿色共成长”“蔷薇花信”等活动，开展“美丽江苏——江河湖海青蓝行”系列主题活动，以长江生态保护修复、宿迁耿车“蝶变”等为主题进行长篇报告文学创作，让美丽江苏建设成果可感可知、深入人心。用好新媒体矩阵，江苏省“双微”在全国生态环境系统名列前茅。

全力防范与化解生态环境领域风险隐患。出台《全省生态环境安全与应急管理“强基提能”三年行动计划》，推进突发水污染事件应急防范体系建设，完成全省135条重点河流应急处置方案编制，55个重点园区基本具备三级防控能力，3个园区三级防控体系“一园一策一图”入选生态环境部首批试点名单，入选数量居全国之首。2023年各类突发事件同比下降13.7%。

有力保障核与辐射安全。在全国率先深入开展辐射安全标准化建设，制定工业射线探伤、医疗、放射性同位素等五大领域建设指南。持续做好辐射环境质量监测、核电环境监督性监测，完成海洋辐射年度监测任务。

第二节　安徽省绿色发展情况

一、污染防治攻坚战

突出重点时段，秋冬季着力消除重污染天气，夏季重点治理臭氧污染；突出重点行业、重点移动源，持续开展挥发性有机物综合治理，推动国三及以下排放标准营运货车淘汰。安徽省 $PM_{2.5}$ 年均浓度为34.8微克/立方米、同比下降0.3%，优良天数比例82.9%、同比上升1.1个百分点。

组织实施长江保护修复攻坚战，开展灌河流域水质提升行动，强化江淮运河水质保障，完成长江、淮河、新安江、巢湖等省内重点河湖入河排污口排查，长江、淮河、新安江干流出境水质保持Ⅱ类，长江流域、淮河流域国考断面水质优良比例分别为94.8%、85.6%，引江济淮输水线水质总体达到Ⅲ类考核要求；推进巢湖综合治理，全湖水质保持Ⅳ类，总磷、总氮浓度同比分别下降19.5%、23.4%，连续3年做到沿湖蓝藻无异味。长江（铜陵段）、安庆潜水（潜山段）入选全国美丽河湖优秀案例。

加强耕地污染源头防控，实施农用地分类管理，对647块严格管控类耕地开展遥感监测和现场核查。严格建设用地准入管理，建立优先监管地块清单并动态更新，完成2891块建设用地污染状况调查。组织535家土壤污染重点监管单位开展隐患排查及“回头看”，池州、铜陵等市开展耕地土壤重金属污染成因排查，在重点区域执行污染物特别排放限值。完成地下水环境状况调查评估，基本掌握全省地下水环境状况和化工园区、垃圾填埋场地下水环境现状；完成全省地下水污染防治重点区划定。

稳步推进3个国家级、6个省级“无废城市”建设，开展“无废集团”“无废园区”试点。实施塑料污染治理联合专项行动，推动全链条治理塑料污染。提升优化危险废物利用处置能力，全省利用处置能力达723.4万吨/年，充分保障利用处置需求。实施新污染物治理，完成首轮化学物质环境基础信息调查，基本摸清新污染物底数。开展新污染物治理联合专项行动，对重点管控新污染物实施禁止、限制、限排等环境风险管控措施。

实施农村净水攻坚行动，治理农村黑臭水体1176个，亳州、六安成功入选国家农村黑臭水体治理试点，在11个县（市、区）开展省级农村黑臭水体治理试点。狠抓农村生活污水治理，推动383个乡镇驻地污水处理设施提质增效，农村生活污水治理率达到31.8%，提前2年完成“十四五”规划目标。服务“秸秆变肉”暨肉牛振兴计划，加强污染防治，推动畜禽养殖业绿色发展。扎实开展乡村振兴定点帮扶。

二、自然生态保护

黄山市、南陵县、歙县被命名为第七批国家生态文明建设示范区，石台县、绩溪县被命名为“绿水青山就是金山银山”实践创新基地，安徽省创建总数保持全国第一方阵。制定省级生态保护红线生态环境监督实施办法，开展51个疑似生态破坏问题图斑核查，完成2023年度全省生态保护红线保护成效评估。深入推进“绿盾”自然保护地强化监督专项行动，组织对生态环境部下发的1265个遥感监测疑似问题线索进行核查并督促地方整改，组织开展2017年以来自然保护地违法违规问题整改情况“回头看”和省级以上湿地公园遥感监测及疑似问题线索排查。实施2个省级自然保护区生态环境保护成效评估。印发安徽省县域生物多样性本底调查工作方案、工作指南和技术指南，启动生物多样性保护优先区域23个县区生物多样性全类群调查。组建安徽省生物多样性保护专家库，推动生物多样性体验地建设。组织开展形式多样的生物多样性保护宣传工作，黄山市发布“牯牛石豆兰”等13个全球新物种。

三、推进绿色低碳发展

完成全省生态环境分区管控成果动态更新，审批一般建设项目环评文件6673个。从加强环评服务、强化环境要素保障等6个方面，支持服务新能源汽车产业发展；深入合肥比亚迪开展生态环境方面的法律服务，对239家新能源汽车企业开展

“点对点”培训，帮助落实排污许可制度。印发深化排污权交易改革工作的意见及配套管理办法，促进环境要素市场化配置。

发布《火电厂大气污染物排放标准》等地方生态环境标准 10 项，倒逼行业技术进步和产业结构升级。推动完成马钢、长钢 2030 万吨钢铁产能超低排放改造。指导 167 家企业开展强制性清洁生产审核，合肥高新区入选国家第二批清洁生产审核创新试点。积极参与全国碳排放权交易市场建设，持续开展发电、钢铁、建材等行业重点排放单位碳排放报告与核查工作。

聚焦新能源、高效节能、先进环保、资源循环利用、碳中和五大领域，突出强链延链补链，持续完善顶层设计，不断优化营商环境，强化要素保障，取得了积极成效。制定《安徽省新能源和节能环保产业发展规划（2023—2025）》，发布《新能源和节能环保产业白皮书（2023 年）》《皖北新能源产业高质量发展行动方案（2023—2027）》《支持先进光伏和新型储能产业集群高质量发展若干政策》《安徽省氢能产业高质量发展三年行动计划》。推动 9 家战略合作银行累计为新能源和节能环保企业提供授信 7472 亿元，当年发放贷款 1959.7 亿元，同比增长 68.4%；组建 120 亿元新能源和节能环保产业母基金，落地 2 只子基金，总规模 72.78 亿元。举办第二届中国新能源和节能环保产业博览会，500 余家企业参展，签约 25 个项目；在北京、上海、深圳举办“双招双引”推介活动，共计 800 余家企业参加，签约项目 89 个；招引外资项目 65 个，总投资 654 亿元。2023 年，全省新能源和节能环保产业推动落地项目 1350 个，总投资额 11867.3 亿元，营收 6121.9 亿元，同比增长 33.6%。新能源和节能环保产业“双招双引”季度、年度统计监测结果均保持“十大专班”第 1 位。

及时召开省级生态环境要素保障会商会，推动解决 7 个重大项目环评中遇到的困难。持续开展“十百千”等行动，帮助企业解决问题 2561 个。主动服务大科学装置集群建设，高效完成空地一体量子精密测量实验设施项目、合肥先进光源配套工程项目、超导回旋质子加速器项目环评文件审批，推动解决中国聚变能紧凑型燃烧等离子体装置（BEST）项目核安全方面难题。优化危险废物跨省转移“白名单”制度。深入落实免罚清单办法，全省共依法办理免罚案件 323 件，免罚金额 3809 万元。

以示范区创建为引领，促进生态产业化、产业生态化。完善省级生态文明建设示范区管理规程和建设指标，推动创建指标与国家标准进行有效衔接，屯溪区、蜀山区、繁昌区、叶集区、贵池区、博望区被评为第六届省级生态文明建设示范区示范带动生态优势转化。扎实推进生态产品价值实现，深化水、大气生态补偿，修订地表水断面生态补偿办法，持续实施河湖流域生态补偿、大别山区水环境生态补偿，延续第三轮新安江生态补偿协议。配合落实重点生态功能区转移支付。扎实开展生态环境损害赔偿工作，办结案件 262 件，赔偿金额 1.64 亿元。

制定《安徽省适应气候变化行动方案》，实施气候变化监测预警和风险管理、健康与公共卫生、综合防灾减灾等活动，不断增强自然生态系统和经济社会系统的气候韧性。协同打造长三角区域碳普惠体系，启动合肥市“碳普惠”建设试点。滁州市气候投融资试点扎实推进。

周密组织、精心筹办长三角区域生态环境保护协作小组第三次工作会议，促进达成并签订 7 项合作协议，赢得各方好评。加强区域联防联控，圆满完成亚运会、进博会等重大活动环境空气质量联合保障。推动皖苏、皖浙跨界水体共保联治全覆盖。认真履职尽责，实施美丽长江（安徽）经济带新一轮提升工程，服务中部地区加快崛起战略，共建“一带一路”倡议等。

四、生态环境保护督察

抓好重要批示件办理，针对新华社《动态清样》反映的皖北 4 个国家湿地公园环境问题的重要批示，第一时间派出 4 个工作组赴现场核查并督促整改，同时积极配合国家调查组调查，强力推进涉及的 24 个问题全部完成整改。举一反三，组织开展全省突出生态环境问题大排查、大整治专项行动，推动各地聚焦 12 个重点领域的环境问题，共排查问题 8431 个，完成整改 8266 个。针对蚌埠污水直排淮河问题的重要批示，多次到现场督促指导、加强调度，推动问题整改，并在全省范围内开展污水直排入河问题排查整治专项行动。狠抓突出生态环境问题整改，动态建立2023年度“1+1+N”整改任务清单，共计发出临期预警1016次、短信提醒557条，印发提示函12份，现场检查800余次，中央层面交办的376个问题已完成整改350个，省级层面交办的3675个问题已完成整改3451个。合肥市肥西县派河流域环境整治正面案例入选2023年国家警示片。开展突出生态环境问题整改质量提升行动，组织各市、省直部门、省属企业对300余个中央层面交办问题、3000余个省级层面交办问题和1万余个信访件问题开展“回头看”自查，切实提升整改质效。扎实推进第三轮省生态环境保护督察，完成对合肥、亳州、蚌埠、滁州4个市和省发展改革委（省能源局）、省经济和信息化厅、省水利厅、省商务厅4个省直部门的进驻督察，曝光典型案例8起，反馈问题269个；组织对全省67个湿地公园开展专项督察，发现问题170余个。坚持按季度拍摄省警示片，全年4部警示片披露问题145个，省委主要负责同志主持召开会议推动问题整改，并对警示片摄制工作给予肯定，人民网、新华社等中央主流媒体予以正面宣传。出台《安徽省推动职能部门做好生态环境保护工作的实施意见》，有效压实职能部门生态环境保护职责。

五、生态环境执法

加快实施污染源自动监控“三个全覆盖”，实现3028家重点单位自动监控、15696路视频监控联网。加强执法司法联动，对10起环境违法犯罪案件实施省级挂牌督办，依法查办的“马鞍山市某企业违法排污生态环境损害赔偿案”被生态环境部评为十大典型案例。严厉打击危险废物环境违法犯罪和重点排污单位自动监测数据弄虚作假违法犯罪，查处案件327件、移送公安机关62件。全年开展执法检查67097次，实施处罚3012件、罚款2亿多元，分别增长15.5%、9.3%。对3028家环境监管重点单位开展环境信用评价，推动落实联合惩戒措施。着力解决群众“家门口”问题。快速响应、协同办理、跟踪落实《民声呼应》反映的71个环境污染问题，完成整改56个，持续推进15个。牵头组织开展餐饮油烟、噪声扰民、恶臭异味等群众“家门口”问题专项整治，排查整改问题4.4万余个；扎实推进环境信访工作，开展厅领导接访下访，开通“环境问题‘码’上反映”，全年全省共办理环境信访投诉9607件，办理信访投诉举报件群众评价得分居全国第3位、长三角地区第1位。

六、环境安全风险防范

开展化工园区“绿色提升”行动，现场监督帮扶16个化工园区584家化工企业，排查整治环境违法问题和风险隐患1139个。完成99条重点河流“一河一策一图”环境应急响应方案编制，开展突发水污染事件风险隐患专项排查整治。构建饮用水水源地环境风险管控“一张图”平台，推进水源地环境问题动态清零，保障群众饮水安全。举办2023年度省级“无脚本”突发环境事件应急演练。全年妥善处置一般突发环境事件15起，未发生较大及以上突发环境事件。组织全省放射源、工业电子辐照加速器等核与辐射安全隐患专项排查，成功举办2023年安徽省辐射事故应急演练，得到生态环境部评估组领导和专家的充分肯定，全省辐射事故应急能力持续提升。

七、生态环境监测

完成9大类50项重点监测任务，首次开展升金湖国家级自然保护区调查监测、16个湿地类型样地监测等10项监测任务。构建全省声环境质量自动监测网，安徽大别山站（森林）成功入选第一批国家生态质量综合监测站。开展监测数据质量提升专项行动，在全国率先实现国控监测站点电子围栏智慧监管全覆盖，出台《安徽省社会生态环境监测机构环境信用评价管理办法（试行）》，开展“双随机”、数据质量专项检查，推动长三角区域建立社会生态环境监测机构环保信用监管信息共享机制，生态环境部工作简报连续4期点名表扬安徽省有关做法。开展监测专业技术人员大比武、网络知识竞赛，组建水生态监测技术团队、固定污染源自行监测帮扶指导技术团队，推进地方监测站点数据联网，全省排污单位自行监测联网率和完成率均居全国第2位，监测能力、数据质量有效提升。

八、生态环境法治

省人大常委会对《安徽省实施〈中华人民共

和国环境影响评价法〉办法》第一次审议，组织开展《安徽省生态环境宣传教育条例》《安徽省生态环境监测条例》《安徽省实施〈中华人民共和国噪声污染防治法〉办法》立法调研论证。“创新法治路径引领生态环境损害赔偿工作”被评为全省法治政府创建示范项目。组织“环企精准云普法”“送法暖企”活动，不断提升企业守法意识。

九、生态环境科技

深入开展科技帮扶工作，实施长江生态保护修复项目，以及 $PM_{2.5}$ 与臭氧协同防控“一市一策”驻点跟踪研究。推动生态环境科技创新，在减污降碳、资源化利用、新污染物防治、水生态保护、新能源开发等领域开展科技攻关，投入经费900万元。编制生态环境治理领域数字化整体设计方案，推进国家智能社会治理实验特色基地建设，拓展“数字安徽—智慧环保”基础平台功能，完成国家政务数据目录治理和省生态环境数据工程试点工作，发布5项生态环境信息化地方标准，智慧环保建设得到深入推进。“安徽生态环境业务协同一体化应用场景”在第六届数字中国建设峰会上被评为优秀应用案例。

十、生态环境宣传教育

组织新闻发布会12次、伴随式采访6次，实施“美丽中国，我是行动者”行动计划提升公民生态文明意识，命名生态环境教育基地19个。举办环保设施向公众开放现场观摩活动暨讲解员大赛，促进环保设施向公众开放质量和效率的提升。开展关于建设山水秀美的生态强省、“六·五”环境日、《公民生态环境行为规范十条》、美丽长三角和乡村生态振兴等主题和条例的宣传活动，这些活动使得生态文明建设的社会氛围更加浓厚。

第三节　南京市绿色发展情况

一、召开全市生态环境保护大会

2023年11月，市委、市政府召开全市生态环境保护大会，对加强生态环境保护、全面推进美丽南京建设作出部署，生态环保工作得到高位推进。会议指出，南京经济社会发展已进入全面绿色低碳转型、高质量发展与高水平保护良性互动的新阶段。会议强调，全市要做好全面提升生态环境质量、全面塑造生态经济优势、全面擦亮人文绿都品牌、全面完善环境治理体系、全面守牢生态安全底线五项重点工作。会议要求，要忠实践行习近平生态文明思想，坚决扛起建设美丽南京的政治责任；完整准确全面贯彻新发展理念，推动绿色低碳发展提质增效；深入打好污染防治攻坚战，努力实现生态环境质量根本性改善；全面实施生态保护与修复，建设美丽宜居幸福家园；加快构建现代化治理体系，确保美丽南京建设任务落地见效。

二、深入打好污染防治攻坚战

2023年初，市委、市政府主要领导与12个板块、17家重点攻坚部门签订年度深入打好污染防治攻坚战目标责任书，明确治污责任，落实117项目标任务。对年度4项省政府挂牌督办项目、208项省市目标任务，按月信息化调度，并实施挂图作战，确保目标任务按时序推进。组织实施环境质量“首季争优”、噪声和异味治理、扬尘污染防治交叉检查等专项行动，聚焦薄弱板块开展大气污染防治下沉督查，针对存在滞后风险的目标任务进行帮扶督查，围绕群众投诉集中的问题实施现场督查，结合污染应对实施联动督查，采取“督政督企”等模式压实属地责任，持续跟踪整改，加快补齐短板弱项，年度138个农村生态环境问题、143个省级交办问题全部完成整改。2023年，市级电视专栏热点曝光50期，曝光点位96个，推动多个问题有效解决。在“南京丨治污攻坚”公众号推送文章769篇，播放视频48条，阅读总数51.3万次、分享2.8万次，直观高效展示工作动态，全方位凝聚治污力量。

三、推进碳达峰、碳中和

加快构建“1+3+12+N”低碳发展政策体系。指导重点排放单位编制2022年度温室气体排放报告，全市13家涉碳交易电力企业均按时足额完成第二次履约。按照生态环境部统一部署，开展全市国家低碳城市试点进展评估，在全国81个试点城市中获评优良等次。探索构建碳普惠体系，启动南京碳普惠综合管理平台建设。结合全国低碳日等主题，组织开展系列宣传活动。

四、大气污染防治

按照“盯大户、查高值、控源头、降扬尘、强执法、促整改、抓联动”的治气路径，制定年度大气计划和分领域工作要点，形成九大类60条具体治气举措。按月下达目标任务，实施逐月攻坚、每月排名。形成层层落实、同频共振、合力治气的良好态势。

挥发性有机化合物（VOCs）专项治理。完成年度大气污染防治项目1984个，完成低（无）VOCs替代项目150个，完成102台生物质锅炉淘汰或对标整治。推广活性炭质量快速辨别“四看一测”法，开展活性炭吸附设施专项排查，升级“码上换”管理平台，将全市5000余套活性炭吸附设施纳入平台监管。印发《关于进一步加强南京市挥发性有机液体储罐排放管理有关措施的通知》，提出“储罐十条”，加强2466个涉VOCs储罐全过程管理。在完成重点加油站三次油气回收改造的基础上，全面推进重点加油站油气排放在线数据联网监控。

重点行业及工业园区整治。持续推进全市28家排放大户落实友好减排、深度减排，南京钢铁和梅山钢铁已全面完成全流程超低排放改造。完成涉气产业园区大气综合整治核查和506家重点行业企业深度治理及评估。滚动开展锅炉、工业炉窑排查整治。

移动源污染防治。自2023年7月1日起，实施国六排放标准6b阶段，禁止生产、进口、销售不符合国六排放标准6b阶段的汽车。淘汰国三柴油货车1130辆。强化重型柴油货车在线监控和黑烟车抓拍。累计推动256家重点用车企业完成门禁生态环境改造联网，国三及以下柴油货车进出量同比下降97%，黑烟车进出量动态清零。

扬尘源污染管控。印发《关于进一步明确建设工程扬尘污染防治措施的通知》，提出建设工程扬尘污染防治“十达标”新要求。持续开展降尘、道路积尘走航和裸土覆盖遥感监测，按月通报扬尘污染防治工作情况。印发《南京市建设工程扬尘污染防治“红黑榜”评定细则》，发布10期建设工程扬尘污染防治“红黑榜”。开展5轮全市扬尘交叉检查。

餐饮油烟防治。深入推广使用“码上洗”平台，开展专家帮扶会诊，加强日常巡查，推动餐饮油烟污染规范防治、提质增效。发送《致餐饮经营业主的一封信》和提醒短信，引导餐饮企业强化油烟污染防治。全年规范整治餐饮企业4118家，新（换）装高效油烟净化器1760台套，创建餐饮油烟污染防治示范单位60家，“码上洗”平台注册餐饮企业累计超1.6万家。

秸秆禁烧。扎实推进夏、秋两季秸秆禁烧专项巡查。2023年，未发生国家卫星遥感通报火点，也未出现全省“第一把火”情况和因本地焚烧秸秆造成的污染天气。

应急减排及环境质量保障。落实差别化管理，对符合大气应急减排豁免条件的企业、工地应免尽免。完成重大活动、特定时期生态环境质量保障任务。

五、水污染防治

印发《南京市水生态环境保护行动计划2023年度实施方案》《南京市深入打好碧水保卫战实施方案》《2023年全市汛期水环境监管与水质保障工作方案》等文件，明确年度考核指标和重点任务。完成年度水环境目标和41项重点工作任务，实施56项水污染防治重点工程，总投资达66.36亿元。全市水环境质量持续改善，国省考断面连续5年优良率100%，位列全省第一。

饮用水水源地保护。完成10个集中式饮用水水源地环境状况评估，评分结果均为优秀。完成夹江水源地保护区划定调整和江浦浦口水源地保护区核销；指导杨库水库等新建水源地保护区划定。完成全市地表水集中式饮用水水源地突发环境事件应急预案修订和12个水源地保护区风险隐患问题排查。

水环境整治提升。完成明御河、天保西河等14条河道水环境及暗涵治理，推进内、外秦淮河截流排口优化改造工程。会同马鞍山市开展石臼湖联防联控，继续推进七乡河宁镇共界河段联合整治。基本完成秦淮河、滁河、石臼湖水生态调查。秦淮河入选生态环境部第二批美丽河湖优秀案例。

入河排污口整治。开展主要河流、湖泊入河排污口分类整治专项行动，基本完成秦淮河、滁河、石臼湖、固城湖和水阳江等主要河湖入河排污口整治工作。推进54条重点断面所在河湖及骨干河道入河排污口排查、监测、溯源工作，启动其他河湖全口径入河排污口排查整治。

重点行业及工业园区整治。推进工业废水和生活污水分质处理评估，开展江北新材料科技园、电镀园内108家重点涉水企业内部雨污分流检查，完成5个国家级园区4项问题整治工作。完成浦口光大工业污水处理厂一期二阶段扩建工程和胜科水务工业污水联合深度处理建设项目，新增工业污水处理能力4万吨/日。新建工业污水管网11.18公里，工业污水收集能力进一步增强。

太湖流域治理。印发《南京市推进新一轮太湖综合治理行动方案》《南京市2023年度太湖流域治理任务分工方案》，开展太湖流域涉磷企业专项整治，完成太湖治理重点项目环境绩效评价，完成2022年度太湖流域水污染治理重点项目现场核查。国考断面胥河落蓬湾水质稳定达到Ⅲ类标准。

六、土壤和地下水污染防治

土壤污染防治。完成浦口区吉林路以东、纵五路以西地块等3个地块的土壤修复工程。推进秦淮区七桥A区地块等3个地块的治理修复。完成50家土壤污染重点监管单位周边土壤和地下水监测调查、91家隐患排查和25家隐患排查“回头看”工作，推进土壤污染源头管控项目建设。全市重点建设用地安全利用率100%。

地下水污染防治。继续落实“一井一策”方案和水质超标（Ⅴ类）点位溯源调查分析。完成1个生活垃圾填埋场地下水环境状况调查评估。

七、固体废物污染防治

“无废城市”建设。建立部门联席会议制度、重点问题会商制度和考核评估机制，加强固废源头减量，健全分类回收体系，聚焦耦合协同利用，完善末端设施建设，挖掘“无废城市”建设新亮点，构建“无废典范模式”，开展“无废细胞”建设。推进“无废城市”信息化平台建设。发布《南京市“无废城市”市民公约》，共建全省首个“无废社区”。

危废利用处置。发布《关于危险废物利用处置设施建设引导性公告》，优化危险废物利用处置体系。完善集中收集体系，将5000余家小产废企业纳入管理体系。全市全年危废产生量100.9万吨。危废集中收集、集中处置和集中利用能力分别达到20.4万吨、54.44万吨和39.9万吨。

危废规范化管理。持续强化危废全生命周期管理，上线“南京固废监管模块”，推动医疗废物信息化管理。对180家企业进行评估，新增7大项评估项目，推动企业提升危废管理水平。建立实验室危废收集三级网络体系，构建废铅蓄电池三级回收体系，建成8家二级集中转运点、3000余家三级网点。

清洁生产审核。发布《清洁生产工作指导手册》《工业企业环境管理实用手册》，完成114家企业强审验收，12家企业的清洁生产被评定为“国际先进”水平。出台《汽车整车及零配件制造行业（涂装）清洁生产整体审核指南》。开展清洁生产评估和验收报告质量抽查评审、典型案例和先进技术专家评选。

八、噪声和异味污染防治

印发《南京市2023年度治理噪声异味污染进一步提升人民群众获得感专项行动工作方案》，实施“两治一提升”专项行动，梳理100个群众投诉强烈的噪声和异味问题作为年度重点问题强力推动解决，约谈投诉量排名靠前的工地负责人。截至2023年底，100个重点问题中有74个问题近1个月未接到群众投诉，累计约谈287家工地负责人，解决一批群众身边的突出噪声和异味问题。在秦淮区先行先试，探索开展噪声敏感建筑物集中区域划分试点。

九、核与辐射环境管理

标准化建设。修订《南京市工业、科研放射性同位素辐射安全管理标准化建设指南》，完成所有放射性同位素、Ⅱ类X射线探伤和28家医疗单位标准化建设评估。完成核与辐射建设项目环评审批77件，辐射安全许可620件。

应急演练、科普宣传。配合省厅完成“方舟—2023”江苏省辐射事故应急演习。编制“以辐之名”基站科普知识宣传原创歌曲，拍摄快闪MV进行网络宣传，组织“与电为邻”——电与电磁环境认知之旅科普进校园活动。

十、生态建设与保护

长江大保护实施《南京市贯彻落实〈江苏省深入打好长江保护修复攻坚战行动方案〉工作目标及重点任务责任清单》。持续推进长江入河排污口分类整治，截至2023年底，长江入河排污口已完成分类整治2226个，整治完成率99.96%。

生态文明创建。2023年创成六合国家级生态文明建设示范区。截至2023年底，全市累计创成5个国家级生态文明建设示范区。

生物多样性保护。完成全市域生物多样性本底调查，共记录物种3672个，其中陆生维管植物1742种，陆生脊椎动物410种，陆生昆虫699种，水生生物712种，大型真菌179种，国家重点保护野生动植物92种。

农业农村污染治理攻坚。实施农村生活污水治理提升行动，开展已建设施“回头看”，农村生活污水治理率继续保持100%（农村生活污水治理率根据已完成农村生活污水治理的行政村占行政村总数的比值计算，每个自然村60%以上的农户，且每个行政村60%以上的自然村完成生活污水处理或资源化利用，该行政村视为完成治理），设施正常运行率超90%。

环境基础设施建设。2023年南京市列入江苏省生态环境基础设施重点工程项目60个，均达序时进度，已完成项目41个，年度累计完成投资约35亿元。

十一、环境法律法规与标准

出台政府规章《南京市污染源自动监测管理办法》并于2023年5月20日起施行。修订《南京市固体废物污染环境防治条例》并于2023年10月1日起施行。出台《南京市人民代表大会常务委员会关于加强生物多样性保护的决定》。开展《南京市农村生活污水处理设施管理条例》立法调研。出台《实验室危险废物污染防治技术规范》《X射线探伤单位辐射安全管理建设指南》两项地方性标准。

十二、环境监管与执法

排污许可管理。截至2023年底，全市持证单位1351家，纳入登记管理排污单位12011家。建立排污许可非现场监管制度，加快构建以排污许可制为核心的固定污染源监管体系，继续推进排污许可“一证式”管理。

环境准入。完善生态环境分区管控体系，严格执行《长江保护法》《〈长江经济带发展负面清单〉江苏省实施细则（试行）》等法律法规和各项准入规定。落实污染物排放总量管理，严守环境质量底线和生态保护红线，坚决遏制“两高”项目盲目发展，推动在宁钢铁、石化企业转型发展。

环境执法。落实“双随机、一公开”执法检查制度，开展机动车检验机构“春雷行动”专项执法、夏季生态环境综合执法、江北地区异味专项执法、自然保护地生态环境保护综合执法等各类专项执法行动18次，严厉打击环境违法行为。2023年全市生态环境执法人员检查企业（点位）3.05万家次、机动车4.98万辆次、非道路机械2.56万台次。

环保信用评价工作。2023年，全市纳入环保信用评价系统的企业16465家，其中绿色等级52家、蓝色等级16386家、黄色等级18家、红色等级0家、黑色等级9家，环保信用评价结果通过省生态环境厅网站统一向社会公布。

环保督察整改。第二轮中央生态环境保护督察交办的4项整改任务均达序时进度，移交的613件信访事项中，已办结611件，办结率达99.7%；已销号571件，销号率为93.1%。

十三、环境安全与应急管理

生态环境领域安全生产。排查危险废物、核

与辐射、饮用水水源地、五类重点污染防治设施等重点领域生态环境安全隐患1176项，完成整改1117项。

环境应急管理。2023年全市接报各类突发事件信息15起，均不构成等级事件，未发生饮用水水源地污染事件或因环境污染造成人员伤亡事件。排查344家企业，发现突发环境事件隐患773个，整改完成736个；排查3个园区，发现突发环境事件隐患20个，整改完成19个；对177家企业开展“回头看”，发现隐患594个，整改完成555个。全市71家重大等级环境风险企业完成环境应急预案“一张图”编制工作。完成南京市危化品交通运输事故次生环境事件应急处置桌面推演，组织6区开展环境应急无脚本拉练，实战检验应急队伍应对处置能力。印发《南京市生态环境安全与应急管理“强基提能”三年行动计划》。连续2年取得省级环境应急“大比武”团体第一。

十四、综合改革与服务发展

环境损害赔偿制度。按月摸排线索并通报工作进展。南京市4个案例成功入围2023年全省生态环境损害赔偿典型案例评选前20名，其中1个被评为十大典型案例，3个被评为提名表扬案例。截至2023年底，累计开展赔偿案件451件，涉案金额1.09亿元。

环境影响评价改革。深化产业园区规划环评与项目环评联动改革试点，将试点园区范围由14个拓展至26个，试点范围内部分行业建设项目实施环评审批告知承诺制，审批时间压减至1个工作日。继续推进区域评估，试点向园区外拓展，鼓励符合条件的项目引用区域评估成果，帮助企业简化环评手续，实现“减时间、减环节、减成本”目标。推进建设项目环评审批“一件事”改革，试行一般建设项目与辐射类建设项目联合审查，继续开展环评与入河排污口联合审查、同类项目环评“打捆”审批。

服务高质量发展。深入开展普法助企活动。开展生态环境法律体检服务，编制“1+5”《企业生态环境法律服务手册》，全年对1180余家企业开展法律体检，组织970余次送法进企业活动。开展以案释法活动，通过现场调研、座谈会等方式，对企业面对面普法。拓展普法宣传维度，浦口区试点建立“企业生态环境法律服务日”制度，雨花台区试点开展“三支队伍”普法宣传工作。开展“五拼五比晒五榜、勠力同心促发展”竞赛活动，提升政务服务效能，所有政务服务事项均实现容缺受理，24个行政许可事项承诺办结时间压减至61个工作日，52个行政权力事项中33个调整为即办件。将企业减污降碳成果与市级资金奖补关联，激励企业提升治污水平。保障重大项目建设，成立南京市生态环境局重大项目服务专班，为省市重大项目、中石化在宁项目、宝武集团在宁项目等提供常态化跟踪服务。

十五、环境信访、建议和提案办理

全年受理环境信访10078件，同比下降17%，按期办结率和答复率均为100%，办理满意率为93.4%。噪声类和大气类信访仍是群众关注的热点，噪声类信访4354件，占受理总量的43.2%；大气类信访3918件，占受理总量的38.9%。持续开展领导包案下访和“企业环保接待日”活动，动态梳理重复投诉件、回访不满意件等重点信访问题并跟踪二次办理。贯彻落实《南京市生态环境违法行为有奖举报办法》，全年共奖励3人次。市级生态环境部门共办理人大建议、政协提案74件，其中主办17件、协办57件，办结满意率为100%。

十六、环境监测、规划与科研

环境监测。完成各项大气、水、噪声等生态环境监测及污染源执法监测任务，全年获得监测数据1501万余个。落实国、省控环境监测站点（断面）保障及巡视工作，全年未发生人为干扰干预行为。建立全省首个碳监测网络，完成全市功能区声环境监测点位优化调整和自动监测网络建设。修订《南京市街道（镇）环境空气自动监测站运行管理办法》，强化街镇空气监测站管理。完成栖霞、江宁、浦口、六合、溧水和高淳基层环境监测机构规范化建设。开展第三方环境监测机构监督检查25家次，立案调查12家次。截至2023年底，全市排污单位自行监测信息公开手工监测数据填报率达93%。

环境规划。印发《关于进一步优化生态环境管理 服务经济高质量发展的若干措施》。完成

《南京市“十四五”生态环境保护规划》实施中期评估。起草《长江下游岸线资源生态环境管控指南》。开展《南京市工业固废污染防治思路研究与专项规划》研究。完成《全面绿色转型目标下特大城市高质量发展研究》《新时代南京经济社会发展绿色转型研究》等项目。

环境科研。开展科技赋能深入打好污染防治攻坚战和科技帮扶工作。科研成果“城市建成区滨江小流域水环境综合整治提升技术及应用”获2023年度江苏省环境科学学会环境保护科学技术奖二等奖；“基于观测的臭氧快速溯源技术研发及应用”“基于信息化平台的城市水体水质改善迭代提升管理技术应用”分别获南京生态环境科学技术奖二、三等奖（扬子杯）；“船舶含油洗舱废水回用处理工艺”等4项科研成果被评为国内领先水平。同时，成立了南京市生物多样性保护科教联盟。

十七、环境宣教与信息化

环境公共宣传。全年组织新闻发布会、集中采访21场，先后在《中国环境报》及其App上发布报道189篇，市级以上媒体发表稿件900余篇。其中，《亚洲长翼蝠首次被记录，南京生物多样性家底再添新成员》等8篇文章被《人民日报》及人民日报客户端刊载；《“破圈”是我2023年最大的愿望》等15篇稿件登上《中国环境报》头版。截至2023年，“南京生态环境”微信公众号发布文章2000余篇，总阅读量56万；“南京生态环境”微博发布内容7000余条，总阅读量6600万；“南京生态环境”抖音发布视频68条，总播放量达97万。开展“南京环保集章行”活动，线上话题累计浏览量达250万人次，线下参与人数4000余人。组织开展环境日、生态日、生物多样性日、低碳日等主题宣传活动。举办全市第三届“最美生态环保人”颁奖大会，在玄武湖举办首个全国生态日“水下慢直播”活动，元旦前夕举办“似曾相识燕归来”冬候鸟在线直播。

环境教育。持续开展“我是环保小局长”“生态文明第一课”“生态向学，绿动南京”系列生态文明教育公益活动，累计开展公益活动170场，线上线下服务人数约365万人。其中，“我和长江过六一”“生态文明第一课”被央媒及省市媒体广泛宣传报道。南京市生态环境保护宣传教育中心被评为南京市儿童友好城市建设试点单位和2023年全国青少年自然笔记大赛优秀组织单位。结合南京本土特色，研发10部生态文明教育素养标准课程，组建南京生态文明教育公益讲师团队，积极参与“双减”校园课后公益服务。开展2023年度南京市生态文明教育优秀基地和优秀课程推选，推出生态文明教育基地4条“citywalk”路线。优化“南京市生态环境在线教育系统”功能，完成全市重点排污单位和环境违法企业线上环境教育培训。组织8家环保设施公众开放单位按要求面向社会开放。出版生物多样性科普读物《自然物语》。

信息化建设。开展网络安全宣传周活动，宣贯个人信息安全保护。与省生态环境厅开展网络安全联动应急演练，提升生态环境网络安全风险联合处置能力。实施“南京市生态环境智慧应用平台”提档升级，上线“非现场监管与精准执法”“放射源监管”“固定污染源监管”“行政审批电子化”等子系统，建设数据“共享库”，完成生态环境全域数据深度融合。“非现场监管与精准执法”子系统获评第六届数字中国建设峰会优秀案例，“南京市生态环境智慧应用平台项目”获评2023年江苏省数字化绿色化协同转型发展典型案例。

第四节　镇江市绿色发展情况

一、加快推动绿色低碳转型发展

积极稳妥推进碳达峰碳中和工作，镇江市获批国家低碳城市建设试点评估优良等次，编制《镇江市温室气体清单》《镇江市减污降碳协同增效实施方案》，指导京口路社区建成全市首家社区低碳生活中心，推动世业镇建成江岛客厅光储用一体化绿色低碳项目，官塘创新社区EOD项目列入省级EOD试点。推进产业绿色转型升级，大力培育节能环保、资源循环利用、清洁能源等绿色低碳产业，大力开展绿色制造体系建设，全年新增国家级绿色工厂3家、省级绿色工厂15家、市级绿色工厂37家。加快能源绿色低碳转型，统筹推进能源安全保供、低碳转型、高效利用，加快省能源领域重大项目综合服务监管平台应用，推进支撑性调节性电源建设，有序推进现有煤电机组改造升级。优化能源生产结构，因地制宜发展风电、光伏等可再生能源，探索开展新能源微电网示范应用，不断深化农村能源革命，2023年，全市非电行业工业企业（含自备电厂）煤炭消费总量451.62万吨。截至2023年底，全市光伏发电装机容量166.52万千瓦。坚决遏制“两高一低”项目盲目发展，编制“十四五”期间已建、在建、拟建的“两高”项目清单，做好动态管理，严格执行固定资产投资项目节能审查制度，把好新上项目能耗关口，落实能耗减量替代，从紧从严加强“两高”项目管理。

二、深入打好蓝天保卫战

实施大气污染防治重点工程581项，完成统调电厂全负荷脱硝改造3家、水泥企业SCR改造2家、垃圾焚烧企业PNCR脱硝改造3家、VOCs治理项目201项、源头替代项目75项，淘汰国三及以下排放标准柴油货车4429辆（超额完成年度任务），推进大气“绿岛”示范项目建设。建立工地扬尘红黑榜制度，对道路积尘走航连续超标、严重超标的重点道路定期曝光。实施乡镇（街道）环境空气质量月排名考核，对每月排名前5及后5的乡镇（街道）进行通报。优化调整运输结构，完成本港籍船舶岸电设施改造，持续推进码头岸电设施建造计划，年度港口岸电总用电量538.01万千瓦时，同比增长92%。城市物流配送领域新增及更新车辆中新能源汽车应用比例达20%以上，全市已建成公共领域新能源汽车充电桩超500个，高速公路服务区快充站实现全覆盖，均完成省定目标。2023年，镇江市$PM_{2.5}$年均浓度为37微克/立方米，空气质量优良天数比例为74.5%，两项指标绝对值均排名全省第11，波动幅度排名第7、第5。此外，二氧化氮同比持平，波动幅度排名全省第一；臭氧同比改善5.4%，改善幅度全省第4名。

三、深入打好碧水保卫战

深入贯彻《长江保护法》，落实《江苏省长江流域水生态环境保护“十四五”规划》，2023年度镇江市长江干流断面水质均保持Ⅱ类，通江支流断面水质保持均在Ⅲ类及以上。聚焦源头治理实施38项治水工程建设。大力开展入江入湖排污口整治，镇江市长江入江入河排污口共4179个，已完成整治4178个；涉太湖流域纳入整治范围排污口638个，已全部完成整治任务。持续推动船舶港口码头整治，新建船舶与码头均合规安装油污水处理装置和生活污水贮存柜等水污染治理设备，达标配备率100%，400总吨以下船舶生活污水设施改造完成率100%，港口码头设置的船舶垃圾和生活污水接收点纳入属地市政公共转运处置体系统一管理的比例提升至80%，各接收点设施“应用尽用”率达到100%，信息系统中辖区各类船舶污染物转运和处置比例达到95%以上。市交通运输局、市生态环境局、市住建局、市城管局和镇江海事局联合成立“美丽镇江·生态长江”守护联盟，市交通运输局、镇江海事局、省生态环境厅第一环境监察专员办公室签订“E专红——绿港先锋我同行”党建联盟和绿港行动合作协议，创新机制激发环保新动力。完善机制成立镇江市太湖水污染防治委员会，市太湖办每月调度工作进展，推动太湖流域各地和市各有关部门履职推进。加强全市饮用水水源地预警监测管理，对征润洲饮用水水源地4个水质自动监测预警站（金山湖、金西水厂、大通重工、台泥码头）进一步优化采水设置并投资769.7万元完成43台（套）监测仪器的升级改造。2023年，全市国、省考断面优Ⅲ比例均为100%，排名全省第一（与南京、泰州并列）。

四、深入打好净土保卫战

以农村生活污水治理、农村黑臭水体整治、农村饮用水水源地保护，以及农村生活垃圾治理等为重点，持续开展农村环境整治。持续开展农村生活污水处理设施“回头看”专项整治，动态更新不正常运行设施清单，逐一整治销号，设施正常运行率达到85%以上，完成纳入国家监管清单的农村黑臭水体整治，治理率达100%，督促指导规模养殖场制订年度畜禽粪污资源化利用计划，报县级生态环境部门备案，备案率98%以上。推进万头以上猪场粪污处理设施、集中贮存区域安装视频监控，万头以上猪场视频监控安装率达71%。深入推进土壤污染防治和安全利用，镇江市101个高风险遗留地块，已完成高风险遗留地块“两断三清”和残留物料、污染物处置工作，92个地块完成土壤污染状况调查，9个地块完成暂不具备调查条件论证。推进全域“无废城市”建设，明确“无废机关”“无废校园”等9类“无废细胞”建设标准，开展第一批“无废细胞”建设试点72个，全面推进镇江经开区新材料产业园“无废园区”建设，举办省内首个市级“无废城市”建设知识竞赛。

五、打好生态环境安全保卫战

完成生态质量指数综合评价，做好生物多样性本底调查，建成生态安全缓冲区2个，实施大运河生态环境保护和修复，严格落实自然生态保护修复负面清单。科学推进国土绿化，完成造林18400亩，林木覆盖率稳定达25.59%，修复湿地1000亩，实施绿美村庄211提升工程，新建绿美村庄12个，改造提升原绿美村庄11个，新建绿美古树村庄1个。开展水生态环境保护和修复，依据《江苏省河湖生态缓冲带划定及综合管控技术指南》（苏环办〔2022〕322号），在大运河、长江干流、主要通江支流等重点水体开展生态缓冲带划定、保护与生态修复试点工作。强化环境风险防控，建立常态化突发环境事件隐患排查制度，动态更新隐患清单，完成新增太平河河流应急处置方案，镇江经开区新材料产业园、丹阳市电镀环保整治园、江苏索普（集团）有限公司的三级防控体系建设，丹徒经济开发区完成三级防控体系方案编制。

六、提升生态环境治理体系和治理能力现代化水平

加快补齐环境基础设施短板，新建城镇污水管网31.1公里，农村生活污水治理率40.37%。深入开展生态环境损害赔偿，印发实施《镇江市生态环境损害赔偿内部工作规程（试行）》，全面推行“一案双查”制度，切实提高办案质效。2023年，全市累计开展生态环境损害赔偿案件306件，年内新增207件，较往年增长350%；年度确定损害赔偿金额581.34万元，较往年提高480%。逐步强化生态环境保护科技支撑，全市范围建设“蓝天卫士”远程监控，利用移动公司信号发射塔安装监控探头300多个，基本覆盖全市范围，实现对焚烧火点的实时捕捉和信息推送。有效提升生态环境监测监控能力，全市2643家涉废企业纳入全生命周期管理，53家企业联接视频监控系统。污染源在线监控系统覆盖全市重点排污企业单位250家，安装视频监控系统企业84家、用电数据监控企业708家，在全省率先对21家重点涉气企业实施污染源在线监控“远程质控”。“镇江市重点排污企业自动监控远程质控试点项目”入选2023年江苏省数字化绿色化协同转型发展典型案例。加快构建生态环境社会行动体系，印发《镇江市2023年“六·五”环境日宣传月系列宣传活动方案》，开展11项专题活动，联合多家单位举办2023年“六·五”环境日广场宣传暨低碳健步行启动仪式，连续第5年联动开展“长江大保护，绿色共成长”活动，召开《2022年度镇江市生态环境状况公报》新闻发布会。

第五节　扬州市绿色发展情况

再获国家级、国际级荣誉。扬州获评全国首批“净塑城市”“中国最具生态竞争力城市”和联合国环境署“城市生态修复模范城市”。

空气质量稳中向好。$PM_{2.5}$年均浓度为34微克/立方米，连续3年优于国家空气质量二级标准。空气质量优良天数比例77.1%，改善幅度排全省第5位。

水环境持续改善。全面完成省定考核目标，省考断面优Ⅱ比例42.6%、改善幅度全省第一，长江流域水生态考核在全省沿江八市中排名第一，

与淮安、滁州建立跨界河湖联保共治机制；农村生活污水治理率达 56%，比 2021 年提升 33.9 个百分点，设施正常运行率达 95.8%。

三江营“生态岛”试验区被列入省第一批试点，扬州凤凰岛生态旅游区获评国家生态环境科普优秀基地，宋夹城风景区获评江苏省生态文明教育实践基地。高邮电池园入选国家第二批清洁生产审核创新试点；瘦西湖建设绿色低碳景区入选全省“十佳生态环境治理改革创新案例”。完成《扬州市畜禽养殖污染防治条例》立法。成功举办 2023 世界运河城市论坛生态环境保护与生态修复分论坛。

一、聚焦大气源头治理，推动绿色低碳发展

完成 1300 项大气污染防治工程项目，全市重点涉气企业烟尘、氮氧化物、二氧化硫排放总量同比下降 14%。

淘汰国三及以下柴油货车 1.2 万辆，超额完成省定目标。

完成 653 台生物质锅炉治理，改造全电厨房 901 家，每年可削减碳排放超 4 万吨，初步形成以电代煤、以电代油、以电代气的绿色发展格局。

减排氮氧化物 2300 吨、挥发性有机物 2600 吨，分别超额完成省定目标的 52.7%、76.5%。

二、坚持“四个一”机制，深入打好碧水保卫战

坚持以夯实治水基础、改善断面水质为导向，建立一套考核制度、完善一套责任体系、健全一套工作机制、实施一批重点项目。

突出抓好长江干支流整治和高邮湖、邵伯湖水质提升，以美丽河湖建设为抓手开展水生态保护修复，有力推动水环境质量持续改善。

三、实施“六个一”统一，提升农村污染治理水平

按照统一科学规划、统一分类治理、统一施工建设、统一运维管理、统一项目申报、统一监督管理的原则，整县制一体化推进农村生活污水治理。

2022 年以来全市累计投入资金 14.89 亿元，治理行政村 364 个、自然村 2661 个，受益农户 16.7 万个。

四、强化协同治理，凝聚污染防治攻坚全力

明确生态环境领域法律法规部分条款市县监督管理部门职责，共涉及噪声、大气、水、土壤、固体废物污染环境防治等 8 部法律法规中 29 条未明确监管部门的法律条款。

确定了生态环境、公安、住建、交通、市场监管等 14 个监管执法部门的责任，就相关做法在全省噪声污染公益诉讼检察听证会上作典型交流发言。

五、承办重大活动，持续放大运河城市生态效应

圆满承办 2023 世界运河城市论坛生态环境保护与生态修复分论坛。

创新制定《运河城市生态保护与修复典型案例评估标准》。

评选发布全球 25 个运河城市生态保护与修复典型案例，为推进生态环境保护和运河文化传承相互融合、协调发展提供了扬州经验。

第六节　淮安市绿色发展情况

一、生态保护机制更加完善

市委、市政府高度重视，组织召开淮安市生态环境保护大会，动员部署市、县（区）、镇（街）三级全覆盖，出台《淮安市推进生态文明建设实施方案》，开启美丽淮安建设新征程。市委、市政府主要领导全面加强工作部署、指挥调度，多次召开市委常委会、市政府常务会、市政府专

题会议研究生态环境保护工作，多次深入国省考断面、大气国控站点、突出环境问题整改点位进行督办会办，推动工作落实。优化市对县区 $PM_{2.5}$ 浓度、空气质量优良天数比例考核细则，并将“地表水优Ⅲ比例”指标考核调整为生态环境部门与水利部门共考，构建一体推进、协同发力的“大环保”格局。深化生态环境宣传“六个同行”，引导社会各界共建共治共享美丽淮安，《“公民十条”环保三字经》获评全国生态环境宣传教育优秀作品，白马湖国家湿地公园获评“江苏省生态文明教育实践基地”。

二、美丽淮安底色更加彰显

制定《淮安市生态空间管控区域监督管理实施细则》，积极推进洪泽淮河龟山村传统村落环村生态修复等生态安全缓冲区项目建设，白马湖生态修复案例被列为2023世界运河城市论坛生态环境保护与生态修复典型案例，创成省生态园林城市，生态质量指数连续3年位居全省第一。持续开展空气质量改善行动，以及“开展三源整治、留住蓝天白云”扬尘管控集中整治行动，深入推进“48+12”（48指48小时，12指12天）大气环境质量改善专项攻坚。实施重点治气工程783项，淘汰国三及以下排放标准柴油货车5184辆、完成率111.17%。深入实施生态碧水三年行动，制定《淮安市洪泽湖水生态环境综合治理实施方案》，实行洪泽湖溯源整治“两单”制度，全面推进环洪泽湖片区涉水生态环境基础设施项目建设，对水质不稳定断面实行72小时溯源监测、驻点帮扶攻坚，全面消除Ⅴ类及劣Ⅴ类断面。动态更新184家土壤污染重点监管单位名录，完成69个重点行业企业关闭退出遗留地块土壤污染状况调查，整治农村黑臭水体15条，农村生活污水治理率达44%、高于省定目标6个百分点。

三、绿色发展步伐更加坚实

动态更新“三线一单”生态环境分区管控成果，重点管控单元（可开发区域）数从145个调整为147个，重点管控单元面积占比由8.75%调整为9.72%，为项目落地提供了更多空间。印发《淮安市排污总量指标管理实施方案（试行）》，建立市级层面总量调度机制，全市重大项目排污总量指标均得到有效保障。研究出台行政处罚事项“三张清单”制度（2.0版），将100家企业纳入生态环境执法监管正面清单管理，全年共办理“三张清单”案件72件，为企业减负559.5万元。深化“金环对话”机制，落实“环保贷”“环保担”等绿色金融奖补政策，全市有3个项目纳入省EOD试点项目。

四、环境基础设施支撑更加有力

市政府制定《2023年生态环境基础设施建设重点项目计划》，建立健全旬调度、月通报、季推进等工作机制，投资35.5亿元实施重点项目132个，38个项目纳入省生态环境基础设施重点工程项目清单。持续开展城镇污水处理提质增效精准攻坚“333”行动，完成污水处理提质增效达标区建设70个，新建改造污水管网321.95公里，城市污水集中收集处理率提升6.8个百分点，达62%。扎实推进农业污水源头治理，统筹抓好畜禽养殖污染排查整治提升、秸秆综合利用和水产养殖池塘生态化改造，完成池塘标准化改造9万亩、秸秆离田200万亩，畜禽粪污综合利用率提升至96.5%，秸秆综合利用率保持在96%以上。

五、突出环境问题整治更加深入

扎实推进中央和省生态环境保护督察反馈问题整改，完成第二轮中央和省生态环境保护督察反馈问题年度整改任务。认真落实《关于加强水环境综合治理　全力守护生态碧水议案的决议》，市委主要领导亲自谋划制定《二河以西运南片区水生态环境综合治理工作方案》，市政府主要领导担任洪泽湖、白马湖流域综合治理和应急处置指挥部总指挥并亲自推动与扬州市签订高邮湖、宝应湖、白马湖联合共治协议，全力守护一方碧水。在全省较早制定文件，明确政府部门在噪声污染防治方面的职责，组织开展“两治一提升”专项行动和异味污染深化整治行动，对餐饮、工地、居住小区等热点问题进行集中调研、座谈会商、现场会办，噪声、异味问题投诉同比下降明显。

六、环境安全堤坝更加牢固

在全国地级市中第一家发布新污染物治理工作实施方案，深入实施“散乱污低”企业专项整治，持续推进“无废城市”建设。按照“建机制、强基础、提能力、补短板”总体思路，扎实推进生态环境安全与应急管理“强基提能”三年行动计划，组织开展危险废物、环境治理设施、核与辐射等领域隐患排查整治，完成苏北灌溉总渠等 14 条重点河流“一河一策一图”应急处置方案编制，以及江苏淮安工业园区化工片区等 3 个园区三级防控体系建设。健全环境应急物资储备体系，加强应急专家队伍建设，常态化组织开展环境应急培训和应急演练拉练，妥善应对各类突发环境事件，全年未发生等级以上突发环境事件。

第七节　芜湖市绿色发展情况

2023 年，芜湖市在加快打造省域副中心、建设人民城市方面取得显著成绩，“碳达峰碳中和”工作稳步推进，经济社会发展的含金量、含技量、含绿量、人均量全省领先。

经济社会的高质量发展助推了生态环境质量的改善，保护生态环境就是保护生产力，改善生态环境就是发展生产力。芜湖市在全面贯彻党的二十大精神的开局之年取得的成绩，生动诠释了必须坚持生态优先，绿色发展，坚定不移地以生态环境高水平保护推动经济高质量发展、推动减污降碳协同增效、促进经济社会发展全面绿色转型，奋力抒写建设现代化美好安徽的芜湖篇章。

一、生态文明建设

深入推进芜湖市创建省级生态文明建设示范区工作，完成生态文明建设示范市宣传片的制作，在大江资讯、芜湖生活频道等媒体平台上陆续发布多个专题宣传短视频及公益广告，并在政府官网和微信公众号上同步推广，全面掀起共建热潮。2023 年，南陵县获评国家级生态文明建设示范区，繁昌区获评省级生态文明建设示范区。

二、生态环境管理

持续深化生态环境领域改革。印发《芜湖市新污染物治理实施方案》，开展新污染物治理试点工作。持续实施空气和水生态环境补偿机制。在全市建立以县市区、开发区横向补偿为主，市级纵向补偿为辅的地表水断面生态补偿机制。对全市镇（街道）和江北集中区试行分类排名、分类生态补偿，形成了行政惩戒和经济奖惩相结合、具有芜湖地方特色的空气生态补偿机制。

推动经济高质量发展。全面推行“豁免+承诺”服务。2023 年办理环境影响评价告知承诺制审批 149 件。不断探索创新机制，实行“专家坐班”制度。组织专家从“幕后评估”走到“台前解惑”，每月至少有一名专家在审批窗口坐班服务。持续推进“环企直通车”和服务企业“十百千”行动。

推进新能源和节能环保产业“双招双引”。加大“双招双引”工作力度，协商强化项目要素保障，多次谋划“省市县”三级联合重大招商活动。2023 年度全市新能源和节能环保产业新增落地项目共 93 个，总投资金额 1220 亿元。在全省各地市新能源和节能环保产业综合排名中名列前茅。

三、生态环境综合行政执法

强化生态环境执法，深化问题整改与质量提升。以突出生态环境问题整改、大气环境质量提升等作为执法工作主导方向，按照年度执法计划，统筹开展突出生态环境问题排查整治、畜禽养殖业污染防治监督检查、铸造行业生态环境问题排查整治、建设项目环境保护“三同时”及自主验收监督检查、工业企业挥发性有机物治理等专项执法检查。

实施免罚清单与正面清单制度，优化执法机制。落实生态环境轻微违法违规行为免罚清单制度和环境监督执法正面清单制度，2023 年全市共适用免罚清单 28 起案件，因环境违法违规行为轻微被依法作出不予处罚决定。公开芜湖市正面清单企业列表（包含 9 大类 175 家企业）。推动 215 家重点单位纳入污染源自动监控系统安装、联网和运维监管“三个全覆盖”监管范围。

第八节　马鞍山市绿色发展情况

一、城市水环境综合治理

持续巩固市中心城区水治理成效。进一步巩固市中心城区黑臭水体治理成果，定期对已验收合格并达到“长制久清”标准的黑臭水体进行水质监测，同时每季度进行公示，动态掌握水质情况。目前已完成治理的河道均转入商业运维阶段，水体水质稳步提升，雨山河、慈湖河等重要通江水体水质提升至地表Ⅳ类标准。

推进县城建成区黑臭水体治理。完成和县县城黑臭水体验收销号工作，加快推进当涂县县城黑臭水体整治进度，确保 2024 年底前完成验收，指导含山县做好县城建成区水体治理工作，防止新增黑臭水体或已治理水体返黑返臭。

实施污水处理设施补短板行动。制定并印发了《马鞍山市城市污水管网整治攻坚行动方案（2023—2025）》，以重大项目为抓手，推动市政污水管网修复改造任务，加快补齐马鞍山市城市污水收集处理设施短板，切实解决城市突出生态环境问题，全面提升城市污水处理效能和水平。

开展入河排污口整治工作。印发《关于做好城镇污水处理厂排污口和城镇雨洪排口整治工作的通知》，按照对照《马鞍山市城镇生活污水处理厂排污口和城镇雨洪排口整治标准》，完成长江干流入河排污口验收销号工作。

开展污水处理相关工作。一是推动王家山污水处理厂扩建工程正式运行，出水排放标准达地表水Ⅳ类。二是完成城镇污水处理厂污泥处置工艺改造项目投产使用，处置工艺为电厂协同焚烧。三是完成污水处理厂中水回用项目建设，在市区 4 座污水处理厂建设中水回用设备及配套供水系统。四是 2023 年马鞍山市区生活污水处理厂向公众开放 34 次，接待了 2024 人次参观，参观单位有安徽工业大学、马鞍山学院、马鞍山二中外国语学校、马鞍山市育才小学、蜜蜂伙伴少年义工团等。

二、建筑节能与绿色建筑

建立完善绿色建筑指标审核体系，并严格落实监管职责。出台绿色建筑方案审查备案制度，建设单位在规划方案审批前需取得经市住建局审核的“绿色建筑审核备案表”、承诺按照对应的绿色建筑标准开展项目设计及施工。行文至市自然资源和规划局《关于土地出让及规划设计方案审查要点的函》，明确规定了绿色建筑等相关审查指标并在历次规划设计方案部门联审会上强调指标要求。此外，在施工图审查阶段要求图审机构落实绿色建筑指标审查，并通过“双随机，一公开”等执法检查方式对图审机构落实情况、已竣工项目落实情况进行监管。建立了从规划立项、方案设计、施工图审查到竣工验收的全过程监管机制，形成了闭合的绿色建筑监管体系。

出台相关政策文件，明确马鞍山市绿建、装配式发展目标。拟定并上报市政府印发了《关于促进装配式建筑产业发展的实施意见》（马政〔2023〕25 号），从保障土地供应、加大财政扶持、加大税收金融支持、加快人才培养、加强监督管理、落实考核制度、提高社会认同 7 个方面保障装配式建筑产业持续健康发展；印发《马鞍山市城乡建设领域碳达峰实施方案》，明确了 2025 年、2030 年和 2060 年 3 个时间节点的预计工作成效，并规划通过开展 4 项重点任务 28 项具体措施，推动马鞍山市城乡建设领域实现碳达峰目标；印发《马鞍山市绿色建筑发展专项规划》，明确了马鞍山市在 2023 至 2025 年期间绿色建筑与建筑节能工作目标、重点任务及保障措施，是马鞍山市绿色建筑高质量发展的重要指导依据。

开展绿色建筑节能、装配式相关政策宣贯培训。召开了“马鞍山市海绵城市建设、城乡建设绿色发展政策宣贯会”，组织专家对绿色建筑节能及装配式建筑最新政策法规进行解读宣贯。进一步推动马鞍山市城乡建设绿色发展。

三、城市节水工作

完善节水管理制度。为促进城市经济和社会高质量发展，建立符合当前城市发展实际情况及新治水思路的城市节水管理制度和长效机制，修订《马鞍山市城市节约用水管理办法》《马鞍山市城市供水管理办法》等制度文件，推动节水管理水平提升。

加强计划用水管理。扩大节水载体创建范围，完成马鞍山市第三批节水型企业、单位和小区创建工作，并开展节水奖励工作；加强计划用水与定额管理。2023 年将年取水量 9600 立方以上的非居民用水户纳入计划与定额管理，实行年度下达、季度考核、季度计费。完成马鞍山市第一批重点计划用水户水量监测设备采购及安装项目，对重点计划用水户的用水情况进行实时监控。

创新节水管理措施。强化建设项目节水“三同时”管理，规范市场销售，推广节水器具，完成了马鞍山市第三批节水型器具更换改造工作。联合市市场监管局对生活用水器具销售场所及沿街商铺开展专项检查，重点对用水器具的用水量、水效标识等进行检查。

营造节水氛围。通过 2023 年第 32 届全国城市节约用水宣传周活动，印发《关于做好马鞍山市 2023 年全国城市节约用水宣传周工作的通知》，积极发动马鞍山市已创建成功的省市级节水载体，利用各节水载体的不同宣传媒介（横幅、宣传栏、LED 屏等）进行节水宣传，组织开展节水进机关、节水进商圈等宣传活动，积极引导市民参与，形成了良好的节水氛围。

四、建筑施工扬尘污染防治

加强宣传，夯实基础。主动上门服务，在工程开工前以讲座、展板、座谈会等形式广泛向企业宣贯《马鞍山市建筑工地文明施工与扬尘防治工作指南》《关于印发马鞍山市工地扬尘污染防治措施建设指南（试行）的通知》等，指导项目在开工前落实扬尘污染防治设施设备，督促项目落实建筑施工扬尘污染防治“八个百分百”和重污染天气超常规管控期间各项措施。

严查重罚，压实责任。制定《2023 年全市住建领域扬尘污染防治工作方案》，下发《关于开展主城区施工现场扬尘污染防治专项检查的通知》，每日安排包保人员对在建项目进行拉网式巡查。督促雨山八村棚改项目、红旗中路项目、曙光路桥南棚改项目等拆迁项目工地扬尘污染防治工作措施落实情况。

创新方法，提升效能。在全市范围大力开展智慧工地建设，推动施工现场扬尘噪声监测与喷洒降尘联动、车辆未冲洗抓拍监控等系统建设，实现“人防”到“技防”的转变。

样板引路，提标升级。组织人员赴无锡、绍兴、嘉兴等地学习先进管理经验，制定下发了《关于进一步加强马鞍山市建筑工地施工扬尘治理工作的通知》，在建筑工地场内设置高杆喷淋、架体喷雾等降尘设施，积极鼓励引导工程项目打造样板工程。截至 2023 年底，马鞍山市共有 55 个项目获得市级安全生产标准化示范工地称号，33 个项目获得省级“四个工地”称号。

五、搅拌站扬尘污染防治

开展“综合整治”。根据《关于开展 2023 年全市预拌混凝土搅拌站环境综合整治联合专项检查的通知》，市、县两级住建部门联合生态环境部门开展联合专项督查和检查工作，取得了良好的效果。对日常管理总体规范有序，能积极开展环境综合治理的预拌混凝土生产企业予以全市通报表扬，对环境综合整治重视程度不够、内部管理较薄弱、未认真开展自查自纠、存在问题较多的预拌混凝土生产企业进行全市通报并约谈。

严格“问题销号”。2023 年以来，市住建局高度重视全市预拌混凝土生产企业存在的突出环境问题验收销号工作，主要领导和分管领导调度督导，多次赴企业实地查看，指导企业严格落实技术标准、按照整改措施逐项落实并举一反三，发布《关于做好省生态环境保护督查住建领域扬尘防治问题整改工作的提示》，持续推进问题整改。根据《马鞍山市突出生态环境问题整改质量提升行动方案》相关要求，在各县区、园区对已验收销号的中央、省级层面交办问题、上一轮中央、省生态环保督察转办信访件问题开展“回头看”全覆盖的基础上，对各县区、园区“回头看”情况进行复查。

推进“智慧监管”。根据《关于开展“智慧工地”建设工作的通知》《关于移交安徽省第二生态环境保护督察组督察省住房城乡建设厅反馈问题清单的函》《关于做好省生态环境保护督察反馈问题整改验收销号工作的通知》要求，持续推进全市搅拌站视频监控和扬尘在线监测全覆盖工作，积极运用“智慧工地”系统，在线指导预拌混凝土生产企业做好洒水、冲洗等日常扬尘防治工作。

第九节　滁州市绿色发展情况

一、调好“四大结构”持续改善大气环境质量

调好用地结构。开展秋冬会战保健康攻坚行动，依托12个大气网格化系统，深度治理扬尘、餐饮油烟和烟花爆竹等面源污染，2023年共处置环境污染问题398起。积极参与长三角生态环境涉气标准一体化建设，圆满完成杭州亚运会、上海进博会空气质量保障任务。

调好能源结构。促进能源升级优化，2023年新增新能源产业企业12家，落地光伏及组件项目25个、新能源电池项目20个，累计获批国家级绿色园区2个，国家级绿色工厂9家，省级绿色工厂26家，新增光伏装配容量80兆瓦，战略性新兴产业产值同比增长13%。

调好产业结构。对160家重点涉气企业全面“体检”，针对存在问题的94家企业全部要求其限期整改。实行重点涉气生产线“上小时超标，下小时调度”机制，2023年累计调度3159次，走航车发现高值点112个，全部交办整改。严控工业企业污染，排查治理全市46家加油站和103家汽修企业挥发性有机物。

调好运输结构。用好16套黑烟遥感抓拍和车载自动诊断系统（OBD）系统，2023年共抓拍187辆黑烟车、88辆遥感超标全部纳入重点监管库，OBD稳定上线2003辆。落实机动车排放检测与强制维护制度（I/M制度），2023年3617辆车强制维修，年销售汽油量大于5000吨的加油站油气回收自动监控设备实现全覆盖联网。

二、不断加大污水防治力度

强化饮用水安全保障。滁州市共有集中式饮用水源112个，其中市级2个、县级14个、乡镇96个，均已按照生态环境部《饮用水水源保护区划分技术规范》要求划定了饮用水水源保护区。开展了县级以上水源地环境问题“清零行动”，抽调专业人员组成7个工作组，以无人机和水源遥感执法App等科技手段做辅助，对县级及以上饮用水水源地一、二级保护区居民生活污染、“散乱污”企业、畜禽养殖等问题进行全覆盖排查复核，目前发现的问题已全部完成整改。

严把排污口审批关。所有新建、改建、扩建项目的排污口设置都必须依法依规申请，组织专家论证；城镇污水处理设施排放口要求配置湿地净化，出水对地表水水质有明显影响的因子原则上要达到Ⅳ类或Ⅲ类标准；饮用水水源保护区、河流源头保护区、重要水功能区禁止设置排污口。除污水处理等减排项目外，其他企业排污口原则上必须排入园区或城镇污水处理厂，不得直排河流。

深化农村黑臭水体治理。落实滁州市“十四五”农业农村生态环境保护规划、县域农村生活污水治理专项规划。已建成乡镇政府驻地污水处理设施102个，日处理能力10.4万吨；村级污水处理设施（包括省市级美丽乡村、农村环境综合整治、饮用水水源保护区等）344个，日处理能力4.5万吨。持续开展农村黑臭水体和生活污水处理设施问题专项排查，农村黑臭水体232条，已按计划治理完成73条；定远县和凤阳县成功申报安徽省农村黑臭水体治理项目试点。

压实断面水质主体责任。生态环境部每月下旬首次反馈采测分离数据，数据显示，滁河陈浅、西赵村、襄河化肥厂下、白塔河天长化工厂、清流河乌衣下、七里湖等断面均出现过未达考核目标的情况，市水办立即依据相关规定，向这些断面所在县（市）政府发出提醒预警函，要求高度

重视，认真查找分析超标原因，采取有力措施遏制水质恶化趋势，尽快改善水质，确保年度水质达标。逐月通报国省控断面水质情况，并同步发市效能办、市河长办，全方位压实地方政府领导责任，推进水质持续改善。

推进“一断一策”落地生根。水里的问题，根子在岸上。为彻底摸清水污染现状，对不能稳定达到Ⅲ类水质的 17 个国控断面所在河湖，组织人员排查汇水流域污染情况，分别编制了断面稳定达标方案，提出解决问题的办法、措施及分年度实施计划。为排查清流河流域情况，滁州市生态环境局利用无人机、无人船排查清流河及支流区域，共排查了 158 个点位并对 130 个疑似排口进行了水质监测，对发现的异常点位交办责任单位限期完成整改。为确保清流河水质持续稳定达标，组织来安县、琅琊区、南谯区、市经开区、中新苏滁高新区对丰收渠、菱溪河、菱溪湖水系城市排口开展排查，市委、市政府主要领导现场调研，并召开专题调度会议，印发《清流河乌衣下国控断面水质达标攻坚行动实施方案》，组建达标攻坚行动专办，统筹协调清流河水质改善工作。

项目驱动促水污染治理。积极争取项目资金，“十四五”以来共申请中央水污染防治专项资金 2.07 亿元，用于全椒县黄栗树和赵店水库饮用水水源保护区规范化建设、天长市城东片区与城西片区水生态修复、滁城主城区污水处理厂提标改造、尾水湿地和污泥处置项目。全市城市建成区生活污水集中处理率超 97%，污水处理厂污泥无害化处置率达 100%。加快推进来安县水环境综合整治、全椒县古襄河雨污合流管网改造、滁城老城区等片区雨污合流改造等项目建设，以根治城市面源污水入河问题，保障河湖水清岸绿。

统筹上下游左右岸联防共治。落实与南京、合肥等地签订的联防联控合作协议，建立上下游协调联动机制，通过不定期联席会商、联手执法等，共同推进跨境水体水质改善，今年以来共开展跨界水体座谈协商、实地监察等联防联控工作 6 次，全市共有 4 条河流和 4 个湖泊实行省际共管、市域协同、县级协作。

三、加大力度保护生物多样性

（一）提升管理能力，健全生物多样性调查监测评估体系

完成林草湿生态综合监测。全面完成全市 212 个样地（林地 137 个、草地 19 个、湿地 56 个）外业调查工作，按时提交工作成果，顺利通过国家级和省级检查验收。持续开展滁州市市辖区重点类群生物多样性本底调查，滁州优良生态指示物种持续增长，世界濒危物种“桃花水母”已现滁州市区，“鸟中国宝”东方白鹳来滁越冬。指导天长市完成城区生物多样性本底调查。配合安徽农业大学，完成定远县池河、凤阳县濠河、来安县来河、天长市白塔河、南谯区沙河集水库、琅琊区西涧湖（原城西水库）、全椒县襄河水生生物资源调查工作。

推动生物多样性评价评估和信息归集。配合省农业农村厅开展长江水生生物完整性指数评价。今年以来，协助无锡淡水中心、安徽农业大学等科研院所对滁河（来安、全椒段）及明光市池河翘嘴鲌水产种质资源保护区等禁捕水域渔业资源状况和水域生态环境进行调查监测，同时，对高邮湖天长退捕水域渔业资源状况进行了调查监测；通过定点监测、抽样评估等方式采集数据并进行了科学的分析评估，为今后禁捕退捕水域渔业资源管理提供了技术支持。

完成畜禽品种系统调查与性能测定。依托全国第三次畜禽遗传资源普查，滁州市开展 4 个地方品种：天长三黄鸡、淮猪（定远猪）、皖东牛、江淮水牛和 1 个新发现遗传资源——千秋山羊的系统调查和性能测定工作。安徽绿健种猪有限公司承担的 4500 头种猪生产性能测定任务也实施完成。所有监测数据上报畜禽遗传资源普查系统。

（二）强化保护修复，优化生物多样性保护空间格局

编制国土空间总体规划。目前滁州市国土空间总体规划已报省政府待批，县级国土空间总体规划已审查完成，92 个乡镇级国土空间总体规划中有 47 个已完成编制。高质量开展村庄规划编制审批，在规划编制过程中落实生态保护红线相关

文件要求，严格红线内项目用地管理。今年滁州市共开展872个行政村的村庄规划编制工作，已完成编制审批的共有73个。

持续推进自然保护地整合优化。《滁州市自然保护地整合优化方案》通过省级审核，完成16个自然保护地规划编制，已获批10个；开展全市自然保护区、森林公园、地质公园勘界立标成果“回头看”，进一步理清边界范围；推动自然保护地问题专项排查整改，整改问题10个。

完善生物多样性迁地保护体系。新收集保存农业种质资源（微生物）218份，总数达802份。安排市级乡村振兴战略专项资金种业科技经费107万元，用于种业创新、地方特色种质资源保护等。印发《关于进一步加强古树名木保护管理工作的通知》，完成276株古树名木电子数据库建设及分布图绘制，新建古树名木示范主题微公园2处。持续加大古树名木保护宣传力度，不断增强社会公众古树名木保护意识，切实提高全市古树名木保护管理水平。

全面深化林长制改革。开展“林长能力提升年”“十个一”活动，创新“亩均论英雄”+两上+负面清单考核机制，市县级林长专题调研林业工作252次，签发总林长令20份，开展“三个联系”活动303次，协调解决企业用地、融资等事项150余件；全市四级林长巡林6.93万次、15.15万公里；安徽省委党校林长制现场教学基地落户滁州；2023年8月，全省林长制改革理论研讨会在滁州市召开。

（三）加强风险防控，筑牢生物安全防线

开展外来入侵物种普查。完成外来入侵物种普查工作，普查发现林、草、湿生态系统外来入侵物种种类数量37种，物种记录条数2266条；农业系统共调查物种126种，物种记录条数13187条，完成标准样地944块，其中入侵植物标准样地687块，涉及57个物种入侵病虫害标准样地166块，涉及10个物种入侵水生动物标准样地91块，涉及2个物种。

防控加拿大一枝黄花。全市多次开展加拿大一枝黄花铲除工作，累计参加铲除人次3400余人次，采用化学防除与物理铲除相结合的手段，做到发现一片铲除一片，现已将发现的加拿大一枝黄花全部铲除，有效抑制加拿大一枝黄花再度泛滥。

（四）推进重要生态系统保护和修复

统筹推进矿山生态修复。2023年计划实施24个废弃矿山生态修复任务，目前已全部完成验收。推进在建与生产矿山生态修复，创建省级绿色矿山1个。基本完成全市国土空间生态修复规划编制。

持续加强湿地保护修复。实施来安池杉湖国家湿地公园保护修复工程，加强省重要湿地监测，完成来安池杉湖国家湿地公园、明光女山湖省级自然保护区、凤阳花园湖省级重要湿地年度监测报告，全市湿地保护率达57.8%以上。

科学开展国土绿化。今年以来，全市创建省级森林城镇2个、森林村庄27个，全市营造林48万亩、占全省12%。完成封山育林10.13万亩、退化林修复5.14万亩、森林抚育28.35万亩，建设国储林13.5万亩，培育高效碳汇林10.2万亩。皇甫山国家森林公园入选首批省级森林碳汇试点。全省首发《林业碳票项目计量监测技术规程》《森林固碳增汇经营技术规程》等2项地方性标准，全市森林固碳量209.35万吨。

推动城市生态廊道建设。截至2023年11月底，2023年全市完成口袋公园建设改造项目14个，完成绿道建设36.01公里。

推进水土流失治理。投资4007万元实施5个水土流失综合治理工程，治理面积77平方公里。明湖通过水利部幸福河湖建设成效复核评估，成为全国首个幸福河湖。完成8个省级幸福河湖建设、2个市级幸福河湖建设任务。划定115条水普以外河湖管理范围，完成3个市级河湖和18条县级河湖岸线管理保护利用规划编制及修编。开展3轮次“四乱”问题暗访，查实分县交办“四乱”问题整改87个。完成碍洪问题图斑复核和整改2615个。

（五）创新可持续利用，推进生物多样性资源价值转化

加强经营性生物多样性资源利用。截至2023年11月底，新认证绿色有机地标农产品57个。天长芡实纳入全国名特优新农产品名录，周氏千秋

山羊肉、金羽天长三黄鸡纳入全国特质农品名录；新获批全椒县全国绿色食品原料（薄壳山核桃）标准化生产基地，续展全椒县全国绿色食品原料（水稻）标准化生产基地。

促进公共性生物多样性资源价值实现。落实生态补偿机制，2023年，争取中央和省级生态环保专项资金共计1.5017亿元，全市安排生态补偿专项经费（大气、水质）1002.8万元，推动全市水质、大气环境区域生态补偿机制实施；2023年安排饮用水水源生态补偿资金400万元，对城西、沙河集、黄栗树3个饮用水源建立补偿机制。落实滁河流域横向生态补偿机制。2023年11月，皖苏两省签订第二轮《关于建立长江流域横向生态保护补偿机制合作协议》。

扶持发展林业产业。坚持市场化推进国储林要素保障基地，全市国储林项目累计获金融机构授信24.54亿元、到账5.68亿元，建设总面积达20.6万亩。2023年6月，全省国家储备林项目运营管理专题培训暨融资对接会在滁召开。聚力发展麻栎、薄壳山核桃、林下经济等林特产业，打造千亿林业产业集群，全市现有国家级林业产业示范园2个、国家林业重点龙头企业2家、省级林业产业化龙头企业52家。南谯区获批“中国麻栎之乡”品牌培育试点单位；薄壳山核桃实现大丰收，产果量2200余吨，同比增产24.9%，约占全国30%；截至11月底，全市林下经济总产值14.8亿元，同比增加4.7%；皇甫山森林公园、池杉湖湿地公园顺利通过AAAA级旅游景区评定。持续深化长三角区域合作，与上海林学会签订战略合作协议，共同推动森林旅游、自然教育发展；积极组织参加中国·合肥苗木交易大会，荣获优秀组织奖，签约项目2个，投资总额20.5亿元，居全省第一方阵；滁州市昌春木炭专业合作社有望获得第一届世界林木业大会产品类奖项；全椒碧根果采摘节、华东（来安）苗交会成功举办。常态化开展“遍访企业助企纾困”活动和林业科技特派员服务强林行动，选派省级林业科技特派员44名，推广新品种、新技术、新模式等23个，获批国家植物新品种权5个（全省最多），开展科技服务500余次，创成国家标准化林业站16个。

（六）**强化执法监督，严肃查处危害生物多样性行为**

抓好野生动物保护监管。组织多部门联合开展针对花鸟鱼虫市场非法交易鸟类等野生动物的专项清理打击行动、“2023清风行动”等，坚持集中打击整治与健全长效机制相结合、线上线下同推进，严厉打击和惩治破坏野生动物资源违法犯罪行为。强化执法检查。全市共出动执法车辆306次、执法人员876人次，检查野生动植物栖息地41处、人工繁育场所17处、经营利用场所564处、寄递18处、交通运输46处、其他场所185处。查办涉野生动植物案件29起，其中刑事案件25起，打掉犯罪团伙7个，打击处理违法犯罪人员76人，收缴野生动物142只（头、尾），收缴野生动植物制品15件，收缴非法猎具渔具78个（张、台），罚款和罚金5.908万元。2023年，滁州市检察机关共针对破坏野生动植物的违法行为提起民事公益诉讼42件，生态环境损害赔偿67万余元。

依法规范开展水生野生动物利用特许管理。滁州市现有11家养殖场从事水生野生动物人工繁育及经营利用，主要人工繁殖及经营利用水生野生动物品种为黄缘闭壳龟、黄喉拟水龟及中华草龟等品种。渔政部门不定期开展执法检查，对养殖场所的必要设施、相关档案、人工繁育情况、经营利用情况等进行了检查，总体情况良好。

加强区域警务协作。2023年以来，滁州市共立案查处非法狩猎案件8起，抓获犯罪嫌疑人35人，侦办非法捕捞案件10起，抓获犯罪嫌疑人15人，移送起诉12人。加强行刑衔接，全面梳理线索，全市公安机关联合农业农村行政执法部门共同开展联合巡查行动921次，出动警力1700余人次，出动船艇130余次，办理渔政案件1120件，移交公安部门6件。

严格落实自然资源资产离任审计制度。在2023年的审计项目中，审计部门注重将生物多样性保护纳入自然资源资产离任审计内容，注重审查党政领导班子是否严格落实生态环境保护党政同责、一岗双责。

持续开展“绿盾”专项行动。完成生态环境部下达的琅琊山国家级风景名胜区、女山湖省级自然保护区、池杉湖国家湿地公园173个遥感监测线索核查任务，核查发现问题点位7个，已整改完成4个。

（七）鼓励公众参与，推动形成生物多样性全民保护局面

利用“国际生物多样性日”“世界野生动植物日”“植树节”“爱鸟周”等全市重大宣传窗口时机，创新“线上+线下”“传统媒体+新媒体”等宣传形式。专项行动期间，各地、各部门开展各类宣传活动200余场次，发放各类宣传资料5000余份，沿滁河禁捕水域设置各类宣传标牌40余块，悬挂宣传横幅近百条，在池河翘嘴鲌国家级水产种质资源保护区制作大型宣传广告牌4块，一般宣传牌50块，营造全市共同关注和保护生物多样性的良好氛围。

（八）强化法规制度建设，夯实生物多样性保护基础

加大项目实施，促进技术攻关。凤阳县大明农牧科技发展有限公司“皖东牛肉用新品系选育关键技术研究与应用”等2个项目在2023年省重点研究与开发计划项目中获批立项，共争取到省级资金200万元。安徽天之骄鹅业有限公司“鹅非常规粗纤维饲料的资源化利用与推广”等8个项目在2023年滁州市科技特派团项目中获批立项，共争取到市级资金120万元。鼓励支持在滁高校、科研院所和企业开展生物多样性保护、恢复等领域关键技术攻关，与安徽农业大学动物科技学院成立“滁州鲫科技小院”，签订“滁州鲫种质资源保护与开发利用”产学研合作协议书，进一步推动产学研深度融合，提高滁州鲫科技成果转化和产业化水平。

促进创新发展，推动成果转化。通用生物系统（安徽）有限公司获批为国家企业技术中心，成功创建滁州市生物技术行业第一个国家级创新平台。加大专精特新企业培育力度，通用生物系统（安徽）有限公司获批为第五批国家级专精特新“小巨人”企业，安徽康源生物技术有限责任公司等4家获批为省级专精特新企业，累计达10家。安徽昆仑生物基包装材料有限公司等8家生物技术产业链上下游企业共13个项目列入2023年《滁州市“千企升级”技术创新项目计划表》，已开发新产品9个。

进一步抓好长江十年禁渔。扎实做好长江流域重点水域退捕渔民转产就业、社会保障、结对帮联、“暖心行动”就业培训等工作，禁捕退捕工作实现规范管理。全面完成水生生物资源监测调查评估工作任务，规范组织了年度增殖放流工作。建立了跨市域、跨部门和人防技防并重执法机制，2023年以来，全市共清理取缔涉渔“三无”船舶9艘、清理违规网具92张，查办违规违法案件33件，行政处罚金额15.54万元。全年没有发生一起退捕渔民信访事件。

四、严查精管，坚决筑牢生态环境执法屏障

一是扎实推进专项整治。组织开展“2023年‘三查一治’春季攻势”问题排查整治工作，全市共排查上报各类环境问题653个，均按照序时进度推进整改。“大起底”“回头看”清单涉滁45个问题已全部完成整改销号，同时建立“*N*”类问题整改清单，817个问题已完成736个。持续开展全市“散乱污”企业清理整治，完成104家“散乱污”企业整改，严控长江主要支流1公里范围“散乱污”企业“死灰复燃”。开展重点流域岸线生态环境问题排查整治专项行动。重点排查滁河岸线清理整治、入河排污口、港口船舶污染治理、重点园区及化工行业、城镇污水垃圾收集处理等情况。目前10个问题已完成整改8个。加强夏收等重点时段秸秆禁烧管控，秸秆禁烧保持“零火点”。

二是持续提升执法力度。上半年全市共办理行政处罚案件79件，罚款791余万元，执行环保法4个配套办法案件4件。持续推进排污许可专项执法检查，依法严厉打击无证排污、不按证排污等环境违法行为，全市共检查排污单位1099家，出动执法人员3866人次，发现问题排污单位61家，已全部完成整改，立案处罚7家，罚款160余万元。开展打击危险废物及重点排污单位自动监测数据弄虚作假违法犯罪专项行动，办理3起危险废物环境污染犯罪案件。严查涉自动监控违法行为，上半年已立案查处9起，其中直接利用自动监测数据超标处罚4起，自动监测设备不正常运行1起，未安装自动监测设备案件1起，比对监测报告弄虚作假案件3起；移送公安机关案件1起。另

有3起自动监测数据超标、3起监测报告弄虚作假、2起虚假标记及1起篡改伪造监测数据案件正在办理。

三是着力改善执法效能。落实“双随机、一公开”监管机制，上半年全市共随机抽查企业336家次，整改环境问题27个。落实监督执法正面清单和轻微违法违规行为免罚清单，开展正面清单企业“体检式”帮扶，推出“点菜式”服务，指导帮扶企业90次，累计办理13起不予行政处罚案件，免罚金额91.5万元。会同市税务局举办“我为群众办实事——暖企惠企”活动，组织100余家企业参加培训。强化非现场监管，加快构建以污染源自动监控为核心的非现场执法监管体系，全市237家排污单位595套自动监测设备与国发平台联网；引入无人机航拍、VOCs质谱走航监测等技术手段辅助执法，共开展非现场执法检查182次。

五、防治并进，有效提升环境应急能力建设

一是夯实环境应急基础。完成9条重点河流编制，完成突发水污染事件“一河一策一图”环境应急响应方案。与合肥、宿迁等5市签订跨上下游突发水污染事件联防联控协议。摸清全市环境应急物资分布情况，建立应急平台完善应急物资信息。

二是深入排查环境隐患。开展岁末年初、全国全省两会期间环境安全隐患排查整治，检查企业、单位425家次，出动执法人员873人次，整改风险隐患问题26个，立案查处1个。结合“三查一治”、环境信访等工作，开展重大事故隐患专项排查整治2023行动，加强对企业环保设施安全生产、辐射环境安全等方面的监管，排查问题隐患112个，整改108个。组织开展生态环境领域突发水污染事件风险隐患专项排查整治，共排查5个化工园区和221家重点企业，整改问题56个。

三是加强突发事件应对。做好“两会”、春节、汛期等敏感时段的生态环境安全保障工作，落实值班值守制度，切实防范化解环境风险。快速妥善处置来安县二甲苯火灾事故和天长秦栏园区跨省倾倒危险废物事件，坚决防范和遏制了较大及以上突发环境事件的发生。2023年以来未发生较大及以上突发环境事件，生态环境安全形势总体稳定有序。

六、用心用情，落实落细环境信访办理工作

一是落实环境信访工作制度。落实领导干部接访制度，所有信访件实行清单化、闭环式管理，不断完善办理机制，切实做好“送上门的群众工作”，努力把暖民心、顺民意的工作做深做实。常态化开展主要领导干部下访工作，从原来的“群众走访”向“主动下访”、从原来的“转交办理”向“面对面办理”，以及从单一的“督促整改”向“查帮结合”的3个转变，实现了“民有所呼、我有所应”和作风真改进、问题真解决。加大环保举报方式宣传力度，在市局网站设置“环境问题‘码’上反映”流动弹窗。实施生态环境违法行为有奖举报，1件信访入选省厅2023年第一批有奖举报典型案例。

二是规范环境信访办理流程。通过“信、访、网、电、微”等多种渠道受理群众信访投诉举报，2023年1—7月，全市通过12369平台受理信访165件（其中电话举报11件、微信举报90件、网络举报49件、来信举报8件、来访举报4件、网民留言3件），已办结164件，信访及时受理率100%，按期办结率100%。第三轮省环保督察交办信访件30批196件，目前已办结79件，剩余117件正在办理中。市局对重点信访件现场督查督办，不定期抽查核查信访件办理质量，每月在市局网站公开重点环境信访事项办理情况，接受社会监督，让群众“阅卷、评分”，群众满意度4.13分，位列全省第一。

七、强化练兵，切实提高执法队伍业务能力素质

持续开展环境执法大练兵活动，发挥大练兵“指挥棒”作用，以实战化练兵为导向，组织开展非现场监管执法技能竞赛，强化新技术新装备应用。严格落实行政执法公示制度和行政执法全过程记录制度，主动向社会公众和行政相对人公开行政执法信息，全面应用省执法全过程记录平台，促进严格规范公正文明执法。按照“五个统一”规范办案（统一处罚流程、统一执法文书、统一决定书取号、统一案件归档、统一审核上报），加大案件审查和法制审核力度，开展案卷交叉评查，

组织“每季讲一案”活动，通过“以案释法”，着力提高执法人员办案能力。推进执法机构规范化建设，配备使用执法装备，统一规范执法制服着装，全力打造生态环保铁军主力军。

当前生态环境执法工作任务仍十分艰巨，下一步，滁州市生态环境局将紧紧围绕改善环境质量，提升环境执法能力；加大一线执法力度，严惩重罚环境违法行为；继续开展专项执法检查，提高环境执法效能；加大曝光典型环境违法案件，营造鼓励守法、震慑违法的氛围；加大对企业的普法和服务力度，做到“既执法又普法”，指导帮助企业进行污染治理和产业升级；加强执法队伍能力建设，不断提升执法人员法治意识和学法用法水平，真心实意为群众办实事、解难题，以新时期高素质硬作风的生态环境执法铁军助力污染防治攻坚战取得新成效。

第十节　宣城市绿色发展情况

一、污染防治攻坚，蓝天保卫战

2023 年宣城市空气质量连续 4 年全面达标，空气质量改善幅度全省第一，空气质量综合指数、$PM_{2.5}$ 浓度和优良天数比例均位居全省第二，空气质量在长三角 41 个城市中稳居第七。

聚焦重点时段，实施区域协同治理。落实重大活动空气质量保障措施，推进政企协商，倡导企业自愿减排，确保重大活动期间宣城空气质量优良。开展一季度空气质量强化攻坚、夏季臭氧综合整治和秋冬季扬尘专项管控，积极应对不利气象条件下的污染过程，成功遏制一季度空气质量反弹；强化夏季臭氧应急管控，成功保良 6 天。

聚焦重点领域，实施深度治理。扎实推进涉挥发性有机物企业排查整治，累计排查企业 439 家，发现整改问题 181 个，对 112 家企业进行“一厂一策”现场帮扶；常态化开展移动源污染综合治理，建立生态环境、市场监管、公安机动车常态化协同执法机制；持续开展柴油货车路检路查，累计现场抽检柴油货车 952 辆。

深入打好碧水保卫战，水生态环境质量持续改善。统筹水资源、水环境、水生态治理，推动徽水河、梅溧河、无量溪河水质改善提升，推进水阳江、青弋江等重点流域水环境综合治理。建立“常态化监测+分段溯源+现场勘查+精准治污”四位一体的精细化管理体系，国控断面实现电子围栏监控系统全覆盖，实施汛期污染源清单式管控。广德市采取查污溯源、异常预警、分段包保、强化管控等措施，进一步强化了狮子口断面水质管控。泾县以美丽河湖创建为抓手，推进小流域系统治理，实现区域水环境质量持续改善。开展入河排污口精细化排查整治，排查入河排污口 784 个，整改问题 331 个。

切实加强饮用水水源地环境安全防护。强化饮用水水源地“划立治”，新增、调整饮用水水源保护区 2 个，撤销 3 个，持续优化水源地布局，14 个在用县级以上集中式饮用水水源地水质达标率 100%。

全面实施水环境生态补偿，形成上下游齐抓共治的水生态保护格局，将水质指数及变化率纳入地表水断面市级纵向生态补偿，进一步调动各地水环境质量改善积极性。2023 年宣城市净获省级地表水生态补偿资金 3101 万元，排名全省第二。

围绕农用地和建设用地齐抓共管、多措并举，深入开展土壤污染防治。强化耕地土壤污染源头防控，开展农用地土壤镉等重金属污染源头防治，开展临近耕地的水污染、土壤污染、化工及涉镉等重金属重点行业企业、污水处理厂及化工园区检查，开展土壤污染重点监管单位土壤污染隐患排查“回头看”。全面推进建设用地环境管理，开展土壤污染状况调查，建立优先监管地块清单，2023 年度重点建设用地安全利用率达 100%，建设用地安全利用得到有效保障。协同推进地下水污染防治，开展垃圾填埋场土壤和地下水环境现状调查评估。启动全省“无废城市”建设，强化重点管控类新污染物治理，完成首轮 608 家企业化学物质环境信息统计调查和 102 家企业危险废物规范化环境管理市级评估，推进广德市、郎溪县、泾县等小微危险废物收集企业稳定运行。

持续打好农业农村污染治理攻坚战，助力乡村生态振兴。系统推进农村生活污水和垃圾治理、农村水环境综合整治和农业面源污染防治工作。深入推进农村生活污水治理，2023年完成37个行政村农村环境整治、51个行政村农村生活污水治理和24个乡镇政府驻地生活污水设施提质增效。扎实开展农村净水攻坚，印发《宣城市贯彻落实安徽省农村净水攻坚行动实施方案》，动态监管农村黑臭水体，防止已治理水体返黑返臭。推进畜禽养殖污染防治工作，完成畜禽养殖污染防治规划编制。

二、生态文明建设

持续推进“绿盾”行动，有效筑牢自然保护屏障。开展宣城市生物多样性本底调查，有序推进泾县、绩溪县、宁国市生物多样性县域本底调查。

2023年，绩溪县继2017年成为首批国家级生态文明建设示范县后，又成功创成全国“两山”实践创新基地，成为宣城市第二个双创地区。至此，全市累计创成国家级生态文明建设示范市1个（地级市）、国家级生态文明建设示范县（市、区）4个，“绿水青山就是金山银山实践创新基地”2个、省级生态文明示范县6个，持续领跑全省生态文明创建工作。

三、生态环境管理

强化源头管控，充分发挥环评与排污许可管理效能。积极推动环评审批制度改革，构建全链条服务体系，推出排污总量“即申即享”新举措，将环境容量指标优先用于重点项目，推动资源要素向高端产业、优质企业集聚。旌德县制定《加强环评审批助力经济高质量发展若干措施》，主动服务和有力保障重点项目建设。宁国经济技术开发区入选全国首批产业园区减污降碳协同创新试点。

优化环境准入，提升环评质效。发挥规划环评指导作用，落实“三线一单”分区管控要求，既为资源环境保护设红线、立禁区，又为经济发展划跑道、建通道，推动环境质量改善和绿色转型，实现经济高质量发展。推行告知承诺制审批、打捆审批、总量承诺管理、并联审批、数据共享、容缺受理等举措，2023年全市共审批环评文件793个，建设项目总投资约1396亿元，环保投资约25亿元。

加强闭环管理，形成监管合力，全面落实排污许可“一证式”管理，将全市1650个固定污染源纳入排污许可管理范围，为科学监管建设项目打好坚实基础。2023年全市共完成排污许可证核发890张，办件数量全省第二。

夯实产业基础，推动绿色低碳转型。发布《宣城市节能环保产业发展规划（2022—2026年）》，剖析全市节能环保产业发展现状，明确发展战略定位与目标，指明节能环保产业的重点发展方向和发展路径。举办宣城市节能环保产业招商暨合作发展（苏州）推介会，新能源和节能环保产业落地项目128个，登记金额1427.3亿元。

健全生态环境监测体系。优化“十五五”生态环境监测网络点位布设，推进宣城市城区声环境质量自动监测站建设，加强工业园区、交通空气自动站点和县级以上集中式饮用水水源地水质自动监测站的运行维护和基础保障，逐步补齐市县生态监测能力短板。

围绕大气、水、土壤污染防治，污染源监督管理、数据综合分析、人才培养等重点领域，全面加强监测数据运用与综合分析，为各地及时掌握环境质量状况，科学实施环境管理和决策、考核评价，促进全市环境质量的改善提供有力技术支撑。

强化生态环境监测质量管理，持续开展生态环境监测数据质量提升专项行动，对全市生态环境监测机构开展监测质量的监督检查，规范全市生态环境监测行为。

2023年，宣城市生态环境局荣获省第四届生态环境监测专业技术大比武综合团体二等奖。宣城生态环境监测中心荣获安徽省第四届生态环境监测专业技术大比武专项团体二等奖、综合团体三等奖，3名同志获个人一等奖、5名同志获个人三等奖。2023年度宣城市生态环境质量报告书质量位居全国前列、全省市级第一。

优化执法方式，提高执法效能。结合“双随机、一公开”管理办法和正面清单制度，深入实施差异化分类监管，强化服务理念，切实提升执法效能。发挥互联网+优势，利用自动监控、视频监控、无人机巡查等科技手段开展非现场监管，减少企业现场执法频次，充分发挥生态环境守法企业在日常监管中的正面激励和示范效应。开展跨区域联动执法，建立跨界水污染防治联合执法工作机制，做好重大活动、重要节假日和重点时段的大气污染联防联控，开展边界执法联合行动。聚焦污染防治攻坚，深化执法效能。加大秸秆禁烧管理工作、“散乱污”企业清理整治力度，开展2023年全市“两打”专项行动、饮用水水源地专项执法行动、“三同时”和自主验收专项执法检查等专项行动，助力全市生态环境质量改善。全年办理环境违法案件129起，罚款总额1696.65万元。

2023年，开展宣城环保世纪行专题采访，精心制作《让中国更美丽》《铁军楷模贺新春》《生物多样性保护》等环保专题宣传视频。全年在中央、省级权威媒体发稿263篇、市级媒体发稿419篇，其中《统筹环保和发展唱响长三角一体化“协奏曲”》《安徽宣城“三赛道”追赶融入长三角生态环境保护一体化》等稿件被《人民日报》《中国环境报》刊载。实施“六·五”世界环境日暨环保宣传周、全国低碳日、全国生态日、生物多样性日等主题宣传活动，引导社会公众积极践行绿色低碳生活理念。着力讲好环保故事，宣城市生态环境局推荐的作品获评“新时代中国生态环境保护故事”全国三等奖，在全省环保设施和城市垃圾污水处理设施向公众开放现场观摩活动暨讲解员大赛中获二等奖。泾县中国宣纸股份有限公司获评安徽省生态环境教育基地。

健全全市突发环境事件应急体系，加强环境风险防控能力建设。2023年，印发《宣城市辐射事故应急预案》和《宣城市生态环境应急监测区域联动工作方案》，完成市县两级政府、水源地和生态环境部门突发环境事件应急预案修编，在现有9个环境应急物资储备库基础上，新增2家应急物资生产企业作为代储点，提升全市应急响应能力。在郎溪县举办宣城—常州跨界流域上下游突发水污染事件应急联动处置演练，对县市区开展全覆盖环境应急实战化拉练。2023年全市未发生较大及以上突发环境事件，环境安全形势总体平稳。

充分发挥市、县两级突出生态环境问题整改领导小组办公室统筹协调作用，高质高效完成“1+1+N”整改任务，全面落实发现问题、解决问题的管理闭环。制定突出生态环境问题整改方案，明确整改责任，全力以赴推进整改工作，2023年完成突出生态环境问题整改449个，中央和省生态环保督察反馈问题整改工作整体有序推进，以南漪湖流域环境治理、环境基础设施建设、矿山生态修复为代表的一批重点、难点问题顺利完成整改。扎实开展突出生态环境问题大排查大整治专项行动，主动排查问题503个。拍摄市级生态环境暗访片3期，曝光并推动解决一批突出生态环境问题。扎实推进“三整治一保障”，排查整治餐饮油烟、噪声扰民、恶臭异味等群众“家门口”问题1663个。

第十一节　溧阳市绿色发展情况

2023年是深入打好污染防治攻坚战、推进美丽中国建设的重要一年。溧阳市以绿色低碳、高质量发展为引领，围绕蓝天、碧水、净土三个方面，强化生态环境保护与修复，推进环境基础设施建设，着力解决突出环境问题，让生态优先的理念贯穿于整个社会经济发展的方方面面。

2023年溧阳市空气质量持续优化，水体质量也得到稳步提升。空气质量优良率达到79.2%，居全常州市前列。国、省考断面水质优Ⅲ比例均为100%，其中前留桥、土山大桥达到Ⅱ类，10个市考断面优Ⅲ比例为100%。良好的生态环境让溧阳生物多样性更加丰富，据补充调查，溧阳全市累计记录物种达1968种，其中动物界833种、植物界1135种。

一、深入推动产业转型升级

溧阳市加速产业转型升级，引导产业结构调整。相关部门积极推进碳达峰碳中和工作，通过优化钢铁、化工、建材和有色等行业的产业结构，鼓励企业进行技术改造和升级，培育了一批绿色工厂，并全面开展了强制性清洁生产审核工作，确保企业达到环保标准。溧阳高新区成功入选生态环境部第一批产业园区减污降碳协同创新试点。

溧阳加大货物运输结构的调整力度，推广清洁能源运输方式。溧阳港区的建设进一步推动了货物运输的“公转水”，减少了碳排放。同时，强化对柴油货车和非道路移动机械的污染防治工作，定期进行路检和抽测，确保排放达标。此外，溧阳市还大力发展可再生能源，2023年新增分布式光伏发电项目规模258.7兆瓦。

二、聚力实施三大攻坚举措

溧阳市攻坚办通过打好蓝天保卫战，实施碧水攻坚战，推进净土持久战三大战役，有效改善空气质量，提升水环境治理水平，推进土壤污染防治和安全利用。

蓝天保卫战方面，以$PM_{2.5}$与臭氧协同控制为重点，狠抓工业污染整治提升。组建大气工作专班，开展空气质量“首季争优”“春夏攻坚”等专项行动，攻坚“绿色喷涂、绿色汽修、绿色印刷”三大战役。推进金峰廊道建设，完成天山水泥、金峰水泥熟料生产线SCR改造和富春江热电燃煤发电机组SCR改造，全面启动宝润钢铁全流程超低排放改造，完成53家涂装企业、7家汽修企业、14家印刷企业VOCs源头替代和废气专项整治。强化部门联动，与城管、交通等部门开展建筑工地扬尘检查、重型柴油车路检等专项行动。坚持技防与人防结合，依托省环科院、英视睿达等专业技术团队，对大气污染源实时精准管控，深入开展燕山和东门2个省控站点周边微环境污染源清理和工地扬尘、汽修、餐饮油烟等点源管控。

碧水攻坚战方面，2023年扎实推进新一轮太湖综合治理，成立市委、市政府主要领导挂帅的太湖综合治理指挥部，下设8个工作专班，系统全面、科学有序地开展太湖水环境治理。出台《水环境综合治理三年行动方案（2023—2025）》，围绕考核断面稳定达标、水环境质量持续改善的总体目标，分区分期分类系统整治水环境。统筹推进城镇污水、工业废水、农村生活污水处理能力提升。实施后周河水生态修复、南溪河水环境综合整治等重点项目，加快推进中关村污水处理厂、花园污水处理厂和北山污水处理厂建设。深入推进全市14条主干河道及6个湖泊共198个入河（湖）排污口整治，目前已完成186个。强化501家涉磷、14家涉氟行业企业整治，以及其他涉水排放企业的监督管理。积极推进黑臭水体治理，完成9条劣Ⅴ类支流支浜和71条问题河道水环境综合整治。今年10月，天目湖成功入选第二批全国美丽河湖优秀案例。

净土持久战方面，2023年全力推进“无废城市”建设，出台《“十四五”时期“无废城市”建设实施方案》，强化制度、技术、市场、监管等保障体系建设，持续提升全市固体废物综合管理与处置水平。积极推进扬子水泥生活垃圾协同处置工程、别桥及南渡环卫综合体、环太湖有机废弃物处理中心建设。开展重点土壤监管单位周边土壤与地下水调查，完成40个关闭遗留地块土壤污染状况调查和47家土壤重点监管企业的土壤及地下水自行监测，完成溧阳市三鑫电镀有限公司、溧阳市星科电工机械厂和溧阳市中大建材有限公司等地块场地修复。强化土壤污染防治服务指导，严格固危废企业执法监管，有效保障环境安全。

三、严格生态管控措施

以生态岛建设为契机，溧阳市构建了生物多样性保护新体系。编制完成《天目湖湖群生态岛试验区建设实施方案》，投资1.81亿元，规划开展智慧调查监测、重点物种保护、物种生境改善和“两山”价值转化四大类共12项重点工程。该工程以天目湖和长荡湖两大生物多样性热点区域为主体，串联“溧阳1号公路”和“山水琴廊”两条生态廊道，打造生物多样性保护新模式。2023年8月，溧阳市生态岛试验区省级试点（一级试验区）获省生态环境厅授牌命名。

持续深化生态绿城建设，系统推进6个生态绿城项目建设。积极开展“生态细胞”创建，全力推动4个行政村省级生态文明示范创建，2个行政村市级生态文明示范创建，开展湿地保护小区建设及湿地修复，新建湿地保护小区1处，修复湿地500亩。大力加强山水林田湖草生态空间保护，新增造林绿化0.6万亩，新建绿美村庄6个。

此外，溧阳市积极探索实施跨区域环保合作，与安徽省郎溪县和广德市签订《溧阳市—郎溪县—广德市跨界区域生态环境共保联治工作制度》，成立共保联治工作领导小组，实施联合执法、生态共管、协同审批、信息共享、联合监测等措施，解决交界区域生态环境问题，提升区域生态安全。

第十二节　金坛区绿色发展情况

一、聚焦创新引领

构建一流科创体系。构建以独角兽企业和瞪羚企业为龙头、高新技术企业为主力、科技型中小企业为基础的创新型企业集群；完善创新创业政策支持和服务体系。构建一流发展平台。持续推进“一区多园”发展模式，深化园区与镇、街道联动发展。全域开展“危污乱散低”综合治理。构建一流开放格局。全年引进德语区产业项目10个以上；大力发展枢纽经济，争创国家级外贸转型升级基地；鼓励本土企业更大力度“走出去”。

二、聚焦生态宜居

持续优化生态环境。全力争创国家级生态文明建设示范区，深入打好污染防治攻坚战，实施城市水系畅通及生态修复工程。持续扩大品牌影响。争创国家全域旅游示范区，茅山旅游度假区争创国家级旅游度假区；启动建设长荡湖休闲运动公园，办好系列文旅活动。持续倡导文明风尚。实施“全国文明典范城市创建攻坚年”行动，打响“金善金美”新时代文明实践品牌及金坛非遗文创品牌。

三、聚焦农业农村

推动城乡改革发展。完善集体经营性建设用地入市机制，稳妥有序实施农村宅基地改革，争创第五批国家农村产业融合发展示范园。做强现代农业产业。加快建设省级现代农业产业高质量发展示范园，争创国家现代农业产业园；鼓励支持社会资本参与大农场建设；实施新型农业经营主体提升行动。建设宜居和美乡村。创成一批生态宜居美丽乡村、特色田园乡村；深入推进城乡环境“五乱”治理、农村人居环境整治提升；完成25个行政村、218个自然村污水治理工作，建设污水管网80公里。

四、聚焦民生民计

用情办好民生实事。优化城乡教育资源布局，新（改、扩）建段玉裁实验幼儿园、华城实验小学等9所学校；提升基层医疗机构诊疗、康复功能；着力解决“一老一小”问题，兜住兜牢基本民生保障底线。提升现代治理水平。纵深推进国有企业改革，逐步化解区管国有企业历史遗留问题；深入推进精网微格工程，加快推进城市运行“一网统管”，全面加强数字政府建设。筑牢安全发展基石。创建省级安全发展示范城市，坚决遏制重特大事故发生；做好省级食品安全示范城市跟踪评价，深化平安金坛、法治金坛建设，抓实抓细疫情防控工作。

第七篇

共享发展

第一章　教育发展

近年来，南京都市圈内教育层面的互动与合作不断，逐渐由过去的学校与学校点对点合作，延伸至全方位、多层次的合作。2021 年 5 月，南京都市圈教育一体化发展推进会在宁召开，会上签订《南京都市圈 2021—2025 年教育工作合作协议》，擘画了都市圈“十四五”教育一体化蓝图。2022 年 6 月，在南京都市圈党政联席会上签订《南京都市圈职业教育名师名校长联盟合作协议》，教育区域协同发展渐入佳境。为加快推进南京都市圈教育一体化发展，2023 年 3 月 22 日，南京都市圈教育一体化发展推进会暨南京都市圈职教“新航线”论坛在安徽省马鞍山市成功举行，会上正式成立南京都市圈职业教育名师名校长联盟，联盟以“建设跨区域都市圈职教联盟典范”为宗旨，依托都市圈十市百所职业学校，贯彻新发展理念，深化教育综合改革，深入推动都市圈职业教育交流合作，为南京都市圈产业合作、经济发展提供人才支持和智力支持，推动都市圈各城市间校企联动。2023 年，共组织都市圈相关城市 210 名优秀教师和管理骨干来宁跟岗学习、进修培训。2023 年 7 月 21—22 日，宁淮职教负责干部暑期学习会暨南京都市圈・西宁・宁波职业教育发展论坛在南京市高淳区举行。会上，南京市教育局与淮安市教育局、西宁市教育局、宁波市教育局续签职业教育合作框架协议。南京都市圈始终注重加强顶层设计，不断推动区域教育互惠创新发展，提升教育区域协同合作影响力、辐射力，将教育领域合作转化为区域经济发展的创新驱动，更好地服务区域经济社会发展。

第一节　南京市教育发展情况

2023 年，全市在宁普通高等学校 51 所（不含部队院校），在校学生（不含研究生）79.94 万人，比上年增加 2.17 万人。在宁高校及研究生培养机构的在学研究生 20.81 万人，比上年增加 1.31 万人。全市普通中学共计 277 所，在校学生 31.69 万人，比上年增加 1.44 万人；中等职业学校 22 所，在校学生 6.35 万人，比上年增加 0.01 万人；特殊教育学校 15 所，在校生 0.24 万人，比上年增加 0.04 万人；小学 391 所，在校学生 56.57 万人，比上年增加 3.64 万人；幼儿园 1031 所，在园儿童 25.11 万人，比上年减少 2.73 万人；新改扩建幼儿园 30 所，新开办义务教育学校（校区）12 所。全市义务教育学校标准化达标率达 100%。全市基础教育专任教师共 9.5 万人。其中，全国教书育人楷模 3 人，国家教学名师 6 人，在职在岗正高级教师 251 人、省特级教师 309 人，“江苏人民教育家培养工程”培养对象 23 人，“苏教名家”培养对象 31 人，名特优教师占专任教师比例居全省第一位。

2023 年，南京市充分发挥自身资源禀赋优势，对口支援、协作 10 个城市（方向），深入推动都市圈教育“8+2”城市之间的交流合作；推动南京市中小学校与国外 30 多个国家的 300 余所学校结为友好学校，与港澳台地区建立了 51 对姊妹学校。

在加快建设教育强市进程中，南京市学前教育普及普惠率位居全省第一，新开办义务教育阶段学校（校区）12 所，金陵中学江心洲校区、十三中红山新城校区建成并投入使用。紧密型集团化办学覆盖率达70.4%，获国家级优秀教学成果奖19项，其中特等奖1项。

2023年2月，南京市政府办公厅印发《南京市“十四五”学前教育发展提升行动计划》，在巩固“十三五”学前教育建设成果的基础上，着力补短板、强弱项，进一步完善学前教育体制机制，健全学前教育政策保障体系，促进学前教育普及普惠、安全优质发展，更好满足人民群众对幼有所育、幼有优育的美好期盼，为培养德智体美劳全面发展的社会主义建设者和接班人奠定坚实基础。同月，市政府办公厅印发《南京市“十四五”特殊教育发展提升行动计划》。该计划以持续推进南京市特殊教育高质量发展为中心任务，进一步完善特殊教育办学格局和体系，优化特殊教育管理体制和机制，深入推进融合教育，提高教育质量，促进教育公平，让每一名有特殊教育需要的儿童少年都能接受适合的教育，以更加普惠、适宜、融合、优质的特殊教育服务造福群众，为南京加快建成现代化教育强市贡献新的力量。

2023年，南京市教育局举办南京市学校家庭社会协同育人共同体成立大会暨“宁育家”线上平台启动仪式，发布“宁育家”App。截至2023年底“宁育家”App已上线课程超过600节，注册用户超51万人。同时，完成新购14.36万套课桌椅的配备工作，以及6.25万套学生课桌椅整改出新任务。南京市金陵中学江心洲校区、十三中红山新城校区和雨花台中学体艺楼已经正式投入使用，南师附中晓庄校区和浦口区海桥路高中主体完工。

第二节　镇江市教育发展情况

截至2023年末，镇江市共有普通高校9所，本专科招生3.9万人，在校学生12.39万人，毕业生3.08万人；研究生教育招生0.64万人，在校生1.97万人，毕业生0.53万人；中等职业学校8所，在校学生1.97万人；普通中学106所，在校学生11.98万人，毕业生3.74万人；小学115所，在校学生17.73万人，毕业生2.64万人；九年义务教育巩固率100%，高中阶段教育毛入学率100%；全市共有幼儿园284所，在园幼儿7.16万人（见表7-1-1）。实施教育数字化战略行动，创成省智慧校园示范校20所，占比位居全省第一。2023年有4项成果获评国家基础教育教学成果奖，创历史新高。新增6个省中小学“一校一品”党建文化品牌项目。全省大一新生身体素质抽测连续4年总均分全省第一。

表7-1-1　2023年镇江市各类教育学校、招生和在校生情况

指标	学校数/所	毕业生数/人	招生数/人	在校生数/人
高等教育学校	9	36085	45460	143617
中等职业学校	8	5853	6436	19664
普通中学	106	37379	40101	119777
高中阶段	20	13927	13555	42649
初中阶段	86	23452	26546	77128
普通小学	115	26402	30192	177250
特殊教育学校	5	140	103	586
幼儿园	284	30706	20749	71615

2023年，镇江市坚持教育优先发展战略，加快构建高质量教育体系，全面深化教育改革与创新，教育事业发展势头较好，总体上实现了党建质量新提升、资源供给新进展、质量内涵新突破、

队伍建设新成效、民生服务新作为这“5个新”的发展目标。

“双减”工作取得阶段性成果，截至2023年12月，全市累计检查各类校外培训机构（场所）56825家次，查处违规行为262家次，关停（取缔）无证无照校外培训机构156家，查处在职中小学教师1名。全市384家义务教育阶段学科类校外培训机构全部完成注销或转型，压减率100%。全市推行“5+2”课后服务，各地各校“一校一案”设计服务课程，课后服务参加率达96%以上。

开展师德师风专项整治，建立师德失范清单，健全师德失范行为通报警示制度，开展师德建设“铸魂”行动。实施“金山英才”领军人才引进计划，开展教师招聘“引凤”行动，吸引省内外教育高层次人才和名校毕业生落户镇江。强化教师队伍梯队建设，落实“卓越教师”专项定制培养。贯彻省、市有关减轻中小学教师负担意见，职称评审、岗位晋升破除“四唯”倾向。截至2023年12月，全市共培养省“人民教育家”培养对象7人、“苏教名家”培养对象6人、正高级教师96人、省特级教师85人、省特级后备人才62人、市学科带头人397人、中青年骨干教师1526人、教坛新秀297人。教师整体素质，拔尖人才人数比例在全省名列前茅。

全市98%的中小学校建成体育俱乐部，社团总数达1093个，平均每校开设5个社团，每周活动平均时长为1小时，学生普遍能熟练掌握1—2项基本运动技能，实现“生生有项目、生生在团队、生生爱运动”的总体目标。

2023年2月，镇江市出台《镇江“十四五”特殊教育发展提升行动计划实施方案》，规范了特殊教育管理，明确在“十四五”期间，特殊教育管理机构及职能进一步完善，提高特殊教育内涵质量，优化特殊教育师资建设，加大特殊教育保障力度。

为进一步提高义务教育学校作业管理的规范性和有效性，2023年12月，镇江市教育局出台《镇江市义务教育学校作业精细化管理实施细则（试行）》。该细则要求要严控作业总量，指出要“严格按照‘内容科学、目的明确，难易有序、梯度适中，形式多样、题型多变，控制总量、确保质量’的标准加强作业审核，不得简单依靠教辅资料随意布置作业，坚决克服机械、无效作业，杜绝重复性、惩罚性作业”。明确作业研究与设计要遵循系统思维。强调要把作业设计、批改和反馈情况纳入对教师专业素养和教学实绩的考核评价；教育督导部门要将作业管理作为规范办学行为督导检查和责任督学日常监管的重要内容；教育行政部门要建立学校作业管理检查和通报机制，加强对学生作业负担状况的监测与调控，将作业管理纳入区域义务教育学校办学质量评价之中。

第三节　扬州市教育发展情况

扬州市共有普通高校8所，普通高等教育招生4.19万人，在校生13.24万人，比上年增加0.52万人，毕业生3.75万人；其中研究生教育招生0.48万人，在校生1.53万人，毕业生0.38万人。中等职业学校9所，在校生2.75万人（不含技工学校）。普通中学165所，在校生17.36万人。小学185所，在校生23.76万人。特殊教育学校7所，在校生0.11万人。幼儿园379所，在园幼儿8.88万人。学前3年教育毛入园率达99%以上，高中阶段教育毛入学率达100%。

2023年，扬州市教育以主题教育为引领，深入贯彻市委八届六次全会精神，全面落实全市教育高质量发展大会部署要求，发力奔跑、担当奋进，全市教育事业改革发展取得明显成效。

全市启动新（改、扩）建中小学幼儿园15所，建成3所托幼一体幼儿园，完成40所学校教室照明改造任务，在全省率先实现义务教育学校教室照明改造提升全覆盖，基础教育服务供给能力持续增强。

全市基础教育信息化发展指数跃居全省第三，高邮市、江都区成功入选省级智慧教育样板区培育区域，扬州市智慧教育做法入选教育部数字化赋能教育管理信息化建设与应用典型案例。

大力推进职业教育产教融合发展，筹建了5个市职业教育行业指导委员会，组建扬州“341”现代产业产教联合体，该联合体入选省首批市域产教联合体培育单位。推进“心灵护航”行动，全市中小学百分之百配备心理健康专兼职教师，百分之百开齐心理健康教育课，学生心理健康档案建设、校园欺凌防范等工作显著加强。

全面落实助学政策，发放生活补助、国家助学金约3200万元，受益学生近4万人次；减免低收入农户子女就学费用约705万元，受益学生近4700人次。成立扬州市家长学校总校，遴选35所市示范家长学校、35个家庭教育指导典型活动，有力推进“家教名城”建设。

落实关爱激励教师20条举措，评选认定首批获“桃李奖”教师（群体）10个、“教育世家”8个，实施首届“扬教名家”培养工程，全市新增“苏教名家”培养对象3人、省教学名师14人、市特级教师（特级班主任）62人。

坚持五育并举，大力实施学生“体能提升”项目，组织全市中小学体育课“晒课表”等活动，举办阳光体育比赛500余场（次），确保学生体育锻炼频次和强度。

持续巩固控辍保学工作，确保义务教育上学路上“一个都不能少”。认真贯彻落实国家和省关于控辍保学工作各项部署，通过市对县级政府履行教育职责情况督导考评等方式，不断压紧压实各地党委、政府责任。持续加强对各义务教育学校控辍保学工作的督查和指导。各地教育行政部门具体负责，各镇教育管理办公室负责实施，持续完善控辍保学台账，落实各项任务。对于可能存在辍学风险的家庭，扬州市抽调精干力量，提前采取入门入户的方式逐一核查，并做好宣传引导和助学帮扶。持续发展特殊教育，严格按照国家、省相关要求，对确因疾病造成失学辍学的特殊学生安排义务教育辖区公办学校提供送教上门服务、补建义务教育学籍；加强学校融合教育中心建设，大力推进特殊学生在普通学校接受“融合教育”，实现适龄残疾儿童少年接受义务教育“全覆盖”“零拒绝”“有质量”。

第四节　淮安市教育发展情况

2023年，淮安市教育事业平稳发展。全市共有各级各类学校920所，比上年减少40所；在校生89.55万人，比上年减少3.2万人；专任教师6.45万人，比上年减少0.14万人。其中，成规模幼儿园457所，在园幼儿10.62万人，教师0.84万人；小学227所，小学生33.95万人，教师2.26万人；初中167所（含40所九年一贯制学校），初中生17.32万人，教师1.5万人；普通高中41所，高中生10.64万人，教师0.99万人；中等职业学校13所，学生3.84万人，教师0.29万人；普通高校8所，大学生13.07万人，教师0.55万人；特殊教育学校7所，学生0.11万人，教师0.02万人（表7-1-2）。

表7-1-2　2023年淮安市各级各类学校教育情况

指标	学校数/所	在校生数/万人	教师数/万人
普通高校	8	13.07	0.55
中等职业学校	13	3.84	0.29
高中	41	10.64	0.99
初中	167	17.32	1.5
小学	227	33.95	2.26
特殊教育学校	7	0.11	0.02
幼儿园	457	10.62	0.84

2023 年 10 月 31 日，淮安市委市政府召开全市教育高质量发展大会，发布《淮安市委市政府关于推进县中振兴的意见》《关于关爱激励教师的若干措施》《关于促进现代职业教育高质量发展的若干措施》。

全市教育系统以县中振兴为引领，谋划推进全市教育高质量发展，积极推进县中振兴十条意见落地见效，强化“教师、教学、教研”协同发力，打好县中振兴“组合拳”，县中振兴工作取得阶段性进展。市、县（区）财政分别设立“县中振兴专项资金”，5 年内市本级每年安排不低于 3000 万元、各县（区）每年安排不低于 500 万元；建立市“圆梦教育基金”，总额不低于 1 亿元；支持各地成立县级或县中“教育发展基金”。加强学科研究，遴选全市 12 所高中建立覆盖全部学科的 14 个学科基地。组织教学视导，开展“助力县中振兴，提升全面质量”周周行教育教学管理视导活动，已视导 13 所高中、听课 1600 节以上，学科反馈 170 多场、综合反馈 13 场。在“淮安教育发布”微信公众号设立“县中振兴”专题，组织县区教育行政部门主要负责人、部分高中学校校长交流，共享管理经验，共谋发展良策。将县中振兴工作作为县（区）党委政府“一把手”工程，县中发展绩效作为县（区）党委政府主要负责同志履职评价的重要参考；县中办学质量考核结果作为教育主管部门和县中主要负责同志履职晋升的重要依据，并与年度考核绩效挂钩。

针对县中教师队伍建设，淮安市推出了多条具有突破性意义的政策。如试点县中校长聘任制，支持引进名校长或成熟管理团队；班子成员中应有 40 周岁以下人员，优秀中层干部暂时无法进入学校领导班子的，可选为校党委委员参与班子分工；实施“未来校长”培养工程；支持探索与绩效挂钩的校长年薪制。优化岗位职称管理，市、县（区）分别设立不少于 100 人的教师岗位“周转池”；县中增核不少于 9%的教师编制，力争两年内生师比达到 10∶1；根据需要给予各县中 5—10 个竞赛教练类特殊人才岗位，允许差异化报酬；推进县中自主招聘，探索实施县聘、校聘制度，对评而未聘的县中教师根据考核结果按一定标准予以兑现；获省级及以上基本功大赛、优质课评比最高奖项的教师由单位兑现高一级职称待遇。

淮安市还提出推进招考制度改革，开展拔尖创新人才初、高中联合培养试点项目；市、县（区）每年安排专项资金用于拔尖创新人才的培养；打造 2—3 个苏北领先、全省知名的拔尖创新人才培养基地学校；支持县中开展学科竞赛联合培养；支持以独立办学、合作办学、委托管理等方式引进外地优质高中教育资源；打通教师和教研员职业流动通道，实施教研员驻点教研；支持县中以人才输出、课程共享等多种形式指导参与义务教育学校教育教学管理，引领带动教育高质量发展等有力政策。

《关于关爱激励教师的若干措施》从弘扬尊师重教风尚、建立优秀校长教师表扬制度、优化职称评聘和人才招引机制、关爱教师身心健康等 9 个方面明确了具体举措。如为高层次教育人才和荣获市级以上综合表彰的优秀教师颁发“江淮尊师卡”，在就医、购书等方面给予优待优惠；鼓励从淮安外流的省特级教师、正高级教师等学科名师回淮工作，实现“凤还巢”；实施“银龄”计划，建立基础教育退休名师名校长信息库，择优返聘；各级财政每年按照不低于教师核定工资总额的 1.5%足额安排教师培训经费；对在职进修（教育类专业）的农村教师和攻读教育类专业硕士研究生（取得学位或学历）的教师给予不低于学费总额 50%的补助等。

《关于促进现代职业教育高质量发展的若干措施》从优化院校专业设置、提高人才培养层次、深化校地校企合作、改善现有实训条件、科学配置师资队伍、促进科技成果转化、激发职业培训活力、强化留淮就业举措、推进职普融通发展、加大考核激励力度等 10 个方面推动淮安市现代职业教育高质量发展。

2023 年 10 月 24 日，宁淮 2023—2024 年度教育挂钩合作项目签约仪式及座谈会在淮安举行。南京市和淮安市教育局的负责人签订《2023—2024 年度教育挂钩合作项目协议书》，宁淮高中联盟学校负责人亦分别签订合作协议。截至 2023 年 10 月，南京市和淮安市已有 6 组高中学校开展结对共建，分别为：南京外国语学校和江苏省涟水中学、南京师范大学附属中学和江苏省清江中学、南京市第十三中学和江苏省金湖中学、南京市第二十九中学和江苏省盱眙中学、南京市第九中学和江苏省洪泽中学、南师附中秦淮科技高中和江苏省淮州中学。宁淮通过组建优质高中联盟，推进了两地高中在办学理念、教育教学、学校管理等方面的深度交流，提升了整体办学水平。重点结对帮扶县区涟水县和溧水区、盱眙县和江北新区构建了从幼儿园到职业教育，覆盖全学段的结对帮扶体系。

2023 年初，淮安市非学科类校外培训机构审批率仅 1.72%。2023 年 7 月 27 日，淮安在江苏省率先完成非学科类校外培训机构审批登记。淮安市非学科类培训机构在全国监管平台注册率 100%、完成“开通支付”功能的机构占比 99.13%，均居全省第一。校外培训生态显著优化，校外培训机构治理成效得到普遍认可，《江苏淮安构建“四个一”机制推动非学科类校外培训机构审批监管》入选教育部全国“双减”工作优秀案例。

2023 年，淮安市新建、改扩建中小学和幼儿园 19 所，开工率 100%，其中有 9 所已竣工、5 所正在内部装修、5 所正在主体施工，均按序时进度稳步推进。已完成年度投资 7.87 亿元，全部建成后预计新增学位 1.85 万个。实施“明眸工程”，改造提升 145 所学校教室照明系统，截至 2023 年 12 月，145 所项目学校已全部竣工，共改造教室 3000 多间，投入经费 1400 多万元。对家庭经济困难的各学段学生共资助 12.16 万人次，资助金额约 1.05 亿元。

第五节　芜湖市教育发展情况

2023 年末，全市拥有普通高等院校 10 所，各类中等职业教育学校（不含技工学校）14 所，普通高中 46 所。初中 164 所，初中阶段适龄人口入学率 100%。小学 224 所，小学学龄儿童入学率 100%。2023 年芜湖市各级各类教育发展情况见表 7-1-3。

表 7-1-3　2023 年芜湖市各级各类教育发展情况

指标	招生数/万人	在校生数/万人	毕业生数/万人
研究生	0.44	1.21	0.36
普通本专科	4.75	15.69	4.64
中等职业教育	0.9	2.6	1.1
普通高中	2.2	6.5	2.1
初中阶段	3.3	9.6	3.2
小学	4.0	22.0	3.3

2023 年，芜湖市坚持全面贯彻党的教育方针和党中央关于教育工作的决策部署，加强党的建设和思想政治工作，落实立德树人根本任务，推进教育优先发展战略，补短板、强弱项、提质量、促公平，教育改革发展取得了新突破，被评为“‘科创筑梦’助力‘双减’科普行动”试点城市，芜湖市繁昌区获评全国义务教育教学改革实验区。芜湖市产教联合体被评为国家级首批 28 个市域产教联合体之一。《芜湖市深化产教融合推动职业教育高质量发展》信息专报获省委书记批示，《教育部简报》（第 32 期）刊发芜湖市深化产教融合做法。

2023 年芜湖市教育工作情况如下：

一是牢牢把握办学方向，坚持和加强党对教育工作的全面领导。实现各级各类学校党组织和党的工作全覆盖，全市有 3 名以上党员的学校（529 所）均单独组建党组织，193 所学校成立联合党组织，党组织覆盖率达 100%。积极协调争取增加县处级、科级领导职数 75 个，全市党组织领导的校长负责制改革完成率为 89.4%，全市符合条件的 236 所学校全部修订章程，45 所设党委或党总支的学校全部建立书记和校长经常性沟通制度，并有效运行。

二是落实立德树人根本任务，实施德智体美劳全面培养“五大行动”。**实施德育铸魂行动**。成立市级大中小学思政课一体化共同体，印发《芜湖市大中小学思想政治教育一体化建设工作实施方案》，常态化推进大中小学思政课一体化建设。1 校案例入选全国中小学思政课教师教学基本功展示交流活动典型案例，1 校课题入选教育部《中小学德育工作指南》典型案例。**实施智育提质行动**。建立健全与高校、科研机构等的合作机制，区域内校际联合集体备课机制，教研员定点联系、准入退出、考核激励和专业发展机制，以及对县区教研机构常态化管理考核机制。已立项省教育研究课题 13 项，有 36 名教师获第四届省教坛新星称号。**实施体教融合行动**。创新推行“生命护航”急救专项培训项目，在义务教育学校推行“每天一节体育课”。成立全市啦啦操、击剑、射击等体育教育联盟，举办“市长杯”校园足球联赛、“千寻杯”激光射击比赛、“一凡杯”击剑比赛等活动，引领带动近百所联盟校体育教育高质量发展。高度重视青少年学生体质健康和近视防控工作，学生体质健康优良率超 50%，儿童青少年近视率较 2022 年下降 1.09%。**实施美育熏陶行动**。广泛开展美育实践活动，各级各类学校开展美育实践活动的比例达 80%以上。举办近 200 场“戏曲进校园”活动，举行全市中小学生声乐、合唱、舞蹈、器乐、现场书画大赛等活动，打造社团建设示范校和优秀社团品牌。**实施劳动促进行动**。开齐开足劳动教育课程，打造工作品牌阵地。2 单位入选安徽省第一批学生劳动教育实践基地立项建设单位和培育建设单位，联合安徽工程大学共建“芜湖市新时代实践教育博士工作站”。**大力加强青少年心理健康工作**。在全省率先制定学生心理危机预防与干预工作方案、创建“一生一策”学生心理成长档案指南。实现全市中小学心理辅导室、心理健康教师配备、全体教师心理健康教育培训、中小学生心理健康测评 4 个“100%”覆盖。建立课堂教学、实践活动、五育并举三位一体的学生心理危机预防体系，成立芜湖市中小学心理健康教育研究指导中心，开展中小学教师全员心理健康教育分层分类培训，2 年内实现全体教师持不同等级证书上岗目标。

三是优化资源配置，构建优质均衡发展大格局。**大力推进学前教育普及普惠**。全力扩大普惠性学前教育资源供给，新建、改扩建公办幼儿园 11 所，新增学位 3510 个，形成公办优质园、民办普惠园并举的学前教育发展新格局，公办园在园幼儿占比达 61.8%，普惠性幼儿园覆盖率达 92.4%。**大力推进城乡义务教育一体化布局**。完成中心城区第六轮中小学、幼儿园布局国土空间专项规划编制。中心城区新建、改扩建中小学校 10 所，新增学位 1.38 万个，缓解学位供给矛盾。创新集团化办学方式，通过跨学段、跨区域、跨行业办学扩大集团化办学覆盖面，成立基础教育集团 147 个，优质学校设立分校（分园）450 所，全市优质教育资源覆盖率近 80%。繁昌区被教育部确定为“义务教育优质均衡先行创建区”，基本通过教育部专家组实地核查。**大力促进普通高中特色多样化发展**。推动各高中学校在艺术、体育、科技等领域特色办学，芜湖十二中航空班、足球实验班办学成效明显。拔尖创新人才培养全省领先，在全国中学生五大学科竞赛中获 34 枚奖牌，其中金牌 7 枚（全省 10 枚）。**着力优化特殊教育资源**。成立市特殊教育学校，建成皖南地区最大的特教中心——市特教学校新校区。融合教育资源覆盖率 96%，累计入学率 99.5%。**着力构建“1452”教育信息化芜湖模式**。智慧芜湖教育工程入选省发展改革委第一批人工智能典型应用案例。芜湖市 5 个区域和 6 个学校入选教育部全国智慧教育优秀案例，被认定为全国首批在线教育应用创新区域。实施“人工智能+教育”因材施教创新示范项目，为教师、学生、家长和管理者 4 类用户提供优质的“互联网+教育”服务。**建设高素质专业化教师队伍**。大力实施“行知计划”，招引育并举加强教师队伍建设。引进教育高层次人才 96 名，分层培养卓越教师 86 名（名校园长 11 人、名班主任 34 人、名师 8 人、学科带头人 33 人），市级骨干教师 185 名。深入推进县域内义务教育学校教师、校长交流轮岗，交流比例达 16.7%，交流骨干教师比例达 26.3%。在 2022 年基础教育及中职教育成果奖评选中，芜湖市有 2 项成果获得国家级二等奖；2 项获省特等奖，5 项获省一等奖，7 项获省二等奖。

四是扛牢政治责任，持续推进“双减”政策落地。**强化督查监管**。全市义务教育阶段学科类校外培训机构压减率 92.46%，营改非完成率 100%。联合市场监管、城管、消防、公安等部门开展常态化督导检查，组织开展 234 次联合检查，纳入监管的校外培训机构资金达 2184.11 万元。**注重校内增效**。深化课程教学改革，提升课堂教学质量。加强作业研究与指导，完善作业监控机制，评选“悦成长”创新作业设计与实施案例，赭山小学作业管理案例入选全国第六批学校落实“双减”典型案例。深入实施义务教育阶段学生“悦成长”系列课程，形成具有“芜湖特色”的校本课程群。**深化课后服务**。创新开发“悦创科学+”项目，打造 24 个“科创筑梦”助力“双减”试点学校和单位，47 所中小学挂牌全国“科技馆里的科学课”试点示范校。南瑞实验学校等 7 所中小学获全国“‘科创筑梦’助力‘双减’科普行动”优秀单位荣誉称号。学校优秀典型案例 16 次入选教育部《“双减”改革每日快报》，全国中小学基础教育管理服务平台“地方经验”栏目多次推广“芜湖经验”。

五是紧扣高质量发展，扎实推动职业教育提质培优。**进一步深化产教融合校企合作**。为企业定制化培养人才，补充职业学校专业课教师力量，支持在芜院校设立 100 个市级订单班、冠名班，鼓励企业推荐骨干担任合作院校兼职教师，聘任 454 名“产业教授”，实现精准培养产业人才。全市省级产教融合型企业增至 65 家。为深化职业教育供给侧结构性改革，积极申报现代职业教育体系建设改革重点任务 114 个项目，其中牵头组建国家级市域产教联合体 1 个、省级行业产教融合共同体 9 个，参与行业产教融合共同体建设 108 个。为促进职业院校人才供给与企业需求有效对接，助力企业创新发展，举办两次大规模的产业人才供需对接会，促进校企深度合作。提升职教办学层次及规模。新增 2 所高等职业院校：芜湖航空职业学院（筹）、芜湖医药健康职业学院（筹），深度推进航空和医药卫生人才培养。**进一步优化技能人才培养模式**。5 所高职院校、13 个专业群入选安徽省“双高”建设计划，2 所中职学校成功获批高职中专分校。15 所院校参与 1+*X* 证书制度试点、现代学徒制试点。为加强职业启蒙教育，全市 13000 余名中小学生参加了中小学职业体验活动。**进一步强化学校关键办学能力**。高度重视以赛促教，教师教学能力大赛、学生技能大赛“汽车维修”赛项均获国赛一等奖。遴选申报安徽省“六百工程”，全市共获批安徽省职业学校江淮职教名师 4 人、江淮技能大师 2 人、在线专业精品课程 2 个、产业专业合作链双链长 2 个、课程思政典型案例 1 个、教学创新典型案例 5 个。

第六节　马鞍山市教育发展情况

2023 年，马鞍山市全年用于教育的财政支出为 46.16 亿元，较上年增长 8.9%。全市有高等院校 6 所；中小学及其他各类学校 594 所。其中，省一类幼儿园 10 所，省示范高中 11 所，省特色初中 1 所，省特色小学 2 所，国家重点职业学校 5 所。中小学及其他各类学校在校学生 29.9 万人、教职工 2.53 万人。高中阶段在校学生 6.04 万人，高中阶段教育毛入学率 109.2%。

2023 年马鞍山市教育发展情况如下：

党的教育阵地更加坚实。深入开展主题教育，一体推进理论学习、调查研究、推动发展、检视整改。健全党委联系载体和学校工作机制，全面加强党的建设各项工作，180 所中小学校建成党组织领导的校长负责制，建成率达 90.95%，超省定目标近 11 个百分点。纵深推进教育系统全面从严治党，扎实推动巡察整改。守好意识形态阵地，深化大中小学思想政治教育一体化建设，建成省市“大中小学思想政治教育一体化共同体”6 个，覆盖思政教育骨干学校近 90 所，开展大中小学思想政治教育一体化共同体建设主题活动 7 次。组织校长思政课展评、思政“金课”研讨等系列活动，儿童剧《小江豚归来》、话剧《炉火照天地》、“百年交响·新征程”等艺术思政课走进校园，组建三级宣讲团212个，开展宣讲660余次。先后组织微党课展演3次，推选的安工大附中微党课在市总决赛中获奖。

铸魂育人导向更加鲜明。坚持“五育并举”，落实“双减”政策，深入实施德智体美劳“五大行动”，遴选市级实验区2个、实验校10所。开展“名迹文化、长江文化、诗歌文化、红色文化、钢铁文化、乡村文化”六大主题研学活动，引导学生知市情、爱家乡。鼓励学生发展专业专长，在全国职业院校技能大赛中获银牌3枚、铜牌1枚，在全省职业院校技能大赛中获10金13银15铜；在全省信息素养提升实践活动中获一等奖12件，获奖数量居全省第一；在全省学生体育联赛中获中学生女子篮球第一名、男子组团体乒乓球第二名。搭建家校社协同育人平台，创新开办“好家长成长营”，累计开课600余次，参与家长36万余人次，助力培养好家长、建设好家庭、教育好孩子，成效及做法受到省委教育工作领导小组关注点赞。健全“双减”长效机制，校外培训机构常态化督查工作机制入选全国“双减”工作优秀案例。

夯基固本成效更加显著。认真谋划编制教育设施国土空间专项中长期规划。推动学前教育普及普惠安全优质发展，新建改扩建公办园13所，普惠园覆盖率达93.5%，公办园在园幼儿占比达60.6%，分别较上年提升1.3和3.3个百分点。含山县、和县创建国家学前教育普及普惠发展县通过省级复查评估。推动义务教育优质均衡发展和城乡一体化，出台《关于进一步深化中小学集团化办学的实施意见》，全市16个中小学办学集团，覆盖学校达43所，其中新增集团化分校2所。当涂县创建国家义务教育优质均衡发展县通过省级复查评估。推动高中阶段学校多样化发展，马鞍山市第二中学入选“中国百强中学”。红星中学新校区启用。巩固招生公平，出台《马鞍山市普通中小学幼儿园招生工作若干规定》，严肃22条招生纪律，做到招生录取公平公正公开、群众总体满意，受到了市政府主要负责同志的肯定批示。

服务发展能力更加强韧。加强高素质应用型、急需紧缺专业人才自主培养，会同高校、职业院校围绕十大新兴产业、市“1+3+N”产业集群等动态调整专业19个。师专入选安徽省2023年省级高水平高职学校，马职院机电一体化专业群入选安徽省2023年省级高水平专业群。推进职普融通、产教融合、科教融汇，推动高校与龙头企业等联合育人、协同创新，获批安徽省首批行业产教融合共同体培育建设项目2个，装备制造类“现场工程师”联合培养项目1个。强化技术技能人才培养，1+X证书制度试点学校全覆盖，参与考核学生1755人，较上年增加99.43%。2所市属高职院校与5所中职学校开展“3+2”合作，培养625人。3所中职学校获批高职专业学院、高职中专分校建设试点。职业院校组织2513名学生到市内重点企业顶岗实习，与268家市内外企业开展校企合作，建立校外实训基地152个，开设订单班31个。全市高职院校、中职学校留马就业率分别为43.82%、88.16%。

强师举措效果更加提升。以教育家精神引领教师队伍建设，坚持师德第一标准，强化法治教育和警示教育，从严做好教师职业准入、培训培养、管理使用和考核监督。做好人才引育工作，招聘新任教师210人，引进公费师范生19人、“双一流”学校（学科）优秀应届毕业生25人、市外骨干人才8人，培训教师3.5万余人次。交流校长、教师824人，其中226名农村教师进城学习，62名城区教师下乡支教，6名教师援藏援疆。选派20名教育管理干部到上海市、南京市学习先进经验。创先争优示范引领，组建第六届名师工作室26个、第五届名班主任工作室6个、名校长（园长）工作室5个，获评教育部教学名师1人、省江淮英才培养计划名师名校长各1人、省最美教师和优秀班主任6人、第三届市学术和技术带头人1人、市级先进典型149人，获评国家级精品课13节、省级精品课31节。

教育为民立场更加坚定。实施“安心托幼”行动，新增学前公办学位4130个，1.9万余名幼儿参与延时服务。实施“民呼我应惠万家·托幼一体化行动”，提供托幼一体化服务的幼儿园占比达32.36%。实施“老有所学”行动，新建老年学校（大学）10所，新增老年学员3.53万人，学员总数达14.37万人。作为全市“困有所扶”集成改革的重要组成部分，实施“学有所助”工程，对城市困难家庭学生落实“奖、贷、助、补、免、减”有机结合的学生资助政策，发放资助资金7962.28万元，资助家庭经济困难学生40493人次，资助率达100%。兜牢民生底线，九年义务教育巩固率达100.37%，适龄残疾儿童入学率达98.8%，进城务工人员随迁子女在公办义务教育学校或政府购买服务的民办义务教育学校就读比例达99.4%。教育民呼我应办理群众咨询与投诉6243件，办结率100%。筑牢安全防线，各级各类学校全年安全运行。

教育高地形象更加自信。深度融入长三角教育一体化发展，承办第十二届长三角班主任基本功大赛，60名长三角城市优秀班主任在马切磋育人技艺。承办2023年南京都市圈教育一体化发展推进会，南京都市圈职业教育名师名校长联盟在马成立并举办首届职教“新航线”论坛，都市圈十地教育工作者共商教育合作。参加第六届长三角地区中小学德育创新论坛，作为安徽省唯一代表作主旨发言，4项德育案例获评长三角地区优秀案例。《马鞍山：德育五感，发现德育之美》在“学习强国”平台刊发。《中国教育报》5次点赞马鞍山市教育工作。马鞍山市教育局被中国教育报刊社评为教育新闻宣传先进单位。

第七节　滁州市教育发展情况

2023年末，滁州市内共有省属高校4所，其中本科院校2所，高职院校2所。全市各级各类学校（不含高等教育）共有1142所，在校生60.24万人，教职工5.01万人，专任教师4.03万人。其中，幼儿园667所，在园幼儿数11.63万人，教职工1.5万人，专任教师0.82万人；小学212所，在校生25.72万人，教职工1.27万人，专任教师1.46万人；普通中学246所，在校生18.72万人，教职工2.01万人，专任教师1.54万人；中等职业教育学校11所，在校生4.09万人，教职工0.22万人，专任教师0.2万人；特殊教育学校6所，在校生0.087万人，教职工0.018万人，专任教师0.016万人（表7-1-4）。

表7-1-4　2023年滁州市各级各类学校教育情况

指标	学校数/所	在校生数/万人	教职工数/万人	专任教师数/万人
高等教育学校	4	-	-	-
中等职业学校	11	4.09	0.22	0.2
普通中学	246	18.72	2.01	1.54
小学	212	25.72	1.27	1.46
特殊教育学校	6	0.087	0.018	0.016
幼儿园	667	11.63	1.5	0.82

2023年4月12日，滁州市多部门联合印发《滁州市规范面向中小学生的非学科类校外培训工作方案》，加快规范非学科类培训，使其成为学校教育的有益补充，促进学生全面发展和健康成长，其包括明确设置标准、严格准入流程、规范日常运营、加强日常监管、做好配套改革5个方面，具体细化为明确审批部门、严格审批标准、规范准入流程、建立年检制度等15项任务。

2023年滁州市教育发展情况如下：

（一）坚持五育并举，落实立德树人根本任务。坚持德育为先，在中小学校中广泛开展“请党放心　强国有我”“扣好人生第一粒扣子”等主题实践活动，帮助学生树立正确的世界观、人生观、价值观。学校每年举办一次综合性的校园艺术节活动。坚持劳动促进，凤阳县小岗村农业劳动教育实践基地、定远县山清水秀研学基地被认定为安徽省第一批学生劳动教育实践基地。

（二）紧扣群众关切，努力办好人民满意教育。聚焦家长“接娃不便”，出台幼儿园延时服务工作方案，鼓励有条件的幼儿园开设托班，积极推进托幼一体化发展。聚焦企业“招工不便”，依托2个开发园区组建市域产教联合体，15所学校和378家企业紧密合作，输送人才超1万人、培训超7万人次，帮助企业技术改造56项、成果转化34项。各职业院校面向“新三样”产业，开设5个专业、36个专业点，每年输送毕业生1.2万人。聚焦老人“学习不便”，抽选3200余名专职、兼职教师，组建老年教育教师队伍。开展远程学习教育，覆盖老年人24万名。聚焦“防溺水”教育，重点围绕“看住水、管住人”，做到宣传教育全覆盖、排查整改全覆盖、联防联控全覆盖、巡查防范全覆盖。

（三）深化教育改革，激发教育发展动能活力。**推动学前教育普及普惠**。有序开展全椒县学前教育普及普惠市级初核工作，对天长市学前教育普及普惠创建开展过程性督导，把脉问诊，督促整改。凤阳县成功创建省级普惠性学前教育保障机制实验区。**推动义务教育优质均衡**。组织评估专家组对凤阳开展市级复核工作。对全椒县开展“回头看”，督促补短板、强弱项，提高义务教育标准化建设水平和教育质量。指导天长市在全省率先接受国家级评估验收。加强教师队伍建设。在全市评选出50名中小学优秀班主任和50名滁州最美教师，选树典型、强化引领，激励广大教师担当育人使命、提高教书育人本领。选派了42名中小学幼儿园教师、47名教育管理干部参加2023年省级培训研修项目。

此外，为有力兜实教育民生底线，确保教育投入“两个只增不减”，2023年，滁州市一般公共预算教育支出预计达90.9亿元，较上年同期增长8%，有效推动全市教育优质均衡发展。**强化学前教育投入保障**。2023年，我市为民办实事项目计划完成清流原著等8所公办园，预算总投入9850万元，预计新增公办园学位2790个。落实公办园生均公用经费标准和普惠性民办幼儿园补助标准，同时支持“安心托幼”行动计划，开展幼儿园延时服务，2023年，市财政共统筹拨付支持学前教育发展资金2661万元。**突出义务教育经费投入重点**。完善义务教育经费保障机制，从2023年春季学期起，按照财政部和省级补助标准，将小学、初中生均公用经费基准定额由650元、850元分别提高至720元、940元，同时对寄宿制学校按照寄宿生人数增加公用经费补助的标准，由每生年均200元提高到300元，确保寄宿制学校正常运转。2023年，市财政共拨付城乡义务教育补助资金2130万元。**保障困难群体受教育权利**。严格落实国家奖助学金、免学（杂）费等学生资助政策，实现应助尽助，保障困难群体受教育权利，实现从学前教育到高等教育的高标准、全覆盖。2023年，我市共安排各类学生资助资金1.71亿元，惠及学生13.3万人次。**支持高等教育攀峰创新**。市、区财政在2022—2024年，3年内统筹资金2.4亿元，重点支持两所省属本科高校高峰学科建设。支持滁州学院“申硕更大”，推动滁州学院围绕滁州市“八大产业链”与国内外大学、研发机构合作共建一批省级以上科技创新平台，市财政自2022年起分3年每年安排滁州学院省半导体与智能传感产业共性技术研究中心运行经费100万元，推动我市科技成果转化应用。

第八节　宣城市教育发展情况

2023年，全市现有各级各类学校685所，专任教师2.44万人，在校生33.23万人。有高中21所，其中完全中学6所，高级中学12所，十二年一贯制学校3所，在校生35241人。有义务教育学校253所，在校生199183人。其中：小学132所，在校生132510人；初中121所，含初级中学57所，九年一贯制学校64所，在校生66673人。有幼儿园394所，其中公办165所，民办223所，在校生70696人。有特殊教育学校6所，在校生523人。

学前三年毛入园率98.8%、义务教育巩固率

101.71%、高中阶段毛入学率100.66%。全年中等职业学校招生0.88万人，在校生2.58万人，毕业生0.90万人。普通中学招生3.33万人，在校生10.10万人，毕业生3.43万人。普通小学招生2.44万人，在校生13.57万人，毕业生2.14万人。幼儿园在园儿童6.49万人。宣城职业技术学院招生5274人，在校生13677人，毕业生6745人。合肥工业大学宣城校区招生2648人，在校生10386人，毕业生2361人。

2023年支持学前教育发展资金下达宣城市本级共计13.6万元，截至2023年12月31日，已使用13.5万元。市属学校（宣城中学）普高校内资助134人，资助资金20.5万元（该资金由学校从自身事业收入中提取）。特殊教育补助资金95.2万元（此数据不包含广德市）。此外，全年发放中职助学金3123人，发放资金586.75万元；中职免学费18783人，发放资金4946.13万元。普高国家助学金资助6013人，发放资金1143.2万元。普高免除学杂费958人，发放资金145.45万元。义务教育阶段家庭经济困难学生生活费补助10816人，发放资金870.38万元。学前资助完成1869人，发放资助资金184.96万元。

2023年，宁国市创建“全国学前教育普及普惠县（市）”已经专家评审，正待省教育督导委员会批准；广德市创建国家义务教育优质均衡发展县（市）已通过省级评估，正待国家验收；宁国市被命名为第一批安徽省实施德智体美劳“五大行动”试验区，广德市成功创成第二批试验区。2023年，宣城市教育工作的主要举措及成效涵盖以下几个方面：

（一）持续加强党对教体工作的全面领导

坚持将学习贯彻习近平新时代中国特色社会主义思想和党的二十大精神作为理论学习的首要任务，扎实推进主题教育走深走实。今年以来，累计组织召开局党委理论学习中心组学习12次，举办读书班3期、理论辅导报告1次，开展研讨交流6次、“教体大学堂”10次。深入实施基层党建“三抓三提”行动，全面部署开展“一支部一品牌、一单位一特色”党建品牌创建工作，市青少年活动中心党支部“播撒希望 静待花开”党建品牌荣获2023年度市直机关“十佳党建品牌”提名奖。扎实推进全市中小学校党组织领导的校长负责制工作。全市符合建立中小学党组织领导的校长负责制条件的学校共227所，截至11月底，完成193所，占比85.02%（已超过省要求的不低于80%的标准）。定期研究教体系统意识形态工作，特别是在重要时间节点，分析研判教体系统意识形态领域存在的风险隐患。

（二）持续推进基础教育协调发展

强化学前教育普惠发展。2023年全市新建、改扩建幼儿园12所，推动“民转公”幼儿园10所，累计新增公办学位6420个。当前，全市公办园在园幼儿占比达60.61%，普惠性幼儿园覆盖率达94.39%，广覆盖、保基本、有质量的学前教育公共服务体系基本建成。**加快义务教育优质均衡发展和城乡一体化。**全市建设义务教育学校8所，新增学位16380个。大力实施“城镇+农村、名校+新校、强校+弱校”的集团化办学模式改革，全市组建中小学教育集团34个，覆盖学生数占全市学生总数的47.4%。**提升普通高中办学质量。**组织5所县中分别与安徽师范大学、安徽工程大学、皖南医学院签订县中托管帮扶协议，安徽师范大学帮扶团队进驻绩溪中学、泾县中学。推进高中布局优化调整，宣州区高中布局进一步优化。持续推进普通高中“三新”改革，开展普通高中新课程、新高考教学培训，全市共计2500余名教师参与培训。

（三）持续推进职业教育融合发展

提升办学水平。全市现有国家中等职业教育改革发展示范学校4所、国家重点职业学校1所、省级示范学校5所，优质示范学校占比达90.9%。在全省中职学校分类达标建设中，11所中职学校中有9所通过安徽省B类中职学校评估，其中4所获评安徽省A类（优秀）中职学校，总数占比远超全省平均值。**深化产教融合。**印发《宣城市职业（技工）院校与主导产业产教融合工作方案》，开展产教融合型企业培育认证，共认证8家省级产教融合型培育企业，20家市级产教融合型培育企业。**主动融入长三角。**参加南京都市圈职业教育名师名校长联盟论坛和2023年南京都市圈·西宁·宁波职业教育发展论坛，召开“一地六县”职业教育交流会暨长三角品牌职校联盟大会。**推动高职发展**。省教育厅批复设置3所高职专业学院和4所高职中专分校。宣城职业技术学院先后被省厅正式列入“安徽省技能型高水平大学”建设单位、“安徽省双高计划”学校建设单位，2023年挂牌成立了“汽车学院”“光伏学院”。

（四）持续推进教育领域综合改革

不断加大教育投入。2023年1—11月，全市一般公共预算教育支出44.13亿元，较上年同期43.42亿元增长0.71亿元，增幅为1.6%，高于上年全年支出数的序时进度4.93个百分点。**大力实施“五大行动”**。成立宣城市大中小学思政课一体化共同体平台，并与皖南医学院共同牵头成功申报省级大中小学思政课一体化共同体建设项目。全面推广宁国市创建工作经验，各县（市区）积极争创“五大行动”试验区。**推动“双减”提质增效**。全市中小学课后服务由“全覆盖”向“上水平”迈进，学科类校外培训机构压减96.1%。**规范民办义务教育发展**。通过“民转公”、政府购买学位等方式，超额完成规范民办义务教育发展调控目标任务，规模占比降至4.13%（省定4.61%）。**加强心理健康教育**。举办“时光向前，我们向上”心理健康教育校校行市级报告会15场，4场次网络直播，举办3场“宣城家长大学堂”报告会，线下培训家长2500余名，线上培训家长17万余名。**创新教研管理机制**。建立全市中小学、幼儿园各学科中心教研组和兼职教研员制度，成立各学科教研基地。**推进教育数字化**。创新搭建了“宛陵新课”线上培训平台，开展“宛陵新课”系列培训。

（五）持续加强教师队伍建设

实施专项治理“清朗净化”、榜样引领“典型赋能”等5个专项行动，遴选推荐产生省教书育人楷模2人、省优秀班主任4人、省最美教师4人。评选市级优秀班主任77名、最美教师27名，通报表扬150名优秀教师。在上海、江苏等地组织开展20场培训，参训教师1791人次。邀请9名专家开展讲座，参训教师549人次。建立义务教育教师交流轮岗机制，2023年秋季全市安排交流轮岗986人，通过公开招聘、人才引进、安置公费师范生等方式新补充中小学、幼儿园教师718人。

（六）持续保障教体系统安全稳定

建立市领导班子联系包保学校安全工作机制，制定局领导班子学生安全责任分片包保制度，围绕学校安全管理18个重点方面督导60所中小学、幼儿园。开展校园安全调研和联合督查，督办整改问题45个。制定《宣城市教育系统重大事故隐患专项排查整治2023行动方案》，共排查安全隐患1645个，整改1645个。开展“1530”防溺水安全教育，即每天放学前1分钟、每周放学前5分钟、节假日前30分钟对学生进行防溺水和安全警示教育。各项考试考务组织工作平稳顺利，采购13套智能安检门强化入场安检工作，实现了全年考试“三无三稳三确保”目标。

（七）持续实施暖民心行动

推进“安心托幼”行动，超额完成新增公办园学位数，幼儿园延时服务实现公民办幼儿园、有需要的幼儿“两个全覆盖”，全市参与延时服务幼儿37519人，占比60.5%；130所幼儿园开设2~3岁托班，占比34.03%（省定不低于10%）。各项指标完成率均在100%以上。推进“老有所学”行动，全市参与学习活动的老年人总数为19.53万人，省定任务完成率160.08%，参与学习的老年人总数中线下人数13.3万人，省定任务完成率160.24%，新增学习人数4.19万人，省定任务完成率107.44%。

第九节　溧阳市教育发展情况

2023年，溧阳市共有各类学校158所，学生数99771人（含幼儿），专任教师7811人（含编外）。高中7所（含民办1所），在校学生11256人；初中27所，在校学生19813人；小学45所，在校学生 45443 人；特殊教育学校 1 所，在校学生 174 人；中等职业学校 2 所，在校学生 4666 人；幼儿园 76 所，其中民办 22 所，在园幼儿 18419 人。另有青少年活动中心 1 所。

溧阳市 2023 年“善育优学”项目实现了学位供给再提升，南师大溧阳初中、清泓路幼儿园、梅园小学等 7 所新改建学校先后投入使用，新增学位 5000 余个。19 所公办幼儿园开设普惠托班 29 个，新增托位 580 个，新建“梦想小屋”80 间；实现了设施设备再提档，完成了中小学教室空调全覆盖，全市中小学 100% 通过省级智慧校园认定，创成江苏省智慧教育样板区培育单位；实现了城乡一体再提速，深化县管校聘管理体制改革，顺利创成江苏省义务教育优质均衡发展县（市、区），有效回应了人民群众对品质教育的美好期盼。

2023 年 7 月，溧阳市政府常务会议上讨论并原则通过了《溧阳市品质教育发展三年行动方案（2023—2025 年）》（讨论稿）和《溧阳市职业教育品质发展实施意见》（讨论稿）。会议要求，一是基础教育要上台阶，着力补齐学前教育普惠发展短板，大力推动义务教育优质均衡发展，让孩子们享有更好更公平的教育。二是职业教育要提质效，围绕重点产业推动产教融合，坚持就业导向优化专业设置，集中资源力量提升溧阳中专办学条件，为溧阳现代化建设培养高素质技能人才。三是高等教育要出成果，大力提升人才培养和科技创新能力，服务产业和地方发展，促进高校毕业生就业创业，让属地高校和科研单位真正成为溧阳科技创新和人才辈出的有力阵地。四是教师队伍要高素质，把爱党爱国爱学校爱学生作为基本要求，建设有师德有责任有情怀有水平的教师队伍，聚力培养优秀的书记校长、班主任和骨干教师。五是学校管理要抓到位，严格落实学校管理规章制度，创建平安校园，常抓不懈做好校园霸凌防治工作。六是立德树人要聚合力，注重家庭教育，关注学生心理健康，净化社会环境，营造全社会齐抓共管、尊师重教的浓厚氛围。

第十节　金坛区教育发展情况

教育资源均衡配置。编制全区教育设施布局规划（2023—2035 年），优化调整 4 所城区学校施教区，教育支出增长 15.6%，华罗庚实验幼儿园等 3 所学校建成投用，新增学位 4260 个，华罗庚中学实施高质量发展办学改革，全区高考本科达线率取得新突破，985、211 高校的录取人数较上年翻倍提升。河海大学与金坛密切合作，河海大学常州校区全面启用，校区总占地面积为 2248 亩，总建筑面积约 70 万平方米，已有 1.5 万余名学生顺利入驻，双方本着“优势互补、服务区域、协同发展、合作共赢”的原则，进一步整合高校与地方政府优势力量，在更高层次、更多领域开展全方位合作。

2023 年，金坛教育始终以习近平新时代中国特色社会主义思想为指引，以擦亮“坛有优学”教育名片为目标，紧跟“五大行动”步伐，不断深化教育综合改革，加强教育内涵建设。

总投资 17.38 亿元的 11 个教育类新建、改扩建项目有序推进，2023 年，在金坛教育类民生实事项目中，新建华罗庚实验学校滨湖分校、华罗庚实验幼儿园、原华罗庚中学改造项目已经于 2023 年秋季学期竣工投用，共新增初中学位 750 个，小学学位 2700 个，幼儿园学位 810 个，极大地缓解了城区教育资源紧张的状况。同时，儒林实验学校改扩建项目已完成装修工程，薛埠中心小学、华城实验小学、华城实验幼儿园等 3 个改扩建项目即将完成主体工程建设，其余项目均在稳步推进中。儒林实验学校、薛埠中心小学、华城实验小学、华城实验幼儿园等 4 个改扩建项目预计 2024 年秋季学期竣工投用。这些项目的推进切实完善了我区城乡一体化教育资源配置机制，通过“挖潜+提质”靶向破解学位缺口问题。

深入推进“本土文化进校园”活动，加强对校外培训机构的监管力度，营造学生开心、家长放心、老师舒心的清朗教育环境。全年新增省市优质幼儿园 3 所、内涵发展项目 13 项、常州市

“新优质”学校2所，成功创建江苏省义务教育优质均衡发展县（市、区）；新增各级各类优秀教师90余人，千名学生在市级以上各级各类艺体赛事中获奖，中高考品质持续提升。

2023年9月金坛区教育局印发《金坛区中小学教育教学联盟建设方案》，依托教育集团，结合区域实际，组建以城区中心校为核心的义务教育学校教育教学联盟及以江苏省华罗庚中学为核心的高中教育教学联盟。

第二章　劳动就业

2023年，南京都市圈各成员市（区）人社局围绕就业创业、社会保障、人才发展、劳动关系等重点民生领域，坚持以推动高质量发展为主题，充分发挥各成员市（区）局党委（党组）政治核心作用。立足长远，认真谋划，统筹推动区域协同发展；联合印发《2023年度南京都市圈人社领域一体化发展工作要点和工作事项》，突出共建共享、合作共赢，更强有力地凝聚一体化发展合力。各成员市（区）人社系统坚持以人民为中心，立足自身职能，以创新谋发展之策，以实干行长久之计，以人社事业高质量发展新成效，为推动中国式现代化都市圈建设提供了更加坚实有力的支撑，让一体化发展的根基更为坚实。坚持“共商、共建、共享”原则，南京人社积极发挥龙头作用，携手各成员市（区），以公共就业创业、社会保险经办服务、人才协同发展、和谐劳动关系共建等方面为重点，聚力“一体化”，对标“高质量”，下好“一盘棋”，汇创新之势、聚合作之力，推动区域协同发展取得新成效，一体化发展成果更加丰硕。围绕坚持统筹发展、聚焦重点群体确保稳住“最大民生”、聚焦民生保障织密兜牢“安全网”、深化人才人事工作改革创新、推进和谐劳动关系共建共治等方面明确了下一步工作的努力方向，就进一步深化合作、共建共赢、融合发展达成了一致意见。

第一节　南京市劳动就业情况

2023年，南京市全市城镇新增就业人数23.1万人，实现再就业人数10.61万人。培育自主创业者人数4.55万人，其中，支持离校5年内高校毕业生创业人数达7604人。扶持农民自主创业4048人。举办各类招聘会2826场，提供岗位50.7万个。新增公益性岗位安置就业困难人员4633人，建成服务大学生求职的“宁青驿站”25个，在宁高校毕业生去向落实率达94%。

南京市加强职业技能培训，全年开展各类补贴性职业技能培训14.65万人次。深入实施就业优先战略和积极就业政策，重点抓好高校毕业生、就业困难人员等群体就业问题。援助困难人员就业1.93万人。新建标准化“家门口”就业服务站45个，兜底帮扶困难群体就业6461人。零就业家庭持续保持“动态清零”。深化和谐劳动关系建设，新增20家江苏省优秀劳动关系和谐企业。大力推进企业集体协商，全市累计审查集体合同12561份、审查企业工资集体合同1408份。全年各级劳动保障监察部门主动监察用人单位12874个，书面审查用人单位83845个，共立案查处违法案件4151件，按期结案率为100%，为3.04万名劳动者追发追缴工资、社保等待遇共计2.33亿元，劳动保障监察联动举报投诉平台按期运行率达100%。全年各级劳动人事争议仲裁机构共处理各类劳动人事争议案件21783件，劳动人事争议仲裁结案率100%，劳动人事争议调解成功率为87.55%，仲裁管理信息系统按期运行率达100%。

2023年末，全市有人力资源服务机构1295家，其中公共人力资源服务机构19家，社会经营性人力资源服务机构1276家，这些机构为用人单位提供各类人力资源服务。2023年1—12月，全市公共人力资源市场提供的需求量为89万余人次，较 2022 年增加了 4.7 万余人次，同比增幅 5.6%；登记求职人数 60 万余人次，相较于 2022 年减少了 2.5 万余人次，同比降幅 4.07%。市场求人倍率为 1.48，同比增加 0.13 倍，增幅 10.08%。全市失业保险参保人数 350.55 万人，较上年末增加 1.76 万人。全市失业保险基金总收入 34.39 亿元，同比增长 1.1%；失业保险基金总支出 30.06 亿元，同比增长 13.3%。全市失业金待遇支付水平最低为 1575 元/月，最高为 2280 元/月。

第二节　镇江市劳动就业情况

2023 年，镇江市深入实施就业优先战略，落实全民创业行动计划，就业形势总体保持稳定。建成省级零工市场。全年新增城镇就业人数 5.74 万人，新增城镇失业人员再就业人数 3.22 万人，就业困难人员再就业人数 1.32 万人，发放各类促就业补贴 7 亿元。引进大专以上学历人才 4.04 万人，成功举办第六届“创响镇江”创业大赛，扶持成功自主创业人数 1.71 万人，零就业家庭保持动态清零。以“一企一策”方案解决规模性用工难题，筹集就业岗位近 9 万个；举办招聘活动 750 余场次，提供近 27 万个招聘岗位，达成就业意向 18 万人次；累计向符合条件的 1368 家民营企业发放“苏岗贷”33.47 亿元；实施就业困难人员就业援助专项行动，健全失业登记、职业介绍、职业培训、职业指导、生活保障联动机制，开发公益性岗位兜底安置就业困难人员 3330 人，为 6.4 万人发放灵活就业社保补贴 3.16 亿元。

作为入选全国公共就业创业服务示范城市名单的城市，镇江打造“暖企惠民人社‘行’‘镇’好就业‘365’”人社服务品牌，建成全省首批规范化零工市场，建成首批 10 个标准化“家门口”就业服务站，着力构建“15 分钟就业服务圈”，满足困难群众“就近办、马上办”需求。

第三节　扬州市劳动就业情况

2023 年，扬州市新增在扬就业创业大学生人数 2.5 万人，留才率位列全省第一；全市城镇新增就业人数 6 万人，同比增长 4.43%。扬州市聚人才强产业，紧盯产业科创名城建设需求，建立重大项目人力资源要素服务保障机制，其中以“先进制造业引才图谱”，征集发布近万名人才需求；“绿扬金凤”高层次人才创新创业大赛项目与“613”产业方向契合度达 92%；“百万职工大比武”系列职业技能竞赛，开展各类职业技能培训超 5 万人次，新增高技能人才 1.1 万人；实施援企稳岗，发放稳岗返还资金 1.8 亿元，惠及企业 3.1 万家。创新编制扬州市就业创业政策“电子口袋书”；首次赴南京航空航天大学、山东大学等 8 所高校开展“扬州人才校园日”活动；首次承办人社部“职引未来”全国大中城市巡回招聘活动，促进更多青年来扬就业；首次开展“南京-扬州青年人才协同发展推介会”；设立“扬州工匠日”；打造“好地方考无忧”品牌，累计服务考生 13.7 万人次。

2023 年，扬州市出台“稳就业 21 条”，发放创业担保贷款、创业补贴 5.1 亿元，支持 1.9 万人自主创业，创业带动就业 48358 人。城镇登记失业人数 4.41 万人，城镇调查失业率达标，年末领取失业保险金人数 3 万人；依托“扬州人才码”，首次实现全流程线上申请发放人才租购房、“来留回”等各类人才补贴超 1.9 亿元。用心用情办好民生实事，扎实做好就业和社会保障。建设充分就业示范社区 75 个。

第四节　淮安市劳动就业情况

2023 年，淮安市城镇新增就业人数 6.58 万人，城镇失业人员再就业人数 4.03 万人，城乡就业困难人员就业人数 1.22 万人。完成补贴性职业技能培训人数 6.27 万人，支持成功自主创业人数 1.34 万人，扶持农民自主创业人数 0.62 万人，创业带动就业人数 2.75 万人。全市为 3.6 万户企业减收失业保险费 2.24 亿元，为 2.65 万户参保单位减收工伤保险费 0.15 亿元。推动失业保险稳岗返还、一次性扩岗补助等减负稳岗扩就业政策直达快享。全市通过“免申即享”的便捷方式，为 1.68 万户企业发放稳岗返还补贴 1.13 亿元，为 2104 户企业发放一次性扩岗补助 876.9 万元，惠及职工达 5846 人。

聚焦高校毕业生、就业困难人员等重点群体，多措并举强化就业帮扶。淮安市先后开展“揽才入淮　共赢未来”人才推介、“名校优生”千企百校、“雁归留凤”、“宁淮合作”等招聘活动，创新举办“我在家乡挺好的”直播招聘、驻淮高校留淮就业联动双选会、“引才工作站”高校淮安行暨百名硕博暑期总理故乡社会实践等活动，全年共组织中天钢铁、捷泰新能源、天合光能等 1830 户次企业赴省内外高校举办产业专场招聘活动，引进大专及以上高校毕业生 3.11 万名。大力实施青年就业见习计划，培育高质量就业见习基地，开发就业见习岗位 2.25 万个。举办百城联动退役军人专场招聘，414 名退役军人签约上岗。开展残疾人就业援助专场招聘活动，应届高校残疾人毕业生就业率达 100%。

劳动者职业技能培训不断强化。聚焦“7+3”先进制造业集群用工需求，深入实施职业技能提升行动，不断完善劳动者“点单”、人社部门“派单”、培训机构“接单”、用人单位“订单”的工作机制。2023 年共有 6.45 万人次接受职业技能培训，有力服务城乡劳动者就业创业，推动解决结构性就业矛盾。

就业公共服务持续优化。搭建“零工早市”“就业集市”“人才夜市”“岗位超市”，促进了供需匹配。同时，有针对性地开展市场招聘活动，如校园招聘、大篷车下乡招聘、直播带岗等，创新推出了“探营名企之职场体验官”“百人千企”特色服务、家政服务业和残疾人专场招聘等活动。此外，建成了 10 个“家门口”社区就业服务站，进一步深化拓展跨地区劳务合作。2023 年全市共举办各类招聘活动 852 场次，累计有 1.14 万户企业参加，发布岗位数量达 4.95 万个，达成用工意向人数为 3.83 万人。

第五节　芜湖市劳动就业情况

2023 年，芜湖市新增城镇就业人数 13.5 万人。芜湖市深入实施就业优先战略，132 个社区达到“三公里”充分就业标准，开发公益性岗位近 3200 个，帮扶就业困难人员 3500 余人，失业保险参加人数为 64.86 万人。“就业芜优”一体化线上服务平台覆盖社区 314 个、覆盖率 100%，累计注册企业数达 4.3 万个、促成供需对接 2.49 万人次；线下举办社区招聘活动 137 场，提供岗位 3.1 万个。全市实现失业人员再就业 2.43 万人、就业困难人员再就业 4493 人。全年发放失业保险金 1.24 亿元，惠及 1.29 万名失业人员，保障失业人员基本生活，发挥了失业保险基金“稳定器”作用。持续拓宽技能提升补贴受益范围，鼓励企业职工和失业人员提升职业技能，全年审核发放技能提升补贴达 1200 万元，惠及 0.72 万参保人员，以提高人员素质为着力点，匹配劳动力供需，缓解结构性失业压力。省内首批启动稳岗返还资金发放城市，对符合条件的中小微企业实行“免报直发”，全年累计发放失业保险稳岗返还资金 1.29 亿元，惠及 2.6 万户企业，助力企业减负增效。运用大数据比对以“免申即享”为主、企业“自主申报”为辅的方式，积极落实一次性扩岗补助政策，全年发放一次性扩岗补助610万元，为企业解忧增智。

第六节　马鞍山市劳动就业情况

2023年，马鞍山市新增就业人数4.31万人。马鞍山市积极帮扶困难群体就业，实施“春风行动”“就业援助月”等专项活动，持续加强返乡农民工、高校毕业生、残疾人、退役军人等重点群体就业援助。2023年累计帮扶10686名失业人员、2161名就业困难人员实现再就业，实现新增农村劳动力转移就业人数16338人，有劳动能力和就业愿望的退捕渔民全部实现转产就业，城镇登记失业率为2.37%，保持在3%以下的低水平。

为强化供需对接，马鞍山市人社局在重点领域、重点行业建立“白名单”制度，落实用工包保责任制，已为98户白名单企业解决用工7394人。选派286人担任企业“用工管家”，为企业输送员工7730人。常态化开展“2+*N*”线上线下招聘活动2104场，服务企业2.46万家次，达成就业意向3.92万人次。本地高校应届毕业生留马就业率达28.3%，较上年提升2.4个百分点。

全面落实降、返、补等系列助企纾困政策，推行“免报直发”“直补快办”模式，真金白银地支持企业发展，鼓励企业稳岗扩岗。2023年，累计为1.19万户企业拨付失业保险稳岗返还资金7053万元，新增发放创业担保贷款8.4亿元，直接扶持2632人创业，带动6895人就业。

深入实施就业促进暖民心行动。扎实推进“三公里”就业圈服务平台和充分就业社区建设工作，截至2023年12月底，该平台注册用工企业达1.1万户、登记用工岗位数量5.92万个、注册居民登记人数共计20.19万人，通过该平台实现就业人数1.61万人。全市118个城市社区创建充分就业社区的工作已实现全覆盖，已建成充分就业社区59个。

第七节　滁州市劳动就业情况

2023年，滁州市全年城镇新增就业人数14.2万人，失业人员再就业人数2.45万人。转移农村劳动力人数达9.2万人，均超年度目标任务。2023年末失业保险参保人数为42.55万人，工伤保险参保人数为54.41万人。

滁州市深入实施就业促进行动，实行“三公里”就业圈点对点帮扶，积极开发社区公益性岗位和临时性专项岗位，为大龄就业困难人员办理失业登记和就业援助对象认定。建立重点群体帮扶台账，对辖区重点人群等实行实名制的常态化动态管理和分类帮扶，实现零就业家庭动态清零。全市共开发就业见习岗位3332个、公益性岗位3011个，已有129个社区达到充分就业社区标准，新增技能人才19082人，有14279人通过“三公里”就业圈实现就业，这一系列举措有效缓解企业“招工难”、群众“就业难”问题。

2023年以来，滁州市公共就业服务管理中心全面细化工作举措，通过做好实名登记、拓展见习基地等方式，扎实做好2023年度离校未就业高校毕业生实名制精准就业帮扶工作。全年累计接收求职登记帮扶人数8215人，其中实现就业7724人、应征入伍73人、升学出国173人、参加就业见习230人、职业培训15人；就业帮扶率达100%，就业率达94.02%，位居全省第一方阵。

第八节 宣城市劳动就业情况

2023年，宣城市城镇新增就业人数4.74万人，完成目标任务的105.33%。全年帮助失业人员实现再就业人数2.3万人，就业困难人员实现再就业人数0.4万人。全年新增技能人才3.68万人，开展职业技能培训6.14万人次，分别完成目标任务的216.51%、157.68%。新增技能人才3.6万人，新增高技能人才1.4万人。2023年，全市共举办线上线下招聘5429场，为1918家企业解决用工4.67万人。为促进高校毕业生就业，宣城市拓展就业渠道、做优就业服务、强化就业帮扶。全年举办高校毕业生专场招聘会462场，超10000家企业提供就业岗位16.77万个，达成就业意向2.65万人次。

宣城市深融共建苏皖合作示范区人才资源市场，搭建苏皖合作示范区人才资源信息服务平台。发布招聘会900余场，为9412家次企业发布岗位12.37万个。截至2023年12月底，宣城市人社局对106家重点产业链企业建立了清单库，经摸排，这些企业全年需求岗位数1.34万个，组织68家人力资源服务机构、8家技工院校、4家技能人才培训基地、58家技能培训学校提供人力资源保障和技能培训服务，共解决用工2.2万余人。

通过“免报直发”的方式，已累计为13556家中小微企业返还资金5884.09万元，惠及职工26.55万人；通过“点对点”电话联系，宣传引导152家大型企业完成稳岗返还自主申报工作，返还资金744.46万元，惠及职工4.01万人。发挥创业带动就业倍增效应，加大创业担保贷款、资金补贴、创业培训等政策的实施力度。全年开展创业培训人数达9164人，发放创业担保贷款5.02亿元。

“三公里”就业圈平台效能持续提升，已建成“三公里”充分就业社区49个，占城市社区总数的50%。“三公里”就业圈平台注册经营实体超3万家，发布岗位达7万余个，促成供需对接人数4.9万余人。

第九节 溧阳市劳动就业情况

2023年，溧阳市坚持就业优先战略，城镇新增就业人数为11262人，城镇失业人员再就业人数4180人，就业困难人员再就业人数2210人，支持成功自主创业人数1509人，引领大学生创业人数为276人，扶持农村劳动力自主创业人数556人。

全年对接产业用工3.4万人，稳就业工作获得国务委员谌贻琴充分肯定，天目湖镇获评江苏省“就业富民乡村振兴基地”。2023年城乡居民基本养老保险基础养老金提高至每月437元，增幅为全省第一；企业职工养老保险工作连续3年获省政府督查激励，工伤保险工作连续2年全省排名考核前十，县市区第二。全年引进人才1.46万人，兑现人才专项资金1.2亿元；5人入选2023年江苏省“卓越博士后计划”资助对象名单，与常州并列第一；累计建设国家博士后工作站4家，省博士后创新实践基地16家。《工会劳动法律监督维护女职工产假待遇案》入选全国第五届“依法维护妇女儿童权益十大案例”，连续6年获评常州市农民工工资支付考核A级。2023年溧阳市仲裁院共立案处理各类劳动争议案件1006件，案件涉及劳动者1006人，劳动者申诉案件1001件，结案率95.53%。

第十节　金坛区劳动就业情况

2023年金坛区新增城镇就业人数1.55万人，支持创业人数1821人。金坛区累计减征8394家企业失业保险费1.64亿元；发放失业保险金等资金1.23亿元，稳定岗位超9万个。完善重点企业用工常态化服务机制，结合“金引智”小程序的功能完善和推广运用，定期开展用工情况监测和人力资源需求调查摸底，累计搜集各类需求信息5619条。深化省际劳务协作，组织15家次企业携1369个就业岗位赴陕西勉县、宁强等地举办现场招聘会，达成用工意向500余人次。出台《金坛区创业扶持资金申领办法》，累计审核发放富民担保贷款4.7亿元，支持大学生等成功自主创业1811人，创业带动就业4562人。精心举办第三届“金创翼”大学生创业大赛，征集大学生优秀项目13个。多渠道开发公益性岗位，安置511名就业困难人员。新增大学生就业见习基地86家，开发高质量就业见习岗位1685个，全力保障高校毕业生就业。积极推进人力资源集市、人才夜市等线上线下招聘活动，累计举办各类招聘活动90场，服务企业1100家次，提供招聘岗位1.9万余个，初步达成就业意向6700余人次。统筹城乡就业服务资源，建成东城街道华胜社区、儒林镇五叶村等4个“家门口”就业服务站。充分发挥区智慧零工市场多元化服务功能，进一步提升岗位对接信息化水平。自零工市场运行以来，累计为零工人员介绍岗位信息3190余条，实现就业500余人次。

开展2023年劳动关系和谐企业培育工作，创成1家省级劳动关系和谐乡镇（儒林镇）、10家省市级优秀劳动关系和谐企业。制定出台《关于进一步规范企业用工管理的通知》等文件，从源头防范企业用工管理风险。加大劳动监察执法力度，重拳处置各类欠薪行为。累计立案查处各类劳动监察投诉举报案件254件，结案率95%；办理168家在建项目缴存农民工工资保证金4389万元；向公安移送涉嫌拒不支付劳动报酬犯罪案件4件，向社会公布重大劳动保障违法行为案件1件；列入拖欠农民工工资“黑名单”2人，帮助3027名农民工追讨工资待遇3282万余元。制定出台《金坛区劳资纠纷多元化解处置流程暂行规则》，推进劳资矛盾纠纷就地就近化解。区级561个简易劳资纠纷案件移送相关镇（街道）进行调解处理，劳动人事争议案件万人起诉率同比下降16.73%。推广“互联网+仲裁”办案模式，推进智慧仲裁庭建设，不断提高仲裁调解质效。累计立案受理劳动仲裁案件1802件，结案率99.15%，调解率81.6%。

第三章 医疗卫生

《南京都市圈发展规划》中提出，要统筹推进都市圈医疗卫生资源优化布局，打造健康都市圈，让南京都市圈的患者可以通过预约挂号平台预约各大医院的专家号，在家点点鼠标即可查阅医院检查结果，足不出户请专家远程医疗会诊，跨省异地就医联网结算。2010 年，南京市正式建成了统一预约挂号平台 12320，之后，镇江、扬州、滁州、宣城、芜湖、马鞍山、淮安等城市陆续接入。目前，南京都市圈统一预约挂号服务平台接入医院数量达 118 家，累计注册用户超 805 万人，累计提供预约挂号服务超 3000 万人次。南京都市圈的患者可以通过 12320 电话、微信公众号、App、网站、支付宝等多种渠道预约挂号。此外，南京都市圈建成医学检验报告查询系统，市民可以登录南京卫生 12320 网、健康南京 App 等，异地查询医检报告。截至 2024 年 1 月，南京、镇江、扬州、芜湖等 4 个城市的医院已向南京市卫生信息平台累计上传各类医学医检报告超 4.5 亿份，推动了各家医院检验结果共享和互认。都市圈医院之间将更加深入开展专业交流与合作，全面持续推进互联网医院的建设和有效运行，为都市圈城市群众提供优质、高效的医疗卫生服务，走出一条中国特色数字健康发展之路，做到病有所医，为健康中国建设、为人民健康福祉作出更大的贡献。

第一节 南京市医疗卫生情况

2023 年末，南京市拥有卫生机构 3846 个，其中医院 311 个、社区卫生服务中心 117 个、卫生院 15 个、妇幼保健院（所、站）14 个、专科疾病防治院（所、站）4 个。南京市各类卫生机构拥有床位 7.24 万张，其中医院床位 6.61 万张、社区卫生服务中心床位 3351 张、卫生院床位 812 张。南京市各市（区）卫生机构共有卫生技术人员 13.91 万人，其中执业（含助理）医师 4.23 万人，注册护士 5.15 万人。全市已建成 45 个甲级村卫生室，打通了“最后一公里”，架起了乡村医疗服务的健康桥梁。南京市按照“123456”总体架构，全力推进智慧医疗建设。南京市 2 个区和 3 家医院获得国家医疗健康信息互联互通标准化成熟度测评五级乙等，2 家医院获得国家医院电子病历系统功能应用水平分级评价 6 级，3 家医院获得国家医院智慧服务评级三级。这些指标，标志着南京市在智慧医疗平台建设、全市互联互通与电子病历标准化建设、区域业务系统务实应用、信息便民惠民服务等方面已在全国各城市中处于先进水平。

第二节 镇江市医疗卫生情况

2023 年末，镇江市拥有各类卫生机构 1235 个，其中医院 67 个、卫生院 37 个，社区卫生服务中心 30 个，疾病预防控制中心 7 个，妇幼保健机构 8 个，村卫生室 301 个，社区卫生服务站 108

个。各类卫生机构拥有床位 1. 82 万张，其中医院床位 1. 37 万张、卫生院床位 0. 18 万张，社区卫生服务中心床位 0. 13 万张。年末，全市拥有卫生技术人员 2. 52 万人，其中执业（含助理）医师 9795 人，注册护士 11088 人。全年引进医学领军团队 7 个、医学博士 21 名，选拔培育本土医学人才 40 名。开展“千医巡诊万村行”活动，组建 487 支巡诊服务团队，惠及 18. 19 万人次。成立镇江市智慧医疗发展促进会，江大附院、市第一人民医院通过智慧服务三级评估。镇江市通过“互联网+医联体”将三级医院和基层医院进行有效衔接，实现优质医疗资源的上下贯通、分级诊疗转诊流程的方便顺畅，进一步巩固“小病在基层、大病到医院、康复回社区”的就医格局。

第三节　扬州市医疗卫生情况

2023 年末，扬州市拥有各类卫生机构 2027 个，其中医院 102 个，疾病预防控制中心 7 个，妇幼卫生保健机构 8 个。各类卫生机构拥有床位 27577 张，其中医院床位 20051 张。全市共有卫生技术人员 34455 人，其中医院卫生技术人员 17974 人，疾病预防控制中心卫生技术人员 638 人，妇幼卫生保健机构卫生技术人员 1376 人。扬州市共有乡镇卫生院 54 个，床位数 4323 张，乡镇卫生技术人员 5572 人，乡村医生 1174 人。全市选择 20 家（中心）乡镇卫生院，按二级医院标准扩容升级，规划建设农村区域性医疗卫生中心，为满足农村居民期盼就近享有更高水平的医疗卫生健康服务需求，更好促进分级诊疗，20 家农村区域性医疗卫生中心聚焦提升农村常见病、多发病、慢性病、老年病等综合诊治能力，开展十大功能中心建设。十大功能中心分别为居民健康体检与管理中心、接诊分诊中心、康复疼痛诊疗中心、消化内镜诊疗中心、口腔（五官）诊疗中心、妇女儿童诊疗中心、精神心理卫生服务管理中心、中医诊疗中心、血液透析中心和基层卫生人员技能实训中心。在诊治中心建设完成后，基层医疗机构在服务质量、服务内容、服务流程等方面再次提档升级；居民获得便捷就医渠道，家门口可享受优质高水平医疗服务，降低疾病负担。扬州市坚持“三个面向”，面向城乡居民提供智慧服务，面向医疗机构提供联通平台，面向政府部门提供智慧管理，努力推动智慧医疗加快发展。

第四节　淮安市医疗卫生情况

2023 年，淮安市共有各类卫生机构（不含村卫生室）1043 个，其中疾病预防控制机构 8 个，卫生监督机构 9 个，综合医院 44 个，专科医院 13 个，中医院 7 个，妇幼保健机构 8 个，卫生院 77 个，社区卫生服务中心（站）79 个。各类卫生机构拥有病床 31805 张，其中医院床位 20050 张、卫生院床位 6989 张。全市卫生技术人员 3. 91 万人，其中执业（助理）医师 15037 人、注册护士 18018 人。疾病预防控制机构卫生技术人员 572 人，卫生监督机构卫生技术人员 190 人，妇幼保健机构卫生技术人员 1969 人。淮安市推进数字技术与医疗卫生深度融合，推进区域内卫生健康数据互联共享提升线上服务水平，打造“健康淮安”项目，建成全民健康信息平台、基层医疗服务云平台、影像云平台和公众健康服务平台。

第五节　芜湖市医疗卫生情况

2023年末，芜湖市拥有各类卫生机构1813个，其中，医院86所，基层医疗卫生机构970所（不含村卫生室），专业公共卫生机构34所。基层医疗卫生机构中，社区卫生服务中心（站）146所，乡镇卫生院52所，门诊部162所，诊所、卫生所和医务室610所。专业公共卫生机构中，疾病预防控制中心10所，卫生监督机构9所，妇幼保健机构9所。各类卫生机构拥有床位27345张，其中医院床位23189张。全市有卫生技术人员30127人，其中执业（助理）医师12061人，注册护士14301人。芜湖市以全民健康信息平台为核心，推进区域互联互通、优质医疗资源共享协同。目前该市卫生信息平台汇集健康档案累计561万份，各类数据总计12亿条。依托“智联网医院系统”，推动全市范围医学影像、检查检验等数据互联互通和资源共享，支持安徽省内各级医疗机构的医生工作站影像数据调阅。

第六节　马鞍山市医疗卫生情况

2023年，马鞍山市拥有卫生机构1130个，比上年增长3.8%；其中，医院和卫生院共104个，社区卫生服务机构98个，标准化村卫生室425所，病床1.59万张；全市卫生技术人员1.8万人。以乡镇为单位，四苗、五苗接种率96.9%，乙肝疫苗首针接种率99.62%。新增三级医院3家，市人民医院东院二期竣工，市口腔医院开诊，国家卫生城市复审通过，被全国爱卫办评为安徽健康城市建设样板市。马鞍山市按照地域“全覆盖”、行业“全贯通”、信息“全共享”、流程“全服务”建设目标，形成纵横交错的数据资源中心，实现了跨层级、跨区域、跨机构的互联互通、信息共享与业务联动，提供“惠民”“惠医”“惠政”各项服务。

第七节　滁州市医疗卫生情况

2023年末，滁州市拥有卫生机构2054个。其中，医院和卫生院共163个，疾病控制中心9个，妇幼保健机构9个。全市卫生机构实有床位27935张，比上年下降2%，其中医院和卫生院实有床位26603张，比上年减少512张。卫生机构从业人员3.9万人。其中，医院和卫生院技术人员2.63万人，执业医师9094人，注册护士13186人。滁州市开启“共建共享的数字健康”便民惠民新时代，诊疗信息实现“一档调阅”，医疗服务实现“一码通行”，影像数据实现“一端可查”，慢病管理实现“一键干预”。

第八节　宣城市医疗卫生情况

2023年末，宣城市拥有医疗卫生机构1469个，其中医院61个，基层医疗卫生机构1376个，专业公共卫生机构30个。基层医疗卫生机构中，卫生院79个，社区卫生服务中心60个，村卫生室808个；专业公共卫生机构中，疾病预防控制中心8个，妇幼保健院（站、所）8个，专科疾病防治院（站、所）1个，卫生监督所8个。全市卫生技术人员20178人，其中执业（助理）医师7653人，注册护士9832人。各类医疗卫生机构有床位17879张，其中医院床位13899张，卫生院床位3225张，社区卫生服务中心床位621张。2023年医疗卫生机构共诊疗2208.2万人次。宣城市坚持以顶层设计为中心，遵循国家卫生信息化规范和标准，按照省级卫生健康信息化建设主导方向，推进区级与市级全民健康信息平台互联互通、数据共享，着力提升区、乡、村基层医疗卫生健康单位信息化能力和水平。

第九节　溧阳市医疗卫生情况

2023年，溧阳市拥有各级各类医疗机构337个，其中市级公立医院2个，民营医院12个，乡镇卫生院17个，其他社会办医疗机构121个，村卫生室（含社区卫生服务站）179个。溧阳市三级综合性医院1个。全系统卫健从业人员7296人，其中卫技人员5925人，每千常住人口执业（助理）医师数3.09人，每万常住人口全科医生数7.48人，每千人常住人口医疗卫生机构床位数5.44张。溧阳市全力加快医疗卫生信息化建设，全力开展改善患者智慧就医体验服务，全力推动各项智慧医疗业务和服务融入南京都市圈城市医疗卫生信息化协作。

第十节　金坛区医疗卫生情况

2023年末，金坛区拥有各类卫生机构243家，其中区属医院2家、卫生院10家、城市社区服务中心2家、民营医院8家、村卫生室94家。全区拥有卫生技术人员4010人，其中执业（含助理）医师1673人，注册护士2018人。成功创建江苏省健康区，金坛区第一人民医院入选公立医院高质量发展省级试点，院府合作经验在长三角推广。“15分钟医保服务圈”实现全覆盖。为400户困难老年人家庭进行适老化改造，东浦村创成全国示范性老年友好型社区。新增省级普惠托育机构2家。

第四章　社会保障

2023 年，在以习近平同志为核心的党中央坚强领导下，各级人力资源和社会保障部门认真贯彻落实党中央、国务院决策部署，坚持稳中求进工作总基调，聚焦推动高质量发展，围绕加强人力资源开发利用这一主题主线，担当作为、积极进取，推动人力资源和社会保障各项工作取得积极进展。

2023 年，江苏省人社系统全力推进人社事业改革发展，为“强富美高”新江苏现代化建设作出了积极贡献。全年基本养老、失业、工伤保险基金总收入 6115.56 亿元，比上年增加 468.33 亿元、增长 8.3%。基金总支出 5265.61 亿元，比上年增加 362.52 亿元、增长 7.4%。

2023 年末江苏省人力资源服务机构 5795 家，其中公共人力资源服务机构 135 家，社会经营性人力资源服务机构 5660 家。人力资源服务业专职从业人员 7.5 万人，为 121.6 万家次用人单位、1910.4 万人次劳动者提供各类人力资源服务。设立社会保障卡服务网点 1.3 万个，累计发行社会保障卡 9473 万张，电子社保卡持卡覆盖率 80%以上，发行第三代社保卡 4143 万张。

2023 年，安徽省全力促进就业、保障民生、服务发展、维护和谐，各项工作取得积极成效。实施稳就业提质扩量服务“家门口”就业 3 年行动，就业工作获国家表扬激励。全年城镇新增就业人数 72.22 万人，创历史新高；城镇失业人员实现再就业人数 30.89 万人，就业困难人员就业人数 5.52 万人，年末城镇登记失业人员 14.75 万人。实施“百万大学生兴皖行动”，全省累计开发政策性岗位 20.92 万个（含见习岗位 7.67 万个）、市场性岗位 100 多万个。

2023 年末安徽省参加基本养老保险 5095.94 万人，比上年末增加 86.25 万人。全年基本养老保险基金收入 2570.55 亿元，基金支出 2049.47 亿元，年末累计结余 3798.87 亿元。2023 年末全省参加失业保险 700.43 万人，参加工伤保险 920.94 万人。

2021—2023 年，南京市、扬州市基本养老保险参保人数略有下降，滁州市稳步增长。2021—2023 年南京都市圈部分市（区）（南京市、滁州市、扬州市）基本养老保险参保情况如表 7-4-1 和图 7-4-1 所示。2021—2023 年，除淮安市外，南京市、芜湖市、宣城市、滁州市、镇江市、马鞍山市、溧阳市职工养老保险参保人数 3 年总体呈上升趋势。2021—2023 年南京都市圈部分市（区）（南京市、芜湖市、淮安市、宣城市、滁州市、镇江市、马鞍山市、溧阳市）职工养老保险参保情况如表 7-4-2 和图 7-4-2 所示。

表 7-4-1　2021—2023 年南京都市圈部分市（区）基本养老保险参保情况

单位：万人

城市	参保人数		
	2021 年	2022 年	2023 年
南京	442.93	445.38	440.22
扬州	327.39	323.35	333.50
滁州	319.30	333.50	337.57

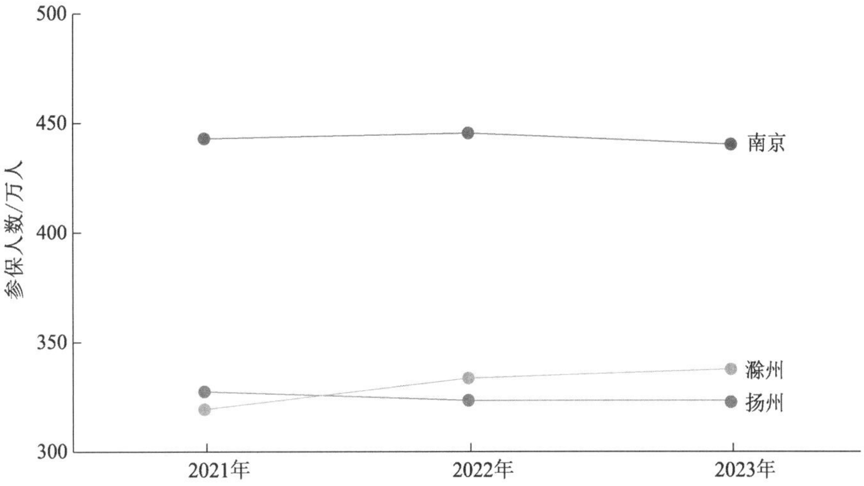

图 7-4-1　2021—2023 年南京都市圈部分市（区）基本养老保险参保情况

表 7-4-2　2021—2023 年南京都市圈部分市（区）职工养老保险参保情况

单位：万人

城市	参保人数		
	2021 年	2022 年	2023 年
南京	372.94	377.66	375.41
镇江	73.50	73.90	73.57
淮安	129.76	117.64	121.31
滁州	59.30	75.40	81.76
马鞍山	73.11	77.09	79.52
宣城	71.10	76.10	80.50
芜湖	104.53	120.29	154.97
溧阳	19.14	21.24	21.25

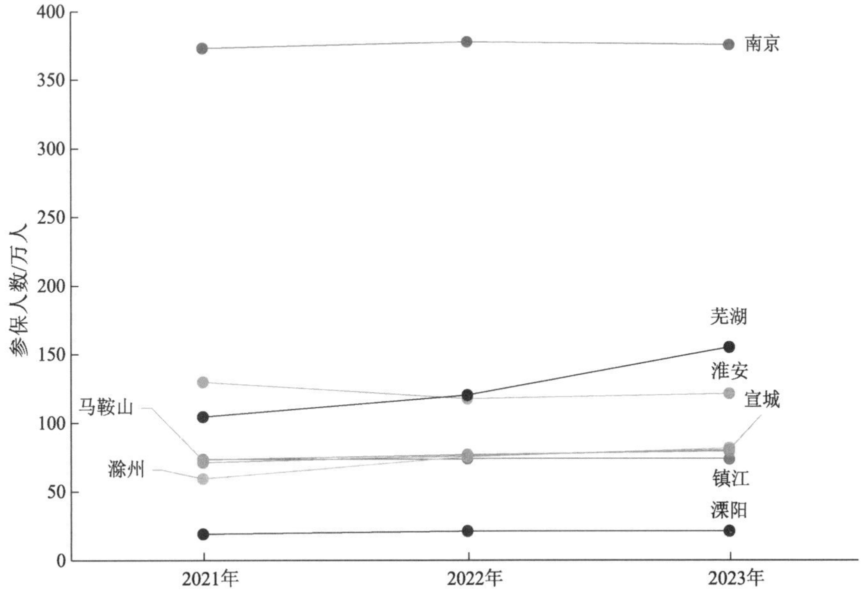

图 7-4-2　2021—2023 年南京都市圈部分市（区）职工养老保险参保情况

第一节　南京市社会保障情况

2023 年，在习近平总书记出席江苏代表团审议和考察江苏时的重要讲话精神指引下，全市人社系统紧紧围绕“四个走在前”“四个新”重大任务要求，深入贯彻落实各级决策部署，致力促发展、惠民生、防风险、保稳定，为全市经济社会高质量发展作出贡献。

一、社会保障情况

全年基本养老、失业、工伤保险基金总收入 929.73 亿元，同比增加 55.32 亿元，增长 6.3%。基金总支出 710.29 亿元，同比增加 46.39 亿元，增长 7%。

1. 基本养老保险

2023 年末，全市基本养老保险参保人数 440.22 万人，比上年末减少 5.16 万人，其中企业职工基本养老保险 375.41 万人，机关事业单位基本养老保险 16.81 万人，城乡居民基本养老保险 48 万人。享受基本养老保险待遇人数 188.31 万人，比上年末增加 7.91 万人，其中企业职工基本养老保险 121.06 万人，机关事业单位基本养老保险 10.41 万人，城乡居民基本养老保险 56.84 万人。全市基本养老保险基金总收入 875.43 亿元，同比增长 6.5%；基本养老保险基金总支出 663.61 亿元，同比增长 6.3%。

2. 失业保险

2023 年末，全市失业保险参保人数 350.55 万人，比上年末增加 1.76 万人。全市失业保险基金总收入 34.39 亿元，同比增长 1.1%；失业保险基金总支出 30.06 亿元，同比增长 13.3%。全市失业金待遇支付水平最低为 1575 元/月，最高为 2280 元/月。

3. 工伤保险

2023 年末，全市工伤保险参保人数 391 万人，比上年末减少 7.63 万人。全市工伤保险基金总收入 19.91 亿元，同比增长 9.4%；工伤保险基金总支出 16.62 亿元，同比增长 27.1%。

二、基础建设

2023 年末，全市共有街道（镇）人力资源和社会保障服务所 102 个，社区（村）人力资源和社会保障服务站 1268 个，配备工作人员 3213 人，标准化街道（乡镇）平台建成率达 100%，标准化社区（村）平台建成率达 100%。

2023 年末，全市共有人力资源服务机构 1295 家，其中公共人力资源服务机构 19 家，社会经营性人力资源服务机构 1276 家，为用人单位提供各类人力资源服务。全年社会保障卡新制卡发卡 127 万张，全市累计持卡人达 1363 万人，申领电子社保卡人口覆盖率达 94.71%。12333 热线服务总量 350.92 万人次，综合咨询服务满意度 93.8%。受理“12345”诉求工单 21943 件，按时办结率 99.85%。人社政务服务好评率达 99.98%。

2023 年以来，南京市重点围绕产业创新共建、融合发展共进、城乡生态共治、开放合作共赢、公共服务共享等方面落实重点任务，推动长三角一体化发展工作不断走深走实。深度参与长三角科创共同体建设，成立都市圈产业链联盟，宁镇扬一体化、宁淮结对帮扶合作持续深化，基础设施重大项目有力推进，南京都市圈建设加快，都市圈一小时通勤圈、一日生活圈加速形成，200 个政务服务事项实现都市圈“一网通办、异地可办”。企业群众可登录江苏政务服务网南京旗舰店“南京都市圈通办”服务专区，或至各级政务服务大厅的“跨省通办”专窗，在都市圈范围内同标准办理清单中的所有政务服务事项。

第二节　镇江市社会保障情况

2023 年，镇江市完成一般公共预算民生类支出 412.58 亿元，占比 77.3%。深入实施就业优先战略，落实全民创业行动计划，就业形势保持总体稳定。建成省级零工市场，发放稳就业政策补贴 7 亿元，成功扶持 1.7 万人创业，城镇新增就业 5.7 万人，零就业家庭保持动态清零。全市职工最低工资标准为 2280 元/月，城乡居民基础养老金标准提高至每人每月 253 元，城乡最低生活保障标准提高至每人每月 840 元，失业保险金最低标准提高至每人每月 1260 元。年末全市企业职工养老保险参保人数 73.57 万人，城乡居民养老保险参保人数 18.15 万人。失业保险、工伤保险、生育保险参保人数分别为 60.53 万人、74.77 万人、66.26 万人。年末全市新增养老机构床位 709 张，等级养老机构占比达 79%。全年福利彩票销售额 4.55 亿元，同比增长 60.7%。镇江市落实困难群众救助保障标准动态调整机制，坚决兜牢基本民生底线，全年发放救助金 4.4 亿元、覆盖困难群众 7 万余人。

第三节　扬州市社会保障情况

2023 年，扬州市扎实做好就业和社会保障。全年城镇新增就业 6 万人，完成城乡劳动者就业技能培训 1.1 万人次，创业带动就业 48358 人。建设充分就业示范社区 75 个，开展职业技能培训超 5 万人次。“五险”扩面净增 11 万人次。长期护理保险实现基本医保参保人员全覆盖。城乡低保标准提高至 800 元。在全省率先建立特困群体一体化服务保障工作机制。

2023 年末，扬州市城乡基本养老、医疗、失业、工伤和生育保险参保人数为 322.61 万人、429.15 万人、80.63 万人、100.65 万人和 91.83 万人。城乡居民基本养老保险基础养老金最低标准由每人每月 210 元提高到 220 元。城乡居民医保人均财政补助最低标准提高到每人每年 680 元。城乡低保月人均标准提高到 800 元。

第四节　淮安市社会保障情况

2023 年，淮安市社保体系不断完善。年末全市城乡居民基本养老保险参保人数 198.43 万人，比上年增加 0.43 万人。职工养老保险参保人数 121.31 万人，增加 3.67 万人。工伤保险参保职工人数 86.97 万人，增加 6.44 万人。失业保险参保人数 59.08 万人，增加 0.93 万人。城乡居民养老保险待遇领取人员人均养老金较 2022 年底上调 5.7%，企业退休人员养老金人均上调 4.6%。

2023 年，淮安市坚持以习近平新时代中国特色社会主义思想为指导，认真贯彻落实党中央、国务院、省委省政府、市委市政府关于政府信息公开的文件精神和安排部署，按照“公开为常态、不公开为例外”的原则，深化政务公开，加强网站管理，回应社会关切。一是淮安市人社局全面推进政务信息公开。主动运用局门户网站传播人社声音、讲好惠民政策，全年主动公开政务信息 83 条，内容涉及机构概况、政策文件、规划计划、资金人事信息等。全面公开行政权力和责任清单，于江苏政务服务网集中对外发布。切实抓好信息发布和栏目更新工作，规范重点工作信息发布，全年发布人社要闻 132 条、部门和县区动态 144 条、公示公告 144 条。二是淮安市人社局严格规范依申请公开工作。畅通现场申请、信函邮寄、线上提交等依申请公开渠道，完善公开申请受理、处理、答复等流程，规范办结信息公开申请 14 件，其中予以公开 9 件、部分公开 1 件、因不属于本机关掌握信息不予提供 4 件。三是淮安市人社局健全完善政府信息管理制度。加强收集、整理、推送、服务等全过程政府信息资源管理工作，确保政府信息发布及时、门户网站安全运行。严格落实政府信息发布“三审三校”制度，完善落实政府信息公开保密审查制度，通过每周读网巡查、每月安全检测、每季度综合评估，推进政务公开工作制度化、规范化、常态化，全年未发生一起失密泄密事件或恶意篡改安全事件。围绕人社惠企政策、便民办事流程、重大赛事活动等社会关切，在局网站“政策解读”“公示公告”栏目、公众号“政策直达”“惠企服务”栏目高频次发布政策解答、服务指南、典型案例、活动预告等信息，更好满足企业和群众办事需求。严格落实解读材料和政策文件“同步起草、同步审批、同步发布”工作机制，针对涉及面广、关注度高的重要政策，采取图片、文字解读等多种形式，主动向社会进行公开、解读，同步向局门户网站、政务新媒体等多渠道发布推送信息，扩大权威信息传播范围。四是淮安市人社局加强政府信息公开平台建设。动态更新局网站“政府信息公开”专栏，持续加大政策、解读、服务类信息和政策实施情况发布力度，规范办理“我为政府网站找错”平台网民留言。深入推进“淮安人社”微信公众号、抖音号等政务新媒体建设，做好开设整合、内容保障、信息联动、安全防护、监督管理等工作，优化人社服务、人社政策、政民互动等模块功能，全年推送微信文章 611 篇，总阅读量 80 余万次。统筹推进政务新媒体与政府网站的协同联动、融合发展，提高信息发布、解读回应、政民互动、办事服务的整体水平。五是淮安市人社局强化政府信息公开监督保障。围绕积极深化政府信息主动公开、提高依申请公开办理质效、加强信息公开平台建设管理等方面，明确市人社局 2023 年政务公开工作重点，细化分解任务，压紧压实责任。将政务公开、政府网站及政务新媒体信息采集报送情况纳入年度考核指标，根据信息报送任务和栏目更新要求，对各处室单位信息报送情况开展定期检查和督促提醒，每半年开展一次政务公开自评，对照测评指标逐项检查政务公开工作落实情况，发现问题及时整改。动态更新政府信息公开指南，发布政府信息公开申请接收渠道、办理流程、监督和救济途径等内容，保障公民知情权。

第五节　芜湖市社会保障情况

2023 年，芜湖市人社局在芜湖市委、市政府的坚强领导下，认真贯彻落实全面推进政务公开工作的一系列部署要求，探索政务公开新思路、新方式，围绕政策法规、重大决策预公开、行政权力运行、重点领域（社会保障、就业创业）等事项，不断扩大信息公开范围、规范信息公开内容，全面提高政务公开工作的质量和实效。一是加强组织领导，明确工作任务。芜湖市人社局梳理政务公开事项，列出了政务公开清单，明确了每个事项的公开内容、责任主体、规定时限、公开方式、公开程度等要素。由局办公室牵头，不定期组织有关业务人员开展工作指导、内容抽查和培训学习。通过交流座谈形式，现场指导梳理公共服务事项清单，不断提升经办业务水平。二是坚持全面公开，推进各领域过程公开。2023 年，我局通过政府网站共发布信息 1047 条，内容涉及政策法规、重大决策预公开、行政权力运行、政策解读、重点领域（社会保障、就业创业），以及社会关注的就业创业、社会保险热点和焦点问题。三是坚持全面公开，推进各领域信息公示。全面有效梳理各项领域事项、办理材料、办理指南、公开时限、监督方式等，坚持所有信息形成或者变更之日起 20 个工作日内更新信息，同时局机关安排专人每月定期核查公开事项内容与落实情况，确保政务公开工作及时有序完成。

2023 年末全市城镇职工基本养老保险参加人数 154.97 万人，城乡居民基本养老保险参加人数 154.4 万人，失业保险参加人数 64.86 万人，基本医疗保险参加人数367.85万人，工伤保险参加人数82.16万人，生育保险参加人数67.28万人（医保）。年末2.77万人享受城市居民最低生活保障，6.18万人享受农村居民最低生活保障，农村特困供养对象1.25万人。

年末全市拥有各类福利机构154个，床位1.64万张，收养各类人员0.76万人。全年销售社会福利彩票5.07亿元，筹集社会福利资金5593万元。

第六节　马鞍山市社会保障情况

2023年，马鞍山市社会保障水平保持全省前列。全年新增就业4.31万人，下岗失业人员再就业1.07万人，“4050”人员等困难群体再就业0.22万人，城镇登记失业率2.37%，保持在3%以下低水平。城镇职工养老保险参保人数79.52万人，失业保险参保人数32.87万人，工伤保险参保人数40.46万人。城镇居民医疗保险参保人数150.63万人，城乡居民基本养老保险参保人数91.17万人，参保率99.71%。被征地农民养老保障实现即征即保，参保人数17.94万人。

全年城乡最低生活保障救助67.4万人次，支付低保金4.12亿元。城镇拥有各种社区服务设施550处；便民利民服务网点794个、社会收养性福利床位1.49万张。福利彩票销售2.42亿元，筹集福利彩票公益金0.73亿元。完成城乡低保和特困供养标准提标工作，从7月起，农村低保标准由户月人均730元提高至763元，城市低保标准由户月人均730元提高至782元，农村特困人员基本生活标准由每人每月不低于950元提高至不低于992元，城市特困人员基本生活标准由每人每月不低于950元提高至不低于1017元。

第七节　滁州市社会保障情况

2023年，滁州市社会保障不断加强。新增城镇就业14.2万人、转移农村劳动力9.2万人，均超年度目标任务。道路交通安全提升工程等10件实事全面完成。完善民声呼应平台办理机制，暖民心行动满意度测评连续6个季度居全省前二。12345政务服务便民热线受理100余万件、交办督办26万件，群众满意率99%以上，荣获“全国青年文明号”。整市入选全国居家和社区基本养老服务提升行动项目试点。退休人员养老金、居民基础养老金稳步提高，同时低保、特困供养标准得到提升。圆满承办第十一届全国民政行业职业技能竞赛相关赛事。妇女、儿童、老人、残疾人合法权益得到有效保障，红十字、慈善等事业持续发展。

2023年末，全市基本养老保险参保人数337.57万人，其中包括企业职工养老保险参保人数81.76万人，机关事业养老保险参保人数13.38万人，城乡居民养老保险参保人数242.43万人。失业保险参保人数42.55万人，工伤保险参保人数54.41万人。全市基本医疗保险参保人数402.4万人，其中，城乡居民基本医疗保险335.6万人，职工基本医疗保险66.8万人，基本医疗保险参保率99.4%。

2023年末，全市共有养老服务机构158个，床位18616张。农村特困供养人数2.09万人，比上年下降2.9%。年末，城镇社区各种养老服务设施342个。城镇社区公共服务设施305个，农村社区公共服务设施1222个。2023年福利彩票销售总额达4.81亿元。

第八节　宣城市社会保障情况

2023年末，宣城市参加城镇职工基本养老保险人数80.5万人，比上年增长5.8%。参加城乡居民基本养老保险人数142.5万人，下降1.1%。参加失业保险人数34.8万人，增长9.6%；参加工伤保险人数52万人，增长12.6%；参加生育保险人数40.2万人，增长6.9%。年末城镇职工基本医疗保险参保人数53.2万人，城乡居民基本医疗保险参保人数201.1万人。年末全市有0.7万人享受城市最低生活保障，5.74万人享受农村最低生活保障。

2023年末，全市有各类提供住宿的社会服务机构177个，其中养老机构169个。社会服务床位1.93万张，其中养老服务床位1.89万张。年末共有社区服务中心154个，城市社区综合服务设施覆盖率达100%。

第九节　溧阳市社会保障情况

2023年，溧阳市城镇职工基本养老、医疗和失业三项保险综合覆盖率均超98%。城镇企业职工基本养老保险参保人数21.25万人，新增参保人数1.26万人，城乡居民养老保险参保人数6.16万人；职工基本医疗保险参保人数31.12万人（生育保险参保人数18.76万人），城乡居民基本医疗保险参保人数44.12万人；失业保险参保人数16.42万人；工伤保险参保人数25.14万人。全市共有农村特困对象1718人，其中集中供养333人、分散供养1385人。

第十节　金坛区社会保障情况

金坛区民生工程扎实推进。2023年，金坛区实现一般公共预算支出95.01亿元，增长5%；民生领域支出66.31亿元，占一般公共预算支出比重达69.8%，其中社会保障与就业、教育支出分别增长10%和15.6%。

金坛区保障水平不断提升。加大公共财政向民生领域倾斜力度，较好完成“优学金沙”“颐养金沙”等10件29项民生实事。新增城镇就业1.55万人，支持创业1821人。城乡居民基础养老金提高至437元/月，最低生活保障标准提高至1020元/月。

第五章　住房保障

2023年国务院《政府工作报告》指出：加强住房保障体系建设，支持刚性和改善性住房需求，解决好新市民、青年人等住房问题；有效防范化解头部优质房企风险，改善资产负债状况，防止无序扩张，促进房地产业平稳发展。住房和城乡建设部部长倪虹表示，今年将大力增加保障性租赁住房供给，扎实推进棚户区改造，新开工建设和筹集保障性租赁住房、公租房、共有产权房等各类保障性住房和棚改安置住房360万套（间）。2023年8月25日，国务院总理李强主持召开国务院常务会议，审议通过《关于规划建设保障性住房的指导意见》。会议指出，推进保障性住房建设，有利于保障和改善民生，有利于扩大有效投资，是促进房地产市场平稳健康发展、推动建立房地产业发展新模式的重要举措。要做好保障性住房的规划设计，用改革创新的办法推进建设，确保住房建设质量，同时注重加强配套设施建设和公共服务供给。

2023年3月28日，南京住房公积金管委会2023年第一次会议提出，要持续深化“跨省通办”、长三角“一网通办”、“南京都市圈”等区域协调发展战略要求，拓展完善服务渠道，升级用户体验，不断提升南京公积金数字化建设发展水平。2023年4月6日，江苏省发展改革委印发实施《南京都市圈2023年省内合作重点任务》，提出在民生服务领域，将推进都市圈住房公积金异地办理业务信息共享和核查，探索实行公积金互贷，深化跨区域社会保障服务“一卡通”建设。2023年9月7日，南京发布“房六条”举措全面支持刚性和改善性住房需求，9月《南京人才落户实施办法》和《南京市关于江北新区、江宁、浦口、六合、溧水、高淳六区落户政策实施办法》落地，更大力度支持都市圈市民群众来宁创业发展。新政实施后，南京都市圈居民来宁创业置业发展需求旺盛，为深入贯彻落实南京都市圈一体化发展战略部署，市房产局指导各区及行业协会，分别赴扬州、芜湖、马鞍山等周边城市开展“南京楼盘都市圈巡展”活动，开通都市圈看房直通车，陆续在马鞍山等市开设购房服务站，达成意向客户2200余组，精准促进供需对接。

第一节　南京市住房保障情况

一、保障性安居工程建设

2023年，全市财政住房保障支出403475万元，其中保障性安居工程支出10986万元，住房改革支出382727万元，城乡社区住宅支出9762万元。全市棚改安置房新开工51862套（间），达到年度目标129.98%；棚改安置房基本建成40365套（间），达到年度目标106%。2023年内保障性租赁住房新开工23979套（间）、基本建成17365套（间），分别完成年度目标任务115%、106%；2023年南京市政府完成老旧小区改造101个、背街小巷整治200条，新增共享停车泊位近1.9万个，完成老年人家庭适老化改造3293户。2023年南京筹集保障性租赁住房2.4万套（间），主城区轮候家庭公租房全部保障到位。

二、保障性安居工程政策资金争取

2023年，南京市获中央财政城镇保障性安居工程补助资金57314万元，其中租赁住房保障资金33678万元，棚户区改造资金17618万元，老旧小区改造资金6018万元。全年全市获得江苏省城镇保障性安居工程补助资金10932万元，其中租赁住房保障资金6199万元，棚户区改造资金2330万元，老旧小区改造资金1503万元，督查激励奖补资金900万元。租赁住房保障资金中用于租赁住房建设资金1220万元，发放租赁补贴4979万元。

三、共有产权住房

2023年，南京市住房保障和房产局发布《南京市共有产权住房管理办法（征求意见稿）》，明确首次购买的产权份额比例为50%~80%，且不限户籍。

四、住房公积金

缴存　全年全市新开户单位18363家，净增单位7857家；新开户职工30.61万人，净增职工4.1万人；实缴单位97778家，实缴职工303.52万人，缴存额702.25亿元，分别同比增长8.74%、1.37%、6.09%。至2023年末，缴存总额5736.85亿元，比上年末增加13.95%；缴存余额1894.13亿元，同比增长7.62%。受委托办理住房公积金缴存业务的银行8家。**提取**　全年全市163.5万名缴存职工提取住房公积金；提取额568.2亿元，同比增长21.31%；提取额占当年缴存额的80.91%，比上年增加10.15%。至2023年末，提取总额842.72亿元，比上年末增加17.35%。**贷款**　全年发放个人住房贷款5.18万笔303.23亿元，同比分别增长2.37%、2.58%。回收个人住房贷款191.67亿元。至2023年末，累计发放个人住房贷款93.6万笔3426.77亿元，贷款余额1788.8亿元，分别比上年末增加5.86%、9.71%、6.65%。个人住房贷款余额占缴存余额的94.44%，比上年末减少0.85%。受委托办理住房公积金个人住房贷款业务的银行21家，较上年无变化。2023年，支持职工购建房495.97万平方米（含“公转商”贴息贷款），年末个人住房贷款市场占有率（含“公转商”贴息贷款）为16.84%。通过申请住房公积金个人住房贷款，预计未来累计可节约职工购房利息支出南京中心本级675000万元，省级机关分中心2043.09万元。全年发放异地贷款41笔2293.2万元。年末，发放异地贷款总额17480.1万元，异地贷款余额11645.93万元。2023年末发放“公转商”贴息贷款。当年贴息额6148.45万元。至2023年末，累计发放“公转商”贴息贷款28213笔1172199万元，累计贴息28492.76万元。2023年南京市住房公积金缴存、提取、贷款情况见表7-5-1；截至2023年末，南京市住房公积金缴存、提取、贷款情况见表7-5-2。

表7-5-1　2023年南京市住房公积金缴存、提取、贷款情况

指标	单位	数值	同比增长/%
实缴单位数量	家	97778	8.74
实缴职工数量	万人	303.52	1.37
缴存额	亿元	702.25	6.09
提取额	亿元	568.20	21.31
发放个人住房贷款	万笔	5.18	2.37
发放个人住房贷款总额	亿元	303.23	2.58

表7-5-2　截至2023年末，南京市住房公积金缴存、提取、贷款情况

指标	单位	数值	比上年末增加/%
缴存总额	亿元	5736.85	13.95
提取总额	亿元	842.72	17.35
累计发放个人住房贷款	万笔	93.60	5.86
累计发放个人住房贷款总额	亿元	3426.77	9.71

续表

指标	单位	数值	比上年末增加/%
贷款余额	亿元	1788.80	6.65
个人住房贷款余额占缴存余额	%	94.44	-0.85

五、人才住房

2023年，南京筹集人才住房1.9万余套。对本科、硕士、博士分别给予每月600元、800元、2000元，最长36个月的租金补贴。共建设运营25家“宁青驿站”，为来宁的求职青年提供免费过渡性住宿，累计为近万名外来青年人才提供相关服务。

第二节　镇江市住房保障情况

一、保障性安居工程建设

2023年，镇江市改造老旧小区62个、建筑面积224.41万平方米；创建5个国家级传统村落、7个省级特色田园乡村；城镇棚户区改造新开工910套、基本建成2410套。新建成“乐享园林”活力空间11处，开放共享城市绿地38处、21万平方米，昔日城市的“零碎地”变成了全民“健身房”。镇江入选全国首批城市公园绿地开放共享试点城市。截至2023年9月底，镇江市完成保障性租赁住房新开工557套（间）（完成年度目标任务101.27%），基本建成557套（间）（完成年度目标任务101.27%）。其中，市区新开工537间（完成年度目标任务101.32%），基本建成537间（完成率101.32%）；扬中市新开工10套（完成年度目标任务100%），基本建成10套（完成年度目标任务100%）；句容市新开工10套（完成年度目标任务100%），基本建成10套（完成年度目标任务100%）。截至2023年9月底，镇江市实际发放公租房租赁补贴4434户，其中市区实际发放4302户，丹阳市实际发放78户，句容市实际发放54户。

二、保障性安居工程政策资金争取

2023年，镇江市获中央财政城镇保障性安居工程补助资金3501万元，其中租赁住房保障资金1108万元，棚户区改造资金375万元，老旧小区改造资金2018万元。全年全市获得江苏省城镇保障性安居工程补助资金775万元，其中租赁住房保障资金221万元，棚户区改造资金50万元，老旧小区改造资金504万元，督查激励奖补资金775万元。租赁住房保障资金中用于租赁住房建设资金31万元，发放租赁补贴190万元。

三、住房公积金

缴存　全年全市新开户单位3900家，净增单位3655家；新开户职工4.33万人，净增职工0.36万人；实缴单位12834家，实缴职工45.32万人，缴存额77.97亿元，分别同比增长3.98%、6.06%、3.96%。2023年末，缴存总额730.91亿元，比上年末增加11.94%；缴存余额222.94亿元，同比增长9.03%。受委托办理住房公积金缴存业务的银行7家。**提取**　全年全市109.71万名缴存职工提取住房公积金；提取额59.52亿元，同比增长17.21%；提取额占当年缴存额的76.34%，比上年增加8.63%。2023年末，提取总额507.96亿元，比上年末增加13.27%。**贷款**　全年发放个人住房贷款9280笔33.66亿元。回收个人住房贷款27.09亿元。截至年末，累计发放个人住房贷款18.5万笔423.11亿元，贷款余额169.95亿元，分别比上年末增加5.29%、8.64%、4.03%。个人住房贷款余额占缴存余额的76.23%，比上年末减少3.67%。全年支持职工购建房146.23万平方米（含商转公贴息贷款）。2023年末个人住房贷款市场占有率（含商转公贴息贷款）为12.42%，比上年末减少1.98%。通过申请住房公积金个人住房贷款，可节约职工购房利息支出3702.43万元。全年发放异地贷款413笔14989.14万元。年末，发放异地贷款总额79480.14万元，异地贷款余额50362.68万元。全年未发放公转商贴息贷款，当年贴息额0万元。年末，累计发放公转商贴息贷款0笔0万元，累计贴息0万元。全年发放商转公贷款5813笔20.93亿元，发放首次商转公贴息贷款3292笔10.76亿元，当年贴息额3213.87万元。2023年末，累计发放商转公贴息贷款24592笔76.58亿元，累计发放贴息额1.73亿元。2023年镇江市住房公积金缴存、提取、贷款情况见表7-5-3；截至2023年末，镇江市住房公积金缴存、提取、贷款情况见表7-5-4。

表7-5-3　2023年镇江市住房公积金缴存、提取、贷款情况

指标	单位	数值	同比增长/%
实缴单位数量	家	12834	3.98
实缴职工数量	万人	45.32	6.06
缴存额	亿元	77.97	3.96
提取额	亿元	59.52	17.21
发放个人住房贷款	笔	9280	132.41
发放个人住房贷款总额	亿元	33.66	156.43

表7-5-4　截至2023年末，镇江市住房公积金缴存、提取、贷款情况

指标	单位	数值	比上年末增加/%
缴存总额	亿元	730.91	11.94
提取总额	亿元	507.96	13.27
累计发放个人住房贷款	万笔	18.5	5.29
累计发放个人住房贷款总额	亿元	423.11	8.64
贷款余额	亿元	169.95	4.03
个人住房贷款余额占缴存余额	%	76.23	-3.67

第三节　扬州市住房保障情况

一、保障性安居工程建设

2023年，全市住房保障支出5834.77万元，其中保障性安居工程建设支出614.65万元（公共租赁住房10.09万元，保障性住房租金补贴604.56万元），住房改革支出4800.45万元，公有住房建设和维修改造支出419.66万元。年内，全市完成棚户区改造新开工11817套（户）、基本建成13029套（户），保障性租赁住房（人才公寓）新开工24604套（间）、基本建成12826套（间）。改造老旧小区166个，既有住宅加装电梯54部，整治“飞线充电”小区151个，整治空中线缆198处，打通断头路10条，完成堵点改造10处，新增公共停车泊位4000个。启动了城市生命线安全建设工程和桥下空间整治利用工作。新创省级特色田园乡村15个，完成农房改善任务6100户。新建污水管网150公里，新建改造供水管网264.5公里，建成排水达标区13个。

二、保障性安居工程政策资金争取

2023年，扬州市获中央财政城镇保障性安居工程补助资金10231万元，其中租赁住房保障资金

2654万元，棚户区改造资金2270万元，老旧小区改造资金5307万元。全年全市获得江苏省城镇保障性安居工程补助资金1879万元，其中租赁住房保障资金253万元，棚户区改造资金300万元，老旧小区改造资金1326万元。租赁住房保障资金中用于租赁住房建设资金227万元，发放租赁补贴26万元。

三、住房公积金

缴存　全年全市新开户单位1954家，净增单位1605家；新开户职工7.71万人，净增职工2.29万人；实缴单位15856家，实缴职工65.65万人，缴存额119.95亿元（含结息4.37亿元），分别同比增长7%、5.1%、6.2%。2023年末，缴存总额1065.72亿元，比上年末增加12.7%；缴存余额328.83亿元，同比增长8.6%。受委托办理住房公积金缴存业务的银行14家。**提取**　全年全市29.40万名缴存职工提取住房公积金；提取额93.82亿元，同比增长20.3%；提取额占当年缴存额的78.2%，比上年增长9.2%。2023年末，提取总额736.89亿元，比上年末增加14.6%。**贷款**　全年发放个人住房贷款1.16万笔53.79亿元，同比分别增长37.1%、54.1%。回收个人住房贷款33.68亿元。截至年末，累计发放个人住房贷款22.84万笔585.57亿元，贷款余额249.28亿元，分别比上年末增加5.3%、10.1%、8.8%。个人住房贷款余额占缴存余额的75.8%，比上年末增长0.1%。全年支持职工购建房面积133.51万平方米。2023年末个人住房贷款市场占有率为13.87%，比上年末增加1.84%。通过申请住房公积金个人住房贷款，可节约职工购房利息支出117318.92万元。全年发放异地贷款600笔25557万元。年末，异地贷款发放总额86125.85万元，异地贷款余额79763.85万元。全年发放公转商贴息贷款0笔0万元，当年贴息额0万元。2023年末，累计发放公转商贴息贷款4947笔159800万元，累计贴息5480万元。2023年扬州市住房公积金缴存、提取、贷款情况见表7-5-5；截至2023年末，扬州市住房公积金缴存、提取、贷款情况见表7-6-6。

表7-5-5　2023年扬州市住房公积金缴存、提取、贷款情况

指标	单位	数值	同比增长/%
实缴单位数量	家	15856	7.0
实缴职工数量	万人	65.65	5.1
缴存额	亿元	119.95（含结息4.37亿元）	6.2
提取额	亿元	93.82	20.3
发放个人住房贷款	万笔	1.16	37.1
发放个人住房贷款总额	亿元	53.79	54.1

表7-5-6　截至2023年末，扬州市住房公积金缴存、提取、贷款情况

指标	单位	数值	比上年末增加/%
缴存总额	亿元	1065.72	12.7
提取总额	亿元	736.89	14.6
累计发放个人住房贷款	万笔	22.84	5.3
累计发放个人住房贷款总额	亿元	585.57	10.1
贷款余额	亿元	249.28	8.8
个人住房贷款余额占缴存余额	%	75.8	0.1

第四节 淮安市住房保障情况

一、保障性安居工程建设

全年新开工棚户区改造1.2万余套，改造老旧小区206个。截至2023年12月底，全市在保家庭规模已达2965户，其中392户低保家庭全部免租金居住。实现公租房租赁补贴覆盖多类人群应保尽保，全年发放租赁补贴421.2万元，保障家庭8164户次。

二、保障性安居工程政策资金争取

2023年，淮安市争取中央保障性安居工程补助资金22168万元，比去年同期高5291万元。全年全市获得江苏省城镇保障性安居工程补助资金2627万元，其中租赁住房保障资金222万元，棚户区改造资金541万元，老旧小区改造资金1694万元，督查激励奖补200万元。租赁住房保障资金中用于租赁住房建设资金197万元，发放租赁补贴25万元。

三、住房公积金

缴存 全年全市新开户单位1430家，净增单位1152家；新开户职工6.29万人，净增职工3.76万人；实缴单位9017家，实缴职工50.34万人，缴存额92.38亿元，分别同比增长11.03%、6.7%、4.85%。2023年末，缴存总额753.52亿元，比上年末增加13.97%；缴存余额222.36亿元，同比增长9.8%。受委托办理住房公积金缴存业务的银行7家。**提取** 全年全市24.49万名缴存职工提取住房公积金；提取额72.54亿元，同比增长15.09%；提取额占当年缴存额的78.52%，占比较上年增长6.98%。2023年末，提取总额531.16亿元，比上年末增加15.82%。**贷款** 全年发放个人住房贷款1.82万笔78.39亿元，同比分别增长225.49%、220.73%。回收个人住房贷款33.5亿元。截至年末，累计发放个人住房贷款16.38万笔450.43亿元，贷款余额200.85亿元，分别比上年末增加12.42%、21.07%、28.78%。个人住房贷款余额占缴存余额的90.33%，比上年末增长13.32%。全年支持职工购建房面积213.48万平方米。2023年末个人住房贷款市场占有率为11.81%，比上年末增加2.69%。通过申请住房公积金个人住房贷款，可节约职工购房利息支出10.84亿元。全年发放异地贷款624笔26189.2万元。年末，异地贷款发放总额101580万元，异地贷款余额53453.08万元。2023年淮安市住房公积金缴存、提取、贷款情况见表7-5-7；截至2023年末，淮安市住房公积金缴存、提取、贷款情况见表7-5-8。

表7-5-7 2023年淮安市住房公积金缴存、提取、贷款情况

指标	单位	数值	同比增长/%
实缴单位数量	家	9017	11.03
实缴职工数量	万人	50.34	6.70
缴存额	亿元	92.38	4.85
提取额	亿元	72.54	15.09
发放个人住房贷款	万笔	1.82	225.49
发放个人住房贷款总额	亿元	78.39	220.73

表 7-5-8　截至 2023 年末，淮安市住房公积金缴存、提取、贷款情况

指标	单位	数值	比上年末增加/%
缴存总额	亿元	753.52	13.97
提取总额	亿元	531.16	15.82
累计发放个人住房贷款	万笔	16.38	12.42
累计发放个人住房贷款总额	亿元	450.43	21.07
贷款余额	亿元	200.85	28.78
个人住房贷款余额占缴存余额	%	90.33	13.32

第五节　芜湖市住房保障情况

一、保障性安居工程建设

2023 年，芜湖市聚焦“住有宜居”，投入 5.4 亿元，支持开展老旧小区基础设施改造、加装电梯、物业整治等公共配套完善工作。筹建保障性租赁住房 8300 套，改造老旧小区 104 个、棚户区 5600 户。“紫云英人才计划”自 2021 年 11 月 25 日发布，截至 2023 年 12 月底，租房补贴已向 7667 人发放，发放资金 8047 万元。2023 年，全市经审核通过，发放公租房租赁补贴 2435 户，发放资金 658 万元。

二、保障性租赁住房

2023 年 1 月 10 日，芜湖市住房和城乡建设局印发《芜湖市保障性租赁住房租赁管理办法》，以加快建立多主体供给、多渠道保障、租购并举的住房制度为目标，进一步推进保障性租赁住房工作，规范保障性租赁住房租赁管理工作，确保新市民、青年人等群体住有所居。明确规定可通过集体租赁方式申请保障性租赁住房，明确保障性租赁住房运营管理要求。

三、保障性安居工程政策资金争取

2023 年，全市获中央财政城镇保障性安居工程补助资金 70308 万元，其中筹集保障性租赁住房资金 1450 万元，老旧小区改造资金 58766 万元，棚户区改造资金 8157 万元，燃气管道等老化更新改造和城镇老旧小区改造资金 1935 万元。

四、住房公积金

缴存　全年全市新开户单位 1634 家，净增单位 841 家；新开户职工 13.24 万人，净增职工 4.78 万人；实缴单位 8772 家，实缴职工 50.99 万人，缴存额 80.99 亿元，分别同比增长 10.6%、10.34%、13.49%。2023 年末，缴存总额 681.72 亿元，比上年末增加 13.48%；缴存余额 203.08 亿元，同比增长 10.75%。受委托办理住房公积金缴存业务的银行 3 家。**提取**　全年全市 10.14 万名缴存职工提取住房公积金；提取额 61.26 亿元，同比增长 22.01%；提取额占当年缴存额的 75.64%，比上年增加 5.28%。2023 年末，提取总额 478.64 亿元，比上年末增加 14.68%。**贷款**　全年发放个人住房贷款 0.54 万笔 22.61 亿元，同比笔数下降 19.4%、金额增长 14.13%。回收个人住房贷款 22.77 亿元。截至年末，累计发放个人住房贷款 15.83 万笔 365.58 亿元，贷款余额 160.62 亿元，分别比上年末增加 3.53%、6.59%、下降 0.09%。个人住房贷款余额占缴存余额的 79.09%，比上年末减少 8.59%。全年支持职工购建房 60.87 万平方米（含公转商贴息贷款），年末个人住房贷款市场占有率（含公转商贴息贷款）为 12.48%，比上年末增加 1.05%。通过申请住房公积金个人住房贷款，可节约职工购房利息支出 26112.32 万元。全年发放异地贷款 582 笔 24301.2 万元。2023 年末，发放异地贷款总额 135206.1 万元，异地贷款余额 49790.82 万元。全年发放公转商贴息贷款 0 笔

0万元，当年贴息额196.61万元。2023年末，累计发放公转商贴息贷款2165笔48100万元，累计贴息3705.41万元。2023年芜湖市住房公积金缴存、提取、贷款情况见表7-5-9；截至2023年末，芜湖市住房公积金缴存、提取、贷款情况见表7-5-10。

表7-5-9　2023年芜湖市住房公积金缴存、提取、贷款情况

指标	单位	数值	同比增长%
实缴单位数量	家	8772	10.60
实缴职工数量	万人	50.99	10.34
缴存额	亿元	80.99	13.49
提取额	亿元	61.26	22.01
发放个人住房贷款	万笔	0.54	-19.40
发放个人住房贷款总额	亿元	22.61	14.13

表7-5-10　截至2023年末，芜湖市住房公积金缴存、提取、贷款情况

指标	单位	数值	比上年末增加/%
缴存总额	亿元	681.72	13.48
提取总额	亿元	478.64	14.68
累计发放个人住房贷款	万笔	15.83	3.53
累计发放个人住房贷款总额	亿元	365.58	6.59
贷款余额	亿元	160.62	-0.09
个人住房贷款余额占缴存余额	%	79.09	-8.59

第六节　马鞍山市住房保障情况

一、保障性安居工程建设

2023年，全市完成保障性安居工程投资69475.76万元。其中，棚户区改造完成投资68855万元，租赁住房保障完成投资620.76万元。全年全市共开工城市棚户区改造3580套，新增保障性租赁住房109套，租赁补贴发放1345户。已基本建成城市棚户区改造安置房8948套，完成老旧小区整治改造89个，启动10个完整社区建设。

二、保障性安居工程政策资金争取

2023年，全市获中央财政保障性安居工程中央补助资金6806万元，中央财政棚户区改造补助资金386万元。省老旧小区改造补助资金1436万元，省棚户区改造补助资金476万元，中央和省级农村危房改造计划补助资金380.2万元。

三、住房公积金

缴存　2023年，新开户单位463家，净增单位270家；新开户职工2.93万人，净增职工0.55万人；实缴单位4058家，实缴职工24.34万人，缴存额55.02亿元，分别同比增长7.13%、2.31%、2.96%。2023年末，缴存总额566.51亿元，比上年末增加10.76%；缴存余额143.84亿元，同比增长7.38%。受委托办理住房公积金缴存业务的银行14家。**提取**　2023年，11.89万名缴存职工提取住房公积金；提取额45.13亿元，同比增长21.64%；提取额占当年缴存额的82.02%，比上年增长12.6%。2023年末，提取总额422.67亿元，比上年末增加11.95%。**贷款**　全年发放个人住房贷款 0.27 万笔 12.64 亿元，同比分别下降 25%、8.54%。回收个人住房贷款 17.12 亿元。截至年末，累计发放个人住房贷款 12.31 万笔 273.53 亿元，贷款余额 102.38 亿元，分别比上年末增加 2.24%、4.84%、下降 4.19%。个人住房贷款余额占缴存余额的 71.18%，比上年末减少 8.6%。全年支持职工购建房 31.29 万平方米，年末个人住房贷款市场占有率为 17.83%，比上年末减少 0.26%。通过申请住房公积金个人住房贷款，可节约职工购房利息支出 16786.59 万元。全年发放异地贷款 232 笔 8745.2 万元。2023 年末，发放异地贷款总额 130390.4 万元，异地贷款余额 50980.35 万元。2023 年马鞍山市住房公积金缴存、提取、贷款情况见表 7-5-11；截至 2023 年末，马鞍山住房公积金缴存、提取、贷款情况见表 7-5-12。

表 7-5-11　2023 年马鞍山市住房公积金缴存、提取、贷款情况

指标	单位	数值	同比增长/%
实缴单位数量	家	4058	7.13
实缴职工数量	万人	24.34	2.31
缴存额	亿元	55.02	2.96
提取额	亿元	45.13	21.64
发放个人住房贷款	万笔	0.27	-25.00
发放个人住房贷款总额	亿元	12.64	-8.54

表 7-5-12　截至 2023 年末，马鞍山市住房公积金缴存、提取、贷款情况

指标	单位	数值	比上年末增加/%
缴存总额	亿元	566.51	10.76
提取总额	亿元	422.67	11.95
累计发放个人住房贷款	万笔	12.31	2.24
累计发放个人住房贷款总额	亿元	273.53	4.84
贷款余额	亿元	102.38	-4.19
个人住房贷款余额占缴存余额	%	71.18	-8.60

第七节　滁州市住房保障情况

一、保障性安居工程建设

2023 年，全市基本建成棚户区改造任务 16223 套，保障性租赁住房新开工 16310 套，投资 121041.4 万元，发放公租房租赁补贴 2194 户，565.19 万元。全市新增保障性租赁住房 1.6 万套，新开工棚户区改造 1.29 万套、老旧小区改造 139 个。

二、保障性安居工程政策资金争取

2023 年，获中央财政老旧小区改造补助资金 4999 万元，中央棚户区改造资金 9011 万元，省级老旧小区改造补助资金 1074 万元，省级棚户区改造省级补助资金 2261 万元，省级农村危房改造补助资金 120.2 万元。

三、住房公积金

缴存　2023 年，新开户单位 912 家，净增单位 582 家；新开户职工 6.79 万人，净增职工 2.32 万人；实缴单位 6688 家，实缴职工 35.77 万人，缴存额 53.99 亿元，分别同比增长 9.53%、6.9%、

11.04%。2023 年末，缴存总额 444.89 亿元，比上年末增加 13.81%；缴存余额 132.13 亿元，同比增长 11.92%。受委托办理住房公积金缴存业务的银行 8 家。**提取** 2023 年，13.47 万名缴存职工提取住房公积金；提取额 39.92 亿元，同比增长 23.36%；提取额占当年缴存额的 94%，比上年增加 7.38%。2023 年末，提取总额 312.77 亿元，比上年末增加 14.63%。**贷款** 全年发放个人住房贷款 0.61 万笔 23.54 亿元，同比分别增长 96.77%、120%。回收个人住房贷款 14.85 亿元。截至年末，累计发放个人住房贷款 8.83 万笔 209.53 亿元，贷款余额 87.27 亿元，分别比上年末增加 7.42%、12.66%、11.06%。个人住房贷款余额占缴存余额的 66.05%，比上年末减少 0.51%。全年支持职工购建房 74.21 万平方米，年末个人住房贷款市场占有率为 7.35%，比上年末增加 0.96%。通过申请住房公积金个人住房贷款，可节约职工购房利息支出 25023.62 万元。全年发放异地贷款 1142 笔 43747.8 万元。2023 年末，发放异地贷款总额 139651.4 万元，异地贷款余额 82625 万元。2023 年滁州市住房公积金缴存、提取、贷款情况见表 7-5-13；截至 2023 年末，滁州市住房公积金缴存、提取、贷款情况见表 7-5-14。

表 7-5-13 2023 年滁州市住房公积金缴存、提取、贷款情况

指标	单位	数值	同比增长/%
实缴单位数量	家	6688	9.53
实缴职工数量	万人	35.77	6.90
缴存额	亿元	53.99	11.04
提取额	亿元	39.92	23.36
发放个人住房贷款	万笔	0.61	96.77
发放个人住房贷款总额	亿元	23.54	120.00

表 7-5-14 截至 2023 年末，滁州市住房公积金缴存、提取、贷款情况

指标	单位	数值	比上年末增加/%
缴存总额	亿元	444.89	13.81
提取总额	亿元	312.77	14.63
累计发放个人住房贷款	万笔	8.83	7.42
累计发放个人住房贷款总额	亿元	209.53	12.66
贷款余额	亿元	87.27	11.06
个人住房贷款余额占缴存余额	%	66.05	-0.51

第八节 宣城市住房保障情况

一、保障性安居工程建设

2023 年，全市改造老旧小区 147 个，惠及群众 1.99 万户。开工城市棚户区改造 216 套，已基本建成城市棚户区改造安置房 1796 套，改造农村危房 696 户。

二、保障性租赁住房

近年来，宣城市按照“职住平衡、就近共享”的原则，紧紧围绕产业布局，多主体、多渠道增加保障性租赁住房供给，形成了以“园区配套建设保障性租赁住房”为特色的保障性租赁住房建设供应体系。2022—2023年，宣城市园区共筹集、建设保障性租赁住房5727套（含广德市1409套），可解决约1.5万产业园区企业人才的居住问题。

三、保障性安居工程政策资金争取

2023年，获中央财政老旧小区改造补助资金9266万元，中央棚户区改造资金513万元，省级老旧小区改造补助资金1619万元，省级棚户区改造省级补助资金114万元，省级农村危房改造补助资金219.7万元。

四、住房公积金

缴存　2023年，新开户单位618家，净增单位487家；新开户职工3.4万人，净增职工1.59万人；实缴单位5504家，实缴职工23.18万人，缴存额36.16亿元，分别同比增长9.71%、7.41%、11.64%。2023年末，缴存总额330.64亿元，比上年末增加12.28%；缴存余额85.16亿元，同比增长12.01%。受委托办理住房公积金缴存业务的银行6家。**提取**　2023年，8.66万名缴存职工提取住房公积金；提取额27.03亿元，同比增长17.27%；提取额占当年缴存额的74.75%，比上年增长3.59%。2023年末，提取总额245.48亿元，比上年末增加12.37%。**贷款**　全年发放个人住房贷款0.53万笔18.5亿元，分别同比增长10.42%、45.44%。2023年，回收个人住房贷款13.94亿元。截至年末，累计发放个人住房贷款8.61万笔183.02亿元，贷款余额69.6亿元，分别比上年末增加6.56%、11.24%、7.01%。个人住房贷款余额占缴存余额的81.73%，比上年末减少3.82%。全年支持职工购建房61.88万平方米（含公转商贴息贷款），年末个人住房贷款市场占有率（含公转商贴息贷款）为10.56%，比上年末增加0.8%。通过申请住房公积金个人住房贷款，可节约职工购房利息支出16037.26万元。全年发放异地贷款383笔14769.8万元。2023年末，发放异地贷款总额55508.42万元，异地贷款余额30592.67万元。全年发放公转商贴息贷款1391笔30000.37万元，当年贴息额128.08万元。截至年末，累计发放公转商贴息贷款4433笔101597.24万元，累计贴息1524.98万元。2023年宣城市住房公积金缴存、提取、贷款情况见表7-5-15；截至2023年末，宣城市住房公积金缴存、提取、贷款情况见表7-5-16。

表7-5-15　2023年宣城市住房公积金缴存、提取、贷款情况

指标	单位	数值	同比增长/%
实缴单位数量	家	5504	9.71
实缴职工数量	万人	23.18	7.41
缴存额	亿元	36.16	11.64
提取额	亿元	27.03	17.27
发放个人住房贷款	万笔	0.53	10.42
发放个人住房贷款总额	亿元	18.5	45.44

表7-5-16　截至2023年末，宣城市住房公积金缴存、提取、贷款情况

指标	单位	数值	比上年末增加/%
缴存总额	亿元	330.64	12.28
提取总额	亿元	245.48	12.37
累计发放个人住房贷款	万笔	8.61	6.56
累计发放个人住房贷款总额	亿元	183.02	11.24
贷款余额	亿元	69.6	7.01
个人住房贷款余额占缴存余额	%	81.73	-3.82

第九节　溧阳市住房保障情况

一、保障性安居工程建设

2023年，全市城镇保障性安居工程建设补助资金8273万元，全年棚户区改造开工5164套，保障性租赁住房开工6366套，人才公寓开工4299套，建成和在建既有住宅加装电梯31台。投资公租房保障资金181.78万元，全年共发放租赁补贴76.58万元，涉及159户中低收入家庭；公租房减免补助30.27万元。

二、保障性安居工程政策资金争取

2023年，溧阳市获中央财政城镇保障性安居工程补助资金2072万元，其中租赁住房保障1410万元，棚户区改造662万元。

三、住房公积金

2023年，溧阳分中心发放个人住房贷款0.25万笔12.88亿元，回收个人住房贷款8.94亿元。

第十节　金坛区住房保障情况

一、保障性安居工程建设

全年全区发行专项债券资金2.03亿元，提升改造老旧小区10个，棚户区改造1469套，完成率183.63%；保障性租赁住房新开工9895套，完成率100.97%；保障性租赁住房基本建成8567套，完成率171.34%；发放公租房租赁补贴53户，完成率132.5%；发放保障性租赁住房租赁补贴1161人，完成率580.5%。

二、保障性安居工程政策资金争取

2023年，金坛区争取中央城市燃气管道等老化更新改造和保障性安居工程专项资金11028万元。

三、住房公积金

2023年实缴职工9.7万人，新增开户人数2.2万人，缴存金额16.08亿元（含结息）。2023年，金坛分中心发放个人住房贷款0.24万笔12.2亿元，回收个人住房贷款6.3亿元。住房消费覆盖“购、租、贷”全过程，支付购房款用公积金占比30%、支付住房租金用公积金占比7%、支付每月还贷款用公积金占比63%。

第八篇

区域协同创新发展案例

第一章　产业协同创新发展案例

案例一　宁滁轻轨产业协同创新发展

滁州市来安县汉河镇地处皖苏交界，与南京江北新区仅一河之隔，是安徽省距南京最近的乡镇。近年来，汉河镇依托区位优势紧抓机遇，深度融入长三角，参与产业协作分工，成为承接南京产业转移的前沿阵地，逐步形成轨道交通装备产业集群，曾经的传统农业小镇华丽转身为“安徽第一印象”和“大江北协同发展先行区”，先后荣获全国重点镇、全国可再生能源建筑示范镇、安徽省生态镇、安徽省最佳旅游乡镇、安徽省专业集群镇、安徽省新型工业化产业示范基地等荣誉称号。

一、来安县轨道交通装备产业园

2010 年，汉河镇与中车南京浦镇车辆有限公司合作共建了汉河轨道交通装备产业园，成为中车集团零部件重要生产加工基地，轨道交通重要零部件供应基地。在壮大产业规模的同时，产业园牵头组建了轨道交通装备产业技术创新战略联盟，有效加强了园内企业的交流合作，与安徽省产品质量监督检验研究院合作共建了安徽省轨道交通产品质量监督检测中心，与上海工程技术大学共同建立了安徽轨道交通研究院等平台，依托新建平台降低企业研发、生产成本，增链强链成效显著。2019 年 11 月，来安县轨道交通装备特色产业集群（基地）获安徽省政府认定批复，成为轨道交通装备生产基地。截至 2022 年底，轨道交通装备产业园集聚规上企业 96 家，实现产值 58. 8 亿元。

来安县汉河镇轨道交通装备产业园鸟瞰图

安徽盛世高科轨道装备有限公司成立于 2009 年，是一家专业从事轨道车辆装备和零部件开发、生产和销售的科技型企业，是最早入驻汉河轨道交通装备产业园的企业之一。2011 年，盛世高科将公司从南京迁至汊河轨道交通装备产业园，先后建成投产两期项目，用地规模从 50 亩扩大到 144 亩，年产值近亿元。近年来，公司先后设计开发了电子门控器、空调提速客车车门、时速 160 公里动力集中型客车车门、时速 250/350 公里客车车门、内燃机车车门、电力机车车门、转向架构架基础件、制动夹钳螺栓、单元制动缸、粘接集成气路板、铝合金制动风缸、制动控制箱、制动模块、模块化线束/线槽、牵引变流器箱、辅助变流器箱、机车车载 6A 安全防护系统、轴端接地装置、液位仪、漏电报警器等高端轨道机车车辆核心装备和关键零部件，其中电子门控器、客车车门、机车车门、轴端接地装置、液位仪、漏电报警器等产品拥有完全自主知识产权。公司产品销往中车南京浦镇车辆有限公司、南京中车浦镇城轨车辆有限责任公司、南京浦镇庞巴迪运输系统有限公司、中车长春轨道客车股份有限公司、唐山广域轨道客车有限公司、中车大连机车车辆有限公司、中车广东轨道交通车辆有限公司等轨道机车车辆制造商，以及北京纵横机电科技有限公司等轨道车辆成套装备系统集成商。

二、合作背景

（一）产业转型升级

2010 年，中车南京浦镇车辆有限公司进行主辅分离改制，把为中车集团配套生产城际列车、铁路客车、汽车零部件和门窗等低附加值的相关企业转移到汊河经济开发区生产，而母公司、销售部门和研发检测机构留在了南京。南京的龙头企业为汊河提供了订单，汊河为南京龙头企业发展壮大提供了最经济、最稳定、最便捷的供应链，形成高低搭配、链条完整的生产协作体系。汊河镇在产业转移中实现了轨道交通装备从无到有，填补了安徽省轨道交通装备产业的空白。

（二）利用区位优势

来安县汊河镇距离江北新区仅 13.5 千米，因区位优势明显而占得先机。两地隔汊河相望、地域相邻、文化相近，汊河大桥连接两地，南京地铁 3 号线林场站离汊河新区只有 8 公里，约 10 分钟车程，人员往来便利。目前，汊河大桥已加宽改建通车，黑扎营大桥、中李大桥也在规划建设中，宁滁轻轨滁州段已经全部竣工并投入运营，江北新区段待南京北站建成后即可接入。

连接来安县汊河镇和南京市江北新区的汊河大桥

（三）形成集群效应

汊河轨道装备产业园基础能力和产业链水平逐年提升，吸引和集聚了轨道交通装备企业相继入驻，重点发展高速铁路弹簧、转向架构造、发电机组、车门自动控制系统、车载制冷系统、制热器件、照明系统、不锈钢焊接、铝合金制品、碳钢系列制品、内装饰件和汽车发动机、变速箱、车桥、转向和制动系统等百余种产品，形成了安徽省最大的轨道交通装备产业集群。

三、主要做法

（一）注重筑巢引凤

一是规划建设园区。合作共建产业园区初步见效后，汉河镇根据产业发展需要提前谋划、及时扩增园区面积，为更多优质产业进驻园区提供了平台载体。二是加快基础设施建设。全力打造“三横三纵”框架，建设江北新区“零距离”交通圈。黑扎营大桥、来宁公交换乘中心等一批跨界基础设施建设项目有序推进。三是服务同城化对接。成功与南京市金陵中学共建汉河第二小学，与南京4家医院实现新农合跨省结付，南京医科大学第二附属医院汉河分院挂牌运营。南京江北地区电力、通讯、公交等全面接入汉河，正推动供水、供气全覆盖。

（二）注重招商引资

近年来，盛世高科、瑞发轨道等一批规模体量大、支撑带动力强的龙头企业持续做大做强，带动硕维轨道、新思轨道等企业入驻。产业园产业基础能力和产业链水平逐年提升，实现了轨道交通装备产业从无到有、从小到大、从大到强的三级跳。汉河镇轨道交通装备产业园已累计入驻企业138家，其中投资亿元以上企业33家，协议引进资金91.45亿元。轨道交通装备七大主要构件168种主要产品中，汉河可生产近百种。

（三）注重人才技术

加快实现轨道交通产业和技术同步转移，着力建设一批高水平研发机构，加大人才引进力度，推动科技创新更好支撑产业发展。借鉴苏南“周末工程师”经验，遵循“不求所有、但求所用”，吸引南京企业高管、技能人才向园区聚集。园区汇聚了近5000名南京企业高管和技能人才。

（四）注重营商环境

园区聚焦打造“亭满意‘来·安心’”营商环境，在全市率先实施重点项目服务直通车机制，一体推进对标提升活动。坚持用数字技术赋能政务服务，加快平台重构，推动全程网办。推行365天“不打烊”服务，设立企业帮扶窗口、推行“企业服务包”制度。开展营商环境“极优服务、极简审批、数字赋能、制度保障”改革试点，“一业一证一码”和政务服务场景式代办等服务机制，实现企业从装修到开业“找一口、全办成”。加快推进政府服务从“便捷服务”向“增值服务”迭代升级。

四、实际成效

产业集聚度持续提升。来安县轨道交通装备特色产业集群（基地）获批后，新增规模以上企业已超过20家，达到“高铁、地铁上所能看见的，汉河均可生产”的能力。是安徽省31个产业集聚度超过30%的集群（基地）之一。

创新能力持续增强。汉河轨道交通装备产业园已获得实用新型专利150件、发明专利22件，成功引进安徽轨道交通研究院、省轨道交通产品质检中心等项目，现有国家高新技术企业5家，市级企业技术中心6家，省级企业技术中心1家，省“两化融合”示范企业4家。

五、重要经验

（一）承接转移延伸了产业链新“长度”

产业强则城市强，产业兴则城市兴。汉河镇要实现高质量一体化发展，关键要有高质量产业项目作为支撑。

汉河镇精准补齐主导产业和特色产业发展的短板，逐步推动功能区产业集群提质升级。以塑造优势主导产业—轨道交通装备产业，打造特色产业集群为突破口，坚持项目为王，加大招引力度，延伸产业链，谋划打造标志产品、高端产品、精细产品，从地铁、高铁上的门窗、座椅等产品，到制动、电力系统、悬挂、空调等核心零部件的生产转型升级。激励领军企业全面实施“智能化改造、数字化转型”，获得更多的实用新型专利、发明专利授权，形成带头示范效应，实现传统产业向高端进阶。

（二）加快一体化发展体制机制创新的“进度”

区域一体化是全国统一大市场建设的“试验田”，通过建立区域统一市场的制度规则，打破制约循环经济发展的堵点卡点，为全国统一大市场建设先行探路。一是大力推进统一市场建设。立足长三角整体利益和长远目标，根据两地功能定位划分，形成不同地区间、不同产业间有序竞争的新格局，让生产要素自由流动和优化配置。二是充分发挥地方政府的协调职能。建立健全包括上级行政机关人员、地方政府、专家学者和利益相关体的区域性协调机构，围绕产业转移与承接提供基础设施、能源利用、信息交流、科技攻关、环境保护、金融、工商、海关等层面的公共服务，为实现区域合作、利益分享发挥更大作用。

工作人员在汉河轨道交通装备产业园的一家轨道交通装备企业生产线上忙碌

案例二　镇江：在区域产业协作中积蓄发展优势

镇江把握产业发展趋势，主动融入长江经济带发展、长三角一体化发展、南京都市圈建设等区域重大战略，挖掘用好自身优势，积极探索产业协同发展新路径，加快构建产业协同发展新格局，积蓄产业发展优势。

一、强化产业链供应链区域协作

积极融入南京都市圈建设，加强镇江“四群八链”新兴主导产业与南京等地区产业的对接，共建南京都市圈产业链联盟，推动产业链供应链配套协作、优势互补。举办船舶与海洋工程装备产业链融合发展大会、镇江低碳产业供应链大会、高校院所走进镇江产学研合作大会等系列对接活动，促成一批区域合作项目。2023 年新招引亿元以上产业项目中，来自南京都市圈范围城市的项目占比达 10. 4%，镇江工业企业对南京都市圈范围城市的开票交易额占比达 37. 4%。

2023 年 7 月 14 日船舶与海洋工程装备产业链融合发展大会在镇江召开

2023 年 10 月 26 日举办镇江市低碳产业供应链大会

二、加快建设产业协同创新载体

大力推进 G312 产业创新走廊建设，更好融入沿沪宁产业创新带。镇江与南京签署了《共建 G312 产业创新走廊框架协议》，共同编制形成了 G312 产业创新走廊发展规划及合作示范区空间规划，正在深度谋划宁镇特别合作区发展空间，加快串联南京东部地区和镇江境内重要产业创新资源，打造宁镇产业合作创新转化带。作为创新走廊建设重要支撑的 312 国道宁镇段快速化改造工程，将于 2024 年底前建成通车。同时，镇江与南京大学、东南大学等周边高校共建了一批新型研发机构和协同创新基地，镇江市中澳人工智能研究院与南京图灵人工智能研究院签订共建数字经济创新联合体战略合作协议。2021 年以来，镇江与南京都市圈城市共建 20 家研发机构、联合创新中心，产学研合作项目超过 500 项。

三、深化开发园区建设与合作

在全省率先启动全市域开发园区整合优化提升工作，推动开发园区系统性重构、创新性变革，形成了"10 个主体开发区 + 11 个辐射联动园区 + 5 个提级管理园区"的园区布局，建立了"红黄绿"牌和"赛马"考评机制，持续增强园区承载能力和发展活力。同时，加强跨区域产业协作，鼓励开发园区与上海、深圳、苏州等国内高水平园区开展合作共建，承接更多优质企业转移；推动宁镇间园区共建，鼓励句容、丹徒相关保留园区与南京毗邻区域开发园区率先开展合作；深化市域内合作共享，鼓励镇江经开区与京口经开区、镇江高新区与丹徒经开区等市域内邻近园区间加强资源共享。2023 年和 2024 年，镇江市的省市重大制造业项目入园率超过 90%。镇江"一区多园"管理体制改革入选中国改革 2023 年度地方全面深化改革典型案例、江苏制造强省建设改革创新典型案例。

依托区域协同发展优势，镇江产业发展获得蓬勃动力：2023 年，全市地区生产总值跃升至 5264 亿元，"四群八链"应税销售收入达到 4114 亿元，占全部工业比重提升至 60% 以上，其中：高端装备制造产业集群应税销售收入超过 2000 亿元，新材料和数字经济两个产业集群应税销售收入超过 1000 亿元。

（镇江市政府办公室供稿）

第二章　企业技术创新协同发展案例

镇江：促进创新要素跨区域顺畅流动

镇江市主动融入和服务南京科创圈建设，聚焦创新引领产业强市，引导支持企业深入开展区域创新协作，推动技术、人才、资本等各类创新要素在区域间加速流动，持续增强地方产业创新发展动能。

一、共建协同创新载体

全面参与共建“南京都市圈技术转移联盟”“南京都市圈科技创新智库联盟”“南京都市圈创新生态图谱”“南京都市圈科技创新合作白皮书”等科技区域一体化项目。发挥主观能动性，持续加强跨区域科技创新载体建设，整合产业链上下游、南京都市圈知名高校、科研院所等资源，共同组建“航空复合材料与部件”“船舶动力装备”“数字经济”等创新联合体3家。2021年以来，累计联合创建重点实验室、工程实验室、技术创新中心等市级及以上创新平台1000余家，联合承担国家、省和市重大科技项目2400多项。

二、搭建创新成果跨区域转化平台

持续深化区域产学研合作，着力完善中技所绿色技术交易服务中心、省技术产权交易市场镇江分中心平台功能，与省生产力促进中心共建技术弹射中心，打造“中心研发+区域转化”合作模式，畅通跨区域成果快速转化通道，把科技成果弹射至各平台载体、科技企业、创新园区，2023年完成技术合同成交额152亿元。坚持“政府搭台、企业唱戏”的模式，连续举办5届“高校院所走进镇江产学研合作大会”，促进镇江企业与省内外160所高校院所建立合作关系，签订合作协议2500余份，促成各类产学研合作项目2000余项、合作金额近10亿元。宁镇两地联合举办南京都市圈镇江产学研对接会，高校院所、技术经理人和科创企业等100多家单位现场对接洽谈，签订约60份技术成果转化协议。

三、深化产业链协作创新机制

聚焦“四群八链”新兴主导产业发展，持续推动南京都市圈科技创新与产业创新对接，优化企业科技攻关机制，设立政府专项引导资金2000万元，加强产业链共性关键技术攻坚突破，破解“卡脖子”关键核心技术难题88项。联合举办南京都市圈创新挑战季高端装备制造产业专场活动，吸引了50个高校院所专家团队同台竞技、揭榜挂帅，满足了30家企业技术需求，总金额达到3000万元。围绕镇江主导产业，携手与南京都市圈城市开展产业链协作配套，积极承接产业转移，推动创业企业、创新项目等创新资源加速集聚镇江，就近延伸产业链条、增强产业链韧性。举办了第十二届“创业江苏”科技创业大赛智能制造专项赛，评选出优质创业项目10项，目前3个项目已在镇江落户。

第八届中国创新挑战赛（镇江）暨 2023 年高校院所走进镇江产学研合作大会举行

2023 年南京都市圈创新挑战季高端装备制造产业专场活动在镇江举办

四、营造开放共享的创新环境

推进 G312 产业创新走廊建设，推动丹徒高新区、句容下蜀高新技术产业园分别与南京栖霞高新园签订伙伴园区共建框架合作协议，构建产业协同、功能互补、错位布局、分工协作的一体化发展格局。推动科技创新基础平台共享共用，完善科技资源云平台服务功能，支持江苏大学成立全市首家概念验证中心，用好产品质量监督检验中心、计量检定测试中心等公共服务平台，开发大型科学仪器设备开放共享平台和共享地区，实现科技创新基础设施、平台、设备等资源开放共享。探索组建 5 个人才攻关联合体，鼓励各“跨学科”人才“抱团联合”，集中优势资源，推动科技攻关和产业升级，相关做法荣获全国人才工作创新案例最佳案例奖。

镇江坚持创新引领产业强市，借助区域创新协同的优势，大力培育高新技术企业，推动新兴产业和未来产业加快聚能起势，经济发展获得澎湃动力。2023 年，镇江全市地区生产总值实现 5264 亿元，同比增长 6.3%，超过全省平均 0.5 个百分点；“四群八链”新兴主导产业应税销售同比增长 6.9%；城市创新能力排名全国第 31 位、江苏省第 4 位，高新技术产业产值占比达 56%、排名全省第 2 位。

（镇江市政府办公室供稿）

第三章　基础设施建设协同发展案例

一桥跨两省　毗邻情更深

滁州市来安县汊河镇距离南京市江北新区仅13.5千米，两地隔汊河相望、地域相邻、文化相近，南京地铁3号线林场站离汊河新区只有8公里，约10分钟车程，人员往来便利，长期以来，两岸仅有汊河大桥一条过河通道。

汊河大桥位于滁宁交界的来安县汊河镇境内，横跨滁河，原大桥长度314米，宽度只有12米，双向2车道，是连接滁宁主干道104国道的“咽喉”要道。车流量巨大，通行条件差，堵车是常态。

南京市国家级江北新区批复设立，叠加长三角一体化战略实施的正向效应显现，南京江北迎来发展黄金期，宁滁两市互动和交通流量快速增加，老桥已无法满足需求。“通而不畅”成为融合发展的瓶颈。

经过宁滁两地交通主管部门研究，汊河大桥实施改扩建工程，即拆老桥、建新桥。新桥一桥跨两省，汊河大桥位于104国道主干线上，起于安徽省滁州市来安县汊河镇，终于浦口区永宁街道大桥社区。桥梁横跨滁河主航道，全长509.58米，其中江苏境内全长282米，安徽境内全长227.58米，桥面宽32米，设计为双向6车道，按一级公路标准建设，设计速度为80千米/小时。

连接南京江北新区与滁州来安县的汊河大桥全景

大桥研究与设计由江苏纬信工程咨询有限公司根据苏皖两省交通行业主管部门先期对接意见实施，双方各自在省内立项，初步设计报批。全桥施工图设计由南京市交通运输局上报江苏省交通运输厅公路局组织审查和批复。大桥是连接安徽省滁州市与南京市浦口区的主要交通要道，其中右幅桥梁于2020年10月1日建成通车，2022年1月30日，左幅桥梁建成，经南京方面完成检测后通车。

新汉河大桥的建成，有效缓解了宁滁两地交通出行拥堵，缩短了滁宁两地居民的通行时间，企业职工实现了跨省上班“朝出晚归”的梦想。加快了宁滁一体化发展进程，进一步助力南京都市圈发展，切实满足宁滁两地人民日益增长的交通出行需求。

（滁州市委党校刘兵供稿）

第四章　基本公共服务协同发展案例

镇江：推动优质公共服务资源共建共享

镇江积极融入南京都市圈建设，在文旅、教育、医卫等领域深化合作，促进优质公共服务资源共建共享、均衡配置、顺畅流动。

一、建设区域文旅一体化“朋友圈”

立足自身资源禀赋，推进文旅资源串联共享，参与共建“宁镇扬旅游一卡通”品牌，全市核心景区景点均已纳入“江苏旅游年卡”；联合推介宣传，举办长三角国家公共文化服务体系示范区合作机制大会、长三角自驾游产业发展大会，承办第十五届江苏省乡村旅游节，推进“互为目的地”引流；开展旅游产品联合开发，与南京文投集团、南京旅游集团、南京金陵饭店集团在旅游文创品设计研发、旅游项目打造、酒店资源整合等方面深化合作，提升区域文旅产业整体竞争力。

2023 年 8 月 31 日第三届长三角地区国家公共文化服务体系示范区（项目）合作机制大会暨长三角地区“文旅公共服务促消费”专题交流活动在镇江举办

二、支持区域住房公积金互认互贷

出台《关于调整在“南京都市圈”范围内购房使用住房公积金的通知》，支持南京都市圈缴存职工在镇江购房，享受住房公积金贷款同城化待遇，2023年下半年购买镇江自住住房申请公积金贷款的职工不受户籍限制，实现住房公积金互认互贷，南京都市圈范围内城市缴存职工家庭在镇江购房办理公积金贷款超过 600 户，涉及贷款金额 2.7 亿元。

三、打造区域联动引才品牌

举办江苏省沿江八市联动引才系列活动，邀请长三角区域 120 所高校、10 家知名人力资源服务机构以及沿江八市人才服务机构负责人共同开启“人才大集”，征集区域内 1800 家企业、3 万余个岗位需求，向参会单位打包推送。围绕镇江市

"四群八链"重点产业，结合高校专业设置，分组开展企业走访和校地人才、项目深度对接，充分发挥联动引才、组团推介优势，集聚更多高校毕业生来镇就业创业。

2023 年 7 月 22 日至 24 日，2023 江苏沿江八市联动引才系列活动在镇江举办

四、深化跨区域教育协同合作机制

在合作办学方面，与南京大学联合开展"双高"（高校、高中）协同培养拔尖创新后备人才示范点建设工作，邀请东南大学、南京航空航天大学、南京农业大学等 8 所高校常态化开展产学研交流对接；在师资交流方面，与南京市栖霞区签订区域教育一体化交流合作协议书，以"一对一"形式共建 14 个合作联盟校，开展"宁句共建聚合力，'护苗联盟'助成长"主题活动；在研学教育方面，青少年综合实践基地持续与南京、扬州研学基地保持深度合作，组织多批次中小学生开展研学打卡、素质拓展等活动，服务宁镇扬三地 50 所学校、11 万人次。

五、积极探索优质医疗资源合作共建

深化与南京都市圈城市医疗机构共建，加强南京医科大学镇江临床医学院建设（2019 年成立），开展大学本科阶段第四年临床课程的理论学习和见习；已招收 3 届 103 名临床专业学员、2 届累计 55 名护理专业学员。镇江临床医学院的教学水平和学生综合成绩得到了南京医科大学的肯定。

六、推动都市圈卫生信息化协作

镇江市各级医疗卫生机构积极融入都市圈智慧医疗一体化发展。做好预约挂号平台对接工作，镇江接入都市圈预约挂号平台的医疗机构数量达 46 家（其中基层医疗机构 32 家）；推动都市圈区域检查检验报告互查，报告查询平台可调阅镇江市的江苏大学附属医院、镇江市第一人民医院、镇江市中医院、镇江市第三人民医院等机构的报告，为都市圈群众就医带来便利；推动远程影像中心和远程心电中心建设，镇江市第一人民医院影像中心对接南京市远程影像平台、与南京市鼓楼医院合作建成远程影像诊断中心，镇江市第二人民医院建成与省中西医结合医院合作的远程会诊平台，镇江市妇幼保健院对接省人民医院远程心电平台。

七、建立异地就医联合协查机制

与南京医保部门签订《异地就医基金监管协同联查合作协议》，在就医地、参保地分别设立"基金监管联络员"，通过国家异地就医平台、信函调查、长三角异地就医监管联查机制等渠道，定期开展情况分析和数据筛查，推动违规问题线索横向移送、协同处理，建立起高效迅速、衔接流畅的跨区域协同管理机制。镇江市 1607 家定点医药机构已经接入国家平台，建成省内外 200 余名专家信息库，利用优质医疗资源带动本地医疗发展。

（镇江市政府办公室供稿）

第五章　生态环境区域协同发展案例

镇江：同饮长江水，同护生态美

镇江坚持算好生态环境保护这本大账，着眼区域整体，统筹做好系统规划，推进协同治理，完善联动机制，推动构建区域生态环境协同共治新格局。

一、做好规划衔接融入区域大局

印发实施《镇江市“十四五”生态环境保护规划》和《镇江市生态环境基础设施建设规划（2023—2025）》等规划，就发展目标指标、重点工程任务等与省相关上位规划、实施方案，以及镇江市总体规划、实施方案相衔接，确保规划符合上级要求和镇江实际；明确健全区域环境协同治理机制，为深化区域环境协作提供了规划支撑。

二、深入开展重点跨界河流共治

镇江市所辖的句容市与南京市的辖区共有跨界河流 15 条，其中，七乡河曾因工业、生活污水以及农业面源污染，生态环境状况较差，被评为劣Ⅴ类水体。为了扭转这一局面，镇江与南京两市以南京都市圈环保专业委员会联席会议为契机，共同商讨《七乡河宁镇共界河道联合整治实施方案》，明确七乡河宁镇共界河道整治范围和分阶段整治要求，随后建立了排查治理清单和责任制度，并通过控源截污、清淤整治等措施实现了污水不下河。自 2023 年 12 月以来，七乡河省考水质稳定达标，得到省生态环境厅肯定。同时，镇江市还与南京市建立了水质协调保障工作机制，通报工程治理、污染管控、水质监测等信息，及时协调解决各类水环境问题，为跨界河流协同共治提供了新经验。

2023 年 10 月南京都市圈生态环境专业委员会联席会议召开，镇江市参与讨论通过《南京都市圈生态环境保护合作框架协议（修订版）》

2023 年 5 月南京市栖霞区和镇江市句容市共同召开宁镇共界河段整治工作方案实施进展座谈会

三、协同推进大气环境区域治理

以重点污染源为抓手，完善区域间联防联控协作机制。针对“十四五”以来 $PM_{2.5}$ 改善压力较大的严峻形势，按照区域大气环境管理的整体性和系统性要求，镇江市与周边城市协同监管燃煤电厂等排放大户，牵头编制《南京都市圈燃煤电厂大气污染联防联控实施方案》，在南京都市圈党政联席会议上签署实施，强化源头管控、多污染物协同控制，推动区域空气质量持续改善。主动加强与周边城市深化互学互鉴，与南京市共同研讨空气质量管控工作，考察秦淮区大气污染防治指挥调度中心、国控站点周边微环境管理情况和餐饮油烟污染防治情况，共享大气污染防治工作经验，提升区域大气污染治理效能。

四、开展跨区域环境联合执法

宁镇扬三地多次组织执法人员开展异地交叉执法互查、突击夜查，携手做好亚运会、进博会、国家公祭日等重大活动环境质量执法保障工作。2023 年镇江累计出动人员 240 余人次赴宁扬两地检查，共检查企业 80 余家，共同打击污染治理设施不正常运转、危险废物不规范贮存处置、未按要求排放污染物等环境违法行为，共同织牢宁镇扬生态环境安全防护网。

五、完善区域环境应急协同应对机制

在水气土方面全面强化应急协同处置。在水污染防控方面，镇江市与沿江八市建立信息互通、物资共享联动机制。在大气污染防控方面，参与共建大气污染防控宁镇扬联动机制。在固体和医疗废弃物处置方面，参与研究《宁镇扬区域工业固体废物联防联控联治合作协议》，联合开展打击工业固体废物非法倾倒处置行动。同时，镇江市与南京市、扬州市共同开展“宁镇扬”环境应急演练，多维度、全方面提升三市应急联动、沟通协作和突发环境事件联动处置能力，共同维护区域环境安全。

镇江市在深度参与区域生态环境协同共治的同时，自身环境质量总体持续向好。2023 年，全市 $PM_{2.5}$ 浓度达到 37 微克/立方米，优良天数比例达到 75.7%；国、省考断面水质优Ⅲ比例保持 100%；一般工业固体废物利用处置率达到 99.73%；镇江省级豚类保护区内野生动植物物种数量持续增多。

（镇江市政府办公室供稿）

第九篇

长三角其他都市圈发展

第一章　上海大都市圈发展情况

上海大都市圈以上海为圆心、1.5 小时交通距离为半径，覆盖江苏省苏州、无锡、常州、南通、盐城和泰州，浙江省杭州、宁波、嘉兴、湖州、绍兴、舟山，以及安徽省宣城等 14 市。2023 年，上海大都市圈面积 13.5 万平方千米，常住人口 10994 万，地区生产总值（GDP）达 18.28 万亿元，接近世界第七大经济体法国，以全国 1.2%的面积贡献了全国 14.5%的经济体量。

备注：苏州市、无锡市和常州市的经济社会发展情况，见“第九篇 · 第二章 苏锡常都市圈发展情况”；杭州市、湖州市、绍兴市、嘉兴市和宣城市的经济社会发展情况，见“第九篇 · 第四章 杭州市都市圈发展情况”；宣城市的经济社会发展情况，见“第二篇 · 第八章”。

第一节　上海市经济社会发展情况

2023 年，经初步核算，上海市地区生产总值 47218.66 亿元，比上年增长 5.0%。其中，第一产业增加值 96.09 亿元，下降 1.5%；第二产业增加值 11612.97 亿元，增长 1.9%；第三产业增加值 35509.6 亿元，增长 6%。第三产业增加值占地区生产总值的比重为 75.2%。

全年实现农业总产值 261.82 亿元，比上年下降 1.7%。其中，种植业产值 140.04 亿元，下降 1.4%；林业产值 6.32 亿元，下降 15.9%；牧业产值 44.92 亿元，增长 5.4%；渔业产值 52.97 亿元，下降 4.2%；农林牧渔专业及辅助性活动产值 17.57 亿元，下降 4%。

全年实现工业增加值 10846.16 亿元，比上年增长 1.1%。全年完成规模以上工业总产值 39399.57 亿元，下降 0.2%。其中，国有控股企业总产值 14042.6 亿元，增长 5.3%。全年新能源、高端装备、生物、新一代信息技术、新材料、新能源汽车、节能环保、数字创意等战略性新兴产业完成工业总产值 17304.61 亿元，占全市规模以上工业总产值比重达到 43.9%（表 9-1-1）。

表 9-1-1　2023 年上海市战略性新兴产业总产值及其增长速度

指标	绝对值/亿元	比上年增长/%
战略性新兴产业总产值	17304.61	-1.8
# 新能源	747.14	21.3
高端装备	2648.12	4.8
生物	1719.14	-5.3
新一代信息技术	4893.76	-22.0
新材料	2868.48	-0.4
新能源汽车	3876.30	32.1
节能环保	872.69	-3.6
数字创意	77.78	-29.0

上海浦东、虹桥两大国际机场全年共起降航班 70. 07 万架次，同比增长 1. 1 倍；实现进出港旅客 9696. 91 万人次，同比增长 2. 4 倍。其中，境内航线进出港旅客 7844. 28 万人次，同比增长 1. 8 倍；境外（含国际及港澳台）航线进出港旅客 1852. 63 万人次，增长 12. 8 倍。实现货邮吞吐量 380. 33 万吨，同比增长 15. 2%。其中，浦东机场完成 344. 01 万吨，同比增长 10. 4%。

全年金融市场交易总额达 3373. 63 万亿元，比上年增长 15%。上海证券交易所总成交额 551. 54 万亿元，增长 11. 2%。其中，股票成交额 89. 36 万亿元，下降 7. 2%；债券成交额 35. 81 万亿元，增长 64. 1%。全年通过上海证券市场股票筹资 6076. 62 亿元，比上年下降 28. 3%；发行公司债和资产支持证券共 51590. 9 亿元，增长 19. 4%。至 2023 年末，上海证券市场上市证券 33725 只，比上年末增加 3615 只。其中，股票 2302 只，增加 89 只。

全年城镇新增就业岗位 60. 56 万个，全年帮助 66686 名就业困难人员实现就业，新消除零就业家庭 57 户。全年创业帮扶 15176 户，帮助 12314 名长期失业青年实现就业创业。全年共完成补贴性职业技能培训 105. 6 万人次，共支持企业开展新型学徒制培训 12640 人，新增取得高级工以上职业资格证书和技能等级证书 5. 57 万人次。全年城镇调查失业率平均为 4. 5%，年末全市户籍城乡登记失业人数为 15. 09 万人。

第二节　南通市经济社会发展情况

2023 年是全面贯彻党的二十大精神的开局之年，在市委、市政府的正确领导下，南通市上下坚持以习近平新时代中国特色社会主义思想为指导，深入学习贯彻习近平总书记对江苏工作重要讲话重要指示精神，全面落实“四个走在前”“四个新”重大任务，抢抓机遇、乘势而上、勇挑大梁，聚力做大经济总量、调优产业结构、增强创新活力，全市经济发展呈现新面貌，高质量发展迈出新步伐，“强富美高”新南通现代化建设取得新成效。

经济总量持续攀升。初步核算，全年实现地区生产总值 11813. 3 亿元，比上年增长 5. 8%。其中，第一产业增加值 519. 6 亿元，增长 2. 9%；第二产业增加值 5728. 1 亿元，增长 7. 1%；第三产业增加值 5565. 5 亿元，增长 4. 7%。全年三次产业结构比例为 4. 4 : 48. 5 : 47. 1。按常住人口计算，人均地区生产总值 15. 3 万元，较上年增长 5. 7%。

就业形势总体稳定。有力推进“就在南通”行动，全年城镇新增就业 11. 9 万人，比上年增长 4. 6%。建成 30 家标准化“家门口”就业服务站，帮扶 1. 8 万名就业困难人员实现就业。

农业经济总体平稳。全年实现农林牧渔业增加值 593. 5 亿元，比上年增长 3. 8 %。其中，种植业增加值 311 亿元，增长 3. 2%；林业增加值 2. 3 亿元，增长 2. 2%；牧业增加值 60. 8 亿元，增长 0. 1%；渔业增加值 145. 5 亿元，增长 4. 2%；农林牧渔专业及辅助性活动增加值 73. 9 亿元，增长 9. 8%。2023 年南通市主要农产品产量情况见表 9-1-2。

表 9-1-2　2023 年南通市主要农产品产量情况

产品名称	产量/万吨	比上年增长/%
粮食	342. 8	0. 5
油料	23. 0	8. 1
# 油菜籽	16. 7	10. 6
花生	6. 1	1. 9
蔬菜	542. 4	3. 9

续表

产品名称	产量/万吨	比上年增长/%
水果（含瓜果类）	88.3	-0.3
猪牛羊禽肉	39.0	2.2
水产品（不含远洋捕捞）	82.4	1.0

工业经济稳中有进。全年规模以上工业增加值比上年增长 8.8%，其中轻工业增长 5.1%，重工业增长 10.5%。分经济类型看，国有企业增长 20.3%，集体企业增长 13.5%，股份制企业增长 8.3%，股份合作企业下降 8.4%，外商港澳台投资企业增长 10.4%。分门类看，制造业增长 9.4%，电力、热力、燃气及水生产和供应业下降 2.5%。分行业看，全市列统的 34 个行业大类中有 27 个行业增加值比上年增长，增长面达 79.4%，比上年扩大 14.7 个百分点。在规模以上工业中，民营企业增加值增长 9.4%。

对外贸易稳中提质。全年外贸进出口总值 3500.3 亿元，比上年下降 4.3%。其中，出口 2289.7 亿元，下降 2.4%；进口 1210.6 亿元，下降 7.8%。从贸易方式看，一般贸易进出口 2379.6 亿元，比上年下降 9.8%，占进出口总值的比重为 68.0%；加工贸易进出口 852.2 亿元，增长 12%。从出口主体看，全市民营企业进出口 1735.1 亿元，外商投资企业进出口 1234.2 亿元。从出口产品看，船舶和海工平台、自动数据处理设备、电线电缆、锂电池出口较上年分别增长 144.8%、103.6%、55.6%、37.2%。从主要市场看，对前四大贸易伙伴欧盟、东盟、美国、日本进出口分别为 539.8 亿元、503.8 亿元、490.5 亿元、370.6 亿元，合计占进出口总值的比重为 49.6%。对共建“一带一路”国家出口增长 5.9%，占进出口总值的比重达 41%，比上年提高 3.2 个百分点。对《区域全面经济伙伴关系协定》（RCEP）其他成员国进出口 1130.2 亿元，占进出口总值的比重达 32.3%。

财政收入稳步增长。全年完成一般公共预算收入 680.2 亿元，比上年增长 11%；其中税收收入 538.8 亿元，增长 30.6%（表 9-1-3）。

表 9-1-3　2023 年南通市财政收入分项情况

指标	绝对数/亿元	比上年增长/%
一般公共预算收入	680.2	11.0
# 各项税收	538.8	30.6
# 增值	241.5	149.1
企业所得税	88.9	-13.1
个人所得税	29.6	-1.7
中央级收入	432.1	40.3

科技创新成果丰硕。全年共认定高新技术企业 1608 家，累计拥有高新技术企业 3622 家，净增 736 家。2 家企业入选中国独角兽企业，实现“中国榜”上零的突破；3 家企业上榜省独角兽企业。全年专利授权量 33535 件，比上年下降 12.9%，其中，发明专利 7437 件，增长 19.8%。年末全市累计有效发明专利 45120 件，比上年末增加 7157 件，增长 18.9%；万人发明专利拥有量 58.3 件，增长 18.7%。全年建成国家级孵化器 4 家，国家级载体总量位列全省第 5；新备案省级众创空间 23 家，省级以上众创空间累计 121 家；新认定省级孵化器 6 家，省级孵化器累计 59 家，省级以上载体总量位列全省第 3。

生态文明质量持续改善。全年 $PM_{2.5}$ 平均浓度 27 微克/立方米，优良天数比例为 83.6%，两项指标均列全省第一。地表水国考以上断面优Ⅲ比例为 100%，省考以上断面优Ⅲ比例为 100%，主要入江支流和入海河流断面全面消除劣 V 类。土壤保护和污染治理修复工作有力推进。化学需氧量、氨氮、氮氧化物、挥发性有机物 4 项主要污染物减排完成省下达任务。南通市创成国家生态文明建设示范区，全市累计建成国家“绿水青山就是金山银山”实践创新基地授牌命名 1 个，国家生态文明建设示范区 3 个，省级生态文明建设示范区全覆盖。

居民收支平稳增长。全年居民人均可支配收入 51853 元，比上年增长 5.6%。其中，工资性收入 30006 元，增长 6.6%；经营净收入 8530 元，增长 2.6%；财产净收入 4300 元，增长 3.9%；转移净收入 9017 元，增长 6.2%。按常住地分，城镇居民人均可支配收入 62512 元，增长 4.9%；农村居民人均可支配收入 32977 元，增长 7%。城乡居民人均收入比为 1.896∶1，比上年缩小 0.038。全年居民人均消费支出 33449 元，比上年增长 8%。按常住地分，城镇居民人均消费支出 38897 元，增长 6.9%；农村居民人均消费支出 23802 元，增长 10.6%。

第三节　盐城市经济社会发展情况

2023 年，盐城市上下坚持以习近平新时代中国特色社会主义思想为指导，全面贯彻党的二十大精神和习近平总书记关于江苏工作重要讲话重要指示精神，认真落实省委、省政府和市委、市政府决策部署，紧紧围绕“四个走在前”“四个新”重大任务，统筹抓好经济社会发展各项工作，经济发展呈现新面貌，结构转型实现新突破，发展动能彰显新优势，高质量发展迈出新步伐。

经济总量再上新台阶。经初步核算，全年地区生产总值达 7403.9 亿元，按可比价格计算，比上年增长 5.9%。分产业看，第一产业增加值 818.9 亿元，比上年增长 3.7%；第二产业增加值 2981.2 亿元，比上年增长 6.9%；第三产业增加值 3603.8 亿元，比上年增长 5.5%，三次产业增加值结构比例为 11.0∶40.3∶48.7。人均地区生产总值达 110681 元（按 2023 年年平均汇率折算约 15707 美元），比上年增长 6.1%。

就业创业形势稳定。全年新增城镇就业人数 7.73 万人，同比增长 4.6%。重点群体就业保障有力，帮扶 1.54 万名困难人员实现就业。累计开展政府补贴性技能培训 6.8 万人次，支持成功自主创业 1.85 万人。

农业生产稳产保供。全年实现农林牧渔业总产值 1454.4 亿元，可比价增长 3.9%；农林牧渔业增加值 881.1 亿元，可比价增长 3.9%。粮食再获丰收。全年粮食面积、单产和总产实现“三增”，产量连续 9 年稳定在 700 万吨以上，全年粮食播种面积 994.1 千公顷，比上年增加 1.26 千公顷；粮食总产量 718.8 万吨，比上年增加 2.99 万吨；粮食亩产 482 公斤，比上年增加 1.4 公斤。畜禽生产稳定增长。年末生猪存栏 274 万头，出栏 493.8 万头；年末家禽存笼 8981.2 万只，出栏 11830.1 万只。渔业生产平稳有序。全年水产品总产量 124.3 万吨，增长 2.7%。

工业经济稳步增长。全年规模以上工业企业总产值比上年增长 5.1%，其中轻工业增长 5.3%，重工业增长 5.1%。分经济类型看，国有及国有控股工业下降 16%，民营工业增长 7.6%，三资工业下降 3%。规模以上工业增加值比上年增长 8.1%，分门类看，采矿业同比持平，制造业增长 8%，电力、热力、燃气及水生产和供应业增长 11.8%。

对外贸易稳中提质。全年进出口总额 1452.4 亿元，规模创历史新高，比上年增长 7.5%。其中，出口 1015.2 亿元，增长 12.3%；进口 437.2 亿元，下降 2.2%。全市“新三样”产品（锂电池、太阳能电池、电动载人汽车）出口合计 346.5 亿元，增长超三成。从贸易方式看，一般贸易进出口总额 975.9 亿元，占进出口总额 67.2%；加工贸易进出口总额 305.1 亿元，增长 52.6%。从出口主体看，民营企业、外商投资企业、国有企业进出口总额分别增长 5.6%、9%、43%。从出口产品看，机电产品出口增长 25.2%，占出口总额近七成。对共建“一带一路”国家进出口 899.4 亿元，增长 10.1%，占全市进出口总额 61.9%。

财政收支保持增长。全年完成一般公共预算收入 482.7 亿元，比上年增长 6.5%，其中税收收入341.2亿元，税收收入占一般公共预算收入比重70.7%。财政惠民力度不断加大。全年一般公共预算支出1228.3亿元，比上年增长12.3%，部分领域民生支出增长较快，农林水、交通运输、粮油物资储备支出比上年分别增长61.5%、28.2%、10.7%。

生态环境持续向好。持续打好蓝天、碧水、净土保卫战，全市空气质量优良天数比例83.4%，$PM_{2.5}$年均浓度28微克/立方米，空气质量全省最优、全国前列，国省考和入海河流断面水质优Ⅲ比例达100%。全市完成新造成片林1.5万亩，林木覆盖率25.2%。

第四节　泰州市经济社会发展情况

2023年，在市委、市政府的坚强领导下，泰州市上下坚持以习近平新时代中国特色社会主义思想为指导，全面贯彻落实党的二十大和二十届二中全会精神，深入贯彻习近平总书记对江苏工作重要讲话指示精神，按照党中央、国务院决策部署和省委省政府、市委市政府要求，坚持稳中求进工作总基调，完整、准确、全面贯彻新发展理念，加快构建新发展格局，着力推动高质量发展。全年经济发展稳中提质，综合实力不断提升，就业物价保持稳定，民生福祉持续增强，高质量发展迈出坚实步伐。

经济总量稳步提升。经初步核算，全年实现地区生产总值6731.66亿元，同比增长6.8%。分产业看，第一产业增加值344.71亿元，增长4.1%；第二产业增加值3258.62亿元，增长7.4%；第三产业增加值3128.33亿元，增长6.4%。全年三次产业结构比例为5.1∶48.4∶46.5。按常住人口计算，人均地区生产总值149383元，增长6.9%。

农业经济总体稳定。全年实现农林牧渔业总产值574.03亿元，同比增长4.3%，其中，农业产值324.5亿元，增长2.9%；林业产值3.17亿元，下降9.5%；牧业产值62.92亿元，增长5.6%；渔业产值147.93亿元，增长5.9%；农林牧渔业服务业产值35.51亿元，增长10.2%。全年实现农林牧渔业增加值365.3亿元，同比增长4.3%。

工业经济稳步增长。全年规模以上工业增加值同比增长7.1%，其中轻工业增长2.6%，重工业增长8.8%。分经济类型看，国有企业增加值增长7.5%，股份制企业增长7.5%，外商和港澳台投资企业增长6.2%，其他经济类型企业增长3.9%。在规模以上工业企业中，民营企业增加值增长7.5%，大中型企业增长6%。全年规模以上工业总产值同比增长4.2%。

对外贸易保持平稳。全年完成进出口总额1344.39亿元，同比增长2.8%。其中，出口总额938.14亿元，增长4.7%；进口总额406.26亿元，下降1.4%。按贸易方式分，一般贸易出口533.5亿元，下降7.9%；加工贸易出口369.11亿元，增长29.4%；一般贸易进口285.3亿美元，下降3.7%；加工贸易进口103.87亿元，增长43.6%。按企业性质分，外商投资企业出口406.75亿元，下降1.3%；民营企业出口526.18亿元，增长10%；外商投资企业进口262.97亿元，下降3.6%；民营企业进口142.44亿元，增长2.4%。从主要市场出口情况看，全年对美国、欧盟出口额分别为86.18亿元、147.85亿元，分别下降30%、14.5%，对东盟出口总额为122.93亿元，下降4%。对共建“一带一路”国家出口287.66亿元，增长8.6%。

财政收支总体平稳。全年一般公共预算收入439.7亿元，比上年增长5.5%，其中，税收收入307.91亿元，增长16.4%；全年一般公共预算支出697.38亿元，下降0.9%；民生支出比上年增长0.9%，民生支出占一般公共预算支出的比重为79.4%；其中，科学技术支出下降5.1%、卫生健康、社会保障和就业支出分别增长4.3%、8.2%。

人口总量略有增加。年末常住人口450.7万人，比上年末增加0.14万人；常住人口城镇化率70.08%，比上年末提高0.84个百分点。年末户籍人口484.13万人，比上年末减少4.3万人。户籍人口中，出生登记1.79万人，人口出生率

3.69‰，比上年下降0.33个千分点；死亡注销4.89万人，人口死亡率10.05‰，与上年持平；人口自然增长率为-6.36‰。

居民生活持续改善。全年居民人均可支配收入49255元，比上年增长6.2%。从构成看，工资性收入30035元，增长7.3%；经营净收入7487元，增长5.2%；财产净收入4677元，增长2.1%；转移净收入7055元，增长5.8%。按常住地分，城镇居民人均可支配收入59604元，增长5.4%；农村居民人均可支配收入31810元，增长8.1%。城乡居民收入比由上年的1.92：1缩小至1.87：1。

第五节　宁波市经济社会发展情况

2023年，面对复杂严峻的国际形势和超预期因素影响，宁波市坚持以习近平新时代中国特色社会主义思想为指导，全面贯彻党的二十大和习近平总书记考察浙江重要讲话精神，坚决扛起“经济大市勇挑大梁”的政治责任，一体推进三个“一号工程”和“十项重大工程”，全力拼经济、惠民生、蓄动能、稳预期，市场活力持续释放，新兴动能不断增强，有力有效推动全市经济稳进向好，共同富裕和中国式现代化示范引领市域样板建设实现良好开局。

地区生产总值。全年全市实现地区生产总值16452.8亿元，按不变价格计算，比上年增长5.5%。分产业看，第一产业实现增加值383.8亿元，增长4.7%；第二产业实现增加值7540.5亿元，增长5.7%；第三产业实现增加值8528.5亿元，增长5.3%。三次产业结构比例为2.3：45.8：51.9。按常住人口计算，全市人均地区生产总值为170363元。

财政收支。全年全市完成财政总收入3384.1亿元，比上年增长0.8%，其中一般公共预算收入1785.9亿元，增长6.3%。全年全市完成一般公共预算支出2235.1亿元，增长2.2%，其中科学技术支出、农林水支出、城乡社区支出分别增长20.6%、10.7%和8.7%。

2023年宁波市分行业增加值情况见表9-1-4。

表9-1-4　2023年宁波市分行业增加值情况

按行业分	实绩/亿元	增长/%
农林牧渔业	401.9	4.7
工业	6770.0	5.7
建筑	784.0	6.5
批发和零售业	1987.7	7.2
交通运输、仓储和邮政业	756.8	6.8
住宿餐饮业	201.0	9.9
金融业	1320.7	9.1
房地产业	1021.5	-6.0
其他服务业	3209.1	5.6
# 营利性服务业	2052.8	7.3
非营利性服务业	1156.4	2.7

美丽乡村建设。全年全市新增镇海、奉化2个省级新时代和美乡村示范县；新增示范镇乡（街道）10个、特色精品村53个，截至年末累计分别达到88个和284个。新增省级高标准农村生活垃圾分类处理示范村300个、历史文化村落保护利用重点村3个，累计分别达407个和35个。农村生

活污水治理和农村公厕规范化管理实现行政村全覆盖。

城市建设。世纪大道快速路北延段建成通车，全市快速路网达到146.2公里，全年贯通“断头路”17条。全市新增停车位38121个。全年中心城区新增地下空间335万平方米，开发总量达到5277万平方米，综合管廊长度达到40公里。完成电力架空线入地135公里、综合通信“上改下”360公里。建设生活小区“污水零直排区”80个，新建改造污水管网320公里。累计建成2392公里城乡绿道网，海绵城市覆盖建成区面积达到44.5%。全年新增省级高标准垃圾分类示范小区554个；截至年末累计完成新（改、扩）建垃圾中转站150座。

货物贸易。全年宁波口岸完成进出口总额23984.5亿元，比上年下降3.7%。全市完成自营进出口总额12779.3亿元，增长0.9%，其中出口总额8287.8亿元，增长0.7%；进口总额4491.5亿元，增长1.1%。进出口总额占全国比重为3.06%。全年全市有进出口实绩的企业27546家。民营企业进出口额9632.8亿元，增长4.3%，占同期全市进出口总额的75.4%。直接与我市开展贸易往来的国家和地区达231个。

进出口生产。全年宁波舟山港完成货物吞吐量13.2亿吨，比上年增长4.9%，连续15年蝉联世界首位，其中宁波港域完成吞吐量6.7亿吨，增长5.5%。全年宁波港域完成铁矿石吞吐量11145.1万吨，增长6.5%；煤炭吞吐量6332.8万吨，下降0.7%；原油吞吐量6200.6万吨，下降1.5%。全年宁波舟山港完成集装箱吞吐量3530.1万标箱，增长5.8%，全球第三大集装箱港的地位进一步巩固，其中宁波港域完成集装箱吞吐量3230.2万标箱，增长5%。年末宁波舟山港共有集装箱航线302条，其中远洋干线142条。宁波舟山港已开通海铁联运线路超100条，其中固定班列25条，业务辐射16个省（自治区、直辖市）的65个地级市。

生态建设。全年中心城区空气质量优良天数比率为93.7%，在全国168个重点城市排名第18；$PM_{2.5}$平均浓度为22微克/立方米。全年全市完成排污权交易857笔，保障新建项目所需的化学需氧量（COD）、氨氮、二氧化硫和氮氧化物等环境要素指标近540吨，新增排污权抵质押贷款18笔、贷款余额4.6亿元。全市地表水市控以上断面水质优良率为96.8%，同比上升3.2个百分点；13个县级以上集中式饮用水水源地水质达标率100%。年末全市累计建成国家级生态文明建设示范县（区）6个、省级生态文明建设示范县（区）10个、国家级“两山”实践创新基地2个。累计建成4个省级生物多样性体验地，体验地数量位居全省第一，生物多样性友好指数位居全省第二。

第六节　舟山市经济社会发展情况

2023年，舟山市上下坚持以习近平新时代中国特色社会主义思想为指导，深入学习贯彻习近平总书记考察浙江重要讲话精神，强力推进创新深化、改革攻坚、开放提升，经济运行态势持续稳进，高质量发展步伐坚定有力，现代海洋城市建设再创佳绩。

2023年舟山市地区生产总值为2100.8亿元，按可比价格计算，比上年增长8.2%。分产业看，第一产业增加值183.8亿元，增长4%；第二产业增加值1004.3亿元，增长10.6%；第三产业增加值912.7亿元，增长6.5%。三次产业结构比例为8.7∶47.9∶43.4。人均地区生产总值17.9万元，增长7.9%。

全年财政总收入529.9亿元，比上年增长30%；一般公共预算收入193.5亿元，增长23.9%。一般公共预算支出376.5亿元，增长6.3%。其中，文化旅游体育与传媒支出增长20.2%，科学技术支出增长15.9%，社会保障和就业支出增长14.2%，教育支出增长12.8%。

全年全体居民人均可支配收入68110元，比上年增长6.7%。城镇居民人均可支配收入76435元，增长6.2%；城镇居民人均生活消费支出48153元，增长 8.9%。农村居民人均可支配收入 49379 元，增长 7.5%；农村居民人均生活消费支出 33396 元，增长 12.4%。城镇、农村居民收入比为 1.55∶1。城镇居民恩格尔系数为 28.6%，比上年下降 0.2 个百分点；农村居民恩格尔系数为 30.9%，比上年下降 0.1 个百分点。

城市更新加速推进，改造棚户区 7 个、老旧小区住宅 345 幢，2000 年之前建成的城镇老旧小区改造任务基本清零。交付入住保障性安居住房 3927 套，城镇 C 级危房 3 年解危面积全省第一。更新改造老旧小区燃气管道 35.5 公里，建成新能源汽车充电桩 4730 个。实施“花海彩林”行动，拆“围”增绿，新增绿道 25.6 公里。

乡村振兴深入实施。开展跨乡镇土地综合整治，建成高质量农田 1.55 万亩。“千万工程”海岛经验被全国现场推进会肯定，和美乡村覆盖率达 25%。改造提升农村公路 121 公里。截至年末，全市累计建成 5 个省市和美乡村精品特色村、2 条共同富裕示范带，培育美丽庭院 5000 户。

第二章　苏锡常都市圈发展情况

苏锡常都市圈位于长江三角洲，包括苏州、无锡、常州等 3 市。2023 年，苏锡常都市圈面积 1.77 万平方千米，常住人口 2583 万，地区生产总值达 5 万亿元。

第一节　苏州市经济社会发展情况

2023 年，苏州地区生产总值 24653.4 亿元，按可比价格计算比上年增长 4.6%。其中第一产业增加值 195.2 亿元，增长 3.1%；第二产业增加值 11541.4 亿元，增长 3.6%；第三产业增加值 12916.8 亿元，增长 5.5%。三次产业结构比例为 0.8∶46.8∶52.4。按常住人口计算，人均地区生产总值 19.06 万元，比上年增长 4.1%。

新动能持续壮大。积极推动产业集群式创新、数字化转型、融合式发展，加快构建以先进制造业为骨干、现代服务业为支撑的现代化产业体系。全市战略性新兴产业产值占规模以上工业总产值的比重达 47.6%，比上年提高 2.7 个百分点。生物医药在首批国家战略性新兴产业集群考评中获得优秀，先进材料入选首批省级战略性新兴产业融合集群试点示范，电子氟材料、多肽类生物药入选国家级中小企业特色产业集群。现代服务业提质升级。生产性服务业增加值占服务业增加值比重达 58%，较上年提升 1.7 个百分点。规模以上高技术服务业营业收入比上年增长 6%。先进制造业和现代服务业“两业融合”经验在全国推广。

数实融合加快推进。全市数字经济核心产业增加值占地区生产总值比重达 16.2%，比上年提高 0.4 个百分点。智能化改造和数字化转型实现规模以上工业企业全覆盖。培育建设首批 22 家数字经济特色产业园区，建成全省首个区块链测评中心。新增国家“数字领航”企业 3 家；新增国家级智能制造示范工厂 3 家，累计 7 家。年末国家级工业互联网“双跨”平台累计 16 家，创成首个本土国家级工业互联网“双跨”平台。新增省级智能工厂 16 家，累计 40 家；新增省级示范智能车间 160 个，累计 838 个；新增省级领军服务机构 22 家，累计 81 家。新增全球“灯塔工厂”2 家，累计 7 家。

营商环境进一步优化。发布《苏州市优化营商环境创新行动 2023》，全面推进政务服务“一网通办”“跨省通办”，完善“15 分钟政务服务圈”。全年新设经营主体 30.9 万户，其中新设企业 10.65 万户。年末全市拥有企业 92.5 万户，比上年末增长 5.4%。出台实施推动经济运行率先整体好转 55 条、促进经济持续回升向好 30 条、促进产业投资 26 条等一系列政策举措。切实落实各项助企纾困政策，全年新增减税降费及退税缓费 571.9 亿元。3 家企业入围《财富》世界 500 强、26 家企业入围“中国民营企业 500 强”、25 家企业入围“中国制造业民营企业 500 强”。互联网法庭获批成立，苏州成为全国唯一同时拥有知识产权、国际商事、破产、劳动、互联网 5 个专业化法庭的城市。苏州工业园区被联合国贸易和发展会议评为全国唯一的“全球杰出投资促进机构”。

就业优先战略深入实施。全年城镇新增就业人数 23.2 万人，比上年增长 7.1%。提供高校毕业生就业岗位 31.1 万个，苏州籍高校毕业生就业率达 98.2%。发放各类就业政策补贴 51.8 亿元，其中稳岗返还资金 13 亿元，惠及企业 30.1 万户。建成“家门口”就业服务站207个。开展职业技能培训26.4万人次。苏州连续4年荣获中国年度最佳促进就业城市称号。

物价水平总体平稳。全年市区居民消费价格总水平比上年上涨0.2%。其中食品烟酒类价格上涨0.6%，衣着类上涨2.2%，居住类上涨0.5%，生活用品及服务类上涨0.4%，教育文化和娱乐类上涨0.7%，医疗保健类上涨4.8%，其他用品和服务类上涨4%，交通和通信类价格下降5.3%。

工业总量迈上新台阶。全年规模以上工业总产值超4.4万亿元，达到44343.9亿元。规模以上工业增加值比上年增长3.6%。分行业看，前六大主导行业实现产值28940.3亿元，占规模以上工业总产值比重为65.3%，比上年提高0.7个百分点。电子信息、装备制造两个万亿级产业沉锚压舱，全年产值分别达13441.1亿元和14241.9亿元。计算机、通信和其他电子设备制造业，电气机械和器材制造业，汽车制造业，专用设备制造业产值分别比上年增长4.3%、3.2%、6.3%和3.4%。规模以上工业中，大型企业产值18731.7亿元，比上年增长2.1%；中型企业产值10641.6亿元，下降2.7%；小微型企业产值14970.6亿元，下降0.3%。全市百强企业实现产值15377.9亿元，比上年增长8%。分经济类型看，国有及国有控股企业产值1730.2亿元，比上年增长2.4%；民营企业产值20689.1亿元，增长6.6%，占规模以上工业总产值比重46.7%，比上年提高3.3个百分点；外商及港澳台企业产值22019.7亿元，下降5.5%。

先进制造业蓄能发力。全市高技术制造业产值16565亿元，比上年增长4.1%，占规模以上工业总产值的比重达37.4%，比上年提高1.3个百分点，其中电子及通信设备、航空航天产值分别比上年增长8.5%和16.2%。全市国家级专精特新“小巨人”企业产值2337.5亿元，比上年增长7.6%。智能手机、通信及电子网络用电缆、太阳能电池（光伏电池）、医疗仪器设备及器械、传感器、光学仪器等高技术产品产量分别比上年增长51%、13.8%、39.5%、26.6%、62.8%和11.8%。

消费市场恢复向好。持续打响“五五”“双十二”“夜ZUI苏州”购物节品牌，开展多轮促消费活动。全年实现社会消费品零售总额9582.9亿元，比上年增长6.4%，其中批发和零售业零售额8823.4亿元，增长5.4%；住宿和餐饮业零售额759.5亿元，增长18.6%。限额以上汽车类商品零售额1093.3亿元，比上年增长3.1%，其中新能源汽车零售额310.2亿元，增长47.5%，新能源汽车零售额占限额以上汽车类商品零售额的比重达28.4%，比上年提高9.4个百分点。升级类消费需求加快释放。限额以上批发和零售业单位商品零售额中，体育娱乐用品类、智能手机、金银珠宝类等商品零售额分别比上年增长29.5%、69.1%和10.4%。限额以上批发和零售业通过公共网络实现商品零售额比上年增长6%，占社会消费品零售总额的比重为11.9%。苏州跻身十大首店城市行列。苏州线下购物无理由退货经验在全国推广，连续两年在中消协全国百城消费者满意度测评中位居第一。

对外贸易量稳质升。全年实现货物进出口总额24514.1亿元，比上年下降4.6%，其中出口额15081.6亿元，下降2.5%；进口额9432.5亿元，下降7.9%。外贸结构不断优化，全年一般贸易进出口额10305.1亿元，比上年下降3.9%，占进出口总额的比重达42%，比上年提高0.3个百分点。从经济类型看，国有企业进出口额1075.6亿元，下降28.5%；民营企业进出口额9682.4亿元，增长17.3%，占进出口总额的比重为39.5%，比上年提高7.4个百分点；外资企业进出口额13755.8亿元，下降13.7%。从贸易市场看，对东盟、美国进出口额分别比上年增长3%和0.7%；对印度、俄罗斯、中亚5国等新兴市场进出口额分别增长14.5%、6.9%和30.2%。对“一带一路”共建国家和地区进出口额占进出口总额的比重达36.2%。

全年服务贸易进出口额220.6亿美元，比上年增长1.9%，全面深化服务贸易创新发展试点任务圆满完成。市场采购贸易额22.38亿美元，比上年增长9.2%。跨境电商进出口额增长63.4%。全年完成服务外包接包合同额156.1亿美元，比上年增长11.6%；服务外包离岸执行额62.6亿美元，增长7.6%。

对外开放取得新成效。全年新设外资项目1339个，比上年增加97个。实际使用外资69亿美元，比上年下降6.9%，其中高技术产业使用外资29.9亿美元，占实际使用外资的比重达43.3%，比上年提升2.1个百分点。年末175家世界500强跨国公司在苏州投资设立了486个项目。全市新增省认定跨国公司地区总部和功能性机构19个，累计达210个，占全省的53.2%。新核定外资研发中心及外资开放式创新平台173家。中新、中德、中日和海峡两岸平台建设持续深化。高水平推进苏州自贸片区改革创新，新增3项经验在全国示范推广。苏州工业园区在国家经开区综合考评中实现“八连冠”。中荷科技创新港正式启用，中国·沙特中心落户苏州。

全年实现一般公共预算收入2456.8亿元，比上年增长5.5%，其中税收收入2087.2亿元，增长10%，税收收入占一般公共预算收入的比重达85%。一般公共预算支出2621.3亿元，比上年增长1.3%。

全市常住居民人均可支配收入74076元，比上年增长4.6%，其中城镇常住居民人均可支配收入82989元，增长4.3%；农村常住居民人均可支配收入46385元，增长5.9%。全市常住居民人均消费支出46018元，比上年增长7.3%，其中城镇常住居民人均消费支出50656元，增长6.8%；农村常住居民人均消费支出31609元，增长10%。

第二节　无锡市经济社会发展情况

2023年，无锡经济总量再创新高。全年实现地区生产总值15456.19亿元，按可比价格计算，比上年增长6%。按常住人口计算人均地区生产总值达到20.63万元。

分产业看，全市第一产业实现增加值136.5亿元，比上年增长2.4%；第二产业实现增加值7376.85亿元，比上年增长6.9%；第三产业实现增加值7942.84亿元，比上年增长5.3%；三次产业结构比例为0.9∶47.7∶51.4。

全年城镇新增就业15.81万人，其中各类城镇下岗失业人员实现就业再就业7.72万人，援助下岗失业人员实现就业再就业7.72万人，全年民营经济实现增加值10255.08亿元，比上年增长6.2%，占经济总量的比重为66.3%，比上年提高0.1个百分点。民营规模以上工业实现产值15667.86亿元，比上年增长6.7%。

年末全市各级登记机关登记的各类企业45.17万户，其中国有及集体控股公司4.11万户，外商投资企业0.71万户，私营企业40.35万户，当年新登记各类企业5.46万户。年末个体工商户68.55万户，当年新登记9.37万户。

全年市区居民消费价格比上年上涨0.6%（表9-2-1），涨幅比上年降低1.5个百分点。其中，服务项目价格上涨1.8%，消费品价格下降0.4%。全年工业生产者出厂价格、工业生产者购进价格下降2.8%。

表9-2-1　2023年无锡市市区居民消费价格指数

指标	价格指数（以上年为100）
居民消费价格指数	100.6
食品烟酒	100.2
衣着	100.5
居住	100.7
生活用品及服务	101.5
交通通信	97.0
教育文化娱乐	102.5
医疗保健	103.6
其他用品及服务	103.9

全年实现社会消费品零售总额 3567.55 亿元，比上年增长 6.9%。限额以上社会消费品零售额中通过公共网络实现的商品零售额 247.93 亿元，比上年增长 2.2%。

在限额以上批发和零售业零售额中，汽车类比上年增长 6.8%，石油及制品类比上年增长 0.6%，粮油、食品类比上年增长 12.2%，通讯器材类比上年增长 20.8%，服装、鞋帽、针纺织品类比上年增长 12.5%，家具类比上年下降 0.3%，中西药品类比上年增长 11%，化妆品类比上年增长 6.6%，金银珠宝类比上年增长 11.7%。

全年实现进出口总值 7065.32 亿元，比上年下降 4.1%。其中，出口总值 4658.1 亿元，比上年下降 3.9%；进口总值 2407.22 亿元，比上年下降 4.5%。一般贸易实现出口总值 2894.14 亿元，占全市出口总值的 62.1%。按美元计，全年实现进出口总值 1004.17 亿美元，比上年下降 9.2%。其中，出口总值 662.19 亿美元，比上年下降 8.9%；进口总值 341.98 亿美元，比上年下降 9.7%。2023 年无锡市对主要国家和地区进口、出口总值及其增长速度见表 9-2-2。

全年批准外资项目 498 个，新增协议注册外资 64 亿美元，比上年下降 27.1%。实际使用外资 41.2 亿美元，比上年增长 7.7%。高技术产业实际使用外资占比 46.9%，全年完成协议注册外资超 3000 万美元的重大外资项目 60 个。截至 2023 年底全球财富 500 强企业中有 117 家在无锡投资兴办了 247 家外资企业。

全市一般公共预算收入 1195.42 亿元，比上年增长 5.5%，其中，税收收入 982.8 亿元，比上年增长 15.3%。全年一般公共预算支出 1390.45 亿元，比上年增长 1.8%，其中，教育支出 219.83 亿元，社会保障和就业支出 161.89 亿元，卫生健康支出 121.39 亿元，分别占一般公共预算支出的 15.8%、11.6%、8.7%。

全体居民人均可支配收入 69016 元，比上年增长 4.9%；城镇常住居民人均可支配收入 76644 元，比上年增长 4.5%；农村常住居民人均可支配收入 44617 元，比上年增长 6.4%。城乡居民收入差距进一步缩小，城乡居民收入比由上年的 1.75∶1 缩小为 1.72∶1。全体居民人均生活消费支出 44450 元，比上年增长 7.4%；城镇常住居民人均生活消费支出 48409 元，比上年增长 6.9%；农村常住居民人均生活消费支出 31785 元，比上年增长 9.9%。

表 9-2-2　2023 年无锡市对主要国家和地区进口、出口总值及其增长速度

出口国家和地区	出口总值/万美元	增长/%	进口国家和地区	进口总值/万美元	增长/%
韩国	6073753	-15.3	韩国	4829517	18.1
美国	4569676	-4.8	日本	3574832	-17.8
中国香港	3620173	-2.3	中国台湾	1834242	-26.9
日本	2582498	-6.7	美国	1785050	-1.2
印度	1817377	8.1	澳大利亚	629841	25.2

第三节　常州市经济社会发展情况

经济总量突破万亿元。初步核算，2023 年全市实现地区生产总值（GDP）10116.36 亿元，按不变价格计算，比上年增长 6.8%；按常住人口计算，人均地区生产总值达 18.84 万元，增长 6.5%。分三次产业看，第一产业增加值 178.92 亿元，增长 3.2%；第二产业增加值 4857.43 亿元，增长 7.1%；第三产业增加值 5080.01 亿元，增长 6.6%。三次产业增加值结构比例调整为 1.8∶48.0∶50.2。民营经济实现增加值 6761.25 亿元，按不变价格计算，比上年增长 7.3%；民营经济增加值占地区生产总值比重达 66.8%，对全市经济增长的贡献率为 71.3%。

就业市场总体稳定。全年新增就业 11.5 万人，城镇失业人员再就业 5.3 万人，就业困难人员实现就业1.2万人。新建“零工市场”4家，建成“家门口”就业服务站22家。支持城乡劳动者自主创业1.4万人，创业带动就业7万人。创建省级创业示范基地3家，认定市级创业基地9家。推荐备案省级大学生优秀创业项目33个，认定市级大学生优秀创业项目100个。全市开展职业技能补贴培训7.3万人次，职业技能等级（职业资格）认定取证人数达7.7万人。

物价水平保持平稳。全年居民消费价格指数（CPI）累计上涨0.4%，八大类商品“六升二降”，其中其他用品和服务类上涨3.3%、衣着类上涨1.8%、医疗保健类上涨1.5%、生活用品及服务类上涨1.4%、食品烟酒类上涨1.1%、教育文化和娱乐类上涨0.9%。全年工业生产者出厂价格指数（PPI）、工业生产者购进价格指数分别累计下降4.3%和4.9%。

市场主体不断壮大。全年新登记各类市场主体10.3万户，其中私营企业3万户、个体工商户6.9万户。年末各类市场主体累计84.3万户，增长4.6%；其中内资企业27.6万户，增长6.9%；个体工商户55.9万户，增长3.5%。年末累计注册资本2.8万亿元，增长5.5%；其中内资企业2.4万亿元，增长6.1%；个体工商户621.4亿元，增长8.3%。

外贸结构趋于优化。全年实现进出口总额3183.6亿元，比上年下降1.3%；其中出口总额2498.4亿元，下降0.3%；进口总额685.3亿元，下降4.8%。一般贸易和民营企业进出口分别占全市比重83%、57.1%，比上年提高0.9和2.3个百分点。“新三样”产品出口299.7亿元、增长12.3%；其中锂离子蓄电池出口增长36.5%，电动载人汽车出口增长165.4倍。对“一带一路”共建国家出口增长10.6%，对RCEP成员国出口增长6.4%。跨境电商进出口140亿元，同比增长108%。

利用外资提质增效。全年实际使用外资20.6亿美元，比上年下降27.1%。新增协议外资超3000万美元项目32个，新增总投资超亿美元项目17个，其中超10亿美元的屹创新能源项目签约注册，新增6支QFLP基金成功落地。新增省级外资地区总部和功能性机构1家，累计29家；新增省级外资研发中心2家，累计4家。8个项目被列入2023年省级重点外资项目，其中6个项目被列入全国重点外资项目。

外经外事稳步推进。全年新增对外投资项目116个，增长114.8%；中方协议投资15亿美元，增长34.5%。投资超5000万美元的大项目9个，增长125%；中方协议投资额11.5亿美元，增长36.5%。全市国际产能和装备制造项目49个，在境外投资项目中占比达42%，中方协议投资额14.1亿美元。全年接待外宾159批，增长3.1倍，与常州结为友好城市的外国城市累计达53个。在中德（常州）创新产业园、西太湖国际社区挂牌设立“外事彩虹桥·先锋站”，助力国际合作园区、国际社区建设。

科技综合实力明显增强。全年完成专利授权42858件，其中发明专利授权8122件，万人有效发明专利拥有量69.1件。净增高新技术企业1040家，有效高新企业数达4720家，增长28.3%。累计拥有江苏省（潜在）独角兽企业61家、瞪羚企业935家。高新技术产业研发投入330.3亿元，增长10.7%，研发投入强度为3.39%，高新技术产业产值占规模以上工业总产值比重为56.2%。

创新载体能级持续跃升。年末拥有市级以上“三中心”（工程技术研究中心、企业技术中心、工程研究中心）2638家，其中国家级20家、省级981家。市级以上创新创业载体341家，其中众创空间130家、孵化器162家、加速器49家。在全省科技企业孵化器绩效评价中，获评B类以上的孵化器共35家，其中获评A类4家。

教育事业优质均衡发展。年末拥有各级各类学校882所，其中幼儿园436所、小学229所、普通中学179所、中等职业学校20所、普通高校11所。新建改扩建中小学校78所，竣工40所，增加学位4.1万个。新增义务教育“新优质学校”20所、省“双减”示范创建学校3所，首批立项建设省高品质示范高中2所。持续推进2个国家首批现代产业学院建设，获评省级产教融合重点基地建设点3个、省级产教融合型品牌专业6个。河海大学常州新校区建成投用，南京医科大学常州校区落户“两湖”创新区。

居民生活质量稳步提高。全年居民人均可支配收入62592元，比上年增长5.2%；其中城镇常住居民人均可支配收入71744元，增长4.6%；农村常住居民人均可支配收入40401元，增长6.7%。城乡居民收入差距进一步缩小，农村居民收入增幅快于城镇居民2.1个百分点，城乡居民人均收入比值1.78∶1，比上年同期缩小0.03。居民人均生活消费支出37957元，增长7.8%；其中城镇居民人均生活消费支出41695元，增长6.7%；农村居民人均生活消费支出28895元，增长11%。城镇居民恩格尔系数为26.2%，农村居民恩格尔系数31.2%。

社会保障事业高质量发展。年末参加企业职工基本养老保险人数182.5万人，增长1%；参加城乡居民基本养老、失业、工伤保险人数分别达24万人、153.6万人和208万人，增长37%、1.4%和0.2%；参加医疗保险、生育保险人数分别达449.6万人和167.5万人，增长2.9%和1.9%。全市8423户共1.15万人纳入低保范围，累计发放保障金1.12亿元，最低生活保障标准提高至每人每月1020元。年末拥有各类养老机构119个，养老机构床位数24147张，入住老人数10613人。

第三章　淮海经济区发展情况

淮海经济区包括江苏省徐州、连云港、宿迁，安徽省宿州、淮北，山东省枣庄、济宁市微山县，河南省商丘等8市县。2023年，淮海经济区面积6.7万平方千米，常住人口4551万，地区生产总值（GDP）达3.2万亿元。

第一节　徐州市经济社会发展情况

2023年全市实现地区生产总值8900.44亿元，按可比价计算，比上年增长7.1%。其中，第一产业增加值770.97亿元，增长3.7%；第二产业增加值3622.34亿元，增长7%；第三产业增加值4507.13亿元，增长7.8%。三次产业结构比例调整为8.7∶40.7∶50.6。全市人均地区生产总值93227元，增长7.2%。

主导产业运行稳健。全市"343"创新产业集群产值（营业收入）比上年增长2.8%。分产业看，绿色低碳能源和新材料分别增长8.1%和1.4%，集成电路与ICT、医药健康和安全应急分别增长11.2%、9.5%和3.9%，高端纺织和食品及农副产品加工分别增长38.8%和8.3%，数字经济核心产业营业收入增长9.1%。

市场主体持续增多。年末全市共登记市场主体137.90万户、增长6%，其中企业31.29万户、个体经营户106.61万户，分别增长9.7%、5%。全年工商新登记企业5.85万户、增长11.6%，其中新增私营企业5.2万户、增长12.8%，新增个体户11.67万户、增长6.3%。

就业形势保持稳定。全年城镇新增就业8.61万人，增长4.4%；城镇失业人员再就业5.05万人，城乡就业困难人员就业1.35万人。支持成功自主创业、引领大学生创业、扶持农民自主创业分别为3.42万人、4179人、1.97万人。全年城乡劳动者就业技能培训、新生代农民工技能培训分别为9.77万人、2.08万人。新增数字技能人才2.25万人。

居民消费价格微增。全市居民消费价格比上年上涨0.4%。分类别看，八大类商品价格"六升二降"，食品烟酒、衣着、生活用品及服务、教育文化和娱乐、医疗保健、其他用品和服务价格分别上涨0.4%、0.3%、1.4%、4.5%、1.6%、3.5%，居住、交通和通信价格分别下降0.1%、2.9%。食品类商品中，粮食、食用油、禽肉、干鲜瓜果价格分别上涨1.2%、3.3%、3.1%、2.7%，畜肉、水产品、蛋类价格分别下降6.2%、0.6%、2.2%，菜及食用菌价格持平。

工业品价格有所回落。全年工业生产者出厂价格比上年下降3.9%，其中生产资料出厂价格下降4.7%，生活资料出厂价格持平。全年工业生产者购进价格比上年下降7.6%，其中燃料动力类、黑色金属类、农副产品类购进价格分别下降13%、6.7%、3.7%。

消费品市场加快复苏。全市实现社会消费品零售总额4445.12亿元，比上年增长8.3%。从商品零售看，全市限额以上单位销售商品中，服装鞋帽、日用品等生活类消费分别增长20.9%和26.6%；书报杂志、办公用品等文化类消费分别增长98.4%和41.9%；汽车、石油制品等出行类消费分别增长7.2%和5.3%。从网络零售看，全市限额以上单位通过公共网络实现商品零售额增长

19.7%，占全部限额以上商品零售额比重为14.5%。对外贸易低位增长。全市实现进出口总额1207.6亿元，比上年增长1.8%；其中出口总额997.42亿元、下降1%，进口总额210.18亿元、增长17.4%。从出口结构看，一般贸易出口额787.95亿元、增长3.6%，占出口总额比重为79%；加工贸易出口额94.3亿元、增长3%。全市服务贸易进出口总额10.96亿美元，占对外贸易比重为6%。从出口产品看，机电产品出口额621.83亿元、下降2.2%，高新技术产品出口额83.79亿元、增长25.6%，农产品出口额28.83亿元、增长30.3%。从出口市场看，对东南亚国家联盟出口204.14亿元、增长1.9%，对欧盟出口111.28亿元、下降7.9%，对美国出口101.34亿元、下降17.3%，对共建“一带一路”国家和地区出口482.92亿元、增长10%。

对外合作有序推进。全年实际使用外资3.5亿美元，新批协议外资10.61亿美元。新签对外承包工程合同额、新签对外承包工程完成营业额分别为6100万美元和6600万美元；新批境外投资项目33个，境外投资中方协议投资额5.8亿美元。

财政收支稳定增长。全年一般公共预算收入545.96亿元，比上年增长5.5%；其中，税收收入415.69亿元、增长15%，税收收入占一般公共预算收入比重76.1%。主体税种中，增值税、企业所得税、城市维护建设税和契税分别增长34.4%、3.1%、2.9%和15.9%。全年一般公共预算支出1056.6亿元、增长2.4%，其中用于社会保障和就业、农林水、住房保障领域的支出分别增长6.8%、5.7%和39.2%。

居民收支稳定增长。全年全市居民人均可支配收入38089元，比上年增长5.9%。其中，工资性收入21391元、增长6%，经营净收入7429元、增长4.7%，财产净收入2136元、增长2%，转移净收入7133元、增长8.4%。按常住地分，城镇居民人均可支配收入44796元、增长5.1%，农村居民人均可支配收入27065元、增长7.4%；城乡收入比由上年的1.69∶1调整为1.66∶1，收入差距进一步缩小。全市居民人均消费支出24273元、增长9%。按常住地分，城镇居民人均生活消费支出26937元、增长7.8%，农村居民人均消费支出19894元、增长11.1%。全市居民恩格尔系数为29.6%、比上年下降0.1个百分点，其中城镇29%、农村30.8%。

第二节　连云港市经济社会发展情况

2023年实现地区生产总值4363.61亿元，比上年增长10.2%。其中，第一产业增加值435.54亿元，增长4.2%；第二产业增加值2011.68亿元，增长16.8%；第三产业增加值1916.39亿元，增长5.4%。全年三次产业结构比例为10.0∶46.1∶43.9。全市人均地区生产总值94917元，比上年增长10.3%。2019—2023年连云港市地区生产总值及其增长速度见图9-3-1。

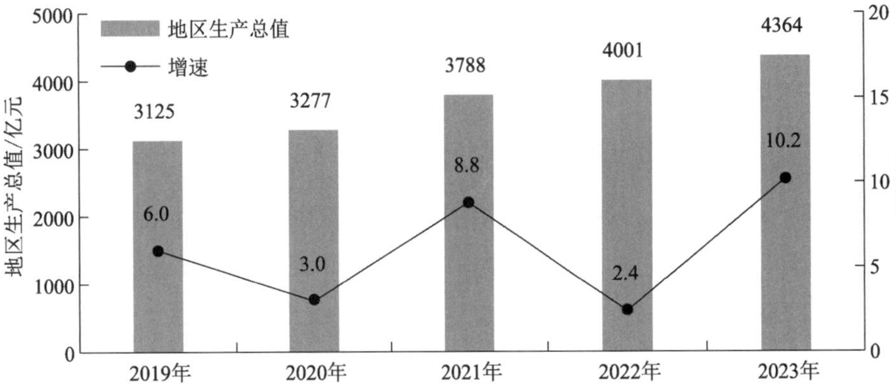

图9-3-1　2019—2023年连云港市地区生产总值及其增长速度

市场活力持续增强。全年新登记市场主体13.25万户，年末实有各类市场主体75.85万户，比上年末增长10.7%。其中，新登记私营企业2.71万户，年末私营企业15.94万户，较上年增长9.9%；新登记个体经营户9.71万户，年末个体经营户56.8万户，较上年增长10.5%。

就业形势稳定向好。全年实现城镇新增就业5.88万人，扶持自主创业2.06万人，离校未就业高校毕业生期末就业率90%以上。举办“直播带岗”“招聘夜市”“重点产业专场”等特色活动530场，提供就业岗位29.8万个次。减征社保费4.1亿元，发放“苏岗贷”9.1亿元，累计发放“创业贷”超过23.3亿元。发放社保补贴4.19亿元、失业保险金1.43亿元、失业补助金1318万元，援助就业困难人员就业1.38万人，帮扶城镇失业人员再就业2.51万人。

居民消费价格温和上涨。全年居民消费价格比上年上涨0.5%。分类别看，生活用品及服务类上涨0.2%，食品烟酒类上涨0.7%，衣着类上涨0.7%，教育文化娱乐类上涨2.6%，其他用品及服务类上涨4.3%，医疗保健类上涨4.8%，居住类下降0.2%，交通通信类下降2.5%。食品中，蛋类上涨0.1%，粮食上涨1.8%，水产品上涨2.7%，鲜果上涨9%，食用油下降0.8%，鲜菜下降3.9%，畜肉类下降5.9%。2023年连云港市居民消费价格指数见表9-3-1。

表9-3-1　2023年连云港市居民消费价格指数

指标	价格指数（以上年为100）
居民消费价格总指数	100.5
食品烟酒	100.7
衣着	100.7
居住	99.8
生活用品及服务	100.2
交通通信	97.5
教育文化娱乐	102.6
医疗保健	104.8
其他用品及服务	104.3

消费品市场稳健发展。全年社会消费品零售总额1277.25亿元，比上年增长6.6%。全年限额以上单位商品零售额463.51亿元，比上年增长5.1%。从商品分类看，机电产品及设备类、石油及制品类、烟酒类分别增长40.4%、24.4%、21.2%；汽车类、化妆品类、家具类分别增长13%、11.9%、9.6%；中西药品类、电子出版物及音像制品类、饮料类分别增长5.9%、4.8%、1.9%。

对外经贸稳中提质。全年外贸进出口总额1360亿元，比上年增长27.1%。其中进口1001.07亿元，增长47.9%；出口358.9亿元，下降8.7%。从贸易方式看，一般贸易进出口总额1061.6亿元，增长53.4%；加工贸易进出口56.42亿元，下降37.3%。从贸易市场看，俄罗斯、美国、东盟是全市前三大贸易伙伴，分别进出口214.23亿元、190.51亿元和175.6亿元，增长114.6%、5.8%和1.3%；对巴西、欧盟、韩国、日本分别进出口90.44亿元、60.13亿元、56.32亿元和42.13亿元，分别增长24.2%、下降12.9%、下降33.2%和下降33.2%。从出口主体看，国有企业出口额下降12.1%，外资企业出口额下降18.2%，私营企业出口额下降4.3%。从出口产品看，出口机电产品96.22亿元，增长1.7%，其中太阳能电池14.34亿元，增长7.1%；出口基本有机化学品57.72亿元，下降28%；出口农产品36.03亿元，增长6%，其中蔬菜及食用菌9.61亿元，增长1.5%；出口胶合板21.33亿元，下降14.7%。

双向投资量质齐增。全年新设立外商投资企业79家，比上年下降1.3%。实际使用外资4.36

亿美元，下降44.1%。全年新增境外投资项目12个，中方协议投资额4290万美元。新批“一带一路”共建国家对外投资项目4个，中方协议投资额1210万美元。

财政收入增长较快。全年完成一般公共预算收入256.02亿元，比上年增长20.3%。其中，税收收入195.84亿元，增长53.6%。2023年连云港市一般公共预算收入情况见表9-3-2。

表9-3-2　2023年连云港市一般公共预算收入情况

指标	绝对数/亿元	比上年增长/%
一般公共预算收入	256.02	20.3
# 增值税	84.51	592.9
企业所得税	32.03	-5.3
个人所得税	10.79	1.3
上划中央四税	247.99	122.2
# 国内消费税	99.14	263.0

收入水平持续改善。全年居民人均可支配收入35983元，比上年增长6.7%。其中，工资性收入18964元，增长7.1%；经营净收入7415元，增长4.7%；财产净收入2475元，增长3.8%；转移净收入7129元，增长9%。按常住地分，城镇居民人均可支配收入43769元，增长6%；农村居民人均可支配收入24411元，增长7.7%。城乡居民收入差距进一步缩小，城乡居民收入比由上年的1.82∶1降为1.79∶1。全市居民人均消费支出23806元，比上年增长9.5%。按常住地分，城镇居民人均消费支出28024元，增长8.4%；农村居民人均消费支出17537元，增长11.6%。

第三节　宿迁市经济社会发展情况

2023年，全市实现地区生产总值4398.07亿元，按不变价计算，比上年增长7.8%（图9-3-2）。分产业看，第一产业实现增加值389.5亿元，增长4.9%；第二产业实现增加值1941.95亿元，增长8.9%；第三产业实现增加值2066.62亿元，增长7.3%。全市人均地区生产总值88379元，比上年增长8%。

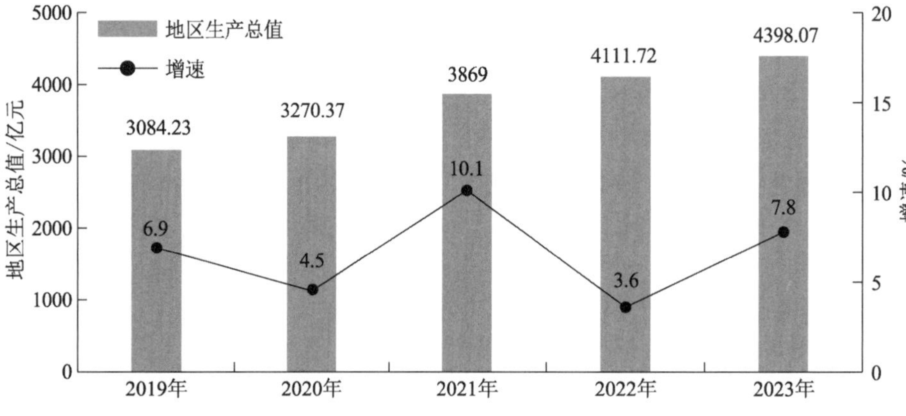

图9-3-2　2019—2022年宿迁市地区生产总值及其增长速度

产业结构不断优化。全市三次产业结构比例调整为8.9∶44.1∶47.0（图9-3-3）。其中，第一产业比重下降0.2个百分点，第二产业比重下降0.6个百分点，第三产业比重提升0.8个百分点。

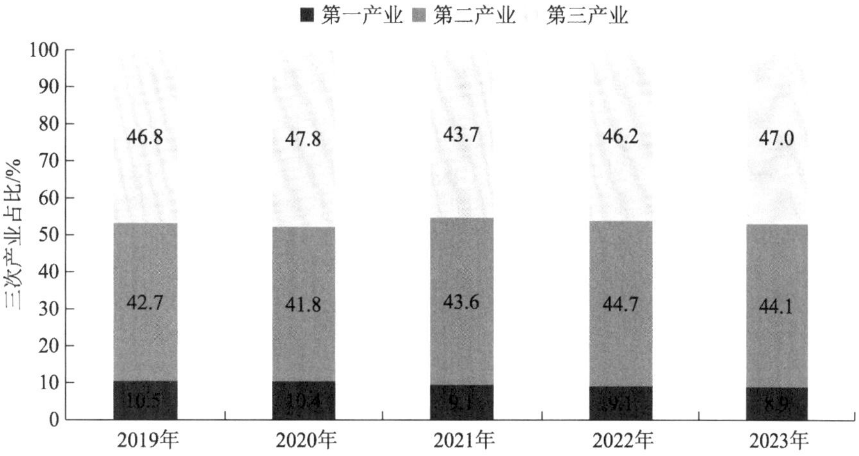

图 9-3-3　2019—2023 年宿迁市三次产业结构情况

发展动能加速集聚。全市工业六大主导产业产值比上年增长 12.5%，占规模以上工业产值比重达 87.8%，其中新能源产业成为全市首个千亿级产业，实现产值 1041.33 亿元，增长 16.1%。全市限额以上商品网上零售额增长 10.6%，拉动全市限额以上零售额增长 4.4 个百分点；规模以上服务业营收保持 30%以上高位增长。

就业形势总体平稳。全年城镇新增就业 5.39 万人，扶持返乡就业创业超 6 万人，发放稳岗返还资金 8900 余万元，为 4.17 万名灵活就业人员发放社保补贴 2.2 亿元。帮助 2.86 万名城镇失业人员再就业，零就业家庭始终保持动态清零。

消费价格温和上涨。全年居民消费价格总水平（CPI）上涨 0.6%，涨幅较上年收窄 1.4 个百分点。八大类商品及服务价格呈“六涨两跌”态势。其中：“六涨”即其他用品及服务类上涨 4.1%，衣着类上涨 3%，教育文化娱乐类上涨 2.6%，医疗保健类上涨 1.6%，食品烟酒类上涨 1.1%，生活用品及服务类上涨 0.4%；“两跌”即居住类下跌 0.3%，交通通信类下跌 2.4%（表 9-3-3）。

表 9-3-3　2023 年宿迁市居民消费价格比上年涨跌幅度

指标	增长/%
居民消费价格	0.6
食品烟酒	1.1
衣着	3.0
居住	-0.3
生活用品及服务	0.4
交通和通信	-2.4
教育文化和娱乐	2.6
医疗保健	1.6
其他用品及服务	4.1

市场消费稳步向好。全市实现社会消费品零售总额为 1587.39 亿元，比上年增长 8.3%（图 9-3-4）。其中限额以上社会消费品零售额为 517.52 亿元，增长 15.7%。分商品类别看：基本生活类商品保持平稳较快增长，粮油食品类、烟酒类和日用品类商品零售额比上年分别增长 19.4%、241.2%和 30.1%；消费升级类商品持续回升，金银珠宝类和家用电器音像器材类商品零

售额比上年分别增长29.7%和18.7%；出行类商品消费继续发挥压舱石作用，汽车类商品零售额为110.77亿元，石油及制品类商品零售额为75.59亿元，分别增长8.9%和16.1%，合计占限额以上社零额的36%，拉动限额以上社零额增长4.4个百分点（表9-3-4）。

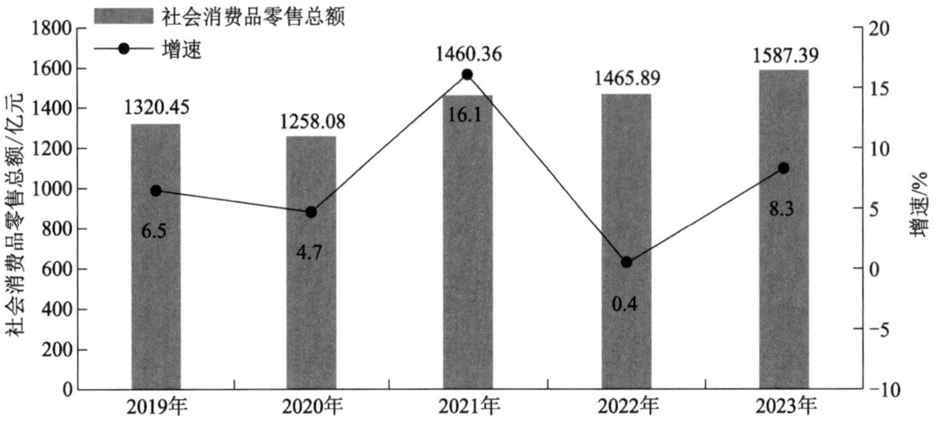

图9-3-4　2019—2023年宿迁市社会消费品零售总额情况

表9-3-4　2023年宿迁市限额以上社会消费品零售额情况

指标	总量/亿元	增长/%
限额以上单位社会消费品零售总额	517.52	15.7
# 批发零售业	502.66	15.5
粮油、食品类	33.92	19.4
饮料类	10.39	51.6
烟酒类	50.1	241.2
服装、鞋帽、针纺织品类	15.27	13.7
化妆品类	10.04	-21.4
金银珠宝类	4.36	29.7
日用品类	32	30.1
家用电器和音像器材类	55.92	18.7
中西药品类	10.26	13.1
石油及制品类	75.59	16.1
建筑及装潢材料类	9.76	96.0
机电产品及设备类	0.39	-13.3
汽车类	110.77	8.9
# 住宿餐饮业	14.85	22.3

进出口稳步提升。全市实现进出口总额88.12亿美元，比上年增长9.2%。其中，出口79.31亿美元，增长9.9%；进口8.81亿美元，增长3.6%（表9-3-5）。全年新批外商投资企业项目94个，比上年增长59.3%；完成协议注册外资25.64亿美元，增长183.4%。

表 9-3-5　2023 年宿迁市外贸外资情况

指标	总量/亿美元	增长/%
进出口总额	88.12	9.2
# 出口总额	79.31	9.9
进口总额	8.81	3.6

财政收入平稳增长。全市实现一般公共预算收入 302 亿元，比上年增长 11.1%。其中，税收收入 240.37 亿元，增长 10%；税收占比 79.6%。分类别看，增值税收入 120.64 亿元，增长 69.8%；契税收入 20.11 亿元，增长 18.3%；城市维护建设税收入 14.53 亿元，增长 14.2%（表 9-3-6）。

表 9-3-6　2023 年宿迁市主要税种税收情况

指标	总量/亿元	增长/%
一般公共预算收入	302.00	11.1
# 税收收入	240.37	10.0
# 增值税	120.64	69.8
企业所得税	36.77	-31.8
个人所得税	15.25	-24.2
# 城市维护建设税	14.53	14.2
# 契税	20.11	18.3

居民收支稳步增长。全体居民人均可支配收入 32693 元，比上年增长 6.2%（图 9-3-5）。按收入来源分，工资性收入 17504 元，增长 6.5%；经营净收入 8438 元，增长 5.9%；财产净收入 1415 元，增长 4%；转移净收入 5336 元，增长 6.1%。按常住地分，城镇居民人均可支配收入 38756 元，增长 5.4%；农村居民人均可支配收入 24679 元，增长 7%。全市居民人均消费支出 20600 元，比上年增长 8.8%；其中，食品烟酒支出 6102 元，占比 29.6%，较上年回落 0.4 个百分点。

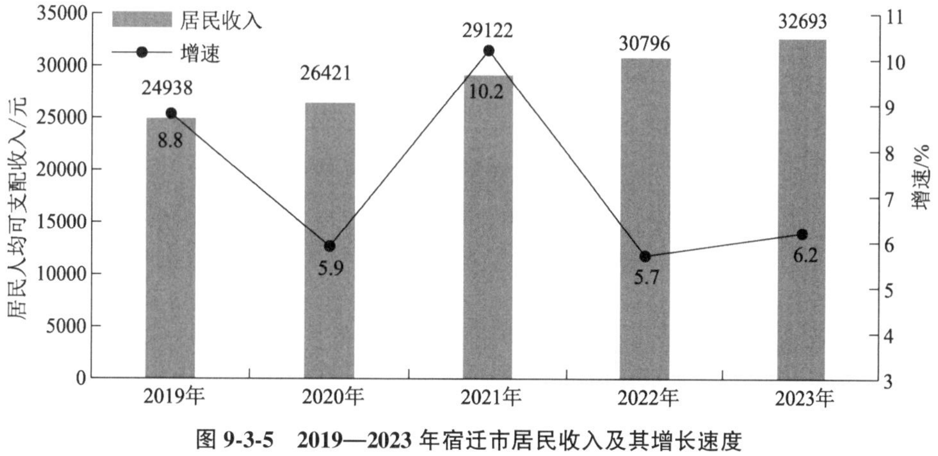

图 9-3-5　2019—2023 年宿迁市居民收入及其增长速度

第四节 宿州市经济社会发展情况

2023年全市实现地区生产总值2291.5亿元，按可比价格计算，增长5.8%。其中：第一产业增加值338.4亿元，增长4%；第二产业增加值739.2亿元，增长5.2%；第三产业增加值1213.9亿元，增长6.9%（表9-3-7）。三次产业结构比为14.8：32.2：53。人均地区生产总值43387元，增长6.5%。2019—2023年宿州市地区生产总值及其增长速度见图9-3-6。

表9-3-7 2023年宿州市地区生产总值及其增长速度

指标	绝对数/亿元	比上年增长/%
地区生产总值	2291.5	5.8
其中：第一产业	338.4	4.0
第二产业	739.2	5.2
第三产业	1213.9	6.9
其中：农林牧渔业	401.0	4.4
工业	499.8	4.2
建筑业	239.6	7.3
批发和零售业	219.8	12.1
交通运输、仓储和邮政业	123.7	6.0
住宿和餐饮业	56.8	13.8
金融业	127.6	8.0
房地产业	157.2	3.1
其他营利性服务业	218.5	10.4
其他非营利性服务业	247.4	0.9

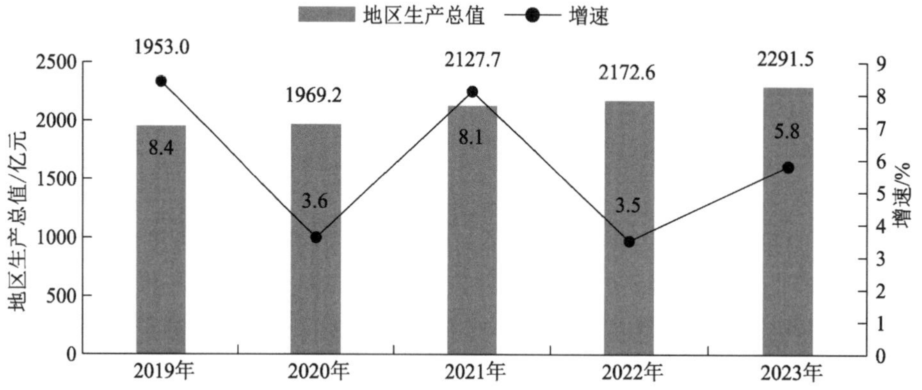

图9-3-6 2019—2023年宿州市地区生产总值及其增长速度

年末全市常住人口526.3万人，比上年末减少3.7万人，城镇化率48.09%，比上年提高1.71个百分点。

就业形势总体稳定。全年城镇新增就业2.7万人，帮助1.3万名下岗失业人员及就业困难人员实现再就业。

动力活力持续增强。战略性新兴产业产值增长21.1%，占规模以上工业产值比重为20.2%；

全年高技术制造业增加值比上年增长 1.3%，占规模以上工业增加值比重为 6.6%；高技术产业投资增长 14.7%。新登记各类市场主体 12.1 万户，增长 10.1%，市场主体总量达到 66.8 万户。

居民消费价格保持稳定。全年居民消费价格与上年持平。其中，食品烟酒价格上涨 0.1%，衣着价格上涨 0.8%，居住价格上涨 0.1%，生活用品及服务价格上涨 0.1%，交通和通信下降 2.5%，教育文化和娱乐价格上涨 0.3%，医疗保健上涨 0.3%，其他用品和服务价格上涨 2.5%（表 9-3-8）。

表 9-3-8　2023 年宿州市居民消费价格比上年涨跌幅度

指标	涨跌幅度/%
居民消费价格	0.0
食品烟酒	0.1
衣着	0.8
居住	0.1
生活用品及服务	0.1
交通和通信	-2.5
教育文化和娱乐	0.3
医疗保健	0.3
其他用品和服务	2.5

全年社会消费品零售总额 1312.4 亿元（图 9-3-7），比上年增长 7.2%，分城乡看，城镇零售额 972.7 亿元，增长 6%；乡村零售额 339.7 亿元，增长 11%。

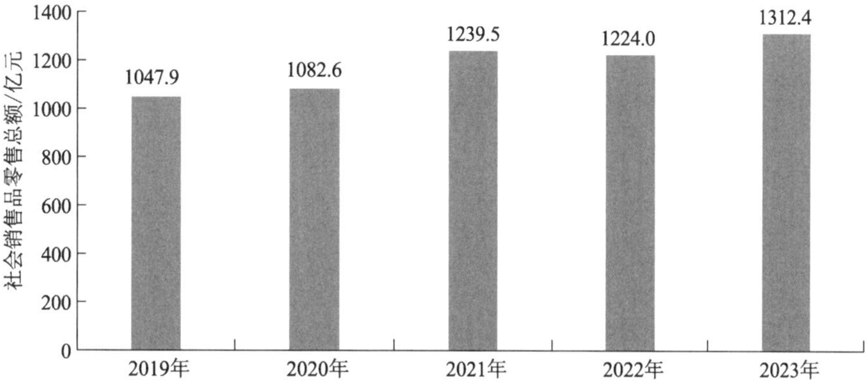

图 9-3-7　2019—2023 年宿州市社会消费品零售总额

限额以上企业（单位）商品零售额中，书报杂志类、家具类、汽车类及中西药类等零售额分别增长 14.6%、8.5%、2%、11.8%；日用品类、文化办公用品类、服装类、金银珠宝类及化妆品类分别下降 0.1%、7.8%、5.5%、13.7%、14.3%；限额以上单位通过公共网络实现的商品零售额下降 2.3%。

全年进出口总额 9.4 亿美元（图 9-3-8），比上年下降 36.4%。其中，进口总额 0.8 亿美元，下降 32.8%；出口总额 8.6 亿美元，下降 36.8%。

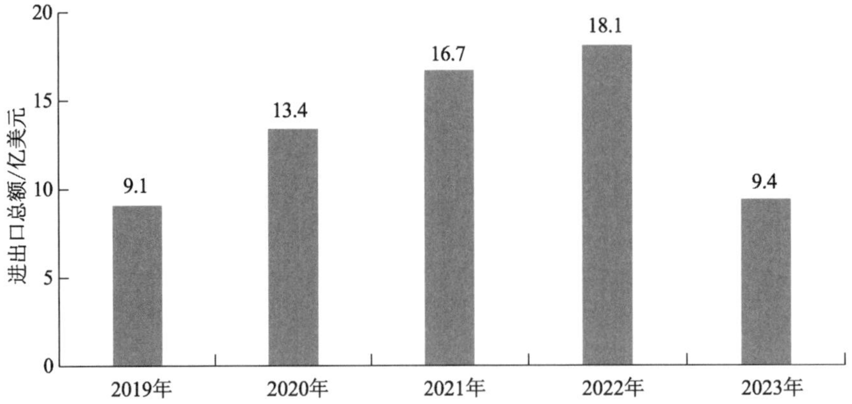

图 9-3-8　2019—2023 年宿州市进出口总额

全年引进外资项目 12 个；合同利用外资 0.7 亿美元，下降 34.9%；实际利用外商直接投资 0.2 亿美元，下降 22.1%。

全年一般公共预算收入 161.8 亿元（图 9-3-9），比上年增长 4.1%。其中，税收收入 89.4 亿元，下降 1.2%；一般公共预算支出 501.8 亿元，下降 0.1%。从重点支出项目看，教育支出增长 5.2%，城乡社区支出增长 0.4%，社会保障和就业支出增长 4.3%，卫生健康支出增长 3.5%。

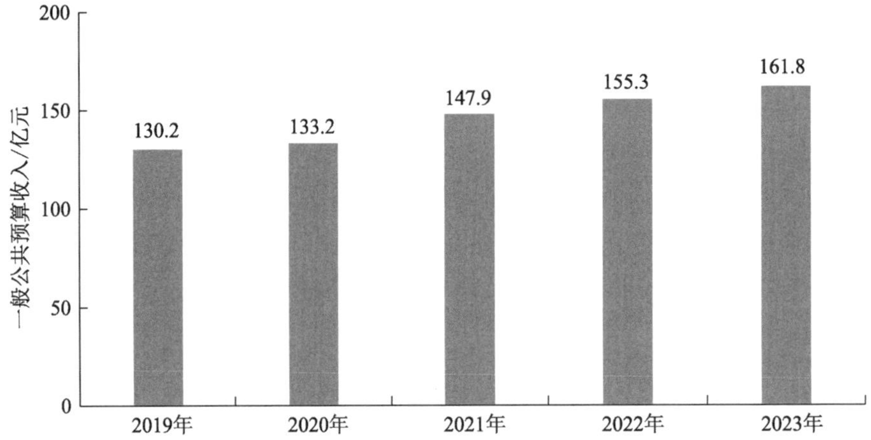

图 9-3-9　2019—2023 年宿州市一般公共预算收入

全年常住居民人均可支配收入 27250 元，比上年增长 6.2%。其中，城镇居民人均可支配收入 40895 元，增长 5.1%；农村常住居民人均可支配收入 18282 元，增长 8.2%（图 9-3-10）。

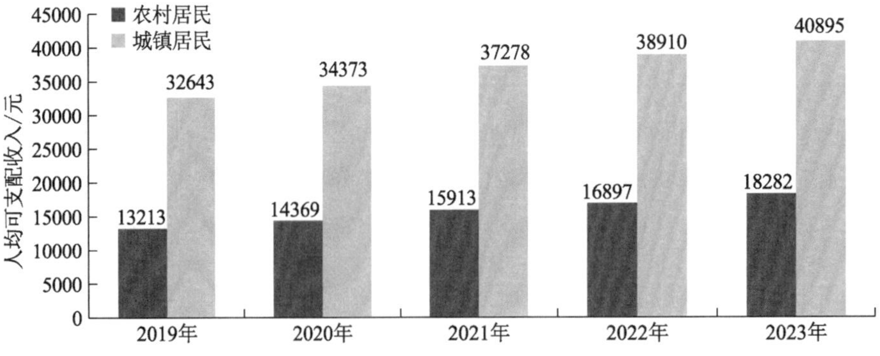

图 9-3-10　2019—2023 年宿州市城乡居民人均可支配收入

第五节　淮北市经济社会发展情况

2023 年全市实现地区生产总值 1365.5 亿元，比上年增长 5.3%。其中，第一产业增加值 89.7 亿元，增长 3.6%；第二产业增加值 584.9 亿元，增长 6.1%；第三产业增加值 690.9 亿元，增长 5%（表 9-3-9）。三次产业结构比例为 6.6 ∶ 42.8 ∶ 50.6（图 9-3-11）。

表 9-3-9　2023 年淮北市地区生产总值及其增长速度

指标	完成数/亿元	比上年增长/%
地区生产总值	1365.5	5.3
其中：第一产业	89.7	3.6
第二产业	584.9	6.1
第三产业	690.9	5.0

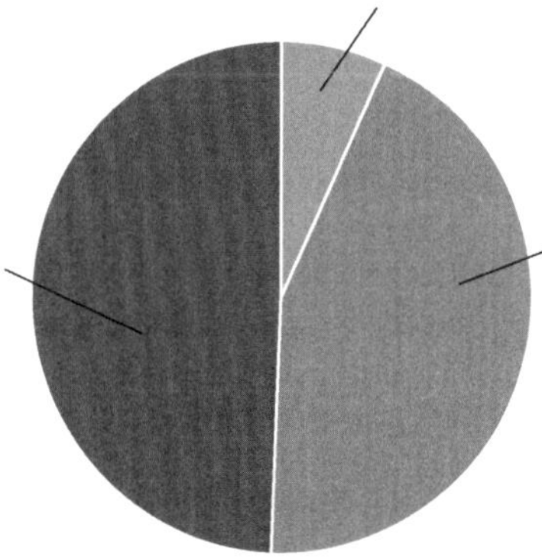

图 9-3-11　2023 年淮北市三次产业结构比例

年末全市户籍人口 218 万人，比上年减少 3066 人，其中城镇人口 124 万人，乡村人口 94 万人（表 9-3-10）。常住人口 194.4 万人，比上年减少 0.6 万人。户籍人口城镇化率 56.9%，提高 0.1 个百分点；常住人口城镇化率 65.64%，提高 0.7 个百分点。全年人口出生率 6.54‰，人口死亡率 8.25‰，人口自然增长率下降 1.71‰。

表 9-3-10　2023 年淮北市户籍人口情况

指标	年末数/人	比重/%
全市户籍人口	2180287	-
# 城镇人口	1240316	56.89
乡村人口	939971	43.11
# 男性	1120769	51.40
女性	1059518	48.60
# 0~17 岁	456172	20.92
18~34 岁	477516	21.90

续表

指标	年末数/人	比重/%
35~59岁	844104	38.72
60岁及以上	402495	18.46

全年居民消费价格与上年持平，构成居民消费的八大类商品价格五涨三降。其中，其他用品及服务价格上涨3.9%，衣着价格上涨1.7%，医疗保健价格上涨1.5%，教育文化娱乐价格上涨1.3%，生活用品及服务价格上涨0.5%；交通通信价格下降2.5%，食品烟酒价格下降0.6%，居住价格下降0.1%。2023年淮北市居民消费价格指数见表9-3-11。

表9-3-11　2023年淮北市居民消费价格指数

指标	价格指数（以上年为100）
居民消费价格指数	100.0
食品烟酒	99.4
粮食	100.3
鲜菜	95.9
畜肉	93.4
水产品	98.8
蛋	99.6
鲜果	100.6
衣着	101.7
居住	99.9
生活用品及服务	100.5
交通和通信	97.5
教育文化和娱乐	101.3
医疗保健	101.5
其他用品和服务	103.9

全年新增城镇就业人数3.5万人。全年新增私营企业7999户，新增注册资金412亿元；新增个体工商户3.4万户，新增个体从业人员5.6万人。年末全市实有个体工商户16.5万户，个体从业人员37.6万人；实有私营企业4.6万家，注册资金2937.6亿元。全市农民合作社共1868个。

全年实现社会消费品零售总额524.6亿元，比上年增长6%。按经营地统计，城镇消费品零售额424.9亿元，增长5.9%；乡村消费品零售额99.7亿元，增长6.4%。按消费类型统计，实现商品零售493.9亿元，增长5.7%；餐饮收入30.7亿元，增长10.5%。

全年实现外贸进出口总额107.4亿元，比上年增长15.4%。其中出口97亿元，增长15.8%；进口10.4亿元，增长12.5%。

全年实现一般公共预算收入104.8亿元，比上年增长8%。一般公共预算支出222.2亿元，增长3.8%。其中一般公共服务支出16.2亿元，增长4.5%；社会保障和就业支出33.2亿元，增长17.9%；卫生健康支出21.5亿元，增长3%；农林水事务支出23.7亿元，增长3.9%；教育支出42.2亿元，增长6.4%；节能环保支出2.1亿元，下降37.7%；文化体育与传媒支出2.7亿元，增长24.3%（表9-3-12）。

表 9-3-12　2023 年淮北市一般公共预算收入和支出情况

指标	完成数/亿元	比上年增减/%
一般公共预算收入	104.8	8.0
一般公共预算支出	222.2	3.8
一般公共服务支出	16.2	4.5
公共安全支出	9.7	6.9
教育支出	42.2	6.4
科学技术支出	8.4	-5.3
社会保障和就业支出	33.2	17.9
卫生健康支出	21.5	3.0
节能环保支出	2.1	-37.7
城乡社区事务支出	23.8	-31.7
文化体育与传媒支出	2.7	24.3
农林水事务支出	23.7	3.9
住房保障支出	18.6	52.3

全年居民人均可支配收入 34079 元，比上年增加 1574 元，增长 4.8%。城镇居民人均可支配收入 43786 元，增加 2085 元，增长 5%。城镇居民人均消费支出 21302 元，增长 3.7%。

第六节　枣庄市经济社会发展情况

2023 年全市实现生产总值 2156.74 亿元，按可比价格计算，比上年增长 6.4%。其中，第一产业增加值 200.82 亿元，增长 4.3%；第二产业增加值 822.86 亿元，增长 7.5%；第三产业增加值 1133.06 亿元，增长 5.9%。三次产业结构比例调整为 9.3∶38.2∶52.5。

城镇新增就业 3.73 万人，其中城镇失业人员再就业人数 1.05 万人，就业困难人员实现就业 2959 人。年末城镇登记失业人数 8447 人。举办“枣庄—高校人才直通车”等招聘活动 34 场，招募青年见习 1654 人。

全年居民消费价格比上年上涨 0.1%。其中，消费品价格下降 0.1%，服务项目价格上涨 0.3%。2023 年枣庄市居民消费价格指数见表 9-3-13。

表 9-3-13　2023 年枣庄市居民消费价格指数

指标	价格指数（以上年为 100）
居民消费价格指数	100.1
食品烟酒	101.0
粮食	108.8
鲜菜	98.8
衣着	100.6
居住	99.8
生活用品及服务	99.6
交通通信	97.5

续表

指标	价格指数（以上年为100）
教育文化娱乐	101.1
医疗保健	100.0
其他用品及服务	103.4

年末枣庄市常住人口380.98万人，其中城镇人口235.19万人。常住人口城镇化率为61.73%，比上年末提高1.02个百分点。

全年社会消费品零售总额1128.6亿元，比上年增长11.3%，其中限额以上单位消费品零售额289.7亿元，比上年增长14.9%。按经营单位所在地分，城镇消费品零售额947.1亿元，增长11.2%；乡村消费品零售额181.5亿元，增长11.6%。按消费类型分，餐饮收入额129.1亿元，增长23.3%；商品零售额999.5亿元，增长9.9%。

全年货物进出口总额513.1亿元，比上年增长20.9%。其中，出口479.5亿元，增长22.7%；进口33.6亿元，增长0.2%。实际使用外资5.91亿美元，下降12.1%。二手车出口1872辆，出口额3.7亿元，分别增长435%、1638%，峄城区、高新区各新增1家二手车出口试点企业。

招商引资纵深推进。新开工亿元及以上项目483个，其中，10亿元及以上95个，50亿元及以上25个。新签约亿元及以上项目583个。枣庄市积极运用股权并购、境外发债、债转股、利润转增等方式，推动外资来源多元化。

全年全市一般公共预算收入181.05亿元，比上年增长7.2%。其中，税收收入116.14亿元，增长3.6%。一般公共预算支出352.05亿元，增长8.2%，其中，民生支出占一般公共预算支出比重为79.7%，社会保障和就业支出增长23.1%，节能环保支出增长20.2%，公共安全支出增长14.3%，住房保障支出增长6.9%。

全年全市居民人均可支配收入33505元，比上年增长6.4%。其中，城镇居民人均可支配收入42084元，增长5.9%；农村居民人均可支配收入22410元，增长7.4%。居民人均消费支出19134元，增长7.5%。其中，城镇居民人均消费支出22862元，增长6.4%；农村居民人均消费支出14313元，增长9.8%。2023年枣庄市居民人均收入，消费支出情况见表9-3-14，2023年末枣庄市每百户居民家庭主要耐用消费品拥有量见表9-3-15。

表9-3-14　2023年枣庄市居民人均收入、消费支出情况

指标	绝对量/元	比上年增长/%
可支配收入	33505	6.4
工资性收入	21720	4.8
经营净收入	6964	9.3
财产净收入	1507	9.4
转移净收入	3315	10.6
消费支出	19134	7.5
食品烟酒	5735	7.4
衣着	1478	4.6
生活用品及服务	1510	4.7
交通通信	2564	10.4
教育文化娱乐	2207	9.6
医疗保健	1255	5.2
其他用品和服务	395	7.3

表 9-3-15　2023 年末枣庄市每百户居民家庭主要耐用消费品拥有量

指标	单位	数量
家用汽车	辆	53
摩托车	辆	23
电冰箱（柜）	台	101
洗衣机	台	100
热水器	台	94
空调	台	152
彩色电视机	台	110
照相机	台	14
计算机	台	56
中高档乐器	架	6
固定电话	部	7
移动电话	部	240

第七节　济宁市经济社会发展情况

2023 年全市实现地区生产总值 5516 亿元，按可比价计算，同比增长 6.5%（图 9-3-12）。其中第一产业增加值 628 亿元、增长 4.5%，第二产业增加值 2074 亿元、增长 7.3%，第三产业增加值 2815 亿元、增长 6.2%。分行业看，农林牧渔业增加值 682.82 亿元、增长 4.8%，工业增加值 1782.16 亿元、增长 7.4%，批发和零售业增加值 845.4 亿元、增长 6%，交通运输、仓储和邮政业增加值 234.94 亿元、增长 5.9%，住宿餐饮业增加值 107.43 亿元、增长 12.1%，金融业增加值 301.19 亿元、增长 9.2%，房地产业增加值 262.66 亿元、增长 1.9%，其他服务业增加值 998.96 亿元、增长 5.4%。三次产业结构比例由上年的 11.5∶37.9∶50.6 调整为 11.4∶37.6∶51.0。

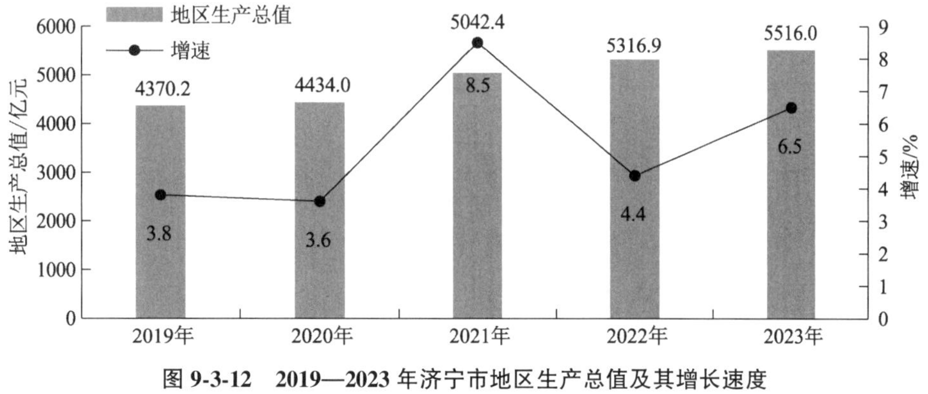

图 9-3-12　2019—2023 年济宁市地区生产总值及其增长速度

经营主体稳步增加。全年新增经营主体 14.1 万户，其中新登记企业 4.2 万户、占比为 29.9%，新登记个体工商户 9.8 万户、占比为 69.6%，新登记农民专业合作社 793 户、占比为 0.6%。年末经营主体总量 101.3 万户、增长 4.2%，注册资本金 24537.6 亿元、增长 0.1%。其中外商投资企业 1537 户、增长 6.4%，私营企业 29.7 万户、增长 5.3%，个体工商户 68.7 万户、增长 4.2%。2019—2023 年济宁市市场主体期末户数及其增长速度见图 9-3-13。

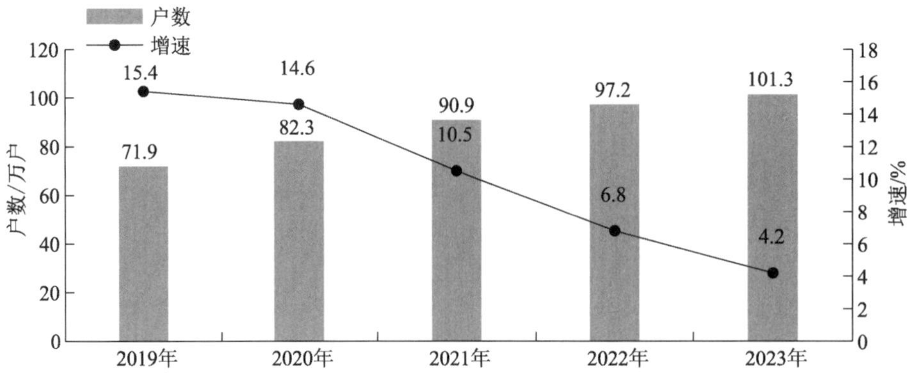

图 9-3-13　2019—2023 年济宁市市场主体期末户数及其增长速度

物价运行保持平稳。居民消费价格指数同比回落 2.2 个百分点。分类别看，食品烟酒价格下降 1%，衣着类价格指数上涨 0.6%，居住类价格与去年持平，生活用品及服务类价格指数上涨 0.1%，交通和通信类价格指数下降 3.1%，教育文化和娱乐类价格指数上涨 1%，医疗保健价格上涨 0.4%，其他用品和服务类价格指数上涨 3.4%。2019—2023 年济宁市居民消费价格指数增长速度见图 9-3-14。

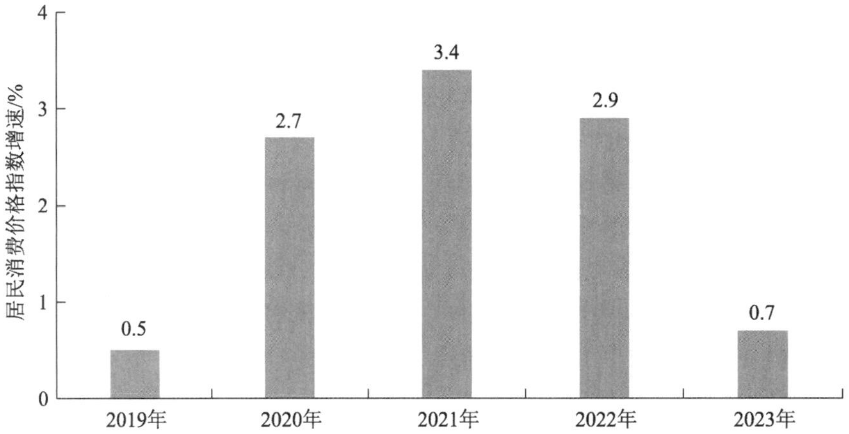

图 9-3-14　2019—2023 年济宁市居民消费价格指数增长速度

人口规模总体稳定。全市常住人口 824.05 万人，其中城镇人口 519.6 万人，农村人口 304.45 万人。常住人口城镇化率为 63.05%、比上年提高 1.07 个百分点。

制造强市持续见效。持续推进制造强市建设，围绕“231+1”特色产业集群，梳理 19 条核心产业链，生成延链补链强链项目 416 个，“一链一策”制定产业发展“全景图”“路线表”，制造业支撑力明显提升，规模以上制造业增加值同比增长 9.9%、高于上年同期 6.8 个百分点，拉动全市规模以上工业增长 5.7 个百分点，制造业对工业贡献率超过 50%。优选 1150 家企业重点培育，新培育山东省创新型中小企业 490 家、省级专精特新中小企业 273 家、省级瞪羚企业 33 家、省级单项冠军企业 29 家、省级服务型制造示范企业 17 家、国家级服务型制造示范企业 1 家，16 家企业获评国家第五批专精特新“小巨人”企业。数字经济聚势赋能，建成 5G 基站 2608 个，完成 231 个住宅小区、单位地下停车场等室内 5G 网络信号深度覆盖建设，成功获评国家级千兆城市和国家级信息消费示范城市。高标准创建市级绿色工厂 37 家，8 家企业入选省级绿色工厂，9 家企业、2 家园区入选国家级绿色制造名单。

高质量发展扎实推进。聚焦推进传统产业提质、新兴产业壮大、未来产业培育三大任务，着力强化优质项目引领带动，突出抓实重点领域消费升级，高质量发展基础更加夯实。大项目建设加快推进，249 个计划总投资 10 亿元及以上项目完成投资额增长 48.7%、拉动全市投资增长 10.7 个百分点；新产业稳步成长，高新技术产业产值占规模以上工业比重达到 49.4%、比上年同期提升 8.2 个百分点，新一代信息技术制造业增长 20.1%，现代高效农业增加值同比增长 10.5%；新消费模式持续蓄力，通过公共网络实现的商品零售额同比增长 66.8%，新能源汽车实现零售额同比增长 71.9%；绿色低碳发展底色更亮，全年新能源发电 65.8 亿千瓦时、增长 20%，其中规模以上生物质发电增长 15.7%，占规模以上发电量的比重为 4.2%、比上年提高 0.4 个百分点。

消费市场复苏向好。社会消费品零售总额实现 2732.7 亿元、增长 11%。按经营地统计，城镇实现 2322.3 亿元、增长 10.8%，乡村 410.4 亿元、增长 11.6%。按消费类型统计，商品零售实现 2423.1 亿元、增长 9.4%，餐饮收入实现 309.6 亿元、增长 24.4%。按商品类别统计，全年限额以上单位商品零售额中，粮油食品类增长 20.8%，金银珠宝类增长 10.1%，汽车类增长 13.7%，石油及制品类增长 12.8%，家用电器和音像器材类增长 8%，通讯器材类增长 20.4%。

对外贸易发展较快。进出口完成 971.5 亿元、增长 30%，其中出口 788.6 亿元、增长 45.9%，进口 182.9 亿元、下降 11.6%。按市场主体分，前三大贸易伙伴为东盟、欧盟、美国，进出口分别为 213.2 亿元、99.4 亿元、87.2 亿元，分别增长 21.2%、11.2%、9.5%。对“一带一路”共建国家和 RCEP 协定国分别完成进出口 603.8 亿元、333.1 亿元，分别增长 50.3%、24.3%。按商品类别分，机电产品、农产品出口分别增长 54.8%、28.4%，农产品、机电产品进口分别增长 183.8%、12.2%。2019—2023 年济宁市进出口总额及其增长速度见图 9-3-15。

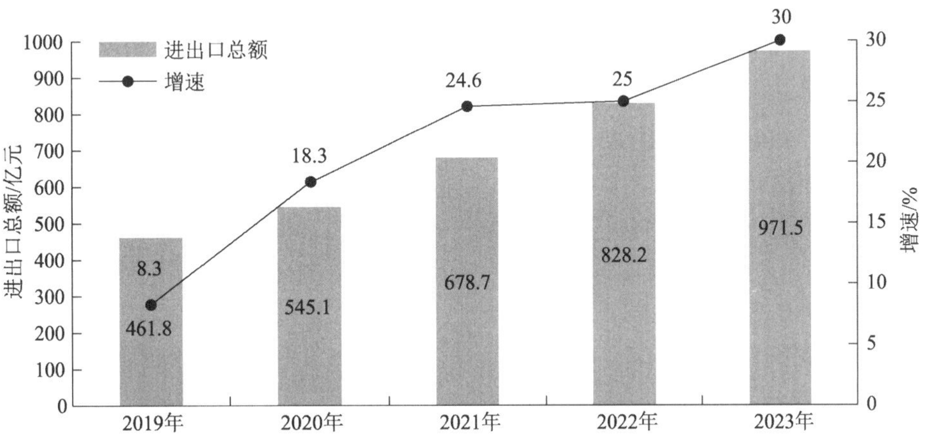

图 9-3-15　2019—2023 年济宁市进出口总额及其增长速度

财税运行稳健有力。全年一般公共预算收入完成 475 亿元、同比增长 6.1%，其中税收收入完成 323.6 亿元、增长 7.3%，税收占比 68.1%。一般公共预算支出完成 782.8 亿元、增长 4.8%，其中民生领域支出达 627.8 亿元、增长 6%，占全部支出比重为 80.2%。重点支出项目中，农林水、卫生健康、社保就业分别增长 9.9%、7.5%、14%。

居民生活质量提高。全体居民人均可支配收入 35861 元、增长 6.6%，人均消费支出 20495 元、增长 7.6%。其中城镇居民人均可支配收入 45055 元、增长 5.9%，人均消费支出 24992 元、增长 6.2%；农村居民人均可支配收入 23851 元、增长 7.7%，人均消费支出 14895 元、增长 9.9%。城乡居民收入比由上年的 1.94 调整为 1.91。城镇居民人均住房建筑面积 40.2 平方米，农村居民人均住房建筑面积 40.5 平方米。全年改造老旧小区 313 个，筹集人才住房 4231 套，发放租赁补贴 3897 户，棚户区改造开工 6538 套。升级改造换热站 507 座，更新改造老旧管道 102.8 公里。实施农村危房改造 1053 户，新增户厕改造 3159 户。2019—2023 年济宁市城乡居民人均可支配收入见图 9-3-16。

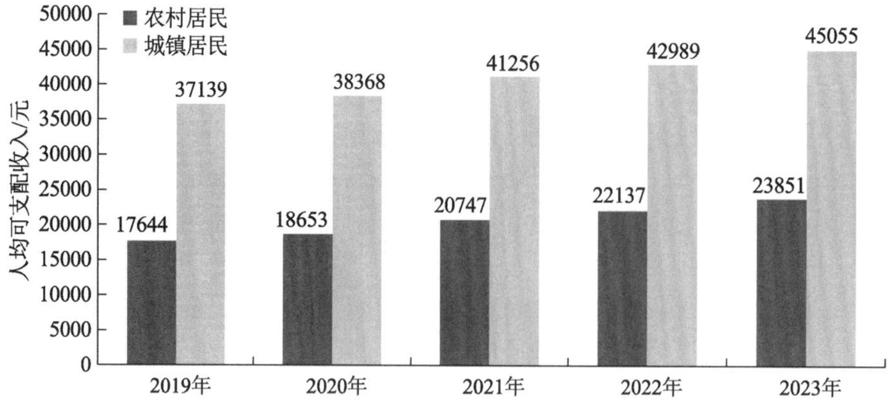

图 9-3-16　2019—2023 年济宁市城乡居民人均可支配收入

第八节　商丘市经济社会发展情况

2023 年全市实现地区生产总值 3109 亿元，比上年增长 3.6%。其中，第一产业增加值 588.03 亿元，增长 2.1%；第二产业增加值 1011.84 亿元，增长 4.1%；第三产业增加值 1509.13 亿元，增长 3.9%。三次产业结构比例为 18.9∶32.6∶48.5。全年人均生产总值 40403 元，比上年增长 4.1%。

年末全市常住人口 766.02 万人，其中城镇常住人口 373.51 万人，乡村常住人口 392.51 万人；常住人口城镇化率为 48.76%，比上年末提高 0.95 个百分点。全年出生人口 6.2 万人，出生率为 8.06‰；死亡人口 6.7 万人，死亡率为 8.71‰；人口自然增长率为-0.65‰。

全年全市城镇新增就业人员 7.32 万人，城镇失业人员再就业 1.66 万人，就业困难人员再就业 0.62 万人。新增农村劳动力转移就业 9.35 万人，新增返乡入乡创业 3.39 万人，年末农村劳动力转移就业总量为 242 万人。

全年全市居民消费价格比上年下降 0.4%。分类别看，其他用品和服务价格上涨 3.1%，医疗保健价格上涨 1%，教育文化和娱乐价格上涨 0.5%，食品烟酒价格下降 0.3%，衣着价格下降 0.4%，生活用品及服务价格下降 0.6%，居住价格下降 1%，交通和通信价格下降 2.3%。

全年全市货物进出口总额 65.4 亿元，比上年下降 0.3%。其中，出口 50.6 亿元，下降 1.9%；进口 14.8 亿元，增长 5.4%。对共建“一带一路”国家进出口 33.7 亿元，增长 6%。对《区域全面经济伙伴关系协定》（RCEP）其他成员国进出口 22.3 亿元，增长 13.5%。

全年全市外商直接投资（不含银行、证券、保险）新设立企业 13 家。实际利用外资 1846 万美元，比上年下降 18.4%。

全年全市一般公共预算收入 200.94 亿元，比上年增长 0.4%。其中，税收收入 119.72 亿元，下降 5.7%，占一般公共预算收入的比重为 59.6%。一般公共预算支出 561.82 亿元，增长 1.6%。

全年全市居民人均可支配收入 25069 元，比上年增长 4.9%。按常住地分，城镇居民人均可支配收入 37378 元，增长 3.9%；农村居民人均可支配收入 16932 元，增长 6.7%。城乡居民人均可支配收入比值为 2.21，比上年缩小 0.06。

第四章　杭州都市圈发展情况

杭州都市圈包括浙江省杭州、湖州、绍兴、嘉兴和衢州，以及安徽省黄山和宣城等7市。2023年，杭州都市圈面积6.6万平方千米，常住人口3304万，地区生产总值达4.4万亿元，增速6.05%。

备注：宣城市经济社会的发展情况，见“第二篇·第八章”。

第一节　杭州市经济社会发展情况

2023年，杭州市地区生产总值20059亿元，比上年增长5.6%。其中，第一产业增加值347亿元，增长3.7%；第二产业增加值5667亿元，增长1.8%；第三产业增加值14045亿元，增长7.2%。三次产业结构比例为1.7∶28.3∶70.0。按常住人口计算，全市人均地区生产总值为161129元（按年平均汇率折算为22866美元）。全年全员劳动生产率为26.5万元/人，规模以上工业劳动生产率为40.3万元/人。2019—2023年杭州市地区生产总值及其增长速度见图9-4-1。

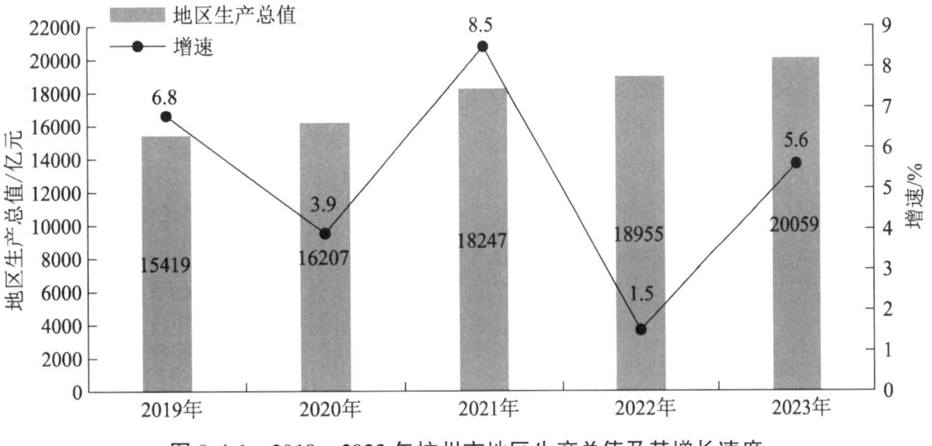

图9-4-1　2019—2023年杭州市地区生产总值及其增长速度

据2023年全市5‰人口变动抽样调查推算，年末全市常住人口1252.2万人，比上年末增加14.6万人。其中，城镇人口1054.3万人，占常住人口的84.2%；常住人口出生率为6.7‰，死亡率为5.4‰，自然增长率为1.3‰。全市户籍人口860.6万人。全年城镇新增就业32.9万人。

全年居民消费价格（CPI）比上年上涨0.2%。其中消费品价格下降0.3%，服务价格上涨0.9%。分类别看，食品烟酒价格与上年持平，衣着价格上涨2%，居住价格下降0.5%，生活用品及服务价格上涨0.4%，交通通信价格下降2.3%，教育文化娱乐价格上涨3.1%，医疗保健价格上涨1.5%，其他用品及服务价格上涨3%（表9-4-1）。全市工业生产者出厂价格、购进价格分别比上年下降1.2%和5.1%。

表 9-4-1　2022—2023 年杭州市居民消费价格涨跌幅度

指标	2022 年涨跌幅度/%	2023 年涨跌幅度/%
居民消费价格	2.4	0.2
食品烟酒	2.7	0.0
衣着	-0.1	2.0
居住	0.9	-0.5
生活用品及服务	1.6	0.4
交通通信	4.6	-2.3
教育文化娱乐	6.4	3.1
医疗保健	-0.6	1.5
其他用品及服务	1.9	3.0

全年新设立各类市场经营主体 36.5 万户，比上年增长 26.7%，其中新设企业 15.3 万户，个体工商户 21.2 万户，分别增长 14.6%和 37.1%。年末在册市场经营主体 187.5 万户，其中企业 96.1 万户，个体工商户 90.9 万户。

全年以新产业、新业态、新模式为主要特征的“三新”经济增加值预计占地区生产总值的比重为 40%。数字经济核心产业增加值 5675 亿元，比上年增长 8.5%，占地区生产总值的比重为 28.3%。五大产业生态圈（剔重）营业收入 18282 亿元，比上年增长 2.8%，其中智能物联、高端装备、绿色能源产业营业收入分别增长 7%、3.9%和 12.3%，生物医药和新材料产业分别下降 11.2%和 8.1%。

全年民营经济增加值占地区生产总值的比重为 61.2%。年末私营企业 87 万家，占企业总量的 90.6%。规模以上工业民营企业 6132 家，占规模以上工业企业数的 88.5%，实现增加值 2552 亿元，占规模以上工业增加值的 58.6%。民间投资占固定资产投资总额的 51.9%，比上年提高 1.2 个百分点。民营企业货物出口 4047 亿元，增长 9.4%，占全市货物出口的 75.8%，比上年提高 4 个百分点。

全年批发和零售业增加值 1652 亿元，比上年增长 2.5%；住宿和餐饮业增加值 265 亿元，增长 11%。

全年社会消费品零售总额 7671 亿元，比上年增长 5.2%（图 9-4-2）。按消费类型分，商品零售 6350 亿元，增长 3.7%；餐饮收入 1321 亿元，增长 12.8%。在限额以上批发零售单位商品零售额中，汽车类零售额增长 2.1%，其中新能源汽车增长 18.9%；石油类零售额增长 2.2%；升级类商品消费增长较快，家用电器和音像器材类、金银珠宝类零售额分别增长 24.2%和 19.6%，可穿戴智能设备、智能家用电器和音像器材零售额分别增长 93.7%和 20.8%。限额以上批发和零售业单位通过公共网络实现的零售额增长 9.5%。

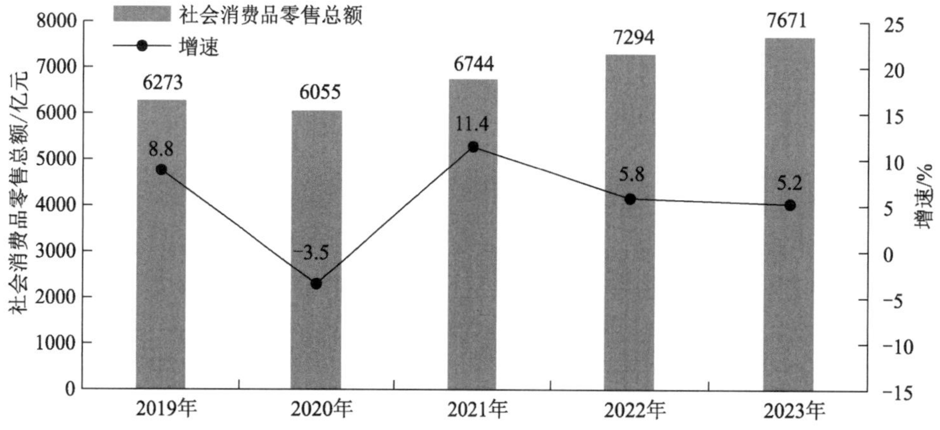

图 9-4-2　2019—2023 年杭州市社会消费品零售总额及其增长速度

全年货物进出口总额8030亿元，比上年增长6.1%。其中，出口5339亿元，增长3.7%；进口2691亿元，增长11.3%。从主要出口市场看，对共建“一带一路”国家出口2311亿元，增长9.2%；对美国出口增长12.2%；对欧盟出口下降5.6%。机电产品出口增长14.4%，占出口总额的46.9%。电动载人汽车、锂离子蓄电池、太阳能电池等“新三样”出口分别增长557.9%、37.3%和55%。2023年杭州市货物进出口总额及其增长速度见表9-4-2。

表9-4-2 2023年杭州市货物进出口总额及其增长速度

指标	金额/亿元	比上年增长/%
货物贸易进出口额	8030	6.1
出口	5339	3.7
# 机电产品	2502	14.4
高新技术产品	837	-19.6
# 民营企业	4047	9.4
# 美国	958	12.2
欧盟	994	-5.6
共建“一带一路”国家	2311	9.2
进口	2691	11.3

全年新引进外商投资项目1066个，其中总投资3000万美元以上项目108个。实际利用外资88.3亿美元，比上年增长13%，其中制造业利用外资45.4亿美元。全年引进世界500强企业投资项目5个，累计已有137家世界500强企业来杭投资239个项目。

年末全市设立各类境外投资企业（机构）3411家，比上年增长13.6%。国际经济合作完成营业额21.4亿美元，增长48.4%。全年境外总投资99亿美元，其中中方投资38.5亿美元。离岸服务外包合同执行额93.6亿美元，增长6.2%。

全年完成一般公共预算收入2617亿元，比上年增长6.8%，其中税收收入2348亿元，增长8.2%（图9-4-3）。一般公共预算支出2636亿元，增长3.7%，其中民生支出2065亿元，民生投入占比保持在75%以上。

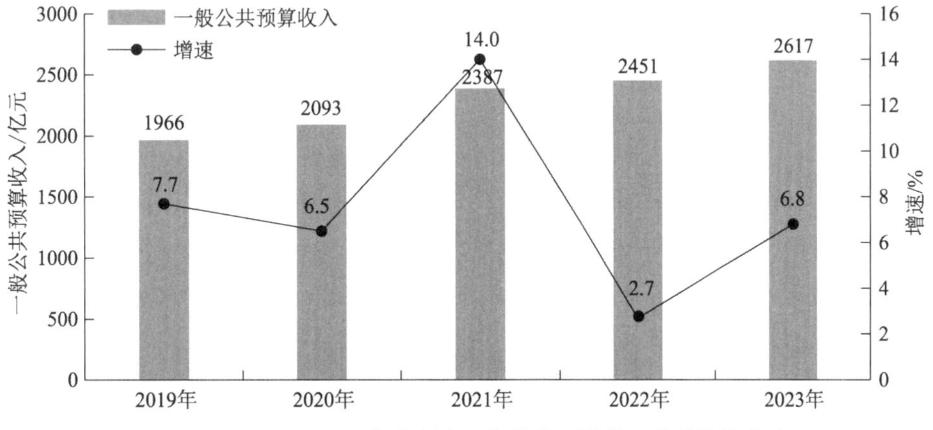

图9-4-3 2018—2022年杭州市一般公共预算收入及其增长速度

全年全市居民人均可支配收入73797元，比上年增长5%。按常住地分，城镇居民人均可支配收入80587元，增长4.6%；农村居民人均可支配收入48180元，增长6.6%（表9-4-3）。城乡居民人均可支配收入比为1.67，比上年缩小0.04。低收入农户人均可支配收入25520元，增长11.7%。

表 9-4-3　2023 年杭州市居民人均收支主要指标

指标	全体居民		城镇常住居民		农村常住居民	
	绝对数/元	比上年增长/%	绝对数/元	比上年增长/%	绝对数/元	比上年增长/%
人均可支配收入	73797	5.0	80587	4.6	48180	6.6
工资性收入	43269	5.1	47092	4.7	28844	6.7
经营净收入	7656	5.5	6631	5.6	11521	6.0
财产净收入	9761	4.3	11802	3.9	2057	5.8
转移净收入	13112	4.9	15062	4.4	5758	8.0
人均消费支出	50129	7.9	54103	7.5	35133	9.9

第二节　湖州市经济社会发展情况

2023 年全市实现地区生产总值 4015.1 亿元，按可比价计算，比上年增长 5.8%。分产业看，第一产业增加值 158.9 亿元，增长 5%；第二产业增加值 1978.7 亿元，增长 4.5%；第三产业增加值 1877.5 亿元，增长 7.1%。三次产业增加值结构比例调整为 4.0：49.3：46.7。按常住人口计算的人均地区生产总值为 117195 元，增长 5.3%。经最终核实，2022 年全市生产总值现价总量 3849.6 亿元，按可比价格计算，比上年增长 3.3%。

全年一般公共预算收入 410.5 亿元，比上年增长 6%。其中，税收收入 346.5 亿元，增长 0.9%，从主要税种看，增值税 114.8 亿元，增长 30.1%。一般公共预算支出 607 亿元，增长 0.8%，其中民生改善支出 453.7 亿元，增长 0.4%。

全年实现社会消费品零售总额 1707.9 亿元，比上年增长 7.1%，限额以上社会消费品零售总额 619.4 亿元，增长 7.5%。限额以上批发业、零售业销售额 5107.3 亿元和 673 亿元，分别增长 12.3%和 11%；限额以上住宿业、餐饮业营业额 36 亿元和 41 亿元，分别增长 20.1%和 18.4%。

城市居民消费价格总水平比上年上涨 0.5%，其中服务项目价格上涨 1.2%，消费品价格上涨 0.1%。从八大类商品和服务价格看，食品烟酒上涨 0.8%，衣着下降 0.2%，居住上涨 0.2%，生活用品及服务上涨 0.7%，交通通信下降 1.8%，教育文化娱乐上涨 2%，医疗保健上涨 2.4%，其他用品及服务上涨 4.4%。

全年实现外贸进出口总额 1618.8 亿元，比上年下降 0.6%。其中，出口 1490.4 亿元，下降 0.6%；进口 128.4 亿元，下降 0.6%。按主要市场分，非洲出口增长较快，增长 25.2%；亚洲增长 8.8%；欧洲、北美洲、拉丁美洲、大洋洲分别下降 5.6%、16%、4.6%、17.1%。对共建“一带一路”国家出口额 607.2 亿元，增长 13.6%。

全年新批外商投资企业 234 家。全年合同外资 58 亿美元，比上年下降 19.3%。实到外资 5.8 亿美元，下降 63.1%。

全年全体居民人均可支配收入达到 63972 元，比上年名义增长 5.6%，其中，工资性收入增长 4.5%，经营净收入增长 7%，财产净收入增长 5.5%，转移净收入增长 8.6%；人均生活消费支出 41580 元，增长 8.5%。其中，城镇居民人均可支配收入达到 74400 元，增长 4.7%；人均生活消费支出 46788 元，增长 6.2%。农村居民人均可支配收入达到 47455 元，增长 7.6%；人均生活消费支出 33330 元，增长 13.5%。

第三节　绍兴市经济社会发展情况

2023 年，绍兴市地区生产总值为 7791 亿元，按不变价格计算比上年增长 7.8%。其中，第一产业增加值 239 亿元，增长 3.9%；第二产业增加值 3729 亿元，增长 7.6%；第三产业增加值 3823 亿元，增长 8.2%。三次产业结构比例为 3.1：47.9：49.0。人均地区生产总值 144992 元，增长 7.2%（图 9-4-4）。

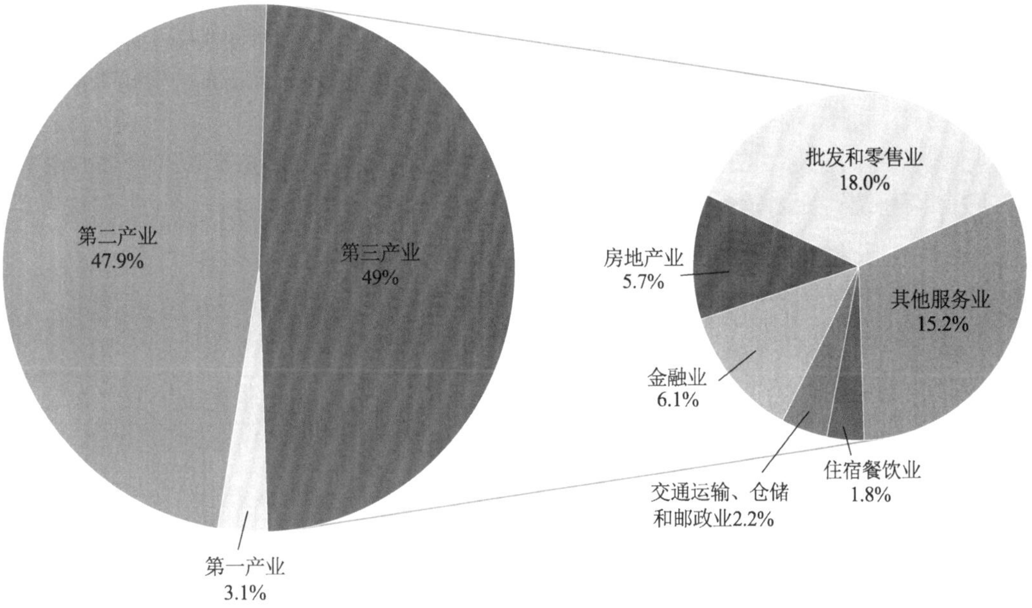

图 9-4-4　2023 年绍兴市各产业增加值占地区生产总值比重

财政总收入 927 亿元，比上年增长 12.8%，一般公共预算收入 579 亿元，增长 7.2%，其中税收收入 450 亿元，增长 9.4%。一般公共预算支出 779 亿元，下降 3.3%，其中民生支出 593 亿元，增长 4%，占比 76.1%。规模以上工业企业中，有研发费用的企业 4833 家，占规模以上工业企业的 90.3%；研发费用支出增长 6.9%，增速比营业收入高 8.5 个百分点。新产品产值增长 7.2%，新产品产值率 47.5%，提高 3.1 个百分点。

居民消费价格比上年上涨 0.5%。八大类消费品价格同比“四涨三降一平”，依次为：其他用品及服务上涨 6.1%、教育文化娱乐上涨 2.9%、衣着上涨 2.5%、生活用品及服务上涨 0.7%、居住下降 0.1%、医疗保健下降 0.1%、交通通信下降 1.2%、食品烟酒与上年持平（表 9-4-4）。

表 9-4-4　2023 年绍兴市居民消费价格指数

指标	价格指数（以上年为 100）	指标	价格指数（以上年为 100）
居民消费价格	100.5	烟酒	100.1
食品烟酒	100.0	在外餐饮	101.2
食品	99.6	衣着	102.5
粮食	99.8	居住	99.9
菜及食用菌	98.8	生活用品及服务	100.7

续表

指标	价格指数（以上年为100）	指标	价格指数（以上年为100）
畜肉类	93.2	交通通信	98.8
水产品	100.2	教育文化娱乐	102.9
干鲜瓜果类	103.9	医疗保健	99.9
茶及饮料	100.7	其他用品及服务	106.1

全年新设市场主体11.61万户。其中，企业3.05万户，比上年增长4.1%；个体工商户8.54万户，同比下降3.3%。“个转企”2092家。年末在册市场主体77.93万户，比上年末增长6.3%，其中企业25.01万户，增长5%。

全年社会消费品零售总额2820亿元，比上年增长9.1%。按经营地统计，城镇、乡村消费品零售额分别增长8.8%、9.9%。按消费类型统计，限额以上单位商品零售额、餐饮收入额分别增长10.3%、28.3%。在限额以上批发零售单位商品零售额中（按占比从高到低），汽车类零售额比上年下降0.5%，其中新能源汽车增长87.5%；石油及制品类增长6.3%；粮油、食品类增长26.6%；服装、鞋帽、针纺织品类增长19.6%；金银珠宝类增长32.1%；家用电器和音像器材类下降2.4%；中西药品类增长18.4%。2023年绍兴市社会消费品零售总额见表9-4-5。

表9-4-5 2023年绍兴市社会消费品零售总额

指标	绝对数/亿元	比上年增长/%	占比/%
社会消费品零售总额	2820	9.1	
限额以上批发零售业零售额	817	9.5	100.0
汽车类	337	-0.5	41.2
新能源汽车	77	87.5	9.5
石油及制品类	90	6.3	11.0
粮油、食品类	68	26.6	8.3
服装、鞋帽、针纺织品类	66	19.6	8.1
金银珠宝类	55	32.1	6.8
家用电器和音像器材类	52	-2.4	6.4
中西药品类	39	18.4	4.8
烟酒类	17	13.4	2.0
通讯器材类	17	190.6	2.0
日用品类	16	13.3	2.0

全年实现网络零售总额1040亿元，在全省占比3.4%。

全年货物进出口总额4225亿元，比上年增长14.5%。其中，出口总额3810亿元，增长11.8%，占全国出口总值的16‰；进口总额414亿元，增长47.4%，占全国进口总额2.3‰。按出口贸易方式分，一般贸易出口3334亿元；加工贸易出口94亿元；其他贸易出口382亿元，其中市场采购出口额377亿元，比上年增长24%。市场布局持续优化，涉及进出口的国家和地区233个，出口排名前五位的国家分别为美国、越南、印度、巴西、印度尼西亚。共建“一带一路”国家进出口总额2005亿元，比上年增长21.3%，其中出口额1865亿元，增长16%；RCEP其他成员国进出口总额1115亿元，比上年增长23%。2023年绍兴市货物进出口的主要分类情况见表9-4-6。

表 9-4-6　2023 年绍兴市货物进出口的主要分类情况

指标	绝对数/亿元	比上年增长/%
货物进出口总额	4225	14.5
一、货物出口额	3810	11.8
# 一般贸易	3334	11.0
加工贸易	94	-5.8
其他贸易	382	25.5
# 市场采购	377	24.0
# 纺织品及服装	1740	2.9
机电产品	766	17.4
化工及相关产品	231	-12.9
高新技术产品	93	11.5
农产品	54	-0.5
二、货物进口额	414	47.4
# 一般贸易	238	11.4
加工贸易	35	-6.3

实现服务进出口总额 101 亿元，比上年增长 76.4%。其中，服务出口总额 43 亿元，增长 77.9%；服务进口总额 58 亿元，增长 75.3%。旅行服务、知识产权服务、其他商业服务位列全市服务贸易进出口总额前三位，占比分别为 28.4%、27.5%和 26.9%。

全年新批外资项目 281 个，合同外资 13.08 亿美元，比上年下降 37.6%。实到外资 9.74 亿美元，下降 4.3%。其中，制造业利用外资占比 44.1%，高技术产业利用外资占比 48.3%。新批二产项目 28 个，合同外资 2.45 亿美元，实到外资 4.29 亿美元，同比增长 20.8%；新批三产项目 252 个，合同外资 10.61 亿美元，实到外资 5.40 亿美元，同比下降 17.5%。

全年全体居民人均可支配收入 69707 元，比上年增长 6%。2023 年绍兴市居民人均可支配收入及其增长速度见表 9-4-7。

表 9-4-7　2023 年绍兴市居民人均可支配收入及其增长速度

指标	全体居民		城镇居民		农村居民	
	绝对数/元	比上年增长/%	绝对数/元	比上年增长/%	绝对数/元	比上年增长/%
人均可支配收入	69707	6.0	80392	5.5	48825	6.8
工资性收入	39202	5.4	44604	4.9	28645	6.5
经营净收入	14928	6.7	15549	6.4	13715	7.2
财产净收入	6560	5.0	9209	4.4	1384	5.9
转移净收入	9016	8.1	11030	7.8	5081	8.2

第四节　嘉兴市经济社会发展情况

根据初步核算结果，2023年全市生产总值7062.45亿元，按可比价格计算，比上年增长6.3%。分产业看，第一产业增加值141.16亿元，增长3.8%；第二产业增加值3776.84亿元，增长6.2%；第三产业增加值3144.45亿元，增长6.4%。按常住人口计算，2023年全市人均地区生产总值为126851元，比上年增长5.6%。经最终核实，2022年全市生产总值为6749.39亿元，按可比价格计算，比上年增长2.5%，三次产业增加值结构比例为2.0∶54.2∶43.8。

全市财政总收入1102.59亿元，比上年增长7%；其中一般公共预算收入632.02亿元，增长6%。全市一般公共预算支出826.99亿元，下降0.1%，其中民生支出644.2亿元，占一般公共预算支出的比重达77.9%。

全市城镇新增就业人数14.62万人。全年城镇调查失业率实现控制在5%以内的宏观调控目标，就业形势总体稳定。

新兴产业发展壮大，锻造产业竞争新优势。开展暖企助企惠企行动，出台提振市场主体信心18条、稳定工业经济10条等政策措施，推动惠企政策直达快享，企业用电、用气、用热价格分别下降3.4%、11.8%和8.9%，助力企业降本增效，经济发展质效实现新提升。装备制造业、数字经济核心制造业、高端装备制造业、高新技术制造业和战略性新兴产业增加值分别增长12.3%、10.3%、9.8%、9.2%和7.9%，分别高于全省平均水平2.9个、2个、1.9个、2.2个和1.6个百分点，占规模以上工业增加值比重分别为44.5%、21.7%、26.6%、71.9%和44.5%，分别较上年提升2.3个、1个、2.1个、1.4个和0.5个百分点。全年新设市场主体11.65万户，年末市场主体总数达76.47万户，比上年增长6.8%。

民营企业表现出较强活力，助推全市经济平稳增长。民营工业引领作用增强。全年规模以上工业民营企业实现增加值1889.45亿元，比上年增长7.8%，增速快于全市规模以上工业0.2个百分点，占规模以上工业增加值比重超六成，达64.4%。民营服务业增长较快。全市规模以上服务业企业中，民营企业903家，占比近八成（78.3%），营业收入比上年增长15.1%，高于规模以上服务业增速1.4个百分点，对规模以上服务业营业收入增长贡献率为78.2%。

2023年，全市社会消费品零售总额2513.46亿元，比上年增长7.3%。按消费类型分，商品零售2333.97亿元，比上年增长7.6%；餐饮收入179.49亿元，比上年增长3.5%。按经营地分，城镇消费品零售额2110.86亿元，增长7.3%；乡村消费品零售额402.6亿元，增长7.2%。2023年末，全市拥有各类实体交易市场242个，全年成交额2951.43亿元，比上年增长13.3%。

2023年，嘉兴市区居民消费价格累计上涨0.2%，其中食品烟酒类价格上涨0.8%。2023年，全市工业生产者出厂价格累计下降5.1%，工业生产者购进价格累计下降3.8%。

2023年，全市居民人均生活消费支出42648元，增长8.9%。按常住地分，城镇居民人均生活消费支出47551元，增长7.8%；农村居民人均生活消费支出34072元，增长11.5%。城乡居民恩格尔系数（即居民家庭食品消费支出占家庭消费总支出的比重）均为26.7%。年末城镇居民人均住房建筑面积46平方米；农村居民人均住房建筑面积70.6平方米。

2023年，全市外贸进出口总额4409.9亿元，比上年增长0.3%。其中，出口3337.5亿元，增长3.8%；进口1072.4亿元，下降9.3%。出口商品结构持续优化，机电产品、高新技术产品分别出口1721亿元、697.6亿元，增长3.6%、1.9%，占全市出口的比重分别为51.6%、20.9%；光伏、锂电池、新能源汽车“新三样”出口增长40.9%。对共建“一带一路”国家进出口总额1615.8亿元，增长5.6%，其中，出口1185.7亿元，增长12.8%。

2023年，全市新批外商投资项目404个，新增商务部重点外资专班项目10个，增量和总量均列全省第一。实际利用外资30.13亿美元，总量居全省第三。其中，制造业实际利用外资 12. 18 亿美元，占全市总额的 40. 4%；服务业实际利用外资 17. 22 亿美元，占全市总额的 57. 1%。高技术产业实际利用外资 13. 32 亿美元，占全市总额的 44. 2%。

第五节　衢州市经济社会发展情况

2023 年全市生产总值 2125. 2 亿元，按可比价格计算，比上年增长 6. 8%（图 9-4-5）。分产业看，第一产业增加值 91. 2 亿元，增长 5. 1%；第二产业增加值 908. 74 亿元，增长 6. 8%；第三产业增加值 1125. 26 亿元，增长 7%。第三产业中，交通运输、仓储和邮政业增加值增长 8%，批发和零售业增加值增长 11. 7%，住宿和餐饮业增加值增长 12%，金融业增加值增长 11. 2%，房地产业增加值下降 4. 4%。三次产业增加值结构比例为 4. 3 ∶ 42. 8 ∶ 52. 9。按常住人口计算，2023 年全市人均地区生产总值 92662 元，比上年增长 6. 6%。经最终核实，2022 年，全市生产总值为 2007. 26 亿元，按可比价格计算，比上年增长 4. 8%，三次产业增加值结构为 4. 4 ∶ 43. 5 ∶ 52. 1。

全年市区居民消费价格比上年上涨 0. 6%。工业生产者出厂价格比上年下降 8. 7%，工业生产者购进价格下降 10. 3%。2023 年衢州市市区居民消费价格指数见表 9-4-8。

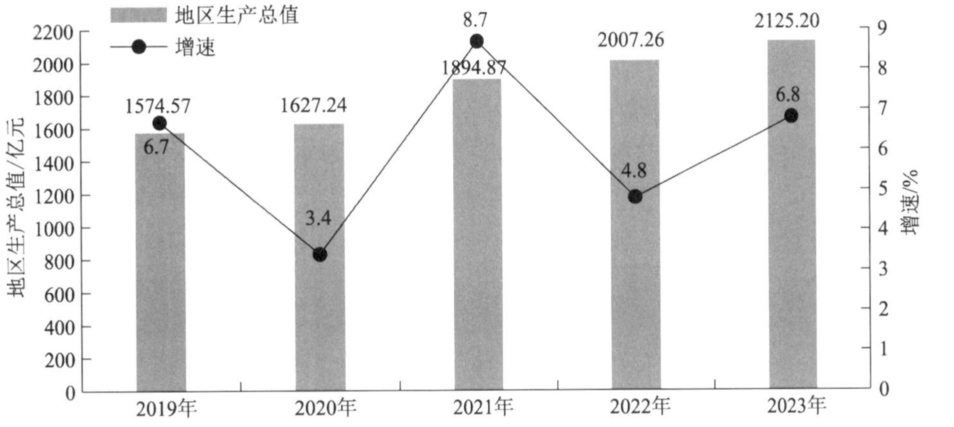

图 9-4-5　2019—2023 年衢州市地区生产总值及其增长速度

表 9-4-8　2023 年衢州市市区居民消费价格指数

指标	价格指数（以上年为 100）
居民消费价格总指数	100. 6
食品烟酒	101. 9
# 粮食	104. 3
菜及食用菌	99. 9
畜肉	91. 7
水产品	101. 4
蛋	103. 6
干鲜瓜果	106. 7
衣着	100. 9

续表

指标	价格指数（以上年为100）
居住	98.8
生活用品及服务	100.2
交通和通信	98.3
教育文化和娱乐	103.3
医疗保健	101.4
其他用品和服务	103.5

全市城镇新增就业人数3.08万人，年末城镇登记失业人数1.19万人。

全年数字经济核心产业增加值120.11亿元，按现价计算比上年增长21.1%。规模以上工业中，高端装备制造业、数字经济核心产业制造业、高技术产业、战略性新兴产业、新能源产业分别增长45.7%、41.5%、32.8%、17%和10.3%。规模以上工业新产品产值率为44.9%。

全年一般公共预算收入204.21亿元，比上年增长18.0%。在一般公共预算收入中税收收入154.62亿元，增长10.5%；其中，增值税67.7亿元，增长34.3%；企业所得税19.89亿元，下降17.3%；个人所得税9.29亿元，增长13.8%。

一般公共预算支出606.48亿元，增长6.8%。规模以上工业企业营业收入3247.14亿元，增长4.9%；规模以上服务业企业营业收入290.05亿元，增长10.5%。

全年社会消费品零售总额970.77亿元，比上年增长10.6%；限额以上社会消费品零售额279.47亿元，比上年增长17.6%。限额以上社会消费品中，按经营地统计，城镇消费品零售额274.07亿元，增长17.3%；乡村消费品零售额5.39亿元，增长29.2%。按消费类型统计，商品零售额268.14亿元，增长17.4%；餐饮收入额11.32亿元，增长21.1%。

限额以上批发和零售业零售额中，通讯器材类增长100.8%，日用品类增长70.1%，五金、电料类增长18.4%，家用电器和音像器材类增长16.6%，服装、鞋帽、针纺织品类增长16.5%，石油及制品类增长8%，烟酒类增长4.7%，粮油、食品类增长3.5%，汽车类增长3.3%，书报杂志类下降4.9%，中西药品类下降20.8%。

全年外贸进出口总额715.81亿元，比上年增长16.7%。其中：出口454.23亿元，增长13%；进口261.58亿元，增长23.8%。

全市有出口实绩的企业1221家，比上年增加112家。出口额在100万元以上企业848家，其中1000万元以上的企业417家。

全市出口额排前三位的市场依次是：韩国、东盟、欧盟。对韩国出口额86.9亿元，比上年增长12.8%；对东盟出口额61.93亿元，增长31.2%；对欧盟出口额59.27亿元，增长8%。对这三大主要市场出口额合计占全市出口总额的45.8%。

在主要商品出口中：机电产品出口额117.01亿元，比上年增长18.5%；纸浆纸及其制品出口额38.55亿元，增长15%；高新技术产品出口额37.24亿元，增长42.8%；纺织纱线、织物及其制品出口额12.72亿元，下降22.9%；服装及衣着附件出口额9.33亿元，增长40.9%。

全年新批外商投资企业41家，实际利用外资1.09亿美元，比上年增长4%。

全年全体居民人均可支配收入48237元，比上年增长6.5%，扣除价格因素增长5.9%。按常住地分，城镇和农村居民人均可支配收入分别为60592元和33993元，增长5.4%和8%（图9-4-6、图9-4-7），扣除价格因素分别增长4.8%和7.4%。全体居民生活消费支出29298元，增长8.6%，扣除价格因素增长8%。按常住地分，城镇居民和农村居民人均生活消费支出分别为35962元和21615元，增长6.9%和11.1%，扣除价格因素分别增长6.3%和10.4%。

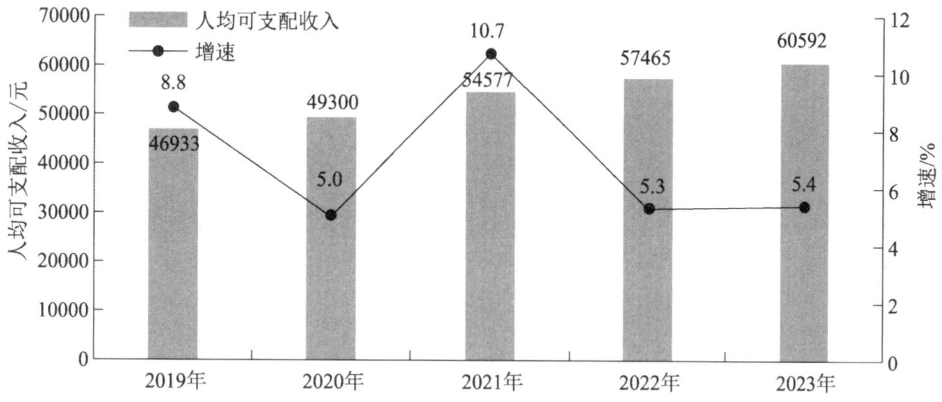

图 9-4-6　2019—2023 年衢州市城镇常住居民人均可支配收入及其增长速度

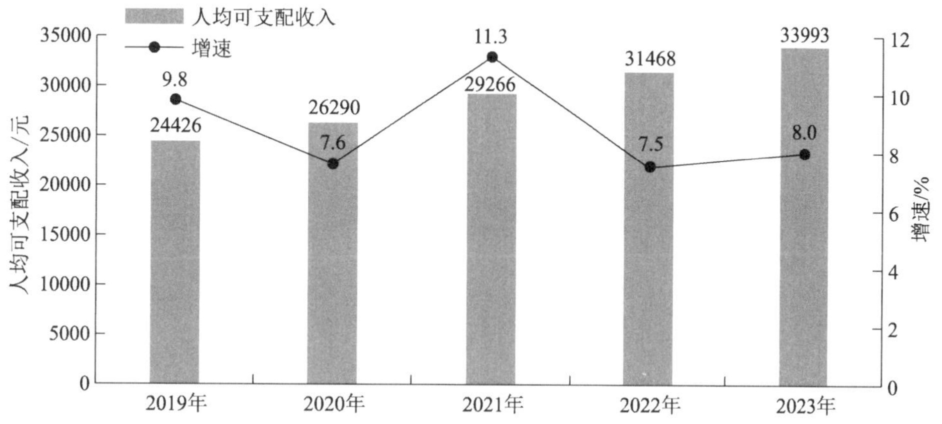

图 9-4-7　2019—2023 年衢州市农村常住居民人均可支配收入及其增长速度

第六节　黄山市经济社会发展情况

2023 年全市实现地区生产总值 1046. 3 亿元，比上年增长 4. 5%（图 9-4-8）。分产业看，第一产业增加值 79. 9 亿元，增长 4. 2%；第二产业增加值 359. 8 亿元，增长 2. 4%；第三产业增加值 606. 6 亿元，增长 5. 7%。

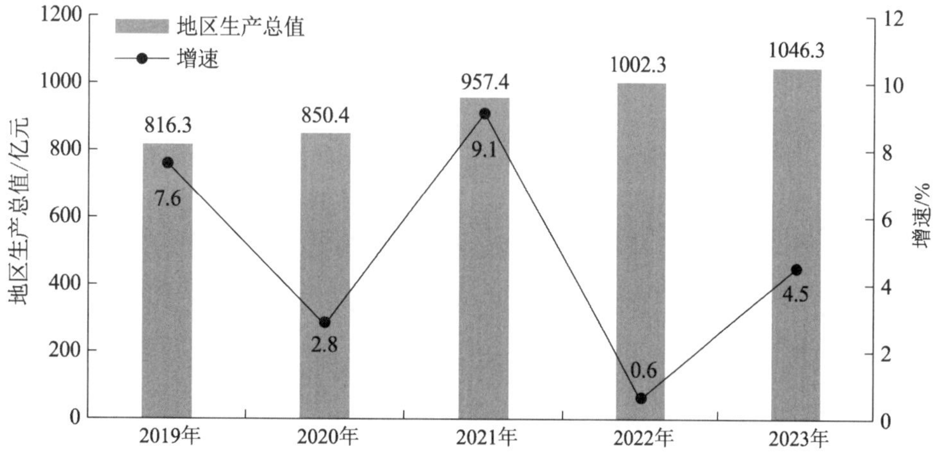

图 9-4-8　2019—2023 年黄山市地区生产总值及其增长速度

三次产业结构比例由上年的 7.8 : 35.4 : 56.8 调整为 7.6 : 34.4 : 58，其中制造业增加值占地区生产总值比重为 21.4%（图 9-4-9）。预计全年全员劳动生产率 135531 元/人，比上年增加 5316 元/人。按常住人口计算，人均地区生产总值 79295 元，增长 5.1%。

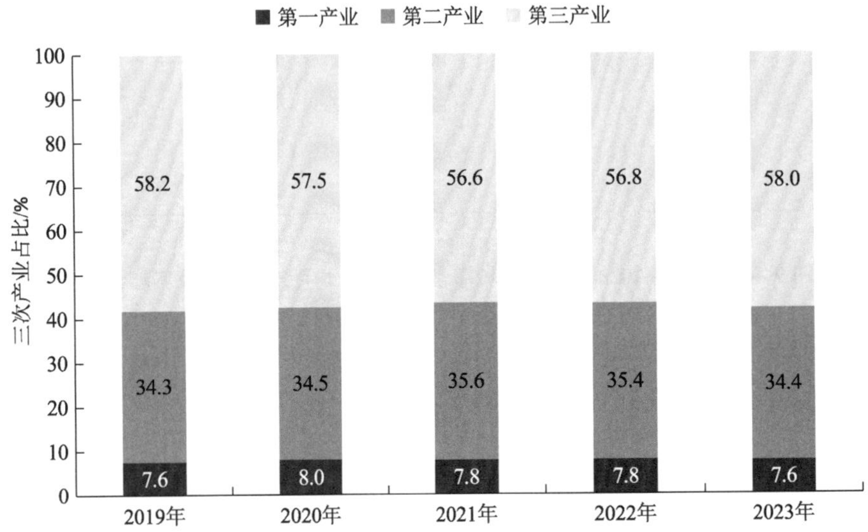

图 9-4-9　2019—2023 年黄山市三次产业增加值占地区生产总值比重

年末全市常住人口 131.6 万人（图 9-4-10），比上年末减少 0.7 万人；常住人口城镇化率 60.23%，提高 0.85 个百分点。

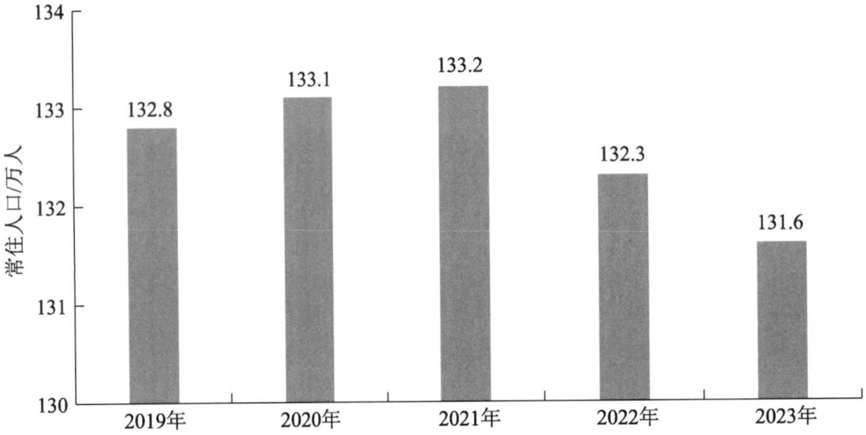

图 9-4-10　2019—2023 年末黄山市常住人口数

全年城镇实名制新增就业 1.94 万人，完成年度目标任务的 104.1%，下岗失业人员再就业 1.11 万人。

全年新登记经营主体 2.24 万户，其中新登记企业 0.65 万户，年末在册经营主体总数达 16.51 万户。

全年居民消费价格指数（CPI）与上年持平，其中食品烟酒价格上涨 0.1%。2023 年黄山市居民消费价格月度涨跌幅度见图 9-4-11。2023 年黄山市居民消费价格比上年涨跌幅度见表 9-4-9。

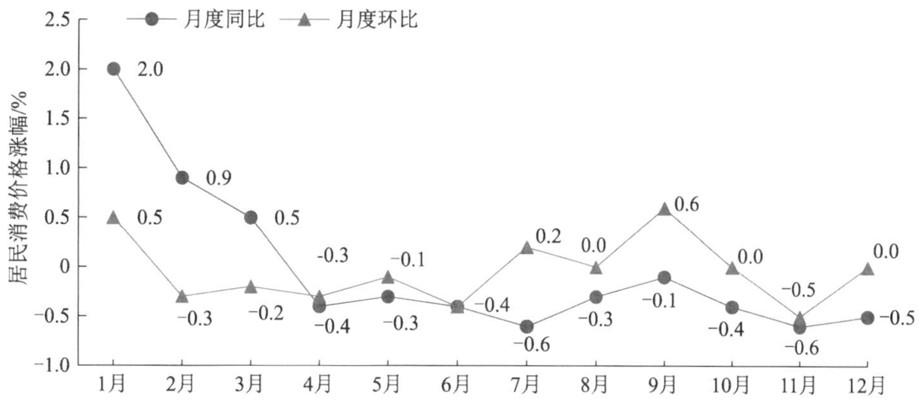

图 9-4-11　2023 年黄山市居民消费价格月度涨跌幅度

表 9-4-9　2023 年黄山市居民消费价格比上年涨跌幅度

指标	比上年增长/%
居民消费价格总指数	0.0
食品烟酒	0.1
衣着	2.2
居住	-0.1
生活用品及服务	0.1
交通和通信	-2.3
教育文化和娱乐	-0.1
医疗保健	0.4
其他用品和服务	3.1

全年批发和零售业增加值 108.6 亿元，比上年增长 6.5%；交通运输、仓储和邮政业增加值 53.8 亿元，增长 4.5%；住宿和餐饮业增加值 27.5 亿元，增长 13.3%；金融业增加值 62 亿元，增长 9%；房地产业增加值 71 亿元，下降 4.3%；其他营利性服务业增加值 157 亿元，增长 13%；非营利性服务业增加值 125 亿元，增长 1.2%。

全年社会消费品零售总额 528.6 亿元，比上年增长 3.7%（图 9-4-12）。按经营地统计，城镇消费品零售额 366.6 亿元，增长 3.6%；乡村消费品零售额 162 亿元，增长 4.1%。按消费类型统计，商品零售额 465.7 亿元，增长 3.3%；餐饮收入 62.9 亿元，增长 7.5%。

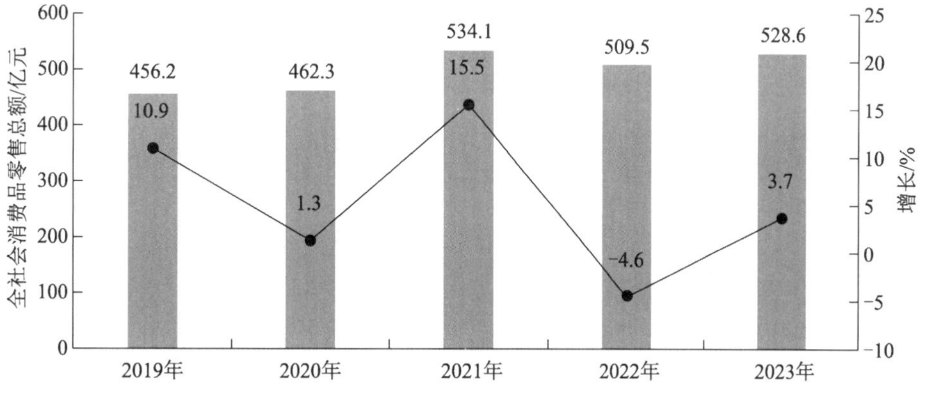

图 9-4-12　2019—2023 年黄山市社会消费品零售总额及其增长速度

市场销售中，全市网络零售额累计完成 65.1 亿元，增长 29.1%，其中农产品（实物）网络零售额 42 亿元，增长 10.2%。

全年进出口总额 12.29 亿美元，比上年下降 31.7%（图 9-4-13）。其中，出口 10.73 亿美元，下降 34.4%；进口 1.56 亿美元，下降 5.2%。从贸易方式看，一般贸易进出口 11.27 亿美元，下降 34.5%；加工贸易进出口 0.43 亿美元，下降 8%。从贸易区域看，对亚洲、非洲、欧洲进出口分别下降 37.6%、8.1%和 24.4%。

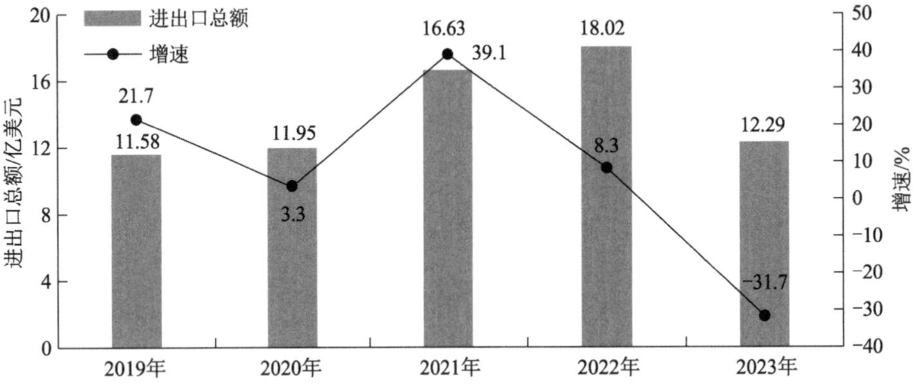

图 9-4-13　2019—2023 年黄山市进出口总额及其增长速度

全年新签内资项目 469 个，协议投资额 603 亿元，实际到位内资 437.3 亿元，增长 4.1%；其中，新签休宁里庄抽水蓄能电站、黄山高新区日月芯、关麓国际康养等亿元以上项目 185 个，同比增长 5.1%，协议投资额 516.1 亿元。全年新批外商投资项目 22 个，比上年增加 9 个；实际使用外商直接投资 6989 万元，增长 162.1%。

全年全市常住居民人均可支配收入 34655 元，比上年增长 7.1%。人均消费支出 22070 元，比上年增长 4.8%。全市常住居民恩格尔系数为 31.7%。按常住地分，城镇居民人均可支配收入 45859 元，比上年增长 4.7%。人均消费支出 26401 元，增长 3.4%。城镇居民恩格尔系数为 31.5%。全年农村居民人均可支配收入 23465 元，比上年增长 8.1%。人均消费支出 17743 元，增长 5%。农村居民恩格尔系数为 32%。2019—2023 年黄山市城乡居民人均可支配收入见图 9-4-14。

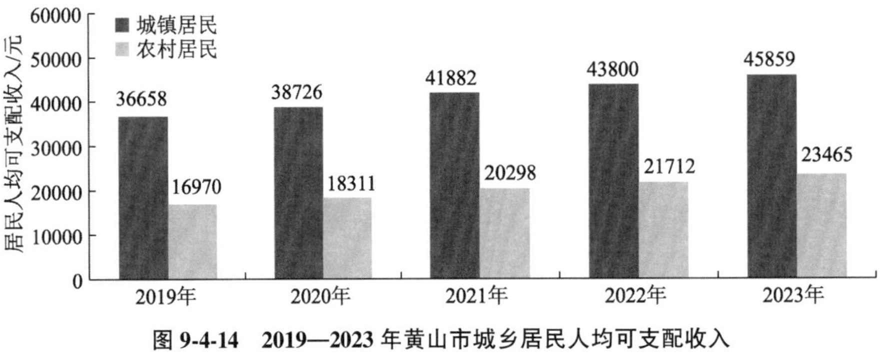

图 9-4-14　2019—2023 年黄山市城乡居民人均可支配收入

第五章　合肥都市圈发展情况

合肥都市圈包括合肥、芜湖、马鞍山、滁州、蚌埠、淮南、六安、定远县和桐城市等 9 市县。2023 年，合肥都市圈面积 8 万平方米，常住人口 3189 万，地区生产总值（GDP）达 3 万亿元。

备注：芜湖市、马鞍山市和滁州市的社会经济发展情况，见“第二篇 · 第五至第七章”。

第一节　合肥市经济社会发展情况

2023 年全市地区生产总值 12673. 78 亿元，按不变价格计算，比上年增长 5. 8%（图 9-5-1）。其中第一产业增加值 377. 2 亿元，增长 3. 5%；第二产业增加值 4642. 21 亿元，增长 7. 1%；第三产业增加值 7654. 38 亿元，增长 5. 1%。三次产业结构比例为 3∶36. 6∶60. 4。按常住人口计算，人均地区生产总值为 130074 元，首次突破 13 万元。

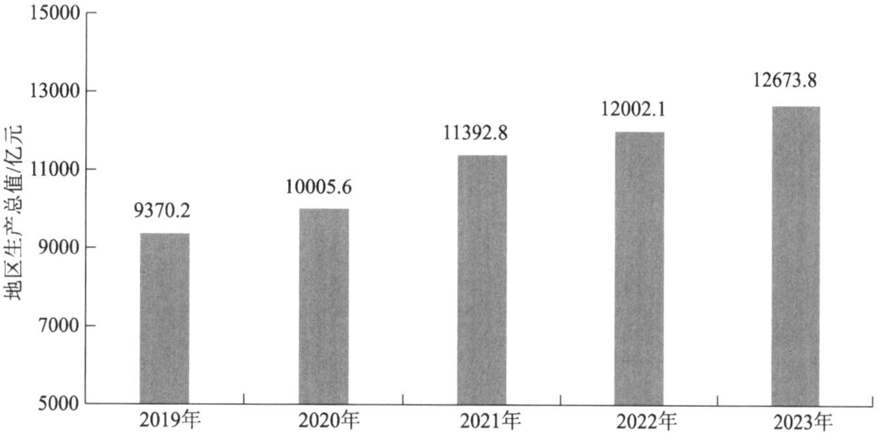

图 9-5-1　2019—2023 年合肥市地区生产总值

年末全市户籍人口 806. 6 万人，比上年增加 6. 4 万人。常住人口 985. 3 万人，增加 21. 9 万人；常住人口城镇化率 85. 55%，提高 0. 91 个百分点。全年出生人口 7. 8 万人，出生率 7. 98‰；死亡人口 6. 0 万人，死亡率 6. 16‰；自然增长率 1. 82‰，比上年回落 1. 76 个千分点。2023 年合肥市人口及其构成见表 9-5-1，2019—2023 年末合肥市常住人口数见图 9-5-2。

表 9-5-1　2023 年合肥市人口及其构成

指标	年末数/万人	比重/%
年末户籍人口	806. 6	—
年末常住人口	985. 3	—

续表

指标	年末数/万人	比重/%
# 城镇	842.9	85.55
乡村	142.4	14.45
# 男性	507.18	51.48
女性	478.12	48.52
# 0~14 岁	155.48	15.78
15~59 岁	666.26	67.62
60 岁及以上	163.56	16.6
65 岁及以上	126.32	12.82

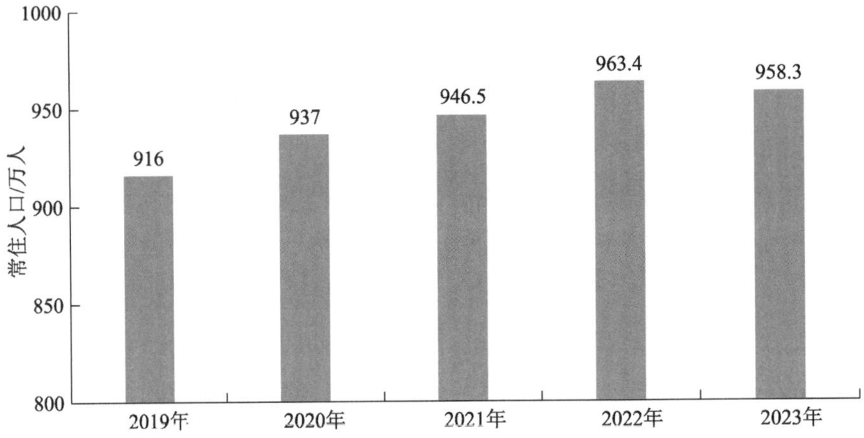

图 9-5-2　2019—2023 年末合肥市常住人口数

全年城镇新增就业 14.94 万人，失业人员再就业 5.32 万人，就业困难人员就业 0.81 万人。

全年居民消费价格与上年同期持平，其中食品烟酒价格上涨 0.3%。2023 年合肥市居民消费价格比上年涨跌幅度见表 9-5-2。

表 9-5-2　2023 年合肥市居民消费价格比上年涨跌幅度

指标	涨跌幅度/%
居民消费价格	0.0
# 食品烟酒	0.3
衣着	1.8
居住	-0.1
生活用品及服务	-0.2
交通和通信	-3.2
教育文化和娱乐	1.5
医疗保健	0.2
其他用品和服务	3.0

新兴动能加速成长。规模以上工业中，战略性新兴产业产值比上年增长 11.1%，占规模以上工业产值比重达 54.7%。新能源汽车和智能网联汽车产业链产值超 1700 亿元，增长 54.6%；新能

源汽车产量达 74.6 万辆，增长 1.4 倍。光伏及新能源产业链产值超 1300 亿元，增长 18.2%；太阳能电池、锂离子电池产量分别达 2209.73 万千瓦时、2225.78 万只。规模以上服务业中，互联网、软件和信息技术服务业企业营业收入增长 20.9%，占规模以上服务业比重 31.6%。固定资产投资中，高技术产业投资增长 13.7%，占固定资产投资 20.4%。

全年批发和零售业增加值 1262.38 亿元，比上年增长 4.2%；交通运输、仓储和邮政业增加值 631.99 亿元，比上年增长 5.1%；住宿和餐饮业增加值 241.93 亿元，增长 11.5%；金融业增加值 1196.43 亿元，增长 9.8%；房地产业增加值 960.96 亿元，下降 0.9 %；其他服务业增加值 3345.94 亿元，增长 5.3%。全年规模以上服务业企业实现营业收入 2838.88 亿元，增长 9.5%。其中，信息传输、软件和信息技术服务业增长 15.2%，租赁和商务服务业增长 14.7%。

全年社会消费品零售总额 5270.83 亿元，比上年增长 5%（图 9-5-3）。按经营地统计，城镇消费品零售额 4970.92 亿元，增长 5.1%；乡村消费品零售额 299.91 亿元，增长 2.7%。按消费类型统计，商品零售额 4670.02 亿元，增长 3.3%；餐饮收入 600.81 亿元，增长 20.1%。

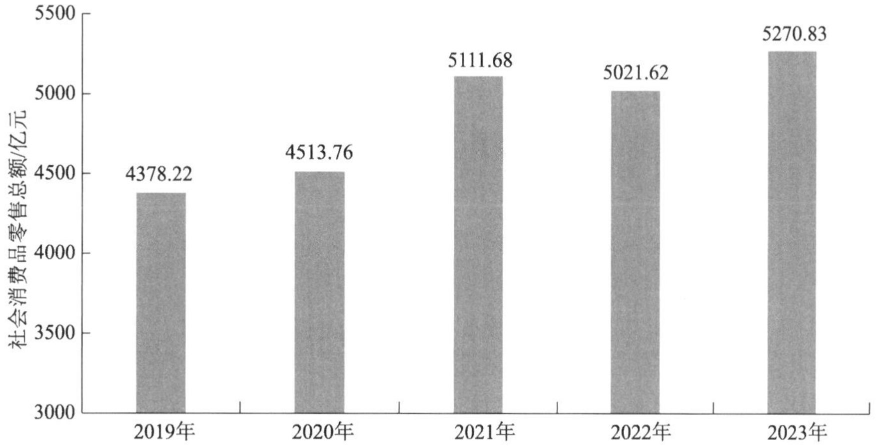

图 9-5-3　2019—2023 年合肥市社会消费品零售总额

年末限额以上批发零售和住宿餐饮企业（单位）4036 户，比上年末增加 61 户。限额以上商品零售额中，日用品类增长 2.4%，文化办公用品类增长 6.7%，通讯器材类增长 34%，石油及制品类增长 15.4%，汽车类增长 6.9%。绿色智能化商品中，新能源汽车、智能手机零售额分别增长 58.2%和 38.2%。

全年进出口总额 3588.13 亿元，比上年下降 0.6%。其中，出口 2327.07 亿元，增长 1.2%；进口 1261.05 亿元，下降 3.7%。出口产品中机电产品增长 5.7%。

全年新成立外商投资企业 205 户，比上年增加 65 户。外商直接投资（FDI）72.31 亿元。全年对外承包工程新签合同额 34.20 亿美元，比上年下降 27.1%。劳务合作年末在外人员 5696 人，增长 27%。年末 52 家境外世界 500 强企业在合肥投资设立法人企业 80 家，比上年新增 10 家。中欧班列开行国际线路覆盖 18 个国家、125 个站点城市，全年开行 868 列，比上年增长 13%。

全年常住居民人均可支配收入 52594 元，比上年增长 7.7%。其中，工资性收入 31280 元，增长 8.9%；经营净收入 7610 元，增长 6.5%；财产净收入 4215 元，增长 5.7%；转移净收入 9489 元，增长 5.9%。按常住地分，城镇常住居民人均可支配收入 59609 元，比上年增长 6.1%；农村常住居民人均可支配收入 31140 元，比上年增长 8.4%（图 9-5-4）。城乡居民人均收入比值为 1.91，比上年缩小 0.05。全市居民人均消费支出 30592 元，比上年增长 5.6%。按常住地分，城镇居民人均消费支出 34382 元，增长 4.3%；农村居民人均消费支出 19001 元，增长 5.3%。

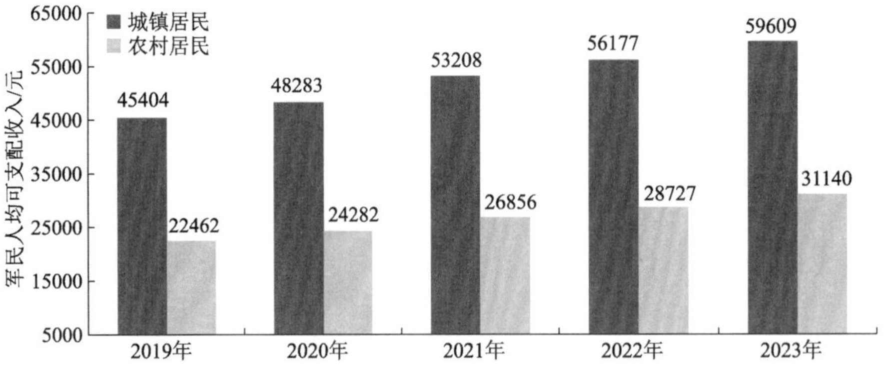

图 9-5-4　2019—2023 年合肥市城乡居民人均可支配收入

第二节　蚌埠市经济社会发展情况

全年地区生产总值 2115.9 亿元，按可比价格计算，比上年增长 5.6%。分产业看，第一产业增加值 280.4 亿元，增长 3.7%；第二产业增加值 682.8 亿元，增长 6%；第三产业增加值 1152.7 亿元，增长 5.8%。三次产业结构比例由上年的 14.4∶32∶53.6 调整为 13.2∶32.3∶54.5。按常住人口计算，人均地区生产总值 64402 元，增长 6.4%。2023 年蚌埠市地区生产总值及其增长速度见表 9-5-3。

表 9-5-3　2023 年蚌埠市地区生产总值及其增长速度

指标	绝对数/亿元	比上年增长/%
地区生产总值	2115.9	5.6
# 第一产业	280.4	3.7
第二产业	682.8	6.0
第三产业	1152.7	5.8
# 农林牧渔业	291.4	3.8
工业	547.5	5.0
建筑业	135.8	10.2
批发和零售业	176.4	8.0
交通运输、仓储和邮政业	154.1	5.8
住宿和餐饮业	45.6	11.9
金融业	131.2	10.6
房地产业	126.9	-1.4
营利性服务业	285.5	7.9
非营利性服务业	221.4	1.9

年末全市常住人口 326.2 万人，常住人口城镇化率为 59.65%，比上年提高 1.73 个百分点。全市居民消费价格上涨 0.4%，其中食品烟酒类价格上涨 0.4%。2023 年蚌埠市居民消费价格比上年涨跌幅度见表 9-5-4。

表 9-5-4　2023 年蚌埠市居民消费价格比上年涨跌幅度

类别	涨跌幅度/%
居民消费价格	0.4
食品烟酒	0.4
# 粮食	-0.8
食用油	-0.3
菜类	-1.5
畜肉类	-7.6
禽肉类	3.2
水产品	1.1
蛋类	0.5
烟酒	-0.4
衣着	1.5
居住	0.2
生活用品及服务	-0.5
交通和通信	-1.7
教育文化和娱乐	2.5
医疗保健	-0.1
其他用品和服务	3.5

全年城镇新增就业 3.9 万人，失业人员再就业 3.6 万人。

全年粮食作物播种面积 52.3 万公顷，其中小麦面积 25.5 万公顷，稻谷面积 10.5 万公顷。蔬菜种植面积 5.9 万公顷。

全年粮食产量 290.7 万吨，比上年增长 1.6%。油料产量 32.1 万吨，增长 0.6%。蔬菜产量 283.9 万吨，增长 2.8%。水果产量 61.9 万吨，增长 2.5%。

年末全市生猪存栏 98.7 万头，比上年下降 8.9%；全年生猪出栏 202.7 万头，增长 5.7%。肉类总产量 45.4 万吨，增长 5%。禽蛋产量 11.1 万吨，增长 14.4%。水产品产量 13.3 万吨，增长 3.2%。2023 年蚌埠市主要农产品产量及其增长速度见表 9-5-5。

表 9-5-5　2023 年蚌埠市主要农产品产量及其增长速度

产品名称	绝对数/万吨	比上年增长/%
粮食	290.7	1.6
夏粮	155.5	1.1
# 小麦	155.5	1.1
秋粮	135.2	2.2
油料	32.1	0.6
蔬菜	283.9	2.8
水果	61.9	2.5
肉类	45.4	5

续表

产品名称	绝对数/万吨	比上年增长/%
禽蛋	11.1	14.4
水产品	13.3	3.2

年末全市规模以上工业企业 983 户，全年规模以上工业增加值比上年增长 5.4%。其中，国有企业下降 2.5%，股份制企业增长 4.3%，外商港澳台企业增长 22.3%。

全市主要工业行业增加值增速有增有降，其中化学原料及制品制造业增长 30.6%、纺织业增长 15.5%、烟草制品业增长 4.9%、汽车制造业增长 0.6%，医药制造业下降 21.4%、非金属矿物制品业下降 8.4%（表 9-5-6）。

表 9-5-6　2023 年蚌埠市规模以上工业增加值增长速度

指标	比上年增长/%
规模以上工业	5.4
# 国有企业	-2.5
集体企业	
股份制企业	4.3
外商及港澳台商投资企业	22.3
其他企业	4.0
# 国有及国有控股企业	5.3
大中型工业企业	3.8
# 农副食品加工业	0.2
烟草制品业	4.9
化学原料及制品制造业	30.6
医药制造业	-21.4
非金属矿物制品业	-8.4
汽车制造业	0.6
电力、热力生产和供应业	-2.7

主要工业产品产量中，液晶显示模组、起重机、烧碱、饮料酒、水泥、机制纸及纸板、卷烟分别增长 130.3%、45.2%、36.2%、22.7%、2.2%、1%、0.6%，电子元件，日用玻璃制品，罐头，气体压缩机，鲜、冷藏肉，商品混凝土，饲料分别下降 7.9%、12.7%、13.7%、14.4%、18.3%、21.8%、25.1%。2023 年蚌埠市规模以上工业主要产品产量及其增长速度见表 9-5-7。

表 9-5-7　2023 年蚌埠市规模以上工业主要产品产量及其增长速度

产品名称	单位	产量	比上年增长/%
饲料	万吨	20.7	-25.1
鲜、冷藏肉	万吨	5.4	-18.3
罐头	万吨	0.5	-13.7
乳制品	万吨	329.6	0.6

续表

产品名称	单位	产量	比上年增长/%
卷烟	亿支	2.0	1.0
棉纱	万吨	—	36.2
机制纸及纸板	万吨	353.0	2.2
烧碱（折100%）	万吨	305.7	-21.8
水泥	万吨	13777.0	-12.7
商品混凝土	万立方米	—	45.2
中空玻璃	万平方米	322.0	-14.4
起重机	吨	66877.0	-7.9
气体压缩机	台	20.7	130.3
液压元件	万件	5.4	-25.1
液晶显示模组	万套	0.5	-18.3

全市规模以上工业实现营业收入1476.5亿元，比上年增长3.7%；实现利润总额61.7亿元，下降23.2%。

全年全社会建筑业增加值135.8亿元，比上年增长10.2%。具有资质等级建筑企业493家，完成产值652.2亿元，增长7.7%。房屋建筑施工面积3309.6万平方米，增长6.5%；房屋竣工面积1175万平方米，增长18.5%。

全年固定资产投资比上年增长7.2%，其中技术改造投资增长17.4%、民间投资下降2.3%。分产业看，第一产业投资下降27.7%，第二产业投资增长17.6%，第三产业投资增长3.5%。

全年房地产开发投资260.9亿元，比上年下降6.9%；房屋销售面积258万平方米，下降33.6%；房屋销售额158.1亿元，下降32.7%。

远景五河绿色能源装备制造产业基地、经开区8英寸MEMS晶圆生产线、高新区宁波华彩智能电器、龙子湖区年产120万平方米全固态电子薄膜等289个亿元以上项目开工建设，完成目标任务的144.5%；弗迪电池年产5万吨动力电池电解液、盛世年产4500万平方米高透特种封装材料等142个项目竣工，完成目标任务的139.2%。

全年社会消费品零售总额1347.6亿元，比上年增长7.3%。按经营单位所在地分，城镇消费品零售额1098.6亿元，增长7.3%；乡村消费品零售额245.8亿元，增长5.7%。按消费形态分，商品零售1190.3亿元，增长5.5%；餐饮收入157.3亿元，增长23.2%。限额以上企业（单位）零售额比上年增长7.7%。其中粮油、食品类增长4.1%，石油及制品类增长36%，汽车类增长6.9%，日用品类增长13.5%，中西药品类下降4.9%，服装、鞋帽、针纺织品类增长23.8%，化妆品类下降2.3%，书报杂志类增长11.2%。

全年进出口总额25.4亿美元，比上年下降14.4%。其中，出口16.6亿美元，下降7%；进口8.8亿美元，下降25.6%。

全年外商直接投资累计到资1.6亿元，比上年增长27.9%。实际到位内资805.7亿元，增长6%。

全年实现国内旅游总收入401.3亿元，国内旅游人数5525.7万人次。全市旅行社83家；星级饭店（宾馆）7家，其中五星级1家、四星级3家、三星级3家；A级及以上旅游景点35个，AAAA级6处。

全年交通运输、仓储和邮政业增加值154.1亿元，比上年增长5.8%。

全年公路客运量634万人次，比上年增长87.9%；公路货运量28311万吨，增长6.3%。

年末全市汽车拥有量62.9万辆，比上年增长6.1%，其中个人汽车53.3万辆。小型、微型载客汽车拥有量50.3万辆，其中个人小型、微型载客汽车48.3万辆。

全年邮政行业寄递业务量累计完成3.1亿件，比上年增长16.3%。其中，快递业务量累计完成

2.3 亿件，增长 18.4%；邮政寄递服务业务量累计完成 8071 万件，增长 10.6%。电信业务总量 31.1 亿元，电信业务收入 26.2 亿元。年末全市固定电话用户 28.7 万户，移动电话用户 342.6 万户，互联网宽带接入用户 145.7 万户。

全年一般公共预算收入 179.7 亿元，比上年增长 3.3%。一般公共预算支出完成 369.2 亿元，增长 2.7%。其中，教育支出 72.1 亿元，增长 8.5%；社会保障和就业支出 61.4 亿元，增长 9.8%；城乡社区支出 41.8 亿元，增长 0.4%。

年末全市金融机构本外币各项存款余额 3433.6 亿元，比年初增加 423.3 亿元，同比增长 14.1%；本外币各项贷款余额 3487.6 亿元，增加 509.6 亿元，增长 17.1%（表 9-5-8）。

表 9-5-8　2023 年末蚌埠市金融机构本外币各项存贷款余额及其增长速度

指标	年末数/亿元	比上年增长/%
各项存款余额	3433.6	14.1
# 住户存款	2276.3	16.8
非金融企业存款	626.2	3.3
各项贷款余额	3487.6	17.1
# 境内短期贷款	775.3	14.2
境内中长期贷款	2580.8	18.3

全年实现原保险保费收入 74.1 亿元，比上年增长 1.6%。其中，财产险原保险保费收入 34.8 亿元，下降 1.9%；人身险原保险保费收入 39.3 亿元，增长 4.9%。年末，全市保险公司 49 家。

2023 年全市共有驻蚌高校 6 所；中等职业教育学校 17 所，其中中等技术学校 13 所，中等师范学校 1 所，成人中等专业学校 3 所；普通教育学校 1259 所，其中普通中学 189 所（高中 42 所，初中 147 所），小学 522 所，幼儿园 542 所，特殊教育学校 5 所，专门学校 1 所。

全市中等职业学校专任教师 1865 人，普通中学专任教师 14898 人，其中高中 4887 人、初中 10011 人。

全市中等职业教育学校在校学生 35692 人；普通教育学校在校学生 645604 人，其中普通中学在校学生 229035 人（高中在校学生 73247 人，初中在校学生 155788 人），小学在校学生 317971 人，学前教育在园（班）幼儿 97931 人，特殊教育学生 2624 人（特殊教育学校在校生 667 人）。

全市小学适龄儿童入学率 100%，初中学龄人口入学率 100%，高中阶段毛入学率 94.31%（含技校在校生）。

2023 年蚌埠市各级各类教育发展情况见表 9-5-9。

表 9-5-9　2023 年蚌埠市各级各类教育发展情况

指标	单位	招生数	在校学生数	毕业生数
各类中等职业学校	人	21754	35692	12457
普通中学	人	79687	229035	69432
# 高中	人	26570	73247	21671
初中	人	53117	155788	47761
小学	人	49348	317971	53348

全年认定高新技术企业 377 家，高新技术企业总数达 912 家，总量居全省第 5 位。全市有国家级创新平台 10 家，国家重点实验室 1 家，省重点实验室 12 家；省实验室和省技术创新中心各 1 家；省企业研发中心 14 家；国家级高新技术产业开发区 1 个。全年发明专利授权量 1004 件，每万人发明专利拥有量达 27.1 件，比上年增长 10.6%。

全市公共文化服务水平不断提升。全年送戏

下乡 3667 场，开展“我们的节日”“温馨蚌埠·欢乐珠城”、四季村晚、广场舞展演、“大地欢歌”乡村文化年等各类群众文化活动 2180 余场。加快推进基层公共文化场馆数字化服务，全市 75 个乡镇（街道）综合文化服务中心线下服务一体机、有声图书墙建设覆盖率达 100%。全市 1132 个村（社区）综合文化服务中心建设实现全覆盖。

2023 年末全市有医疗卫生机构 1686 个，其中医院 114 个、基层医疗卫生机构 1545 个、专业公共卫生机构 25 个，其他卫生机构 2 个。全市卫生技术人员 29369 人，其中执业（助理）医师 11187 人，注册护士 14180 人。医疗卫生机构编制床位 20659 张，实有床位 26139 张，其中医院编制床位 16883 张，实有床位 22351 张。

全年组织开展各级各类体育赛事和培训活动 300 余场次，覆盖人群 40 余万人。举办全国乒乓球锦标赛、全国青少年体育舞蹈锦标赛、全国国际式摔跤冠军赛、全国武术散打冠军赛、亚洲羽毛球明星巡回赛、蚌埠“幸福蚌埠 跑靓淮河”半程马拉松赛等赛事。全员全项参加 23 项全省青少年比赛，取得了 128 块金牌。注册运动员 2690 人，二级社会体育指导员培训 294 人，国民体质常态化监测 3000 人。新建、改建、扩建城市住宅小区和行政村健身设施 376 处，体育公园和口袋体育公园 14 处，百姓健身房 9 处。

全年城镇居民人均可支配收入 46796 元，比上年增长 4.8%。人均消费支出 22992 元，增长 4%。其中，食品支出增长 0.1%，医疗保健支出增长 7%，交通和通信支出增长 8.2%，教育文化娱乐服务支出增长 13.5%。城镇居民恩格尔系数为 37.3%。城镇居民人均住房建筑面积 39 平方米。

全年农村居民人均可支配收入 22334 元，比上年增长 8%。人均消费支出 15614 元，增长 4.9%。其中，食品支出增长 6.2%，医疗保健支出增长 9.3%，交通和通信支出增长 5%，教育文化娱乐服务支出增长 6.3%。农村居民恩格尔系数为 37.4%。农村居民人均住房建筑面积 54 平方米。

年末全市职工基本养老、失业、医疗、工伤、生育 5 项社会保险参保人数分别为 82.7 万人、30.7 万人、58.66 万人、43.2 万人、37.13 万人，城乡居民医疗保险参保 285.14 万人，城乡居民养老保险参保 173.1 万人。企业退休人员养老金和失业人员失业金 100%按时足额发放。

扎实开展棚户区改造工作，全年改造棚户区（城中村）22 个，建成安置房 13800 套，回迁安置 18200 户。全年 $PM_{2.5}$ 年均浓度 38.1 微克/立方米，空气质量平均优良天数比率为 80.8%，市级饮用水水源地水质达标率 100%。

全市共发生各类生产安全事故 40 起，死亡 40 人，分别比上年下降 24.5%和 23.1%。其中，道路运输事故 25 起，死亡 25 人；工矿商贸事故 15 起，死亡 15 人。事故起数和死亡人数“双下降”，未发生较大生产安全事故。危险化学品、非煤矿山、燃气、烟花爆竹、农机、水上运输等重点领域未发生列统事故。

第三节　淮南市经济社会发展情况

2023 年淮南市地区生产总值 1601.6 亿元，比上年增长 5.1%（图 9-5-5）。其中，第一产业增加值 152.5 亿元，增长 3.3%；第二产业增加值 657.6 亿元，增长 4%；第三产业增加值 791.5 亿元，增长 6.2%。第一产业增加值占全市生产总值比重为 9.5%，第二产业增加值比重为 41.1%，第三产业增加值比重为 49.4%（图 9-5-6）。按常住人口计算，人均地区生产总值 53005 元，比上年增加 2203 元，增长 5.5%。

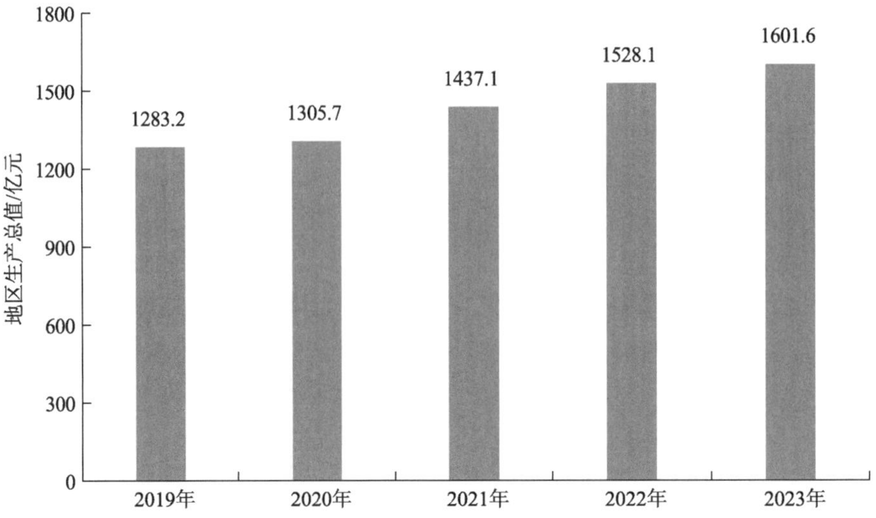

图 9-5-5　2019—2023 年淮南市地区生产总值及其增长

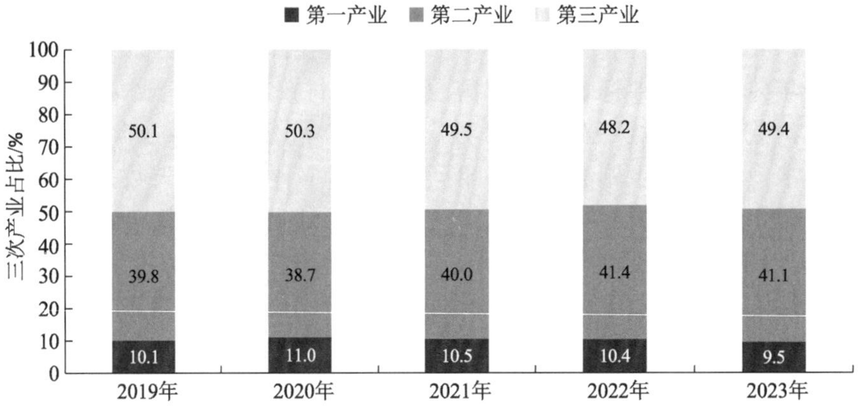

图 9-5-6　2019—2023 年淮南市三次产业增加值占地区生产总值比重

年末全市常住人口 301.6 万人，比上年末减少 1.1 万人；常住人口城镇化率为 63.29%，比上年提高 1.24 个百分点。

全年城镇实名制新增就业 3.89 万人，失业人员再就业 0.95 万人。全年居民消费价格同比上涨 0.1%，其中，食品烟酒价格上涨 0.9%，工业品价格下降 0.9%，服务项目价格上涨 0.3%。2023 年淮南市居民消费价格月度涨跌幅度见图 9-5-7，2023 年淮南市居民消费价格比上年涨跌幅度见表 9-5-10。

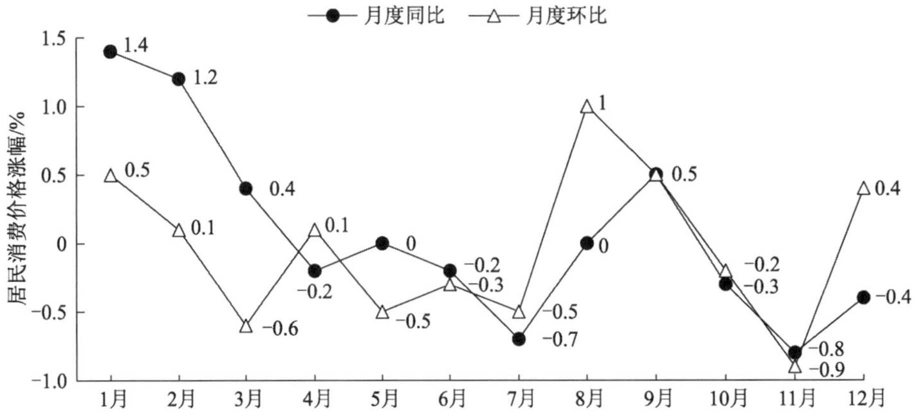

图 9-5-7　2023 年淮南市居民消费价格月度涨跌幅度

表 9-5-10 2023 年淮南市居民消费价格比上年涨跌幅度

指标	涨跌幅度/%
城市居民消费价格	0.1
# 食品烟酒	0.9
衣着	2.2
居住	-1.1
生活用品及服务	0.8
交通和通信	-3.4
教育文化和娱乐	1.8
医疗保健	0.7
其他用品和服务	2.3

新动能加快成长。规模以上工业中，装备制造业增加值比上年增长 20.2%，增幅高于规模以上工业 16.2 个百分点。固定资产投资中，高技术产业投资比上年增长 44.9%，其中高技术制造业投资增长 116.4%。全年新设经营主体 5.1 万户，比上年增长 17.7%。年末，全市各类经营主体达 32.1 万户，比上年增长 9.5%。

全年社会消费品零售总额 922.7 亿元，比上年增长 4.5%（图 9-5-8）。按经营地统计，城镇消费品零售额 639.4 亿元，增长 3.4%；乡村消费品零售额 283.3 亿元，增长 6.9%。按消费类型统计，商品零售额 801.7 亿元，增长 2.9%；餐饮收入 121 亿元，增长 16.2%。

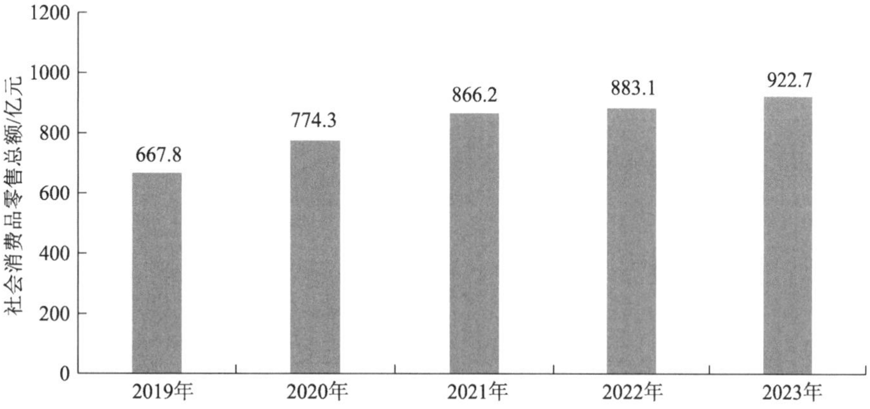

图 9-5-8 2019—2023 年淮南市社会消费品零售总额及其增长速度

全年进出口总额 107 亿元，比上年增长 35.1%。其中，出口 102.6 亿元，增长 33.6%；进口 4.4 亿元，增长 85%。2019—2023 年淮南市进出口总额及其增长速度见图 9-5-9。

全年新批/备案外商投资项目 14 个，比上年增长 40%，合同利用外资 48510 万美元，增长 303.8%；实际利用外商直接投资额 6853 万美元，增长 112.7%。全年对外投资新签合同金额 299 万美元，比上年增长 60.8%。

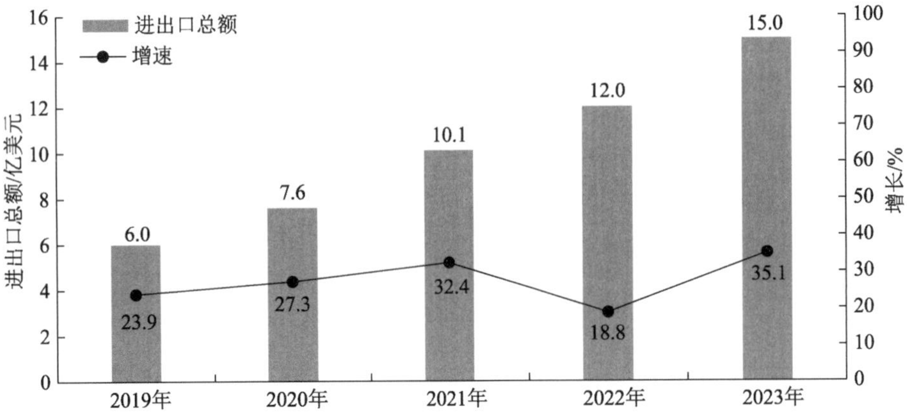

图 9-5-9　2019—2023 年淮南市进出口总额及其增长速度

第四节　六安市经济社会发展情况

2023 年全市一般公共预算收入 173.6 亿元，增长 7.7%（图 9-5-10）。其中，国内增值税 57.2 亿元，增长 8.2%；企业所得税 9.8 亿元，下降 6%。一般公共预算支出 608.9 亿元，增长 15.3%。其中，城乡社区支出增长 47.1%，住房保障支出增长 33.8%，社会保障和就业支出增长 16.2%，教育支出增长 7.9%，科学技术支出增长 61.8%，交通运输支出增长 48.7%，农林水事务支出增长 5.4%。全年民生工程累计投入财政资金 527.6 亿元，民生支出占财政支出比重为 86.6%。

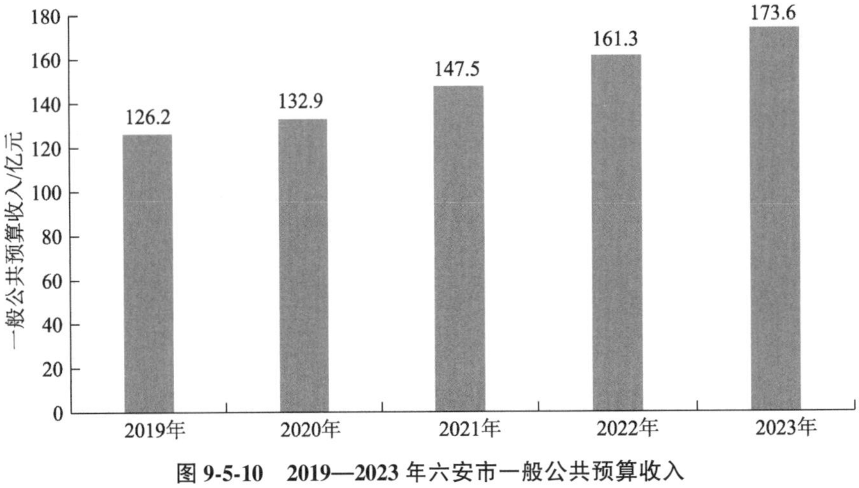

图 9-5-10　2019—2023 年六安市一般公共预算收入

全年城镇常住居民人均可支配收入 41279 元，比上年增长 6.2%；城镇居民人均消费性支出 21367 元，增长 4.9%。全年农村常住居民人均可支配收入 18696 元，比上年增长 8.6%。农村居民人均生活消费支出 14916 元，增长 6.1%。2019—2023 年六安市城乡居民人均可支配收入见图 9-5-11。

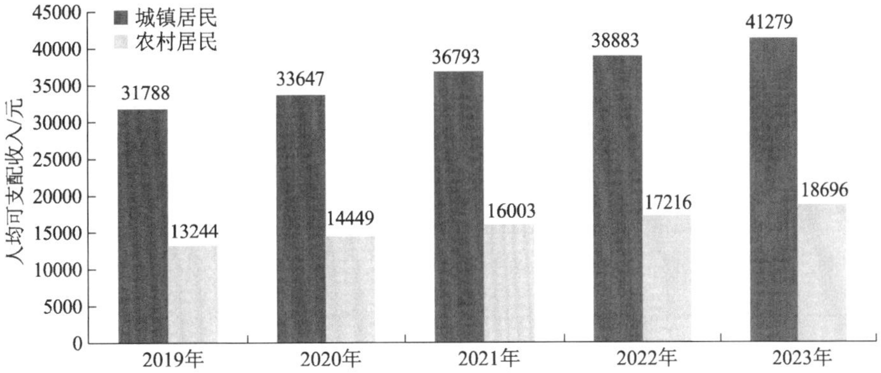

图 9-5-11　2019—2023 年六安市城乡居民人均可支配收入

2023 年全市实现地区生产总值 2113.4 亿元，按不变价格计算，比上年增长 6.2%（图 9-5-12）。其中，第一产业增加值 272.2 亿元，增长 4.5%；第二产业增加值 824.5 亿元，增长 6.9%；第三产业增加值 1016.7 亿元，增长 6.2%。三次产业结构比例从上年的 13.4∶38.7∶47.9 调整为 12.9∶39∶48.1（图 9-5-13）。按常住人口计算，人均地区生产总值 48462 元（折合 6877 美元），比上年增加 3047 元。

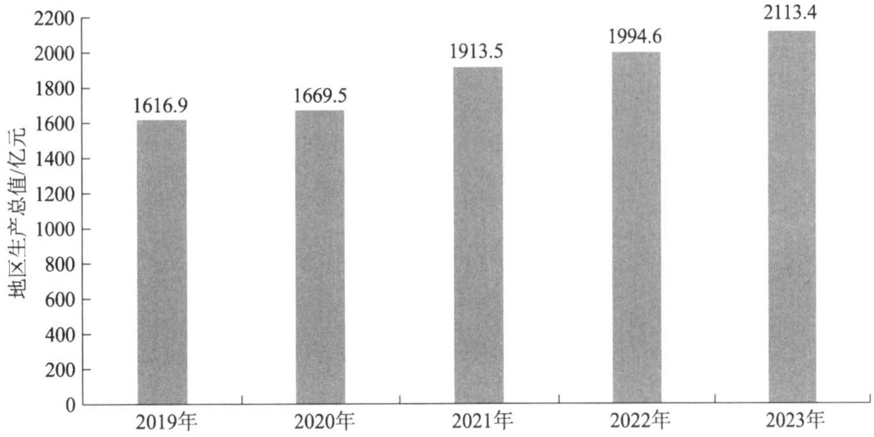

图 9-5-12　2019—2023 年六安市地区生产总值

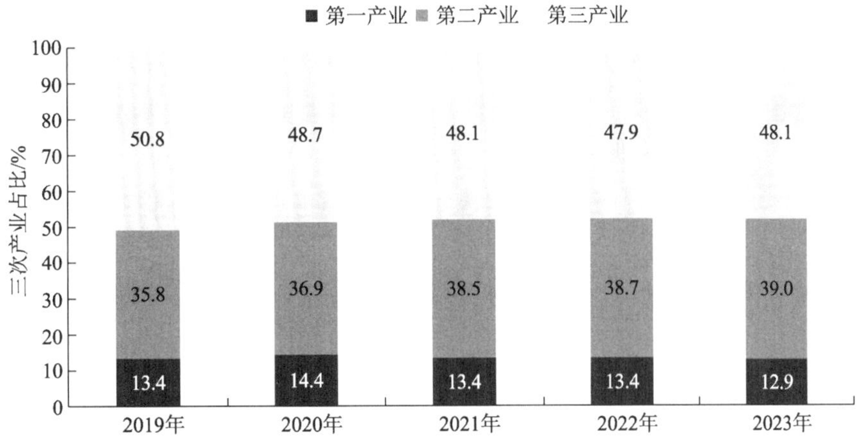

图 9-5-13　2019—2023 年六安市三次产业增加值占地区生产总值比重

年末全市常住人口 434.3 万人，比上年末减少 3.6 万人；常住人口城镇化率为 51.41%，提高 0.91 个百分点。2023 年六安市常住人口及其构成见表 9-5-11，2019—2023 年末六安市常住人口数见图 9-5-14。

表 9-5-11　2023 年六安市常住人口及其构成

指标	年末数/万人	比重/%
常住人口	434.3	
# 城镇	223.3	51.41
乡村	211	48.59
# 男性	223.9	51.56
女性	210.4	48.44
# 0~14 岁（含不满 15 周岁）	69.23	15.94
15~59 岁（含不满 60 周岁）	263.66	60.71
60 周岁及以上	101.41	23.35
其中：65 周岁及以上	77.31	17.8

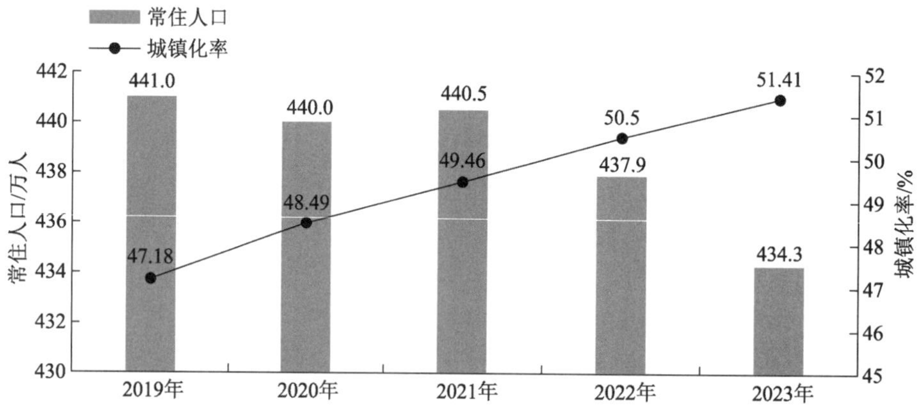

图 9-5-14　2019—2023 年末六安市常住人口数

全年城镇新增就业 3.2 万人，失业人员再就业 0.7 万人，就业困难人员就业 2001 人。全年新增“四上”企业 626 家，其中新增规模以上工业企业 224 家，规模以上服务业企业 44 家，限额以上批零住餐企业 290 家，资质以上建筑业企业 50 家、房地产开发与经营业企业 18 家。

全年居民消费价格比上年上涨 0.2%。其中，食品烟酒价格下降 0.1%。2023 年六安市居民消费价格比上年涨跌幅度见表 9-5-12。

表 9-5-12　2023 年六安市居民消费价格比上年涨跌幅度

指标	涨跌幅度/%
居民消费价格	0.2
# 食品烟酒	-0.1
衣着	1.2
居住	-0.4
生活用品及服务	0.1

续表

指标	涨跌幅度/%
交通通信	-1.4
教育文化娱乐	2.9
医疗保健	0.3
其他用品及服务	3.2

全年高技术制造业增加值比上年增长 8.9%，占规模以上工业增加值比重为 10.2%；装备制造业增加值增长 18.1%，占规模以上工业增加值比重为 30.8%。高技术产业投资下降 5.3%，占固定资产投资比重为 4.3%。全年通过公共网络实现商品销售增长 4.4%，占限额以上单位商品零售额比重为 5.1%。全年新登记各类经营主体 91813 户，增长 30.3%。全年社会消费品零售总额 1283.9 亿元，比上年增长 8.5%（图 9-5-15）。按经营地统计，城镇消费品零售额 883.2 亿元，增长 8.3%；乡村消费品零售额 400.7 亿元，增长 9.1%。按消费类型统计，商品零售额 1090.8 亿元，增长 6.5%；餐饮收入 193.1 亿元，增长 21.6%。限额以上单位商品零售额中，粮油食品类零售额比上年增长 2.1%，烟酒类增长 18.1%，日用品类增长 12.5%，中西药品类增长 17.2%，汽车类增长 10%，体育娱乐用品类下降 15.1%，电子出版物及音像制品类增长 9.2%。

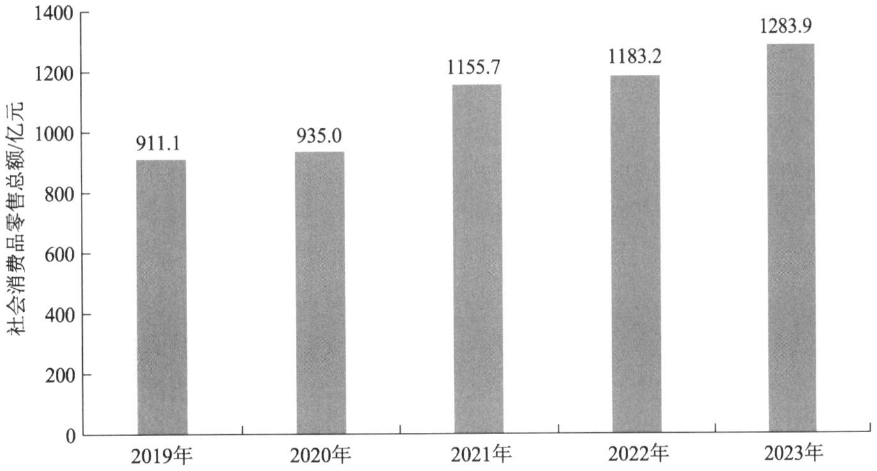

图 9-5-15　2019—2023 年六安市社会消费品零售总额

全年进出口总额 103.1 亿元，比上年增长 2.1%。其中，出口 91.3 亿元，下降 2.9%；进口 11.8 亿元，增长 69.4%。全年新设外商投资企业 27 家。新增合同外资 1.9 亿美元，实际利用外商直接投资 2975 万美元，增长 86.4%。2019—2023 年六安市进出口额见图 9-5-16。

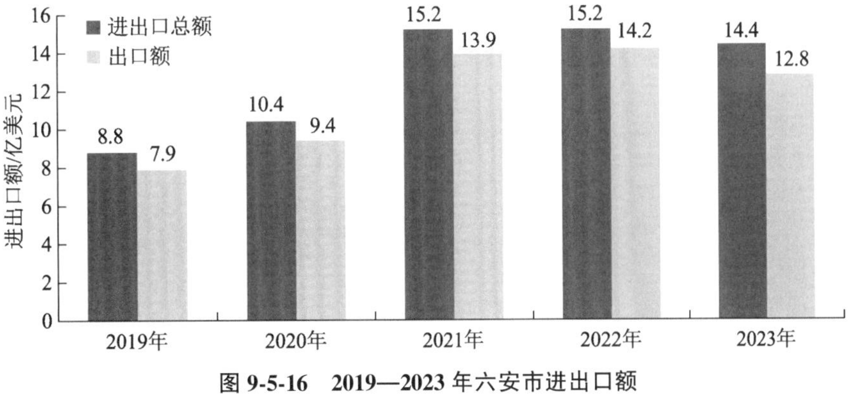

图 9-5-16　2019—2023 年六安市进出口额

第五节　定远县经济社会发展情况

2023 年，定远县实现地区生产总值 3933449 万元，比上年增长 4.8%。其中，第一产业增加值 752950 万元，增长 2.9%；第二产业增加值 1220149 万元，增长 3.8%；第三产业增加值 1960350 万元，增长 6.2%。三次产业结构比例为 19.2∶31.0∶49.8。2018—2023 年定远县地区生产总值及其增长速度见图 9-5-17。

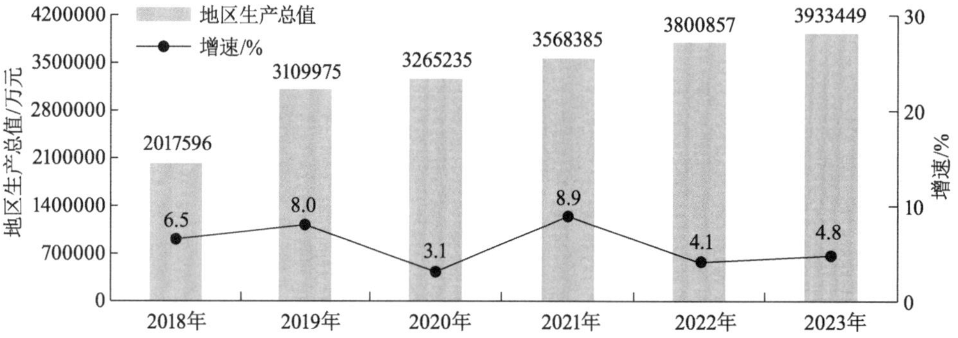

图 9-5-17　2018—2023 年定远县地区生产总值及其增长速度

2023 年末，全县总户数 264816 户，户籍总人口 976502 人，其中：男性 521992 人，女性 454510 人。全年出生人口 7048 人，其中，男性 3809 人，女性 3239 人。死亡人口 4075 人，其中，男性 2406 人，女性 1669 人。根据 2023 年人口抽样调查结果，定远县常住人口 67.6 万人，城镇化率 46.99%。城镇登记失业率低于 2.5%。

2023 年，全县农作物播种面积 228646 公顷，比上年增加 5540 公顷，增长 2.48%。其中，粮食作物播种面积 209994.8 公顷，比上年增长 0.95%；油料播种面积 10968.79 公顷，增长 47.95%；蔬菜播种面积 5691.6 公顷，增长 3.03%。全年，粮食总产量 1201658.6 吨，比上年增长 2.79%。油料产量 29783.9 吨，增长 24.6%；蔬菜产量 217539.8 吨，增长 3.52%。2023 年定远县主要农产品产量及其增长速度见表 9-5-13。

年末，全县生猪存栏 628168 头，全年生猪出栏 1338316 头，增长 5.7%。全年肉类总产量 140382.2 吨，增长 5.28%，其中猪肉产量 117001.6 吨，增长 6.39%。全年禽蛋产量 24850 吨，增长 5.41%。水产品产量 44900 吨，增长 4.79%。

年末，全县农业机械总动力 179 万千瓦时，大中型拖拉机保有量达 7952 台。全年农用化肥施用量（折纯）80596 吨，比上年减少 511 吨。全年有效灌溉面积 124.4 千公顷。城乡供水实际供水量 3901.6 万立方米，农村集中式供水工程供水人口 80.3 万人，农村集中式供水工程全年供水量 1864.9 万立方米。

表 9-5-13　2023 年定远县主要农产品产量及其增长速度

名称	绝对数/吨	比上年增长/%
粮食	1201658.6	2.79
# 稻谷	657256.9	3.26
小麦	462298.7	2.38
玉米	61803.3	0.99
大豆	14542.7	2.42

续表

名称	绝对数/吨	比上年增长/%
油料	29783.9	24.6
# 花生	16543.9	-7.4
油菜籽	12082.0	141.4
棉花	57.0	-54.47
蔬菜	217540.0	3.52
肉类	140382.2	5.28
禽蛋	24850.0	5.41
水产品	44900.0	4.79

2023 年，全县工业领域实现增加值 797842 万元，同比增长 0.5%。其中，规模以上工业比上年增长 1.0%。在规模以上工业中，国有企业、股份制企业、新建企业有所增长。2023 年定远县规模以上工业增加值增长速度见表 9-5-14，2018—2023 年定远县规模以上工业增加值增长速度见图 9-5-18。

表 9-5-14　2023 年定远县规模以上工业增加值增长速度

指标及分类	比上年增长/%
规模以上工业	1.0
# 国有企业	43.5
股份制企业	1.5
外商及港澳台商投资企业	-14.5
# 国有控股企业	-11.1
# 新建企业	6.4
# 大中型工业企业	-7.5

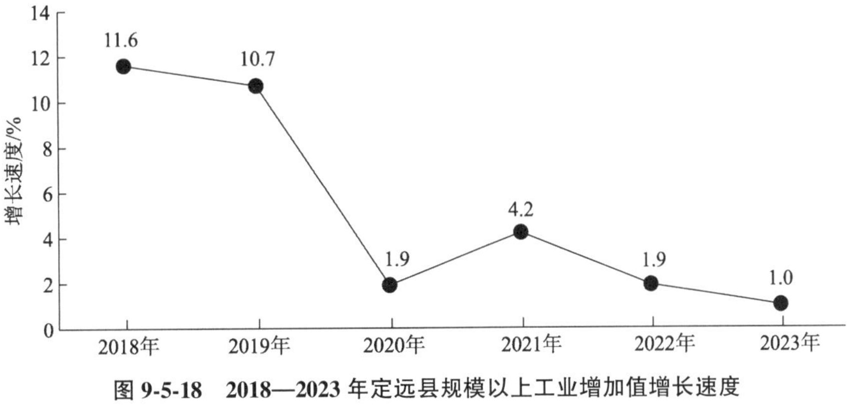

图 9-5-18　2018—2023 年定远县规模以上工业增加值增长速度

2023 年，规模以上工业中，26 个工业行业大类中的 10 个行业增加值实现增长，7 个行业实现两位数及以上增长。

主要工业产品产量和上年相比，大部分产量下降。其中，合成氨（无水氨）、变压器、原盐增长较快，分别比上年同期增长 59%、40%、13.6%。2023 年定远县规模以上工业主要产品产量及其增长速度见表 9-5-15。

表 9-5-15 2023年定远县规模以上工业主要产品产量及其增长速度

产品名称	单位	绝对数	同比增长/%
原盐	吨	1455426	13.6
大米	吨	232272	-42.7
人造板	立方米	23515	-55.6
盐酸（氯化氢，含量31%）	吨	18532	0.1
烧碱	吨	490006	7.3
合成氨（无水氨）	吨	542047	59
初级形态塑料	吨	606736	-0.3
橡胶轮胎外胎	条	152759	-55.3
塑料制品	吨	10758	-18.2
水泥	吨	1201244	-10.1
商品混凝土	立方米	1030661	-39.9
变压器	千伏安	152745	40
石灰石	吨	1503928	-78.2
小麦粉	吨	71689	-76.9
自来水生产量	万立方米	7021	0.5
甲醛	吨	72234	-40.3
冷冻蔬菜	吨	2298	-46.7
复合木地板	平方米	339885	-81
服装	万件	259	-22.1

2023年，全县完成固定资产投资较上年增长11.1%（图9-5-19）。分产业看，第一产业投资比上年增长51.8%；第二产业投资比上年增长62.5%；第三产业投资比上年下降41.7%。

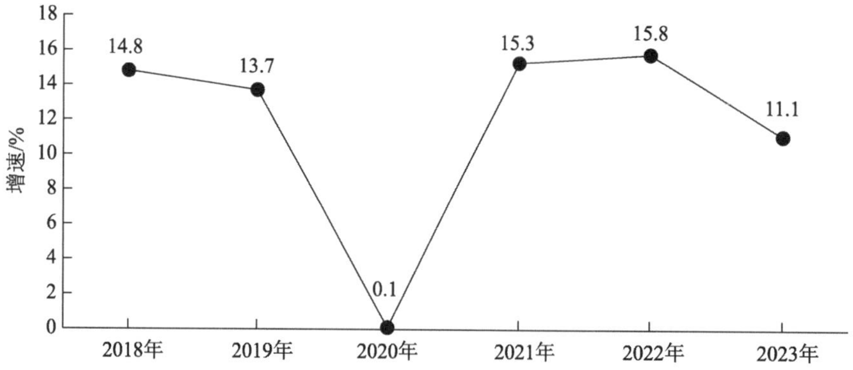

图 9-5-19 2018—2023年定远县固定资产投资增长速度

全年，完成房地产开发投资较上年下降40%；房屋施工面积较上年下降23.4%，其中新开工面积较上年下降71.9%。商品房销售面积较上年下降70.2%；商品房销售额较上年下降77.5%。

2023年，全县实现社会消费品零售总额2077230万元，比上年增长8.2%（图9-5-20）。分区域看，城镇实现零售额1383370万元，增长8.1%；乡村实现零售额693860万元，增长8.5%。分经营规模看，限上单位零售额比上年增长6.3%，限额以下单位零售额比上年增长7.7%。分消费形态看，餐饮收入实现零售额 298366 万元，同比增长 14%；商品零售实现零售额 1778864 万元，同比增长 7.3%。在限额以上单位商品零售额中，部分商品类别增长较快，其中，家用电器和音像器材类增长 139.6%，电子出版物及音像制品类增长 120%，石油及制品类增长 50.8%，日用品类增长 22.6%。

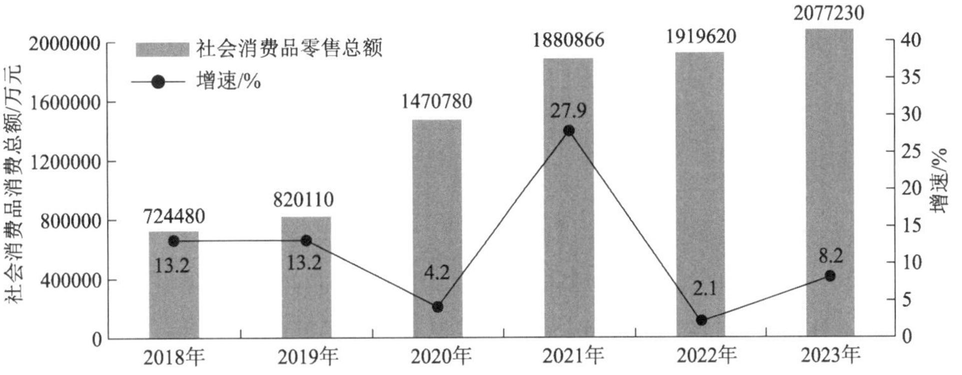

图 9-5-20　2018—2023 年定远县社会消费品零售总额及其增长速度

2023 年，全县进出口总额 4076 万美元，比上年下降 7.1%，实际利用外资 52.4 万美元，同比下降 72.3%。

总投资 7 亿元建设官桥烟柳等 13 个项目，其中金山溪谷等 9 个项目建成启用，大横山服务驿站等 4 个项目快速推进，“一道引领、多点支撑”旅游格局逐步形成。滁州中国农民丰收节主场活动成功举办，梅白鱼文化节、令狐山民俗文化节游人如织、火爆出圈，彰显了优秀民俗文化底蕴；重温知青文化，打造严桥红岗大礼堂，深挖村情村史，建成 13 个村史馆、农耕馆，乡村宜居更宜游。举行首届“定有良材”年货节、品牌发布会等活动 16 场次，推出池河雪片糕、三和千张等“爆款”特色农品，持续开展“皖美好味道 · 百县名小吃”“好味滁州”等活动，定远黑猪、卤鹅、梅白鱼等成为美食文旅新载体。精选旅游线路 11 条，乡村休闲旅游业经营主体达 115 个，全年吸纳游客 255 万人次，旅游综合收入 21.5 亿元，分别增长 27%、28%。

2023 年，交通运输、仓储和邮政业实现增加值 226967 万元，比上年增长 4%。

2023 年末，全县公交运营线路总长 3646 公里，实有公交车辆 312 辆；全年公共汽车客运总量 996 万人次。年末全县出租车 456 辆。

2023 年环境空气监测的实际天数为 365 天，全县环境空气质量符合《环境空气质量标准》（GB 3095—2012）一、二级标准的天数总计为 325 天，占 89%；其他天数 40 天，占 11%。PM_{10} 全年平均值 57 微克/立方米，$PM_{2.5}$ 全年平均值 33 微克/立方米，全年轻度污染 36 天，中度污染 3 天，重度污染 1 天。

2023 年全县实现一般公共预算收入 273155 万元，比上年增长 5.9%（图 9-5-21）。

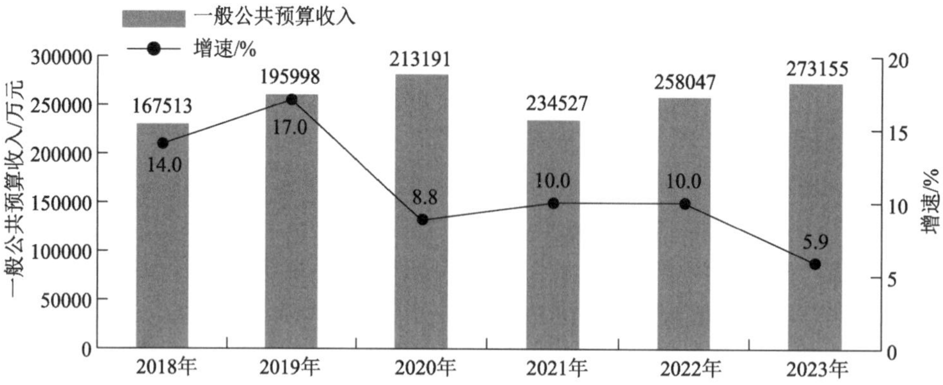

图 9-5-21　2018—2023 年定远县一般公共预算收入及其增长速度

2023 年 12 月末，全县金融机构人民币各项存款余额 4696371 万元，比上年末增加 542074 万元，增长 13%。其中住户存款余额 3746106 万元，增长 15. 5%。金融机构人民币各项贷款余额 3807780 万元，比上年末增加 514649 万元，增长 15. 6%。

2023 年，全县共有中等职业教育学校 1 所，2023 学年招生 2457 人，在校生 7284 人，毕业生 2636 人。普通高中 7 所（其中民办 3 所），招生 4108 人，在校生 13049 人，毕业生 4945 人。普通初中 52 所（其中民办 6 所），招生 7306 人，在校生 21868 人，毕业生 7889 人。小学 32 所（其中民办 3 所），招生 7625 人，在校生 41913 人，毕业生 7495 人。幼儿园 133 所（其中民办 61 所），招生 4302 人，在园儿童 17523 人。小学入学率为 100%，初中学龄人口入学率为 100%，高中阶段毛入学率为 98. 72%。

以人才招产业、以产业聚人才，新宸新材料等一批高层次人才创业项目纷纷落地。携手中国科学技术大学、合肥工业大学等多所高校建立科技成果转化基地，技术交易合同 454 个，成交额 151 亿元，省级以上科技成果登记 85 项；规模以上企业研发投入 6. 7 亿元，增长 24%，华塑股份入围全省研发投入百强企业。盐化科创中心建成启用，入驻企业 7 家，化工中试基地稳步推进，成立中国化工学会定远服务站，打造博士工作站等研发创新平台 44 个。发布人才新政 2 项，培育省市产业创新团队 7 个，新引进高层次人才 108 名，其中院士、国家级领军人才 9 名。

2023 年，全县共有艺术表演团体 22 个，文化馆 1 个，博物馆 1 个，公共图书馆 1 个，公共图书藏量 56. 4 万册。广播电台 1 座，电视台 1 座，全县城镇有线广播电视用户 1. 5 万户，农村有线广播电视用户 0. 7 万户。年末广播综合人口覆盖率为 100%，电视综合人口覆盖率为 100%。

年末，全县共有卫生机构 397 个，其中综合医院 11 家、乡镇卫生院 26 个、卫生监督所 1 个、妇幼保健所 1 个、疾病预防控制中心 1 个、社区服务中心 2 个、社区服务站 17 个、诊所和门诊部 92 个、村卫生室 245 个。全县卫生机构拥有床位 5100 张，其中医院 3614 张、基层医疗卫生机构 1346 张。卫生机构从业人员 5707 人，其中卫生技术人员 5590 人，执业医师 2093 人，注册护士 2749 人。

全年，销售体育彩票 11279. 69 万元，比上年增长 86. 13%。

全年，城镇常住居民人均可支配收入 39353 元，比上年增长 6. 2%。农村常住居民人均可支配收入 18733 元，比上年增长 8. 2%。

2023 年末，全县城镇职工养老保险参保人数 6. 97 万人。城乡居民养老保险参保人数 56. 29 万人。失业保险参保人数 3. 18 万人，工伤保险参保人数 4. 23 万人。职工基本医疗保险参保人数 5. 59 万人，城乡居民基本医疗保险参保人数 73. 16 万人。

2023 年，有 1149 户、1577 名城镇居民享受政府最低生活保障，发放低保金 1145. 89 万元；有 20242 户、33936 名农村居民享受政府最低生活保障，发放低保金 1. 68 亿元。

年末，全县养老服务机构 33 个，其中公建民营养老机构 18 个，公建公办养老机构 7 个，民办养老机构 8 个。总床位数 2500 张，其中护理型床位数 1869 张。年末在院人数 1280 人，其中特困人员 467 人。全年销售社会福利彩票 3527 万元，比上年增加 40%，募集公益金为 450. 5 万元，比上年增加 40. 6%。

第六节　桐城市经济社会发展情况

2023年全市实现地区生产总值467.37亿元，按不变价格计算，增长5.5%。其中第一产业增加37.3亿元，增长4.5%；第二产业增加值229.3亿元，增长4.6%；第三产业增加值200.8亿元，增长6.7%。三次产业结构比例调整为8∶49∶43。

农林牧渔业完成总产值67.82亿元，按可比价格计算，增长4.8%；农林牧渔服务业完成总产值0.996亿元，按可比价格计算，增长8.7%；实现农林牧渔业增加值37.25亿元，增长4.5%，农林牧渔服务业增加值0.69亿元，增长9.8%。

粮食播种面积5.3万公顷，粮食总产量32万吨，同比增长0.8%；油料种植面积1.2万公顷，同比增长21.7%，油料总产量2.9吨，同比增长14.1%；棉花种植面积563公顷，同比下降13.1%，棉花总产量479吨，同比下降10%。

茶园面积3819公顷，茶叶产量592吨；蔬菜种植面积6489公顷，同比增长1.7%，产量19.4万吨，同比增长2.2%；园林水果产量1516吨，同比增长4.5%。

生猪出栏28.3万头，同比增长5.9%；牛0.27万头，同比下降9.1%；羊出栏0.75万只，同比下降14%；家禽出栏540.61万只，同比下降12%。猪肉产量2.3万吨，同比增长0.3%。禽蛋产量8万吨，同比增长0.3%。生猪存栏量12.35万头，同比下降10.2%。水产品产量4.2万吨，同比增长4%。

规模以上工业总产值比上年下降10.8%。其中，规模以上工业增加值下降2.8%。规模以上工业中，大中型工业企业下降31%。全年战略性新兴产业产值增长13.8%。规模以上工业能源消费总量22.7万吨标准煤，同比下降3%。

规模以上工业31个大中类行业中有10个保持增长，其中5个行业增幅超过10%。橡胶和塑料制品业、电气机械和器材制造业、印刷和记录媒介复制业、化学原料和化学制品制造业、非金属矿物制品业、专用设备制造业等6个主导行业工业产值分别比上年增长-40.7%、33.3%、-46.4%、-30.8%、8.5%、-34.1%；六大主导行业占规模以上工业的比重达66.2%。

全市统计的13种主要工业产品中，玻璃纤维布产量7965万米，增长7.7%；农用氮、磷、钾化学肥料产量71382吨，增长11.7%；大米产量为71570吨，下降42.3%；饲料产量为76457吨，增长7.1%；精制食用植物油1192吨，增长17.1%；口罩产量为6640万个，下降82.9%；无纺布（无纺织物）产量为12787吨，下降7.4%；初级形态塑料53429吨，下降3%；人造板产量21044立方米，下降79.4%；塑料制品产量为338981吨，下降44.3%；多色印刷品56167对开色令，下降92.5%；输送机械（输送机和提升机）产量为24052吨，增长45.1%；矿山专业设备产量1.7万吨，下降27.2%（表9-5-16）。

表9-5-16　2023年桐城市主要工业产品产量

产品名称	单位	绝对数
玻璃纤维布	万米	7965
农用氮、磷、钾化学肥料	吨	71382
大米	吨	71570
饲料	吨	76457
精制食用植物油	吨	1192
口罩	万个	6640
无纺布（无纺织物）	吨	12787
初级形态塑料	吨	53429

续表

产品名称	单位	绝对数
人造板	立方米	21044
塑料制品	吨	338981
多色印刷品	对开色令	56167
输送机械（输送机和提升机）	吨	24052
矿山专用设备	吨	16643

全市规模以上工业企业实现主营业务收入356.3亿元，同比下降11.1%；实现利润总额27.4亿元，同比下降4.3%。规模以上工业产销率为93.8%。

全市固定资产投资增长9.7%。本年500万元以上计划投资总额比上年增加23.6亿元。

从产业看，第一产业同比下降22.7%，第二产业同比增长24%，第三产业同比下降1.5%。从行业看，工业增长24.1%，其中，制造业增长14%。

全年房地产开发完成投资17.9亿元，下降27.6%；房屋施工面积26.9万平方米，下降47%；商品房销售额35亿元，下降1.1%。

资质以上建筑业企业完成总产值72.96亿元，下降2.6%。其中，建筑工程产值完成56.7亿元，下降4.2%；竣工产值40亿元，下降8.3%。签订合同金额101.5亿元，增长3%。

社会消费品零售总额173.3亿元，增长7.9%，其中，限额以上消费品零售额23.8亿元，增长7.3%。

在限额以上企业（单位）批发零售业零售额中，粮油、食品类增长27%，饮料类增长28.7%，烟酒类增长47.8%，服装、鞋帽、针纺织品类增长10.4%，化妆品类增长9.2%，金银珠宝类增长5.8%，日用品类增长7.8%，体育、娱乐用品类增长20.2%，家用电器和音像器材类增长8.1%，石油及制品类增长5.4%，汽车类增长22.4%。

全年接待国内游客631.98万人次，增长38.5%，国内旅游收入42.55亿元。1—11月进出口总额25875万美元，增长17.7%，其中出口24621万美元，增长25.1%。

全年财政总收入完成43亿元，增长0.4%；实现省考核口径财政总收入39.4亿元，增长2.5%；地方财政收入23.7亿元，增长6.2%。财政支出64亿元，增长5.1%。其中，农林水支出9.5亿元，增长5.2%；教育支出14.8亿元，增长7.6%；卫生健康支出4.5亿元，增长29.5%；社会保障和就业支出8.7亿元，增长3.5%。

金融机构本外币存款余额772.3亿元，增长13.1%；金融机构本外币贷款余额517.4亿元，增长18.3%。

拥有普通高等学校1所，普通高等教育本专科招生2629人，在校生6550人，毕业生2213人。中等职业教育学校3所，招生1191人，在校生4122人，毕业生2184人。普通中学38所，招生8407人，在校生25815人，毕业生8877人，初中升学率99.9%，高中升学率87.9%。普通小学57所，招生6339人，在校生31680人，毕业生5002人，小学学龄儿童入学率100%。

全市高新技术企业280家，全年高新技术产业产值增长3.1%。全年专利授权1003件，其中发明专利142件。

第十篇

南京都市圈发展主要学术研究成果

第一章　主要学术研究成果摘要

1.《“十四五”都市圈发展要点》，陆铭，《上海国资》，2021 年第 3 期

“十四五”期间，整个国家要迅速发展、尽快推出一批都市圈规划。当前中国已经有了京津冀、长三角、粤港澳大湾区的规划，成都和重庆双城经济圈也被提出来，但是都市圈的规划还是严重不足。最近国家发展改革委批复让江苏和安徽合作建设南京都市圈，因为南京都市圈的建设跨越安徽和江苏两省的边界，这是非常重要的一步。希望接下来，中国能打破按行政管辖的辖区范围来做规划和资源配置的传统模式，更多地形成类似南京都市圈跨行政管辖边界的都市圈的发展规划。

2.《基于灰色 GM（1，1）的南京都市圈物流需求预测》，江楠，《物流技术》，2021 年第 11 期

文章以灰色预测理论为基础，基于南京都市圈主要 8 个城市 2015—2019 年的货运量数据，建立灰色 GM（1，1）预测模型，对南京都市圈未来 5 年的物流需求量进行了预测，预测值围绕实际值及其演变趋势出现小范围上下波动，表明预测精度高且验证了模型预测的适用性和可行性。预测结果显示，未来 5 年南京都市圈物流需求量将逐年增加，结合南京都市圈主要城市物流实际发展情况，为南京都市圈发展规划下的区域物流规划和决策提供了一定的参考依据。

3.《南京都市圈轨道交通工程施工工艺及管理作用》，胡馨、沙萱、陈明芳、菅彤彤，《黑龙江科学》，2021 年第 22 期

为充分发挥城际轨道交通对城市发展的支撑作用，论文分析了南京都市圈的地质情况及南京都市圈地铁施工的典型特点与难点，提出了南京都市圈地铁施工工程管理要点：应采用合适的施工工艺，不断创新技术，做好地铁施工安全质量管理和造价管理，将工程管理渗透到各个环节，运用多层次的工程管理体系，确保工程质量达到预期标准。

4.《跨域轨道交通项目共建模式分析——以南京都市圈相关项目为例》，苏丽莉，《项目管理技术》，2021 年第 10 期

跨域轨道交通建设是促进区域经济发展的有效举措。以南京都市圈轨道交通项目为例，阐述了 3 种常见的跨域轨道交通共建模式，分析各种模式的适用条件。基于工程实践，探讨跨域轨道交通项目共建管理的控制因素，并提出相关建议，以期为跨域轨道交通项目共建管理提供参考。

5.《南京都市圈下扬—镇合并跨江融合发展浅议》，陈广桂、陈云岳，《中国农业会计》，2021 年第 8 期

“1+3”功能区的发展战略构想是江苏的顶级发展战略。文章从行政区划调整的角度出发，在剖析江苏省跨江融合及南京都市圈、宁镇扬一体化发展战略的基础上，探讨了“扬州—镇江”一体化融合发展的必要性，并进一步论证了“扬州—镇江”跨江融合发展的可行性，得出“扬州—镇江”务必进行战略性行政区划合并的研究结论。

6.《南京都市文化圈背景下郊区农村小学语文作文教学研究——以南京六合区农村小学为例》，孙宁、陈莉、周珺妍，《科教文汇（上旬刊）》，2021 年第 19 期

在南京都市文化圈影响下，郊区农村小学作文教学有其鲜明的特质。虽然农村小学生在生活条件、学识眼界等方面不及城区的学生，但他们所处的独特的生活环境，也决定了他们有独特的视角去审视自己的生活，其作文也展现出新鲜生动的一面。诚然，他们的作文中也存在基本功不扎实、生搬硬套、主题含混、语言冗长等问题。

文章指出应在大量实践调研的基础上，通过新颖的教学手段、充分利用生活素材创设写作主题、引导学生阅读和积累等途径来提升南京郊区小学作文教学与写作的水平。

7.《南京都市圈发展规划出炉》，王金龙，《宁波经济（财经视点）》，2021 年第 3 期

2021 年 2 月，国家发展改革委发布关于同意南京都市圈发展规划的复函，原则同意《南京都市圈发展规划》(以下简称《规划》)。复函指出，江苏、安徽两省共同推进《规划》实施，指导推动政策会商和项目对接，解决规划实施中的突出问题，适时开展规划实施情况评估，及时总结经验做法。事实上，早在 2000 年 7 月，江苏省城市工作会议就已经提出打造以省会南京为中心的经济联合体——“南京都市圈”，经过 20 年的发展，南京都市圈已经在促进中心城市与周边城市同城化发展方面取得不俗成绩。

8.《南京都市圈区域一体化高质量发展研究》，吴波、张妍妮，《中国国情国力》，2022 年第 12 期

多年来，南京都市圈综合实力和影响力不断增强，特别是正式获批以来，其在国家战略中的地位日益凸显，但与其发展要求相比仍有一定差距。推动其高质量发展，必须摒弃“唯以行政推动”的理念，紧扣服务“双循环”发展，打破“行政区经济”发展束缚，探索推动跨区域治理。文章通过分析梳理南京都市圈的发展历程、发展优势和短板，从共建产业集群、打造研发高地、共建统一要素资源市场、完善交通枢纽功能等方面提出了针对性的对策建议。

9.《基于改进引力模型的空间联系格局与协同发展研究——以南京都市圈和苏锡常都市圈为例》，潘娟，《现代商贸工业》，2022 年第 22 期

都市圈已经成为提升城市能级，带动地区发展的重要突破口，文章利用改进引力模型并结合 GIS 方法分析南京都市圈和苏锡常都市圈内部经济联系，研究发现，城市间水平联系不断加强，其中南京都市圈内呈现散点分布、单中心集聚的特点，区域协调性有待进一步加强；苏锡常都市圈各节点城市之间经济联系强度呈现多中心、网络化特征，整体发展水平相对均衡，区域联系格局呈现均衡化，都市圈核心城市周边重要支点城市正与中心城市相互影响发挥作用。

10.《南京都市圈各区县乡村旅游发展潜力评价及其空间分异特征》，彭建、丁芷若、杨灿灿，《安徽农业大学学报（社会科学版）》，2022 年第 5 期

随着城镇化的推进与人民生活水平的提高，乡村旅游市场前景巨大。以南京都市圈 60 个区县为研究对象，综合运用熵值法、空间自相关等方法测度南京都市圈各县区乡村旅游发展潜力，并分析整体和局部的空间分异特征，以期为南京都市圈乡村旅游发展提供依据。研究发现：南京都市圈的内生发展水平对发展潜力评分在一定程度上起决定性作用，其他子指标起协调作用；该地县域乡村旅游发展潜力存在空间集聚现象，具有显著的空间自相关性；南京都市圈乡村旅游发展潜力整体以南京市及周边为中心呈现“由中心向外扩散”的特征，高潜力发展水平区域对周边低潜力发展水平的辐射连带效应不显著，区域合作发展有待加强。

11.《南京都市圈区域发展报告》，曹大贵、张妍妮、颜岑，《统计科学与实践》，2022 年第 9 期

文章介绍了南京都市圈 20 年来从单一的经济合作演变为全方位多元化的深度合作，逐步迈入新发展阶段的奋进历程，提出优化产业布局，发挥南京创新优势，坚持市场化引领，推动交通设施互联互通，以加快建设发展动能强劲的产业创新圈、要素自由流动的区域开放圈、省际跨界融合的示范样板圈。

12.《基于日常通勤流动的南京都市圈空间结构特征》，谢智敏、甄峰、席广亮，《城市规划学刊》，2022 年第 5 期

文章以具有代表性的南京都市圈为研究对象，利用手机信令数据提取街镇尺度的居民日常通勤流动网络，通过网络分析方法构建网络中心性、网络联系和网络组团 3 个维度点线面的分析框架，进而开展多维度的都市圈空间结构研究。结果表明：(1) 通勤流网络中心性形成“中心城区圈层扩散+县城点状散落分布”的总体格局，并以南京市为首形成“1+2+4+1+1”的 5 级发展梯队。(2) 通勤流联系集中在 3 至 7 千米区间，在市区和县域内部分别倾向于多中心网络化与中心放射

式的结构，跨城通勤集中在南京与镇江、马鞍山及滁州市之间，呈现出在边界地区集聚和南京市中心城区辐射带动的双重特征，南北纵向跨城联系则较为薄弱。（3）省市县多层级行政边界对都市圈城镇空间发展仍有明显的制约作用，跨界组团主要集中在江苏省境内。（4）目前南京都市圈呈现出单核驱动极化发展的总体特征，存在副中心等级规模不足、跨界发展不均衡及郊县发展相对孤立等问题，需要通过多方面措施持续推进都市圈迈向多心联动均衡发展的空间结构。

13.《一体化视域下合肥都市圈与南京都市圈综合竞争力对照研究》，崔琚琰、吴志清，《安徽工业大学学报（社会科学版）》，2022 年第 4 期

文章认为，合肥都市圈与南京都市圈同属长三角经济区，分别为培育型和成熟型都市圈。基于主成分分析法，选取 2012 年、2015 年、2018 年两都市圈内 12 个地级市的指标数据，构建综合竞争力评价体系，对两都市圈的综合竞争力进行时序分析。结果表明：近几年合肥都市圈的综合竞争力得到显著提升，但与南京都市圈相比在经济发展、科教实力和基础设施建设上还是有较大差距。推进两都市圈的产业合作，加快轨道交通建设，强化科技创新、引进新型人才，加快中心城市与周边地区基础设施的互联互通和公共服务的资源共享，均有利于促进合肥都市圈与南京都市圈的一体化协调发展。

14.《时空视角下都市圈创新活动分布特征与对策——基于南京都市圈的实证分析》，唐爽、张京祥、李沐寒，《现代城市研究》，2022 年第 8 期

文章认为，创新驱动是经济高质量发展的本质特征，都市圈是创新链组织的重要单元，对都市圈创新活动时空分布特征的研究可以为加快实现创新活动的都市圈协同提供依据。文章基于 2008—2019 年的高新技术企业数据，运用区位基尼系数、空间自相关与标准差椭圆等分析方法，从总体、分行业、分规模多重角度深入剖析了南京都市圈创新活动的时空分布特征，并在此基础上总结规律，提出相应的对策。结果表明：（1）南京都市圈创新活动分布呈现稳定的“核心—边缘”结构，体现出南京市的核心城市地位；（2）南京都市圈不同行业、不同规模企业创新活动的集聚程度与集聚模式存在差异，且不同行业企业创新活动集聚程度的跃迁未表现出显著差异，不同规模企业创新活动集聚程度的跃迁存在差异；（3）南京都市圈创新活动表现为“东北—西南”的区位分布格局，但“西北—东南”部区县的创新发展速度优于“东北—西南”部区县；（4）总体上南京都市圈创新活动中心在北移后开始反向移动，但不同行业、不同规模企业创新活动中心的移动轨迹略有不同。

15.《南京都市圈出现新变化》，易阳，《宁波经济（财经视点）》，2022 年第 8 期

该文章指出，都市圈是城市化发展到一定阶段的必然结果，南京都市圈作为首个国家级都市圈，对于未来城市的发展模式具有领先性和示范性意义。自获批以来，南京紧紧围绕“一体化”和“高质量”两个重点，以打造“轨道上的都市圈”为牵引，积极勾勒南京都市圈“东进、西融”宏伟蓝图。

16.《跨界产业园区合作模式研究——以南京都市圈为例》，温李庆、顾巍巍、彭洲红，《改革与开放》，2022 年第 14 期

当前，跨界产业园区在提升区域更高质量一体化水平方面发挥着重要作用。根据管理主体和推进方式的不同，文章总结了我国跨界产业园区合作的 4 种模式，分析了南京都市圈跨界产业园区建设取得的工作成效以及存在的问题短板，并在此基础上提出了相关建议。文章建议：（1）加强合作，持续完善多层次管理体制机制；（2）拓展思路，建立市场化多元投资体系；（3）明确定位，全力打造园区主导产业。

17.《商业体系与实际服务人口流动性耦合关系研究——以南京都市圈为例》，魏玺、席广亮、甄峰，《经济地理》，2022 年第 6 期

文章认为，随着城市和区域联系的不断深入，以人流为代表的流要素在资源配置中的作用愈发重要，流动性逐渐成为商业体系研究的重要视角。文章以南京都市圈为研究对象，利用 POI、手机信令数据等多源数据，在分析商业体系及实际服务人口流动性特征的基础上，通过构建耦合协调发展度模型探究两者之间的关系。研究表明：（1）南京都市圈商业体系呈现明显的单中心集聚以及空间分异特征。（2）南京都市圈呈现城市内人流联系紧密，而城市间人流联系相对较弱的特

征，跨市人口流动在城市交界地区集聚程度较高。（3）南京都市圈商业体系与实际服务人口流动性耦合协调性水平整体相对较低，处于高能级商业空间集中于少数街镇的不均衡状态，以及商业体系与实际服务人口流动性发展不同步的态势。在未来的发展中，都市圈商业体系优化配置需要更好地顺应流动性规律，立足于实际服务人口分析与预测，构建动态分级分区的商业服务体系，以促进都市圈商业空间一体化发展。

18.《基于耦合模型的淮安融入南京都市圈耦合度测量及对策研究》，仲晓东，《淮阴工学院学报》，2022 年第 3 期

长三角是我国经济实力最强、文化最繁荣、人民生活最富裕、城市一体化程度最高的经济区域之一，南京作为长三角“北翼城市群”的中心城市，在带动北翼城市群的发展中起着越来越重要的作用。近年来，淮安作为长三角的边缘城市，也曾试图加入和融入长三角城市群，但由于各种因素的制约，进程很慢。从目前看，淮安最现实和可行的选择是初期通过积极参与和真正深入融入南京都市圈，实现二者的融合，再通过南京这一桥梁，最终融入长三角一体化中。因此，通过耦合协调度模型，计算出淮安与南京在经济、文化、交通和环境 4 个方面的融合程度，找出淮安融入南京都市圈的必要性和困难，以期对淮安在高质量发展阶段尽快融入南京都市圈提出合理政策建议。

19.《南京都市圈规划建设跟踪审计浅议》，施钦博、孙绍伦、徐乐融、庄元熙、居苗苗，《合作经济与科技》，2022 年第 9 期

随着国家区域经济的高度协同、一体化发展，以南京为中心城市的“南京都市圈”政策得到落地。在都市圈规划建设过程中，国家财政扮演了一个不可或缺的角色。如何高效率、高质量地使用财政拨款是都市圈规划建设中一个非常重要的课题。而跟踪审计作为一项极具中国特色的审计方式，可以为财政支出的合理使用提供最大限度的保障，从而实现“提质增效”建设南京都市圈。

20.《南京都市圈城市间产业结构互补吗？——基于产业协同度评价的实证研究》，陈芳英，《金陵科技学院学报（社会科学版）》，2022 年第 1 期

利用区位熵和灰色关联分析法从产业增加值和城镇单位就业人数两个方面对南京都市圈区域内的产业集聚优势和城市产业结构布局现状进行研究。结果表明，南京都市圈城市间产业结构具有互补性，具体有以下几个特征：南京和镇江在金融、科学研究和技术服务、信息传输和计算机服务、租赁和商务服务等生产性服务业方面具有比较优势；芜湖、滁州、马鞍山、常州的金坛和溧阳等地在制造业方面具有产业集聚优势；宣城和滁州在农林牧渔业方面具有一定的产业集聚优势。基于此，从南京都市圈产业一体化视角提出以下建议：各地应因地制宜发展特色产业，加强不同优势产业地区之间制造业与生产性服务业的协同发展，在提升制造业附加值的同时进一步壮大生产性服务业；构建南京都市圈产业协同发展机制，共建产业园区，加强各地之间的合作；健全引导产业协同创新的政策和法律体系，对各参与主体的权利和责任进行明确界定。

21.《基于生态系统服务供需格局的生态管理分区研究——以南京都市圈为例》，曹继、王丽、曹卫东，《资源开发与市场》，2022 年第 5 期

文章以南京都市圈各县市为研究单元，通过象限法和供需均衡度模型对 2010—2020 年南京都市圈生态系统服务供需动态情况、空间相关性和内部分布特征进行研究。结果表明：（1）研究期内，南京都市圈生态系统服务供给总体呈不断下降的趋势，生态系统服务需求总体呈缓慢增长的趋势。（2）南京都市圈供需关联整体呈“先升后降”的趋势，生态系统服务供需均衡度呈明显的空间集聚特征，在全局形成了北、中、南部 3 个明显的空间集聚区。将南京都市圈分为湖泊生态涵养区、生态农林保育区、生态城市建设区、生态—经济重构区 4 个大区 10 个分区，并提出管控措施和建议。

22.《探索南京都市圈一体化发展新路》，汪毅，《群众》，2022 年第 5 期

党的十九届五中全会明确提出，“十四五”期间要发挥中心城市和城市群带动作用，建设现代化都市圈。都市圈高质量发展已经成为城市群一体化的加速引擎，“双循环”新发展格局下扩大内需的重要抓手。当前，南京都市圈积极探索都市圈层面高质量一体化的有效路径，为现代化都市

圈建设作出示范、为服务长三角一体化率先形成新发展格局提供支撑。这就需要在构建多链条融合的现代产业体系、多层级嵌套的功能空间结构、多方式协同的综合交通网络、多领域保障的韧性安全系统4个方面率先探索，提供示范。

23.《“南京都市圈”发展战略下南京江北新区提升区域辐射力的路径》，叶南客、吴海瑾、曾盛红，《中共南京市委党校学报》，2022年第1期

建设现代化都市圈、完善城市群内部空间结构，是新发展格局下推进区域协同高质量发展的应有之义。国家发展改革委发文原则批复《南京都市圈发展规划》已经从顶层设计上明确了“南京—南京都市圈—长三角城市群”协同发展的战略格局。“南京都市圈”进入一个新的发展阶段，提升中心城市南京的城市能级与培育现代化都市圈相辅相成互相成就。作为中心城市核心新城区的江北新区，亟须多维度扩大和提升中心城区的功能，全力打造国内大循环的重要节点和国际大循环的开放门户，以国际视野向现代化新主城迈进，助推南京引领“南京都市圈”成为长三角一体化发展的北翼强核心。

24.《南京都市圈产业合作园高质量发展研究——模式、经验与建议》，王先柱、黄河，《中共南京市委党校学报》，2022年第1期

文章认为，产业合作园作为跨区域合作的重要载体，其高质量发展对南京都市圈建设具有重要意义。以产业合作园为切口，探讨推进南京都市圈跨省域产业合作的有效举措。首先，探究产业合作园的成立基础、类型、动力以及效应；其次，分析南京都市圈内合作园的发展现状，重点对宁马产业合作园发展情况加以剖析，并总结产业合作园发展的机遇和挑战；最后，基于都市圈内各城市的比较优势，提出南京周边地区合作园应该做好产业配套工作以更好实现地区分工等政策建议，以期推动都市圈内产业合作园的高质量发展。

25.《毗邻地区社会治理一体化的现实功能、创新探索与实现路径——以南京都市圈为例》，任克强、卢义桦，《河海大学学报（哲学社会科学版）》，2023年第6期

南京都市圈作为全国首个跨省域都市圈，如何推动行政毗邻地区社会治理一体化是都市圈建设的一项重要议题。推进毗邻地区社会治理一体化，对于落实国家发展战略、推动区域协调发展、促进公共事务治理、实现社会互融共促具有重要意义。通过对南京都市圈“浦口—和县”社会治理一体化的案例分析，认为其在党建引领治理合作、搭建技术平台、健全完善运行机制等方面形成了较好的实践经验，主要是因“浦口—和县”在治理基础上拥有相同的历史文化，在治理需求上面临共同的社会问题，在治理机制上遵循多重的运作逻辑。通过上述分析，认为应采用系统化思维方式，立足长三角一体化及南京都市圈高质量发展的战略高度，从规划制定、队伍建设、数据治理、平台搭建、主体参与、文化认同等6个层面协同推进行政毗邻地区社会治理一体化，提出应制定跨界协调规划、组建专业人才队伍、持续加强数据治理、搭建治理实体机构、鼓励多元主体参与、增强跨域文化交流，最终实现“纵向联动无断层、横向协同无缝隙”的社会治理一体化形态。

26.《基于多源数据的南京都市圈出行特征分析》，张云必、孙欣、袁忠琪、张振宇，《交通与港航》，2023年第6期

文章认为，都市圈是国家参与全球竞争与合作的重要载体。作为国家层面第一个获批的都市圈规划，《南京都市圈发展规划》提出到2025年，南京与各城市之间实现1小时通达。客观准确把握南京都市圈内部出行特征，有助于支撑都市圈实现更高质量发展。基于一般性统计数据、手机信令数据、高德地图API等多源数据，从中心城市与都市圈各市跨区域交通联系情况、都市圈内部出行特征、都市圈1、2、3小时圈覆盖范围及特征对南京都市圈内部出行特征进行分析，发现南京都市圈跨区域人口联系强度远低于市域内部出行，跨区域出行以东西向为主，毗邻地区出行主要分布于边界地区。南京都市圈1小时圈覆盖范围在21%左右，小时圈范围扩大主要依靠轨道交通发展。

27.《“形流融合”视角的国土空间开发适宜性评价——以南京都市圈为例》，杨帆、席广亮、甄峰、海晓东，《资源科学》，2023年第12期

文章认为，随着信息技术和快速交通技术的发展，流要素对空间格局的塑造作用不断增强，

流要素与地理空间形态要素融合逐渐成为国土空间优化布局的内在要求。文章旨在探讨“形流融合”的国土空间开发适宜性评价路径与方法，为国土空间格局优化提供基础支撑。方法：基于手机信令数据、地理空间数据等多源数据，构建“形流融合”的国土空间开发适宜性评价指标体系，并综合运用空间叠置、k-means聚类、层次分析等方法，对南京都市圈的国土空间开发适宜性进行集成评价。结果：（1）南京都市圈综合国土空间开发适宜性分布呈现明显的空间集聚和分异特征；适宜区域以宁马滁和宁镇扬两个同城化片区，以及常州市金坛区和溧阳市为主；不适宜区域主要分布在滁州、马鞍山、宣城等城市。（2）地理空间形态要素评价结果呈现出以南京市为核心、其他城市中心城区为多个开发适宜性峰值区域的“一核多极”的空间分布特征，地理空间形态要素在国土空间开发中发挥重要的基础作用。（3）流要素评价结果一定程度上反映了实际的国土空间格局特征，呈现出“核心—边缘”的空间格局，其中南京市与滁州、宣城二市的适宜性差异明显。表明南京市“虹吸效应”明显，跨区域行政壁垒仍然存在。结论：文章从“形”和“流”融合的视角拓展了国土空间开发适宜性评价范式，优化了以地域功能为核心的开发适宜性评价方法，验证了新方法在都市圈尺度的适用性，为都市圈国土空间格局优化提供理论方法和实践支撑。

28.《区域协调发展背景下南京都市圈城乡融合发展水平测度及影响因素分析》，许晓冬、乔丹，《乡村科技》，2023年第24期

将城乡融合发展与区域协调发展目标相结合，从4个维度选取12个基础指标，对2011—2020年南京都市圈城乡融合发展水平和影响因素进行测度与分析。结果显示：（1）南京都市圈内各市城乡融合发展水平差异明显；（2）在南京都市圈内，江苏区各城市的城乡融合发展水平明显高于安徽区，但安徽区各城市的城乡融合发展速度较快，这就促进了研究区整体城乡融合发展水平快速提高，凸显了都市圈溢出效应的带动作用；（3）南京都市圈城乡融合发展的主要影响因素是城乡居民人均可支配收入比、城乡消费品零售总额比、城乡文化教育娱乐支出比、城乡居民恩格尔系数比、环境和设施投入比，这些影响因素对城乡融合发展水平提升产生了积极效应。

29.《南京都市圈物流发展探讨》，何菲菲，《物流技术》，2023年第12期

都市圈物流体系建设是现代都市圈建设的先行领域，也是有效支撑都市圈商贸物流枢纽建设和产业体系发展完善的重要保障。以南京都市圈为例，基于都市圈物流发展条件及战略要求，提出面向国内国际双循环新发展格局，积极优化都市圈物流网络空间组织，形成以南京枢纽为核心的“物流枢纽、物流园区、物流中心”多层级物流网络。以多式联运深化统筹公铁水航运输体系协调发展，引导运输结构优化调整，在此基础上进一步完善都市圈物流发展体制机制及战略资源投入，不断提升都市圈物流体系竞争能力及服务能力，促进南京都市圈高质量发展。

30.《南京都市圈交通与经济发展耦合协调关系研究》，齐慧峰、朱健，《山东建筑大学学报》，2023年第6期

南京都市圈是我国重要的跨省协作都市圈，研究其区县交通与经济发展的空间非均衡性可为区域交通和经济发展的良性互动提供理论支撑。文章基于交通优势度与经济发展水平的耦合协调关系，构建了评价指标体系，系统分析了南京都市圈交通优势度和经济发展水平的空间格局，阐明了不同区县单元的特征类型及发展差异。结果表明：南京都市圈交通优势度差异较大，存在明显的极化效应，其极差为0.94，形成了由高至低扩散的沿江交通优势带；经济发展水平呈金字塔形结构，其中约60%的区县低于区域均值，呈“多核”圈层结构；其交通优势度与经济发展耦合关系整体良好，但协调度偏低，88.3%的评价单元耦合度>0.9，相互作用较为明显。

31.《合肥——南京双城都市圈经济空间网络结构演化研究》，汪启慧、王淑超，《巢湖学院学报》，2023年第6期

文章基于城市综合质量、双向时间距离等多角度构建引力模型，剖析合肥—南京双城都市圈经济联系时空格局，并运用社会网络分析法，探索城市经济网络的空间结构。研究发现：合肥—南京双城都市圈经济联系强度呈现双核引领、“东强西弱”“中部强南北弱”的格局；都市圈间互动

性较弱，交集区域协同发展潜力巨大；合肥经济网络关联的正外部性未充分发挥。经济联系网络渐趋紧密，但程度不高、结构稳定性弱；都市圈总体上的资源辐射能力强于资源集聚能力；核心城市“一家独大”的局面有所弱化，区域经济联系不均衡性得到改善。凝聚子群地域邻近性强但城市构成不稳定，而南京都市圈内部子群凝聚力较强。因此，要强化圈际衔接，打造一体化交通，建设科创共同体，携手共建产城融合。

32.《协同创新视角下南京都市圈高质量发展对策研究》，李秋梅、高春南，《商业经济》，2023年第12期

面对国际环境深刻巨变和国内发展阶段演变，都市圈作为国家新型城镇化战略格局中承上启下的空间单元，已经成为新发展阶段中国参与国际竞争、引领国家发展的重要地域单元。作为长三角一体化发展战略的重要部分，高质量推进南京都市圈协同创新发展是贯彻落实国家区域协调发展战略的重要举措。在分析都市圈协同创新的内在机理和现实诉求的基础上，提出南京都市圈协同创新存在创新主体发展不均衡、创新要素流动性不足和协同创新网络尚未形成等问题，应从提升协同创新能力、共推体制机制创新、推动产业创新协作、共促要素自由流动等方面采取一致行动，促进南京都市圈高质量发展。

33.《透视南京都市圈人口变化背后的经济密码》，陈明星，《统计科学与实践》，2023年第10期

文章认为，人口是经济社会发展的前提和内在归宿，经济发展在很大程度上受制于人口数量、人口质量、人口结构的变化状况，人口与经济社会的协调发展有助于激发都市圈的优势和潜力。文章基于第七次全国人口普查与统计年鉴数据资料，对南京都市圈人口与经济社会发展情况进行关联性分析，解码人口规模对经济增长的促进作用、人口结构改变催生出的经济发展新空间，探讨南京都市圈人口与经济社会协调发展的优化路径。

34.《南京都市圈耕地利用效率的时空格局及动态演进》，吴九兴、章玓茜，《河北农业科学》，2023年第5期

基于2000—2020年南京都市圈的耕地利用投入产出面板数据，采用超效率EBM、标准差椭圆、核密度估计函数和马尔可夫链等方法，对耕地利用效率进行了系统研究。结果表明：（1）2000—2020年南京都市圈的耕地利用效率总体偏高，但距离有效前沿面仍存在一定的提升空间。其中，南京的耕地利用综合效率稳步提升且数值最高，淮安和扬州的耕地利用综合效率>1，芜湖、马鞍山和宣城的耕地利用综合效率均值未达到有效前沿面。（2）南京都市圈的耕地利用纯技术效率处于较高水平，规模效率处于较低水平，从未达到有效前沿面。（3）南京都市圈耕地利用效率分布呈现偏“东北—西南”格局，且具有向东北方向偏移趋势。耕地利用效率重心集中于南京市，并呈现“西南—东北—西南”方向的阶段性转移。（4）南京都市圈的耕地利用效率一直存在明显的两极分化，不同地级市之间耕地利用效率绝对差值随着时间的推移扩大，应重点提高低值区域耕地利用效率。（5）从长期看，南京都市圈内耕地利用效率呈现出向下减少趋势，且各状态间的内部流动性比较小，保持原有状态的可能性较大。提出因地制宜，因城施策；加强地市间相互联系，促进资源优化配置；控制碳排放，促进耕地的低碳利用；加强农业科技创新力度的对策建议。

35.《元治理视角下南京都市圈体育协同治理研究》，姚利松，《湖北体育科技》，2023年第10期

文章通过文献资料梳理、实地调研、逻辑分析等研究方法，对南京都市圈建设背景下的体育协同治理进行研究。体育管理向体育治理跃迁是社会发展与体育实践的必然，元治理是政府对体育治理更高维度的调控与校准，是形成体育治理体系闭环机制的应有部分；南京都市圈体育协同治理体系包含跨区域协同治理与多元主体协同治理2个维度，且在不同区域协同发展形势中，其跨区域协同治理机制存在着差异。在多元主体协同治理体系中，政府主体起着主导作用，且主要通过政策工具调节市场主体与社会主体的职能定位；市场主体主要通过市场机制实现对体育各类资源配置；社会主体则主要以实现共建共享共治为目标。研究证实了南京都市圈一体化有助于实现体育协同治理，同时都市圈内的行政壁垒如不能很好消除，将会导致社会主体、市场主体功能的失

效，进而诱发多元主体体育治理体系的失衡。

36.《交通一体化视角下南京—合肥双都市圈协同发展研究》，章蕾，《江苏科技信息》，2023 年第 28 期

推进南京—合肥双都市圈协同发展，是实现长三角一体化的重要举措。文章以交通一体化为视角，从公路交通协同、铁路交通协同、水路交通协同 3 个方面构建指标体系，对南京—合肥双都市圈的协同发展水平进行测度和比较。结果表明，南京都市圈交通协同程度较高，合肥都市圈相对较低，南京—合肥双都市圈交通协同程度尚可，但仍存在都市圈之间没有列车互通、铁路班次密度较低等问题，需要进一步完善交通一体化机制，健全都市圈通勤交通网，打造立体交通网络。

37.《南京都市圈毗邻地区同城化水平评价及实现路径研究》，张伟、徐海贤、侯冰婕、傅英姿，《现代城市研究》，2023 年第 9 期

文章认为，都市圈是新型城镇化的重要载体，其毗邻地区同城化是推动区域一体化发展的重要抓手。南京都市圈作为国家第一个批复规划的都市圈，毗邻地区发展仍存在许多不足之处。研究立足区域层面，面向中心城市功能提升和都市圈整体优化发展，采用定性、定量相结合的方式，从功能、联系和意向 3 个方面对毗邻地区同城化水平进行评价，划分“三级三类”。建议差异化、有重点地推进毗邻地区同城化，并通过规划引领等举措，高效推进都市圈毗邻地区同城化。

38.《南京都市圈居民非通勤出行特征及其影响因素研究》，魏玺、甄峰、席广亮，《地理科学》，2023 年第 10 期

随着居民生活水平的提高，非通勤出行逐渐成为居民的重要出行需求，相关研究也成为人本主义视角下城市规划、交通地理学领域的热点。文章以南京都市圈为例，借助随机森林模型等方法探究城市内及城市间居民非通勤出行特征及其非线性影响因素。研究表明：（1）南京都市圈城市内非通勤出行集中于各城市中心城区，城市间非通勤出行集中于城市交界区域及南京市中心城区。（2）建成环境对居民非通勤出行具有非线性影响，城市内非通勤出行受到公共服务设施和交通设施的双重非线性作用，城市间非通勤出行则主要受到交通设施的非线性作用。（3）不同影响因子具有不同的非线性作用方式，需要根据其特征有针对性地进行规划调控和配置。最后，文章提出基于非通勤人流特征和建成环境非线性影响作用的都市圈设施优化配置策略。

39.《博物馆研学旅行课程开发的实践与思考——以“太白之旅”南京都市圈研学游为例》，崔贻彤，《文物鉴定与鉴赏》，2023 年第 16 期

“太白之旅”是依托南京都市圈公共博物馆联盟，以李白及其诗篇为 IP 资源，以都市圈文化名城为研学主体的研学旅行课程，其以文化遗产和人文景区为考察中心，研学李白经典诗作，传承城市历史文脉，并配套开发线上品牌课程。博物馆开发研学旅行课程应根植城市历史文化，传承民族精神血脉；强化研学路线设计，构建科学课程体系；主动融入文化和旅游线路，整合区域优质研学资源；充分发挥博物馆教育优势，打造“参与式”学习新模式。

40.《长三角一体化下镇江精准对接南京都市圈对策研究——基于“宁镇”同城化下服务业经济对接路径选择》，刘文君，《统计科学与实践》，2023 年第 8 期

长三角区域一体化发展为新时代镇江发展提供了宝贵的历史机遇。在长三角一体化战略下，镇江精准对接南京都市圈有十分重要的现实意义。通过对比分析，文章认为应着重把加快服务业发展作为融入“都市圈”特别是“宁镇”同城化的发展重点，提出在信息、科技、教育、文旅、消费等服务业实现与南京的精准对接，并进一步为镇江精准对接南京都市圈提出对策建议

41.《南京都市圈日常人口流动网络结构特征及影响因素》，黄志强、甄峰、席广亮、李智轩，《人文地理》，2023 年第 4 期

利用手机信令数据、铁路班次数据、网络大数据和社会经济统计数据等多源数据，以区县为研究单元，分析南京都市圈日常人口流动网络结构特征，并采用 QAP 回归分析法探究南京都市圈日常人口流动关联网络的影响因素。研究主要发现：（1）南京都市圈各区县日常人口流动规模呈现“圈层式”分布特征，人口流动网络“小世界”特征明显，城市行政边界对人口流动的阻碍仍较强；（2）在都市圈层面，交通可达性，网络信息联系以及就业机会、消费活力、公共服务吸引力

等服务功能特征差异是区县间日常人口流动网络形成的主要驱动力，而以往研究中经济水平、收入水平和人口城镇化率等更大尺度下的传统人口流动驱动因素则无显著影响。研究旨在解析都市圈区县层面日常人口流动的内在机理，并为都市圈一体化协调发展提供参考。

42.《长三角三大都市圈机场群与城市群的战略协同——基于数字化跃迁视角》，谢泗薪、孙敏，《华东经济管理》，2023 年第 9 期

文章基于 2013—2021 年长三角地区南京都市圈、杭州都市圈和上海都市圈面板数据，先构建耦合度与耦合协调度模型，采用熵权法计算各指标权重，再通过新冠疫情前后数据计算，分别对每个都市圈机场群与城市群发展指标总贡献、综合发展指数、耦合度和耦合协调度进行比较分析，据此精准判定三大都市圈每年的耦合协调等级。实证发现：从空间上看，上海都市圈无论是耦合度还是耦合协调度，都始终高于南京都市圈和杭州都市圈；从时间上看，上海都市圈近九年来一直处于高水平耦合协调状态，而南京都市圈和杭州都市圈在遭遇疫情冲击后，耦合协调等级显著下降。研究表明，后两者的机场系统和城市系统亟待数字化转型和智能化发展，同时应高度契合“双循环”新发展格局，实现路径嵌入并提高发展韧性。

43.《基于减排增汇潜力评价的区域生态安全格局优化研究——以南京都市圈为例》，卞新寅、胡宏，《资源开发与市场》，2023 年第 9 期

文章认为，区域尺度减排增汇目标实现亟须城市协同治理和空间多要素统筹。本研究将城市尺度的减排增汇潜力评价与区域生态安全格局优化进行有效衔接，以南京都市圈为例，建立“城市尺度减排增汇潜力评价——栅格尺度生态安全格局重要性评价——区域国土空间生态源地识别与廊道判定”的多尺度融合分析方法。结果表明：(1) 宣城、淮安、马鞍山、镇江减排增汇潜力较大，在区域分工中需承担更多减排增汇责任。(2) 以减排增汇潜力评价结果作为空间修正依据进而识别出南京都市圈重要生态基底，主要分布于南部大片林地和大型湖泊、北部林草混合片区和大型湖泊，以及横穿都市圈中部的长江。(3) 在都市圈内识别生态源地和廊道，作为实现“双碳”目标的重要生态保护和修复空间载体。

44.《基于熵权—模糊物元模型的南京都市圈绿色物流水平评价》，苟守奎、张晋怡，《物流研究》，2023 年第 6 期

文章依据 2013—2021 年相关数据，从基础设施投入、经济与发展、环境与能源 3 个方面构建评价体系，通过熵权—模糊物元模型从时间、空间维度评价南京都市圈绿色物流水平。结果表明：总体上，南京都市圈绿色物流水平前期略有降低，中期大幅上升，后期明显下降；分城市看，统计区间内南京、芜湖历年基本稳居第一、第二名，镇江和马鞍山历年处于后两位，滁州、宣城、淮安及扬州历年在第三至第六名间波动。对此，从加强基础建设、优化货运结构、加强科技创新、发挥辐射带动作用、加强区域协同合作等方面提出对策。

45.《南京都市圈生态系统服务时空变化及权衡协同关系》，朱俊俊、高周冰、王君櫹、廖凯华、吕立刚，《水土保持研究》，2023 年第 3 期

文章的研究目的：全面理解生态系统服务的时空格局特征及其相互关系，可以丰富生态系统服务及可持续发展等相关理论，并对区域生态环境管理政策的制定具有重要指导意义。研究方法：以南京都市圈为研究区，在评估 2000—2020 年的产水、粮食供给、土壤保持和碳固持等 4 种生态系统服务的基础上，分析各类型生态系统服务能力在地类和区域上的差异；通过识别生态系统服务热点区及其热点服务类型，评估不同区域服务供给能力；进而采用相关系数和差异比较等方法探究南京都市圈生态系统服务静态与动态的权衡/协同关系。研究结果：2000 年、2010 年、2020 年，南京都市圈的产水量、粮食产量、土壤保持量及碳固持量的 3 年平均值分别为 522.12 毫米，4.2 吨/公顷，42.61 吨/公顷，44.57 吨/公顷，除碳固持服务逐年下降，其他服务均呈逐年递增趋势。受土地利用类型和区域自然环境的作用，产水量、土壤保持和碳固持服务呈南高北低的空间分布，粮食供给服务则呈南低北高的空间格局。由北向南依次形成了以粮食供给服务为主的 1 重服务热点区、以产水和粮食供给服务为主的 2 重服务热点区，以及以产水、土壤保持和碳固持服务为主的 3 重服务热点区。采用静态和动态两种方法得到的

权衡或协同结果有所不同。研究结论：在编制南京都市圈国土空间规划和国土空间生态修复的工作中应该重点考虑不同生态系统服务的时空变化及其相互关系，降低不同服务之间的权衡程度，以达到生态效益最大化。

46.《南京都市圈基本公共服务均等化时空演变及地域差异》，张运、邹沁怡、杨陈雪、水颖、查纪疃，《科技和产业》，2023年第7期

文章通过构建基本公共服务均等化评价指标体系，运用核密度估计法和Dagum基尼系数探究2011—2020年南京都市圈基本公共服务均等化的时空演变以及地区差异特征。研究表明：在时序演变上，南京都市圈基本公共服务均等化水平不断提高，但是城市间差异仍然存在，呈现微弱的两极化特征；在空间分布上总体呈现中间高四周低的空间格局，苏皖两省内各城市各子维度均等化水平分界明显，具有典型的区域化特征；南京都市圈基本公共服务总体呈现均等化水平上升，区域总体差异逐渐缩小；南京市龙头作用发挥不足，是导致区域内差异存在的重要原因。因此，需加强南京都市圈内部分工协作，破除政策壁垒，发挥南京市的带头作用，促进区域内基本公共服务均等化发展。

47.《全国统一大市场建设背景下南京都市圈技术市场一体化发展研究》，肖自强、李秋梅，《安徽科技》，2023年第3期

文章分析南京都市圈技术交易规模、交易网络、交易体系的现状和特征，阐述南京都市圈建立统一技术市场的3个方面意义，分析南京都市圈技术市场一体化需注意的3对关系。提出强化顶层设计、构建统一市场制度体系，加强主体培育、打造一批专业服务机构，建设交易平台、提供便利化的交易通道，优化推进路径、鼓励先行先试，完善治理体系、营造良好创新环境等5个方面的对策建议。

48.《专利合作与转移视角下南京都市圈科技创新合作研究》，程秀才、曹坤，《中国市场监管研究》，2023年第2期

文章以南京都市圈专利合作、专利转移数据为基础，从总体趋势、地域分布、主体成分、产业分布、专利价值度、法律状态、海外布局等维度对数据进行全面分析，探索南京都市圈城市间创新合作的结构特征、演化规律，并从完善跨区域协同管理机制、推进全社会多方参与及加强宣传与保障等角度，对加强南京都市圈科技创新协同提出相应对策。

49.《南京都市圈发展战略下镇江园区经济高质量发展研究》，李秋阳，《商场现代化》，2023年第3期

文章认为，开发园区是支撑区域经济高质量发展的强大引擎，是实现跨地区产业合作的高效平台，对于融入南京都市圈具有重要战略意义。文章分别从产业协同、创新合作、市场要素联通等多方面，提出契合镇江开发园区发展实际情况且操作性强可落地的政策举措，有利于解决镇江开发园区目前面临的整体实力尚存差距、产业能级仍需提升、体制机制有待改善等实际问题，对已出台政策的迭代更新和新政策的预研储备具有借鉴价值。

50.《区域协调发展视角下南京都市圈跨城区社会联系度研究——基于2022年春节期间百度迁徙大数据》，厉诗辰、吴义东、王先柱，《中共南京市委党校学报》，2023年第1期

文章认为，区域一体化高质量协调发展是实现共同富裕这一奋斗目标的重要引擎，对我国经济航船能够行稳致远有着不言而喻的重要意义。为使新时代区域协调发展战略更好实施，应不断推进我国跨区域层面的都市圈建设。在此背景下，基于2022年春节期间南京都市圈各城市的百度迁徙数据，借助社会网络的分析方法，从人口流动这一维度探析该区域内各城市间的跨城联系度。从空间视角看，南京作为都市圈中心城市，能通过扩散和涓滴效应促进圈内其他城市发展，但存在苏皖省际行政壁垒现象；都市圈内各城市间经济联系强度与其地理距离呈负相关关系，经济联系强度随着地理距离的扩大而递减；宁马滁跨界一体化发展成效显著，南京与马鞍山、滁州的城市联系度高于江苏省内部分城市。从时间视角看，都市圈内人口跨城流动在春节期间具有不对称性，假期后期“返城流”的净迁入指数峰值高于假期前期“返乡流”净迁入指数峰值，南京作为中心城市的对外吸引力进一步增强，节假日及工作日阶段的人口流动均有明显的虹吸现象。最后，基于上述研究结果，为促进南京都市圈各城市一体

化高质量协调发展提出建议。

51.《南京都市圈产业协同发展研究》，温李庆、顾巍巍、班鸣，《中共南京市委党校学报》，2023 年第 1 期

文章基于统计年鉴关于南京都市圈各城市各产业增加值数据，对比分析产业发展现状，利用区位熵、灰色关联度等分析方法进行建模研究。结果表明，根据产业发展现状，南京都市圈城市可划分为 3 个梯队；根据区位熵分析，得到各城市的主导产业和优势产业；根据灰色关联度分析，提出都市圈产业跨区域协同和集群化发展重点方向。根据上述结果，从南京都市圈产业协同发展视角提出以下建议：因地制宜发展主导产业，形成产业发展雁阵格局；聚焦重点布局跨区域产业，形成产业发展集群效应；建立完善协同发展规则体系，形成产业发展长效机制。

52.《南京都市圈产业协同发展水平测度及提升路径研究》，叶建琳，《现代商业》，2023 年第 3 期

从三产发展现状看，南京都市圈各城市处于不同发展阶段，同一产业内也有差异。文章立足于“十四五”规划，综合运用区位熵与灰色关联度分析方法，用总产值计算 2019 年南京都市圈分行业的区位熵值，反映了都市圈三产结构和现状。并以此为基础计算了南京都市圈 9 个城市 8 个行业各自的灰色关联度，评估了各自的产业协同发展水平，最终提出南京都市圈产业协同发展的提升路径。

53.《南京都市圈省际毗邻地区产业协同发展路径研究》，徐瑞、丁兴桥，《江苏科技信息》，2023 年第 2 期

文章认为，产业集群是一种高效的、具有强大竞争优势的空间组织形式，地标性特色产业集群的形成是南京都市圈产业发展的核心推动力。省际毗邻地区产业协同发展路径是南京都市圈产业协同的“小样本”。文章首先分析了推动经济增长的主要因素；其次分析了南京都市圈产业发展情况；接着分析了南京都市圈产业发展圈层；最后基于中心城市与汊河、南谯、博望等地区的比较优势，提出了优化产业链布局、培育链主生态、发展飞地经济、强化供应链建设的产业协同发展路径。

54.《南京都市圈高质量协同发展研究》，顾巍巍、温李庆、班鸣，《中共南京市委党校学报》，2024 年第 3 期

文章基于统计年鉴相关数据，以驱动区域经济协同发展的三个因素为抓手，采用偏离—份额分析法，分析都市圈城市经济总体比较优势；采用经济联系强度指标，考量经济联系强度，结合市场潜能指标，分析都市圈城市间经济联系及核心城市经济辐射现状；采用 3 次产业同构性指标，分析都市圈产业总体分工协作现状。得出都市圈核心城市南京的比较优势趋弱，核心能级需强化；非核心城市间经济联系较弱，市场潜能需提升；都市圈产业高度同构，协同分工需深入等结论，并从南京都市圈高质量协同发展的角度提出注重创新实力向产业实力转化，强化都市圈核心动能；夯实制度基础，强化壁垒破除，全力构建统一市场；强化共赢意识，深化产业链合作，推动协同分工向高级迭变等建议。

55.《国土空间碳排放时空演变特征分析——以南京都市圈为例》，徐雪霏、戚云丽、陈红、张振国、肖新，《安徽科技学院学报》，2024 年第 3 期

文章探究南京都市圈国土空间碳排放效应时空演变特征，分析南京都市圈国土空间所承载的碳排放，寻求合理碳减排途径。方法：采用 GIS 分析技术、国土空间转移矩阵和碳排放流动模型，探究南京都市圈国土空间碳排放效应时空演变特征。结果：2005—2020 年，南京都市圈各国土空间类型间相互转化面积达 3484.79 平方千米，其中农业空间净减少 2561.51 平方千米，城镇空间净增加 2586.47 平方千米。研究期内，净碳排放量由 7.52634×10^{7} 吨增长到 1.538615×10^{8} 吨，年均增长率为 6.96%；能源消费碳排放量增长 3.68595×10^{7} 吨，工业生产碳排放量增长 4.20659×10^{7} 吨。2005—2010 年、2010—2015 年及 2015—2020 年，国土空间类型变化导致的碳流动量分别为 -2.26907×10^{7} 吨、-1.04824×10^{7} 吨、-8.1115×10^{6} 吨。结论：2005—2020 年南京都市圈国土空间结构变化明显，耕地保护的形势严峻，城镇化水平显著提升。2005—2020 年净碳排放量呈持续增长趋势，能源消费碳排放和工业生产碳排放为南京都市圈最大碳源。南京、镇江、马鞍山的碳排

放量占南京都市圈的57.17%以上，芜湖、扬州的碳排放量涨幅显著，分别增长241.17%和119.55%。碳排放量最小的是宣城市，其次是滁州市，两市碳汇量占研究区总体的62.52%。3个时期内的消极碳流动量远大于积极碳流动量，消极碳流动主要源于农业空间向城镇空间的转化，说明城镇空间的扩张蚕食大量农业空间。

56.《南京都市圈城市用地扩展特征及影响因素分析》，熊圆圆、李禕，《湖北农业科学》，2024年第2期

文章以南京都市圈为研究对象，基于2000—2020年5期遥感影像提取的土地利用数据，从扩张强度及扩张强度差异指数、聚类分析、景观格局指数及多元回归模型对南京都市圈城市群城市用地扩张的时空特征及影响因素进行定量分析。结果表明，基于扩张强度指数分析，2000—2020年南京都市圈城市用地面积持续增加，扩张强度呈“上升—下降—上升”的趋势，2015—2020年城市用地扩张强度最高。基于城市用地扩张强度差异指数分析，南京都市圈高速扩张区域集中在都市圈边缘地区，主要分布在东北与西南方向，城市用地扩张布局向均衡化发展。基于聚类分析模型分析发现，南京都市圈城镇用地扩张2000—2010年呈随机分布，2010—2015年城镇用地扩张呈高值聚集，2015—2020年用地扩张呈随机分布。基于景观格局指数分析发现，南京都市圈城市用地扩张集聚度逐渐提高，斑块分布愈发集中化，斑块形状在不断整合扩张中趋向复杂化，城市用地斑块内交通连接度不断提高，南京都市圈城市用地扩张向协同化发展。基于多元回归模型分析，人口增长、城市经济发展和交通建设等因素为推动城市用地扩张的主要因素。

57.《不同空间尺度下南京都市圈区域生态用地景观格局演变分析》，刘伟、王涵玉、李欢欣、赵一嘉、许浩，《西部林业科学》，2024年第1期

随着城镇化进程的不断推进，都市圈已经成为我国城镇化发展格局的主体形态之一。区域生态用地对维护都市圈生态系统安全具有重要作用，开展多尺度景观格局分析有利于把握快速城镇化背景下都市圈区域生态用地景观格局的演变特征和规律。本研究以南京都市圈为例，基于2000—2020年Landsat影像数据，综合使用动态度、土地利用转移矩阵、景观格局指数等方法，分析都市圈、城市、区县3个尺度下区域生态用地景观格局。结果显示：（1）近20年间南京都市圈区域生态用地总体规模呈“急剧下降”到“逐渐增加”的趋势，其变化具有明显的转入和转出双向特征；水域和草地景观格局趋于破碎化，林地景观优势度提升。（2）城市尺度下各城市区域生态用地规模在时间上的变化特征与都市圈基本一致，但在景观格局变化上具有差异，其中宣城区域生态用地景观格局逐渐优化，淮安、马鞍山、芜湖破碎化程度增加。（3）区县尺度下约半数以上区县的区域生态用地的规模下降且景观破碎化增大，其中盱眙县、郎溪县和广德市加剧明显。研究结果表明：多尺度分析不仅有助于深入全面了解都市圈区域生态用地格局演变特征，还有利于制定满足不同空间层次且兼顾差异性的生态保护策略。

58.《南京都市圈青年人住房问题调查研究——建立面向都市圈一体化的住房制度体系》，吴义东、查远远、张伦，《中共南京市委党校学报》，2024年第1期

青年群体是城市未来发展的中坚力量，为各地经济增长和创新发展提供了重要的人力资源保障。解决好都市圈青年人住房问题，改善青年人居住条件，对于践行人民城市理念、建立面向都市圈一体化的住房制度体系具有重要意义。为明晰新时代青年人的住房问题，文章利用发放问卷和实地访谈的形式对南京都市圈青年人的住房现状、租购选择、房地产市场预期及未来购房计划进行调查。研究发现，当前青年人住房市场存在购房偏好强烈、租房市场供给结构失衡、住房金融支持手段少、住房保障水平较低以及住房公积金覆盖率低等问题。为此应当积极引导住房梯度消费，加快推进租购同权，建立规范化住房租赁市场，优化住房保障政策，拓宽住房公积金覆盖面。

第二章　“中国式现代化的区域探索：改革、动力、活力”研讨会情况

第一节　中国式现代化的区域探索研讨会基本情况

2024 年 7 月 27 日，为全面学习贯彻落实党的二十届三中全会精神，“学习贯彻二十届三中全会精神——中国式现代化的区域探索：改革、动力、活力”研讨会在江苏省镇江市召开（图 10-2-1）。本次会议由江苏省社会科学院江苏区域现代化研究院、新华报业传媒集团江苏经济报社、江苏省城市经济学会、江苏华信区域经济发展研究院共同主办。来自北京、上海、江苏及安徽等地的 120 余位经济与社会理论界专家学者齐聚镇江，深入研讨如何通过全面深化改革进一步激发中国式现代化江苏区域实践的新动力和新活力。

图 10-2-1　学习贯彻二十届三中全会精神研讨会

党的二十届三中全会提出了我国进一步全面深化改革、推进中国式现代化的新目标、新任务。会议发布的决定指出，实践充分证明：改革开放和社会主义现代化建设新时期，我国大踏步赶上时代，靠的是改革开放。党的十八大以来，党和国家事业取得历史性成就、发生历史性变革，靠的也是改革开放。新时代新征程上，要开创中国式现代化建设新局面，仍然要靠改革开放。

江苏区域现代化研究院是江苏省首批重点高端智库，已连续举办多届“中国式现代化理论与实践”年度品牌活动，取得了较好的社会反响，成为江苏学界与社会各界交流思想、沟通见解和凝聚共识的重要桥梁和纽带。此次与江苏华信区域经济发展研究院等 4 家单位联合举办的研讨会，

是“中国式现代化理论与实践”2024年度系列活动之一。

江苏省社会科学院党委委员、副院长，江苏区域现代化研究院院长李扬在致辞中说，此次研讨会旨在通过思想观点的交流与碰撞，为做好做实进一步全面深化改革这篇大文章、积极推进中国式现代化江苏新实践积极建言献策。他指出，“党的二十届三中全会紧紧围绕推进中国式现代化这个主题擘画进一步全面深化改革战略举措，提出了一系列新概念、新观点、新论断，强调以经济体制改革为牵引，全面部署各领域各方面的改革，充分激发和增强社会活力以及高质量发展动力。”因此，书写好新征程上进一步全面深化改革的“实践续篇”和“时代新篇”，需要从理论和实践的结合上进行深入探讨。

新华报业传媒集团副总编辑顾新东在致辞中说，党的二十届三中全会审议通过的《中共中央关于进一步全面深化改革、推进中国式现代化的决定》，是指导新征程上进一步全面深化改革的纲领性文件，此次论坛的召开恰逢其时。相信在思想火花碰撞下，省内外专家一起努力，不断深化对中国式现代化江苏新实践的认识，将为中国式现代化贡献江苏智慧、江苏经验。他介绍，在党的二十届三中全会闭幕之日，新华报业传媒集团便启动了“长风破浪”全媒体新闻行动，重磅打造“思想领航”“澎湃实践”“交汇长三角”等九大融媒矩阵，力争以嘹亮的“新华号角”，在江苏大地大力营造进一步全面深化改革、推进中国式现代化的浓厚氛围。

江苏省哲学社会科学界联合会党组成员、秘书长程彩霞在致辞中说，党的二十届三中全会提出的300多项重要改革举措，绘就了以进一步全面深化改革来推进中国式现代化的宏伟蓝图，而宏伟蓝图的实现离不开区域改革的创新、区域动力的挖掘、区域活力的释放。她表示，按照习近平总书记提出的“在推进中国式现代化中走在前、做示范”的要求，江苏努力从科技创新上取得新突破，从强链补链延链上展现新作为，从建设中华民族现代文明上探索新经验，从推进社会治理现代化上实现新提升，创造了许多中国式现代化的生动区域实践，以一域之光为全局添彩。

中共中央党校（国家行政学院）《中共中央党校（国家行政学院）学报》主编许宝健，江苏省人民政府参事室原主任、江苏省社会科学院原院长、南京大学教授、常州大学苏南现代化研究院院长宋林飞，南京师范大学创新经济研究院院长、江苏省人民政府原参事蒋伏心教授，江苏科技大学原党委常委、副校长、江苏省城市经济学会副会长谈镇教授，江苏华信区域经济发展研究院创始人兼首席研究员、镇江市二级巡视员、江苏大学潘法强教授等5位著名专家分别作《以进一步改革推进中国式现代化江苏新实践》《人工智能是中国式现代化的新型动力》《“两个毫不动摇”的体制内涵与改革使命》《把深化改革刻在江苏高质量发展的征途上》《以人文经济推动江苏镇江实践进一步深化》主旨发言。

研讨会由江苏省社会科学院社会政策研究所所长、研究员，江苏区域现代化研究院常务副院长张春龙主持。

2024年7月27日下午，中国式现代化的区域探索研讨会举办了“全面深化改革与高质量发展”和“人文经济与区域现代化实践”两场平行分论坛。

一、主旨报告摘要

1. 许宝健《以进一步改革推进中国式现代化江苏新实践》

党的二十届三中全会通过的《中共中央关于进一步全面深化改革、推进中国式现代化的决定》强调，中国式现代化是在改革开放中不断推进的，也必将在改革开放中开辟广阔前景。从改革到全面深化改革再到进一步全面深化改革，其中蕴含着怎样的理论逻辑？在研讨会上，许宝健指出，改革具有自身逻辑、任务逻辑、目标逻辑和目的逻辑四重理论逻辑。

在中华民族伟大复兴的历史长卷中，改革开放是具有深远意义的伟大事件。40多年前，中国共产党作出改革开放的关键抉择。进入新时代，以习近平同志为核心的党中央以巨大的政治勇气和智慧推进全面深化改革，开创中国特色社会主义事业崭新局面。如今，在全面建设社会主义现代化国家的新征程上，又将矗立起新的里程碑——党的二十届三中全会对进一步全面深化改革、推进中国式现代化作出战略部署。党的二十大，开启了以中国式现代化全面推进强国建设、民族复兴伟业的新征程。站在新起点，改革到了新的重要时期：推动高质量发展，需要通过改革让生产力活力迸发；构建新发展格局，需要通过改革畅通经济循环；实现全体人民共同富裕，需要通过改革更好解决不平衡不充分的发展问题；参与全球竞争，需要以改革促创新，赢得发展主动权……

新的历史关头，需要新的思考谋划。如果把党的二十大提出的中国共产党的使命任务和三中全会的主题紧密联系起来，就会自然而然地形成这样一句话：进一步全面深化改革推进中国式现代化，以中国式现代化全面推进中华民族伟大复兴。以党的二十大中心任务为牵引，根本任务、首要任务，重大任务、重要任务等一系列任务逻辑，构成了一条清晰鲜明的改革线索。

改革开放以来，江苏始终坚持以改革增强发展动力，以改革激发社会活力，书写了独特的改革和现代化建设的江苏篇章，为全国创造了很多改革经验。在推进中国式现代化的进程中，江苏作为经济大省，要发挥示范作用，闯路子、出经验、做示范。

2. 宋林飞《人工智能是中国式现代化的新型动力》

党的二十届三中全会阐明了进一步全面深化改革的指导思想、总目标和重大原则，随着改革进入深水区，推进中国式现代化也进入关键阶段。新时代、新机遇下，中国式现代化的新型动力是什么？为准确把握时代机遇，又该如何制定政策目标，促进新型动力？在研讨会现场，宋林飞给出了自己的答案。

智能化，正在成为世界现代化的新形态、新动能、新阶段。人工智能发展和治理已经成为世界各国政府实施的重大战略与政策目标。人工智能是中国式现代化的新型动力，以新一代信息技术为基础的智能化兴起以后，中国人工智能发展与产业发展模式，正加快从跟随为主、引领为辅，向引领为主、跟随为辅转变。

通过对人工智能相关政策进行量化分析，发现我国在人工智能政策的制定中，对人工智能的协调机制和服务创新平台建设方面的重视尚显不足。为优化人工智能政策目标，建议可以增强知识产权、公共购买等政策工具的运用；增强社区、行业组织等政策主体的作用；丰富创新平台建设、共建共享机制等政策目标；构建人工智能发展利益分配公平机制。

随着人工智能的快速发展和应用，“机器换人”对就业市场形成了一定冲击。国际性竞争行业，实行智能制造、智能工厂的“机器换人”政策，以提高产业的国际竞争力。而国内竞争性行业，则应该实行“就业优先”政策，对于某些劳动密集型产业，应该实行一定的保护。

综上，在进一步推进人工智能技术与应用的伦理原则、法律规范建设方面，欧盟制定的《人工智能法案》对“绝对禁止”“需要全面监管”“需要满足透明度义务”等风险，采取不同层次的监管措施。借鉴欧盟的经验，我国应加快人工智能立法进程，对快速发展的新一代人工智能技术与应用构筑有序发展的“护栏”以稳步推进中国式现代化。

3. 蒋伏心《“两个毫不动摇”的体制内涵与改革使命》

在党的二十届三中全会审议通过的《中共中央关于进一步全面深化改革、推进中国式现代化的决定》中，围绕处理好政府和市场关系这个核心问题，把构建高水平社会主义市场经济体制摆在突出位置，指出坚持和落实“两个毫不动摇”：毫不动摇巩固和发展公有制经济，毫不动摇鼓励、支持、引导非公有制经济发展。在深化国资国企改革，推动国有资本和国有企业做强做优做大的同时，决定还提出坚持为非公有制经济发展营造良好环境和提供更多机会的方针政策。

国有企业是中国特色社会主义的重要物质基础和政治基础，更应该是现代化发展的先锋队和“顶梁柱”，同时国有企业也应是我国科技创新“举国体制”的中坚力量。要使国有资本能够在战略性、前瞻性关键科技领域主动作为、长期投入，完成“从0到1”的突破。要对国有资本战略布局进行调整，使其从一般竞争性领域向战略性领域转移，以使更多的资源用于科技创新的基础性投入和用于纠正“市场失灵”。为更好完成国有企业引领创新的任务，还要建立科学合理的制度，处理好对国有资产严格监管和鼓励企业创新的关系，防止企业管理者规避创新失败被追责而“躺平”。

民营企业是推进中国式现代化的生力军，是高质量发展的重要基础。从“两个毫不动摇”的顶层设计，到公平进入、公平竞争的具体原则和方法，中央出台了一系列有利于民营经济发展的政策。但是，对民营企业和民营企业家的权益保护乏力，公平准入仍然存在“玻璃门”“弹簧门”，影响了民营经济的健康和持续发展。党的二十届三中全会提出制定民营经济促进法，深化改革的重点进入了法制调整和规范的阶段。在此基础上，还要建立效能评估、投诉回应和典型案例通报制度，使既有的政策和制度落到实处。当然，民营企业也要通过完善治理体系和管理制度，逐渐建立现代企业制度。要强化企业自身的组织能力，通过建立覆盖企业战略、规划 、投融资、市场运营等各领域的全面风险管理体系，提升质量管理意识和能力。唯有如此，才有能力面对日益严峻复杂的经济形势和地缘政治态势，敢于和善于抓住机遇、主动出击，在复杂的竞争中占据有利位置。

4. 谈镇《把深化改革刻在江苏高质量发展的征途上》

中国式现代化，根植于独特的国情与发展实践，遵循着自身特有的逻辑轨迹。经济思维下的中国崛起之路，是对外开放、组织创新与制度改革的深度融合。回望中国 40 多年的改革开放发展历程，市场化改革是激发经济活力、促进社会繁荣的关键所在。

党的二十届三中全会作为改革进程中的关键节点，承载着划时代的意义。站在新的历史起点上，唯有继续深化改革，才能破解当前面临的结构性难题，推动中国经济社会实现更高质量的发展。

江苏作为历史悠久、经济繁荣、教育发达的高水平发展大省，其经济特征鲜明：全球制造比重大、国际代工份额多、外贸依存度较高、政府推动比较强。全省 13 个设区市全部跻身全国百强城市行列，成为全国唯一所有设区市均入围百强的省份。

在总量庞大的基础上，江苏更加注重经济发展的质量和效益，连续 5 年获评“营商环境最佳口碑省份”，屡获“全国第一”殊荣。制造业高质量发展指数高达 91.9，稳居全国首位，新增境内上市公司数量、首发融资规模、科创板及北交所上市公司数量等多项指标均领跑全国。

江苏省作为中国经济发展的重要引擎，通过三次转变不断迈向新的发展阶段和更高层次的发展水平。20 世纪 80 年代，乡镇企业崛起，实现从农业到工业的蜕变；20 世纪 90 年代中叶，深化开放，迈向外向型经济新纪元；进入新世纪，由要素驱动向创新驱动转型，发展创新型经济。

在这 3 次重大转变的背后，是江苏持续深入推动思想解放、不断激发改革活力的坚定决心，是着力提升把握发展规律的能力水平，是抓准抓牢抓实全局性战略的远见卓识，更离不开弘扬先行先试、勇于探索的精神。同时，江苏不忘历史，继承并发展了“昆山之路”“张家港精神”“苏州工业园区经验”等宝贵经验。

未来，江苏将紧密围绕习近平总书记提出的“把握新发展阶段，贯彻新发展理念，构建新发展格局”的战略指引，深化改革创新，以夯实市场经济支柱为基础，完善收入分配制度为保障，秉持敬畏常识、尊重逻辑的原则，持续激发经济发展新动力。江苏将展开一系列前瞻性的创新实践与战略部署，不断优化发展环境，推动经济高质量发展迈上新台阶，为构建现代化经济体系贡献力量。

5. 潘法强《以人文经济推动镇江实践进一步深化》

人文经济强调经济发展以人民为中心的优先性，人文价值的引领性，人与自然协调共生性，经济与文化的双向转化性，彰显了中国式现代化的物质文明和精神文明相协调的本质特征。经济是文化发展的重要支撑，为文化的发展提供物质条件和保障，对优秀传统文化的保护传承和创新，推动文化事业、文化产业具有重要作用。文化的向心力、凝聚力，文化的价值引领，对促进产业升级、创新发展，拓展新空间，开辟新赛道，提供了全新视野，对推动经济高质量发展具有重大意义；文化力量在激发经济发展内生动力，实现高技术创新突破，促进新质生产力发展方面具有重要作用。

近年来，江苏各地开展人文与经济融合互促的新实践、新探索，取得了新成果、新经验，促进了人文经济高质量发展，共同推动了社会发展进步。

镇江历史悠久、人文底蕴深厚，是国家历史文化名城。在其悠久的发展进程中，形成了古人类文化、吴文化、六朝文化、津渡文化、商埠文化等历史文化群落，成为宝贵的中华文化遗产。

镇江全面贯彻落实党的二十届三中全会精神，积极探索“以文兴业、以文聚力、以文化经”，人文与经济相生共荣的新实践、新路径，打造新时代人文地标，培育新质生产力，在推动物质文明和精神文明相协调的现代化道路上贡献了镇江力量。镇江以价值引领叠加产业支撑，交融互动，激发动能促提升，书写了全域新“夜”态的“西津密码”；以文化传承叠加科技加持，转型升级，为高新产业添活力，成就了大禹山“数字文创区”；以文兴业、质效齐增，为文旅产业装上强大引擎，小小一碗锅盖面“煮”出了别有风味的“人文经济”；以工业反哺叠加文化涵育，以文聚力，产业、文化、旅游等要素的深度融合，相生共荣，优势产业向新业态发展，产生“乘数效应”，成就了镇江“中国醋都”、丹阳“世界眼镜之都”。

下一步，镇江将继续因地制宜，以人为本，始终把人民对美好生活的向往作为奋斗目标，正确处理好文化建设和经济发展两者间的关系，精准提炼文化原动力，注重在城市建设中提升文化品质、彰显人文关怀，其人文经济发展必然取得更显著的成效。

二、优秀论文目录

本次研讨会，面向全国征集论文，一大批专家学者踊跃投稿。有 30 篇优秀论文收入研讨会交流目录。目录如下：

1. 吴义东、张雅淋、王先柱：加快推动南京都市圈省际毗邻地区高质量一体化发展，打造现代化都市圈建设新标杆（吴义东 安徽工业大学，张雅淋 南京邮电大学，王先柱 安徽工业大学）

2. 程俊杰、朱鸿辉：文化向度下的消费变革探究（江苏省社会科学院社会政策所）

3. 杜栋：运用统筹学理论推进中国式现代化的区域与城市实践（河海大学）

4. 杜宇玮：新发展格局下江苏推进服务业改革开放——理论机制与实践路径（江苏省社会科学院社会政策所）

5. 樊佩佩：流动时代江苏推进高质量公共服务供给机制研究（江苏省社会科学院社会政策研究所）

6. 贠菲菲：学习浙江“千万工程”经验　高质量推进江苏乡村全面振兴（中共南京市委党校）

7. 李宗克：经济发展的文化因素——意义和瓶颈（上海社会科学院）

8. 刘兵：改革开放以来滁州发展的人文经济学探赜（中共滁州市委党校）

9. 张春龙：我国城市人文经济发展——现状、问题及对策（江苏省社会科学院江苏区域现代化研究院）

10. 范玮：以数字化养老金融绘就现代化发展底色（江苏省社会科学院财贸所）

11. 徐政：人文经济助力中国式现代化——以苏州城市样本为例（中共江苏省委党校）

12. 关枢：以科技创新推动长江经济带高质量发展的对策建议（江苏省社会科学院社会政策所）

13. 桂梓椋：全面深化预算制度改革的路径探究（江苏省社会科学院财贸所）

14. 何森、谭志云：探索文旅融合赋能城市更新的“江苏路径”（何森 南京市社会科学院、谭志云 江苏省扬子江创新型城市研究院）

15. 何雨：“一个也不能掉队”——共同富裕“全体性”的历史关怀与现代情怀（江苏省社会科学院社会政策研究所）

16. 胡敬阳：南京建设世界重要旅游目的地的人文经济学阐释（江苏省社会科学院《江海学刊》杂志社）

17. 范晓倩、孙旭红：中国式现代化新道路的生成语境、价值意蕴及其实践遵循（范晓倩 江苏航空职业技术学院，孙旭红 江苏大学）

18. 孟静：推进面向居民福祉的城市更新行动（江苏省社会科学院社会政策研究所）

19. 顾丽敏：以体制机制创新提升产业链供应链韧性和安全水平（江苏省社会科学院江苏区域现代化研究院）

20. 沈于：以人文经济学理念推动高质量发展——以南京市的实践为例（江苏省社会科学院经济研究所）

21. 唐文浩：中国式现代化的乡村之治——意

蕴、困顿与破解探析（江苏省社会科学院社会学研究所）

22. 常巧素：乡村产业振兴的市场主体研究——基于贵州省苗族村寨的案例研究（江苏省社会科学院社会学研究所）

23. 宋颖弘：文化产业数字化的国际经验与中国路径研究（江苏省社会科学院社会政策研究所）

24. 王舒卉：数字基础设施建设赋能农业农村现代化（江苏科技大学）

25. 袁航：从《宣言》到“准则”——南海区域合作的深化改革探析（江苏省社会科学院历史学研究所）

26. 查婷俊：以新型基础设施支撑区域协调发展 推进中国式现代化建设（江苏省社会科学院社会政策研究所）

27. 张慧利：农业现代化视域下供销社服务乡村特色产业高质量发展的实践与启示（江苏省社会科学院农村发展研究所）

28. 张莉：江苏平台经济发展的政策建议（江苏省社会科学院世界经济研究所）

29. 张雯：以“产城人文”融合塑造高质量城市样本（江苏省社会科学院社会政策研究所）

30. 卜亚、金文艳：监管沙盒制度对金融效率的影响——基于准自然实验的研究（江苏科技大学）

第二节 分论坛情况

2024 年 7 月 27 日下午，中国式现代化的区域探索研讨会举办了两场平行分论坛。主题分别为“全面深化改革与高质量发展”和“人文经济与区域现代化实践”，分别由中共江苏省委党校（江苏行政学院）杜贵阳教授、江苏区域现代化研究院副院长程俊杰研究员主持。“人文经济与区域现代化实践”分论坛由镇江报业传媒集团协办。

两场分论坛上，来自江苏省社会科学院、上海社会科学院、河海大学、安徽工业大学、江苏航空职业技术学院、南京市委党校、滁州市委党校的 13 位专家学者，就“共同富裕”“高质量公共服务供给机制”“我国城市人文经济发展”“经济发展中的文化因素”等进行主题发言。

一、“全面深化改革与高质量发展”分论坛交流论文摘要

1. 吴义东：加快推动南京都市圈省际毗邻地区高质量一体化发展，打造现代化都市圈建设新标杆（吴义东 安徽工业大学，张雅淋 南京邮电大学，王先柱 安徽工业大学）

摘要：党的二十届三中全会指出，推动形成超大特大城市智慧高效治理新体系，建立都市圈同城化发展体制机制。南京都市圈作为我国最早启动建设的跨省域都市圈，已经过 20 多年的共商共建共享，区域内各城市正逐步形成以南京为中心的通勤圈、生活圈和产业圈。现阶段，南京都市圈省际毗邻地区高质量一体化发展过程中仍存在行政壁垒制约、产业配套程度偏低、综合交通水平有待完善、基础设施建设等方面存在“孤掌难鸣”等问题。在贯彻新发展理念、构建新发展格局的时代背景下，推动毗邻地区发展是促进共同富裕的应有之义。为此，要推动行政区与经济区适度分离，弱化行政壁垒；持续推进区域交通互联互通，构建“畅达都市圈”；促进都市圈产业分工，点燃经济增长“新引擎”；强化生态环境共保联治，打造生态宜居都市圈；发挥南京都市圈资源互补优势，促进都市圈各城市整体协同发展。

2. 何雨：“一个也不能掉队”——共同富裕“全体性”的历史关怀与现代情怀（江苏省社会科学院社会政策研究所）

摘要：共同富裕是中国式现代化“人民性”的最鲜明体现，但更伟大的承诺在于“全体性”，即，在共同富裕的道路上“一个也不能掉队”。这是中国共产党人的初心与使命，在社会主义革命与建设、改革开放与全面深化改革中不断升华，并深深扎根于“一夫不获，时予之辜”的中华优秀传统文化中。当前，影响共同富裕“人民性”与“全体性”的挑战有很多，从根本上说，不平

等的分配制度是其最为直接的原因。为此，立足当下，以再分配为导向的推动共同富裕“人民性”与“全体性”的对策：一是要提高居民部门在国民收入分配格局中的份额；二是要扩大中等收入群体在全体人民中的比重；三是要运用法治手段避免收入分配两极分化；四是要夯实社会保障体制的分配正义功能。

3. 樊佩佩：流动时代江苏推进高质量公共服务供给机制研究（江苏省社会科学院社会政策研究所）

摘要：江苏提质“流动时代”的高质量公共服务，须把握人口负增长时代中小城市收缩与区域中心城市扩张并存、个体流动向举家迁徙转变等新的趋势特征。目前，绝大部分服务项目实现了常住人口全覆盖，但随着常住地政府提供基本公共服务改革逐步深入，建立与常住人口相协调的公共服务机制的一些体制机制堵点亟待破解，包括：财政压力对非就业群体或随迁家属形成隐形门槛；地方政府成本—收益激励约束机制不完善；人地挂钩机制制约住房保障供给；等等。政策着力点包括：（1）依据人口规模发展态势强化公共服务的动态空间适配；（2）加强基本公共服务标准化建设　健全常住地基本公共服务法律制度；（3）提高流入地教育统筹层次缓解教育资源结构性矛盾。

4. 贠菲菲：学习浙江“千万工程”经验　高质量推进江苏乡村全面振兴（中共南京市委党校）

摘要：浙江“千万工程”是高质量推进乡村全面振兴的实践范例，积累了推进乡村全面振兴、农业农村高质量发展的经验。本文在深入调研的基础上，通过总结浙江“千万工程”经验，对标“千万工程”查找江苏推进乡村振兴面临的主要问题，提出要聚焦“三个提升”高质量推进江苏乡村全面振兴，推动农业农村高质量再上新台阶，推进江苏农业农村现代化走在前、做示范。

5. 范晓倩、孙旭红：中国式现代化新道路的生成语境、价值意蕴及其实践遵循（范晓倩 江苏航空职业技术学院，孙旭红 江苏大学）

摘要：中国式现代化新道路是党领导人民百年奋斗的战略选择。中国式现代化新道路回应了世界百年未有之大变局的时代诉求，植根于自主探索社会主义现代化建设的生动实践，传承和升华中华优秀传统文化基因，使命型政党现代化追求的内在驱动，共同构成中国式现代化新道路出场的现实语境。中国式现代化新道路的价值方向是坚持和发展中国特色社会主义使其更加成熟与定型，价值立场是以高质量发展实现人民对美好生活的向往，价值目标是实现中华民族伟大复兴，价值追求是创造人类文明新形态。当前，中国式现代化新道路要确保党始终成为坚强的领导核心，还要聚焦中国问题、以中国理论为指导、凝聚中国视域、汇聚中国力量、创制中国话语。

6. 关枢：以科技创新推进长江经济带高质量发展的对策建议（江苏省社会科学院社会政策研究所）

摘要：长江经济带高质量发展正处于由量变到质变的关键时期，本文分析了长江经济带高质量发展的重要性与必要性，以相关理论基础为依据，从科技创新的角度总结分析了当前推进长江经济带高质量发展，更好服务中国式现代化存在的现实问题，并提出了4条政策建议：聚焦前瞻性技术领域，加强科技资源统筹协调，打造具有全球影响力的产业科技创新中心；加速产业集群汇聚创新力，推动创新链与产业链的深度融合；积极引导区域产业合理布局，探索差异化竞争优势，实现区域产业协同发展；完善科技创新体制机制，优化区域协调对接工作机制，不断强化科创合力。

7. 袁航：从《宣言》到“准则”——南海区域合作的深化改革探析（江苏省社会科学院历史学研究所）

摘要：党的二十届三中全会明确指出，国家安全是实现中国式现代化稳健发展的关键基石。在这一进程中，南海问题尤为突出，它不仅是中国维护国家主权和海洋权益的重大挑战，更是检验中国综合国力和国际影响力的试金石。因此，在进一步全面深化改革的背景下，南海权益的维护显得十分重要。

二、“人文经济与区域性现代化实践”分论坛交流论文摘要

1. 杜栋：运用统筹学理论推进中国式现代化的区域与城市实践（河海大学）

摘要：统筹是中华民族的优秀传统和当代的迫切需要，统筹这面旗帜也是中国共产党人一直

高举的。首先，对统筹的概念和华罗庚先生创立的统筹学进行简要介绍，目的在于理解统筹的基本要义，掌握统筹学的思想精髓；重点运用统筹学的四大准则，探讨如何推进中国式现代化的区域与城市实践。

2. 李宗克：经济发展的文化因素：意义和瓶颈（上海社会科学院）

摘要：文章探讨了文化因素对经济发展的影响及面临的挑战。文化被视为经济发展中的重要“非正式制度”，影响经济理性、民族精神和市场行为等方面。从亚当·斯密到 20 世纪的新制度经济学，文化对经济的解释不断演进。然而，当前研究面临概念体系不成熟、测量标准缺乏和建设手段不足等难题。文化的多样性和复杂性使得理论和实证研究难以达成系统性共识，亟须进一步深入探讨并规范研究方法。

3. 张春龙：我国城市人文经济发展——现状、问题及对策（江苏省社会科学院江苏区域现代化研究院）

摘要：本文阐述了城市人文经济的含义、背景、特点、当前我国城市人文经济的发展状况、面临的主要障碍以及推进城市人文经济发展的几点建议。文章指出，城市人文经济是以人为本、文化为魂、经济为体的新型经济形态，当前面临文化资源利用不足、人才短缺、资金缺乏等挑战，需要挖掘文化资源、吸引人才、拓宽融资渠道等策略来推动其发展。

4. 刘兵：改革开放以来滁州发展的人文经济学探赜（中共滁州市委党校）

摘要：加强人文经济学研究是时代命题。每个城市都是人文经济学的独立实践样本，研究和总结其中的内在规律对于推进物质文明和精神文明相协调的中国式现代化具有重要的价值。本文回顾了改革开放以来安徽省滁州市经济发展与人文培育的历程，分析了二者相互交融、相互促进、相得益彰的关系。

5. 胡敬阳：南京建设世界重要旅游目的地的人文经济学阐释（江苏省社会科学院《江海学刊》杂志社）

摘要：“人文经济学”是习近平总书记提出的具有中国特色的发展理论，是当代中国马克思主义的原创性理论贡献。文旅产业恰恰是展示人文经济学丰富内涵、体现人文经济学价值追求、深度融汇中华优秀传统文化的经济形态，具有推动经济高质量发展和促进历史文化传承两个面向的功能。南京作为中华文化重要枢纽和具有国际影响力的历史文化名城，有建设世界重要旅游目的地的历史渊源、独树一帜的世界级城市内河文化景观、山水城林与历史文化交融的人文魅力。在人文经济学的高度阐释南京文旅产业的人文优势，通过建设“六朝古都，风雅金陵”国际旅游名城、培育符合国际旅游需求的国际化景区、打造具有东方美学的乡村度假目的地，把南京建设成为令人向往的世界重要旅游目的地，成为展示中国式现代化、人类文明新形态的典范城市。

6. 唐文浩：中国式现代化的乡村之治——意蕴、困顿与破解探析（江苏省社会科学院社会学研究所）

摘要：中国式现代化的乡村之治意蕴治理理念现代化、治理体制现代化、治理能力现代化、治理手段现代化以及治理环境现代化。但是，在现代化进程中遭遇的现实困顿有：农村治理体制机制不完善；农村社会组织发展不平衡；基层干部队伍建设亟待加强；乡村公共服务供给不足；生态环境保护任务艰巨；信息化水平有待提升。围绕上述问题，破解路径为：深化改革，完善乡村治理体制机制；加大支持，强化农村社会组织的培育；加强培养，树立乡村干部的工作价值观；落实主体，加强乡村公共服务体系建设；强化监督，加强农村生态环境保护与修复；优化路径，加强数字乡村建设。

大事记

1月16日，南京都市圈毗邻城市道路运输联合执法集中整治行动在17个执法点（省界执法点5个，市界执法点3个，各市内执法点9个）同步启动，重点检查非法营运、长期异地经营、包车客运车辆超范围经营等违法违规行为，打击春运路上车辆违法经营行为。

3月8日，国际劳动妇女节，南京都市圈科技创新巾帼行动在南京市江宁开发区启动。江苏省委常委、南京市委书记韩立明出席并致辞，向南京都市圈和全市各条战线的广大妇女同胞致以节日的祝福。本次科技创新巾帼行动旨在深入贯彻党的二十大精神和习近平总书记关于科技创新的重要指示，落实全国和省妇联关于推进“科技创新巾帼行动”的工作要求。活动中发布了一批配套支持政策以及“巾帼心向党、奋进新征程”倡议，成立了南京市女科技工作者联盟。

3月9日—10日，南京都市圈机关事务一体化高质量发展启动仪式暨机关运行保障一体化工作研讨会在马鞍山市召开。会议围绕机关运行保障一体化进行座谈交流，共同签署《南京都市圈机关事务宣言》，统筹谋划建立区域一体化机关运行保障机制，为南京都市圈高质量协同发展贡献机关事务力量。

3月25日，长三角创新驱动引领经济高质量发展座谈会暨《南京都市圈创新与发展年鉴》研讨会，在镇江市成功举行。来自上海、安徽和江苏有关高等院校、科研院所、政府部门、高新企业的近百名负责人与专家学者共聚一堂，就创新驱动引领高质量发展问题进行研讨。镇江市高新技术企业发展促进会会长孙晓南出席会议并讲话。专家们表示，南京都市圈经济发达，科教资源丰富，要紧紧抓住创新驱动这个关键要素，充分发挥政府引导、企业参与、科研部门协同的优势，积极拓展新的发展领域，全面推进高质量发展。在研讨会上，以创新发展为主线，对南京都市圈的建设与发展进行全景式的记录与研究，为南京都市圈各级党委政府、企事业单位、科研院所和社会各界了解研究都市圈提供重要参考的《南京都市圈创新与发展年鉴》（2023卷）首发，该年鉴每年出版一卷。

4月21日，由南京市体育局、南京市文旅局以及汤山温泉度假区管委会共同主办的2023南京都市圈体育旅游资源发布会在南京市召开。来自南京都市圈各城市的体育部门以及景区度假区、体育企业、规划设计单位、旅行社等代表参加了发布会。会议以“悦动都市圈 共享好生活”为主题，发布了“10条都市圈体育旅游精品线路”以及50场都市圈赛事信息。

5月9日，由苏皖两省发改部门联合编制的《南京都市圈建设2023年省际合作重点任务》，以及江苏省发改委编制的《南京都市圈2023年省内合作重点任务》、南京都市圈建设办公室秘书处牵头编制的《南京都市圈2023年度工作要点》印发实施，系列文件明确了2023年南京都市圈工作的路线图、任务书。

5月17日—19日，2023南京都市圈城市地方志工作联席会议暨中国精品年鉴业务培训会在淮安市盱眙县举行。会议由南京市地方志办公室主办，淮安市地方志办公室、盱眙县地方志办公室承办，苏皖两省地方志工作机构、南京都市圈内22个城市的地方志办公室领导及业务骨干90余人参会。

5月25日，2023年南京都市圈创新合作暨长三角航空产业发展大会在扬州市举办，南京都市圈“8+2”城市、航空领域的企业家、专家学者参加，围绕“逐梦航空 协同创新”主题，共商航空产业发展前景，共谋南京都市圈创新合作蓝图。现场共有5批次29个科技创新和长三角航空产业合作项目签约。长三角航空产业创新联盟成立揭牌，来自长三角的64家单位签约加入联盟。

5月30日，南京都市圈机关事务“互学共鉴 互促共进”岗位技能展示比拼活动在南京市举行。南京、镇江、扬州、淮安、芜湖、马鞍山、滁州、宣城以及常州金坛、溧阳等南京都市圈机关事务部门参加，全方位展示了都市圈机关事务人团结一心、昂扬向上的“精气神”。

5月31日，南京都市圈交通专业委员会在南京组织召开水上交通运输执法联席会议。共同签署了《南京都市圈水上交通运输联合执法合作协议》，为苏皖两地九市交通运输主管部门、执法机构搭建了一个共通、共融、共享的平台，推进区域执法联勤联动，形成监管合力。

6月9日，南京都市圈城际政务服务联盟成立大会暨首届都市圈政务服务一体化建设论坛在南京市举行，发布了《南京都市圈城际政务服务发展联盟高频通办事项清单》172个“跨域通办”高频事项，进一步推动南京都市圈一体化协同发展，扩大都市圈城市间政务服务“一圈通办”范围。

6月28日，2023年推进长三角高质量一体化发展工会工作联席会议在上海市召开，40人被命名为首届“长三角大工匠”。来自南京都市圈的8人榜上有名，其中南京2人、扬州1人、镇江1人、芜湖3人、马鞍山1人。三省一市总工会根据选树条件，分别组织推荐10名省部级工匠参与本次选树活动，并经资格审查、专家评审、社会公示等环节，最终产生40名首届“长三角大工匠”。

6月28日，南京都市圈·粤港澳大湾区人力资源服务联盟在第十五届南京留交会上宣告正式成立，标志着一个横跨南京都市圈与粤港澳大湾区两大区域的引才大平台成功搭建。联盟将发挥留交会跨区域综合引才平台的辐射带动效应，协同推进人力资源服务业创新发展。

6月28日，为进一步加强南京都市圈产业协作，提升都市圈产业链供应链稳定性和竞争力，南京都市圈“智能化改造数字化转型”赋能制造业合作推进会在淮安市举办。将产业供需对接放大到南京都市圈范围，从“智能化改造 数字化转型”赋能的角度推动都市圈产业协同发展，为都市圈制造业企业开展精准服务，促进企业产销对接，提升南京都市圈区域内产业链供应链的协同配套水平，不断推动区域产业合作迈向深入，在长三角一体化发展中体现南京都市圈的担当和作为。

6月28日，南京都市圈经信专委会第六次联席会议在淮安市召开，10家成员单位负责同志参加了会议。会议由南京都市圈经信专委会牵头单位南京市工业和信息化局组织。会上南京市和滁州市、马鞍山市分别签订了《2023年度宁滁产业合作工作协议》《2023年度宁马产业合作工作协议》，共同推进产业深入交流和合作，进一步拓展了南京都市圈城市间产业协作的深度和广度。

7月3日—7日，南京市交通综合执法局联合镇江市、扬州市交通综合执法支队组织举办了南京都市圈2023年度C级船舶安全检查员培训班，同时邀请了安徽省马鞍山市、滁州市交通运输综合执法机构派员参与，共计45名水上交通运输执法人员参训。此次培训紧紧围绕“推动南京都市圈交通运输执法一体化，促进区域协同发展”主题。

7月11日，在2023年南京市医疗器械安全宣传周启动仪式上，南京都市圈医疗器械产业联盟（筹备）揭牌成立。南京、镇江、扬州、淮安、芜湖、马鞍山、滁州、宣城等市将加强区域联动、优势互补、资源共享、产业协同、集聚集约，共同推进南京都市圈医疗器械行业高质量发展。

7月28日，江苏省南京市成功与安徽省芜湖市实现远程异地评标合作，两地评标专家共同完成芜湖南陵经济开发区花山路路面改造及绿化提升工程的评审工作，由此实现南京都市圈远程评标合作“跨省联动”，落实《南京都市圈2023年度工作要点》提出的“联合都市圈城市共同开展评标专家资源共享、远程异地评标试点等合作”任务，依托长三角一体化远程异地评标系统，有序推进南京都市圈评标专家和场地的资源共享。

8月15日，南京都市圈创业基地参访交流活动在南京市鼓楼区举办，此次活动由南京市人力资源和社会保障局主办，深入贯彻落实江苏省委、省政府打造高质量就业先行区的相关决策部署，推进鼓楼区全要素服务品牌“鼓悦荟”的品牌建设，促进良好投资环境的打造，构建起金融灌溉、科技创新、数字赋能、场景应用一体化服务平台。

8月25日，农业农村部发布了“2023年中国美丽休闲乡村”名单，共256个。南京都市圈有9个村落入选，分别为南京市高淳区漆桥街道茅山村、常州市溧阳市天目湖镇桂林村、淮安市洪泽区蒋坝镇头河村、扬州市仪征市新集镇庙山村、镇江市丹徒区世业镇先锋村、芜湖市湾沚区红杨镇珩琅山村、马鞍山市含山县陶厂镇关镇村、滁州市全椒县大墅镇刘兴村、宣城市旌德县三溪镇路西村。

9月7日，南京市发布“房六条”举措全面支持刚性和改善性住房需求，随后《南京人才落户实施办法》《南京六区落户实施办法》落地，更大力度支持都市圈市民群众来宁创业发展。为进一步贯彻落实南京都市圈一体化发展战略部署，增进都市圈城市间交流互动，更好满足都市圈居民来宁创业置业需求，南京市住房保障和房产局指导各区房产部门和南京市房地产业协会等，积极组织开展“南京楼盘都市圈巡展”系列活动，依次走进扬州、芜湖、马鞍山3个都市圈城市，有效促进了都市圈市民在南京置业消费需求的释放。

9月15日，第五次南京都市圈城市人大常委会主任协商联席会议在淮安市召开。会议以“深化全过程人民民主人大实践，促进南京都市圈高质量发展”为主题，持续深化南京都市圈城市人大常委会协商合作机制，凝聚支持和保障都市圈城市更高质量发展的人大智慧和力量，奋力推进中国式现代化区域协调发展新实践。

10月15日，南京都市圈创新与发展论坛成功举办。为全面贯彻落实习近平新时代中国特色社会主义思想，切实提升南京都市圈区域协同创新与高质量发展的内生动力，推动中国式现代化的区域探索，促进区域经济发展不断闯出高质量、可持续、协同创新的新路，2023年10月15日由江苏省社科联、江苏大学、江苏科技大学、江苏华信区域经济发展研究院等单位，在江苏省镇江市联合举办南京都市圈创新与发展论坛暨江苏华信区域经济发展研究院揭牌仪式。国家、省、市有关部门领导和专家，南京都市圈有关高校、科研院所、智库的专家学者，研究院理事会成员、专兼职研究员，举办、协办、指导单位代表，特邀嘉宾，企业界代表，有关新闻单位等，共150人出席会议。江苏省社会科学院副院长李扬到会宣读贺信，中国国家版协理事长邬书林、镇江市委常委、宣传部长、秘书长陈可可共同为江苏华信区域经济发展研究院揭牌，江苏省哲学社会科学界联合会党组书记、常务副主席张新科讲话。邬书林、沈迟、李扬、孔令刚等4位专家围绕“南京都市圈区域协同创新与高质量发展”主题作主旨报告。

10月19日，南京都市圈新电商产业创新合作联盟筹备会议在南京市举办。本次会议由南京市商务局发起，镇江、扬州、淮安、芜湖、马鞍山、滁州、宣城及常州市金坛区和溧阳市商务部门分管负责同志、电商业务负责人，电商相关行业协会负责人共同参加会议。

10月23日，为提升南京都市圈劳动保障监察执法能力，积极推动都市圈劳动保障监察工作一体化发展，南京市人社局举办南京都市圈劳动保障监察机构业务培训班，南京都市圈各城市人社局劳动保障监察机构负责人、南京市各区劳动保障监察机构负责人及业务骨干参加此次培训。

10月25日下午，南京都市圈全媒体联盟2023年度会议暨“社长总编看滁州”活动在滁州市琅琊山下举行。南京、镇江、扬州、淮安、芜湖、马鞍山、滁州、宣城8家城市党报的社长、总编参会，共同总结联盟成立3年来的工作，探讨南京都市圈全媒体联盟下一年度的重点工作，为加快都市圈同城化发展提供舆论支持。

10月27日，为进一步增强长三角地区南京都市圈毗邻城市跨区域、跨部门综合执法合力，切实压降、预防各类道路运输违法违规行为，南京市交通运输综合行政执法监督局在江苏省交通运输综合行政执法监督局的指导下，牵头组织开展了2023年度长三角区域南京都市圈毗邻城市道路运输联合执法集中整治行动，联合执法整治在南京都市圈内26个执法点同时进行，重点检查非法营运、长期异地经营、包车客运车辆超范围经营等违法违规行为。

11月6日，为深入推进南京都市圈劳动人事争议调解仲裁战略合作，提升都市圈劳动人事争议处理与一体化协作能力，来自南京都市圈10市

（区）人社局调解仲裁处（科）、劳动人事争议仲裁院的主要负责同志齐聚滁州，参加2023年南京都市圈新业态劳动争议案例研讨交流会议。

11月10日，第三届南京都市圈发展论坛在南京市举行，发布《南京都市圈发展报告（2023）》研究成果，聚焦“都市圈现代化 现代化都市圈”主题，来自全国8个国家级都市圈中心省会城市的专家学者齐聚一堂，共同探索提升特大城市核心功能、增强区域中心城市服务功能和辐射带动力的路径方法。

11月16日，2023中国（南京）电子商务大会在南京市举行，以“数实融合赋能生态消费”为主题，围绕零售生态、技术创新、品牌成长、商产融合等内容，展望新趋势、谋划新发展、开拓新合作，推动电子商务与产业发展深度融合，激活新电商产业的“一池春水”。大会由江苏省商务厅、南京市人民政府共同指导，南京市商务局主办。

11月24日，南京都市圈交通专委会工作会议在南京市举行，围绕都市圈交通运输更高质量一体化建设共谋发展，提出加快推进《南京都市圈综合交通运输体系规划》《南京都市圈多层次轨道交通体系规划研究》等区域综合交通规划编制工作，支撑南京都市圈交通精准发力。

12月8日，2023年南京都市圈创新挑战季高端装备制造产业专场活动在镇江句容举办，活动以“企业科技创新”为主题，针对都市圈企业技术创新需求，通过“揭榜比拼”方式，面向社会公开征集解决方案。经过前期对接筹备，镇江、扬州、马鞍山等地企业的技术需求，被南京大学、安徽工业大学等高校揭榜，现场举行了签约仪式，总签约金额达1000万元。

12月13日，南京都市圈联合河湖长制召开第二次联席会议，围绕主要边界河湖签订了14份“共治”协议，推进治水工作从各市“分段治”“各管各”，走向“全域治”“联合管”，通过共建共享，共同推动跨界区域协同共治。

12月15日，南京市交通运输局与马鞍山市交通运输局、滁州市交通运输局开展货车超限超载联合治理工作。按照《2023年南京市、马鞍山市、滁州市联合治理货车超限超载实施方案（试行）》，明确建立联合调度、路检路查联勤联动、非现场执法协查协办、货物装载源头治理联动和“百吨王”溯源联动等5项工作机制，推进南京都市圈协同监管。

12月16日，2023南京都市圈党政联席会议在马鞍山市召开。会议深入学习贯彻习近平总书记在深入推进长三角一体化发展座谈会上的重要讲话精神，对一年多来南京都市圈建设发展成效进行总结，对落实中央经济工作会议精神、在新形势下推进南京都市圈融合发展进行协商谋划。会上签署了都市圈城市社会信用体系建设战略合作协议、高新园区高质量发展协同合作协议、产业链联盟合作协议、燃煤电厂大气污染联防联控实施方案、科创金融联盟战略合作协议，发布都市圈双碳行动、跨境产业生态建设倡议书和南京地铁打造“轨道上的美好生活”示范线——宁句城际建设成效及发展愿景。江苏省委常委、南京市委书记韩立明，南京市市长陈之常，马鞍山市委书记袁方、市长葛斌，镇江市市长徐曙海，芜湖市副市长朱的娥，扬州市委书记王进健、市长潘国强，滁州市市长吴劲，淮安市委书记史志军、市长顾坤，宣城市委书记李中、市长何淳宽，常州市副市长蒋鹏举和溧阳、金坛有关领导，江苏省发展改革委副主任林康、安徽省发展改革委二级巡视员汪毅出席。

12月16日，南京都市圈科创金融联盟会议在马鞍山市成功举办。南京都市圈10城市地方金融监管局主要负责人、分管负责人，以及50余家金融机构和科创企业代表参加会议。

12月17日，南京都市圈2023年现代种业高质量发展论坛在南京国家农业高新技术产业示范区举办，行业知名专家学者、省市农业部门负责人、重点企业代表等百余人齐聚一堂，共同探讨现代种业高质量发展的途径和对策。

12月27日，南京开展元旦节前长三角区域南京都市圈集中整治日行动，南京市交通综合执法局联合长三角南京都市圈滁州市、马鞍山市交通综合执法支队，在省界及市域内执法点位开展元旦节前道路运输天网集中日区域协作专项整治行动，加大对非法营运等违法违规车辆全省跨部门协同查处力度，保障节前道路运输安全。

后　记

促进区域协调发展，是贯彻新发展理念的重要内容，也是实现经济高质量发展的必然要求。党的二十大提出了新征程上进一步推进区域协调发展的战略部署，强调深入实施区域协调发展战略、区域重大战略、主体功能区战略、新型城镇化战略，优化重大生产力布局，构建优势互补、高质量发展的区域经济布局和国土空间体系。鼓励支持长三角地区以城市群、都市圈为依托，加快推进长江经济带发展、长三角一体化发展，构建大中小城市协调发展格局，为新时代加快中国式现代化进程，促进区域协调发展提供了根本遵循。

南京都市圈是国家首个批复设立的跨省域都市圈，在我国区域现代化建设中具有重要地位。为全面贯彻落实习近平新时代中国特色社会主义思想，践行新发展理念，构建新发展格局，推动南京都市圈创新体系协同共建、产业专业化分工协作、基础设施一体高效、生态环境共保联治、公共服务共建共享、城乡融合发展，提升区域整体实力和竞争力，苏皖沪三省市的有关单位以及社科理论工作者积极行动，发挥自身优势，联合推出《南京都市圈创新与发展年鉴（2024 卷）》。

本卷由江苏省社会科学院江苏区域现代化研究院、江苏华信区域经济发展研究院、江苏省镇江经济技术开发区经济发展局、安徽省社会科学院城乡经济研究所、上海品牌发展研究中心、江苏省镇江市社会科学专家协会等 6 家单位联合主办，江苏大学产业经济研究院、常州大学中吴智库研究中心等 10 家单位协办。

在启动本卷编撰工作前，编委会召开多场专题座谈会，广泛征求专家学者以及社会各界的意见，不断完善研究思路，优化编撰大纲，确保编撰质量。本卷主要包括 9 个方面重点内容：（1）都市圈总体发展；（2）市域经济社会发展；（3）县域经济社会发展；（4）创新发展；（5）开放发展；（6）绿色发展；（7）共享发展；（8）区域协同创新发展案例；（9）长三角其他都市圈发展。这部分内容主要方便社会各界特别是社科理论工作者从上海大都市圈、苏锡常都市圈、杭州都市圈、合肥都市圈及淮海经济区发展情况等更宽广视域，了解、比较、分析、研究南京都市圈发展。本卷通过 9 个方面内容的重点展示，全面反映南京都市圈践行“创新、协调、绿色、开放、共享”的新发展理念的总体情况。

本卷在编撰体例上继续进行创新与探索，把南京都市圈作为一个整体，以时间为经，以区域发展为纬，比较全面地研究了南京都市圈各地在经济发展、科技创新、社会进步、文化发展、生态环境保护等方面开展的工作及取得的成效，力求最大限度地满足社会各界对本年鉴的使用需要。

随着《南京都市圈创新与发展年鉴》影响力的扩大，我们的研究团队结构也在不断优化，研究力量进一步加强。不仅有南京都市圈内更多的专家学者、理论工作者的不断加入，还扩大到南京都市圈之外，有北京、上海、深圳等大城市专家的陆续加盟。为了实现打造国内精品年鉴的目标，欢迎全国更多的社科理论工作者，加入我们的研究团队。

在本卷编撰过程中，学术指导委员会的领导和成员秉持高度的责任感和使命感，以打造精品年鉴为己任，以科学的态度，不取报酬，切实加强学术指导。编撰委员会成员体现了责任与担当，克服困难，任劳任怨，对质量严格把关。各位撰稿人员本着对编撰工作高度负责的精神与严谨的治学态度，精益求精，反复打磨，确保质量。

本卷的编撰工作，受到社会各界的高度关注。江苏、安徽、上海的相关部门和单位以及相关高校领导与专家高度重视、大力支持。南京都市圈各地宣传部、研究室、发改委、商务局、统计局、科技局、党校、社科联、社科院、史志（方志）办的有关同志，积极建言献策，还提供了大量的研究资料与研究成果，保证了编撰工作的顺利完成。江苏大学出版社组织精干力量，全力以赴保障本卷年鉴的出版。正是有各方面的高度重视、鼎力支持，才确保了本卷年鉴的高质量。镇江方志年鉴制作有限公司等企业，负重奋进，攻坚克难，认真做好发行工作。在此一并表示衷心感谢！

编　者

2025年1月18日